TURING 图灵数学·统计学丛书 ·06

ANALYSIS OF FINANCIAL TIME SERIES THIRD EDITION

$$-\sum_{t=m+1}^{T}\left[\frac{v+1}{2}\ln\left(1+\frac{a_t^2}{(v-2)\sigma_t^2}\right)+\frac{1}{2}\ln(\sigma_t^2)\right]$$

$$f(a_{m+1},\cdots,a_T\mid\alpha,A_m)=\prod_{t=m+1}^{T}\frac{\Gamma((v+}{\Gamma(v/2)\sqrt{}}$$

金融时间序列分析

（第3版）

[美] **Ruey S. Tsay** 著

王远林 王辉 潘家柱 译

人民邮电出版社

北京

图书在版编目(CIP)数据

金融时间序列分析：第 3 版/（美）蔡瑞胸
（Tsay, R. S.）著；王远林，王辉，潘家柱译. —北京：
人民邮电出版社, 2012.8
（图灵数学·统计学丛书）
书名原文：Analysis of Financial Time Series
Third Edition
ISBN 978-7-115-28762-5

Ⅰ. 金… Ⅱ.①蔡… ②王… ③王… ④潘… Ⅲ.
①金融-时间序列分析 Ⅳ.①F830
中国版本图书馆 CIP 数据核字（2012）第 167716 号

内 容 提 要

本书全面阐述了金融时间序列，并主要介绍了金融时间序列理论和方法的当前研究热点和一些最新研究成果，尤其是风险值计算、高频数据分析、随机波动率建模和马尔可夫链蒙特卡罗方法等方面. 此外，本书还系统阐述了金融计量经济模型及其在金融时间序列数据和建模中的应用，所有模型和方法的运用均采用实际金融数据，并给出了所用计算机软件的命令. 较之第 2 版，本版不仅更新了上一版中使用的数据，而且还给出了 R 命令和实例，从而使其成为理解重要统计方法和技术的奠基石.

本书可作为时间序列分析的教材，也适用于商学、经济学、数学和统计学专业对金融的计量经济学感兴趣的高年级本科生和研究生，同时，也可作为商业、金融、保险等领域专业人士的参考用书.

- ◆ 著　　　　　[美] Ruey S. Tsay
　　译　　　　　王远林　王 辉　潘家柱
　　责任编辑　　卢秀丽
- ◆ 人民邮电出版社出版发行　　北京市丰台区成寿寺路 11 号
　　邮编 100164　　电子函件　315@ptpress.com.cn
　　网址 https://www.ptpress.com.cn
　　北京市艺辉印刷有限公司印刷
- ◆ 开本：700×1000　1/16
　　印张：36.75　　　　　　　　　2012 年 8 月第 1 版
　　字数：763 千字　　　　　　　　2025 年 4 月北京第 19 次印刷
　　　　　著作权合同登记号　图字：01-2012-1952 号

定价：99.80 元
读者服务热线：(010)84084456-6009　　印装质量热线：(010)81055316
反盗版热线：(010)81055315

前　　言

许多国家都在竭力从当前的全球金融危机中恢复过来, 显而易见, 我们不想再遇到这样的危机. 为了防止再发生这样的危机, 我们必须对刚过去的危机进行研究. 因此, 在实证研究中, 过去几年的金融数据就成为重要的研究对象. 本次修订的主要目的就是更新使用的数据, 并重新分析这些实例, 从而便于人们更好地理解资产收益的性质. 同时, 我们在金融计量学和金融分析软件包方面也取得许多新进展, 特别是 Rmetrics 有许多程序包可用于分析金融时间序列. 本次修订的第二个目的就是给出 R 命令和示例, 从而使读者可以更加轻而易举地重新计算书中的实例, 并得到结果.

在这次金融危机中, 有一些大的金融机构相继倒闭, 这表明极端事件有群集发生的特点. 它们之间不是相互独立的. 为了处理极端事件的相依性, 在第 7 章中, 我增加了极值指数的内容, 并且讨论了极值指数对风险值的影响. 我还重新编写了第 7 章, 从而使其更易于读者理解, 内容也更加全面. 现在, 第 7 章还包括了用于度量金融风险的预期损失 (或者条件风险值) 的内容.

我力求本书的篇幅不要过大, 涵盖内容尽可能多. 基于以下三方面的原因, 本次修订没有考虑信用风险和经营风险. 首先, 需要深入研究适用于评估信用风险的有效方法; 其次, 不便于得到大量的可用数据; 最后, 本书的篇幅已经不能再大了.

第 3 版增加的内容概述如下.

(1) 更新了本书从头至尾使用的数据.

(2) 提供了 R 命令和示例. 在有些例子中给出了 R 程序.

(3) 使用新的观察数据, 重新分析了许多例子.

(4) 在第 3 章中, 为了进行波动率建模, 引入了非对称分布.

(5) 在第 5 章中, 为了研究最近的高频交易数据的性质, 增加了非线性持续期模型的应用.

(6) 在第 7 章中, 使用统一的方法, 通过损失函数来分析风险值 (VaR), 讨论预期损失 (ES), 或者等价的条件风险值 (CVaR). 为了分析相依数据, 还引入了极值指数.

(7) 在第 8 章中, 讨论了协整模型在配对交易 (pair trading) 中的应用.

(8) 在第 10 章中, 研究了动态相关模型的应用.

本书第 2 版的许多读者给出的建设性意见让我受益匪浅, 这些读者包括学生、同行和朋友, 我对他们感激不尽. 特别地, 我要对 Spencer Graves、ESTIMA 的 Tom

Doan 和 Eugene Gath 致以真挚的谢意. Spencer Graves 编写了 FinTS 的 R 软件包, Doan 和 Gath 把书稿仔细地看了一遍. 我还要感谢 Kam Hamidieh, 对于修订中应该关注的新专题, 他给出了很好的建议. 我也要感谢 Wiley 的同事们, 特别是 Jackie Palmieri 和 Stephen Quigley, 感谢他们的支持. 与往常一样, 如果没有我的妻子和孩子们不断的鼓励和无条件的爱, 我不可能完成这个修订版. 他们是激励我前进的动力和力量来源. 我的部分研究得到了芝加哥大学布斯商学院的赞助.

　　最后, 本书的网址为 `http://faculty.chicagobooth.edu/ruey.tsay/teaching/fts3`.

蔡瑞胸 (Ruey S. Tsay)

伊利诺伊州　芝加哥

芝加哥大学布斯商学院

第 2 版前言

近年来金融时间序列这个研究领域已经引起了人们广泛的关注, 尤其是当 2003 年 Robert Engle 教授和 Clive Granger 教授获得诺贝尔经济学奖之后. 与此同时, 金融计量经济学领域也有了新的发展, 尤其是在高频金融、随机波动率以及可用性软件方面. 于是我们需要为高年级本科生、研究生、技术人员以及研究人员提供一套更为完善易懂的素材. 在准备第 2 版时我们的主要目的是在新的发展和实证分析方面进行更新, 并且扩大这本书的核心素材, 将异方差和序列相关存在时的相合协方差估计、波动率建模的备选方法、金融因子模型、状态空间模型、卡尔曼滤波以及随机扩散模型的估计也包含了进来.

因此本书扩展到了 12 章, 而且本书另一个重要的修改是包含了 S-Plus 命令和说明. 本版同时更新了许多实证例子和练习, 使其包含了最近的数据.

新增的两章是第 9 章主成分分析及因子模型, 与第 11 章状态空间模型和卡尔曼滤波. 本书所讨论的因子模型包含了宏观经济因子模型、基本面的因子模型和统计因子模型. 对于分析像组合收益这样的高维金融数据, 这些模型是简单而有力的工具. 为说明其应用, 本书给出了实证的例子. 新增的状态空间模型和卡尔曼滤波是为了阐明其在金融中的应用以及容易计算的特点. 第 12 章中, 在一般马尔可夫链蒙特卡罗 (MCMC) 框架下, 状态空间模型和卡尔曼滤波可用来估计随机波动率模型. 该估计还用到了向前滤波和向后抽样的方法以增加计算效率.

下面我们对第 2 版新增的内容给出一个简要概括.

(1) 更新了全书所用的数据.

(2) 给出了 S-Plus 命令和演示.

(3) 第 2 章考虑了单位根检验以及存在异方差和序列相关时协方差矩阵的相合估计方法.

(4) 第 3 章描述了波动率建模的备选方法, 包括应用高频交易数据以及一项资产的日最高价和日最低价.

(5) 第 4 章给出了非线性模型和方法的更多应用.

(6) 第 7 章引入了更多风险值的概念和应用.

(7) 第 8 章讨论了协整向量自回归模型.

(8) 第 10 章涵盖了各种多元波动率模型.

(9) 第 12 章中增加了有效的 MCMC 方法来估计随机波动率模型.

本次修改主要得益于同事、朋友以及许多第 1 版读者们富有建设性的意见. 我对他们表示由衷的感谢. 特别感谢 J. C. Artigas, Spencer Graves, Chung-Ming Kuan, Henry Lin, Daniel Peña, Jeff Russell, Michael Steele, George Tiao, Mark Wohar, Eric Zivot 以及我的 MBA 班上学习金融时间序列的学生们, 感谢他们的建议和讨论, 同时要特别感谢 John Wiley 的生产编辑 Rosalyn Farkas. 在此我也要感谢我的妻子和孩子, 他们给了我无条件的支持和鼓励. 值得一提的是, 我在金融计量经济方面的部分研究受到美国国家自然科学基金、(中国台湾) "中央研究院" 经济研究所高频金融项目以及芝加哥大学商学院的支持.

最后, 该书的网址是 gsbwww.uchicago.edu/fac/ruey.tsay/teaching/fts2.

蔡瑞胸 (Ruey S. Tsay)

芝加哥大学

第 1 版前言

本书来源于自 1999 年以来我在芝加哥大学商学院所教的 MBA(工商管理硕士) 金融时间序列分析课程. 它也包含了过去几年我开设的时间序列分析博士生课程的素材. 这是一本引论性质的书, 旨在对金融计量经济模型及其在金融时间序列数据的建模和预测中的应用进行综合与系统的阐述. 本书的目的是使读者了解金融数据的基本特征、理解金融计量经济模型的应用并获得分析金融时间序列的经验.

本书可作为金融专业 MBA 学生的时间序列分析教材, 也适用于商学、经济学、数学和统计学专业对金融计量经济学感兴趣的高年级本科生和研究生. 同时, 它也可作为商业、金融、保险领域中要进行风险值 (VaR, Value at Risk) 计算、波动率 (volatility) 建模和对具有序列相关性的数据进行分析等工作的研究人员和业内人士的参考书.

对计量经济学和统计学文献中的金融计量方法的最新进展进行概述是本书的突出特点. 这些进展包括当前的研究热点, 如风险值、高频数据分析和马尔可夫链蒙特卡罗方法等. 特别地, 本书包含了一些在学术杂志上尚未发表的最新研究成果, 可参阅第 6 章中关于使用封闭形式的跳跃扩散方程来进行衍生产品的定价, 第 7 章中基于非齐次二维泊松 (Poisson) 过程的极值理论计算风险值, 以及第 9 章中带时变相关系数的多元波动率模型等. 本书之所以介绍 MCMC 方法, 是因为这类方法在金融计量经济学中是强有力的工具, 并且对其有大量的应用.

强调实例和数据分析是本书的另一个突出特点. 全书采用实际金融数据来说明所讨论模型和方法的应用. 我们的分析用到了多种计算机软件: 线性时间序列的建模用 SCA(Scientific Computing Associates, 科学计算助手); 估计波动率模型用 RATS(Regression Analysis for Time Series, 时间序列的回归分析); 实现神经网络和绘制 PS 格式的图形用 S-Plus. 运行这些软件包所需的一些命令将在相应各章后的附录中给出. 特别地, 用来估计多元波动率模型的复杂的 RATS 程序在第 9 章的附录 A 中给出. 其中有些我和其他人编的 Fortran 程序可用来对简单的期权定价、估计极值模型、计算风险值和进行贝叶斯 (Bayesian) 分析. 一些数据和程序可以在万维网上获得, 网址为 http://www.gsb.uchicago.edu/fac/ruey.tsay/teaching /fts.

本书第 1 章描述了金融时间序列数据的一些基本特征. 其他各章分为三个部分: 第一部分由第 2 章至第 7 章组成, 讨论一维金融时间序列的分析及应用; 第二部分包括第 8 章和第 9 章, 是关于多项资产收益率序列的; 最后一部分是第 10 章, 介绍用 MCMC 方法进行金融中的贝叶斯推断.

完全读懂本书需要具备基本统计学的概念和知识. 在每章中, 当一个必要的统计学概念第一次出现时, 我都给出了一个简短的回顾. 即使如此, 统计学或商业统计学的必备知识, 包括概率分布、线性回归分析, 还是竭力推荐的. 金融知识对理解书中所讨论的应用是很有帮助的. 然而, 对具有很好的计量经济学和统计学背景的读者来说, 也会在本书中发现多方面有趣的主题和带挑战性的问题.

作为 MBA 的课程, 第 2 章和第 3 章是核心内容, 另外还可加入一些非线性方法的内容 (如第 4 章的神经网络及第 5~7 章和第 10 章中讨论的应用). 对贝叶斯推断感兴趣的读者可以从第 10 章的前 5 节开始阅读.

金融时间序列分析的研究发展迅速, 新成果不断出现. 虽然我已经力图覆盖尽可能广的内容, 但仍有许多主题没有涉及或只是一带而过.

我真诚地感谢我的老师和亲密的朋友 George C. Tiao, 是他在这些年中给了我指导和鼓励, 让我有了对统计应用的坚定信念. 感谢 Steve Quigley, Heather Haselkorn, Leslie Galen, Danielle LaCourciere 和 Amy Hendrickson, 没有他们的帮助这本书是不可能出版的. 感谢 Richard Smith 送给我极值理论的估计程序. 感谢 Bonnie K. Ray 对本书的几个章节都给出了非常有益的建议. 感谢 Steve Kou 送给我他的关于跳跃扩散模型论文的预印本. 感谢 Robert E. McCulloch 许多年来在 MCMC 方法上的合作. 感谢选修我的金融时间序列分析课程的许多学生的反馈和投入. 感谢 Jeffrey Russell 和 Michael Zhang 关于高频金融数据的深入讨论. 同时, 也感谢芝加哥大学商学院和美国国家科学基金的支持. 最后, 对我的妻子 Teresa 的一贯支持、鼓励和理解, 对 Julie, Richard 和 Vicki 给我带来的快乐和灵感以及对我的父母亲给我的关爱, 表示我最衷心的谢意.

蔡瑞胸 (Ruey S. Tsay)

芝加哥大学

目 录

第1章　金融时间序列及其特征

金融时间序列分析考虑的是资产价值随时间演变的理论与实践. 它是一个带有高度经验性的学科, 但也像其他科学领域一样, 理论是形成分析推断的基础. 然而, 金融时间序列分析有一个区别于其他时间序列分析的主要特点: 金融理论及其经验的时间序列都包含不确定因素. 例如, 资产波动率有各种不同的定义, 对一个股票收益率序列, 波动率是不能直接观察到的. 正因为带有不确定性, 统计的理论和方法在金融时间序列分析中起重要作用.

本书的目的是提供一些金融时间序列的知识, 介绍一些对分析金融时间序列有用的统计工具, 从而使读者获得各种经济计量方法在金融中应用的经验. 第 1 章引入资产收益率的基本概念, 并简要介绍本书所讨论的一些过程. 第 2 章回顾了一些线性时间序列分析中的基本概念, 如平稳性、自相关函数, 引入了一些简单的线性模型来处理序列的序列相关性, 并讨论了带时间序列误差、季节性、单位根非平稳性和长记忆过程的回归模型. 当存在条件异方差性和序列相关时, 该章给出了协方差阵相合估计的方法. 第 3 章着重讨论了条件异方差性 (资产收益率的条件方差) 的建模, 讨论了新近发展起来的用来描述资产收益率的波动率随时间演变的各种经济计量模型. 该章还讨论了波动率建模的其他方法, 包括使用高频交易数据和一项资产的日最高价格和日最低价格进行建模. 第 4 章讨论了金融时间序列中的非线性性, 引入了能区别非线性序列与线性序列的检验统计量, 并讨论了几个非线性模型. 该章还介绍了非参数估计方法和神经网络, 并且展示了非线性模型在金融中的各种应用. 第 5 章考虑的是高频金融数据的分析, 市场微观结构的影响及高频金融的应用, 阐明了不同步 (或不同时) 的交易和买卖价格间的跳跃可能带来股票收益的序列相关性. 该章还研究了不同交易之间持续时间的动态规律和一些分析交易数据的计量经济模型. 第 6 章引入了连续时间扩散模型和伊滕 (Ito) 引理, 导出了 Black-Scholes 期权定价公式, 并应用一个简单的跳跃扩散模型来刻画期权市场常见的一些特征. 第 7 章讨论了极值理论、厚尾分布及其在金融风险管理中的应用. 该章还特别讨论了计算金融头寸风险值 (VaR) 及金融头寸的预期赤字的各种方法. 第 8 章着重讨论多元时间序列分析和简单的多元模型, 重点在于分析时间序列之间的交叉延迟关系. 该章还介绍了协整、一些协整检验以及门限协整, 并用协整的概念来研究金融市场中的套利机会, 包括配对交易. 第 9 章讨论了简化多元时间序列动态结构的方法和降低维数的方法, 并介绍和演示了 3 种因子模型来分析多个资产的收益率. 第 10 章介绍了多元波动率模型, 其中包括带时变相关系数的模型, 同时还讨论了怎样对一个条件协方差阵进行重新参数化, 使之满足正定性的限制, 并降低波动率建模的复杂性. 第 11 章介绍了状态空间模型和卡尔曼滤波, 还讨论了状态空间模型和本书中所讨论的其他计量经济模型之间的关系. 该章还给出了在金融方面应用的几个例子. 最后, 第 12 章介绍了统计文献中一些新近发展起来的马尔可夫链蒙特卡罗方法, 并把这些方法应用于各种金融研究的问题, 如随机波动率模型和马尔可夫转换模型的估计.

本书着重强调应用和实证分析. 每章都有实际例子, 很多时候经济计量模型的发展是由金融时间序列的实证特征来推动的. 必要时, 本书还提供了用来分析数据的计算机程序和命令. 在某些案例中, 程序已在附录中给出. 书中各章的练习题也要用到很多实际数据.

1.1 资产收益率

多数金融研究针对的是资产收益率而不是资产价格. Campbell, Lo 和 MacKinlay (1997) 给出了使用收益率的两个主要理由: 第一, 对普通的投资者来说, 资产收益率完全体现了该资产的投资机会, 且与其投资规模无关; 第二, 收益率序列比价格序列更容易处理, 因为前者有更好的统计性质. 然而, 资产收益率有多种定义.

设 P_t 是资产在 t 时刻的价格. 下面给出全书中要用到的一些收益率的定义. 暂时假定资产不支付分红.

单期简单收益率

若从第 $t-1$ 天到第 t 天 (一个周期) 持有某种资产, 则**简单毛收益率**为

$$1 + R_t = \frac{P_t}{P_{t-1}} \quad \text{或} \quad P_t = P_{t-1}\left(1 + R_t\right). \tag{1.1}$$

对应的单期**简单净收益率**或称**简单收益率**为

$$R_t = \frac{P_t}{P_{t-1}} - 1 = \frac{P_t - P_{t-1}}{P_{t-1}}. \tag{1.2}$$

多期简单收益率

若从第 $t-k$ 天到第 t 天这 k 个周期内持有某种资产, 则 k-**期简单毛收益率**为

$$
\begin{aligned}
1 + R_t\,[k] &= \frac{P_t}{P_{t-k}} = \frac{P_t}{P_{t-1}} \times \frac{P_{t-1}}{P_{t-2}} \times \cdots \times \frac{P_{t-k+1}}{P_{t-k}} \\
&= (1 + R_t)\,(1 + R_{t-1}) \cdots (1 + R_{t-k+1}) \\
&= \prod_{j=0}^{k-1} \left(1 + R_{t-j}\right).
\end{aligned}
$$

这样, k-期简单毛收益率就是其所包含的这 k 个单期简单毛收益率的乘积, 称为**复合收益率**. k-期简单净收益率是 $R_t\,[k] = (P_t - P_{t-k})\,/P_{t-k}$.

在实际中, 确切的时间区间对讨论和比较收益率是非常重要的 (例如是月收益率还是年收益率). 若时间区间没有给出, 那么就隐含地假定时间区间为 1 年. 如果持有资产的期限为 k 年, 则 (平均的) 年化收益率定义为

$$
年化的\{R_t[k]\} = \left[\prod_{j=0}^{k-1}(1+R_{t-j})\right]^{1/k} - 1.
$$

这是由它所包含的这 k 个单期简单毛收益率的几何平均得到的, 可以用下式计算:

$$
年化的\{R_t[k]\} = \exp\left[\frac{1}{k}\sum_{j=0}^{k-1}\ln(1+R_{t-j})\right] - 1,
$$

其中 $\exp(x)$ 表示指数函数, $\ln(x)$ 是正数 x 的自然对数. 因为计算算术平均值比计算几何平均值容易, 并且单期收益率一般很小, 我们可以用一阶泰勒 (Taylor) 展开来近似年度化的收益率, 得到

$$
年化的\{R_t[k]\} \approx \frac{1}{k}\sum_{j=0}^{k-1}R_{t-j}. \tag{1.3}
$$

然而, 在有些应用中, (1.3) 式近似的精度可能不够.

连续复合

在引进连续复合收益率之前, 我们讨论一下复合的效果. 假定银行存款的年利率为 10%, 最初存款为 1 美元. 如果该银行每年支付一次利息, 那么 1 年之后存款的净值变为 1 美元 $\times(1+0.1)=1.1$ 美元. 如果该银行半年付息一次, 6 个月的利息率是 $10\%/2=5\%$, 第 1 年之后净值是 1美元 $\times(1+0.1/2)^2 = 1.1025$ 美元. 一般地, 如果银行 1 年付息 m 次, 那么每次支付的利息率为 $10\%/m$, 1 年后存款的净值变成 $1\times(1+0.1/m)^m$ 美元. 表 1-1 给出了年利率为 10% 时一些常用的时间间隔下存款 1 美元的结果. 特别地, 净值趋于 1.1052 美元 $\approx \exp(0.1)$ 美元, 这个值就是连续复合的结果. 于是, 我们可以清楚地看到复合的效果.

一般地, 连续复合的资产净值 A 为

$$
A = C\exp(r\times n), \tag{1.4}
$$

其中 r 是年利率, C 是初始资本, n 是年数[1]. 由 (1.4) 式, 我们有

$$
C = A\exp(-r\times n), \tag{1.5}
$$

叫作 n 年后价值为 A 的资产的**现值**, 这里我们假定连续复合的年利率为 r.

---

[1] 可为小数. —— 译者注

表 1-1 复合效果的演示: 期限为 1 年, 年利率为 10%

类 型	支付次数	每期的利率	净 值
一年	1	0.1	$1.100 00
半年	2	0.05	$1.102 50
季度	4	0.025	$1.103 81
月	12	0.008 3	$1.104 71
周	52	0.1/52	$1.105 06
天	365	0.1/365	$1.105 16
连续地	∞		$1.105 17

连续复合收益率

资产的简单毛收益率的自然对数称为**连续复合收益率**或**对数收益率**(log-return)

$$r_t = \ln\left(1 + R_t\right) = \ln\frac{P_t}{P_{t-1}} = p_t - p_{t-1}, \tag{1.6}$$

其中 $p_t = \ln P_t$. 与简单净收益率 R_t 相比, 连续复合收益率 r_t 有一些优点. 首先, 对多期收益率, 我们有

$$\begin{aligned}
r_t\left[k\right] &= \ln\left(1 + R_t\left[k\right]\right) = \ln\left[\left(1 + R_t\right)\left(1 + R_{t-1}\right)\cdots\left(1 + R_{t-k+1}\right)\right] \\
&= \ln\left(1 + R_t\right) + \ln\left(1 + R_{t-1}\right) + \cdots + \ln\left(1 + R_{t-k+1}\right) \\
&= r_t + r_{t-1} + \cdots + r_{t-k+1}.
\end{aligned}$$

这样, 连续复合多期收益率就是它所包含的连续复合单期收益率之和. 其次, 对数收益率具有更容易处理的统计性质.

资产组合收益率

若一个资产组合由 N 个资产组成, 则该资产组合的简单净收益率是它所包含的各个资产的简单净收益率的加权平均, 其中每个资产所占的权重是该资产的价值占资产组合总价值的百分比. 设 p 是一个资产组合, 它在资产 i 上的权重为 w_i, 那么 p 在 t 时刻的简单收益率 $R_{p,t} = \sum_{i=1}^{N} w_i R_{it}$, 其中 R_{it} 是资产 i 的简单收益率.

然而, 资产组合的连续复合收益率没有上述方便的性质. 如果简单收益率 R_{it} 的绝对值都很小, 则我们有 $r_{p,t} \approx \sum_{i=1}^{N} w_i r_{it}$, 其中 $r_{p,t}$ 是该组合在 t 时刻的连续复合收益率. 这种近似经常被用来研究资产组合的收益率.

分红支付

如果一个资产周期性地支付分红, 我们必须修改资产收益率的定义. 设 D_t 是一个资产在第 $t-1$ 天和第 t 天之间的分红, P_t 是该资产在第 t 个周期末的价格. 这样, 分红并没有包含在 P_t 中. 因此, t 时刻简单净收益率和连续复合收益率分别

变为

$$R_t = \frac{P_t + D_t}{P_{t-1}} - 1, \quad r_t = \ln(P_t + D_t) - \ln(P_{t-1}).$$

超额收益率

一个资产在 t 时刻的超额收益率是该资产的收益率与某个参考资产的收益率之差. 这个参考资产通常是无风险的, 如美国短期国债的收益率. 简单超额收益率和对数超额收益率分别定义为

$$Z_t = R_t - R_{0t}, \quad z_t = r_t - r_{0t}, \tag{1.7}$$

其中 R_{0t} 和 r_{0t} 分别是该参考资产的简单收益率和对数收益率. 在金融文献中, 超额收益率被认为是某个套利投资组合的赢利. 在这个投资组合中, 对某资产持多头头寸而对参考资产持空头头寸, 且初始投资净值为 0.

注释 多头金融头寸意味着持有某资产. 空头头寸则指卖出不属于自己的资产. 这需通过从已购买该资产的投资者那里借入资产来完成. 在之后的某天, 卖空者有义务买进和借入完全相同数量的股份偿还给借出者. 因为偿还时要求的是相等数量股份, 而不是相等数量的美元, 卖空者会由于该资产价格的下跌而获利. 如果在空头持续期间该资产有现金分红, 则支付给做空买卖的买者. 卖空者也必须从自己的资源里配备相应的现金分红来补偿借出者. 换句话说, 卖空者有义务支出所借资产的现金分红给借出者. □

关系小结

简单收益率 R_t 与连续复合收益率 r_t 的关系是

$$r_t = \ln(1 + R_t), \quad R_t = e^{r_t} - 1.$$

如果收益率 R_t 与 r_t 是百分比, 则

$$r_t = 100\ln\left(1 + \frac{R_t}{100}\right), \quad R_t = 100(e^{r_t/100} - 1).$$

收益率的时间累加使得

$$1 + R_t[k] = (1 + R_t)(1 + R_{t-1}) \cdots (1 + R_{t-k+1}),$$
$$r_t[k] = r_t + r_{t-1} + \cdots + r_{t-k+1}.$$

如果连续复合年利率为 r, 则资产的现值与资产的未来价值之间的关系为

$$A = C\exp(r \times n), \quad C = A\exp(-r \times n).$$

例 1.1 若某项资产的月对数收益率为 4.46%, 则相应的月简单收益率为 100[exp(4.46/100)−1]=4.56%. 同样, 若某项资产在一个季度内的月对数收益率分别为 4.46%, −7.34%, 10.77%, 则该资产的季度对数收益率为 (4.46−7.34+10.77)%=7.89%.

1.2　收益率的分布性质

要研究资产收益率, 最好从它们的分布性质开始. 目的是要理解不同资产、不同时间收益率的表现. 考虑 N 个资产, 持有这 N 个资产 T 个时间周期, 如 $t = 1, \cdots, T$. 对每个资产 i, r_{it} 表示它在 t 时刻的对数收益率. 所要研究的对数收益率为 $\{r_{it}; i = 1, \cdots, N; t = 1, \cdots, T\}$. 也可以考虑简单收益率 $\{R_{it}; i = 1, \cdots, N; t = 1, \cdots, T\}$ 和对数超额收益率 $\{z_{it}; i = 1, \cdots, N; t = 1, \cdots, T\}$.

1.2.1　统计分布及其矩的回顾

我们简要地回顾一下统计分布的一些基本性质和随机变量的矩. 设 $\mathbf{R}^k$ 表示 k-维欧几里得空间, $\boldsymbol{x} \in \mathbf{R}^k$ 表示 $\boldsymbol{x}$ 是 $\mathbf{R}^k$ 中的点, 考虑两个随机向量 $\boldsymbol{X} = (X_1, \cdots, X_k)'$ 和 $\boldsymbol{Y} = (Y_1, \cdots, Y_q)'$. 令 $P(\boldsymbol{X} \in A, \boldsymbol{Y} \in B)$ 表示 $\boldsymbol{X}$ 在子空间 $A \subset \mathbf{R}^k$ 中且 $\boldsymbol{Y}$ 在子空间 $B \subset \mathbf{R}^q$ 中的概率. 本书的大部分场合, 都假定这两个随机向量是连续的.

联合分布

函数

$$F_{X,Y}(\boldsymbol{x}, \boldsymbol{y}; \boldsymbol{\theta}) = P(\boldsymbol{X} \leqslant \boldsymbol{x}, \boldsymbol{Y} \leqslant \boldsymbol{y}; \boldsymbol{\theta}),$$

是参数为 $\boldsymbol{\theta}$ 的 $\boldsymbol{X}$ 与 $\boldsymbol{Y}$ 的联合分布, 其中不等号 "$\leqslant$" 是分量对分量的运算. $\boldsymbol{X}$ 和 $\boldsymbol{Y}$ 的规律由 $F_{X,Y}(\boldsymbol{x}, \boldsymbol{y}; \boldsymbol{\theta})$ 刻画. 如果 $\boldsymbol{X}$ 和 $\boldsymbol{Y}$ 的联合概率密度函数 $f_{x,y}(\boldsymbol{x}, \boldsymbol{y}; \boldsymbol{\theta})$ 存在, 则

$$F_{X,Y}(\boldsymbol{x}, \boldsymbol{y}; \boldsymbol{\theta}) = \int_{-\infty}^{x} \int_{-\infty}^{y} f_{x,y}(\boldsymbol{w}, \boldsymbol{z}; \boldsymbol{\theta}) \, \mathrm{d}\boldsymbol{z} \mathrm{d}\boldsymbol{w}.$$

这时, $\boldsymbol{X}$ 和 $\boldsymbol{Y}$ 是连续型随机向量.

边际分布

$\boldsymbol{X}$ 的边际分布是

$$F_X(\boldsymbol{x}; \boldsymbol{\theta}) = F_{X,Y}(\boldsymbol{x}, \infty, \cdots, \infty; \boldsymbol{\theta}).$$

这样, $\boldsymbol{X}$ 的边际分布可通过对 $\boldsymbol{Y}$ 求积分得到. 同理, $\boldsymbol{Y}$ 的边际分布也可类似得到.

如果 $k = 1$, X 是一个一元随机变量, 其分布函数为

$$F_X(x) = P(X \leqslant x; \boldsymbol{\theta}),$$

称为 X 的累积分布函数 (Cumulative Distribution Function, CDF). 一个随机变量的 CDF 是非降的 [即对 $x_1 \leqslant x_2$ 有 $F_X(x_1) \leqslant F_X(x_2)$], 且有 $F_X(-\infty) = 0$,

$F_X(\infty) = 1$. 对给定的概率 p, 使 $p \leqslant F_X(x_p)$ 成立的最小实数 x_p 称为随机变量 X 的 100 p- 分位点, 更具体地,

$$x_p = \inf_x \{x \mid p \leqslant F_X(x)\}.$$

本书中我们用 CDF 来计算检验统计量的 p 值.

条件分布

给定 $\boldsymbol{Y} \leqslant \boldsymbol{y}$ 的条件下 $\boldsymbol{X}$ 的条件分布为

$$F_{X|Y \leqslant y}(\boldsymbol{x}; \boldsymbol{\theta}) = \frac{P(\boldsymbol{X} \leqslant \boldsymbol{x}, \boldsymbol{Y} \leqslant \boldsymbol{y}; \boldsymbol{\theta})}{P(\boldsymbol{Y} \leqslant \boldsymbol{y}; \boldsymbol{\theta})}.$$

若所对应的概率密度函数存在, 则给定 $\boldsymbol{Y} = \boldsymbol{y}$ 的条件下, $\boldsymbol{X}$ 的条件密度为

$$f_{x|y}(\boldsymbol{x}; \boldsymbol{\theta}) = \frac{f_{x,y}(\boldsymbol{x}, \boldsymbol{y}; \boldsymbol{\theta})}{f_y(\boldsymbol{y}; \boldsymbol{\theta})}, \tag{1.8}$$

其中边际密度函数 $f_y(\boldsymbol{y}; \boldsymbol{\theta})$ 由下式得到

$$f_y(\boldsymbol{y}; \boldsymbol{\theta}) = \int_{-\infty}^{\infty} f_{x,y}(\boldsymbol{x}, \boldsymbol{y}; \boldsymbol{\theta}) \mathrm{d}\boldsymbol{x}.$$

由 (1.8) 式知, 联合分布、边际分布和条件分布之间的关系为

$$f_{x,y}(\boldsymbol{x}, \boldsymbol{y}; \boldsymbol{\theta}) = f_{x|y}(\boldsymbol{x}; \boldsymbol{\theta}) \times f_y(\boldsymbol{y}; \boldsymbol{\theta}). \tag{1.9}$$

上述等式关系在时间序列分析中经常用到 (如在进行最大似然估计时). 最后, $\boldsymbol{X}$ 与 $\boldsymbol{Y}$ 是相互独立的随机向量当且仅当 $f_{x|y}(\boldsymbol{x}; \boldsymbol{\theta}) = f_x(\boldsymbol{x}; \boldsymbol{\theta})$, 这时 $f_{x,y}(\boldsymbol{x}, \boldsymbol{y}; \boldsymbol{\theta}) = f_x(\boldsymbol{x}; \boldsymbol{\theta}) f_y(\boldsymbol{y}; \boldsymbol{\theta})$.

随机变量的矩

一个连续型随机变量 X 的 l 阶矩定义为

$$m_l' = \mathrm{E}(X^l) = \int_{-\infty}^{\infty} x^l f(x) \,\mathrm{d}x,$$

其中 "E" 表示期望 (expectation), $f(x)$ 是 X 的概率密度函数. 一阶矩称为 X 的**均值**(mean) 或**期望**, 它度量的是分布的中心位置, 记为 μ_x. X 的 l 阶中心矩定义为

$$m_l = \mathrm{E}\left[(X - \mu_x)^l\right] = \int_{-\infty}^{\infty} (x - \mu_x)^l f(x) \,\mathrm{d}x,$$

假定上式中积分存在. 二阶中心矩可度量 X 取值的变化程度, 称为 X 的**方差**(variance), 记为 σ_x^2. 方差的正平方根 σ_x 称为 X 的**标准差**. 一个正态分布由它的前两阶矩决定. 对其他分布, 可能要了解其更高阶矩.

三阶中心矩度量 X 关于其均值的对称性, 而四阶中心矩度量 X 的尾部. 在统计学中, 标准化的三阶矩叫**偏度**(skewness), 标准化的四阶矩叫**峰度**(kurtosis), 它们分别用来描述随机变量的对称程度和尾部厚度. 具体地, X 的偏度和峰度分别定义为

$$S(x) = \mathrm{E}\left[\frac{(X - \mu_x)^3}{\sigma_x^3}\right], \quad K(x) = \mathrm{E}\left[\frac{(X - \mu_x)^4}{\sigma_x^4}\right].$$

量 $K(x) - 3$ 叫作**超额峰度**(excess kurtosis), 因为正态分布的峰度 $K(x) = 3$. 这样, 一个正态随机变量的超额峰度为 0. 若一个分布有正的超额峰度, 则称此分布具有厚尾性, 厚尾的含义是指该分布在其支撑 (support) 的尾部有比正态分布更多的 "质量". 在实际中, 这就意味着来自于这样一个分布的随机样本会有更多的极端值, 故称这样的分布为尖峰的 (leptokurtic). 另外, 一个具有负的超额峰度的分布是轻尾的 (例如, 有限区间上的均匀分布), 这样的分布称为低峰的.

在应用中, 我们可以用相应的样本偏度和样本峰度来估计偏度和峰度. 设 $\{x_1, \cdots, x_T\}$ 是 X 的 T 个观察值, 样本均值为

$$\hat{\mu}_x = \frac{1}{T} \sum_{t=1}^{T} x_t, \tag{1.10}$$

样本方差为

$$\hat{\sigma}_x^2 = \frac{1}{T-1} \sum_{t=1}^{T} (x_t - \hat{\mu}_x)^2, \tag{1.11}$$

样本偏度为

$$\hat{S}(x) = \frac{1}{(T-1)\hat{\sigma}_x^3} \sum_{t=1}^{T} (x_t - \hat{\mu}_x)^3, \tag{1.12}$$

样本峰度为

$$\hat{K}(x) = \frac{1}{(T-1)\hat{\sigma}_x^4} \sum_{t=1}^{T} (x_t - \hat{\mu}_x)^4. \tag{1.13}$$

在正态分布的假定下, $\hat{S}(x)$ 和 $\hat{K}(x) - 3$ 均渐近地服从均值为零、而方差分别为 $6/T$ 和 $24/T$ 的正态分布 [参见 Snedecor 和 Cochran (1980), 第 78 页]. 我们可以用这些渐近性质来检验资产收益率是否具有正态性. 给定一个资产收益率序列 $\{r_1, \cdots, r_T\}$, 要检验其偏度, 即要考虑零假设 $H_0 : S(r) = 0$ 对备择假设 $H_a : S(r) \neq 0$. 由 (1.12) 式所定义的样本偏度的 t- 比统计量为

$$t = \frac{\hat{S}(r)}{\sqrt{6/T}}.$$

决策规则如下: 在显著性水平 α 下, 若 $|t| > Z_{\alpha/2}$, 则拒绝零假设, 其中 $Z_{\alpha/2}$ 是标准正态分布的 $100(\alpha/2)$ 上分位点. 另外一个方法是计算检验统计量 t 的 p 值, 当且仅当 p 值小于 α 时拒绝 H_0.

类似地, 我们可以用假设检验 $H_0 : K(r) - 3 = 0$ 与 $H_a : K(r) - 3 \neq 0$, 来检验收益率序列的超额峰度. 检验统计量为

$$t = \frac{\hat{K}(r) - 3}{\sqrt{24/T}},$$

并且该统计量渐近标准正态分布. 决策规则为当且仅当检验统计量的 p 值小于显著性水平 α 时拒绝 H_0. Jarque 和 Bera(1987) 结合了这两个先验检验, 并利用了下述统计量

$$\mathrm{JB} = \frac{\hat{S}^2(r)}{6/T} + \frac{[\hat{K}(r) - 3]^2}{24/T},$$

其中, 该统计量的渐近分布是自由度为 2 的 χ^2 分布. 如果 JB 统计量的 p 值小于显著性水平 α, 则拒绝正态性的 H_0 假设.

例 1.2 考虑表 1-2 中所用的 IBM 股票的日简单收益率. 作为描述性统计量的一部分, 收益率的样本偏度和峰度可以用各种统计软件包很容易地得到. 我们给出了实例中用到的 SCA 和 S-Plus 命令, 其中**d-ibm3dx7008.txt**是数据文件名. 需要注意的是, 在 SCA 中峰度指的是超额峰度. 输出结果中超额峰度很高, 表明 IBM 股票的日简单收益率具有厚尾性. 为了检验收益率分布的对称性, 我们用检验统计量

$$t = \frac{0.061\,4}{\sqrt{6/9845}} = \frac{0.061\,4}{0.024\,7} = 2.49,$$

该检验统计量的 p 值大约为 0.013, 表明在 5%的显著性水平下, IBM 股票的日简单收益率显著地右偏.

表 1-2　几种股指和股票日或月简单收益率和对数收益率的描述性统计量 [a]

证券	起始日期	样本量	均值	标准差	偏度	超额峰度	最小值	最大值
			日简单收益率 (%)					
SP	70/01/02	9845	0.029	1.056	−0.73	22.81	−20.47	11.58
VW	70/01/02	9845	0.040	1.004	−0.62	18.02	−17.13	11.52
EW	70/01/02	9845	0.076	0.814	−0.77	17.08	−10.39	10.74
IBM	70/01/02	9845	0.040	1.693	0.06	9.92	−22.96	13.16
Intel	72/12/15	9096	0.108	2.891	−0.15	6.13	−29.57	26.38
3M	670/01/02	9845	0.045	1.482	−0.36	13.34	−25.98	11.54
Microsoft	86/03/14	5752	0.123	2.359	−0.13	9.92	−30.12	19.57
Citi-Grp	86/10/30	5592	0.067	2.602	1.80	55.25	−26.41	57.82
			日对数收益率 (%)					
SP	70/01/02	9845	0.023	1.062	−1.17	30.20	−22.90	10.96
VW	70/01/02	9845	0.035	1.008	−0.94	21.56	−18.80	10.90
EW	70/01/02	9845	0.072	0.816	−1.00	17.76	−10.97	10.20
IBM	70/01/02	9845	0.026	1.694	−0.27	12.17	−26.09	12.37
Intel	72/12/15	9096	0.066	2.905	−0.54	7.81	−35.06	23.41
3M	70/01/02	9845	0.034	1.488	−0.78	20.57	−30.08	10.92
Microsoft	86/03/14	5752	0.0956	2.369	−0.63	14.23	−35.83	17.87

(续)

证券	起始日期	样本量	均值	标准差	偏度	超额峰度	最小值	最大值
Citi-Grp	86/10/30	5592	0.033	2.575	0.22	33.19	−30.66	45.63
月简单收益率 (%)								
SP	26/01	996	0.58	5.53	0.32	9.47	−29.94	42.22
VW	26/01	996	0.89	5.43	0.15	7.69	−29.01	38.37
EW	26/01	996	1.22	7.40	1.52	14.94	−31.28	66.59
IBM	26/01	996	1.35	7.15	0.44	3.43	−26.19	47.06
Intel	73/01	732	2.21	12.82	−0.32	2.70	−44.87	62.50
3M	46/02	755	1.24	6.45	0.22	0.98	−27.83	25.80
Microsoft	86/04	273	2.62	11.08	0.66	1.96	−34.35	51.55
Citi-Grp	86/11	266	1.17	9.75	−0.47	1.77	−39.27	26.08
月对数收益率 (%)								
SP	26/01	996	0.43	5.54	−0.52	7.93	−35.58	35.22
VW	26/01	996	0.74	5.43	−0.58	6.85	−34.22	32.47
EW	26/01	996	0.96	7.14	0.25	8.55	−37.51	51.04
IBM	26/01	996	1.09	7.03	−0.07	2.62	−30.37	38.57
Intel	73/01	432	1.39	12.80	−0.55	3.06	−59.54	48.55
3M	46/02	755	1.03	6.37	−0.08	1.25	−32.61	22.95
Microsoft	86/04	273	2.01	10.66	0.10	1.59	−42.09	41.58
Citi-Grp	86/11	266	0.68	10.09	−1.09	3.76	−49.87	23.18

a 收益率是百分比, 取样期截至 2008 年 12 月 31 日. 统计量分别由 (1.10)~(1.13) 式定义. VW, EW 和 SP 分别表示价值加权指数、等权重指数和标准普尔综合指数.

R 演示

在下列程序中, > 表示提示符, % 表示注释.

```
> library(fBasics)  % Load the package fBasics.
> da=read.table("d-ibm3dx7008.txt",header=T)  % Load the data.
% header=T means 1st row of the data file contains
% variable names. The default is header=F, i.e., no names.

> dim(da)    % Find size of the data: 9845 rows and 5 columns.
[1] 9845    5
> da[1,]   % See the first row of the data
     Date       rtn   vwretd   ewretd    sprtrn % column names
1 19700102 0.000686 0.012137  0.03345  0.010211

> ibm=da[,2]   % Obtain IBM simple returns
> sibm=ibm*100  % Percentage simple returns

> basicStats(sibm)   % Compute the summary statistics
                sibm
nobs     9845.000000 % Sample size
NAs         0.000000 % Number of missing values
Minimum   -22.963000
```

```
Maximum        13.163600
1. Quartile    -0.857100 % 25th percentile
3. Quartile     0.883300 % 75th percentile
Mean            0.040161 % Sample mean
Median          0.000000 % Sample median
Sum           395.387600 % Sum of the percentage simple returns
SE Mean         0.017058 % Standard error of the sample mean
LCL Mean        0.006724 % Lower bound of 95% conf.
                         % interval for mean
UCL Mean        0.073599 % Upper bound of 95% conf.
                         % interval for mean
Variance        2.864705 % Sample variance
Stdev           1.692544 % Sample standard error
Skewness        0.061399 % Sample skewness
Kurtosis        9.916359 % Sample excess kurtosis.

% Alternatively, one can use individual commands as follows:
> mean(sibm)
[1] 0.04016126
> var(sibm)
[1] 2.864705
> sqrt(var(sibm)) % Standard deviation
[1] 1.692544
> skewness(sibm)
[1] 0.06139878
attr(,"method")
[1] "moment"
> kurtosis(sibm)
[1] 9.91636
attr(,"method")
[1] "excess"

% Simple tests
> s1=skewness(sibm)
> t1=s1/sqrt(6/9845) % Compute test statistic
> t1
[1] 2.487093
> pv=2*(1-pnorm(t1)) % Compute p-value.
> pv
[1] 0.01287919

% Turn to log returns in percentages
> libm=log(ibm+1)*100
> t.test(libm)  % Test mean being zero.
        One Sample t-test
data:  libm
t = 1.5126, df = 9844, p-value = 0.1304
alternative hypothesis: true mean is not equal to 0
95 percent confidence interval:
 -0.007641473  0.059290531
```

```
% The result shows that the hypothesis of zero expected return
% cannot be rejected at the 5% or 10% level.

> normalTest(libm,method='jb') % Normality test
Title:
 Jarque - Bera Normality Test

Test Results:
  STATISTIC:
    X-squared: 60921.9343
  P VALUE:
    Asymptotic p Value: < 2.2e-16
% The result shows the normality for log-return is rejected.
```

S-Plus 演示

在下列程序中, > 为 DOS 提示符, % 表示注释.

```
> module(finmetrics) % Load the Finmetrics module.
> da=read.table("d-ibm3dx7008.txt",header=T) % Load data.
> dim(da)        % Obtain the size of the data set.
[1] 9845    5
> da[1,]    % See the first row of the data
      Date     rtn   vwretd  ewretd   sprtrn
1 19700102 0.000686 0.012137 0.03345 0.010211
 > sibm=da[,2]*100  % Obtain percentage simple returns of
                    % IBM stock.
 > summaryStats(sibm) % Obtain summary statistics

Sample Quantiles:
    min    1Q median    3Q    max
 -22.96 -0.8571      0 0.8833 13.16
Sample Moments:
   mean    std skewness kurtosis
 0.04016 1.693  0.06141    12.92
Number of Observations:  9845
% simple tests
> s1=skewness(sibm) % Compute skewness
> t=s1/sqrt(6/9845) % Perform test of skewness
> t
[1] 2.487851
> pv=2*(1-pnorm(t)) % Calculate p-value.
> pv
[1] 0.01285177

> libm=log(da[,2]+1)*100 % Turn to log-return
> t.test(libm)  % Test expected return being zero.
        One-sample t-Test
data: libm
t = 1.5126, df = 9844, p-value = 0.1304
```

```
alternative hypothesis:  mean is not equal to 0
95 percent confidence interval:
 -0.007641473   0.059290531

> normalTest(libm,method='jb') % Normality test
Test for Normality: Jarque-Bera
Null Hypothesis: data is normally distributed

Test Stat 60921.93
  p.value       0.00
Dist. under Null: chi-square with 2 degrees of freedom
  Total Observ.: 9845
```

注释 在 S-Plus 中, 峰度为通常的峰度, 不是超额峰度. 这也就是说, 在 S-Plus 中并没有从样本峰度中减去 3. 当然, 在许多情况下, R 和 S-Plus 使用相同的命令. □

1.2.2 收益率的分布

对数收益率 $\{r_{it}; i = 1, \cdots, N; t = 1, \cdots, T\}$ 的最一般的模型是它们的联合分布函数:

$$F_r(r_{11}, \cdots, r_{N1}; r_{12}, \cdots, r_{N2}; \cdots; r_{1T}, \cdots, r_{NT}; \boldsymbol{Y}; \boldsymbol{\theta}), \tag{1.14}$$

其中 $\boldsymbol{Y}$ 是由一些变量组成的状态向量, 这些变量描述了决定资产收益率的环境, $\boldsymbol{\theta}$ 是唯一决定分布函数 $F_r(\cdot)$ 的参数向量. 概率分布 $F_r(\cdot)$ 决定了收益率 r_{it} 和 $\boldsymbol{Y}$ 的随机行为. 在许多金融研究中, 把状态向量当做给定的, 而主要关心的是给定 $\boldsymbol{Y}$ 的条件下 $\{r_{it}\}$ 的条件分布. 因此, 资产收益率的实证分析是要估计未知参数 $\boldsymbol{\theta}$, 并在给定一些过去的对数收益率的条件下对 $\{r_{it}\}$ 的行为做出统计推断.

(1.14) 式的模型太广泛了, 以至于失去了实际应用的价值. 然而, 它却提供了一个一般的框架, 在此框架中, 可以给资产收益率建立一个适当的计量经济模型.

有些金融理论, 比如 Sharpe 在 1964 年提出的资本资产定价模型(Capital Asset Pricing Model, 简记为 CAPM), 考虑的是在单个时间点 t 上 N 个收益率的联合分布 (也即 $\{r_{1t}, \cdots r_{Nt}\}$ 的分布). 另外一些理论则强调单个资产收益率的动态结构 (也即对一个给定的资产 i, $\{r_{1t}, \cdots, r_{Nt}\}$ 的分布). 本书对这两个方面都给予了充分的讨论. 在第 2~7 章的一元分析中, 主要关心的是对资产 i, $\{r_{it}\}_{t=1}^{T}$ 的联合分布. 为此, 把联合分布分解成如下形式

$$F(r_{i1}, \cdots, r_{iT}; \theta) = F(r_{i1}) F(r_{i2}|r_{i1}) \cdots F(r_{iT}|r_{i,T-1}, \cdots, r_{i1})$$

$$= F(r_{i1}) \prod_{t=2}^{T} F(r_{it}|r_{i,t-1}, \cdots, r_{i1}). \tag{1.15}$$

为简单起见, 上式中略去了 $\boldsymbol{\theta}$. 这个分解式突出了对数收益率 r_{it} 在时间上的前后相

依性. 因此, 主要的问题就是条件分布 $F(r_{it}|r_{i,t-1},)$ 的具体形式, 特别是条件分布是怎样随时间演变的. 在金融中, 不同分布的具体形式会导出不同的理论. 例如, 随机游动假定的一种形式就是条件分布 $F(r_{it}|r_{i,t-1},\cdots,r_{i1})$ 等于边际分布 $F(r_{it})$. 这时, 收益率在时间上是相互独立的, 从而是不可预测的.

我们通常把资产收益率当做连续型随机变量对待, 尤其是对低频的指数收益率或股票收益率, 因此这里我们使用它们的概率密度函数. 在这种情况下, 利用等式 (1.9), 我们把 (1.15) 式的分解写成

$$f(r_{i1},\cdots,r_{iT};\boldsymbol{\theta}) = f(r_{i1};\boldsymbol{\theta})\prod_{t=2}^{T} f(r_{it}|r_{i,t-1},\cdots,r_{i1},\boldsymbol{\theta}). \tag{1.16}$$

对高频资产收益率, 离散性就变成一个问题. 例如, 在纽约股票交易所 (New York Stock Exchange, 简记为 NYSE), 股票的价格是以一个微小量 (tick size) 的倍数变化的. 这个微小量在 1997 年 7 月之前取为 1/8 美元, 而在 1997 年 7 月至 2001 年 1 月是 1/16 美元. 因此, NYSE 记录的个股的收益率不是连续型的. 我们将在第 5 章讨论高频的股价变化和在价格发生变化之间的时间持续期.

注释 2000 年 8 月 28 日, 纽约股票交易所开始了一项试验性的程序, 对 7 只股票以十进制小数计价, 而美国股票交易所 (American Stock Exchange, 简记为 AMEX) 开始对 6 只股票和两种期权种类以十进制小数计价. 在 2000 年 9 月 25 日 和 12 月 4 日, NYSE 分别增加了 57 只股票和 94 只股票进入该程序. 2001 年 1 月 29 日, 所有在 NYSE 和 AMEX 交易的股票都以十进制进行交易. □

(1.16) 式启示我们在资产收益率的研究中, 条件分布比边际分布更有意义. 然而, 边际分布仍然需要关注. 特别地, 利用过去的收益率数据, 估计边际分布比估计条件分布更容易. 另外, 有时通过实证看出资产收益率只有很弱的序列相关性, 从而它们的边际分布与条件分布很相近.

在对资产收益率的边际分布进行研究的文献中, 已经提到过几种分布, 包括正态分布、对数正态分布、稳定分布和正态分布的尺度混合 (scale-mixture). 下面我们简要讨论一下这几种分布.

正态分布

金融研究中传统的假设是：简单收益率 $\{R_{it}|t=1,\cdots,T\}$ 是独立同分布的, 均服从一个固定均值和方差的正态分布. 这个假设使资产收益率的统计性质变得可以处理, 但它遇到几个困难: 第一, 简单资产收益率的下界为 -1, 而正态分布可以取到实数轴上的任何值, 从而没有下界; 第二, 如果 R_{it} 是正态分布的, 那么多期的简单收益率 $R_{it}[k]$ 就不再是正态分布的, 因为它是单期收益率的乘积; 第三, 实证结果不支持正态性假设, 很多资产收益率数据都具有正的超额峰度.

对数正态分布

另一个常用的假定是: 资产的对数收益率是独立同分布的且都服从均值为 μ、

方差为 σ^2 的正态分布. 那么在此假定下, 简单收益率是独立同分布的对数正态分布的随机变量, 均值和方差分别为

$$\mathrm{E}\left(R_t\right) = \exp\left(\mu + \frac{\sigma^2}{2}\right) - 1, \quad \mathrm{Var}\left(R_t\right) = \exp\left(2\mu + \sigma^2\right)\left[\exp\left(\sigma^2\right) - 1\right]. \quad (1.17)$$

上式在研究资产收益率时是有用的 (如利用给对数收益率所建立的模型进行预测时). 反之, 假设简单收益率 R_t 服从对数正态分布, 均值为 m_1, 方差为 m_2, 则对应的对数收益率 r_t 的均值和方差分别为

$$\mathrm{E}\left(r_t\right) = \ln\left[\frac{m_1 + 1}{\sqrt{1 + \dfrac{m_2}{\left(1 + m_1\right)^2}}}\right], \quad \mathrm{Var}\left(r_t\right) = \ln\left[1 + \frac{m_2}{\left(1 + m_1\right)^2}\right].$$

因为有限个独立同分布的正态随机变量之和仍服从正态分布, 在 $\{r_t\}$ 的正态假定下 $r_t[k]$ 也是正态的. 另外, r_t 没有下界, 并且由 $1 + R_t = \exp\{r_t\}$ 知 R_t 的下界也能满足. 然而, 对数正态假定并不是与股票的历史收益率的所有性质都一致的, 特别是很多股票收益率表现出了正的超额峰度.

稳定分布

稳定分布是正态分布的自然推广, 它们在加法运算下是稳定的, 这一点符合连续复合收益率 r_t 的要求. 进一步讲, 稳定分布能刻画股票的历史收益率所显示出来的超额峰度. 然而, 非正态稳定分布没有有限方差, 这一点与大部分金融理论相矛盾. 另外, 用非正态的稳定分布进行统计建模是很困难的. 非正态稳定分布的一个例子是柯西 (Cauchy) 分布, 其中关于它的中位数是对称的, 但方差是无限的.

正态分布的尺度混合

对于股票收益率的新近研究, 倾向于利用正态分布的尺度混合或有限混合. 在正态分布尺度混合的假定下, 对数收益率 r_t 服从均值为 μ、方差为 σ^2 的正态分布 (也即 $r_t \sim N\left(\mu, \sigma^2\right)$). 但是, σ^2 是一个随机变量, 它服从一个正的分布 (如 σ^{-2} 服从一个伽玛分布). 正态分布的有限混合的一个例子是

$$r_t \sim (1 - X) N\left(\mu, \sigma_1^2\right) + X N\left(\mu, \sigma_2^2\right),$$

其中 X 是服从伯努利分布的随机变量, 即 $P(X = 1) = \alpha, P(X = 0) = 1 - \alpha$, 且 $0 < \alpha < 1$, σ_1^2 较小而 σ_2^2 相对较大. 例如, 对 $\alpha = 0.05$, 有限混合指的是 95% 的收益率服从 $N\left(\mu, \sigma_1^2\right)$, 5% 的收益率服从 $N\left(\mu, \sigma_2^2\right)$. σ_2^2 的较大值使混合把更多的 "质量" 放在其分布的尾部. 来自于 $N\left(\mu, \sigma_2^2\right)$ 的收益率的百分比较低, 表明大多数收益率服从一个简单的正态分布. 正态分布有限混合的优点包括: 保持了正态分布的易

处理性、具有有限高阶矩和能刻画超额峰度. 然而, 我们很难估计混合参数 (如有限混合中的 α).

图 1-1 显示的是正态分布的有限混合、柯西分布和标准正态分布的概率密度函数. 正态分布的有限混合是 $(1-X)N(0,1)+XN(0,16)$, 其中 X 为满足 $P(X=1)=0.05$ 的伯努利随机变量, 柯西密度函数是

$$f(x) = \frac{1}{\pi\left(1+x^2\right)}, \quad -\infty < x < \infty.$$

可见, 柯西分布有比正态分布的有限混合更厚的尾部, 而正态分布的有限混合有比标准正态分布更厚的尾部.

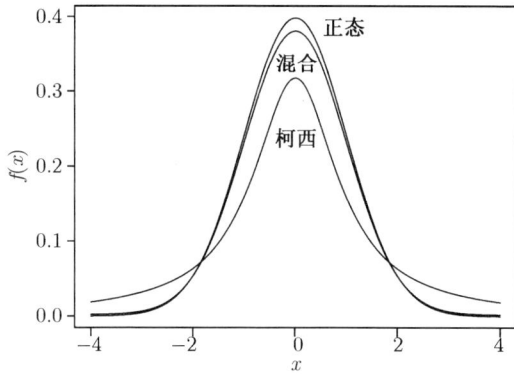

图 1-1　正态分布的有限混合、稳定分布和标准正态分布的密度函数的比较

1.2.3 多元收益率

设 $\boldsymbol{r}_t = (r_{1t}, \cdots, r_{Nt})'$ 是 N 个资产在 t 时刻的对数收益率. 第 8 章和第 9 章的多元分析将涉及 $\{\boldsymbol{r}_t\}_{t=1}^{T}$ 的联合分布. 这个联合分布可以用与 (1.15) 式相同的方式来分解, 因此分析集中在条件分布 $F\left(\boldsymbol{r}_t \mid \boldsymbol{r}_{t-1}, \cdots, \boldsymbol{r}_1, \boldsymbol{\theta}\right)$ 的具体形式上. 特别地, $\boldsymbol{r}_t$ 的条件期望和条件协方差阵怎样随时间演变是第 8 章和第 9 章讨论的主题.

随机向量 $\boldsymbol{X} = (X_1, \cdots, X_p)$ 的均值向量和协方差矩阵定义为

$$\mathrm{E}(\boldsymbol{X}) = \boldsymbol{\mu}_x = [\mathrm{E}(X_1), \cdots, \mathrm{E}(X_p)]',$$

$$\mathrm{Cov}(\boldsymbol{X}) = \boldsymbol{\Sigma}_x = \mathrm{E}\left[(\boldsymbol{X}-\boldsymbol{\mu}_x)(\boldsymbol{X}-\boldsymbol{\mu}_x)'\right],$$

假定 $\boldsymbol{X}$ 所涉及的期望是存在的. 当有来自于 $\boldsymbol{X}$ 的数据 $\{\boldsymbol{x}_1, \cdots, \boldsymbol{x}_T\}$ 时, 样本均值和样本协方差阵定义为

$$\hat{\boldsymbol{\mu}}_x = \frac{1}{T}\sum_{t=1}^{T}\boldsymbol{x}_t, \quad \hat{\boldsymbol{\Sigma}}_x = \frac{1}{T-1}\sum_{t=1}^{T}(\boldsymbol{x}_t-\hat{\boldsymbol{\mu}}_x)(\boldsymbol{x}_t-\hat{\boldsymbol{\mu}}_x)'.$$

假定 $\boldsymbol{X}$ 的协方差矩阵存在, 则这些样本统计量都是它们对应的理论值的相合估计. 在金融文献中, 多元正态分布常用来描述对数收益率 $\boldsymbol{r}_t$.

1.2.4 收益率的似然函数

(1.15) 式的分解可用来得到一个资产的对数收益率 $\{r_1,\cdots,r_T\}$ 的似然函数. 这里为了符号上的简便, 对数收益率中的下角标 i 省略不写. 若条件分布 $f(r_t|r_{t-1},\cdots, r_1,\boldsymbol{\theta})$ 是均值为 μ_t、方差为 σ_t^2 的正态分布, 则 $\boldsymbol{\theta}$ 由参数 μ_t 和 σ_t^2 组成, 数据的似然函数为

$$f(r_1,\cdots,r_T;\boldsymbol{\theta}) = f(r_1;\boldsymbol{\theta})\prod_{t=2}^{T}\frac{1}{\sqrt{2\pi}\sigma_t}\exp\left[\frac{-(r_t-\mu_t)^2}{2\sigma_t^2}\right], \qquad (1.18)$$

其中 $f(r_1;\boldsymbol{\theta})$ 是第一个观测 r_1 的边际密度函数, 使似然函数达到最大值的 $\boldsymbol{\theta}$ 的值就是参数 $\boldsymbol{\theta}$ 的最大似然估计 (MLE). 因为对数函数是单调的, MLE 可通过最大化如下对数似然函数得到:

$$\ln f(r_1,\cdots,r_T;\boldsymbol{\theta}) = \ln f(r_1;\boldsymbol{\theta}) - \frac{1}{2}\sum_{t=2}^{T}\left[\ln(2\pi)+\ln(\sigma_t^2)+\frac{(r_t-\mu_t)^2}{\sigma_t^2}\right].$$

对数似然函数在实际中更容易处理一些. 若条件分布 $f(r_t|r_{t-1},\cdots,r_1;\boldsymbol{\theta})$ 不是正态的, 则数据的对数似然函数可用类似的方式得到.

1.2.5 收益率的经验性质

本节所用数据是从芝加哥大学证券价格研究中心 (CRSP) 得到的. 如果有分红支付, 则它也包含在收益率之中了. 图 1-2 显示的是 IBM 公司股票从 1926 年 1 月到 2008 年 12 月的月简单收益率和对数收益率的时间图 (time plot). **时间图** 显示的是对应于时间的数据. 上方的图表示简单收益率. 图 1-3 显示的是价值加权 (value-weighted) 市场指数的月简单收益率和对数收益率的时间图. 如所期望的一样, 这些图表明简单收益率和对数收益率的基本模式相似.

表 1-2 列出了所选的美国股票市场指数和个股的简单收益率和对数收益率的一些描述性统计量的值. 所列收益率是日收益率和月收益率, 它们的值以百分比给出. 所用数据的时间跨度和样本容量大小也在表中给出. 从这个表中我们观察到如下几点: (a) 市场指数和个股的日收益率具有很高的超额峰度, 而对月收益率序列, 市场指数的月收益率的超额峰度比个股的月收益率的超额峰度高出许多; (b) 日收益率的均值接近于零, 而月收益率的均值要稍大一些; (c) 月收益率比日收益率有更大的标准差; (d) 在日收益率中, 市场指数的标准差比个股的标准差小, 这一点与通常的感觉是相符的; (e) 偏度不是一个严重问题, 对日收益率和月收益率都是如此; (f) 描述性统计量表明简单收益率和对数收益率的差别很小.

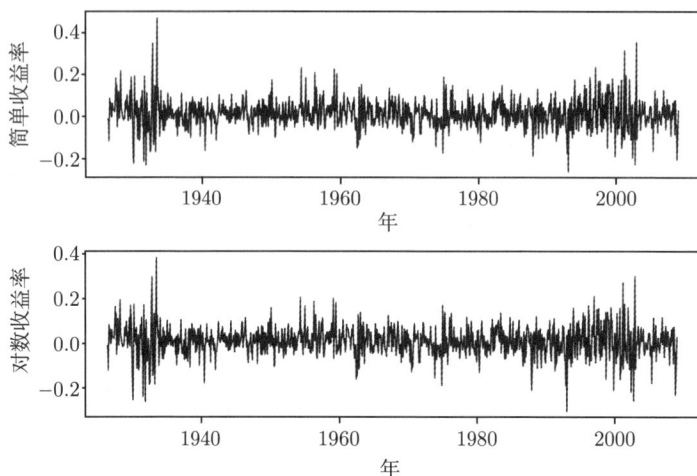

图 1-2   IBM 股票从 1926 年 1 月到 2008 年 12 月的月收益率的时间图.
上方的图是简单收益率, 下方的图是对数收益率

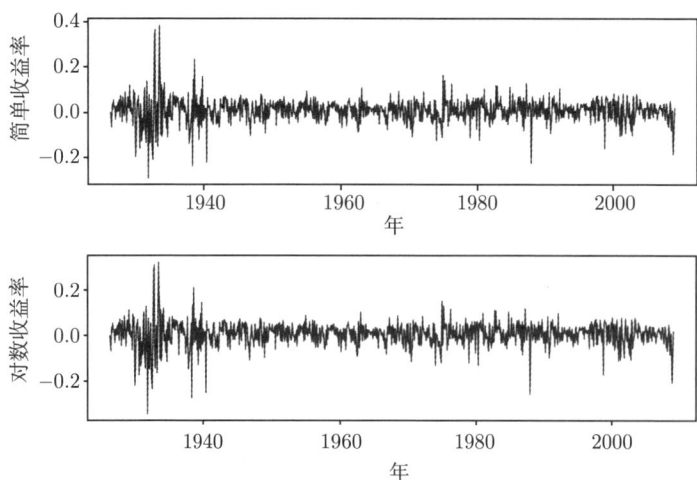

图 1-3   价值加权市场指数从 1926 年 1 月到 2008 年 12 月的月收益率的时间图.
上方的图是简单收益率, 下方的图是对数收益率

图 1-4 显示的是从 1926 年到 2008 年 IBM 股票的月简单收益率和对数收益率
的经验密度函数. 在每个图中, 虚线是由表 1-2 中的 IBM 收益率的样本均值和样
本标准差决定的正态概率密度函数. 图像表明对 IBM 股票的月收益率作正态性假
定是值得商榷的. 经验密度函数与对应的正态分布密度函数相比, 在均值附近有更
高的峰, 但尾部更厚. 换句话说, 与正态密度相比, 经验密度函数更高、更瘦, 但有
更宽的支撑.

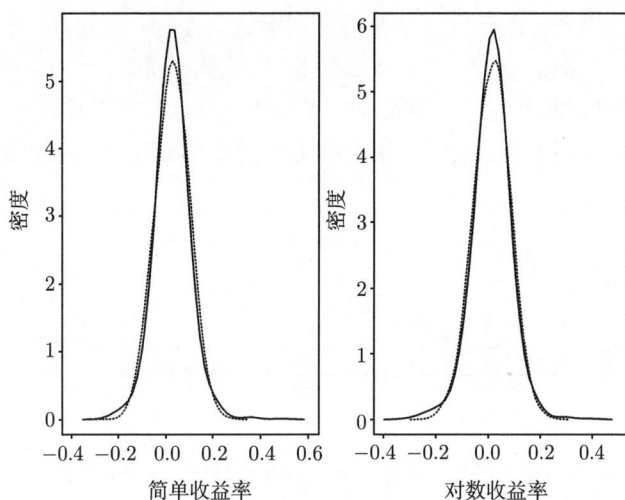

图 1-4 IBM 股票的月简单收益率和月对数收益率的经验密度函数和正态密度函数的比较. 取样日期仍然是 1926 年 1 月到 2008 年 12 月. 左边的图是关于月简单收益率的, 右边的图是关于对数收益率的. 虚线给出的正态密度由表 1-2 中给出的样本均值和样本标准差决定

1.3 其他过程

除了收益率序列以外, 我们还考虑波动率过程和资产极值收益率的行为. 波动率过程研究的是收益率的条件方差随时间演变的规律. 这是一个有趣的问题, 因为如图 1-2 和图 1-3 所示的那样, 收益率变化的大小随时间变化且呈现出聚类现象. 在应用中, 波动率在期权定价和风险管理中起重要作用. 收益率序列的极值指的是绝对值大的正或负的收益率. 表 1-2 说明收益率序列的最大值和最小值是不可忽视的. 负的极值收益率在风险管理中很重要, 而正的极值收益率对持有空头头寸是至关重要的. 我们将在第 7 章中研究极值收益率的性质和应用, 例如极值发生的频率、极值的大小和经济变量对极值的影响等.

本书考虑的其他金融时间序列包括利率、汇率、债券收益率、公司每股的季度赢利. 图 1-5 所示的是美国两种月利率的时间图, 分别是从 1954 年 4 月至 2009 年 2 月间的 10 年期和 1 年期具有固定期限的国库券利率. 正如我们所期望的, 这两种利率的变化基本同步, 但 1 年期利率的波动程度要更大一些. 图 1-6 给出了 2000 年 1 月 4 日到 2009 年 3 月 27 日间的美元对日元的日汇率时间图. 从图中可以看出, 在取样期间, 外汇遇到了偶尔发生的大变化. 表 1-3 给出了一些美国金融时间序列的描述性统计量的值, 其中从 CRSP 得到的债券的月收益率是 Fama 债券组合的收益率, 时间是从 1952 年 1 月到 2008 年 12 月. 利率数据是从圣·路易斯联邦储备银行 (Federal Reserve Bank of St. Louis) 得到的, 3 个月国库券的周利率从

1954 年 1 月 8 日开始, 6 个月国库券的周利率则从 1958 年 12 月 12 日开始. 这两个序列的截止日期都是 2009 年 3 月 27 日. 对利率序列而言, 期限越长, 样本均值越大, 而样本标准差越小. 对债券收益率序列而言, 样本标准差与期限长度正相关, 而样本均值对所有期限保持稳定. 这里所考虑的大部分序列具有正的超额峰度.

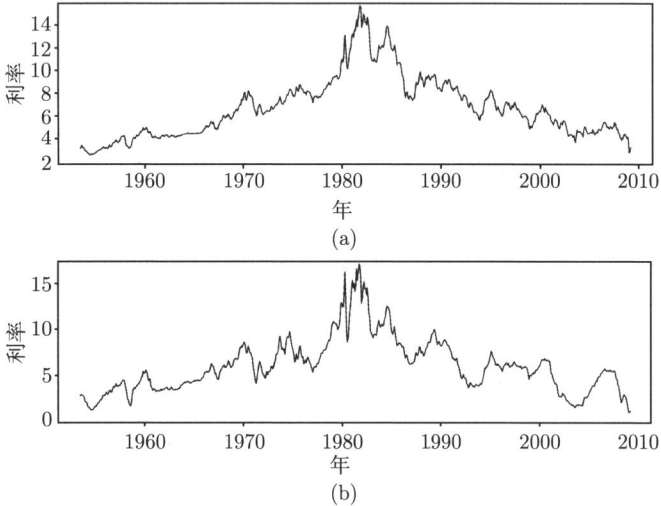

图 1-5　1953 年 4 月到 2009 年 2 月美国的月利率的时间图: (a) 10 年期固定期限国库券利率; (b) 1 年期固定期限国库券利率

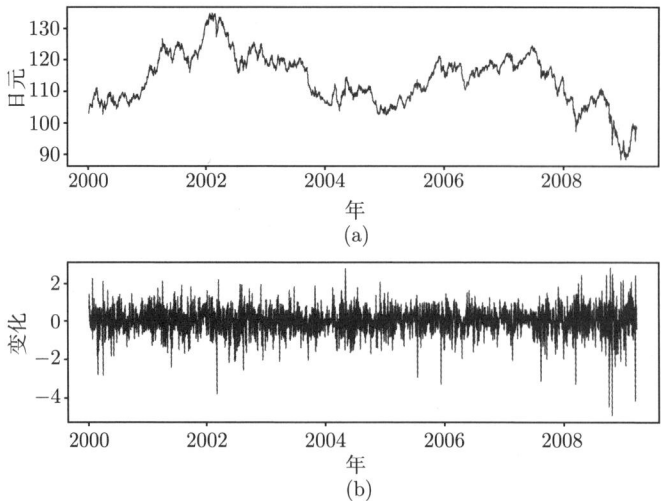

图 1-6　2000 年 1 月 4 日到 2009 年 3 月 27 日间的美元对日元的日汇率时间图: (a) 汇率; (b) 汇率的变化

表 1-3　某些美国金融时间序列的描述性统计量 a

期限	均值	标准差	偏度	超额峰度	最小值	最大值
债券的月收益率：1952 年 1 月至 2008 年 12 月，$T=684$						
1~12 月	0.45	0.35	2.47	13.14	−0.40	3.52
12~24 月	0.49	0.67	1.88	15.44	−2.94	6.85
24~36 月	0.52	0.98	1.37	12.92	−4.90	9.33
48~60 月	0.53	1.40	0.60	4.83	−5.78	10.06
61~120 月	0.55	1.69	0.65	4.79	−7.35	10.92
国库券月利率：1953 年 4 月至 2009 年 2 月，$T=671$						
1 年	5.59	2.98	1.02	1.32	0.44	16.72
3 年	5.98	2.85	0.95	0.95	1.07	16.22
5 年	6.19	2.77	0.97	0.82	1.52	15.93
10 年	6.40	2.95	0.95	0.61	2.29	15.32
国库券周利率：截至 2009 年 3 月 27 日						
3 个月	5.07	2.82	1.08	1.80	0.02	16.76
6 个月	5.52	2.73	0.99	1.53	0.20	15.76

a 数据的值是百分比. 3 个月期国库券的周利率起始时间是 1954 年 1 月 8 日，6 个月国库券起始时间为 1958 年 12 月 12 日. 国库券利益的样本大小分别为 2882 和 2625. 正文中已给出了数据来源.

关于表 1-2 所示的收益率的经验特征，第 2~4 章的内容涉及收益率序列的前四阶矩，第 7 章讨论收益率最小值和最大值的行为，而第 8 章和第 10 章研究多个资产收益率的矩及它们之间的关系. 第 5 章讨论当时间区间很小时资产收益率的性质，第 6 章介绍了数理金融的基本内容.

附录　R 程序包

R 软件可以从 http://www.r-project.org 网站上免费下载. 你可以在这个网页上点击 CRAN，选择附近的 CRAN Mirror 下载，然后安装软件并选择程序包. 对于进行金融时间序列分析来说，Rmetrics软件的开发者 Diethelm Wuertz 及其同事也编写了许多有用的程序包，包括fBasics、timeSeries及fGarch等. 在本书中，我们使用了这些程序包的许多函数. 有关安装 R 软件及本书使用的各种命令的更多内容，读者可以在本书的网页或者作者的教学网页中找到.

R 软件和 S-Plus 软件都是面向对象软件. 它们允许用户创建各种对象. 例如，可以使用ts命令创建一个时间序列对象. 把时间序列数据看做是 R 的时间序列对象有一些优点，但是需要你学习如何使用这个软件. 然而，并不需要你创建 R 时间序列对象来运行本书讨论的分析方法. 下面，我们以 1975 年 1 月到 2008 年 12 月通用汽车股票的月简单收益率数据为例进行说明，见练习 1.2，共有 408 个观测值. 使用下面的 R 命令说明要点：

```
> da=read.table("m-gm3dx7508.txt",header=T)   % Load data
> gm=da[,2]       % Column 2 contains GM stock returns
> gm1=ts(gm,frequency=12,start=c(1975,1))
% Creates a ts object.
> par(mfcol=c(2,1))    % Put two plots on a page.
```

```
> plot(gm,type='l')
> plot(gm1,type='l')
> acf(gm,lag=24)
> acf(gm1,lag=24)
```

在ts命令中, frequency=12表明时间单位为年, 且在每一个时间单位中有 12 个平均相隔的观察值, start=c(1975,1) 表示开始时间为 1975 年 1 月. frequency 和 start 是在 R 中产生时间序列对象需要的两个基本参数. 若要进一步了解, 请使用R中的help(ts)得到这个命令的详细说明. 这里gm1是 R 的时间序列对象, 但是gm不是. 图 1-7 和图 1-8 分别是通用汽车股票收益率的时间图和自相关函数 (ACF). 在每个图中, 上图是不使用时间序列对象得到的, 而下图是使用时间序列对象得到的. 除了水平轴的标记外, 这两个图相同. 对于时间图, 时间序列对象使用日历时间标记 x 轴, 这样表示更常用. 另一方面, 对于 ACF 图, 时间序列对象在标记 x 轴时使用时间单位年的几分之一, 而不是通常使用的时间滞后.

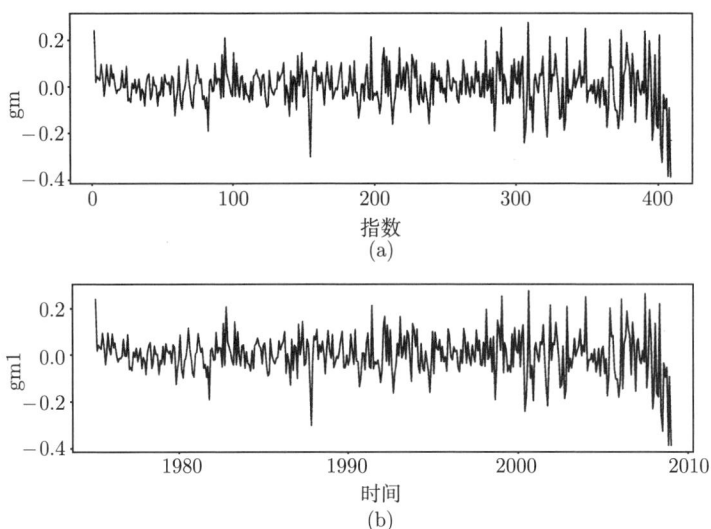

(a)

(b)

图 1-7　1975 年 1 月到 2008 年 12 月通用汽车股票月简单收益率的时间图: 图 (a) 和图 (b) 分别是不使用和使用时间序列对象的图形

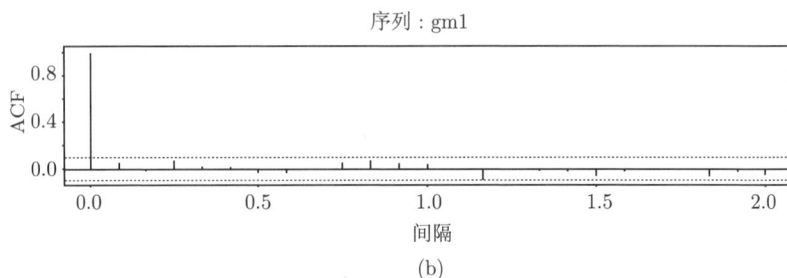

序列 : gm1

(b)

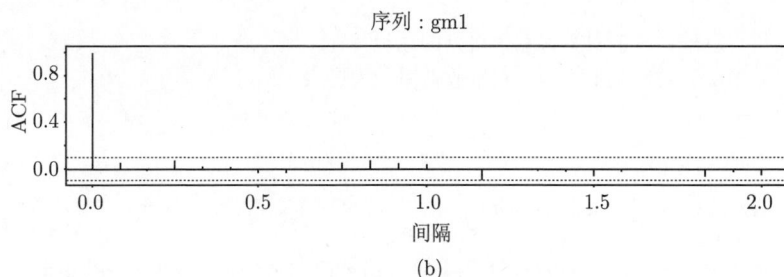

序列：gm1

(b)

图 1-8　1975 年 1 月到 2008 年 12 月通用汽车股票月简单收益率的样本 ACF 图：图 (a) 和图 (b) 分别是不使用和使用时间序列对象的图形

练 习 题

1.1 考虑如下公司股票从 1999 年 1 月到 2008 年 12 月的日收益率：American Express (axp), Caterpillar (cat) 和 Starbucks (sbux). 文件d-3stocks9908.txt(date, axp, cat, sbux) 给出了简单收益率数据

    (a) 将简单收益率用百分比表示出来. 计算简单收益率百分比的样本均值、样本标准差、样本偏度、样本超额峰度、最小值和最大值.

    (b) 把简单收益率转换成对数收益率.

    (c) 将对数收益率用百分比表示出来. 计算日对数收益率百分比的样本均值、样本标准差、样本偏度、样本超额峰度、最小值和最大值.

    (d) 对每只股票的对数收益率进行零均值检验 (进行三次独立的检验). 对数收益率的样本均值是显著地不同于零吗？在 5% 的显著性水平下得出你的结论.

1.2 考虑从 1975 年 1 月到 2008 年 12 月间的 GM 股票、CRSP 价值加权指数 (VW)、CRSP 等权重指数 (EW) 和标准普尔综合指数的月收益率，重新回答练习题 1.1 的所有问题. 指数收益率已包含分红. 数据文件是m-gm3dx7508.txt(date,gm,vw,ew,sp).

1.3 考虑练习题 1.2 中从 1975 年 1 月到 2008 年 12 月的标准普尔复合指数的月收益率. 回答下述问题.

    (a) 在数据取样期间内, 平均年对数收益率是多少？

    (b) 假定没有交易费用. 如果某人于 1975 年初在标准普尔综合指数上投资 1 美元, 那么到 2008 年年底该投资的价值是多少？

1.4 考虑练习题 1.1 中从 1999 年 1 月到 2008 年 12 月间的 American Express (axp) 股票的日收益率. 在 5% 的显著性水平下进行下述检验.

    (a) 检验收益率的偏度为零的零假设是否成立.

    (b) 检验收益率的超额峰度为零的零假设是否成立.

1.5 可在芝加哥的联邦储备银行得到每天的外汇汇率. 数据是由纽约的联邦储备银行认证的纽约市场上的中午买入价. 考虑从 2000 年 1 月 4 日到 2009 年 3 月 27 日间的加拿大元、欧元、英镑和日元对美元的汇率 (该数据可以从网页上找到).

    (a) 计算每种汇率序列的日对数收益率.

    (b) 计算每种汇率对数收益率序列的样本均值、样本标准差、样本偏度、样本超额峰度、最小值和最大值.

(c) 讨论这些汇率的对数收益率序列的经验特征.

(d) 获取美元对欧元汇率的日对数收益率的密度表.

参 考 文 献

Campbell, J. Y., Lo, A. W., and MacKinlay, A. C. (1997). *The Econometrics of Financial Markets*. Princeton University Press, Princeton, NJ.

Jarque, C. M. and Bera, A. K. (1987). A test of normality of observations and regression residuals. *International Statistical Review* **55**: 163–172.

Sharpe, W. (1964). Capital asset prices: A theory of market equilibrium under conditions of risk. *Journal of Finance* 19: 425–442.

Snedecor, G. W. and Cochran, W. G. (1980). *Statistical Methods*, 7th ed. Iowa State University Press, Ames, IA.

第 2 章　线性时间序列分析及其应用

本章讨论线性时间序列分析的基本理论, 介绍一些对分析金融时间序列有用的简单计量经济模型, 并将这些模型应用于资产收益率. 我们重点讨论了与金融应用有关的概念. 理解本章所介绍的简单时间序列模型对掌握以后各章中更复杂、更深入的金融计量模型是必要而有益的. 我们已有许多时间序列的教科书可供参考. 对线性时间序列分析的基本概念, 可参见 Box, Jenkins 和 Reinsel(1994) 的第 2 章和第 3 章, 以及 Brockwell 和 Davis(1996) 的第 1~3 章.

把资产收益率 (如股票的对数收益率 r_t) 看成随时间推移而形成的一族随机变量, 我们就有了一个时间序列 $\{r_t\}$. 线性时间序列分析提供了一个自然的框架, 来研究这种序列的动态结构. 本书所讨论的线性时间序列的理论包括平稳性、动态相依性、自相关函数、建模和预测. 另外, 本书所介绍的经济计量模型包括: (a) 简单自回归 (AR) 模型; (b) 简单滑动平均 (MA) 模型; (c) 混合的自回归滑动平均 (ARMA) 模型; (d) 季节模型; (e) 单位根非平稳性; (f) 带时间序列误差的回归模型; (g) 刻画长相依性的分数阶差分模型. 对资产收益率 r_t, 试图用简单模型来刻画 r_t 与 t 时刻之前所拥有的信息之间的线性关系. 这里的信息可以包括 r_t 的历史值和 (1.14) 式中的 $\boldsymbol{Y}$, 这个 $\boldsymbol{Y}$ 是描述决定资产价格的经济环境的. 同样地, 相关系数 (correlation) 在理解这些模型中起着重要作用. 特别地, 所研究的变量与其过去值的相关系数成为线性时间序列分析的焦点. 这些相关系数称为**序列相关系数 (serial correlation)** 或**自相关系数 (autocorrelation)**, 它们是研究平稳时间序列的基本工具.

2.1　平　稳　性

平稳性是时间序列分析的基础. 时间序列 $\{r_t\}$ 称为**严平稳的 (strictly stationary)**, 如果对所有的 t, 任意正整数 k 和任意 k 个正整数 $(t_1, \cdots, t_k)$, $(r_{t_1}, \cdots, r_{t_k})$ 的联合分布与 $(r_{t_1+t}, \cdots, r_{t_k+t})$ 的联合分布是相同的. 换言之, 严平稳性要求 $(r_{t_1}, \cdots, r_{t_k})$ 的联合分布在时间的平移变换下保持不变. 这是一个很强的条件, 难以用经验方法验证, 经常假定的是平稳性的一个较弱的形式. 时间序列 $\{r_t\}$ 称为**弱平稳的 (weakly stationary)**, 如果 r_t 的均值与 r_t 和 r_{t-l} 的协方差不随时间而改变, 其中 l 是任意整数. 更具体地说, $\{r_t\}$ 是弱平稳的, 若 (a)$\mathrm{E}r_t = \mu$, μ 是一个常数; (b) $\mathrm{Cov}(r_t, r_{t-l}) = \gamma_l$, γ_l 只依赖于 l. 在实际中, 假定我们有 T 个数据观测点 $\{r_t | t = 1, \cdots, T\}$, 弱平稳性意味着数据的时间图显示出 T 个值在一个常数水平上

下以相同幅度波动. 在应用中, 弱平稳性使我们可以对未来观测进行推断, 即预测.

在弱平稳性的条件中, 我们隐含地假定了 r_t 的前两阶矩是有限的. 由定义可见, 若 r_t 是严平稳的且它的前两阶矩是有限的, 则 r_t 也是弱平稳的. 反之, 一般是不成立的. 但如果时间序列 r_t 是正态分布的, 则弱平稳性与严平稳性是等价的. 本书主要考虑弱平稳序列.

协方差 $\gamma_l = \mathrm{Cov}\,(r_t, r_{t-l})$ 称为 r_t 的间隔为 l 的自协方差. 它具有两个重要性质：(a)$\gamma_0 = \mathrm{Var}\,(r_t)$; (b)$\gamma_{-l} = \gamma_l$. 第二个性质成立是因为 $\mathrm{Cov}\,(r_t, r_{t-(-l)}) = \mathrm{Cov}\,(r_{t-(-l)}, r_t) = \mathrm{Cov}\,(r_{t+l}, r_t) = \mathrm{Cov}\,(r_{t_1}, r_{t_1-l})$, 其中 $t_1 = t + l$.

在金融文献中, 通常假定资产收益率序列是弱平稳的. 只要有足够多的历史收益率数据, 这个假定可以用实证方法验证. 例如, 我们可以把数据分成若干子样本, 然后检验它们的一致性.

2.2 相关系数和自相关函数

两个随机变量 X 和 Y 的相关系数定义为

$$\rho_{x,y} = \frac{\mathrm{Cov}\,(X,Y)}{\sqrt{\mathrm{Var}\,(X)\,\mathrm{Var}\,(Y)}} = \frac{\mathrm{E}\,[(X - \mu_x)\,(Y - \mu_y)]}{\sqrt{\mathrm{E}\,(X - \mu_x)^2\,\mathrm{E}\,(Y - \mu_y)^2}},$$

其中 μ_x 和 μ_y 分别表示 X 和 Y 的均值, 并且假定方差是存在的. 这个系数度量的是 X 和 Y 线性相关的程度, 可以证明 $-1 \leqslant \rho_{x,y} \leqslant 1$ 且 $\rho_{x,y} = \rho_{y,x}$. 若 $\rho_{x,y} = 0$, 则这两个随机变量是不相关的. 另外, 若 X 和 Y 都是正态随机变量, 则 $\rho_{x,y} = 0$ 当且仅当 X 和 Y 是相互独立的. 当我们有样本 $\{(x_t, y_t)\}_{t=1}^{T}$ 时, 相关系数可以由它对应的样本相关系数相合地估计出来:

$$\hat{\rho}_{x,y} = \frac{\sum_{t=1}^{T} (x_t - \bar{x})\,(y_t - \bar{y})}{\sqrt{\sum_{t=1}^{T} (x_t - \bar{x})^2 \sum_{t=1}^{T} (y_t - \bar{y})^2}},$$

其中 $\bar{x} = \sum_{t=1}^{T} x_t/T$, $\bar{y} = \sum_{t=1}^{T} y_t/T$ 分别是 X 和 Y 的样本均值.

自相关函数 (Autocorrelation Function, ACF)

考虑弱平稳收益率序列 r_t. 当我们考虑 r_t 与它的过去值 r_{t-i} 的线性相依关系时, 可以把相关系数的概念推广到自相关系数. r_t 与 r_{t-l} 的相关系数称为 r_t 的**间隔为l的自相关系数**, 通常记为 ρ_l, 在弱平稳性的假定下它只是 l 的函数. 具体地说, 定义

$$\rho_l = \frac{\mathrm{Cov}\,(r_t, r_{t-l})}{\sqrt{\mathrm{Var}\,(r_t)\,\mathrm{Var}\,(r_{t-l})}} = \frac{\mathrm{Cov}\,(r_t, r_{t-l})}{\mathrm{Var}\,(r_t)} = \frac{\gamma_l}{\gamma_0}, \tag{2.1}$$

这里用到了弱平稳序列的性质 $\mathrm{Var}\,(r_t) = \mathrm{Var}\,(r_{t-l})$. 由定义, 我们有 $\rho_0 = 1$, $\rho_l = \rho_{-l}$ 和 $-1 \leqslant \rho_l \leqslant 1$. 另外, 一个弱平稳序列是序列不相关的当且仅当对所有 $l > 0$

都有 $\rho_l = 0$.

对一个给定的收益率样本 $\{r_t\}_{t=1}^T$, 设 $\bar{r}$ 是样本均值, 也即 $\bar{r} = \sum_{t=1}^T r_t/T$, 则 r_t 的间隔为 1 的样本自相关系数为

$$\hat{\rho}_1 = \frac{\sum_{t=2}^T (r_t - \bar{r})(r_{t-1} - \bar{r})}{\sum_{t=1}^T (r_t - \bar{r})^2}.$$

在某些一般性条件下, $\hat{\rho}_1$ 是 ρ_1 的相合估计. 例如, 若 $\{r_t\}$ 是独立同分布 (iid) 序列且 $\mathrm{E}(r_t^2) < \infty$, 则 $\hat{\rho}_1$ 渐近地服从均值为 0、方差为 $1/T$ 的正态分布 (见 Brockwell 和 Davis (1991) 的定理 7.2.2). 在实际中, 这个结果可用来检验原假设 $H_0: \rho_1 = 0$ 和备择假设 $H_a: \rho_1 \neq 0$. 检验统计量就是通常的 t 比, 即 $\sqrt{T}\hat{\rho}_1$, 它渐近地服从标准正态分布. 如果 t-比的数值较小, 或者等价地来讲, t-比的 p-值较小, 比如说小于 0.05, 那么就拒绝原假设 H_0. 一般地, r_t 的间隔为 l 的样本自相关系数定义为

$$\hat{\rho}_l = \frac{\sum_{t=l+1}^T (r_t - \bar{r})(r_{t-l} - \bar{r})}{\sum_{t=1}^T (r_t - \bar{r})^2}, \quad 0 \leqslant l < T - 1. \tag{2.2}$$

若 $\{r_t\}$ 是一个独立同分布序列, 满足 $\mathrm{E}(r_t^2) < \infty$, 则对任意固定的正整数 l, $\hat{\rho}_l$ 渐近地服从均值为 0、方差为 $1/T$ 的正态分布. 更一般地, 若 r_t 是一个弱平稳序列, 满足 $r_t = \mu + \sum_{i=0}^q \psi_i a_{t-i}$, 其中 $\psi_0 = 1$, $\{a_j\}$ 是均值为 0 的独立同分布任意变量的序列, 则对 $l > q$, $\hat{\rho}_l$ 渐近地服从均值为 0、方差为 $\left(1 + 2\sum_{i=1}^q \rho_i^2\right)/T$ 的正态分布. 在时间序列的文献中, 称此结果为 Bartlett 公式 (参见 Box, Jenkins 和 Reinsel (1994)). 关于样本自相关函数的渐近分布的更多信息, 参见 Fuller(1976) 的第 6 章和 Brockwell 和 Davis (1991) 的第 7 章.

检验单个 ACF

对一个给定的正整数 l, 可用前面的结果来检验 $H_0: \rho_l = 0$ 和 $H_a: \rho_l \neq 0$. 检验统计量为

$$t\text{-ratio} = \frac{\hat{\rho}l}{\sqrt{(1 + 2\sum_{i=1}^{l-1} \hat{\rho}_i^2)/T}}.$$

如果 $\{r_t\}$ 是一个平稳高斯序列并且满足当 $j > l$ 时 $\rho_j = 0$, 则该 t-比渐近地服从标准正态分布. 决策规则是: 当 $|t\text{-}比| > Z_{\alpha/2}$ 时拒绝 H_0, 其中 $Z_{\alpha/2}$ 是标准正态分布的 $100(1 - \alpha/2)$ 分位点. 为了简便, 对于所有 $l \neq 0$, 许多软件包都用 $1/T$ 作为 $\hat{\rho}_l$ 的渐近方差. 它们实际上假设基本时间序列为独立同分布序列.

对有限样本, $\hat{\rho}_l$ 是 ρ_l 的有偏估计. 偏差的阶是 $1/T$, 这在样本容量 T 较小时是不容忽视的. 但在大多数金融应用中, T 相对较大, 故这个偏差并不严重.

混成检验 (Portmanteau Test)

金融应用中常需要检验 r_t 的几个自相关系数是否同时为零. Box 和 Pierce (1970) 提出了 "混成" 检验统计量

$$Q^*(m) = T \sum_{l=1}^{m} \hat{\rho}_l^2$$

来检验原假设 $H_0 : \rho_1 = \cdots = \rho_m = 0$ 和备择假设 $H_a :$ 对某 $i \in \{1, \cdots, m\}, \rho_i \neq 0$. 在 $\{r_t\}$ 为满足一定矩条件的独立同分布序列的假定下, $Q^*(m)$ 渐近地服从自由度为 m 的 χ^2 分布.

Ljung 和 Box (1978) 为了提高有限样本时检验的功效把统计量 $Q^*(m)$ 修改为

$$Q(m) = T(T+2) \sum_{l=1}^{m} \frac{\hat{\rho}_l^2}{T-l}. \tag{2.3}$$

决策规则是：当 $Q(m) > \chi_\alpha^2$ 时拒绝 H_0, 其中 χ_α^2 是自由度为 m 的 χ^2 分布的 $100(1-\alpha)$ 分位点. 大部分软件包都会给出 $Q(m)$ 的 p 值. 决策规则是：当 p 值小于等于显著性水平 α 时拒绝 H_0.

在实际中, m 的选择会影响 $Q(m)$ 的表现. 常用到几个 m 值. 模拟研究表明, 取 $m \approx \ln(T)$ 会有较好的功效. 在分析季节性时间序列时, 这个一般性的规则需要修正, 因为此时间隔为季节性周期的倍数的自相关系数是很重要的.

由 (2.2) 式定义的函数 $\hat{\rho}_1, \hat{\rho}_2, \cdots$ 称为 r_t 的**样本自相关函数 (ACF)**. 这个函数在线性时间序列分析中起着重要作用. 事实上, 一个线性时间序列模型可完全由其 ACF 决定, 并且线性时间序列的建模用样本 ACF 来刻画数据的线性动态关系. 图 2-1 所示的是 IBM 股票从 1926 年 1 月至 1997 年 12 月间的月简单收益率和对数收益率的样本自相关函数. 这两个样本自相关函数非常接近, 都表明即便 IBM 股票收益率有序列相关性, 其相关性也很小. 两个样本 ACF 的值均在两个标准差之内, 说明在 5% 水平下它们与零没有显著差别. 此外, 对于简单收益率, Ljung-Box 统计量为 $Q(5) = 3.37$, $Q(10) = 13.99$, 对应的 p 值分别为 0.64 和 0.17(基于自由度为 5 和 10 的 χ^2 分布). 对于对数收益率, $Q(5) = 3.52$, $Q(10) = 13.39$, p 值分别为 0.62 和 0.20. 这就证实了 IBM 股票收益率没有显著的序列相关性. 图 2-2 所示的是价值加权指数 (该数据来自芝加哥大学的 CRSP) 的月收益率的两个同样的函数, 在 5% 水平下这两个收益率序列都存在某些显著的序列相关性. 对于简单收益率, Ljung-Box 统计量为 $Q(5) = 29.71$, $Q(10) = 39.55$; 而对于对数收益率, $Q(5) = 28.38$, $Q(10) = 36.16$. 这 4 个检验统计量的 p 值都小于 0.0001, 表明价值加权指数的月收益率是序列相关的. 因此, 市场指数的月收益率要比个股的月收益率有更强的序列相关性.

在金融文献中, 资本资产定价模型 (CAPM) 理论的一种形式就是假定资产收益率序列 $\{r_t\}$ 是不可预测的, 且没有自相关性. 零自相关系数的检验被用来作为有效市场假定是否成立的判定工具. 然而, 股价的决定方式和指数收益率的计算方式可能会导致在观察到的收益率序列中有自相关性, 尤其是在分析高频金融数据时. 第 5 章将讨论此方面的问题. 如第 5 章中的买卖反弹和非同步交易.

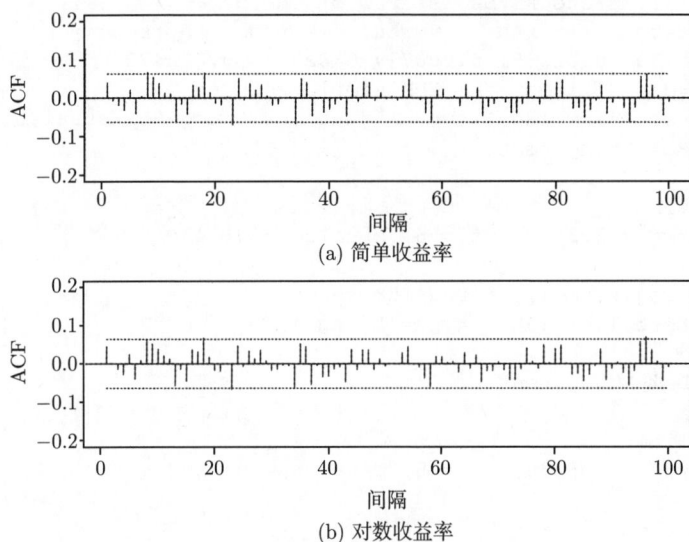

图 2-1　IBM 股票从 1926 年 1 月到 1997 年 12 月间的月简单收益率和月对数收益率的样本自相关函数. 每个图中的两条横线表示样本自相关函数的两个标准差的上下限

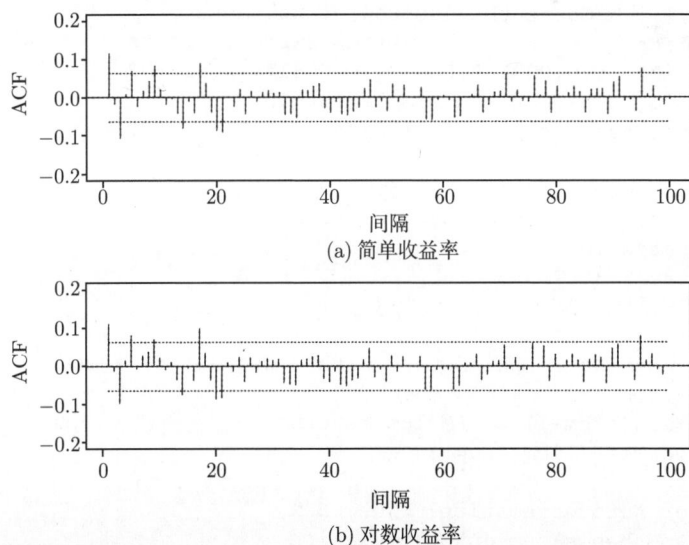

图 2-2　美国股票市场价值加权指数从 1926 年 1 月到 1997 年 12 月间的月简单收益率和月对数收益率的样本自相关函数. 每个图中的两条横线表示样本自相关函数的两个标准差的上下限

R 演示

我对下面的输出结果进行了编辑, %表示注释:

```
> da=read.table("m-ibm3dx2608.txt",header=T) % Load data
> da[1,]   % Check the 1st row of the data
      date       rtn    vwrtn    ewrtn    sprtn
1 19260130 -0.010381 0.000724 0.023174 0.022472
> sibm=da[,2] % Get the IBM simple returns
> Box.test(sibm,lag=5,type='Ljung') % Ljung-Box statistic Q(5)
      Box-Ljung test

data: sibm
X-squared = 3.3682, df = 5, p-value = 0.6434

> libm=log(sibm+1)  % Log IBM returns
> Box.test(libm,lag=5,type='Ljung')


      Box-Ljung test

data: libm
X-squared = 3.5236, df = 5, p-value = 0.6198
```

S-Plus 演示

下列程序给出了输出结果.

```
> module(finmetrics)
> da=read.table("m-ibm3dx2608.txt",header=T) % Load data
> da[1,]   % Check the 1st row of the data
      date       rtn    vwrtn    ewrtn    sprtn
1 19260130 -0.010381 0.000724 0.023174 0.022472
> sibm=da[,2] % Get IBM simple returns
> autocorTest(sibm,lag=5) % Ljung-Box Q(5) test

Test for Autocorrelation: Ljung-Box
Null Hypothesis: no autocorrelation
Test Statistics:
Test Stat 3.3682
  p.value 0.6434

Dist. under Null: chi-square with 5 degrees of freedom
   Total Observ.: 996
> libm=log(sibm+1) % IBM log returns
> autocorTest(libm,lag=5)

Test for Autocorrelation: Ljung-Box
Null Hypothesis: no autocorrelation
Test Statistics:
Test Stat 3.5236
  p.value 0.6198
```

2.3 白噪声和线性时间序列

白噪声

时间序列 $\{r_t\}$ 称为一个白噪声序列, 如果 $\{r_t\}$ 是一个具有有限均值和有限方差的独立同分布随机变量序列. 特别地, 若 r_t 还服从均值为 0、方差为 σ^2 的正态分布, 则称这个序列为**高斯白噪声**. 对白噪声序列, 所有自相关函数为零. 在实际应用中, 如果所有样本自相关函数接近于零, 则认为该序列是白噪声序列. 基于图 2-1 和图 2-2, IBM 股票的月收益率接近白噪声, 而价值加权指数的收益率不是白噪声.

价值加权指数收益率的样本自相关系数的性质启示我们在对一些资产收益率进行更深入的分析之前, 有必要对其序列相关性进行建模. 下面我们讨论一些简单的时间序列模型, 它们对时间序列的动态结构的建模非常有用, 而且所述的思想在以后给资产收益的波动率建模时也是很有用的.

线性时间序列

时间序列 $\{r_t\}$ 称为线性序列, 如果它能写成

$$r_t = \mu + \sum_{i=0}^{\infty} \psi_i a_{t-i}, \tag{2.4}$$

其中 μ 是 r_t 的均值, $\psi_0 = 1$, $\{a_t\}$ 是零均值独立同分布 (假定 a_t 的分布是合理定义的) 的随机变量序列 (也即 $\{a_t\}$ 是白噪声序列). 我们在以后可以看出, a_t 表示时间序列在 t 时刻出现了新的信息, 因此常将 a_t 称为时刻 t 的新息(innovation) 或扰动(shock). 本书中我们主要关心的是 a_t 为连续型随机变量的情形. 然而并不是所有金融时间序列都是线性的. 第 4 章将研究非线性性和非线性模型.

在 (2.4) 式定义的线性时间序列中, 系数 ψ_i 决定了 r_t 的动态结构, 在时间序列文献中这些系数称为 r_t 的 **ψ- 权重**. 若 r_t 是弱平稳的, 我们利用 $\{a_t\}$ 的独立性可以很容易得到 r_t 的均值和方差

$$\mathrm{E}\,(r_t) = \mu, \quad \mathrm{Var}\,(r_t) = \sigma_a^2 \sum_{i=0}^{\infty} \psi_i^2, \tag{2.5}$$

其中 σ_a^2 是 a_t 的方差. 因为 $\mathrm{Var}\,(r_t) < +\infty$, 所以 $\{\psi_i^2\}$ 必须是收敛序列, 即当 $i \to \infty$ 时 $\psi_i^2 \to 0$. 相应地, 随着 i 的增大, 远处的扰动 a_{t-i} 对 r_t 的影响会逐渐消失.

r_t 的间隔为 l 的自协方差为

$$\gamma_l = \mathrm{Cov}\,(r_t, r_{t-l}) = \mathrm{E}\left[\left(\sum_{i=0}^{\infty} \psi_i a_{t-i} \right) \left(\sum_{j=0}^{\infty} \psi_j a_{t-l-j} \right) \right]$$

$$
\begin{aligned}
&= \mathrm{E}\left(\sum_{i,j=0}^{\infty} \psi_i \psi_j a_{t-i} a_{t-l-j}\right) \\
&= \sum_{j=0}^{\infty} \psi_{j+l} \psi_j \mathrm{E}\left(a_{t-l-j}^2\right) \\
&= \sigma_a^2 \sum_{j=0}^{\infty} \psi_j \psi_{j+l}.
\end{aligned}
\tag{2.6}
$$

因此, ψ-权重与 r_t 的自相关系数有如下关系:

$$
\rho_l = \frac{\gamma_l}{\gamma_0} = \frac{\sum_{i=0}^{\infty} \psi_i \psi_{i+l}}{1 + \sum_{i=1}^{\infty} \psi_i^2}, \quad l \geqslant 0,
\tag{2.7}
$$

其中 $\psi_0 = 1$. 线性时间序列模型就是用来描述 r_t 的 ψ-权重的计量经济模型和统计模型. 对弱平稳序列而言, 当 $i \to \infty$ 时 $\psi_i \to 0$, 从而随着 l 的增加 ρ_l 收敛到 0. 对于资产收益率而言, 这意味着, 如同所期望的那样, 当 l 较大时, 当前收益率 r_t 对遥远过去的收益率 r_{t-l} 的线性依赖会消失.

2.4　简单的自回归模型

CRSP 价值加权指数的月收益率 r_t 具有统计显著的间隔为 1 的自相关系数. 这个事实说明延迟的收益率 r_{t-1} 在预测 r_t 时可能会有用. 利用这样的预测功用的一个简单模型是

$$
r_t = \phi_0 + \phi_1 r_{t-1} + a_t,
\tag{2.8}
$$

其中 $\{a_t\}$ 是均值为 0、方差为 σ_a^2 的白噪声序列. 这个模型与众所周知的简单线性回归模型有相同的形式, 这里 r_t 是因变量, r_{t-1} 是自变量. 在时间序列的文献中, 模型 (2.6) 称为一阶自回归 (AR) 模型, 或简称 AR(1) 模型. 该模型也广泛地应用在随机波动率的建模中, 只不过那时 r_t 由它的对数波动率所代替, 见第 3 章和第 12 章.

(2.8) 式中的 AR(1) 模型有若干类似于简单线性回归模型的性质. 但是, 这两个模型之间存在一些显著的差异, 这一点我们将在以后讨论. 这里我们需要注意到这样一个事实: 由 AR(1) 模型可推得, 在已知过去收益率 r_{t-1} 的条件下,

$$
\mathrm{E}\left(r_t \mid r_{t-1}\right) = \phi_0 + \phi_1 r_{t-1}, \quad \mathrm{Var}\left(r_t \mid r_{t-1}\right) = \mathrm{Var}\left(a_t\right) = \sigma_a^2.
$$

也就是说, 给定过去的收益率 r_{t-1}, 现在的收益率将以 $\phi_0 + \phi_1 r_{t-1}$ 为中心取值, 标准差是 σ_a. 给定 r_{t-1} 条件下, r_t 与 $r_{t-i}(i > 1)$ 无关, 这是 AR(1) 的马尔可夫性. 当然, 有些情况下 r_{t-1} 不能单独决定 r_t 的条件期望, 此时需要更复杂一些的模型.

AR(1) 模型的直接推广是 AR(p) 模型:

$$r_t = \phi_0 + \phi_1 r_{t-1} + \cdots + \phi_p r_{t-p} + a_t, \tag{2.9}$$

其中 p 是非负整数, $\{a_t\}$ 的定义跟 (2.8) 式中一样. 这个模型表示: 给定过去的数据时, 过去的 p 个值 $r_{t-i}(i = 1, \cdots, p)$ 联合决定 r_t 的条件期望. AR(p) 模型与以 p 个延迟值作为自变量的多元线性回归有相同形式.

2.4.1 AR 模型的性质

为了有效地利用 AR 模型, 有必要对它的基本性质进行研究. 我们详细地讨论 AR(1) 模型和 AR(2) 模型的性质, 对一般的 AR(p) 模型本节只给出其结果.

AR(1) 模型

我们首先讨论 (2.8) 式定义的 AR(1) 模型的弱平稳性的充分必要条件. 假定序列是弱平稳的, 则 $\mathrm{E}(r_t) = \mu$, $\mathrm{Var}(r_t) = \gamma_0$, $\mathrm{Cov}(r_t, r_{t-j}) = \gamma_j$, 其中 μ, γ_0 是常数, γ_j 是 j 的函数而与 t 无关. 我们容易得到序列的均值、方差和自相关系数. 对 (2.8) 式两边取期望, 因为 $\mathrm{E}(a_t) = 0$, 所以

$$\mathrm{E}(r_t) = \phi_0 + \phi_1 \mathrm{E}(r_{t-1}).$$

在平稳性的条件下, $\mathrm{E}(r_t) = \mathrm{E}(r_{t-1}) = \mu$, 从而

$$\mu = \phi_0 + \phi_1 \mu \quad \text{或} \quad \mathrm{E}(r_t) = \mu = \frac{\phi_0}{1 - \phi_1}.$$

这个结果有两个含义: 第一, 若 $\phi_1 \neq 1$, 则 r_t 的均值存在; 第二, r_t 的均值为 0 当且仅当 $\phi_0 = 0$. 因此, 对平稳 AR(1) 过程, 常数项 ϕ_0 与 r_t 的均值有关, $\phi_0 = 0$ 意味着 $\mathrm{E}(r_t) = 0$.

我们利用 $\phi_0 = (1 - \phi_1)\mu$ 可以把 AR(1) 模型写成如下形式

$$r_t - \mu = \phi_1(r_{t-1} - \mu) + a_t. \tag{2.10}$$

重复代入, 由上述方程可推得

$$\begin{aligned} r_t - \mu &= a_t + \phi_1 a_{t-1} + \phi_1^2 a_{t-2} + \cdots \\ &= \sum_{i=0}^{\infty} \phi_1^i a_{t-i}. \end{aligned} \tag{2.11}$$

这个方程表达了 $\phi_i = \phi_1^i$ 的 (2.4) 式形式的 AR(1) 模型. 因此, $r_t - \mu$ 是 a_{t-i}, $i \geqslant 0$ 的线性函数. 利用这个性质和 $\{a_t\}$ 的独立性, 我们有 $\mathrm{E}[(r_t - \mu)a_{t+1}] = 0$. 由平稳性的假定, 我们有 $\mathrm{Cov}(r_{t-1}, a_t) = \mathrm{E}[(r_{t-1} - \mu)a_t] = 0$. 此性质可从直观上看出来,

因为 r_{t-1} 发生在 t 时刻之前而 a_t 不依赖于任何过去的信息. 对 (2.10) 两边平方,
然后取期望得到

$$\mathrm{Var}\,(r_t) = \phi_1^2 \mathrm{Var}\,(r_{t-1}) + \sigma_a^2,$$

其中 σ_a^2 是 a_t 的方差, 这里我们用到 "r_{t-1} 与 a_t 的协方差为零" 这样一个事实. 而
在平稳性的假定下, $\mathrm{Var}\,(r_t) = \mathrm{Var}\,(r_{t-1})$, 故

$$\mathrm{Var}\,(r_t) = \frac{\sigma_a^2}{1-\phi_1^2},$$

上式在 $\phi_1^2 < 1$ 时成立. 因为方差是非负有限的, 故要求 $\phi_1^2 < 1$. 这样, 由 AR(1) 模
型的弱平稳性可推得 $-1 < \phi_1 < 1$. 反之, 若 $\phi_1 < 1$, 由 (2.11) 式和序列 $\{a_t\}$ 的独
立性, 我们可以证明 r_t 的均值和方差是有限的和时不变的, 参见 (2.5) 式. 另外, 由
(2.6) 式, r_t 的自协方差也是有限的. 从而, AR(1) 模型是弱平稳的. 综上所述, (2.8)
式定义的 AR(1) 模型是弱平稳的充分必要条件是 $|\phi_1| < 1$.

使用 $\phi_0 = (1-\phi_1)\,\mu$, 我们可以把平稳 AR(1) 模型重新表示为

$$r_t = (1-\phi_1)\,\mu + \phi_1 r_{t-1} + a_t$$

在金融学文献中经常使用这个模型, 其中 ϕ_1 度量了 AR(1) 时间序列中动态相关的
持续性.

AR(1) 模型的自相关函数

在 (2.10) 式两端乘以 a_t, 再取期望, 利用 a_t 与 r_{t-1} 的独立性, 我们有

$$\mathrm{E}\,[a_t\,(r_t-\mu)] = \phi_1 \mathrm{E}\,[a_t\,(r_{t-1}-\mu)] + \mathrm{E}\,(a_t^2) = \mathrm{E}\,(a_t^2) = \sigma_a^2,$$

其中 σ_a^2 是 a_t 的方差. 对 (2.10) 式两端同乘以 $(r_{t-l}-\mu)$, 取期望, 再利用上述结果,
我们有

$$\gamma_l = \begin{cases} \phi_1\gamma_1 + \sigma_a^2, & \text{当} l=0\text{时,} \\ \phi_1\gamma_{l-1}, & \text{当} l>0\text{时,} \end{cases}$$

这里利用了 $\gamma_{-l} = \gamma_l$ 这个性质. 因此, 对 (2.8) 式定义的弱平稳 AR(1) 模型, 有

$$\mathrm{Var}\,(r_t) = \gamma_0 = \frac{\sigma_a^2}{1-\phi_1^2} \quad \text{且} \quad \gamma_l = \phi_1\gamma_{l-1}, \quad l>0.$$

由后一方程, r_t 的自相关函数 (ACF) 满足

$$\rho_l = \phi_1\rho_{l-1}, \quad l>0.$$

因 $\rho_0 = 1$, 故有 $\rho_l = \phi_1^l$. 这个性质表明弱平稳 AR(1) 序列的自相关函数从 $\rho_0 = 1$
开始以比率为 ϕ_1 的指数速度衰减. 对正的 ϕ_1, AR(1) 模型的自相关函数 (ACF) 图

像呈现漂亮的指数衰减. 对负的 ϕ_1, AR(1) 模型的 ACF 由上下两个都以 ϕ_1^2 比率指数衰减的图像组成. 图 2-3 所示的是当 $\phi_1 = 0.8$ 和 $\phi_1 = -0.8$ 时的 AR(1) 模型的 ACF 图.

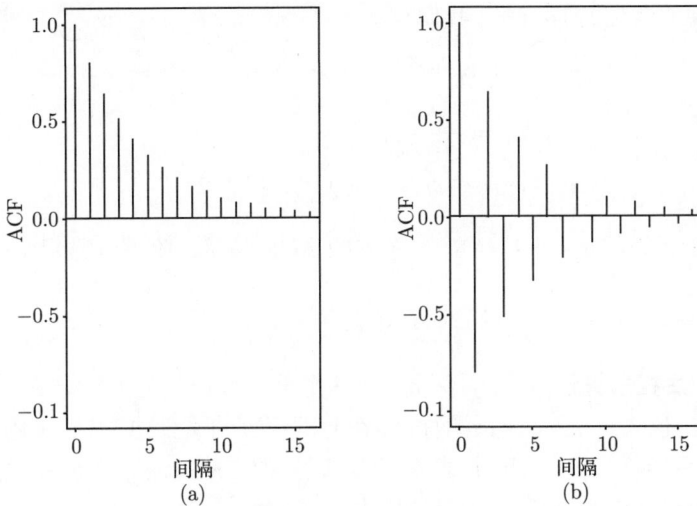

图 2-3 AR(1) 模型的自相关函数: (a) $\phi_1 = 0.8$; (b) $\phi_1 = -0.8$

AR(2) 模型

AR(2) 模型形如

$$r_t = \phi_0 + \phi_1 r_{t-1} + \phi_2 r_{t-2} + a_t. \tag{2.12}$$

利用与 AR(1) 情形相同的方法, 我们得到: 只要 $\phi_1 + \phi_2 \neq 1$, 就有

$$\mathrm{E}(r_t) = \mu = \frac{\phi_0}{1 - \phi_1 - \phi_2}.$$

利用 $\phi_0 = (1 - \phi_1 - \phi_2)\mu$, 我们可把 AR(2) 模型改写成

$$r_t - \mu = \phi_1(r_{t-1} - \mu) + \phi_2(r_{t-2} - \mu) + a_t.$$

在上式两端同乘以 $(r_{t-l} - \mu)$, 我们有

$$\begin{aligned}(r_{t-l} - \mu)(r_t - \mu) =& \phi_1(r_{t-l} - \mu)(r_{t-1} - \mu) \\ &+ \phi_2(r_{t-l} - \mu)(r_{t-2} - \mu) + (r_{t-l} - \mu)a_t,\end{aligned}$$

再取期望, 并利用当 $l > 0$ 时 $\mathrm{E}[(r_{t-l} - \mu)a_t] = 0$ 这个性质, 我们得到

$$\gamma_l = \phi_1\gamma_{l-1} + \phi_2\gamma_{l-2}, \quad l > 0.$$

这个结果称为平稳 AR(2) 模型的矩方程, 在上式两端同除以 γ_0, 得到 r_t 的 ACF 的性质:

$$\rho_l = \phi_1\rho_{l-1} + \phi_2\rho_{l-2}, \quad l > 0. \tag{2.13}$$

特别地, 间隔为 1 的 ACF 满足

$$\rho_1 = \phi_1 \rho_0 + \phi_2 \rho_{-1} = \phi_1 + \phi_2 \rho_1.$$

因此, 对平稳的 AR(2) 序列 r_t, 我们有

$$\rho_0 = 1,$$
$$\rho_1 = \frac{\phi_1}{1 - \phi_2},$$
$$\rho_l = \phi_1 \rho_{l-1} + \phi_2 \rho_{l-2}, \quad l \geqslant 2.$$

(2.13) 式的结果说的是: 平稳 AR(2) 序列的 ACF 满足二阶差分方程

$$\left(1 - \phi_1 B - \phi_2 B^2\right) \rho_l = 0,$$

其中 B 是**向后推移算子**, 即 $B\rho_l = \rho_{l-1}$. 这个差分方程决定了平稳 AR(2) 序列的 ACF 的性质, 也决定了 r_t 的预测行为. 在时间序列的文献中, 有时也用 L 而不是 B 来表示向后推移算子. 这里 L 表示延迟算子, 如 $Lr_t = r_{t-1}$, $L\psi_k = \psi_{k-1}$.

与前面的差分方程相对应的是二次多项式方程

$$1 - \phi_1 x - \phi_2 x^2 = 0. \tag{2.14}$$

这个方程的解是

$$x = \frac{\phi_1 \pm \sqrt{\phi_1^2 + 4\phi_2}}{-2\phi_2}.$$

在时间序列文献中, 称这两个解的倒数为 AR(2) 模型的**特征根.** 用 ω_1 和 ω_2 表示这两个解. 如果两个 ω_i 都是实值, 则模型的二次差分方程能分解成 $(1-\omega_1 B)\left(1 - \omega_2 B\right)$ 的形式, 这时 AR(2) 模型可以看成两个 AR(1) 模型的叠加, 即一个 AR(1) 模型满足另一个 AR(1) 模型. 因此, 这时 r_t 的 ACF 是两个指数衰减的混合. 然而, 如果 $\phi_1^2 + 4\phi_2 < 0$, 则 ω_1 和 ω_2 都是复数 (称为**复共轭对**), 这时 r_t 的 ACF 将呈现出减幅的正弦和余弦波的图像. 在商业和经济的应用中, 复特征根很重要, 它们会导致商业环的出现. 对经济时间序列模型来说, 复值特征根也很常见. 对由 (2.12) 式定义的, 带一对共轭复特征根的 AR(2) 模型, 随机环的平均长度为

$$k = \frac{2\pi}{\cos^{-1}\left[\phi_1 / \left(2\sqrt{-\phi_2}\right)\right]},$$

其中反余弦函数的值以弧度表示. 如果我们将复数解写成 $a \pm bi$ 的形式, 其中 $\mathrm{i} = \sqrt{-1}$, 则我们有 $\phi_1 = 2a$, $\phi_2 = -(a^2 + b^2)$, 并且

$$k = \frac{2\pi}{\cos^{-1}(a / \sqrt{a^2 + b^2})},$$

其中 $\sqrt{a^2+b^2}$ 是 $a\pm bi$ 的模. 图示见例 2.1.

图 2-4 显示的是四个平稳 AR(2) 模型的 ACF. (b) 图是 AR(2) 模型 $(1-0.6B+0.4B^2)\,r_t=a_t$ 的 ACF. 因为 $\phi_1^2+4\phi_2=0.36+4\times(-0.4)=-1.24<0$, 故这个 AR(2) 模型包含两个复特征根, 从而它的 ACF 呈现出减幅的正弦和余弦波状. 其他三个 AR(2) 模型都是有实特征根的, 它们的 ACF 呈指数衰减.

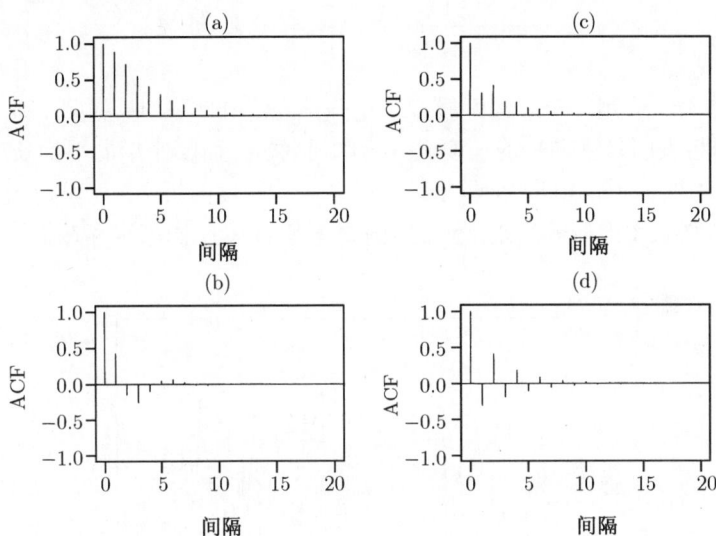

图 2-4　AR(2) 模型的自相关函数: (a) $\phi_1=1.2$, $\phi_2=-0.35$; (b) $\phi_1=0.6$, $\phi_2=-0.4$; (c) $\phi_1=0.2$, $\phi_2=0.35$; (d) $\phi_1=-0.2$, $\phi_2=0.35$

例 2.1　作为说明, 考虑美国的实际国民总产值 (GNP) 的季度增长率, 我们已经作了季节调整, 时间从 1947 年第二个季度到 1991 年第一个季度. 图 2-5 给出了这个时间序列的时间图, 并且该序列在第 4 章中将作为一个非线性经济时间序列的例子. 这里我们简单地用 AR(3) 模型来分析这组数据. 用 r_t 表示增长率, 我们可以用 2.4.2 节的建模方法来估计这个模型. 拟合的模型是

$$r_t = 0.004\,7 + 0.348r_{t-1} + 0.179r_{t-2} - 0.142r_{t-3} + a_t, \quad \hat{\sigma}_a = 0.0097. \tag{2.15}$$

把上述模型改写成

$$r_t - 0.348r_{t-1} - 0.179r_{t-2} + 0.142r_{t-3} = 0.0047 + a_t,$$

我们得到对应的三阶差分方程

$$1 - 0.348B - 0.179B^2 + 0.141B^3 = 0,$$

它可以分解成

$$(1 + 0.521B)\,(1 - 0.869B + 0.274B^2) = 0.$$

第一个因子 $(1 + 0.521B)$ 表明所考虑的 GNP 增长率有指数衰减的特征. 对第二个因子 $1 - 0.869B - (-0.274)B^2 = 0$, 有 $\phi_1^2 + 4\phi_2 = 0.869^2 + 4(-0.274) = -0.341 < 0$. 因此, 这个 AR(3) 模型的第二个因子说明美国的实际 GNP 的季度增长率中存在随机商业环. 这一点是合理的, 因为美国经济经历了膨胀和紧缩期. 随机环的平均长度大约为

$$k = \frac{2(3.141\,59)}{\cos^{-1}\left[\phi_1/\left(2\sqrt{-\phi_2}\right)\right]} = 10.62\,(\text{季度}),$$

这大约为 3 年. 若用一个非线性模型去把美国经济分解成 "膨胀期" 和 "紧缩期" 的话, 数据将表明紧缩期平均长度大约为 3 个季度, 而膨胀期的平均长度为 3 年 (见第 4 章中的分析). 10.83 个季度是这两个平均长度的折中. 这里得到的周期性在国民经济增长率的研究中是常见的, 例如许多 OECD 国家也存在类似上面所述的现象.

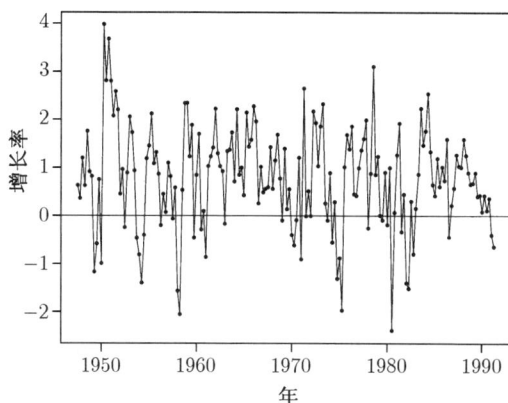

图 2-5   从 1947 年第二个季度到 1991 年第一个季度美国的实际国民总产值
增长率的时间图. 数据按季节调整并以百分比计数

R 演示

例 2.1 的 R 演示, 其中%表示注释:

```
> gnp=scan(file='dgnp82.txt') % Load data
 % To create a time-series object
> gnp1=ts(gnp,frequency=4,start=c(1947,2))
> plot(gnp1)
> points(gnp1,pch='*')

> m1=ar(gnp,method=''mle'') % Find the AR order
> m1$order    % An AR(3) is selected based on AIC
[1] 3
> m2=arima(gnp,order=c(3,0,0)) % Estimation
> m2
```

```
Call:
arima(x = gnp, order = c(3, 0, 0))

Coefficients:
          ar1     ar2      ar3    intercept
       0.3480  0.1793  -0.1423     0.0077
s.e.   0.0745  0.0778   0.0745     0.0012

sigma^2 estimated as 9.427e-05: log likelihood=565.84,
  aic=-1121.68

% In R, ``intercept'' denotes the mean of the series.
% Therefore, the constant term is obtained below:
> (1-.348-.1793+.1423)*0.0077
[1] 0.0047355
> sqrt(m2$sigma2)   % Residual standard error
[1] 0.009709322

> p1=c(1,-m2$coef[1:3]) % Characteristic equation
> roots=polyroot(p1) % Find solutions
> roots
[1] 1.590253+1.063882i -1.920152+0.000000i 1.590253-1.063882i
> Mod(roots) % Compute the absolute values of the solutions
[1] 1.913308 1.920152 1.913308
 % To compute average length of business cycles:
> k=2*pi/acos(1.590253/1.913308)
> k
[1] 10.65638
```

平稳性

AR(2) 时间序列的平稳性条件是它的两个特征根的模都小于 1. 即特征方程的两个解的模都大于 1. 在这个条件下, 递推式 (2.13) 保证模型的自相关函数随间隔 l 的增加而趋于 0. 这个趋于 0 的性质是一个时间序列平稳的必要条件. 事实上, 这个条件也适用于 AR(1) 模型, 这时特征多项式是 $1 - \phi_1 x = 0$, 特征根为 $\omega = 1/x = \phi_1$, 要使 r_t 是平稳的, 必须有 ϕ_1 的模小于 1. 而前面已证明过, 对平稳 AR(1) 模型有 $\rho_l = \phi_1^l$, 这隐含着当 $l \to \infty$ 时, 有 $\rho_l \to 0$.

AR(p) 模型

AR(1) 模型和 AR(2) 模型的结果可以推广到由 (2.9) 式定义的 AR(p) 模型. 对平稳的 AR(p) 序列, 其均值为

$$\mathrm{E}\,(r_t) = \frac{\phi_0}{1 - \phi_1 - \cdots - \phi_p},$$

假定分母不等于 0. 模型对应的多项式方程为

$$1 - \phi_1 x - \phi_2 x^2 - \cdots - \phi_p x^p = 0.$$

如果这个方程的所有解的模都大于 1, 则序列 $\{r_t\}$ 是平稳的. 同样, 解的倒数为该模型的**特征根**. 因此, 平稳性要求所有特征根的模都小于 1. 对于平稳 AR(p) 序列而言, 其自相关函数满足方程

$$\left(1 - \phi_1 B - \phi_2 B^2 - \cdots - \phi_p B^p\right) \rho_l = 0, \quad l > 0.$$

自相关函数的图像呈现出减幅的正弦、余弦和指数衰减的混合状, 具体形状取决于其特征根的性质.

2.4.2　实际中怎样识别 AR 模型

在实际应用中, 一个 AR 序列的阶 p 是未知的, 必须根据实际数据来决定. 求解阶 p 的问题叫作 AR 模型的**定阶**. 在时间序列文献中这个问题已被广泛研究过. 一般有两个决定 p 的方法: 第一种方法是利用偏相关函数 (PACF, Partial Auto Correlation Function); 第二种方法是用某个信息准则函数.

偏自相关函数

平稳时间序列的 PACF 是它的 ACF 的一个函数, 它在给 AR 模型定阶时是一个有用的工具. 一个简单而有效的引进 PACF 的方式是考虑如下一连串的 AR 模型:

$$r_t = \phi_{0,1} + \phi_{1,1} r_{t-1} + e_{1t},$$
$$r_t = \phi_{0,2} + \phi_{1,2} r_{t-1} + \phi_{2,2} r_{t-2} + e_{2t},$$
$$r_t = \phi_{0,3} + \phi_{1,3} r_{t-1} + \phi_{2,3} r_{t-2} + \phi_{3,3} r_{t-3} + e_{3t},$$
$$r_t = \phi_{0,4} + \phi_{1,4} r_{t-1} + \phi_{2,4} r_{t-2} + \phi_{3,4} r_{t-3} + \phi_{4,4} r_{t-4} + e_{4t},$$
$$\vdots$$

其中, $\phi_{0,j}$ 是常数项, $\phi_{i,j}$ 是 r_{t-i} 的系数, e_{jt} 是 AR(j) 模型的误差项. 这些模型都是多元线性回归的形式, 可用最小二乘法来估计. 事实上, 由于它们是按阶的高低排列的, 故我们可以应用多元线性回归分析中 F 检验的思想. 第一个式子中的估计 $\hat{\phi}_{1,1}$ 称为 r_t 的间隔为 1 的样本偏自相关函数; 第二个式子中的估计 $\hat{\phi}_{2,2}$ 称为 r_t 的间隔为 2 的样本偏自相关函数; 第三个式子中的估计 $\hat{\phi}_{3,3}$ 称为 r_t 的间隔为 3 的样本偏自相关函数; 依次类推.

从定义可以看出, 间隔为 2 的样本偏自相关函数 $\hat{\phi}_{2,2}$ 所表示的是: 在 AR(1) 模型 $r_t = \phi_0 + \phi_1 r_{t-1} + e_{1t}$ 基础上添加的 r_{t-2} 对 r_t 的贡献; $\hat{\phi}_{3,3}$ 表示的是在 AR(2) 模型上添加的 r_{t-3} 对的 r_t 贡献; 如此等等. 因此, 对一个 AR(p) 模型, 间隔为 p 的样本偏自相关函数不应为零, 而对所有 j>p, $\hat{\phi}_{j,j}$ 应接近于零. 我们利用这一性质来决定定阶 p. 对于平稳高斯 AR(p) 模型, 可以证明其样本偏自相关函数 (PACF) 有如下性质:

- 当样本容量 T 趋于无穷时, $\hat{\phi}_{p,p}$ 收敛于 ϕ_p;

- 对 $l > p$, $\hat{\phi}_{l,l}$ 收敛于零;
- 对 $l > p$, $\hat{\phi}_{l,l}$ 的渐近方差为 $\frac{1}{T}$.

这些结果表明, AR(p) 序列的样本偏自相关函数是 p 步截尾的.

作为例子, 考虑从 1926 年 1 月到 2008 年 12 月的 CRSP 价值加权指数月简单收益率. 表 2-1 给出了这个序列的样本自相关函数在前 12 个间隔上的值. $T=996$, 该样本偏自相关函数的渐近标准差大约为 0.032. 从而, 在 5% 的显著水平下, 我们给数据识别一个 AR(3) 模型或 AR(9) 模型 (也就是 $p = 3$ 或 9). 如果使用了 9% 的显著水平, 则指定 AR(3) 模型.

表 2-1　从 1926 年 1 月到 2008 年 12 月的 CRSP 价值加权指数月简单收益率的样本 PACF 和 AIC

p	1	2	3	4	5	6
PACF	0.115	−0.030	−0.102	0.033	0.062	−0.050
AIC	−5.838	−5.837	−5.846	−5.845	−5.847	−5.847
BIC	−5.833	−5.827	−5.831	−5.825	−5.822	−5.818
p	7	8	9	10	11	12
PACF	0.031	0.052	0.063	0.005	−0.005	0.011
AIC	−5.846	−5.847	−5.849	−5.847	−5.845	−5.843
BIC	−5.812	−5.807	−5.805	−5.798	−5.791	−5.784

作为另外一个例子, 图 2-6 给出了例 2.1 中 GNP 增长率的 PACF. 图中的虚线表示的是大约为两个标准误差的上下限 $\pm(2/\sqrt{176})$. 此图表明 AR(3) 模型适合该数据, 因为样本 PACF 在前三个间隔点上比较大.

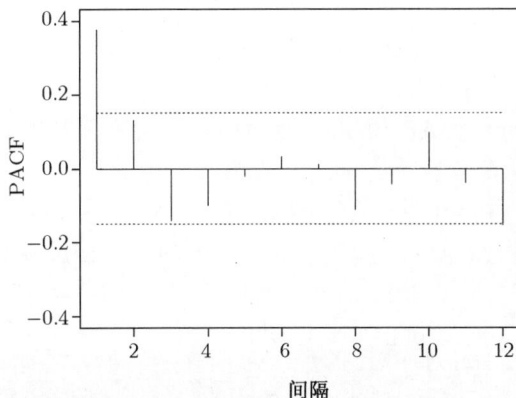

图 2-6　从 1947 年第 2 季度到 1991 年第 1 季度的美国实际 GNP 季度增长率的样本偏自相关系数. 虚线给出了置信水平为 95%的置信区间的近似

信息准则

有几种信息准则可用来决定 AR 过程的阶 p, 它们都基于似然函数. 例如, 著名的 Akaike 信息准则(AIC)(Akaike, 1973) 定义如下:

$$\text{AIC} = \frac{-2}{T} \ln(\text{似然函数的最大值}) + \frac{2}{T}(\text{参数的个数}), \tag{2.16}$$

其中 T 是样本容量. 对高斯 $AR(l)$ 模型, AIC 简化为

$$\text{AIC}(l) = \ln(\tilde{\sigma}_l^2) + \frac{2l}{T},$$

其中 $\tilde{\sigma}_l^2$ 是 σ_a^2 的最大似然估计, σ_a^2 是 a_t 的方差, T 是样本容量 (见 (1.18) 式). (2.16) 式中的 AIC 的第一项度量的是 $AR(l)$ 模型对数据的拟合优度, 而第二项称为准则中的惩罚函数, 因为它用参数的个数来惩罚所用的模型. 不同的惩罚函数导致了不同的信息准则.

另外一个常用的信息准则函数为 (Schwarz) 贝叶斯信息准则 (BIC). 对高斯 $AR(l)$ 模型, 该准则为

$$\text{BIC}(l) = \text{In}(\tilde{\sigma}_l^2) + \frac{l\text{In}(T)}{T}.$$

对每个参数的惩罚在 AIC 中为 2, 而在 BIC 中为 $\ln(T)$. 因此, 与 AIC 相比, 当样本容量适度或较大时, BIC 倾向于选择一个低阶的 AR 模型.

选择规则

在实际应用中, 为了利用 AIC 来选择一个 AR 模型, 要计算 $\text{AIC}(l)$, 对 $l=0,1,2,\cdots P$, 其中 P 为事先给定的一个正整数, 然后选择阶 k, 使 AIC 达最小值.

表 2-1 也给出了 $p=1,2,\cdots,12$ 时 AIC 的值. 这些 AIC 的值都很靠近, 当 $p = 9$ 和 $p = 9$ 时达最小值 -5.821, 故按准则应选 AR(9) 模型. 另外, 在 $p = 1$ 时, BIC 达到最小值 -5.833, 这个值接近在 $p = 3$ 时的次小值 -5.831, 因此, BIC 对价值加权收益率序列选择 AR(1) 模型. 这个例子说明不同的方法可能会得出阶 p 的不同选择. 在实际应用中, 还没有证据表明一种方法就一定比另外一种方法好. 对给定的时间序列数据选择一个 AR 模型时, 还有两种因素起着重要作用, 即所研究问题的具体信息和模型的简单性.

再次考虑例 2.1 中美国季度实际 GNP 增长率序列, S-Plus 中 Finmetrics 模块给出的 AIC 识别了一个 AR(3) 模型. 这里, 准则值已经经过调整以使得 AIC 的最小值为 0.

```
> gnp=scan(file='q-gnp4791.txt')
> ord=ar(gnp,method=''mle'')
> ord$aic
 [1] 27.847 2.742 1.603 0.000 0.323 2.243
 [7]  4.052 6.025 5.905 7.572 7.895 9.679
> ord$order
[1] 3
```

参数估计

对于由 (2.9) 式给出的一个具体的 AR(p) 模型, 我们常用条件最小二乘法来估计其参数. 条件最小二乘是从第 $p+1$ 个观测值开始的. 具体地说, 在给定前 p 个观测值的前提下, 我们有

$$r_t = \phi_0 + \phi_1 r_{t-1} + \cdots + \phi_p r_{t-p} + a_t, \quad t = p+1, \cdots, T,$$

上式为多元线性回归的形式, 其中的参数可用最小二乘法估计. 记 $\hat{\phi}_i$ 为 ϕ_i 的估计, 所拟合的模型为

$$\hat{r}_t = \hat{\phi}_0 + \hat{\phi}_1 r_{t-1} + \cdots + \hat{\phi}_p r_{t-p}$$

对应的残差为

$$\hat{a}_t = r_t - \hat{r}_t.$$

称 $\{\hat{a}_t\}$ 为残差序列, 并得到

$$\hat{\sigma}_a^2 = \frac{\sum_{t=p+1}^{T} \hat{a}_t^2}{T - 2p - 1}.$$

如果用条件最大似然方法, ϕ_i 的估计保持不变, 而 σ_a^2 的估计变为 $\tilde{\sigma}_a^2 = \hat{\sigma}_a^2 \times (T - 2p-1)/(T-p)$. 在某些包中, $\tilde{\sigma}_a^2$ 被定义为 $\hat{\sigma}_a^2 \times (T-2p-1)/T$. 作为说明, 考虑给表 2-1 所示的价值加权指数的月简单收益率建立一个 AR(3) 模型, 所拟合的模型为

$$r_t = 0.009\,1 + 0.116 r_{t-1} - 0.019 r_{t-2} - 0.104 r_{t-3} + \hat{a}_t, \quad \hat{\sigma}_a = 0.054.$$

系数的标准误差依次分别是 0.002, 0.034, 0.034 和 0.034. 除了延迟为 2 的系数外, 其他参数在 1% 的水平下都是显著的.

对这个例子, 所建 AR 模型的系数都很小, 表明所考虑序列的序列相关性较弱, 即使这种相关性在 1% 水平下是统计显著的. 所拟合的模型中 $\hat{\phi}_0$ 的显著性意味着这个序列的期望平均收益率是正的. 事实上, $\hat{\mu}=0.0091/(1-0.116+0.019+0.104)=0.009$, 是一个很小的正数, 但它有重要的长期意义. 这意味着所考虑的指数的长期收益率是相当大的. 利用第 1 章中定义的多周期简单收益率, 这时平均年度简单毛收益率是 $[\prod_{t=1}^{996}(1 + R_t)]^{12/996} - 1 \approx 0.093$. 换句话说, 从 1926 年到 2008 年间, CRSP 价值加权指数的月收益大约平均每年增长 9.3%. 此数据支持这样一个观点: 长期来看, 股票市场的表现令人乐观. 在 1926 年年初 1 美元的投资, 到 2008 年年底的价值大约 1593 美元.

```
> vw=read.table('m-ibm3dx.txt',header=T)[,3]
> t1=prod(vw+1)
> t1
[1] 1592.953
> t1^(12/996)-1
[1] 0.0929
```

模型的检验

我们必须仔细地检查所拟合的模型以防止可能存在的模型的非充分性. 如果模型是充分的, 则其残差序列应是白噪声. 残差的样本自相关函数和 (2.3) 式定义的 Ljung-Box 统计量可用来检验 $\hat{a}_t$ 与一个白噪声的接近程度. 对 AR(p) 模型, Ljung-Box 统计量 Q(m) 渐近服从自由度为 $m - g$ 的 χ^2 分布, 其中 g 是所用模型中 AR 系数的个数. 这里对自由度进行了修正, 是因为从拟合 AR(0) 模型到拟合 AR(p) 模型, 对残差 $\hat{a}_t$ 的限制个数增加了. 如果所拟合的模型经验证是不充分的, 那么就需要对它进行重新改进. 例如, 如果某些被估 AR 系数与 0 没有显著差别, 则我们应该去掉这些不显著的参数, 以此对模型进行简化. 如果残差显示出额外的序列相关性, 则应考虑到这些相关系数而对模型进行扩展.

注释 把 Ljung-Box 统计量 $Q(m)$ 应用到残差序列时, 多数时间序列程序包都没有调整自由度. 当 $m \leqslant g$ 时, 这种处理方法是可以理解的.　□

现在考虑对价值加权指数的月简单收益率拟合 AR(3) 模型所得的残差序列. 可算得 $Q(12)=16.35$, 并且基于自由度为 9 的 χ^2 分布的 p 值为 0.060. 这样, 在 5% 的水平下, 前 12 个间隔无序列相关性的原假设几乎不能拒绝. 然而, 延迟为 2 的 AR 系数在 5% 的水平下是不显著的, 我们可以将模型改进为

$$r_t = 0.008\,8 + 0.114 r_{t-1} - 0.106 r_{t-3} + a_t, \quad \hat{\sigma}_a = 0.053\,6,$$

其中所有的估计在 5% 的水平下都是显著的. 残差序列给出 $Q(12)=16.83$, 其 p 值为 0.078(基于 χ^2_{10} 分布). 该模型对数据的动态线性依赖性的建模是充分的.

R 演示

在下面的 R 演示中, %表示注释:

```
> vw=read.table('m-ibm3dx2608.txt',header=T)[,3]
> m3=arima(vw,order=c(3,0,0))
> m3
Call:
arima(x = vw, order = c(3, 0, 0))

Coefficients:
          ar1       ar2       ar3     intercept
       0.1158   -0.0187   -0.1042      0.0089
s.e.   0.0315    0.0317    0.0317      0.0017

sigma^2 estimated as 0.002875: log likelihood=1500.86,
   aic=-2991.73

> (1-.1158+.0187+.1042)*mean(vw) % Compute
   the intercept phi(0).
[1] 0.00896761
> sqrt(m3$sigma2)  % Compute standard error of residuals
[1] 0.0536189
```

```
> Box.test(m3$residuals,lag=12,type='Ljung')

        Box-Ljung test

data: m3$residuals    % R uses 12 degrees of freedom

X-squared = 16.3525, df = 12, p-value = 0.1756

> pv=1-pchisq(16.35,9) % Compute p-value using 9 degrees
    of freedom
> pv
[1] 0.05992276
 % To fix the AR(2) coef to zero:
> m3=arima(vw,order=c(3,0,0),fixed=c(NA,0,NA,NA))
 % The subcommand 'fixed' is used to fix parameter values,
 % where NA denotes estimation and 0 means fixing the
    parameter to 0.
 % The ordering of the parameters can be found using m3$coef
> m3
Call:
arima(x = vw, order = c(3, 0, 0), fixed = c(NA, 0, NA, NA))

Coefficients:
          ar1  ar2      ar3   intercept
        0.1136    0  -0.1063      0.0089
s.e.    0.0313    0   0.0315      0.0017

sigma^2 estimated as 0.002876: log likelihood=1500.69,
    aic=-2993.38
> (1-.1136+.1063)*.0089 % Compute phi(0)
[1] 0.00883503
> sqrt(m3$sigma2)   % Compute residual standard error
[1] 0.05362832

> Box.test(m3$residuals,lag=12,type='Ljung')

        Box-Ljung test

data: m3$residuals
X-squared = 16.8276, df = 12, p-value = 0.1562

> pv=1-pchisq(16.83,10)
> pv
[1] 0.0782113
```

S-Plus 演示

给出了输出结果：

```
> vw=read.table('m-ibm3dx2608.txt',header=T)[,3]
> ar3=OLS(vw ar(3))
```

```
> summary(ar3)
Call:
OLS(formula = vw ~ ar(3))

Residuals:
     Min      1Q Median      3Q     Max
 -0.2863 -0.0263 0.0034  0.0297  0.3689

Coefficients:
              Value  Std. Error t value Pr(>|t|)
(Intercept)  0.0091  0.0018      5.1653  0.0000
       lag1  0.1148  0.0316      3.6333  0.0003
       lag2 -0.0188  0.0318     -0.5894  0.5557
       lag3 -0.1043  0.0318     -3.2763  0.0011

Regression Diagnostics:
        R-Squared 0.0246
Adjusted R-Squared 0.0216
Durbin-Watson Stat 1.9913

Residual Diagnostics:
                Stat   P-Value
Jarque-Bera 1656.3928   0.0000
  Ljung-Box   50.1279   0.0087

Residual standard error: 0.05375 on 989 degrees of freedom

> autocorTest(ar3$residuals,lag=12)

Test for Autocorrelation: Ljung-Box
Null Hypothesis: no autocorrelation

Test Statistics:
Test Stat 16.5668
  p.value  0.1666    % S-Plus uses 12 degrees of freedom

Dist. under Null: chi-square with 12 degrees of freedom
  Total Observ.: 993
> 1-pchisq(16.57,9) % Compute p-value with 9 degrees
  of freedom
[1] 0.05589128
```

2.4.3　拟合优度

衡量平稳模型拟合优度的一个常用的统计量是 R^2 统计量, 其定义为

$$R^2 = 1 - \frac{残差的平方和}{总的平方和}.$$

对于平稳 AR(p) 模型, 假设有 T 个观测 $\{r_t|t = 1, \cdots, T\}$, 则 R^2 变为

$$R^2 = 1 - \frac{\sum_{t=p+1}^{T} \hat{a}_t^2}{\sum_{t=p+1}^{T}(r_t - \bar{r})^2},$$

其中 $\bar{r} = \left(\sum_{t=p+1}^{T} r_t \right) / (T - p)$. 容易证明, $0 \leqslant R^2 \leqslant 1$. 特别地, R^2 越大, 表示模型对数据拟合地越好, 然而该结论只对平稳时间序列成立. 对于本章后面将要讨论的单位根非平稳序列, 当样本容量趋于无穷时, 无论 r_t 实际服从一个怎样的模型, 对其拟合一个 AR(1) 模型时, R^2 均趋于 1.

众所周知, 对于一个给定的数据集, R^2 是所用参数个数的非降函数. 为了克服该缺点, 建议用调整后的 R^2, 它定义为

$$\text{Adj} - R^2 = 1 - \frac{\text{残差的方差}}{r_t \text{的方差}}$$
$$= 1 - \frac{\hat{\sigma}_a^2}{\hat{\sigma}_r^2},$$

其中 $\hat{\sigma}_r^2$ 是 r_t 的样本方差. 这个新的衡量方法将拟合模型中用到的参数个数也考虑在内. 然而, 其取值仍然在 0 和 1 之间.

2.4.4　预测

预测是时间序列分析中的一个重要应用. 对 (2.9) 式中的 AR(p) 序列, 假定我们在时间指标为 h 的点上, 欲预测 r_{h+l}, $l \geqslant 1$. 时间指标 h 称为**预测原点**(forecast origin), 正整数 l 称为**预测步长**(forecast horizon). 设 $\hat{r}_h(l)$ 为 r_{h+l} 的最小均方误差预测, 换言之, 我们选择 $\hat{r}_k(l)$ 作为预测, 使得 $\hat{r}_k(l)$ 满足

$$E\{[r_{h+l} - \hat{r}_h(l)]^2 | F_h\} \leqslant \min_g E[(r_{h+l} - g)^2 | F_h],$$

其中 g 是 h 时刻 (包括 h 时刻) 所得到的信息的函数, 即 g 是 F_h 的函数. 我们称 $\hat{r}_h(l)$ 为 r_t 的以 h 为预测原点的向前 l 步预测. 设 Fh 为在预测原点 h 所得到的信息集合.

向前 1 步预测

由 AR(p) 模型, 我们有

$$r_{h+1} = \phi_0 + \phi_1 r_h + \cdots + \phi_p r_{h+1-p} + a_{h+1}.$$

在均方损失函数下, 给定 $F_h = \{r_h, r_{h-1}, \cdots\}$, r_{h+1} 的点预测为条件期望

$$\hat{r}_h(1) = E(r_{h+1} | F_h) = \phi_0 + \sum_{i=1}^{p} \phi_i r_{h+1-i},$$

对应的预测误差为

$$e_h(1) = r_{h+1} - \hat{r}_h(1) = a_{h+1}.$$

从而, 向前 1 步预测误差的方差为 $\mathrm{Var}[e_h(1)] = \mathrm{Var}(a_{h+1}) = \sigma_a^2$. 若 a_t 服从正态分布, 则 r_{h+1} 的 95% 的向前 1 步区间预测是 $\hat{r}_h(1) \pm 1.96 \times \sigma_a$. 对 (2.4) 式给出的线性模型, a_{t+1} 也是以 t 为预测原点的向前 1 步预测误差. 在计量经济的文献中, a_{t+1} 称为 $t+1$ 时刻序列的扰动.

在实际应用中, 经常用被估参数来计算点预测和区间预测. 这导致了条件预测, 因为这样的预测没有考虑参数估计中的不确定性. 理论上, 我们可以在预测中考虑参数的不确定性, 但其复杂性将大大增加. 在进行预测时, 考虑参数和模型不确定性影响的自然方法, 就是使用基于马尔可夫链蒙特卡罗方法的贝叶斯预测, 进一步讨论详见第 12 章. 为了简化, 在本章中, 我们假设所使用的模型是给定的. 当在估计中使用的样本容量充分大时, 条件预测与无条件预测是接近的.

向前 2 步预测

下面考虑以 h 为预测原点对 r_{h+2} 的预测. 由 AR(p) 模型, 我们有

$$r_{h+2} = \phi_0 + \phi_1 r_{h+1} + \cdots + \phi_p r_{h+2-p} + a_{h+2}.$$

取条件期望, 我们有

$$\hat{r}_h(2) = \mathrm{E}(r_{h+2}|F_h) = \phi_0 + \phi_1 \hat{r}_h(1) + \phi_2 r_h + \cdots + \phi_p r_{h+2-p}$$

对应的预测误差为

$$e_h(2) = r_{h+2} - r_h(2) = \phi_1[r_{h+1} - \hat{r}_h(1)] + a_{h+2} = a_{h+2} + \phi_1 a_{h+1}.$$

预测误差的方差为 $\mathrm{Var}[e_h(2)] = (1 + \Phi_1^2)\sigma_a^2$. r_{h+2} 的区间预测可以用与 r_{h+1} 相同的方法计算出来. 值得注意的是 $\mathrm{Var}[e_h(2)] \geqslant \mathrm{Var}[e_h(1)]$, 这意味着预测步长的增加会使预测中的不确定性也增加. 这与通常的感觉是一致的: 对线性序列来说, 我们在 h 时刻对 r_{h+2} 的把握不如对 r_{h+1} 的把握大.

向前多步预测

一般地, 我们有

$$r_{h+l} = \phi_0 + \phi_1 r_{h+l-1} + \cdots + \phi_p r_{h+l-p} + a_{h+l}.$$

基于均方损失函数最小化而得到的向前 l 步预测就是给定 F_h 的条件下 r_{h+l} 的条件期望, 可以由下式得到

$$\hat{r}_h(l) = \phi_0 + \sum_{i=1}^{p} \phi_i \hat{r}_h(l-i),$$

其中, 当 $i \leqslant 0$ 时, 约定 $\hat{r}_h(i) = r_{h+i}$. 这个预测可用 $\hat{r}_h(i), i = 1, 2, \cdots, l-1$ 递推计算出来. 向前 l 步预测的误差是 $e_h(l) = r_{h+l} - \hat{r}_h(l)$. 可以证明: 对平稳 AR($p$) 序列, 当 $l \to +\infty$ 时, $\hat{r}_h(l)$ 收敛于 $E(r_t)$. 也就是说, 对这样的序列, 长期的点预测趋于无条件均值. 在金融文献中, 这种性质称为均值回转 (mean reversion). AR(1) 模型, 均值回转的速度由半衰期 (half-life) 来衡量, 其中半衰期定义为 $k = \ln(0.5/|\phi_1|)$. 预测误差的方差则趋于 r_t 的无条件方差.

注意 (2.8) 式中的 AR(1) 模型, 令 $x_t = r_t - E(r_t)$ 为经均值调整后的序列. 在预测原点 h, 容易发现 l 步向前预测 x_{h+l} 为 $\hat{x}_h(l) = \phi_1^l x_h$, 半衰期为使得 $\hat{x}_h(l) = \frac{1}{2}x_h$ 的预测期限, 也就是说, $\phi_1^l = \frac{1}{2}$, 因此, $l = \ln(0.5)\ln(|\phi_1|)$.

表 2-2 包含了对价值加权指数月简单收益率的向前 1 步至 6 步的预测结果和相应的预测误差的标准差: 以 984 为预测原点, 利用前 984 个观察值重新估计的 AR(3) 模型. 拟合模型为

$$r_t = 0.009\,8 + 0.102\,4r_{t-1} - 0.020\,1r_{t-2} - 0.109\,0r_{t-3} + a_t,$$

其中 $\hat{\sigma} = 0.054$. 表 2-2 也给出了 2008 年的实际收益率. 因为序列中存在弱序列相关, 预测值和预测误差的标准差快速地收敛到样本均值和数据的标准差. 对于前 984 个观察值来说, 样本均值和标准误差分别为 0.009 5 和 0.054 0.

表 2-2 对 CRSP 价值加权指数月简单收益率用 AR(3) 模型的
向前多步预测的结果, 预测原点为 858

步骤	1	2	3	4	5	6
预测值	0.007 6	0.016 1	0.011 8	0.009 9	0.008 9	0.009 3
标准误差	0.053 42	0.053 7	0.053 7	0.054 0	0.054 0	0.054 0
实际值	−0.062 32	−0.022 0	−0.010 5	−0.051 1	0.023 8	−0.078 6
步骤	7	8	9	10	11	12
预测值	0.009 5	0.009 7	0.009 6	0.009 6	0.009 6	0.009 6
标准误差	0.054 0	0.054 0	0.054 0	0.054 0	0.054 0	0.054 0
实际值	−0.013 2	0.011 0	−0.098 1	−0.184 7	−0.085 2	0.021 5

图 2-7 为价值加权指数月简单收益率相应的样本范围之外预测图. 预测原点 $t = 984$ 对应 2007 年 10 月. 预测图包括预测值的两个标准差的上下限和 2008 年的实际观测值. 预测值和实际收益率值分别用 。和 · 表示. 根据图 2-7, 除了 2008 年 10 月的收益率, 所有实际值都在 95% 的预测区间内.

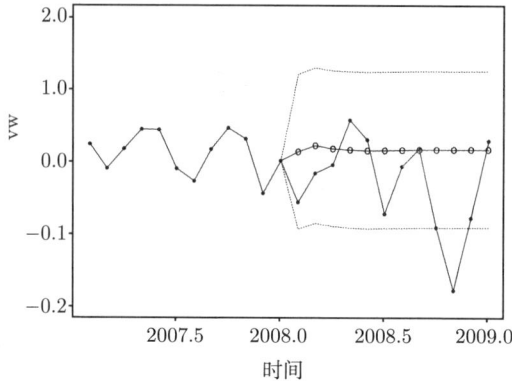

图 2-7　CRSP 价值加权指数月简单收益率的向前 1 步至 12 步的预测图. 预测原点为 t=984, 是 2007 年 12 月的, 预测值用空心点 " 。" 表示, 实际值用实点 " . " 表示. 两条虚线表示预测值的两个标准误差的上下限

2.5　简单滑动平均模型

本节将讨论另一类简单模型, 它们在金融收益率建模中也很有用. 这类模型叫作滑动平均模型 (moving-average, MA). 如在第 5 章将要讨论的, 在股票交易中, 买卖价格间的跳动会在收益率序列中引出一个 MA(1) 结构. 引进 MA 模型有几种方式: 一种方式是把它当做白噪声序列的简单推广; 另一种方式是把它看成参数受某种限制的无穷阶 AR 模型. 本节采用第二种方式.

除了简单性之外, 没有特别的理由假定 AR 模型的阶是有限的. 我们可以考虑 (至少在理论上) 无穷阶 AR 模型为

$$r_t = \phi_0 + \phi_1 r_{t-1} + \phi_2 r_{t-2} + \cdots + a_t.$$

然而, 这样的 AR 模型是没有实际意义的, 因为它有无穷多个参数. 使这样的模型有实际用途的一个方式是假定系数 ϕ_i 满足某种限制, 使得它们可由有限个参数决定. 这种想法的一个特殊情形为

$$r_t = \phi_0 - \theta_1 r_{t-1} - \theta_1^2 r_{t-2} - \theta_1^3 r_{t-3} - \cdots + a_t, \qquad (2.17)$$

其中系数只依赖于单个参数 θ_1, $\phi_i = -\theta_1^i, i \geqslant 1$. 要使 (2.17) 中的模型是平稳的, θ_1 必须是绝对值小于 1 的, 否则 θ_1^i 和序列本身将发散. 因为 $|\theta_1| < 1$, 故当 $i \to \infty$ 时, 有 $\theta_1^i \to 0$. 从而 r_{t-i} 对 r_t 的贡献随 i 的增加以指数速度衰减. 这一点是合理的, 因为平稳序列 r_t 对它的延迟值 r_{t-i} 如果有依赖的话, 这种依赖程度应随时间衰减.

(2.17) 中的模型能写成一个相当紧凑的形式. 为此, 我们把模型先写成

$$r_t + \theta_1 r_{t-1} + \theta_1^2 r_{t-2} + \cdots = \theta_0 + a_t. \qquad (2.18)$$

对 r_{t-1} 的模型为

$$r_{t-1} + \theta_1 r_{t-2} + \theta_1^2 r_{t-3} + \cdots = \phi_0 + a_{t-1}. \tag{2.19}$$

在 (2.19) 式两边乘以 θ_1, 然后减去 (2.18) 式, 得到

$$r_t = \phi_0(1 - \theta_1) + a_t - \theta_1 a_{t-1},$$

此式说明: 除去常数项外, r_t 是两个扰动 a_t 和 a_{t-1} 的加权平均. 因此, 此模型称为 1 阶 MA 模型, 简称为 MA(1) 模型. MA(1) 模型的一般形式为

$$r_t = c_0 + a_t - \theta_1 a_{t-1} \quad \text{或} \quad r_t = c_0 + (1 - \theta_1 B)a_t, \tag{2.20}$$

其中 c_0 是一个常数, $\{a_t\}$ 是一个白噪声序列. 类似地, MA(2) 模型的形式为

$$r_t = c_0 + a_t - \theta_1 a_{t-1} - \theta_2 a_{t-2}, \tag{2.21}$$

MA(q) 模型为

$$r_t = c_0 + a_t - \theta_1 a_{t-1} - \cdots - \theta_q a_{t-q}, \tag{2.22}$$

或 $r_t = c_0 + (1 - \theta_1 B - \cdots - \theta_q B^q)a_t$, 其中 q>0.

2.5.1 MA 模型的性质

我们仍然只讨论简单的 MA(1) 和 MA(2) 模型. MA(q) 模型的结果可用相同的方法得到.

平稳性

MA 模型总是弱平稳的, 因为它们是白噪声序列的有限线性组合, 其前两阶矩是不随时间变化的. 例如, 考虑 (2.20) 式给出的 MA(1) 模型. 对这个模型两端取期望可得 $E(r_t) = c_0$, 这不随时间变化. 在 (2.20) 式两端取方差, 我们有

$$\text{Var}(r_t) = \sigma_a^2 + \theta_1^2 \sigma_a^2 = (1 + \theta_1^2)\sigma_a^2,$$

这里我们用到 a_t 与 a_{t-1} 的不相关性. $\text{Var}(r_t)$ 也不随时间变化. 这些讨论对一般的 MA(q) 模型也适用, 因此我们得到两个一般性质: 第一, MA 模型的常数项就是序列的均值 [也即 $\text{E}(r_t) = c_0$]; 第二, MA(q) 模型的方差为

$$\text{Var}(r_t) = (1 + \theta_1^2 + \theta_2^2 + \cdots + \theta_q^2)\sigma_a^2.$$

自相关函数

为简单起见, 假定 MA(1) 模型中 $c_0 = 0$. 对两端乘以 r_{t-l}, 我们有

$$r_{t-l} r_t = r_{t-l} a_t - \theta_1 r_{t-l} a_{t-1}.$$

取期望, 得到

$$\gamma_1 = -\theta_1\sigma_a^2, \quad \text{且} l > 1 \text{时}, \quad \gamma_l = 0$$

利用上述结果, 并注意到 $\mathrm{Var}(r_t) = (1+\theta_1^2)\sigma_a^2$, 我们有

$$\rho_0 = 1, \quad \rho_1 = \frac{-\theta_1}{1+\theta_1^2}, \quad \rho_l = 0, \quad \text{其中} \quad l > 1.$$

因此, 对 MA(1) 模型, 间隔为 1 的 ACF 不为 0, 但所有间隔大于 1 的 ACF 都是 0. 换言之, MA(1) 模型的 ACF 在间隔为 1 以后是截尾的. 对 (2.21) 式给出的 MA(2) 模型, 自相关系数是

$$\rho_1 = \frac{-\theta_1 + \theta_1\theta_2}{1+\theta_1^2+\theta_2^2}, \quad \rho_2 = \frac{-\theta_2}{1+\theta_1^2+\theta_2^2}, \quad \rho_l = 0, \quad \text{其中} \quad l > 2.$$

这时, 在间隔为 2 以后截尾. 这个性质可推广到其他 MA 模型. 对 MA(q) 模型, 其 ACF 在间隔为 q 时不为 0, 但对 $l > q$, $\rho_l = 0$. 因此, MA(q) 序列只与其前 q 个延迟值线性相关, 从而它是一个 "有限记忆" 的模型.

可逆性

将零均值 MA(1) 模型改写为 $a_t = r_t + \theta_1 a_{t-1}$, 重复迭代可以得到

$$a_t = r_t + \theta_1 r_{t-1} + \theta_1^2 r_{t-2} + \theta_1^3 r_{t-3} + \cdots.$$

该等式表明当前的扰动 a_t 是现在和过去收益率序列的线性组合. 从直观上看, 随着 j 的增加 θ_1^j 应该趋于零, 因为遥远的过去收益率对当前的扰动应该几乎没有影响. 因此, 要使 MA(1) 模型看起来是合理的, 我们应该要求 $|\theta_1| < 1$. 这样的 MA(1) 模型称为可逆的. 如果 $|\theta_1| = 1$, 则 MA(1) 模型是不可逆的. 对于可逆性的进一步讨论可参见本书 2.6.5 节.

2.5.2 识别 MA 的阶

自相关函数是识别一个 MA 模型的阶的有用工具. 如果时间序列 r_t 具有自相关函数 ρ_l, 若 $\rho_q \neq 0$, 但对 $l > q$ 有 $\rho_l = 0$, 则 r_t 服从一个 MA(q) 模型.

图 2-8 所示的是 CRSP**等权重指数**(equal-weighted index) 从 1926 年 1 月到 2008 年 12 月的月简单收益率的时间图和样本自相关函数图. 在样本自相关函数图中有两条虚线, 它们是两个标准误差的上、下限. 可见, 该序列的自相关系数在间隔为 1, 3, 9 时显著. 对更大的间隔也有稍显著的, 但在这里我们不作考虑. 基于样本自相关函数, 我们给该序列建立下面的 MA(9) 模型:

$$r_t = c_0 + a_t - \theta_1 a_{t-1} - \theta_3 a_{t-3} - \theta_9 a_{t-9}.$$

注意到, 与样本 PACF 不同, 样本 ACF 提供了模型非零 MA 延迟项的信息.

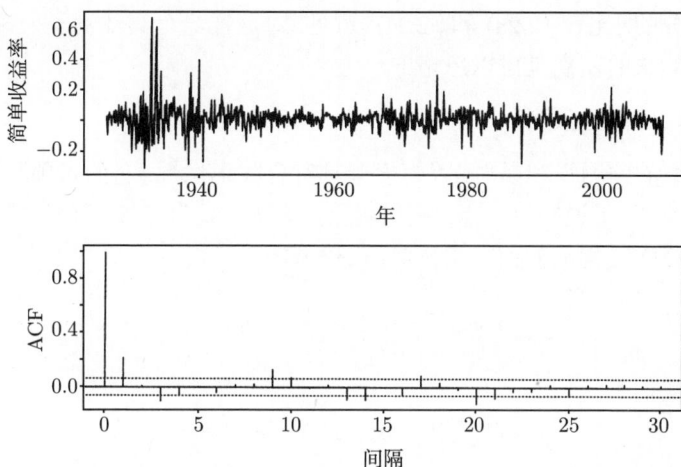

图 2-8 CRSP 等权重指数从 1926 年 1 月到 2008 年 12 月的月简单收益率的
时间图和样本自相关函数图

2.5.3 估计

估计 MA 模型通常用最大似然法. 有两种方法求 MA 模型的似然函数. 第一种方法是假设初始的 "扰动"(即 $a_t,\ t \leqslant 0$) 都是 0, 这样由 $a_1 = r_1 - c_0$, $a_2 = r_2 - c_0 + \theta_1 a_1, \cdots$, 可递推得到计算似然函数所需要的 "扰动". 这种方法称为**条件似然法**, 所得的估计是条件最大似然估计. 第二种方法是把初始 "扰动" $a_t,\ (t \leqslant 0)$ 当做模型的附加参数与其他参数一起估计出来, 这种方法称为**精确似然法**. 精确似然估计优于条件似然估计, 尤其是当 MA 模型接近于不可逆时. 然而, 精确似然估计的计算会更复杂一些. 如果样本量较大, 这两种似然估计是接近的. 关于 MA 模型精确似然估计和条件似然估计的有关细节方面的讨论, 读者可参阅 Box , Jenkins 和 Reinsel(1994) 的书或本书第 8 章.

作为例子, 我们来考虑 CRSP **等权重**指数的月简单收益率序列, 建立一个 MA(9) 模型. 用条件最大似然法拟合的模型为

$$r_t = 0.012 + a_t + 0.189a_{t-1} - 0.121a_{t-3} + 0.122a_{t-9}, \quad \hat{\sigma}_a = 0.071\,4, \qquad (2.23)$$

其中系数估计的标准误差分别为 0.003 0, 0.032, 0.031 和 0.031. 残差的 Ljung-Box 统计量为 $Q(12) = 17.5$, 基于自由度为 9 的 χ^2 分布的 p 值为 0.041. 看起来, 模型对于数据线性动态依赖关系的刻画是充分的. 如果使用了自由度为 12 的 x^2 分布, 则 p 值为 0.132. 用精确最大似然法拟合的模型为

$$r_t = 0.012 + a_t + 0.191a_{t-1} - 0.120a_{t-3} + 0.123a_{t-9}, \quad \hat{\sigma}_a = 0.071\,4, \qquad (2.24)$$

其中各估计的标准误差为 0.003, 0.031, 0.031 和 0.031. 残差的 Ljung-Box 统计量为 $Q(12) = 17.6$, 当自由度为 9 和 12 时, 相应的 p 值分别为 0.040 和 0.128. 所拟合的

模型也是充分的. 比较 (2.23) 和 (2.24), 可见, 对这样一个具体例子来说, 条件似然法和精确似然法的差别是可以忽略的.

2.5.4 用 MA 模型预测

MA 模型的预测很容易做. 因为模型具有有限记忆性, 它的点预测就会很快达到序列的均值. 为了说明这一点: 设预测原点为 h, F_h 为在 h 时刻所能得到的信息集合. 对 MA(1) 过程的向前一步预测, 由模型知

$$r_{h+1} = c_0 + a_{h+1} - \theta_1 a_h.$$

取条件期望我们有

$$\hat{r}_h(1) = \mathrm{E}(r_{h+1} \,|\, F_h) = c_0 - \theta_1 a_h,$$

$$e_h(1) = r_{h+1} - \hat{r}_h(1) = a_{h+1}.$$

向前一步预测误差的方差为 $\mathrm{Var}[e_h(1)] = \sigma_a^2$. 在实际中, a_h 这个量可由几个方式得到, 例如可假定 $a_0 = 0$, 则有 $a_1 = r_1 - c_0$, 而 $a_t, 2 \leqslant t \leqslant h$ 可由 $a_t = r_t - c_0 + \theta_1 a_{t-1}$ 递推得到. 另外, 还可用 MA(1) 模型的 AR 表示来计算 a_t(参见 2.6.5 节). 当然, a_t 为拟合 MA(1) 模型的残差序列. 因此, 根据估计结果, 很容易得到了 a_h.

关于向前两步预测, 由方程

$$r_{h+2} = c_0 + a_{h+2} - \theta_1 a_{h+1},$$

我们有

$$\hat{r}_h(2) = \mathrm{E}(r_{h+2} \,|\, F_h) = c_0,$$

$$e_h(2) = r_{h+2} - \hat{r}_h(2) = a_{h+2} - \theta_1 a_{h+1}.$$

预测误差的方差为 $\mathrm{Var}[e_h(2)] = (1 + \theta_1^2)\sigma_a^2$, 这是模型的方差, 它大于或等于向前一步预测误差的方差. 上面的结果表明 MA(1) 的向前两步预测即是模型的无条件均值, 这一点对任意预测原点 h 都正确. 一般地, $\hat{r}_h(l) = c_0, l \geqslant 2$. 总而言之, 对一个 MA(1) 模型, 以 h 为预测原点的向前一步预测为 $c_0 - \theta_1 a_h$, 向前多步预测为模型的无条件均值 c_0. 如果我们画出 $\hat{r}_h(l)$ 对 l 变化的图像, 会看到从一步以后预测值成一个水平直线. 因此, 对于 MA(1) 模型而言, 均值回转只需要一个时间周期.

类似地, 对 MA(2) 模型, 我们有

$$r_{h+l} = c_0 + a_{h+l} - \theta_1 a_{h+l-1} - \theta_2 a_{h+l-2},$$

由此得到

$$\hat{r}_h(1) = c_0 - \theta_1 a_h - \theta_2 a_{h-1},$$

$$\hat{r}_h(2) = c_0 - \theta_2 a_h,$$

$$\hat{r}_h(l) = c_0, \quad l > 2.$$

这样, MA(2) 模型的向前两步以后的预测即达到序列的均值, 两步以后预测误差的方差也是序列的方差. 一般地, 对一个 MA(q) 模型, 向前 q 步以后的预测就达到了模型的均值.

表 2-3 给出了使用方程 (2.24) 形式的 MA(9) 模型对等权指数月简单收益率的样本范围之外的预测, 预测原点为 $h = 986$，对应 2008 年 2 月. 使用前 986 个观测值重新估计模型参数, 估计子样本的样本均值和标准差分别为 0.012 8 和 0.073 6. 和预期的相同, 该表表明: (a) 向前 10 步预测值为样本均值; (b) 随着预测步数的增加, 预测误差的标准差收敛于序列的标准差. 对于这种特殊情形, 因为由次贷问题和雷曼兄弟公司倒闭引发的全球金融危机, 所以点预测较大地偏离观测到的收益率.

表 2-3　CRSP 等权重指数月简单收益率拟合 MA(9) 模型时的样本外预测表现 [a]

步骤	1	2	3	4	5
预测值	0.004 3	0.031 6	0.015 0	0.014 4	0.012 0
标准误差	0.071 2	0.072 4	0.072 9	0.072 9	0.072 9
实际值	−0.026 0	0.031 2	0.032 2	−0.087 1	−0.001 0
步骤	6	7	8	9	10
预测值	0.001 9	0.012 2	0.005 6	0.008 5	0.012 8
标准误差	0.072 9	0.072 9	0.072 9	0.072 9	0.073 4
实际值	0.014 1	−0.120 9	−0.206 0	−0.136 6	0.043 1

a 预测原点为 $h = 986$, 即 2008 年 2 月, 模型的估计是用条件最大似然法得到的.

小结

我们对 AR 和 MA 模型进行一个简短的总结. 本节讨论了以下一些性质:

- 对 MA 模型, ACF(自相关函数) 是定阶的有力工具, 因为对 MA(q) 序列, ACF 是 q 步截尾的;
- 对 AR 模型, PACF(偏自相关函数) 是定阶的有力工具, 因为对 AR(p) 过程, PACF 是 p 步截尾的;
- MA 序列总是平稳的, 而对 AR 序列, 当其特征根的模都小于 1 时, 它是平稳的;
- 对一个平稳序列, 向前多步预测收敛到序列的均值, 当预测的范围增加时, 预测误差的方差收敛于序列的方差.

2.6　简单的 ARMA 模型

在有些应用中, 我们需要高阶的 AR 或 MA 模型才能充分地描述数据的动态结构. 这样就有很多参数要估计, 问题变得繁琐了. 为了克服这个困难, 人们提出了

自回归滑动平均 (ARMA) 模型. 参见 Box, Jenkins 和 Reinsel(1994). 基本思想是把 AR 和 MA 模型的想法结合在一个紧凑的形式中, 使所用参数的个数保持很小. 对金融中的收益率序列, 直接用 ARMA 模型的机会较少. 然而, ARMA 模型的概念与波动率建模有密切关系. 事实上, 广义自回归条件异方差 (GARCH) 模型就可以认为是对 $\{a_t^2\}$ 的 ARMA 模型, 尽管是非标准的. 第 3 章中会详细讨论这一点. 本节将研究最简单的 ARMA(1,1) 模型.

称一个时间序列 r_t 服从 ARMA(1,1) 模型, 如果 r_t 满足

$$r_t - \phi_1 r_{t-1} = \phi_0 + a_t - \theta_1 a_{t-1}, \tag{2.25}$$

其中 $\{a_t\}$ 是白噪声序列. (2.25) 式的左边是模型的 AR 部分, 右边是 MA 部分, 常数项为 ϕ_0. 为使这样一个模型有意义, 要求 $\phi_1 \neq \theta_1$. 否则, 在方程的两端消去一个公因子, 方程所决定的过程就变为了一个白噪声序列.

2.6.1　ARMA(1, 1) 模型的性质

ARMA(1,1) 模型的性质是 AR(1) 模型的相应性质的推广, 只是作一些小的修改来处理 MA(1) 部分的影响. 首先讨论平稳性条件. 在 (2.25) 式两端取期望, 得到

$$\mathrm{E}(r_t) - \phi_1 \mathrm{E}(r_{t-1}) = \phi_0 + \mathrm{E}(a_t) - \theta_1 \mathrm{E}(a_{t-1}).$$

因为对所有的 i, 都有 $\mathrm{E}(a_i) = 0$, 所以只要序列是弱平稳的, 则 r_t 的均值为

$$\mathrm{E}(r_t) = \mu = \frac{\phi_0}{1 - \phi_1}.$$

此结果和 (2.8) 式 AR(1) 模型的结果完全一样.

为简单起见, 假定 $\phi_0 = 0$. 下面我们考虑 r_t 的自协方差函数. 首先, 在模型两端乘以 a_t 再取期望, 我们有

$$\mathrm{E}(r_t a_t) = \mathrm{E}(a_t^2) - \theta_1 \mathrm{E}(a_t a_{t-1}) = \mathrm{E}(a_t^2) = \sigma_a^2, \tag{2.26}$$

把模型改写成

$$r_t = \phi_1 r_{t-1} + a_t - \theta_1 a_{t-1},$$

在上式两端取方差, 得到

$$\mathrm{Var}(r_t) = \phi_1^2 \mathrm{Var}(r_{t-1}) + \sigma_a^2 + \theta_1^2 \sigma_a^2 - 2\phi_1 \theta_1 \mathrm{E}(r_{t-1} a_{t-1}).$$

这里用到 r_{t-1} 与 a_t 不相关这一事实. 利用等式 (2.26), 我们得到

$$\mathrm{Var}(r_t) - \phi_1^2 \mathrm{Var}(r_{t-1}) = \left(1 - 2\phi_1 \theta_1 + \theta_1^2\right) \sigma_a^2.$$

从而, 若序列 r_t 是弱平稳的, 则 $\mathrm{Var}\,(r_t) = \mathrm{Var}\,(r_{t-1})$, 且

$$\mathrm{Var}\,(r_t) = \frac{\left(1 - 2\phi_1\theta_1 + \theta_1^2\right)\sigma_a^2}{1 - \phi_1^2},$$

因为方差是正的, 故要求 $\phi_1^2 < 1$(也即 $|\phi_1| < 1$). 这又与 AR(1) 模型的平稳性条件一样了.

为了得到 r_t 的自协方差函数, 我们假定 $\phi_0 = 0$, 并在 (2.25) 式两端乘以 r_{t-l}, 得到

$$r_t r_{t-l} - \phi_1 r_{t-1} r_{t-l} = a_t r_{t-l} - \theta_1 a_{t-1} r_{t-l}.$$

对 $l = 1$, 在上式两端取期望并利用 $t-1$ 时的 (2.26) 式, 我们有

$$\gamma_1 - \phi_1 \gamma_0 = -\theta_1 \sigma_a^2,$$

其中 $\gamma_l = \mathrm{Cov}\,(r_t, r_{t-l})$. 这个结果不同于 AR(1) 情形, 对 AR(1) 模型有 $\gamma_1 - \phi_1 \gamma_0 = 0$. 然而, 对 $l = 2$, 取期望后得到

$$\gamma_2 - \phi_1 \gamma_1 = 0,$$

这与 AR(1) 情形一样. 事实上, 用相同的方法可得到

$$\gamma_l - \phi_1 \gamma_{l-1} = 0, \quad l > 1. \tag{2.27}$$

对于 ACF, 上述结果表明: 对平稳 ARMA(1,1) 模型, 有

$$\rho_1 = \phi_1 - \frac{\theta_1 \sigma_a^2}{\gamma_0}, \quad \rho_l = \phi_1 \rho_{l-1}, \quad l > 1.$$

这样, ARMA(1,1) 模型的 ACF 很像 AR(1) 模型的 ACF, 不同之处仅在于它的指数衰减是从间隔 2 开始的. 因此, ARMA(1,1) 模型的 ACF 不能在任意有限间隔后截尾.

现在来看偏自相关函数 (PACF). 可以证明: ARMA(1,1) 模型的 PACF 也不能在有限间隔后截尾. 它与 MA(1) 模型的 PACF 表现很相似, 只是指数衰减从间隔 2 开始, 而不是从间隔 1 开始.

综上所述, ARMA(1,1) 模型的平稳性条件与 AR(1) 模型的相同, ARMA(1,1) 模型的 ACF 与 AR(1) 模型的 ACF 形式相似, 只是这种形式从间隔 2 处开始.

2.6.2　一般的 ARMA 模型

一般的 ARMA(p, q) 模型的形式为

$$r_t = \phi_0 + \sum_{i=1}^{p} \phi_i r_{t-i} + a_t - \sum_{i=1}^{q} \theta_i a_{t-i},$$

其中 $\{a_t\}$ 是白噪声序列, p 和 q 都是非负整数. AR 和 MA 模型是 ARMA(p, q) 的特殊情形. 利用向后推移算子, 上述模型可写成

$$(1 - \phi_1 B - \cdots - \phi_p B^p)\, r_t = \phi_0 + (1 - \theta_1 B - \cdots - \theta_q B^q)\, a_t. \tag{2.28}$$

模型的 AR 多项式是 $1 - \phi_1 B - \cdots - \phi_p B^p$, MA 多项式是 $1 - \theta_1 B - \cdots - \theta_q B^q$. 我们要求 AR 多项式和 MA 多项式没有公因子, 否则模型的阶 (p, q) 会降低. 如 AR 模型一样, AR 多项式引进了 ARMA 模型的特征方程. 如果特征方程所有根的绝对值都小于 1, 则该 ARMA 模型是弱平稳的. 这时, 模型的无条件均值为 $\mathrm{E}(r_t) = \phi_0 / (1 - \phi_1 - \cdots - \phi_p)$.

2.6.3 识别 ARMA 模型

在给 ARMA 模型定阶时, ACF 和 PACF 都不是很有用的. Tsay 和 Tiao(1984) 提出一个新方法, 利用推广的自相关函数 (**EACF**) 来确定 ARMA 过程的阶. EACF 的基本思想相当简单. 如果我们能得到 ARMA 模型的 AR 部分的相合估计, 则能导出 MA 部分. 对所导出的 MA 序列, 用 ACF 决定 MA 部分的阶.

EACF 的导出相对复杂一些, 细节参见 Tsay 和 Tiao(1984). 但此函数很容易使用. EACF 的结果可以用一个二维表格表示, 这个表的行对应于 AR 的阶 p, 列对应于 MA 的阶 q. ARMA(1,1) 模型的 EACF 的理论形式由表 2-4 给出. 这个表的主要特征是: 它包含由 "O" 组成的三角形, 并且这个三角形左上角顶点位于阶 (1,1) 处. 我们正是用这样的特征来识别一个 ARMA 过程的阶. 一般地, 对 ARMA(p, q) 模型, 由 "O" 组成的三角形的左上角顶点位于 (p, q) 处.

表 2-4   ARMA(1,1) 模型的 EACF 理论表, 其中 "×" 代表非零, "O" 代表零, "*" 代表零或者非零[a]

AR	MA							
	0	1	2	3	4	5	6	7
0	×	×	×	×	×	×	×	×
1	×	O	O	O	O	O	O	O
2	*	×	O	O	O	O	O	O
3	*	*	×	O	O	O	O	O
4	*	*	*	×	O	O	O	O
5	*	*	*	*	×	O	O	O

a 它在识别阶 (1,1) 时不起任何作用.

作为例子, 考虑 3M 公司股票从 1946 年 2 月到 2008 年 12 月的月对数收益率. 共有 755 个观测值, 收益率序列和它的样本自相关函数由图 2-9 所示. ACF 图表明在 5% 的水平下序列没有显著的序列相关性. 表 2-5 给出了样本 EACF 的值和对应的简表. 简表是用如下记号来构造的:

(1) "×" 表示对应的 EACF 的绝对值大于或等于 $2/\sqrt{T}$, 该值是 EACF 渐近标

准误差的两倍.

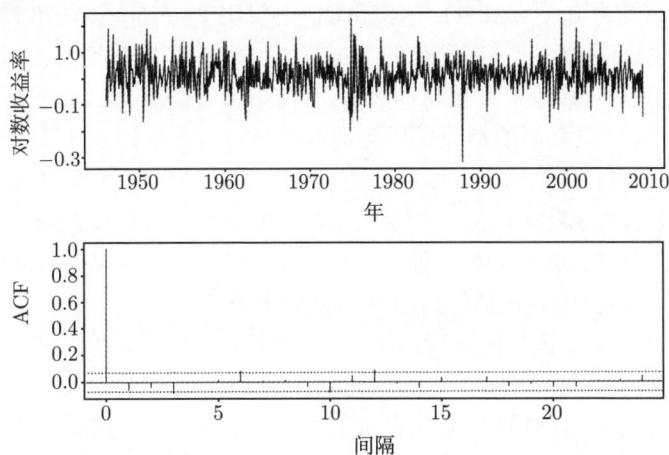

图 2-9 3M 公司股票从 1946 年 2 月到 2008 年 12 月的月对数收益率的
时间图和样本自相关函数图

表 2-5 3M 公司股票从 1946 年 2 月到 2008 年 12 月的月对数收益率的
样本 EACF 及其简表

	样本推广的自相关函数											
	MA 的阶: q											
p	0	1	2	3	4	5	6	7	8	9	10	11	12
0	−0.06	−0.04	−0.08	−0.00	0.02	0.08	0.01	0.01	−0.03	−0.08	0.05	0.09	−0.01
1	−0.47	0.01	−0.07	−0.02	0.00	0.08	−0.03	0.00	−0.01	−0.07	0.04	0.09	−0.02
2	−0.38	−0.35	−0.07	0.02	−0.01	0.08	0.03	0.01	0.00	−0.03	0.02	0.04	0.04
3	−0.18	0.14	0.38	−0.02	0.00	0.04	−0.02	0.02	−0.00	−0.03	0.02	0.01	0.04
4	0.42	0.03	0.45	−0.01	0.00	−0.01	0.03	0.01	0.00	0.02	−0.00	0.01
5	−0.11	0.21	0.45	0.01	0.20	−0.01	−0.00	0.04	−0.01	−0.01	0.03	0.01	0.03
6	−0.21	−0.25	0.24	0.31	0.17	−0.04	−0.00	0.04	−0.01	−0.03	0.01	0.01	0.04
	简化的 EACF 表											
	MA 的阶: q											
p	0	1	2	3	4	5	6	7	8	9	10	11	12
0	O	O	×	O	O	×	O	O	O	×	O	×	O
1	×	O	O	O	O	×	O	O	O	O	O	×	O
2	×	×	O	O	O	×	O	O	O	O	O	O	O
3	×	×	×	O	O	O	O	O	O	O	O	O	O
4	×	O	×	O	O	O	O	O	O	O	O	O	O
5	×	×	×	O	×	O	O	O	O	O	O	O	O
6	×	×	×	×	×	O	O	O	O	O	O	O	O

(2) "O" 表示对应的 EACF 的绝对值小于 $2/\sqrt{T}$.

简表显示由 "O" 组成的三角形的左上角顶点位于阶 $(p, q)=(0,0)$ 处. 当 $q =$

2、5、9 和 11 时出现几个 ×, 这是几个例外. 但是, EAC 表表明与这些 × 相应的样本 ACF 值大约为 0.08 或 0.09. 这些 ACF 值仅比 $2/\sqrt{755} = 0.073$ 略大一点. 事实上, 如果使用1%的临界值, 在简化的 EACF 表中, 那些 X 将变为 O. 因此, EACF 表明 3M 股票的月对数收益率服从 ARMA(0,0) 模型 (也就是白噪声序列). 这与图 2-9 中的样本 ACF 所表明的结果是一致的.

前面所讨论的信息准则也可以用来选择 ARMA 模型. 具体地, 对于事先指定的正整数 P 和 Q, 计算 ARMA(p, q) 模型的 AIC(或 BIC), 其中 $0 \leqslant p \leqslant P, 0 \leqslant q \leqslant Q$, 并且选取使 AIC (或 BIC) 取最小值的模型. 该方法需要许多模型的最大似然估计, 在一些情形下可能会碰到在估计时过度拟合的困难.

一旦 ARMA(p, q) 模型的阶确定了, 它的参数就可以用条件似然法或精确似然法来估计. 另外, 残差的 Ljung-Box 统计量可以用来检验所拟合模型的充分性. 如果模型是正确的, $Q(m)$ 渐近地服从自由度为 $m - g$ 的 χ^2- 分布, 其中 g 表示模型所拟合的 AR 或 MA 系数的个数.

2.6.4 用 ARMA 模型进行预测

和 ACF 一样, 只要将 MA 部分对低步数预测的影响进行调整后, ARMA(p, q) 模型的预测就会与 AR(p) 模型的预测有相似的特征. 设预测原点为 h, F_h 为在 h 时刻所能得到的信息集合. r_{h+1} 的向前一步预测为

$$\hat{r}_h(1) = \mathrm{E}(r_{h+1}|F_h) = \phi_0 + \sum_{i=1}^{p} \phi_i r_{h+1-i} - \sum_{i=1}^{q} \theta_i a_{h+1-i},$$

相应的预测误差为 $e_h(1) = r_{h+1} - \hat{r}_h(1) = a_{h+1}$. 向前一步预测误差的方差为 $\mathrm{Var}[e_h(1)] = \sigma_a^2$. 对向前 l 步预测, 我们有

$$\hat{r}_h(l) = \mathrm{E}(r_{h+l}|F_h) = \phi_0 + \sum_{i=1}^{p} \phi_i \hat{r}_h(l-i) - \sum_{i=1}^{q} \theta_i a_h(l-i),$$

其中, 当 $l-i \leqslant 0$ 时, $\hat{r}_h(l-i) = r_{h+l-i}$; 当 $l-i > 0$ 时, $a_h(l-i) = 0$; 当 $l-i \leqslant 0$ 时 $a_h(l-i) = a_{h+l-i}$. 这样, ARMA 模型的向前多步预测可以递推算得. 相应的预测误差为

$$e_h(l) = r_{h+l} - \hat{r}_h(l),$$

它可以用 2.6.5 节给出的一个公式 (2.34) 很容易地算出.

2.6.5 ARMA 模型的三种表示

本节将简单地讨论平稳 ARMA(p, q) 模型的三种表示. 这三种表示用于三种不同的目的. 了解这三种表示会更好地理解 ARMA 模型. 第一种表示是 (2.28) 式, 这个表示很紧凑并且在参数估计时很有用. 另外, 它也可用于递推计算 r_t 的向前多步预测, 见 2.6.4 节的讨论.

对另外两种表示, 我们用两个多项式比的级数展开式 (长除法). 给定两个多项式 $\phi(B) = 1 - \sum_{i=1}^{p} \phi_i B^i$ 和 $\theta(B) = 1 - \sum_{i=1}^{q} \theta_i B^i$, 我们有

$$\frac{\theta(B)}{\phi(B)} = 1 + \psi_1 B + \psi_2 B^2 + \cdots \equiv \psi(B), \tag{2.29}$$

$$\frac{\phi(B)}{\theta(B)} = 1 - \pi_1 B - \pi_2 B^2 - \cdots \equiv \pi(B). \tag{2.30}$$

例如, 若 $\phi(B) = 1 - \phi_1 B$, $\theta(B) = 1 - \theta_1 B$, 则

$$\psi(B) = \frac{1 - \theta_1 B}{1 - \phi_1 B} = 1 + (\phi_1 - \theta_1) B + \phi_1 (\phi_1 - \theta_1) B^2 + \phi_1^2 (\phi_1 - \theta_1) B^3 + \cdots,$$

$$\pi(B) = \frac{1 - \phi_1 B}{1 - \theta_1 B} = 1 - (\phi_1 - \theta_1) B - \theta_1 (\phi_1 - \theta_1) B^2 - \theta_1^2 (\phi_1 - \theta_1) B^3 - \cdots.$$

由定义知 $\psi(B) \pi(B) = 1$, 利用 $Bc = c$ 对任意常数 c 成立这个事实 (因为常数是随时间不变的), 我们有

$$\frac{\phi_0}{\theta(1)} = \frac{\phi_0}{1 - \theta_1 - \cdots - \theta_q}, \quad \frac{\phi_0}{\phi(1)} = \frac{\phi_0}{1 - \phi_1 - \cdots - \phi_p}.$$

AR 表示

利用 (2.30) 式的结果, ARMA(p, q) 模型可写成

$$r_t = \frac{\phi_0}{1 - \theta_1 - \cdots - \theta_q} + \pi_1 r_{t-1} + \pi_2 r_{t-2} + \pi_3 r_{t-3} + \cdots + a_t. \tag{2.31}$$

这个表示给出了当前收益率 r_t 对过去收益率 r_{t-i}, $i > 0$ 的依赖关系. 系数 $\{\pi_i\}$ 称为 ARMA 模型的 **π-权重**. 为了说明延迟值 r_{t-i} 对 r_t 的贡献随 i 的增大而逐渐消失, 系数 π_i 应随 i 增大而趋于零. 一个 ARMA(p, q) 模型如果具有这样的性质, 则称它为**可逆的**. 对纯 AR 模型, $\theta(B) = 1$, 故 $\pi(B) = \phi(B)$. 这是一个有限阶的多项式. 从而对 $i > p$ 有 $\pi_i = 0$, 模型是可逆的. 对其他 ARMA 模型, 可逆性的充分条件是: 多项式 $\theta(B)$ 的所有零点的模大于 1. 例如, 对 MA(1) 模型 $r_t = (1 - \theta_1 B) a_t$. 一次多项式 $1 - \theta_1 B$ 的零点是 $B = 1/\theta_1$. 从而, 如果 $1/|\theta_1| > 1$(也即 $|\theta_1| < 1$), 则 MA(1) 是可逆的.

由 (2.31) 式的 AR 表示, 一个可逆的 ARMA(p, q) 序列 r_t 是当前的 "抖动" a_t 与序列过去值的加权平均的线性组合. 对越来越远的过去值, 权重呈指数衰减.

MA 表示

同样, 利用 (2.29) 式, ARMA(p, q) 模型也能写成

$$r_t = \mu + a_t + \psi_1 a_{t-1} + \psi_2 a_{t-2} + \cdots = \mu + \psi(B) a_t, \tag{2.32}$$

其中 $\mu = \mathrm{E}(r_t) = \phi_0 / (1 - \phi_1 - \cdots - \phi_p)$. 这个表示清楚地说明了过去的 "扰动" $a_{t-i}(i > 0)$ 对当前收益 r_t 的影响. 系数 $\{\psi_i\}$ 称为该 ARMA 模型的**脉冲响应函数(impulse response function)**. 对弱平稳序列, 系数 ψ_i 随 i 的增加呈指数衰减. 这一点是可以理解的, 因为扰动 a_{t-i} 对收益率 r_t 的影响应该随时间而消失. 这样, 对平稳 ARMA 模型, 扰动 a_{t-i} 不能对序列有永久的影响. 如果 $\phi_0 \neq 0$, 这样的 MA 表示中有一个常数项, 它就是 r_t 的均值 (也即 $\phi_0 / (1 - \phi_1 - \cdots - \phi_p)$).

(2.32) 式的 MA 表示在计算预测误差的方差时也是有用的. 在预测原点 h, 我们有 $a_h, a_{h-1}, \ldots$. 从而, 向前 l 步预测为

$$\hat{r}_h(l) = \mu + \psi_l a_h + \psi_{l+1} a_{h-1} + \cdots, \tag{2.33}$$

相应预测误差为

$$e_h(l) = a_{h+l} + \psi_1 a_{h+l-1} + \cdots + \psi_{l-1} a_{h+1}.$$

因此, 向前 l 步预测误差的方差为

$$\mathrm{Var}\,[e_h(l)] = \left(1 + \psi_1^2 + \cdots + \psi_{l-1}^2\right)\sigma_a^2, \tag{2.34}$$

正如所料, 它是预测时间长度 l 的非减函数.

最后, (2.32) 式的 MA 表示还提供了平稳序列均值回转的一个简单证明. 平稳性意味着当 $i \to \infty$ 时 ψ_i 趋于零. 从而, 由 (2.33) 式, 我们有: 当 $l \to \infty$ 时, $\hat{r}_h(l) \to \mu$. 因为 $\hat{r}_h(l)$ 是 r_{h+l} 在预测原点 h 的条件期望, 上述结果表示, 从长期来看, 收益率序列预期会趋于它的均值, 也就是说, 序列是均值回转的. 进一步地, 由 (2.32) 式的 MA 表示, 我们有 $\mathrm{Var}\,(r_t) = \left(1 + \sum\limits_{i=1}^{\infty} \psi_i^2\right)\sigma_a^2$. 从而, 由 (2.34) 式, 当 $l \to \infty$ 时, $\mathrm{Var}\,[e_h(l)] \to \mathrm{Var}\,(r_t)$. $\hat{r}_h(l)$ 趋于 μ 的速度决定了均值回转的速度.

2.7　单位根非平稳性

到目前为止, 我们的注意力还是集中在平稳的收益率序列上. 在某些研究中, 利率、汇率或资产的价格序列是研究对象. 这些序列往往是非平稳的. 对于资产价格序列, 其非平稳性主要是由于价格没有固定的水平. 在时间序列文献中, 这样的非平稳序列叫作**单位根(Unit-root)非平稳序列**. 单位根非平稳序列最著名的例子是随机游动模型.

2.7.1　随机游动

若时间序列 $\{p_t\}$ 满足

$$p_t = p_{t-1} + a_t, \tag{2.35}$$

其中 p_0 是一个实数, 表示这个过程的起始值, $\{a_t\}$ 是一个白噪声序列, 则称 $\{p_t\}$ 为一个**随机游动**. 若 p_t 为一支股票在第 t 天的对数价格, 则 p_0 可以是该股票最初

上市 (initial public offering) 的对数价格 (简称为 "**对数 IPO 价格**"). 若 a_t 的分布关于零点对称, 则给定 p_{t-1} 的条件下, p_t 上升或下降的机会各有 50%, 也即 p_t 将随机地上升或下降. 如果我们把随机游动模型看成一个特殊的 AR(1) 模型, 那么 p_{t-1} 的系数是 1, 这不满足 AR(1) 模型平稳性的条件. 从而, 随机游动序列不是弱平稳的, 称之为**单位根非平稳时间序列**.

随机游动模型可广泛地用来作为对数股价运动的统计模型. 在这样的模型下, 股价不是可预测的或均值回转的. 下面说明这一点: 模型 (2.35) 在预测原点 h 的向前一步预测为

$$\hat{p}_h(1) = E(p_{h+1} | p_h, p_{h-1}, \cdots) = p_h,$$

它就是预测原点的对数股价, 这样的预测没有实际意义. 向前两步预测为

$$\hat{p}_h(2) = E(p_{h+2} | p_h, p_{h-1}, \cdots) = E(p_{h+1} + a_{h+2} | p_h, p_{h-1}, \cdots)$$
$$= E(p_{h+1} | p_h, p_{h-1}, \cdots) = \hat{p}_h(1) = p_h,$$

这又是预测原点的对数股价. 事实上, 对任意的预测步长 $l > 0$, 都有

$$\hat{p}_h(l) = p_h.$$

这样, 对所有预测步长, 随机游动模型的点预测都是序列在预测原点的值. 从而, 该过程不是均值回转的.

(2.35) 式给出的随机游动模型的 MA 表示为

$$p_t = a_t + a_{t-1} + a_{t-2} + \cdots.$$

这个表示有几个重要的实际意义. 首先, 向前 l 步预测误差为

$$e_h(l) = a_{h+l} + \cdots + a_{h+1},$$

从而 $\text{Var}[e_h(l)] = l\sigma_a^2$, 当 $l \to \infty$ 时发散到无穷. 因此, 随着预测步长的增大, p_{h+l} 的预测区间的长度将趋于无穷. 这表明, 随着 l 的增大, 点预测 $\hat{p}_h(l)$ 变得没有用处, 也再次说明了该模型不是可预测的. 其次, 因为当 l 增大时, $\text{Var}[e_h(l)]$ 趋于无穷, p_t 的无条件方差是无界的. 理论上讲, 这意味着对充分大的 t, p_t 可取到任何实值. 对个股的对数价格 P_t 来说, 这一点还说得过去, 但对市场指数来讲, 负的对数价格即使有也是很少见的. 从这个意义上讲, 随机游动模型对市场指数的适合性值得怀疑. 最后, 从上述表示看, 对所有 i 有 $\psi_i = 1$, 这就是说, 任何过去的 "扰动" a_{t-i} 对 p_t 的影响均不随时间衰减. 从而, 序列有强记忆性, 因为它记得所有过去的 "扰动". 在经济学上, 这种现象就是 "扰动" 对序列有持久的效应. 单位根时间序列的强记忆性也可以从样本 ACF 看出来. 当样本容量增大时, 样本 ACF 都趋于 1.

2.7.2 带漂移的随机游动

如前面一些实证例子所示, 市场指数的对数收益率序列会有小的正均值. 这蕴涵着对数价格的模型应为

$$p_t = \mu + p_{t-1} + a_t, \tag{2.36}$$

其中 $\mu = \mathrm{E}(p_t - p_{t-1})$, $\{a_t\}$ 是零平均值白噪声序列. 模型 (2.36) 中的常数项在金融研究中很重要. 它表示的是对数价格 p_t 的时间趋势, 通常称其为模型的**漂移 (drift)**. 为了说明这一点, 我们假定初始价格为 p_0, 从而我们有

$$p_1 = \mu + p_0 + a_1,$$

$$p_2 = \mu + p_1 + a_2 = 2\mu + p_0 + a_2 + a_1,$$

$$\vdots$$

$$p_t = t\mu + p_0 + a_t + a_{t-1} + \cdots + a_1.$$

上式中最后一个等式表明对数价格由时间趋势 $t\mu$ 和一个纯随机游动过程 $\sum\limits_{i=1}^{t} a_i$ 组成. 因为 $\mathrm{Var}\left(\sum\limits_{i=1}^{t} a_i\right) = t\sigma_a^2$, 其中 σ_a^2 为 a_t 的方差, p_t 的条件标准差为 $\sqrt{t}\sigma_a$, 它比 p_t 的条件期望增长的速度慢. 从而, 如果画出 p_t 随时间指标 t 变化的图像, 我们就有一个斜率为 μ 的时间趋势. 正斜率 μ 蕴涵着对数价格最终趋于 ∞, 负斜率 μ 蕴涵着对数价格将趋于 $-\infty$. 基于这个讨论, CRSP 价值加权和等权重指数的对数收益率序列有小的、但是统计显著的正均值这个现象就不足为奇了.

为了说明价格序列漂移参数的效应, 我们考虑 3M 公司股票从 1946 年 2 月到 2008 年 12 月的月对数收益率. 如表 2-5 中的样本 EACF 所示, 该序列无显著的序列相关性. 该序列服从简单的模型

$$r_t = 0.010\ 3 + a_t, \quad \hat{\sigma}_a = 0.063\ 7, \tag{2.37}$$

其中 0.010 3 是 r_t 的样本均值, 其标准误差为 0.002 3. 3M 公司股票的月对数收益率在 1%的水平下是显著不同于零的. 实际上, 零平均值的单样本检测表明在 P 值趋近于 0 时的一个 4.44 的 t 比率, 我们利用对数收益率序列来构造两个对数价格序列

$$p_t = \sum_{i=1}^{t} r_i, \quad p_t^* = \sum_{i=1}^{t} a_i,$$

其中 a_i 是 (2.37) 式中的均值修正对数收益率 (也即 $a_t = r_t - 0.003$). p_t 是 3M 公司股票的对数价格, 假设初始价格为 0(也即 1946 年 1 月的对数价格为 0). p_t^* 是

当对数收益率的均值为 0 时对应的对数价格. 图 2-10 所示的是 p_t 和 p_t^* 的时间图, 还有直线 $y_t = 0.010\ 3t + 1946$, 其中 t 是收益率的时间序列, 1946 是股票的初始年份. 从该图中可以看出, (2.37) 式中的常数 0.011 5 的重要性是明显的. 另外, 如我们所料, p_t 上升趋势的斜率大致为 0.011 5.

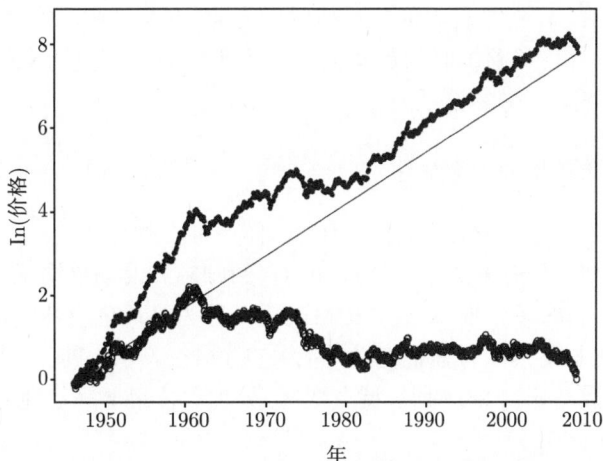

图 2-10　3M 公司股票从 1946 年 2 月到 2008 年 12 月的对数价格的时间图. 假定 1946 年 1 月的对数价格为 0. 虚线为没有时间趋势的对数价格, 直线为 $y_t = 0.010\ 3xt + 1946$

对常数项的理解从之前的讨论可知, 理解时间序列模型中常数项的意义是重要的. 首先, 对 (2.22) 式中的 MA(q) 模型, 常数项就是序列的均值; 其次, 对 (2.9) 式中的平稳 AR(p) 模型或 (2.28) 式中的平稳 ARMA(p, q) 模型, 常数项与均值有关, 关系为 $\mu = \phi_0 / (1 - \phi_1 - \cdots - \phi_p)$. 最后, 对带漂移的随机游动, 常数项成为了时间斜率. 这些关于时间序列模型中常数项不同的解释, 清楚地阐明了动态模型与通常的线性回归模型之间的不同.

动态模型与回归模型之间的另一个重要差别可用 AR(1) 模型和简单的线性回归模型来说明:

$$r_t = \phi_0 + \phi_1 r_{t-1} + a_t, \quad y_t = \beta_0 + \beta_1 x_t + a_t.$$

要使 AR(1) 模型有意义, 须使系数 ϕ_1 满足 $|\phi_1| \leqslant 1$, 而系数 β_1 可以是任何固定的实数.

2.7.3　带趋势项的时间序列

与刻画线性趋势紧密联系的一个模型是如下带趋势项的时间序列模型:

$$p_t = \beta_0 + \beta_1 t + r_t,$$

其中 r_t 是一个平稳时间序列, 例如平稳 AR(p) 序列. 这里, p_t 随时间以 β_1 的速率线性增长, 因此能够刻画类似于带漂移的随机游动模型的行为. 然而, 这两个模型有一个主要的区别. 为了说明这一点, 假定 p_0 是固定的. 带漂移的随机游动模型假定均值是 $E(p_t) = p_0 + \mu t$, 方差是 $Var(p_t) = t\sigma_a^2$, 两者都依赖于时间. 另一方面, 带趋势项的时间序列模型假定均值是 $E(p_t) = \beta_0 + \beta_1 t$, 它依赖于时间, 而方差是 $Var(p_t) = Var(r_t)$, 它是有限的且不随时间变化. 带趋势项的时间序列模型可以通过简单的回归分析移除掉时间趋势而转换为平稳时间序列. 关于对带趋势项的时间序列模型的分析, 可参见 2.9 节.

2.7.4 一般的单位根非平稳模型

考虑 ARMA 模型. 如果我们把 ARMA 模型推广到允许其 AR 多项式以 1 作为它的特征根, 则模型就变成了众所周知的**自回归求和滑动平均 (ARIMA) 模型**. 因为其 AR 多项式有单位根 1, 故 ARIMA 模型称为是单位根非平稳的. 像随机游动模型一样, ARIMA 模型有强记忆性, 因为它的 MA 表示中的 ψ_i 系数不随时间衰减, 从而过去的扰动 a_{t-i} 对序列有持久效应. 处理单位根非平稳性的惯用方法是用**差分化 (differencing)**.

差分化

一个时间序列 y_t 称为是一个 ARIMA(p, 1, q) 过程, 如果变换后的序列 $c_t = y_t - y_{t-1} = (1 - B) y_t$ 服从一个平稳可逆的 ARMA(p, q) 模型. 在金融中, 通常认为价格序列是非平稳的, 而对数收益率序列 $r_t = \ln(p_t) - \ln(p_{t-1})$ 是平稳的. 这时, 对数价格序列是单位根非平稳的, 从而可当做 ARIMA 过程对待. 在时间序列文献中, 通过考虑时间序列相邻两值的变化量所构成的序列, 把一个非平稳序列变换成一个平稳序列, 这样的思想叫作**差分化**. 更正规地说, 称 $c_t = y_t - y_{t-1}$ 为 y_t 的一阶差分序列. 在有些科学领域, 时间序列 y_t 可能会有多重单位根, 需要做多次差分才能变成平稳序列. 例如, 若 y_t 和它的一阶差分序列 $c_t = y_t - y_{t-1}$ 都是单位根非平稳的, 但 $s_t = c_t - c_{t-1} = y_t - 2y_{t-1} + y_{t-2}$ 是弱平稳的, 则 y_t 就有双重单位根, s_t 是 y_t 的二阶差分序列. 若 s_t 服从 ARMA(p, q) 模型, 则 y_t 是 ARIMA(p, 2, q) 过程. 对这样一个时间序列, 若 s_t 有非零的均值, 则 y_t 有一个二次时间函数, 这个二次时间函数的系数与 s_t 的均值有关. 进行季节性调节后的美国季度国民总产值暗含的通货紧缩 (implicit price deflator) 序列可能会有双重单位根, 但该序列的二阶差分序列的均值并不是显著地不同于零的 (见本章末的练习题). Box, Jenkins 和 Reinsel(1994) 讨论了一般 ARIMA 模型的很多性质.

2.7.5 单位根检验

为了检验资产的对数价格 p_t 是否服从一个随机游动或一个带漂移的随机游动,

我们利用如下两个模型

$$p_t = \phi_1 p_{t-1} + e_t, \tag{2.38}$$

$$p_t = \phi_0 + \phi_1 p_{t-1} + e_t, \tag{2.39}$$

其中 e_t 为误差项. 考虑原假设 $H_0 : \phi_1 = 1$ 对备择假设 $H_a : \phi_1 < 1$. 这是一个著名的单位根检验问题, 参见 Dickey 和 Fuller(1979). 一个方便的检验统计量就是在原假设下 ϕ_1 的最小二乘估计的 t-比. 对 (2.38) 式, 由最小二乘法可得

$$\hat{\phi}_1 = \frac{\sum_{t=1}^{T} p_{t-1} p_t}{\sum_{t=1}^{T} p_{t-1}^2}, \quad \hat{\sigma}_e^2 = \frac{\sum_{t=1}^{T} \left(p_t - \hat{\phi}_1 p_{t-1} \right)^2}{T-1},$$

其中 $p_0 = 0$, T 为样本容量. t-比为

$$DF \equiv t\text{-比} = \frac{\hat{\phi}_1 - 1}{\hat{\phi}_1 \text{的标准差}} = \frac{\sum_{t=1}^{T} p_{t-1} e_t}{\hat{\sigma}_e \sqrt{\sum_{t-1}^{T} p_{t-1}^2}},$$

这个 t-比通常称为 **Dickey-Fuller 检验**. 若 $\{e_t\}$ 是一个白噪声序列, 其稍高于二阶的矩是有限的, 则当 $T \to \infty$ 时 DF- 统计量趋于一个标准布朗运动的函数, 更多的有关信息可参见 Chan 和 Wei(1988) 和 Phillips(1987). 如果 $\phi_0 = 0$ 但我们采用了 (2.39) 式, 则所得的检验 $\phi_1 = 1$ 的 t-比将趋于另一种非标准的渐近分布. 上述两种情形都是用模拟方法来得到检验统计量的临界值, 部分临界值参见 Fuller(1976)的第 8 章. 然而, 如果 $\phi_0 \neq 0$ 且使用的是 (2.39) 式, 则用来检验 $\phi_1 = 1$ 的 t-比是渐近正态的, 但此时将需要很大的样本容量来保证渐近正态分布的使用. 标准布朗运动将在本书第 6 章介绍.

对许多经济时间序列而言, ARIMA(p, d, q) 可能比 (2.3.9) 式给出的简单模型更适合. 在计量经济文献中, 经常使用的是 AR(p) 模型, 用 x_t 表示该序列. 为了验证在 AR(p) 过程中是否存在单位根, 可以用如下回归来检验原假设 $H_0 : \beta = 1$ 对 $H_a : \beta < 1$:

$$x_t = c_t + \beta x_{t-1} + \sum_{i=1}^{p-1} \phi_i \Delta x_{t-i} + e_t \tag{2.40}$$

其中 c_t 是关于时间指标 t 的确定性函数, $\Delta x_j = x_j - x_{j-1}$ 是 x_t 的差分序列. 在实际中, c_t 可以是零, 常数, 或者 $c_t = \omega_0 + \omega_1 t$. $\hat{\beta} - 1$ 的 t- 比为

$$ADF - 检验 = \frac{\hat{\beta} - 1}{\hat{\beta} \text{的标准差}},$$

其中 $\hat{\beta}$ 为 β 的最小二乘估计, 上述 t- 比就是著名的扩展的 **Dickey-Fuller 单位根检验**. 注意到由于一阶差分, (2.40) 式等价于一个带确定性函数 c_t 的 AR(p) 模型. (2.40) 还可以改写为

$$\Delta x_t = c_t + \beta_c x_{t-1} + \sum_{i=1}^{p-1} \phi_i \Delta x_{t-i} + e_t,$$

其中 $\beta_c = \beta - 1$. 我们可以等价地检验 $H_0 : \beta_c = 0$ 对 $H_a : \beta_c < 0$.

例 2.2 考虑美国从 1947 年第一季度到 2008 年第 4 季度的季度 GDP 的对数序列. 该序列呈上升趋势, 表明美国经济的增长, 另外, 该序列有高度的序列相关性, 见图 2-11 的左侧. 一阶差分序列表示美国 GDP 的增长率, 这也在图 2-11 中给出. 该差分序列似乎在一个固定的均值附近变化, 尽管这种变化在最近几年比较小. 为了证实所观察到的现象, 我们对数序列进行 Dickey-Fuller 单位根检验. 基于图 2-11 给出的差分序列的样本 PACF, 我们选择 $p = 10$. 我们还用了一些其他的 p 的值, 然而都没有改变检验的结论: 当 $p = 10$ 时 ADF 检验统计量是 -1.701, p 值是 $0.429\,7$, 表明单位根假设不能被拒绝. 由下面的 S-Plus 输出结果知, $\hat{\beta} = 1 + \hat{\beta}_c = 1 - 0.000\,8 = 0.999\,2$.

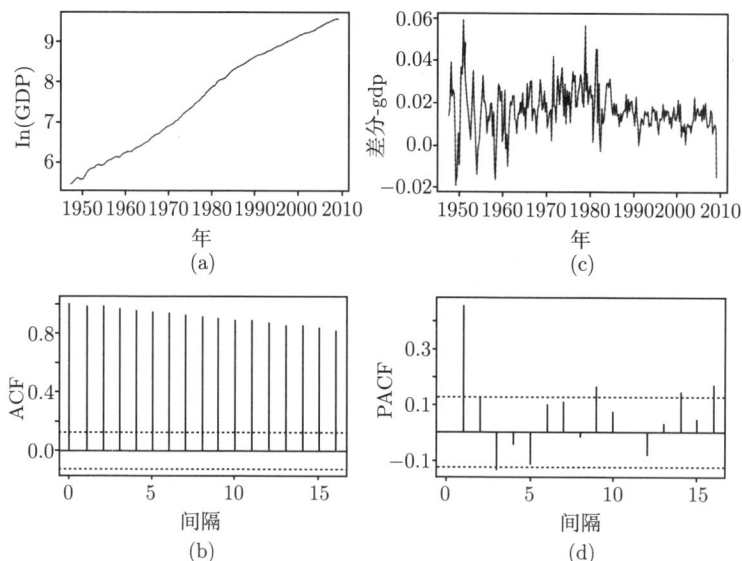

图 2-11 美国从 1947 年第一季度到 2008 年第 4 季度的季度 GDP 的对数序列: (a) 对数 GDP 序列的时间图; (b) 对数 GDP 序列的样本 ACF; (c) 一阶差分序列的时间图; (d) 差分序列的样本 PACF

R 演示

```
> library(fUnitRoots)
> da=read.table("q-gdp4708.txt",header=T)
> gdp=log(da[,4])
> m1=ar(diff(gdp),method='mle')
> m1$order
[1] 10
> adfTest(gdp,lags=10,type=c("c"))
```

```
Title:
 Augmented Dickey-Fuller Test

Test Results:
 PARAMETER:
  Lag Order: 10
 STATISTIC:
  Dickey-Fuller: -1.6109
 P VALUE:  0.4569
```

S-Plus 演示

输出结果.
```
> adft=unitroot(gdp,trend='c',method='adf',lags=10)
> summary(adft)

Test for Unit Root: Augmented DF Test
Null Hypothesis: there is a unit root
   Type of Test: t-test
 Test Statistic: -1.701
         P-value: 0.4297

Coefficients:
          Value Std. Error t value Pr(>|t|)
    lag1 -0.0008  0.0005   -1.7006  0.0904
    lag2  0.3799  0.0659    5.7637  0.0000
    lag3  0.1883  0.0696    2.7047  0.0074
    ...
    lag10 0.1784 0.0637    2.8023  0.0055
constant 0.0134  0.0045    2.9636  0.0034

Regression Diagnostics:
         R-Squared 0.2877
Adjusted R-Squared 0.2564
Durbin-Watson Stat 1.9940

Residual standard error: 0.009318 on 234 degrees of freedom
```

作为另外一个例子, 考虑标准普尔 500 指数从 1950 年 1 月 3 日到 2008 年 4 月 16 日的日对数收益率序列, 共有 14 462 个观测值. 图 2-12 给出了该序列的时间图. 如果想从实证的角度去验证该指数是否服从带漂移的随机游动, 则进行单位根检验是必要的. 为此, 在应用扩展的 Dickey-Fuller 检验时用 $c_t = \omega_0 + \omega_1 t$. 进一步, 我们选择 $p = 15$, 这是因为对于一阶差分序列, AIC 选择了 AR(13) 模型. 检验统计量的值为 -1.998, p 值为 0.602. 因此, 在任何合适的显著性水平下, 单位根检验都不能被拒绝. 然而, 在通常的 5%的显著性水平下, 对确定性项的参数估计与零没有显著差异. 后者则在 10%的水平下显著. 综上所述, 在所考虑的时期内, 指数的对数序列包含一个单位根, 但是没有很强的证据表明该序列有时间趋势.

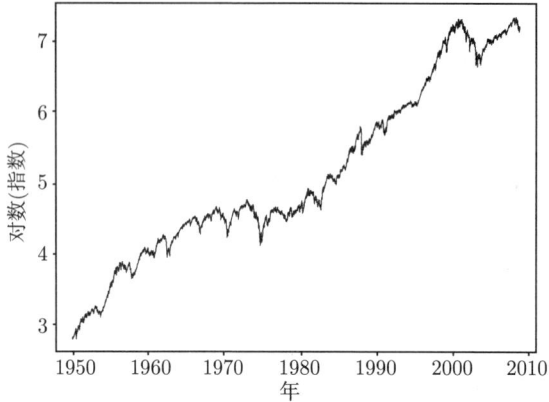

图 2-12　标准普尔 500 指数从 1950 年 1 月 3 日到 2008 年 4 月 16 日的对数日收益率的时间图

R 演示

```
> library(fUnitRoots)
> da=read.table("d-sp55008.txt",header=T)
> sp5=log(da[,7])
> m2=ar(diff(sp5),method='mle')
> m2$order
[1] 2
> adfTest(sp5,lags=2,type=("ct"))

Title:
 Augmented Dickey-Fuller Test

Test Results:
 PARAMETER:
  Lag Order: 2
 STATISTIC:
  Dickey-Fuller: -2.0179
 P VALUE: 0.5708

> adfTest(sp5,lags=15,type=("ct"))
Title:
 Augmented Dickey-Fuller Test

Test Results:
 PARAMETER:
  Lag Order: 15
 STATISTIC:
  Dickey-Fuller: -1.9946
 P VALUE:  0.5807
```

S-Plus 演示

输出结果.

```
> adft=unitroot(sp5,method='adf',trend='ct',lags=15)
> summary(adft)

Test for Unit Root: Augmented DF Test

 Null Hypothesis: there is a unit root
    Type of Test: t-test
  Test Statistic: -1.998
         P-value: 0.602

Coefficients:
           Value Std. Error t value Pr(>|t|)
    lag1 -0.0005  0.0003     -1.9977  0.0458
    lag2  0.0722  0.0083      8.7374  0.0000
    lag3 -0.0386  0.0083     -4.6532  0.0000
    lag4 -0.0071  0.0083     -0.8548  0.3927
    ...
   lag15  0.0133  0.0083      1.6122  0.1069
constant  0.0019  0.0008      2.3907  0.0168
    time  0.0020  0.0011      1.8507  0.0642

Regression Diagnostics:
         R-Squared 0.0081
Adjusted R-Squared 0.0070
Durbin-Watson Stat 1.9995

Residual standard error: 0.008981 on 14643 degrees of freedom
```

2.8 季节模型

有些金融时间序列, 如公司股票每股的季度盈利, 呈现出一定的循环或周期性. 这样的时间序列叫作**季节性时间序列**. 图 2-13a 所示的是 Johnson and Johnson 公司每一股份的季度盈利的时间图, 时间是从 1960 年第 1 季度到 1980 年最后一个季度. 此数据集来自于 Shumway 和 Stoffer(2000), 它呈现出一些特殊的特征. 特别地, 我们可以看到在样本期间内盈利呈指数型上升, 并有很强的季节性. 另外, 随时间的推移, 盈利的变化性在增加. 其循环形式每年重复一次, 从而此序列的周期是 4. 如果我们考虑的是月数据 (如 Wal-Mart 商店的月销售额), 则周期是 12. 季节性时间序列模型在给与天气有关的衍生产品定价和能源期货的定价方面也是有用的, 因为绝大部分与环境有关的时间序列都会显示出很强的季节性.

季节性时间序列的分析已有很长的历史. 在有些应用中, 季节性的重要性是次要的, 我们可把它从数据中消除, 得到经季节性调整后的时间序列, 然后再用来做推断. 从数据中消除季节性的过程叫作**季节调整(seasonal adjustment)**. 美国政府公布的多数经济数据是经季节调整的 (如 GDP 的增长率和失业率). 在其他一些应用中, 如进行预测时, 数据的季节性和其他特征一样重要, 必须进行相应的处理.

因为预测是金融时间序列分析的一个主要目的, 故我们把注意力放在后一个话题上, 并讨论一些在季节性时间序列建模中有用的经济计量模型.

2.8.1   季节性差分化

图 2-13b 所示的是 Johnson & Johnson 公司每股对数盈利的时间图. 我们进行对数变换有两个原因: 一是处理序列的指数型增长, 新的时间图证实了序列取对数后的确是线性增长的; 二是对数变换用来稳定序列的波动性. 图 2-13a 中的序列的波动有上升趋势, 这种上升趋势在新图中已经消失. 对数变换在金融、经济的时间序列分析中是常用的. 在这个具体例子中, 因为盈利是正的, 所以在变换之前不须作调整. 而在有些场合, 我们需要对每个数据点加上一个正常数后再作对数变换.

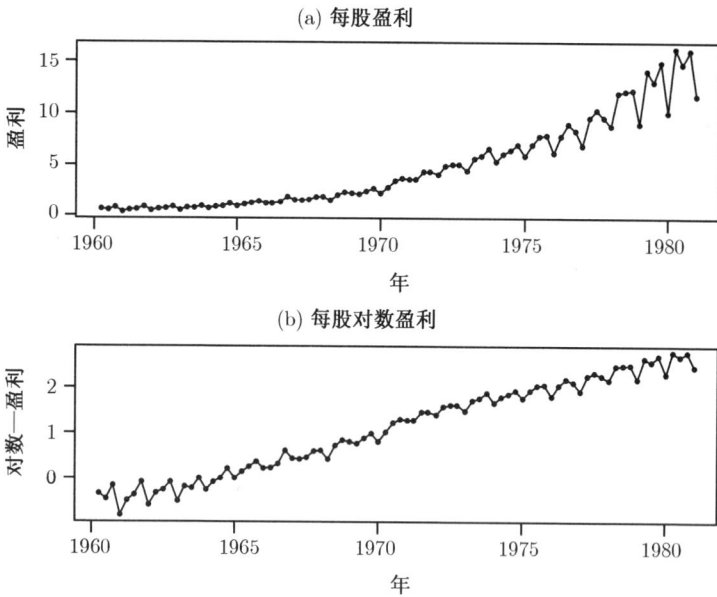

(a) 每股盈利

(b) 每股对数盈利

图 2-13   Johnson & Johnson 公司股票从 1960 年到 1980 年每股的季度盈利时间图: (a) 观察到的盈利, (b) 对数盈利

记对数盈利为 x_t. 图 2-14 的左上角是 x_t 的样本自相关函数图, 它表明每股的季度对数盈利具有强的序列相关性. 处理序列的这种强序列相关性的一个惯用的方法是考虑 x_t 的一阶差分序列 (也即 $\Delta x_t = x_t - x_{t-1} = (1 - B) x_t$). 图 2-14 的左下角是 Δx_t 的样本自相关函数图, 可见当间隔是周期 4 的倍数时相关性强, 这是季节性时间序列的样本自相关函数的典型表现. 按照 Box , Jenkins 和 Reinsel(1994) 的第 9 章的内容, 我们对 Δx_t 作另一个差分, 也即

$$\Delta_4 \left(\Delta x_t \right) = \left(1 - B^4 \right) \Delta x_t = \Delta x_t - \Delta x_{t-4} = x_t - x_{t-1} - x_{t-4} + x_{t-5}.$$

算子 $\Delta_4 = 1 - B^4$ 叫作**季节性差分化**(seasonal differencing). 一般地, 对一个周期为 s 的季节性时间序列 y_t, 季节性差分意指

$$\Delta_s y_t = y_t - y_{t-s} = (1 - B^s)\, y_t.$$

通常的差分 $\Delta y_t = y_t - y_{t-1} = (1 - B)\, y_t$ 叫作**正规差分化**(regular differencing). 图 2-14 的右下角是 $\Delta_4 \Delta x_t$ 的样本自相关函数, 它在间隔为 1 处有一显著的负值, 在间隔为 4 时有一个稍强的负相关. 为了完整性, 图 2-14 还给出了季节差分序列 $\Delta_4 x_t$ 的样本自相关函数图.

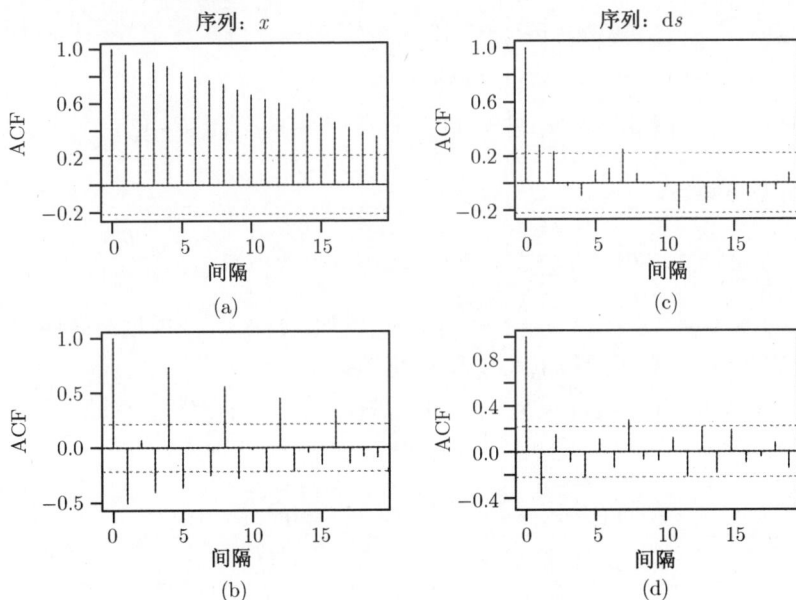

图 2-14   Johnson & Johnson 公司股票从 1960 年到 1980 年每股季度盈利的对数序列的样本自相关函数, 其中 (a) 对数盈利, (b) 是一阶差分序列, (c) 是季节性差分序列, (d) 表示经正规差分后再季节差分的序列

2.8.2   多重季节性模型

图 2-14 中 $(1 - B^4)(1 - B)\, x_t$ 的样本 ACF 的表现在季节性时间序列中是常见的. 它使我们引进了下面特殊的季节性时间序列模型:

$$(1 - B^s)(1 - B)\, x_t = (1 - \theta B)(1 - \Theta B^s)\, a_t, \tag{2.41}$$

其中 s 是序列的周期, a_t 是白噪声序列, $|\theta| < 1$, $|\Theta| < 1$. 此模型在文献中称为**航空模型**(airline model), 见 Box, Jenkins 和 Reinsel(1994) 第 9 章. 它被广泛地应用于季节性时间序列的建模. 此模型的 AR 部分由正规差分和季节差分两部分组成, 而 MA 部分包括两个参数. 下面将精力放在该模型的 MA 部分, 记

$w_t = (1 - B^s)(1 - B) x_t$, 那么

$$w_t = (1 - \theta B)(1 - \Theta B^s) a_t = a_t - \theta a_{t-1} - \Theta a_{t-s} + \theta \Theta a_{t-s-1},$$

其中 $s > 1$. 容易得到 $\mathrm{E}(w_t) = 0$, 并且

$$\mathrm{Var}(w_t) = (1 + \theta^2)(1 + \Theta^2) \sigma_a^2,$$
$$\mathrm{Cov}(w_t, w_{t-1}) = -\theta (1 + \Theta^2) \sigma_a^2,$$
$$\mathrm{Cov}(w_t, w_{t-s+1}) = \theta \Theta \sigma_a^2,$$
$$\mathrm{Cov}(w_t, w_{t-s}) = -\Theta (1 + \theta^2) \sigma_a^2,$$
$$\mathrm{Cov}(w_t, w_{t-s-1}) = \theta \Theta \sigma_a^2,$$
$$\mathrm{Cov}(w_t, w_{t-l}) = 0, \ \text{其中} \ l \neq 0, 1, s-1, s, s+1.$$

因此, w_t 的 ACF 为

$$\rho_1 = \frac{-\theta}{1 + \theta^2}, \quad \rho_s = \frac{-\Theta}{1 + \Theta^2}, \quad \rho_{s-1} = \rho_{s+1} = \rho_1 \rho_s = \frac{\theta \Theta}{(1 + \theta^2)(1 + \Theta^2)},$$

而对 $l > 0$ 但 $l \neq 1, s-1, s, s+1$ 有 $\rho_l = 0$. 例如, 如果 w_t 是季度时间序列, 那么 $s = 4$ 且它的 ACF 只在间隔 1, 3, 4 和 5 处非零.

把上述 ACF 与 MA(1) 模型 $y_t = (1 - \theta B) a_t$ 和 MA(s) 模型 $z_t = (1 - \Theta B^s) a_t$ 的 ACF 相比较会看出有意思的结论. y_t 和 z_t 的 ACF 分别是

$$\rho_1(y) = \frac{-\theta}{1 + \theta^2} \quad \text{和} \quad \rho_l(y) = 0, \quad l > 1;$$

$$\rho_s(z) = \frac{-\Theta}{1 + \Theta^2} \quad \text{和} \quad \rho_l(z) = 0, \quad l > 0 \quad \text{且} \quad l \neq s.$$

我们看到 (a)$\rho_1 = \rho_1(y)$; (b) $\rho_s = \rho_s(z)$; (c)$\rho_{s-1} = \rho_{s+1} = \rho_1(y) \times \rho_s(z)$. 从而, w_t 在间隔 $s-1$ 和 $s+1$ 处的 ACF 可以认为是间隔为 1 和间隔为 s 的序列相关性**相互作用**的结果. w_t 的模型称为**多重季节性 MA 模型**. 实际中, 多重季节性模型意味着序列的正规部分与季节部分的动态结构是近似正交的.

模型

$$w_t = (1 - \theta B - \Theta B^s) a_t \tag{2.42}$$

是一个非乘积季节性 MA 模型. 易见, 对 (2.42) 式的模型有 $\rho_{s+1} = 0$. 乘积模型比对应的非乘积模型更省, 这是因为虽然两个模型用了相同数目的参数, 但乘积模型有更多非零的 ACF.

例 2.3   在此例中, 我们把航空模型应用到 Johnson & Johnson 公司股票从 1960 年到 1980 年的每股季度盈利的对数序列上去. 基于精确似然法所拟合的模型为

$$(1 - B)(1 - B^4) x_t = (1 - 0.678B)(1 - 0.314B^4) a_t, \quad \hat{\sigma}_a = 0.089,$$

其中两个 MA 参数的标准误差分别为 0.080 和 0.101, 残差的 Ljung-Box 统计量为 $Q(12) = 10.0$, 其 p 值为 0.44. 模型看起来是充分的.

为了说明上述季节性模型的预测表现, 我们利用前 76 个观察值重新估计模型的参数, 而把最后 8 个数据点用来进行预测评价. 以 $h = 76$ 为预测原点计算向前 1 步至 8 步预测值和它们的标准误差. 为得到每股盈利的预测值, 利用第 1 章中给出的正态分布与对数正态分布之间的关系, 先进行一个反对数变换. 图 2-15 给出了模型的预测表现, 其中实线表示实际观察值, 点预测值用一些点表示, 两条虚线所示的是 95% 的区间预测. 预测值显示出强烈的季节性, 并与实际观察值相近. 最后, 对季度盈利建模还有其他方法, 可参见本书例 11.3.

当一个时间序列的季节性表现随时间稳定的 (也即, 近似于确定性函数) 时候, 可用哑变量 (dummy variable) 来处理季节性. 有些分析师就采用这种方法. 然而, 确定的季节性只是前面讨论的乘积季节性模型的一个特殊情形, 如 $\Theta = 1$ 时, 模型 (2.41) 包含一个确定的季节性成分. 因此, 当季节性是确定的时候, 用哑变量或者用乘积季节性模型都能得到相同的预测结果. 但是, 当季节性不确定的时候, 哑变量方法会导致较差的预测. 在实际中, 我们建议用精确似然法去估计一个乘积季节性模型, 特别是当样本容量较小或可能存在一个确定的季节性成分时.

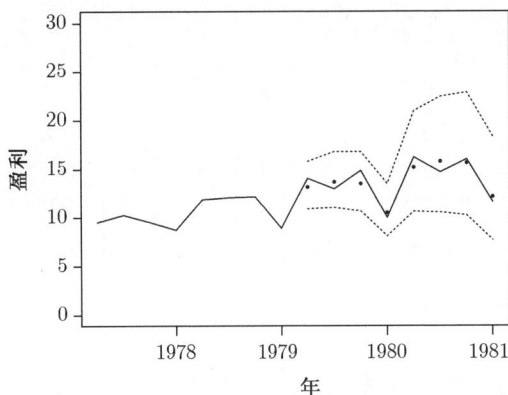

图 2-15 Johnson & Johnson 公司股票每股季度盈利的点预测和区间预测. 预测原点是 1978 年的第 4 季度. 实线表示实际观测值, 黑点表示点预测值, 两条虚线表示的是 95% 的区间预测

例 2.4 为了说明确定性的季节性, 考虑 CRSP Decile 1 指数从 1970 年 1 月到 2008 年 12 月的月简单收益率, 共有 468 个观测. 图 2-16a 给出了序列的时间图, 该图并没有显示出序列有季节性. 然而, 图 2-16b 给出的样本 ACF 在间隔为 12, 24, 36 以及 1 处显著的不为 0. 如果接受季节 ARMA 模型, 则模型具有以下形式

$$(1 - \phi_1 B)(1 - \phi_{12} B^{12}) R_t = (1 - \theta_{12} B^{12}) a_t,$$

其中 R_t 表示月简单收益率. 用条件似然方法所拟合的模型是

$$(1 - 0.18B)(1 - 0.87B^{12})R_t = (1 - 0.74B^{12})a_t, \quad \tilde{\sigma}_a = 0.069.$$

参见后面附录 SCA(科学计算联合公司) 的结果. 季节 AR 和 MA 系数的估计值相近. 如果使用精确似然方法, 我们有

$$(1 - 0.188B)(1 - 0.951B^{12})R_t = (1 - 0.997B^{12})a_t, \quad \hat{\sigma}_a = 0.063.$$

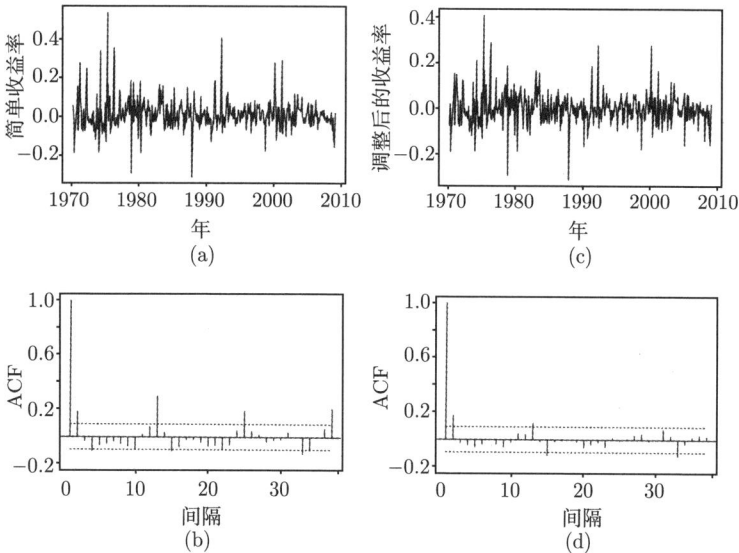

图 2-16   CRSP Decile 1 指数从 1970 年 1 月到 2008 年 12 月的月简单收益率: (a) 简单收益率的时间图; (b) 简单收益率的样本 ACF; (c) 调整 1 月效应后的简单收益率的时间图; (d) 调整 1 月效应后的简单收益率的样本 ACF

可以清楚地看到季节 AR 和 MA 因子之间的取消. 利用精确似然方法以及估计的结果说明可能存在确定性的季节性. 为了进一步证实确定性季节性的存在, 我们关于 1 月份定义哑变量, 即

$$\text{Jan}_t = \begin{cases} 1, & \text{若} t \text{在 1 月份内}, \\ 0, & \text{其他}. \end{cases}$$

并应用简单的线性回归

$$R_t = \beta_0 + \beta_1 \text{Jan}_t + e_t.$$

拟合模型为 $R_t = 0.0029 + 0.125\text{Jan}_t + e_t$, 其中估计值的标准误差分别为 0.0033 和 0.0115. 图 2-16 的右部分为简单收益率的时间图和根据前面简单线性回归得到的残差序列的样本 ACF. 从样本 ACF 可以看出, 在时间间隔为 12、24、36 处都不存在大部分序列相关, 这表明 Decile 1 收益率通过使用 1 月哑变量成功消除了季节性. 因此, Decile 1 的月简单收益率的季节性现象主要是由于 1 月效应引起的.

R 演示

下列输出已编辑, %表示注释.

```
> da=read.table("m-deciles08.txt",header=T)
> d1=da[,2]
> jan=rep(c(1,rep(0,11)),39) % Create January dummy.
> m1=lm(d1 jan)
> summary(m1)
Call:
lm(formula = d1 ~ jan)

Coefficients:
            Estimate Std. Error t value Pr(>|t|)
(Intercept) 0.002864  0.003333    0.859   0.391
jan         0.125251  0.011546   10.848  <2e-16 ***
---

Residual standard error: 0.06904 on 466 degrees of freedom
Multiple R-squared: 0.2016,      Adjusted R-squared: 0.1999

> m2=arima(d1,order=c(1,0,0),seasonal=list(order=c(1,0,1),
+ period=12))
> m2
Coefficients:
         ar1     sar1     sma1   intercept
      0.1769  0.9882  -0.9144      0.0118
s.e.  0.0456  0.0093   0.0335      0.0129

sigma^2 estimated as 0.004717: log likelihood=584.07,
   aic=-1158.14
> tsdiag(m2,gof=36)    % plot not shown.

> m2=arima(d1,order=c(1,0,0),seasonal=list(order=c(1,0,1),
+ period=12),include.mean=F)
> m2
Call:
arima(x=d1,order=c(1,0,0),seasonal=list(order=c(1,0,1),
   period=12),include.mean = F)

Coefficients:
         ar1     sar1     sma1
      0.1787  0.9886  -0.9127 % Slightly differ from those of SCA.
s.e.  0.0456  0.0089   0.0335

sigma^2 estimated as 0.00472: log likelihood=583.68,
   aic=-1159.36
```

SCA 演示

输出结果.

```
input date,dec1,d2,d9,d10. file 'm-deciles08.txt'.
 --
tsm m1. model (1)(12)dec1=(12)noise.
 --
estim m1. hold resi(r1).    % Conditional MLE estimation
```

```
SUMMARY FOR UNIVARIATE TIME SERIES MODEL --   M1
----------------------------------------------------------
VAR   TYPE OF    ORIGINAL    DIFFERENCING
      VARIABLE OR CENTERED
```

DEC1	RANDOM	ORIGINAL	NONE					

```
----------------------------------------------------------
```

PAR. LABEL	VAR. NAME	NUM./ DENOM.	FACTOR	ORDER	CONS-TRAINT	VALUE	STD ERROR	T VALUE
1	D1	MA	1	12	NONE	.7388	.0488	15.14
2	D1	AR	1	1	NONE	.1765	.0447	3.95
3	D1	AR	2	12	NONE	.8698	.0295	29.49

```
EFFECTIVE NUMBER OF OBSERVATIONS . .         455
R-SQUARE . . . . . . . . . . . .             0.199
RESIDUAL STANDARD ERROR. . . . . . . 0.689906E-01
RESIDUAL STANDARD ERROR. . . . . . . 0.705662E-01
 --
estim m1. method exact. hold resi(r1)  % Exact MLE estimation
```

```
SUMMARY FOR UNIVARIATE TIME SERIES MODEL --   M1
----------------------------------------------------------
VAR.  TYPE OF    ORIGINAL    DIFFERENCING
      VAR.       OR CENTERED
```

DEC1	RANDOM	ORIGINAL	NONE					

```
----------------------------------------------------------
```

PAR. LABEL	VARI. NAME	NUM./ DENOM.	FACTOR	ORDER	CONS-TRAINT	VALUE	STD ERROR	T VALUE
1	D1	MA	1	12	NONE	.9968	.0150	66.31
2	D1	AR	1	1	NONE	.1884	.0448	4.21
3	D1	AR	2	12	NONE	.9505	.0070	135.46

```
EFFECTIVE NUMBER OF OBSERVATIONS . .         455
R-SQUARE . . . . . . . . . . . .             0.328
RESIDUAL STANDARD ERROR. . . . . . . 0.631807E-01
```

2.9   带时间序列误差的回归模型

在许多应用中, 主要的兴趣在于研究两个时间序列的关系. 金融中的市场模型就是一例, 其中, 在市场模型中, 我们需要找出个股收益率与市场指数收益率之间的关系. 利率的期限结构也是一个例子, 这时要研究的是不同期限的利率之间的关系怎样随时间演变. 这些例子导致我们考虑如下形式的线性回归:

$$y_t = \alpha + \beta x_t + e_t, \tag{2.43}$$

其中 y_t 和 x_t 是两个时间序列, e_t 表示误差项. 经常用最小二乘 (LS) 方法来估计模型 (2.43). 若 $\{e_t\}$ 是白噪声序列, 则 LS 方法给出的估计是相合的. 然而, 在实际中经常遇到误差 e_t 是序列相关的情形. 这时, 模型 (2.43) 就是一个带时间序列误差的回归模型, 并且最小二乘法 (LS) 所产生的 α 和 β 的估计可能是不相合的.

带时间序列误差的回归模型在经济、金融中有广泛应用, 但它也是最经常被误用的经济计量模型之一, 因为 e_t 的序列相关性经常被忽视. 故应该对此模型进行仔细研究.

我们通过考虑如下两个美国的周利率序列之间的关系来介绍该模型.

- r_{1t}: 一年期固定期限国库券利率.
- r_{3t}: 三年期固定期限国库券利率.

这两个序列都以百分数给出, 观测时间都是从 1962 年 1 月 5 日至 1999 年 9 月 10 日, 都有 2467 个观察值, 并且是从圣·路易斯联邦储备银行得到的. 严格来讲, 应该利用第 8 章中的多元时间序列分析对这两个利率序列联合建模. 然而, 为了简单起见, 我们将注意力放在回归类型的分析上, 并且忽略它们的同时性.

图 2-17 是上述两个利率序列的时间图, 实线是一年期的利率, 虚线是三年期的利率. 图 2-18a 是 r_{1t} 对 r_{3t} 的散点图, 正好与预期的一样, 这两种利率是高度相关的. 描述这两种利率之间的关系的一个自然方式是利用简单的模型 $r_{3t} = \alpha + \beta r_{1t} + e_t$, 所拟合的模型是

$$r_{3t} = 0.832 + 0.930 r_{1t} + e_t, \quad \hat{\sigma}_e = 0.523, \tag{2.44}$$

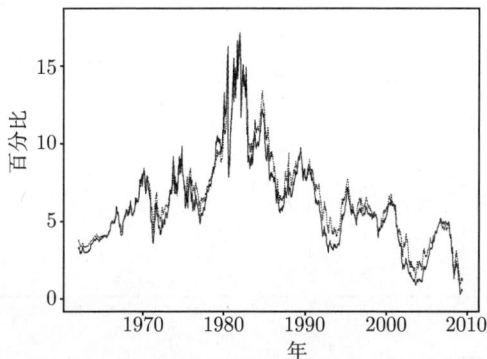

图 2-17　从 1962 年 1 月 5 日到 1999 年 9 月 10 日美国周利率 (百分比) 的时间图. 实线是一年期固定期限国库券利率, 虚线是三年期固定期限国库券利率

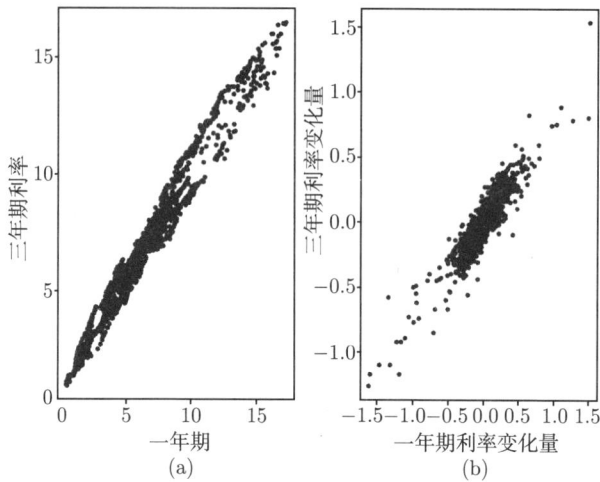

图 2-18　从 1962 年 1 月 5 日到 2009 年 4 月 10 日美国周利率的散点图: (a) 三年期对一年期;(b) 三年期利率的变化量对一年期利率的变化量

其中 $R^2 = 96.5\%$, 两个系数的标准误差分别为 0.024 和 0.004. 模型 (2.44) 证实了两种利率之间的高度相关性. 然而, 由图 2-19 所示的该模型残差的时间图及残差的 ACF 可见, 该模型是严重地不充分的. 特别地, 残差的样本 ACF 是高度显著的并且缓慢衰减, 显示出单位根非平稳时间序列的特点. 残差的表现说明两种利率间存在明显的差异. 利用现代经济计量方法, 如果我们假定两个利率序列都是单位根非平稳的, 那么 (2.44) 式中残差的表现说明这两种利率序列不是**协整的**(co-integrated)(见第 8 章中关于协整的讨论). 换言之, 数据不支持关于两种利率间存在长期均衡关系的假设. 从某种意义上讲, 这并不让人感到意外, 因为 "逆收益曲

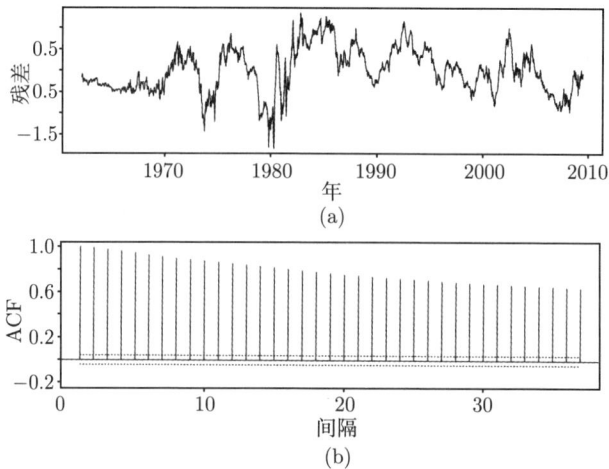

图 2-19　两种美国周利率的线性回归 (2.44) 式的残差序列: (a) 时间图; (b) 样本 ACF

线”(inverted yield curve) 在数据所在的时间段内出现了. "逆收益曲线" 指的是利率与它们离到期日的时间长短逆相关.

两个利率序列和 (2.44) 式中的残差的单位根非平稳性使我们想到了考虑利率变化量序列.

令

(1) $c_{1t} = r_{1t} - r_{1,t-1} = (1 - B) r_{1t}$, $t \geqslant 2$: 一年期利率的变化量;

(2) $c_{3t} = r_{3t} - r_{3,t-1} = (1 - B) r_{3t}$, $t \geqslant 2$: 三年期利率的变化量.

并考虑线性回归 $c_{3t} = \alpha + \beta c_{1t} + e_t$. 图 2-20 所示的是两个变化量序列的时间图, 而图 2-18b 所示的是它们之间的散点图. 这两个变化序列仍然是高度相关的, 为它们拟合的线性回归模型为

$$c_{3t} = 0.792 c_{1t} + e_t, \quad \hat{\sigma}_e = 0.069\ 0, \tag{2.45}$$

其中 $R^2 = 84.8\%$, 两个系数的标准误差分别是 0.001 5 和 0.007 5. 此模型进一步证实了两种利率间很强的线性相关性. 图 2-21 给出了 (2.45) 式的残差的时间图和样本 ACF, 这个样本 ACF 又表明残差中有一些显著的序列相关性, 但相关系数的绝对值要小得多. 残差的这种弱序列相关性能用前面几节中讨论的简单时间序列模型来描述, 从而得到一个带时间序列误差的线性回归.

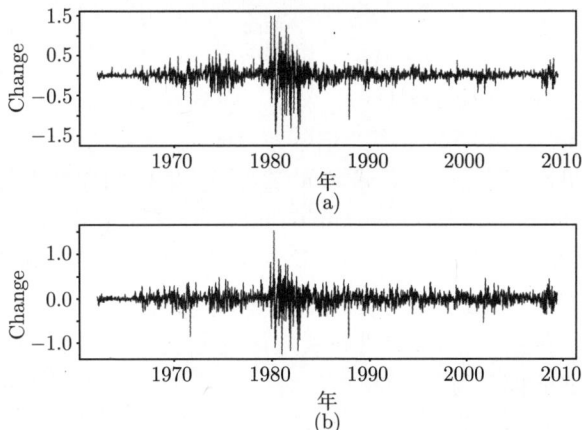

图 2-20   从 1962 年 1 月 12 日到 2009 年 4 月 10 日美国周利率变化量序列的时间图:
(a) 一年期固定期限国库券利率的变化; (b) 三年期固定期限国库券利率的变化

本节的主要任务是讨论一个简单方法来建立带时间序列误差的线性回归模型. 这种方法是直接的. 我们对残差序列选用一个本章所讨论过的简单时间序列模型, 然后把整个模型联合估计出来. 作为说明, 考虑 (2.45) 式中的简单线性回归. 因为模型的残差是序列相关的, 所以我们给残差识别一个简单的 ARMA 模型. 从图 2-21 的样本 ACF 看出, MA(1) 模型对残差序列是适合的, 把线性回归模型修改为

$$c_{3t} = \beta c_{1t} + e_t, \quad e_t = a_t - \theta_1 a_{t-1}, \tag{2.46}$$

其中 $\{a_t\}$ 是一个白噪声序列. 换句话说, 我们简单地用不带常数项的 MA(1) 模型来刻画 (2.45) 式中的误差项的序列相关性. 结果得到的模型是带时间序列误差的线性回归模型的简单例子. 在实际应用中, 可把更复杂的时间序列模型加到线性回归方程上去, 形成一般的带时间序列误差的回归模型.

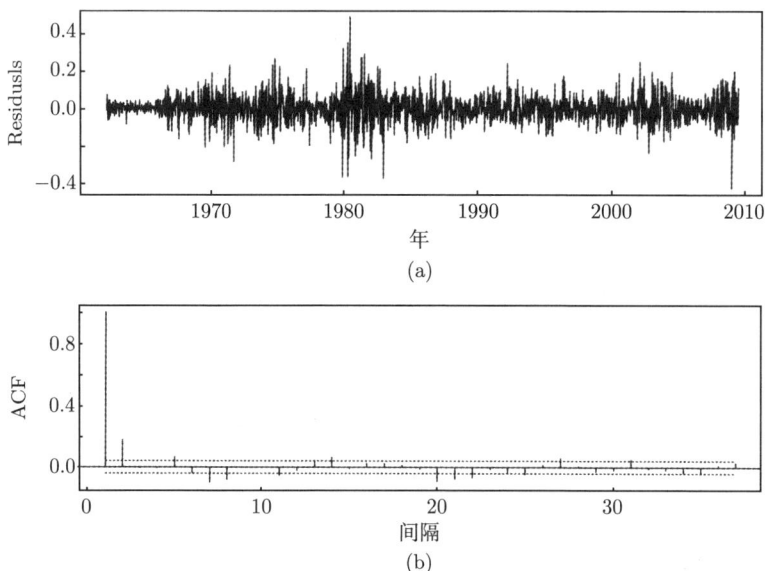

图 2-21   两种美国周利率变化的线性回归 (2.45) 式的残差序列: (a) 时间图; (b) 样本 ACF

在现代计算机出现之前, 估计带时间序列误差的回归模型不是一件容易的事. 人们提出一些特殊的方法, 如 Cochrane-Orcutt 估计量, 来处理残差中的序列相关性 (见 Greene(2003) 第 273 页). 但现在这种估计与其他时间序列模型的估计一样容易. 若所用的时间序列模型是平稳的、可逆的, 则可用最大似然法把模型一起估计出来. 这就是我们应用 SCA 软件包所采用的方法. 对美国的周利率数据, 所拟合的形如 (2.46) 式的模型为

$$c_{3t} = 0.794c_{1t} + e_t, \quad e_t = a_t + 0.182\,3a_{t-1}, \quad \hat{\sigma}_a = 0.067\,8, \tag{2.47}$$

其中 $R^2 = 83.1\%$, 参数的标准误差分别为 0.0075 和 0.0196, 此模型不再有显著的间隔为 1 的残差 ACF, 虽然在间隔为 4、6 和 7 时残差有较小的序列相关系数, 但是, 如果在残差方程中加上间隔为 4、6 和 7 的 MA 系数, 结果的改进并不大, 具体细节在此不作讨论.

比较 (2.44) 式、(2.45) 式和 (2.47) 式这三个模型, 我们观察到如下几点: 第一, (2.44) 式的高 $R^2$96.5%和系数 0.930 会导致人们的错误认识, 因为该模型的残差有强烈的序列相关性. 第二, 对利率变化量序列, (2.45) 式和 (2.47) 式的 R^2 和 c_{1t} 的系数都很接近, 这说明对这个具体例子来说, 对变化序列加上一个 MA(1) 模型得到的改进不大. 这并不出人意料, 因为估计出的 MA 系数尽管是高度统计显著的. 但它不是较大的数值. 第三, 上述分析表明在线性回归分析中检验残差的序列相关性很重要.

从 (2.47) 式可以看出, 该模型表明前述两个周利率序列有如下关系:

$$r_{3t} = r_{3,t-1} + 0.794\left(r_{1t} - r_{1,t-1}\right) + a_t + 0.182a_{t-1}.$$

这两种利率是相互影响并序列相关的.

R 演示

我对下面的输出结果进行了编辑.

```
> r1=read.table("w-gs1yr.txt",header=T)[,4]
> r3=read.table("w-gs3yr.txt",header=T)[,4]
> m1=lm(r3 r1)
> summary(m1)
Call:
lm(formula = r3 ~ r1)
Coefficients:
             Estimate Std. Error t value Pr(>|t|)
(Intercept ) 0.83214    0.02417    34.43  <2e-16 ***
r1           0.92955    0.00357   260.40  <2e-16 ***
---
Residual standard error: 0.5228 on 2465 degrees of freedom
Multiple R-squared: 0.9649,    Adjusted R-squared: 0.9649

> plot(m1$residuals,type='l')
> acf(m1$residuals,lag=36)
> c1=diff(r1)
> c3=diff(r3)
> m2=lm(c3 -1+c1)
> summary(m2)
Call:
lm(formula = c3 ~ -1 + c1)
Coefficients:
   Estimate Std. Error t value  Pr(>|t|)
c1 0.791935   0.007337   107.9  <2e-16 ***
---
Residual standard error: 0.06896 on 2465 degrees of freedom
Multiple R-squared: 0.8253,    Adjusted R-squared: 0.8253

> acf(m2$residuals,lag=36)

> m3=arima(c3,order=c(0,0,1),xreg=c1,include.mean=F)
> m3
Call:
arima(x = c3, order = c(0, 0, 1), xreg = c1, include.mean = F)
Coefficients:
```

```
        ma1        c1
      0.1823    0.7936
s.e.  0.0196    0.0075

sigma^2 estimated as 0.0046: log likelihood=3136.62,
   aic=-6267.23
>
> rsq=(sum(c3^2)-sum(m3$residuals^2))/sum(c3^2)
> rsq
[1] 0.8310077
```

小结

我们给出分析带时间序列误差的线性回归模型的一般步骤:

(1) 拟合一个线性回归模型并检验其残差的序列相关性;

(2) 如果残差序列是单位根非平稳的, 则对因变量和自变量都作一阶差分. 然后对两个差分后的序列进行第 (1) 步. 若这时的残差序列是平稳的, 则对残差识别一个 ARMA 模型并相应地修改线性回归模型.

(3) 用最大似然法进行联合估计, 并对模型进行检验看一看是否需要进一步改进.

为检验残差的序列相关性, 我们推荐使用 Ljung-Box 统计量, 而不是 Durbin-Watson(DW) 统计量, 因为后者只考虑间隔为 1 的序列相关性. 有时残差的序列相关性表现在高阶间隔上, 尤其是在所涉及的时间序列呈现某种季节性的时候.

注释   设有残差序列 e_t 的 T 个观察值, Durbin-Watson 统计量是

$$\mathrm{DW} = \frac{\sum_{t=2}^{T} (e_t - e_{t-1})^2}{\sum_{t=1}^{T} e_t^2}.$$

直接计算表明 $\mathrm{DW} \approx 2(1 - \hat{\rho}_1)$, 其中 $\hat{\rho}_1$ 是 $\{e_t\}$ 的间隔为 1 的 ACF.

在 S-Plus 中可以用命令 OLS(普通最小二乘) 来分析带时间序列误差的回归模型, 该命令假定残差服从 AR 模型. 为了识别延迟变量, 可以用命令tslag, 例如 $y = \mathrm{tslag}(r, 1)$. 下面给出了关于利率序列的相关命令, 这里%表示对命令的注释.   □

```
> r1t=read.table("w-gs1yr.txt",header=T)[,4] %load data
> r3t=read.table("w-gs3yr.txt",header=T)[,4]
> fit=OLS(r3t~r1t)     % fit the first regression
> summary(fit)
> c3t=diff(r3t)        % take difference
> c1t=diff(r1t)
> fit1=OLS(c3t~c1t)    % fit second regression
> summary(fit1)
> fit2=OLS(c3t~c1t+tslag(c3t,1)+tslag(c1t,1), na.rm=T)
> summary(fit2)
```

为得到更多的信息参见 2.10 节的输出结果.

2.10　协方差矩阵的相合估计

仍然考虑 (2.43) 式给出回归模型. 可能存在这样的情形: 误差项 e_t 存在序列相关性或条件异方差性, 然而我们分析的目标却是关于回归系数 α 和 β 做推断. 对条件异方差性的讨论参见第 3 章. 在系数的最小二乘估计仍然是相合估计的情形下, 已经有方法给出系数协方差矩阵的相合估计, 应用比较广泛的有两种方法. 第一种方法称为异方差相合 (HC) 估计, 参见 Eicker(1967) 和 White(1980). 第二种方法称为异方差及自相关相合 (HAC) 估计, 参见 Newey 和 West(1987).

为了容易讨论, 我们将回归模型改写为

$$y_t = \boldsymbol{x}_t'\boldsymbol{\beta} + e_t, \quad t = 1, \cdots, T, \tag{2.48}$$

其中 y_t 是因变量, $\boldsymbol{x}_t = (x_{1t}, \cdots, x_{kt})'$ 是由包含常数项在内的自变量所构成的 k 维向量, $\boldsymbol{\beta} = (\beta_1, \cdots, \beta_k)'$ 是参数向量. 这里 c' 表示向量 c 的转置. $\boldsymbol{\beta}$ 的最小二乘估计以及与之相关的协方差矩阵的估计分别为

$$\hat{\boldsymbol{\beta}} = \left[\sum_{t=1}^{T} \boldsymbol{x}_t \boldsymbol{x}_t'\right]^{-1} \sum_{t=1}^{T} \boldsymbol{x}_t y_t, \quad \mathrm{Cov}(\hat{\boldsymbol{\beta}}) = \sigma_e^2 \left[\sum_{t=1}^{T} \boldsymbol{x}_t \boldsymbol{x}_t'\right]^{-1},$$

其中 σ_e^2 是 e_t 的方差, 可以用回归残差的方差来估计. 当存在序列相关性或条件异方差性时, 前面的协方差阵估计不再是相合的, 这经常会导致 $\hat{\boldsymbol{\beta}}$ 的 t- 比偏大.

White(1980) 的估计是

$$\mathrm{Cov}(\hat{\boldsymbol{\beta}})_{\mathrm{HC}} = \left[\sum_{t=1}^{T} \boldsymbol{x}_t \boldsymbol{x}_t'\right]^{-1} \left[\sum_{t=1}^{T} \hat{e}_t^2 \boldsymbol{x}_t \boldsymbol{x}_t'\right] \left[\sum_{t=1}^{T} \boldsymbol{x}_t \boldsymbol{x}_t'\right]^{-1}, \tag{2.49}$$

其中 $\hat{e}_t = y_t - \boldsymbol{x}_t'\hat{\boldsymbol{\beta}}$ 是 t 时刻的残差. Newey 和 West(1987) 给出的估计是

$$\mathrm{Cov}(\hat{\boldsymbol{\beta}})_{\mathrm{HAC}} = \left[\sum_{t=1}^{T} \boldsymbol{x}_t \boldsymbol{x}_t'\right]^{-1} \hat{C}_{\mathrm{HAC}} \left[\sum_{t=1}^{T} \boldsymbol{x}_t \boldsymbol{x}_t'\right]^{-1}, \tag{2.50}$$

其中

$$\hat{C}_{\mathrm{HAC}} = \sum_{t=1}^{T} \hat{e}_t^2 \boldsymbol{x}_t \boldsymbol{x}_t' + \sum_{j=1}^{\ell} \omega_j \sum_{t=j+1}^{T} (\boldsymbol{x}_t \hat{e}_t e_{t-j} \boldsymbol{x}_{t-j}' + \boldsymbol{x}_{t-j} e_{t-j} \hat{e}_t \boldsymbol{x}_t'),$$

这里 l 是截断参数, ω_j 是权重函数, 例如它可以是如下定义的 Bartlett 权重函数

$$\omega_j = 1 - \frac{j}{l+1}.$$

也可以用其他的权重函数. Newey 和 West 建议 l 取 $4(T/100)^{2/9}$ 的整部. 该估计本质上是用非参数的方法来估计 $\left\{\sum_{i=1}^{T} \hat{e}_i \boldsymbol{x}_t\right\}$ 的协方差阵.

作为说明, 我们在 (2.45) 式中应用利率的一阶差分序列. 如果忽略残差中的序列相关性和异方差性, 则 c_{1t} 系数的 t- 比是 104.63; 如果用 HC 估计的话, 该 t- 比变为 46.73; 如果用 HAC 估计, 则该 t- 比减少为 40.08. 下面我们用 S-Plus 来演示回归的过程. 考虑到残差的序列相关性, 回归中用了延迟值 $c_{1,t-1}$ 和 $c_{3,t-1}$ 作为回归因子.

S-Plus 演示

我对下面的输出结果进行了编辑, %表示注释.

```
> module(finmetrics)
> r1=read.table("w-gs1yr.txt",header=T)[,4] % Load data
> r3=read.table("w-gs3yr.txt",header=T)[,4]
> c1=diff(r1) % Take 1st difference
> c3=diff(r3)

> reg.fit=OLS(c3~c1) % Fit a simple linear regression.
> summary(reg.fit)
Call:
OLS(formula = c3 ~ c1)

Residuals:
     Min      1Q   Median      3Q      Max
 -0.4246  -0.0358  -0.0012  0.0347  0.4892

Coefficients:
               Value Std. Error   t value   Pr(>|t|)
(Intercept)  -0.0001     0.0014   -0.0757     0.9397
         c1   0.7919     0.0073  107.9063     0.0000

Regression Diagnostics:
        R-Squared 0.8253
Adjusted R-Squared 0.8253
Durbin-Watson Stat 1.6456

Residual Diagnostics:
                Stat   P-Value
Jarque-Bera 1644.6146   0.0000
  Ljung-Box  230.0477   0.0000

Residual standard error: 0.06897 on 2464 degrees of freedom

> summary(reg.fit,correction="white") % Use HC the estimator
Coefficients:
               Value Std. Error  t value   Pr(>|t|)
(Intercept)  -0.0001     0.0014  -0.0757     0.9396
         c1   0.7919     0.0163  48.4405     0.0000

> summary(reg.fit,correction="nw") % Use the HAC estimator
```

```
Coefficients:
              Value  Std. Error   t value   Pr(>|t|)
(Intercept)  -0.0001    0.0016    -0.0678    0.9459
         c1   0.7919    0.0198    39.9223    0.0000

% Below, fit a regression model with time series errors.
> reg.ts=OLS(c3~c1+tslag(c3,1)+tslag(c1,1),na.rm=T)
> summary(reg.ts)
Call:
OLS(formula = c3 ~ c1 + tslag(c3, 1)+tslag(c1, 1), na.rm = T)

Residuals:
     Min       1Q    Median       3Q      Max
 -0.4481  -0.0355   -0.0008   0.0341   0.4582

Coefficients:
               Value  Std. Error    t value   Pr(>|t|)
 (Intercept)  -0.0001     0.0014     -0.0636    0.9493
          c1   0.7971     0.0077    103.6320    0.0000
tslag(c3, 1)   0.1766     0.0198      8.9057    0.0000
tslag(c1, 1)  -0.1580     0.0174     -9.0583    0.0000

Regression Diagnostics:
        R-Squared 0.8312
Adjusted R-Squared 0.8310
Durbin-Watson Stat 1.9865

Residual Diagnostics:
                 Stat    P-Value
Jarque-Bera 1620.5090     0.0000
 Ljung-Box   131.6048     0.0000

Residual standard error: 0.06785 on 2461 degrees of freedom
```

令 $\hat{\beta}_j$ 为 $\hat{\boldsymbol{\beta}}$ 的第 j 个元素. 当 $k > 1$ 时, 可以使用辅助回归的方法得到方程 (2.49) 中 $\hat{\beta}_j$ 的 HC 方差. 令 $\boldsymbol{x}_{-j,t}$ 为从 $\boldsymbol{x}_t$ 中去掉元素 x_{jt} 后得到的 $(k-1)$ 维向量. 考虑辅助回归:

$$x_{jt} = \boldsymbol{x}'_{-j.t}\boldsymbol{\gamma} + v_t, \quad t = 1, \cdots, T \tag{2.51}$$

令 $\hat{v}_t$ 为这个辅助回归的残差平方和. 可以证明

$$\text{Var}\left(\hat{\beta}_j\right)_{\text{HC}} = \frac{\sum_{t=1}^T \hat{e}_t^2 \hat{v}_t^2}{\left(\sum_{t=1}^T \hat{v}_t^2\right)^2}$$

其中 $\hat{e}_t$ 为方程 (2.48) 初始回归的残差. 辅助回归只是采取的一个步骤, 使得 $\hat{v}_j$ 和其他解释变量正交, 进而可以简化方程 (2.49) 中的公式.

2.11 长记忆模型

我们已经讨论过, 平稳序列的 ACF 在间隔增加时呈指数速度衰减. 但是, 对单位根非平稳时间序列, 可以证明: 对任意固定的间隔, 当样本容量增加时, 样本 ACF 收敛于 1(见 Chan 和 Wei(1988) 以及 Tiao 和 Tsay(1983)). 有些时间序列的 ACF 随间隔的增加以多项式的速度缓慢衰减到 0, 这样的过程称为**长记忆时间序列**. 长记忆序列的一个例子就是如下定义的**分数差分序列**:

$$(1 - B)^d x_t = a_t, \quad -0.5 < d < 0.5, \tag{2.52}$$

其中 $\{a_t\}$ 是一个白噪声序列. 模型 (2.51) 的性质已在文献中得到广泛的研究 (如 Hosking(1981)). 我们把它的一些性质综述如下.

(1) 若 $d < 0.5$, 则 x_t 是弱平稳过程并有无穷阶 MA 表示：

$$x_t = a_t + \sum_{i=1}^{\infty} \psi_i a_{t-i},$$

其中

$$\psi_k = \frac{d(1+d)\cdots(k-1+d)}{k!} = \frac{(k+d-1)!}{k!\,(d-1)!}.$$

(2) 若 $d > -0.5$, 则 x_t 是可逆的并有无穷阶 AR 表示：

$$x_t = \sum_{i=1}^{\infty} \pi_i x_{t-i} + a_t,$$

其中

$$\pi_k = \frac{-d(1-d)\cdots(k-1-d)}{k!} = \frac{(k-d-1)!}{k!\,(-d-1)!}.$$

(3) 对 $-0.5 < d < 0.5$, x_t 的 ACF 为

$$\rho_k = \frac{d(1+d)\cdots(k-1+d)}{(1-d)(2-d)\cdots(k-d)}, \quad k = 1, 2, \cdots.$$

特别地, $\rho_1 = d/(1-d)$, 且当 $k \to \infty$ 时

$$\rho_k \approx \frac{(-d)!}{(d-1)!} k^{2d-1}, \quad \text{当 } k \to \infty.$$

(4) 对 $-0.5 < d < 0.5$, x_t 的偏自相关函数 (PACF) 为 $\phi_{k,k} = d/(k-d)$, $k = 1, 2, \cdots$.

(5) 对 $-0.5 < d < 0.5$, x_t 的谱密度函数 $f(\omega)$(它是 x_t 的 ACF 的傅里叶变换) 满足

$$f(\omega) \sim \omega^{-2d}, \quad \omega \to 0, \tag{2.53}$$

其中 $\omega \in [0, 2\pi]$ 表示频率.

当 $d < 0.5$ 时, 我们对 x_t 的 ACF 的性质特别感兴趣. 这条性质表明 $\rho_k \sim ck^{2d-1}$, 以多项式速度衰减, 而不以指数速度衰减. 正因为这个原因, 这样的 x_t 过程称为长记忆时间序列. (2.52) 式中谱密度的特殊特征是当 $\omega \to 0$ 时谱发散到无穷, 而平稳 ARMA 过程的谱密度函数对 $\omega \in [0, 2\pi]$ 是有界的.

前面我们用到了非整数幂的二项式展开:

$$(1-B)^d = \sum_{k=0}^{\infty} (-1)^k \begin{pmatrix} d \\ k \end{pmatrix} B^k, \quad \begin{pmatrix} d \\ k \end{pmatrix} = \frac{d(d-1)\cdots(d-k+1)}{k!}.$$

若分数差分序列 $(1-B)^d x_t$ 服从一个 ARMA(p, q) 模型, 则称 x_t 为一个 **ARFIMA** (p, d, q)过程, 它是 ARIMA 模型的推广, 这里允许 d 为非整数.

在实际中, 如果一个时间序列的样本 ACF 在数值上不大, 但衰减得很慢, 则该序列就可能会有长记忆性. 作为说明, 图 2-22 所示的是 1970 年 1 月 2 日至 2008 年 12 月 31 日的 CRSP 价值加权指数和等权重指数的日简单收益率的绝对值序列的样本 ACF 值. 可见 ACF 的数值相对较小, 但衰减很慢, 甚至在间隔为 300 以后还在 5% 的水平下是显著的. 对绝对值收益率序列的样本 ACF 的表现, 更多的讨论参见 Ding, Granger 和 Engle(1993). 对 (2.52) 式中的纯分数差分模型, 我们可以用最大似然法或带低频对数周期图的回归方法来估计 d. 长记忆模型在金融文献中受到关注, 部分的原因是在连续时间模型中关于分形布朗运动的工作.

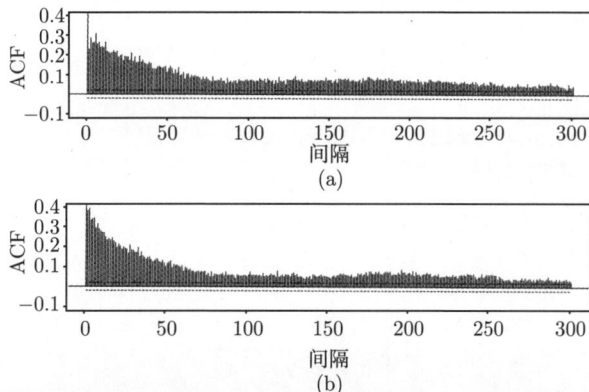

图 2-22   CRSP 价值加权指数和等权重指数的日简单收益率的绝对值序列的样本 ACF:
(a) 价值加权指数收益率的绝对值序列的 ACF; (b) 等权重指数收益率的绝对值序列的 ACF. 时间区间是从 1970 年 1 月 2 日到 2008 年 12 月 31 日

附录   一些 SCA 的命令

2.4 节中使用的命令

在本附录中, 我们给出了 2.9 节使用的 SCA 命令. 一年期利率保存在文件 w-gs1yr.txt中, 3 年期利率保存在文件w-gs3yr.txt中.

```
-- load the data into SCA, denote the data by rate1 and rate3.
input year,mom,day,rate1. file 'w-gs1yr.txt'
--
input year,mon,day,rate3. file 'w-gs3yr.txt'
-- specify a simple linear regression model.
tsm m1. model rate3=b0+(b1)rate1+noise.
-- estimate the specified model and store residual in r1.
estim m1. hold resi(r1).
-- compute 10 lags of residual acf.
acf r1. maxl 10.
-- difference the two series, denote the new series by c1t
   and c3t
diff old rate1,rate3. new c1t, c3t. compress.
-- specify a linear regression model for the differenced data
tsm m2. model c3t=h0+(h1)c1t+noise.
-- estimation
estim m2. hold resi(r2).
-- compute residual acf.
acf r2. maxl 10.
-- specify a regression model with time series errors.
tsm m3. model c3t=g0+(g1)c1t+(1)noise.
-- estimate the model using the exact likelihood method.
estim m3. method exact. hold resi(r3).
-- compute residual acf.
acf r3. maxl 10.
-- refine the model to include more MA lags.
tsm m4. model c3t=g0+(g1)c1t+(1,4,6,7)noise.
-- estimation
estim m4. method exact. hold resi(r4).
-- compute residual acf.
acf r4. maxl 10.
-- exit SCA
stop
```

练 习 题

除非特别声明, 在以下习题中都用 5%的显著性水平来得出结论.

2.1 假定一个债券指数的月简单收益率服从如下 MA(1) 模型:

$$R_t = a_t + 0.2a_{t-1}, \quad \sigma_a = 0.025.$$

假设 $a_{100} = 0.01$. 计算该收益率以 $t = 100$ 为预测原点的向前 1 步和向前 2 步的预测. 预测误差的标准差分别是多少? 计算该收益率序列的间隔为 1 和间隔为 2 的自相关系数.

2.2 假定一个证券的日对数收益率服从模型

$$r_t = 0.01 + 0.2r_{t-2} + a_t,$$

其中 $\{a_t\}$ 是均值为 0、方差为 0.02 的高斯白噪声序列. 收益率序列 $\{r_t\}$ 的均值和方差是多少? 计算 r_t 的间隔为 1 和间隔为 2 的自相关系数. 假设 $r_{100} = -0.01$, $r_{99} = 0.02$ 计算该收益率序列以 $t = 100$ 为预测原点的向前 1 步和向前 2 步的预测. 预测误差的标准差分别是多少?

2.3 考虑美国从 1948 年 1 月到 2009 年 3 月的月失业率, 数据包含在文件 `m-unemhelp.txt` 中. 数据已经经过季节调整, 来自圣·路易斯联邦储备银行. 为该序列建立一个时间序列模型, 并用该模型预测 2009 年 4 月、5 月、6 月和 7 月的失业率. 进一步, 如果存在周期环, 计算其周期. (注意, 适合该数据的模型不只一个, 只要模型是充分的即可.)

2.4 考虑基于市场资本化的纽约证券交易所、美国证券交易所和纳斯达克证券交易所中 Decile 1, Decile 2、Decile 9 和 Decile 10 的简单月收益率. 数据的时间区间是从 1970 年 1 月到 2008 年 12 月, 数据来自 CRSP.

(a) 对于 Decile 2 和 Decile 10 收益率序列, 在 5%的显著性水平上检验原假设: 前 12 个间隔的自相关系数都为 0, 并得出结论.

(b) 对 Decile 2 收益率序列建立 ARMA 模型, 对模型进行检查并写出拟合模型.

(c) 用所拟合的 ARMA 模型对序列进行向前 1 步和 12 步的预测并求预测的相关标准误差.

2.5 考虑 IBM 股票从 1970 年到 2008 年的日简单收益率, 数据包含在文件 `d-ibmvwew6202.txt` 中. 计算 IBM 股票日简单收益率绝对值序列的前 100 个间隔的样本 ACF. 存在长范围相依的证据吗? 为什么?

2.6 考虑美国制造业的用电需求. 数据是取对数后的, 表示每个月中固定某天的需求, 包含在数据文件 `power6.txt` 中. 对序列建立时间序列模型, 并用所拟合的模型进行向前 1 步到向前 24 步预测.

2.7 考虑 IBM 股票、CRSP 价值加权指数、CRSP 等权指数和标准普尔综合指数从 1980 年 1 月到 2008 年 12 月的日简单收益率. 指数收益率包括分配的红利. 数据文件为 `d-ibm3dxwkdays8008.txt`, 包含 12 列, 分别为 (年、月、日、IBM、VW、EW、SP、M、T、W、**H** 和 F), 其中 M、T、W、R 和 F 分别表示从星期一到星期五的指示变量. 使用回归模型研究交易日对等权指数收益率的影响. 求拟合模型? 收益率的周内效应在 5%的水平上显著吗? 使用协方差矩阵的 HAC 估计量得出回归估计的 t 比率, HAC 估计量改变了周内效应的结论吗? 回归残差中存在序列相关吗? 如果存在, 建立带有时间序列误差的回归模型以研究周内效应.

2.8 考虑习题 2.7 中的数据集, 关注标准普尔综合指数的日简单收益率数据, 进行必要的数据分析和在 5%显著性水平上的统计检验, 回答下列问题.

(a) 标准普尔综合指数的日简单收益率存在周内效应吗? 你可以建立线性回归模型回答这个问题. 估计模型, 检查模型的有效性, 并且检验不存在周五效应的假设. 得出你的结论.

    (b) 使用 $Q(12)$ 统计量检查残差序列相关性. 在残差中存在显著的序列相关吗? 如果存在, 对标准普尔综合指数数据建立时间序列回归模型.

2.9 对单个股票收益率考虑与上题中类似的问题. 在该题中, 我们采用 Dell 股票的日简单收益率.

    (a) Dell 股票的日简单收益率存在星期五效应吗? 估计模型, 并检验不存在星期五效应的原假设, 得出你的结论.

    (b) 残差中存在序列相关性吗? 用 $Q(12)$ 统计量进行检验, 并得出你的结论.

    (c) 用带时间序列误差的回归模型对上述模型进行改进. 基于改进后的模型, 存在显著的星期五效应吗?

2.10 考虑穆迪公司发售的 AAA 和 BAA 优质债券从 1962 年 1 月 5 日到 2009 年 4 月 10 日的每月盈利. 数据来自圣·路易斯联邦储备银行. 月盈利是日盈利的平均值. 计算这两个收益率序列的概括性统计量 (样本均值、样本标准差、样本斜度、样本超额峰度, 最大值、最小值). 债券盈利是偏斜的吗? 它们是厚尾的吗? 在 5%的显著性水平下回答这些问题.

2.11 考虑练习 2.10 中的 AAA 债券月盈利, 为该序列建立一个时间序列模型.

2.12 仍然考虑两个债券序列, 即 AAA 和 BAA. 这两个序列之间有什么关系? 为回答该问题, 把 AAA 债券的盈利作为因变量, 而 BAA 债券的盈利作为自变量来建立时间序列模型.

2.13 考虑 CRSP 等权重指数的月对数收益率, 从 1962 年 1 月到 1999 年 12 月共 456 个观察值. 你可以直接从 CRSP 或在网上文件m-ew6299.txt中得到数据.

    (a) 给该序列建立一个 AR 模型, 并检验所拟合的模型.

    (b) 给该序列建立一个 MA 模型, 并检验所拟合的模型.

    (c) 用前两问中所建的 AR 和 MA 模型计算向前 1 步和 2 步预测.

    (d) 比较所拟合的 AR 和 MA 模型.

2.14 考虑标准普尔 500 指数的现价与期货价的动态关系. 数据文件sp5may.dat有三列: 期货价的对数、现价的对数和交易成本 (cost-of-carry)($\times100$). 数据是来自芝加哥商品交易所 (Chicago Mercantile Exchange) 的 1993 年 5 月的标准普尔 500 指数及其 6 月的期货合约. 时间间隔为 1 分钟 (一天内). 有些作者利用此数据来研究指数期货的套利机会. 这里我们把注意力放在前两列上. 设 f_t 和 s_t 分别是期货价和现价的对数. 考虑 $y_t = f_t - f_{t-1}$ 和 $x_t = s_t - s_{t-1}$, 设 y_t 为因变量, 建立 $\{y_t\}$ 和 $\{x_t\}$ 间带时间序列误差的回归模型.

2.15 每季度国民生产总值的隐性通货紧缩指数 (gross domestic product implicit price deflator) 通常用来度量通货膨胀. 文件q-gdpdef.dat包含了美国从 1947 年第一季度到 2008 年第一季度的此数据. 数据格式是年、月和通货紧缩指数. 该数据是经过季节性调整的, 2000 年时的数值为 100. 对该序列建立一个 ARIMA 模型, 并检验所拟合的模型的有效性. 使用拟合模型来预测出 2009 年每个季度的通胀情况. 数据是从圣·路易斯联邦储备银行得到的.

参 考 文 献

Akaike, H. (1973). Information theory and an extension of the maximum likelihood principle. In B. N. Petrov and F. Csaki, (eds.). *2nd International Symposium on Information*

Theory, pp. 267–281. Akademia Kiado, Budapest.

Box, G. E. P. and Pierce, D. (1970). Distribution of residual autocorrelations in autoregressive-integrated moving average time series models. *Journal of the American Statistical Association* **65**: 1509–1526.

Box, G. E. P., Jenkins, G. M., and Reinsel, G. C. (1994). *Time Series Analysis: Forecasting and Control*, 3rd ed. Prentice Hall, Englewood Cliffs, NJ.

Brockwell, P. J. and Davis, R. A. (1991). *Time Series: Theory and Methods*, 2nd ed. Springer, New York.

Brockwell, P. J. and Davis, R. A. (1996). *Introduction to Time Series and Forecasting*. Springer, New York.

Chan, N. H. and Wei, C. Z. (1988). Limiting distributions of least squares estimates of unstable autoregressive processes. *Annals of Statistics* **16**: 367–401.

Dickey, D. A. and Fuller, W. A. (1979). Distribution of the estimates for autoregressive time series with a unit root. *Journal of the American Statistical Association* **74**: 427–431.

Ding, Z., Granger, C. W. J., and Engle, R. F. (1993). A long memory property of stock returns and a new model. *Journal of Empirical Finance* **1**: 83–106.

Eicker, F. (1967). Limit theorems for regression with unequal and dependent Errors. In L. LeCam and J. Neyman (eds.). *Proceedings of the 5th Berkeley Symposium on Mathematical Statistics and Probability*. University of California Press, Berkeley.

Fuller, W. A. (1976). *Introduction to Statistical Time Series*, Wiley, New York.

Greene, W. H. (2003). *Econometric Analysis*, 5th ed. Prentice-Hall, Upper Saddle River, NJ.

Hosking, J. R. M. (1981). Fractional differencing. *Biometrika* **68**: 165–176.

Ljung, G. and Box, G. E. P. (1978). On a measure of lack of fit in time series models. *Biometrika* **66**: 67–72.

Newey, W. and West, K. (1987). A simple positive semidefinite, heteroscedasticity and autocorrelation consistent covariance matrix. *Econometrica* **55**: 863–898.

Phillips, P. C. B. (1987). Time series regression with a unit root. *Econometrica* **55**: 277–301.

Shumway, R. H. and Stoffer, D. S. (2000). *Time Series Analysis and Its Applications*. Springer, New York.

Tiao, G. C. and Tsay, R. S. (1983). Consistency properties of least squares estimates of autoregressive parameters in ARMA models. *Annals of Statistics* **11**: 856–871.

Tsay, R. S. and Tiao, G. C. (1984). Consistent estimates of autoregressive parameters and extended sample autocorrelation function for stationary and nonstationary ARMA models. *Journal of the American Statistical Association* **79**: 84–96.

White, H. (1980). A heteroscedasticity consistent covariance matrix estimator and a direct test for heteroscedasticity. *Econometrica* **48**: 827–838.

第3章 条件异方差模型

本章的目标是研究一些在文献中用来给资产收益率的波动率建模的统计方法和计量经济模型. 称这些模型为**条件异方差模型**.

波动率在期权交易中是一个重要因素, 它是标的资产收益率的条件标准差. 例如, 考虑一个欧式**看涨期权**的价格. 欧式看涨期权是一个合同, 它给持有者一个权利, 可以在将来给定日期以固定的价格购买固定数量的一个具体股票的股份. 持有者在对自己不利的情况可以不执行购买. 这个固定的价格叫作**敲定价格** (strike price), 通常记为 K. 给定的日期叫作到期日. 这里重要的是距离到期日的时间长度 (以年来度量), 记为 l. 著名的 Black-Scholes 期权定价公式表明一个欧式看涨期权的价格是

$$c_t = P_t \Phi(x) - Ke^{-rl}\Phi\left(x - \sigma_t\sqrt{l}\right), \quad x = \frac{\ln(P_t/K) + rl}{\sigma_t\sqrt{l}} + \frac{1}{2}\sigma_t\sqrt{l}, \tag{3.1}$$

其中 P_t 是标的股票的现价, r 是连续无风险复利率, σ_t 是该股票对数收益率的条件标准差, $\Phi(x)$ 是标准正态随机变量的累积分布函数在 x 点的值. 此公式的推导将在第 6 章给出. 对这个公式有几个精彩的解释, 但在这里只要明白标的资产对数收益率的条件标准差 σ_t 在其中起重要作用这一点就够了. 这个波动率随时间变化, 并且将是本章主要讨论的问题. 如果持有人能在到期日或者在到期日之前任何时刻执行他的权利, 那么这种期权叫作**美式看涨期权**.

波动率在许多其他金融方面也有应用. 如第 7 章的讨论, 波动率的建模提供了一个简单方法来计算风险管理中一个金融头寸的风险值. 对于均值–方差框架下的资产配置, 波动率也起了重要作用. 进一步, 一个时间序列波动率的建模能改进参数估计的有效性和区间预测的精确度. 最后, 市场的波动率指数最近已经成为一种金融工具. 由芝加哥期权交易所 (Chicago Board of Option Exchange, CBOE) 编制的 VIX 波动率指数已经于 2004 年 3 月 26 日进行期货交易.

本章讨论的一元波动率模型包括 Engle(1982) 提出的自回归条件异方差模型, Bollerslev(1986) 提出的广义 ARCH(GARCH) 的模型, Nelson(1991) 提出的指数 GARCH(EGARCH) 模型, Glosten、Jagannathan 和 Runkle(1993) 和 Zakoian(1994) 提出的门限 GARCH(TGARCH), Tsay(1987) 提出的条件异方差自回归移动平均 (CHARMA) 模型, Nicholls 和 Quinn (1982) 提出的随机系数自回归 (RCA) 模型, Melino 和 Turnbull(1990), Taylor(1994), Harvey、Ruiz 和 Shephard(1994), 以及 Jacquier、Polson 和 Rossi(1994) 分别提出的随机波动率 (SV) 模型. 我们还讨论了各个波动率模型的优点和缺点, 还给出这些模型的一些应用. 第 10 章将讨论多

元波动率模型, 包括那些时变相关系数模型. 本章还在 3.15 节讨论了波动率建模的一些其他方法, 包括使用每日的最高价格和最低价格.

3.1 波动率的特征

股票波动率的一个特殊性是它不能被直接观测. 例如, 考虑 IBM 股票的日对数收益率. 因为一个交易日只有一个观测值, 所以日波动率不能从收益率中观测出来. 如果可以得到一天内的股票数据, 如 10 分钟的收益率, 那么我们可估计日波动率, 参见 3.15 节. 然而这种估计的准确性值得仔细研究. 例如, 股票波动率包括交易日内波动率和隔夜波动率, 而后者代表不同交易日之间的变化. 高频交易日内收益率只包含隔夜波动率很有限的信息. 波动率的不可观测性给评价条件异方差模型的预测表现带来了困难. 我们将在后面章节中讨论这一问题.

在期权市场上, 如果我们接受这样一个思想: 期权的价格是由如 Black-Scholes 公式这样的计量经济模型决定的, 那么我们就可以利用期权的价格得到隐含波动率 (implied volatility). 这种方法往往遭到批评, 因为使用的具体模型, 要基于一些实际可能不成立的假定. 例如, 由一个欧式看涨期权的价格, 我们能利用 (3.1) 式的 Black-Scholes 公式推导出条件标准差 σ_t, 所得到的值称为标的股票的**隐含波动率**. 然而, 这个隐含波动率是在假定标的资产的价格服从几何布朗运动时得到的, 它可能与实际的波动率很不一样. 经验告诉我们, 隐含波动率一般要比采用 GARCH 类波动率模型得到的值大. 这也许是与波动率的风险溢价或计算日收益率的方法有关. 芝加哥期权交易所的 VIX 波动率指数是隐含波动率指数.

虽然波动率不可直接观测, 但它的一些特征在资产收益率序列中能普遍看到. 第一, 存在**波动率聚集 (volatility cluster)**, 也就是说, 波动率可能是在一些时间段上高, 而在另一些时间段上低. 第二, 波动率以连续方式随时间变化, 即波动率跳跃是很少见的. 第三, 波动率不发散到无穷, 即波动率在固定的范围内变化. 从统计学角度说, 这意味着波动率往往是平稳的. 第四, 波动率对价格大幅上升和价格大幅下降的反应不同, 这种现象称为**杠杆效应 (leverage effect)**. 这些性质对波动率模型的发展起着重要作用. 一些波动率模型主要具体针对已有模型在刻画上述这些特征上的弱点而提出的. 例如, EGARCH 模型就是为了刻画波动率对大的 "正" 和 "负" 资产收益率的不对称性而提出来的.

3.2 模型的结构

用 r_t 表示某资产在 t 时刻的对数收益率, 波动率研究的基本思想是, 序列 $\{r_t\}$ 是序列不相关或低阶序列相关, 但是它是相依序列. 作为说明, 考虑 Intel 公司股票从 1973 年 1 月到 2008 年 12 月的月对数收益率, 见图 3-1. 图 3-2a 为对数收益率

的样本 ACF, 该图表明除了在滞后为 7 时存在较小的序列相关外, 不存在显著的序列相关. 图 3-2c 是对数收益率绝对值 $|r_t|$ 的样本 ACF, 而图 3-2b 是对数收益率平方 r_t^2 的样本 ACF. 这两幅图清楚地表明月对数收益率不是序列独立的. 综合这三幅图, 对数收益率确实是序列不相关但是存在相依性这一结论似乎成立. 波动率模型就是试图去刻画收益率序列的这种相依性.

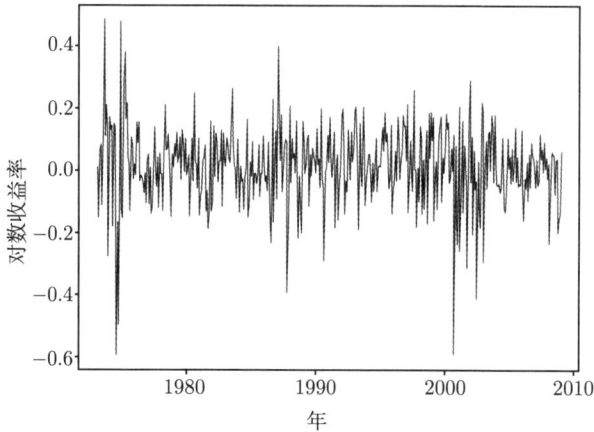

图 3-1 从 1973 年 1 月到 2008 年 12 月 Intel 公司股票的月对数收益率的时间图

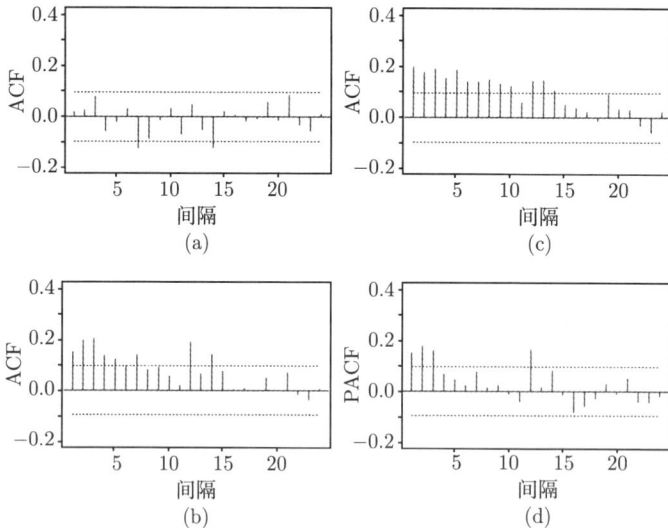

图 3-2   Intel 公司从 1973 年 1 月到 2008 年 12 月的月对数股票收益率的各种函数的样本 ACF 和 PACF: (a) 对数收益率的 ACF; (b) 平方对数收益率的 ACF; (c) 绝对对数收益率的 ACF; (d) 平方对数收益率的 PACF

为了把波动率模型放在一个合理的框架中, 考虑给定 $t-1$ 时刻已知的信息集 F_{t-1} 时 r_t 的条件均值和条件方差

$$\mu_t = \mathrm{E}\left(r_t \,|\, F_{t-1}\right), \quad \sigma_t^2 = \mathrm{Var}\left(r_t \,|\, F_{t-1}\right) = \mathrm{E}\left[\left(r_t - \mu_t\right)^2 \,|\, F_{t-1}\right] \tag{3.2}$$

是有益的. 特别地, 信息集 F_{t-1} 包含过去收益率的一切线性函数. 第 2 章中的实例和图 3-2 表明: 股票收益率序列 r_t 即使有序列相关性的话也很弱. 因此 (3.2) 式中关于 μ_t 的等式应是较简单的, 我们假定 r_t 服从一个简单的时间序列模型, 如带解释变量的平稳 ARMA(p, q) 模型. 换句话说, 对于 r_t 我们接受模型

$$r_t = \mu_t + a_t, \quad \mu_t = \sum_{i=1}^{p} \phi_i y_{t-i} - \sum_{i=1}^{q} \theta_i a_{t-i}, \quad y_t = r_t - \phi_0 - \sum_{i=1}^{k} \beta_i x_{it}, \tag{3.3}$$

其中可 k, p 和 q 是非负整数, x_{it} 是解释变量. 这里 y_t 只是一个记号, 表示去掉解释变量影响后得到的调整收益率序列.

模型 (3.3) 给出了第 2 章中有时间序列误差的回归模型在金融中的可能应用. ARMA 模型的阶 (p, q) 可能取决于收益率序列的频率. 例如, 股票市场指数的日收益率往往有较小的序列相关性, 但指数月收益率可能就没有任何显著的序列相关性. 模型 (3.3) 中的解释变量 x_{it} 比较灵活. 例如对星期一这天设计一个 **"哑变量"** (dummy variable) 来研究股票日收益率的**周末效应**(the effect of weekend). 在资本资产定价模型 (CAPM) 中, r_t 的均值方程可以写为 $r_t = \phi_0 + \beta r_{m,t} + a_t$, 其中 $r_{m,t}$ 代表市场组合的收益率.

结合 (3.2) 式和 (3.3) 式, 我们有

$$\sigma_t^2 = \mathrm{Var}\left(r_t \,|\, F_{t-1}\right) = \mathrm{Var}\left(a_t \,|\, F_{t-1}\right). \tag{3.4}$$

本章的条件异方差模型就是用来描述 σ_t^2 的演变的. σ_t^2 随时间变化的方式可以用不同的波动率模型来表示.

条件异方差模型可分为两类: 第一类是用确定的函数来刻画 σ_t^2 的演变; 第二类是用随机方程来描述 σ_t^2. GARCH 模型属于第一类, 而随机波动率模型属于第二类.

本书把 a_t 称为资产收益率在 t 时刻的 **"扰动"** 或 **"新息"**, σ_t 为 σ_t^2 的正平方根. (3.3) 式中 μ_t 的模型称为 r_t 的**均值**方程, σ_t^2 的模型称为 r_t 的**波动率**方程. 因此, 条件异方差性建模就是对时间序列模型增加一个动态方程, 来刻画资产收益率的条件方差随时间的演变规律.

3.3 建　　模

对资产收益率序列建立一个波动率模型需要如下 4 个步骤.

(1) 通过检验数据的序列相关性建立一个均值方程, 如有必要, 对收益率序列建立一个计量经济模型 (如 ARMA 模型) 来消除任何的线性依赖.

(2) 对均值方程的残差进行 ARCH 效应检验.

(3) 如果 ARCH 效应在统计上是显著的, 则指定一个波动率模型, 并对均值方程和波动率方程进行联合估计.

(4) 仔细地检验所拟合的模型, 如有必要则对其进行改进.

对大部分资产收益率序列, 如果有序列相关性的话, 也很弱. 因此, 如果样本均值显著的不为零的话, 建立均值方程就等于从数据中移除样本均值. 对于某些日收益率序列, 建立一个简单的 AR 模型是必要的. 在某些情形下, 均值方程可能要用到解释变量, 比如为解释周末效应或一月效应而引进的指示变量.

在下文中, 实证分析用的软件是 R(有和没有 OX) 及 S-Plus. 其他的一些的软件包也可能用到, 例如 Eviews, SCA, R 以及 RATS 等.

ARCH 效应的检验

为了符号上的方便, 记 $a_t = r_t - \mu_t$ 为均值方程的残差, 则可以用平方序列 a_t^2 来检验条件异方差性, 即所谓的 ARCH 效应. 有两个检验可以用. 第一个检验是将通常的 Ljung-Box 统计量 $\{Q(m)\}$ 应用于序列 $\{a_t^2\}$, 参见 Mcleod 和 Li (1983). 该检验的原假设是 $\{a_t^2\}$ 序列前 m 个间隔的 ACF 值都为零. 第二个对条件异方差的检验是 Engle (1982) 的拉格朗日乘子检验. 该检验等价于在如下线性回归中用 F 统计量检验 $\alpha_i = 0 (i = 1, \cdots, m)$:

$$a_t^2 = \alpha_0 + \alpha_1 a_{t-1}^2 + \cdots + \alpha_m a_{t-m}^2 + e_t, \quad t = m+1, \cdots, T,$$

其中 e_t 表示误差项, m 是事先指定的正整数, T 是样本容量. 具体地, 原假设是 $H_0 : \alpha_1 = \cdots = \alpha_m = 0$. 令 $SSR_0 = \sum_{t=m+1}^{T} (a_t^2 - \overline{\omega})^2$, 其中 $\overline{\omega} = (1/T) \sum_{t=1}^{T} a_t^2$ 是 a_t^2 的样本均值, 并且 $SSR_1 = \sum_{t=m+1}^{T} \hat{e}_t^2$, 其中 $\hat{e}_t$ 是前面线性回归最小二乘估计的残差. 于是在原假设下, 我们有

$$F = \frac{(SSR_0 - SSR_1)/m}{SSR_1/(T - 2m - 1)},$$

它渐近服从自由度为 m 的 χ^2 分布. 决策规则是: 如果 $F > \chi_m^2(\alpha)$ 或 F 的 p 值小于 α, 则拒绝原假设, 这里 $\chi_m^2(\alpha)$ 是 χ_m^2 的上 $100(1-\alpha)$ 分位点.

为通过例子说明上述理论, 下面考虑 Intel 公司股票从 1973 年到 2008 年的月对数收益率, 参见下面的例 3.1. 序列没有显著的序列相关性, 因此可以直接来检验 ARCH 效应. 事实上, 序列的 $Q(m)$ 统计量给出 $Q(12) = 18.26$, p 值为 0.10, 进一步确认了数据没有序列相关性. 另一方面, 拉格朗日乘子检验给出检验统计量值为 $F \approx 53.62$, p 值靠近零, 这表明有很强的 ARCH 效应. a_t 序列的 Ljung-Box 统计量 $Q(12) = 89.85$, p 值接近于零, 这也表明存在很强的 ARCH 效应.

S-Plus 演示

将收益率序列记为intc. 注意到命令archTest直接应用于序列 a_t, 而不是 a_t^2.

```
> da=read.table("m-intc7308.txt",header=T)
> intc=log(da[,2]+1)
> autocorTest(intc,lag=12)
Test for Autocorrelation: Ljung-Box
Null Hypothesis: no autocorrelation

Test Statistics:
Test Stat 18.2635  p.value  0.1079

Dist. under Null: chi-square with 12 degrees of freedom
   Total Observ.: 432

> archTest(intc,lag=12)
Test for ARCH Effects: LM Test
Null Hypothesis: no ARCH effects

Test Statistics:
Test Stat 53.6197  p.value  0.0000

Dist. under Null: chi-square with 12 degrees of freedom
```

R 演示

```
> da=read.table("m-intc7308.txt",header=T)
> intc=log(da[,2]+1)
> Box.test(intc,lag=12,type='Ljung')
        Box-Ljung test

data:  intc
X-squared = 18.2635, df = 12, p-value = 0.1079

> at=intc-mean(intc)
> Box.test(at^2,lag=12,type='Ljung')
        Box-Ljung test

data:  at^2
X-squared = 89.8509, df = 12, p-value = 5.274e-14
```

3.4 ARCH 模型

给波动率建模提供一个系统框架的第一个模型是 Engle(1982) 提出的 ARCH 模型. ARCH 模型的基本思想是: (a) 资产收益率的扰动 a_t 是序列不相关的, 但不是独立的; (b) a_t 的不独立性可以用其延迟值的简单二次函数来描述. 具体地说, 一个 ARCH(m) 模型是假定

$$a_t = \sigma_t \varepsilon_t, \quad \sigma_t^2 = \alpha_0 + \alpha_1 a_{t-1}^2 + \cdots + \alpha_m a_{t-m}^2, \tag{3.5}$$

其中 $\{\varepsilon_t\}$ 是均值为 0、方差为 1 的独立同分布 (iid) 随机变量序列, $\alpha_0 > 0$, 对 $i > 0$ 有 $\alpha_i \geqslant 0$. 系数 α_i 必须满足一些正则性条件以保证 a_t 的无条件方差是有限的. 实际中, 通常假定 ε_t 服从标准正态分布, 标准化的学生 t- 分布, 或广义误差分布.

从模型的结构上看, 大的过去的平方 "扰动" $\{a_{t-i}^2\}_{i=1}^m$ 会导致新息 a_t 的大的条件方差 σ_t^2. 从而, a_t 有取绝对值较大的值的倾向. 这意味着, 在 ARCH 的框架下, 大的 "扰动" 会倾向于紧接着出现另一个大的 "扰动". 这里用 **倾向** 这个词, 是因为大的方差不一定意味着大的实现值, 它只表明是大方差发生的概率比小方差情形要大. 这与在资产收益率中所观察到的 "波动率聚集"(Volatility clustering) 现象相似.

ARCH 效应也出现在其他金融时间序列中. 图 3-3 描绘的时间图 (a) 为 1989 年 6 月 5 日至 1989 年 6 月 19 日每 10 分钟间隔得到的德国马克对美元的汇率的百分比变化量, 极有 2488 个观测值, (b) 为百分比变化量的平方序列. 虽然偶尔有大的百分比变化量, 但是肯定有稳定期间. 图 3-4a 表示这个百分比变化量序列的样本 ACF. 显然, 这个序列不存在序列相关. 图 3-4b 表示这个百分比变化量序列平方的样本 PACF. 在 PACF 中发现有一些大的尖顶, 这些尖顶表明百分比变化量不是序列独立的, 且具有某种程度的 **ARCH 效应**.

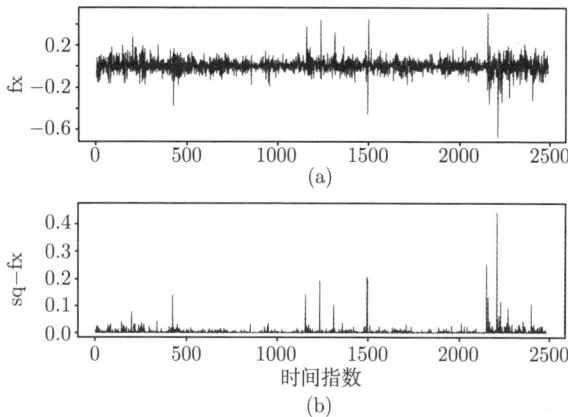

图 3-3   (a) 从 1989 年 6 月 5 日到 1989 年 6 月 19 日德国马克对美元的汇率每 10 分钟间隔收益率序列的时间图; (b) 平方收益率

注释   有些作者把 (3.5) 式中的条件方差表示为 h_t, 这时 "扰动" 变成 $a_t = \sqrt{h_t} \varepsilon_t$. $\square$

3.4.1   ARCH 模型的性质

为了理解 ARCH 模型的含义, 我们来仔细研究一下 ARCH(1) 模型:

$$a_t = \sigma_t \varepsilon_t, \quad \sigma_t^2 = \alpha_0 + \alpha_1 a_{t-1}^2,$$

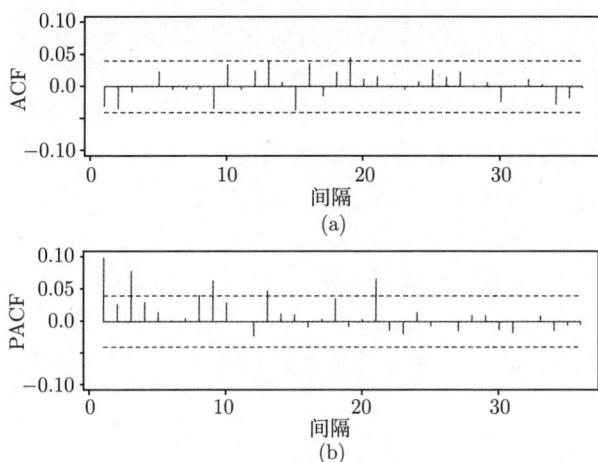

图 3-4 (a) 马克/美元汇率收益率序列的样本 ACF; (b) 该序列平方的样本 PACF

其中 $\alpha_0 > 0$, $\alpha_1 \geqslant 0$. 首先, a_t 的无条件均值仍是 0, 因为

$$\mathrm{E}\left(a_t\right) = \mathrm{E}\left[\mathrm{E}\left(a_t \mid F_{t-1}\right)\right] = \mathrm{E}\left[\sigma_t \mathrm{E}\left(\varepsilon_t\right)\right] = 0.$$

其次, a_t 的无条件方差是

$$\mathrm{Var}\left(a_t\right) = \mathrm{E}\left(a_t^2\right) = \mathrm{E}\left[\mathrm{E}\left(a_t^2 \mid F_{t-1}\right)\right]$$
$$= \mathrm{E}\left[\alpha_0 + \alpha_1 a_{t-1}^2\right] = \alpha_0 + \alpha_1 \mathrm{E}\left(a_{t-1}^2\right).$$

因为 a_t 是平稳过程且 $\mathrm{E}\left(a_t\right) = 0$, 所以 $\mathrm{Var}\left(a_t\right) = \mathrm{Var}\left(a_{t-1}\right) = \mathrm{E}\left(a_{t-1}^2\right)$. 从而, 我们有 $\mathrm{Var}\left(a_t\right) = \alpha_0 + \alpha_1 \mathrm{Var}\left(a_t\right)$, 即 $\mathrm{Var}\left(a_t\right) = \dfrac{\alpha_0}{1-\alpha_1}$. 因为 a_t 的方差必须为正的, 我们需要条件 $0 \leqslant \alpha_1 < 1$. 最后, 在一些应用中, 我们需要 a_t 更高阶矩的存在, 从而 α_1 还需满足另外的约束条件. 例如, 为研究 a_t 的尾部性质, 我们要求 a_t 的四阶矩是有限的. 在 (3.5) 式中假定 ε_t 服从正态分布, 则有

$$\mathrm{E}\left(a_t^4 \mid F_{t-1}\right) = 3\left[\mathrm{E}\left(a_t^2 \mid F_{t-1}\right)\right]^2 = 3\left(\alpha_0 + \alpha_1 a_{t-1}^2\right)^2.$$

因此

$$\mathrm{E}\left(a_t^4\right) = \mathrm{E}\left[\mathrm{E}\left(a_t^4 \mid F_{t-1}\right)\right] = 3\mathrm{E}\left(\alpha_0 + \alpha_1 a_{t-1}^2\right)^2 = 3\mathrm{E}\left[\alpha_0^2 + 2\alpha_0\alpha_1 a_{t-1}^2 + \alpha_1^2 a_{t-1}^4\right].$$

若 a_t 是四阶平稳的且记 $m_4 = \mathrm{E}\left(a_t^4\right)$, 则我们有

$$m_4 = 3\left[\alpha_0^2 + 2\alpha_0\alpha_1 \mathrm{Var}\left(a_t\right) + \alpha_1^2 m_4\right] = 3\alpha_0^2\left(1 + 2\frac{\alpha_1}{1-\alpha_1}\right) + 3\alpha_1^2 m_4.$$

从而

$$m_4 = \frac{3\alpha_0^2\left(1 + \alpha_1\right)}{\left(1-\alpha_1\right)\left(1 - 3\alpha_1^2\right)}.$$

这个结果有两个重要含义: (a) 因为 a_t 的四阶矩是正的, 所以 α_1 必须满足 $1 - 3\alpha_1^2 > 0$, 即 $0 \leqslant \alpha_1^2 < \dfrac{1}{3}$; (b) a_t 的无条件峰度是

$$\frac{\mathrm{E}\left(a_t^4\right)}{\left[\mathrm{Var}\left(a_t\right)\right]^2} = 3\frac{\alpha_0^2\left(1+\alpha_1\right)}{\left(1-\alpha_1\right)\left(1-3\alpha_1^2\right)} \times \frac{\left(1-\alpha_1\right)^2}{\alpha_0^2} = 3\frac{1-\alpha_1^2}{1-3\alpha_1^2} > 3.$$

这样, a_t 的超额峰度是正的, 并且 a_t 的分布的尾部比正态分布的尾部要厚. 换句话说, 服从条件高斯的 ARCH(1) 模型的 "扰动"a_t 比高斯白噪声序列更容易产生 "异常值"(outliers), 这与实证结果相一致. 实证结果也表明资产收益率中出现 "异常值" 的时候要比独立同分布的正态随机变量序列出现 "异常值" 的时候多.

这些性质对一般的 ARCH 模型仍成立, 但对高阶 ARCH 模型公式会变得更复杂一些. (3.5) 式中条件 $\alpha_i \geqslant 0$ 能放松, 这是一个保证条件方差 σ_t^2 对所有的 t 取正值的条件. 事实上, 使条件方差取正值的一个自然方式是把 ARCH(m) 模型改写成

$$a_t = \sigma_t\varepsilon_t, \quad \sigma_t^2 = \alpha_0 + A'_{m,t-1}\Omega A_{m,t-1}, \tag{3.6}$$

其中 $A_{m,t-1} = (a_{t-1},\cdots,a_{t-m})'$, Ω 是一个 $m \times m$ 阶的非负定矩阵. (3.5) 式定义的 ARCH(m) 模型要求 Ω 是对角阵. 这样, Engle 的模型是用一个非常节省参数的方式来逼近一个二次函数. 实现 (3.6) 式的一个简单方法是给 a_t 一个随机系数模型, 具体可参见后面章节讨论的 CHARMA 模型和 RCA 模型.

3.4.2　ARCH 模型的缺点

ARCH 模型有不少优点, 包括前一节中讨论的性质. 该模型也有一些缺点.

(1) ARCH 模型假定正的 "扰动" 和负的 "扰动" 对波动率有相同的影响, 因为波动率依赖于过去 "扰动" 的平方. 实际中, 众所周知, 金融资产的价格对正的和负的 "扰动" 的反应是不同的.

(2) ARCH模型对参数的限制相当强. 比如, 若序列有有限的四阶矩, 则ARCH(1) 中的 α_1^2 必须在区间 $\left[0,\frac{1}{3}\right]$ 中. 对高阶的 ARCH 模型, 这种约束会变得更复杂. 在实际中, 这就限制了带高斯新息的 ARCH 模型更好地刻画超额峰度.

(3) 对于弄清一个金融时间序列的变化的来源, ARCH 模型不能提供任何新见解. 它只是提供一个机械的方式来描述条件方差的行为, 而对由什么引起这种行为却没有给出任何启示.

(4) ARCH 模型给出的波动率预报值会偏高, 因为它对收益率序列大的孤立的 "扰动" 反应缓慢.

3.4.3　ARCH 模型的建立

在所有的波动率模型中, 建立一个 ARCH 模型相对来说是比较简单的. 下面给出其建模的细节.

阶的确定

如果通过检验发现存在显著的 ARCH 效应, 则可以用 a_t^2 的偏自相关函数 (PACF) 来确定 ARCH 模型的阶. 下面我们来说明用 a_t^2 的 PACF 来选择 ARCH

模型的阶是合理的. 从 (3.5) 式定义的模型出发, 我们有

$$\sigma_t^2 = \alpha_0 + \alpha_1 a_{t-1}^2 + \cdots + \alpha_m a_{t-m}^2.$$

对给定的样本, a_t^2 是 σ_t^2 的无偏估计. 因此, 我们期望 a_t^2 以 m 阶自回归模型的方式与 $a_{t-1}^2, \cdots, a_{t-m}^2$ 线性相关. 注意到单个的 a_t^2 往往不是 σ_t^2 的有效估计, 但它可以作为一个近似. 在具体确定阶 m 时这个近似将会提供充分的信息.

从另一角度, 定义 $\eta_t = a_t^2 - \sigma_t^2$. 那么可以证明 $\{\eta_t\}$ 是均值为零的不相关序列. 于是 ARCH 模型变成

$$a_t^2 = \alpha_0 + \alpha_1 a_{t-1}^2 + \cdots + \alpha_m a_{t-m}^2 + \eta_t,$$

这是 a_t^2 的 AR(m) 形式, 但 $\{\eta_t\}$ 不是独立同分布的序列. 由第 2 章的内容, a_t^2 的 PACF 是确定阶 m 的有用工具. 因为 $\{\eta_t\}$ 不是同分布的, 所以上述模型的最小二乘估计是相合的, 但不是有效的. 当样本容量较小时, a_t^2 的 PACF 可能不是有效的.

估计

在 ARCH 模型的估计中通常用到的似然函数有几个, 这取决于 εt 的分布的假设. 在正态性的假定下, ARCH(m) 模型的似然函数为

$$f(a_1, \cdots, a_T \mid \boldsymbol{\alpha}) = f(a_T \mid F_{T-1}) f(a_{T-1} \mid F_{T-2}) \cdots f(a_{m+1} \mid F_m) f(a_1, \cdots, a_m \mid \boldsymbol{\alpha})$$
$$= \prod_{t=m+1}^{T} \frac{1}{\sqrt{2\pi\sigma_t^2}} \exp\left[-\frac{a_t^2}{2\sigma_t^2}\right] \times f(a_1, \cdots, a_m \mid \boldsymbol{\alpha}),$$

其中 $\boldsymbol{\alpha} = (\alpha_0, \alpha_1, \cdots, \alpha_m)'$, $f(a_1, \cdots, a_m \mid \boldsymbol{\alpha})$ 是 $a_1, \cdots, a_m$ 的联合概率密度函数. 因为 $f(a_1, \cdots, a_m \mid \boldsymbol{\alpha})$ 的精确形式是复杂的, 故通常把它从上述似然函数中去掉, 特别是当样本容量很大时. 这就导出了条件似然函数

$$f(a_{m+1}, \cdots, a_T \mid \boldsymbol{\alpha}, a_1, \cdots, a_m) = \prod_{t=m+1}^{T} \frac{1}{\sqrt{2\pi\sigma_t^2}} \exp\left[-\frac{a_t^2}{2\sigma_t^2}\right],$$

其中 σ_t^2 可以递推地计算. 我们把由最大化上式而得到的估计称为正态假设下的条件最大似然估计 (MLE).

最大化条件似然函数等价于最大化它的对数, 而后者比前者容易处理一些. 条件对数似然函数是

$$l(a_{m+1}, \cdots, a_T \mid \boldsymbol{\alpha}, a_1, \cdots, a_m) = \sum_{t=m+1}^{T} \left[-\frac{1}{2}\ln(2\pi) - \frac{1}{2}\ln(\sigma_t^2) - \frac{1}{2}\frac{a_t^2}{\sigma_t^2}\right].$$

因为第一项 $\ln(2\pi)$ 不包含任何参数, 对数似然函数变成

$$l(a_{m+1}, \cdots, a_T \mid \boldsymbol{\alpha}, a_1, \cdots, a_m) = -\sum_{t=m+1}^{T} \left[\frac{1}{2}\ln(\sigma_t^2) + \frac{1}{2}\frac{a_t^2}{\sigma_t^2}\right],$$

其中 $\sigma_t^2 = \alpha_0 + \alpha_1 a_{t-1}^2 + \cdots + \alpha_m a_{t-m}^2$ 可递推地计算.

在有些应用中, 假设 ε_t 服从像标准化的学生 -t 分布这样的厚尾分布更合适一些. 设随机变量 x_v 服从自由度为 v 的学生 -t 分布. 则 $v > 2$ 时有 $\mathrm{Var}(x_v) = v/(v-2)$, 我们记 $\varepsilon_t = x_v / \sqrt{v/(v-2)}$. ε_t 的概率密度函数为

$$f(\varepsilon_t \,|\, v) = \frac{\Gamma((v+1)/2)}{\Gamma(v/2)\sqrt{(v-2)\pi}} \left(1 + \frac{\varepsilon_t^2}{v-2}\right)^{-(v+1)/2}, \quad v > 2, \tag{3.7}$$

其中 $\Gamma(x)$ 是通常的伽玛函数 $\left(\text{即 } \Gamma(x) = \int_0^\infty y^{x-1}\mathrm{e}^{-y}\mathrm{d}y\right)$. 利用 $a_t = \sigma_t \varepsilon_t$, 我们得到 a_t 的**条件似然函数**

$$f(a_{m+1}, \cdots, a_T \,|\, \boldsymbol{\alpha}, A_m) = \prod_{t=m+1}^{T} \frac{\Gamma((v+1)/2)}{\Gamma(v/2)\sqrt{(v-2)\pi}} \frac{1}{\sigma_t} \left[1 + \frac{a_t^2}{(v-2)\sigma_t^2}\right]^{-(v+1)/2},$$

其中 $v > 2$, $A_m = (a_1, \cdots, a_m)$. 我们把由最大化上式得到的估计称为学生 -t 分布假定下的条件 MLE. 学生 -t 分布的自由度可以事先给定, 也可以和其他参数一起估计出来, 如果事先给定, 它往往是 4 到 8 之间的一个值.

如果学生 -t 分布的自由度事先给定, 那么条件对数似然函数为

$$l(a_{m+1}, \cdots, a_T \,|\, \boldsymbol{\alpha}, A_m) = -\sum_{t=m+1}^{T}\left[\frac{v+1}{2}\ln\left(1 + \frac{a_t^2}{(v-2)\sigma_t^2}\right) + \frac{1}{2}\ln(\sigma_t^2)\right]. \tag{3.8}$$

如果想把 v 和其他参数一起估计出来, 那么包含自由度的对数似然函数为

$$\begin{aligned} l(a_{m+1}, \cdots, a_T \,|\, \boldsymbol{\alpha}, v, A_m) = (T-m)\bigg\{ &\ln\left[\Gamma\left(\frac{v+1}{2}\right)\right] - \ln\left[\Gamma\left(\frac{v}{2}\right)\right] \\ &- 0.5\ln[(v-2)\pi]\bigg\} + l(a_{m+1}, \cdots, a_T \,|\, \boldsymbol{\alpha}, A_m), \end{aligned}$$

其中第二项由 (3.8) 式给出.

除了厚尾之外, 资产收益率的经验分布也是偏斜分布. 为了处理资产收益率的这种新特征, 需要把学生 -t 分布进行修正, 变为偏斜–学生 -t 分布. 因为 Fernandez 和 Steel(1998) 的方法可以把偏度引入任何连续的单峰及关于原点对称的一元连续随机变量分布, 所以我们将从多种偏斜–学生 -t 分布版本中选择这种方法, 具体来说, 对于 ARCH 过程的新息 ε_t, Lambert 和 Laurent(2001) 使用 Fernandez 和 Steel(1998) 的方法把方程 (3.7) 中标准化学生 -t 分布修正为标准化偏斜–学生 -t 分布. 该分布的概率密度函数为

$$g(\epsilon_t | \xi, v) = \begin{cases} \dfrac{2}{\xi + \frac{1}{\xi}} \varrho f[\xi(\varrho\epsilon_t + \overline{\omega}) | v] & \text{if} \epsilon_t < \overline{\omega}/\varrho, \\[2ex] \dfrac{2}{\xi + \frac{1}{\xi}} \varrho f[(\varrho\epsilon_t + \overline{\omega})/\xi | v] & \text{if} \epsilon_t \geqslant \overline{\omega}/\varrho, \end{cases} \tag{3.9}$$

其中 $f(\cdot)$ 是方程 (3.7) 中标准化学生 $-t$ 分布的概率密度函数 (pdf), ξ 为偏度参数, $v > 2$ 为自由度, 参数 ϱ 和 $\bar{\omega}$ 如下

$$\varpi = \frac{\Gamma[(v-1)/2]\sqrt{v-2}}{\sqrt{\pi}\Gamma(v/2)}(\xi - \frac{1}{\xi}), \quad \varrho^2 = (\xi^2 + \frac{1}{\xi^2} - 1) - \varpi^2.$$

在方程 (3.9) 中, ξ^2 等于大于分布众数的概率质量与小于分布众数的概率质量的比, 因此, 它度量了偏度的大小.

最后, 可以假设 ϵ_t 是具有下面概率密度函数的广义误差分布 (GED)

$$f(x) = \frac{v \exp\left(-\frac{1}{2}|x/\lambda|^v\right)}{\lambda 2^{(1+1/v)}\Gamma(1/v)}, \qquad -\infty < x < \infty, \qquad 0 < v \leqslant \infty, \qquad (3.10)$$

其中 $\Gamma(\cdot)$ 为 Γ 函数, $\lambda = \left[2^{(-2/v)}\Gamma(1/v)\Gamma(3/v)\right]^{1/2}$. 如果 $v = 2$, 那么这个分布就退化为高斯分布; 当 $v < 2$ 时, 它具有厚尾特征. 我们可以容易地得到条件对数似然函数 $l(a_{m+1}, \cdots, a_T \,|\, \alpha, A_m)$.

注释 使用Rmetrics的程序包fGarch可以得到偏斜学生 $-t$ 分布、偏斜正态分布和偏斜 GED 分布, 命令分别为sstd、snorm和sged. 见下面例子中 R 演示. □

模型的验证

对一个正确指定的 ARCH 模型, 标准化的残差

$$\tilde{a}_t = \frac{a_t}{\sigma_t}$$

是一列独立同分布的随机变量序列. 因此, 我们可通过检查序列 $\{\tilde{a}_t\}$ 来检验所拟合的 ARCH 模型的充分性. 特别地, $\tilde{a}_t$ 的 Ljung-Box 统计量可用来检验均值方程的充分性, $\tilde{a}_t^2$ 的 Ljung-Box 统计量可用来检验波动率方程的正确性. $\{\tilde{a}_t\}$ 的偏度、峰度、分位点对分位点图 (QQ 图) 可用来检验分布假定的正确性. S-Plus 中提供了许多用来检验模型充分性的残差图.

预测

由 (3.5) 式定义的 ARCH 模型的预测可类似于 AR 模型一样递推地得到. 考虑一个 ARCH(m) 模型. 从预测原点 h 出发, σ_{h+1}^2 的向前一步预测为

$$\sigma_h^2(1) = \alpha_0 + \alpha_1 a_h^2 + \cdots + \alpha_m a_{h+1-m}^2.$$

向前两步预测为

$$\sigma_h^2(2) = \alpha_0 + \alpha_1 \sigma_h^2(1) + \alpha_2 a_h^2 + \cdots + \alpha_m a_{h+2-m}^2,$$

σ_{h+l}^2 的向前 l 步预测为

$$\sigma_h^2(l) = \alpha_0 + \sum_{i=1}^{m} \alpha_i \sigma_h^2(l-i), \qquad (3.11)$$

其中, 若 $l - i \leqslant 0$, 则 $\sigma_h^2(l-i) = a_{h+l-i}^2$.

3.4.4   一些例子

本节通过两个例子来说明 ARCH 模型的建模.

例 3.1   我们首先应用建模方法来给 Intel 公司股票的月对数收益率建立一个简单的 ARCH 模型. 图 3-2 中收益率平方序列的 ACF 和 PACF 清楚地表明了条件异方差性的存在. 3.3 节给出的 ARCH 效应检验进一步证实了条件异方差性的存在. 接下来我们要做的是识别 ARCH 模型的阶. 图 3-2d 中的样本 PACF 表明 ARCH(3) 模型可能是合适的, 因此下面将对 Intel 股票的月对数收益率具体建立一个如下形式的模型:

$$r_t = \mu + a_t, \quad a_t = \sigma_t \varepsilon_t, \quad \sigma_t^2 = \alpha_0 + \alpha_1 a_{t-1}^2 + \alpha_2 a_{t-2}^2 + \alpha_3 a_{t-3}^2.$$

假定 ε_t 是独立同分布的标准正态序列, 我们得到的拟合模型为

$$r_t = 0.012\,2 + a_t, \quad \sigma_t^2 = 0.106 + 0.213\,1 a_{t-1}^2 + 0.077\,0 a_{t-2}^2 + 0.059\,9 a_{t-3}^2,$$

各个参数估计值的标准误差分别是 0.005 7, 0.001 0, 0.075 7, 0.048 0 和 0.068 8, 参见下面的输出结果. 尽管估计值满足 ARCH(3) 模型的一般条件, 然而 α_2 和 α_3 的估计值在 5% 的水平下不是统计显著的, 因此模型可以简化.

S-Plus 演示

下面是输出结果, 这里 % 表示注释.

```
> module(finmetrics)
> da=read.table("m-intc7308.txt",header=T)
> intc=log(da[,2]+1)
> arch3.fit=garch(intc~1,~garch(3,0))
> summary(arch3.fit)
garch(formula.mean = intc ~ 1, formula.var = ~ garch(3, 0))

Mean Equation: structure(.Data = intc ~  1, class = "for-
mula")
Conditional Variance Equation:structure(.Data=~garch(3,0),..)
Conditional Distribution: gaussian
----------------------------------------------------------
Estimated Coefficients:
----------------------------------------------------------
         Value Std.Error t value Pr(>|t|)
   C 0.01216 0.0056986  2.1341 0.033402
   A 0.01058 0.0009643 10.9739 0.000000
ARCH(1) 0.21307 0.0756708  2.8157 0.005093
ARCH(2) 0.07698 0.0480170  1.6032 0.109638
ARCH(3) 0.05988 0.0688081  0.8703 0.384628
----------------------------------------------------------
> arch1=garch(intc~1,~garch(1,0))
> summary(arch1)
garch(formula.mean = intc ~ 1, formula.var = ~ garch(1, 0))

Conditional Distribution: gaussian
----------------------------------------------------------
```

```
Estimated Coefficients:
------------------------------------------------------------
        Value Std.Error t value  Pr(>|t|)
      C 0.01261 0.0052624    2.397 1.695e-02
      A 0.01113 0.0009971   11.164 0.000e+00
ARCH(1) 0.35602 0.0761267    4.677 3.912e-06
------------------------------------------------------------
AIC(3) = -570.0179, BIC(3) = -557.8126

Ljung-Box test for standardized residuals:
------------------------------------------------------------
Statistic P-value Chi^2-d.f.
    14.26  0.2844    12

Ljung-Box test for squared standardized residuals:
------------------------------------------------------------
Statistic  P-value Chi^2-d.f.
    32.11 0.001329        12
> stres=arch1$residuals/arch1$sigma.t %standardized residuals
> autocorTest(stres,lag=10)
Test for Autocorrelation: Ljung-Box

Null Hypothesis: no autocorrelation
Test Statistics:
Test Stat 12.6386,  p.value  0.2446

Dist. under Null: chi-square with 10 degrees of freedom
> archTest(stres,lag=10)
Test for ARCH Effects: LM Test

Null Hypothesis: no ARCH effects
Test Statistics:
Test Stat 14.7481,  p.value  0.1415

Dist. under Null: chi-square with 10 degrees of freedom
> arch1$asymp.sd  %Obtain unconditional standard error

[1] 0.1314698
> plot(arch1)  % Obtain various plots, including the
               % fitted volatility series.
```

去掉两个不显著的参数, 我们得到的模型为

$$r_t = 0.012\,6 + a_t, \quad \sigma_t^2 = 0.011\,1 + 0.356\,0a_{t-1}^2, \tag{3.12}$$

其中各参数估计的标准误差分别为 0.005 3, 0.001 0 和 0.076 1, 且所有估计都是高度显著的. 图 3-5 显示的是标准化的残差 $\{\tilde{a}_t\}$ 的时间图和标准化残差 $\{\tilde{a}_t\}$ 的某些函数的样本 ACF. 标准化残差 $\{\tilde{a}_t\}$ 的 Ljung-Box 统计量为 $Q(10) = 12.64$, p 值为 0.24. $\{\tilde{a}_t^2\}$ 的 Ljung-Box 统计量为 $Q(10) = 14.75$, p 值为 0.14, 参见输出结果. 因此, 在 5%的显著性水平下, (3.12) 式的 ARCH(1) 模型能充分地描述给定数据的条

件异方差性.

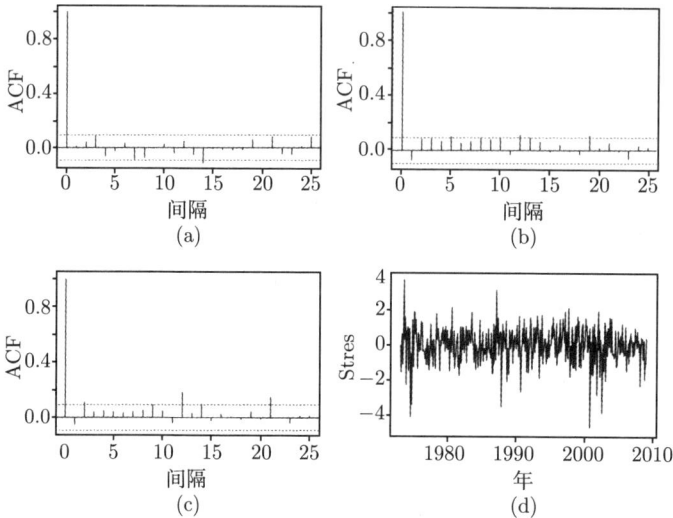

图 3-5   对 Intel 公司股票从 1973 年 1 月至 2008 年 12 月的月对数收益率建立高斯 ARCH(1)
模型 (3.12) 式后, 各种模型检验统计量的值: (a), (b), (c) 分别是标准化残差本身、它
们的平方以及绝对值序列的样本 ACF, (d) 是标准化残差的时间图

(3.12) 式的 ARCH(1) 有一些有趣的性质: 首先, Intel 公司股票的月对数收益
率的期望值大约 1.26%, 这是值得注意的, 特别是样本包含了 Intel 公司泡沫后的
时期; 其次, $\hat{\alpha}_1^2 = 0.356^2 < 1/3$, 从而 Intel 公司股票月对数收益率的无条件四阶矩
是有限的; 再次, r_t 的无条件标准差是 $\sqrt{0.011\,1/(1-0.356)} \approx 0.131\,5$; 最后, 该
ARCH(1) 模型可以用来预测 Intel 股票收益率的月波动率.

学生 -t 分布的新息

为了比较, 在新息服从学生 -t 分布的假定下给该序列拟合一个 ARCH(1) 模
型:

$$r_t = 0.016\,9 + a_t, \quad \sigma_t^2 = 0.012\,0 + 0.284\,5a_{t-1}^2, \tag{3.13}$$

其中各参数估计的标准误差分别为 0.005 3, 0.001 7 和 0.112 0. 学生 -t 分布自由度
的估计值是 6.01, 标准差是 1.50. 所有估计值在 5% 的水平下是显著的. a_t 的无条件
标准差是 $\sqrt{0.012\,0/(1-0.284\,5)} \approx 0.129\,5$, 这与正态性假定下得到的 t 统计量的
值相近. 标准化残差的 Ljung-Box 统计量为 $Q(12) = 14.88$, p 值为 0.25, 证实均值
方程是充分的. 但是, 标准化残差平方的 Ljung-Box 统计量的值为 $Q(12) = 35.42$,
p 值为 0.000 4, 波动率方程在 5% 的水平下是不充分的. 进一步的分析表明, 拉格朗
日乘子检验统计量的值为 $Q(10) = 15.90$, p 值为 0.10. 波动率方程的不充分性是由
于标准化平方残差中存在更高阶的相关性.

比较模型 (3.12) 式和 (3.13) 式, 我们可以看到以下几点: (a) 使用具有厚尾分

布的 ε_t 可以降低 ARCH 效应; (b) 对这个特殊例子来说, 这两个模型差别不大. 最后, 对这组数据更适合的模型是 GARCH(1,1) 模型, 对此将在下一节给出讨论.

S-Plus 演示

注意, 下面的输出带 t 分布的新息.

```
> arch1t=garch(intc~1,~garch(1,0),cond.dist="t")
> summary(arch1t)
Call:
garch(formula.mean=intc~1,formula.var=~garch(1,0),
   cond.dist="t")

Mean Equation: structure(.Data = intc ~ 1, class = "formula")
Cond. Variance Equation:structure(.Data=~ garch(1,0), ...)
Cond. Distribution: t
 with estimated parameter 6.012769 and standard error 1.502179
-------------------------------------------------------------
Estimated Coefficients:
-------------------------------------------------------------
         Value Std.Error t value  Pr(>|t|)
      C 0.01688  0.005288    3.193 1.512e-03
      A 0.01195  0.001667    7.169 3.345e-12
ARCH(1) 0.28445  0.111998    2.540 1.145e-02
-------------------------------------------------------------
AIC(4) = -597.3379, BIC(4) = -581.0642

Ljung-Box test for standardized residuals:
-------------------------------------------------------------
Statistic P-value Chi^2-d.f.
    14.88  0.2482         12

Ljung-Box test for squared standardized residuals:
-------------------------------------------------------------
Statistic   P-value Chi^2-d.f.
    35.42 0.0004014         12
```

注释 在 S-Plus 中, 命令 GARCH 允许几种条件分布. 具体来讲是, cond.dist= "t" 或 "ged", 默认时为高斯分布. R 输出如下. 估计值接近于 S-Plus. □

R 演示

下面的输出使用了带有 garchFit 命令的 fGarch 包, % 表示注释.

```
> da=read.table("m-intc7308.txt",header=T)
> library(fGarch)   % Load the package
> intc=log(da[,2]+1)
> m1=garchFit(intc~garch(1,0),data=intc,trace=F)
> summary(m1)   % Obtain results
```

```
Title:
 GARCH Modelling
Call:
garchFit(formula=intc~garch(1,0), data=intc, trace=F)

Mean and Variance Equation: data ~ garch(1, 0) [data = intc]
Conditional Distribution: norm

Coefficient(s):
      mu      omega     alpha1
0.012637   0.011195   0.379492

Std. Errors:
 based on Hessian

Error Analysis:
          Estimate   Std. Error   t value   Pr(>|t|)
mu        0.012637   0.005428     2.328     0.01990  *
omega     0.011195   0.001239     9.034     < 2e-16  ***
alpha1    0.379492   0.115534     3.285     0.00102  **
---
Log Likelihood:
 288.0589   normalized:  0.6668031

Standardised Residuals Tests:    %Model checking
                                 Statistic p-Value
 Jarque-Bera Test   R    Chi^2   137.919    0
 Shapiro-Wilk Test  R    W       0.9679255  4.025172e-08
 Ljung-Box Test     R    Q(10)   12.54002   0.2505382
 Ljung-Box Test     R    Q(15)   21.33508   0.1264607
 Ljung-Box Test     R    Q(20)   23.19679   0.2792354
 Ljung-Box Test     R^2  Q(10)   16.0159    0.09917815
 Ljung-Box Test     R^2  Q(15)   36.08022   0.001721296
 Ljung-Box Test     R^2  Q(20)   37.43683   0.01036728
 LM Arch Test       R    TR^2    26.57744   0.008884587

Information Criterion Statistics:
      AIC        BIC        SIC        HQIC
-1.319717  -1.291464  -1.319813  -1.308563

> predict(m1,5)  % Obtain 1 to 5-step predictions
  meanForecast meanError standardDeviation
1   0.01263656 0.1278609        0.1098306
2   0.01263656 0.1278609        0.1255897
3   0.01263656 0.1278609        0.1310751
4   0.01263656 0.1278609        0.1330976
5   0.01263656 0.1278609        0.1338571
```

```
    % The next command fits a GARCH(1,1) model
> m2=garchFit(intc~garch(1,1),data=intc,trace=F)
> summary(m2) % output edited.
Coefficient(s):
        mu         omega        alpha1        beta1
0.01073352   0.00095445   0.08741989   0.85118414

Error Analysis:
        Estimate   Std. Error   t value   Pr(>|t|)
mu      0.0107335  0.0055289    1.941     0.05222   .
omega   0.0009544  0.0003989    2.392     0.01674   *
alpha1  0.0874199  0.0269810    3.240     0.00120   **
beta1   0.8511841  0.0393702   21.620   < 2e-16   ***
---
Standardised Residuals Tests:
                             Statistic   p-Value
 Jarque-Bera Test    R   Chi^2   165.5740    0
 Shapiro-Wilk Test   R   W       0.9712087   1.626824e-07
 Ljung-Box Test      R   Q(10)   8.267633    0.6027128
 Ljung-Box Test      R   Q(15)   14.42612    0.4934871
 Ljung-Box Test      R   Q(20)   15.13331    0.7687297
 Ljung-Box Test      R^2 Q(10)   0.9891848   0.9998363
 Ljung-Box Test      R^2 Q(15)   11.36596    0.7262473
 Ljung-Box Test      R^2 Q(20)   12.68143    0.8906302
 LM Arch Test        R   TR^2    10.70199    0.5546164

    % The next command fits an ARCH(1) model with Student-t dist.
> m3=garchFit(intc~garch(1,0),data=intc,trace=F,
    cond.dist='std')
> summary(m3) % Output shortened.

Call:
 garchFit(formula=intc~garch(1,0), data=intc, cond.dist="std",
    trace = F)
Mean and Variance Equation: data ~ garch(1, 0) [data = intc]
Conditional Distribution:  std   % Student-t distribution

Coefficient(s):
     mu         omega        alpha1        shape
0.016731   0.011939   0.285320   6.015195

Error Analysis:
        Estimate   Std. Error   t value   Pr(>|t|)
mu      0.016731   0.005302     3.155    0.001603   **
omega   0.011939   0.001603     7.449    9.4e-14   ***
alpha1  0.285320   0.110607     2.580    0.009892   **
shape   6.015195   1.562620     3.849    0.000118   ***
% Degrees of freedom
```

```
% The next command fits an ARCH(1) model with skew
%Student-t dist.
> m4=garchFit(intc~garch(1,0),data=intc,cond.dist='sstd',
  trace=F)
% Next, fit an ARMA(1,0)+GARCH(1,1) model with
% Gaussian noises.
> m5=garchFit(intc~arma(1,0)+garch(1,1),data=intc,trace=F)
```

R 演示

下面是通过 Ox 和 G@RCH4.2 包形式的输出, %表示注释.

```
> source("garchoxfit_R.txt")
% In G@RCH package, an ARCH(1) model is specified as
% GARCH(0,1).
> m1=garchOxFit(formula.mean=~arma(0,0),
    formula.var=~garch(0,1), series=intc)
% ** SPECIFICATIONS **
Dependent variable : X
Mean Equation : ARMA (0, 0) model.
No regressor in the mean
Variance Equation : GARCH (0, 1) model.
No regressor in the variance
The distribution is a Gauss distribution.

Maximum Likelihood Estimation(Std.Errors based on 2nd deriv.)
              Coefficient  Std.Error  t-value  t-prob
Cst(M)          0.012630   0.0054130    2.333  0.0201
Cst(V)          0.011129   0.0012355    9.007  0.0000
ARCH(Alpha1)    0.387223    0.11688     3.313  0.0010

% ** TESTS **
Q-Statistics on Standardized Residuals
  Q(10)=12.4952 [0.2532785],  Q(20)=23.1210 [0.2828934]
H0: No serial correlation ==> Accept H0 when prob. is High.
------------
Q-Statistics on Squared Standardized Residuals
  --> P-values adjusted by 1 degree(s) of freedom
  Q(10)=15.7849 [0.0715122], Q( 20)=37.0238 [0.0078807]
------------
ARCH 1-10 test:   F(10,410)=   1.4423 [0.1592]
------------
% Apply Student-t distribution
> m2=garchOxFit(formula.mean=~arma(0,0),
   formula.var=~garch(0,1),
  series=intc,cond.dist="t")
% ** SPECIFICATIONS **
```

```
Dependent variable : X
Mean Equation : ARMA (0, 0) model.
No regressor in the mean
Variance Equation : GARCH (0, 1) model.
No regressor in the variance
The distribution is a Student distribution, with 6.02272 df.

Maximum Likelihood Estimation(Std.Errors based on 2nd deriv.)
                Coefficient  Std.Error  t-value  t-prob
Cst(M)             0.016702  0.0052934    3.155  0.0017
Cst(V)             0.011870  0.0015969    7.433  0.0000
ARCH(Alpha1)       0.292318   0.11223     2.605  0.0095
Student(DF)        6.022723   1.5663      3.845  0.0001
** TESTS **
Q-Statistics on Standardized Residuals
  Q(10)=13.0837 [0.2190281],  Q(20)=24.0724 [0.2392436]
------------
Q-Statistics on Squared Standardized Residuals
  --> P-values adjusted by 1 degree(s) of freedom
  Q(10)=18.6982 [0.0278845], Q( 20)=41.7182 [0.0019343]
```

例 3.2 考虑马克对美元 10 分钟时间间隔汇率的百分比变化量. 图 3-2a 已经给出了该数据的时间图. 如图 3-3a 显示的, 此序列没有序列相关性, 但其平方序列的样本 PACF 有些大的值, 特别是间隔为 1 和 3 时. 在某些较大的间隔时, PACF 有较大的值, 但较小的间隔更重要一些. 按照前一小节讨论的方法, 我们将对该序列拟合一个 ARCH(3) 模型. 利用条件高斯似然函数, 我们得到拟合的模型是 $r_t = 0.001\,8 + \sigma_t \varepsilon_t$ 和

$$\sigma_t^2 = 0.22 \times 10^{-2} + 0.322a_{t-1}^2 + 0.074a_{t-2}^2 + 0.093a_{t-3}^2,$$

其中波动率方程中所有的估计在 5%的水平下都是统计显著的, 标准误差分别是 0.47×10^{-6}, 0.017, 0.016 和 0.014, 用标准化的残差 $\tilde{a}_t$ 进行的模型检验, 表明了该模型是充分的.

3.5　GARCH 模型

　　虽然 ARCH 模型简单, 但为了充分地描述资产收益率的波动率过程, 往往需要很多参数. 例如, 考虑下面例 3.3 中的 S&P500 指数的月超额收益率, 其波动率过程需要 ARCH(9) 模型来刻画. 这样就必须寻找其他模型. Bollerslev(1986) 提出了一个有用的推广形式, 称为**广义的 ARCH 模型 (GARCH)**. 对于对数收益率序列 r_t, 令 $a_t = r_t - \mu_t$ 为 t 时刻的新息. 称 a_t 服从 GARCH(m, s) 模型, 若 a_t 满足下式:

$$a_t = \sigma_t \varepsilon_t, \quad \sigma_t^2 = \alpha_0 + \sum_{i=1}^{m} \alpha_i a_{t-i}^2 + \sum_{j=1}^{s} \beta_j \sigma_{t-j}^2, \tag{3.14}$$

其中 $\{\varepsilon_t\}$ 是均值为 0、方差为 1 的独立同分布随机变量序列, $\alpha_0 > 0$, $\alpha_i \geqslant 0$, $\beta_j \geqslant 0$, $\sum_{i=1}^{\max(m,s)} (\alpha_i + \beta_i) < 1$ (这里对 $i > m$, $\alpha_i = 0$, 对 $j > s$, $\beta_j = 0$). 对 $\alpha_i + \beta_i$ 的限制条件保证 a_t 的无条件方差是有限的, 同时它的条件方差 σ_t^2 是随时间变化的. 如前面一样, 通常假定 ε_t 是标准正态的或标准化的学生 -t 分布或广义误差分布. 若 $s = 0$, (3.14) 式就简化成一个 ARCH(m) 模型. α_i 和 β_j 分别称为 ARCH 参数和 GARCH 参数.

为了弄清 GARCH 模型的性质, 采用如下表示是有用的. 令 $\eta_t = a_t^2 - \sigma_t^2$, 也即 $\sigma_t^2 = a_t^2 - \eta_t$. 把 $\sigma_{t-i}^2 = a_{t-i}^2 - \eta_{t-i}(i = 0, \cdots, s)$ 带入 (3.14) 式, 我们就能把 GARCH 模型改写成如下形式

$$a_t^2 = \alpha_0 + \sum_{i=1}^{\max(m,s)} (\alpha_i + \beta_i) \, a_{t-i}^2 + \eta_t - \sum_{j=1}^{s} \beta_j \eta_{t-j}. \tag{3.15}$$

容易验证 $\{\eta_t\}$ 是一个鞅差序列 (即 $\mathrm{E}\eta_t = 0$ 且对 $j \geqslant 1$ 有 $\mathrm{cov}(\eta_t, \eta_{t-j}) = 0$). 但 $\{\eta_t\}$ 一般不是独立同分布序列. (3.15) 式对序列 a_t^2 来说是 ARMA 形式, 因此 GARCH 模型可认为是 ARMA 的思想对平方序列 a_t^2 的应用. 利用 ARMA 模型的无条件均值, 我们有

$$\mathrm{E}\left(a_t^2\right) = \frac{\alpha_0}{1 - \sum_{i=1}^{\max(m,s)} (\alpha_i + \beta_i)},$$

只要上式的分母是正的.

GARCH 模型的优点和缺点, 可以通过对最简单的 GARCH(1,1) 模型的分析看出. GARCH(1,1) 模型为

$$\sigma_t^2 = \alpha_0 + \alpha_1 a_{t-1}^2 + \beta_1 \sigma_{t-1}^2, \quad 0 \leqslant \alpha_1, \quad \beta_1 \leqslant 1, \quad (\alpha_1 + \beta_1) < 1. \tag{3.16}$$

第一, 大的 a_{t-1}^2 或 σ_{t-1}^2 引起大的 σ_t^2, 这意味着大的 a_{t-1}^2 会紧跟着另一个大的 a_t^2, 这样就会产生在金融时间序列中有名的 "波动率聚集" 现象. 第二, 可以证明: 若 $1 - 2\alpha_1^2 - (\alpha_1 + \beta_1)^2 > 0$, 则

$$\frac{E\left(a_t^4\right)}{\left[E\left(a_t^2\right)\right]^2} = \frac{3\left[1 - (\alpha_1 + \beta_1)^2\right]}{1 - (\alpha_1 + \beta_1)^2 - 2\alpha_1^2} > 3.$$

从而, 与 ARCH 模型类似, GARCH(1,1) 过程分布的尾部比正态分布尾部厚. 第三, 此模型给出了一个简单的参数函数来描述波动率的演变.

GARCH 模型的预测可用类似于 ARMA 模型的方法得到. 考虑 (3.16) 式的 GARCH(1,1) 模型, 假定 h 为预测原点. 对向前一步预测, 我们有

$$\sigma_{h+1}^2 = \alpha_0 + \alpha_1 a_h^2 + \beta_1 \sigma_h^2,$$

其中 a_h 和 σ_h^2 在时间指标为 h 处是已知的. 因此, 向前一步预测为

$$\sigma_h^2(1) = \alpha_0 + \alpha_1 a_h^2 + \beta_1 \sigma_h^2.$$

对向前多步预测, 我们用 $a_t^2 = \sigma_t^2 \varepsilon_t^2$, 并把 (3.16) 式的波动率方程改写成

$$\sigma_{t+1}^2 = \alpha_0 + (\alpha_1 + \beta_1)\sigma_t^2 + \alpha_1 \sigma_t^2 \left(\varepsilon_t^2 - 1\right).$$

当 $t = h + 1$ 时, 此方程变为

$$\sigma_{h+2}^2 = \alpha_0 + (\alpha_1 + \beta_1)\sigma_{h+1}^2 + \alpha_1 \sigma_{h+1}^2 \left(\varepsilon_{h+1}^2 - 1\right).$$

因为 $\mathrm{E}\left(\varepsilon_{h+1}^2 - 1 \mid F_h\right) = 0$, 故以 h 为预测原点的波动率的向前 2 步预测满足

$$\sigma_h^2(2) = \alpha_0 + (\alpha_1 + \beta_1)\sigma_h^2(1).$$

一般地, 我们有

$$\sigma_h^2(l) = \alpha_0 + (\alpha_1 + \beta_1)\sigma_h^2(l-1), \quad l > 1. \tag{3.17}$$

这个结果与自回归多项式为 $1 - (\alpha_1 + \beta_1)B$ 的 ARMA(1,1) 模型是完全相同的. 对 (3.17) 式重复迭代, 我们得到向前 l 步预测能写成

$$\sigma_h^2(l) = \frac{\alpha_0 \left[1 - (\alpha_1 + \beta_1)^{l-1}\right]}{1 - \alpha_1 - \beta_1} + (\alpha_1 + \beta_1)^{l-1}\sigma_h^2(1).$$

从而, 只要 $\alpha_1 + \beta_1 < 1$, 就有

$$\sigma_h^2(l) \to \frac{\alpha_0}{1 - \alpha_1 - \beta_1}, \quad \text{当 } l \to \infty \text{时}.$$

因此, 只要 a_t 的无条件方差 $\mathrm{Var}(a_t)$ 存在, 当预测步长趋于无穷时, GARCH(1,1) 模型的向前多步波动率预测是收敛于 $\mathrm{Var}(a_t)$ 的.

关于 GARCH 模型的文献非常多, 读者可参见 Bollerslev, Chou 和 Kroner(1992), Bollerslev, Engle 和 Nelson(1994), 以及这两篇文章的参考文献. GARCH 模型与 ARCH 模型有相同的弱点, 例如, 它对正的和负的 "扰动" 有相同的反应. 另外, 新近关于高频金融时间序列的实证研究表明 GARCH 模型的尾部太薄, 即使新息是服从学生 -t 分布的 GARCH 模型, 也不足以描述实际高频数据的尾部. 关于 GARCH 模型峰度的研究, 参见 3.16 节.

3.5.1 实例说明

ARCH 模型的建模方法也可以用来建立一个 GARCH 模型. 然而, GARCH 模型的阶不太容易确定. 在实际应用中, 只用到低阶的 GARCH 模型, 如 GARCH(1,1) 模型、GARCH(2,1) 模型、GARCH(1,2) 模型等. 假定波动率 $\{\sigma_t^2\}$ 的初始值是已知

的, 条件最大似然法仍然可以用. 例如, 考虑 GARCH(1,1) 模型, 若认为 σ_1^2 是固定的, 则 GARCH(1,1) 模型的 σ_t^2 可以递推得到. 在一些应用中, a_t 的样本方差作为 σ_1^2 的初始值较好. 可以用标准化的残差 $\tilde{a}_t = a_t/\sigma_t$ 和它的平方序列来检验所拟合的模型的充分性.

例 3.3   在这个例子中, 我们考虑标准普尔 500 指数的月超额收益率, 从 1926 年开始, 共 792 个观察值, 如图 3-6 所示. 记 r_t 为超额收益率, 图 3-7 所示的是 r_t 的样本 ACF 和 r_t^2 的样本 PACF. r_t 序列在间隔为 1 和间隔为 3 时有少许序列相关性, 但主要特征还是 r_t^2 的 PACF 显示强烈的线性相关性. 若拟合 MA(3) 模型, 则得到

$$r_t = 0.006\,2 + a_t + 0.094\,4a_{t-1} - 0.140\,7a_{t-3}, \quad \hat{\sigma}_a = 0.057\,6,$$

其中所有的系数在 5% 的水平下都是显著的. 然而, 为简单起见, 我们使用 AR(3) 模型:

$$r_t = \phi_1 r_{t-1} + \phi_2 r_{t-2} + \phi_3 r_{t-3} + \beta_0 + a_t.$$

在正态性的假定下, 所拟合的 AR(3) 模型为

$$r_t = 0.088r_{t-1} - 0.023r_{t-2} - 0.123r_{t-3} + 0.006\,6 + a_t, \quad \hat{\sigma}_a^2 = 0.003\,33. \tag{3.18}$$

对 GARCH 效应, 我们用 GARCH(1,1) 模型

$$a_t = \sigma_t \varepsilon_t, \quad \sigma_t^2 = \alpha_0 + \beta_1 \sigma_{t-1}^2 + \alpha_1 a_{t-1}^2.$$

对该 AR(3)–GARCH(1,1) 模型进行联合估计得到

$$r_t = 0.007\,8 + 0.032r_{t-1} - 0.029r_{t-2} - 0.008r_{t-3} + a_t,$$
$$\sigma_t^2 = 0.000\,084 + 0.121\,3a_{t-1}^2 + 0.852\,3\sigma_{t-1}^2.$$

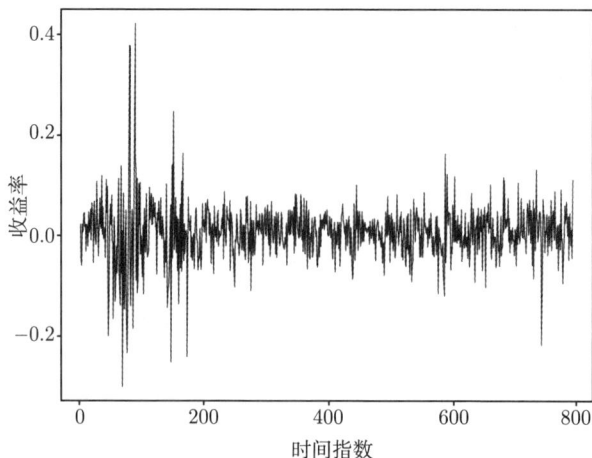

图 3-6   标准普尔 500 指数从 1926 年到 1991 年月超额收益率的时间序列图

(a)

(b)

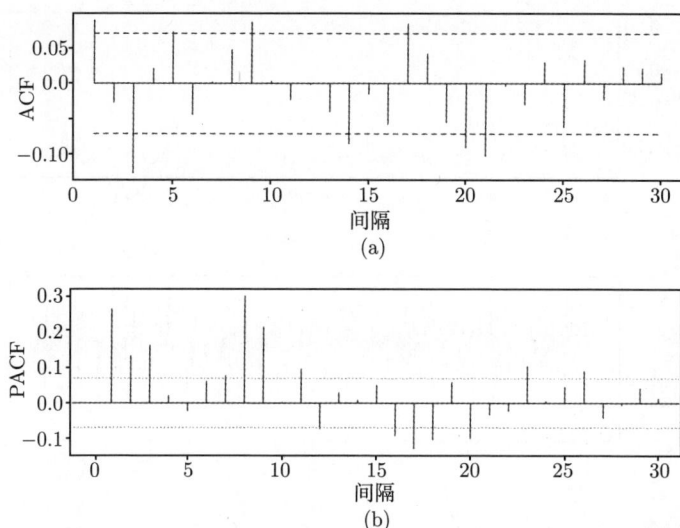

图 3-7　(a) 标准普尔 500 指数月超额收益率的样本 ACF; (b) 月超额收益率平方的样本
　　　　PACF. 样本时间是从 1926 年到 1991 年

由波动率方程, a_t 的隐含的无条件方差为

$$\frac{0.000\ 084}{1 - 0.852\ 3 - 0.121\ 3} = 0.003\ 17,$$

这与 (3.18) 式中的 $\hat{\sigma}_a^2$ 非常接近. 然而, 均值方程中的各参数的 $t-$ 比表明三个自回
归系数在 5% 的水平下都不显著. 因此, 我们去掉所有自回归系数来改进模型, 改
进后的模型为

$$r_t = 0.007\ 6 + a_t, \quad \sigma_t^2 = 0.000\ 086 + 0.121\ 6a_{t-1}^2 + 0.851\ 1\sigma_{t-1}^2. \tag{3.19}$$

均值方程中常数项的标准误差为 0.001 5, 而波动率方程中三个参数的标准误差分别
为 0.000 024, 0.019 7 和 0.019 0. a_t 的无条件方差为 $0.000\ 086/(1 - 0.851\ 1 - 0.121\ 6) =$
0.003 14. 这是一个简单的平稳 GARCH(1,1) 模型. 对于 (3.19) 式的 GARCH(1,1)
模型, 图 3-8 所示的是被估波动率过程 σ_t 和标准化的 "扰动" $\tilde{a}_t = a_t/\sigma_t$ 的时间
图. $\tilde{a}_t$ 序列看起来像白噪声过程, 图 3-9 给出了标准化残差 $\tilde{a}_t$ 和 $\tilde{a}_t^2$ 的样本 ACF,
这两个 ACF 不能表明在标准化残差过程中有显著的序列相关性或条件异方差性.
更具体地说, 对 $\tilde{a}_t$ 我们有 $Q(12) = 11.99(0.45)$ 和 $Q(24) = 28.52(0.24)$, 对 $\tilde{a}_t^2$ 有
$Q(12) = 13.11(0.36)$, $Q(24) = 26.45(0.33)$, 括号中的数为对应检验统计量的 p 值.
因此, 模型似乎能充分描述收益率序列和波动率序列的线性相依关系. 注意到所拟
合的模型表明 $\hat{\alpha}_1 + \hat{\beta}_1 = 0.977\ 2$, 非常接近于 1. 这种现象在实际中是常见的, 以
至于经常在 GARCH(1,1) 模型中加上限制 $\alpha_1 + \beta_1 = 1$, 从而引出求和 GARCH(或
IGARCH) 模型, 见 3.6 节.

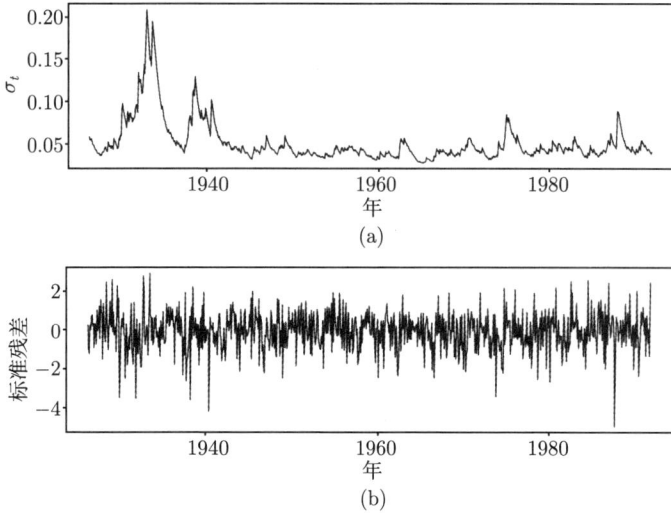

图 3-8   (a) 对标准普尔 500 指数的月超额收益估计出的波动率 (σ_t) 的时间序列图; (b) 标准普尔 500 指数的月超额收益率的标准化 "扰动" 的时间序列图. 两个图都是基于 (3.19) 式的 GARCH(1,1) 模型

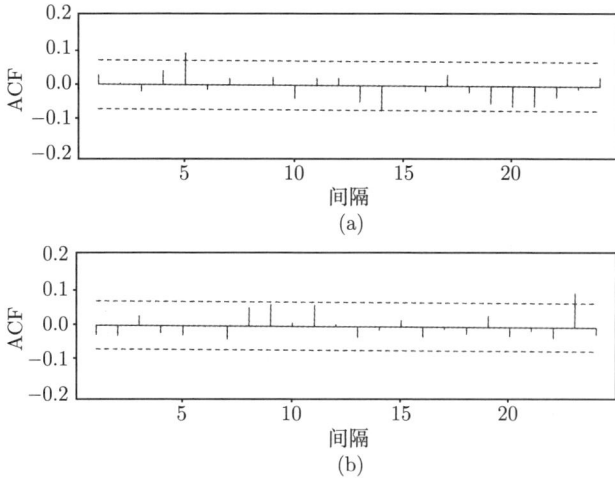

图 3-9   对标准普尔 500 指数的月超额收益率所建的 GARCH(1,1) 模型 (3.19) 式的模型检验: (a) 标准化残差的样本 ACF; (b) 标准化残差平方的样本 ACF

最后, 为了预测标准普尔 500 指数的月超额收益率的波动率, 我们可以用 (3.18) 式中的波动率方程. 例如, 在预测原点 h, 有 $\sigma_{h+1}^2 = 0.000\,086 + 0.121\,6a_h^2 + 0.851\,1\sigma_h^2$. 向前 1 步预测是

$$\sigma_h^2\,(1) = 0.000\,086 + 0.121\,6a_h^2 + 0.851\,1\sigma_h^2,$$

其中 a_h 是 t 时刻均值方程的残差, σ_h^2 由波动率方程得到. 初始值 σ_0^2 可取 0 或 a_t 的无条件方差. 对多步向前预测, 我们可以利用 (3.17) 式的递推公式. 表 3-1 给出了基于 (3.19) 式的 GARCH(1,1) 模型、以 h 为预测原点对标准普尔 500 指数月超额收益率的均值以及波动率预测的结果.

表 3-1　S&P500 指数的月超额收益率的波动率预测. 预测原点为 $h = 792$, 对应的时间点为 1991 年 12 月. 此处, 波动率是条件标准差

预测步长	1	2	3	4	5	∞
收益率	0.007 6	0.007 6	0.007 6	0.007 6	0.007 6	0.007 6
波动率	0.053 6	0.053 7	0.053 7	0.053 8	0.053 8	0.056 0

例 3.3 中用到的一些 S-Plus 命令

```
> fit=garch(sp~ar(3),~garch(1,1))
> summary(fit)
> fit=garch(sp~1,~garch(1,1))
> summary(fit)
> names(fit)
 [1] "residuals" "sigma.t"    "df.residual" "coef" "model"
 [6] "cond.dist" "likelihood" "opt.index"   "cov"
     "prediction"
[11] "call"      "asymp.sd"   "series"
>
> stdresi=fit$residuals/fit$sigma.t
> autocorTest(stdresi,lag=24)
> autocorTest(stdresi^2,lag=24)
> predict(fit,5)
```

注意到在上述命令中波动率序列存储在 `fit$sigma.t` 中, 收益率的残差序列存储在 `fit$residuals` 中.

学生 -t 分布的新息

假定 ε_t 服从自由度为 5 的标准化学生 -t 分布, 我们重新估计 GARCH(1,1) 模型, 得到

$$r_t = 0.008\ 5 + a_t, \quad \sigma_t^2 = 0.000\ 12 + 0.112\ 1 a_{t-1}^2 + 0.843\ 2\sigma_{t-1}^2, \tag{3.20}$$

其中参数的标准差分别为 0.001 5, 0.51×10^{-4}, 0.029 6 和 0.037 1, 这个模型本质上是一个 IGARCH(1,1) 模型, 因为 $\hat{\alpha}_1 + \hat{\beta}_1 \approx 0.95$, 非常靠近 1. 标准化残差的 Ljung-Box 统计量为 $Q(10) = 11.38$, p 值为 0.33, 而 $\tilde{a}_t^2$ 的 Ljung-Box 统计量为 $Q(10) = 10.48$, p 值为 0.40. 这样所拟合的带学生 -t 分布新息的 GARCH(1,1) 模型是充分的.

用到的 S-Plus 命令

```
> fit1 = garch(sp~1,~garch(1,1),cond.dist='t',cond.par=5,
+ cond.est=F)
> summary(fit1)
> stresi=fit1$residuals/fit1$sigma.t
> autocorTest(stresi,lag=10)
> autocorTest(stresi^2,lag=10)
```

自由度的估计

如果我们更进一步地拓展上述 GARCH(1,1) 模型, 其中学生 -t 分布的自由度不是给定的而是通过数据估计出的, 得到的模型为

$$r_t = 0.008\,5 + a_t, \quad \sigma_t^2 = 0.000\,12 + 0.112\,1a_{t-1}^2 + 0.843\,2\sigma_{t-1}^2, \tag{3.21}$$

其中所估计的自由度为 7.02. (3.21) 式中参数估计值的标准误差与 (3.20) 式的非常接近, 自由度估计的标准误差为 1.78. 从而, 在 5% 的显著性水平下我们不能拒绝使用自由度为 5 的学生 -t 分布.

用到的 S-Plus 命令

```
> fit2 = garch(sp~1,~garch(1,1),cond.dist='t')
> summary(fit2)
```

例 3.3 中用到的 R 命令

```
> library(fGarch)
> sp5=scan(file='sp500.txt') % Load data
> plot(sp5,type='l')
% Below, fit an AR(3)+GARCH(1,1) model.
> m1=garchFit(~arma(3,0)+garch(1,1),data=sp5,trace=F)
> summary(m1)
% Below, fit a GARCH(1,1) model with Student-t distribution.
> m2=garchFit(~garch(1,1),data=sp5,trace=F,cond.dist="std")
> summary(m2)
% Obtain standardized residuals.
> stresi=residuals(m2,standardize=T)
> plot(stresi,type='l')
> Box.test(stresi,10,type='Ljung')
> predict(m2,5)
```

3.5.2　预测的评估

由于资产的波动率是不能直接观测的, 所以比较不同波动率模型的预测表现对数据分析师来说是一个挑战. 文献中, 有的研究人员利用样本以外 (out-of-sample) 的预测, 比较波动率的预测值 $\sigma_h^2(l)$ 与预测样本中的 "扰动"a_{h+l}^2 来评价波动模型的预测表现.[①] 用这个方法常常会发现 a_{h+l}^2 和 $\sigma_h^2(l)$ 有较低的相关系数, 即低的

---

① 也就是把整个样本分成两个部分, 用一部分 (往往是大部分) 来预测另一部分 (称为预测样本), 可得 a_{2h+l} 和 $\sigma_h^2(l)$. —— 译者注

R^2. 这个发现并不奇怪, 因为单独的 a_{h+l}^2 本身不能充分度量 $h+l$ 时刻波动的率. 例如, 对向前一步预测, 从统计观点讲, $\mathrm{E}\left(a_{h+1}^2 \mid F_h\right) = \sigma_{h+1}^2$, 因此 a_{h+1}^2 是 σ_{h+1}^2 的相合估计. 但它不是 σ_{h+1}^2 的精确估计, 因为一个有已知均值的随机变量的单个观测值不可能提供该随机变量方差的精确估计. 从而, 严格地说, 这种评价波动率模型预测表现的方法是不正确的. 关于 GARCH 模型预测评价的更多信息, 读者可参见 Andersen 和 Bollerslev(1998).

3.5.3　两步估计方法

基于 (3.15) 式, 可以用两步估计方法来估计 GARCH 模型. 第一步, 忽略 ARCH 效应, 用第 2 章讨论的方法 (例如最大似然方法) 为收益率序列估计一个均值方程. 残差序列用 a_t 表示. 第二步, 将 $\{a_t^2\}$ 作为观测序列, 可以用最大似然方法估计 (3.15) 式中的参数. 用 $\hat{\phi}_i$ 和 $\hat{\theta}_i$ 分别表示 AR 系数和 MA 系数, 则 GARCH 模型的参数估计为 $\hat{\beta}_i = \hat{\theta}_i,\ \hat{\alpha}_i = \hat{\phi}_i - \hat{\theta}_i$. 显然, 这样的估计只是真实参数的一种近似, 它们的统计性质并没有得到严格的研究. 然而, 限定在一定范围内的经验表明, 这个简单的方法往往能够提供好的近似, 尤其是当样本容量适中或较大时更是如此. 例如, 考虑例 3.3 中标准普尔 500 指数的月超额收益率. 用 SCA 中的条件似然方法, 我们可以得到下述模型:

$$r_t = 0.006\ 1 + a_t, \quad a_t^2 = 0.000\ 14 + 0.958\ 3a_{t-1}^2 + \eta_t - 0.845\ 6\eta_{t-1}.$$

其中, 所有的估计在 5% 的显著性水平下都显著地不为 0. 从这些估计中看出, $\hat{\beta}_1 = 0.8456,\ \hat{\alpha}_1 = 0.9583 - 0.8456 = 0.1127$. 这种近似估计与 (3.19) 式和 (3.21) 式中的估计非常靠近. 进一步地, 用两步估计方法拟合的波动率与图 3-8a 也非常靠近.

3.6　求和 GARCH 模型

若 (3.15) 式中的 GARCH 表示的 AR 多项式有一个单位根, 则我们就得到了 IGARCH 模型. 因此, IGARCH 模型就是单位根 GARCH 模型. 类似于 ARIMA 模型, IGARCH 模型的主要特点是过去的平方扰动 $\eta_{t-i} = a_{t-i}^2 - \sigma_{t-i}^2,\ i > 0$ 对 a_t^2 的影响是持久的.

一个 IGARCH(1,1) 模型能写成

$$a_t = \sigma_t \varepsilon_t, \quad \sigma_t^2 = \alpha_0 + \beta_1 \sigma_{t-1}^2 + (1 - \beta_1) a_{t-1}^2,$$

其中 $\{\varepsilon_t\}$ 与前面一样定义, $1 > \beta_1 > 0$. 对标准普尔 500 指数的月超额收益率数据估计出的 IGARCH(1.1) 模型为

$$r_t = 0.0067 + a_t, \quad a_t = \sigma_t \varepsilon_t,$$
$$\sigma_t^2 = 0.000119 + 0.8059 \sigma_{t-1}^2 + 0.1941 a_{t-1}^2,$$

其中波动率方程中各估计的标准差依次是 0.001 7、0.000 013、0.014 4. 参数的估计值与前面的 GARCH(1,1) 模型很接近, 但这两个模型间有一个大的差别. 在 IGARCH (1,1) 模型下, a_t 的无条件方差, 也即 r_t 的无条件方差, 是没有定义的. 这一点对超额收益率序列是难以验证的. 从理论观点看, IGARCH 现象可能会是波动率常有的水平移动所引起的. 波动率持续性的真正原因值得仔细研究.

当 $\alpha_1 + \beta_1 = 1$ 时, 由 (3.17) 式重复迭代得到

$$\sigma_h^2(l) = \sigma_h^2(1) + (l-1)\alpha_0, \quad l \geqslant 1, \tag{3.22}$$

其中 h 是预测原点. 由此, $\sigma_h^2(1)$ 对将来波动率的效应也是持续的, 波动率预测形成了一个斜率为 α_0 的直线. Nelson(1990) 研究了在 IGARCH 模型下波动率过程 σ_t^2 的某些概率性质. 过程 σ_t^2 是一个鞅, 它在文献中有一些漂亮的结果可用. 在一些条件下, 波动率过程是严平稳的, 但不是弱平稳的, 这是因为它的前两阶矩不存在.

在研究 IGARCH(1,1) 模型时, $\alpha_0 = 0$ 的情形是特别令人感兴趣的. 这时, 对所有预测步长, 波动率的预测值都是 $\sigma_h^2(1)$, 参见 (3.22) 式. 这个特殊的 IGARCH(1,1) 模型正是风险度量系统 RiskMetrics 所用的波动率模型, 这个系统是一种计算风险值 (Value at Risk) 的方法 (见第 7 章). 该模型也是序列 $\{a_t^2\}$ 的指数平滑模型, 为说明这点, 将模型改写为

$$\begin{aligned}
\sigma_t^2 &= (1 - \beta_1)a_{t-1}^2 + \beta_1\sigma_{t-1}^2 \\
&= (1 - \beta_1)a_{t-1}^2 + \beta_1[(1 - \beta)a_{t-2}^2 + \beta_1\sigma_{t-2}^2] \\
&= (1 - \beta_1)a_{t-1}^2 + (1 - \beta_1)\beta_1 a_{t-2}^2 + \beta_1^2\sigma_{t-2}^2.
\end{aligned}$$

重复迭代得到

$$\sigma_t^2 = (1 - \beta_1)(a_{t-1}^2 + \beta_1 a_{t-2}^2 + \beta_1^2 a_{t-3}^3 + \cdots),$$

这就是著名的贴现因子为 β_1 的指数平滑公式. 因此, 指数平滑方法可以用来估计这样一个 IGARCH(1, 1) 模型.

3.7 GARCH-M 模型

在金融中, 证券的收益率会依赖于它的波动率. 为了给这种现象建模, 人们会考虑 GARCH-M 模型, 其中 "M" 表示收益率的条件均值为 GARCH(GARCH in the mean). 简单的 GARCH(1,1)-M 模型能写成

$$\begin{aligned}
r_t &= \mu + c\sigma_t^2 + a_t, \quad a_t = \sigma_t\varepsilon_t, \\
\sigma_t^2 &= \alpha_0 + \alpha_1 a_{t-1}^2 + \beta_1\sigma_{t-1}^2,
\end{aligned} \tag{3.23}$$

其中 μ 和 c 是常数. 参数 c 叫作风险溢价参数. c 为正值意味着收益率与它的波动率成正相关. 文献中还出现过其他一些具体的风险溢价的形式, 如 $r_t = \mu + c\sigma_t + a_t$ 和 $r_t = \mu + c\ln\sigma_t^2 + a_t$.

(3.23) 式的 GARCH-M 模型蕴涵着收益率序列 r_t 存在序列相关性. 这种序列相关性是由波动率过程 $\{\sigma_t^2\}$ 的序列相关性导致的. 风险溢价的存在是历史股票收益率具有序列相关性的另一种原因.

为了说明 GARCH-M 模型的应用, 我们考虑给标准普尔 500 指数从 1926 年 1 月至 1991 年 12 月的月超额收益率拟合一个 GARCH(1,1)-M 模型, 并假定该模型的新息服从高斯分布. 所拟合的模型为

$$r_t = 0.005\,5 + 1.09\sigma_t^2 + a_t,$$
$$\sigma_t^2 = 8.76 \times 10^{-5} + 0.123a_{t-1}^2 + 0.849\sigma_{t-1}^2,$$

其中均值方程中两个参数的标准误差分别为 0.002 3 和 0.818, 波动率方程中三个参数的标准误差分别是 2.51×10^{-5}, 0.020 5 和 0.019 6. 该指数收益率的风险溢价的估计值是正的, 但在 5% 的水平下不是统计显著的. 这里的结果由 S-Plus 得出. 表 3-2 给出了 S-Plus 中 GARCH-M 模型的一些其他具体形式. 风险溢价的思想也可应用于其他 GARCH 模型.

表 3-2　S-Plus 中所允许的 GARCH-M 的具体形式: 均值方程是
$$r_t = \mu + cg(\sigma_t) + a_t$$

$g(\sigma_t)$	命　令
σ_t^2	var.in.mean
σ_t	sd.in.mean
$\ln(\sigma_t^2)$	logvar.in.mean

S-Plus 演示

```
> sp.fit = garch(sp~1+var.in.mean,~garch(1,1))
> summary(sp.fit)
```

3.8　指数 GARCH 模型

为了克服 GARCH 模型在处理金融时间序列时的一些弱点, Nelson(1991) 提出了指数 GARCH(EGARCH) 模型. 具体地, 为了允许在模型中体现正的和负的资产收益率的非对称效应, 他考虑加权的新息:

$$g(\varepsilon_t) = \theta\varepsilon_t + \gamma\left[|\varepsilon_t| - \mathrm{E}(|\varepsilon_t|)\right], \tag{3.24}$$

其中 θ 和 γ 是实常数. ε_t 和 $|\varepsilon_t| - \mathrm{E}(|\varepsilon_t|)$ 都是零均值的独立同分布序列, 且有连续的分布. 因此, $\mathrm{E}[g(\varepsilon_t)] = 0$. $g(\varepsilon_t)$ 的非对称性容易从下式看出:

$$g(\varepsilon_t) = \begin{cases} (\theta + \gamma)\,\varepsilon_t - \gamma\mathrm{E}(|\varepsilon_t|), & \text{若 } \varepsilon_t \geqslant 0, \\ (\theta - \gamma)\,\varepsilon_t - \gamma\mathrm{E}(|\varepsilon_t|), & \text{若 } \varepsilon_t < 0. \end{cases}$$

注释 对标准高斯随机变量 ε_t, $\mathrm{E}(|\varepsilon_t|) = \sqrt{2/\pi}$. 对 (3.7) 式中的标准化学生 -$t$ 分布, 我们有

$$\mathrm{E}(|\varepsilon_t|) = \frac{2\sqrt{v-2}\,\Gamma[(v+1)/2]}{(v-1)\,\Gamma(v/2)\,\sqrt{\pi}}. \qquad \square$$

EGARCH(m, s) 模型能写成

$$a_t = \sigma_t \varepsilon_t, \quad \ln(\sigma_t^2) = \alpha_0 + \frac{1 + \beta_1 B + \cdots + \beta_{s-1} B^{s-1}}{1 - \alpha_1 B - \cdots - \alpha_m B^m} g(\varepsilon_{t-1}), \qquad (3.25)$$

其中 α_0 是常数, B 是向后推移算子使得 $Bg(\varepsilon_t) = g(\varepsilon_{t-1})$, $1 + \beta_1 B + \cdots + \beta_{s-1} B^{s-1}$ 和 $1 - \alpha_1 B - \cdots - \alpha_m B^m$ 是多项式, 它们的根都在单位圆外且没有公因子. 根在单位圆外, 意味着根的模大于 1. (3.25) 式又一次用通常的 ARMA 参数化形式来描述 a_t 的条件方差随时间的演变. 基于这个表示, EGARCH 模型的一些性质可以用与对 GARCH 模型所用的类似方法得到, 例如 $\ln(\sigma_t^2)$ 的无条件均值为 α_0. 然而, 这个模型在如下几点上与 GARCH 模型不同: 第一, 它使用条件方差的对数, 放松了对模型系数非负性的限制; 第二, $g(\varepsilon_t)$ 的使用, 使得对 a_t 的正的和负的延迟值, 模型的反应不对称. EGARCH 模型的其他性质可在 Nelson(1991) 中找到.

为了更好地理解 EGARCH 模型, 我们考虑阶为 (1,1) 时的简单情形:

$$a_t = \sigma_t \varepsilon_t, \quad (1 - \alpha B)\ln(\sigma_t^2) = (1 - \alpha)\,\alpha_0 + g(\varepsilon_{t-1}), \qquad (3.26)$$

其中 $\{\varepsilon_t\}$ 是独立同分布标准正态序列, α_1 的下标被省略了. 在这种情形下, $\mathrm{E}(|\varepsilon_t|) = \sqrt{2/\pi}$, $\ln(\sigma_t^2)$ 的模型变成

$$(1 - \alpha B)\ln(\sigma_t^2) = \begin{cases} \alpha_* + (\gamma + \theta)\,\varepsilon_{t-1}, & \text{当 } \varepsilon_{t-1} \geqslant 0 \text{ 时,} \\ \alpha_* + (\gamma - \theta)\,(-\varepsilon_{t-1}) & \text{当 } \varepsilon_{t-1} < 0 \text{ 时,} \end{cases} \qquad (3.27)$$

其中 $\alpha_* = (1 - \alpha)\,\alpha_0 - \sqrt{2/\pi}\gamma$. 这是一个非线性函数, 类似于 Tong(1978, 1990) 中的门限自回归 (TAR, threshold autoregressive) 模型. 这里我们只要知道: 对这个简单的 EGARCH 模型来说, 条件方差以非线性方式依赖于 a_{t-1} 的符号. 具体地说, 我们有

$$\sigma_t^2 = \sigma_{t-1}^{2\alpha} \exp\left(\alpha_*\right) \begin{cases} \exp\left[(\gamma + \theta)\,\dfrac{a_{t-1}}{\sigma_{t-1}}\right], & \text{当 } a_{t-1} \geqslant 0 \text{ 时}, \\[4mm] \exp\left[(\gamma - \theta)\,\dfrac{|a_{t-1}|}{\sigma_{t-1}}\right], & \text{当 } a_{t-1} < 0 \text{ 时}, \end{cases}$$

系数 $(\gamma + \theta)$ 和 $(\gamma - \theta)$ 表明模型对正的和负的 a_{t-1} 的非对称响应. 因此, 当 $\theta \neq 0$ 时模型是非线性的. 由于负的扰动往往带来更大的影响, 我们假定 θ 是负的. 对高阶 EGARCH 模型来讲, 非线性性变得复杂得多. Cao 和 Tsay(1992) 利用非线性模型, 包括 EGARCH 模型, 得到向前多步波动率的预报. 第 4 章将讨论金融时间序列的非线性性.

3.8.1 模型的另一种形式

EGARCH(m, s) 模型的另一种形式为

$$\ln(\sigma_t^2) = \alpha_0 + \sum_{i=1}^{s} \alpha_i \frac{|a_{t-i}| + \gamma_i a_{t-i}}{\sigma_{t-i}} + \sum_{j=1}^{m} \beta_j \ln(\sigma_{t-j}^2). \tag{3.28}$$

这里, 正的 a_{t-i} 对对数波动率的贡献为 $\alpha_i(1 + \gamma_i)|\varepsilon_{t-i}|$, 而负的 a_{t-i} 对对数波动率的贡献为 $\alpha_i(1 - \gamma_i)|\varepsilon_{t-i}|$, 其中 $\varepsilon_{t-i} = a_{t-i}/\sigma_{t-i}$. 参数 γ_i 表示 a_{t-i} 的杠杆效应. 在实际应用中, 我们仍然假定 γ_i 为负的. 这是 S-Plus 中所用的模型形式.

3.8.2 实例说明

Nelson(1991) 把 EGARCH 模型应用到价值加权市场指数的月超额收益率上, 数据是从证券价格研究中心得到的, 时间区间是从 1962 年 7 月至 1987 年 12 月. 超额收益率是用价值加权指数的收益率减去国库券的月收益率, 假定一个月中每一天的国库券收益率是常数. 共有 6 408 个观察值. 用 r_t 表示超额收益率, 所用模型为

$$r_t = \phi_0 + \phi_1 r_{t-1} + c\sigma_t^2 + a_t, \tag{3.29}$$

$$\ln\left(\sigma_t^2\right) = \alpha_0 + \ln\left(1 + wN_t\right) + \frac{1 + \beta B}{1 - \alpha_1 B - \alpha_2 B^2} g\left(\varepsilon_{t-1}\right),$$

其中 σ_t^2 是给定 F_{t-1} 下 a_t 的条件方差, N_t 是第 $t-1$ 个交易日和第 t 个交易日之间的不交易的天数, α_0 和 w 是实参数, $g\left(\varepsilon_t\right)$ 由 (3.24) 式定义, ε_t 服从 (3.10) 式的广义误差分布. 与 GARCH-M 模型相似, (3.29) 式中的参数 c 是风险溢价参数. 表 3-3 给出了模型的参数估计值和它们的标准误差. (3.29) 式的均值方程有两条性质值得注意: 第一, 它用 AR(1) 模型来刻画超额收益率中的序列相关性; 第二, 它用波动率 σ_t^2 作为回归变量来解释风险溢价. 所估计出的风险溢价是负的, 但是统计不显著的.

表 3-3   对价值加权 CRSP 市场指数的日超额收益率估计出的 AR(1)-EGARCH(2, 2)
模型, 数据是从 1962 年 7 月至 1987 年 12 月

参数	α_0	w	γ	α_1	α_2	β
估计值	-10.06	0.183	0.156	1.929	-0.929	-0.978
标准误差	0.346	0.028	0.013	0.015	0.015	0.006

参数	θ	ϕ_0	ϕ_1	c	v	
估计值	-0.118	3.5×10^{-4}	0.205	-3.361	1.576	
标准误差	0.009	9.9×10^{-5}	0.012	2.026	0.032	

3.8.3 另一个例子

作为另一个说明, 我们来考虑 IBM 股票从 1962 年 1 月至 1997 年 12 月的月
对数收益率, 共 864 个观察值. 拟合一个 AR(1)-EGARCH(1,1) 模型:

$$r_t = 0.010\,5 + 0.092 r_{t-1} + a_t, \quad a_t = \sigma_t \varepsilon_t, \tag{3.30}$$

$$\ln\left(\sigma_t^2\right) = -5.496 + \frac{1}{1 - 0.856 B},$$

$$g\left(\varepsilon_{t-1}\right) = -0.079\,5\varepsilon_{t-1} + 0.264\,7\left[\left|\varepsilon_{t-1}\right| - \sqrt{2/\pi}\right], \tag{3.31}$$

其中 $\{\varepsilon_t\}$ 是一列独立的标准高斯随机变量. 所有参数估计值在 5% 水平下都是统
计显著的. 至于模型的检验, 标准化的残差过程 $\tilde{a}_t = a_t/\sigma_t$ 的 Ljung-Box 统计量为
$Q(10) = 6.31\,(0.71)$ 和 $Q(20) = 21.4\,(0.32)$, 而对平方过程 $\tilde{a}_t^2$, $Q(10) = 4.13\,(0.90)$
和 $Q(20) = 15.93\,(0.66)$, 括号中的数是 p 值. 因此, 在所拟合模型的残差序列中没
有序列相关性或条件异方差性, 这说明所拟合的模型是充分的.

由估计出的波动率方程 (3.30) 式, 并利用 $\sqrt{2/\pi} \approx 0.797\,9$, 我们得到波动率方
程为

$$\ln\left(\sigma_t^2\right) = -1.001 + 0.856 \ln\left(\sigma_{t-1}^2\right) + \begin{cases} 0.185\,2\varepsilon_{t-1}, & \text{当 } \varepsilon_{t-1} \geqslant 0 \text{ 时}, \\ -0.344\,2\varepsilon_{t-1}, & \text{当 } \varepsilon_{t-1} < 0 \text{ 时}. \end{cases}$$

作一个反对数变换, 我们有

$$\sigma_t^2 = \sigma_{t-1}^{2\times 0.856} \mathrm{e}^{-1.001} \times \begin{cases} \mathrm{e}^{0.185\,2\varepsilon_{t-1}}, & \text{当 } \varepsilon_{t-1} \geqslant 0 \text{ 时}, \\ \mathrm{e}^{-0.344\,2\varepsilon_{t-1}}, & \text{当 } \varepsilon_{t-1} < 0 \text{ 时}. \end{cases}$$

此方程说明了在 EGARCH 模型下波动率对过去正的和负的 "扰动" 的反应不对称.
例如, 当标准化的 "扰动" 扰动两个单位 (即两个标准差) 时,

$$\frac{\sigma_t^2\left(\varepsilon_{t-1} = -2\right)}{\sigma_t^2\left(\varepsilon_{t-1} = 2\right)} = \frac{\exp\left[-0.344\,2 \times (-2)\right]}{\exp\left(0.185\,2 \times 2\right)} = \mathrm{e}^{0.318} = 1.374.$$

因此, 变动两个标准差的负 "扰动" 对波动率的影响要比相同强度的正 "扰动" 的
影响高 37.4%. 这个例子清楚的显示出 EGARCH 模型的非对称特征. 一般来说,
"扰动" 越大, 正负 "扰动" 对波动率的影响的差别就越大.

最后, 我们将样本区间进行扩展, 使其包含 1998 年到 2003 年的对数收益率, 共有 936 个观测. 我们用 S-Plus 拟合一个 EGARCH(1, 1) 模型, 结果如下.

S-Plus 演示

我对以下输出结果进行了编辑.

```
> ibm.egarch=garch(ibmln~1,~egarch(1,1),leverage=T,
+ cond.dist='ged')

> summary(ibm.egarch)
Call:
garch(formula.mean = ibmln ~ 1, formula.var = ~ egarch(1, 1)
       leverage = T,cond.dist = "ged")

Mean Equation: ibmln ~ 1
Conditional Variance Equation: ~ egarch(1, 1)
Conditional Distribution:  ged
 with estimated parameter 1.5003 and standard error 0.09912
---------------------------------------------------------------
Estimated Coefficients:
---------------------------------------------------------------
           Value Std.Error t value  Pr(>|t|)
     C   0.01181  0.002012    5.870 3.033e-09
     A  -0.55680  0.171602   -3.245 6.088e-04
 ARCH(1) 0.22025  0.052824    4.169 1.669e-05
GARCH(1) 0.92910  0.026743   34.742 0.000e+00
  LEV(1) -0.26400  0.126096   -2.094 1.828e-02
---------------------------------------------------------------
Ljung-Box test for standardized residuals:
---------------------------------------------------------------
Statistic P-value Chi^2-d.f.
    17.87  0.1195         12

Ljung-Box test for squared standardized residuals:
---------------------------------------------------------------
Statistic P-value Chi^2-d.f.
    6.723  0.8754         12
```

拟合的 GARCH(1, 1) 模型为

$$r_t = 0.011\,8 + a_t, \quad a_t = \sigma_t \varepsilon_t,$$

$$\ln(\sigma_t^2) = -0.557 + 0.220 \frac{|a_{t-1}| - 0.264 a_{t-1}}{\sigma_{t-1}} + 0.929 \ln(\sigma_{t-1}^2), \tag{3.32}$$

其中 ε_t 服从参数为 1.5 的 GED 分布. 基于模型残差及其平方的 Ljung-Box 统计量表明模型是充分的. 正如所预料的那样, 输出结果表明: 估计出的杠杆效应是负的, 并且在 5%的显著性水平下是统计显著的, t- 比是 -2.094.

3.8.4   用 EGARCH 模型进行预测

我们用 EGARCH(1,1) 模型来说明 EGARCH 模型的向前多步预测. 假定模型的参数已知, 新息服从标准高斯分布, 我们有

$$\ln\left(\sigma_t^2\right) = (1-\alpha_1)\,\alpha_0 + \alpha_1 \ln\left(\sigma_{t-1}^2\right) + g\left(\varepsilon_{t-1}\right),$$

$$g\left(\varepsilon_{t-1}\right) = \theta\varepsilon_{t-1} + \gamma\left(|\varepsilon_{t-1}| - \sqrt{2/\pi}\right).$$

两边取指数, 模型变成

$$\sigma_t^2 = \sigma_{t-1}^{2\alpha_1} \exp\left[(1-\alpha_1)\,\alpha_0\right] \exp\left[g\left(\varepsilon_{t-1}\right)\right],$$

$$g\left(\varepsilon_{t-1}\right) = \theta\varepsilon_{t-1} + \gamma\left(|\varepsilon_{t-1}| - \sqrt{2/\pi}\right). \tag{3.33}$$

设 h 是预测原点, 对向前 1 步预测, 我们有

$$\sigma_{h+1}^2 = \sigma_h^{2\alpha_1} \exp\left[(1-\alpha_1)\,\alpha_0\right] \exp\left[g\left(\varepsilon_h\right)\right],$$

其中右边的所有量都是已知的. 因此以 h 为预测原点的向前 1 步的波动率预测是 $\hat{\sigma}_h^2\,(1) = \sigma_{h+1}^2$, σ_{h+1}^2 由上式给出. 对向前 2 步预测, (3.33) 式给出

$$\sigma_{h+2}^2 = \sigma_{h+1}^{2\alpha_1} \exp\left[(1-\alpha_1)\,\alpha_0\right] \exp\left[g\left(\varepsilon_{h+1}\right)\right].$$

在 h 时刻取条件期望, 我们有

$$\hat{\sigma}_h^2\,(2) = \hat{\sigma}_h^{2\alpha_1}(1) \exp\left[(1-\alpha_1)\,\alpha_0\right] \mathrm{E}_h\left\{\exp\left[g\left(\varepsilon_{h+1}\right)\right]\right\},$$

其中 E_h 表示在时间原点 h 所取的条件期望. 上述期望可以由下式得到:

$$\begin{aligned}
\mathrm{E}\left\{\exp\left[g\left(\varepsilon\right)\right]\right\} &= \int_{-\infty}^{\infty} \exp\left[\theta\varepsilon + \gamma\left(|\varepsilon| - \sqrt{2/\pi}\right)\right] f\left(\varepsilon\right) \mathrm{d}\varepsilon \\
&= \exp\left(-\gamma\sqrt{2/\pi}\right)\left[\int_0^{\infty} \mathrm{e}^{(\theta+\gamma)\varepsilon} \frac{1}{\sqrt{2\pi}}\mathrm{e}^{-\varepsilon^2/2}\mathrm{d}\varepsilon + \int_{-\infty}^0 \mathrm{e}^{(\theta-\gamma)\varepsilon}\frac{1}{\sqrt{2\pi}}\mathrm{e}^{-\varepsilon^2/2}\mathrm{d}\varepsilon\right] \\
&= \exp\left(-\gamma\sqrt{2/\pi}\right)\left[\mathrm{e}^{(\theta+\gamma)^2/2}\Phi\left(\theta+\gamma\right) + \mathrm{e}^{(\theta-\gamma)^2/2}\Phi\left(\gamma-\theta\right)\right],
\end{aligned}$$

其中 $f\left(\varepsilon\right)$ 和 $\Phi\left(x\right)$ 分别表示标准正态分布的概率密度函数和累积分布函数. 因此, 向前 2 步波动率预测值为

$$\begin{aligned}
\hat{\sigma}_h^2\,(2) =& \hat{\sigma}_h^{2\alpha_1}(1) \exp\left[(1-\alpha_1)\,\alpha_0 - \gamma\sqrt{2/\pi}\right] \\
& \times \left\{\exp\left[(\theta+\gamma)^2/2\right]\Phi\left(\theta+\gamma\right) + \exp\left[(\theta-\gamma)^2/2\right]\Phi\left(\gamma-\theta\right)\right\}.
\end{aligned}$$

重复前面的步骤, 我们得到向前 j 步预测的递推公式:

$$\hat{\sigma}_h^2\,(j) = \hat{\sigma}_h^{\widehat{2\alpha_1}}(j-1)\exp(\omega) \times \left\{\exp\left[(\theta+\gamma)^2/2\right]\Phi(\theta+\gamma) + \exp\left[(\theta-\gamma)^2/2\right]\Phi(\gamma-\theta)\right\},$$

其中 $\omega = (1 - \alpha_1) \alpha_0 - \gamma \sqrt{2/\pi}$. $\Phi(\theta + \gamma)$ 和 $\Phi(\gamma - \theta)$ 的值可以从统计软件包中得到. 另外, 可用第 6 章附录 B 中的方法得到这些值较精确的近似.

作为例子, 考虑 3.8.3 节为 IBM 股票月对数收益率 (时间终点是 1997 年 12 月) 建立的 AR(1)-EGARCH(1,1) 模型. 利用所建立的 EGARCH(1,1) 模型, 可以计算该序列的波动率预测. 在预测原点 $t = 864$, 预测值是 $\hat{\sigma}_{864}(1) = 6.05 \times 10^{-3}$, $\hat{\sigma}^2_{864}(2) = 5.82 \times 10^{-3}$, $\hat{\sigma}^2_{864}(3) = 5.63 \times 10^{-3}$, $\hat{\sigma}^2_{864}(10) = 4.94 \times 10^{-3}$. 这些预测值逐步收敛到 (3.30) 式中的 "扰动" 过程的样本方差 4.37×10^{-3}.

3.9　门限 GARCH 模型

另外一个经常用来处理杠杆效应的波动率模型是门限 GARCH 模型 (或 TGARCH 模型), 可参见 Glosten、Jagannathan 和 Runkle(1993) 以及 Zakoian(1994). 一个 TGARCH(m, s) 模型假定:

$$\sigma_t^2 = \alpha_0 + \sum_{i=1}^{s}(\alpha_i + \gamma_i N_{t-i})a_{t-i}^2 + \sum_{j=1}^{m}\beta_j \sigma_{t-j}^2, \tag{3.34}$$

其中 N_{t-i} 是关于负 a_{t-i} 的指示变量, 即

$$N_{t-i} = \begin{cases} 1, & 若\ a_{t-i} < 0, \\ 0, & 若\ a_{t-i} \geqslant 0, \end{cases}$$

α_i, γ_i 和 β_j 为非负参数, 满足类似于 GARCH 模型的条件. 从模型中可以看出正的 a_{t-i} 对 σ_t^2 的贡献为 $\alpha_i a_{t-i}^2$, 而负的 a_{t-i} 对 σ_t^2 有更大的贡献 $(\alpha_i + \gamma_i)a_{t-i}^2$, 其中 $\gamma_i > 0$. 该模型用 0 作为门限来分隔过去扰动的影响. 也可以用其他的一些门限值, 参见第 4 章门限模型的一般概念. 模型 (3.34) 也称为 GJR 模型, 因为 Glosten 等人 (1993) 实质上给出了同样的模型.

作为例子, 考虑 IBM 股票从 1926 年到 2003 年的月对数收益率. 拟合的 TGARCH(1, 1) 模型如下:

$$\begin{aligned} &r_t = 0.012\ 1 + a_t, \quad a_t = \sigma_t \varepsilon_t, \\ &\sigma_t^2 = 3.45 \times 10^{-4} + (0.065\ 8 + 0.084\ 3N_{t-1})a_{t-1}^2 + 0.818\ 2\sigma_{t-1}^2, \end{aligned} \tag{3.35}$$

其中新息服从 GED 分布, 所估计的 GED 分布的参数为 1.51, 标准误差为 0.099. 均值方程参数估计的标准误差是 0.002, 波动率方程参数估计的标准误差分别是 1.26×10^{-4}, 0.031 4, 0.039 5 和 0.049. 为检验所拟合的模型, 对标准化的残差 $\tilde{a}_t$ 有 $Q(12) = 18.34(0.106)$, 对 $\tilde{a}_t^2$ 有 $Q(12) = 5.36(0.95)$. 从而模型对对数收益率的前两阶条件矩的建模是充分的. 基于所拟合的模型, 杠杆效应在 5%的显著性水平下是显著的.

所用到的 S-Plus 命令

```
> ibm.tgarch = garch(ibmln~1,~tgarch(1,1),leverage=T,
+ cond.dist='ged')
> summary(ibm.tgarch)
> plot(ibm.tgarch)
```

比较为 IBM 股票的对数收益率所建立的 (3.31) 式和 (3.34) 式会发现这两个模型是很有意思的. 假定 $a_{t-1} = \pm 2\sigma_{t-1}$, 于是 $\varepsilon_{t-1} = \pm 2$. 由 EGARCH(1, 1) 模型可得

$$\frac{\sigma_t^2(\varepsilon_{t-1} = -2)}{\sigma_t^2(\varepsilon_{t-1} = 2)} = \mathrm{e}^{0.22 \times 2 \times 0.632} \approx 1.264.$$

另一方面, 忽略掉常数项 0.000 345, 由 TGARCH(1, 1) 模型得

$$\frac{\sigma_t^2(\varepsilon_{t-1} = -2)}{\sigma_t^2(\varepsilon_{t-1} = 2)} \approx \frac{[(0.065\,8 + 0.084\,3)4 + 0.818\,2]\sigma_{t-1}^2}{(0.065\,8 \times 4 + 0.818\,2)\sigma_{t-1}^2} = 1.312.$$

这两个模型给出了相似的杠杆效应.

3.10   CHARMA 模型

人们在文献中已经提出很多其他的经济模型来描述 (3.2) 式中条件方差 σ_t^2 的演变. 我们介绍一下条件异方差 ARMA(CHARMA) 模型, 此模型是用随机系数来产生条件异方差性 (见 Tsay(1987)). CHARMA 模型与 ARCH 模型不同, 但这两个模型有相似的二阶条件性质. CHARMA 模型定义为

$$r_t = \mu_t + a_t, \quad a_t = \delta_{1t}a_{t-1} + \delta_{2t}a_{t-2} + \cdots + \delta_{mt}a_{t-m} + \eta_t, \tag{3.36}$$

其中 $\{\eta_t\}$ 是均值为零、方差为 σ_η^2 的高斯白噪声序列. $\{\boldsymbol{\delta}_t\} = \{(\delta_{1t}, \cdots, \delta_{mt})'\}$ 是一列独立同分布的随机向量序列, 其均值为 0、协方差阵为非负定阵 $\boldsymbol{\Omega}$, 并且 $\{\boldsymbol{\delta}_t\}$ 与 $\{\eta_t\}$ 独立. 本节将用向量与矩阵运算的一些基本性质来简化叙述. 读者可以参考第 8 章的附录 A. 在此对这些性质作一些简短的回顾. 对 $m > 0$, 模型可写成

$$a_t = \boldsymbol{a}_{t-1}'\boldsymbol{\delta}_t + \eta_t,$$

其中 $\boldsymbol{a}_{t-1} = (a_{t-1}, \cdots, a_{t-m})'$ 是 a_t 的延迟值构成的向量, 在 $t-1$ 时刻是已知的. 从而, (3.36) 式的 CHARMA 模型中 a_t 的条件方差为

$$\sigma_t^2 = \sigma_\eta^2 + \boldsymbol{a}_{t-1}'\mathrm{Cov}\,(\boldsymbol{\delta}_t)\,\boldsymbol{a}_{t-1} = \sigma_\eta^2 + (a_{t-1}, \cdots, a_{t-m})\,\boldsymbol{\Omega}\,(a_{t-1}, \cdots, a_{t-m})'. \tag{3.37}$$

记 $\boldsymbol{\Omega}$ 的第 (i, j) 个元素为 ω_{ij}. 因为矩阵是对称的, 故 $\omega_{ij} = \omega_{ji}$. 若 $m = 1$, 则 (3.37) 式简化为 $\sigma_t^2 = \sigma_\eta^2 + \omega_{11}a_{t-1}^2$, 这是一个 ARCH(1) 模型. 若 $m = 2$, (3.37) 式变为

$$\sigma_t^2 = \sigma_\eta^2 + \omega_{11}a_{t-1}^2 + 2\omega_{12}a_{t-1}a_{t-2} + \omega_{22}a_{t-2}^2,$$

这不同于 ARCH(2) 模型, 因为有交叉乘积项 $a_{t-1}a_{t-2}$. 一般地, 若 Ω 为对角阵, 则 CHARMA(m) 模型的条件方差等于一个 ARCH(m) 模型的条件方差. 因为 Ω 是协方差阵, 它是非负定的, 而 σ_η^2 是方差、是正的, 故我们有 $\sigma_t^2 \geqslant \sigma_\eta^2 > 0$ 对任何 t 成立. 换句话说, 在 CHARMA 模型下 σ_t^2 自动地是正数.

ARCH 和 CHARMA 模型的明显区别是后者在波动率方程中有 a_t 的延迟值的交叉乘积项. 这些交叉乘积项在一些应用中会有用. 例如, 在资产收益率建模中, 交叉乘积项表示前面的收益率的相互作用. 可以想象, 股票波动率依赖于这些相互作用. 然而, 交叉乘积项的个数随着阶 m 迅速增加, 因此需要某些限制以使模型简单. 一些可能的限制是在 CHARMA 模型中只用少数交叉乘积项. ARCH 和 CHARMA 模型的另一个区别是: 高阶 CHARMA 模型的性质比 ARCH 模型的性质更难得到, 这是因为处理多元随机变量比较困难.

作为例子, 我们对前面 GARCH 建模已用的标准普尔 500 指数的月超额收益率建立一个 CHARMA 模型:

$$r_t = \phi_0 + a_t, \quad a_t = \delta_{1t}a_{t-1} + \delta_{2t}a_{t-2} + \eta_t.$$

所拟合的模型为

$$r_t = 0.006\,35 + a_t, \quad \sigma_t^2 = 0.001\,79 + (a_{t-1}, a_{t-2})\,\hat{\Omega}\,(a_{t-1}, a_{t-2})',$$

其中

$$\hat{\Omega} = \left[\begin{array}{cc} 0.141\,7\,(0.033\,3) & -0.059\,4\,(0.036\,5) \\ -0.059\,4\,(0.036\,5) & 0.308\,1\,(0.034\,0) \end{array} \right],$$

括号中的数是标准误差. $\hat{\Omega}$ 的交叉乘积项的 t- 比为 -1.63, 它是在 10% 的水平下边际显著的. 如果我们把模型改进为

$$r_t = \phi_0 + a_t, \quad a_t = \delta_{1t}a_{t-1} + \delta_{2t}a_{t-2} + \delta_{3t}a_{t-3} + \eta_t,$$

但假定 δ_{3t} 与 $(\delta_{1t}, \delta_{2t})$ 是不相关的, 则我们得到的拟合模型为

$$r_t = 0.006\,8 + a_t, \quad \sigma_t^2 = 0.001\,36 + (a_{t-1}, a_{t-2}, a_{t-3})\,\hat{\Omega}\,(a_{t-1}, a_{t-2}, a_{t-3})',$$

其中 $\hat{\Omega}$ 的元素及其标准误差 (在括号中给出) 为

$$\hat{\Omega} = \left[\begin{array}{ccc} 0.121\,2\,(0.035\,5) & -0.062\,2\,(0.028\,3) & 0 \\ -0.062\,2\,(0.028\,3) & 0.191\,3\,(0.025\,4) & 0 \\ 0 & 0 & 0.298\,8\,(0.042\,0) \end{array} \right],$$

所有的估计值在 5% 的水平下是显著的. 对该模型, $a_t = r_t - 0.006\,8$ 是月超额收益率与它的平均值的偏离. 所拟合的 CHARMA 模型说明前两个延迟值之间存在某

种相互作用. 实际上, 波动率方程可近似地写成

$$\sigma_t^2 = 0.001\ 36 + 0.12a_{t-1}^2 - 0.12a_{t-1}a_{t-2} + 0.19a_{t-2}^2 + 0.30a_{t-3}^2.$$

当 $a_{t-1}a_{t-2}$ 为负时, 条件方差要稍大一些.

解释变量的效应

我们很容易把 CHARMA 模型推广, 使得模型中 r_t 的波动率依赖于某些解释变量. 设 $\{x_{it}\}_{i=1}^m$ 是 t 时刻可观测的 m 个解释变量. 考虑模型

$$r_t = \mu_t + a_t, \quad a_t = \sum_{i=1}^m \delta_{it}x_{i,t-1} + \eta_t, \tag{3.38}$$

其中 $\boldsymbol{\delta}_t = (\delta_{1t}, \cdots, \delta_{mt})'$ 和 η_t 是 (3.35) 式中定义的随机向量和随机变量. 那么, a_t 的条件方差为

$$\sigma_t^2 = \sigma_\eta^2 + (x_{1,t-1}, \cdots, x_{m,t-1})\,\boldsymbol{\Omega}\,(x_{1,t-1}, \cdots, x_{m,t-1})'.$$

在实际应用中, 解释变量可能会包含 a_t 的某些延迟值.

3.11   随机系数的自回归模型

文献中, 随机系数自回归 (random coefficient autoregressive, RCA) 模型是为了考虑不同体制间的变化而提出的, 类似于计量经济学中的面板数据分析 (panel data analysis) 和统计学中的分等级模型 (hierarchical model). 我们把 RCA 模型当做条件异方差模型来阐述, 但历史上, 它是通过允许参数随时间演变来得到过程的条件均值方程的更好描述. 称时间序列 $\{r_t\}$ 服从 RCA(p) 模型, 如果 $\{r_t\}$ 满足

$$r_t = \phi_0 + \sum_{i=1}^p (\phi_i + \delta_{it})\, r_{t-i} + a_t, \tag{3.39}$$

其中 p 是正整数, $\{\boldsymbol{\delta}_t\} = \left\{(\delta_{1t}, \cdots, \delta_{pt})'\right\}$ 是一列独立的均值为 0、协方差阵为 $\boldsymbol{\Omega}_\delta$ 的随机向量, 且 $\{\boldsymbol{\delta}_t\}$ 与 $\{a_t\}$ 是独立的. 关于该模型的更详细的讨论, 参见 Nicholls 和 Quinn(1982). (3.39) 式中的 RCA 模型的条件均值和条件方差为

$$\boldsymbol{\mu}_t = \mathrm{E}\,(r_t\,|F_{t-1}) = \phi_0 + \sum_{i=1}^p \phi_i r_{t-i}, \quad \sigma_t^2 = \sigma_a^2 + (r_{t-1}, \cdots, r_{t-p})\,\boldsymbol{\Omega}_\delta\,(r_{t-1}, \cdots, r_{t-p})',$$

与 CHARMA 模型形式上相同. 但 RCA 和 CHARMA 模型间存在微妙的差别: 对 RCA 模型, 波动率是观察到的延迟值 r_{t-i} 的二次函数, 而在 CHARMA 模型中, 波动率是延迟的新息 a_{t-i} 的二次函数.

3.12 随机波动率模型

另一种描述金融时间序列波动率演变的方法是: 对 a_t 的条件方差方程引进一个新息. 具体讨论可参见 Melino 和 Turnbull(1990), Taylor(1994), Harvey, Ruiz 和 Shephard(1994), Jacquier, Polson 和 Rossi(1994). 结果得到的是随机波动率模型. 与 EGARCH 模型相似, 为了保证条件方差为正的, SV 模型用 $\ln\left(\sigma_t^2\right)$ 而不是 σ_t^2. SV 模型定义为

$$a_t = \sigma_t \varepsilon_t, \quad (1 - \alpha_1 B - \cdots - \alpha_m B^m)\ln\left(\sigma_t^2\right) = \alpha_0 + v_t, \tag{3.40}$$

其中 ε_t 独立同分布且服从 $N(0,1)$, v_t 独立同分布且服从 $N\left(0, \sigma_v^2\right)$, 且 $\{\varepsilon_t\}$ 和 $\{v_t\}$ 是相互独立的, α_0 是常数, 多项式 $1 - \sum_{i=1}^{m} \alpha_i B^i$ 的所有根的模大于 1. 引进新息 v_t 很大程度地增加了模型的灵活性, 但也增加了参数估计的困难. 为了估计 SV 模型, 我们需要通过 Kalman 滤波或者 Monte Carlo 方法来应用伪似然 (quasi-likelihood) 方法. Jacquier, Polson 和 Rossi(1994) 给出了伪似然和 Monte Carlo 马尔可夫链 (MCMC) 方法的估计结果之间的比较. 估计 SV 模型比较困难是可以想象的, 因为此模型中用了两个新息 ε_t 和 v_t. 第 12 章将讨论一个 MCMC 方法去估计 SV 模型. 关于随机波动率模型的讨论, 请参考 Taylor(1994).

Jacquier, Polson 和 Rossi(1994) 的附录中给出了一些 SV 模型当 $m=1$ 时的性质. 例如, 当 $m=1$ 时,

$$\ln\left(\sigma_t^2\right) \sim N\left(\frac{\alpha_0}{1 - \alpha_1}, \quad \frac{\sigma_v^2}{1 - \alpha_1^2}\right) \equiv N\left(\mu_h, \sigma_h^2\right),$$

且 $\mathrm{E}\left(a_t^2\right) = \exp\left[\mu_h + \sigma_h^2/2\right]$, $\mathrm{E}\left(a_t^4\right) = 3\exp\left[2\mu_h^2 + 2\sigma_h^2\right]$, 和 $\mathrm{corr}\left(a_t^2, a_{t-i}^2\right) = \left[\exp\left(\sigma_h^2\alpha_1^i\right) - 1\right] / \left[3\exp\left(\sigma_h^2\right) - 1\right]$. 限定在一定范围内的经验告诉我们, SV 模型常常在模型的拟合上有改进, 但在样本以外的波动率预测上与其他模型相比却时好时坏.

3.13 长记忆随机波动率模型

最近, 有人利用分数差分方法, 进一步推广了 SV 模型, 允许波动率有长记忆性. 正如第 2 章所讨论的, 一个时间序列是一个长记忆过程, 如果当间隔增加时自相关函数以幂函数 (而不是以指数速度) 衰减. 在波动率的研究中引进长记忆模型的动机是这样一个事实: 虽然资产收益率序列本身没有序列相关性, 但收益率的绝对值或平方序列的自相关函数常常衰减很慢, 参见 Ding、Granger 和 Engle(1993). 图 3-10 所示的是 IBM 股票和标准普尔 500 指数从 1962 年 7 月 3 日至 2003 年 12

月 31 日的日收益率绝对值序列的样本自相关函数. 这两个样本 ACF 都是正的, 取值大小中等, 但衰减很慢.

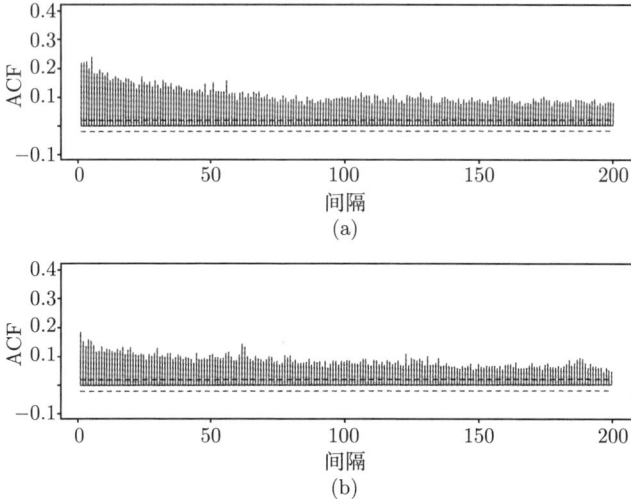

图 3-10 标准普尔 500 指数和 IBM 股票日对数收益率绝对值序列的样本 ACF, 时间区间是 1962 年 7 月 3 日至 2003 年 12 月 31 日. 两个水平虚线表示渐近的 5% 水平的上、下限

简单的长记忆随机波动率 (LMSV) 模型可写成

$$a_t = \sigma_t \varepsilon_t, \quad \sigma_t = \sigma \exp\left(u_t/2\right), \quad (1-B)^d u_t = \eta_t, \tag{3.41}$$

其中 $\sigma > 0$, ε_t 独立同分布服从 $N(0,1)$, η_t 独立同分布服从 $N\left(0, \sigma_\eta^2\right)$ 且和 ε_t 相互独立, $0 < d < 0.5$. 长记忆的特征源于分数差分 $(1-B)^d$, 它可推出 u_t 的 ACF 以幂函数 (而不是以指数函数) 衰减. 对模型 (3.41), 我们有

$$\ln\left(a_t^2\right) = \ln\left(\sigma^2\right) + u_t + \ln\left(\varepsilon_t^2\right)$$

$$= \left[\ln\left(\sigma^2\right) + \mathrm{E}\left(\ln\varepsilon_t^2\right)\right] + \mu_t + \left[\ln\left(\varepsilon_t^2\right) - \mathrm{E}\left(\ln\varepsilon_t^2\right)\right] \equiv \mu + \mu_t + e_t.$$

这样, $\ln\left(a_t^2\right)$ 序列是一个高斯长记忆过程加上一个非高斯白噪声, 见 Breidt, Crato 和 de Lima(1998). 长记忆随机波动率模型的估计很复杂, 但分数差分参数 d 是可以用伪最大似然法或回归方法来估计的. 对标准普尔 500 指数中运用的公司股票的日收益率, 取平方后再取对数, 利用这样的一些序列, Bollerslev 和 Jubinski(1999), Ray 和 Tsay(2000) 发现 d 的中位数估计约为 0.38. Ray 和 Tsay(2000) 以各种不同特征对公司进行分类, 研究了各类公司股票的日波动率的共同的长记忆成分. 他们发现同一行业公司会有更趋相同的长记忆成分 (例如, 美国大的国有银行和金融机构).

3.14 应 用

本节中, 我们运用本章讨论过的波动率模型来研究有实际重要性的一些问题. 所用数据是从 1926 年 1 月至 1999 年 12 月的 IBM 股票和 S&P500 指数的月对数收益率. 共有 888 个观察值, 收益率以百分比形式给出并包括了分红. 图 3-11 所示的是这两个收益率序列的时间图. 注意到该节的结果都是用 RATS 程序得到的.

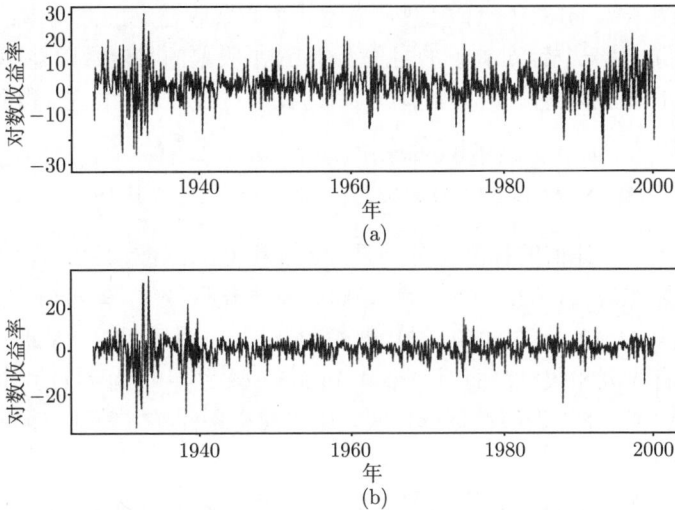

图 3-11 (a) IBM 股票和 (b) 标准普尔 500 指数月对数收益率的时间图. 样本时间段是从 1926 年 1 月至 1999 年 12 月. 收益率以百分比给出并包括了分红

例 3.4 我们关心这样的问题: 是否一支股票的日波动率在夏季比较低? 如果是, 低多少? 对这两个问题肯定的回答在股票期权定价中有实际意义. 我们用图 3-11a 所示的 IBM 股票的月对数收益率作为例子来说明怎样回答这两个问题.

记月对数收益率为 r_t. 给数据拟合一个高斯 GARCH(1,1) 模型:

$$
\begin{aligned}
&r_t = 1.23 + 0.099 r_{t-1} + a_t, \quad a_t = \sigma_t \varepsilon_t, \\
&\sigma_t^2 = 3.206 + 0.103 a_{t-1}^2 + 0.825 \sigma_{t-1}^2,
\end{aligned}
\tag{3.42}
$$

均值方程中的两个参数估计值的标准误差分别为 0.222 和 0.037, 波动率方程中三个参数估计值的标准误差分别为 0.947, 0.021, 0.037. 对标准化的残差 $\tilde{a}_t = a_t/\sigma_t$, Ljung-Box 统计量为 $Q(10) = 7.82\,(0.553)$ 和 $Q(20) = 21.22\,(0.325)$, 括号中为 p 值. 这样, 均值方程的残差没有序列相关性. 而对 $\tilde{a}_t^2$, $Q(10) = 2.89\,(0.98)$ 和 $Q(20) = 7.26\,(0.99)$, 表明标准化残差中无条件异方差性. 所拟合的模型似乎是充分的, 这个模型是进一步研究的出发点.

为了研究资产波动率的夏季效益, 先定义一个示性变量:

$$u_t = \begin{cases} 1, & \text{若 } t \text{ 表示的是六月、七月、八月,} \\ 0, & \text{其他,} \end{cases} \tag{3.43}$$

并把波动率方程修改为

$$\sigma_t^2 = \alpha_0 + \alpha_1 a_{t-1}^2 + \beta_1 \sigma_{t-1}^2 + u_t \left(\alpha_{00} + \alpha_{10} a_{t-1}^2 + \beta_{10} \sigma_{t-1}^2 \right).$$

这个方程用两个 GARCH(1,1) 模型来描述一个股票收益率的波动率: 一个模型针对夏季的月份, 另一个针对剩下的月份. 对 IBM 股票的月对数收益率, α_{10} 和 β_{10} 的估计值在 10% 的水平下是不显著的, 因此我们对方程进行改进, 得到

$$\begin{aligned} r_t &= 1.21 + 0.099 r_{t-1} + a_t, \quad a_t = \sigma_t \varepsilon_t, \\ \sigma_t^2 &= 4.539 + 0.113 a_{t-1}^2 + 0.816 \sigma_{t-1}^2 - 5.154 u_t. \end{aligned} \tag{3.44}$$

均值方程中参数估计值的标准差分别是 0.218 和 0.037, 波动率方程中参数估计的标准差分别是 1.071, 0.022, 0.037 和 1.900. 标准化残差 $\tilde{a}_t = a_t / \sigma_t$ 的 Ljung-Box 统计量的值为 $Q(10) = 7.66 (0.569)$ 和 $Q(20) = 21.64 (0.302)$, 因此, 在标准化残差序列中没有序列相关性. 而对 $\tilde{a}_t^2$, 其 Ljung-Box 统计量为 $Q(10) = 3.38 (0.97)$, $Q(20) = 6.82 (0.99)$, 这表明在标准化残差中也没有条件异方差性. 改进后的模型看起来是充分的.

比较 (3.42) 和 (3.44) 式中的波动率方程, 我们会得出如下结论. 第一, 因为系数 -5.154 与零显著的不同, p 值为 0.006 7, 从而股票波动率的夏季效应在 1% 的水平下是统计显著的. 另外, 估计值的负号证实了 IBM 股票月对数收益率的波动率在夏季确实较低. 第二, 把 (3.44) 式中波动率模型改写成

$$\sigma_t^2 = \begin{cases} -0.615 + 0.113 a_{t-1}^2 + 0.816 \sigma_{t-1}^2, & \text{若 } t \text{ 是六月、七月、八月,} \\ 4.539 + 0.113 a_{t-1}^2 + 0.816 \sigma_{t-1}^2, & \text{其他,} \end{cases}$$

负常数项 $-0.615 = 4.539 - 5.154$ 与直观不一致. 然而, 因为 4.539 和 5.154 的标准误差相对较大, 估计值之差 -0.615 可能不会显著地不同于 0. 为了证实这一点, 我们限制波动率方程中的常数项对夏季月份是 0, 然后重新拟合模型. 利用如下方程

$$\sigma_t^2 = \alpha_1 a_{t-1}^2 + \beta_1 \sigma_{t-1}^2 + \gamma (1 - u_t).$$

所拟合模型为

$$\begin{aligned} r_t &= 1.21 + 0.099 r_{t-1} + a_t, \quad a_t = \sigma_t \varepsilon_t, \\ \sigma_t^2 &= 0.114 a_{t-1}^2 + 0.811 \sigma_{t-1}^2 + 4.552 (1 - u_t). \end{aligned} \tag{3.45}$$

均值方程中参数估计的标准误差分别为 0.219 和 0.038, 波动率方程中参数估计的标准误差分别为 0.022, 0.034 和 1.094. 标准化残差 $\tilde{a}_t$ 的 Ljung-Box 统计量

为 $Q(10) = 7.68$ 和 $Q(20) = 21.67$, $\tilde{a}_t^2$ 的 Ljung-Box 统计量为 $Q(10) = 3.17$ 和 $Q(20) = 6.85$. 检验统计量的这些值与前面得到的值很靠近, 在 5% 水平下都是不显著的.

(3.44) 式的波动率可用来评价夏季效应在 IBM 股票波动率上的体现. 作为说明, 基于 (3.44) 式, 对 1999 年的 IBM 月对数收益率来说, a_t^2 和 σ_t^2 的中位数分别是 29.4 和 75.1. 利用这些值, 我们有: 对夏季月份 $\sigma_t^2 = 0.114 \times 29.4 + 0.811 \times 75.1 = 64.3$, 对其他月份 $\sigma_t^2 = 68.8$. 这两个波动率之比为 $64.3/68.8 \approx 93\%$. 也就是说, 在夏季月份 IBM 股票的月对数收益率的波动率减小 7%.

例 3.5　标准普尔 500 指数在衍生产品市场上被广泛应用, 因此对它的波动率建模是一个研究热点. 此例中, 我们所问的问题是: 组成标准普尔 500 指数的单个股票过去的收益率对该指数现在的波动率建模是否有影响? 这个问题的详细研究超出了本章的范围, 这里我们仅用 IBM 股票过去的收益率作为解释变量来说明一下这个问题.

数据如图 3-11 所示, 标准普尔 500 指数的月收益率序列记为 r_t. 利用 r_t 和高斯 GARCH 模型, 我们得到如下特殊的 GARCH(2,1) 模型

$$r_t = 0.609 + a_t, \quad a_t = \sigma_t \varepsilon_t, \quad \sigma_t^2 = 0.717 + 0.147 a_{t-2}^2 + 0.839 \sigma_{t-1}^2. \tag{3.46}$$

均值方程中常数项的标准误差为 0.138, 波动率方程中参数的标准误差分别为 0.214, 0.021 和 0.017. 基于标准化残差 $\tilde{a}_t = a_t/\sigma_t$, 我们有 $Q(10) = 11.51\,(0.32)$, $Q(20) = 23.71\,(0.26)$, 括号内为 p 值. 对 $\tilde{a}_t^2$, $Q(10) = 9.42\,(0.49)$, $Q(20) = 13.01\,(0.88)$. 从而, 在 5% 的水平下, 模型是充分的.

使用 IBM 股票作为标准普尔 500 指数的成分, 下面我们评价其过去的收益率对标准普尔 500 指数波动率建模的影响. 作为一个简单的说明, 我们把波动率方程修改为

$$\sigma_t^2 = \alpha_0 + \alpha_2 a_{t-2}^2 + \beta_1 \sigma_{t-1}^2 + \gamma (x_{t-1} - 1.24)^2,$$

其中 x_t 是 IBM 股票的月对数收益率, 1.24 是 x_t 的样本均值. 对 r_t 拟合的模型变为

$$r_t = 0.616 + a_t, \quad a_t = \sigma_t \varepsilon_t,$$
$$\sigma_t^2 = 1.069 + 0.148 a_{t-2}^2 + 0.834 \sigma_{t-1}^2 - 0.007 (x_{t-1} - 1.24)^2. \tag{3.47}$$

均值方程中参数估计的标准误差为 0.139, 波动率方程中各参数估计的标准误差分别为 0.271, 0.020, 0.018 和 0.002. 关于模型的检验, 对标准化残差 $\tilde{a}_t = a_t/\sigma_t$, $Q(10) = 11.39\,(0.33)$, $Q(20) = 23.63\,(0.26)$, 而对 $\tilde{a}_t^2$, $Q(10) = 9.35\,(0.50)$, $Q(20) = 13.51\,(0.85)$. 因此, 此模型是充分的.

因为检验 $\gamma = 0$ 的 p 值为 0.003 9, 所以延迟间隔为 1 的 IBM 股票收益率对 S&P500 指数波动率的影响在 1% 的水平下是显著的. 系数的符号是负的, 这一点

是可以理解的. 这意味着延迟间隔为 1 的 IBM 股票的收益率能减小标准普尔 500 指数波动率. 表 3-4 给出了利用 (3.46) 和 (3.47) 式的模型给从 1999 年 7 月至 12 月的 S&P500 指数拟合的波动率模型. 从表中可看出, IBM 股票对数收益率的过去值对 S&P500 指数波动率确实有影响.

表 3-4   用带和不带 IBM 过去对数收益率的模型拟合的标准普尔 500 指数从 1999 年 7 月至 12 月的月对数收益率的波动率

月	7/99	8/99	9/99	10/99	11/99	12/99
模型 (3.46)	26.30	26.01	24.73	21.69	20.71	22.46
模型 (3.47)	23.32	23.13	22.46	20.00	19.45	18.27

3.15   其 他 方 法

本节考虑两种其他的波动率建模方法.

3.15.1   高频数据的应用

French, Schwert 和 Stambaugh(1987) 考虑了另一种估计波动率的方法. 他们用高频数据去计算低频收益率的波动率. 近年来, 这种方法已经有了一些吸引力, 因为高频金融数据越来越容易获得 [参见 Andersen, Bollerslev, Diebold 和 Labys(2001a, 2001b)].

假设我们对某资产的月波动率感兴趣, 并且我们可以获得该资产的日收益率. 令 r_t^m 是该资产的第 t 个月的月对数收益率. 同时假设第 t 个月有 n 个交易日, 这个月中的日对数收益率为 $\{r_{t,i}\}_{i=1}^n$. 利用对数收益率的性质, 我们有

$$r_t^m = \sum_{i=1}^n r_{t,i}.$$

假设条件方差和协方差存在, 则

$$\text{Var}\left(r_t^m \,|F_{t-1}\right) = \sum_{i=1}^n \text{Var}\left(r_{t,i}\,|F_{t-1}\right) + 2\sum_{i<j} \text{Cov}\left[\left(r_{t,i}, r_{t,j}\right)|F_{t-1}\right], \tag{3.48}$$

其中 F_{t-1} 是第 $t-1$ 个月已知的信息. 如果添加另外的假定, 上式可以简化. 例如, 若假定 $\{r_{t,i}\}$ 是白噪声序列, 则

$$\text{Var}\left(r_t^m\,|F_{t-1}\right) = n\text{Var}\left(r_{t,1}\right),$$

其中 $\text{Var}\left(r_{t,1}\right)$ 可以用日收益率 $\{r_{t,i}\}_{i=1}^n$ 估计出来:

$$\hat{\sigma}^2 = \frac{\sum_{i=1}^n \left(r_{t,i} - \bar{r}_t\right)^2}{n-1},$$

其中 $\bar{r}_t$ 是第 t 个月中的日对数收益率的样本均值 $\left[$ 即 $\bar{r}_t = \left(\sum_{i=1}^{n} r_{t,i}\right)/n\right]$. 从而, 月波动率的估计为

$$\hat{\sigma}_m^2 = \frac{n}{n-1}\sum_{i=1}^{n}(r_{t,i}-\bar{r}_t)^2. \tag{3.49}$$

若 $\{r_{t,i}\}$ 服从一个 MA(1) 模型, 则

$$\mathrm{Var}\,(r_t^m\,|F_{t-1}) = n\mathrm{Var}\,(r_{t,1}) + 2\,(n-1)\,\mathrm{Cov}\,(r_{t,1},r_{t,2}),$$

它的估计可由下式给出:

$$\hat{\sigma}_m^2 = \frac{n}{n-1}\sum_{i=1}^{n}(r_{t,i}-\bar{r}_t)^2 + 2\sum_{i=1}^{n-1}(r_{t,i}-\bar{r}_t)(r_{t,i+1}-\bar{r}_t). \tag{3.50}$$

上述波动率估计的方法很简单, 但在实际应用中会遇到一些困难. 第一, 对日收益率 $\{r_{t,i}\}$ 的模型是未知的, 这就使 (3.48) 式中协方差的估计复杂化了. 第二, 每个月大约 21 个交易日, 是个小样本, 这就使 (3.48) 式中方差和协方差的估计的精确性值得怀疑. 估计的精确性取决于 $\{r_{t,i}\}$ 的动态结构和它的分布. 若日对数收益率有较高的超额峰度和较强的序列相关性, 则 (3.49) 和 (3.50) 式中的样本估计 $\hat{\sigma}_m^2$ 甚至是不相合的 [参见 Bai, Russell 和 Tiao(2004)]. 为了使这种方法更有实用价值, 还需要更进一步的研究.

例 3.6 考虑标准普尔 500 指数的对数收益率的月波动率, 时间是从 1980 年 1 月至 1999 年 12 月. 我们用三种方法来计算波动率. 第一种方法, 用日对数收益率和 (3.49) 式 (即假定日对数收益率是白噪声序列). 第二种方法, 用日对数收益率但假定一个 MA(1) 模型 (即用 (3.50) 式). 第三种方法是对 1962 年 1 月至 1999 年 12 月的月收益率拟合一个 GARCH(1, 1) 模型. 我们使用更长的时间段是为了得到更精确的月波动率估计. 所用的 GARCH(1, 1) 模型为

$$r_t^m = 0.658 + a_t, \quad a_t = \sigma_t\varepsilon_t, \quad \sigma_t^2 = 3.349 + 0.086a_{t-1}^2 + 0.735\sigma_{t-1}^2,$$

其中 ε_t 是标准高斯白噪声序列. 图 3-12 所示的是估计出的月波动率, 我们清楚地看到基于日收益率的波动率估计值要比基于月收益率和 GARCH(1,1) 模型的波动率估计值大许多. 特别地, 当使用日收益率时, 1987 年 10 月的波动率估计值大约为 680. 而为了三个图有相同的尺度范围, 我们对它们进行了截断.

在 (3.48) 式中, 如果我们进一步假定 $\bar{r}_t$ 的样本均值是 0, 则我们有 $\hat{\sigma}_m^2 \approx \sum_{i=1}^{n} r_{t,i}^2.$ 这时, 一个月中日对数收益率的累积平方和就可以作为月波动率的估计. 这个概念已经推广到用某项资产的交易日内的对数收益率来估计日波动率. 设 r_t 表示某项资产的对数收益率. 假定可以得到等间隔的交易日的对数收益率满足 $r_t = \sum_{i=1}^{n} r_{t,i}.$

称量

$$\mathrm{RV}_t = \sum_{i=1}^{n} r_{t,i}^2,$$

为 r_t 的已实现波动率, 参见 Andersen 等 (2001a, b). 从数学上来讲, 已实现波动率是 r_t 的二次变差, 并且假定 $\{r_{t,i}\}_{i=1}^{n}$ 是均值为 0, 方差为有限的独立同分布随机变量序列. 限定在一定范围内的经验表明, $\ln(RV_t)$ 通常近似地服从高斯 ARIMA(0, 1, q) 模型, 该模型可以用来进行预测. 更多的信息参见 1.1 节.

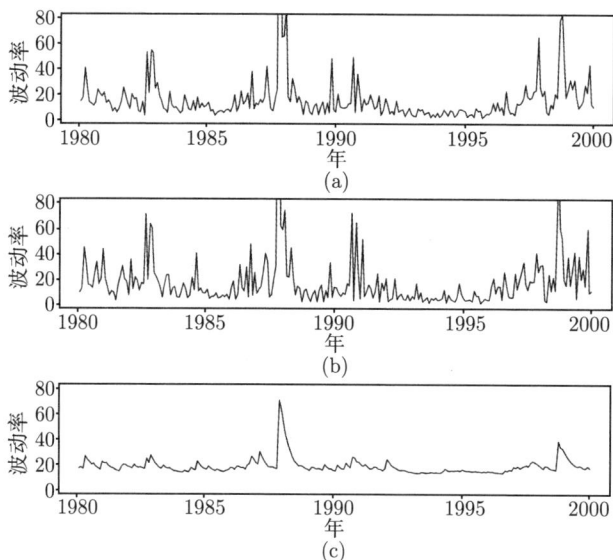

图 3-12　标准普尔 500 指数对数收益率的月波动率估计值的时间图, 时间范围是 1980 年 1 月至 1999 年 12 月：(a) 假定日对数收益率是白噪声序列; (b) 假设日对数收益率服从 MA(1) 模型; (c) 利用从 1962 年 1 月至 1999 年 12 月的月收益率和 GARCH(1,1) 模型

　　已实现波动率的优点包括其简单性以及用到了交易日内的收益率. 直观上讲, 人们喜欢尽可能地选择大的 n 以使用到更多的信息. 然而, 当 $r_{t,i}$ 之间的时间间隔很小时, 收益率将受到市场微观结构的约束 (例如买卖价格弹性), 这经常会导致波动率的有偏估计. 在构建已实现波动率时如何选择最优的时间间隔近来已经吸引了很多人去研究. 美国交易比较频繁的资产通常用 4~15 分钟的时间间隔. 对股票收益率应用已实现波动率的另外一个重要问题是如何处理隔夜的收益率, 即从第 $t-1$ 天的收盘价到第 t 天的开盘价之间的收益. 忽略隔夜收益率会严重低估波动率. 另一方面, 一定范围内的经验告诉我们, 对于指数收益率和外汇收益率而言, 隔夜收益率很小.

　　在一系列最近的文章中, Barndorff-Nielsen 和 Shephard(2004) 已经用资产的高频收益率来研究资产收益率的双幂变化, 并提出了一些方法来检测波动率中的跳跃.

3.15.2 日开盘价、最高价、最低价和收盘价的应用

对于许多资产, 日开盘价、最高价、最低价和收盘价都可以得到. Parkinson(1980), Garman 和 Klass(1980), Rogers 和 Satchell(1991) 以及 Yang 和 Zhang(2000) 的研究表明可以用这些信息来改进对波动率的估计. 图 3-13 给出了第 t 个交易日价格对时间的时间图, 这里假定时间是连续的. 对于一项资产, 定义如下变量:

- $C_t = $ 第 t 个交易日的收盘价;
- $O_t = $ 第 t 个交易日的开盘价;
- $f = $ 一天内结束交易的分数;
- $H_t = $ 第 t 个交易日的最高价;
- $L_t = $ 第 t 个交易日的最低价;
- $F_{t-1} = $ 第 $t-1$ 时刻所有的已知信息.

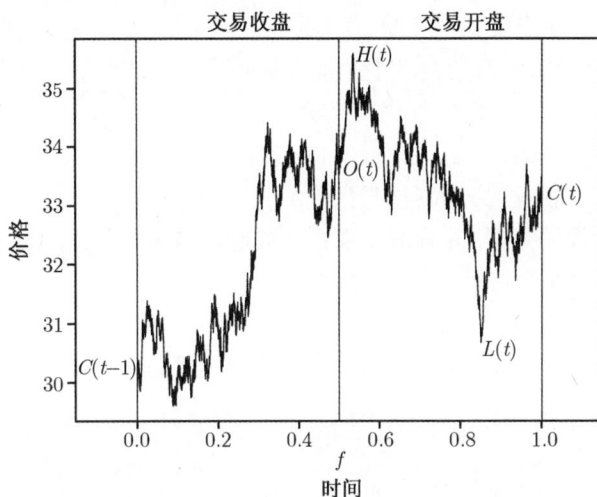

图 3-13 价格对时间的时间图: 价格的规模是任意的

常规的方差 (或波动率) 是 $\sigma_t^2 = \mathrm{E}[(C_t - C_{t-1})^2 | F_{t-1}]$. Garman 和 Klass(1980) 考虑了 σ_t^2 的几种估计, 他们假定价格服从一个不带漂移的扩散过程 (关于随机扩散过程的更多信息参见第 6 章). 他们考虑的估计包括:

- $\hat{\sigma}_{0,t}^2 = (C_t - C_{t-1})^2$.

- $\hat{\sigma}_{1,t}^2 = \dfrac{(O_t - C_{t-1})^2}{2f} + \dfrac{(C_t - O_t)^2}{2(1-f)}, \quad 0 < f < 1.$

- $\hat{\sigma}_{2,t}^2 = \dfrac{(H_t - L_t)^2}{4\ln(2)} \approx 0.360\,7(H_t - L_t)^2.$

- $\hat{\sigma}_{3,t}^2 = 0.17\dfrac{(O_t - C_{t-1})^2}{f} + 0.83\dfrac{(H_t - L_t)^2}{(1-f)4\ln(2)}, \quad 0 < f < 1.$

- $\hat{\sigma}_{5,t}^2 = 0.5\,(H_t - L_t)^2 - [2\,\ln(2) - 1]\,(C_t - O_t)^2$, 即 $\approx 0.5\,(H_t - L_t)^2$
  $- 0.386(C_t - O_t)^2.$

- $\hat{\sigma}_{6,t}^2 = 0.12\dfrac{(O_t - C_{t-1})^2}{f} + 0.88\dfrac{\hat{\sigma}_{5,t}^2}{1-f}, \quad 0 < f < 1.$

他们还考虑了更精确但更为复杂的估计 $\hat{\sigma}_{4,t}^2$, 然而该估计与 $\hat{\sigma}_{5,t}^2$ 很靠近. 定义波动率估计的效率因子为

$$\mathrm{Eff}(\hat{\sigma}_{i,t}^2) = \frac{\mathrm{Var}(\hat{\sigma}_{0,t}^2)}{\mathrm{Var}(\hat{\sigma}_{i,t}^2)},$$

Garman 和 Klass(1980) 发现, 对于所考虑的简单扩散模型, 当 $i = 1, 2, 3, 5, 6$ 时, $\mathrm{Eff}(\hat{\sigma}_{i,t}^2)$ 分别近似为 2, 5.2, 6.2, 7.4 和 8.4. 注意 Parkinson(1980) 推导出了 $f = 0$ 时的 $\hat{\sigma}_{2,t}^2$.

借助对数收益率定义如下变量:

- $o_t = \ln(O_t) - \ln(C_{t-1})$, 标准化开盘价;
- $u_t = \ln(H_t) - \ln(O_t)$, 标准化最高价;
- $d_t = \ln(L_t) - \ln(O_t)$, 标准化最低价;
- $c_t = \ln(C_t) - \ln(O_t)$, 标准化收盘价.

假定可以得到 n 天的数据, 并且波动率在一段时期内为常数. Yang 和 Zhang(2000) 建议用下面的估计作为波动率的稳健估计:

$$\hat{\sigma}_{yz}^2 = \hat{\sigma}_o^2 + k\hat{\sigma}_c^2 + (1-k)\hat{\sigma}_{rs}^2,$$

其中

$$\hat{\sigma}_o^2 = \frac{1}{n-1}\sum_{t=1}^n (o_t - \bar{o})^2, \quad \bar{o} = \frac{1}{n}\sum_{t=1}^n o_t,$$

$$\hat{\sigma}_c^2 = \frac{1}{n-1}\sum_{t=1}^n (c_t - \bar{c})^2, \quad \bar{c} = \frac{1}{n}\sum_{t=1}^n c_t,$$

$$\hat{\sigma}_{rs}^2 = \frac{1}{n}\sum_{t=1}^n [u_t(u_t - c_t) + d_t(d_t - c_t)],$$

$$k = \frac{0.34}{1.34 + (n+1)/(n-1)}.$$

估计 $\hat{\sigma}_{rs}^2$ 由 Rogers 和 Satchell(1991) 提出, 选择 k 使得估计 $\hat{\sigma}_{yz}^2$ 的方差最小, 其中 $\hat{\sigma}_{yz}^2$ 是三种估计的线性组合.

称量 $H_t - L_t$ 为第 t 天价格变化的范围. 该估计导致了基于价格变化范围的波动率估计, 可参见, 例如 Alizadeh、Brandt 和 Diebold(2002). 在实际中, 股票价格只在离散时间点上可观测到. 同样地, 观测到的最高价格可能比 H_t 低, 而观测到的最低价格可能比 L_t 高. 因此, 观测到的日价格范围可能会导致低估真实的价格范围, 从而可能导致对波动率的低估. 波动率估计中的偏差依赖于交易频率和股票的微小记录间隔. 对于交易很密集的股票, 可以忽略偏差. 对于其他股票, 则需要进一步的研究来更好地理解基于价格范围的波动率估计的表现好坏.

3.16 GARCH 模型的峰度

波动率估计中的不确定性是一个重要的问题, 但它经常被忽视. 为了评估被估波动率的易变性, 人们必须考虑波动率模型的峰度. 本节导出了 GARCH(1,1) 模型的超额峰度, 同样的思想可应用到其他 GARCH 模型中. 所考虑的模型为

$$a_t = \sigma_t \varepsilon_t, \quad \sigma_t^2 = \alpha_0 + \alpha_1 a_{t-1}^2 + \beta_1 \sigma_{t-1}^2,$$

其中 $\alpha_0 > 0$, $\alpha_1 \geqslant 0$, $\beta_1 \geqslant 0$, $\alpha_1 + \beta_1 < 1$, $\{\varepsilon_t\}$ 是独立同分布序列, 满足

$$\mathrm{E}\varepsilon_t = 0, \quad \mathrm{Var}\,(\varepsilon_t) = 1, \quad \mathrm{E}\left(\varepsilon_t^4\right) = K_\varepsilon + 3,$$

其中 K_ε 是 ε_t 的超额峰度. 基于以上假设, 我们有

- $\mathrm{Var}\,(a_t) = \mathrm{E}\left(\sigma_t^2\right) = \alpha_0 / [1 - (\alpha_1 + \beta_1)]$;
- $\mathrm{E}\left(a_t^4\right) = (K_\varepsilon + 3)\,\mathrm{E}\left(\sigma_t^4\right)$, 只要 $\mathrm{E}\sigma_t^4$ 是存在的.

在波动率的模型两边取平方, 有

$$\sigma_t^4 = \alpha_0^2 + \alpha_1^2 a_{t-1}^4 + \beta_1^2 \sigma_{t-1}^4 + 2\alpha_0 \alpha_1 a_{t-1}^2 + 2\alpha_0 \beta_1 \sigma_{t-1}^2 + 2\alpha_1 \beta_1 \sigma_{t-1}^2 a_{t-1}^2.$$

再两边取期望并利用前面所述的性质, 我们有

$$\mathrm{E}\left(\sigma_t^4\right) = \frac{\alpha_0^2 \left(1 + \alpha_1 + \beta_1\right)}{[1 - (\alpha_1 + \beta_1)] \left[1 - \alpha_1^2 \left(K_\varepsilon + 2\right) - (\alpha_1 + \beta_1)^2\right]},$$

只要 $1 > \alpha_1 + \beta_1 \geqslant 0$ 且 $1 - \alpha_1^2 \left(K_\varepsilon + 2\right) - (\alpha_1 + \beta_1)^2 > 0$. 若 a_t 的超额峰度存在, 则它是

$$K_a = \frac{\mathrm{E}\left(a_t^4\right)}{\left[\mathrm{E}\left(a_t^2\right)\right]^2} - 3 = \frac{(K_\varepsilon + 3)\left[1 - (\alpha_1 + \beta_1)^2\right]}{1 - 2\alpha_1^2 - (\alpha_1 + \beta_1)^2 - K_\varepsilon \alpha_1^2} - 3.$$

此超额峰度能写成一个非常有启发性的式子. 首先, 考虑 ε_t 是正态分布的情形. 在这个情形下, $K_\varepsilon = 0$, 并且通过简单的代数运算可得

$$K_a^{(g)} = \frac{6\alpha_1^2}{1 - 2\alpha_1^2 - (\alpha_1 + \beta_1)^2},$$

其中上角标 (g) 用来表示高斯分布. 这个结果有两个重要推论: (a) 若 $1 - 2\alpha_1^2 - (\alpha_1 + \beta_1)^2 > 0$, 则 a_t 的峰度存在; (b) 若 $\alpha_1 = 0$, 则 $K_a^{(g)} = 0$, 意味着对应的 GARCH(1,1) 模型没有厚尾.

其次, 考虑 ε_t 不是高斯分布的情形. 利用前面的结果, 我们有

$$K_a = \frac{K_\varepsilon - K_\varepsilon(\alpha_1 + \beta_1) + 6\alpha_1^2 + 3K_\varepsilon\alpha_1^2}{1 - 2\alpha_1^2 - (\alpha_1 + \beta_1)^2 - K_\varepsilon\alpha_1^2}$$

$$= \frac{K_\varepsilon\left[1 - 2\alpha_1^2 - (\alpha_1 + \beta_1)^2\right] + 6\alpha_1^2 + 5K_\varepsilon\alpha_1^2}{1 - 2\alpha_1^2 - (\alpha_1 + \beta_1)^2 - K_\varepsilon\alpha_1^2} = \frac{K_\varepsilon + K_a^{(g)} + \frac{5}{6}K_\varepsilon K_a^{(g)}}{1 - \frac{1}{6}K_\varepsilon K_a^{(g)}}.$$

这个结果最初由 George C.Tiao 得到 (参见 Bai, Russell 和 Tiao(2003)), 它对所有存在峰度的 GARCH 模型成立. 例如, 当 $\beta_1 = 0$ 时, 模型退化为 ARCH(1) 模型, 这时只要 $3\alpha_1^2 < 1$, 则 $K_a^{(g)} = 6\alpha_1^2/(1 - 3\alpha_1^2)$, 并且 a_t 的超额峰度为

$$K_a = \frac{(K_\varepsilon + 3)(1 - \alpha_1^2)}{1 - (K_\varepsilon + 3)\alpha_1^2} - 3 = \frac{K_\varepsilon + 2K_\varepsilon\alpha_1^2 + 6\alpha_1^2}{1 - 3\alpha_1^2 - K_\varepsilon\alpha_1^2}$$

$$= \frac{K_\varepsilon(1 - 3\alpha_1^2) + 6\alpha_1^2 + 5K_\varepsilon\alpha_1^2}{1 - 3\alpha_1^2 - K_\varepsilon\alpha_1^2} = \frac{K_\varepsilon + K_a^{(g)} + \frac{5}{6}K_\varepsilon K_a^{(g)}}{1 - \frac{1}{6}K_\varepsilon K_a^{(g)}}.$$

上述结果表明: 对 GARCH(1,1) 模型来说, 系数 α_1 在决定 a_t 的尾部行为时起关键作用. 若 $\alpha_1 = 0$, 则 $K_a^{(g)} = 0$ 且 $K_a = K_\varepsilon$. 这时 a_t 的尾部行为与标准化噪声 ε_t 的尾部行为相似. 若 $\alpha_1 > 0$, 则 $K_a^{(g)} > 0$, a_t 过程有厚尾性.

对一个 (标准化的) 自由度为 v 的学生 -t 分布, 若 $v > 4$, 我们有 $E(\varepsilon_t^4) = 6/(v-4) + 3$. 因此, 对 $v > 4$, ε_t 的超额峰度为 $K_\varepsilon = 6/(v-4)$. 这就是本章中当学生 -t 分布的自由度事先给定时我们使用 t_5 的部分原因. 只要 $1 - 2\alpha_1^2(v-1)/(v-4) - (\alpha_1 + \beta_1)^2 > 0$, 则 a_t 的超额峰度变为 $K_a = \left[6 + (v+1)K_a^{(g)}\right]/\left[v - 4 - K_a^{(g)}\right]$.

附录   波动率模型估计中的一些 RATS 程序

在实例说明过程中所用的数据文件是sp500.txt, 该文件中包含的是标准普尔 500 指数的超额收益率, 共 792 个观察值. RATS 程序中的注释前面带 $*$ 号.

A 带常数均值方程的高斯 GARCH(1,1) 模型

```
all 0  792:1
open data sp500.txt
data(org=obs) / rt
*** initialize the conditional variance function
set h = 0.0
*** specify the parameters of the model
nonlin mu a0 a1 b1
*** specify the mean equation
frml at = rt(t)-mu
*** specify the volatility equation
frml gvar = a0+a1*at(t-1)**2+b1*h(t-1)
*** specify the log likelihood function
frml garchln = -0.5*log(h(t)=gvar(t))-0.5*at(t)**2/h(t)
*** sample period used in estimation
smpl 2 792
*** initial estimates
compute a0 = 0.01, a1 = 0.1, b1 = 0.5, mu = 0.1
maximize(method=bhhh,recursive,iterations=150) garchln
set fv = gvar(t)
set resid = at(t)/sqrt(fv(t))
set residsq = resid(t)*resid(t)
*** Checking standardized residuals
cor(qstats,number=20,span=10) resid
*** Checking squared standardized residuals
cor(qstats,number=20,span=10) residsq
```

B 带学生 -t 分布新息的 GARCH(1,1) 模型

```
all 0  792:1
open data sp500.txt
data(org=obs) / rt
set h = 0.0
nonlin mu a0 a1 b1
frml at = rt(t)-mu
frml gvar = a0+a1*at(t-1)**2+b1*h(t-1)
frml tt = at(t)**2/(h(t)=gvar(t))
frml tln = %LNGAMMA((v+1)/2.)-%LNGAMMA(v/2.)-0.5*log(v-2.)
frml gln = tln-((v+1)/2.)*log(1.0+tt(t)/(v-2.0))-0.5*log(h(t))
smpl 2 792
compute a0 = 0.01, a1 = 0.1, b1 = 0.5, mu = 0.1, v = 10
maximize(method=bhhh,recursive,iterations=150) gln
set fv = gvar(t)
set resid = at(t)/sqrt(fv(t))
set residsq = resid(t)*resid(t)
cor(qstats,number=20,span=10) resid
cor(qstats,number=20,span=10) residsq
```

C 对 IBM 股票月对数收益率的 AR(1)-EGARCH(1, 1) 模型

```
all 0  864:1
open data m-ibm.txt
data(org=obs) / rt
set h = 0.0
nonlin c0 p1 th ga a0 a1
frml at = rt(t)-c0-p1*rt(t-1)
frml epsi = at(t)/(sqrt(exp(h(t))))
frml g = th*epsi(t)+ga*(abs(epsi(t))-sqrt(2./% PI))
frml gvar = a1*h(t-1)+(1-a1)*a0+g(t-1)
frml garchln = -0.5*(h(t)=gvar(t))-0.5*epsi(t)**2
smpl 3  864
compute c0 = 0.01, p1 = 0.01, th = 0.1, ga = 0.1
compute a0 = 0.01, a1 = 0.5
maximize(method=bhhh,recursive,iterations=150) garchln
set fv = gvar(t)
set resid = epsi(t)
set residsq = resid(t)*resid(t)
cor(qstats,number=20,span=10) resid
cor(qstats,number=20,span=10) residsq
```

练 习 题

3.1 对 GARCH(1,2) 模型, 导出以 h 为预测原点的向前多步预测公式.

3.2 对 GARCH(2,1) 模型, 导出以 h 为预测原点的向前多步预测公式.

3.3 假定 $r_1, \cdots, r_n$ 是来自于服从如下 AR(1)-GARCH(1,1) 模型的收益率序列的观察值: $r_t = \mu + \phi_1 r_{t-1} + a_t, a_t = \sigma_t \varepsilon_t, \sigma_t^2 = \alpha_0 + \alpha_1 a_{t-1}^2 + \beta_1 \sigma_{t-1}^2$, 其中 ε_t 是标准的高斯白噪声. 导出这组数据的条件对数似然函数.

3.4 在上题中, 假定 ε_t 服从自由度为 v 的标准化的学生 -t 分布. 导出数据的条件对数似然函数.

3.5 考虑 Intel 股票从 1973 年至 2003 年的月简单收益率, 数据包含在文件 m-intc7303.txt 中. 将收益率转换为对数收益率. 对转换后的序列建立一个 GARCH 模型并计算以 2003 年 12 月为预测原点的向前 1 步至 5 步的波动率预测值.

3.6 文件 m-mrk.dat 包含了 Merck 股票从 1946 年 6 月到 2008 年 12 月的月简单收益率, 有两列: 日期和月简单收益率. 把简单收益率变换成对数收益率.

(a) 对数收益率中有没有明显的序列相关性? 用自相关系数和 5% 的显著性水平来回答该问题. 如果有, 则移除序列相关性.

(b) 此对数收益率存在 ARCH 效应吗? 如果 (a) 部分中有序列相关性, 则该部分用其残差序列. 用 Ljung-Box 统计量, 对收益率平方 (或残差的平方) 的 6 个间隔和 12 个间隔的自相关系数, 在 5% 的显著水平下回答该问题.

(c) 对数据识别一个 ARCH 模型, 然后给数据拟合被识别的模型, 写出所拟合的模型.

3.7 文件 m-3m4603.txt 包括两列, 分别是 3M 公司股票的日期和月简单收益率. 把收益率变换成对数收益率.

    (a) 对数收益率存在 ARCH 效应吗? 用 6 个间隔和 12 个间隔的自相关系数所构成的 Ljung-Box 统计量, 在 5% 的显著水平下回答该问题.

    (b) 用收益率平方的 PACF 识别一个 ARCH 模型. 所拟合的模型是什么?

    (c) 共有 755 个数据点. 利用前 750 个观测重新拟合模型, 并利用所拟合的模型来预测 $t = 751$ 到 $t = 755$ 时的波动率 (预测原点为 $h = 750$).

    (d) 对 3M 股票的对数收益率建立一个 ARCH-M 模型. 在 5% 的显著水平下检验风险溢价为 0 的假设, 得出你的结论.

    (e) 利用前 750 个观测对 3M 股票的对数收益率建立一个 EGARCH 模型. 利用所建模型计算以 $h = 750$ 为预测原点的向前 1 步到向前 5 步的波动率预测.

3.8 文件 m-gmsp5003.txt 包含日期以及 General Motors 股票和标准普尔 500 指数从 1950 年至 1999 年的月对数收益率.

    (a) 给 GM 股票对数收益率建立一个带高斯新息的 GARCH 模型. 检验模型并写出最后所拟合的模型.

    (b) 给 GM 股票的对数收益率建立一个带高斯新息的 GARCH-M 模型. 所拟合的模型是什么?

    (c) 给 GM 股票的对数收益率建立一个带学生 -t 分布新息的 GARCH 模型, 估计出自由度并写出最后拟合的模型. 设 v 是学生 -t 分布的自由度, 在 5% 的显著水平下检验假设 $H_0 : v = 6$ 对 $H_a : v \neq 6$.

    (d) 给 GM 股票的对数收益率建立一个 EGARCH 模型. 所拟合的模型是什么?

    (e) 利用对 GM 股票的对数收益率所拟合的所有波动率模型进行向前 1 步到向前 6 步预测, 并进行比较.

3.9 再考虑文件 m-gmsp5003.txt 中的 GM 股票. 为序列建立一个充分的 TGARCH 模型. 写出所拟合的模型并进行杠杆效应的显著性检验. 给出向前 1 步到向前 6 步预测.

3.10 再次考虑文件 m-gmsp5003.txt 中的收益率.

    (a) 对标准普尔 500 指数的月对数收益率建立一个高斯 GARCH 模型. 仔细检验模型.

    (b) 在该指数收益率的波动率中存在夏季效应吗? 利用上小题中所建立的 GARCH 模型来回答.

    (c) GM 股票的延迟收益率在该指数波动率建模中有用吗? 利用本题中 (a) 所建的 GARCH 模型作为基础模型来比较.

3.11 文件 d-gmsp9303.txt 包含了 GM 股票和 S&P500 复合指数从 1993 到 2003 的日简单收益率, 有三列, 分别是日期、GM 股票收益率和 SP 收益率.

    (a) 计算 GM 股票的日对数收益率. 对数收益率中存在 ARCH 效应吗? 你可以用平方收益率的 10 个延迟值和 5% 的显著性水平进行检验.

    (b) 计算平方收益率序列的 PACF(10 个间隔以内的).

    (c) 给 GM 对数收益率拟合一个高斯 GARCH 模型. 进行检验, 并写出所拟合的模型.

    (d) 给序列建立一个带广义误差分布新息的 GARCH 模型, 写出所拟合的模型.

3.12 考虑文件 d-gmsp9303.txt 中的标准普尔 500 复合指数的日简单收益率.

    (a) 该简单收益率中存在 ARCH 效应吗? 你可以用平方收益率的 10 个延迟值和 5% 的显著性水平进行检验.

    (b) 为简单收益率序列建立一个充分的 GARCH 模型.

(c) 根据所拟合的模型计算简单收益率序列及其波动率的向前 1 步到向前 4 步预测.

3.13 再次考虑文件d-gmsp9303.txt中 GM 股票的日简单收益率.

    (a) 为序列拟合一个充分的 GARCH-M 模型, 并写出该模型.

    (b) 为序列拟合一个充分的 EGARCH 模型. 杠杆效应在 5% 的显著性水平下显著吗?

3.14 再次访问文件d-gmsp9303.txt. 然而, 我们将研究市场波动率在单个股票波动率建模中的意义. 将这两个收益率转换为对数收益率, 并以百分比形式给出.

    (a) 为对数标准普尔 500 收益率建立一个带广义误差分布的 AR(5)-GARCH(1,1) 模型. AR(5) 模型中只包含延迟为 3 和 5 的值. 用 "spvol" 表示所拟合的波动率序列.

    (b) 把 "spvol" 作为外生变量为对数 GM 收益率序列建立一个 GARCH(1, 1) 模型. 检验模型的充分性, 并写出所拟合的模型. 在 S-Plus 中, 命令为

```
fit = garch(gm~1, ~garch(1,1)+spvol, cond.dist='ged')
```

    (c) 讨论所拟合模型的意义.

3.15 仍像以前那样考虑 GM 股票和标准普尔 500 指数从 1993 年到 2003 年的日对数收益率的百分比. 但我们研究 GM 股票的波动率对标准普尔 500 指数波动率的建模有没有贡献. 采取以下步骤进行分析:

    (a) 给 GM 股票对数收益率的百分比拟合一个带广义误差分布的 GARCH(1, 1) 模型. 拟合的波动率用gmvol表示. 将gmvol作为外生变量为标准普尔 500 指数的对数收益率拟合一个充分的 GARCH 模型. 将所拟合的模型写出来.

    (b) 在为标准普尔 500 指数收益率波动率的建模中, GM 股票收益率的波动率有用吗? 为什么?

参 考 文 献

Alizadeh, S., Brandt, M., and Diebold, F. X. (2002). Range-based estimation of stochastic volatility models. *Journal of Finance* **57**: 1047–1092.

Andersen, T. G. and Bollerslev, T. (1998). Answering the skeptics: Yes, standard volatility models do provide accurate forecasts. *International Economic Review* **39**: 885–905.

Andersen, T. G., Bollerslev, T., Diebold, F. X., and Labys, P. (2001a). The distribution of realized exchange rate volatility. *Journal of the American Statistical Association* **96**: 42–55.

Andersen, T. G., Bollerslev, T., Diebold, F. X., and Labys, P. (2001b). The distribution of realized stock return volatility. *Journal of Financial Economics* **61**: 43–76.

Bai, X., Russell, J. R., and Tiao, G. C. (2003). Kurtosis of GARCH and stochastic volatility models with non-normal innovations. *Journal of Econometrics* **114**: 349–360.

Bai, X., Russell, J. R., and Tiao, G. C. (2004). Effects of non-normality and dependence on the precision of variance estimates using high-frequency financial data. Revised working paper, Graduate School of Business, University of Chicago.

Barndorff-Nielsen, O. E. and Shephard, N. (2004). Power and bi-power variations with stochastic volatility and jumps (with discussion). *Journal of Financial Econometrics* **2**: 1–48.

Bollerslev, T. (1986). Generalized autoregressive conditional heteroskedasticity. *Journal of Econometrics* **31**: 307–327.

Bollerslev, T. and Jubinski, D. (1999). Equality trading volume and volatility: Latent information arrivals and common long-run dependencies. *Journal of Business & Economic Statistics* **17**: 9–21.

Bollerslev, T., Chou, R. Y., and Kroner, K. F. (1992). ARCH modeling in finance. *Journal of Econometrics* **52**: 5–59.

Bollerslev, T., Engle, R. F., and Nelson, D. B. (1994). ARCH model. In R. F. Engle and D. C. McFadden (eds.). *Handbook of Econometrics IV*, pp. 2959–3038. Elsevier Science, Amsterdam.

Breidt, F. J., Crato, N., and de Lima, P. (1998). On the detection and estimation of long memory in stochastic volatility. *Journal of Econometrics* **83**: 325–348.

Cao, C. and Tsay, R. S. (1992). Nonlinear time series analysis of stock volatilities. *Journal of Applied Econometrics* **7**: s165–s185.

Ding, Z., Granger, C. W. J., and Engle, R. F. (1993). A long memory property of stock returns and a new model. *Journal of Empirical Finance* **1**: 83–106.

Engle, R. F. (1982). Autoregressive conditional heteroscedasticity with estimates of the variance of United Kingdom inflations. *Econometrica* **50**: 987–1007.

Fernández, C. and Steel, M. F. J. (1998). On Bayesian modelling of fat tails and skewness. *Journal of the American Statistical Association* **93**: 359–371.

French, K. R., Schwert, G. W., and Stambaugh, R. F. (1987). Expected stock returns and volatility. *Journal of Financial Economics* **19**: 3–29.

Garman, M. B. and Klass, M. J. (1980). On the estimation of security price volatilities from historical data. *Journal of Business* **53**: 67–78.

Glosten, L. R., Jagannathan, R., and Runkle, D. E. (1993). On the relation between the expected value and the volatility of nominal excess return on stocks. *Journal of Finance* **48**: 1779–1801.

Harvey, A. C., Ruiz, E., and Shephard, N. (1994). Multivariate stochastic variance models. *Review of Economic Studies* **61**: 247–264.

Jacquier, E., Polson, N. G., and Rossi, P. (1994). Bayesian analysis of stochastic volatility models (with discussion). *Journal of Business & Economic Statistics* **12**: 371–417.

Lambert, P. and Laurent, S. (2001). Modelling financial time series using GARCH-type models and a skewed Student density. Working paper, Université de Liège.

McLeod, A. I. and Li, W. K. (1983). Diagnostic checking ARMA time series models using squared-residual autocorrelations. *Journal of Time Series Analysis* **4**: 269–273.

Melino, A. and Turnbull, S. M. (1990). Pricing foreign currency options with stochastic volatility. *Journal of Econometrics* **45**: 239–265.

Nelson, D. B. (1990). Stationarity and persistence in the GARCH(1,1) model. *Econometric Theory* **6**: 318–334.

Nelson, D. B. (1991). Conditional heteroskedasticity in asset returns: A new approach. *Econometrica* **59**: 347–370.

Nicholls, D. F. and Quinn, B. G. (1982). *Random Coefficient Autoregressive Models: An Introduction*, Lecture Notes in Statistics, 11. Springer, New York.

Parkinson, M. (1980). The extreme value method for estimating the variance of the rate of return. *Journal of Business* **53**: 61–65.

Ray, B. K. and Tsay, R. S. (2000). Long-range dependence in daily stock volatilities. *Journal of Business & Economic Statistics* **18**: 254–262.

Rogers, L. C. G. and Satchell, S. E. (1991). Estimating variance from high, low and closing prices. *Annals of Applied Probability* **1**: 504–512.

Taylor, S. J. (1994). Modeling stochastic volatility: A review and comparative study. *Mathematical Finance* **4**: 183–204.

Tong, H. (1978). On a threshold model. In C. H. Chen (Ed.). *Pattern Recognition and Signal Processing*. Sijhoff & Noordhoff, Amsterdam.

Tong, H. (1990). *Non-Linear Time Series: A Dynamical System Approach*. Oxford University Press, Oxford, UK.

Tsay, R. S. (1987). Conditional heteroscedastic time series models. *Journal of the American Statistical Association*, **82**: 590–604.

Yang, D. and Zhang, Q. (2000). Drift-independent volatility estimation based on high, low, open, and close prices. *Journal of Business* **73**: 477–491.

Zakoian, J. M. (1994). Threshold heteroscedastic models. *Journal of Economic Dynamics and Control* **18**: 931–955.

第 4 章　非线性模型及其应用

　　本章主要讨论金融数据中的非线性问题和金融时间序列分析中有用的非线性经济计量模型. 考虑一元时间序列 x_t, 为简单起见, 假定观察的时间间隔是等距的. 记 $\{x_t | t = 1, \cdots, T\}$ 为观察值, T 是样本容量. 如第 2 章中所述, 一个纯随机的时间序列称为线性的, 如果它能表示成

$$x_t = \mu + \sum_{i=0}^{\infty} \Psi_i a_{t-i}, \tag{4.1}$$

其中 μ 是常数, $\Psi_0 = 1$, Ψ_i 是实数, $\{a_t\}$ 是独立同分布的随机变量序列, 它们共同的分布函数是合理定义的. 假定 a_t 的分布是连续的且 $\mathrm{E}(a_t) = 0$. 在许多场合下, 我们进一步假定 $\mathrm{Var}(a_t) = \sigma_a^2$, 更进一步地, a_t 是高斯的. 若 $\sigma_a^2 \sum_{i=1}^{\infty} \Psi_i^2 < \infty$, 则 x_t 是弱平稳的 (也即 x_t 的前两阶矩不随时间变化). 第 2 章中 ARMA 过程是线性的, 因为它有形如 (4.1) 式的 MA 表示. 任何不能表示成 (4.1) 式的随机过程称为是非线性的. 这个非线性的定义是针对纯随机的时间序列. 人们可以拓展这个定义, 允许 x_t 的均值是一些外生变量的线性函数, 这些外生变量包括时间指标和某些周期函数. 但这样的均值函数很容易用第 2 章中介绍的方法来处理, 我们在此不作讨论. 从数学上讲, x_t 的一个纯随机时间序列模型是由现在和过去的 "扰动" 所构成的独立同分布序列的一个函数:

$$x_t = f(a_t, a_{t-1}, \cdots). \tag{4.2}$$

当 $f(.)$ 是其自变量的线性函数时, 则 x_t 就是 (4.1) 式中的线性模型. $f(.)$ 中的任何非线性性都会导致一个非线性模型. 不能直接应用一般的非线性模型 (4.2), 因为它包含了太多的参数.

　　为了把文献中可见到的非线性模型放在一个合适的框架中, 我们把 x_t 的模型写成它的条件矩的形式. 设 F_{t-1} 是由 $t-1$ 时刻已有信息产生的 σ- 域. 典型的 F_{t-1} 是由 $\{x_{t-1}, x_{t-2}, \cdots\}$ 和 $\{a_{t-1}, a_{t-2}, \cdots\}$ 中的元素线性组合而成的. 给定 F_{t-1}, x_t 的条件均值和条件方差分别是

$$\mu_t = \mathrm{E}(x_t | F_{t-1}) \equiv g(F_{t-1}), \quad \sigma_t^2 = \mathrm{Var}(x_t | F_{t-1}) \equiv h(F_{t-1}), \tag{4.3}$$

其中 $g(.)$ 和 $h(.)$ 是有意义的函数, $h(.) > 0$. 这样, 我们把模型限制为

$$x_t = g(F_{t-1}) + \sqrt{h(F_{t-1})} \varepsilon_t,$$

其中 $\varepsilon_t = a_t/\sigma_t$ 是标准化的 "扰动"(或新息). 对 (4.1) 式中的线性序列 x_t, $g(.)$ 是 F_{t-1} 中元素的线性函数, $h(.) = \sigma_a^2$.

非线性模型的发展就在于 (4.3) 式中的两个方程的扩展. 若 $g(.)$ 是非线性的, 则 x_t 称为是均值非线性的; 若 $h(.)$ 是时变的, 则 x_t 是方差非线性的. 第 3 章的条件异方差模型都是方差非线性的, 因为它们的条件方差随时间变化. 事实上, 除了 GARCH-M 模型中 μ_t 依赖于 σ_t^2, 从而随时间变化外, 第 3 章中所有其他的波动率模型都着眼于 (4.3) 式中条件方差方程的扩展或修改. 基于熟知的 Wold 分解, 一个弱平稳的、纯随机的时间序列能表示成不相关的 "扰动" 的一个线性函数. 对于平稳波动率序列, "扰动" 互不相关, 但不独立. 本章讨论的模型是另一种向非线性的扩展, 这种非线性性由对 (4.3) 式中的条件均值方程的改动或扩展引起.

统计学文献中已提出了许多非线性时间序列模型, 如 Granger 和 Andersen (1978) 的双线性模型 (bilinear model), Tong (1978) 的门限自回归 (threshold autoregressive, TAR) 模型, Priestley (1980) 的状态相依 (state-dependant) 模型和 Hamilton (1989) 的马尔可夫转移 (Markov switching) 模型. 这些非线性模型的基本思想都是让条件均值函数 μ_t 按简单的参数非线性函数随时间演变. 近来, 利用计算设备和计算方法上的进展, 人们提出了一些新的非线性模型. 这些扩展模型包括 Carlin, Polson 和 Stoffer (1992) 的非线性状态空间建模, Chen 和 Tsay (1993a) 的泛函系数自回归模型, Chen 和 Tsay (1993b) 的非线性可加自回归模型以及 Lewis 和 Stevens (1991) 的多元适应回归样条. 这些扩展的基本思想或者用模拟方法来描述 x_t 条件分布的演变或者用数据驱动 (data-driven) 方法来探索一个序列的非线性特征. 最后, 非参数和半参数方法, 如核回归和人工神经网络, 已经被用来探索时间序列中的非线性性. 4.1 节将讨论一些可应用到金融时间序列分析上的非线性模型, 包括一些非参数和半参数方法.

除了各种非线性模型的发展, 人们还对能区分线性序列和非线性序列的检验统计量的研究感兴趣. 现在可用的检验方法中既有参数检验又有非参数检验. 大多数参数检验是利用拉格朗日乘子法或似然比统计量. 非参数检验依赖于 x_t 的高阶谱或依赖于针对混沌时间序列发展起来的维数相关系数. 4.2 节将介绍一些非线性检验方法; 4.3 节和 4.4 节讨论非线性模型的建模与预测; 最后, 4.5 节给出了非线性模型的应用.

4.1   非线性模型

统计文献中发展起来的大多数非线性模型都是针对 (4.3) 式中的均值方程的, 具体可参见 Priestley (1988) 和 Tong (1990) 中关于非线性模型的综述. 这里, 我们的目的是介绍一些能用到金融时间序列上的非线性模型.

4.1.1 双线性模型

(4.1) 式的线性模型只是 (4.2) 式的函数 $f(.)$ 的一阶 Taylor 展开. 这样, 向非线性扩展的一个自然的推广就是使用这个展开的二阶项来改进逼近. 这就是双线性模型的基本想法. 双线性模型可以定义为

$$x_t = c + \sum_{i=1}^{p} \phi_i x_{t-i} - \sum_{j=1}^{q} \theta_j a_{t-j} + \sum_{i=1}^{m} \sum_{j=1}^{s} \beta_{ij} x_{t-i} a_{t-j} + a_t, \tag{4.4}$$

其中 p, q, m 和 s 是非负整数. 这个模型由 Granger 和 Andersen (1978) 提出, 并得到了广泛研究. Subba Rao 和 Gabr (1984) 讨论了这个模型的一些性质和应用, Liu 和 Brockwell (1988) 研究了一般的双线性模型. 双线性模型的性质 (如平稳性条件) 通常通过两个步骤导出: (a) 把模型写成状态空间形式; (b) 利用状态转移方程把状态表示成过去的新息与随机系数向量的乘积. (4.4) 式中的双线性模型的特殊推广形式是有条件异方差性的. 例如, 考虑模型

$$x_t = \mu + \sum_{i=1}^{s} \beta_i a_{t-i} a_t + a_t, \tag{4.5}$$

其中 $\{a_t\}$ 是一个白噪声序列. x_t 的前两阶条件矩为

$$\mathrm{E}(x_t|F_{t-1}) = \mu, \quad \mathrm{Var}(x_t|F_{t-1}) = \left(1 + \sum_{i=1}^{s} \beta_i a_{t-i}\right)^2 \sigma_a^2,$$

这与第 3 章中的随机系数自回归 (RCA) 模型或条件异方差 ARMA (CHARMA) 模型的前两阶矩相似.

例 4.1 考虑 CRSP 等权重指数从 1926 年 1 月至 2008 年 12 月的月简单收益率, 共有 996 个观察值. 用 R_t 表示此序列. R_t 的样本偏自相关函数 (PACF) 表明在滞后为 1 和滞后为 3 时存在显著的偏自相关, 因此, 选择使用 AR(3) 模型. AR(3) 的残差平方序列显示条件异方差可能依赖于残差的 1 期、3 期和 8 期滞后. 因此, 我们对此序列使用特殊的双线性模型

$$R_t = \mu + \phi_1 R_{t-1} + \phi_3 R_{t-3} + (1 + \beta_1 a_{t-1} + \beta_3 a_{t-3}) a_t$$

其中 $a_t = \beta_0 \varepsilon_t$, ε_t 为均值为 0 方差为 1 的独立同分布序列. 注意, 为了简便, 忽略了 8 期滞后. 假定 a_t 的条件分布为正态分布, 我们用条件最大似然法得到所拟合的模型

$$\begin{aligned} R_t =& 0.011\,4 + 0.167 R_{t-1} - 0.095 R_{t-3} \\ & + 0.071(1 + 0.377 a_{t-1} - 0.646 a_{t-3})\varepsilon_t, \end{aligned} \tag{4.6}$$

其中参数的标准误差按照出现的次序分别为 0.002 3、0.032、0.027、0.002、0.147 和 0.136. 所有估计值在 5%水平上与 0 有显著差别. 定义此模型的标准化的残差序列

为

$$\hat{\varepsilon}_t = \frac{R_t - 0.011\,4 - 0.167R_{t-1} + 0.095R_{t-3}}{0.071(1 + 0.377\hat{a}_{t-1} - 0.646\hat{a}_{t-3})},$$

其中, 对于 $t \leqslant 3$, $\hat{\varepsilon}_t = 0$. $\hat{\varepsilon}_t$ 的样本 ACF 显示不存在显著的序列相关, 但是, 由于平方序列 $\hat{\varepsilon}_t^2$ 存在显著的序列相关, 所以 $\hat{\varepsilon}_t$ 序列不是独立的. 模型 (4.6) 的有效性需要进一步研究. 为了进行比较, 我们也考虑该序列的 AR(3)-ARCH(3) 模型, 得到

$$R_t = 0.013 + 0.223R_{t-1} + 0.006R_{t-2} - 0.013R_{t-3} + a_t,$$
$$\sigma_t^2 = 0.002 + 0.185a_{t-1}^2 + 0.301a_{t-2}^2 + 0.197a_{t-3}^2, \tag{4.7}$$

其中, 除了 R_{t-2}、R_{t-3} 的系数外, 其他所有估计值都是高度显著的. 模型的标准化的残差序列表明不存在序列相关, 但是平方残差显示 $Q(10) = 19.78$, p 值为 0.031. 模型 (4.6) 和 (4.7) 似乎相似, 但是后者似乎能较好地拟合数据. 进一步研究表明 AR(1)-GARCH(1, 1) 模型能更好地拟合数据.

4.1.2   门限自回归模型

此模型出现的动因是实际中经常观察到的几种非线性特征, 例如一个过程在上升和下降阶段的非对称性. 它用分段线性模型来得到条件均值更好的逼近. 然而, 与传统的分段线性模型不同的是: 传统的模型允许模型的变化发生在时间空间上, 而 TAR 模型则利用门限空间来改进线性逼近. 我们从简单的两体制 AR(1) 模型开始

$$x_t = \begin{cases} -1.5x_{t-1} + a_t, & \text{若 } x_{t-1} < 0, \\ 0.5x_{t-1} + a_t, & \text{若 } x_{t-1} \geqslant 0, \end{cases} \tag{4.8}$$

其中 a_t 独立同分布服从于 $N(0,1)$. 这里, 门限变量为 x_{t-1}, 延迟是 1, 门限是 0. 图 4-1 所示的是 x_t 的 200 个模拟观察值的时间图. 图中加入的一条恒为 0 的水平线, 这反映出 TAR 模型的几个特征. 第一, 尽管在第一个体制中的系数是 -1.5, 过程还是几何遍历 (geometrically ergodic) 和平稳的. 事实上, 模型 (4.8) 是几何遍历的充要条件是 $\phi_1^{(1)} < 1$, $\phi_1^{(2)} < 1$ 且 $\phi_1^{(1)}\phi_1^{(2)} < 1$, 其中 $\phi_1^{(i)}$ 是体制 i 的 AR 系数, 可参见 Petruccelli 和 Woolford (1984), Chen 和 Tsay (1991). 遍历性在时间序列分析中是一个重要的概念. 例如, 证明样本均值 $\bar{x} = \sum\limits_{t=1}^{T} x_t/T$ 收敛于 x_t 的均值的统计理论称为遍历定理 (ergodic theorem). 它被认为是与独立同分布情形的中心极限定理同等重要的理论. 第二, 该序列显示出非对称的上升和下降态势: 若 x_{t-1} 是负的, 则 x_t 将转向一个正值, 因为这时有负的膨胀系数 -1.5; 然而, 若 x_{t-1} 是正的, 则经过几个时间指标后序列变为负值. 从而, x_t 的时间图显示出体制 2 比体制 1 有更多的观察值, 并且当序列取负值时它包含有很大的向上跳跃. 因此, 此序列不是时间可逆的 (time-reversible). 第三, 此模型没有常数项, 但 $\mathrm{E}(x_t)$ 不为 0. 图中所示的这个具体实现的样本均值是 0.61, 标准差为 0.07. 一般地, $\mathrm{E}(x_t)$ 是两个体制下的条

件均值的加权平均, 通常不是 0, 而每个体制的权重就是在平稳分布下 x_t 处于该体制的概率. 要使 TAR 模型的均值为 0, 需要在有的体制中有非零常数项. 这一点与平稳线性模型有很大不同. 在平稳线性模型中非零常数项的存在意味着 x_t 的均值不为零.

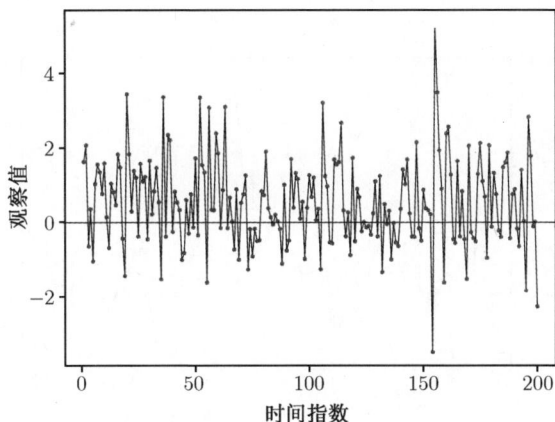

图 4-1　模拟的两个体制 TAR(1) 序列的时间图

称一个时间序列 x_t 服从门限为 x_{t-d} 的 k 个体制的自激发 (self-exciting)TAR (SETAR) 模型, 如果它满足

$$x_t = \phi_0^{(j)} + \phi_1^{(j)} x_{t-1} - \cdots - \phi_p^{(j)} x_{t-p} + a_t^{(j)}, \quad \text{当 } \gamma_{j-1} \leqslant x_{t-d} < \gamma_j \text{ 时}, \qquad (4.9)$$

其中 k 和 d 是正整数, $j=1,\cdots,k$. γ_j 是满足 $-\infty = \gamma_0 < \gamma_1 < \cdots < \gamma_{k-1} < \gamma_k = \infty$ 的实数, 上角标 (j) 用来表示体制, $\{a_t^{(j)}\}$ 是均值为 0、方差为 σ_j^2 的独立同分布序列, 且对不同的 j 是相互独立的. 参数 d 称为延迟参数, γ_j 称为门限. 这里, 对不同的体制, AR 模型是不同的, 否则可减少体制的个数. (4.9) 式的自激发 TAR 模型是在门限空间中的分段线性 AR 模型. 它与回归分析中通常的分段线性模型的思想相似, 只是那里模型的变化是以取得观察值的时间为顺序的. 只要 $k > 1$, SETAR 模型就是非线性的.

一般的 SETAR 的性质难以得到, 一些特殊情形的性质可以在 Tong (1990), Chan (1993), Chan 和 Tsay (1998) 以及这几个文献的参考文献中看到. 近年来, 人们对 TAR 模型和它们的应用越来越感兴趣, 具体可参见 Hansen (1997), Tsay (1998) 和 Montgomery 等 (1998). Tsay (1989) 提出了一个对一元 SETAR 检验和建模的方法. (4.9) 式的 SETAR 模型可以推广, 只需要利用关于 F_{t-1} 可测的门限变量 z_t (也即, 它是 F_{t-1} 中元素的函数). 这里主要要求 z_t 是平稳的, 有在实直线的紧子集上连续的分布函数, 并且 z_{t-d} 在 t 时刻是已知的. 这样的推广模型称为开环 (open-loop)TAR 模型.

例 4.2　为了说明 TAR 模型的应用, 考虑美国从 1948 年 1 月到 2009 年 3 月的月平民失业率, 共有 735 个观测, 数据已经经过季节调整并且以百分比的形式给出. 数据来自劳工部劳动统计局, 图 4-2 给出了数据的时间图. 该图显示出数据的两个主要特征. 第一, 总的来看失业率有一个缓慢上升的趋势; 第二, 失业率波动较大, 倾向于迅速上升, 然后迅速下降. 因此, 该序列不是时间逆转的, 也不是单位根平稳的.

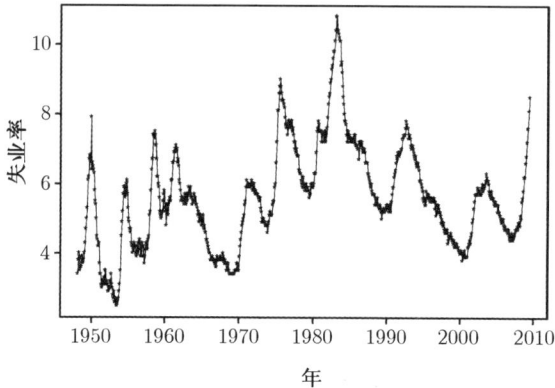

图 4-2   从 1948 年 1 月到 2004 年 3 月的美国月失业率的时间图, 数据已经经过季节调整

由于样本自相关函数衰减缓慢, 所以在分析中我们使用月失业率序列 u_t 的一阶差分序列 $y_t = (1 - B)u_t$. 我们得到如下的一元 ARIMA 模型

$$(1 - 1.13B + 0.27B^2)(1 - 0.51B^{12})y_t = (1 - 1.12B + 0.44B^2)(1 - 0.82B^{12})a_t, \quad (4.10)$$

其中 $\hat{\sigma}_a = 0.187$, 除了 AR(2) 系数外其他所有估计值都在 5% 水平上统计显著. AR(2) 系数估计值的 t 比率为 -1.66. 模型 (4.10) 的残差分别给出 $Q(12) = 12.3$ 和 $Q(24) = 25.5$, 根据自由度为 6 和 18 的卡方分布, 相应的 p 值分别为 0.056 和 0.11, 因此, 所拟合模型充分地描述了数据的序列相依性. 注意, 尽管数据已经经过季节调整, 但是季节 AR 和 MA 系数都是高度显著的, 其标准误差分别为 0.049 和 0.035. 所以, 季节调整的充分性值得进一步研究. 使用模型 (4.10), 我们得到 2009 年 4 月失业率的 1 步向前预测值为 8.8, 这接近实际值 8.9.

为了给数据中的非线性性建模, 我们应用 TAR 模型, 并得到如下模型

$$y_t = \begin{cases} 0.083y_{t-2} + 0.158y_{t-3} + 0.118y_{t-4} - 0.180y_{t-12} + a_{1t}, & \text{若 } y_{t-1} \leqslant 0.1, \\ 0.421y_{t-2} + 0.239y_{t-3} - 0.127y_{t-12} + a_{2t}, & \text{若 } y_{t-1} > 0.1, \end{cases} \quad (4.11)$$

其中 a_{it} 的标准误差分别为 0.180 和 0.217, 体制 1 中 AR 系数的标准误差分别为 0.046, 0.043, 0.042 和 0.037, 而体制 2 中 AR 系数的标准误差分别为 0.054, 0.057 和 0.075. 体制 1 和体制 2 中的数据点分别为 460 和 262. 模型 (4.11) 的残差没有显示出任何序列相关性. 基于所拟合的 TAR 模型, 当日失业率的变化超过 0.1% 的,

数据中的动态依赖关系也变得更强一些. 这是可以理解的, 因为失业率的大的上升是美国经济变弱的预示, 政策制定者应该更倾向于采取措施来帮助经济, 这反过来又会影响失业率序列的动态关系. 因此, 模型 (4.11) 能够描述美国失业率的时变动态性.

模型 (4.10) 的 MA 表示是

$$\psi(B) \approx 1 + 0.01B + 0.18B^2 + 0.20B^3 + 0.18B^4 + 0.15B^5 + \cdots.$$

因此 y_{t-1} 项在模型 (4.11) 中没有出现也并不奇怪.

如同第 3 章中所提到的那样, 门限模型在金融中的一个重要应用是处理波动率对正、负收益率的不对称响应. 此模型也可用来研究指数期货和现金兑换价格中的套利交易, 见第 8 章中关于多元时间序列的讨论. 这里我们只把注意力放在波动率建模上, 并介绍另外一种对 TGARCH 模型进行参数化的方法. 在一些应用中, 这种新的一般 TGARCH 模型要比第 3 章中的 GJR 模型要好.

例 4.3   我们考虑 IBM 股票的日对数收益率, 从 1962 年 7 月 3 日到 2003 年 12 月 31 日共 10 446 个观察值, 以百分比形式给出并已包含分红. 图 4-3 所示的是此序列的时间图. 该序列是本书所分析的较长的收益率序列之一. 在后期的波动率看上去要大一些. 由于分析中我们所用的是一般 TGARCH 模型, 所以该例中我们用 SCA 包进行估计.

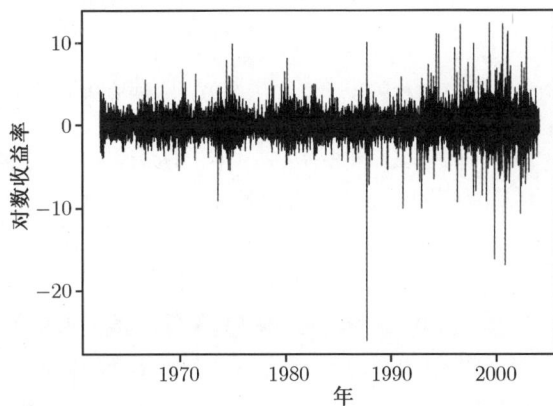

图 4-3   IBM 股票从 1962 年 7 月 3 日至 2003 年 12 月 31 日的日对数收益率的时间图

如果应用第 3 章中的 GARCH 模型, 对此序列我们得到如下的 AR(2)-GARCH (1,1) 模型

$$
\begin{aligned}
r_t &= 0.062 - 0.024r_{t-2} + a_t, \quad a_t = \sigma_t \varepsilon_t, \\
\sigma_t^2 &= 0.037 + 0.077a_{t-1}^2 + 0.913\sigma_{t-1}^2,
\end{aligned}
\tag{4.12}
$$

其中 r_t 是对数收益率, $\{\varepsilon_t\}$ 是均值为 0、方差为 1 的高斯白噪声序列. 均值方差中参数的标准误差分别是 0.015 和 0.010, 波动率方程中的标准误差分别是 0.004,

0.003 和 0.003. 所有的系数估计都是高度显著的. 标准化残差的 Ljung-Box 统计量
为 Q(10)=5.19(0.88), Q(20)=24.38(0.23), 其中括号里的数是因为估计的 AR(2) 系
数, 使用 x^2_{m-1} 分布得到的 p 值. 对标准化残差的平方, Q(10)=11.67(0.31), Q(20)=
18.25(0.57). 模型在刻画数据的序列相关性和条件异方差性方面是充分的. 但由模
型 (4.12) 得到的无条件均值为 0.060, 要比样本均值 0.039 大一些, 这显示该模型可
能错了.

下面应用第 3 章的 TGARCH 模型得到

$$
\begin{aligned}
&r_t = 0.014 - 0.028r_{t-2} + a_t, \quad a_t = \sigma_t\varepsilon_t, \\
&\sigma_t^2 = 0.075 + 0.081P_{t-1}a_{t-1}^2 + 0.157N_{t-1}a_{t-1}^2 + 0.863\sigma_{t-1}^2
\end{aligned}
\tag{4.13}
$$

其中 $P_{t-1} = 1 - N_{t-1}$. N_{t-1} 是 a_{t-1} 取负值时的指示变量, 即满足若 $a_{t-1} < 0$,
则 $N_{t-1} = 1$, 否则 $N_{t-1} = 0$. 均值方程中参数估计的标准误差分别为 0.013 和
0.009; 波动率方程中参数估计的标准误差分别为 0.007, 0.008, 0.010 和 0.010. 除了
均值方程中常数项的估计外, 所有其他的估计都是显著的. 记 $\tilde{a}_t$ 为模型 (4.13) 的
标准化的残差. 对 $\{\tilde{a}_t\}$, 我们有 Q(10)=2.47(0.98), Q(20)=25.90(0.13); 对 $\{\tilde{a}_t^2\}$ 有
Q(10)=97.07(0.00), Q(20)=170.3(0.00). 模型不能很好地刻画数据的条件异方差性.

为了提高对波动率中非对称响应建模的灵活性, 可用 TAR 模型的思想来改进
此模型. 具体地, 我们对该序列用一个 AR(2)–TAR–GARCH(1,1) 模型, 得到

$$
\begin{aligned}
&r_t = 0.033 - 0.023r_{t-2} + a_t, \quad a_t = \sigma_t\varepsilon_t, \\
&\sigma_t^2 = 0.075 + 0.041a_{t-1}^2 + 0.903\sigma_{t-1}^2 + (0.030a_{t-1}^2 + 0.062\sigma_{t-1}^2)N_{t-1},
\end{aligned}
\tag{4.14}
$$

其中 N_{t-1} 在 (4.13) 式中有定义. 模型 (4.14) 中的所有估计在 1% 的水平下都是显
著地不同于零的. 令 $\hat{a}_t$ 为模型 (4.14) 的标准化的残差. 对 $\{\hat{a}_t\}$, 我们有 Q(10) =
6.09(0.81), Q(20) = 25.29(0.19); 对 $\{\hat{a}_t^2\}$ 有 Q(10)=13.54(0.20), Q(20)=19.56(0.49).
因此, 模型 (4.14) 能充分地刻画该例中所考虑的 IBM 股票日对数收益率的序列相
关性和条件异方差性. 模型 (4.14) 中收益率的无条件均值是 0.033, 比模型 (4.12) 和
(4.13) 中收益率的无条件均值更靠近样本均值 0.039. 比较所拟合的两个 TGARCH
模型, 我们看到日 IBM 股票的波动率中的非对称性要比在 GJR 模型中更为强烈.
具体地, σ_{t-1}^2 的系数也依赖于 a_{t-1} 的符号. 注意到模型 (4.14) 可以进一步改进, 我
们可以增加限制要求当 $a_{t-1} < 0$ 时, σ_{t-1}^2 和 a_{t-1}^2 的系数之和为 1.

注释　估计 AR(2)–TAR–GARCH(1,1) 模型的 RATS 程序将在本章附录 A 中
给出. 结果可能与文中由 SCA 给出的结果略有不同.　　　　　　　　　　　□

4.1.3　平滑转移 AR(STAR) 模型

对 SETAR 模型的一种批评是它的条件均值方程不是连续的. 门限 $\{\gamma_j\}$ 是条
件均值函数 μ_t 的不连续点. 鉴于这种批评, 人们提出了平滑的 TAR 模型, 可参见

Chan 和 Tong (1986)、Teräsvirta(1994) 以及这两篇论文的参考文献. 称时间序列 $\{x_t\}$ 服从两个体制的 STAR(p) 模型, 如果 $\{x_t\}$ 满足

$$x_t = c_0 + \sum_{i=1}^{p} \phi_{0,i} x_{t-i} + F\left(\frac{x_{t-d} - \Delta}{s}\right)\left(c_1 + \sum_{i=1}^{p} \phi_{1,i} x_{t-i}\right) + a_t, \qquad (4.15)$$

其中 d 是延迟参数, Δ 和 s 是模型转移的平移参数和尺度参数, $F(.)$ 是一个平滑的转移函数. 在实际中, $F(.)$ 经常假定为三种形式之一: Logistic 函数、指数函数或一个累积分布函数. 由 (4.15) 式, STAR 模型的条件均值为如下两个方程的加权线性组合:

$$\mu_{1t} = c_0 + \sum_{i=1}^{p} \phi_{0,i} x_{t-i},$$

$$\mu_{2t} = (c_0 + c_1) + \sum_{i=1}^{p} (\phi_{0,i} + \phi_{1,i}) x_{t-i}.$$

权重由 $F\left(\dfrac{x_{t-d} - \Delta}{s}\right)$ 以一个连续的方式决定. 上述两个方程也决定了 STAR 模型的性质. 例如 STAR 模型平稳性的必要条件是这两个 AR 多项式的零点都在单位圆外. STAR 的优点是条件均值函数是可微的, 但经验表明其中的参数 Δ 和 s 是难以估计的. 特别地, 大多数实证研究表明 Δ 和 s 估计的标准差相当大, t- 比大致为 1, 见 Teräsvirta(1994). 这种不确定性会导致在解释所估计出的模型时复杂性较大.

例 4.4   我们用 3M (Minnesota Mining and Manufacturing) 公司股票从 1946 年 2 月到 2008 年 12 月的月简单收益率来解释 STAR 模型的应用. 若考虑一个 ARCH 模型, 我们得到如下的 ARCH(2) 模型:

$$R_t = 0.013 + a_t, a_t = \sigma_t \varepsilon_t, \quad \sigma_t^2 = 0.003 + 0.088 a_{t-1}^2 + 0.109 a_{t-2}^2, \qquad (4.16)$$

其中各估计值的标准差分别为 0.002, 0.0003, 0.047 和 0.050. 如同前面讨论的, 这样的 ARCH 模型不能描述股票波动率对正、负 "扰动" 的不对称反应. 用 STAR 模型可以克服这一困难. 把 STAR 模型应用于 3M 股票的月收益率, 我们得到

$$R_t = 0.015 + a_t, \quad a_t = \sigma_t \varepsilon_t,$$

$$\sigma_t^2 = (0.003 + 0.205 a_{t-1}^2 + 0.092 a_{t-2}^2) + \frac{0.001 - 0.239 a_{t-1}^2}{1 + \exp(-1000 a_{t-1})}, \qquad (4.17)$$

其中均值方程中常数项的标准差为 0.002, 而波动率方程中的各估计值的标准差分别为 0.0002, 0.074, 0.043, 0.004 和 0.080. 为了简化估计, 转移函数的尺度参数 1 000 是事先给定的. 这个模型为对正负 "扰动" 反应的不对称性提供了支持. 对绝对值很大的负 a_{t-1}, 波动率模型近似为 ARCH(2) 模型:

$$\sigma_t^2 = 0.003 + 0.205 a_{t-1}^2 + 0.092 a_{t-2}^2.$$

对很大的正 a_{t-1}, 波动率过程近似如下 ARCH(2) 模型:

$$\sigma_t^2 = 0.004 - 0.034a_{t-1}^2 + 0.092a_{t-2}^2.$$

此模型中 a_{t-1}^2 的系数为负, 这与直观相违, 但绝对值很小. 事实上, 对较大的正扰动 a_{t-1}, ARCH 效应较弱, 即使参数估计仍然是统计显著的. 为了评估 STAR 模型所用的 RATS 程序将在附录 A 中给出.

为了评估所用的 STAR 模型的 R 程序

```
> da=read.table("m-3m4608.txt",header=T)
> rtn=da[,2]
> source("star.R")
> par=c(.001,.002,.256,.141,.002,-.314)
> m2=optim(par,star,method=c("BFGS"),hessian=T)

# function to calculate the likelihood of a STAR model.
star <- function(par){
f = 0
T1=length(rtn)
h=c(1,1)
at=c(0,0)
for (t in 3:T1){
resi = rtn[t]-par[1]
at=c(at,resi)
sig=par[2]+par[3]*at[t-1]^2+par[4]*at[t-2]^2
sig1=par[5]+par[6]*at[t-1]^2
tt=sqrt(sig+sig1/(1+exp(-1000*at[t-1])))
h=c(h,tt)
x=resi/tt
f=f+log(tt)+0.5*x*x
}
f
}
```

4.1.4   马尔可夫转换模型

在非线性时间序列分析中使用概率转移的思想在 Tong (1983) 中有讨论. 利用类似的想法, 但强调一个经济量在各个状态之间的非周期转移, Hamilton (1989) 考虑了马尔可夫转换自回归 (MSA) 模型. 这里转移由一个隐含的两个状态马尔可夫链驱动. 称时间序列 $\{x_t\}$ 服从 MSA 模型, 如果 x_t 满足

$$x_t = \begin{cases} c_1 + \sum_{i=1}^{p} \phi_{1,i} x_{t-i} + a_{1t}, & \text{如果 } s_t = 1, \\ \\ c_2 + \sum_{i=1}^{p} \phi_{2,i} x_{t-i} + a_{2t}, & \text{如果 } s_t = 2, \end{cases} \tag{4.18}$$

其中 s_t 是在 $\{1,2\}$ 中取值的马尔可夫链, 转移概率为

$$P(s_t = 2|s_{t-1} = 1) = \omega_1, \quad P(s_t = 1|s_{t-1} = 2) = \omega_2.$$

新息序列 $\{a_{1t}\}$, $\{a_{2t}\}$ 都是均值为零、方差有限的独立同分布随机变量序列, 并且两序列之间是相互独立的. 较小的 ω_i 意味着模型在状态 i 上停留更长的时间. 事实上, $1/\omega_i$ 是过程停留在状态 i 上的期望持续时间长度. 由定义可见, MSA 模型是利用一个隐含的马尔可夫链来掌握从一个条件均值函数到另一个条件均值函数的转移. 这与 SETAR 模型不同. 在 SETAR 模型中转移由一个具体的延迟变量来决定. 总之, SETAR 模型以一个确定的方案来掌握模型的转移, 而 MSA 以一个随机体制来掌握模型的转移. 在实际中, 由于状态的随机性, 在 MSA 模型中不能确定 x_t 属于哪一个状态. 当样本容量很大时, 可利用一些滤波方法来对 x_t 的状态作出推断. 然而对 SETAR 模型, 只要 x_{t-d} 被观察到了, x_t 的体制就已知了. 这个差别在预测时有重要的实际涵义. 例如, MSA 模型的预测总是由各个状态下的子模型产生的预测的线性组合, 但对 SETAR 模型, 一旦 x_{t-d} 被观察到了, 其预测就是单个体制下的预测, 而如果预测步长超过延迟 d, SETAR 的预测也是各个体制下预测的线性组合. MSA 模型的估计要比其他模型困难得多, 因为状态不是可直接观察的. Hamilton (1990) 采用 EM 算法来估计 MSA 模型. EM 算法是一种在取期望和取最大值之间重复迭代的统计方法. McCulloch 和 Tsay (1994) 考虑用马尔可夫链蒙特卡罗 (MCMC) 方法估计一般的 MSA 模型. 我们在第 12 章将讨论 MCMC 方法.

McCulloch 和 Tsay (1993) 把 (4.18) 式的 MSA 模型进行了推广, 允许转移概率 ω_1 和 ω_2 为 Logistic 的或者是概率值的, 并且在 t-1 时刻可获得一些解释变量的函数. Chen, McCulloch 和 Tsay (1997) 用马尔可夫转换的思想作为工具来对非嵌套的非线性时间序列模型进行比较和选取 (例如, 比较双线性模型和 SETAR 模型). 每一个候选模型用一个状态来表示. 这种选择模型的方法是贝叶斯分布中常用的机会比 (odds ratio) 方法的推广. 另外, MSA 模型可以容易地推广到多个状态 (多于两个状态) 的情形, 但计算量将迅速增加. 对计量经济学中关于马尔可夫转换模型更多的讨论, 请参见 Hamilton (1994) 的第 22 章.

例 4.5 考虑美国的实际国民总产值 (GNP) 的季度增长率, 时间段是 1947 年第二季度到 1991 年的第一季度, 以百分比形式给出. 图 4-4 是经过季节调节的数据的时间图, 其中有一条水平的零增长线. 可见大多数增长率是正的. 这个序列在经济时间序列的非线性分析中被广泛应用. Tiao 和 Tsay (1994) 以及 Potter (1995) 用 TAR 模型, Hamilton (1989) 以及 McCulloch 和 Tsay (1994) 用马尔可夫转换模型都研究过此序列.

采用当 $p = 4$ 时 (4.18) 式的 MSA 模型, 用 MCMC 方法 (第 12 章中将讨论), McCulloch 和 Tsay (1994) 得到的估计列在表 4-1 中.

结果中有几点有趣的发现. 第一, 状态 1 下边缘模型的平均增长率为 $0.909/(1 - 0.265 - 0.029 + 0.126 + 0.11) = 0.965$, 状态 2 下边缘模型的平均增长率为 $-0.42/(1 - 0.216 - 0.628 + 0.073 + 0.097) = -1.288$. 这样, 状态 1 对应有正增长率的季度或

膨胀期, 状态 2 对应有负增长率的季度或紧缩期. 第二, 状态 2 下参数估计的相对
较大的标准差反应出在这个状态的观察值较少, 这一点可从图 4-4 中看出, 较少的
季度具有负增长率. 第三, 对不同的状态, 转移概率会不同, 走出紧缩期的概率较大
(0.286 对 0.118). 第四, 把 $1/\omega_i$ 当做停留在状态 i 的平均持续时间长度, 我们看到
紧缩期和膨胀期的平均长度分别大约是 3.69 和 11.31 季度. 这样, 平均起来, 美国
经济的紧缩大致持续 1 年, 而膨胀大致持续 3 年. 最后, 两个状态下 x_{t-2} 的 AR 系
数的估计值差别很大, 显示出美国经济的动态规律在紧缩和膨胀期是不同的.

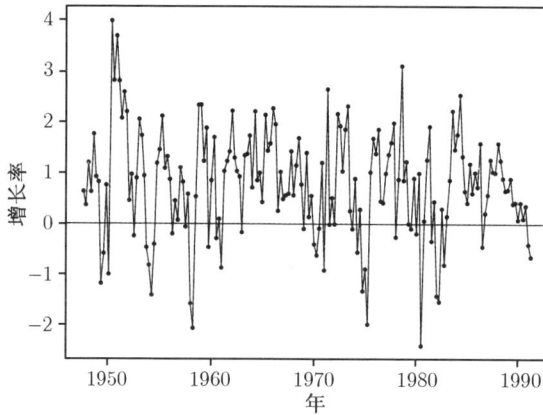

图 4-4   美国实际 GNP 季度增长率的时间图, 时间段为 1947. Ⅱ —1991. Ⅰ. 数据经过季节
　　　　性调节、并以百分比形式给出

表 4-1   对美国实际 GNP 的季度增长率 (经季节调节) 运用 $p = 4$ 时的 MSA 模型的估计
　　　　结果 [a]

参数	c_i	ϕ_1	ϕ_2	ϕ_3	ϕ_4	σ_i	w_i
				状态 1			
估计	0.909	0.265	0.029	−0.126	−0.110	0.816	0.118
标准差	0.202	0.113	0.126	0.103	0.109	0.125	0.053
				状态 2			
估计	−0.420	0.216	0.628	−0.073	−0.097	1.017	0.286
标准差	0.314	0.347	0.377	0.364	0.404	0.293	0.064

　　a 估计值和它们的标准差是 5 000 次迭代的 Gibbs 抽样的后验均值和标准差.

4.1.5　非参数方法

在一些金融应用中, 我们可能没有足够的信息来确定两个变量 Y 和 X 之间的
非线性结构. 我们希望可以在其他应用中利用计算设备和计算方法上的进展来探
索 Y 与 X 之间的函数关系. 这就要用到非参数的方法和技巧. 然而, 非参数方法
的运用不是没有代价的. 它们高度地依赖于数据并容易导致过度拟合 (overfitting).
本节的目的是要介绍金融应用中的一些非参数方法和利用非参数方法的一些非线

性模型. 所讨论的非参数方法包括核回归 (Kernel regression)、局部最小二乘估计和神经网络.

非参数方法的本质是 "平滑"(smoothing). 考虑两个金融变量 Y 和 X, 满足

$$Y_t = m(X_t) + a_t, \tag{4.19}$$

其中 $m(\cdot)$ 是任意光滑但未知的函数, $\{a_t\}$ 是白噪声序列. 我们想由数据去估计非线性函数 $m(\cdot)$. 为了简单起见, 考虑 $X = x$ 这个特定的时候 $m(\cdot)$ 的估计问题, 也就是 $m(x)$ 的估计问题. 假定对应 $X = x$, 我们有重复独立的观察 $y_1, \cdots, y_T$, 则数据变为

$$y_t = m(x) + a_t, \quad t = 1, \cdots, T.$$

对数据取平均得到

$$\frac{\sum_{t=1}^{T} y_t}{T} = m(x) + \frac{\sum_{t=1}^{T} a_t}{T}.$$

由大数定律, 当 T 趋于 ∞ 时, "扰动" 的平均趋于 0, 故 $\bar{y} = \sum_{t=1}^{T} y_t / T$ 是 $m(x)$ 的一个相合估计. $\bar{y}$ 提供了 $m(x)$ 的一个相合估计, 或者说扰动的平均趋于零这个事实显示出了平滑的作用.

在金融时间序列中, 在 $X = x$ 点我们不能有重复的观察. 所观察到的是 $\{(y_t, x_t)\}, t = 1, \cdots, T$. 但如果函数 $m(\cdot)$ 是充分光滑的, 对应于 $X_t \approx x$ 的那些 Y_t 的值仍然可以提供 $m(x)$ 的较为精确的近似. 而对应于远离 x 的 X_t 的那些 Y_t 的值就不能提供对 $m(x)$ 的较好近似. 作为折中, 估计 $m(x)$ 时人们用 y_t 的加权平均来代替简单的平均. 权重应满足: 对应于 x 附近的 X_t 的那些 Y_t 所给权重较大, 而对应于远离 x 的 X_t 的 Y_t 所给权重较小. 数学表达上, 对给定 $x, m(x)$ 的估计为

$$\hat{m}(x) = \frac{1}{T} \sum_{t=1}^{T} w_t(x) y_t, \tag{4.20}$$

其中权重 $w_t(x)$ 满足: 对应于 x 附近的 x_t 的 y_t 所给 $w_t(x)$ 较大, 对应于远离 x 的 x_t 的 y_t 所给的 $w_t(x)$ 较小. 在 (4.20) 中, 我们假定所有权重之和为 T. 也可以把 $1/T$ 看做权重的一部分, 而权重之和为 1.

由 (4.20) 式, $\hat{m}(x)$ 只是一个局部加权平均 (local weighted average), 其中权重由两个因素决定. 第一个因素是距离 (x_t 与 x 之间的距离); 第二个因素是对给定的距离权重的分配. 不同的距离度量方法和不同的权重分配将产生不同的非参数方法. 下面讨论通常使用的核回归和局部线性回归方法.

核回归

核回归也许是最常用的平滑非参数回归方法. 这时的权重由一个核函数决定. 典型的核函数是概率密度函数, 一般记为 $K(x)$, 满足

$$K(x) \geqslant 0, \quad \int K(z)\mathrm{d}z = 1.$$

为了增强在距离度量上的灵活性, 人们往往用一个变量 $h > 0$ 来对核函数重新尺度化

$$K_h(x) = \frac{1}{h}K(x/h), \quad \int K_h(z)\mathrm{d}z = 1, \tag{4.21}$$

这里的 h 称为窗宽 (bandwidth). 权函数定义为

$$\omega_t(x) = \frac{K_h(x - x_t)}{\sum_{t=1}^{T} K_h(x - x_t)}, \tag{4.22}$$

其中分母是一个标准化常数, 它使得平滑能适应于变量 X 的局部强度而且权重之和为 1. 把 (4.22) 式代入平滑公式 (4.20) 中, 我们得到著名的 Nadaraya-Watson 核估计:

$$\hat{m}(x) = \sum_{t=1}^{T} \omega_t(x)y_t = \frac{\sum_{t=1}^{T} K_h(x - x_t)y_t}{\sum_{t=1}^{T} K_h(x - x_t)}; \tag{4.23}$$

具体可参见 Nadaraya(1964) 和 Watson(1964). 在实际中, 有很多核函数可供选择. 然而, 从理论和实际应用的两个角度考虑, 只有几种核函数是常用的, 其中包括高斯核函数

$$K_h(x) = \frac{1}{h\sqrt{2\pi}} \exp\left(-\frac{x^2}{2h^2}\right)$$

和 Epanechnikov 核 (Epanechnikov(1969))

$$K_h(x) = \frac{0.75}{h}\left(1 - \frac{x^2}{h^2}\right)I\left(\left|\frac{x}{h}\right| \leqslant 1\right),$$

其中 $I(A)$ 是一个示性函数: 若 A 成立则 $I(A) = 1$, 否则 $I(A) = 0$. 图 4-5 所示的是当 $h = 1$ 时高斯核和 Epanechnikov 核的图像.

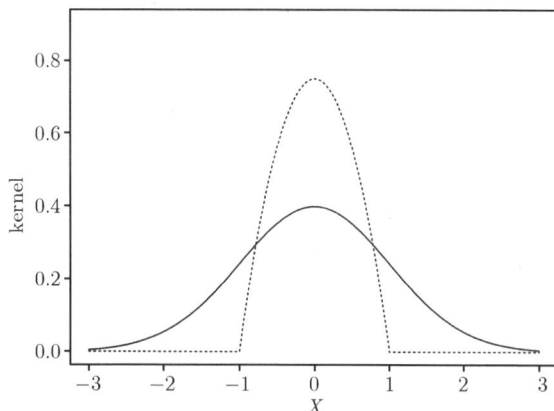

图 4-5   标准高斯核 (实线) 和 Epanechnikov 核 (虚线), 窗宽均为 $h = 1$

为了理解窗宽 h 所起的作用, 我们来评价一些带 Epanechnikov 核的 Nadaraya-Watson 估计在观察值 $\{x_t\}$ 上的表现. 考虑两个极端情形: 第一, 若 $h \to 0$, 则

$$\hat{m}(x_t) \to \frac{K_h(0)y_t}{K_h(0)} = y_t,$$

这表明很小的 h 会重现数据本身; 第二, 若 $h \to +\infty$, 则

$$\hat{m}(x_t) \to \frac{\sum_{t=1}^T K_h(0)y_t}{\sum_{t=1}^T K_h(0)} = \frac{1}{T}\sum_{t=1}^T y_t = \bar{y},$$

说明很大的 h 会导致过度平滑曲线 —— 样本均值. 一般地, 窗宽 h 的作用如下: 当 h 很小时, 权重只集中在每个 x_t 邻域内的少数观察值上; 当 h 很大时, 权重会分散到 x_t 的较大邻域内. 总之, h 的选择在核回归分析中起着重要作用. 这就是核回归中有名的窗宽选择问题.

窗宽的选择

窗宽的选择有几种方法, 可参见 Härdle (1990) 以及 Fan 和 Yao(2003). 第一种方法是塞入法 (plug-in method), 该方法基于比较平滑的核函数的积和均方误差 (MISE) 的渐近展开. 考虑

$$\text{MISE} = E\int_{-\infty}^{\infty}[\hat{m}(x)-m(x)]^2\mathrm{d}x,$$

其中 $m(\cdot)$ 是真实函数. MISE 中的量 $\text{E}[\hat{m}(x)-m(x)]^2$ 是对在 x 点的估计值 $\hat{m}(x)$ 的均方误差 (MSE) 的一个点的度量. 在某些正则性条件下, 我们可通过最小化 MISE 得到最优窗宽. 最优窗宽一般依赖于待估的未知量. 这些未知量必须由数据用某种初步平滑去估计. 要得到合理的最优窗宽估计, 需要多步叠代. 在实际应用中, 初步平滑的选择是一个问题. Fan 和 Yao(2003) 给出了一个正态参考窗宽选择

$$\hat{h}_{\text{opt}} = \begin{cases} 1.06sT^{-1/5}, & \text{高斯核}, \\ 2.34sT^{-1/5}, & \text{Epanechnikov 核}, \end{cases}$$

其中 s 是平稳独立随机变量的样本标准差.

窗宽选择的第二种方法是漏掉一个观测的交叉验证 (cross-validation). 第一步, 去除一个观测 (x_j, y_j). 用剩下的 $T-1$ 个数据点得到如下的在 x_j 点的平滑:

$$\hat{m}_{h,j}(x_j) = \frac{1}{T-1}\sum_{t\neq j}\omega_t(x_j)y_t,$$

它是 y_j 的一个估计值, 其中权重 $\omega_t(x_j)$ 的和为 $T-1$. 第二步, 对 $j=1,\cdots,T$ 都做第一步, 并且定义函数

$$CV(h) = \frac{1}{T}\sum_{j=1}^T [y_j-\hat{m}_{h,j}(x_j)]^2 W(x_j),$$

其中 $W(\cdot)$ 是一个非负的权重函数, 满足 $\sum_{j=1}^{T} W(x_j) = T$. 如果必要, 它可用来降低边界点上的权重. 因为对于接近边界的点, 通常只有很少数的数据点与之相邻, 所以有降低它们权重的必要. 函数 $CV(h)$ 称为交叉验证函数, 这是因为它验证了平滑函数预测 $\{y_t\}_{t=1}^{T}$ 的能力. 我们可以通过最小化 $CV(\cdot)$ 来选择窗宽.

局部线性回归法

假定式 (4.19) 中 $m(.)$ 的二阶导数存在, 并且在点 x 处连续, 这里 x 是 $m(\cdot)$ 支撑中的一个给定的点. 记能获得的数据为 $\{(y_t, x_t)\}_{t=1}^{T}$. 非参数回归中的局部线性回归法就是要找出 a 和 b, 使下式达最小值:

$$L(a,b) = \sum_{t=1}^{T} [y_t - a - b(x - x_t)]^2 K_h(x - x_t), \tag{4.24}$$

其中 $K_h(.)$ 是 (4.21) 式中的核函数, h 是窗宽. 记 a 的估计值为 $\hat{a}$, 则 $m(x)$ 的估计定义为 $\hat{a}$. 在实际中, 假定 x 是独立随机变量的观测值. 估计值 $\hat{b}$ 可以作为对 $m(\cdot)$ 的一阶导数在 x 点取值的估计.

在最小二乘的理论下, (4.24) 式是一个加权最小二乘问题, 并且我们可以推导出 a 的显式解. 具体地, 求 $L(a,b)$ 关于 a 和 b 的偏导数, 然后令偏导数等于 0, 我们得到有两个未知数的两个方程:

$$\sum_{t=1}^{T} K_h(x - x_t)y_t = a \sum_{t=1}^{T} K_h(x - x_t) + b \sum_{t=1}^{T} (x - x_t)K_h(x - x_t),$$

$$\sum_{t=1}^{T} y_t(x - x_t)K_h(x - x_t) = a \sum_{t=1}^{T} (x - x_t)K_h(x - x_t) + b \sum_{t=1}^{T} (x - x_t)^2 K_h(x - x_t).$$

定义

$$s_{T,l} = \sum_{t=1}^{T} K_h(x - x_t)(x - x_t)^l, l = 0, 1, 2.$$

上述两个方程变为

$$\begin{bmatrix} s_{T,0} & s_{T,1} \\ s_{T,1} & s_{T,2} \end{bmatrix} \begin{bmatrix} a \\ b \end{bmatrix} = \begin{bmatrix} \sum_{t=1}^{T} K_h(x - x_t)y_t \\ \sum_{t=1}^{T} (x - x_t)K_h(x - x_t)y_t \end{bmatrix}.$$

从而, 我们有

$$\hat{a} = \frac{s_{T,2} \sum_{t=1}^{T} K_h(x - x_t)y_t - s_{T,1} \sum_{t=1}^{T} (x - x_t)K_h(x - x_t)y_t}{s_{T,0}s_{T,2} - s_{T,1}^2}.$$

上式的分子和分母可进一步简化

$$s_{T,2} \sum_{t=1}^{T} K_h(x - x_t) y_t - s_{T,1} \sum_{t=1}^{T} (x - x_t) K_h(x - x_t) y_t$$

$$= \sum_{t=1}^{T} [K_h(x - x_t)(s_{T,2} - (x - x_t) s_{T,1})] y_t.$$

$$s_{T,0} s_{T,2} - s_{T,1}^2 = \sum_{t=1}^{T} K_h(x - x_t) s_{T,2} - \sum_{t=1}^{T} (x - x_t) K_h(x - x_t) s_{T,1}$$

$$= \sum_{t=1}^{T} K_h(x - x_t)[s_{T,2} - (x - x_t) s_{T,1}].$$

综合之, 我们有

$$\hat{a} = \frac{\sum_{t=1}^{T} \omega_t y_t}{\sum_{t=1}^{T} \omega_t}, \tag{4.25}$$

其中 ω_t 定义为

$$\omega_t = K_h(x - x_t)[s_{T,2} - (x - x_t) s_{T,1}].$$

在实际应用中, 为了避免分母为 0 的情况, 我们使用 $m(x)$ 的如下估计:

$$\hat{m}(x) = \frac{\sum_{t=1}^{T} \omega_t y_t}{\sum_{t=1}^{T} \omega_t + \frac{1}{T^2}}. \tag{4.26}$$

注意到 (4.26) 式有一个很好的特性, 就是权重 ω_t 满足

$$\sum_{t=1}^{T} (x - x_t) \omega_t = 0.$$

另外, 如果只假定 (4.19) 式中 $m(.)$ 有一阶导数, 通过求

$$\sum_{t=1}^{T} (y_t - a)^2 K_h(x - x_t),$$

的最小值点, 可得到前面介绍过的 Nadaraya-Watson 估计. 一般地, 如果假定 $m(x)$ 有有界的 k 阶导数, 则可用一个 $(k-1)$ 次多项式代替 (4.24) 式中的线性多项式. 我们把 (4.26) 式中的估计称为局部线性回归平滑. Fan(1993) 证明了在某些正则条件下局部线性回归有某些重要的抽样性质. 窗宽的选择可以用与前面讨论过的相同的方法得到.

时间序列的应用

在时间序列分析中, 解释变量通常是序列的延迟值. 考虑单个解释变量的简单情形. 这时模型 (4.19) 变成

$$x_t = m(x_{t-1}) + a_t,$$

可以直接应用前面所讨论过的核回归和局部线性回归方法. 当有多个解释变量存在时, 需要作一些修改后再用非参数方法. 对核回归, 我们可以用多元核函数, 如具有给定协方差矩阵的多元正态密度函数

$$K_h(x) = \frac{1}{(h\sqrt{2\pi})^p |\boldsymbol{\Sigma}|^{1/2}} \exp\left(-\frac{1}{2h^2} \boldsymbol{x}' \boldsymbol{\Sigma}^{-1} \boldsymbol{x}\right),$$

其中 p 是解释变量的个数, $\boldsymbol{\Sigma}$ 是事先给定的正定矩阵. 也可以用一元核函数的乘积作为多元核函数, 例如

$$K_h(x) = \prod_{i=1}^{p} \frac{0.75}{h_i} \left(1 - \frac{x_i^2}{h_i^2}\right) I\left(\left|\frac{x_j}{h_i}\right| < 1\right).$$

这一方法比较简单, 但忽略了解释变量之间的关系.

例 4.6   为了说明非参数方法在金融中的应用, 考虑二级市场上从 1970 年到 1997 年 3 个月期国库券的周利率, 共 1461 个观测. 数据是从圣　路易斯联邦储备银行 (Federal Reserve Bank of St Louis) 得到的, 图 4-6 给出了数据的时间图. 这些序列在文献中经常用到. 作为用直接观测数据估计随机扩散方程的例子, 读者可参见第 6 章的参考文献. 这里我们考虑一个简单模型:

$$y_t = \mu(x_{t-1}) \mathrm{d}t + \sigma(x_{t-1}) \mathrm{d}w_t,$$

其中 x_t 是 3 个月期国库券利率, $y_t = x_t - x_{t-1}$, ω_t 是标准布朗运动, $\mu(\cdot)$ 和 $\sigma(\cdot)$ 是 x_{t-1} 的光滑函数. 应用 S-Plus 中局部光滑函数 lowess 可得到 $\mu(\cdot)$ 和 $\sigma(\cdot)$ 的非参数估计, 详细可参见 Cleveland(1979). 为简单起见, 我们用 $|y_t|$ 作为 x_t 波动率的代表.

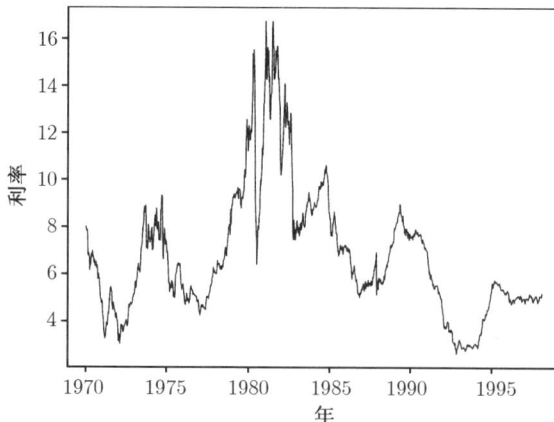

图 4-6   二级市场上从 1970 年到 1997 年 3 个月期国库券的周利率的时间图

对于上述所考虑的简单模型, $\mu(x_{t-1})$ 是给定 x_{t-1} 时 y_t 的条件均值, 即 $\mu(x_{t-1})=$ $E(y_t|x_{t-1})$. 图 4-7a 给出了 $y(t)$ 对 x_{t-1} 的散点图. 该图还包含由 S-Plus 中的 lowess 所得到的 $\mu(x_{t-1})$ 的局部平滑估计. 估计本质上是 0. 然而, 为了更好地理解该估计, 图 4-7b 给出了更精细刻度下的估计值 $\hat{\mu}(x_{t-1})$. 我们发现一个很有趣的现象: 当 x_{t-1} 的值很小时, $\hat{\mu}(x_{t-1})$ 是正的; 而当 x_{t-1} 的值很大时, $\hat{\mu}(x_{t-1})$ 变成了负的. 这与常识相一致: 即当利率很高时, 期望其下降; 而当利率很低时又期望其上升. 图 4-7c 给出了 $|y(t)|$ 对 x_{t-1} 的散点图, 估计 $\hat{\sigma}(x_{t-1})$ 由 lowess 给出. 该图进一步证实了, 利率越高, 波动率越大. 图 4-7d 给出了更精细刻度下的估计值 $\hat{\sigma}(x_{t-1})$. 可以很清楚地看到波动率是 x_{t-1} 的增函数, 当 x_{t-1} 达到 10% 时斜率在增加. 这个例子说明了简单的非参数方法在理解金融时间序列的动态结构时很有用.

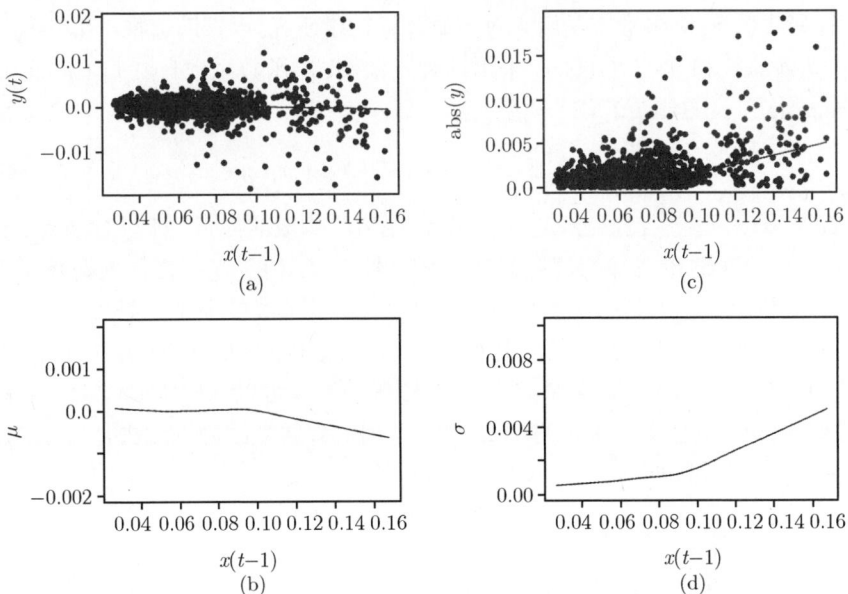

图 4-7 通过局部平滑方法所给出的 3 个月期国库券的周利率的条件均值和波动率的估计: (a) y_t 对 x_{t-1}, 其中 $y_t = x_t - x_{t-1}$, x_t 是利率; (b) $\mu(x_{t-1})$ 的估计; (c) $|y_t|$ 对 x_{t-1}; (d) $\sigma(x_{t-1})$ 的估计

例 4.6 中所用到的 S-plus 命令和 R 命令

```
> z1=read.table('w-3mtbs7097.txt',header=T)
> x=z1[4,1:1460]/100
> y=(z1[4,2:1461]-z1[4,1:1460])/100
> par(mfcol=c(2,2))
> plot(x,y,pch='*',xlab='x(t-1)',ylab='y(t)')
> lines(lowess(x,y))
> title(main='(a) y(t) vs x(t-1)')
> fit=lowess(x,y)
```

```
> plot(fit$x,fit$y,xlab='x(t-1)',ylab='mu',type='l',
+ ylim=c(-.002,.002))
> title(main='(b) Estimate of mu(.)')
> plot(x,abs(y),pch='*',xlab='x(t-1)',ylab='abs(y)')
> lines(lowess(x,abs(y)))
> title(main='(c) abs(y) vs x(t-1)')
> fit2=lowess(x,abs(y))
> plot(fit2$x,fit2$y,type='l',xlab='x(t-1)',ylab='sigma',
+ ylim=c(0,.01))
> title(main='(d) Estimate of sigma(.)')
```

下面介绍几个由非参数方法导出的非线性时间序列模型.

4.1.6　函数系数 AR 模型

非参数方法的新近成果使得研究人员在提出非线性模型时可以放松参数型的约束. 有些情形下, 非参数方法用来对数据进行初步研究, 以帮助选择一个参数型非线性模型. Chen 和 Tsay (1993a) 采用这种方法, 提出函数系数自回归 (functional-coefficient autoregressive, FAR) 模型

$$x_t = f_1(X_{t-1})x_{t-1} + \cdots + f_p(X_{t-1})x_{t-p} + a_t, \tag{4.27}$$

其中 $X_{t-1} = (x_{t-1}, \cdots, x_{t-k})'$ 是由 x_t 的延迟值所构成的向量. 如果有必要, X_{t-1} 可以包含在 $t-1$ 时刻已知的其他解释变量. (4.27) 式中的 $f_i(\cdot)$ 往往假定是几乎处处连续、甚至是二次可微的. 前面讨论过的绝大部分非线性模型都是 FAR 模型的特殊情形. 在实际应用中, 我们可用非参数方法 (如核回归或局部线性回归) 来估计函数型系数 $f_i(\cdot)$, 特别是当 X_{t-1} 的维数较低的时候可以这样做 (尤其是当 X_{t-1} 是一维的时候). 最近, Cai, Fan 和 Yao (2000) 用局部线性回归方法去估计 $f_i(\cdot)$, 证明了用 FAR 模型可以在向前 1 步预测上获得很大改进.

4.1.7　非线性可加 AR 模型

把非参数方法应用到非线性时间序列分析中的一个主要困难是 "维数灾难" (curse of dimensionality). 考虑一个一般的 AR(p) 过程 $x_t = f(x_{t-1}, \cdots, x_{t-p}) + a_t$. 直接用非参数方法来估计 $f(\cdot)$ 将需要 p 维的平滑. 当 p 很大时这难以做到, 尤其是在数据点的个数不是很多时. 克服这一困难的一个简单而有效的方法是考虑可加模型, 这样的模型只需要低维的平滑. 称时间序列 x_t 服从非线性可加 AR(简记为 NAAR) 模型, 若

$$x_t = f_0(t) + \sum_{i=1}^{p} f_i(x_{t-i}) + a_t, \tag{4.28}$$

其中 $f_i(\cdot)$ 是几乎处处连续的函数. 因为每个 $f_i(\cdot)$ 只有一个自变量, 可以用一维平滑方法, 从而避免维数灾难. 在应用中, 在给定 $f_j(.), j \neq i$ 的条件下, 估计 $f_i(.)$. 这种迭代方法可用来估计 NAAR 模型. 更多细节和 NAAR 模型的例子, 可参见 Chen 和 Tsay (1993b).

可加性的假设限制性相当强, 所以在应用中要仔细检验. Chen, Liu 和 Tsay (1995) 考虑了检验可加性的检验统计量.

4.1.8 非线性状态空间模型

利用 MCMC 方法的最新进展 [Gelfand 和 Smith (1990)], Carlin, Polson 和 Stoffer (1992) 提出了非线性状态空间建模的蒙特卡罗方法. 所考虑的模型为

$$S_t = f_t(S_{t-1}) + u_t, \quad x_t = g_t(S_t) + v_t, \tag{4.29}$$

其中 S_t 是状态向量, $f_t(\cdot)$ 和 $g_t(\cdot)$ 是依赖某些未知参数的已知函数, $\{u_t\}$ 是具有零均值、非负定的协方差矩阵 Σ_u 的独立同分布的多元随机向量序列, $\{v_t\}$ 是均值为零、方差为 σ_v^2 的独立同分布随机变量序列, 且 $\{u_t\}$ 与 $\{v_t\}$ 独立. 因为对于一个非线性系统, 需要给定 S_{t-1} 的条件下 S_t 的整个条件分布, 所以蒙特卡罗方法可用来处理状态转移方程的非线性演变. Kitagawa (1998) 及其参考文献中考虑了其他的对非线性时间序列分析的数值平滑方法. MCMC 方法 (或者一些高强度计算的数值方法) 是非线性时间序列分析的有力工具, 但这些方法的潜力还没有充分发掘出来. 然而, (4.29) 式模型中假定了 $f_t(\cdot)$ 和 $g_t(\cdot)$ 的形式已知, 这是在实际应用中运用上述方法的障碍. 克服这一局限的方案是, 使用诸如对 FAR 和 NAAR 模型分析时所用的非参数方法, 在用非线性状态空间模型之前对 $f_t(\cdot)$ 和 $g_t(\cdot)$ 进行具体化.

4.1.9 神经网络

现代数据分析的一个常见问题就是神经网络. 神经网络方法可归类为半参数方法. 有关神经网络的文献非常多. 它在很多学科中有应用, 且应用成功的程度也不尽相同, 具体可参见 Ripley (1993) 的第 2 节所列的应用以及第 10 节中关于其在金融中应用的评注. Cheng 和 Titterington (1994) 提供了从统计学角度看神经网络的信息. 本节主要关注 "前馈"(feed-forward) 神经网络. 它将原始信息输入到由一个或几个神经元 (或称为结点) 构成的输入层, 而这些结点向前连接到下一层, 直到到达输出层. 图 4-8 举了一个简单的例子. 它是带有一个隐层的、用来处理一元时间序列分析的简单的前馈神经网络. 其输入层有两个结点, 隐层有三个结点. 输入层的每个结点都向前连接到每个隐层的结点上, 而这些隐层的结点都连接到输出层的一个单独结点. 我们称这个网络为一个 2-3-1 的前馈神经网络. 更多复杂的神

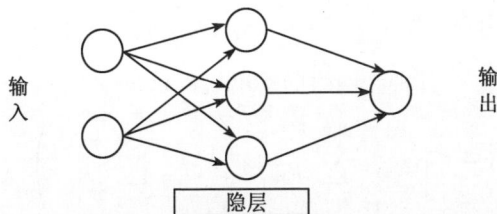

图 4-8 一个用于处理一元时间序列分析的带有一个隐层的前馈神经网络

经网络包括那些带回馈连接的网络都已经在文献中提出, 但与我们学习关系最多的还是前馈神经网络.

前馈神经网络

神经网络由一层向下一层处理加工信息是通过一个 "激活函数"(activation fuction) 来完成的. 考虑带有一个隐层的前馈神经网络, 隐层的第 j 个结点定义为

$$h_j = f_j\left(\alpha_{0j} + \sum_{i \to j} w_{ij}x_i\right), \tag{4.30}$$

其中 x_i 是输入层第 i 个结点的值, $f_j(.)$ 是一个激活函数, 典型的是取 logistic 函数:

$$f_j(z) = \frac{\exp(z)}{1 + \exp(z)},$$

α_{0j} 称为偏差, 对 $i \to j$ 求和是指对输入层中所有指向 j 的结点求和, w_{ij} 是权重. 比如在图 4-8 中的 2-3-1 前馈神经网络的隐层中的第 j 个结点:

$$h_j = \frac{\exp(\alpha_{0j} + w_{1j}x_1 + w_{2j}x_2)}{1 + \exp(\alpha_{0j} + w_{1j}x_1 + w_{2j}x_2)}, \quad j = 1, 2, 3. \tag{4.31}$$

输出层的结点定义为

$$o = f_o\left(\alpha_{0o} + \sum_{j \to o} w_{jo}h_j\right), \tag{4.32}$$

其中激活函数 $f_o(\cdot)$ 是线性函数或 Heaviside 函数. 如果 $f_o(\cdot)$ 是线性函数, 则

$$o = \alpha_{0o} + \sum_{j=1}^{k} w_{jo}h_j,$$

其中 k 是隐层中结点数目. 一个 Heaviside 函数中有这样的定义: 如果 $z > 0$, 则 $f_o(z) = 1$, 否则 $f_o(z) = 0$. 把带有 Heaviside 函数的神经元称为门限神经元, "1" 代表神经元发出信息. 例如, 考虑图 4-8 中的 2-3-1 网络, 如果激活函数是线性的, 则其输出值是

$$o = \alpha_{0o} + w_{1o}h_1 + w_{2o}h_2 + w_{3o}h_3,$$

如果 $f_o(\cdot)$ 是一个 Heaviside 函数, 则输出值是

$$o = \begin{cases} 1, & \text{如果 } \alpha_{0o} + w_{1o}h_1 + w_{2o}h_2 + w_{3o}h_3 > 0, \\ 0, & \text{如果 } \alpha_{0o} + w_{1o}h_1 + w_{2o}h_2 + w_{3o}h_3 \leqslant 0, \end{cases}$$

联合各个层来看, 前馈神经网络的输出值可以写成

$$o = f_o\left[\alpha_{0o} + \sum_{j \to o} w_{jo}f_j\left(\alpha_{0j} + \sum_{i \to j} w_{ij}x_i\right)\right]. \tag{4.33}$$

如果允许输入层直接连接到输出层, 则该网络变成

$$o = f_o \left[\alpha_{0o} + \sum_{i \to o} \alpha_{io} x_i + \sum_{j \to o} w_{jo} f_j \left(\alpha_{0j} + \sum_{i \to j} w_{ij} x_i \right) \right], \qquad (4.34)$$

其中第一个求和号是对输入结点求和. 当输出层的激活函数是线性的, 输入层到输出层的直接连接意味着输出值是输入值的一个线性函数. 从而在这个特殊情形下, (4.34) 式是线性模型的一般形式. 对于图 4-8 的 2-3-1 网络, 如果输出激活函数是线性的, 则 (4.33) 式变成

$$o = \alpha_{0o} + \sum_{j=1}^{3} w_{jo} h_j,$$

其中 h_j 在 (4.31) 式中给出. 从而该网络有 13 个参数. 如果用 (3.34) 式, 则网络变为

$$o = \alpha_{0o} + \sum_{i=1}^{2} \alpha_{io} x_i + \sum_{j=1}^{3} w_{jo} h_j,$$

其中 h_j 在 (4.31) 式中给出. 网络参数的数目增加到 15 个.

我们称等式 (4.33) 或 (4.34) 中的函数是半参数函数, 这是因为它的函数形式是已知的, 而结点个数以及结点的偏差和权重是未知的. 等式 (4.34) 中从输入层到输出层的直接连接意味着该网络跳过了隐层. 我们把这样的网络称为一个跳过隐层的前馈网络.

前馈网络在神经网络的文献中称为多层感知器 (percetrons). 它们在紧集上可以通过增加隐层的结点数目一致逼近任何连续函数, 具体可参见 Hornik, Stinchcombe 和 White (1989); Hornik (1993); Chen 和 Chen (1995). 神经网络的这个性质是多层感知器的一般逼近性质. 简言之, 带有一个隐蔽层的前馈神经网络可以看成是一种对一般的连续非线性函数参数化的方法.

训练和预测

神经网络的应用包括两个步骤: 第一个步骤是训练网络 (例如去建立一个网络, 包括确定结点数目以及估计它们的偏差和权重); 第二个步骤是推断, 特别是预测. 在训练阶段数据通常被分成两部分不相重叠的子样本. 第一组子样本用来估计已知的前馈神经网络的参数. 第二组子样本用第一步建立的网络来进行预测和计算它的预测精度. 通过比较预测效果, 可以选出比其他效果好的 "最优" 网络来进行推断. 这正是在统计模型选择中应用非常广泛的交叉验证法的思想. 也可以利用其他的模型选择方法.

在一个时间序列的应用中, 令 $\{(r_t, x_t)|t = 1, \cdots, T\}$ 为网络训练可利用的数据. 其中 x_t 表示输入值的向量, 而 r_t 是所关心的序列 (比如一项资产的对数收益率). 对于一个给定的网络, 令 o_t 为输入值是 x_t 的网络的输出值, 可参见等式 (4.34). 训练一个神经网络相当于选择它的偏差和权重来最小化某种合适的标准, 比如, 最小

二乘

$$S^2 = \sum_{t=1}^{T} (r_t - o_t)^2.$$

这是一个非线性估计问题, 它可以用一些迭代方法解决. 为了保证所拟合函数的光滑性, 要对前面的最小化问题加上一些附加的约束. 在神经网络文献中, 向后传播 (Back Propagation (BP)) 学习算法是一种网络训练的普遍方法. BP 方法由 Bryson 和 Ho(1969) 提出. 它从输出层开始逆向进行, 并且反复用梯度规则来修正偏差和权重. Ripley (1993) 中的附录 2A 提供了 Back Propagation 的推导. 一旦一个前馈神经网络建立, 它就能在预测子样本中用来计算预测了.

例 4.7 为举例说明金融中神经网络的应用, 我们考虑 IBM 股票从 1926 年 1 月到 1999 年 12 月的月对数收益率, 以百分比形式给出并且包括分红. 我们把数据分为两组子样本. 第一组子样本由从 1926 年 1 月到 1997 年 12 月的 864 个数据组成. 下面用它来建立模型. 用 (4.34) 的带有三个输入值和含两个结点的隐层构成的模型, 我们可以得到一个 3-2-1 的序列网络. 这三个输入值分别记为 $r_{t-1}, r_{t-2},$ 和 r_{t-3}, 偏差和权重由下式给出

$$\hat{r}_t = 3.22 - 1.81f_1(\boldsymbol{r}_{t-1}) - 2.28f_2(\boldsymbol{r}_{t-1}) - 0.09r_{t-1} - 0.05r_{t-2} - 0.12r_{t-3}, \quad (4.35)$$

其中 $\boldsymbol{r}_{t-1} = (r_{t-1}, r_{t-2}, r_{t-3})$, 两个 Logistic 函数是

$$f_1(\boldsymbol{r}_{t-1}) = \frac{\exp(-8.34 - 18.97r_{t-1} + 2.17r_{t-2} - 19.17r_{t-3})}{1 + \exp(-8.34 - 18.97r_{t-1} + 2.17r_{t-2} - 19.17r_{t-3})},$$

$$f_2(\boldsymbol{r}_{t-1}) = \frac{\exp(39.25 - 22.17r_{t-1} - 17.34r_{t-2} - 5.98r_{t-3})}{1 + \exp(39.25 - 22.17r_{t-1} - 17.34r_{t-2} - 5.98r_{t-3})}.$$

前面模型的残差标准误差是 6.56. 作为对照, 我们也用同一数据建立 AR 模型, 得到

$$r_t = 1.101 + 0.077r_{t-1} + a_t, \quad \sigma_a = 6.61. \quad (4.36)$$

这个模型的残差标准差比式 (4.35) 的前馈神经网络的稍微大一点.

预测比较

1998 年和 1999 年的 IBM 股票的月对数收益率构成了第二组子样本, 用其来评价神经网络对样本以外的数据的预测效果. 作为比较的基准模型, 我们用第一组子样本的样本均值 r_t 对第二组子样本的所有月收益率进行 1 步向前预测. 这相当于假定 IBM 股票的月对数价格服从一个带漂移项的随机游动模型. 这个基准模型均方预测误差 (MSFE) 是 91.85. (4.36) 式的 AR(1) 模型, 它的 1 步向前预测的 MSFE 是 91.70. 因此, AR(1) 模型比基准模型效果稍好一点. 而 (4.35) 式的 3-2-1 前馈网络的 MSE 是 91.74, 与 AR(1) 模型效果基本相同.

注释 我们用初始权重设为默认值的 S-Plus 程序来完成对前馈网络的估计. 要了解更多信息参见 Venables 和 Ripley (1999). 我们有限的经验表明估计结果是

变化的. 对例 4.7 中用到的 IBM 股票收益率, 3-2-1 网络的样本外数据的 MSFE 最低可为 89.46, 最高可到 93.65. 如果我们改变隐层的结点数目, 则 MSFE 的变动范围可以更宽. 附录 B 给出了例 4.7 中用到的 S-Plus 指令.   □

例 4.8   前馈网络的优良特性包括其灵活性和广泛适用性. 举个例子. 我们用一个网络, 它的输出层的激活函数是 Heaviside 函数, 来预测例 4.7 中考虑的 IBM 股票的价格变动方向. 定义一个指示变量

$$d_t = \begin{cases} 1, & \text{如果 } r_t \geqslant 0, \\ 0, & \text{如果 } r_t < 0. \end{cases}$$

我们用 8 个输入结点和 4 个隐层结点建立一个 8-4-1 前馈网络来预测第一组子样本的 d_t, 其中 8 个输入结点是由前 4 个 r_t 和 d_t 的延迟值组成的. 这个网络用于计算在第二组子样本中的 1 步向前的向上运动 (例如正收益) 概率. 图 4-9 表示的是一个典型的概率预测的输出值和第二组子样本的实际方向, 后者在图中以 "o" 标出. 在图中添加一条概率为 0.5 的水平线. 如果我们采用较为严格的方法: 当概率预测结果大于或等于 0.5 时, 令 $\hat{d}_t = 1$, 否则令 $\hat{d}_t = 0$. 那么神经网络的预测成功率为 0.58. 当从一个估计变成另一个时, 这个网络的成功率会显著改变, 这个网络有 49 个参数. 为了更深入的理解, 我们做一个模拟研究, 将 8-4-1 网络运行 500 次, 计算用以前的方法预测时向上或向下运动的出错数目. 在这 500 次中, 平均错误的数目和错误的中值分别是 11.28 和 11. 错误最多和最少的数目分别是 18 和 4. 作为对照, 我们再用带漂移项的随机游动模型进行 500 次模拟预测, 即

$$\hat{d}_t = \begin{cases} 1, & \text{如果 } \hat{r}_t = 1.19 + \varepsilon_t \geqslant 0, \\ 0, & \text{否则}, \end{cases}$$

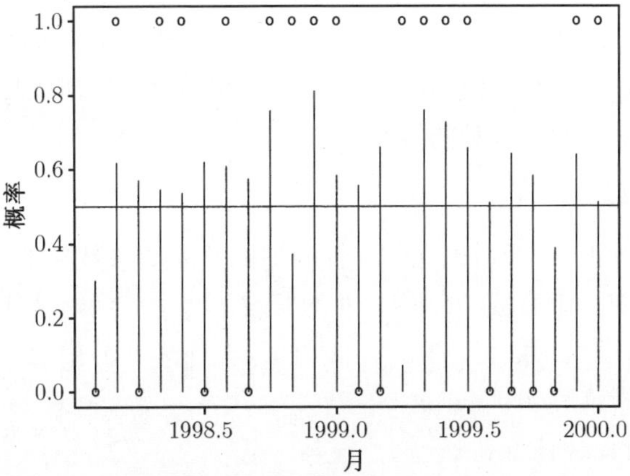

图 4-9   用 8-4-1 前馈神经网络对 IBM 股票正的月收益进行 1 步向前概率预测. 预测期是从 1998 年 1 月到 1999 年 12 月

其中 1.19 是 IBM 股票从 1926 年 1 月到 1997 年 12 月的平均月对数收益率, $\{\varepsilon_t\}$ 是服从 N(0, 1) 的独立随机变量序列. 预测错误的数目的平均值和中位数变为 10.53 和 11, 而错误最多和最少的数目分别是 17 和 5. 图 4-10 是两种模拟方法的预测出错数目的柱状图. 结果表明对于 IBM 股票的月对数价格, 8-4-1 前馈神经网络不比假定为一个带漂移项的随机游动的简单模型更好.

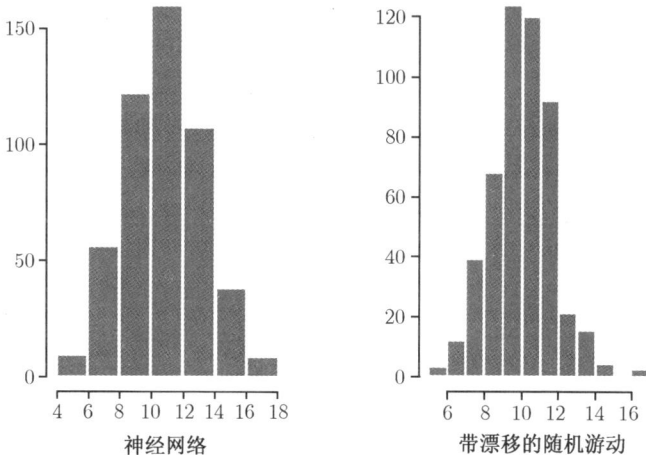

神经网络　　　　　　　　　　带漂移的随机游动

图 4-10　对 IBM 股票的月对数收益率的变动方向进行预测时错误数目的柱状图. 预测期是从 1998 年 1 月到 1999 年 12 月

4.2　非线性检验

本节讨论一些在文献中出现过的非线性检验方法. 它们对 4.3 节中考虑的非线性模型有很好的功效. 所讨论的检验包括参数和非参数统计量. 平方残差的 Ljung-Box 统计, 双谱检验 (bispectral test) 和 BDS 检验都是非参数方法. RESET 检验 (Ramsey,1969), Tsay(1986,1989) 的 F 检验, 以及其他的拉格朗日乘子法和似然比检验法都依赖特定的参数函数. 因为非线性的情况有很多, 所以检测非线性时没有比其他方法都更好的一种单独的检验方法.

4.2.1　非参数检验

在线性假设下, 一个合适确立的线性模型的残差应该是独立的. 任何对残差独立性的违背都说明了现有模型包括线性的假设不合适. 这就是各种非线性检验背后的基本思想. 特别地, 设计一些非线性检验就是用来检验指定的时间序列的二次形式可能出现的违背情况.

平方残差的 Q- 统计量

Mcleod 和 Li(1983) 对 $\mathrm{ARMA}(p,q)$ 模型的平方残差应用 Ljung-Box 统计量来检查模型的不足. 这个检验统计量是

$$Q(m) = T(T+2) \sum_{i=1}^{m} \frac{\hat{\rho}_i^2(a_t^2)}{T-i},$$

其中 T 是样本容量, m 是一个恰当选取的在检验中自相关的数目, a_t 是残差序列, 而 $\hat{\rho}_i(a_t^2)$ 是 a_t^2 的 i 阶自相关函数 (ACF). 如果现有的线性模型是合适的, $Q(m)$ 应该渐近服从自由度为 $m-p-q$ 的 χ^2 分布. 就像第 3 章提到的那样, 前面的 Q- 统计量用来检测 a_t 的条件异方差性, 渐近等价于 Engle 在 1982 年提出的对 ARCH 模型的拉格朗日乘子检验法统计量, 具体可参见 3.4.3 节. 这个统计量的原假设是 $H_0: \beta_1 = \cdots = \beta_m = 0$, 其中 β_i 是下面的线性回归的 a_{t-i}^2 的系数:

$$a_t^2 = \beta_0 + \beta_1 a_{t-1}^2 + \cdots + \beta_m a_{t-m}^2 + e_t$$

其中 $t = m+1, \cdots, T$. 因为这个统计量由残差计算得到 (而不是直接观察到的收益率), 所以自由度是 $m-p-q$.

双谱检验 (Bispectral Test)

该检验方法可以用于检验线性和正态性. 它建立在这样一个结果上: 线性时间序列合适的标准化的双谱对所有频率都是常数, 而且在正态时, 这个常数值就是零. 一个时间序列的双谱是该序列的三阶矩的 Fourier 变换. 对 (4.1) 式的平稳时间序列 x_t, 其三阶矩定义为

$$c(u,v) = g \sum_{k=-\infty}^{\infty} \psi_k \psi_{k+u} \psi_{k+v}, \tag{4.37}$$

其中 u 和 v 是整数, $g = \mathrm{E}(a_t^3)$, $\psi_0 = 1$, 当 $k < 0$ 时 $\psi_k = 0$. 对 (4.37) 式作 Fourier 变换, 我们得到

$$b_3(w_1, w_2) = \frac{g}{4\pi^2} \Gamma\left[-(w_1 + w_2)\right] \Gamma(w_1)\Gamma(w_2), \tag{4.38}$$

其中 $\Gamma(w) = \sum_{u=0}^{\infty} \psi_u \exp(-iwu)$, 而 $\mathrm{i} = \sqrt{-1}$, w_i 是频率. x_t 的谱密度函数由下式给出:

$$p(w) = \frac{\sigma_a^2}{2\pi} |\Gamma(w)|^2,$$

其中 w 是频率. 从而, 函数变为

$$b(w_1, w_2) = \frac{|b_3(w_1, w_2)|^2}{p(w_1)p(w_2)p(w_1 + w_2)} = \text{常数, 对所有 } (w_1, w_2). \tag{4.39}$$

双谱检验利用了 (4.39) 式的性质. 基本上, 我们通过选取合适的格子点来估计 (4.39) 式中的函数 $b(w_1, w_2)$ 并且用一种类似 Hotelling 的 T^2 统计量的检验统计量来检验 $b(w_1, w_2)$ 的常数性. 对一个线性高斯序列, $\mathrm{E}(a_t^3) = g = 0$, 所以双谱对所有频率 (w_1, w_2) 都恒为零. 对双谱检验的更详细的讨论可参见 Priestley (1988), Subba Rao 和 Gabr (1984), Hinich (1982). 有限的经验表明当样本容量很大时, 这种检验法有很好的功效.

BDS 统计量

Brock, Dechert 和 Scheinkman (1987) 提出了一个检验统计量. 通常称之为 BDS 检验. 它用来检测一个时间序列的独立同分布假设. 这个统计量不同于其他讨论过的检验统计量, 因为后者主要集中在 x_t 的 2 阶或 3 阶性质上. BDS 检验法的基本思想是利用混沌时间序列分析中常见的 "相关性求和". 给定一个 k 维时间序列 X_t 和观察值 $\{X_t\}_{t=1}^{T_k}$, 定义其相关性求和为

$$C_k(\delta) = \lim_{T_k \to \infty} \frac{2}{T_k(T_k - 1)} \sum_{i<j} I_\delta(X_i, X_j), \tag{4.40}$$

其中 $I_\delta(u, v)$ 是一个示性变量. 当 $\|u - v\| < \delta$ 时它等于 1, 否则等于 0, 其中 $\|\cdot\|$ 是上确界范数 (supnorm). 相关性求和度量了相距不超过 δ 的一对数据 $\{X_t\}$ 占所有数据对的比重. 考虑下一个时间序列 x_t. 设 k 维向量 $X_t^k = (x_t, x_{t+1}, \cdots, x_{t+k-1})'$, 称为 k 历史. BDS 检验的思想如下. 把一个 k 历史看成 k 维空间中的一个点. 如果 $\{x_t\}_{t=1}^{T_k}$ 确实是独立同分布随机变量序列的话, 那么 k 历史 $\{X_t\}_{t=1}^{T_k}$ 应该在 k 维空间中看不出样式来. 从而, 相关性求和应该满足关系 $C_k(\delta) = [C_1(\delta)]^k$. 如果违背了此式就表明 x_t 不是独立同分布的. 举一个简单而又能说明问题的例子. 考虑一列独立同分布的随机变量, 服从 $[0,1]$ 上的均匀分布. 令 [a,b] 是 $[0,1]$ 的子区间, 考虑 2 历史 (x_t, x_{t+1}), 它表示 2 维空间中的一个点. 在独立同分布假设下, 在 [a,b]×[a,b] 中 2 历史数目的期望应该等于 [a,b] 中 x_t 数目期望的平方. 这个想法可以用相关性求和对应的样本进行正式的检验. 定义

$$C_l(\delta, T) = \frac{2}{T_k(T_k - 1)} \sum_{i<j} I_\delta(X_i^*, X_j^*), \quad l = 1, k,$$

其中 $T_l = T - l + 1$. 当 $l = 1$ 时 $X_i^* = x_i$; 当 $l = k$ 时 $X_i^* = X_i^k$. 在 $\{x_t\}$ 是独立同分布的并有非退化的分布函数 $F(.)$ 的原假设下, Brock, Dechert, Scheinkman (1987) 指出, 对任意固定的 k 和 δ 都有

$$C_k(\delta, T) \to [C_1(\delta)]^k, \quad (\text{以概率 } 1, \text{当 } T \to \infty).$$

更进一步, 统计量 $\sqrt{T} \left\{ C_k(\delta, T) - [C_1(\delta, T)]^k \right\}$ 渐近于正态分布, 其均值为零, 方差是

$$\sigma_k^2(\delta) = 4 \left(N^k + 2 \sum_{j=1}^{k-1} N^{k-j} C^{2j} + (k-1)^2 C^{2k} - k^2 N C^{2k-2} \right),$$

其中 $C = \int [F(z+\delta) - F(z-\delta)] \mathrm{d}F(z)$, $N = \int [F(z+\delta) - F(z-\delta)]^2 \mathrm{d}F(z)$. 注意到 $C_1(\delta, T)$ 是 C 的相合估计, 而 N 的相合估计可以为

$$N(\delta, T) = \frac{6}{T_k(T_k - 1)(T_k - 2)} \sum_{t<s<u} I_\delta(x_t, x_s) I_\delta(x_s, x_u).$$

于是 BDS 检验统计量定义为

$$D_k(\delta, T) = \sqrt{T}\left\{C_k(\delta, T) - [C_1(\delta, T)]^k\right\}/\sigma_k(\delta, T),\tag{4.41}$$

其中 $\sigma_k(\delta, T)$ 是在 $\sigma_k(\delta)$ 中用 $C_1(\delta, T)$ 和 $N(\delta, T)$ 分别代替 C 和 N 时得到的. 这个检验统计量的极限分布是标准正态的. 应用 BDS 检验的更多的讨论和例子请见 Hsieh (1989); Brock, Hsieh, LeBaron (1991). 实际应用中, 在用 BDS 检验前如果数据有线性相依性, 则我们要去掉其相依性. 这种检验对 k 和 δ 的选择可能很敏感, 尤其当 k 比较大的时候.

4.2.2 参数检验

本节将目光转向参数检验, 考虑 Ramsey 的 RESET 检验 (1969) 以及它的推广. 我们仍然讨论一些检验统计量来检测门限非线性. 为简化记号, 我们在讨论中使用向量和矩阵. 如果需要的话读者可以浏览第 8 章的附录 A 简单复习一下向量和矩阵的相关内容.

RESET 检验

Ramsey (1969) 提出一种对线性最小二乘回归分析的规范检验. 称这个检验为 RESET 检验. 它可以很容易地应用于线性 AR 模型. 考虑一个线性 AR(p) 模型:

$$x_t = \boldsymbol{X}'_{t-1}\boldsymbol{\phi} + a_t,\tag{4.42}$$

其中 $\boldsymbol{X}_{t-1} = (1, x_{t-1}, \cdots, x_{t-p})'$, $\boldsymbol{\phi} = (\phi_0, \phi_1, \cdots, \phi_p)'$. RESET 检验的第一步是获得 (4.42) 式中的最小二乘估计 $\hat{\boldsymbol{\phi}}$, 然后计算拟合值 $\hat{x}_t = \boldsymbol{X}'_{t-1}\hat{\boldsymbol{\phi}}$, 残差 $\hat{a}_t = x_t - \hat{x}_t$, 以及残差平方和 $SSR_0 = \sum_{t=p+1}^{T}\hat{a}_t^2$, 其中 T 是样本容量. 第二步考虑线性回归:

$$\hat{a}_t = \boldsymbol{X}'_{t-1}\boldsymbol{\alpha}_1 + \boldsymbol{M}'_{t-1}\boldsymbol{\alpha}_2 + v_t,\tag{4.43}$$

其中 $\boldsymbol{M}_{t-1} = (\hat{x}_t^2, \cdots, \hat{x}_t^{s+1})'$. 对某个 $s \geqslant 1$, 再计算最小二乘残差

$$\hat{v}_t = \hat{a}_t - \boldsymbol{X}'_{t-1}\hat{\boldsymbol{\alpha}}_1 - \boldsymbol{M}'_{t-1}\hat{\boldsymbol{\alpha}}_2$$

以及回归的残差平方和 $SSR_1 = \sum_{t=p+1}^{T}\hat{v}_t^2$. RESET 检验的基本思想是如果 (4.42) 式的 AR(p) 模型合适的话, 那么 (4.43) 式中的 $\boldsymbol{\alpha}_1$ 和 $\boldsymbol{\alpha}_2$ 应该为零. 这可以通过一般的 F 统计量进行检验. (4.43) 式的 F 统计量如下:

$$F = \frac{(SSR_0 - SSR_1)/g}{SSR_1/(T-p-g)}, \quad 其中 \quad g = s + p + 1.\tag{4.44}$$

在线性和正态性假定下, 它服从自由度是 g 和 $T - p - g$ 的 F 分布.

注释 因为 $\hat{x}_t^k$ (对 $k = 2, \cdots, s+1$) 与 $\boldsymbol{X}_{t-1}$ 以及它们自身之间趋向于有高度相关性, 所以用 $\boldsymbol{M}_{t-1}$ 的与 $\boldsymbol{X}_{t-1}$ 没有线性关系的主成分对 (4.43) 式进行拟合. 主成分分析是一种降维的统计工具, 参见第 8 章的更多内容. □

Keenan (1985) 提出了一种对时间序列的非线性检验方法. 此方法只用到 $\hat{x}_t^2$ 并且修正了 RESET 检验法的第二步来回避 $\hat{x}_t^2$ 和 $\boldsymbol{X}_{t-1}$ 之间的多重共线性 (multicollinearity). 特别地, (4.43) 式的线性回归分成两步. 在 2(a) 步, 通过拟合回归移除 $\hat{x}_t^2$ 对 $\boldsymbol{X}_{t-1}$ 的线性依赖关系

$$\hat{x}_t^2 = \boldsymbol{X}_{t-1}'\boldsymbol{\beta} + u_t$$

得到残差 $\hat{u}_t = \hat{x}_t^2 - \boldsymbol{X}_{t-1}'\hat{\boldsymbol{\beta}}$. 在 2(b) 步, 考虑线性回归

$$\hat{a}_t = \hat{u}_t\alpha + v_t,$$

得到平方残差和 $SSR_1 = \sum\limits_{t=p+1}^{T} (\hat{a}_t - \hat{u}_t\hat{\alpha})^2 = \sum\limits_{t=p+1}^{T} \hat{v}_t^2$ 来检验原假设 $\alpha = 0$.

F 检验

为了改进 Keenan 的 RESET 检验的功效, Tsay (1986) 选择了不同的回归量 $\boldsymbol{M}_{t-1}$. 特别地, 他建议使用 $\boldsymbol{M}_{t-1} = \text{vech}(\boldsymbol{X}_{t-1}\boldsymbol{X}_{t-1}')$, 其中 $\text{vech}(A)$ 表示矩阵 $\boldsymbol{A}$ 的半拉直向量, 即 $\boldsymbol{A}$ 对角线及其下面的元素组成的向量, 具体可参见第 8 章的附录 B. 例如, 当 $p = 2$ 时, $\boldsymbol{M}_{t-1} = (x_{t-1}^2, x_{t-1}x_{t-2}, x_{t-2}^2)'$. 对 AR($p$) 模型, $\boldsymbol{M}_{t-1}$ 的维数是 $p(p+1)/2$. 在实际中, 这个检验法就是对如下线性最小二乘回归用普通偏 *F* 统计量来检验 $\boldsymbol{\alpha} = 0$:

$$x_t = \boldsymbol{X}_{t-1}'\boldsymbol{\phi} + \boldsymbol{M}_{t-1}'\boldsymbol{\alpha} + e_t,$$

其中 e_t 是误差项. 在 x_t 是线性 AR(p) 过程的假定下, 偏 *F* 统计量服从一个自由度为 g 和 $T - p - g - 1$ 的 *F* 分布, 其中 $g = p(p+1)/2$. 我们把这种 *F* 检验称为 *Ori-F* 检验. Luukkonen, Saikkonen 和 Teräsvirta (1988) 进一步发展了这个检验法, 将 $\boldsymbol{M}_{t-1}$ 增加到了有三次项 x_{t-i}^3 (对 $i = 1, \cdots, p$).

门限检验

在研究中, 当备择模型是 SETAR 模型时, 人们总可以选具体的检验统计量来增加检验的功效. 这些具体的检验统计量之一就是似然比统计量. 不过, 这个检验遇到了在线性的原假设下没有定义参数的困难, 这是因为对线性 AR 过程门限是没有定义的. 另一种具体的检验试图将检验门限非线性转化成探测模型的变化. 对门限非线性讨论这两种方法的区别很有趣.

为简化讨论, 让我们考虑一个简单的例子. 备择模型是门限变量为 x_{t-d} 的 2 体制 SETAR 模型. 原假设是 H_0: x_t 服从线性 AR(p) 模型

$$x_t = \phi_0 + \sum_{i=1}^{p} \phi_i x_{t-i} + a_t, \tag{4.45}$$

而备择假设是 H_a: x_t 服从 SETAR 模型

$$x_t = \begin{cases} \phi_0^{(1)} + \sum\limits_{i=1}^{p} \phi_i^{(1)} x_{t-i} + a_{1t}, & \text{若} \quad x_{t-d} < r_1, \\ \phi_0^{(2)} + \sum\limits_{i=1}^{p} \phi_i^{(2)} x_{t-i} + a_{2t}, & \text{若} \quad x_{t-d} \geqslant r_1, \end{cases} \tag{4.46}$$

其中 r_1 是门限. 对给定的实现值 $\{x_t\}_{t=1}^T$, 假定它是正态的并令 $l_0(\hat{\phi}, \hat{\sigma}_a^2)$ 为对数似然函数. 它是以 $\phi = (\phi_0, \cdots, \phi_p)'$ 和 σ_a^2 的最大似然估计计算得到的. 这很容易计算. 如果给定门限 r_1, 那么在备择条件下似然函数也是易于计算的. 令 $l_1(r_1; \hat{\phi}_1, \hat{\sigma}_1^2; \hat{\phi}_2, \hat{\sigma}_2^2)$ 为对数似然函数, 它是在知道门限 r_1 的条件下, 由 $\phi_i = (\phi_0^{(i)}, \cdots, \phi_p^{(i)})'$ 和 σ_i^2 的最大似然估计计算得到的. 对数似然比定义为

$$l(r_1) = l_1(r_1; \hat{\phi}_1, \hat{\sigma}_1^2; \hat{\phi}_2, \hat{\sigma}_2^2) - l_0(\hat{\phi}, \hat{\sigma}_a^2)$$

它是未知门限 r_1 的函数. 然而在原假设下, 并没有门限而且 r_1 没有定义. 在原假设下参数 r_1 称为讨厌参数 (nuisance parameter). 因此似然比的渐近分布与通常的似然比统计量有很大不同. 可以参见 Chen (1991) 以获得更多的细节和这个检验的临界值 (critical value). 一个通常的做法是取 $l_{\max} = \sup_{v < r_1 < u} l(r_1)$ 作为检验统计量, 其中 v 和 u 是事先指定为门限的下界和上界. Davis (1987), Andrews 和 Ploberger (1994) 更进一步地讨论了原假设下含讨厌参数的假设检验. 模拟法经常用于获取检验统计量 $l_{\max}$ 的经验临界值, 而 $l_{\max}$ 依赖于 v 和 u 的选择. $l(r_1)$ 在 $r_1 \in [v, u]$ 上的平均值也被 Andrews 和 Ploberger 考虑作为检验统计量.

Tsay (1989) 利用排序自回归 (arranged autoregression) 和递归估计得到另外一个门限非线性的检验. 在备择假设 H_a 下, 排序自回归试图将 SETAR 模型问题转变成一个模型改变问题, 其改变点就是门限 r_1. 为说明这点, (4.46) 式的 SETAR 模型是说 x_t 实质上服从两个线性模型, 分别依赖于 $x_{t-d} < r_1$ 或 $x_{t-d} \geqslant r_1$. 对实现值 $\{x_t\}_{t=1}^T$, x_{t-d} 取值 $\{x_1, \cdots, x_{T-d}\}$. 令 $x_{(1)} \leqslant x_{(2)} \leqslant \cdots \leqslant x_{(T-d)}$ 为 $\{x_t\}_{t=1}^{T-d}$ 排列好的数据 (比如将这些观测值按递增的顺序排好). 这样 SETAR 模型可写成

$$x_{(j)+d} = \beta_0 + \sum_{i=1}^{p} \beta_i x_{(j)+d-i} + a_{(j)+d}, \quad j = 1, \cdots, T-d, \tag{4.47}$$

其中当 $x_{(j)} < r_1$ 时 $\beta_i = \phi_i^{(1)}$, 当 $x_{(j)} \geqslant r_1$ 时 $\beta_i = \phi_i^{(2)}$. 从而, 门限 r_1 是 (4.47) 式线性回归的改变点, 我们称 (4.47) 式为排序自回归 (门限 x_{t-d} 是递增顺序的). 注意到 (4.47) 式的排序自回归并没改变 x_t 对 x_{t-i}(对 $i = 1, \cdots, p$) 的动态依赖性, 这是因为 $x_{(j)+d}$ 仍然依赖于 $x_{(j)+d-i}$(对 $i = 1, \cdots, p$). 上面完成了将 SETAR 模型放到门限空间中以代替时间空间. 这就是说, 带有较小的 x_{t-d} 的式子会出现在带有较大 x_{t-d} 的式子之前. Tsay (1989) 的门限检验如下.

第 1 步 用 $j = 1, \cdots, m$ 拟合 (4.47) 式, 其中 m 是事先指定的正整数 (比如 30). 记 β_i 的最小二乘估计是 $\hat{\beta}_{i,m}$, 其中 m 表示用于估计的数据点个数.

第 2 步 计算预测残差

$$\hat{a}_{(m+1)+d} = x_{(m+1)+d} - \hat{\beta}_{0,m} - \sum_{i=1}^{p} \hat{\beta}_{i,m} x_{(m+1)+d-i}$$

和它的标准误差. 令 $\hat{e}_{(m+1)+d}$ 为标准化的预测残差.

第 3 步 用递归最小二乘法去修正最小二乘估计 $\hat{\beta}_{i,m+1}$, 它是通过合并新数据点 $x_{(m+1)+d}$ 实现.

第 4 步 重复第 2, 3 步, 直至所有数据点都处理过.

第 5 步 考虑标准化的预测残差的线性回归

$$\hat{e}_{(m+j)+d} = \alpha_0 + \sum_{i=1}^{p} \alpha_i x_{(m+j)+d-i} + v_t, \quad j = 1, \cdots, T - d - m \tag{4.48}$$

并计算通常的 F 统计量以检验 (4.48) 式中的 $\alpha_i = 0 (i = 0, \cdots, p)$. 在 x_t 服从线性 $AR(p)$ 模型的原假设下, F 比率的极限分布是一个自由度为 $p+1$ 和 $T-d-m-p$ 的 F 分布.

我们称上面的 F 检验为 TAR-F 检验. 这个检验背后的思想是, 在原假设下 (4.47) 式的排序自回归中没有模型改变, 所以标准化的预测残差应该接近均值为 0、方差为 1 的独立同分布的随机变量. 在这种情况下, 那些标准化的预测残差应该与回归值 $x_{(m+j)+d-i}$ 不相关. 要了解更多关于递归最小二乘法和 TAR-F 检验表现的模拟研究的细节, 请参见 Tsay (1989). TAR-F 检验回避了似然比检验中遇到的讨厌参数问题. 它不要求知道门限 r_1 并且只是简单地检验了在原假设下预测残差与回归值的不相关性. 因此, 这个检验不依赖于一定要知道备择模型中体制的数目. 但是如果真实模型确实是有已知更新分布的 2 体制 SETAR 模型, 那么 TAR-F 检验的功效不如似然比检验.

4.2.3 应用

本节把先前讨论的一些非线性检验应用到 5 个时间序列中. 对一个真实的金融时间序列, 一般用 AR 模型移除数据中的相关成分, 然后将检验用到模型的残差序列中. 这 5 个序列如下.

(1) r_{1t}: 500 个观测值组成的独立同分布的、服从 N(0,1) 的模拟序列.

(2) r_{2t}: 独立同分布的、服从自由度为 6 的 t 分布的模拟序列, 样本容量是 500.

(3) a_{3t}: 1926 年到 1997 年的 CRSP 等权重指数月对数收益率的 864 个观测值的残差序列. 用到的线性 AR 模型是

$$(1 - 0.180B + 0.099B^3 - 0.105B^9) r_{3t} = 0.008\,6 + a_{3t}.$$

(4) a_{4t}: 1926 年到 1997 年的 CRSP 的价值加权指数月对数收益率的 864 个观测值的残差序列. 用到的线性 AR 模型是

$$(1 - 0.098B + 0.111B^3 - 0.088B^5)r_{4t} = 0.007\ 8 + a_{4t}.$$

(5) a_{5t}: 1926 年到 1997 年的 IBM 股票月对数收益率的 864 个观测值的残差序列. 用到的线性 AR 模型是

$$(1 - 0.077B)r_{5t} = 0.011 + a_{5t}.$$

表 4-2 是非线性检验的结果. 对模拟序列和 IBM 收益率, F 检验是建立在 AR(6) 模型的基础上的. 对指数收益率, AR 的阶与前面的模型一样. 对 BDS 检验, 我们选择 $\delta = \hat{\sigma}_a$ 和 $\delta = 1.5\hat{\sigma}_a, k$ 取 $2, \cdots, 5$. 表中还给出了 Ljung-Box 统计量以确定在应用非线性检验前残差序列没有序列相关性. 与它们的渐近临界值比较, BDS 检验和 F 检验对模拟序列在 5% 的水平下是不显著的. 不过对真实的金融时间序列而言, BDS 检验却是高度显著的. F 检验对指数收益率也显示出了显著的结果, 但它们没有检验出 IBM 对数收益率的非线性. 总之, 这些检验证明了模拟序列是线性的并认为股票收益率是非线性的.

表 4-2 对模拟序列和一些股票对数收益率的非线性检验 [a]

数据	Q	Q	BDS ($\delta = 1.5\hat{\sigma}_a$)			
	(5)	(10)	2	3	4	5
$N(0,1)$	3.2	6.5	−0.32	−0.14	−0.15	−0.33
t_6	0.9	1.7	−0.87	−1.18	−1.56	−1.71
ln(ew)	2.9	4.9	9.94	11.72	12.83	13.65
ln(vw)	1.0	9.8	8.61	9.88	10.70	11.29
ln(ibm)	0.6	7.1	4.96	6.09	6.68	6.82
数据	Ori-F	$d = 1$	BDS ($\delta = \hat{\sigma}_a$)			
		TAR-F	2	3	4	5
$N(0,1)$	1.13	0.87	−0.77	−0.71	−1.04	−1.27
t_6	0.69	0.81	−0.35	−0.76	−1.25	−1.49
ln(ew)	5.05	6.77	10.01	11.85	13.14	14.45
ln(vw)	4.95	6.85	7.01	7.83	8.64	9.53
ln(ibm)	1.32	1.51	3.82	4.70	5.45	5.72

a 模拟序列的样本容量是 500, 股票收益率的样本容量是 864. BDS 检验用 $k = 2, \cdots, 5$.

4.3 建 模

非线性时间序列的建模必须包含一些主观判断. 不过, 仍然要遵守一些总体上的准则. 非线性检验开始时要建立在一个合适的线性模型的基础上. 对金融时间序列, Ljung-Box 统计量和 Engle 检验通常用于检测条件异方差性. 对一般序列, 可以用 4.2 节的其他检验法. 如果非线性在统计上是显著的, 那么可选择接受一类非线性模型. 这种选择可能依赖分析者的经验和研究问题的实质. 对于波动率模型, ARCH 过程的阶是通过检查平方序列的偏自相关函数确定的. 对 GARCH 和 EGARCH 模型, 在绝大多数应用中, 只考虑如同 (1,1), (1,2) 和 (2,1) 低阶的情况. 更高阶的模型很难估计和理解. 对 TAR 模型, 可以用 Tong (1990) 和 Tsay (1989,1998) 给出的步骤程序建立合适的模型. 当样本容量充分大时, 可以用非线性技术去探测数据的非线性因素, 然后据此选择合适的非线性模型. 具体可见 Chen 和 Tsay (1993a) 以及 Cai, Fan 和 Yao(2000). Lewis 和 Stevens(1991) 的 MARS 程序也可以用来探测数据的动态结构. 最后, 像 Akaike 信息准则 (Akaike,1974) 这样的信息标准以及广义机会比 (Chen, McCulloch 和 Tsay (1997)) 可以用来区分候选的非线性模型. 选定的模型在被用来预测前应该仔细检查核对.

4.4   预   测

与线性模型不同, 当预测长度大于 1 时, 对绝大多数非线性模型, 计算其预测值并没有显示表达公式. 我们用参数自助 (parameric bootstraps) 法计算非线性预测值. 我们很容易理解, 模型在用于预测前需要严格的检查以判断对所研究的序列是否合适. 通过一个模型, 我们可以了解动态结构和新息分布. 在某些情况下, 我们可以把估计的参数看做已知的.

4.4.1   参数自助法

令 T 为预测原点, l 为预测步长 $(l > 0)$. 这就是说, 我们处在时间指标 T 处并对预测 x_{T+l} 感兴趣. 参数自助法计算实现值 $x_{T+1}, \cdots, x_{T+l}$ 依次通过下面步骤: (a) 从模型指定的新息分布中重新抽取一个新的新息; (b) 用模型、数据以及以前的预测 $x_{T+1}, \cdots, x_{T+i-1}$ 计算 x_{T+i}. 这样得到 x_{T+l} 的一个实现值. 重复这个过程 M 次来得到 x_{T+l} 的 M 个实现值, 并用 $\left\{ x_{T+l}^{(j)} \right\}_{j=1}^{M}$ 表示. x_{T+l} 的预测点就取 $x_{T+l}^{(j)}$ 的样本均值. 令预测为 $x_T(l)$. 在一些应用中我们取 $M = 3\,000$, 并且结果证明效果不错. 实现值 $\left\{ x_{T+l}^{(j)} \right\}_{j=1}^{M}$ 也可用于获得 x_{T+l} 的经验分布. 我们稍后利用经验分布去评估预测功效.

4.4.2   预测的评估

评估模型的预测功效有很多方法, 从方向度量到大小度量再到分布度量. 方向度量考虑由模型可推知的将来的变动方向 (上升或下降). 预测明天的标准普尔 500 指数将要上升或下降是一个有实际意义的方向预测的例子. 预测年终日标准普尔 500 指数的价值属于大小度量的例子. 最后, 评估从现在到年终的日标准普尔 500 指数将上升 10% 或更多的可能性要求知道将来该指数的条件概率分布. 而评估这样一个估价的精度则需要分布度量.

在实际中, 可利用的数据集被分成两部分子样本. 第一部分子样本的数据用来建立一个非线性模型; 第二部分子样本用来评估模型的预测功效. 我们称这两部分子样本分别为估计子样本和预测子样本. 在一些研究中, 常使用滚动预测程序. 当预测原点前进时, 一个新的数据点从预测子样本转移到估计子样本中. 下面我们将简要地讨论文献中一些通常用到的预测功效的度量方法. 不过要记住的是在比较模型优劣时不存在单独地被广泛接受的度量方法. 为了更好地了解这种比较, 可能需要一个基于预测目的的效用函数.

方向度量

一个典型的度量法是用一个 2×2 的列联表来总结在预测子样本中预测 x_{T+l} 上升和下降的相对应的模型的 "击中" (hit) 和 "丢失" (misses) 数目. 具体说来, 列联表如下给出

实际	预测		
	上	下	
上	m_{11}	m_{12}	m_{10}
下	m_{21}	m_{22}	m_{20}
	m_{01}	m_{02}	m

其中 m 是预测子样本中 l 步向前预测的总数目. m_{11} 是预测向上运动且击中 (预测正确) 的数目, m_{21} 是预测市场向下运动且丢失 (预测错误) 的数目, 依次类推. m_{11} 和 m_{22} 有较大值意味着较好的预测. 其检验统计量

$$\chi^2 = \sum_{i=1}^{2} \sum_{j=1}^{2} \frac{(m_{ij} - \frac{m_{i0}m_{0j}}{m})^2}{\frac{m_{i0}m_{0j}}{m}}$$

可以用来评估这个模型的功效. 大的 χ^2 值表示该模型优于随机选择的机会. 在一些适度的条件下, χ^2 渐近服从自由度为 1 的 χ^2 分布. 有关这种度量的更进一步讨论见 Dahl 和 Hylleberg(1999).

作为方向度量的例子, 考虑图 4-9 中的 8-4-1 前馈神经网络的 1 步向前概率预测. 这个网络的击中和丢失的 2×2 表格是

实际	预测		
	上	下	
上	12	2	14
下	8	2	10
	20	4	24

这个表显示了该网络对向上运动的预测不错, 但对股票向下运动的预测不理想. 这个表格的 χ^2 统计量是 0.137, p 值是 0.71. 从而, 网络并没有显著地优于一个对向上向下等概率的随机游动模型.

大小度量

有 3 个统计量经常用于度量点预测的功效. 它们是均方误差 (MSE)、平均绝对偏差 (MAD) 和平均绝对百分比误差 (MAPE). 对 l 步向前预测, 这些度量定义如下

$$\text{MSE}(l) = \frac{1}{m} \sum_{j=0}^{m-1} \left[x_{T+l+j} - x_{T+j}(l) \right]^2, \tag{4.49}$$

$$\text{MAD}(l) = \frac{1}{m} \sum_{j=0}^{m-1} |x_{T+l+j} - x_{T+j}(l)|, \tag{4.50}$$

$$\text{MAPE}(l) = \frac{1}{m} \sum_{j=0}^{m-1} \left| \frac{x_{T+j}(l)}{x_{T+j+l}} - 1 \right|, \tag{4.51}$$

其中 m 是预测子样本中可用于 l 步向前预测的数目. 在应用中, 人们通常选择上面 3 种度量之一. 这种度量取值最小的模型被认为是最好的 l 步向前预测模型. l 的不同可能会导致选用不同的模型. 这些度量在模型对比中仍然有其他的局限性. 具体可参见诸如 Clements 和 Hendry (1993) 的文献.

分布度量

从业人员最近开始用预测分布对模型的预测表现进行评价. 严格来说, 预测分布考虑到了在进行预测时参数的不确定性. 如果把参数看做是固定的, 我们称预测分布为条件预测分布. 通过参数自助法得到 x_{T+l} 的经验分布是条件预测分布. 通常使用这种经验分布计算分布度量. 令 $u_T(l)$ 是观测值 x_{T+l} 为前面经验分布的分位数, 于是我们有一个 m 个分位数 $\{u_{T+j}(l)\}_{j=0}^{m-1}$ 的集合, 其中 m 仍是预测子样本中 l 步向前预测的数目. 如果所考虑的模型是合适的, 那么 $\{u_{T+j}(l)\}$ 应该是从服从 $[0,1]$ 均匀分布的随机变量中得到的随机抽样. 对于充分大的 m, 可以计算服从 $[0,1]$ 均匀分布的 $\{u_{T+j}(l)\}$ 的 Kolmogorov-Smirnov 统计量. 可以使用这个统计量进行模型检查和预测比较.

4.5 应　用

我们在本节通过分析 1948 年至 1993 年经季节调整的美国居民季度失业率来说明非线性时间序列模型. Montgomery 等人 (1998) 详细地分析过这个序列. 这里, 我们使用非线性模型重复某些分析. 图 4-11 是数据的时序图. 这个序列明显的特征包括: (a) 呈现出与美国商业周期相反的周期性; (b) 失业率上升时很快, 下降时却很慢. 后一个特征表明该序列的动态结构是非线性的.

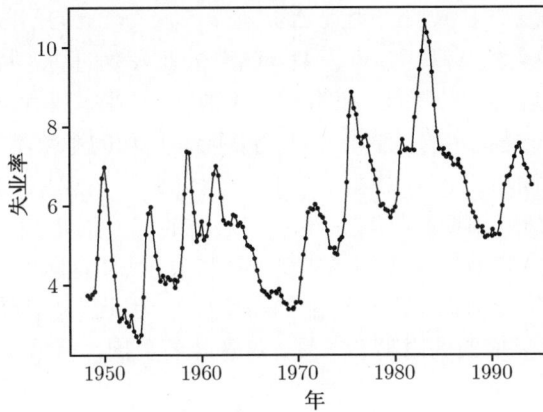

图 4-11　从 1948 年到 1993 年每季度美国失业率 (经季度调整后) 的时间图

用 x_t 表示该序列, 且令 $\Delta x_t = x_t - x_{t-1}$ 为失业率的动变量. Montgomery 等人 (1998) 建立了线性模型

$$(1 - 0.31B^4)(1 - 0.65B)\Delta x_t = (1 - 0.78B^4)a_t, \qquad \hat{\sigma}_a^2 = 0.090 \tag{4.52}$$

其中, 3 个系数的标准误差分别为 0.11、0.06 和 0.07. 虽然数据经过了季节调整, 但是此模型还是呈现了季节性. 这说明季节调整并没有成功地消除季节性. 我们把这个模型当做预测比较的基准模型.

为了检验非线性, 我们对由差分序列 Δx_t 建立的 AR(5) 模型进行 4.2 节中介绍过的一些非线性检验, 结果在表 4-3 中给出. 所有的检验都拒绝线性假设. 事实上, 对我们使用的所有 AR(p) 模型都拒绝了线性假设, 其中 $p = 2, \cdots, 10$.

表 4-3　1948 年第二季度到 1993 年第四季度的美国季度失业率变化的非线性检验[a]

类型	Ori-F	LST	TAR(1)	TAR(2)	TAR(3)	TAR(4)
检验	2.80	2.83	2.41	2.16	2.84	2.98
p 值	0.000 7	0.000 2	0.029 8	0.050 0	0.012 1	0.008 8

a 使用 AR(5) 模型, LST 表示 Luukkonen 等人 (1988) 提出的检验, TAR(d) 指的是延迟为 d 的门限检验.

用类似于 Tsay(1989) 的建模步骤, Montgomery 等人 (1998) 对 Δx_t 序列建立了如下的 TAR 模型

$$\Delta x_t = \begin{cases} 0.01 + 0.73\Delta x_{t-1} + 0.10\Delta x_{t-2} + a_{1t} & 若 \Delta x_{t-2} \leqslant 0.1, \\ 0.18 + 0.80\Delta x_{t-1} - 0.56\Delta x_{t-2} + a_{2t} & 否则. \end{cases} \tag{4.53}$$

a_{1t} 和 a_{2t} 的样本方差分别为 0.76 和 0.165, 体制 1 的三个系数的标准误差分别为 0.03、0.10 和 0.12, 体制 2 的三个系数的标准误差分别为 0.09、0.1 和 0.16. 这个

模型说明了美国季度失业率的改变量 Δx_t 在 $x_{t-2} - x_{t-3}$ 的门限为 0.1 的基准空间中类似分段线性函数. 直观上, 该模型意味着失业人数的动态特征随最近失业率改变量的变化而呈现不同的特征. 在第一个体制下, 失业率或者下降或者轻微的上升. 这里的经济应该是稳定的, 实质上, 因为 2 阶滞后项的系数是不显著的, 所以失业率的改变量服从简单 AR(1) 模型. 在第二个体制下, 失业率有大幅跳跃 (0.1 或更大). 这典型地与商业周期的收缩阶段相对应, 这也是政府干预和产业结构调整的时期. 这里 Δx_t 服从带有常数项的 AR(2) 模型, 表示 x_t 有向上趋势. 这个 AR(2) 多项式有两个复特征根, 这表明 x_t 可能的周期行为. 因此, x_t 有转折点的可能性增大, 这意味着 x_t 大幅增长的时期会很短. 这意味着美国经济收缩期往往比扩张期要短.

Montgomery 等人 (1998) 用马尔可夫链蒙特卡罗 (Markov Chain Monte Carlo) 方法得到下面关于 Δx_t 的马尔可夫转换模型:

$$\Delta x_t = \begin{cases} -0.07 + 0.38\Delta x_{t-1} - 0.05\Delta x_{t-2} + \varepsilon_{1t}, & \text{如果 } s_t = 1, \\ 0.16 + 0.86\Delta x_{t-1} - 0.38\Delta x_{t-2} + \varepsilon_{2t}, & \text{如果 } s_t = 2. \end{cases} \tag{4.54}$$

Δx_t 的条件均值当 $s_t = 1$ 时是 -0.10, 当 $s_t = 2$ 时是 0.31. 从而, 第一个状态表示经济的扩张期, 第二个状态表示经济的紧缩期. ε_{1t} 和 ε_{2t} 的样本方差分别是 0.031 和 0.192. 在状态 $s_t = 1$ 时, 三个参数的标准差分别是 0.03, 0.14 和 0.11, 而在状态 $s_t = 2$ 时, 它们则分别是 0.04, 0.13 和 0.14. 状态转移概率是 $P(s_t = 2|s_{t-1} = 1) = 0.084(0.060)$ 和 $P(s_t = 1|s_{t-1} = 2) = 0.126(0.053)$, 其中括号里的数字是对应的标准误差. 这个模型说明在第二个状态下, 当 AR(2) 多项式有复特征根时, 失业率 x_t 有向上的趋势. 模型的这个特征很像 (4.53) 式的第 2 个体制的 TAR 模型. 在第一个状态下, 失业率 x_t 有带弱得多的自回归结构的轻微的下降趋势.

预测功效

Montgomery 等人 (1998) 用一个滚动程序预测失业率 x_t. 该程序如下.

(1) 以 $T = 83$ 为预测原点, 该点对应于 1968. II. 它在文献中用于监视各种预测失业率的模型的功效. 用从 1948. I 到预测原点 (包括预测原点) 的数据估计线性、TAR 和 MSA 模型.

(2) 进行 1 季度和 5 季度的向前预测并计算每个模型的预测误差. 对非线性模型的预测使用 4.4 节中的参数自助法.

(3) 预测原点向前移 1 步, 然后重复估计和预测过程, 直到每个数据都使用过.

(4) 用 MSE 和平均预测误差来比较模型的功效.

从表 4-4 可以看到 (4.52) 式的线性模型、(4.54) 式的 TAR 模型和 (4.54) 式的 MSA 模型预测的相对 MSE 和平均预测误差. 此处用线性模型作为基准. 比较是基于总体表现和在预测原点美国的经济状况. 从这张表格中, 我们观察到下面的结论.

(1) 总体上比较, TAR 模型和线性模型的 MSE 非常接近, 但 TAR 模型的偏差更小. 而 MSA 模型有最大的 MSE 和最小的偏差.

(2) 当预测原点在经济紧缩期时, TAR 模型无论是 MSE 还是偏差都比线性模型表现得要好. MSA 模型也比线性模型好, 但没有 TAR 模型好得那么多.

(3) 当预测原点在经济扩张期时, 线性模型比两个非线性模型要好.

结果表明了当美国经济处于紧缩期时, 在预测美国季度失业率上非线性模型的表现超过线性模型. 这并不奇怪, 因为就像前面提到的, 在经济紧缩时政府会干预经济并且会进行产业结构调整. 这些外部事件引起了美国失业率的非线性. 直观上, 这样的改进很重要, 因为在经济紧缩期, 人们会更关注经济预测.

表 4-4 对美国季度失业率用线性、TAR 和 MSA 模型的样本外预测的比较 [a]

模型	预测的相对 MSE				
	1 步	2 步	3 步	4 步	5 步
	总体比较				
线性	1.00	1.00	1.00	1.00	1.00
TAR	1.00	1.04	0.99	0.98	1.03
MSA	1.19	1.39	1.40	1.45	1.61
MSE	0.08	0.31	0.67	1.13	1.54
	经济紧缩时的预测原点				
线性	1.00	1.00	1.00	1.00	1.00
TAR	0.85	0.91	0.83	0.72	0.72
MSA	0.97	1.03	0.96	0.86	1.02
MSE	0.22	0.97	2.14	3.38	3.46
	经济扩张时的预测原点				
线性	1.00	1.00	1.00	1.00	1.00
TAR	1.16	1.13	1.10	1.15	1.17
MSA	1.31	1.64	1.73	1.84	1.87
MSE	0.06	0.21	0.45	0.78	1.24
	预测误差的均值				
	1 步	2 步	3 步	4 步	5 步
线性	0.03	0.09	0.17	0.25	0.33
TAR	−0.10	−0.02	−0.03	−0.03	−0.01
MSA	0.00	−0.02	−0.04	−0.07	−0.12
	经济紧缩时的预测原点				
线性	0.31	0.68	1.08	1.41	1.38
TAR	0.24	0.56	0.87	1.01	0.86
MSA	0.20	0.41	0.57	0.52	0.14
	经济扩张时的预测原点				
线性	−0.01	0.00	0.03	0.08	0.17
TAR	−0.05	−0.11	−0.17	−0.19	−0.14
MSA	−0.03	−0.08	−0.13	−0.17	−0.16

a 预测原点是 1968 年第 2 季度. 用 "MSE" 标记的行表示示基准线性模型的 MSE(均方误差).

附录 A 一些关于非线性波动率模型的 RATS 程序

用于给 IBM 股票日对数收益率建立 AR(2)-TAR-GARCH(1,1) 模型
数据文件是 d-ibmln03.txt.

```
all 0 10446:1
open data d-ibmln03.txt
data(org=obs) / rt
set h = 0.0
nonlin mu p2 a0 a1 b1 a2 b2
frml at = rt(t)-mu-p2*rt(t-2)
frml gvar = a0 + a1*at(t-1)**2+b1*h(t-1) $
            + %if(at(t-1) < 0,a2*at(t-1)**2+b2*h(t-1),0)
frml garchln = -0.5*log(h(t)=gvar(t))-0.5*at(t)**2/h(t)
smpl 4 10446
compute mu = 0.03, p2 = -0.03
compute a0 = 0.07, a1 = 0.05, a2 = 0.05, b1 = 0.85, b2 = 0.05
maximize(method=simplex,iterations=10) garchln
smpl 4   10446
maximize(method=bhhh,recursive,iterations=150) garchln
set fv = gvar(t)
set resid = at(t)/sqrt(fv(t))
set residsq = resid(t)*resid(t)
cor(qstats,number=20,span=10) resid
cor(qstats,number=20,span=10) residsq
```

用于给 3M 股票月简单收益率建立一个平滑的 TAR 模型
数据文件是 m-3m4608.txt.

```
all 0 755:1
open data m-3m4608.txt
data(org=obs) / date mmm
set h = 0.0
nonlin a0 a1 a2  a00 a11 mu
frml at = mmm(t) - mu
frml var1 =  a0+a1*at(t-1)**2+a2*at(t-2)**2
frml var2 = a00+a11*at(t-1)**2
frml gvar = var1(t)+var2(t)/(1.0+exp(-at(t-1)*1000.0))
frml garchlog = -0.5*log(h(t)=gvar(t))-0.5*at(t)**2/h(t)
smpl 3 623
compute a0 = .01, a1 = 0.2, a2 = 0.1
compute a00 = .01, a11 = -.2, mu = 0.02
maximize(method=bhhh,recursive,iterations=150) garchlog
set fv = gvar(t)
set resid = at(t)/sqrt(fv(t))
set residsq = resid(t)*resid(t)
cor(qstats,number=20,span=10) resid
cor(qstats,number=20,span=10) residsq
```

附录 B   神经网络的 S-Plus 命令

以下 S-Plus 命令是用来建立例 4.7 中的 3-2-1 跳跃层的前馈网络. 带 "#" 号的行是注释. 数据文件是 'm-ibmln.txt'.

```
# load the data into S-Plus workspace.
x_scan(file='m-ibmln.txt')
# select the output: r(t)
y_x[4:864]
# obtain the input variables: r(t-1), r(t-2), and r(t-3)
ibm.x_cbind(x[3:863],x[2:862],x[1:861])
# build a 3-2-1 network with skip layer connections
# and linear output.
ibm.nn_nnet(ibm.x,y,size=2,linout=T,skip=T,maxit=10000,
decay=1e-2,reltol=1e-7,abstol=1e-7,range=1.0)
# print the summary results of the network
summary(ibm.nn)
# compute \& print the residual sum of squares.
sse_sum((y-predict(ibm.nn,ibm.x))^2)
print(sse)
#eigen(nnet.Hess(ibm.nn,ibm.x,y),T)$values
# setup the input variables in the forecasting subsample
ibm.p_cbind(x[864:887],x[863:886],x[862:885])
# compute the forecasts
yh_predict(ibm.nn,ibm.p)
# The observed returns in the forecasting subsample
yo_x[865:888]
# compute \& print the sum of squares of forecast errors
ssfe_sum((yo-yh)^2)
print(ssfe)
# quit S-Plus
q()
```

练 习 题

4.1 考虑约翰兄弟公司股票从 1998 年 1 月到 2008 年 12 月的日简单收益率. 数据放在文件 d-jnj9808.txt 中, 也可以从 CRSP 得到. 把收益率转化为对数收益率, 并以百分比形式给出.

    (a) 给对数收益率序列建立一个 GJR 模型, 并写下所拟合的模型. 在 1%的水平下存在杠杆效应吗?

    (b) 给对数收益率序列建立一个一般的门限波动率模型.

    (c) 比较两个 TGARCH 模型.

4.2 考虑通用电气 (GE) 股票的从 1926 年 1 月到 2008 年 12 月股票的月简单收益率, 共有 996 个观察值. 你可以从 CRSP 下载数据或使用网上的文件 m-ge2608.txt. 把收益率转化为对数收益率, 并以百分比形式给出. 设 a_{t-1} 是 $t-1$ 时刻的扰动, 给上述数据建立一个以 a_{t-1} 为门限变量、0 为门限的带 GED 新息的门限 TGARCH 模型, 并写下所拟合的模型. 在 5% 的水平下存在杠杆效应吗?

4.3 假设 GE 股票的月对数收益率 (以百分比形式) 服从一个平滑的门限 GARCH(1, 1) 模型. 对样本时间区间为 1926 年 1 月至 2008 年 12 月的数据, 拟合的模型为

$$r_t = 1.14 + a_t, \quad a_t = \sigma_t \varepsilon_t$$

$$\sigma_t^2 = 0.119 a_{t-1}^2 + 0.881 \sigma_{t-1}^2 + \frac{1}{1 + \exp(-10 a_{t-1})} (4.276 - 0.084 \sigma_{t-1}^2),$$

其中所有的估计值都是高度显著的; 指数中的系数 10 是事先给定的, 以便简化估计过程; $\{\varepsilon_t\}$ 是独立同分布、服从 $N(0,1)$ 的序列. 假设 $a_{996} = -5.06$ 和 $\sigma_{996}^2 = 50.51$ 步向前波动率预测值 $\hat{\sigma}_{996}(1)$ 是什么? 如果换成 $a_{996} = 5.06$, 那么 1 步向前波动率预测值 $\hat{\sigma}_{996}(1)$ 又是什么?

4.4 假设一支股票的月对数收益率 (以百分比形式) 服从如下的马尔可夫体制转换模型:

$$r_t = 1.25 + a_t, \quad a_t = \sigma_t \varepsilon_t,$$

$$\sigma_t^2 = \begin{cases} 0.10 a_{t-1}^2 + 0.93 \sigma_{t-1}^2 & \text{如果 } s_t = 1, \\ 4.24 + 0.10 a_{t-1}^2 + 0.78 \sigma_{t-1}^2 & \text{如果 } s_t = 2, \end{cases}$$

其中转移概率为

$$P(s_t = 2 | s_{t-1} = 1) = 0.15, \quad P(s_t = 1 | s_{t-1} = 2) = 0.05.$$

假设 $a_{100} = 6.0, \sigma_{100}^2 = 50.0$ 并且以概率 1 有 $s_{100} = 2$. 以 $t = 100$ 为预测原点的 1 步向前波动率预测值是什么? 如果 $s_{100} = 2$ 的概率减小到 0.8, 那么以 $t = 100$ 为预测原点的 1 步向前波动率预测值又是什么?

4.5 再考虑通用电气 (GE) 股票的从 1926 年 1 月到 2008 年 12 月股票的月简单收益率. 用后三年的数据来进行预测评价.

(a) 用延迟收益率 r_{t-1}, r_{t-2} 和 r_{t-3} 作为输入值, 给此收益率序列拟合一个 3-2-1 的前馈神经网络, 并计算其 1 步向前预测及预测的均方误差.

(b) 用延迟收益率 r_{t-1}, r_{t-2}, r_{t-3} 及其符号 (方向) 作为输入值, 给此收益率序列拟合一个 6-5-1 的前馈神经网络, 并预测 1 步向前 GE 股票价格运动的方向, 其中 1 表示向上运动. 计算预测的均方误差.

提示 设 rtn 是 R 或 S-Plus 中的一个时间序列. 为了得到该序列的方向变量, 使用命令 drtn= ifelse(rtn>0,1,0).

4.6 因为在利率期限结构中存在逆收益曲线, 所以利率差是非线性的. 为了验证这个事实, 我们考虑美国的两种周利率: (a) 1 年期固定期限国库券; (b) 3 年期固定期限国库券. 如第 2 章中一样, 记这两种利率分别为 r_{1t} 和 r_{3t}. 数据的时间区间为 1962 年 1 月 5 日到 2009 年 4 月 10 日. 数据可从网上文件 w-gs3yr.txt 和 w-gs1yr.txt 中得到, 也可以从圣·路易斯联邦储备银行得到.

(a) 用 $s_t = r_{3t} - r_{1t}$ 表示对数利率之差. $\{s_t\}$ 是线性的吗? 进行非线性检验, 并在 5% 的显著水平下得出结论.

(b) 用 $s_t^* = (r_{3t} - r_{3,t-1}) - (r_{1t} - r_{1,t-1}) = s_t - s_{t-1}$ 表示利率差的变化. $\{s_t^*\}$ 是线性的吗? 进行非线性检验, 并在 5% 的显著水平下得出结论.

(c) 对 $\{s_t\}$ 建立一个门限模型, 并检验所拟合的模型.

(d) 对 $\{s_t^*\}$ 建立一个门限模型, 并检验所拟合的模型.

参 考 文 献

Akaike, H. (1974). A new look at the statistical model identification. *IEEE Transactions on Automatic Control* **AC-19**: 716–723.

Andrews, D. W. K. and Ploberger, W. (1994). Optimal tests when a nuisance parameter is present only under the alternative. *Econometrica* **62**: 1383–1414.

Brock, W., Dechert, W. D., and Scheinkman, J. (1987). A test for independence based on the correlation dimension. Working paper, Department of Economics, University of Wisconsin, Madison.

Brock, W., Hsieh, D. A., and LeBaron, B. (1991). *Nonlinear Dynamics, Chaos and Instability: Statistical Theory and Economic Evidence*. MIT Press, Cambridge, MA.

Bryson, A. E. and Ho, Y. C. (1969). *Applied Optimal Control*. Blaisdell, New York

Cai, Z., Fan, J., and Yao, Q. (2000). Functional-coefficient regression models for nonlinear time series. *Journal of the American Statistical Association* **95**: 941–956.

Carlin, B. P., Polson, N. G., and Stoffer, D. S. (1992). A Monte Carlo approach to nonnormal and nonlinear state space modeling. *Journal of the American Statistical Association* **87**: 493–500.

Chan, K. S. (1991). Percentage points of likelihood ratio tests for threshold autoregression. *Journal of the Royal Statistical Society Series B* **53**: 691–696.

Chan, K. S. (1993). Consistency and limiting distribution of the least squares estimator of a threshold autoregressive model. *Annals of Statistics* **21**: 520–533.

Chan, K. S. and Tong, H. (1986). On estimating thresholds in autoregressive models. *Journal of Time Series Analysis* **7**: 179–190.

Chan, K. S. and Tsay, R. S. (1998). Limiting properties of the conditional least squares estimator of a continuous TAR model. *Biometrika* **85**: 413–426.

Chen, C., McCulloch, R. E., and Tsay, R. S. (1997). A unified approach to estimating and modeling univariate linear and nonlinear time series. *Statistica Sinica* **7**: 451–472.

Chen, R. and Tsay, R. S. (1991). On the ergodicity of TAR(1) processes. *Annals of Applied Probability* **1**: 613–634.

Chen, R. and Tsay, R. S. (1993a). Functional-coefficient autoregressive models. *Journal of the American Statistical Association* **88**: 298–308.

Chen, R. and Tsay, R. S. (1993b). Nonlinear additive ARX models. *Journal of the American Statistical Association* **88**: 955–967.

Chen, R., Liu, J., and Tsay, R. S. (1995). Additivity tests for nonlinear autoregressive models. *Biometrika* (1995) **82**: 369–383.

Chen, T. and Chen, H. (1995). Universal approximation to nonlinear operators by neural networks with arbitrary activation functions and its application to dynamical systems. *IEEE Transactions on Neural Networks* **6**: 911–917.

Cheng, B. and Titterington, D. M. (1994). Neural networks: A review from a statistical perspective. *Statistical Science* **9**: 2–54.

Clements, M. P. and Hendry, D. F. (1993). On the limitations of comparing mean square forecast errors. *Journal of Forecasting* **12**: 617–637.

Cleveland, W. S. (1979). Robust locally weighted regression and smoothing scatterplots. *Journal of the American Statistical Association* **74**: 829–836.

Dahl, C. M. and Hylleberg, S. (1999). *Specifying nonlinear econometric models by flexible regression models and relative forecast performance*. Working paper, Department of Economics, University of Aarhus, Denmark.

Davis, R. B. (1987). Hypothesis testing when a nuisance parameter is present only under the alternative. *Biometrika* **74**: 33–43.

Engle, R. F. (1982). Autoregressive conditional heteroscedasticity with estimates of the variance of United Kingdom inflations. *Econometrica* **50**: 987–1007.

Epanechnikov, V. (1969). Nonparametric estimates of a multivariate probability density. *Theory of Probability and Its Applications* **14**: 153–158.

Fan, J. (1993). Local linear regression smoother and their minimax efficiencies. *Annals of Statistics* **21**: 196–216.

Fan, J. and Yao, Q. (2003). *Nonlinear Time Series: Nonparametric and Parametric Methods*. Springer, New York.

Gelfand, A. E. and Smith, A. F. M. (1990). Sampling-based approaches to calculating marginal densities. *Journal of the American Statistical Association* **85**: 398–409.

Granger, C. W. J. and Andersen, A. P. (1978). *An Introduction to Bilinear Time Series Models*. Vandenhoek and Ruprecht, Gottingen.

Hamilton, J. D. (1989). A new approach to the economic analysis of nonstationary time series and the business cycle. *Econometrica* **57**: 357–384.

Hamilton, J. D. (1990). Analysis of time series subject to changes in regime. *Journal of Econometrics* **45**: 39–70.

Hamilton, J. D. (1994). *Time Series Analysis*. Princeton University Press, Princeton, NJ.

Hansen, B. E. (1997). Inference in TAR models. *Studies in Nonlinear Dynamics and Econometrics* **1**: 119–131.

Härdle, W. (1990). *Applied Nonparametric Regression*. Cambridge University Press, New York.

Hinich, M. (1982). Testing for Gaussianity and linearity of a stationary time series. *Journal of Time Series Analysis* **3**: 169–176.

Hornik, K. (1993). Some new results on neural network approximation. *Neural Networks* **6**: 1069–1072.

Hornik, K., Stinchcombe, M., and White, H. (1989). Multilayer feedforward networks are universal approximators. *Neural Networks* **2**: 359–366.

Hsieh, D. A. (1989). Testing for nonlinear dependence in daily foreign exchange rates. *Journal of Business* **62**: 339–368.

Keenan, D. M. (1985). A Tukey non-additivity-type test for time series nonlinearity. *Biometrika* **72**: 39–44.

Kitagawa, G. (1998). A self-organizing state space model. *Journal of the American Statistical Association* **93**: 1203–1215.

Lewis, P. A. W. and Stevens, J. G. (1991). Nonlinear modeling of time series using multivariate adaptive regression spline (MARS). *Journal of the American Statistical Association* **86**: 864–877.

Liu, J. and Brockwell, P. J. (1988). On the general bilinear time-series model. *Journal of Applied Probability* **25**: 553–564.

Luukkonen, R., Saikkonen, P., and Teräsvirta (1988). Testing linearity against smooth transition autoregressive models. *Biometrika* **75**: 491–499.

McCulloch, R. E. and Tsay, R. S. (1993). Bayesian inference and prediction for mean and variance shifts in autoregressive time series. *Journal of the American Statistical Association* **88**: 968–978.

McCulloch, R. E. and Tsay, R. S. (1994). Statistical inference of macroeconomic time series via Markov switching models. *Journal of Time Series Analysis* **15**: 523–539.

McLeod, A. I. and Li, W. K. (1983). Diagnostic checking ARMA time series models using squared-residual autocorrelations. *Journal of Time Series Analysis* **4**: 269–273.

Montgomery, A. L., Zarnowitz, V., Tsay, R. S., and Tiao, G. C. (1998). Forecasting the U.S. unemployment rate, *Journal of the American Statistical Association* **93**: 478–493.

Nadaraya, E. A. (1964). On estimating regression. *Theory and Probability Application* **10**: 186–190.

Petruccelli, J. and Woolford, S. W. (1984). A threshold AR(1) model. *Journal of Applied Probability* **21**: 270–286.

Potter, S. M. (1995). A nonlinear approach to U.S. GNP. *Journal of Applied Econometrics* **10**: 109–125.

Priestley, M. B. (1980). State-dependent models: A general approach to nonlinear time series analysis. *Journal of Time Series Analysis* **1**: 47–71.

Priestley, M. B. (1988). *Non-linear and Non-stationary Time Series Analysis*, Academic Press, London, UK.

Ramsey, J. B. (1969). Tests for specification errors in classical linear least squares regression analysis. *Journal of the Royal Statistical Society Series B* **31**: 350–371.

Ripley, B. D. (1993). Statistical aspects of neural networks. In O. E. Barndorff-Nielsen, J. L. Jensen, and W. S. Kendall (eds.). *Networks and Chaos—Statistical and Probabilistic Aspects*, pp. 40–123. Chapman and Hall, London, UK.

Subba Rao, T. and Gabr, M. M. (1984). *An Introduction to Bispectral Analysis and Bilinear Time Series Models*, Lecture Notes in Statistics, vol. **24**. Springer, New York.

Teräsvirta, T. (1994). Specification, estimation, and evaluation of smooth transition autoregressive models. *Journal of the American Statistical Association* **89**: 208–218.

Tiao, G. C. and Tsay, R. S. (1994). Some advances in nonlinear and adaptive modeling in time series. *Journal of Forecasting* **13**: 109–131.

Tong, H. (1978). On a threshold model. In C. H. Chen (ed.). *Pattern Recognition and Signal Processing*. Sijhoff & Noordhoff, Amsterdam.

Tong, H. (1983). *Threshold Models in Nonlinear Time Series Analysis*, Lecture Notes in Statistics, Springer, New York.

Tong, H. (1990). *Non-Linear Time Series: A Dynamical System Approach*, Oxford University Press, Oxford, UK.

Tsay, R. S. (1986). Nonlinearity tests for time series. *Biometrika* **73**: 461–466.

Tsay, R. S. (1989). Testing and modeling threshold autoregressive processes. *Journal of the American Statistical Association* **84**: 231–240.

Tsay, R. S. (1998). Testing and modeling multivariate threshold models. *Journal of the American Statistical Association* **93**: 1188–1202.

Venables, W. N. and Ripley, B. D. (1999). *Modern Applied Statistics with S-Plus*, 3rd edn. Springer, New York.

Watson, G. S. (1964). Smooth regression analysis. *Sankhya Series A* **26**: 359–372.

第5章　高频数据分析与市场微观结构

高频数据是指在细小的时间间隔上抽取的观测值. 金融中常指以日或更小的时间间隔抽取的观测值. 由于数据的获得与处理方法的进一步发展, 这些高频数据目前是可以得到的, 并且由于其在市场微观结构实证研究方面的重要性而受到了广泛的关注. 金融中最极端的高频数据是证券市场中记录每一笔交易或贸易的数据. 这里的时间通常以秒为单位测量. 纽约股票交易所的交易行情数据库包含了整理过的从 1992 年至今的所有证券交易的记录. 它包括了在 NYSE、AMEX、NASDAQ、以及美国在纽约以外地区的证券交易所的交易数据. 伯克利 (Berkeley) 期权数据库为期权交易提供了从 1976 年 8 月至 1996 年 12 月的类似数据. 对于国内外其他许多证券以及市场的交易数据都是连续收集和处理的. Wood (2000) 提供了一些关于高频金融研究的历史观察法.

高频金融数据在研究与交易过程和市场微观结构相关的大量问题中都很重要. 可以用它们来比较不同交易系统 (如 NYSE 的公开叫价系统和 NASDAQ 的计算机交易系统) 在价格发现 (price discovery) 方面的有效性; 还可以用他们来研究某只特定股票买卖报价的动态性 (如 Hasbrouck, 1999; Zhang, Russell 和 Tsay, 2001b). 在一个指令驱动的股票市场 (如中国台湾股市交易所) 中, 高频数据还可以用来研究指令动态, 更有趣的是可以用它们来研究 "是谁提供了市场的流动性" 这样的问题. Cho, Russell, Tiao 和 Tsay (2003) 利用在中国台湾股市交易所中交易的 340 多只股票在一天中每 5 分钟的收益率研究了设定日股价上下限的影响, 并发现了向股价上限趋近磁效应的显著证据.

然而, 高频数据还有一些低频数据中不会出现的独特特征. 因此对于这些数据的分析就给金融经济学家与统计学家提出了新的挑战. 本章主要研究这些特殊的特征. 考虑分析高频数据的方法并讨论所得结果的应用. 特别地, 我们讨论了非同步交易、买卖报价价差 (bid-ask spread)、持续期模型、大量小间隔上的价格运动以及关于价格变化和与价格变化相关的交易之间的时间持续期的二元模型. 所讨论的这些模型在其他科学领域 (如通信和环境) 的研究中也是适用的.

5.1　非同步交易

我们以对非同步交易的讨论开始. 股票交易 (如同 NYSE 中的一样) 并不是同步发生的, 不同的股票有着不同的交易频率; 即使是同一种股票, 其交易强度也是一小时一小时、一天一天地变化的. 然而我们经常是对一个固定的时间间隔如一

天、一周或者一个月来分析收益率序列. 对于日收益序列, 股价指的是其收盘价格,
即该股票在一个交易日内最后一次交易的价格, 而股票最后一次交易的实际时间也
是一天天变化的. 这样, 如果我们假定日收益率序列在 24 小时里等间隔往往是不
正确的. 实践证明, 这种假定可以导致, 甚至是在真实的收益率序列是序列独立的
时候, 股票收益率可预测性的错误的结论.

对于股票日收益率, 非同步交易可以导致：(a) 股票收益率之间的一步延迟交
叉相关; (b) 组合收益率的一步延迟序列相关; (c) 某些情形下单只股票收益率序列
的负序列相关. 考虑股票 A 与 B. 假定这两只股票是独立的, 并且股票 A 比股票
B 的交易频繁. 对于在某天接近收盘时刻出现的一个特定的影响市场的消息, 股票
A 比股票 B 更可能在同一天中显示出这个消息的效应, 这是因为 A 的交易更频繁.
该消息对股票 B 的效应最终也会出现, 但是可能会被延迟到下一个交易日. 如果这
种情况发生, 则好像是股票 A 的收益率引导着股票 B 的收益率. 因此, 尽管这两只
股票独立, 但是它们的收益率序列可能会显示出显著的一步延迟交叉相关性. 对于
一个持有股票 A 与股票 B 的组合, 前面的交叉相关将会变成一个显著的一步延迟
序列相关.

更复杂的是, 非同步交易也能引起单只股票错误的负序列相关. 可以利用文献
中的一些模型来研究这种现象. 具体可参见 Campbell, Lo 和 MacKinlay (1997) 及
其参考文献. 这里我们采用 Lo 和 MacKinlay (1990) 提出的模型的一个简化形式.
令 r_t 表示证券在 t 时刻的连续复合收益率. 为了简便, 假定 $\{r_t\}$ 是一个独立同分布
的随机变量序列, 均值 $\mathrm{E}(r_t) = \mu$、方差 $\mathrm{Var}(r_t) = \sigma^2$. 对每个时间段, 证券不交易的
概率为 π, 它不随时间变化, 并且与 r_t 独立. 令 r_t^o 表示观测到的收益率, 如果 t 时刻
没有交易, 则 $r_t^o = 0$, 因为此时没有可以利用的信息. 如果 t 时刻有一个交易, 则我
们定义 r_t^o 为从前一个交易开始的累积收益率 (也就是说, $r_t^o = r_t + r_{t-1} + \cdots + r_{t-k_t}$,
其中 k_t 是满足在 $t-k_t, t-k_t+1, \cdots, t-1$ 时刻没有交易发生的最大的非负整数).
r_t 与 r_t^o 的关系用数学式子表示如下：

$$r_t^o = \begin{cases} 0, & \text{以概率}\pi, \\ r_t, & \text{以概率}(1-\pi)^2, \\ r_t + r_{t-1}, & \text{以概率}(1-\pi)^2\pi, \\ r_t + r_{t-1} + r_{t-2}, & \text{以概率}(1-\pi)^2\pi^2, \\ \qquad\qquad\vdots & \\ \sum_{i=0}^{k} r_{t-i}, & \text{以概率}(1-\pi)^2\pi^k, \\ \qquad\qquad\vdots & \end{cases} \tag{5.1}$$

这些概率很容易理解. 例如, $r_t^o = r_t$ 当且仅当 t 时刻与 $t-1$ 时刻都有交易发生;
$r_t^o = r_t + r_{t-1}$, 当且仅当 t 时刻与 $t-2$ 时刻都有交易发生, 但是 $t-1$ 时刻无交易

发生; $r_t^o = r_t + r_{t-1} + r_{t-2}$, 当且仅当 t 时刻与 $t-3$ 时刻都有交易发生, 但是 $t-1$ 时刻与 $t-2$ 时刻无交易发生, 等等. 正如所期望的那样, 总概率为 1, 由下式给出

$$\pi + (1-\pi)^2(1 + \pi + \pi^2 + \cdots) = \pi + (1-\pi)^2 \frac{1}{1-\pi} = \pi + 1 - \pi = 1.$$

我们准备考虑观测的收益率序列 $\{r_t^o\}$ 的矩方程. 首先, r_t^o 的期望是

$$
\begin{aligned}
\mathrm{E}(r_t^o) &= (1-\pi)^2 \mathrm{E}(r_t) + (1-\pi)^2 \pi \mathrm{E}(r_t + r_{t-1}) + \cdots \\
&= (1-\pi)^2 \mu + (1-\pi)^2 \pi 2\mu + (1-\pi)^2 \pi^2 3\mu + \cdots \\
&= (1-\pi)^2 \mu (1 + 2\pi + 3\pi^2 + 4\pi^3 + \cdots) \\
&= (1-\pi)^2 \mu \frac{1}{(1-\pi)^2} = \mu.
\end{aligned}
\tag{5.2}
$$

在上面的推导中, 我们利用了结果: $1 + 2\pi + 3\pi^2 + 4\pi^3 + \cdots = \dfrac{1}{(1-\pi)^2}$. 下一步, 对于 r_t^o 的方差, 我们利用 $\mathrm{Var}(r_t^o) = \mathrm{E}[(r_t^o)^2] - [\mathrm{E}(r_t^o)]^2$, 以及

$$
\begin{aligned}
\mathrm{E}(r_t^o)^2 &= (1-\pi)^2 \mathrm{E}[(r_t)^2] + (1-\pi)^2 \pi \mathrm{E}[(r_t + r_{t-1})^2] + \cdots \\
&= (1-\pi)^2 [(\sigma^2 + \mu^2) + \pi(2\sigma^2 + 4\mu^2) + \pi^2(3\sigma^2 + 9\mu^2) + \cdots] \tag{5.3} \\
&= (1-\pi)^2 [\sigma^2(1 + 2\pi + 3\pi^2 + \cdots) + \mu^2(1 + 4\pi + 9\pi^2 + \cdots)] \tag{5.4} \\
&= \sigma^2 + \mu^2 \left[\frac{2}{1-\pi} - 1\right]. \tag{5.5}
\end{aligned}
$$

在方程 (5.3) 中, 我们利用了在 r_t 是序列独立的假定下式成立:

$$\mathrm{E}\left(\sum_{i=0}^{k} r_{t-i}\right)^2 = \mathrm{Var}\left(\sum_{i=0}^{k} r_{t-i}\right) + \left[\mathrm{E}\left(\sum_{i=0}^{k} r_{t-i}\right)\right]^2 = (k+1)\sigma^2 + [(k+1)\mu]^2$$

利用与方程 (5.2) 类似的方法, 我们能够证明方程 (5.4) 的第一项可简化为 σ^2. 对于方程 (5.4) 的第二项, 我们利用恒等式

$$1 + 4\pi + 9\pi^2 + 16\pi^3 + \cdots = \frac{2}{(1-\pi)^3} - \frac{1}{(1-\pi)^2},$$

此恒等式可以如下推出. 令

$$H = 1 + 4\pi + 9\pi^2 + 16\pi^3 + \cdots \quad \text{且} \quad G = 1 + 3\pi + 5\pi^2 + 7\pi^3 + \cdots.$$

那么 $(1-\pi)H = G$ 且

$$
\begin{aligned}
(1-\pi)G &= 1 + 2\pi + 2\pi^2 + 2\pi^3 + \cdots \\
&= 2(1 + \pi + \pi^2 + \cdots) - 1 = \frac{2}{1-\pi} - 1.
\end{aligned}
$$

因此, 从方程 (5.2) 与方程 (5.5) 中可以得出

$$\mathrm{Var}(r_t^o) = \sigma^2 + \mu^2 \left[\frac{2}{1-\pi} - 1\right] - \mu^2 = \sigma^2 + \frac{2\pi\mu^2}{1-\pi}. \tag{5.6}$$

下一步考虑 $\{r_t^0\}$ 的一步延迟自协方差. 这里我们利用

$$\mathrm{Cov}(r_t^o, r_{t-1}^o) = \mathrm{E}(r_t^o r_{t-1}^o) - \mathrm{E}(r_t^o)\mathrm{E}(r_{t-1}^o) = \mathrm{E}(r_t^o r_{t-1}^o) - \mu^2,$$

则这个问题简化为寻找 $\mathrm{E}(r_t^o r_{t-1}^o)$. 注意到如果 t 时刻无交易或者 $t-1$ 时刻无交易或者 t 时刻与 $t-1$ 时刻都无交易, 则 $r_t^o r_{t-1}^o = 0$. 因此, 我们得到

$$r_t^o r_{t-1}^o = \begin{cases} 0, & \text{以概率} 2\pi - \pi^2, \\ r_t r_{t-1}, & \text{以概率}(1-\pi)^3, \\ r_t(r_{t-1} + r_{t-2}), & \text{以概率}(1-\pi)^3\pi, \\ r_t(r_{t-1} + r_{t-2} + r_{t-3}), & \text{以概率}(1-\pi)^3\pi^2, \\ \qquad\qquad\qquad\vdots \\ r_t\left(\sum_{i=1}^{k} r_{t-i}\right), & \text{以概率}(1-\pi)^3\pi^{k-1}, \\ \qquad\qquad\qquad\vdots \end{cases} \tag{5.7}$$

总概率也是 1. 为了理解前面的结果, 注意到 $r_t^o r_{t-1}^o = r_t r_{t-1}$ 当且仅当在时刻 $t-2$, $t-1$ 和 t 有三个连续的交易. 利用方程 (5.7) 以及对 $j > 0$, $\mathrm{E}(r_t r_{t-j}) = \mathrm{E}(r_t)\mathrm{E}(r_{t-j}) = \mu^2$, 我们得到

$$\mathrm{E}(r_t^o r_{t-1}^o) = (1-\pi)^3 \left\{\mathrm{E}(r_t r_{t-1}) + \pi\mathrm{E}[r_t(r_{t-1} + r_{t-2})] + \pi^2\mathrm{E}\left[r_t\left(\sum_{i=1}^{3} r_{t-i}\right)\right] + \cdots\right\}$$

$$= (1-\pi)^3\mu^2(1 + 2\pi + 3\pi^2 + \cdots) = (1-\pi)\mu^2.$$

$\{r_t^o\}$ 的一步延迟自协方差为

$$\mathrm{Cov}(r_t^o, r_{t-1}^o) = -\pi\mu^2. \tag{5.8}$$

假定 μ 不为零, 则非同步交易引起的 r_t^o 的一步延迟自相关系数由下式给出

$$\rho_1(r_t^o) = \frac{-(1-\pi)\pi\mu^2}{(1-\pi)\sigma^2 + 2\pi\mu^2}.$$

一般地, 我们可以推广前面的结果, 并且证明

$$\mathrm{Cov}(r_t^o, r_{t-j}^o) = -\mu^2\pi^j, \quad j \geqslant 1.$$

一步延迟 ACF 的大小依赖于 μ, π 与 σ 的选择, 并且可以是真实的. 这样, 当 $\mu \neq 0$ 时, 非同步交易就导致了观测到的证券收益率序列之间的负自相关性.

前面的讨论可以推广到一个包含 N 种证券的资产组合的收益率序列; 见 Campbell, Lo 和 MacKinlay (1997, 第 3 章). 在时间序列文献中, 非同步交易对于单个证券收益率的效应等价于关于一个时间序列的随机的时间积累, 此时不交易的概率 π 控制了积累的机制.

5.2　买卖报价差

在某些股票交易所 (如纽约证券交易所), 做市商在促进交易方面起了非常重要的作用. 他们提供了市场流动性 (market liquidity):每当公众有买卖的愿望时, 他们随时都准备好进行买或卖. 市场流动性是指能快速地、匿名地、几乎没有价格影响地买卖相当数量证券的能力. 作为提供流动性的回报, 交易所赋予做市商对证券的买卖双方传递不同价格的垄断权. 他们以标价 P_b 购买, 以更高的叫价 P_a 卖出 (对公众来说, P_b 是卖出价格, P_a 是买入价格). 价格差 $P_a - P_b$ 称为买卖报价差. 这是做市商获得报酬的主要来源. 买卖报价差一般比较小, 也就是一两个最小升降档.

买卖报价差尽管数量上比较小, 但是它的存在对于资产收益率时间序列的性质有几个重要的影响. 我们这里主要讨论买卖报价弹性, 即买卖报价差引起的资产收益率的一步延迟负序列相关. 考虑 Roll (1984) 的简单模型. 假定观测到的资产市场价格 P_t 满足

$$P_t = P_t^* + I_t \frac{S}{2}, \tag{5.9}$$

其中 $S = P_a - P_b$ 表示买卖报价差, P_t^* 表示一个无摩擦市场中资产在 t 时刻的基本价值, $\{I_t\}$ 是一个独立的、服从等概率二项分布的随机变量序列 (即以概率 0.5, $I_t = 1$; 以概率 0.5, $I_t = -1$). I_t 可以解释为一个指令型的示性变量, 且取 1 表示买方发动的交易; 取 -1 表示卖方发动的交易. 换一种说法, 模型可以写为

$$P_t = P_t^* + \begin{cases} +S/2, & \text{以概率} 0.5, \\ -S/2, & \text{以概率} 0.5. \end{cases}$$

如果 P_t^* 不变, 那么价格变化的观测过程为

$$\Delta P_t = (I_t - I_{t-1}) \frac{S}{2}. \tag{5.10}$$

在方程 (5.9) 对于 I_t 的假定下, 我们有 $\mathrm{E}(I_t) = 0$, $\mathrm{Var}(I_t) = 1$, 从而可以得到 $\mathrm{E}(\Delta P_t) = 0$, 而且

$$\mathrm{Var}(\Delta P_t) = S^2/2, \tag{5.11}$$

$$\mathrm{Cov}(\Delta P_t, \Delta P_{t-1}) = -S^2/4, \tag{5.12}$$

$$\mathrm{Cov}(\Delta P_t, \Delta P_{t-j}) = 0, \quad j > 1. \tag{5.13}$$

因此, ΔP_t 的自相关函数为

$$\rho_j(\Delta P_t) = \begin{cases} -0.5, & \text{若} \quad j = 1, \\ 0, & \text{若} \quad j > 1. \end{cases} \tag{5.14}$$

这样买卖报价差就导致观测到的价格变化序列的一步延迟负相关, 这在金融文献中一般称为买卖报价弹性. 对此, 我们可以从下面的直观意义上来理解. 假定基本价格 P_t^* 等于 $(P_a + P_b)/2$, 那么 P_t 就有 P_a 与 P_b 两种取值. 如果前面观测到的价格为 P_a (较高的值), 则当前观测到的价格要么不变, 要么为 P_b, 从而 ΔP_t 要么为 0, 要么为 $-S$; 然而, 如果前面观测到的价格为 P_b(较低的值), 则 ΔP_t 要么为 0, 要么为 S. ΔP_t 的一步延迟负相关变得很明显. 但是, 买卖报价差并不会引起任何超过一步延迟的序列相关.

一个更加现实的表示是假定 P_t^* 服从随机游动, 满足 $\Delta P_t^* = P_t^* - P_{t-1}^* = \varepsilon_t$, 这形成了一个均值为 0, 方差为 σ^2 的独立同分布的随机变量序列, 并且 $\{\varepsilon_t\}$ 与 $\{I_t\}$ 独立. 在这种情形下, $\text{Var}(\Delta P_t) = \sigma^2 + S^2/2$, 但是 $\text{Cov}(\Delta P_t, \Delta P_{t-j})$ 是不变的, 从而

$$\rho_1(\Delta P_t) = \frac{-S^2/4}{S^2/2 + \sigma^2} \leqslant 0.$$

虽然 ΔP_t 的一步延迟自相关的大小减小了, 但是当 $S = P_a - P_b > 0$ 时, 负效应还是存在的. 在金融中, 研究买卖报价差的组成比较有趣, 感兴趣的读者可以参考 Campbell, Lo 和 MacKinlay (1997) 及其参考文献.

买卖报价差的效应在组合收益率与多元金融时间序列中也是存在的. 我们考虑二元的情形, 用 $I_t = (I_{1t}, I_{2t})'$ 表示二元指令型示性变量, 其中 I_{1t} 是第一种证券的示性变量, I_{2t} 是第二种证券的示性变量. 如果 I_{1t} 与 I_{2t} 是同步相关的, 则买卖报价差可以引起负的一步延迟交叉相关.

5.3 交易数据的经验特征

令 t_i 表示资产的第 i 次交易发生的时刻, 它是从午夜开始以秒为单位测量的日历时间. 有几个变量与交易相关, 如: 交易价格、交易量、盛行的买卖报价等等. t_i 的集合与相关的度量一般称为交易数据. 这些数据有几个重要的特征. 这些特征当观测值随时间加总时不存在. 下面我们给出一些特征.

(1) 不等间隔的时间区间 交易 (如交易所里面的股票交易) 一般不是在等间隔的时间区间上发生的, 这样观测到的资产的交易价格并不形成一个等间隔的时间序列. 从而交易间的时间持续期变得非常重要, 并且可能包含了关于市场微观结构 (例如交易强度) 的有用信息.

(2) 离散取值的价格 在 2001 年 1 月 29 日前, 资产从一个交易到另一个交易的价格变化量只能是最小变动价位的倍数. 在 (美国) 纽约证券交易所中, 在 1997

年 6 月 24 日以前, 最小变动价位为 1/8 美元, 在 2001 年 1 月 29 日前, 最小变动价位为 1/16 美元. 因此, 交易数据中的价格是离散取值变量. 尽管美国所有股票市场现在都使用十进制系统, 但是在持续交易中价格变化量往往是 1 美分的倍数, 可以近似看成离散取值变量. 在某些市场中, 价格变化量也可能受监管者设定的约束条件限制.

(3) 日周期或者日模式的存在 在正常交易条件下, 交易活动能够展示周期模式. 举例说, 在 NYSE 中, 开盘与收盘时刻的交易比较频繁, 而中午时间交易比较少, 导致了 "U" 型的交易强度. 因此, 交易之间的时间持续期亦呈现日循环模式.

(4) 一秒钟的多重交易 多重交易, 甚至是具有不同价格的多重交易同时发生是可能的. 这部分是由于时间以秒来测量, 而在大量交易期间, 这种时间长度可能还是太长的事实.

为了描述这些特征, 我们首先考虑从 1990 年 11 月 1 日到 1991 年 1 月 31 日的 IBM 交易数据. 这些数据来自于 TORQ(Trades, Orders, Reports and Quotes, 即交易、指令、报告、报价) 数据集, 具体可参见 Hasbrouck (1992). 共有 63 个交易日, 60 328 次交易. 为了简化讨论, 我们忽略了交易日间的价格变化, 集中讨论发生在东部时间早上 9：30 至下午 4：00 的正常交易时间里的交易. 众所周知, 头天晚上的股票收益率与当天的收益率有显著不同, 具体可参见 Stoll 和 Whaley(1990) 及其参考文献. 表 5-1 以百分比形式给出了价格变化的频率, 其中最小变动价位为 \$1/8=\$0.125. 从表中我们做出以下结论.

表 5-1 IBM 股票从 1990 年 11 月 1 日到 1991 年 1 月 31 日以最小变动价位的倍数变化的价格变化频率

数量 (tick)	$\leqslant -3$	-2	-1	0	1	2	$\geqslant 3$
百分比	0.66	1.33	14.53	67.06	14.53	1.27	0.63

(1) 大约 2/3 的日交易是没有价格变化的;

(2) 一个最小变动价位的价格变化接近于日交易的 29%;

(3) 只有 2.6% 的交易与两个最小变动价位的价格变化相关;

(4) 只有 1.3% 的交易导致三个或者更多个最小变动价位的价格变化;

(5) 正负价格变化的分布是渐近对称的.

下面考虑每 5 分钟的时间间隔上的交易量. 用 x_t 来表示此序列. 也就是说, x_1 表示在 1990 年 11 月 1 日, IBM 从上午 9：30 至 9：35 的交易量; x_2 表示 IBM 从上午 9：35 至 9：40 的交易量, 等等. 忽略交易日之间的时间间隙. 图 5-1a 画出了 x_t 的时间序列图, 图 5-1b 描述了 x_t 延迟一阶至 260 阶的样本 ACF. 尤其有趣的是 ACF 的周期为 78 的循环模式, 这正好是一个交易日内每 5 分钟间隔的数量. 这样, 交易量呈现出日模式. 为了更进一步地描述日交易模式, 图 5-2 画出了 63 天的每 5 分钟的平均交易量, 共有 78 个这样的平均数. 这个图形呈现出 "微笑" 形状或者

"U" 的形状, 表明在市场开盘与收盘的时候交易多, 而午时交易少的特点.

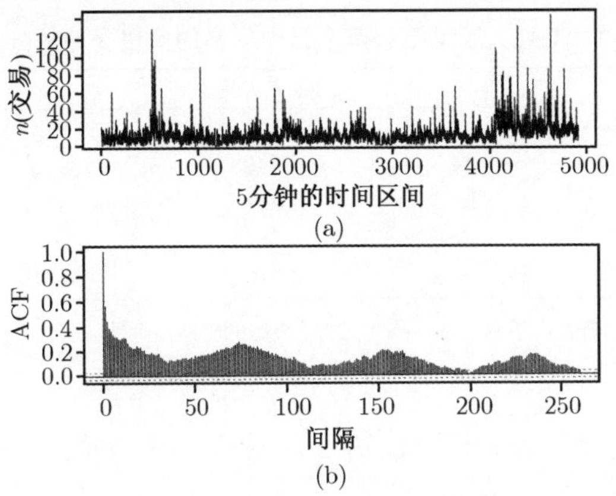

图 5-1 IBM 从 1990 年 11 月 1 日至 1991 年 1 月 31 日的日交易数据:
(a) 每 5 分钟间隔内的交易次数; (b) (a) 中序列的样本 ACF

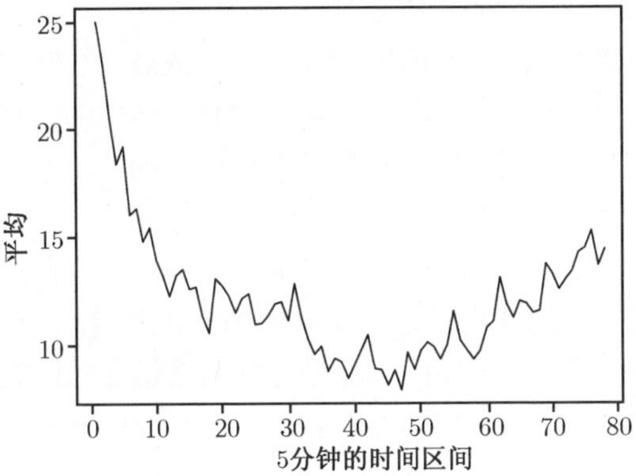

图 5-2 每 5 分钟间隔的平均交易次数的时间图对 IBM 股票从 1990 年 11 月 1 日
至 1991 年 1 月 31 日共 63 个交易日的平均, 共 78 个观测值

因为我们着重讨论在一个交易日中的正常交易时间发生的交易, 故在数据中总共有 59 838 个时间间隔. 这些间隔称为交易之间的日持续期. 对 IBM 股票, 有 6531 个零时间间隔. 也就是说在从 1990 年 11 月 1 日至 1991 年 1 月 31 日之间的 63 个交易日的正常交易时间内, 每秒钟的多重交易发生了 6531 次, 大约是 10.91%. 在这些多重交易中, 有 1002 个有着不同的价格, 这大约是全部日交易量的 1.67%. 因此, 多重交易 (即零息持续期) 可能会成为交易之间的时间持续期统计模拟中的一个问题.

表 5-2 提供了价格运动的两种分类方式. 这里, 价格运动被分成 "上升"、"不变"、"下降" 三类, 我们将它们分别表示为 "+", "0" 和 "−". 此表给出了样本在两个连续交易日内 (从第 $i-1$ 个交易日至第 i 交易日) 的价格运动. 由表中, 交易对

交易的数据表明:

表 5-2　IBM 股票相邻两个日内交易的价格变动的分类 [a]

第 $(i-1)$ 次交易	第 i 次交易			边缘
	+	0	−	
+	441	5498	3948	9887
0	4867	29779	5473	40119
−	4580	4841	410	9831
边缘	9888	40118	9831	59837

a 价格运动分成 "上升"、"不变"、"下降" 三类. 数据的时间区间为 1990 年 11 月 1 日到 1991 年 1 月 31 日.

(1) 连续的价格递增或者递减的情形是相当少的, 分别是 441/59 837=0.74%, 410/598 37=0.69%;

(2) 从表的第 1 行看出, 有轻微的从 "上升" 到 "不变" 而不是到 "下降" 的移动;

(3) 价格保持 "不变" 的倾向很高;

(4) 从第 3 行可以看出, 从 "下降" 到 "上升" 或者 "不变" 的概率大致相同.

前面提到的第一个观测就是买卖报价弹性的一个清楚的说明, 显示了日交易数据的价格逆转. 为了确认这个现象, 我们考虑价格运动的一个方向序列 D_i. 在第 i 次交易中, 对于价格上升、不变、下降三种情况, D_i 分别取 +1、0、−1 三个值. $\{D_i\}$ 的 ACF 在延迟为 1 时的取值 −0.389 是一个单峰, 这对于样本大小为 59 837 的序列来说是高度显著的, 从而证实了连续交易中的价格逆转.

作为第二个解释, 我们考虑由 TAQ 数据库得到的 IBM 股票在 1999 年 12 月的交易数据. 正常的交易时间是从东部时间早上 9：30 至下午 4：00, 12 月 31 日这天除外, 因为这天市场在下午 1：00 关闭. 与 1990–1991 年的数据比较, 发生了两个重要的变化. 首先, 日交易次数增加了 6 倍, 仅在 1999 年 12 月就发生了 134 120 次交易. 交易强度的增加也给每秒钟的多重交易增加了机会. 零时间持续期的交易百分比增长了两倍, 增长到了 22.98% . 更为极端的是, 1999 年 12 月 3 日在给定的一秒钟内发生 42 次交易的情形出现了两次. 其次, 价格运动的最小变动价位是 1/16 美元 =0.062 5 美元, 而不是 1/8 美元. 最小变动价位的变化降低了买卖报价差. 图 5-3 给出了新样本的日交易次数. 图 5-4a 是以秒为单位测量的交易时间持续期的时间图. 图 5-4b 是用最小变动价位 1/16 美元的倍数测量的连续日交易的价格变化图. 正如所预期的, 图 5-3 与图 5-4a 很清楚地说明了日交易次数与交易的时间间隔之间的逆转关系. 图 5-4b 描述了 1999 年 12 月 3 日 IBM 股票的两个不寻常的价格运动: 其一是先下降了 63 个价位, 紧接着上涨了 64 个价位; 其二是下降 68 个价位后, 紧接着上涨了 68 个价位. 在一个交易日中, 像这样不寻常的价格变化是很少发生的.

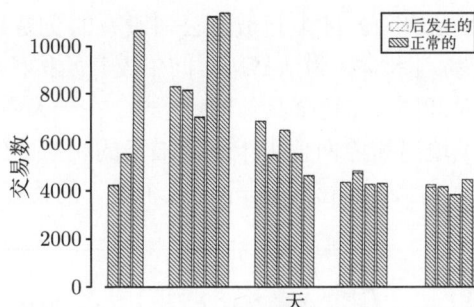

图 5-3　1999 年 12 月 IBM 的交易数据. 图中给出了每个交易日的交易数, 其中有的长条加上了标记时间为当天下午 4：00 以后发生 (after-hours) 的交易数

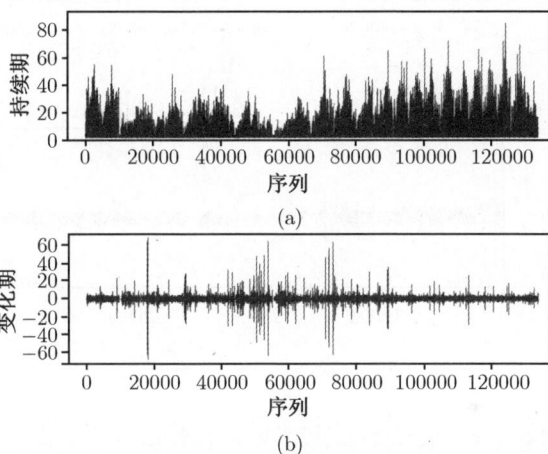

图 5-4　1999 年 12 月 IBM 的交易数据. (a) 交易之间时间持续期的时间图 (b) 以最小变动价位 1/16 美元的倍数测量的连接两个交易的价格变化量的时间图. 只包含正常交易时间的数据

　　对于在正常的交易时刻中记录的交易, 在 133 475 个交易中有 61 149 个交易没有价格变化. 这大约是 45.8%, 比 1990 年 11 月到 1991 年 1 月这个时间段上的没有价格变化的交易数少很多. 看上去是减少最小变动价位增加了价格变化的机会. 表 5-3 给出了与价格变化相关的交易数的百分比. 价格运动仍然近似地关于 0 对称. 日交易中很大的价格变化仍然相对很少.

表 5-3　与 1999 年 12 月交易的 IBM 股票的价格变化相关的日交易百分比 [a]

大小	1	2	3	4	5	6	7	> 7
(a) 上升运动								
百分比	18.03	5.80	1.79	0.66	0.25	0.15	0.09	0.32
(b) 下降运动								
百分比	18.24	5.57	1.79	0.71	0.24	0.17	0.10	0.31

[a] 在正常的交易时刻, 没有价格变化的交易的百分比为 45.8%, 总交易量为 133 475. 这个大小是以最小变动价位 1/16 美元的倍数测量的.

最后, 我们考虑 2008 年 12 月 1 日波音公司股票的交易数据. 在正常的交易时间内, 有 43894 笔交易. 图 5-5a 为从日历时间午夜开始按秒计算的交易价格, 图 5-5b 为价格改变量的时间图. 在这个具体的例子中, 在一天中价格有下降的趋势, 但是价格改变量继续呈现出和前面使用十进制描述的相似的结果. 图 5-6 为波音股票价格改变量的直方图. 这个直方图显示出几个显著的特点. 首先, 价格改变量

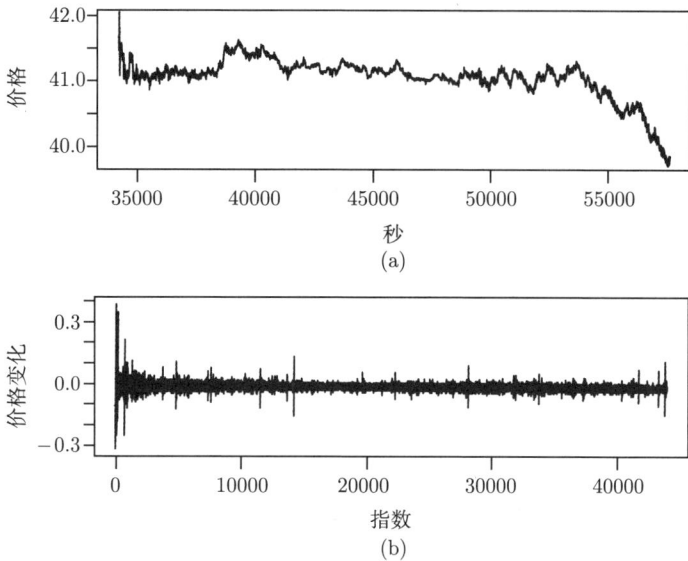

图 5-5 2008 年 12 月 1 日波音公司的股票交易数据. (a) 从午夜起以秒为计算单位的日历时间的价格序列; (b) 以美分为单位的连续交易的价格变化的时间图. 只包括正常交易时间的数据

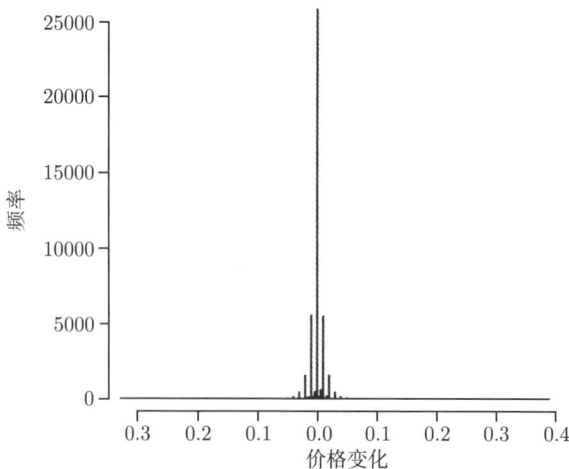

图 5-6 2008 年 12 月 1 日波音公司股票价格变化的柱状图

以原点对称; 其次, 价格改变量确实集中于几美分之内. 在 43894 个交易中, 58.5%不存在价格变化, 见直方图中的长条. 波音股票价格改变量的详细摘要情况见表 5-4, 除了表 5-4 中给出的价格改变量的情况, 还有 4.59%的价格改变量不在几美分之内.

表 5-4　波音公司在 2008 年 12 月 1 日股票价格变化的频率

美分	< -3	-3	-2	-1	0	1	2	3	> 3
百分比	1.63	1.05	3.51	12.6	58.5	12.2	3.45	0.94	1.53

注释　高频数据的保存记录并不像以较低频率抽取的观测值那么好. 因此, 在高频数据分析中, 很有必要进行数据清理. 对于交易数据, 很多方式都可以造成观测值的缺失, 从而对某些交易而言, 精确交易时间的正确程度是值得怀疑的. 例如, 所记录的交易时刻也可能超过东部时间的下午 4: 00, 甚至超过下一天正常交易时间开始之前. 怎样处理这些观测值值得仔细研究. 数据清理的一个适当方法要求对市场操作的方式有很深的理解. 因而, 清楚准确地鉴定数据清理中使用的方法非常重要. 在做出推断之前, 必须考虑这些方法.　　　　　　　　　　　　　□

另外, 令 t_i 表示从午夜开始以秒为单位测量的第 i 次交易发生的日历时间, P_{t_i} 表示交易价格. 从第 $i-1$ 次交易至第 i 次交易的价格变化为 $y_i \equiv \Delta P_{t_i} = P_{t_i} - P_{t_{i-1}}$, 时间持续期为 $\Delta t_i = t_i - t_{i-1}$. 这里理解为, Δt_i 与 y_i 的下标表示交易的时间序列, 而不是日历时间. 在下面的讨论中, 我们主要考虑 y_i 与 Δt_i 的单个模型与联合模型.

5.4　价格变化模型

离散化与集中于 "无变化" 这两个性质使得我们对日价格变化建模比较困难. Campbell, Lo 和 Mackinlay (1997) 讨论了文献中已经提出的几种计量经济模型. 在这里, 我们提及两种利用解释变量来研究日交易价格变化的模型. 第一个模型是 Hauseman, Lo 和 Mackinlay (1992) 在研究交易数据的价格运动中使用的顺序概率值模型. 第二个模型最近由 McCulloch 和 Tsay (2000) 提出. 此模型是 Rydberg 和 Shephard (2003) 提出的模型的一个简便形式, 也可以参考 Ghysels (2000).

5.4.1　顺序概率值模型

令 y_i^* 表示所研究的资产的不能观测到的价格变化 (也就是说, $y_i^* = P_{t_i}^* - P_{t_{i-1}}^*$), 其中 P_t^* 表示资产在 t 时刻的真实价格. 顺序概率值模型假定 y_i^* 是一个连续的随机变量, 服从以下模型

$$y_i^* = \boldsymbol{x}_i \boldsymbol{\beta} + \varepsilon_i, \tag{5.15}$$

其中 $\boldsymbol{x}_i$ 表示 t_{i-1} 时刻可以得到的解释变量的 p 维行向量, $\boldsymbol{\beta}$ 是一个 $k \times 1$ 参数向量, $\mathrm{E}(\varepsilon_i | \boldsymbol{x}_i) = 0$, $\mathrm{Var}(\varepsilon_i | \boldsymbol{x}_i) = \sigma_i^2$, 并且对于 $i \neq j$, $\mathrm{Cov}(\varepsilon_i, \varepsilon_j) = 0$. 假定条件方差

σ_i^2 是解释变量 $\boldsymbol{w}_i$ 的正函数, 即

$$\sigma_i^2 = g(\boldsymbol{w}_i), \tag{5.16}$$

其中 $g(\cdot)$ 是一个正函数. 对于金融交易数据而言, $\boldsymbol{w}_i$ 可能包含了时间间隔 $t_i - t_{i-1}$ 以及某些条件异方差变量. 特别地, 也可以假定 ε_i 在给定 $\boldsymbol{x}_i$ 和 $\boldsymbol{w}_i$ 下的条件分布是高斯的.

假定观测到的价格变化 y_i 有 k 个可能的取值, 理论上 k 可以是无穷大, 但必须是可数的. 实际应用中, k 是有限的, 可能涉及将几种类别组合成单个值. 例如, 在表 5-1 中我们有 $k = 7$, 其中第一个值 "-3 价位" 意味着价格的变化为 -3 个价位或者更低, 我们将 k 个可能的取值表示为 $\{s_1, s_2, \cdots, s_k\}$, 则顺序概率值模型假定 y_i 与 y_i^* 之间的关系为

$$y_i = s_j, \quad 若 \quad \alpha_{j-1} < y_i^* \leqslant \alpha_j, \quad j = 1, \cdots, k, \tag{5.17}$$

其中 α_j 是实数, 满足 $-\infty = \alpha_0 < \alpha_1 < \cdots < \alpha_{k-1} < \alpha_k = \infty$. 在条件高斯分布的假定下, 我们有

$$
\begin{aligned}
P(y_i = s_j | \boldsymbol{x}_i, \boldsymbol{w}_i) &= P(\alpha_{j-1} < \boldsymbol{x}_i \boldsymbol{\beta} + \varepsilon_i \leqslant \alpha_j | \boldsymbol{x}_i, \boldsymbol{w}_i) \\
&= \begin{cases}
P(\boldsymbol{x}_i \boldsymbol{\beta} + \varepsilon_i \leqslant \alpha_1 | \boldsymbol{x}_i, \boldsymbol{w}_i), & 若 \quad j = 1, \\
P(\alpha_{j-1} < \boldsymbol{x}_i \boldsymbol{\beta} + \varepsilon_i \leqslant \alpha_j | \boldsymbol{x}_i, \boldsymbol{w}_i), & 若 \quad j = 2, \cdots, k-1, \\
P(\alpha_{k-1} < \boldsymbol{x}_i \boldsymbol{\beta} + \varepsilon_i | \boldsymbol{x}_i, \boldsymbol{w}_i), & 若 \quad j = k,
\end{cases} \\
&= \begin{cases}
\Phi\left[\dfrac{\alpha_1 - \boldsymbol{x}_i \boldsymbol{\beta}}{\sigma_i(\boldsymbol{w}_i)}\right], & 若 \quad j = 1, \\
\Phi\left[\dfrac{\alpha_j - \boldsymbol{x}_i \boldsymbol{\beta}}{\sigma_i(\boldsymbol{w}_i)}\right] - \Phi\left[\dfrac{\alpha_{j-1} - \boldsymbol{x}_i \boldsymbol{\beta}}{\sigma_i(\boldsymbol{w}_i)}\right], & 若 \quad j = 2, \cdots, k-1, \\
1 - \Phi\left[\dfrac{\alpha_{k-1} - \boldsymbol{x}_i \boldsymbol{\beta}}{\sigma_i(\boldsymbol{w}_i)}\right], & 若 \quad j = k,
\end{cases}
\end{aligned}
\tag{5.18}
$$

其中 $\Phi(x)$ 是标准正态随机变量的累积分布函数在 x 点的取值, 并且我们用 $\sigma_i(\boldsymbol{w}_i)$ 表示 σ_i^2 是 $\boldsymbol{w}_i$ 的正函数. 从定义中可以看出, 顺序概率值模型是由未观测到的连续随机变量所驱动的. 观测值都有一个自然序号, 可以认为是代表所在过程的类别.

顺序概率值模型包含了参数 $\boldsymbol{\beta}$, $\alpha_i(i = 1, \cdots, k-1)$ 以及方程 (5.16) 中条件方差函数 $\sigma_i(\boldsymbol{w}_i)$ 包含的参数. 这些参数可以通过最大似然估计或者是 MCMC 方法来估计.

例 5.1 Hauseman, Lo 和 Mackinlay (1992) 对 1988 年 100 多种股票的交易数据应用了顺序概率值模型, 这里我们仅描述他们对于 IBM 的结果, 共有 206 794 个交易. 价格变化 y_i 的样本均值 (标准差) 为 $-0.001\ 0$ (0.753), 时间持续期 Δt_i 的

样本均值 (标准差) 为 27.21 (34.13), 买卖报价差的样本均值 (标准差) 为 1.947 0
(1.462 5). 买卖报价差是用最小变动价位来测量的. 运用的模型对于价格运动有很
好的分类, 而且指定函数为

$$\boldsymbol{x}_i\boldsymbol{\beta} = \beta_1\Delta t_i^* + \sum_{v=1}^{3}\beta_{v+1}y_{i-v} + \sum_{v=1}^{3}\beta_{v+4}\mathrm{SP5}_{i-v} + \sum_{v=1}^{3}\beta_{v+7}\mathrm{IBS}_{i-v}$$

$$+ \sum_{v=1}^{3}\beta_{v+10}[T_\lambda(V_{i-v}) \times \mathrm{IBS}_{i-v}], \tag{5.19}$$

$$\sigma_i^2(\boldsymbol{w}_i) = 1.0 + \gamma_1^2\Delta t_i^* + \gamma_2^2\mathrm{AB}_{i-1}, \tag{5.20}$$

其中 $T_\lambda(V) = (V^\lambda - 1)/\lambda$ 是指对于 $\lambda \in [0,1]$ 的 V 的 Box–Cox 变换. 解释变量定
义如下.

- $\Delta t_i^* = (t_i - t_{i-1})/100$ 是第 $i-1$ 次交易与第 i 次交易之间尺度修正的时间
  持续期, 这里时间是以秒为单位测量的.
- AB_{i-1} 是时刻 t_{i-1} 流行的以最小变动价位计算的买卖报价差.
- $y_{i-v}(v=1,2,3)$ 是 t_{i-v} 时刻以最小变动价位计算的价格变化的延迟值. 对
  于 $k = 9$, 以最小变动价位计算的价格变化的可能取值为 $\{-4, -3, -2, -1,$
  $0, 1, 2, 3, 4\}$.
- $V_{i-v}(v=1,2,3)$ 是第 $i-v$ 次交易中交易额 (美元数) 的延迟值, 定义为第
  $i-v$ 次交易的美元价格乘以交易股份数 (股数已经除以 100 了). 即, 美元
  数以百为单位.
- $\mathrm{SP5}_{i-v}(v=1,2,3)$ 是标准普尔 500 指数, 在与第 $i-v$ 次交易发生的月份
  最靠近的那个月到期的期货价格每 5 分钟连续复合收益率. 这里的收益率
  是用 t_{i-v} 以前的最近取整时间的前 1 分钟和前 5 分钟记录的期货价格来
  计算的.
- $\mathrm{IBS}_{i-v}(v=1,2,3)$ 是一个示性变量, 定义为

$$\mathrm{IBS}_{i-v} = \begin{cases} 1, & \text{当} \quad P_{i-v} > (P_{i-v}^a + P_{i-v}^b)/2, \\ 0, & \text{当} \quad P_{i-v} = (P_{i-v}^a + P_{i-v}^b)/2, \\ -1, & \text{当} \quad P_{i-v} < (P_{i-v}^a + P_{i-v}^b)/2, \end{cases}$$

其中 P_j^a, P_j^b 分别为 t_j 时刻的卖价与买价.

表 5-5 给出了参数估计以及它们的 t- 比. 除了一个 t- 比较小以外, 其余 t- 比
都很大, 这显示了估计是高度显著的. 因为样本的容量很大, 所以如此高的 t- 比并
不令人感到惊奇. 对于交易量很大的 IBM 股票而言, 估计结果显示出如下结论.

(1) 边界的划分并不是等间隔的, 但是关于 0 几乎是对称的.

(2) 交易的持续期 Δt_i 不仅影响方程 (5.19) 表示的 y_i 的条件均值, 而且影响方程 (5.20) 表示的 y_i 的条件方差.

(3) 延迟价格变化的系数为负并且是高度显著的, 显示了价格逆转性质.

(4) 如所料想的, t_{i-1} 时刻的买卖报价价差显著地影响条件方差.

表 5-5   对 IBM 股票 1988 年的交易数据, 方程 (5.19) 和 (5.20) 中的顺序概率值模型的参数估计, 其中 t 表示 t- 比 [a]

概率值模型的边界分解							
参数	α_1	α_2	α_3	α_4	α_5	α_6	α_7	α_8
估计	-4.67	-4.16	-3.11	-1.34	1.33	3.13	4.21	4.73
t	-145.7	-157.8	-171.6	-155.5	154.9	167.8	152.2	138.9
概率值模型的方程参数							
参数	γ_1	γ_2	$\beta_1 : \Delta t_i^*$	$\beta_2 : y_{-1}$	β_3	β_4	β_5	β_6
估计	0.40	0.52	-0.12	-1.01	-0.53	-0.21	1.12	-0.26
t	15.6	71.1	-11.4	-135.6	-85.0	-47.2	54.2	-12.1
参数	β_7	β_8	$\beta_9 :$	β_{10}	β_{11}	β_{12}	β_{13}	
估计	0.01	-1.14	-0.37	-0.17	0.12	0.05	0.02	
t	0.26	-63.6	-21.6	-10.3	47.4	18.6	7.7	

a 已经被 Elsevier 授权复印.

5.4.2   分解模型

对价格变化建模的另外一个方法是将价格变化分解为 3 个组成部分, 然后运用每一部分的条件确定. 具体可参见 Rydberg 和 Shephard (2003). 这 3 个部分分别为价格变化的示性量、有价格变化时价格变化的方向以及价格变化发生时变化的大小. 具体来讲, 在第 i 次交易中的价格变化可以写为

$$y_i \equiv P_{t_i} - P_{t_{i-1}} = A_i D_i S_i, \tag{5.21}$$

其中 A_i 是一个二元变量, 定义为

$$A_i = \begin{cases} 1, & \text{如果第 } i \text{ 次交易中有价格变化}, \\ 0, & \text{如果第 } i \text{ 次交易中无价格变化}. \end{cases} \tag{5.22}$$

D_i 也是一个离散变量, 它表示有价格变化的时候, 价格变化的方向, 即

$$D_i | (A_i = 1) = \begin{cases} 1, & \text{第 } i \text{ 次交易中价格上升}, \\ -1, & \text{第 } i \text{ 次交易中价格下降}, \end{cases} \tag{5.23}$$

其中 $D_i | (A_i = 1)$ 意思是说 D_i 是在 $A_i = 1$ 的条件下定义的. 当第 i 次交易中有价格变化时, S_i 指最小变动价位的大小; 当第 i 次交易中没有价格变化时, $S_i = 0$. 当有价格变化时, S_i 是一个正的实值随机变量.

注意到 $A_i = 0$ 时, 不需要 D_i, 并且在分解中有一个自然的次序. 只有当 $A_i = 1$ 时, D_i 才有定义; 只有当 $A_i = 1$ 并且给定 D_i 的条件下, S_i 才有意义. 分解中模型的确定利用了这个次序.

令 F_i 表示第 i 次交易中可以得到的信息集合. F_i 的元素为 Δt_{i-j}, A_{i-j}, D_{i-j} 以及 $S_{i-j}(j \geqslant 0)$. 在 (5.21) 的模型下, 价格变化的演变可以分解为

$$
\begin{aligned}
P(y_i|F_{i-1}) &= P(A_i D_i S_i | F_{i-1}) \\
&= P(S_i|D_i, A_i, F_{i-1}) P(D_i|A_i, F_{i-1}) P(A_i|F_{i-1})
\end{aligned} \tag{5.24}
$$

因为 A_i 是一个二元变量, 所以只要考虑随时间演变的概率 $p_i = P(A_i = 1)$ 就足够了. 我们假定

$$
\ln \left(\frac{p_i}{1 - p_i} \right) = x_i \beta \quad \text{或} \quad p_i = \frac{\mathrm{e}^{x_i \beta}}{1 + \mathrm{e}^{x_i \beta}}, \tag{5.25}
$$

其中 x_i 是一个包含了 F_{i-1} 中的所有元素的有限维向量, β 是一个参数向量. 在 $A_i = 1$ 的条件下, D_i 也是一个二元变量, 对 $\delta_i = P(D_i = 1|A_i = 1)$, 我们利用下面的模型

$$
\ln \left(\frac{\delta_i}{1 - \delta_i} \right) = z_i \gamma \quad \text{或} \quad \delta_i = \frac{\mathrm{e}^{z_i \gamma}}{1 + \mathrm{e}^{z_i \gamma}}, \tag{5.26}
$$

其中 z_i 是一个包含了 F_{i-1} 中的所有元素的有限维向量, γ 是一个参数向量. 为了允许正负价格变化之间的对称性, 我们假定

$$
S_i|(D_i, A_i = 1) \sim 1 + \begin{cases} g(\lambda_{u,i}), & \text{如果} \quad D_i = 1, A_i = 1, \\ g(\lambda_{d,i}), & \text{如果} \quad D_i = -1, A_i = 1, \end{cases} \tag{5.27}
$$

其中 $g(\lambda)$ 是参数 λ 的几何分布, 并且参数 $\lambda_{j,i}$ 随时间的变化为

$$
\ln \left(\frac{\lambda_{j,i}}{1 - \lambda_{j,i}} \right) = w_i \theta_j \quad \text{或} \quad \lambda_{j,i} = \frac{\mathrm{e}^{w_i \theta_j}}{1 + \mathrm{e}^{w_i \theta_j}}, \quad j = u, \quad d, \tag{5.28}
$$

其中 w_i 指 F_{i-1} 中有限维的解释变量, θ_j 是一个参数向量.

在方程 (5.27) 中, 随机变量 x 服从几何分布 $g(\lambda)$, 其概率质量函数为

$$
p(x = m) = \lambda(1 - \lambda)^m, \quad m = 0, 1, 2, \cdots.
$$

我们在几何分布中加了 1, 以便当发生价格变化的时候, 价格的变化至少为一个最小变动价位. 在方程 (5.28) 中, 为了确保 $\lambda_{j,i} \in [0, 1]$, 我们作了 logistic 变换.

前面的具体化将第 i 次交易分为三类.

(1) 无价格变化 $A_i = 0$ 而且相应的概率为 $(1 - p_i)$.

(2) 价格上升 $A_i = 1$, $D_i = 1$, 相应的概率为 $p_i \delta_i$. 价格上升的大小是由 $1 + g(\lambda_{u,i})$ 控制的.

(3) 价格下降　$A_i = 1$, $D_i = -1$, 相应的概率为 $p_i(1 - \delta_i)$. 价格下降的大小是由 $1 + g(\lambda_{d,i})$ 控制的.

对于 $j = 1, 2, 3$, 令 $I_i(j)$ 表示前面三类的示性变量, 也就是说, 当第 j 类发生时, $I_i(j) = 1$, 当第 j 类不发生时, $I_i(j) = 0$. 方程 (5.24) 的对数似然函数为

$$
\begin{aligned}
\ln[P(y_i | F_{i-1})] = & I_i(1) \ln[(1 - p_i)] + I_i(2)[\ln(p_i) + \ln(\delta_i) \\
& + \ln(\lambda_{u,i}) + (S_i - 1) \ln(1 - \lambda_{u,i})] \\
& + I_i(3)[\ln(p_i) + \ln(1 - \delta_i) + \ln(\lambda_{d,i}) + (S_i - 1) \ln(1 - \lambda_{d,i})]
\end{aligned}
$$

并且全部的对数似然函数为

$$
\ln[P(y_1, \cdots, y_n | F_0)] = \sum_{i=1}^{n} \ln[P(y_i | F_{i-1})], \tag{5.29}
$$

这是参数 $\boldsymbol{\beta}$, $\boldsymbol{\gamma}$, $\boldsymbol{\theta}_u$ 以及 $\boldsymbol{\theta}_d$ 的一个函数.

例 5.2　我们通过解释 IBM 股票从 1990 年 11 月 1 日至 1991 年 1 月 31 日的日交易来说明分解模型. 共有 63 个交易日, 在正常的交易时间内发生了 59 838 次日内交易. 运用的解释变量如下.

(1) A_{i-1}：上一次交易的行动示性变量 (也即在一个交易日内的第 $i-1$ 次交易).

(2) D_{i-1}：上一次交易的方向示性变量.

(3) S_{i-1}：上一次交易的大小.

(4) V_{i-1}：上一次交易的成交量除以 1000.

(5) Δt_{i-1}：从第 $i-2$ 次交易到第 $i-1$ 次交易的时间持续期.

(6) BA_i：交易时刻的买卖报价价差.

因为我们利用的是延迟为 1 的解释变量, 所以实际的样本大小为 59 775. 对于所试用的模型 V_{i-1}, Δt_{i-1} 与 BA_i 都不是统计显著的, 从而我们只运用了前三个解释变量. 采用的模型为

$$
\begin{aligned}
\ln\left(\frac{p_i}{1 - p_i}\right) &= \beta_0 + \beta_1 A_{i-1}, \\
\ln\left(\frac{\delta_i}{1 - \delta_i}\right) &= \gamma_0 + \gamma_1 D_{i-1}, \\
\ln\left(\frac{\lambda_{u,i}}{1 - \lambda_{u,i}}\right) &= \theta_{u,0} + \theta_{u,1} S_{i-1}, \\
\ln\left(\frac{\lambda_{d,i}}{1 - \lambda_{d,i}}\right) &= \theta_{d,0} + \theta_{d,1} S_{i-1}.
\end{aligned} \tag{5.30}
$$

利用方程 (5.29) 中的对数似然函数得到的参数估计在表 5-6 中给出. 估计得到的简单模型显示了价格变化中的某些动态依赖性. 尤其是, IBM 股票的交易对交易的价格变化呈现出许多如下吸引人的性质.

表 5-6 方程 (5.30) 中对 IBM 从 1990 年 11 月 1 日到 1991 年 1 月 31 日的日内交易 ADS 模型的参数估计

参数	β_0	β_1	γ_0	γ_1	$\theta_{u,0}$	$\theta_{u,1}$	$\theta_{d,0}$	$\theta_{d,1}$
估计	−1.057	0.962	−0.067	−2.307	2.235	−0.670	2.085	−0.509
标准差	0.104	0.044	0.023	0.056	0.029	0.050	0.187	0.139

(1) 价格变化的概率依赖于上一次的价格变化. 具体地, 我们有

$$P(A_i = 1 | A_{i-1} = 0) = 0.258, \quad P(A_i = 1 | A_{i-1} = 1) = 0.476.$$

这个结果显示价格变化的发生是聚类的. 正如所料想的, 大部分交易没有价格变化. 当在第 $i-1$ 次交易中没有价格变化时, 则在随后的交易中, 只有大约 1/4 的交易有价格变化; 当在第 $i-1$ 次交易中有价格变化时, 在第 i 次交易中, 价格发生变化的概率增加为大约 0.5.

(2) 价格变化的方向由下式控制

$$P(D_i = 1 | F_{i-1}, A_i) = \begin{cases} 0.483, & \text{如果} \quad D_{i-1} = 0(\text{即} A_{i-1} = 0), \\ 0.085, & \text{如果} \quad D_{i-1} = 1, A_i = 1, \\ 0.904, & \text{如果} \quad D_{i-1} = -1, A_i = 1. \end{cases}$$

这个结果说明

① 如果第 $i-1$ 次交易中没有价格变化, 那么在第 i 次交易中价格上升和下降的机会是平等的;

② 连续的价格上升或者价格下降的概率非常低. 给定第 $i-1$ 中交易上升而且第 i 次交易中价格发生变化的条件下, 第 i 次交易的价格上升的概率仅仅只有 8.6%. 然而, 在给定第 $i-1$ 次交易中下降而且第 i 次交易中价格发生变化的条件下, 第 i 次交易的价格上升的概率大约为 90%. 因此, 这个结果显示了买卖报价弹性的影响, 支持了高频数据交易中的价格逆转.

(3) 只有很弱的证据表明大的价格变化有更大的可能性跟随另外一个大的价格变化, 考虑价格增长的大小, 我们有

$$S_i | (D_i = 1) \sim 1 + g(\lambda_{u,i}), \quad \lambda_{u,i} = 2.235 - 0.670 S_{i-1}.$$

利用几何分布的概率质量函数, 我们得到如果交易导致一个价格增长而且 $S_{i-1} = 1$, 那么在第 i 次交易中, 价格增长一个最小变动价位的概率为 0.827. 当 $S_{i-1} = 2$ 时, 此概率下降到 0.709, 当 $S_{i-1} = 3$ 时下降到 0.556. 因此, 给定第 i 次交易中价格增长的条件下, 一个大 S_i 的概率与 S_{i-1} 成反比.

ADS 模型与顺序概率值模型的一个区别是: ADS 模型并不要求价格变化大小中的任何截断或者分组.

逻辑线性回归的 R 演示

我已经对下面的输出进行过编辑.

```
> da=read.table("ibm91-ads.txt",header=T)
> da1=read.table("ibm91-adsx.txt",header=T)
> Ai=da[,1]   % Select the variables
> Di=da[,2]
> Aim1=da1[,4]
> Dim1=da1[,5]
>
> m1=glm(Ai~Aim1,family=binomial) %Fit a linear
    logistic model
> summary(m1)
Call:
glm(formula = Ai ~ Aim1, family = binomial)

Deviance Residuals:
    Min      1Q   Median       3Q      Max
-1.1373  -0.7724  -0.7724   1.2180   1.6462

Coefficients:
            Estimate Std. Error z value Pr(>|z|)
(Intercept) -1.05667    0.01142  -92.55   <2e-16 ***
Aim1         0.96164    0.01827   52.62   <2e-16 ***
---
>
> di=Di[Ai==1]   % Select the cases in which Ai = 1.
> dim1=Dim1[Ai==1]
> di=(di+abs(di))/2  % Logistic regression works for 1 or 0,
        % but di is coded 1 or -1 so that change is needed.
> m2=glm(di~dim1,family=binomial)
> summary(m2)
Call:
glm(formula = di ~ dim1, family = binomial)
Deviance Residuals:
    Min      1Q   Median       3Q      Max
-2.1640  -1.1493   0.4497   1.2058   2.2193

Coefficients:
            Estimate Std. Error z value Pr(>|z|)
(Intercept) -0.06663    0.01728  -3.855 0.000116 ***
dim1        -2.30693    0.03595 -64.171 <  2e-16 ***
```

5.5 持续期模型

持续期模型主要考虑交易之间的时间间隔. 较长的持续期预示着较少的交易活动, 这反过来又表明了一个没有新消息的时期. 这样, 持续期的动态行为就包含了关于日内市场活动的有用信息. 利用类似于波动率的 ARCH 模型的概念, Engle 和

Russell (1998) 提出了自回归条件持续期 (ACD) 模型来描述股票 (尤其是大量交易的) 时间持续期的演变. Zhang , Russell 和 Tsay (2001a) 扩展了 ACD 模型来解释数据中的非线性性与结构突变. 本节引进了一些简单的持续期模型. 正如前面提到的, 日内交易展示了一些日模式. 因此, 我们集中讨论调整的时间持续期

$$\Delta t_i^* = \Delta t_i / f(t_i), \tag{5.31}$$

其中 $f(t_i)$ 是一个确定的函数, 有 Δt_i 的循环成分组成. 显然 $f(t_i)$ 依赖于标的资产 (underlying asset) 以及市场的系统行为. 实际应用中, 有很多估计 $f(t_i)$ 的方法, 但是根据统计性质没有一种方法总是优于其他方法. 光滑插值是一个通常的方法, 这里我们运用简单的二次插值函数与示性变量来处理日交易活动中确定的组成部分.

对于用来解释 ADS 模型所采用的 IBM 股票数据, 我们假定

$$f(t_i) = \exp[d(t_i)], \quad d(t_i) = \beta_0 + \sum_{j=1}^{7} \beta_j f_j(t_i), \tag{5.32}$$

其中

$$f_1(t_i) = -\left(\frac{t_i - 43\,200}{14\,400}\right)^2, \quad f_3(t_i) = \begin{cases} -\left(\dfrac{t_i - 38\,700}{7\,500}\right)^2, & \text{若} \quad t_i < 43\,200, \\ 0, & \text{若} \quad t_i \geqslant 43\,200, \end{cases}$$

$$f_2(t_i) = -\left(\frac{t_i - 48\,300}{9\,300}\right)^2, \quad f_4(t_i) = \begin{cases} -\left(\dfrac{t_i - 48\,600}{9\,000}\right)^2, & \text{若} \quad t_i \geqslant 43\,200, \\ 0, & \text{若} \quad t_i < 43\,200. \end{cases}$$

$f_5(t_i)$ 与 $f_6(t_i)$ 是市场开盘时第一个 5 分钟与第二个 5 分钟的示性变量, [即 $f_5(\cdot) = 1$ 当且仅当 t_i 在东部时间的上午 9：30 至上午 9：35 之间]. $f_7(t_i)$ 指日交易的最后 30 分钟的示性值, [即 $f_7(t_i) = 1$ 当且仅当交易发生在东部时间下午 3：30 至下午 4：00]. 图 5-7 给出了对于 $i = 1, 2, 3, 4$, $f_i(\cdot)$ 的图形, 其中 x 轴的时间刻度是分钟. 注意到 $f_3(43\,200) = f_4(43\,200)$, 其中 43 200 对应于中午 12 点.

方程 (5.32) 中的系数 β_j 可以通过线性回归的最小二乘法得到

$$\ln(\Delta t_i) = \beta_0 + \sum_{j=1}^{7} \beta_j f_j(t_i) + \varepsilon_i.$$

拟合的模型为

$$\ln(\widehat{\Delta t_i}) = 2.555 + 0.159 f_1(t_i) + 0.270 f_2(t_i) + 0.384 f_3(t_i)$$
$$+ 0.061 f_4(t_i) - 0.611 f_5(t_i) - 0.157 f_6(t_i) + 0.073 f_7(t_i).$$

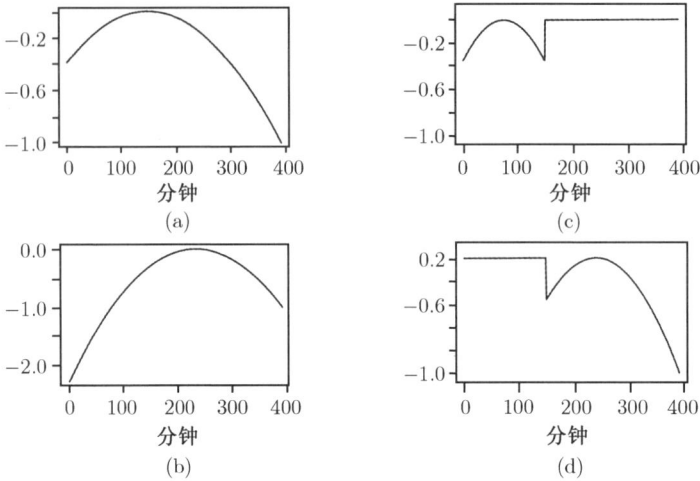

图 5-7 用来消除 IBM 日内交易持续期的确定成分的二次函数:
(a)~(d) 分别是方程 (5.32) 中的 $f_1(\cdot)$ 到 $f_4(\cdot)$

图 5-8 给出了 63 个交易日中每 5 分钟时间间隔的平均持续期的时间图, 包括对于确定性部分调整前以及调整后的图形. 图 5-8a 为 Δt_i 的平均持续期, 正如我们所料想的, 它展示了一个每日模式. 图 5-8b 为 Δt_i^* 的平均持续期 (也就是调整延迟的时间持续期), 每日模式大大地消减了.

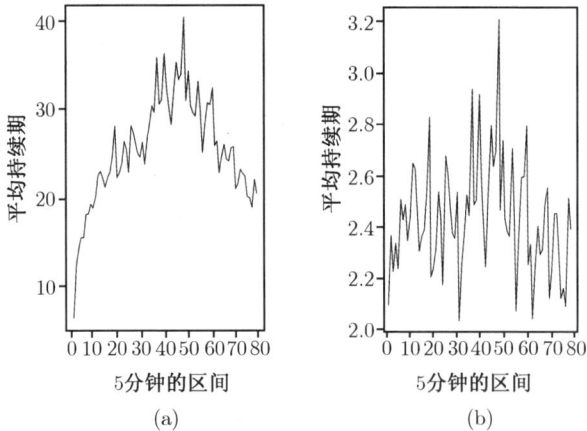

图 5-8 IBM 从 1990 年 11 月 1 日到 1991 年 1 月 31 日的交易数据: (a) 每 5 分钟时间间隔的平均持续期, (b) 对确定成分调整之后的每 5 分钟的平均持续期

5.5.1 ACD 模型

自回归条件持续期 (ACD) 模型利用 GARCH 模型的思想来研究方程 (5.31) 中调整的时间持续期 Δt_i^* 的动态结构. 为了记号的简便, 我们定义 $x_i = \Delta t_i^*$.

令 $\psi_i = \mathrm{E}(x_i|F_{i-1})$ 表示第 $i-1$ 次交易至第 i 次交易的调整的时间持续期的

条件期望, 其中 F_{i-1} 为第 $i-1$ 次交易时可以得到的信息集合. 换句话说, ψ_i 为给定 F_{i-1} 的条件下期望的调整持续期. 基本的 ACD 模型定义为

$$x_i = \psi_i \varepsilon_i, \tag{5.33}$$

其中 $\{\varepsilon_i\}$ 是独立同分布的非负随机变量序列满足 $\mathrm{E}(\varepsilon_i) = 1$. 在 Engle 和 Russell (1998) 中, ε_i 服从一个标准指数分布或者是标准化的韦布尔 (Weibull) 分布, 并且 ψ_i 假定为以下形式

$$\psi_i = \omega + \sum_{j=1}^{r} \gamma_j x_{i-j} + \sum_{j=1}^{s} \omega_j \psi_{i-j}. \tag{5.34}$$

这样一个模型可以称为 ACD(r,s) 模型. 当 ε_i 服从一个标准指数分布时, 结果中的模型称为 EACD(r,s) 模型. 类似地, 如果 ε_i 服从标准化的韦布尔 (Weibull) 分布, 则称为 WACD(r,s) 模型. 有必要的话, 读者可以参考附录 A, 对指数分布与韦布尔分布进行一个一个快速的回顾.

　　与 GARCH 模型类似, 过程 $\eta_i = x_i - \psi_i$ 是一个鞅差序列 [即 $\mathrm{E}(\eta_i|F_{i-1}) = 0$], ACD 模型可以写为

$$x_i = \omega + \sum_{j=1}^{\max(r,s)} (\gamma_j + \omega_j)x_{i-j} - \sum_{j=1}^{s} \omega_j \eta_{i-j} + \eta_j, \tag{5.35}$$

这正好是没有高斯新息的 ARMA 过程的形式. 此处, 对于 $j > r$, $\gamma_j = 0$; 对于 $j > s$, $\omega_j = 0$. 可以用这样的表示来得到 ACD 模型弱平稳性的基本条件. 例如, 对方程 (5.35) 两边取期望, 并且假定弱平稳性, 则我们有

$$\mathrm{E}(x_i) = \frac{\omega}{1 - \sum_{j=1}^{\max(r,s)} (\gamma_j + \omega_j)}.$$

因为期望持续期是正数, 所以我们假定 $\omega > 0, 1 > \sum_j (\gamma_j + \omega_j)$. 作为方程 (5.35) 的另外一个应用, 我们研究一下 EACD(1,1) 模型的性质.

EACD(1,1) 模型

一个 EACD(1,1) 模型可以写为

$$x_i = \psi_i \varepsilon_i, \quad \psi_i = \omega + \gamma_1 x_{i-1} + \omega_1 \psi_{i-1}, \tag{5.36}$$

其中 ε_i 服从标准指数分布. 利用附录 A 中标准化指数分布的矩, 我们有

$$\mathrm{E}(\varepsilon_i) = 1, \quad \mathrm{Var}(\varepsilon_i) = 1, \quad \mathrm{E}(\varepsilon_i^2) = \mathrm{Var}(x_i) + [\mathrm{E}(x_i)]^2 = 2.$$

假定 x_i 是弱平稳的 (也就是说 x_i 的头两阶矩不随时间变化), 那么我们可以导出 x_i 的方差. 首先对方程 (5.36) 两端取期望, 我们有

$$\mathrm{E}(x_i) = \mathrm{E}[\mathrm{E}(\psi_i \varepsilon_i|F_{i-1})] = \mathrm{E}(\psi_i), \quad \mathrm{E}(\psi_i) = \omega + \gamma_1 \mathrm{E}(x_{i-1}) + \omega_1 \mathrm{E}(\psi_{i-1}). \tag{5.37}$$

在弱平稳性的条件下, $\mathrm{E}(\psi_i) = \mathrm{E}(\psi_{i-1})$, 因此方程 (5.37) 给出

$$\mu_x \equiv \mathrm{E}(x_i) = \mathrm{E}(\psi_i) = \frac{\omega}{1 - \gamma_1 - \omega_1}. \tag{5.38}$$

又因为 $\mathrm{E}(\varepsilon_i^2) = 2$, 我们有

$$\mathrm{E}(x_i^2) = \mathrm{E}[\mathrm{E}(\psi_i^2 \varepsilon_i^2 | F_{i-1})] = 2\mathrm{E}(\psi_i^2).$$

在方程 (5.36) 中对 ψ_i 的平方取期望, 并且利用 ψ_i 和 x_i 的弱平稳性质, 通过某些代数运算, 得到

$$\mathrm{E}(\psi_i^2) = \mu_x^2 \times \frac{1 - (\gamma_1 + \omega_1)^2}{1 - 2\gamma_1^2 - \omega_1^2 - 2\gamma_1\omega_1}. \tag{5.39}$$

最后, 利用 $\mathrm{Var}(x_i) = \mathrm{E}(x_i^2) - [\mathrm{E}(x_i)]^2$, $\mathrm{E}(x_i^2) = 2\mathrm{E}(\psi_i^2)$, 我们有

$$\mathrm{Var}(x_i) = 2\mathrm{E}(\psi_i^2) - \mu_x^2 = \mu_x^2 \times \frac{1 - \omega_1^2 - 2\gamma_1\omega_1}{1 - \omega_1^2 - 2\gamma_1\omega_1 - 2\gamma_1^2},$$

其中 μ_x 如方程 (5.38) 中定义. 这个结果显示, 为了得到时间不变的无条件方差, 方程 (5.36) 中的 EACD(1,1) 模型必须满足 $1 > 2\gamma_1^2 + \omega_1^2 + 2\gamma_1\omega_1$. WACD(1,1) 模型的方差可以利用同样的方法以及标准化韦布尔分布的前两阶矩得到.

带有广义伽玛分布的 ACD 模型

在统计文献中, 强度函数经常根据危险率函数来表示. 正如附录 B 中所示, EACD 模型的危险率函数随时间不变, 而 WACD 模型的危险率函数是一个单调函数. 这些危险率函数在实际应用中相当受限制, 因为股票交易的强度函数可能不固定, 或者不随时间单调变化. 为了增加相应的危险率函数的灵活性, Zhang, Russell 和 Tsay (2001) 对 ε_i 采用了一个 (标准化的) 广义伽玛分布. 对于广义伽玛分布的基本性质可以参见附录 A. 结果中的危险率函数可以假定不同的模式, 包括 U 型或者倒转的 U 型. 我们将新息服从广义伽玛分布的 ACD 模型称为 GACD(r, s) 模型.

5.5.2 模拟

为了说明 ACD 过程, 我们利用 ε_i 的两种不同的新息分布, 从 ACD(1,1) 模型

$$x_i = \psi_i \varepsilon_i, \quad \psi_i = 0.3 + 0.2x_{i-1} + 0.7\psi_{i-1} \tag{5.40}$$

中产生了 500 个观测值. 在第一种情形中, 假定 ε_i 服从参数 $\alpha = 1.5$ 的标准化的韦布尔分布; 在第二种情形中, 假定 ε_i 服从参数 $\kappa = 1.5$, $\alpha = 0.5$ 的一个 (标准化的) 广义伽玛分布.

图 5-9a 给出了 WACD(1,1) 序列的时间图, 图 5-10a 为 GACD(1,1) 序列的时间图. 图 5-11 描绘出了两个模拟序列的直方图. 两个模型的区别是很显然的. 最后, 在图 5-12a 与图 5-13b 中, 我们分别给出了两个模拟序列的样本 ACF, 从中可以清楚地看到序列的相依性.

5.5.3 估计

对于 ACD(r,s) 模型, 令 $i_o = \max(r,s)$, $\boldsymbol{x}_t = (x_1, \cdots, x_t)'$. 持续期 $x_1, x_2, \cdots, x_T$ 的似然函数为

$$f(\boldsymbol{x}_T|\boldsymbol{\theta}) = \left[\prod_{i=i_o+1}^{T} f(x_i|F_{i-1}, \boldsymbol{\theta})\right] \times f(\boldsymbol{x}_{i_o}|\boldsymbol{\theta}),$$

其中 $\boldsymbol{\theta}$ 表示模型的参数向量, T 表示样本大小. 前一个方程中的边缘概率密度函数 $f(\boldsymbol{x}_{i_o}|\boldsymbol{\theta})$ 对广义的 ACD 模型而言相当复杂. 因为它对似然函数的冲击是随着

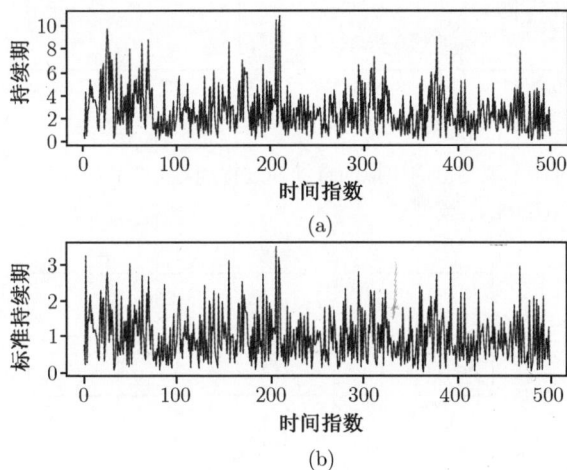

图 5-9   由 (5.40) 式模拟的 WACD(1,1) 序列: (a) 原始序列;
(b) 估计后的标准化序列. 共有 500 个观测值

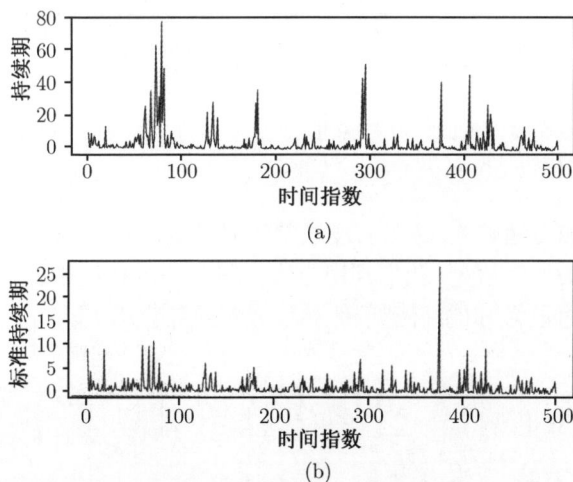

图 5-10   由 (5.40) 式模拟的 GACD(1,1) 序列: (a) 原始序列;
(b) 估计后的标准化序列. 共有 500 个观测值

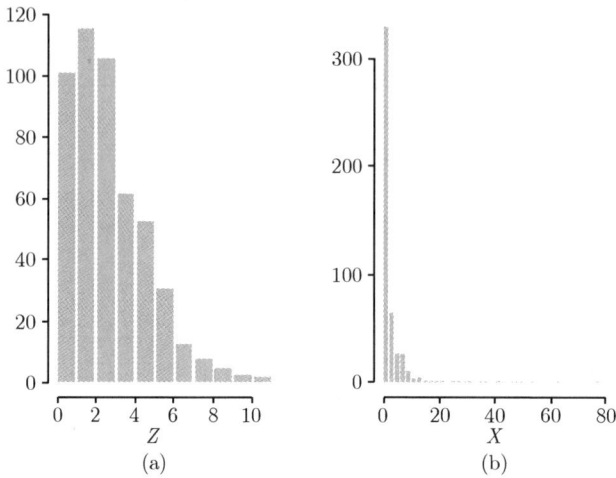

图 5-11   具有 500 个观测值的模拟的持续期过程的直方图: (a) WACD(1,1) 模型;
(b) GACD(1,1) 模型

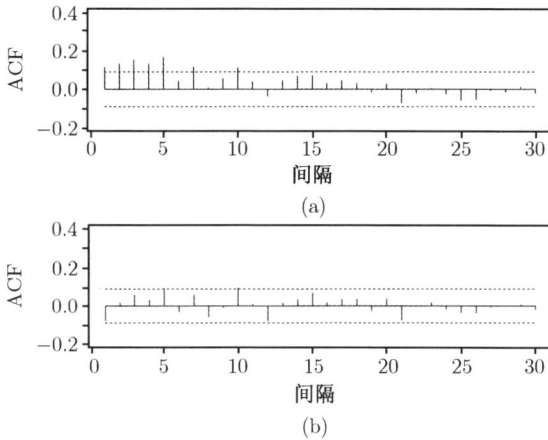

图 5-12   具有 500 个观测值的模拟 WACD(1,1) 序列的样本自相关函数: (a) 原始序列;
(b) 标准化残差序列

样本大小 T 的增加而递减的, 边缘密度通常忽略了这一点, 从而导致了条件似然方法的运用. 对于 WACD 模型, 我们利用方程 (5.55) 中的概率密度函数 (probability density function, 简记为 pdf) 得到条件对数似然函数为

$$
\begin{aligned}
l(\boldsymbol{x}|\boldsymbol{\theta}, \boldsymbol{x}_{i_o}) = \sum_{i=i_o+1}^{T} & \alpha \ln\left[\Gamma\left(1+\frac{1}{\alpha}\right)\right] + \ln\left(\frac{\alpha}{x_i}\right) \\
& + \alpha \ln\left(\frac{x_i}{\psi_i}\right) - \left[\frac{\Gamma\left(1+\frac{1}{\alpha}\right)x_i}{\psi_i}\right]^{\alpha},
\end{aligned} \tag{5.41}
$$

(a)

(b)

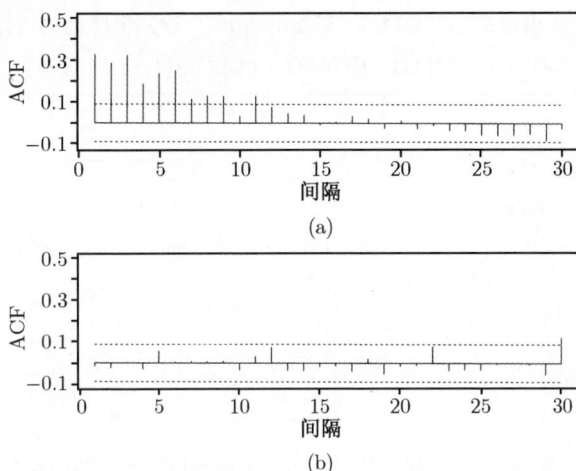

图 5-13 具有 500 个观测值的模拟 GACD(1,1) 序列的样本自相关函数: (a) 原始序列;
(b) 标准化残差序列

其中 $\psi_i = \omega + \sum_{j=1}^{r} \gamma_j x_{i-j} + \sum_{j=1}^{s} \omega_j \psi_{i-j}$, $\boldsymbol{\theta} = (\omega, \gamma_1, \cdots, \gamma_r, \omega_1, \cdots, \omega_s, \alpha)'$, $\boldsymbol{x} = (x_{i_0+1}, \cdots, x_T)'$. 当 $\alpha = 1$ 时, (条件) 对数似然函数简化为 EACD(r, s) 模型的形式.

对于一个 GACD(r, s) 模型, 条件对数似然函数为

$$l(\boldsymbol{x}|\boldsymbol{\theta}, \boldsymbol{x}_{i_o}) = \sum_{i=i_o+1}^{T} \ln\left(\frac{\alpha}{\Gamma(\kappa)}\right) + (\kappa\alpha - 1)\ln(x_i) - \kappa\alpha\ln(\lambda\psi_i) - \left(\frac{x_i}{\lambda\psi_i}\right)^{\alpha}, \quad (5.42)$$

其中 $\lambda = \Gamma(\kappa)/\Gamma\left(\kappa + \dfrac{1}{\alpha}\right)$, 参数向量 $\boldsymbol{\theta}$ 也包含 κ. 如我们料想的, 当 $\kappa = 1$, $\lambda = 1/\Gamma\left(1 + \dfrac{1}{\alpha}\right)$ 时, 方程 (5.42) 中的对数似然函数简化为方程 (5.41) 中模型 WACD(r, s) 的似然函数形式. 这个对数似然函数可以改写为许多形式来简化估计.

在某些正规性条件下, 条件最大似然估计是渐近正态的, 具体可参见 Engle 和 Russell (1998) 及其参考文献. 在实践中, 一旦指定了持续期模型, 对于感兴趣的问题可以用模拟的方法得到有限样本的参考分布.

例 5.3(模拟的 ACD(1,1) 序列的继续) 考虑方程 (5.40) 中模拟的 WACD(1,1) 序列以及 GACD(1,1) 序列, 利用条件似然方法得到的结果列于表 5-6 中, 估计看上去是合理的. 令 $\hat{\psi}_i$ 表示 ψ_i 的 1 步向前预测, $\hat{\varepsilon}_i = x_i/\hat{\psi}_i$ 为标准化的序列, 可以认为是序列标准化的残差. 如果模型已充分确定, $\{\hat{\varepsilon}_i\}$ 应该以独立同分布随机变量的形式运动. 图 5-9b 与图 5-10b 显示了两个模型 $\hat{\varepsilon}_i$ 的时间图. 拟合的两个模型的 $\hat{\varepsilon}_i$ 的 ACF 分别在图 5-12b 与图 5-13b 中给出. 很显然在 $\hat{\varepsilon}_i$ 序列中没有发现显著的序列相关.

表 5-7 对模拟的 **ACD(1,1)** 模型的 **500** 个观测值序列的估计结果:
(a) **WACD(1,1)** 序列; (b) **GACD(1,1)** 序列

WACD(1,1) 模型				
参数	ω	γ_1	ω_1	α
真实值	0.3	0.2	0.7	1.5
估计值	0.364	0.100	0.767	1.477
标准误差	(0.139)	(0.025)	(0.060)	(0.052)

GACD(1,1) 模型					
参数	ω	γ_1	ω_1	α	κ
真实值	0.3	0.2	0.7	0.5	1.5
估计值	0.401	0.343	0.561	0.436	2.077
标准误差	(0.117)	(0.074)	(0.065)	(0.078)	(0.653)

例 5.4 作为持续期模型的说明, 我们考虑 IBM 股票从 1990 年 11 月 1 日至 1990 年 11 月 7 日连续 5 个交易日内的交易间的持续期. 集中于正的交易持续期, 我们共有 3 534 个观测值. 另外, 将数据作了调整, 消除了方程 (5.32) 中的确定成分. 也就是说, 我们采用了方程 (5.31) 中定义的 3 534 个正的调整持续期.

图 5-14a 给出了 1990 年 11 月的前 5 个交易日内调整的 (正的) 持续期, 图 5-15a 给出了序列的样本 ACF. 在调整的持续期中, 还存在一些序列相关性. 我们对数据拟合一个 WACD(1,1) 模型, 得到的模型为

$$x_i = \psi_i \varepsilon_i, \quad \psi_i = 0.169 + 0.064 x_{i-1} + 0.885 \psi_{i-1}, \tag{5.43}$$

其中 $\{\varepsilon_i\}$ 是一个独立同分布的随机变量序列, 服从参数 $\hat{\alpha} = 0.879(0.012)$ 的标准化的韦布尔分布, 这里 0.012 为估计的标准差. 方程 (5.43) 中估计的标准差分别为 0.039, 0.010 和 0.018. 所有估计的 t- 比都大于 4.2, 说明估计在 1% 水平下是显著

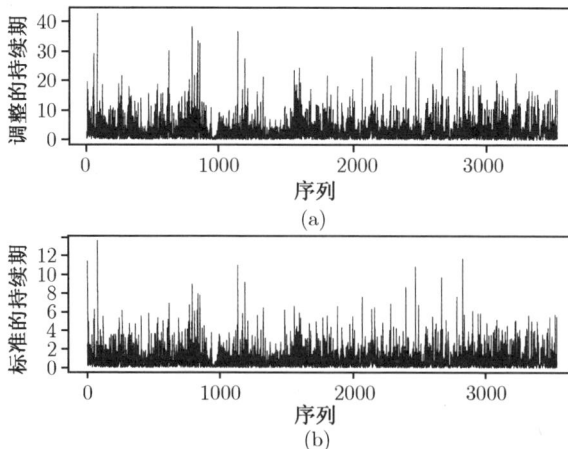

图 5-14 在 1990 年 11 月的前 5 个交易日交易的 IBM 股票持续期的时间图: (a) 调整的序列; (b) WACD(1,1) 模型的标准化新息. 其中有 3534 个非零的持续期数据

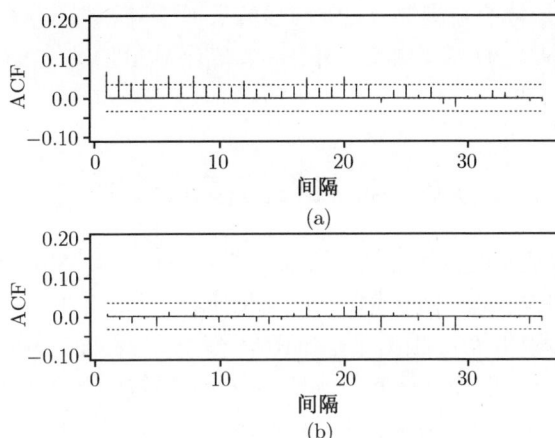

图 5-15 在 1990 年 11 月的前 5 个交易日交易的 IBM 股票调整持续期的样本自相关函数: (a) 调整的序列; (b) WACD(1,1) 模型的标准化新息

的. 图 5-14b 给出了 $\hat{\varepsilon}_i = x_i/\hat{\psi}_i$ 的时间图, 图 5-13b 提供了 $\hat{\varepsilon}_i$ 的样本 ACF. $\hat{\varepsilon}_i$ 的 Ljung-Box 统计量为 $Q(10) = 4.96$, $Q(20) = 10.75$. 显然, 标准化的新息没有显著 的序列相关性. 事实上, 平方序列 $\{\hat{\varepsilon}_i^2\}$ 的样本自相关性也很小, 其 $Q(10) = 6.20$, $Q(20) = 11.16$, 进一步确认了标准化的新息之间缺少序列相依性. 另外, 参数为 $\alpha = 0.879$ 的标准化的韦布尔分布的均值和标准差分别为 1.00 和 1.14, 这些数字也 接近于 $\{\hat{\varepsilon}_i\}$ 的样本均值 1.01 和标准差 1.22. 拟合的模型看上去是合适的.

在模型 (5.43) 中, 估计系数 $\gamma_1 + \omega_1 \approx 0.949$, 隐含了调整持续期的某种持续性. 调整持续期的期望为 0.169/(1−0.064−0.885)=3.31 秒, 这接近于调整持续期的样本 均值 3.29. 标准化韦布尔分布的形状参数的估计 α 为 0.879, 小于 1 但是接近于 1. 因此, 条件危险率函数以缓慢的速率单调递减.

如果对新息采用广义 gamma 分布函数, 那么拟合的 GACD(1,1) 模型为

$$x_i = \psi_i \varepsilon_i, \quad \psi_i = 0.141 + 0.063 x_{i-1} + 0.897 \psi_{i-1}, \tag{5.44}$$

其中 $\{\varepsilon_i\}$ 服从方程 (5.56) 的标准化的广义伽玛分布, 参数 $\kappa = 4.248(1.046)$ 且参数 $\alpha = 0.395(0.053)$, 括号内的数字表示估计的标准误差. 方程 (5.44) 中 3 个参数的标 准误差分别为 0.041, 0.010 和 0.019. 所有的估计在 1% 水平下都是统计上显著的. 标准化的新息过程 $\{\hat{\varepsilon}_i\}$ 及其平方序列都没有显著的序列相关. 这里 $\hat{\varepsilon}_i = x_i/\hat{\psi}_i$ 是根 据模型 (5.44) 定义的. 具体来讲, 对于 $\hat{\varepsilon}_i$ 过程, 我们有 $Q(10) = 4.95$, $Q(20) = 10.28$; 对 $\hat{\varepsilon}_i^2$ 序列, 我们有 $Q(10) = 6.36$, $Q(20) = 10.89$.

模型 (5.44) 的期望持续期是 3.52, 稍高于方程 (5.43) 中 WACD(1,1) 模型的持 续期. 类似地, 模型 (5.44) 中的持续参数 $\hat{\gamma}_1 + \hat{\omega}_1$ 也稍高于 0.96.

注释 EACD 模型的估计可以利用一些带 minor 修改的 ARCH 模型的程序来 实现. 具体可参见 Engle 和 Russell(1998). 本书用作者创建的 RATS 程序或者一些

Fortran 程序来估计持续期模型. 有限的经验表明估计一个 GACD 模型比估计一个 EACD 模型和 WACD 模型都更困难. 用来估计 WACD 与 GACD 模型的 RATS 程序在附录 C 中给出. □

5.6 非线性持续期模型

高频数据中也通常会发现非线性性质. 作为说明, 我们在例 5.4 中, 对 IBM 交易的持续期拟合的 WACD(1,1) 模型的标准化新息, 利用第 4 章中讨论的一些非线性检验, 可参见方程 (5.43). 根据一个 AR(4) 模型, 在表 5-8 中的 (a) 部分给出检验结果. 正如从例 5-4 的模型诊断中预期的, Ori-F 检验显示标准化新息中没有二次非线性性. 然而, TAR-F 检验统计量却显示了很强的非线性性.

表 5-8 对 IBM 从 1990 年 11 月 1 日至 1990 年 11 月 7 日交易持续期的非线性检验 [a]

类型	Ori-F	TAR-$F(1)$	TAR-$F(2)$	TAR-$F(3)$	TAR-$F(4)$
(a) WACD(1,1) 模型的正态化新息					
检验	0.343	3.288	3.142	3.128	0.297
p 值	0.969	0.006	0.008	0.008	0.915
(b) 门限 WACD(1,1) 模型的正态化新息					
检验	0.163	0.746	1.899	1.752	0.270
p 值	0.998	0.589	0.091	0.119	0.929

a 只利用了日内持续期. TAR-F 检验括号内的数表示时间延迟.

根据表 5-8 的检验结果, 我们对 IBM 的日内持续期考虑一个两体制的门限持续期模型 (threshold duration model). 门限变量为 x_{t-1}(即一步延迟调整持续期). 门限值的估计为 3.79, 拟合的门限 WACD(1,1) 模型是 $x_i = \psi_i \varepsilon_i$, 其中

$$\psi_i = \begin{cases} 0.020 + 0.257x_{i-1} + 0.847\psi_{i-1}, \varepsilon_i \sim w(0.901), & \text{若} \quad x_{i-1} \leqslant 3.79, \\ 1.808 + 0.027x_{i-1} + 0.501\psi_{i-1}, \varepsilon_i \sim w(0.845), & \text{若} \quad x_{i-1} > 3.79, \end{cases} \tag{5.45}$$

这里 $w(\alpha)$ 表示参数为 α 的标准化韦布尔分布. 两种体制下观测值的数量分别为 2 503 和 1 030. 在方程 (5.45) 中, 第一个体制中参数的标准误差分别为 0.043, 0.041, 0.024 和 0.014; 而第二个体制中参数的标准差分别为 0.526, 0.020, 0.147 和 0.020.

考虑方程 (5.45) 表示的门限 WACD(1,1) 模型的标准化新息 $\hat{\varepsilon}_i = x_i/\hat{\psi}_i$, 得到 $\hat{\varepsilon}_i$ 的 $Q(12) = 9.8$, $Q(24) = 23.9$; $\hat{\varepsilon}_i^2$ 的 $Q(12) = 8.0$, $Q(24) = 16.7$. 这样, $\hat{\varepsilon}_i$ 序列与 $\hat{\varepsilon}_i^2$ 序列之间均无显著的序列相关性. 而且, 对这个新的标准化新息序列 $\hat{\varepsilon}_i$, 应用前面同样的非线性检验, 我们没有检验出非线性, 结果见表 5-7b 部分. 因此, 方程 (5.45) 中的两体制 WACD(1,1) 模型是合适的.

如果我们将两体制分为大量交易与很少交易两个时期, 那么对 IBM 股票, 门限模型显示, 由日内交易持续期度量的交易动态性在大量交易与很少交易两个时期

是不同的 (即使在日内模式调整之后). 这并不令人惊奇, 因为市场活动经常是新的信息和其他信息的到达驱动的.

方程 (5.45) 估计出的门限 WACD(1,1) 模型包含一些不显著的参数, 我们将模型提炼得到如下结果

$$\psi_i = \begin{cases} 0.225x_{i-1} + 0.867\psi_{i-1}, \varepsilon_i \sim w(0.902), & \text{若} \quad x_{i-1} \leqslant 3.79, \\ 1.618 + 0.614\psi_{i-1}, \varepsilon_i \sim w(0.846), & \text{若} \quad x_{i-1} > 3.79. \end{cases}$$

提炼出的模型的参数估计都是高度显著的. 标准化的新息 $\hat{\varepsilon}_i = x_i/\hat{\psi}_i$ 的 L-B 统计量显示 $Q(10) = 5.91(0.82)$, $Q(20) = 16.04(0.71)$; $\hat{\varepsilon}_i^2$ 的 L-B 统计量显示 $Q(10) = 5.35(0.87)$, $Q(20) = 15.20(0.76)$, 这里括号内的数字是 p 值. 因此, 提炼出的模型是合适的. 用来估计前述模型的 RATS 程序在附录 C 中给出.

5.7 价格变化和持续期的二元模型

本节引入一个考虑了价格变化和相应持续期的联合过程的模型. 如前所述, 许多股票的日内交易是无价格变化的、那些交易与交易强度高度相关, 但它们不包含关于价格运动的直接信息. 因此, 为了简化价格变化建模中的复杂性, 我们集中讨论导致价格变化的交易, 并考虑同时描述价格变化和相应时间持续期的多元动态性的价格变化与持续期 (price change and duration, 简称为 PCD) 模型.

继续利用 5.6 节中记号, 但是定义改为价格变化的交易. 令 t_i 是资产在第 i 次价格变化的日历时间. 同前面一样, t_i 是从一个交易日的午夜开始以秒为单位测量的. 令 P_{t_i} 表示第 i 次价格发生变化时的交易价格, $\Delta t_i = t_i - t_{i-1}$ 是价格变化的时间持续期. 另外, 令 N_i 表示时间间隔 (t_{i-1}, t_i) 中无价格变化时的交易数量. 这个新变量被用来表示无价格变化期间的交易强度. 最后, 令 D_i 表示第 i 次价格变化的方向. 当价格上升时, $D_i = 1$; 当价格下降时, $D_i = -1$. 令 S_i 表示以最小价位变动单位测量的第 i 次变化的大小. 在新的定义下, 股票价格随时间的变化为

$$P_{t_i} = P_{t_{i-1}} + D_i S_i, \tag{5.46}$$

对第 i 次价格变化的交易数据包括 $\{\Delta t_i, N_i, D_i, S_i\}$. PCD 模型关心的是对 $(\Delta t_i, N_i, D_i, S_i)$ 的联合分析.

注释 集中于与价格变化相联系的交易可以大大地降低样本的大小. 例如, 考虑 IBM 股票从 1990 年 11 月 1 日至 1991 年 1 月 31 日的日内数据, 共有 60 265 个日内交易, 但是它们中只有 19 022 个引起了价格变化. 另外, 价格变化的时间持续期中没有日内模式. □

为了解释所有交易的价格运动与只跟价格变化相关的交易的价格运动之间的关系, 我们考虑 IBM 股票在 1990 年 11 月 21 日的日内交易. 在这一天的正常交易

时间, 有 726 个交易, 只有 195 个交易引起了价格变化. 图 5-16 显示了两种情况下价格序列的时间图. 正如所预期的, 价格序列是相同的.

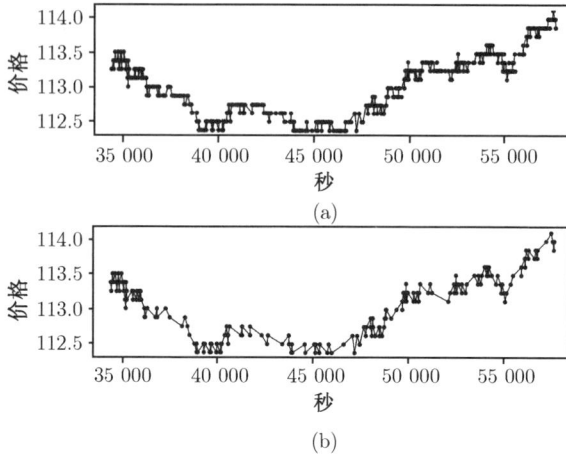

(a)

(b)

图 5-16　IBM 股票在 1990 年 11 月 21 日的日内交易价格的时间图:
(a) 所有交易; (b) 导致价格变化的交易

在给定 F_{i-1} 的条件下, PCD 模型将 $(\Delta t_i, N_i, D_i, S_i)$ 的联合分布分解为

$$f(\Delta t_i, N_i, D_i, S_i | F_{i-1})$$
$$= f(S_i | D_i, N_i, \Delta t_i, F_{i-1}) f(D_i | N_i, \Delta t_i, F_{i-1}) f(N_i | \Delta t_i, F_{i-1}) f(\Delta t_i | F_{i-1}). \quad (5.47)$$

这个分解使得我们能够对条件分布指定合适的经济计量模型, 从而简化建模的任务. 有许多方式对条件分布指定模型, 一个恰当的指定可能依赖于所研究的资产. 这里我们采用 McCulloch 和 Tsay (2000) 使用的指定. 他们对离散取值的变量采用广义的线性模型, 对连续取值的变量 $\ln(\Delta t_i)$ 采用了一个时间序列模型.

对价格变化之间的时间持续期, 我们采用的模型为

$$\ln(\Delta t_i) = \beta_0 + \beta_1 \ln(\Delta t_{i-1}) + \beta_2 S_{i-1} + \sigma \varepsilon_i, \quad (5.48)$$

其中 σ 是正数, $\{\varepsilon_i\}$ 是独立同分布, 服从 $N(0,1)$ 的随机变量序列. 这是关于延迟变量的多元线性回归模型. 如果有必要, 可以在模型中加入其他的解释变量. 为了确保时间持续期为正, 我们利用了对数变换.

N_i 的条件模型又被进一步分解为两部分, 因为经验数据显示 N_i 集中在 0 点. N_i 模型的第一部分为 logit 模型

$$p(N_i = 0 | \Delta t_i, F_{i-1}) = \log it[\alpha_0 + \alpha_1 \ln(\Delta t_i)], \quad (5.49)$$

其中 $\log it(x) = \exp(x)/[1 + \exp(x)]$, 而模型的第二部分为

$$N_i | (N_i > 0, \Delta t_i, F_{i-1}) \sim 1 + g(\lambda_i), \quad \lambda_i = \frac{\exp[\gamma_0 + \gamma_1 \ln(\Delta t_i)]}{1 + \exp[\gamma_0 + \gamma_1 \ln(\Delta t_i)]}, \quad (5.50)$$

其中 $\sim$ 的意思是 "服从的分布为", $g(\lambda)$ 表示参数为 λ 的几何分布, 即 λ 在区间 $(0,1)$ 上取值.

方向 D_i 的模型为

$$D_i|(N_i, \Delta t_i, F_{i-1}) = \text{sign}(\mu_i + \sigma_i \varepsilon), \qquad (5.51)$$

其中 ε 为服从 $N(0,1)$ 的随机变量, 而且

$$\mu_i = \omega_0 + \omega_1 D_{i-1} + \omega_2 \ln(\Delta t_i),$$

$$\ln(\sigma_i) = \beta \left| \sum_{j=1}^{4} D_{i-j} \right| = \beta \left| D_{i-1} + D_{i-2} + D_{i-3} + D_{i-4} \right|.$$

换句话说, D_i 是由均值为 μ_i、方差为 σ_i^2 的正态随机变量控制的. 上述模型的特殊特征是函数 $\ln(\sigma_i)$. 对于日内交易, 一个关键的性质是两个连续价格变化之间的价格逆转. 这个性质是通过在均值方程中 D_i 对 D_{i-1} 的依赖允许 ω_1 为负值来建模的. 然而, 价格运动中存在很少的局部趋势. 当过去的数据呈现出局部趋势时, 上述的方差方程通过增加价格运动方向的不确定性来允许这样的局部趋势存在于模型中. 对于一个有固定均值的正态分布, 增加方差使得一个随机移动有同样的机会取正值或负值. 这又增加了序列全部为正的移动与全部为负的移动的机会. 这样一个序列就产生了价格运动的局部趋势.

为了允许正负价格运动之间的不同动态性, 我们对价格变化的大小采用不同的模型. 具体来讲, 我们有

$$S_i|(D_i = -1, N_i, \Delta t_i, F_{i-1}) \sim p(\lambda_{d,i}) + 1,$$

$$\ln(\lambda_{d,i}) = \eta_{d,0} + \eta_{d,1} N_i + \eta_{d,2} \ln(\Delta t_i) + \eta_{d,3} S_{i-1} \qquad (5.52)$$

$$S_i|(D_i = 1, N_i, \Delta t_i, F_{i-1}) \sim p(\lambda_{u,i}) + 1, \quad \ln(\lambda_{u,i})$$

$$= \eta_{u,0} + \eta_{u,1} N_i + \eta_{u,2} \ln(\Delta t_i) + \eta_{u,3} S_{i-1}, \qquad (5.53)$$

其中 $p(\lambda)$ 表示参数为 λ 的泊松分布. 在大小中加入 1 是因为当价格变化时最小的大小为 1 个最小价位变动单位.

方程 (5.48)~(5.53) 中指定的模型可以通过最大似然方法或 MCMC 方法来联合估计. 根据方程 (5.47), 这些模型包含了 6 个可以单独估计的条件模型.

例 5.5 考虑 IBM 股票在 1990 年 11 月 21 日的日交易. 在正常的交易时间有 194 个价格变化. 图 5-17 给出了 $\ln(\Delta t_i)$, N_i, D_i 和 S_i 的直方图. D_i 的数据在 "上升" 与 "下降" 运动中大约是平等分布的. 只有极少数交易导致了大于 1 个价位变动单位的价格变化. 事实上, 有 7 个具有 2 个价位变动单位的变化; 有 1 个具有 3 个价位变动单位的变化. 利用 MCMC 方法 (详见第 12 章), 我们对数据得到下面的

模型. 描述的估计及其标准差是 9500 次迭代中 MCMC 抽取的后验均值和标准差.
价格变化的时间持续期模型为

$$\ln(\Delta t_i) = 4.023 + 0.032\ln(\Delta t_{i-1}) - 0.025S_{i-1} + 1.403\varepsilon_i,$$

其中系数的标准差分别为 0.415, 0.073, 0.384 和 0.073. 拟合的模型显示在时间持续
期中没有动态相依性. 对变量 N_i, 我们有

$$\Pr(N_i > 0|\Delta t_i, F_{i-1}) = \log \mathrm{it}[-0.637 + 1.740\ln(\Delta t_i)],$$

其中估计的标准差分别为 0.238 和 0.248. 这样, 在时间间隔 (t_{i-1}, t_i) 上无价格变
化的交易数量正向依赖于间隔的长度. 当 $N_i > 0$ 时, 其大小为

$$N_i|(N_i > 0, \Delta t_i, F_{i-1}) \sim 1 + g(\lambda_i), \quad \lambda_i = \frac{\exp[0.178 - 0.910\ln(\Delta t_i)]}{1 + \exp[0.178 - 0.910\ln(\Delta t_i)]},$$

其中估计的标准差分别为 0.246 和 0.138. $\ln(\Delta t_i)$ 的显著的负系数意味着 N_i 与持
续期 Δt_i 的长度是正相关的. 因为大的 $\ln(\Delta t_i)$ 预示着一个小的 λ_i, 从而隐含了 N_i
以更高的概率取大的值. 可以参见方程 (5.27) 中的几何分布.

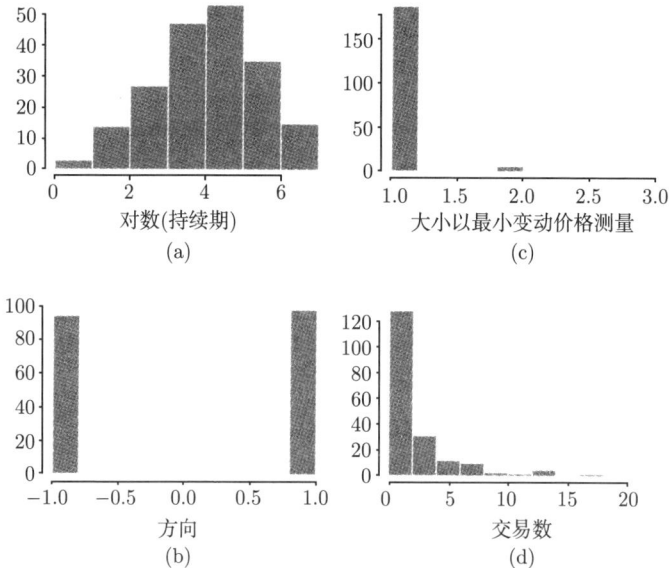

图 5-17　IBM 股票在 1990 年 11 月 21 日的日内交易数据的直方图: (a) 价格变化间的
　　　　对数持续期; (b) 价格变动的方向; (c) 以最小变动价位测量的价格变化的大小;
　　　　(d) 无价格变化的交易个数

对 D_i 拟合的模型为

$$\mu_i = 0.049 - 0.840D_{i-1} - 0.004\ln(\Delta t_i),$$

$$\ln(\sigma_i) = 0.244\,|D_{i-1} + D_{i-2} + D_{i-3} + D_{i-4}|,$$

其中均值方程中参数的标准差分别为 0.129, 0.132 和 0.082, 而方差方程中参数的标准差为 0.182. 价格逆转可以从 D_{i-1} 的高度显著的负系数中清楚地显示出来. 方差方程的边际显著参数也正好是所期望的. 最后, 对价格变化大小的拟合模型为

$$\ln(\lambda_{d,i}) = 1.024 - 0.327N_i + 0.412\ln(\Delta t_i) - 4.47S_{i-1},$$

$$\ln(\lambda_{u,i}) = -3.683 - 1.542N_i + 0.419\ln(\Delta t_i) + 0.921S_{i-1},$$

其中 "下降大小" 参数的标准差分别为 3.350, 0.319, 0.599 和 3.188, 而 "上升大小" 的参数的标准差分别为 1.734, 0.976, 0.453 和 1.459. 上述两个方程令人感兴趣的地方是 N_i 的系数的估计值为负数. 一个大 N_i 意味着在时间间隔 (t_{i-1}, t_i) 中有更多的交易没有价格变化, 这可以看做是时间间隔 (t_{i-1}, t_i) 中没有可以利用的新信息的证据. 因此, t_i 时刻价格变化的大小应该比较小. 泊松分布中的小 $\lambda_{u,i}$ 与 $\lambda_{d,i}$ 精确地说明了这一点.

总之, 假定给定某天的 194 个观测值样本可能不包含关于 IBM 股票交易动态的充分信息, 但是拟合的模型看上去提供了一些合理的结果. McCulloch 和 Tsay (2000) 把 PCD 模型扩展到一个分级结构框架, 来处理从 1990 年 11 月 1 日至 1991 年 1 月 31 日之间的所有 63 个交易日的数据. 有超过 19 000 个观测值, 许多参数估计在这个扩展模型中都是显著的. 例如, 在时间持续期模型中, $\ln(\Delta t_{i-1})$ 的系数的全部估计从 0.04 到 0.1 变化. 尽管这种变化比较小但是很显著.

最后, 利用交易数据来检验微观结构理论通常需要仔细地指定所用变量. 它也要求对市场运作的方式与数据收集有更深刻的理解. 然而, 本章中讨论的计量经济模型的思想很有用, 并且它已在高频数据分析中得到广泛应用.

5.8　应　　用

我们将在本节把 ACD 模型应用于股票波动率建模中. 考虑从 1999 年 1 月 4 日到 2007 年 11 月 20 日苹果公司股票价格对数的日极差, 可以从雅虎金融得到这些数据, 共有 2235 个观察值. Tsay(2009) 分析了这个序列. 在文献中使用日价格对数极差作为波动率建模的稳健性选择, 见第 3 章和 Chou(2003) 以及其中的参考文献. 在样本期间内, 苹果股票分别在 2000 年 6 月 21 日和 2005 年 2 月 28 日进行了两次一分为二的股票拆细, 因为我们使用价格对数的日极差, 所以不需要对股票拆细进行调整. 如前面提到的那样, 2001 年 1 月 29 日, 美国市场的股票价格的报价单位从 $\frac{1}{16}$ 美元变为十进制, 这样一个改变影响了股票价格的买卖价差. 我们采用干预分析的方法研究这样一个政策变化对股票波动率的影响.

价格对数极差的样本均值、标准差、最小值和最大值分别为 0.040 7、0.021 8、0.006 8 和 0.146 8. 样本偏度和超额峰度分别为 1.3 和 2.13. 图 5-18a 为极差序列的

时间图. 从 2000 年到 2001 年看起来波动率在增加, 2002 年后, 波动率减少并达到稳定水平. 在序列的末端, 看起来波动率有点增加. 图 5-19a 为日极差序列的样本 ACF. 样本 ACF 非常显著并且下降缓慢.

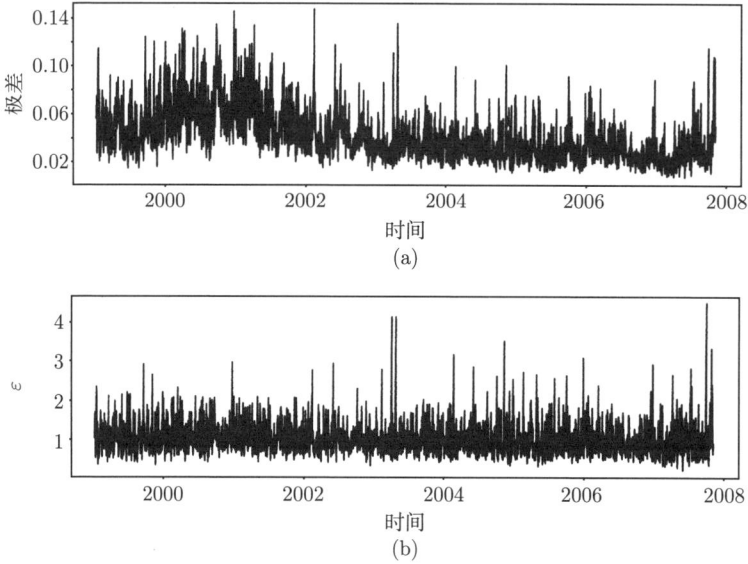

(a)

(b)

图 5-18   1999 年 1 月 4 日到 2007 年 11 月 20 日苹果股票价格对数日极差时间图. (a) 观察到的日极差; (b) GACD(1, 1) 模型的标准化残差

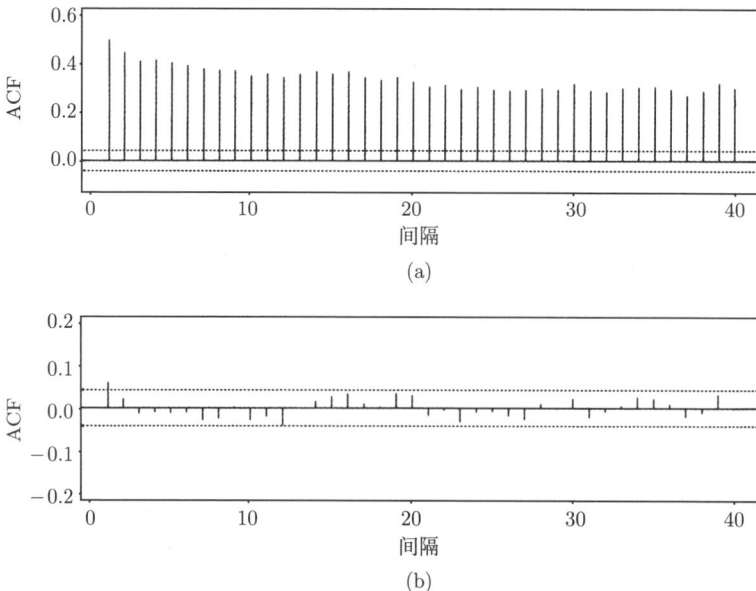

(a)

(b)

图 5-19   1999 年 1 月 4 日到 2007 年 11 月 20 日苹果股票价格对数日极差的样本自相关函数图. (a) 日极差的 ACF; (b) GACD(1, 1) 模型的标准化残差序列的 ACF

我们分别使用建立日极差序列的 EACD(1, 1)、WACD(1, 1) 和 GACD(1, 1) 拟合模型. 表 5-9 给出了估计结果以及标准化残差序列和残差平方过程的 Ljung-box 统计量. 对所有 3 个模型来说, 除了 EACD 模型的常数项外, 持续期方程的参数估计值都是稳定的, 而 EACD 模型的常数项在通常的 5% 水平上统计不显著. 确实, 在这个具体的例子中, EACD(1, 1) 模型比其他两个 ACD 模型表现稍差. 在 WACD(1, 1) 模型和 GACD(1, 1) 模型之间, 我们稍微偏好 GACD(1, 1) 模型, 这是因为该模型数据拟合更好并且该模型更为灵活.

表 5-9　1999 年 1 月 4 日到 2007 年 11 月 20 日苹果股票价格对数的日极差的 EACD(1, 1)、WACD(1, 1) 和 GACD(1, 1) 模型估计结果 [a]

模型	参数					检验	
	α_0	α_1	β_1	α	κ	$Q(10)$	$Q^*(10)$
EACD	0.0007	0.133	0.849			16.65	12.12
	(0.0005)	(0.036)	(0.044)			(0.082)	(0.277)
WACD	0.0013	0.131	0.835	2.377		13.66	9.74
	(0.0003)	(0.015)	(0.021)	(0.031)		(0.189)	(0.464)
GACD	0.0010	0.133	0.843	1.622	2.104	14.62	11.21
	(0.002)	(0.015)	(0.019)	(0.029)	(0.040)	(0.147)	(0.341)

a 括号中的数值为估计值的标准误差和 Ljung-Box 统计量的 p 值, 其中 $Q(10)$ 和 $Q^*(10)$ 分别表示标准化残差序列和残差平方过程.

图 5-19b 显示了拟合得到的 GACD(1, 1) 模型标准化残差的样本 ACF. 从该图可以看出标准化残差不存在显著的序列相关, 尽管间隔为 1 的样本 ACF 比两个标准误差的上限值稍大. 当我们稍后使用非线性 ACD 模型时, 消除了间隔为 1 的序列相关性. 图 5-18b 显示了 GACD(1, 1) 模型标准化残差时间图. 残差并没有显示出任何模型不合适的迹象. 标准化残差的均值、标准差、最小值和最大值分别为 0.203、4.497、0.999 和 0.436.

我们发现一个有趣的现象, 就是对模型 WACD(1, 1) 和 GACD(1, 1) 来说, 形状参数 α 的估计值都大于 1, 这表明日极差的危险率函数单调递增. 这与波动率聚集的观点是一致的, 波动率聚集就是一个大的波动率往往接着另一个大的波动率.

门限 ACD 模型

为了改进苹果股票价格对数的日极差的模型 GACD(1, 1), 我们采用两体制门限 WACD(1, 1) 模型. 门限 WACD 模型的初步分析表明, 在两个体制之间参数估计值的主要差别在于韦布尔分布的形状参数. 因此, 我们集中考虑两个体制形状参数不同的 TWACD(2; 1, 1) 模型.

表 5-10 给出了 TWACD(2; 1, 1) 模型的最大对数似然值, 其中时滞 $d = 1$、门限 $r \in \{x_{(q)} \mid q = 60, 65, \cdots, 95\}$, 这里 $x_{(q)}$ 为样本第 q 个百分位数. 根据表 5-10 选

择门限 0.04753, 这是数据的第 70 个百分位数. 拟合模型为

$$x_i = \psi_i \varepsilon_i, \qquad \psi_i = 0.0013 + 0.1539 x_{i-1} + 0.8131 \psi_{i-1},$$

其中系数的标准误差分别为 0.0003、0.0164 和 0.0215, ε_i 遵循如下的标准化韦布尔分布

$$\varepsilon_i \sim \begin{cases} W(2.2756) & \text{若 } x_{i-1} \leqslant 0.04753, \\ W(2.7119) & \text{否则}, \end{cases}$$

其中两个形状参数的标准误差分别为 0.0394 和 0.0717.

表 5-10　从 1999 年 1 月 4 日到 2007 年 11 月 20 日苹果股票价格对数的日极差 TWACD(2; 1, 1) 模型的门限选择 [a]

分位数	60	65	70	75	80	85	90	95
$r \times 100$	4.03	4.37	4.75	5.15	5.58	6.16	7.07	8.47
$l(r) \times 10^3$	6.073	6.076	6.079	6.076	6.078	6.074	6.072	6.066

　　a 门限变量为 x_{i-1}.

　　图 5-20a 为拟合得到的 TWACD(2; 1 1) 的条件期望持续期的时序图, 条件期望持续期就是 ψ_i, 而图 5-20b 为拟合模型的残差 ACF. 所有残差 ACF 都落在两个标准误差之内. 事实上, 对于标准化的残差, 我们有 $Q(1) = 4.01(0.05)$ 和 $Q(10) = 9.84(0.45)$, 对于标准化残差的平方序列, 我们有 $Q^*(1) = 0.83(0.36)$ 和 $Q^*(10) = 9.35(0.50)$, 其中圆括号中的数表示 p 值. 注意到门限变量 x_{i-1} 也是根据对数似然函数的值选取的. 例如, 假设对于 $d = 2$ 和 3, TWACD(2; 1, 1) 模型的对数似然函数的值分别为 6.069×10^3 和 6.070×10^3, 而门限为 0.04756. 这些值都比 $d = 1$ 时的值小.

干预分析

　　高频金融数据经常受到外部事件的影响, 例如, 美国联邦公开市场委员会升高或降低利率, 或石油价格的突然上升. 在金融中使用 ACD 模型时经常面临外部干预问题. 为了处理外部事件的影响, 可以使用 Box 和 Tian(1975) 的干预分析. 这里, 我们把这种分析方法应用到苹果股票的日极差序列来研究报价单位变化对股票波动率的影响.

　　令 t_o 为干预时间. 对于苹果股票来说, $t_o = 522$ 对应于 2001 年 1 月 26 日, 即报价单位变化前最后一个交易日. 由于样本中的多数数据都是干预后的数据, 因此, 我们定义如下的指标变量

$$I_i^{(t_o)} = \begin{cases} 1 & \text{若 } i \leqslant t_o, \\ 0 & \text{否则}, \end{cases}$$

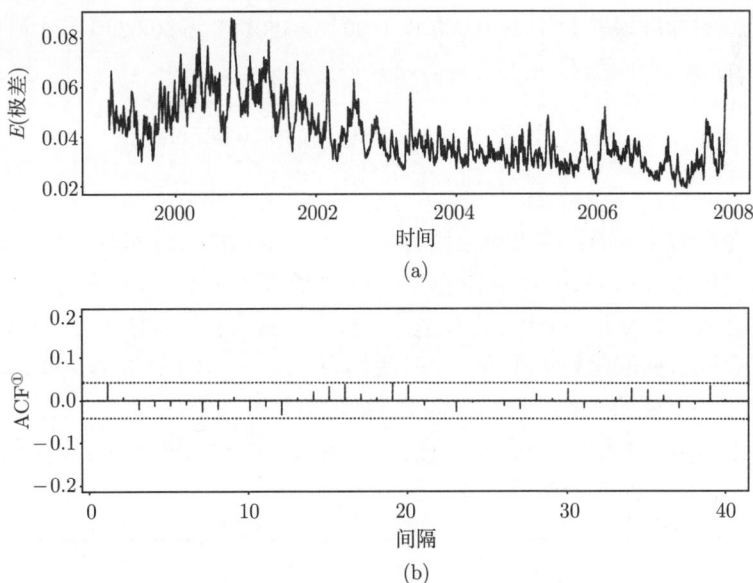

图 5-20 从 1999 年 1 月 4 日到 2007 年 11 月 20 日苹果股票价格对数日极差的模型拟合图. (a) 拟合 TWACD(2; 1, 1) 模型持续期的条件期望观察值; (b) 标准化残差的样本 ACF

表示出现干预. 因为更大的报价单位往往会增加观察到的日价格极差, 所以假设在干预前极差的条件期望会更高是合理的. 于是, 苹果股票日极差的一个简单干预模型如下:

$$x_i = \psi_i \begin{cases} \varepsilon_{1i} & \text{若 } x_{i-1} \leqslant 0.047\,53, \\ \varepsilon_{2i} & \text{否则,} \end{cases}$$

其中 ψ_i 遵循模型

$$\psi_i = \alpha_0 \ + \ \gamma I_i^{(t_o)} \ + \ \alpha_1 x_{i-1} \ + \ \beta_1 \psi_{i-1}, \tag{5.54}$$

其中 γ 表示由于股票价格报价单位改为十进制引起的持续期期望的减少值. 换言之就是在干预前和干预后持续期的期望值分别为

$$\frac{\alpha_0 + \gamma}{1 - \alpha_1 - \beta_1} \quad \text{和} \quad \frac{\alpha_0}{1 - \alpha_1 - \beta_1},$$

我们预期 $\gamma > 0$.

对干预模型来说, 拟合的持续期方程为

$$\psi_i = 0.002\,1 + 0.001\,1I_i^{(522)} + 0.159\,5x_{i-1} + 0.782\,8\psi_{i-1},$$

---

① 原文为 r0$acf. —— 译者注

其中估计值的标准误差分别为 0.000 4、0.000 3、0.017 7 和 0.026 4. 估计值 $\hat\gamma$ 在 1% 水平上显著. 对于新息, 我们有:

$$\varepsilon_i \sim \begin{cases} W(2.283\,5) & \text{如果 } x_{i-1} \leqslant 0.047\,53, \\ W(2.732\,2) & \text{否则}. \end{cases}$$

两个形状参数估计值的标准误差分别为 0.041 3 和 0.078 0. 图 5-21a 为干预模型的持续期的期望值, 图 5-21b 为标准化残差的 ACF. 所有残差 ACF 都落在两个标准误差限度之内. 事实上, 对于标准化残差, 我们有 $Q(1) = 2.37(0.12)$ 和 $Q(10) = 6.24(0.79)$; 对于标准化残差平方序列, 我们有 $Q^*(1) = 0.34(0.56)$ 和 $Q^*(10) = 6.79(0.75)$. 和预期的一致, $\hat\gamma > 0$, 因此, 报价单位改为十进制确实减少日极差的期望值. 这个简单分析表明, 和预期的一致, 采用十进制系统减少了苹果股票的波动率.

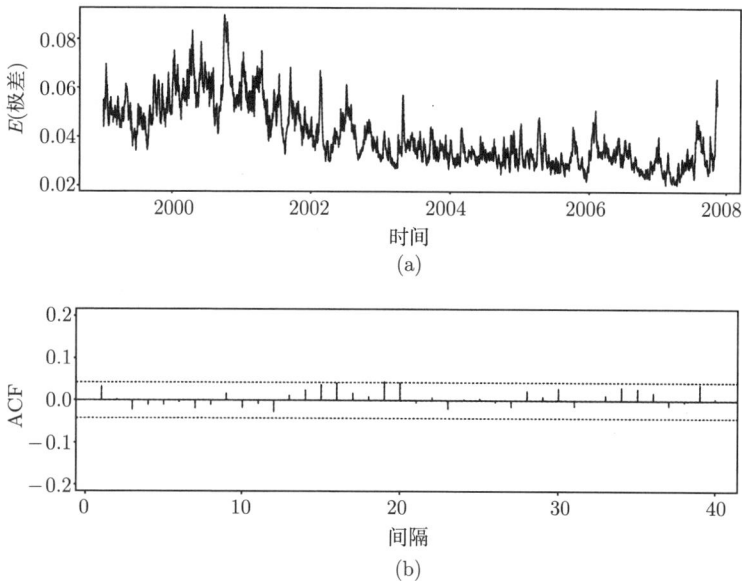

图 5-21 从 1999 年 1 月 4 日到 2007 年 11 月 20 日苹果股票价格对数日极差的模型拟合图. (a) 具有干预影响的拟合 TWACD(2; 1, 1) 模型的持续期的条件期望; (b) 相应的标准化残差的样本 ACF

附录 A 一些概率分布的回顾

指数分布

称随机变量 X 服从参数为 $\beta(\beta > 0)$ 的指数分布, 如果其概率密度函数 (probability density function, 以下简记为 pdf) 由下式给出

$$f(x|\beta) = \begin{cases} \dfrac{1}{\beta}\mathrm{e}^{-x/\beta}, & \text{若 } x \geqslant 0, \\ \\ 0, & \text{否则.} \end{cases}$$

这样一个分布表示为 $X \sim \exp(\beta)$. 我们有 $\mathrm{E}(X) = \beta$, $\mathrm{Var}(X) = \beta^2$. X 的累积分布函数 (Cumulative distribution function, 以下简称为 cdf) 为

$$F(x|\beta) = \begin{cases} 0, & \text{若 } x < 0, \\ 1 - \mathrm{e}^{-x/\beta}, & \text{若 } x \geqslant 0. \end{cases}$$

当 $\beta = 1$ 时, 称 X 服从标准指数分布.

伽玛函数

对于 $\kappa > 0$, 伽玛函数 $\Gamma(\kappa)$ 定义为

$$\Gamma(\kappa) = \int_0^\infty x^{k-1}\mathrm{e}^{-x}\mathrm{d}x.$$

伽玛函数最重要的性质为:

(1) 对任意的 $\kappa > 1$, $\Gamma(\kappa) = (\kappa - 1)\Gamma(\kappa - 1)$;

(2) 对任何正整数值 m, $\Gamma(m) = (m - 1)!$;

(3) $\Gamma(\frac{1}{2}) = \sqrt{\pi}$.

积分

$$\Gamma(y|\kappa) = \int_0^y x^{\kappa-1}\mathrm{e}^{-x}\mathrm{d}x, \quad y > 0$$

是一个不完全的伽玛函数, 它的值在文献中已用表列出. 估计不完全伽玛函数的计算机程序现在也是可以得到的.

伽玛分布

称随机变量 X 服从参数为 κ 和 $\beta(\kappa > 0, \beta > 0)$ 的伽玛分布, 如果其 pdf 由下式给出

$$f(x|\kappa, \beta) = \begin{cases} \dfrac{1}{\beta^\kappa \Gamma(\kappa)} x^{\kappa-1}\mathrm{e}^{-x/\beta}, & \text{若 } x \geqslant 0, \\ 0, & \text{否则.} \end{cases}$$

通过变量代换 $y = x/\beta$, 可以很容易得到 X 的各阶矩:

$$\begin{aligned} \mathrm{E}(X^m) &= \int_0^\infty x^m f(x|\kappa, \beta)\mathrm{d}x = \frac{1}{\beta^\kappa \Gamma(\kappa)} \int_0^\infty x^{\kappa+m-1}\mathrm{e}^{-x/\beta}\mathrm{d}x \\ &= \frac{\beta^m}{\Gamma(\kappa)} \int_0^\infty y^{\kappa+m-1}\mathrm{e}^{-y}\mathrm{d}y = \frac{\beta^m \Gamma(\kappa + m)}{\Gamma(\kappa)}. \end{aligned}$$

特别地, X 的均值、方差分别为 $\mathrm{E}(X) = \kappa\beta$, $\mathrm{Var}(X) = \kappa\beta^2$. 当 $\beta = 1$ 时, 该分布称为一个参数为 κ 的标准伽玛分布. 利用记号 $G \sim \mathrm{gamma}(\kappa)$ 表示 G 服从一个参数

为 κ 的标准伽玛分布. G 的各阶矩为

$$E(G^m) = \frac{\Gamma(\kappa + m)}{\Gamma(\kappa)}, \quad m > 0. \tag{5.55}$$

韦布尔分布

称一个随机变量 X 服从参数为 α、$\beta(\alpha > 0, \beta > 0)$ 的韦布尔分布, 如果其 pdf 为

$$f(x|\alpha, \beta) = \begin{cases} \dfrac{\alpha}{\beta^\alpha} x^{\alpha-1} \mathrm{e}^{-(x/\beta)^\alpha}, & 若 \quad x \geqslant 0, \\ 0, & 若 \quad x < 0, \end{cases}$$

这里 β 和 α 分别为分布的尺度参数和形状参数. X 的均值、方差分别为

$$E(X) = \beta\Gamma\left(1 + \frac{1}{\alpha}\right), \quad \mathrm{Var}(X) = \beta^2 \left\{ \Gamma\left(1 + \frac{2}{\alpha}\right) - \left[\Gamma\left(1 + \frac{1}{\alpha}\right)\right]^2 \right\}$$

X 的 cdf 为

$$F(x|\alpha, \beta) = \begin{cases} 0, & 若 \quad x < 0, \\ 1 - \mathrm{e}^{-(x/\beta)^\alpha}, & 若 \quad x \geqslant 0. \end{cases}$$

当 $\alpha = 1$ 时, 韦布尔分布简化为指数分布.

定义 $Y = X/[\beta\Gamma(1 + \frac{1}{\alpha})]$. 我们有 $\mathrm{E}(Y) = 1$, 而且 Y 的 pdf 为

$$f(y|\alpha) = \begin{cases} \alpha\left[\Gamma\left(1 + \dfrac{1}{\alpha}\right)\right]^\alpha y^{\alpha-1} \exp\left\{-\left[\Gamma\left(1 + \dfrac{1}{\alpha}\right)y\right]^\alpha\right\}, & 若 \quad y \geqslant 0, \\ 0, & 否则, \end{cases} \tag{5.56}$$

这里由于标准化, 所以尺度参数消失了. 标准化的韦布尔分布的 cdf 为

$$F(y|\alpha) = \begin{cases} 0, & 若 \quad y < 0, \\ 1 - \exp\left\{-\left[\Gamma\left(1 + \dfrac{1}{\alpha}\right)y\right]^\alpha\right\}, & 若 \quad y > 0, \end{cases}$$

并且我们有 $\mathrm{E}(Y) = 1$, $\mathrm{Var}(Y) = \Gamma(1 + \frac{2}{\alpha})/[\Gamma(1 + /\alpha)]^2 - 1$. 对于带韦布尔分布新息的持续期模型, 最大似然估计中利用的就是上述的 pdf.

广义伽玛分布

称随机变量 X 服从参数为 $\alpha, \beta, \kappa(\alpha > 0, \beta > 0, \kappa > 0)$ 的广义伽玛分布, 如果它的 pdf 由下式给出

$$f(x|\alpha, \beta, \kappa) = \begin{cases} \dfrac{\alpha x^{k\alpha-1}}{\beta^{k\alpha}\Gamma(\kappa)} \exp\left[-\left(\dfrac{x}{\beta}\right)^\alpha\right], & 若 \quad x \geqslant 0, \\ 0, & 否则, \end{cases}$$

其中 β 是尺度参数, α, κ 为形状参数. 这个分布可以写为

$$G = \left(\frac{X}{\beta}\right)^{\alpha},$$

这里 G 是参数为 κ 的标准伽玛随机变量. X 的 pdf 可以通过变量代换的方法由 G 得到. 类似地, X 的矩可以从方程 (5.54) 中 G 的矩得到.

$$\mathrm{E}(X^m) = \mathrm{E}[(\beta G^{1/\alpha})^m] = \beta^m \mathrm{E}(G^{m/\alpha}) = \beta^m \frac{\Gamma(\kappa + \frac{m}{\alpha})}{\Gamma(\kappa)} = \frac{\beta^m \Gamma(\kappa + \frac{m}{\alpha})}{\Gamma(\kappa)}.$$

当 $\kappa = 1$ 时, 广义伽玛分布简化为韦布尔分布. 这样, 指数分布和韦布尔分布都是广义伽玛分布的特殊情况.

广义伽玛分布的期望为 $\mathrm{E}(X) = \beta\Gamma(\kappa + \frac{1}{\alpha})/\Gamma(\kappa)$. 在持续期模型中, 我们需要一个带单位期望的分布. 因此, 定义随机变量 $Y = \lambda X/\beta$, 这里 $\lambda = \Gamma(\kappa)/\Gamma(\kappa + \frac{1}{\alpha})$, 则有 $\mathrm{E}(Y) = 1$, Y 的 pdf 为

$$f(y|\alpha, \kappa) = \begin{cases} \dfrac{\alpha y^{k\alpha - 1}}{\lambda^{k\alpha}\Gamma(\kappa)} \exp\left[-\left(\dfrac{y}{\lambda}\right)^{\alpha}\right], & \text{若} \quad y > 0, \\ 0, & \text{否则}, \end{cases} \tag{5.57}$$

这里 β 仍然是尺度参数, $\lambda = \Gamma(\kappa)/\Gamma(\kappa + \frac{1}{\alpha})$.

附录 B 危险率函数

对持续期建模时一个有用的概念是由分布函数隐含的危险率函数. 对随机变量 X, 生存函数定义为

$$S(x) \equiv P(X > x) = 1 - P(X \leqslant x) = 1 - \mathrm{CDF}(x), \quad x > 0,$$

这里给出了服从 X 分布的每个事物在时刻 t 生存的概率. X 的危险率函数(或强度函数) 定义为

$$h(x) = \frac{f(x)}{S(x)}, \tag{5.58}$$

其中 $f(\cdot)$ 和 $S(\cdot)$ 分别是 X 的 pdf 和生存函数.

例 5.6　对于参数为 α、β 的韦布尔分布, 生存函数与危险率函数分别为

$$S(x|\alpha, \beta) = \exp\left[-\left(\frac{x}{\beta}\right)^{\alpha}\right], \quad h(x|\alpha, \beta) = \frac{\alpha}{\beta^{\alpha}} x^{\alpha - 1}, \quad x > 0.$$

特别地, 当 $\alpha = 1$ 时, 我们有 $h(x|\beta) = 1/\beta$. 因此, 对于指数分布而言, 其危险率函数是常数, 对于韦布尔分布, 危险率函数是单调的. 如果 $\alpha > 1$, 那么危险率函数是单调递增的, 如果 $\alpha < 1$, 那么危险率函数是单调递减的. 对广义伽玛分布, 生存函

数以及危险率函数都涉及不完全伽玛函数. 然而危险率函数可以有各种不同的形状, 包括 U 型以及倒 U 型. 这样, 广义伽玛分布提供了对股票交易的持续期建模的一个灵活方法.

对标准化的韦布尔分布, 生存函数以及危险率函数为

$$S(y|\alpha) = \exp\left\{ -\left[\Gamma\left(1 + \frac{1}{\alpha}\right) y \right]^{\alpha} \right\},$$

$$h(y|\alpha) = \alpha \left[\Gamma\left(1 + \frac{1}{\alpha}\right) \right]^{\alpha} y^{\alpha-1}, \quad y > 0.$$

附录 C   对持续期模型的一些 RATS 程序

运用的数据是 IBM 股票从 1990 年 11 月 1 日至 11 月 9 日每日交易的调整后的时间持续期. 文件名为ibmlt05.txt, 共有 3 534 个观测.

估计 WACD(1,1) 模型的程序

```
all 0  3534:1
open data ibm1to5.txt
data(org=obs) / x r1
set psi = 1.0
nonlin a0 a1 b1 al
frml gvar = a0+a1*x(t-1)+b1*psi(t-1)
frml gma = %LNGAMMA(1.0+1.0/al)
frml gln =al*gma(t)+log(al)-log(x(t)) $
  +al*log(x(t)/(psi(t)=gvar(t)))-(exp(gma(t))*x(t)/psi(t))**al
smpl 2 3534
compute a0 = 0.2, a1 = 0.1, b1 = 0.1, al = 0.8
maximize(method=bhhh,recursive,iterations=150) gln
set fv = gvar(t)
set resid = x(t)/fv(t)
set residsq = resid(t)*resid(t)
cor(qstats,number=20,span=10) resid
cor(qstats,number=20,span=10) residsq
```

估计 GACD(1,1) 模型的程序

```
all 0  3534:1
open data ibm1to5.txt
data(org=obs) / x r1
set psi = 1.0
nonlin a0 a1 b1 al ka
frml cv = a0+a1*x(t-1)+b1*psi(t-1)
frml gma = %LNGAMMA(ka)
frml lam = exp(gma(t))/exp(%LNGAMMA(ka+(1.0/al)))
frml xlam = x(t)/(lam(t)*(psi(t)=cv(t)))
frml gln =-gma(t)+log(al/x(t))+ka*al*log(xlam(t))-(xlam(t))**al
```

```
smpl 2 3534
compute a0 = 0.238, a1 = 0.075, b1 = 0.857, al = 0.5, ka = 4.0
nlpar(criterion=value,cvcrit=0.00001)
maximize(method=bhhh,recursive,iterations=150) gln
set fv = cv(t)
set resid = x(t)/fv(t)
set residsq = resid(t)*resid(t)
cor(qstats,number=20,span=10) resid
cor(qstats,number=20,span=10) residsq
```

估计门限－ WACD(1,1) 模型的程序

指定的门限为 3.79

```
all 0 3534:1
open data ibm1to5.txt
data(org=obs) / x rt
set psi = 1.0
nonlin a1 a2 al b0 b2 bl
frml u = ((x(t-1)-3.79)/abs(x(t-1)-3.79)+1.0)/2.0
frml cp1 = a1*x(t-1)+a2*psi(t-1)
frml gma1 = %LNGAMMA(1.0+1.0/al)
frml cp2 = b0+b2*psi(t-1)
frml gma2 = %LNGAMMA(1.0+1.0/bl)
frml cp = cp1(t)*(1-u(t))+cp2(t)*u(t)
frml gln1 =al*gma1(t)+log(al)-log(x(t)) $
 +al*log(x(t)/(psi(t)=cp(t)))-(exp(gma1(t))*x(t)/psi(t))**al
frml gln2 =bl*gma2(t)+log(bl)-log(x(t)) $
 +bl*log(x(t)/(psi(t)=cp(t)))-(exp(gma2(t))*x(t)/psi(t))**bl
frml gln = gln1(t)*(1-u(t))+gln2(t)*u(t)
smpl 2 3534
compute a1 = 0.2, a2 = 0.85, al = 0.9
compute b0 = 1.8, b2 = 0.5, bl = 0.8
maximize(method=bhhh,recursive,iterations=150) gln
set fv = cp(t)
set resid = x(t)/fv(t)
set residsq = resid(t)*resid(t)
cor(qstats,number=20,span=10) resid
cor(qstats,number=20,span=10) residsq
```

练 习 题

5.1 令 r_t 为资产在 t 时刻的对数收益率. 假定 $\{r_t\}$ 是均值为 0.05、方差为 1.5 的高斯白噪声. 还假定在每个时间点交易发生的概率为 40%, 并且交易是否发生与 r_t 独立. 用 r_t^o 表示观测到的收益率. 问: r_t^o 是序列相关的吗? 如果回答是肯定的, 请计算 r_t^o 的前 3 步延迟自相关系数.

5.2 令 P_t 是观测到的资产的市场价格, 它通过方程 (5.9) 与资产的基本价值 P_t^* 相联系. 假定 $\Delta P_t^* = P_t^* - P_{t-1}^*$ 是一个均值为 0、方差为 1.0 的高斯白噪声序列, 并假定买卖报价差为 2 个最小变动价位. 问: 当最小变动价位是 1/8 美元时, 价格变化序列 $\Delta P_t = P_t - P_{t-1}$ 的一步延迟自相关系数是多少? 当最小变动价位是 1/16 美元时, 价格变化的一步延迟

自相关系数是多少?

5.3 文件ibm-d2-dur.txt包含了 IBM 股票 1990 年 11 月 2 日交易之间调整的持续期. 这个文件有 3 列, 含有天、从午夜开始以秒测量的交易时刻以及调整持续期.

(a) 对调整持续期建立一个 EACD 模型, 并检验拟合的模型.

(b) 对调整持续期建立一个 WACD 模型, 并检验拟合的模型.

(c) 对调整持续期建立一个 GACD 模型, 并检验拟合的模型.

(d) 比较前面的 3 个持续期模型.

5.4 文件mmm9912-dtp.txt包含了 3M 公司的股票在 1999 年 12 月的交易数据. 有 3 列: 这个月的天、从午夜开始以秒测量的交易时刻、交易价格. 排除了东部时间 4:00 以后发生的交易.

(a) 3M 股票交易具有日模式吗?你可以构造一个时间序列 n_t, 用它表示每 5 分钟时间间隔内的交易数量来回答这个问题.

(b) 利用价格序列来确认 3M 股票的日内交易中买卖报价弹性的存在性.

(c) 以最小变动价位 1/16 美元的倍数将价格变化的频率列表. 你可以将变化为最小变动价位的 5 倍或超过 5 倍的分成一类, 变化为最小变动价位的 −5 倍或超出 −5 倍的作为另一类.

5.5 再次考虑 3M 股票在 1999 年 12 月的交易数据.

(a) 利用此数据构造日内每 5 分钟的对数收益率序列, 利用每 5 分钟间隔内所有交易价格的简单平均作为这个间隔的股票价格. 问: 此序列是序列相关的吗?你可以利用样本自相关函数的前 10 步延迟值的 Ljung-Box 统计量来检验这个假设.

(b) 在正常的交易日共有 77 个每 5 分钟收益率. 某些研究者建议可以用日内的每 5 分钟收益率的平方和作为日波动率的一个度量. 采用这个方法, 并计算 3M 股票在 1999 年 12 月的对数收益率的日波动率. 讨论用这样的方法来估计日波动率的有效性.

5.6 文件mmm9912-adur.txt包含了 3M 股票在 1999 年 12 月调整的日交易持续期. 在一个交易日内有 39 个每 10 分钟的时间间隔. 令 d_i 为 1999 年 12 月所有的交易日内第 i 个 10 分钟间隔的所有对数持续期的平均. 定义调整的持续期为 $t_j / \exp(d_i)$, 其中 j 是在第 i 个 10 分钟间隔内. 注意到更多的方法可以用来调整交易持续期的日内模式. 这里我们仅仅使用局部平均.

(a) 在调整的持续期序列中有日模式吗?为什么?

(b) 利用指数新息对调整的序列构造一个持续期模型并检验拟合的模型.

(c) 利用韦布尔分布对调整的序列构造一个持续期模型并检验拟合的模型.

(d) 利用广义伽玛分布调整的序列构造一个持续期模型并检验拟合的模型.

(e) 比较并评论前面构造的 3 个持续期模型.

5.7 为了得到分析高频金融数据的经验, 考虑 GE 股票从 2003 年 12 月 1 日到 12 月 5 日的交易数据, 该数据包含在文件taq-t-ge-dec5.txt中. 文件有 5 大列: 小时, 分钟, 秒, 价格和交易量. 忽略正常交易时间之外的交易 (即美国东部时间上午 9: 30 到下午 4: 00), 对于每隔 5 分钟交易的数量建立一个时间序列. 在所构建的时间序列中有每日特征吗?为回答该问题, 你可以简单计算序列的样本 ACF. 交易数量在文件taq-ge-dec5-nt.txt.

5.8 再次考虑 GE 股票从 2008 年 12 月 1 日到 12 月 5 日的交易数据, 忽略正常交易时间之外的交易. 构建日内每隔 5 分钟交易的收益率序列. 注意到 5 分钟时间间隔 (例如从

9：30 到 9：35) 的股票价格为该时间间隔内最后一次交易的价格. 为简便, 忽略隔夜收益率. 每隔 5 分钟的收益率序列有序列相关性吗? 用延迟为 10 的 ACF 和 5%的显著性水平进行检验. 参见文件`taq-ge-dec5-5m.txt`.

5.9 考虑习题 5.8 中同样的问题, 但是用每 10 分钟间隔的数据. 参见文件`taq-ge-dec5-1om.txt`.

5.10 再次考虑 GE 股票的高频数据, 忽略正常交易时间之外的交易. 计算样本中两个连续交易没有价格变化的百分比.

参 考 文 献

Box, G. E. P. and Cox, D. R. (1964). An analysis of transformations (with discusions). *Journal of the Royal Statistical Society*, Series **B 26**: 211–246.

Box, G. E. P. and Tiao, G. C. (1975). Intervention analysis with applications to economic and environmental problems. *Journal of the American Statistical Association* **70**: 70–79.

Campbell, J. Y., Lo, A. W., and MacKinlay, A. C. (1997). *The Econometrics of Financial Markets*. Princeton University Press, Princeton, NJ.

Cho, D., Russell, J. R., Tiao, G. C., and Tsay, R. S. (2003). The magnet effect of price limits: Evidence from high frequency data on Taiwan stock exchange. *Journal of Empirical Finance* **10**: 133–168.

Chou, R. Y. (2005). Forecasting financial volatilities with extreme values: The conditional autoregressive range (CARR) model. *Journal of Money, Credit and Banking* **37**: 561–582.

Engle, R. F. and Russell, J. R. (1998). Autoregressive conditional duration: A new model for irregularly spaced transaction data. *Econometrica* **66**: 1127–1162.

Ghysels, E. (2000). Some econometric recipes for high-frequency data cooking. *Journal of Business and Economic Statistics* **18**: 154–163.

Hasbrouck, J. (1992). *Using the TORQ Database*. Stern School of Business, New York University, New York.

Hasbrouck, J. (1999). The dynamics of discrete bid and ask quotes. *Journal of Finance* **54**: 2109–2142.

Hauseman, J., Lo, A., and MacKinlay, C. (1992). An ordered probit analysis of transaction stock prices. *Journal of Financial Economics* **31**: 319–379.

Lo, A. and MacKinlay, A. C. (1990). An econometric analysis of nonsynchronous trading. *Journal of Econometrics* **45**: 181–212.

McCulloch, R. E. and Tsay, R. S. (2000). Nonlinearity in high frequency data and hierarchical models. *Studies in Nonlinear Dynamics and Econometrics* **5**: 1–17.

Roll, R. (1984). A simple implicit measure of the effective bid-ask spread in an efficient market. *Journal of Finance* **39**: 1127–1140.

Rydberg, T. H. and Shephard, N. (2003). Dynamics of trade-by-trade price movements: Decomposition and models. *Journal of Financial Econometrics* **1**: 2–25.

Stoll, H. and Whaley, R. (1990). Stock market structure and volatility. *Review of Financial Studies* **3**: 37–71.

Tsay, R. S. (2009). Autoregressive conditional duration models. In *Applied Econometrics, Palgrave Handbook of Econometrics*, Vol. 2, T. C. Mills and K. Patterson (eds.), Basingstoke, Hampshire, UK.

Wood, R. A. (2000). Market microstructure research databases: History and projections. *Journal of Business & Economic Statistics* **18**: 140–145.

Zhang, M. Y., Russell, J. R., and Tsay, R. S. (2001). A nonlinear autoregressive conditional duration model with applications to financial transaction data. *Journal of Econometrics* **104**: 179–207.

Zhang, M. Y., Russell, J. R., and Tsay, R. S. (2008). Determinants of bid and ask quotes and implications for the cost of trading. *Journal of Empirical Finance* **15**: 656–678.

第6章 连续时间模型及其应用

金融资产的价格随时间变化, 形成一个随机过程. 随机过程是用来描述一个随机变量随时间变化的统计术语. 观测到的价格是随机过程的一个实现. 随机过程的理论是对观测到的价格进行分析和作出统计推断的基础.

有两种随机过程模型可用来对资产价格建模. 第一种称为离散时间随机过程, 其中价格变化发生在离散的时间点上. 前面章节讨论的过程都属于此类型. 例如, 纽约证券交易所 IBM 股票的日收盘价就组成了一个离散时间的随机过程. 这里价格只在一个交易日的收盘时刻发生变化. 一个交易日内的价格运动不一定与观测到的日价格有关. 第二种类型是连续时间的随机过程, 尽管价格只在离散时间点上可以观测到, 但价格变化是连续的. 可以将价格认为是股票的 "真实价值". 它总是存在而且是时变的.

对两种类型的随机过程, 价格可以是连续的或者离散的. 一个连续的价格可以假定为任何正实数, 而一个离散价格只能假定为其可能取值构成的一个可数集合. 假定资产价格是一个连续时间的随机过程. 如果价格是一个连续的随机变量, 那么就有一个连续时间的连续过程. 如果价格本身是离散的, 那么我们有一个连续时间的离散过程. 对于离散时间过程也可以有类似的分类. 第 5 章中的价格变化序列是离散时间的离散过程的一个例子.

本章将资产价格看做是一个连续时间的连续随机过程. 我们的目的是引入对金融资产和价格运动建模需要的统计理论和工具. 本章的开始将介绍本章中使用的一些股票期权的技术. 在 6.2 节, 我们对布朗运动(Brownian motion) (也称为维纳过程 (Wiener process)) 作一个简要的介绍. 然后我们讨论了一些扩散方程以及随机方程, 包括著名的伊藤引理 (Ito lemma). 大多数期权定价公式是在资产价格服从一个扩散方程的假设下推导出来的. 我们利用 Black-Scholes 公式 (以下简称为 B-S 公式) 来表示这种推导. 最后, 为了处理稀有事件 (比如一个利润警告) 引起的价格变化, 我们也研究了一些简单的带跳跃的扩散模型.

如果资产价格服从一个扩散方程, 那么附随于资产的期权价格可以利用对冲 (hedging) 方法推导出来. 然而, 有跳跃的时候, 市场将变得不完全从而不存在完全的期权对冲. 此时期权的价格或者利用跳跃风险的分散性来估价, 或者定义一个风险的度量, 然后选择一个价格和对冲来最小化这个风险. 对于随机过程在衍生产品定价过程中的基本应用, 参见 Cox 和 Rubinstein(1985) 以及 Hull (2002).

6.1　期　　权

股票期权是一个金融契约. 它赋予持有者在特定的日期、以一个指定的价格交易一个指定的普通股票特定份额的权利. 它有两种类型. 看涨期权赋予持有者买某种标的资产的权利, 其正式的定义见第 3 章. 看跌期权赋予持有者卖某种标的资产的权利. 契约中指定的价格称为敲定价格或执行价格. 契约规定的日期称为到期日或截至日. 美式期权可以在到期日之前的任何时刻执行, 欧式期权只能在到期日执行.

股票期权的价值依赖于标的资产的价值. 令 K 表示敲定价格, P 是股价. 看涨期权当 $P > K$ 时, 赚钱; 当 $P = K$ 时, 不赔不赚; 当 $P < K$ 时, 赔钱. 看跌期权当 $P < K$ 时, 赚钱; 当 $P = K$ 时, 不赔不赚; 当 $P > K$ 时, 赔钱. 一般而言, 一个期权如果立即执行将对持有者导致正的现金流时则是赚钱的. 期权如果立即执行将对股票持有者导致负现金流时则是赔钱的. 最后, 期权如果立即执行将导致 0 现金流时是不赔不赚的. 显然, 只有赚钱的期权在实际中才会被执行. 要得到更多关于期权的信息, 参见 Hull (2002).

6.2　一些连续时间的随机过程

在数理统计中, 连续时间的连续随机过程定义在一个概率空间 $(\Omega, F, \mathbf{P})$ 上, 其中 Ω 是非空空间, F 是一个包含 Ω 的所有子集的 σ- 域, $\mathbf{P}$ 是概率测度. 具体可参见 Billingsley (1986) 的第 1 章. 过程可以写为 $\{x(\eta, t)\}$, 其中 t 表示时间并且在 $[0, \infty)$ 上连续. 对于给定的 t, $x(\eta, t)$ 是一个实值连续随机变量 (即从 Ω 到实直线上的一个映射), η 是 Ω 的元素. 对于资产在时刻 t 的价格, $x(\eta, t)$ 的取值范围是非负实数集. 对于一个给定的 η, $\{x(\eta, t)\}$ 是一个时间序列, 其值依赖于时刻 t. 为了简便, 我们将连续时间随机过程写为 $\{x_t\}$. 可以将其理解为, 对于给定的 t, x_t 是一个随机变量. 在文献中, 一些作者为了强调 t 是连续的, 运用 $x(t)$ 来代替 x_t. 然而我们利用相同的记号 x_t, 但是称它为一个连续时间随机过程.

6.2.1　维纳过程

在离散时间经济计量模型中, 我们假定 "抖动" 形成一个白噪声过程 (White noise process), 它是不可预测的. 连续时间模型中 "抖动" 的对应部分是什么? 答案是一个维纳过程(也称为标准布朗运动) 的增量. 有很多方式定义一个维纳过程 $\{w_t\}$. 我们利用与在时间上的小增量 Δt 相关的小变化 $\Delta w_t = w_{t+\Delta t} - w_t$ 的一个简单方法. 一个连续时间随机过程 $\{w_t\}$ 是一个维纳过程, 如果它满足:

(1) $\Delta w_t = \varepsilon \sqrt{\Delta t}$, 其中 ε 是一个标准正态随机变量;

(2) Δw_t 与 w_j 独立, 对于所有的 $j \leqslant t$.

第二个条件是一个马尔可夫性, 说明在当前值 w_t 的条件下, 该过程过去的任何新息 $w_j(j < t)$ 与将来值 $w_{t+l}(l > 0)$ 是不相关的. 由这个性质很容易看出, 对任意两个不相交的时间段 Δ_1 与 Δ_2, 增量 $w_{t_1+\Delta_1} - w_{t_1}$ 与增量 $w_{t_2+\Delta_2} - w_{t_2}$ 是独立的. 在金融中, 这个马尔可夫性与弱式有效市场是相关的.

由第一个条件, Δw_t 是均值为 0、方差为 Δt 的正态分布. 也就是说, $\Delta w_t \sim N(0, \Delta t)$, 这里 $\sim$ 表示概率分布. 下面考虑过程 w_t. 我们假定过程开始于 $t = 0$, 初始值为 w_0, 这个值是固定的, 而且通常设定为 0. 从而 $w_t - w_0$ 可以看做是许多微小增量的和. 更具体地讲, 定义 $T = \frac{t}{\Delta t}$, 这里 Δt 为一个很小的正增量, 则

$$w_t - w_0 = w_{T\Delta t} - w_0 = \sum_{i=1}^{T} \Delta w_i = \sum_{i=1}^{T} \varepsilon_i \sqrt{\Delta t},$$

其中 $\Delta w_i = w_{i\Delta t} - w_{(i-1)\Delta t}$. 因为 ε_i 是独立的, 所以我们有

$$\mathrm{E}(w_t - w_0) = 0, \quad \mathrm{Var}(w_t - w_0) = \sum_{i=1}^{T} \Delta t = T\Delta t = t.$$

这样, w_t 从 0 时刻到 t 时刻的增量是均值为 0、方差为 t 的正态分布. 规范地表示为, 对于维纳过程 w_t, 我们有 $w_t - w_0 \sim N(0, t)$. 这说明一个维纳过程的方差随带有时间区间长度的线性性质而增加.

图 6-1 给出的是单位时间区间 $[0, 1]$ 上 4 个模拟的维纳过程. 它们由在统计学文献中的 Donsker 定理的一个简单形式 (参见 Donsker (1951) 或 Bilingsley (1968)) 得到, 取 $n = 3000$. 这四幅图都开始于 $w_0 = 0$, 但是当时间递增时漂移分开, 说明维纳过程的方差随时间递增. 可以用一个从 $[0, 1)$ 到 $[0, \infty)$ 的一个简单的时间变换来得到 $t \in [0, \infty)$ 上模拟的维纳过程.

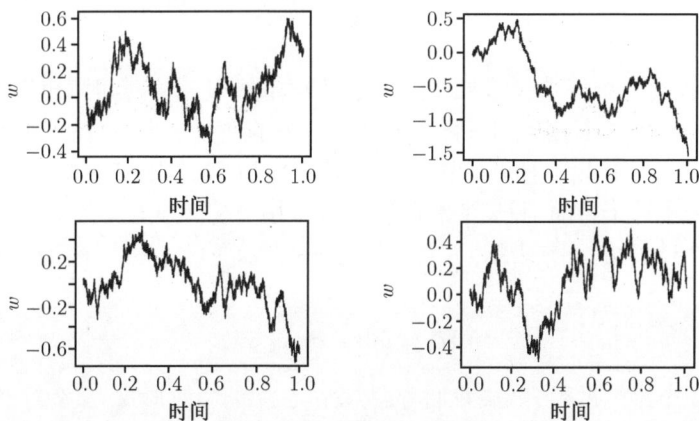

图 6-1 4 个模拟的维纳过程

Donsker 定理

假定 $\{z_i\}_{i=1}^n$ 是一个相互独立的标准正态随机变量的序列. 对于任意 $t \in [0,1]$, 令 $[nt]$ 表示 nt 的整数部分. 定义 $w_{n,t} = \frac{1}{\sqrt{n}} \sum_{i=1}^{[nt]} z_i$, 则当 n 趋于无穷时, $w_{n,t}$ 依分布收敛到一个在 $[0,1]$ 区间上的维纳过程 w_t.

产生维纳过程的 R 或 S-Plus 命令

```
n = 3000
epsi = rnorm(n, 0,1)
w = cumsum (epsi)/sqrt(n)
plot (w, type='1')
```

注释 1　概率空间 $(\Omega, F, \mathbf{P})$ 上的一个布朗运动 w_t 的正式定义为: 对于 $t \geqslant 0$, 它是一个具有独立平稳增量的实值连续随机过程. 换句话说, w_t 满足

(1) 连续性: 从 t 到 w_t 的映射关于概率测度 $\mathbf{P}$ 几乎处处连续;

(2) 独立增量: 如果 $s \leqslant t$, 则对于所有的 $v \leqslant s$, $w_t - w_s$ 与 w_v 独立;

(3) 平稳增量: 如果 $s \leqslant t$, 则 $w_t - w_s$ 与 $w_{t-s} - w_0$ 具有同样的概率分布.

可以说明增量 $w_t - w_s$ 的概率分布是均值为 $\mu(t-s)$、方差为 $\sigma^2(t-s)$ 的正态分布. 而且, 对于任意给定的时间指标 $0 \leqslant t_1 < t_2 < \cdots < t_k$, 随机向量 $(w_{t_1}, w_{t_2}, \cdots, w_{t_k})$ 服从一个多元正态分布. 最后, 如果 $w_0 = 0$ 几乎处处成立, $\mu = 0$ 且 $\sigma^2 = 1$, 则布朗运动是标准的. □

注释 2　布朗运动的一个重要性质是它们的路径几乎处处不可微. 换句话说, 对一个标准布朗运动 w_t, 对于 Ω 中除了满足 $\mathbf{P}(\Omega_1) = 0$ 的子集合 $\Omega_1 \subset \Omega$ 以外的所有元素 dw_t/dt 都是不存在的. 因此, 当考虑资产的时间价值时, 我们不能运用通常的积分求和来处理涉及一个标准布朗运动的积分, 必须寻求另外一种方法. 这就是下一节中讨论伊藤积分的目的. □

6.2.2　广义维纳过程

维纳过程是一个特殊的随机过程: 具有 0 漂移率以及有与时间间隔的长度成比例的方差. 这意味着期望的变化率为 0 而方差的变化率为 1. 在实践中, 随机过程的均值和方差可以以一种更加复杂的方式随时间演变, 因此需要随机过程的进一步一般化. 为了这个目的, 我们考虑期望漂移率为 μ, 方差变化率为 σ^2 的广义维纳过程. 将这个过程用 x_t 来表示, 并且用记号 dy 表示变量 y 的一个微小变化, 则 x_t 的模型为

$$dx_t = \mu dt + \sigma dw_t, \tag{6.1}$$

其中 w_t 是一个维纳过程. 如果我们考虑方程 (6.1) 的离散形式, 那么对于从 0 到 t 的增量为

$$x_t - x_0 = \mu t + \sigma \varepsilon \sqrt{t}$$

因此,

$$\mathrm{E}(x_t - x_0) = \mu t, \quad \mathrm{Var}(x_t - x_0) = \sigma^2 t.$$

结果说明 x_t 的增量对期望的增长率为 μ, 对方差的增长率为 σ^2. 在文献中, 方程 (6.1) 中的 μ 与 σ 称为广义维纳过程 x_t 的漂移参数和波动率参数.

6.2.3 伊藤过程

广义维纳过程的漂移参数和波动率参数都不随时间变化. 如果进一步扩展模型, 允许 μ 和 σ 是随机过程 x_t 的函数, 那么我们就有了一个伊藤过程. 具体来讲, 过程 x_t 是一个伊藤过程, 如果它满足

$$\mathrm{d}x_t = \mu(x_t, t)\mathrm{d}t + \sigma(x_t, t)\mathrm{d}w_t, \tag{6.2}$$

其中 w_t 是一个维纳过程. 这个过程在数理金融中起着很重要的作用, 可以写为

$$x_t = x_0 + \int_0^t \mu(x_s, s)\mathrm{d}s + \int_0^t \sigma(x_s, s)\mathrm{d}w_s,$$

其中 x_0 表示过程在 0 时刻的初始值, 右面的最后一项是一个随机积分. 方程 (6.2) 称为一个随机扩散方程, $\mu(x_t, t)$ 和 $\sigma(x_t, t)$ 分别是漂移函数和扩散函数.

维纳过程是一个特殊的伊藤过程, 因为它满足方程 (6.2) 中取 $\mu(x_t, t) = 0$ 且 $\sigma(x_t, t) = 1$ 的情形.

6.3　伊藤引理

金融中利用连续时间模型时, 通常假定资产的价格是一个伊藤过程. 因此, 为了导出金融衍生资产的价格, 需要利用伊藤积分. 本节主要回顾一下伊藤引理, 并将它看做是微积分中微分运算的自然推广. 伊藤引理是随机积分的基础.

6.3.1 微分回顾

令 $G(x)$ 表示 x 的可微函数. 利用泰勒展开, 我们有

$$\Delta G = G(x + \Delta x) - G(x) = \frac{\partial G}{\partial x}\Delta x + \frac{1}{2}\frac{\partial^2 G}{\partial x^2}(\Delta x)^2 + \frac{1}{6}\frac{\partial^3 G}{\partial x^3}(\Delta x)^3 + \cdots.$$

当 $\Delta x \to 0$ 时取极限, 并且忽略 Δx 的高阶项, 我们有

$$\mathrm{d}G = \frac{\partial G}{\partial x}\mathrm{d}x.$$

当 G 为 x 和 y 的函数时, 我们有

$$\Delta G = \frac{\partial G}{\partial x}\Delta x + \frac{\partial G}{\partial y}\Delta y + \frac{1}{2}\frac{\partial^2 G}{\partial x^2}(\Delta x)^2 + \frac{\partial^2 G}{\partial x \partial y}\Delta x \Delta y + \frac{1}{2}\frac{\partial^2 G}{\partial y^2}(\Delta y)^2 + \cdots.$$

当 $\Delta x \to 0$ 且 $\Delta y \to 0$ 时取极限, 我们有

$$\mathrm{d}G = \frac{\partial G}{\partial x}\mathrm{d}x + \frac{\partial G}{\partial y}\mathrm{d}y.$$

6.3.2　随机微分

下面转到考虑 G 为 x_t 和 t 的可微函数的情况, 其中 x_t 是一个伊藤过程. 泰勒展开变为

$$\Delta G = \frac{\partial G}{\partial x}\Delta x + \frac{\partial G}{\partial t}\Delta t + \frac{1}{2}\frac{\partial^2 G}{\partial x^2}(\Delta x)^2 + \frac{\partial^2 G}{\partial x \partial t}\Delta x \Delta t + \frac{1}{2}\frac{\partial^2 G}{\partial t^2}(\Delta t)^2 + \cdots. \quad (6.3)$$

伊藤过程的离散形式为

$$\Delta x = \mu \Delta t + \sigma \varepsilon \sqrt{\Delta t}, \quad (6.4)$$

这里为了简便, 我们省略了 μ 和 σ 的变元, 并记 $\Delta x = x_{t+\Delta t} - x_t$. 由方程 (6.4), 我们有

$$(\Delta x)^2 = \mu^2(\Delta t)^2 + \sigma^2 \varepsilon^2 \Delta t + 2\mu\sigma\varepsilon(\Delta t)^{3/2} = \sigma^2 \varepsilon^2 \Delta t + H(\Delta t), \quad (6.5)$$

其中 $H(\Delta t)$ 表示 Δt 的高阶项. 这个结果说明 $(\Delta x)^2$ 包含了与 Δt 同阶的项, 当我们对 $\Delta t \to 0$ 取极限时, 此项不能忽略. 然而, 方程 (6.5) 右面的第一项有一些好的性质:

$$\mathrm{E}(\sigma^2 \varepsilon^2 \Delta t) = \sigma^2 \Delta t,$$
$$\mathrm{Var}(\sigma^2 \varepsilon^2 \Delta t) = \mathrm{E}[\sigma^4 \varepsilon^4 (\Delta t)^2] - [\mathrm{E}(\sigma^2 \varepsilon^2 \Delta t)]^2 = 2\sigma^4 (\Delta t)^2,$$

其中对于标准正态随机变量, 我们利用了 $\mathrm{E}(\varepsilon^4) = 3$. 这两个性质说明了 $\sigma^2 \varepsilon^2 \Delta t$ 当 $\Delta t \to 0$ 时收敛到一个非随机量 $\sigma^2 \Delta t$. 因此, 由方程 (6.5), 我们有当 $\Delta t \to 0$ 时,

$$(\Delta x)^2 \to \sigma^2 \mathrm{d}t \text{ 当 } \Delta t \to 0.$$

将此结果代入方程 (6.3) 中, 并且利用方程 (6.2) 中 x_t 的伊藤方程, 我们得到

$$\begin{aligned}
\mathrm{d}G &= \frac{\partial G}{\partial x}\mathrm{d}x + \frac{\partial G}{\partial t}\mathrm{d}t + \frac{1}{2}\frac{\partial^2 G}{\partial x^2}\sigma^2 \mathrm{d}t \\
&= \left(\frac{\partial G}{\partial x}\mu + \frac{\partial G}{\partial t} + \frac{1}{2}\frac{\partial^2 G}{\partial x^2}\sigma^2\right)\mathrm{d}t + \frac{\partial G}{\partial x}\sigma \mathrm{d}w_t,
\end{aligned}$$

这就是随机微积分中著名的伊藤引理.

注意我们在伊藤引理的推导中将变量 (x_t, t) 从漂移系数 μ 及波动率系数 σ 中省略了. 为了避免将来有任何的疑惑, 我们将引理重述如下.

伊藤引理

假定 x_t 是一个连续时间的随机过程, 满足

$$\mathrm{d}x_t = \mu(x_t,t)\mathrm{d}t + \sigma(x_t,t)\mathrm{d}\omega_t,$$

其中 ω_t 是一个维纳过程. 另外, $G(x_t,t)$ 是 x_t 和 t 的可微函数. 那么

$$\mathrm{d}G = \left[\frac{\partial G}{\partial x}\mu(x_t,t) + \frac{\partial G}{\partial t} + \frac{1}{2}\frac{\partial^2 G}{\partial x^2}\sigma^2(x_t,t)\right]\mathrm{d}t + \frac{\partial G}{\partial x}\sigma(x_t,t)\mathrm{d}\omega_t. \tag{6.6}$$

例 6.1 作为一个简单的解释, 考虑维纳过程的平方函数 $G(\omega_t,t) = \omega_t^2$. 这里我们有 $\mu(\omega_t,t) = 0$, $\sigma(\omega_t,t) = 1$, 而且

$$\frac{\partial G}{\partial \omega_t} = 2\omega_t, \quad \frac{\partial G}{\partial t} = 0, \quad \frac{\partial^2 G}{\partial \omega_t^2} = 2.$$

因此,

$$\mathrm{d}\omega_t^2 = (2\omega_t \times 0 + 0 + \frac{1}{2} \times 2 \times 1)\mathrm{d}t + 2\omega_t\mathrm{d}\omega_t = \mathrm{d}t + 2\omega_t\mathrm{d}\omega_t. \tag{6.7}$$

6.3.3 一个应用

令 P_t 表示一只股票在时刻 t 的价格, 它在 $[0,\infty)$ 上连续. 文献中通常假定 P_t 服从一个特殊的伊藤过程

$$\mathrm{d}P_t = \mu P_t \mathrm{d}t + \sigma P_t \mathrm{d}\omega_t, \tag{6.8}$$

其中 μ 与 σ 都是固定的. 利用方程 (6.2) 中一般伊藤过程的记号, 我们有 $\mu(x_t,t) = \mu x_t$, $\sigma(x_t,t) = \sigma x_t$, 这里 $x_t = P_t$. 这样一个特殊的过程称为几何布朗运动 (Geometric Brownian Motion). 现在我们利用伊藤引理来得到针对股价 P_t 的对数的一个连续时间模型. 令 $G(P_t,t) = \ln(P_t)$ 表示标的股票的对数价格, 则我们有

$$\frac{\partial G}{\partial P_t} = \frac{1}{P_t}, \quad \frac{\partial G}{\partial t} = 0, \quad \frac{1}{2}\frac{\partial^2 G}{\partial P_t^2} = \frac{1}{2}\frac{-1}{P_t^2}.$$

因此, 根据伊藤引理, 我们得到

$$\mathrm{d}\ln(P_t) = \left(\frac{1}{P_t}\mu P_t + \frac{1}{2}\frac{-1}{P_t^2}\sigma^2 P_t^2\right)\mathrm{d}t + \frac{1}{P_t}\sigma P_t\mathrm{d}\omega_t = \left(\mu - \frac{\sigma^2}{2}\right)\mathrm{d}t + \sigma\mathrm{d}\omega_t.$$

这个结果说明如果价格是一个几何布朗运动, 那么价格的对数服从一个一般的维纳过程, 其漂移率为 $\mu - \sigma^2/2$, 方差率为 σ^2. 因此, 价格的对数 (即对数收益率) 从当前时刻 t 到将来某时刻 T 的变化服从均值为 $(\mu - \sigma^2/2)(T-t)$、方差为 $\sigma^2(T-t)$ 的正态分布. 若时间间隔 $T - t = \Delta$ 是固定的, 而且我们更感兴趣于对数价格的等间隔的增量, 那么增量序列就是一个均值为 $(\mu - \sigma^2/2)\Delta$、方差为 $\sigma^2\Delta$ 的高斯过程.

6.3.4 μ 和 σ 的估计

方程 (6.8) 的几何布朗运动中的两个未知参数 μ 与 σ 可以用经验方法来估计. 假定我们有股价 P_t 在时间间隔 Δ(例如日、周或者月) 上的 $n+1$ 个观测值, 可用年来度量 Δ. 观测到的价格表示为 $\{P_0, P_1, \cdots, P_n\}$, 并且对 $t = 1, \cdots, n$, 令 $r_t = \ln(P_t) - \ln(P_{t-1})$.

因为 $P_t = P_{t-1} \exp(r_t)$, 其中 r_t 是第 t 个时间间隔上的连续复合收益率. 利用前一小节中的结果, 并且假定股价 P_t 服从一个几何布朗运动, 我们得到 r_t 服从均值为 $(\mu - \sigma^2/2)\Delta$、方差为 $\sigma^2 \Delta$ 的正态分布. 另外, r_t 不是序列相关的.

为了简便, 定义 $\mu_r = \mathrm{E}(r_t) = (\mu - \sigma^2/2)\Delta$, $\sigma_r^2 = \mathrm{Var}(r_t) = \sigma^2 \Delta$. 令 $\bar{r}, s_r$ 分别表示数据的样本均值和标准差, 即

$$\bar{r} = \frac{\sum_{t=1}^n r_t}{n}, \quad s_r = \sqrt{\frac{1}{n-1} \sum_{t=1}^n (r_t - \bar{r})^2}.$$

正如第 1 章中提到的, $\bar{r}$ 与 s_r 分别是 r_i 的均值和标准差的相合估计, 即当 $n \to \infty$ 时, $\bar{r} \to \mu_r$ 且 $s_r \to \sigma_r$. 因此, 我们可以通过

$$\hat{\sigma} = \frac{s_r}{\sqrt{\Delta}}.$$

估计 σ. 另外, 可以表明该估计值的标准差渐近于 $\hat{\sigma}/\sqrt{2n}$. 由 $\widehat{\mu_r} = \bar{r}$, 我们可以通过下式来估计 μ

$$\hat{\mu} = \frac{\bar{r}}{\Delta} + \frac{\hat{\sigma}^2}{2} = \frac{\bar{r}}{\Delta} + \frac{s_r^2}{2\Delta}.$$

当序列 r_t 是序列相关的, 或者当资产价格不服从方程 (6.8) 中的几何布朗运动时, 则必须运用其他的估计方法来估计扩散方程的漂移参数和波动率参数. 稍后我们再讨论这个问题.

例 6.2   考虑 1998 年 IBM 股票的日对数收益率. 图 6-2a 是数据的时间图, 共有 252 个观测值. 图 6-2b 描述了序列的样本自相关. 可以看出, 对数收益率确实是前后不相关的. L-B 统计量 (Ljung-Box statistic) 给出了 $Q(10) = 4.9$, 与自由度为 10 的 χ^2 分布比较是高度不显著的.

如果我们假定 1998 年 IBM 股票的价格服从方程 (6.8) 中的几何布朗运动, 那么我们可以利用日对数收益率来估计参数 μ 和 σ. 由数据我们有 $\bar{r} = 0.002\,276$, $s_r = 0.019\,15$. 因为一个交易日等价于 $\Delta = 1/252$ 年, 我们得到

$$\hat{\sigma} = \frac{s_r}{\sqrt{\Delta}} = 0.304\,0, \quad \hat{\mu} = \frac{\bar{r}}{\Delta} + \frac{\hat{\sigma}^2}{2} = 0.619\,8.$$

因此在 1998 年, IBM 股票每年的期望收益率的估计为 61.98%、标准差为 30.4%.

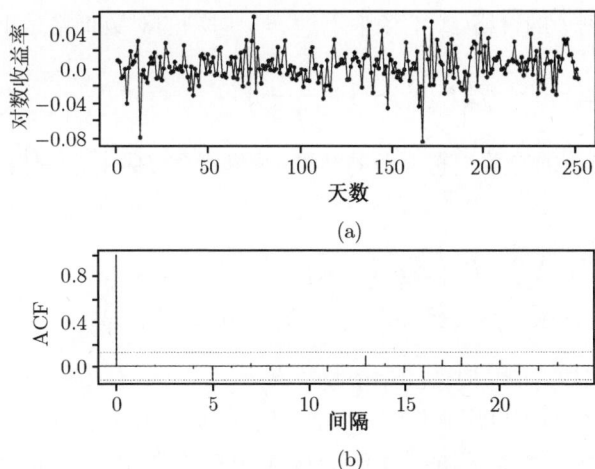

图 6-2 1998 年 IBM 股票的日收益率: (a) 对数收益率; (b) 样本自相关性

然而, 日对数收益率的正态性假定可能并不成立. 在这个特殊的例子中, 偏度 $-0.464(0.153)$ 和超额峰度 $2.396(0.306)$ 增加了某种关注, 这里括号内的数字表示渐近标准误差.

例 6.3 考虑 2007 年 Cisco Systems 股票的日对数收益率, 共有 251 个观测值, 样本均值和标准差分别为 -3.81×10^{-5} 和 0.0174. 对数收益率序列也表明没有序列相关性, p 为 0.42, $Q(12) = 12.30$. 所以, 我们有

$$\hat{\sigma} = \frac{s_r}{\sqrt{\Delta}} = \frac{0.0174}{\sqrt{1.0/251.0}} = 0.275, \quad \hat{\mu} = \frac{\bar{r}}{\Delta} + \frac{\hat{\sigma}^2}{2} = -0.0094.$$

因此, 2007 年 Cisco Systems 股票的年期望收益率的估计为 -0.944%, 标准差的估计为 27.5%.

6.4 股票价格与对数收益率的分布

6.3 节的结果显示, 如果假定一只股票的价格服从几何布朗运动

$$\mathrm{d}P_t = \mu P_t \mathrm{d}t + \sigma P_t \mathrm{d}\omega_t,$$

那么价格的对数服从一般的维纳过程

$$\mathrm{d}\ln(P_t) = \left(\mu - \frac{\sigma^2}{2}\right)\mathrm{d}t + \sigma\mathrm{d}\omega_t,$$

其中 P_t 为股票在 t 时刻的价格, ω_t 是一个维纳过程. 因此, 对数价格从时刻 t 到时刻 T 的变化是正态分布的, 即

$$\ln(P_T) - \ln(P_t) \sim N\left[\left(\mu - \frac{\sigma^2}{2}\right)(T-t), \sigma^2(T-t)\right]. \tag{6.9}$$

因此, 在给定时刻 t 的价格 P_t 的条件下, $T > t$ 时刻的对数价格是正态分布的, 即

$$\ln(P_T) \sim N\left[\ln(P_t) + \left(\mu - \frac{\sigma^2}{2}\right)(T-t), \sigma^2(T-t)\right]. \tag{6.10}$$

利用第 1 章中讨论的对数正态分布的结果, 我们得到 P_T 的 (条件) 均值和方差分别为

$$\mathrm{E}(P_T) = P_t \exp[\mu(T-t)],$$
$$\mathrm{Var}(P_T) = P_t^2 \exp[2\mu(T-t)]\{\exp[\sigma^2(T-t)] - 1\}.$$

注意这个期望确认了 μ 是股票的期望收益率.

　　股价的先验分布可以用来作统计推断. 例如, 假定股票 A 的当前价格为 50 美元, 股票的年期望收益率为 15%, 年波动率为 40%, 则股票 A 在 6 个月 (0.5 年) 内的期望价格和相应的方差由下式给出

$$\mathrm{E}(P_T) = 50\exp(0.15 \times 0.5) = 53.89,$$
$$\mathrm{Var}(P_T) = 2500\exp(0.3 \times 0.5)[\exp(0.16 \times 0.5) - 1] = 241.92.$$

从现在开始的 6 个月内价格的标准差为 $\sqrt{241.92} = 15.55$.

　　下面, 令 r 表示从时刻 t 到时刻 T 中每年的连续复合收益率, 则我们有

$$P_T = P_t \exp[r(T-t)],$$

其中 T 和 t 是以年度量的. 因此

$$r = \frac{1}{T-t}\ln\left(\frac{P_T}{P_t}\right).$$

由方程 (6.9), 我们有

$$\ln\left(\frac{P_T}{P_t}\right) \sim N\left[\left(\mu - \frac{\sigma^2}{2}\right)(T-t), \sigma^2(T-t)\right].$$

因此, 每年的连续复合收益率的分布为

$$r \sim N\left(\mu - \frac{\sigma^2}{2}, \frac{\sigma^2}{T-t}\right).$$

所以, 连续复合收益率服从均值为 $\mu - \sigma^2/2$, 标准差为 $\sigma/\sqrt{T-t}$ 的正态分布.

　　考虑年期望收益率为 15%, 年波动率为 10% 的一支股票. 该股票在两年内的连续复合收益率的分布是正态的, 每年的均值为 0.15−0.01/2=0.145 或 14.5%, 标准差为 $0.1/\sqrt{2} = 0.071$ 或 7.1%. 这些结果允许我们对 r 构造置信区间 (confidence interval, 以下简记为 C.I.). 例如, r 的每年一个 95%的 C.I. 为 0.145±1.96×0.071 (即 0.6%, 28.4%).

6.5　B-S 微分方程的推导

本节利用伊藤引理和无套利假定, 对于价值为 P_t 的股票的衍生未定权益的价格推导其 B-S 微分方程. 假定价格 P_t 服从方程 (6.8) 中的几何布朗运动, 并且 $G_t = G(P_t, t)$ 是关于 P_t 的衍生未定权益 (例如一个看涨期权) 的价格. 由伊藤引理, 得

$$dG_t = \left(\frac{\partial G_t}{\partial P_t} \mu P_t + \frac{\partial G_t}{\partial t} + \frac{1}{2} \frac{\partial^2 G_t}{\partial P_t^2} \sigma^2 P_t^2 \right) dt + \frac{\partial G_t}{\partial P_t} \sigma P_t dw_t.$$

这个过程以及前面结果的离散化形式为

$$\Delta P_t = \mu P_t \Delta t + \sigma P_t \Delta w_t, \tag{6.11}$$

$$\Delta G_t = \left(\frac{\partial G_t}{\partial P_t} \mu P_t + \frac{\partial G_t}{\partial t} + \frac{1}{2} \frac{\partial^2 G_t}{\partial P_t^2} \sigma^2 P_t^2 \right) \Delta t + \frac{\partial G_t}{\partial P_t} \sigma P_t \Delta w_t, \tag{6.12}$$

其中 $\Delta P_t, \Delta G_t$ 分别为 P_t 和 G_t 在一个小时间区间 Δt 上的变化. 因为对于方程 (6.11) 和 (6.12) 都有 $\Delta w_t = \varepsilon \sqrt{\Delta t}$, 所以可以构造不涉及维纳过程的股票与衍生资产的一个组合. 恰当的组合策略是卖空衍生资产并多头持有 $\frac{\partial G_t}{\partial P_t}$ 的股份, 用 V_t 表示组合的价值. 由构造, 可知

$$V_t = -G_t + \frac{\partial G_t}{\partial P_t} P_t, \tag{6.13}$$

则 V_t 的变化为

$$\Delta V_t = -\Delta G_t + \frac{\partial G_t}{\partial P_t} \Delta P_t. \tag{6.14}$$

将方程 (6.11) 和 (6.12) 代入方程 (6.14), 我们有

$$\Delta V_t = \left(-\frac{\partial G_t}{\partial t} - \frac{1}{2} \frac{\partial^2 G_t}{\partial P_t^2} \sigma^2 P_t^2 \right) \Delta t. \tag{6.15}$$

此方程并不涉及随机部分 Δw_t. 因此, 在无套利假设下, 组合 V_t 在一个小时间区间 Δt 上一定是无风险的. 换句话说, 所用的假设蕴涵组合一定同时可以赚得与其他的短期无风险证券相同的收益; 否则, 在这个资产组合与短期无风险证券之间就存在套利机会. 因此, 我们有

$$\Delta V_t = r V_t \Delta t = (r \Delta t) V_t, \tag{6.16}$$

其中 r 为无风险利率. 由方程 (6.13) 到方程 (6.16), 我们有

$$\left(\frac{\partial G_t}{\partial t} + \frac{1}{2} \frac{\partial^2 G_t}{\partial P_t^2} \sigma^2 P_t^2 \right) \Delta t = r \left(G_t - \frac{\partial G_t}{\partial P_t} P_t \right) \Delta t.$$

所以

$$\frac{\partial G_t}{\partial t} + rP_t\frac{\partial G_t}{\partial P_t} + \frac{1}{2}\sigma^2 P_t^2\frac{\partial^2 G_t}{\partial P_t^2} = rG_t. \tag{6.17}$$

这就是对衍生资产定价的 B-S 微分方程. 可以通过解此方程来得到标的变量为 P_t 的衍生资产的价格. 这样得到的解依赖于衍生资产的边界条件. 对一个欧式看涨期权而言, 边界条件为

$$G_T = \max(P_T - K, 0),$$

其中 T 是到期时间, K 是执行价格. 对于一个欧式看跌期权而言, 边界条件变为

$$G_T = \max(K - P_T, 0).$$

例 6.4 作为一个简单例子, 考虑股票的一个远期合约, 不支付红利. 在这种情况下, 合约的价值由下式给出

$$G_t = P_t - K\exp[-r(T - t)],$$

其中 K 是交割价格 (delivery price), r 是无风险利率, T 为到期日. 对于这样的一个函数, 我们有

$$\frac{\partial G_t}{\partial t} = -rK\exp[-r(T - t)], \quad \frac{\partial G_t}{\partial P_t} = 1, \quad \frac{\partial^2 G_t}{\partial P_t^2} = 0,$$

将这些量代入方程 (6.17) 的左面得到

$$-rK\exp[-r(T - t)] + rP_t = r\{P_t - K\exp[-r(T - t)]\},$$

等于方程 (6.17) 的右面. 因此这的确满足 B-S 微分方程.

6.6 B-S 定价公式

Black 和 Scholes (1973) 成功地求解了方程 (6.17) 中的微分方程, 并得到了对欧式看涨期权与看跌期权价格的精确公式. 下面我们利用金融中所谓的风险中性定价来推导这些公式.

6.6.1 风险中性世界

将漂移参数 μ 从 B-S 微分方程中去掉、在金融中这意味着此方程是与风险偏好独立的. 换句话说, 风险偏好不能影响这个方程的解. 此性质的一个完美结果就是能够假设投资者是风险中性的. 在一个风险中性世界里, 我们有如下结论:

- 所有证券的期望收益率都是无风险利率 r;
- 任何现金流的当前价值可以通过将它的期望价值以无风险利率折现得到.

6.6.2 公式

在风险中性世界里, 一个欧式看涨期权在到期日的期望价值为

$$\mathrm{E}_*[\max(P_T - K, 0)],$$

其中 E_* 表示在无风险世界中的期望价值. 看涨期权在 t 时刻的价格为

$$c_t = \exp[-r(T - t)]\mathrm{E}_*[\max(P_T - K, 0)]. \qquad (6.18)$$

然而, 在风险中性世界里, 我们有 $\mu = r$, 并且由方程 (6.10), $\ln(P_T)$ 是正态分布的:

$$\ln(P_T) \sim N\left[\ln(P_t) + \left(r - \frac{\sigma^2}{2}\right)(T - t), \sigma^2(T - t)\right].$$

令 $g(P_T)$ 表示 P_T 的概率密度函数, 则方程 (6.18) 中看涨期权的价格为

$$c_t = \exp[-r(T - t)]\int_K^\infty (P_T - K)g(P_T)\mathrm{d}P_T.$$

通过积分的变量变换以及一些代数计算 (附录 A 中给出详细推导), 我们有

$$c_t = P_t\Phi(h_+) - K\exp[-r(T - t)]\Phi(h_-), \qquad (6.19)$$

其中 $\Phi(x)$ 是标准正态随机变量的积累分布函数在 x 点的值,

$$h_+ = \frac{\ln(P_t/K) + (r + \sigma^2/2)(T - t)}{\sigma\sqrt{T - t}},$$

$$h_- = \frac{\ln(P_t/K) + (r - \sigma^2/2)(T - t)}{\sigma\sqrt{T - t}} = h_+ - \sigma\sqrt{T - t}.$$

实际中, $\Phi(x)$ 可以很容易地通过大多数统计软件包得到. 另外一种可供选择的方法, 可以运用附录 B 中给出的一个近似.

方程 (6.19) 中的 B-S 看涨期权公式有一些好的解释. 首先, 如果在到期日执行期权, 得到了股票, 但我们必须要支付敲定价格. 这个交换只有当期权是赚钱的 (即 $P_T > K$) 时才会发生. 当且仅当 $P_T > K$ 时, 第一项 $P_t\Phi(h_+)$ 是得到股票的当前价值; 当且仅当 $P_T > K$ 时, 第二项 $-K\exp[-r(T - t)]\Phi(h_-)$ 是支付执行价格的当前价值. 第二个解释尤其有用. 正如 6.5 节中 B-S 微分方程的推导中显示的, $\Phi(h_+) = \dfrac{\partial G_t}{\partial P_t}$ 是资产组合中不涉及不确定性和维纳过程的股份的数量. 这个量就是套期保值交易中众所周知的 Δ. 我们知道 $c_t = P_t\Phi(h_+) + B_t$, 其中 B_t 为投资于资产组合 (或衍生资产空头头寸) 中的无风险债券的美元总量. 可见从对 B-S 公式的检查中可以直接看出 $B_t = -K\exp[-r(T - t)]\Phi(h_-)$. 公式的第一项 $P_t\Phi(h_+)$ 为投资在股票上的总量, 而第二项 $K\exp[-r(T - t)]\Phi(h_-)$ 是借入的总量.

类似地, 我们得到一个欧式看跌期权的价格为

$$p_t = K \exp[-r(T-t)]\Phi(-h_-) - P_t\Phi(-h_+). \tag{6.20}$$

因为标准正态分布是关于它的均值 0.0 对称的, 所以我们有: 对任何 x, $\Phi(x) = 1 - \Phi(-x)$. 利用这个性质, 我们有 $\Phi(-h_i) = 1 - \Phi(h_i)$. 这样, 计算一个看跌期权价格需要的信息与计算看涨期权价格所需要的信息是相同的. 另外一个方法, 利用正态分布的对称性, 很容易证明

$$p_t - c_t = K \exp[-r(T-t)] - P_t,$$

称为涨–跌平价公式, 而且可用来从 c_t 中得到 p_t. 涨–跌平价公式也可以通过考虑下面两个组合来得到.

(1) 组合 A: 一个欧式看涨期权加 $K \exp[-r(T-t)]$ 的现金.

(2) 组合 B: 一个欧式看跌期权加一股标的股票.

到期权的到期日这两个组合的盈利为

$$\max(P_T, K)$$

由于期权在到期日才能执行, 组合必须与现价具有相等的价值. 这意味着

$$c_t + K \exp[-r(T-t)] = p_t + P_t,$$

这正是前面所给出的涨–跌平价公式.

例 6.5 假设 Intel 股票的当前价格是每股 80 美元, 年波动率为 $\sigma = 20\%$, 进一步假设年无风险利率为 8%. 那么执行价格为 90 美元, 而且在 3 个月内到期的 Intel 的一个欧式看涨期权的价格是多少?

由假设, 我们有 $P_t = 80$, $K = 90$, $T - t = 0.25$, $\sigma = 0.2$, 且 $r = 0.08$. 因此

$$h_+ = \frac{\ln(80/90) + (0.08 + 0.04/2) \times 0.25}{0.2\sqrt{0.25}} = -0.927\,8,$$

$$h_- = h_+ - 0.2\sqrt{0.25} = -1.027\,8.$$

利用统计软件 (例如 Minitab 或 SCA) 或者附录 B 中的近似, 我们有

$$\Phi(-0.927\,8) = 0.176\,7, \quad \Phi(-1.027\,8) = 0.152\,0.$$

因此, 一个欧式看涨期权的价格为

$$c_t = \$80\Phi(-0.927\,8) - \$90\Phi(-1.027\,8)\exp(-0.02) = \$0.73.$$

对看涨期权的买者而言, 只有股价升高 10.73 美元时, 才能达到得失平衡.

在相同的假设下, 一个欧式看跌期权的价格为

$$p_t = \$90 \exp(-0.08 \times 0.25)\Phi(1.027\ 8) - \$80\Phi(0.927\ 8) = \$8.95.$$

这样, 对于看跌期权的买者而言, 股价可以升高额外的 1.05 美元而达到得失平衡.

例 6.6 前面例子中的敲定价格大大超出了当前股价. 一个更现实的敲定价格是 81 美元. 假设前面例子中其他的条件仍然成立, 现在我们有 $P_t = 80$, $K = 81$, $r = 0.08$, $T - t = 0.25$, 且 h_i 变为

$$h_+ = \frac{\ln(80/81) + (0.08 + 0.04/2) \times 0.25}{0.2\sqrt{0.25}} = 0.125\ 775,$$
$$h_- = h_+ - 0.2\sqrt{0.25} = 0.025\ 775.$$

利用附录 B 中的近似, 我们有 $\Phi(0.125\ 775) = 0.550\ 0$ 和 $\Phi(0.025\ 775) = 0.510\ 3$, 则一个欧式看涨期权的价格是

$$c_t = \$80\Phi(0.125\ 775) - \$81 \exp(-0.02)\Phi(0.025\ 775) = \$3.49.$$

对于看涨期权的买者而言, 股价必须提高 4.49 美元, 才得失相等. 从另一方面来讲, 在同样假定下的一个欧式看跌期权的价格为

$$p_t = \$81 \exp(-0.02)\Phi(-0.025\ 775) - \$80\Phi(-0.125\ 775)$$
$$= \$81 \exp(-0.02) \times 0.489\ 72 - \$80 \times 0.449\ 96 = \$2.89.$$

对看跌期权的买者而言, 股票价格必须降低 1.89 美元, 才得失平衡.

6.6.3 欧式期权的下界

考虑没有支付分红的股票的看涨期权. 可以证明欧式看涨期权的价格满足

$$c_t \geqslant P_t - K \exp[-r(T - t)];$$

也就是说欧式看涨期权的下界是 $P_t - K \exp[-r(T - t)]$. 考虑如下两个组合可以验证该结果:

(1) 组合 A: 一个欧式看涨期权加 $K \exp[-r(T - t)]$ 的现金.

(2) 组合 B: 一股标的股票.

对于组合 A, 如果将现金以无风险利率进行投资, 则在 T 时刻的现金数量为 K. 如果 $P_T > K$, 则 T 时刻执行期权, 组合的价值为 P_T. 如果 $P_T < K$, 则不执行期权, 组合的价值为 K. 因此组合的价值是

$$\max(P_T, K).$$

组合 B 的价值在 T 时刻是 P_T. 因此组合 A 的价值要比组合 B 的价值大, 或至少相同. 从而今天组合 A 的价值也要比组合 B 的价值要大, 即

$$c_t + K \exp[-r(T-t)] \geqslant P_t, \quad \text{或} \quad c_t \geqslant P_t - K \exp[-r(T-t)].$$

进一步, 由于 $c_t \geqslant 0$, 我们有

$$c_t \geqslant \max\{P_t - K \exp[-r(T-t)], 0\}.$$

用类似的方法可以证明, 相应的欧式看跌期权满足

$$p_t \geqslant \max\{K \exp[-r(T-t)] - P_t, 0\}.$$

例 6.7 假定 $P_t = \$30$, $K = \$28$, 年利率为 $r = 6\%$, $T - t = 0.5$. 在这种情形下,

$$P_t - K \exp[-r(T-t)] = \$[30 - 28 \exp(-0.06 \times 0.5)] \approx \$2.83.$$

假定股票的欧式看涨价格为\$2.50, 这比理论最小值\$2.83 要小. 套利者可以买该看涨期权并卖空股票, 这样便产生了一个新的现金流 \$(30 - 2.50) = \$27.50. 如果以无风险利率投资 6 个月, 则 \$27.50 变为 \$27.50 \exp(0.06 \times 0.5) = \$28.34$. 在到期日, 如果 $P_T > \$28$, 则套期保值者执行期权, 并平了空头头寸. 他获利 \$(28.34 - 28) = \$0.34. 另一方面, 如果 $P_T < \$28$, 套利者可以从市场直接买股票平仓, 他甚至可以获得更多的利益. 作为说明, 假定 $P_T = \$27.00$, 则获利将是 \$(28.34 - 27) = \$1.34.

6.6.4 讨论

由公式知, 一个看涨或看跌期权的价格依赖于 5 个变量, 即当前的股价 P_t、敲定价格 K、以年度量的到期日 $T - t$、年波动率 σ 以及年利率 r. 值得研究的是这 5 个变量对期权价格的影响.

1. 边际效应

首先考虑这 5 个变量对一个看涨期权价格 c_t 的边际效应. 边际效应的意思是在固定其他变量的情况下改变其中一个变量. 一个看涨期权的效应可以概括如下.

(1) 当前价格P_t c_t 与 $\ln(P_t)$ 正相关. 特别地, 当 $P_t \to 0$ 时, $c_t \to 0$; 当 $P_t \to \infty$ 时, $c_t \to \infty$. 图 6-3a 解释了 $K = 80$, 年利率 $r = 6\%$; $T - t = 0.25$ 年以及年波动率 $\sigma = 30\%$ 时的效应.

(2) 执行价格K c_t 与 $\ln(K)$ 负相关. 具体来讲, 当 $K \to 0$ 时, $c_t \to P_t$; 当 $K \to \infty$ 时, $c_t \to 0$.

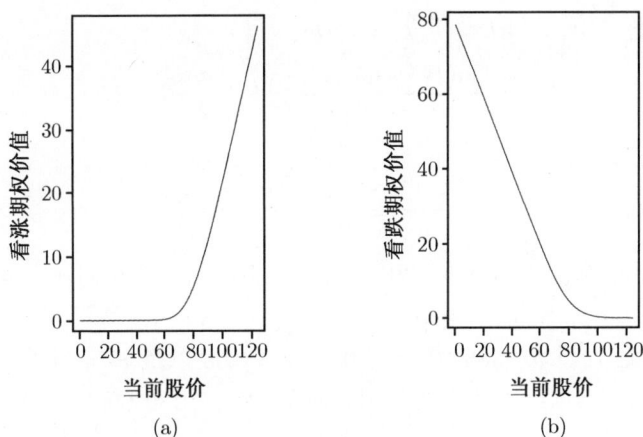

图 6-3 当前股价对期权价格的边际效应, 其中 $K = 80, T - t = 0.25, \sigma = 0.3$, $r = 0.06$: (a) 看涨期权; (b) 看跌期权

(3) 到期时间 c_t 与 $T - t$ 的相关性非常复杂, 但是通过将 h_+ 和 h_- 写成

$$h_+ = \frac{\ln(P_t/K)}{\sigma\sqrt{T-t}} + \frac{(r + \sigma^2/2)\sqrt{T-t}}{\sigma},$$

$$h_- = \frac{\ln(P_t/K)}{\sigma\sqrt{T-t}} + \frac{(r - \sigma^2/2)\sqrt{T-t}}{\sigma}.$$

可得到极限结果. 若 $P_t < K$, 则当 $(T - t) \to 0$ 时 $c_t \to 0$. 若 $P_t > K$, 则当 $(T - t) \to 0$ 时 $c_t \to P_t - K$, 且当 $(T - t) \to \infty$ 时 $c_t \to P_t$. 图 6-4a 显示的是对三种不同的当前股价来说, $T - t$ 对 c_t 的边际效应. 固定的变量是 $K = 80$, $r = 0.06$ 和 $\sigma = 0.3$. 实线、点划线以及虚线分别对应于 $P_t = 70, 80, 90$.

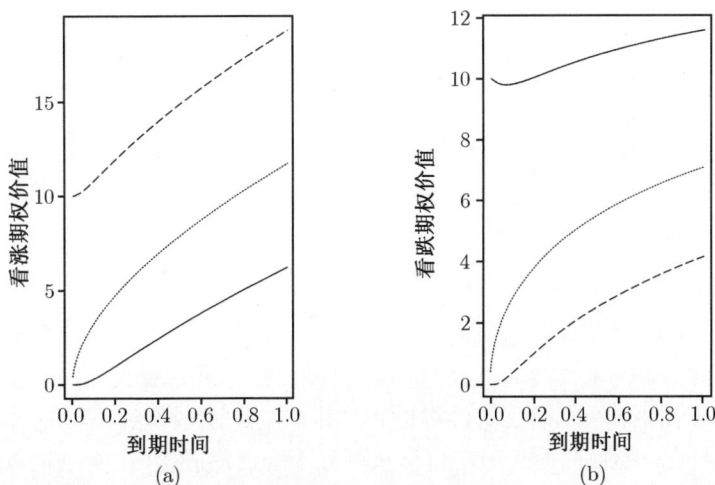

图 6-4 当前股价对期权价格的边际效应, 其中 $K = 80, \sigma = 0.3, r = 0.06$: (a) 看涨期权; (b) 看跌期权. 实线、点划线和虚线分别表示当前的股价为 $P_t = 70, 80, 90$

(4) **波动率 σ**　通过将 h_+ 和 h_- 改写成

$$h_+ = \frac{\ln(P_t/K) + r(T-t)}{\sigma\sqrt{T-t}} + \frac{\sigma}{2}\sqrt{T-t},$$

$$h_- \frac{\ln(P_t/K) + r(T-t)}{\sigma\sqrt{T-t}} - \frac{\sigma}{2}\sqrt{T-t},$$

我们得到 (a) 如果 $\ln(P_t/K) + r(T-t) < 0$, 则当 $\sigma \to 0$ 时, $c_t \to 0$; (b) 如果 $\ln(P_t/K) + r(T-t) \geqslant 0$, 则当 $\sigma \to 0$ 时, $c_t \to P_t - Ke^{-r(T-t)}$; 当 $\sigma \to \infty$ 时, $c_t \to P_t$. 图 6-5a 表明 $K = 80, T - t = 0.25, r = 0.06$ 以及 P_t 取 3 个不同值时 σ 对 c_t 的效应. 实线、点划线以及虚线分别对应于 $P_t = 70, 80, 90$.

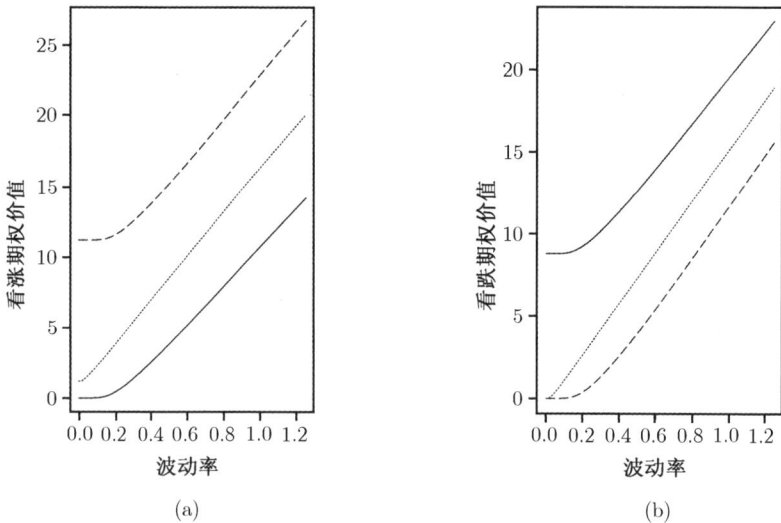

图 6-5　股市波动率对期权价格的边际效应, 其中 $K = 80, T - t = 0.25, r = 0.06$: (a) 看涨
期权; (b) 看跌期权. 实线、点划线和虚线分别表示当前的股价为 $P_t = 70, 80, 90$

(5) **利率**　c_t 与 r 是正相关的, 满足：当 $r \to \infty$ 时, $c_t \to P_t$.

这 5 个变量对一个看跌期权的边际效应可类似得到. 图 6-3b、图 6-4b 和图 6-5b 对所选择的一些情况解释了其效应.

2. 一些联合效应

图 6-6 表明波动率与敲定价格对一个看涨期权的联合效应, 这里其他变量是固定的, $P_t = 80$, $r = 6\%$, $T - t = 0.25$. 正如所预料的, 当波动率很高而且敲定价格正好低于当前股价时, 看涨期权的价格更高. 图 6-7 显示同样条件下, 对一个看跌期权的效应. 当波动率很高而且敲定价格正好高于当前的股价时, 看跌期权的价格更高. 而且, 图形也说明了随着波动率的增加, 敲定价格对看跌期权价格的效应将变得更加线性化.

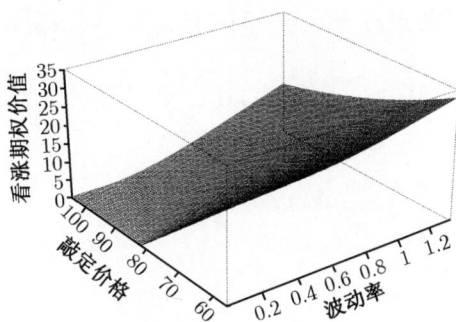

图 6-6 股市波动率与敲定价格对看涨期权的联合效应, 其中 $P_t = 80, T - t = 0.25, r = 0.06$

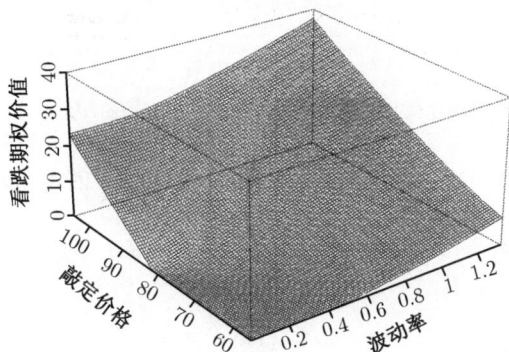

图 6-7 股市波动率与敲定价格对看涨期权的联合效应, 其中 $P_t = 80, T - t = 0.25, r = 0.06$

6.7 伊藤引理的扩展

在推导定价公式时, 一个衍生资产可能是多种证券的未定权益. 当这些证券的价格由多因素驱动时, 衍生资产的价格就是几个随机过程的函数. 利率期限结构的两因子模型就是二维随机过程的一个例子. 在本节中, 我们主要讨论伊藤引理在几种随机过程情形下的扩展.

考虑一个 k 维连续时间过程 $\boldsymbol{x}_t = (x_{1t}, \cdots, x_{kt})'$. 这里 k 是一个正常数, 而且 x_{it} 是一个连续时间的随机过程, 且满足

$$\mathrm{d}x_{it} = \mu_i(\boldsymbol{x}_t)\mathrm{d}t + \sigma_i(\boldsymbol{x}_t)\mathrm{d}w_{it}, \quad i = 1, \cdots, k, \tag{6.21}$$

其中 w_{it} 是一个维纳过程. 可以理解为漂移函数 $\mu_i(x_{it})$ 与波动率函数 $\sigma_i(x_{it})$ 也是时间指数 t 的函数. 为了简化记号, 我们将 t 从变量中省略. 对 $i \neq j$, 维纳过程 w_{it} 和 w_{jt} 是不一样的. 我们假定 $\mathrm{d}w_{it}$ 与 $\mathrm{d}w_{jt}$ 的相关系数是 ρ_{ij}, 这意味着 ρ_{ij} 是定义为 $\Delta w_{it} = \varepsilon_i \Delta t$ 和 $\Delta w_{jt} = \varepsilon_j \Delta t$ 的两个标准正态随机变量 ε_i 和 ε_j 间的相关系数.

假设 $G_t = G(x_t, t)$ 是随机过程 x_{it} 与时间 t 的函数, 则由泰勒展开得

$$\Delta G_t = \sum_{i=1}^{k} \frac{\partial G_t}{\partial x_{it}} \Delta x_{it} + \frac{\partial G_t}{\partial t} \Delta t + \frac{1}{2} \sum_{i=1}^{k} \sum_{j=1}^{k} \frac{\partial^2 G_t}{\partial x_{it} \partial x_{jt}} \Delta x_{it} \Delta x_{jt}$$

$$+ \frac{1}{2} \sum_{i=1}^{k} \frac{\partial^2 G_t}{\partial x_{it} \partial t} \Delta x_{it} \Delta t + \cdots.$$

方程 (6.21) 的离散形式为

$$\Delta w_{it} = \mu_i(\boldsymbol{x}_t) \Delta t + \sigma_i(\boldsymbol{x}_t) \Delta w_{it}, \quad i = 1, \cdots, k.$$

利用 6.3 节方程 (6.5) 的一个类似的变量, 我们得到

$$\lim_{\Delta t \to 0} (\Delta x_{it})^2 \to \sigma_i^2(\boldsymbol{x}_t) \mathrm{d}t, \tag{6.22}$$

$$\lim_{\Delta t \to 0} \Delta x_{it} \Delta x_{jt} \to \sigma_i(\boldsymbol{x}_t) \sigma_j(\boldsymbol{x}_t) \rho_{ij} \mathrm{d}t. \tag{6.23}$$

利用方程 (6.21)—(6.23), 当 $\Delta t \to 0$, 取极限, 并忽略 Δt 的高阶项, 则我们有

$$\mathrm{d}G_t = \left[\sum_{i=1}^{k} \frac{\partial G_t}{\partial x_{it}} \mu_i(\boldsymbol{x}_t) + \frac{\partial G_t}{\partial t} + \frac{1}{2} \sum_{i=1}^{k} \sum_{j=1}^{k} \frac{\partial^2 G_t}{\partial x_{it} \partial x_{jt}} \sigma_i(\boldsymbol{x}_t) \sigma_j(\boldsymbol{x}_t) \rho_{ij} \right] \mathrm{d}t$$

$$+ \sum_{i=1}^{k} \frac{\partial G_t}{\partial x_{it}} \sigma_i(\boldsymbol{x}_t) \mathrm{d}w_{it}. \tag{6.24}$$

这就是伊藤引理对多重随机过程情形的一般化.

6.8 随 机 积 分

本节主要讨论随机积分, 以便在假设资产的价格服从一个伊藤过程时可以得到该资产的价格. 我们利用伊藤公式来推导积分结果. 对该论题严格的处理, 读者可以查阅随机积分的教科书. 首先, 如同一个确定函数的通常积分一样, 积分是差分的反面, 因此, 对于一个随机过程 x_t, 下式仍然成立:

$$\int_0^t \mathrm{d}x_s = x_t - x_0$$

具体来讲, 对维纳过程 w_t, 因为 $w_0 = 0$, 所以我们有 $\int_0^t \mathrm{d}w_s = w_t$. 下面, 考虑积分 $\int_0^t w_s \mathrm{d}w_s$. 利用前面的结果, 并取方程 (6.7) 的积分, 我们有

$$w_t^2 = t + 2 \int_0^t w_s \mathrm{d}w_s.$$

因此

$$\int_0^t w_s \mathrm{d}w_s = \frac{1}{2}(w_t^2 - t).$$

这不同于通常的确定积分, 那里

$$\int_0^t y\mathrm{d}y = (y_t^2 - y_0^2)/2.$$

转到 x_t 是一个几何布朗运动的情况, 即 x_t 满足

$$\mathrm{d}x_t = \mu x_t \mathrm{d}t + \sigma x_t \mathrm{d}w_t,$$

其中 μ, σ 是常数, $\sigma > 0$, 见方程 (6.8). 对 $G(x_t, t) = \ln(x_t)$ 利用伊藤引理, 我们得到

$$\mathrm{d}\ln(x_t) = \left(\mu - \frac{\sigma^2}{2}\right)\mathrm{d}t + \sigma\mathrm{d}w_t.$$

取积分, 并利用前面得到的结果, 我们有

$$\int_0^t \mathrm{d}\ln(x_s) = \left(\mu - \frac{\sigma^2}{2}\right)\int_0^t \mathrm{d}s + \sigma\int_0^t \mathrm{d}w_s.$$

因此

$$\ln(x_t) = \ln(x_0) + (\mu - \sigma^2/2)t + \sigma w_t$$

且

$$x_t = x_0 \exp[(\mu - \sigma^2/2)t + \sigma w_t].$$

对资产价格将记号 x_t 改为 P_t, 则我们在假设价格服从一个几何布朗运动时, 对价格有一个解. 此价格为

$$P_t = P_0 \exp[(\mu - \sigma^2/2)t + \sigma w_t]. \tag{6.25}$$

6.9 跳跃扩散模型

经验研究发现, 基于布朗运动的随机扩散模型不能解释资产收益率及其衍生资产价格的一些特征 (例如, 隐含波动率的 "波动率微笑", 见 Bakshi, Cao 和 Chen (1997) 及其里面的参考文献). 波动率微笑指的是期权的隐含波动率为敲定价格的一个凸函数. 赔钱和赚钱的期权都倾向于比不赔不赚的期权有更高的隐含波动率, 尤其在外汇市场中. 证券期权对波动率微笑的重视较少. 标准随机扩散模型的不足导致了其他连续时间模型的创建. 例如, 许多文献已提出跳跃扩散及随机波动率模型来克服这种不足; 见 Merton (1976) 和 Duffie (1995).

股价的跳跃经常假定为服从一个概率法则. 例如, 跳跃可能服从一个泊松过程, 它是一个连续时间的离散过程. 对于给定的时刻 t, 令 X_t 表示在时间段 $[0, t]$ 上一个特定事件发生的次数. 如果

$$\Pr(X_t = m) = \frac{\lambda^m t^m}{m!} \exp(-\lambda t), \quad \lambda > 0.$$

则 X_t 就是一个泊松过程, 也就是说, X_t 服从一个参数为 λt 的泊松分布. 参数 λ 控制了特定事件的发生, 称为过程的强度. 正式的定义还要求 X_t 是一个带有左极限且右连续的齐次马尔可夫过程.

本节讨论了 Kou (2002) 提出的一个简单的跳跃扩散模型. 这个简单模型有几个好的性质. 模型隐含的收益率是有尖峰的、关于 0 点非对称的. 此外, 模型可以再生波动率微笑并对许多期权的价格提供解析公式. 模型包括两部分, 第一部分是连续的, 服从一个几何布朗运动; 第二部分是一个跳跃过程. 跳跃的产生由一个泊松过程控制, 并且跳跃的大小服从一个双指数分布. 令 P_t 表示资产在 t 时刻的价格, 简单的跳跃扩散模型假定价格服从随机微分方程

$$\frac{\mathrm{d}P_t}{P_t} = \mu \mathrm{d}t + \sigma \mathrm{d}w_t + \mathrm{d}\left(\sum_{i=1}^{n_t} (J_i - 1)\right), \tag{6.26}$$

其中 w_t 是一个维纳过程, n_t 是强度为 λ 的泊松过程, $\{J_i\}$ 是独立同分布的非负随机变量序列, 满足 $X = \ln(J)$ 服从双重指数分布, 而且概率密度函数为

$$f_X(x) = \frac{1}{2\eta} \mathrm{e}^{-|x-\kappa|/\eta}, \quad 0 < \eta < 1. \tag{6.27}$$

双重指数分布又称为 Laplacian 分布. 在模型 (6.26) 中, n_t, w_t 和 J_i 是相互独立的, 以至模型的随机性之间没有关系, 注意到 n_t 是时间间隔 $[0, t]$ 上发生跳跃的次数, 并服从参数为 λt 的泊松分布, 其中 λ 是一个常数. 在第 i 次跳跃中, 价格跳跃的比例为 $J_i - 1$.

双指数分布可写为

$$X - \kappa = \begin{cases} \xi, & \text{以概率}0.5, \\ -\xi, & \text{以概率}0.5, \end{cases} \tag{6.28}$$

其中 ξ 是均值为 η, 方差为 η^2 的指数随机变量. ξ 的概率密度函数为

$$f(x) = \frac{1}{\eta} \mathrm{e}^{-x/\eta}, \quad 0 < x < \infty.$$

双指数分布的一些有用性质为

$$\mathrm{E}(X) = \kappa, \quad \mathrm{Var}(X) = 2\eta^2, \quad \mathrm{E}(\mathrm{e}^X) = \frac{\mathrm{e}^\kappa}{1 - \eta^2}.$$

对于有限样本, 很难区别双指数分布与 t 分布. 然而, 双指数分布在解析上更易于处理, 并且可以产生一个在均值周围的更高的概率集中度 (例如更高峰). 正如第 1 章所述的, 观测到的收益率的直方图倾向于比正态密度有更高的峰. 图 6-8 用实线表示了双指数随机变量的概率密度函数, 虚线是一个正态随机变量的概率密度函数. 两个变量的均值都是 0、方差为 0.000 8. 从图 6-8 中可以很清楚看到双指数密度的高峰.

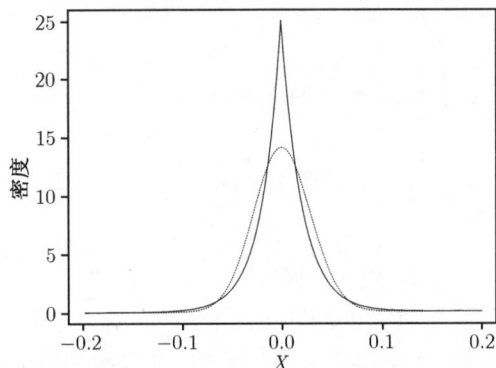

图 6-8　均值为 0、方差为 0.000 8 的双指数随机变量和正态随机变量的概率密度函数, 实线是双指数分布, 虚线为正态分布

解方程 (6.26) 的随机微分方程, 我们得到资产价格的动态规律

$$P_t = P_0 \exp\left[\left(\frac{\mu - \sigma^2}{2}\right) t + \sigma w_t\right] \prod_{i=1}^{n_t} J_i, \tag{6.29}$$

这里可以理解为 $\prod_{i=1}^{0} = 1$. 这个结果是方程 (6.25) 包含随机跳跃时的一般化. 可以如下得到. 令 t_i 表示第 i 次跳跃的时间. 对于 $t \in [0, t_1)$, 没有跳跃而且价格可以由方程 (6.25) 给出. 因此, 左面价格在时刻 t_1 时的极限为

$$P_{t_1^-} = P_0 \exp[(\mu - \sigma^2/2)t_1 + \sigma w_{t_1}].$$

在时刻 t_1, 价格跳跃的比例为 $J_1 - 1$, 使得价格变为

$$P_{t_1} = (1 + J_1 - 1)P_{t_1^-} = J_1 P_{t_1^-} = P_0 \exp[(\mu - \sigma^2/2)t_1 + \sigma w_{t_1}]J_1.$$

对于 $t \in (t_1, t_2)$, 区间 $(t_1, t]$ 上没有跳跃, 所以

$$P_t = P_{t_1} \exp[(\mu - \sigma^2/2)(t - t_1) + \sigma(w_t - w_{t_1})].$$

代入 P_{t_1}, 我们有

$$P_t = P_0 \exp[(\mu - \sigma^2/2)t + \sigma w_t]J_1.$$

重复这个方案, 可得到方程 (6.29).

由方程 (6.29), 标的资产在一个小的时间增量 Δt 上的简单收益率为

$$\frac{P_{t+\Delta t} - P_t}{P_t} = \exp\left[\left(\mu - \frac{1}{2}\sigma^2\right)\Delta t + \sigma(w_{t+\Delta t} - w_t) + \sum_{i=n_t+1}^{n_{t+\Delta t}} X_i\right] - 1,$$

这里可以理解为, 一个空集上的和为 0, 且 $X_i = \ln(J_i)$. 对于一个小 Δt, 我们可以利用近似 $e^x \approx 1 + x + x^2/2$, 以及 6.3 节讨论的结果 $(\Delta w_t)^2 \approx \Delta t$, 得到

$$\frac{P_{t+\Delta t} - P_t}{P_t} \approx \left(\mu - \frac{1}{2}\sigma^2\right)\Delta t + \sigma\Delta w_t + \sum_{i=n_t+1}^{n_{t+\Delta t}} X_i + \frac{1}{2}\sigma^2(\Delta w_t)^2$$

$$\approx \mu\Delta t + \sigma\varepsilon\sqrt{\Delta t} + \sum_{i=n_t+1}^{n_{t+\Delta t}} X_i,$$

其中 $\Delta w_t = w_{t+\Delta t} - w_t$, 且 ε 是一个标准正态随机变量.

在泊松过程的假设下, 在时间间隔 $(t, t+\Delta t]$ 上有一个跳跃的概率为 $\lambda\Delta t$, 且多于一个跳跃的概率为 $o(\Delta t)$, 其中 $o(\Delta t)$ 意指: 如果我们将这一项用 Δt 来除, 则当 Δt 趋于 0 时, 它的值也趋于 0. 因此, 对一个小的 Δt, 忽略掉多个跳跃, 我们有

$$\sum_{i=n_t+1}^{n_{t+\Delta t}} X_i \approx \begin{cases} X_{n_t+1}, & \text{以概率} \quad \lambda\Delta t, \\ 0, & \text{以概率} \quad 1 - \lambda\Delta t. \end{cases}$$

与前面的结果相结合, 可以看出标的资产的简单收益率的近似分布可由下式给出

$$\frac{P_{t+\Delta t} - P_t}{P_t} \approx \mu\Delta t + \sigma\varepsilon\sqrt{\Delta t} + I \times X, \tag{6.30}$$

其中 I 是伯努利随机变量, 且 $\Pr(I=1) = \lambda\Delta t$, $\Pr(I=0) = 1 - \lambda\Delta t$; X 是方程 (6.28) 中定义的双指数随机变量. 无跳跃时方程 (6.30) 简化为一个几何布朗运动.

令 $G = \mu\Delta t + \sigma\varepsilon\sqrt{\Delta t} + I \times X$ 表示方程 (6.30) 右面的随机变量, 利用模型中用到的指数分布与正态分布的独立性, Kou (2002) 得到了 G 的概率密度函数为

$$g(x) = \frac{\lambda\Delta t}{2\eta}e^{\sigma^2\Delta t/(2\eta^2)}\left[e^{-w/\eta}\Phi\left(\frac{w\eta - \sigma^2\Delta t}{\sigma\eta\sqrt{\Delta t}}\right) + e^{w/\eta}\Phi\left(\frac{w\eta + \sigma^2\Delta t}{\sigma\eta\sqrt{\Delta t}}\right)\right]$$

$$+ (1 - \lambda\Delta t)\frac{1}{\sigma\sqrt{\Delta t}}f\left(\frac{x - \mu\Delta t}{\sigma\sqrt{\Delta t}}\right), \tag{6.31}$$

其中 $w = x - \mu\Delta t - \kappa$, 并且 $f(\cdot)$ 和 $\Phi(\cdot)$ 分别是标准正态随机变量的概率密度函数和累积分布函数. 另外,

$$\mathrm{E}(G) = \mu\Delta t + \kappa\lambda\Delta t, \quad \mathrm{Var}(G) = \sigma^2\Delta t + \lambda\Delta t[2\eta^2 + \kappa^2(1 - \lambda\Delta t)].$$

图 6-9 显示了正态分布与方程 (6.31) 的分布的概率密度函数的一些比较. 两个分布的均值都是 0、方差都是 2.0572×10^{-4}. 均值和方差是通过假定标的资产的年收益率满足 $\mu = 20\%$, $\sigma = 20\%$, $\Delta t = 1$ 天 $= 1/252$ 年, $\lambda = 10$, $\kappa = -0.02$, $\eta = 0.02$ 而得到的. 换句话说, 我们假定每年大约有 10 天跳跃, 平均跳跃大小为 -2%. 跳跃波动率为 2%. 这些值对美国股票是合理的. 从图中, 可以清楚地看到由方程 (6.26) 的跳跃扩散过程推导出的分布的尖峰态性质. 该分布比相应的正态分布有更高的峰和更厚的尾巴.

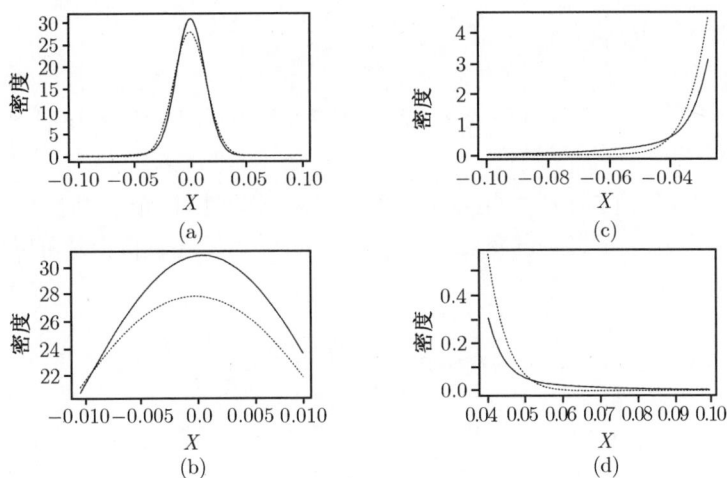

图 6-9   正态分布和方程 (6.31) 分布的密度比较. 点线表示正态分布. 两个分布的均值都是 0、方差都是 2.0572×10^{-4}. (a) 整体比较; (b) 尖峰的比较; (c) 左尾; (d) 右尾

跳跃扩散下的期权定价

当随机跳跃出现时, 市场将变成不完全的. 在这种情况下, 标准套期变量对期权定价就不再适用了. 但我们仍可以推导出不依赖于对风险的态度的期权定价公式. 方法是假定可利用的证券数量非常大, 以至于突然跳跃的风险是可以分散的, 并且市场因此对超过无风险利率的部分承担风险时将不支付风险溢价. 换句话说, 对于风险溢价的一个给定集合, 可以考虑风险中性测度 P^*, 满足

$$\frac{\mathrm{d}P_t}{P_t} = [r - \lambda E(J-1)]\mathrm{d}t + \sigma \mathrm{d}w_t + \mathrm{d}\left[\sum_{i=1}^{n_t}(J_i - 1)\right]$$

$$= (r - \lambda\psi)\mathrm{d}t + \sigma \mathrm{d}w_t + \mathrm{d}\left[\sum_{i=1}^{n_t}(J_i - 1)\right],$$

其中 r 是无风险利率, $J = \exp(X)$ 满足 X 服从方程 (6.27) 的双指数分布, $\psi = \mathrm{e}^\kappa/(1-\eta^2) - 1$, $0 < \eta < 1$. 考虑风险溢价时, 参数 κ, η, ψ 和 σ 变成了风险中性参

数. 具体可参见 Kou (2002). 前面方程的唯一解为

$$P_t = P_0 \exp\left[\left(r - \frac{\sigma^2}{2} - \lambda\psi\right)t + \sigma w_t\right]\prod_{i=1}^{n_t} J_i.$$

为了对跳跃扩散模型中的一个欧式期权定价, 剩下的就是计算期权折现的最终回报在测度 P^* 下的期望. 具体来讲, 一个欧式看涨期权在 t 时刻的价格可以由下式给出

$$c_t = \mathrm{E}_*[\mathrm{e}^{-r(T-t)}(P_T - K)_+]$$

$$= \mathrm{E}_*\left(\mathrm{e}^{-r(T-t)}\left\{P_t \exp\left[\left(\frac{r-\sigma^2}{2}-\lambda\psi\right)(T-t)+\sigma\sqrt{T-t}\varepsilon\right]\prod_{i=1}^{n_T} J_i - K\right\}_+\right), (6.32)$$

其中 T 是到期日, $(T-t)$ 是用年测量的离到期日的时间, K 是执行价格, $(y)_+ = \max(0, y)$, ε 是标准正态随机变量. Kou(2002) 证明了 c_t 在解析上是可以处理的, 因为

$$c_t = \sum_{n=1}^{\infty}\sum_{j=1}^{n}\mathrm{e}^{-\lambda(T-t)}\frac{\lambda^n(T-t)^n}{n!}\frac{2^j}{2^{2n-1}}\begin{pmatrix} 2n-j-1 \\ n-1 \end{pmatrix}$$

$$\times (A_{1,n,j} + A_{2,n,j} + A_{3,n,j}) \qquad\qquad (6.33)$$

$$+ \mathrm{e}^{-\lambda(T-t)}[P_t\mathrm{e}^{-\lambda\psi(T-t)}\Phi(h_+) - K\mathrm{e}^{-r(T-t)}\Phi(h_-)],$$

其中 $\Phi(\cdot)$ 是标准正态随机变量的累积分布函数,

$$A_{1,n,j} = P_t\mathrm{e}^{-\lambda\psi(T-t)+n\kappa}\frac{1}{2}\left[\frac{1}{(1-\eta)^j}+\frac{1}{(1+\eta)^j}\right]\Phi(b_+) - \mathrm{e}^{-r(T-t)}K\Phi(b_-),$$

$$A_{2,n,j} = \frac{1}{2}\mathrm{e}^{-r(T-t)-w/\eta+\sigma^2(T-t)/(2\eta^2)}K$$

$$\times \sum_{i=0}^{j-1}\left[\frac{1}{(1-\eta)^{j-i}}-1\right]\left(\frac{\sigma\sqrt{T-t}}{\eta}\right)^i\frac{1}{\sqrt{2\pi}}Hh_i(c_-),$$

$$A_{3,n,j} = \frac{1}{2}\mathrm{e}^{-r(T-t)+w/\eta+\sigma^2(T-t)/(2\eta^2)}K$$

$$\times \sum_{i=0}^{j-1}\left[1-\frac{1}{(1+\eta)^{j-i}}\right]\left(\frac{\sigma\sqrt{T-t}}{\eta}\right)^i\frac{1}{\sqrt{2\pi}}Hh_i(c_+),$$

$$b_{\pm} = \frac{\ln(P_t/K)+(r\pm\sigma^2/2-\lambda\psi)(T-t)+n\kappa}{\sigma\sqrt{T-t}},$$

$$h_{\pm} = \frac{\ln(P_t/K)+(r\pm\sigma^2/2-\lambda\psi)(T-t)}{\sigma\sqrt{T-t}},$$

$$c_{\pm} = \frac{\sigma\sqrt{T-t}}{\eta}\pm\frac{w}{\sigma\sqrt{T-t}},$$

$$w = \ln(K/P_t) + \lambda\psi(T-t) - (r - \sigma^2/2)(T-t) - n\kappa,$$
$$\psi = \frac{\mathrm{e}^\kappa}{1-\eta^2} - 1,$$

而函数 $Hh_i(\cdot)$ 定义为

$$Hh_n(x) = \frac{1}{n!}\int_x^\infty (s-x)^n \mathrm{e}^{-s^2/2}\mathrm{d}s \quad n = 0, 1, \cdots, \tag{6.34}$$

且有 $Hh_{-1}(x) = \exp(-x^2/2)$, 当 $f(x)$ 是一个正态随机变量的累积分布函数时, 它就是 $\sqrt{2\pi}f(x)$. 详见 Abramowitz 和 Stegun(1972). 函数 $Hh_n(x)$ 满足下面的递推公式

$$nHh_n(x) = Hh_{n-2}(x) - xHh_{n-1}(x), \quad n \geqslant 1, \tag{6.35}$$

初始值为 $Hh_{-1}(x) = \mathrm{e}^{-x^2/2}$, 且 $Hh_0(x) = \sqrt{2\pi}\Phi(-x)$.

定价公式涉及一个无穷序列, 但是它的数值可以通过截断 (truncation)(例如, 前 10 项) 快速而精确地逼近. 如果 $\lambda = 0$(即没有跳跃), 则很容易看到对于前面讨论的看涨期权而言, c_t 简化为 B-S 公式.

最后, 考虑跳跃扩散模型的条件下, 一个欧式看跌期权的价格可以通过涨 - 跌平价得到, 即

$$p_t = c_t + Ke^{-r(T-t)} - P_t.$$

在方程 (6.26) 的跳跃扩散模型下的其他期权定价公式可以参见 Kou (2002).

例 6.8 考虑例 6.6 中的股票, 当前价格为 \$80. 如前, 假定欧式期权的敲定价格为 $K = \$85$, 且其他参数为 $r = 0.08$, $T - t = 0.25$. 另外, 假设股价服从方程 (6.26) 中的跳跃扩散模型, 参数为 $\lambda = 10$, $\kappa = -0.02$, $\eta = 0.02$. 换句话说, 每年大约有 10 个跳跃, 平均跳跃大小为 -2% 且跳跃波动率为 2%. 利用方程 (6.33) 中的公式, 我们得到 $c_t = 3.92$, 当没有跳跃时高于例 6.6 中的 \$3.49. 相应的看跌期权假定为 $p_t = \$3.31$, 也比我们以前的高很多. 正如所期望的, 当保持其余参数不变, 加入跳跃时就增加了两种欧式期权的价格. 然而, 请注意, 实际应用时, 在股价中加入跳跃过程经常导致股票波动率 σ 的不同估计.

6.10 连续时间模型的估计

下面我们考虑直接从离散样本数据中估计扩散方程 (即伊藤过程) 的问题. 这里漂移函数 $\mu(x_t, t)$ 和波动率函数 $\sigma(x_t, t)$ 都是时变的, 并可能不服从一个具体的参数形式. 这是近年来引起人们很大兴趣的一个主题. 具体方法的细节超出了本章的范围, 因此我们仅对文献中提出的方法简要介绍一下. 有兴趣的读者可以查阅相应的文献以及 Lo (1988).

估计一个扩散方程时有几种可以利用的方法. 第一种方法是拟最大似然方法, 它利用了 $\mathrm{d}w_t$ 在一个很小的时间间隔上是正态分布的事实. 参见 Kessler (1997) 及其参考文献. 第二种方法是矩方法. 参见 Conley, Hansen, Luttmer 和 Scheinkman (1997) 及其参考文献. 第三种方法是利用非参数方法. 参见 Ait-Sahalia (1996, 2002). 第四种方法是利用半参数方法和再投影 (reprojection) 方法. 参见 Gallant 和 Long (1997), Gallant 和 Tauchen (1997). 最近, 许多研究者已经开始利用 MCMC 方法来估计扩散方程. 具体可参见 Eraker (2001) 以及 Elerian, Chib 和 Shephard (2001).

附录 A   B-S 公式积分

本附录将推导出方程 (6.19) 给出的欧式看涨期权的价格. 令 $x = \ln(P_T)$, 利用变量代换以及 $g(P_T)\mathrm{d}P_T = f(x)\mathrm{d}x$, 其中 $f(x)$ 为 x 的概率密度函数, 我们有

$$
\begin{aligned}
c_t &= \exp[-r(T-t)] \int_K^\infty (P_T - K)g(P_T)\mathrm{d}P_t \\
&= \mathrm{e}^{-r(T-t)} \int_{\ln(K)}^\infty (\mathrm{e}^x - K)f(x)\mathrm{d}x \\
&= \mathrm{e}^{-r(T-t)} \left[\int_{\ln(K)}^\infty \mathrm{e}^x f(x)\mathrm{d}x - K \int_{\ln(K)}^\infty f(x)\mathrm{d}x \right].
\end{aligned}
\tag{6.36}
$$

因为 $x = \ln(P_T) \sim N[\ln(P_t) + (r - \sigma^2/2)(T-t), \sigma^2(T-t)]$, 所以方程 (6.36) 中第二项的积分简化为

$$
\begin{aligned}
\int_{\ln(K)}^\infty f(x)\mathrm{d}x &= 1 - \int_{-\infty}^{\ln(K)} f(x)\mathrm{d}x \\
&= 1 - \mathrm{CDF}[\ln(K)] \\
&= 1 - \Phi(-h_-) = \Phi(h_-),
\end{aligned}
$$

其中 $\mathrm{CDF}(\ln(K))$ 为 $x = \ln(P_T)$ 的累积分布函数在 $\ln(K)$ 处的取值, $\Phi(\cdot)$ 是标准正态随机变量的累积分布函数, 而且

$$
\begin{aligned}
-h_- &= \frac{\ln(K) - \ln(P_t) - (r - \sigma^2/2)(T-t)}{\sigma\sqrt{T-t}} \\
&= \frac{-\ln(P_t/K) - (r - \sigma^2/2)(T-t)}{\sigma\sqrt{T-t}}.
\end{aligned}
$$

方程 (6.36) 中第一项的积分可以写为

$$
\int_{\ln(K)}^\infty \frac{1}{\sqrt{2\pi}\sqrt{\sigma^2(T-t)}} \exp\left\{ x - \frac{[x - \ln(P_t) - (r - \sigma^2/2)(T-t)]^2}{2\sigma^2(T-t)} \right\} \mathrm{d}x,
$$

其中指数可以简化为

$$x - \frac{\{x - [\ln(P_t) + (r - \sigma^2/2)(T-t)]\}^2}{2\sigma^2(T-t)}$$
$$= -\frac{\{x - [\ln(P_t) + (r + \sigma^2/2)(T-t)]\}^2}{2\sigma^2(T-t)} + \ln(P_t) + r(T-t).$$

因此, 第一个积分变为

$$\int_{\ln(K)}^{\infty} e^x f(x) dx$$
$$= P_t e^{r(T-t)} \int_{\ln(K)}^{\infty} \frac{1}{\sqrt{2\pi}\sqrt{\sigma^2(T-t)}} \times \exp\left[-\frac{\{x - [\ln(P_t) + (r+\sigma^2/2)(T-t)]\}^2}{2\sigma^2(T-t)}\right] dx,$$

它包含了一个均值为 $\ln(P_t) + (r + \sigma^2/2)(T-t)$、方差为 $\sigma^2(T-t)$ 的正态分布的累积分布函数. 利用前面证明第二个积分的同样方法, 我们有

$$\int_{\ln(K)}^{\infty} e^x f(x) dx = P_t e^{r(T-t)} \Phi(h_+),$$

其中 h_+ 由下式给出

$$h_+ = \frac{\ln(P_t/K) + (r + \sigma^2/2)(T-t)}{\sigma\sqrt{T-t}}.$$

将两个结果结合, 我们就有

$$c_t = e^{-r(T-t)}[P_t e^{r(T-t)}\Phi(h_+) - K\Phi(h_-)] = P_t\Phi(h_+) - Ke^{-r(T-t)}\Phi(h_-).$$

附录 B　标准正态概率的近似

一个标准正态随机变量的累积分布函数 $\mathrm{cdf}\Phi(x)$ 可以近似为

$$\Phi(x) = \begin{cases} 1 - f(x)[c_1 k + c_2 k^2 + c_3 k^3 + c_4 k^4 + c_5 k^5], & 若 x \geqslant 0, \\ 1 - \Phi(-x), & 若 x < 0. \end{cases}$$

其中 $f(x) = \exp(-x^2/2)/\sqrt{2\pi}, k = 1/(1 + 0.231\,641\,9x), c_1 = 0.319\,381\,530, c_2 = -0.356\,563\,782, c_3 = 1.781\,477\,937, c_4 = -1.821\,255\,978, c_5 = 1.330\,274\,429.$

例如, 利用前面的近似, 我们得到 $\Phi(1.96) = 0.975\,002, \Phi(0.82) = 0.793\,892, \Phi(-0.61) = 0.270\,931$. 这些概率与一个典型的正态概率表中得到的值非常接近.

练 习 题

6.1 假定对数价格 $p_t = \ln(P_t)$ 服从一个随机微分方程

$$dp_t = \gamma dt + \sigma dw_t,$$

其中 w_t 是一个维纳过程. 试推导价格 P_t 的随机方程.

6.2 考虑一个不支付红利的股票的远期价格 F, 我们有

$$F_{t,T} = P_t e^{r(T-t)},$$

其中 r 是无风险利率, 它是常数; P_t 是当前的股价. 假设 P_t 服从几何布朗运动

$$dP_t = \mu P_t dt + \sigma P_t dw_t.$$

试推导 $F_{t,T}$ 的随机微分方程.

6.3 假定 IBM 股票的价格服从伊藤过程

$$dP_t = \mu P_t dt + \sigma P_t dw_t,$$

其中 μ 和 σ 都是固定的, w_t 是一个标准的布朗运动. 考虑 IBM 股票在 1997 年的日对数收益率. 平均收益率与样本的标准差分别为 0.001 31 和 0.022 15. 假设 1997 年有 252 个交易日, 运用此数据来估计参数 μ 和 σ.

6.4 假设一只股票的当前价格是每股 120 美元, 年波动率 σ =50%. 进一步假定年无风险利率为 7%, 且该股票不支付红利. (a) 这只股票的敲定价格为 \$125 且到期时间为 3 个月的欧式看涨期权的价格是多少? (b) 这只股票的敲定价格为 \$ 118 且到期时间为 3 个月的欧式看跌期权的价格是多少? 如果年波动率增加到 80%, 那么两种期权的价格分别是多少呢?

6.5 推导一只股票的欧式看跌期权中 5 个变量 K, P_t , $T-t, \sigma$ 及 r 的极限边际效应.

6.6 股票当前的价格为每股 60 美元, 并且服从几何布朗运动

$$dP_t = \mu P_t dt + \sigma P_t dt.$$

假设该股票的年期望收益率为 μ, 年波动率为 40%, 问股价在两年内的概率分布是什么? 试求该分布的均值和标准差, 并且对此股价构造一个 95% 的置信区间.

6.7 当前股价为每股 60 美元, 并服从几何布朗运动

$$dP_t = \mu P_t dt + \sigma P_t dt.$$

假设该股票的年期望收益率为 μ, 年波动率为 40%. 问股票两年的连续复合收益率的概率分布是什么? 试求此分布的均值和标准差.

6.8 假设股票 A 的当前价格是每股 70 美元, 此价格服从方程 (6.26) 的跳跃扩散模型. 假定年无风险利率为 8%, 股票不分红, 年波动率为 30%. 另外, 价格平均每年大约有 15 个跳跃, 平均的跳跃大小为 −2%, 跳跃波动率为 3%. 问敲定价格为 \$75 且到期时间为 3 个月的一个欧式看涨期权的价格是多少? 相应的欧式看跌期权的价格是多少?

6.9 考虑没有分红支付的股票的欧式看涨期权. 假定 $P_t = \$20, K = \$18$, 年利率为 $r = 6\%$, $T-t = 0.5$ 年. 如果股票的欧式看涨期权的价格是 \$2.10, 套利者有套利的机会吗?

6.10 考虑没有分红支付的股票的欧式看跌期权. 假定 $P_t = \$44, K = \$47$, 年利率为 $r = 6\%$, $T-t = 0.5$ 年. 如果股票的欧式看跌期权的价格是 \$1.00, 套利者有套利的机会吗?

参 考 文 献

Abramowitz, M. and Stegun, I. A. (1972). *Handbook of Mathematical Functions*, 10th ed. U.S. National Bureau of Standards, Washington, DC.

Ait-Sahalia, Y. (1996). Testing continuous-time models for the spot interest rate. *Review of Financial Studies* **9**: 385–426.

Ait-Sahalia, Y. (2002). Maximum likelihood estimation of discretely sampled diffusions: A closed-form approach. *Econometrica* **70**: 223–262.

Bakshi, G., Cao, C., and Chen, Z. (1997). Empirical performance of alternative option pricing models. *Journal of Finance* **52**: 2003–2049.

Billingsley, P. (1968). *Convergence of Probability Measures*. Wiley, New York.

Billingsley, P. (1986). *Probability and Measure*, 2nd ed. Wiley, New York.

Black, F. and Scholes, M. (1973). The pricing of options and corporate liabilities. *Journal of Political Economy* **81**: 637–654.

Conley, T. G., Hansen, L. P., Luttmer, E. G. J., and Scheinkman, J. A. (1997). Short-term interest rates as subordinated diffusions. *Review of Financial Studies* **10**: 525–577.

Cox, J. C. and Rubinstein, M. (1985). *Options Markets*. Prentice Hall, Englewood Cliffs, NJ.

Donsker, M. (1951). An invariance principle for certain probability limit theorems. *Memoirs American Mathematical Society* No. 6.

Duffie, D. (1995). *Dynamic Asset Pricing Theory*, 2nd ed. Princeton University Press, Princeton, NJ.

Elerian, O., Chib, S., and Shephard, N. (2001). Likelihood inference for discretely observed non-linear diffusions. *Econometrica* **69**: 959–993.

Eraker, B. (2001). MCMC analysis of diffusion models with application to finance. *Journal of Business & Economic Statistics* **19**: 177–191.

Gallant, A. R. and Long, J. R. (1997). Estimating stochastic diffusion equations efficiently by minimum chi-squared. *Biometrika* **84**: 125–141.

Gallant, A. R. and Tauchen, G. (1997). The relative efficiency of method of moments estimators. Working paper, Economics Department, University of North Carolina.

Hull, J. C. (2007). *Options, Futures, and Other Derivatives with Derivagem CD*, 7th ed. Prentice Hall, Upper Saddle River, NJ.

Kessler, M. (1997). Estimation of an ergodic diffusion from discrete observations. *Scandinavian Journal of Statistics* **24**: 1–19.

Kou, S. (2002). A jump diffusion model for option pricing. *Management Science* **48**: 1086–1101.

Lo, A. W. (1988). Maximum likelihood estimation of generalized Ito's processes with discretely sampled data. *Econometric Theory* **4**: 231–247.

Merton, R. C. (1976). Option pricing when the underlying stock returns are discontinuous. *Journal of Financial Economics* **5**: 125–144.

第7章 极值理论、分位数估计与风险值

在金融市场中极端的价格运动虽然很少见, 但是很重要. 1987 年 10 月华尔街股市的崩盘和其他诸如长期资本管理、雷曼兄弟倒闭等大的金融危机已经引起了投资者、从业人员和研究者的高度关注. 最近, 以市场波动率大幅增加 (例如芝加哥期权交易所波动率指数) 和市场指数大幅下降为特征的世界范围的金融危机进一步引发了关于市场风险和金融机构保证金设置的讨论. 因此, 风险值 (Value at Risk, 简记 VaR) 成为在风险管理中市场风险的标准度量方法。人们对其有用性和缺点进行了广泛地讨论.

本章主要讨论计算 VaR 的各种方法以及这些方法后面的统计理论. 特别地, 我们考虑在统计文献中发展起来的极值理论来研究稀少 (或异常) 事件及其对 VaR 的应用. 其中极值理论的条件概念与无条件概念都在讨论之列. 金融头寸 VaR 计算的无条件方法需要用到计算 VaR 所涉及的金融工具的历史收益率. 然而, 条件方法则运用历史数据与解释变量来计算 VaR. 解释变量可能包括宏观经济变量和所涉及公司的会计变量.

本章讨论的其他计算 VaR 的方法是风险度量制 (RiskMetrics)、波动率模型的经济计量模型以及经验分位数. 我们利用 IBM 股票的日对数收益率来解释所有所讨论方法的实际计算. 因此, 得到的结果可以用来比较不同方法的表现. 图 7-1 描述了 IBM 股票从 1962 年 7 月 3 日至 1998 年 12 月 31 日的日对数收益率, 共 9190 个观测值的时间图.

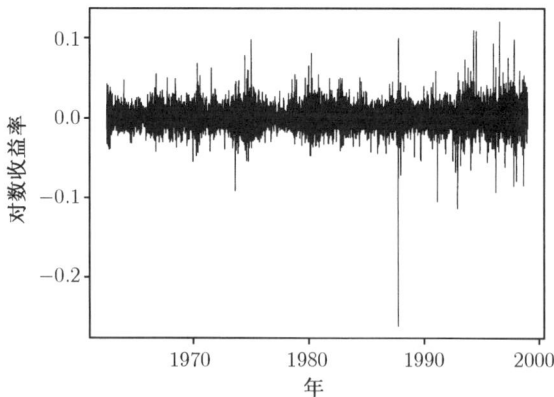

图 7-1 1962 年 7 月 3 日至 1998 年 12 月 31 日 IBM 股票日对数收益率的时间图

VaR 是潜在金融损失的点估计值. 它包含了某种程序上的不确定性, 但是如果

真的发生极端事件, 它也往往会低估实际损失. 为了克服 VaR 的弱点, 在本章中, 我们将讨论风险的其他度量方法, 比如预期损失和金融头寸的损失分布.

7.1 风 险 值

金融市场中有几种类型的风险, 其中三个主要类别的金融风险是信用风险、流动性风险以及市场风险. VaR 主要讨论市场风险, 但是它也可以应用于其他类型的风险. VaR 是在某个风险范畴中的机构的头寸在一个给定持有期间内可能会由于一般的市场运动而降低所带来的损失的统一估计. 对 VaR 的一般阐述, 可参见 Duffie 和 Pan(1997) 以及 Jorion (1997). 金融机构可以利用这一尺度来评估他们的风险, 或者通过一个管理委员会设定边际要求. 在其他情形, 可以用 VaR 来确保金融机构经过一个灾难性事件之后仍然可以运转. 从金融机构的角度, VaR 可以定义为金融头寸在一个给定时间段上, 以某个给定的概率发生的最大损失. 以这种观点, 可以将 VaR 看做是在正常市场条件下与稀少 (异常) 事件相联系的损失的一个度量. 换句话说, 从管理委员会的角度, VaR 可以定义为在异常市场情境下的最小损失. 两种定义尽管概念上貌似相差很远, 但都将导致同样的 VaR 度量.

下面, 我们在概率框架下定义 VaR. 假设在时间指标 t 点, 我们感兴趣的是接下来的 l 段中一个金融头寸的风险. 令 $\Delta V(l)$ 表示金融头寸中从时刻 t 到 $t+l$ 标的资产价值的改变量, $L(l)$ 为相关的损失函数. 这两个量都是用美元度量的, 且在时刻 t 为随机变量. $L(l)$ 为 $\Delta V(l)$ 的正或负函数, 这取决于头寸为空头或多头. $F_l(x)$ 表示 $L(l)$ 的累积分布函数 (CDF), 我们定义一个持有期为 l、尾部概率为 p 的金融头寸的 VaR 为

$$p = \Pr[L(l) \geqslant \text{VaR}] = 1 - \Pr[L(l) < \text{VaR}]. \tag{7.1}$$

根据上述定义, 在整个持有期 l 中, 头寸持有者遭遇大于等于 VaR 损失的概率为 p. 另外, 可以把 VaR 解释如下: 在整个持有期 l 中, 金融头寸持有者遭遇潜在损失小于 VaR 的概率为 $(1-p)$.

上述定义表明 VaR 关注的是累积分布函数为 $F_l(x)$ 损失的上尾部行为. 对任何一元变量的累积分布函数 $F_l(x)$ 和概率 q, 满足 $0 < q < 1$, 称数值

$$x_q = \inf\{x | F_l(x) \geqslant q\}$$

为 $F_l(x)$ 的 q 分位数, 其中 inf 表示满足 $F_l(x) \geqslant q$ 的所有 x 的最小实数. 如果相应于 $F_l(x)$ 的随机变量 $L(l)$ 为连续型变量, 那么 $q = \Pr[L(l) \leqslant x_q]$.

如果方程 (7.1) 中的 CDF $F_l(x)$ 已知, 那么 $1-p = \Pr[L(l) < \text{VaR}]$, 从而 VaR 就简化为损失函数 $L(l)$ 的 CDF 的 $(1-q)$ 分位数, 即 $\text{VaR} = x_{1-P}$. 有时 VaR 指上 p 分位数, 这是由于 p 是损失函数的上尾部概率. 然而, 在实际应用中 CDF 未

知, 因此, VaR 的研究实质上都与 CDF 和/或者其分位数的估计有关, 尤其是损失 CDF 的上尾部的情况.

在实际应用中, VaR 的计算包括几个因素.

(1) 感兴趣的概率 p 的取值, 例如对于风险管理取 $p = 0.01$, 在压力测试时取 $p = 0.001$.

(2) 时间长度 l, 可以由管理委员会决定, 例如考虑市场风险时取 1 天或 10 天, 考虑信用风险时取 1 年或 5 年.

(3) 数据频率, 这可能与时间长度 l 不一样. 在市场风险分析时通常使用日观测值.

(4) CDF $F_l(x)$ 或者其分位数.

(5) 金融头寸的数量或投资组合的盯市价值.

注释   在方程 (7.1) 中 VaR 的定义是基于损失函数的上尾部而得到的. 对于多头金融头寸来说, 当收益率为负的时产生损失. 因此, 对于多头金融头寸, 我们在进行数据分析时将使用负收益率. 此外, 方程 (7.1) 定义的 VaR 是用美元度量的. 因为金融资产的对数收益率非常接近其百分比变化率, 所以在数据分析中我们使用对数收益率 r_t. 给定在时刻 t 可得到的信息, 从 r_{t+1} 分布的上分位数计算得到的 VaR 是百分比. 因此, 按照美元计算的 VaR 是金融头寸的现金价值乘以对数收益率序列的 VaR, 也就是 VaR= 价值 ×(对数收益率的)VaR, 如果必要的话, 也可以使用近似表达式 VaR= 价值 ×[exp(对数收益率 VaR)−1].   □

注释   VaR 关注的是组合在给定时间区间上的可能损失的一个预测. 可以利用金融头寸未来收益率的预测分布来计算. 例如, 使用日收益率 r_t 且组合在 1 天持有期的 VaR 可以利用 r_{t+1} 在给定 t 时刻已知信息下的预测分布来计算. 由统计的观点, 在一个恰当指定的模型中, 预测分布考虑了参数的不确定性. 然而, 预测分布很难得到, 并且大多数 VaR 计算可以利用的方法都忽视了参数不确定性的影响.□

注释   根据前面的讨论, VaR 只是损失函数的分位数. 它并没有完全描述损失函数上尾部的情况. 在实际应用中, 两种资产可以有相同的 VaR, 当损失大于 VaR 时, 两种资产的损失不同. 此外, VaR 不满足次–可加性, 次–可加性说的就是对于两个投资组合来说在它们合并后的风险应不大于它们合并前风险的和. 因此在用 VaR 来度量风险时必须要十分仔细. 我们稍后将讨论预期损失的概念, 预期损失也是另一种度量风险的方法. 预期损失也称做条件风险值 (CVaR).   □

7.2   风险度量制

J.P. Morgan 将风险度量制方法发展到了 VaR 计算中. 详见 Longerstaey 和 More (1995). 风险度量制的简单形式假定组合的连续复合日收益率服从一个条件正态分布. 用 r_t 表示日对数收益率, F_{t-1} 表示 $t-1$ 时刻可以得到的信息集合. 风

险度量制假定 $r_t|F_{t-1} \sim N(\mu_t, \sigma_t^2)$, 其中 μ_t 是 r_t 的条件均值, σ_t^2 是 r_t 的条件方差. 另外, 这个方法假定这两个量是随时间变化的, 对应于简单的模型:

$$\mu_t = 0, \quad \sigma_t^2 = \alpha\sigma_{t-1}^2 + (1-\alpha)r_{t-1}^2, \quad 0 < \alpha < 1. \tag{7.2}$$

因此, 此方法假定组合的日价格的对数 $p_t = \ln(P_t)$ 满足差分方程 $p_t - p_{t-1} = a_t$, 其中 $a_t = \sigma_t\varepsilon_t$ 是一个无漂移的 IGARCH(1,1) 过程. α 的值通常取在区间 $(0.9, 1)$ 上, 其中一个代表值为 0.94.

这样一个特殊的随机游动 IGARCH 模型的良好性质是: 利用它很容易得到一个多期收益率的条件分布. 具体来讲, 对 k 个周期的持有期, 从时刻 $t+1$ 到时刻 $t+k$(包含 $t+k$ 时刻) 的对数收益率为 $r_t[k] = r_{t+1} + \cdots + r_{t+k-1} + r_{t+k}$. 方括号 $[k]$ 表示 k 期收益率. 在方程 (7.2) 中具体的 IGARCH(1,1) 模型下, 条件分布 $r_t[k]|F_t$ 是均值为 0、方差为 $\sigma_t^2[k]$ 的正态分布, 其中 $\sigma_t^2[k]$ 可以利用第 3 章讨论的预测方法计算. 由 ε_t 的独立性假定和模型 (7.2), 我们有

$$\sigma_t^2[k] = \text{Var}(r_t[k]|F_t) = \sum_{i=1}^{k} \text{Var}(a_{t+i}|F_t),$$

其中 $\text{Var}(a_{t+i}|F_t) = \text{E}(\sigma_{t+i}^2|F_t)$ 可以递推得到. 利用 $r_{t-1} = a_{t-1} = \sigma_{t-1}\varepsilon_{t-1}$, 我们可以将方程 (7.2) 中 IGARCH(1,1) 模型的波动率方程改写为

$$\sigma_t^2 = \sigma_{t-1}^2 + (1-\alpha)\sigma_{t-1}^2(\varepsilon_{t-1}^2 - 1), \quad \text{对所有的 } t.$$

特别地, 我们有

$$\sigma_{t+i}^2 = \sigma_{t+i-1}^2 + (1-\alpha)\sigma_{t+i-1}^2(\varepsilon_{t+i-1}^2 - 1), \quad i = 2, \cdots, k.$$

因为对 $i \geqslant 2$, $\text{E}(\varepsilon_{t+i-1}^2 - 1|F_t) = 0$, 所以前面的方程说明

$$\text{E}(\sigma_{t+i}^2|F_t) = \text{E}(\sigma_{t+i-1}^2|F_t), \quad i = 2, \cdots, k. \tag{7.3}$$

对向前 1 步的波动率预测, 由方程 (7.2) 知 $\sigma_{t+1}^2 = \alpha\sigma_t^2 + (1-\alpha)r_t^2$. 因此, 方程 (7.3) 证明了对 $i \geqslant 1$, $\text{Var}(r_{t+i}|F_t) = \sigma_{t+1}^2$, 从而 $\sigma_t^2[k] = k\sigma_{t+1}^2$. 结果说明 $r_t[k]|F_t \sim N(0, k\sigma_{t+1}^2)$, 因此, 在方程 (7.2) 的这个特殊的 IGARCH(1,1) 模型下, $r_t[k]$ 的条件方差与时间段 k 成比例. k 持有期对数收益率的条件标准差为 $\sqrt{k}\sigma_{t+1}$.

给定尾部概率, 对于对数收益率, 风险度量制使用 $r_t[k]|F_t \sim N(0, k\sigma_{t+1}^2)$ 这个结果计算 VaR. 如果设定尾部概率为 5%, 那么下一个交易日 VaR=$1.65\sigma_{t+1}$, 这是均值为 0、标准差为 σ_{t+1} 的正态分布的上 5%(或者 95%) 分位数. 对于将来 k 个交易日, VaR$[k] = 1.65\sqrt{k}\sigma_{t+1}$, 这是 $N(0, k\sigma_{t+1}^2)$ 的 95%分位数. 类似地, 如果尾部概率为 1%, 那么下一个交易日 VaR=$2.326\sigma_{t+1}$, 将来 k 个交易日 VaR$[k] = 2.326\sqrt{k}\sigma_{t+1}$.

考虑 1%尾部概率的情况, 则风险度量制下某个投资组合下一个交易日的 VaR 为

$$\text{VaR} = \text{头寸数量} \times 2.326\sigma_{t+1},$$

k 个交易日的 VaR 为

$$\text{VaR}(k) = \text{头寸数量} \times 2.326\sqrt{k}\sigma_{t+1},$$

其中使用 VaR 的变量 (k) 表示时间范围, 投资组合价值按美元度量. 因此, 在风险
度量制下, 我们有

$$\text{VaR}(k) = K \times \text{VaR}.$$

把上式称做风险度量制下 VaR 计算的时间平方根规则.

如果对数收益率用百分数表示, 则下一个交易日 1%的 VaR 为 VaR= 头寸数
量 $\times 2.326\sigma_{t+1}/100$, 其中 σ_{t+1} 为对数收益率百分数的波动率.

注意到因为风险度量制假设对数收益率服从均值为 0 的正态分布, 所以损失
函数为对称的, 对于多头和空头的金融头寸 VaR 相同.

例 7.1 1997 年德国马克/美元的汇率的连续复合日收益率的样本标准差大约是
0.53%. 假定一个投资者长期持有价值 1 千万美元的马克/美元汇率合约, 则该投资
者 1 天持有期的 5%VaR 是

$$10\ 000\ 000 \times (1.65 \times 0.005\ 3) \text{ 美元} = 87\ 450 \text{ 美元}.$$

相应的 1 个月持有期 (10 天) 的 VaR

$$10\ 000\ 000 \times (\sqrt{10} \times 1.65 \times 0.005\ 3) \text{ 美元} \approx 276\ 541 \text{ 美元}.$$

例 7.2 考虑图 7-1 中 IBM 的日对数收益率. 正如第 1 章中提到的, 收益率的样
本均值显著地不同于 0. 然而, 为了说明利用风险度量制的 VaR 计算, 我们假定这
个样本的条件均值为 0, 而且收益率的波动率服从一个无漂移的 IGARCH(1,1) 模
型. 拟合的模型为

$$r_t = a_t, \quad a_t = \sigma_t\varepsilon_t, \quad \sigma_t^2 = 0.939\ 6\sigma_{t-1}^2 + (1 - 0.939\ 6)a_{t-1}^2, \tag{7.4}$$

其中 $\{\varepsilon_t\}$ 是标准的高斯白噪声序列. 如所料想的, 由 Q 统计量, 拒绝了这个模型.
例如, 对于标准残差的平方, 我们有一个高度显著的统计量 $Q(10) = 56.19$.

由数据与拟合的模型, 我们有 $r_{9190} = -0.012\ 8$, $\hat{\sigma}_{9/90}^2 = 0.000\ 347\ 2$. 因此,
一步向前波动率预测为 $\hat{\sigma}_{9190}^2(1) = 0.000\ 336$. 条件分布 $r_{9191}|F_{9190}$ 的 95%分位数
为 $1.65 \times \sqrt{0.000\ 336} = 0.030\ 25$. 因此, 1 千万美元的多头头寸在 1 天持有期内的
5%VaR 为

$$\text{VaR} = 10\ 000\ 000 \times 0.030\ 25 \text{ 美元} = 302\ 500 \text{ 美元}.$$

99%分位数是 $2.326 \times \sqrt{0.000\ 336} = 0.042\ 65$, 相应的相同多头头寸的 1%VaR 为 426
500 美元.

注释 为了应用 S-Plus 中的风险度量制, 我们可以用 mgarch (多元 GARCH)
命令下的 ewmal (一阶指数加权滑动平均) 来估计 $1 - \alpha$. 然后用命令 predict 获

得波动率预测. 对于所用的 IBM 数据, α 的估计是 $1 - 0.036 = 0.964$, 波动率的向前一步预测是 $\hat{\sigma}_{9\,190}(1) = 0.018\,88$. 具体参见下面的演示. 可算得对于 $p = 0.05$ 和 $p = 0.01$, 分别有 VaR = 311 520 美元 和 VaR = 439 187 美元. 这两个 VaR 值要比例 7.2 给出的值稍小. 例 7.2 是基于 RATS 程序给出的估计. □

S-Plus 演示

输出结果已经简化.

```
> ibm.risk=mgarch(ibm~-1, ~ewma1)
> ibm.risk
ALPHA 0.036
> predict(ibm.risk,2)
$sigma.pred 0.01888
```

7.2.1 讨论

风险度量制的一个优点就是简单, 很易于理解和运用. 另外一个优点是它使得金融市场中的风险更加透明了. 然而, 因为证券收益率常常有厚尾 (或肥尾), 所以正态性假定通常导致 VaR 的低估. 其他计算 VaR 的方法也要避免作这样一个假定.

时间平方根法则是风险度量制中运用特殊模型的一个结果. 如果对数收益率的零均值假定或者具体的 IGARCH(1,1) 模型假设不满足, 则此准则就失效了. 考虑下面这个简单模型:

$$r_t = \mu + a_t, \quad a_t = \sigma_t \varepsilon_t, \quad \mu \neq 0, \quad \sigma_t^2 = \alpha \sigma_{t-1}^2 + (1-\alpha)a_{t-1}^2,$$

其中 $\{\varepsilon_t\}$ 是标准的高斯白噪声序列. $\mu \neq 0$ 的假定对许多在 NYSE 中大量交易的股票收益率都是成立的 (见第 1 章). 对于上面这一简单模型, 给定 F_t 下 r_{t+1} 的分布服从 $N(\mu, \sigma_{t+1}^2)$. 用来计算 1 天持有期 VaR 的 5%分位数变为 $\mu - 1.65\sigma_{t+1}$. 对一个 k 天持有期, 给定 F_t 下 $r_t[k]$ 的分布服从 $N(k\mu, k\sigma_{t+1}^2)$, 其中同前面一样, $r_t[k] = r_{t+1} + \cdots + r_{t+k-1} + r_{t+k}$. k 天持有期 VaR 计算中运用的 5%分位数是 $k\mu + 1.65\sqrt{k}\sigma_{t+1} = \sqrt{k}(\sqrt{k}\mu + 1.65\sigma_{t+1})$. 因此, 当平均收益率不为 0 时, $\text{VaR}(k) \neq \sqrt{k} \times \text{VaR}$. 同样很容易证明当收益率的波动率模型不是无漂移的 IGARCH(1,1) 模型时, 此方法也是失效的.

7.2.2 多个头寸

在一些应用中, 投资者可能持有多个头寸, 并且需要计算头寸的全部 VaR. 做这样一个计算时, 在假定每个头寸的日对数收益服从一个随机游动 IGARCH(1,1) 模型下, 风险度量制采取了一个简单方法. 需要的额外量是收益率间的交叉相关系数. 考虑两个头寸的情况. 令 VaR_1 和 VaR_2 表示两个头寸的 VaR, 并且令 ρ_{12} 表示两个收益率间的交叉相关系数, 即 $\rho_{12} = \text{Cov}(r_{1t}, r_{2t})/[\text{Var}(r_{1t})\text{Var}(r_{2t})]^{0.5}$. 则投资者的全部 VaR 为

$$\text{VaR} = \sqrt{\text{VaR}_1^2 + \text{VaR}_2^2 + 2\rho_{12}\text{VaR}_1\text{VaR}_2}.$$

一个包含 m 个工具的头寸的 VaR 一般式可由下式得到:

$$\text{VaR} = \sqrt{\sum_{i=1}^{m} \text{VaR}_i^2 + 2\sum_{i<j}^{m} \rho_{ij}\text{VaR}_i\text{VaR}_j},$$

其中 ρ_{ij} 是第 i 个与第 j 个工具的收益率间的交叉相关系数, VaR_i 表示第 i 个工具的 VaR.

在推导前面公式时, 我们假设了投资组合中的各种资产的对数收益率服从均值为 0、协方差矩阵为 Σ_{t+1} 的多元正态分布. 在这个假设下, 投资组合的对数收益率服从均值为 0、方差有限的正态分布. 多元正态变量的性质见第 8 章附录 B.

7.2.3 预期损失

给定尾部概率 p, VaR 只是损失函数的 $(1-p)$ 分位数. 在实际应用中, 实际损失如果发生的话可能比 VaR 大. 在这个意义上, VaR 可能低估了实际损失. 为了对潜在损失有更好地评定, 可以考虑如果损失超过 VaR, 那么损失函数的期望值. 这个考虑引出了预期损失 (ES) 的概念. 在风险度量制下, 损失函数服从正态分布将使得给定损失超过 VaR 条件下损失函数的条件分布为截尾 (从下方) 正态分布. 统计学文献对截尾正态分布的性质 (比如均值、方差) 都有充分的研究. 我们可以使用分布的均值计算预期损失. 具体来说, 考虑服从标准正态分布变量 $X \sim N(0,1)$. 对于给定上尾部概率 p, 令 $q = 1-p$, VaR_q 为相关的 VaR, 也就是说, VaR_q 为 X 的 q 分位数, 于是给定 $X > \text{VaR}_q$ 条件下, X 的期望为 $E(X \mid X > \text{VaR}_q) = f(\text{VaR}_q)/p$, 其中 $f(x) = (1/\sqrt{2\pi})\exp(-x^2/2)$ 是 X 的 pdf. 于是, 对于条件分布为 $N(0, \sigma_t^2)$ 的对数收益率 r_t 来说, 其预期损失为

$$\text{ES}_q = \frac{f(\text{VaR}_q)}{p}\sigma_t \quad \text{or} \quad \text{ES}_{1-p} = \frac{f(\text{VaR}_{1-p})}{p}\sigma_t.$$

例如, 如果 $p = 0.05$, 那么 $\text{VaR}_{0.95} \approx 1.645$, $f(\text{VaR}_q)/p = f(1.645)/0.05 = 2.0627$, 因此在风险度量制下, 预期损失为 $\text{ES}_{0.95} = 2.0627\sigma_t$. 如果 $p = 0.01$, 那么 $\text{ES}_{0.99} = 2.6652\sigma_t$.

7.3 VaR 计算的计量经济方法

VaR 计算的一个一般方法就是利用第 2 章到第 4 章中时间序列的经济计量模型. 对于一个长期收益率序列, 可以利用第 2 章中的时间序列模型来对均值方程建模, 并且可利用第 3 章或第 4 章的条件异方差模型来处理波动率. 为了简便, 我们在讨论中利用 GARCH 模型, 并将此方法称为 VaR 计算的计量经济方法. 也可以利用其他的波动率模型 (包括第 4 章中的非线性模型).

考虑某资产的对数收益率 r_t. 它的一般时间序列模型可以写为

$$r_t = \phi_0 + \sum_{i=1}^{p} \phi_i r_{t-i} + a_t - \sum_{j=1}^{q} \theta_j a_{t-j}, \tag{7.5}$$

$$a_t = \sigma_t \varepsilon_t,$$

$$\sigma_t^2 = \alpha_0 + \sum_{i=1}^{u} \alpha_i a_{t-i}^2 + \sum_{j=1}^{v} \beta_j \sigma_{t-j}^2. \tag{7.6}$$

方程 (7.5) 到 (7.6) 是 r_t 的均值和波动率方程. 假定参数已知时, 可以利用这两个方程来得到 r_t 的条件均值与条件方差的 1 步向前预测. 具体地, 我们有

$$\hat{r}_t(1) = \phi_0 + \sum_{i=1}^{p} \phi_i r_{t+1-i} - \sum_{j=1}^{q} \theta_j a_{t+1-j},$$

$$\hat{\sigma}_t^2(1) = \alpha_0 + \sum_{i=1}^{u} \alpha_i a_{t+1-i}^2 + \sum_{j=1}^{v} \beta_j \sigma_{t+1-j}^2.$$

如果进一步假定 ε_t 是高斯的, 则给定 t 时刻可得信息的条件下, r_{t+1} 的条件分布服从 $N[\hat{r}_t(1), \hat{\sigma}_t^2(1)]$. 用 VaR 计算的这个条件分布的分位数可以很容易得到. 例如, 其 95%分位数是 $\hat{r}_t(1) + 1.65\hat{\sigma}_t(1)$. 如果假定 ε_t 是自由度为 v 的标准化的学生 t-分布, 则分位数为 $\hat{r}_t(1) + t_v^*(1-p)\hat{\sigma}_t(1)$, 其中 $t_v^*(1-p)$ 表示自由度为 $1-p$ 的标准化学生 t-分布的 p 分位数.

自由度为 v 的学生 t-分布 (用 t_v 表示) 的分位数与它的标准化分布 (用 t_v^* 表示) 的分位数之间有如下关系:

$$p = \Pr(t_v \leqslant q) = \Pr\left[\frac{t_v}{\sqrt{v/(v-2)}} \leqslant \frac{q}{\sqrt{v/(v-2)}}\right] = \Pr\left[t_v^* \leqslant \frac{q}{\sqrt{v/(v-2)}}\right],$$

其中 $v > 2$. 也就是说, 如果 q 是自由度为 v 的学生 t- 分布的 p 分位数, 则 $q/\sqrt{v/(v-2)}$ 就是自由度为 v 的标准化学生 t- 分布的 p 分位数. 因此, 如果方程 (7.6) 的 GARCH 模型中的 ε_t 服从自由度为 v 的标准化学生 t-分布且上尾概率为 p, 则在时刻 t 时, 用来计算 1 天持有期 VaR 的分位数为

$$\hat{r}_t(1) + \frac{t_v(1-p)\hat{\sigma}_t(1)}{\sqrt{v/(v-2)}},$$

其中 $t_v(1-p)$ 是自由度为 v 的学生 t-分布的 $1-p$ 分位数, 这里假定 p 的绝对值很小, 且 p 为负值.

例 7.3　再次考虑例 7.2 中 IBM 的日对数收益率. 我们利用两个波动率模型来计算一个长期头寸 1 千万美元在 $t = 9190$ 时 1 天持有期的 VaR. 根据第 2 章与第 3 章中的建模方法, 这些计量经济模型是合理的.

因为头寸为多头, 所以我们使用 $r_t = -r_t^c$, 其中 r_t^c 为图 7-1 中 IBM 股票通常的对数收益率.

情形 1

假定 ε_t 是标准正态的, 则拟合的模型为

$$r_t = -0.000\ 66 - 0.024\ 7r_{t-2} + a_t, \quad a_t = \sigma_t \varepsilon_t,$$

$$\sigma_t^2 = 0.000\ 003\ 89 + 0.079\ 9a_{t-1}^2 + 0.907\ 3\sigma_{t-1}^2.$$

由数据, 我们有 $r_{9189} = 0.002\ 01$, $r_{9190} = 0.012\ 8$, $\sigma_{9190}^2 = 0.000\ 334\ 55$. 因此, 前面的 AR(2)-GARCH(1,1) 模型产生的 1 步向前预测为

$$\hat{r}_{9190}(1) = -0.000\ 71 \quad \hat{\sigma}_{9190}^2(1) = 0.000\ 321\ 1.$$

95%分位数为

$$-0.000\ 71 + 1.649\ 9 \times \sqrt{0.000\ 321\ 1} = 0.028\ 77,$$

对于概率为 0.05、头寸为 1 千万美元的多头, 其 VaR 为 VaR = 10 000 000×0.028 77 = 287 700 美元. 这个结果表明, 在假设 AR(2)-GARCH(1, 1) 模型成立的条件下, 下一个交易日持有头寸的潜在损失有 95%的概率, 不大于 287 700 美元. 如果尾部概率为 0.01, 那么 99%分位数为:

$$-0.000\ 71 + 2.326\ 2 \times \sqrt{0.000\ 321\ 1} = 0.040\ 973\ 8.$$

头寸的 VaR 为 409 738 美元.

情形 2

假定 ε_t 是自由度为 5 的标准化学生 t- 分布, 拟合的模型为

$$r_t = -0.000\ 3 - 0.033\ 5r_{t-2} + a_t, \quad a_t = \sigma_t \varepsilon_t,$$

$$\sigma_t^2 = 0.000\ 003 + 0.055\ 9a_{t-1}^2 + 0.935\ 0\sigma_{t-1}^2.$$

由数据, 我们有 $r_{9189} = 0.002\ 01$, $r_{9190} = 0.012\ 8$, $\sigma_{9190}^2 = 0.000\ 349$. 因此, 前面的学生 -$t$AR(2)-GARCH(1,1) 模型产生的 1 步向前预测为

$$\hat{r}_{9190}(1) = -0.000\ 367, \quad \hat{\sigma}_{9190}^2(1) = 0.000\ 338\ 6.$$

自由度为 5 的学生 t- 分布的 5%分位数为 2.015, 它的标准化分布的 95%分位数为 $2.015/\sqrt{5/3} = 1.560\ 8$. 因此, 给定 F_{9190} 条件下, r_{9191} 的条件分布的 5%分位数为

$$-0.000\ 367 + 1.560\ 8\sqrt{0.000\ 338\ 6} = 0.028\ 354.$$

一个 1 千万美元的长期头寸的 VaR 为

$$\text{VaR} = 100\ 000\ 00 \times 0.028\ 352\ 美元 = 283\ 520\ 美元.$$

这基本上与正态性假定下得到的结果相同. 条件分布的 99%分位数为

$$-0.000\ 367 + (3.364\ 9/\sqrt{5/3})\sqrt{0.000\ 338\ 6} = 0.047\ 594\ 3.$$

对应的 VaR 为 475 943 美元. 与情形 1 的结果比较, 我们可以看出利用自由度为 5 的学生 t- 分布时的厚尾效应, 当尾概率变小时增加了 VaR. 在 S-Plus 中, 自由度为 m 的学生 t- 分布的分位数可以由命令 xp=qt(p,m) 得到, 例如, 自由度为 5.23 的学生 t 分布的 99% 分位数是由xp=qt(0.01,5.23)得到的.

7.3.1 多个周期

假定在 h 时刻, 我们希望计算对数收益率为 r_t 的资产的 k 期 VaR. 感兴趣的变量是预测点 h 处的 k 期对数收益率 (即 $r_h[k] = r_{h+1} + \cdots + r_{h+k}$). 如果收益率 r_t 服从方程 (7.5) 和 (7.6) 中的时间序列模型, 则可以通过第 2 章和第 3 章中讨论的预测方法来得到 $r_h[k]$ 在给定信息集 F_h 下的条件均值与条件方差.

1. 期望收益率与预测误差

可以利用第 2 章中 ARMA 模型的预测方法来得到条件均值 $\mathrm{E}(r_h[k]|F_h)$. 具体来讲, 我们有

$$\hat{r}_h[k] = r_h(1) + \cdots + r_h(k),$$

其中 $r_h(l)$ 是收益率在预测原点 h 时的 l 步向前预测. 这些预测可以利用 2.6.4 节讨论的递推方法来计算. 利用方程 (7.5) 中 ARMA 模型的 MA 表示

$$r_t = \mu + a_t + \psi_1 a_{t-1} + \psi_2 a_{t-2} + \cdots,$$

我们可以将预测原点 h 处的 l 步向前预测误差定义为

$$e_h(l) = r_{h+l} - r_h(l) = a_{h+l} + \psi_1 a_{h+l-1} + \cdots + \psi_{l-1} a_{h+1}.$$

可参见方程 (2.33) 以及相应的预测误差. K 期期望收益率的预测误差 $\hat{r}_h[k]$ 是 r_t 在预测原点 h 处的 1 步到 k 步向前预测误差的和, 可以写为

$$
\begin{aligned}
e_h[k] &= e_h(1) + e_h(2) + \cdots + e_h(k) \\
&= a_{h+1} + (a_{h+2} + \psi_1 a_{h+1}) + \cdots + \sum_{i=0}^{k-1} \psi_i a_{h+k-i} \\
&= a_{h+k} + (1 + \psi_1) a_{h+k-1} + \cdots + \left(\sum_{i=0}^{k-1} \psi_i \right) a_{h+1},
\end{aligned}
\tag{7.7}
$$

其中 $\psi_0 = 1$.

2. 期望波动率

k 期收益率在预测原点 h 处的波动率预测是在给定 F_h 下 $e_h[k]$ 的条件方差. 利用对 $i = 1, \cdots, k, \varepsilon_{t+i}$ 的独立性假定且 $a_{t+i} = \sigma_{t+i} \varepsilon_{t+i}$, 我们有

$$
\begin{aligned}
V_h(e_h[k]) &= V_h(a_{h+k}) + (1 + \psi_1)^2 V_h(a_{h+k-1}) + \cdots + \left(\sum_{i=0}^{k-1} \psi_i \right)^2 V_h(a_{h+1}) \\
&= \sigma_h^2(k) + (1 + \psi_1)^2 \sigma_h^2(k-1) + \cdots + \left(\sum_{i=0}^{k-1} \psi_i \right)^2 \sigma_h^2(1),
\end{aligned} \tag{7.8}
$$

其中 $V_h(z)$ 表示给定 F_h 条件下 z 的条件方差, $\sigma_h^2(l)$ 是预测原点 h 处的 $l-$ 步向前波动率预测. 如果波动率模型是方程 (7.6) 中的 GARCH 模型, 那么这些波动率预测可以由第 3 章讨论的方法递推得到.

作为说明, 考虑特殊的时间序列模型

$$
r_t = \mu + a_t, \quad a_t = \sigma_t \varepsilon_t,
$$

$$
\sigma_t^2 = \alpha_0 + \alpha_1 a_{t-1}^2 + \beta_1 \sigma_{t-1}^2.
$$

则对所有的 $i > 0$, 有 $\psi_i = 0$. k 期收益率在预测原点 h 处的点预测为 $\hat{r}_h[k] = k\mu$, 对应的预测误差为

$$
e_h[k] = a_{h+k} + a_{h+k-1} + \cdots + a_{h+1}.
$$

因此, k 期收益率在预测原点 h 处的波动率预测为

$$
\mathrm{Var}(e_h[k] | F_h) = \sum_{l=1}^{k} \sigma_h^2(l).
$$

利用 3.5 节中 GARCH(1,1) 模型的预测方法, 我们有

$$
\sigma_h^2(1) = \alpha_0 + \alpha_1 a_h^2 + \beta_1 \sigma_h^2,
$$

$$
\sigma_h^2(l) = \alpha_0 + (\alpha_1 + \beta_1) \sigma_h^2(l-1), \quad l = 2, \cdots, k. \tag{7.9}
$$

利用方程 (7.9), 对于 $\psi_i = 0$ 的情况下, 我们有当 $i > 0$ 时,

$$
\mathrm{Var}(e_h[k] | F_h) = \frac{\alpha_0}{1 - \phi} \left(k - \frac{1 - \phi^k}{1 - \phi} \right) + \frac{1 - \phi^k}{1 - \phi} \sigma_h^2(1). \tag{7.10}
$$

其中 $\varphi = \alpha_1 + \beta_1 < 1$. 如果对某个 $i > 0$ 有 $\psi_i \neq 0$, 则可以利用 (7.8) 式中 $\mathrm{Var}(e_h[k] | F_h)$ 的一般递推公式. 如果 ε_t 是高斯的, 则 $r_h[k]$ 在给定 F_h 下的条件分布是均值为 $k\mu$, 方差为 $\mathrm{Var}(e_h[k] | F_h)$ 的正态分布. VaR 计算中需要的分位数很容易得到. 如果 a_t 的条件分布是非高斯的 (比如是学生 t-分布或广义误差分布), 可以用模拟的方式得到多期的 VaR.

例 7.3(续)　对于 IBM 股票的日对数收益率, 考虑例 7.3 中的高斯 AR(2)-GARCH (1,1) 模型. 假定我们感兴趣的是在预测原点 9190(即 1998 年 12 月 30 日) 开始的 15 天持有期的 VaR. 我们可以通过给定 F_{9190} 下, $r_{9190}[15] = \sum_{i=1}^{15} r_{9190+i}$, 并利用拟合的模型来计算 15 天对数收益率的条件均值和方差. 由方程 (7.9) 递推得到条件均值为 0.009 98, 条件方差为 0.004 794 8. 那么条件分布的 5%分位数为 $-0.009\ 98 + 1.644\ 9\sqrt{0.004\ 794\ 8} = 0.103\ 919\ 1$. 因此, 一个 1 千万美元的多头头寸的 15 天持有期的 VaR 为 VaR = 100 000 00 × 0.103 919 1 美元 = 103 919 1 美元. 这个数值低于 287 700 × $\sqrt{15}$ 美元 = 111 425 7 美元. 由这个例子进一步表明, 风险度量制使用的平方根时间序列法则仅仅对运用特殊的白噪声 IGARCH(1,1) 模型成立. 当条件均值不为 0 时, 必须采取恰当的步骤计算 k 持有期的 VaR.

7.3.2　在条件正态分布下的预期损失

我们可以使用 7.2.3 节的结果, 计算当对数收益率的条件分布为 $N\left(\mu_t, \sigma_t^2\right)$ 时的 ES. 结果为

$$\mathrm{ES}_q = \mu_t + \frac{f(x_q)}{p}\sigma_t,$$

其中 $q = 1 - p$, x_q 为标准正态分布的 q 分位数. 例如, 如果 $p = 0.01$, 那么 $\mathrm{ES}_{0.99} = \mu_t + 2.665\ 2\sigma_t$.

7.4　分位数估计

分位数估计提供了 VaR 计算的非参数方法. 除了假定该分布在预测阶段仍然成立以外, 它不对组合的收益率作具体的分布假定. 目前有两种类型的分位数方法: 第一种方法是直接利用经验分位数; 第二种方法是运用分位数回归.

7.4.1　分位数与次序统计量

假定收益率的分布在预测期间与样本期间是一样的. 可以利用收益率 r_t 的经验分位数来计算 VaR. 令 $r_1, \cdots, r_n$ 表示样本期间内组合的收益率. 样本的次序统计量是这些值用递增次序排列后的值. 我们利用记号

$$r_{(1)} \leqslant r_{(2)} \leqslant \cdots \leqslant r_{(n)}$$

表示这个排列, 并将 $r_{(i)}$ 称为样本的第 i 个次序统计量. 特别地, $r_{(1)}$ 表示样本极小值, $r_{(n)}$ 表示样本极大值.

假定收益率是独立同分布并有一个连续分布的随机变量, 其分布密度函数 (pdf) 为 $f(x)$, cdf 为 $F(x)$. 那么由统计文献 (例如 Cox 和 Hinkley, 1994, 见附录 2), 对次序统计量 $r_{(l)}$, 其中 $l = np$, $0 < p < 1$, 我们有下面的渐近结果.

结果   令 x_p 表示 $F(x)$ 的 p^- 分位数 [即 $x_p = F^{-1}(p)$]. 假定分布密度函数 $f(x)$ 在 x_p 处不等于 0[即 $f(x_p) \neq 0$] , 则次序统计量 $r_{(l)}$ 是渐近正态的, 且均值为 x_p、方差为 $p(1-p)/[nf^2(x_p)]$. 也就是说

$$r_{(l)} \sim N \left\{ x_p, \frac{p(1-p)}{n[f(x_p)]^2} \right\}, \quad l = np. \tag{7.11}$$

根据前面的结果, 可以利用 $r_{(l)}$ 来估计分位数 x_p, 这里 $l = np$. 实际中, 感兴趣的概率 p 可能并不满足 np 是一个正整数. 在这种情况下, 可以利用简单的插值来得到分位数估计. 更具体地, 对非整数 np, 令 l_1 和 l_2 表示与 np 最邻近的两个正整数, 满足 $l_1 < np < l_2$. 并定义 $p_i = l_i/n$. 前面的结果证明了 $r_{(l_i)}$ 是分位数 x_{pi} 的一个相合估计. 由定义, $p_1 < p < p_2$, 因此, 分位数可以通过下式估计:

$$\hat{x}_p = \frac{p_2 - p}{p_2 - p_1} r_{(l_1)} + \frac{p - p_1}{p_2 - p_1} r_{(l_2)}. \tag{7.12}$$

在应用中, 我们可以很容易地使用大多数统计软件包 (包括 R 和 S-Plus) 得到样本分位数. 在例 7.4 后有一个演示.

例 7.4   考虑 1972 年 12 月 15 日到 2008 年 12 月 31 日 Intel 公司股票的日对数收益率, 共有 9096 个观测值. 对于 Intel 股票的多头, 我们考虑负对数收益率, 由于 $9096 \times 0.95 = 8641.2$, 我们有 $l_1 = 8641$、$l_2 = 8642$、$p_1 = 8641/9096$ 和 $p_2 = 8642/9096$, 可以得到负对数收益率的 95% 的经验分位数为

$$\hat{x}_{0.95} = 0.8 r_{(8641)} + 0.2 r_{(8642)} = 4.295\,2\%,$$

$r_{(i)}$ 为负对数收益率的第 i 个次序统计量, 在这个例子中, $r_{(8641)} = 4.295\,1\%$ 且 $r_{(8642)} = 4.2954\%$.

例 7.5   再考虑 IBM 股票从 1962 年 7 月 3 日至 1998 年 12 月 31 日的日对数收益率. 利用全部的 9190 个观测值, 可以得到 5% 的经验分位数为 $(r_{(8730)} + r_{(8731)})/2 = 0.0216\,03$, 其中 $r_{(i)}$ 为第 i 个次序统计量, 而且 $np = 9190 \times 0.95 = 8730.5$. 1 千万美元的多头头寸的 VaR 为 216 030 美元. 这远远小于前面用计量方法得到的结果. 因为样本大小为 9190, 我们有 $9098 < 9190 \times 0.99 < 9099$, 令 $p_1 = 9198/9190 = 0.989\,99$, $p_2 = 9099/9190 = 0.990\,1$, 则得到 99% 的经验分位数为

$$\begin{aligned} \hat{x}_{0.99} &= \frac{p_2 - 0.99}{p_2 - p_1} r_{(9098)} + \frac{0.99 - p_1}{p_2 - p_1} r_{(9099)} \\ &= \frac{0.0001}{0.000\,11}(3.627) + \frac{0.000\,01}{0.000\,11}(3.657) \\ &\approx 3.630. \end{aligned}$$

这个多头头寸的 1% 的 1 天持有期的 VaR 为 363 000 美元. 此值又一次低于了前面其他方法得到的结果.

讨论 利用上面的 VaR 计算的分位数方法有几个优势, 包括 (a) 简单性; (b) 没有具体的分布假定. 然而, 这个方法也有几个缺点. 第一, 它假定收益率 r_t 的分布从样本期间到预测期间是保持不变的. 并假设 VaR 主要关心的是尾概率, 则这个假设蕴含了预测的损失不能高于历史的损失, 然而实际中并不是这样的. 第二, 对极端分位数 (即当 p 接近于 0 或 1 时), 经验分位数并非是理论分位数的有效估计. 第三, 直接的分位数估计无法考虑与所研究的组合相关的解释变量的影响. 在实际应用中, 由经验分位数得到的 VaR 可以充当实际 VaR 的一个下界.

预期损失也可以直接利用样本收益率进行估计. 令 $\hat{x}_q$ 为 q 的经验分位数, 其中 $q = 1 - p$, P 为上尾部概率, 我们有

$$\text{ES}_q = \frac{1}{N_q} \sum_{i=1}^{n} x(i) I[x_{(i)} > \hat{x}_q],$$

其中如果 $x_{(i)} > \hat{x}_q$, 则 $I[\cdot] = 1$, 否则 $I[\cdot] = 0$; N_q 表示 x_i 中比 $\hat{x}_q$ 大的数的个数. 举例来说, 考虑 IBM 股票日对数收益率的负值, 如果 $p = 0.01$, 那么我们有 $\hat{x}_{0.99} = 3.630$, 因此, $\text{ES}_{0.99} = 5.097$.

R 演示

```
> da=read.table("d-intc7208.txt",header=T)
> intc=log(da[,2]+1)
> nintc=-intc
> quantile(nintc,0.95)
       95%
0.04295213
> quantile(rtn,.05) % An alternative
        5%
-0.04295213
```

7.4.2 分位数回归

在实际应用中, 人们经常能够得到对所研究问题的非常重要的解释变量. 例如, 美国联邦储备银行对利率采取的行动对美国股票的收益率具有重要的影响. 从而考虑分布函数 $r_{t+1}|F_t$(这里 F_t 包含了这个解释变量) 更加恰当. 换句话说, 我们对给定 F_t 下 r_{t+1} 的分布函数感兴趣. 这样一个分位数在文献中常称之为回归分位数. 具体可以参见 Koenker 和 Bassett(1978).

为了理解回归分位数, 将前一小节中的经验分位数看做一个估计问题是有益的. 对于一个给定的概率 p, $\{r_t\}$ 的 p 分位数可以通过下式得到

$$\hat{x}_p = \arg\min_{\beta} \sum_{i=1}^{n} w_p(r_i - \beta),$$

其中 $w_p(z)$ 定义为

$$w_p(z) = \begin{cases} pz, & \text{若 } z \geqslant 0, \\ (p-1)z, & \text{若 } z < 0. \end{cases}$$

回归分位数就是这样一个估计的一般化.

为了看出这种一般化, 假定我们有线性回归

$$r_t = \boldsymbol{\beta}' \boldsymbol{x}_t + a_t, \tag{7.13}$$

其中 $\boldsymbol{\beta}$ 是 k 维参数向量, $\boldsymbol{x}_t$ 是预测向量, 这里的预测向量是 F_{t-1} 的元素. 因为 $\boldsymbol{\beta}' \boldsymbol{x}_t$ 是已知的, 所以 r_t 在给定 F_{t-1} 条件下的条件分布就是 a_t 的分布的一个平移. 用此方式看待这个问题, Koenker 和 Bassett (1978) 指出 r_t 在给定 F_{t-1} 条件下的条件分位数 $x_p | F_{t-1}$ 的估计为

$$\hat{x}_p | F_{t-1} \equiv \inf \{ \boldsymbol{\beta}_0' \boldsymbol{x} | R_p(\boldsymbol{\beta}_0) = \min \}, \tag{7.14}$$

其中 "$R_p(\boldsymbol{\beta}_0) = \min$" 意思是 $\boldsymbol{\beta}_0$ 可以由下式得到

$$\boldsymbol{\beta}_0 = \arg \min \boldsymbol{\beta} \sum_{t=1}^{n} w_p(r_t - \boldsymbol{\beta}' \boldsymbol{x}_t),$$

其中 $w_p(\cdot)$ 如前面定义. 得到这样一个估计的分位数的计算机程序可以在 Koenker 和 D'Orey (1987) 中找到. R 的 quantreg 包展示了分位数回归分析.

7.5 极 值 理 论

我们将在本节回顾统计文献中的一些极值理论. 用 r_t 表示某资产按照固定时间范围 (例如每天) 计算得到的收益率. 考虑 n 个收益率的集合 $\{r_1, \cdots, r_n\}$, 该集合中的最小收益率为 $r_{(1)}$ 也就是最小次序统计量, 而最大收益率为 $r_{(n)}$, 也就是最大次序统计量. 具体来讲, $r_{(1)} = \min_{1 \leqslant j \leqslant n} \{r_j\}$, $r_{(n)} = \max_{1 \leqslant j \leqslant n} \{r_j\}$. 根据文献中的研究结果, 使用在 VaR 计算中的损失函数, 我们集中讨论最大收益率 $r_{(n)}$ 的性质. 然而, 因为通过简单的符号变换, 可以根据最大收益率的性质得到最小收益率的性质, 所以, 也可以把所讨论的理论应用到讨论给定时间期限的资产最小收益率上. 具体来讲, 我们有 $r_{(1)} = -\max_{1 \leqslant j \leqslant n} \{-r_j\} = -r_{(n)}^c$, 其中 $r_t^c = -r_t$, 上标 c 表示符号变换. 最小收益率与持有多头金融头寸有关. 和前面讨论时一样, 我们将使用对数收益率的负值而不是对数收益率, 对多头头寸进行 VaR 的计算.

7.5.1 极值理论的回顾

假设收益率 r_t 是序列独立的, 其通常的 cdf 为 $F(x)$ 且收益率 r_t 的变化范围为 $[l, u]$. 对于对数收益率, 我们有 $l = -\infty, u = \infty$. $r_{(1)}$ 的 cdf(用 $F_{n,1}(x)$ 表示) 由下式给出

$$
\begin{aligned}
F_{n,n}(x) &= \Pr[r_{(n)} \leqslant x] \\
&= \Pr(r_1 \leqslant x, r_2 \leqslant x, \cdots, r_n \leqslant x) \quad \text{(由最大收益率定义)}
\end{aligned}
$$

$$= \prod_{j=1}^{n} \Pr(r_j \leqslant x) \quad (\text{由独立性})$$

$$= \prod_{j=1}^{n} F(x) = [F(x)]^n. \tag{7.15}$$

在实际中, r_t 的累积密度分布 $F(x)$ 是未知的. 因此, $r_{(n)}$ 的累积密度分布 $F_{n,n}(x)$ 也是未知的. 然而, 当 n 趋于无穷时, $F_{n,n}(x)$ 变成退化的. 即当 n 趋于无穷时, 若 $x < u$, 则 $F_{n,n}(x) \to 0$; 若 $x \geqslant u$, 则 $F_{n,n}(x) \to 1$. 因为这个退化的 cdf 没有实际价值, 所以极值理论关心的是寻找两个序列 $\{\beta_n\}$ 和 $\{\alpha_n\}$(其中 $\alpha_n > 0$), 满足 $r_{(n*)} \equiv (r_{(n)} - \beta_n)/\alpha_n$ 的分布当 n 趋于无穷时收敛到一个非退化分布. 序列 $\{\beta_n\}$ 是一个位置序列, $\{\alpha_n\}$ 是尺度因子序列. 在独立性假定下, 标准化的最小收益率 $r_{(n*)}$ 的极限分布为

$$F_*(x) = \begin{cases} \exp[-(1+\varepsilon x)^{1/\varepsilon}], & \text{若 } \varepsilon \neq 0, \\ \exp[-\exp(-x)], & \text{若 } \varepsilon = 0. \end{cases} \tag{7.16}$$

若 $\varepsilon < 0$, 则上式对 $x < -1/\varepsilon$ 成立; 若 $\varepsilon > 0$, 则上式对 $x > -1/\varepsilon$ 成立, 其中下标 $*$ 表示最大收益率. $\varepsilon = 0$ 的情况看做为 $\varepsilon \to 0$ 时的极限. 参数 ε 称为形状参数. 它控制了极限分布的尾行为. 参数 $\alpha = -1/\varepsilon$ 称为分布的尾指数.

方程 (7.16) 的极限分布是 Jenkinson (1955) 对最小收益率的一般极值分布. 它包含了 Gnedenko (1943) 中三种类型的极限分布.

- 类型 I $\varepsilon = 0$, Gumbel 族, 其 cdf 为

$$F_*(x) = \exp[-\exp(x)], \quad -\infty < x < \infty. \tag{7.17}$$

- 类型 II $\varepsilon > 0$, Fréchet 族, 其 CDF 为

$$F_*(x) = \begin{cases} \exp[-(1+\varepsilon x)^{-1/\varepsilon}], & \text{若 } x > -1/\varepsilon, \\ 0, & \text{否则} \end{cases} \tag{7.18}$$

- 类型 III $\varepsilon < 0$, Weibull(威布尔) 族, 这里其 CDF 为

$$F_*(x) = \begin{cases} \exp[-(1+\varepsilon x)^{-1/\varepsilon}], & \text{若 } x < -1/\varepsilon, \\ 1, & \text{否则} \end{cases}$$

Gnedenko(1943) 给出了与上面的三种类型极限分布之一相联系的 r_t 的 CDF 的充要条件. 简要地讲, $F(x)$ 的尾行为决定了最小收益率的极限分布 $F_*(x)$. 与 Gumbel 族相联系的分布的 (左) 尾是指数衰减的; 与 Fréchet 族相联系的分布的 (左) 尾是一个幂函数; 与 Weibull 族相联系的分布的下端点是有限的 (图 7-2). 对于极值理论的全面讨论, 读者可以参阅 Embrechts、Kuppelberg 和 Mikosch (1997). 在风险管理中, 我们主要对 Fréchet 族感兴趣. 它包含了平稳分布和学生 t-分布.

Gumbel 族包含了如正态分布、对数正态分布等薄尾分布. 方程 (7.16) 的一般极限分布的概率分布密度函数 (pdf) 可以很容易地通过差分得到:

$$f_*(x) = \begin{cases} (1+\varepsilon x)^{-1/\varepsilon-1} \exp[-(1+\varepsilon x)^{-1/\varepsilon}], & \text{若 } \varepsilon \neq 0, \\ \exp[-x-\exp(-x)], & \text{若 } \varepsilon = 0, \end{cases} \tag{7.19}$$

其中对 $\varepsilon = 0$, $-\infty < x < \infty$; 对 $\varepsilon < 0$, $x < -1/\varepsilon$; 对 $\varepsilon > 0$, $x > -1/k$.

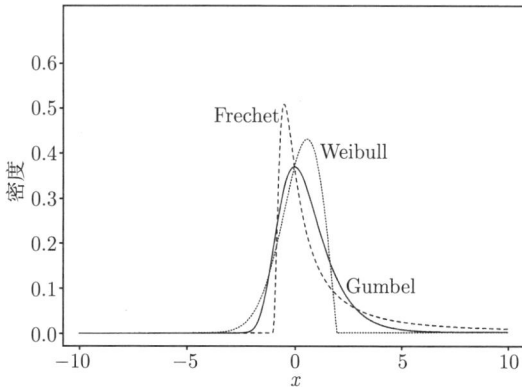

图 7-2 最小收益率的极值分布的概率密度函数: 实线是 Gumbel 分布; 点虚线是 $k = 0.5$ 的 Weibull 分布; 虚线是 $k = -0.9$ 的 Fréchet 分布

前面提到的极值理论有两个重要的应用. 第一, r_t 的累积密度函数 $F(x)$ 的尾部行为 (而不是具体的分布) 决定了 (标准化的) 最小收益率的极限分布 $F_*(x)$. 这样, 此理论对于收益率 r_t 的一个广泛的分布范围都是实际可行的. 然而序列 $\{\beta_n\}$ 和 $\{\alpha_n\}$ 可能依赖于累积密度函数 $F(x)$. 第二, Feller (1971, P. 279) 证明了尾指数 k 并不依赖于 r_t 的时间间隔. 也就是说, 尾指数 (或等价地称为形状参数) 在时间累积下是不变的. 极限分布的第二个性质在 VaR 计算中变得可以利用了.

极值理论已经扩展到序列相关的观测值 $\{r_t\}_{t=1}^n$, 这里假定这种相关是很弱的. Berman(1964) 证明了假定 r_t 的自相关函数是平方可积的 (即 $\sum_{i=1}^{\infty} \rho_i^2 < \infty$), 其中 ρ_i 是 r_t 的延迟 i 的自相关函数, 则极限极值分布的同样形式对平稳的正态序列也成立. 关于序列相关性对极值理论的影响的进一步结果, 读者可以参考 Leadbetter, Lindgren 和 Rootzén (1983, 第 3 章). 我们会在 7.8 节讨论严格平稳时间序列的极值指数.

7.5.2 经验估计

极值分布包含 3 个参数: k, β_n, α_n. 这些参数分别称为形状参数、位置参数和尺度参数. 它们可以利用参数或非参数方法来估计. 下面我们回顾一些估计方法.

对于给定的样本, 只有一个单一的最小收益率或最大收益率, 并且我们仅用一个极端观测并不能估计这三个参数, 因此必须利用另外的方法. 文献中运用的一个想法就是将样本分成子样, 并对子样应用极值理论. 假定共有 T 个收益率 $\{r_j\}_{j=1}^{T}$. 我们将样本分成 g 个互不相交的子样, 且每个子样有 n 个观测值. 为了简便, 假定 $T = ng$. 换句话说, 我们将数据分为

$$\{r_1, \cdots, r_n | r_{n+1}, \cdots, r_{2n} | r_{2n+1}, \cdots, r_{3n} | \cdots | r_{(g-1)n+1}, \cdots, r_{ng}\},$$

并将观测到的收益率记为 r_{in+j}, 其中 $1 \leqslant j \leqslant n$, $i = 0, \cdots, g-1$. 注意到每个子样对应于数据区间的一个子区间. 当 n 充分大时, 我们希望极值理论对每个子样都适用. 在应用中, n 的选择由实际情况来决定. 例如, 对于日收益率, $n = 21$ 近似对应于一个月内的交易日数量; $n = 63$ 表示一个季度交易日的数量.

令 $r_{n,i}$ 表示第 i 个子样的最小值 (即 $r_{n,i}$ 指第 i 个子样中的最小收益率), 其中下标 n 用来表示子样的大小. 当 n 充分大时, $x_{n,i} = (r_{n,i} - \beta_n)/\alpha_n$ 应该服从一个极值分布, 并且子样最小值的集合 $\{r_{n,i} | i = 1, \cdots, g\}$ 可以认为是从极值分布中抽取的 g 个观测值的样本. 具体来讲, 我们定义

$$r_{n,i} = \max_{1 \leqslant j \leqslant n} \{r_{(i-1)n+j}\}, \quad i = 1, \cdots, g. \tag{7.20}$$

子样最小值的集合 $\{r_{n,i}\}$ 是我们用来估计极值分布未知参数的数据. 显然, 得到的估计可能依赖于子区间长度 n 的选择.

注释 当 T 不是子样本容量 n 的倍数时, 我们使用了几种方法处理这个问题. 首先, 可以把最后子样本设为较小样本容量; 其次, 可以略去开始的几个观测值, 使得每个子样本的样本容量为 n. □

1. 参数方法

有两种参数方法可以利用 —— 最大似然法和回归方法.

2. 最大似然法

假定子区间最小值 $\{r_{n,i}\}$ 服从一般的极值分布, 满足 $x_i = (r_{n,i} - \beta_n)/\alpha_n$ 的 pdf 由方程 (7.19) 给出, 我们可以通过简单的转换得到 $r_{n,i}$ 的 pdf 为

$$f(r_{n,i}) = \begin{cases} \dfrac{1}{\alpha_n}\left[1 + \dfrac{\xi_n(r_{n,i} - \beta_n)}{\alpha_n}\right]^{-(1+\xi_n)/\xi_n} \exp\left[-\left(1 + \dfrac{\xi_n(r_{n,i} - \beta_n)}{\alpha_n}\right)^{-1/\xi_n}\right], & \text{若 } \xi_n \neq 0, \\[3mm] \dfrac{1}{\alpha_n} \exp\left[-\dfrac{r_{n,i} - \beta_n}{\alpha_n} - \exp\left(-\dfrac{r_{n,i} - \beta_n}{\alpha_n}\right)\right], & \text{若 } \xi_n = 0, \end{cases}$$

其中, 若 $\varepsilon_n \neq 0$, 则 $1 + \varepsilon_n(r_{n,i} - \beta_n)/\alpha_n > 0$. 形状参数 ε 中加入下标 n, 表示它的估计依赖于 n 的选择. 在独立性假定下, 子区间最小值的似然函数为

$$l(r_{n,1}, \cdots, r_{n,g} | \varepsilon_n, \alpha_n, \beta_n) = \prod_{i=1}^{g} f(r_{n,i}).$$

可以利用非线性估计程序来得到 ε_n, β_n 和 α_n 的最大似然估计. 这些估计是无偏的、渐近正态的, 且在适当的假设下具有最小方差. 详细情况可参见 Embrechts 等 (1997) 和 Coles(2001). 稍后我们对一些股票收益率序列应用这些方法.

3. 回归方法

此方法假定 $\{r_{n,i}\}_{i=1}^g$ 是从方程 (7.16) 的一般极值分布中抽取的一个随机样本, 并且利用了次序统计量的性质. 参见 Gumbel(1958). 将子区间最小值 $\{r_{n,i}\}_{i=1}^g$ 的次序统计量表示为

$$r_{n(1)} \leqslant r_{n(2)} \leqslant \cdots \leqslant r_{n(g)}.$$

利用次序统计量的性质 (例如 Cox 和 Hinkley, 1974, P. 467), 我们有

$$\mathrm{E}\{F_*[r_{n(i)}]\} = \frac{i}{g+1}, \quad i = 1, \cdots, g. \tag{7.21}$$

为了简便, 我们根据 ξ 的值分为两种情形讨论. 首先, 考虑 $\xi \neq 0$ 的情形. 由方程 (7.16), 我们有

$$F_*[r_{n(i)}] = \exp\left[-\left(1 + \xi_n \frac{r_{n(i)} - \beta_n}{\alpha_n}\right)^{-1/\xi_n}\right]. \tag{7.22}$$

因此, 利用方程 (7.21) 和方程 (7.22) 以及观测值的渐近期望, 我们有

$$\frac{i}{g+1} = \exp\left[-\left(1 + \xi_n \frac{r_{n(i)} - \beta_n}{\alpha_n}\right)^{-1/\xi_n}\right], \quad i = 1, \cdots, g$$

连续两次取自然对数, 前面的方程给出

$$\ln\left[-\ln\left(\frac{i}{g+1}\right)\right] = \frac{-1}{\xi_n} \ln\left(1 + \xi_n \frac{r_{n(i)} - \beta_n}{\alpha_n}\right), \quad i = 1, \cdots, g.$$

实际中, 令 e_i 表示前面两个量之间的偏移, 并假设 $\{e_t\}$ 不是序列相关的, 则我们有一个回归步骤

$$\ln\left[-\ln\left(\frac{i}{g+1}\right)\right] = \frac{-1}{\xi_n} \ln\left(1 + \xi_n \frac{r_{n(i)} - \beta_n}{\alpha_n}\right) + e_i, \quad i = 1, \cdots, g. \tag{7.23}$$

可以通过最小化 e_i 的平方和来得到 ε_n, β_n 与 α_n 的最小二乘估计.

当 $\varepsilon_n = 0$ 时, 回归的建立简化为

$$\ln\left[-\ln\left(\frac{i}{g+1}\right)\right] = \frac{-1}{\alpha_n} r_{n(i)} + \frac{\beta_n}{\alpha_n} + e_i, \quad i = 1, \cdots, g.$$

最小二乘估计是相合的, 但比最大似然估计的有效性低. 本章将利用最大似然估计.

4. 非参数方法

形状参数 ε 可以利用一些非参数方法来估计. 这里我们将讨论两种这样的方法. 这两种方法是由 Hill (1975) 和 Pickands (1975) 提出的, 分别称之为 Hill 估计

和 Pickands 估计. 将两种估计都直接应用到收益率 $\{r_t\}_{t=1}^T$ 上. 因此就没有必要考虑子样了. 将样本的次序统计量表示为

$$r_{(1)} \leqslant r_{(2)} \leqslant \cdots \leqslant r_{(T)}.$$

令 q 为一个正整数, 则 k 的两个估计定义为

$$\xi_p(q) = \frac{1}{\ln(2)} \ln\left(\frac{r_{(T-q+1)} - r_{(T-2q+1)}}{r_{(T-2q+1)} - r_{(T-4q+1)}}\right), \quad q \leqslant T/4 \tag{7.24}$$

$$\xi_h(q) = \frac{1}{q} \sum_{i=1}^{q} [\ln(r_{(T-i+1)}) - \ln(r_{(T-q)})], \tag{7.25}$$

其中变量 (q) 用来强调此估计依赖于 q, 下标的 p 和 h 分别代表 Pickands 估计和 Hill 估计. Hill 估计和 Pickands 估计之间的 q 的选择是不同的. 几个研究者已经调查过 q 的选择问题, 但是还没有得到一般的对于可以利用的最好选择的结论. Dekkers 和 De Haan (1989) 证明: 对样本容量 T, 如果 q 在一个恰当的选择间隔上是增加的, 则 $\varepsilon_p(q)$ 是相合的. 另外, 他们还证明了 $\sqrt{q}[\varepsilon_p(q) - \varepsilon]$ 是渐近正态的, 且均值为 0、方差为 $\varepsilon^2(2^{2\varepsilon+1} + 1)/[2(2^\varepsilon - 1)\ln(2)]^2$. Hill 估计仅仅对 Fréchet 族是适用的, 但当它适用时, 它比 Pickands 估计更有效. Goldie 和 Smith (1987) 证明 $\sqrt{q}[\varepsilon_h(q) - \varepsilon]$ 是渐近正态的, 且均值为 0、方差为 ε^2. 实际中, 可以画出 Hill 估计 $\varepsilon_h(q)$ 对 q 的图形, 并且寻找一个恰当的 q 使得估计是稳定的. 可以用估计的尾指数 $\alpha = -1/\varepsilon_h(q)$ 来得到收益率序列的极值分位数. 参见 Zivot 和 Wang(2003).

7.5.3 对股票收益率的应用

我们对 IBM 股票从 1962 年 7 月 3 日至 1998 年 12 月 31 日的日对数收益率应用极值理论. 收益率用百分比测量, 且样本量为 9 190(即 $T = 9\,190$). 图 7-3 显

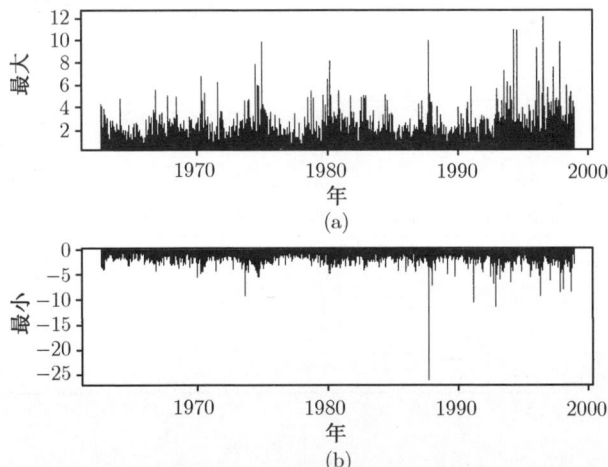

图 7-3 当子区间是 21 个交易日时, IBM 股票的最大与最小日对数收益率. 数据区间从 1962 年 7 月 3 日至 1998 年 12 月 31 日: (a) 正收益; (b) 负收益

示了当子区间的长度为 21 天时, 极端日对数收益率的时间图形, 这近似对应于一个月. 从图中可以清楚地看到 1987 年 10 月的股市崩盘. 排除 1987 年的股市崩盘, 极端日对数收益率的范围是 0.5%到 13%.

表 7-1 概括了由 Hill 估计得到的形状参数为 k 的一些估计结果. 此表显示对所给的 q 的三种选择, 结果都是稳定的. 为了对 Hill 估计的表现提供一个全面的概况, 图 7-4 显示了 Hill 估计 $k_h(q)$ 对 q 的离散图. 对正的和负的极端日对数收益率, 除了 q 很小的情形, 估计都是稳定的. 估计的形状参数大约是 -0.30, 在渐近 5%水平下其显著地不同于 0. 图形也说明了对于负极端值, 形状参数 k 看上去很小, 隐含了日对数收益率可能有一个更厚的左尾. 总之, 结果说明 IBM 股票的日对数收益率的分布属于 Fréchet 族. 这样, 该分析拒绝了实际中通常采用的正态性假定. 这个结论与 Longin (1996) 是一致的, 他当时利用了美国股票市场指数序列. 在 S-Plus 中, 可以用命令 hill 来得到 Hill 估计, 例如

```
ibm.hill = hill(ibm,option='xi',end=500).
```

表 7-1　**IBM 股票从 1962 年 7 月 3 日至 1998 年 12 月 31 日的日对数收益率 Hill 估计的结果 [a]**

q	190	200	210
r_t	0.300(0.022)	0.299(0.021)	0.305(0.021)
$-r_t$	0.290(0.021)	0.292(0.021)	0.289(0.020)

a 括号内的数为标准误差.

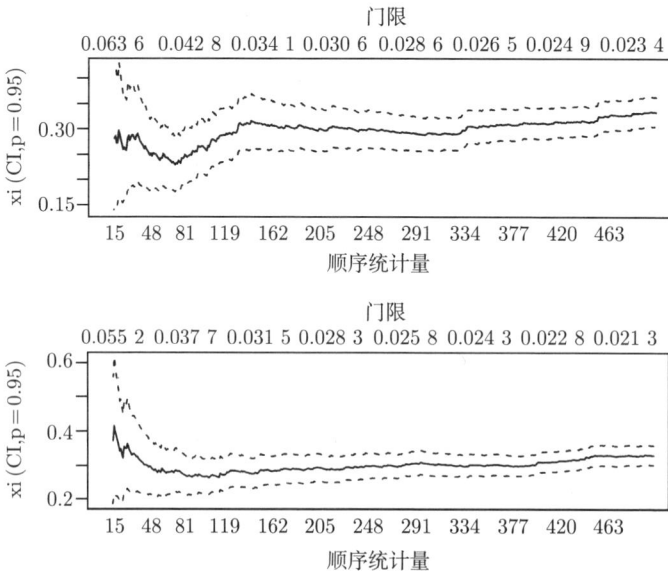

图 7-4　IBM 股票日对数收益率 Hill 估计的散点图. 子样区间从 1962 年 7 月 3 日至 1998 年 12 月 31 日: 上面的图为正收益, 下面的图为负收益

下面我们对 IBM 股票的日对数收益率应用最大自然法来估计一般极值分布的参数. 对于子区间长度从 1 个月 ($n = 21$) 到 1 年 ($n = 252$) 的变化范围, 表 7-2 概括了不同选择的估计结果. 由此表, 我们做出以下观测结果.

- 当 n 增加时, 位置参数 β_n 和尺度参数 α_n 的估计的绝对值是递增的. 这是可以预料的, 因为子区间最小值和最大值的期望量值是 n 的不减函数.
- 当 $n \geqslant 63$ 时, 形状参数 (或等价于尾指数) 的估计对于负的极值是稳定的, 近似为 0.33.
- 形状参数的估计对正极值不那么稳定. 这个估计在数量上很小, 但仍显著不同于 0.
- 因为 $n = 252$ 的子区间 g 的长度相当小, 所以其结果具有高度可变性.

得到的这个结果又类似于 Longin (1996) 的结论, 他对将极值理论应用到股票市场收益率的分析提供了一个很好的解释.

表 7-2 的结果是由 Richard Smith 教授所开发的 Fortran 程序 (作者做了一定的修改) 得到的. 也可以用 S-Plus 来进行上述估计. 下面演示了在分析子周期为 21 个交易日的最小收益率时用到的命令. 注意收益率均乘以了 -100, 因为 (a) S-Plus 主要讨论分布的右尾; (b) 收益率以百分比的形式给出. 另外, S-Plus 中的 (xi, sigma, mu) 分别对应表中的 ($-\xi_n, \alpha_n, \beta_n$). 由 S-Plus 得到的估计与表 7-2 中的很接近.

表 7-2 对 IBM 股票从 1962 年 7 月 3 日至 1998 年 12 月 31 日的日对数收益率极值分布的最大似然估计 [a]

子区间长度	尺度 α_n	位置 β_n	形状参数 ξ_n
最小收益			
1 个月 ($n=21, g=437$)	0.823(0.035)	1.902(0.044)	0.197(0.036)
1 季度 ($n=63, g=145$)	0.945(0.077)	2.583(0.090)	0.335(0.076)
6 个月 ($n=126, g=72$)	1.147(0.131)	3.141(0.153)	0.330(0.101)
1 年 ($n=252, g=36$)	1.542(0.242)	3.761(0.285)	0.322(0.127)
最大收益			
1 个月 ($n=21, g=437$)	0.931(0.039)	2.184(0.050)	0.168(0.036)
1 季度 ($n=63, g=145$)	1.157(0.087)	3.012(0.108)	0.217(0.066)
6 个月 ($n=126, g=72$)	1.292(0.158)	3.471(0.181)	0.349(0.130)
1 年 ($n=252, g=36$)	1.624(0.271)	4.475(0.325)	0.264(0.186)

a 括号内的数值为标准误差.

极值分析的 R 演示

该序列是 IBM 股票从 1962 年到 1998 年的日对数收益率. 我已经对下面的输出进行过编辑.

```
> library(evir)
> help(hill)
> da=read.table("d-ibm6298.txt",header=T)
> ibm=log(da[,2]+1)*100
> nibm=-ibm
> par(mfcol=c(2,1))   <== Obtain plots
> hill(ibm,option=c("xi"),end=500)
> hill(nibm,option=c("xi"),end=500)
# A simple R program to compute Hill estimate
> source("Hill.R")
> Hill
function(x,q){
# Compute the Hill estimate of the shape parameter.
# x: data and q: the number of order statistics used.
sx=sort(x)
T=length(x)
ist=T-q
y=log(sx[ist:T])
hill=sum(y[2:length(y)])/q
hill=hill-y[1]
sd=sqrt(hill^2/q)
cat("Hill estimate & std-err:",c(hill,sd),"\n")
}
> m1=Hill(ibm,190)
Hill estimate & std-err: 0.3000144 0.02176533
> m1=Hill(nibm,190)
Hill estimate & std-err: 0.2903796 0.02106635

> m1=gev(nibm,block=21)
> m1
$n.all
[1] 9190
$n
[1] 438
$data
   [1] 3.2884827 3.6186920 3.9936970 ...
$block
[1] 21
$par.ests
       xi     sigma        mu
0.1954537 0.8240286 1.9033817
$par.ses
        xi      sigma         mu
0.03553259  0.03477151  0.04413856
$varcov
             [,1]          [,2]          [,3]
[1,]  1.262565e-03  -2.831235e-05 -0.0004336771
[2,] -2.831235e-05   1.209058e-03  0.0008477562
[3,] -4.336771e-04   8.477562e-04  0.0019482125

> names(m1)
```

```
[1] "n.all" "n" "data" "block" "par.ests"
[6] "par.ses" "varcov" "converged" "nllh.final"

> plot(m1)
Make a plot selection (or 0 to exit):
1: plot: Scatterplot of Residuals
2: plot: QQplot of Residuals
Selection: 1
```

定义所拟合的 GEV 分布的残差是

$$w_i = \left(1 + \xi_n \frac{r_{n,i} - \beta_n}{\alpha_n}\right)^{-1/\xi_n}.$$

利用 GEV 分布的概率密度函数以及变量的变换, 可以很容易证明: 如果所拟合的模型是正确的, 则 $\{w_i\}$ 应该是一列独立同指数分布的随机变量. 图 7-5 显示了给 IBM 股票的负的日对数收益率拟合 GEV 分布时的残差图, 子周期长度是 21 个交易日. 左边的图给出了残差, 右边的图给出了对指数分布的 QQ 图, 图像表明拟合是合理的.

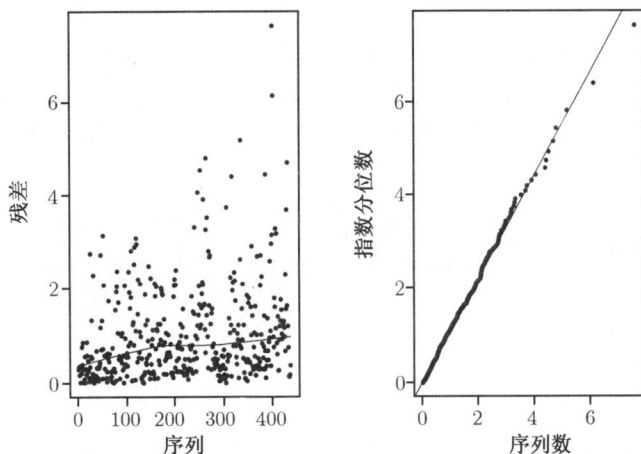

图 7-5   给 IBM 股票的负的日对数收益率拟合 GEV 分布时的残差图. 数据的时间区间
是从 1962 年 7 月 3 日到 1998 年 12 月 31 日. 数据以百分比形式给出, 且子区
间长度是 21 个交易日

注释   除了 evir 外, R 的其他几个程序也可以进行极值分析, 它们是 evd、POT 和 extRemes. □

7.6   VaR 的极值方法

本节将讨论利用极值理论的 VaR 计算方法. 该方法类似于 Longin (1999a, 1999b), 他出于同样的目的提出了一个八步程序. 我们将讨论分为两个部分. 第一

个部分关心的是利用 7.5 节讨论的方法得到的参数估计; 第二个部分通过将感兴趣的概率与不同的时间区间相联系, 集中讨论 VaR 计算.

第一部分

假设样本区间上可以利用的资产收益率有 T 个观测值. 我们将样本区间分解为 g 个互不相交的长度为 n 的子区间, 满足 $T = ng$. 如果 $T = ng + m$, $1 \leqslant m < n$, 那么我们将前 m 个观测值从样本中删除. 7.5 节中讨论的极值理论使我们能够得到对子区间的最小值 $\{r_{n,i}\}$ 的位置参数 β_n、尺度参数 α_n 以及形状参数 ξ_n 的估计. 将最大似然估计代入方程 (7.16) 的 cdf, 其中, $x = (r - \beta_n)/\alpha_n$, 则我们可以得到一般极值分布在给定概率下的分位数. 因为我们集中于讨论持有多头金融头寸, 所以感兴趣的是下 (或左) 分位数. 令 p^* 为一个小概率. 它表示一个多头头寸的潜在损失超过一定限度的可能性, 且 r_n^* 为子区间最小值在极限为一般极值分布条件下的 $(1 - p^*)$ 分位数, 则我们有

$$
1 - p^* = \begin{cases} \exp\left\{ -\left[1 + \dfrac{\xi_n(r_n^* - \beta_n)}{\alpha_n} \right]^{-1/\xi_n} \right\}, & \text{若 } \xi_n \neq 0, \\[3mm] \exp\left[-\exp\left(-\dfrac{r_n^* - \beta_n}{\alpha_n} \right) \right], & \text{若 } \xi_n = 0. \end{cases}
$$

这里可以理解为, 对于 $\xi_n \neq 0$, 有 $1 + \xi_n(r_n^* - \beta_n)/\alpha_n > 0$. 将这个方程改写为

$$
\ln(1 - p^*) = \begin{cases} -\left[1 + \dfrac{\xi_n(r_n^* - \beta_n)}{\alpha_n} \right]^{-1/\xi_n}, & \text{若 } \xi_n \neq 0, \\[3mm] -\exp\left[\dfrac{-r_n^* - \beta_n}{\alpha_n} \right], & \text{若 } \xi_n = 0. \end{cases}
$$

我们得到分位数为

$$
r_n^* = \begin{cases} \beta_n - \dfrac{\alpha_n}{\xi_n}\{ 1 - [-\ln(1 - p^*)]^{-\xi_n} \}, & \text{若 } \xi_n \neq 0, \\[3mm] \beta_n - \alpha_n \ln[-\ln(1 - p^*)], & \text{若 } \xi_n = 0. \end{cases} \tag{7.26}
$$

在金融应用中, 主要感兴趣的就是 $\xi_n \neq 0$ 的情形.

第二部分

对于一个给定的下尾 (或左尾) 概率 p^*, 方程 (7.26) 的分位数 r_n^* 就是在对子区间最大值的极值理论基础上计算的 VaR. 下一步就是制定子区间最小值与观测的收益率序列 r_t 之间的明确关系.

因为大部分资产收益率或者是序列无关的, 或者有很弱的序列相关性, 所以我们可以利用方程 (7.15) 的关系, 得到

$$
1 - p^* = P(r_{n,i} \leqslant r_n^*) = [P(r_t \leqslant r_n^*)]^n. \tag{7.27}
$$

概率之间的这种关系允许我们得到原始的资产收益率序列 r_t 的 VaR. 更精确地讲, 对于一个特定的很小的下尾概率 p, 如果 p^* 是根据方程 (7.27) 选择的, 则 r_t 的 $(1-p)$ 分位数是 r_n^*, 其中 $p = P(r_t \leqslant r_n^*)$. 因此, 对给定的小概率 p, 持有一个对数收益率为 r_t 的标的资产, 其多头头寸的 VaR 为

$$
\mathrm{VaR} = \begin{cases} \beta_n - \dfrac{\alpha_n}{\xi_n}\left\{1 - [-n\ln(1-p)]^{-\xi_n}\right\}, & \text{若 } \xi_n \neq 0, \\[2mm] \beta_n - \alpha_n \ln[-n\ln(1-p)], & \text{若 } \xi_n = 0, \end{cases} \tag{7.28}
$$

其中 n 是子区间的长度.

小结

我们将应用传统的极值理论来计算 VaR 的方法概括如下:

(1) 选择子区间的长度 n, 并得到子区间的最大值 $\{r_{n,i}\}$, $i = 1, \cdots, g$, 这里 $g = [T/n]$;

(2) 得到 β_n, α_n 和 ξ_n 的最大似然估计;

(3) 检查拟合的极值模型的充分性, 可参见下一节中模型检验的一些方法;

(4) 如果极值模型是充分的, 则可应用方程 (7.28) 计算 VaR.

注释 由于我们关注损失函数, 因此, 在推导过程中使用对数收益率的最大值. 记住对于多头金融头寸来说, 在损失函数中使用的收益率序列为对数收益率的负值, 而不是通常的对数收益率. □

例 7.6 考虑 IBM 股票从 1962 年 7 月 3 日至 1998 年 12 月 31 日, 以百分比表示的日对数收益. 由表 7-2, 对 $n = 63$, 我们有 $\hat{\alpha}_n = 0.945$, $\hat{\beta}_n = 2.583$, $\hat{\xi}_n = 0.335$. 因此, 对左尾概率 $p = 0.01$, 相应的 VaR 为

$$
\mathrm{VaR} = 2.583 - \frac{0.945}{0.335}\left\{1 - [-63\ln(1-0.01)]^{-0.335}\right\}
$$

$$
= 3.049\,69.
$$

这样, 对于股票的日收益率, 1% 分位数是 $-3.049\,69$. 如果某人持有这只股票价值 1 千万美元的一个多头头寸, 则概率 1% 的 VaR 估计为 $10\,000\,000 \times 0.030\,496\,9$ 美元 $= 304\,969$ 美元. 如果概率是 0.05, 则相应的 VaR 为 166 641 美元.

如果我们选择 $n=21$ (即近似于 1 个月), 那么 $\hat{\alpha}_n = 0.823$, $\hat{\beta}_n = 1.902$, $\hat{\xi}_n = 0.197$, 极值分布的 1% 分位数为

$$
\mathrm{VaR} = 1.902 - \frac{0.823}{0.197}\left\{1 - [-21\ln(1-0.01)]^{-0.197}\right\} = 3.400\,13.
$$

所以, 对于一个 1 千万美元的多头头寸, 在 1% 风险水平上对应的 1 天持有期的 VaR 为 340 013 美元. 如果概率是 0.05, 则对应的 VaR 为 184 127 美元. 在这个特殊的情形, $n=21$ 的选择给出了更高的 VaR 值.

例 7.6 中用极值理论得到的 VaR 值小于例 7.3 中用 GARCH(1,1) 模型得到的 VaR 值, 这一点有些奇怪. 事实上, 例 7.6 中的 VaR 值甚至小于例 7.5 中根据经验分位数得到的 VaR 值. 出现这种情况的部分原因是由于概率为 0.05 的选择. 如果某人选取概率为 0.001=0.1% , 并考虑同样的金融头寸, 那么我们有 $n = 21$ 时, 对高斯 AR(2)-GARCH(1,1) 模型, VaR=546 641 美元; 对于极值理论有 VaR=666 590 美元. 而且, 这里通过传统的极值理论得到的 VaR 可能并不充分, 因为统计检验经常拒绝了日对数收益率的独立性假定. 最后, 子区间最小值的应用忽视了日对数收益率中波动率聚类的事实. 7.7 节将要讨论的极值理论的新方法克服了这些缺点.

注释　例 7.6 中的结果显示, 根据传统的极值理论计算的 VaR 依赖于 n 的选择, 其中 n 表示子区间的长度. 因为极限的极值分布成立, 所以应该选择一个大 n. 但是当样本量 T 固定时, 一个大 n 意味着一个小 g, 其中 g 为估计三个参数 α_n, β_n 和 ξ_n 时运用的有效样本量. 因此, 需要在 n 与 g 的选择中作一些妥协. 应根据所研究资产的收益率给出一个恰当的选择. 我们建议在运用传统的极值理论时, 应该检验结果中 VaR 的稳定性.　　□

7.6.1　讨论

我们已经对一个 1 千万美元的多头头寸中的 IBM 股票日对数收益率的 VaR 计算运用了各种不同的方法. 考虑下一个交易日头寸的 VaR. 如果概率是 5%, 这意味着在下一个交易日中, 损失将以概率 95% 低于或等于 VaR, 则得到的结果为:

(1) 对于风险度量制, 为 302 500 美元;

(2) 对高斯 AR(2)-GARCH(1,1) 模型, 为 287 200 美元;

(3) 对自由度为 5 的标准化学生 t- 分布的 AR(2)-GARCH(1,1) 模型, 为 283 520 美元;

(4) 对运用经验分位数时, 为 216 030 美元;

(5) 对利用对数收益率 (或负对数收益率的最大值) 的月最小值 (即子区间长度 n=21) 并运用传统的极值理论方法时, 为 184 127 美元.

如果概率为 1%, 则 VaR 为

(1) 对于风险度量制, 为 426 500 美元;

(2) 对高斯 AR(2)-GARCH(1,1) 模型, 为 409 738 美元;

(3) 对自由度为 5 的标准化学生 t- 分布的 AR(2)-GARCH(1,1) 模型, 为 475 943 美元;

(4) 对运用经验分位数时, 为 365 709 美元.

(5) 对利用月最小值 (即子区间长度 n=21) 并运用传统的极值理论方法时, 为 340 013 美元.

如果概率为 0.1%, 则 VaR 变为

(1) 对于风险度量制, 为 566 443 美元;

(2) 对高斯 AR(2)-GARCH(1,1) 模型, 为 546 641 美元;

(3) 对自由度为 5 的标准化学生 t- 分布的 AR(2)-GARCH(1,1) 模型, 为 836 341 美元;

(4) 对运用经验分位数时, 为 780 712 美元.

(5) 对利用月最小值 (即子区间长度 $n=21$) 并运用传统的极值理论方法时, 为 666 590 美元.

不同方法间有着不小的区别. 这并不令人惊奇, 因为在估计统计分布的尾行为时存在较大的不确定性. 由于没有真实的可以得到的 VaR 来比较不同方法的精度, 我们建议运用几种方法来获得 VaR 的一个范围.

尾概率的选择在 VaR 计算中也起着重要的作用. 对于 IBM 股票的日收益率, 因为样本量为 9 190, 使得 5%和 1%的经验分位数都是收益率分布的分位数的适当估计. 在这种情形下, 我们可以将基于经验分位数的估计结果当做真实 VaR 的一个保守估计 (即一个下界). 以这个观点, 对 IBM 股票的日对数收益率而言, 基于传统极值理论的方法看上去低估了 VaR. 下一节将要讨论的条件极值理论的方法就克服了这个缺点.

当尾概率很小 (例如 0.1%) 时, 经验分位数是真实分位数的一个不太合理的估计. 基于经验分位数的 VaR 不能再充当真实 VaR 的一个下界. 最后, 前面的结果很清楚地说明当尾概率很小时, 在 VaR 计算中运用了厚尾分布的效应. 在概率为 0.1%时, 基于自由度为 5 的学生 t- 分布的 VaR 或基于极值分布的 VaR 都高于基于正态假定下的 VaR.

7.6.2 多期 VaR

风险度量制方法的时间平方根法则变成了运用极值理论时的一个特殊情形. l 天持有期与 1 天持有期之间的关系为

$$\text{VaR}(l) = l^{1/\alpha}\text{VaR} = l^{\xi}\text{VaR},$$

其中 α 是尾指数, ξ 是极值分布的形状参数. 具体可参见 Danielsson 和 de Vries (1997a). 这个关系称为时间 α- 根法则, 这里 $\alpha = \dfrac{1}{\xi}$, 且不是尺度参数 α_n.

为了解释, 考虑例 7.6 中 IBM 股票的日对数收益率. 如果我们用 $p = 0.01$ 以及 $n = 63$ 的结果, 则对 30 天持有期, 我们有

$$\text{VaR}(30) = (30)^{0.335}\text{VaR} = 3.125 \times 304\ 969 \text{ 美元} = 952\ 997 \text{ 美元}.$$

因为 $l^{0.335} < l^{0.5}$, 则时间 α-根法则产生了比时间平方根法则更低的 l 天持有期的 VaR.

7.6.3　收益率水平

基于子区间极值理论的另外一个风险度量是收益率水平. g 个长度为 n 的子区间的收益率水平 $L_{n,g}$ 定义为这样一个水平: 该长度为 n 的子区间中有 $1/g$ 个超过了该水平. 即

$$P(r_{n,i} > L_{n,g}) = \frac{1}{g},$$

其中 $r_{n,i}$ 表示子区间的最小值. 收益率水平所超过的那个子区间称为重点区间 (stress period). 如果子样本区间足够大使得标准化后的 $r_{n,i}$ 服从 GEV 分布, 则收益率水平为

$$L_{n,g} = \beta_n - \frac{\alpha_n}{\xi_n} \left\{ 1 - \left[-\ln\left(1 - \frac{1}{g}\right) \right]^{-\xi_n} \right\},$$

上式中假定 $\varepsilon_n \neq 0$. 注意, 这是由 (7.26) 式所给出的极值分布的精确分位数, 尾概率为 $p^* = 1/g$, 它们只是在书写的形式上有所不同. 因此, 收益率水平是应用到子区间的最小值 (或最大值) 而不是标的收益率本身. 这也正是 VaR 与收益率水平的区别所在.

对于子区间长度为 21 天的 IBM 股票的负的日对数收益率, 我们可以用所拟合的模型得到 12 个这种子区间 (即, $g = 12$) 的收益率水平为 4.4835%.

计算收益率水平的 R 和 S-Plus 命令

```
> m1=gev(nibm,block=21)
# S-Plus output
> rl.21.12=rlevel.gev(m1, k.blocks=12, type='profile')
> class(rl.21.12)
[1] "list"
> names(rl.21.12)
[1] "Range" "rlevel"
> rl.21.12$rlevel
[1] 4.483506
# R output
> rl.21.12=rlevel.gev(m1,k.blocks=12)
> rl.21.12
[1] 4.177923 4.481976 4.858102
```

在前面的演示中, 子区间的数量用 k.blocks 表示, 子命令 type='profile' 产生收益率水平对数似然置信区间的概图, 这里没有给出该图.

7.7　基于极值理论的一个新方法

前面提到的利用极值理论计算 VaR 的方法遇到了一些困难. 首先, 子区间长度 n 的选择并没有给出清楚的定义. 其次, 该方法是无条件的, 从而没有考虑其他解释变量的影响. 为了克服这些困难, 统计文献中已经提出了极值理论的现代方法. 具体可参见 Davison 和 Smith (1990) 以及 Smith (1989). 新方法并不着重于讨论极

值 (最小值或最大值), 而是着重讨论对某个高门限的超出量和超出发生的时间. 因此该新方法也称为超出门限的峰 (peaks over threshold (POT)). 例如, 考虑本章中所用到的 IBM 股票的日对数收益率, 以及持有该股票的一个多头头寸. 令 η 表示一个指定的高门限. 我们可以选择 $\eta = 2.5\%$. 假设第 i 次超越在第 t_i 天发生 (即 $r_{t_i} \leqslant \eta$), 则新方法集中于讨论数据 $(t_i, r_{t_i} - \eta)$, 其中 $r_{t_i} - \eta$ 为超过门限 η 的超越量, 且 t_i 表示第 i 次超越发生的时间. 类似地, 对一个空头头寸, 我们可以选择 $\eta = 2\%$, 并讨论数据 $(t_i, r_{t_i} - \eta)$, 这里 $r_{t_i} \geqslant \eta$.

实际中, 发生时间 $\{t_i\}$ 提供了关于重要的 "稀少事件"(如对多头头寸而言低于门限 η) 出现强度的有用的信息. t_i 的一个聚类表示了一个大的市场低迷期. 超越量 $r_{t_i} - \eta$ 也很重要, 因为它提供了我们感兴趣的实际量.

根据前面的介绍, 新方法并不要求对子区间长度 n 的选择, 但是它要求指定一个门限 η. 门限 η 的不同选择将导致形状参数 ε(从而尾指数 $-1/\xi$) 的不同估计. 在文献中, 一些研究者相信 η 的选择既是一个统计问题, 又是一个金融问题, 它不能纯粹地根据统计理论来确定. 例如, 不同的金融机构 (或投资者) 具有不同的风险容忍度. 这样, 他们即使对于相同的金融头寸也可以选择不同的门限. 对于本章中考虑的 IBM 股票的日对数收益率, 计算的 VaR 对 η 的选择是不敏感的.

门限 η 的选择也依赖于观测到的对数收益率. 对一个稳定的收益率序列, 选择 $\eta = 2.5\%$ 对多头头寸而言是相当好的. 对一个有较大波动的收益率序列 (例如网络股的日收益率), η 可能低至 -10%. 有限的经验表明, 可以通过选择 η, 使得超越的次数足够大 (如大约为样本总数的 5%). 对于选择 η 的一个更加正式的研究, 可以参见 Danielsson 和 de Vries (1997b).

7.7.1 统计理论

再一次考虑资产的对数收益率 r_t. 假定第 i 个超越在 t_i 时刻发生. 集中讨论超越量 $r_t - \eta$ 和超越时刻 t_i 将导致统计想法的重要变化. 新方法并不使用边际分布 (如最小值或最大值的极限分布), 而是采用一个条件分布来处理给定观测超过一个门限的条件下超越量的大小. 超过门限的机会是由概率规律控制的. 换句话说, 新方法考虑了多头头寸在给定 $r_t \leqslant \eta$ 下, $x = r_t - \eta$ 的条件分布. 事件 $\{r_t \leqslant \eta\}$ 的出现服从一个点过程 (例如一个泊松过程). 对泊松过程的定义可见 6.9 节. 具体地, 如果过程的强度参数 λ 随时间不变, 则泊松过程是齐次的; 如果 λ 随时间变化, 则泊松过程是非齐次的. 泊松过程的概念可以一般化到多元的情形.

新方法的基本理论是对于方程 (7.16) 中给出的最大值的极限分布考虑给定 $r > \eta$ 下 $r = x + \eta$ 的条件分布. 因为没有必要选择子区间的长度 n, 所以我们不用它来表示一个参数的下标. 给定 $r > \eta$ 条件下, $r \leqslant x + \eta$ 的条件分布为

$$\Pr(r \leqslant x + \eta | r > \eta) = \frac{\Pr(\eta \leqslant r \leqslant x + \eta)}{\Pr(r > \eta)} = \frac{\Pr(r \leqslant x + \eta) - \Pr(r \leqslant \eta)}{1 - \Pr(r \leqslant \eta)}. \tag{7.29}$$

利用方程 (7.16) 中的累积分布函数 $F_*(\cdot)$ 以及近似 $e^{-y} \approx 1-y$, 经过一些代数运算之后, 我们得到

$$
\begin{aligned}
\Pr(r \leqslant x+\eta | r > \eta) &= \frac{F_*(x+\eta) - F_*(\eta)}{1 - F_*(\eta)} \\
&= \frac{\exp\left\{-\left[1 + \dfrac{\xi(x+\eta-\beta)}{\alpha}\right]^{-1/\xi}\right\} - \exp\left\{-\left[1 + \dfrac{\xi(\eta-\beta)}{\alpha}\right]^{-1/\xi}\right\}}{1 - \exp\left\{-\left[1 + \dfrac{\xi(\eta-\beta)}{\alpha}\right]^{-1/\xi}\right\}} \\
&\approx 1 - \left[1 + \frac{\xi x}{\alpha + \xi(\eta-\beta)}\right]^{-1/\xi},
\end{aligned} \tag{7.30}
$$

其中 $x > 0$, 且 $1 + \xi(\eta-\beta)/\alpha > 0$. 以后将会看出, 这个逼近使得新方法与传统的极值理论之间的连接更明确了. $\xi = 0$ 的情形可看做是 $\xi \to 0$ 的极限, 从而

$$
\Pr(r \leqslant x+\eta | r > \eta) \approx 1 - \exp(-x/\alpha).
$$

称下述累积分布函数为广义帕累托分布 (GPD),

$$
G_{\xi,\psi(\eta)}(x) = \begin{cases} 1 - \left[1 + \dfrac{\xi x}{\psi(\eta)}\right]^{-1/\xi}, & \xi \neq 0. \\[2mm] 1 - \exp[-x/\psi(\eta)], & \xi = 0. \end{cases} \tag{7.31}
$$

其中 $\psi(\eta) > 0$, 且当 $\xi \geqslant 0$ 时, $x \geqslant 0$; 当 $\xi < 0$ 时, $0 \leqslant x \leqslant \psi(\eta)/k$. 于是, (7.30) 式的结果表明给定 $r > \eta$ 时 r 的条件分布可以由 GPD 很好地近似. 该 GPD 的参数为 ξ 和 $\psi(\eta) = \alpha + \xi(\eta-\beta)$. 更多的信息可参见 Embrechts 等 (1997). GPD 的一个重要性质如下. 假定在给定门限 η_o 时 r 的超额分布为 GPD, 且其形状参数为 k, 刻度参数为 $\psi(\eta_o)$, 则对任意的门限 $\eta > \eta_o$, 给定门限 η 的超额分布也是 GPD, 并且其形状参数为 k, 刻度参数为 $\psi(\eta) = \psi(\eta_o) + \xi(\eta-\eta_o)$.

当 $\xi = 0$ 时, (7.31) 式的 GPD 退化为指数分布. 该结果使得我们可以利用超出某个门限的超额收益对指数分布的 QQ 图来推断收益率的尾部行为. 如果 $\xi = 0$, 则 QQ 图是一条直线. 图 7-6a 给出了本章所用的 IBM 股票的负的日对数收益率的 QQ 图, 这里门限为 0.025. 图像的非线性清楚地表明了 IBM 对数收益率的左尾要比指数分布的厚, 即 $\xi \neq 0$.

绘制图像 7-6 时所用到的 R 和 S-Plus 命令

```
> par(mfcol=c(2,1))
> qplot(-ibm,threshold=0.025,main='Negative daily IBM
  log returns')
> meplot(-ibm)
> title(main='Mean excess plot')
```

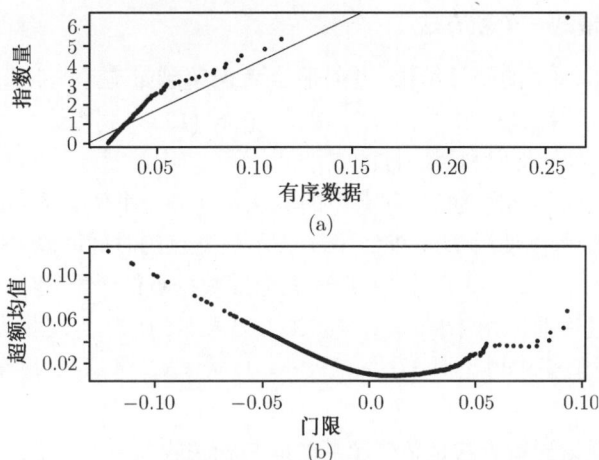

图 7-6   从 1962 年 7 月 3 日到 1998 年 12 月 31 日的 IBM 股票的负日对数收益率的
图像：(a) 门限为 2.5%时超额收益率的 QQ 图；(b) 超额均值图

7.7.2   超额均值函数

给定一个高的门限 η_o 时, 假定超额收益 $r - \eta_o$ 服从参数为 ξ 和 $\psi(\eta_o)$ 的 GPD,
其中 $0 < \xi < 1$. 则超过门限 η_o 的超额均值为

$$E(r - \eta_o | r > \eta_o) = \frac{\psi(\eta_o)}{1 - \xi}.$$

对于任意 $\eta > 0$, 定义超额均值函数 $e(\eta)$ 为

$$e(\eta) = E(r - \eta | r > \eta) = \frac{\psi(\eta_o) + \xi(\eta - \eta_o)}{1 - \xi}.$$

换言之, 对任意 $y > 0$,

$$e(\eta_o + y) = E[r - (\eta_o + y) | r > \eta_o + y] = \frac{\psi(\eta_o) + \xi y}{1 - \xi}.$$

因此, 对于固定的 ξ, 超额均值函数是 $y = \eta - \eta_o$ 的线性函数. 该结果引出了一个简
单的绘图方法来对 GPD 推断出一个合适的门限值 η_o. 定义经验超额均值函数为

$$e_T(\eta) = \frac{1}{N_\eta} \sum_{i=1}^{N_\eta} (r_{t_i} - \eta), \tag{7.32}$$

其中 N_η 是超出 η 的收益率的数量, r_{t_i} 是相应的收益率的值. 对于记号上的更多信
息参见下一小节. $e_T(\eta)$ 对 η 的散点图称为超额均值图. 当 $\eta > \eta_o$ 时, 该图关于 η
是线性的. 图 7-6b 给出了 IBM 股票的负日对数收益率的超额均值图. 该图表明,
与其他值相比而言, 门限值取 3%对负的日对数收益率是合理的. 在 S-Plus 中绘制
超额均值图的命令是 meplot.

7.7.3 极值建模的一个新方法

利用方程 (7.30) 的统计结果, 并且联合考虑超越量与超出时间, Smith (1989) 提出了一个二维泊松过程来对 (t_i, r_{t_i}) 建模. Tsay (1999) 利用这个方法来研究风险管理中的 VaR. 本节我们利用同样的方法.

假定基本的时间间隔为 D, 其典型的取法是 1 年. 在美国, 因为 1 年中一般有 252 个的交易日, 所以使用 $D = 252$. 令 t 表示数据点的时间间隔 (例如日), 并将时间区间表示为 $t = 1, 2, \cdots, T$, 其中 T 代表全部数据点的个数. 对一个给定的门限 η, 超出门限的超额时间用 $\{t_i, i = 1, \cdots, N_\eta\}$ 来表示, 在 t_i 点观测到的对数收益率为 r_{t_i}. 因此, 我们集中讨论对 $\{(t_i, r_{t_i})\}$, $i = 1, \cdots, N_\eta$ 建模, 这里 N_η 依赖于门限 η.

运用极值理论的新方法是猜想超越时间与相关收益率 [即 (t_i, r_{t_i})] 联合形成了一个二维的泊松过程, 其强度测度由下式给出

$$\Lambda[(D_2, D_1) \times (r, \infty)] = \frac{D_2 - D_1}{D} S(r; \xi, \alpha, \beta), \tag{7.33}$$

其中 $S(r; \xi, \alpha, \beta) = \left[1 + \dfrac{\xi(r - \beta)}{\alpha}\right]_+^{-1/\xi}$, $0 \leqslant D_1 \leqslant D_2 \leqslant T$, $r > \eta$, $\alpha > 0$, β 和 ξ 是参数. 记号 $[x]_+$ 定义为 $[x]_+ = \max(x, 0)$. 这个强度测度说明, 超越门限的出现与时间段 $[D_1, D_2]$ 的长度成正比, 并且此概率可以由类似于方程 (7.16) 中累积分布函数 $F_*(r)$ 的生存函数的指数来控制. 随机变量 X 的生存函数定义为 $S(x) = \Pr(X > x) = 1 - \Pr(X \leqslant x) = 1 - \mathrm{cdf}(x)$. 当 $\xi = 0$ 时, 强度测度可看做 $\xi \to 0$ 的极限, 即

$$\Lambda[(D_2, D_1) \times (r, \infty)] = \frac{D_2 - D_1}{D} \exp\left[\frac{-(r - \beta)}{\alpha}\right].$$

方程 (7.33) 中, 时间间隔的长度是相对于基本区间长度 D 来度量的.

在考虑时间段 $[0, D]$ 上, 给定 $r > \eta$ 条件下, $r = x + \eta (x > 0)$ 的隐含条件概率时, 利用方程 (7.33) 中的强度测度的思想将变得非常清楚.

$$\frac{\Lambda[(0, D) \times (x + \eta, \infty)]}{\Lambda[(0, D) \times (\eta, \infty)]} = \left[\frac{1 + \xi(x + \eta - \beta)/\alpha}{1 + \xi(\eta - \beta)/\alpha}\right]^{-1/\xi} = \left[1 + \frac{\xi x}{\alpha + \xi(\eta - \beta)}\right]^{-1/\xi}$$

恰是方程 (7.30) 中给出的条件分布的精确生存函数. 这个生存函数是从由方程 (7.16) 给出的最大值的极限极值分布得到的. 这里我们利用了生存函数, 因为它代表了超越所发生的概率.

方程 (7.16) 中的极限极值分布与方程 (7.33) 中的强度测度的关系直接将极值理论的新方法与传统方法连接了起来.

数学上, 方程 (7.33) 的强度测度可以写为一个强度函数的积分

$$\Lambda[(D_2, D_1) \times (r, \infty)] = \int_{D_1}^{D_2} \int_r^\infty \lambda(t, z; \xi, \alpha, \beta) \mathrm{d}z \mathrm{d}t,$$

其中强度函数 $\lambda(t,z;\xi,\alpha,\beta)$ 定义为

$$\lambda(t,z;\varepsilon,\alpha,\beta) = \frac{1}{D}g(z;\xi,\alpha,\beta), \tag{7.34}$$

其中

$$g(z;\xi,\alpha,\beta) = \begin{cases} \dfrac{1}{\alpha}\left[1 + \dfrac{\xi(z-\beta)}{\alpha}\right]^{-(1+\xi)/\xi}, & \text{若 } \xi \neq 0, \\[3mm] \dfrac{1}{\alpha}\exp\left[\dfrac{-(z-\beta)}{\alpha}\right], & \text{若 } \xi = 0. \end{cases}$$

利用泊松过程的结果, 我们可以写下观测到的超越时间与相应收益率 $\{(t_i, r_{t_i})\}$ 在二维空间 $[0,N] \times (\eta,\infty)$ 上的似然函数为

$$L(\xi,\alpha,\beta) = \left(\prod_{i=1}^{N_\eta}\frac{1}{D}g(r_{t_i};\xi,\alpha,\beta)\right)\exp\left[-\frac{T}{D}S(\eta;\xi,\alpha,\beta)\right]. \tag{7.35}$$

参数 ξ,α,β 可以通过最大化这个似然函数的对数来估计. 因为尺度参数 α 是负的, 所以在估计中我们利用了 $\ln(\alpha)$.

例 7.7 再次考虑 IBM 股票从 1962 年 7 月 3 日至 1998 年 12 月 31 日的日对数收益率, 共有 9 190 个日收益率的值. 表 7-3 给出了负序列 $\{-r_t\}$ 在门限的三种选择下参数 ξ,α,β 的一些估计结果. 我们利用了负序列 $\{-r_t\}$, 而不是 $\{r_t\}$, 这是因为我们集中于讨论持有一个多头的金融头寸. 此表也给出了给定门限下的超越次数. 可以看出 IBM 股票在 1 天中降低 2.5%或者更多的机会出现的概率为 310/9 190 约为 3.4%. 因为 IBM 股票收益率的样本均值不是 0, 所以我们也考虑了当样本均值从原始的对数收益率中去除以后的情况. 从表中看出, 去除样本均值后对参数估计只有很小的影响. 下面利用这些参数估计来计算 VaR. 注意在实际应用中必须要仔细检查拟合一个泊松模型的充分性. 下面我们将讨论模型检验的方法.

表 7-3 对 IBM 股票从 1962 年 7 月 3 日到 1998 年 12 月 31 日的
负日对数收益率的二维齐次泊松模型的估计结果 [a]

Thr.	Exc.	形状参数 ξ	对数 (尺度)$\ln(\alpha)$	位置 β
		原始的对数收益		
3.0%	175	0.306 97(0.090 15)	0.306 99(0.123 80)	4.692 04(0.190 58)
2.5%	310	0.264 18(0.065 01)	0.315 29(0.112 77)	4.740 62(0.180 41)
2.0%	554	0.187 51(0.043 94)	0.276 55(0.098 67)	4.810 03(0.172 09)
		移除样本均值		
3.0%	184	0.305 16(0.088 24)	0.308 07(0.123 95)	4.738 04(0.191 51)
2.5%	334	0.281 79(0.067 37)	0.319 68(0.120 65)	4.768 08(0.185 33)
2.0%	590	0.192 60(0.043 57)	0.279 17(0.099 13)	4.848 59(0.172 55)

a 基本的时间间隔为 252 天 (即一年). 括号内的数为标准误差, 其中 "Thr." 和 "Exc" 表示门限 (threshold) 和超越次数 (number of exceedings).

7.7.4 基于新方法的 VaR 计算

正如方程 (7.30) 显示的, 运用的二维泊松过程模型 (它采用了方程 (7.33) 中的强度测度) 与方程 (7.16) 中的极值分布具有同样的参数值. 因此, 可以利用与方程 (7.28) 同样的公式计算新方法下的 VaR. 更具体地, 对一个给定的上尾概率 p, 对数收益率 r_t 的 $(1-p)$ 分位数为

$$
\text{VaR} = \begin{cases} \beta - \dfrac{\alpha}{\xi}\{1 - [-D\ln(1-p)]^{-\xi}\}, & \text{若 } \xi \neq 0, \\[2mm] \beta - \alpha\ln[-D\ln(1-p)], & \text{若 } \xi = 0, \end{cases}
\tag{7.36}
$$

其中 D 为估计中使用的基本时间间隔. 典型地, 美国利用 $D = 252$ 表示 1 年中交易日的近似数量.

例 7.8 再次考虑持有一个价值 1 千万美元的 IBM 股票的多头头寸的情形. 我们利用表 7-3 中的估计结果对尾概率为 0.05 和 0.01 计算持有期为 1 天的 VaR.

情形 1 利用原始的日对数收益率. 门限 η 的三种选择导致了下面的 VaR 值:

(1) $\eta = 3.0\%$: VaR(5%)=\$228 239, VaR(1%)=\$359 303;

(2) $\eta = 2.5\%$: VaR(5%)=\$219 106, VaR(1%)=\$361 119;

(3) $\eta = 2.0\%$: VaR(5%)=\$212 981, VaR(1%)=\$368 552;

情形 2 消除日对数收益率的样本均值. 门限 η 的三种选择导致了下面的 VaR 值:

(1) $\eta = 3.0\%$: VaR(5%)=\$232 094, VaR(1%)=\$363 697;

(2) $\eta = 2.5\%$: VaR(5%)=\$225 782, VaR(1%)=\$364 254;

(3) $\eta = 2.0\%$: VaR(5%)=\$217 740, VaR(1%)=\$372 372.

正如料想的, 消除样本均值 (正值) 将使 VaR 稍微有所增加. 然而, VaR 在门限的三种选择下相当稳定. 实际中, 我们建议将新方法运用到 VaR 计算中之前首先消除样本均值.

讨论 与例 7.6 中的 VaR 相比 (那里使用了传统的极值理论), 新方法提供了一个更加稳定的 VaR 计算. 传统方法对于子区间长度 n 的选择是相当敏感的.

我们可以使用 R 程序包 evir 中的命令 pot 进行 POT 模型的估计. 下面使用 IBM 股票的负对数收益率进行演示, 和预期的一样, 这与前面得到的结果非常接近.

使用 POT 命令的 R 演示

```
> library(evir)
> m3=pot(nibm,0.025)
> m3
$n
[1] 9190
$period
[1]    1 9190
```

```
$data
    [1] 0.03288483 0.02648772 0.02817316 .....
$span
[1] 9189
$threshold
[1] 0.025
$p.less.thresh
[1] 0.9662677
$n.exceed
[1] 310
$par.ests
         xi       sigma          mu        beta
0.264078835 0.003182365 0.007557534 0.007788551
$par.ses
         xi       sigma          mu
0.0229175739 0.0001808472 0.0007675515
$varcov
              [,1]            [,2]            [,3]
[1,]  5.252152e-04 -2.873160e-06 -6.970497e-07
[2,] -2.873160e-06  3.270571e-08 -7.907532e-08
[3,] -6.970497e-07 -7.907532e-08  5.891353e-07
$intensity   %intensity function of exceeding the threshold
[1] 0.03373599
> plot(m3)       % model checking
Make a plot selection (or 0 to exit):

1: plot: Point Process of Exceedances
2: plot: Scatterplot of Gaps
3: plot: Qplot of Gaps
4: plot: ACF of Gaps
5: plot: Scatterplot of Residuals
6: plot: Qplot of Residuals
7: plot: ACF of Residuals
8: plot: Go to GPD Plots
Selection:

> riskmeasures(m3,c(0.95,0.99,0.999))
         p   quantile      sfall
[1,] 0.950 0.02208860 0.03162728
[2,] 0.990 0.03616686 0.05075740
[3,] 0.999 0.07019419 0.09699513
```

7.7.5　参数化的其他方法

如同前面提到的那样, 对于给定的门限 η, GPD 也可以通过形状参数 ξ 和刻度参数 $\psi(\eta) = \alpha - k(\eta - \beta)$ 进行参数化. 这正是 R 和 S-Plus 的 evir 包中所用到的参数化. 事实上, R 和 S-Plus 中的 (xi, beta) 对应于本章的 $(-\xi, \psi(\eta))$. 在 S-Plus 中估计 GPD 模型的命令是 gpd. 为了说明, 考虑从 1962 年到 1998 年的 IBM 股票的负日对数收益率. 结果如下:

R 演示

数据是 IBM 股票的负对数收益率. 我已经对下面的输出进行过编辑:

```
> library(evir)
> mgpd=gpd(nibm,threshold=0.025)
> names(mgpd)
 [1] "n"          "data"          "threshold"     "p.less.thresh"
 [5] "n.exceed"   "method"        "par.ests"      "par.ses"
 [9] "varcov"     "information"   "converged"     "nllh.final"
> mgpd
$n
[1] 9190
$data
   [1] 0.03288483 0.02648772 0.02817316 0.03618692 ...
$threshold
[1] 0.025
$p.less.thresh     %Percentage of data below the threshold.
[1] 0.9662677
$n.exceed    % Number of exceedances
[1] 310
$method
[1] "ml"
$par.ests
         xi          beta
0.264184649 0.007786063
$par.ses
          xi          beta
0.0662137508 0.0006427826
$varcov
              [,1]             [,2]
[1,]  4.384261e-03 -2.461142e-05
[2,] -2.461142e-05  4.131694e-07
> par(mfcol=c(2,2)) %Plots for residual analysis
> plot(mgpd)

Make a plot selection (or 0 to exit):
1: plot: Excess Distribution
2: plot: Tail of Underlying Distribution
3: plot: Scatterplot of Residuals
4: plot: QQplot of Residuals
Selection:
```

注意到结果与表 7-3 中的结果非常靠近. 表 7-3 中用的是对数收益率的百分比. 在表 7-3 中 ξ 和 $\psi(\eta)$ 的估计分别是 0.264 18 和 $\alpha + \xi(\eta - \beta) = \exp(0.315\,29) + (0.264\,18)(2.5 - 4.7406) = 0.7787\,3$. 对于对数收益率, $\psi(\eta)$ 的估计是 0.007 787. 这与 S-Plus 的估计结果一样.

图 7-7 显示了给 IBM 股票的负日对数收益率拟合 GPD 的诊断检验图. QQ 图 (右下角) 和尾概率估计 (左下角, 并取对数刻度) 显示出与直线有微小的偏差. 这

表明可能需要进一步的改进.

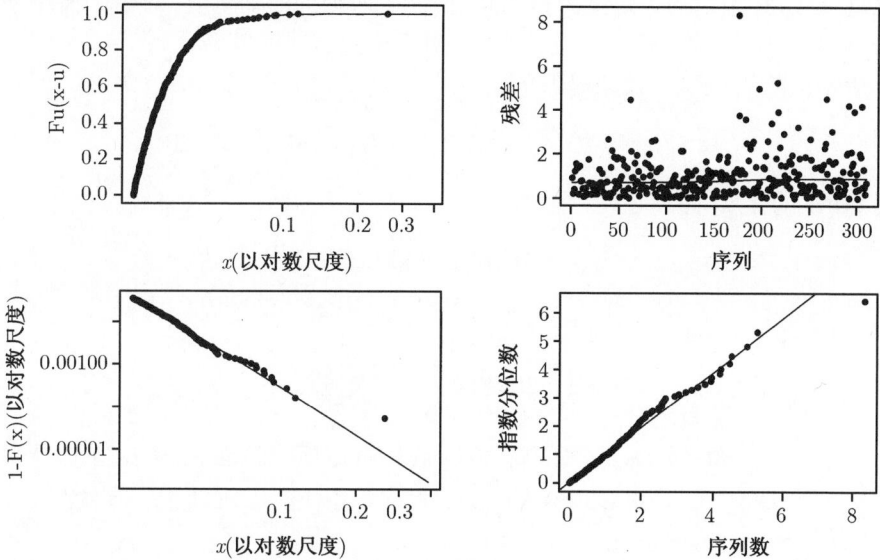

图 7-7 给 IBM 股票拟合从 1962 年 7 月 3 日到 1998 年 12 月 31 日的负日对数收益率 GPD 的诊断检验图

对于 (7.29) 式、(7.30) 式以及 (7.31) 式的 GPD 的条件分布, 我们有

$$\frac{F(y) - F(\eta)}{1 - F(\eta)} \approx G_{\eta, \psi(\eta)}(x),$$

其中 $y = x + \eta$, $x > 0$. 如果我们通过经验 CDF 来估计收益率的累积分布函数 $F(\eta)$, 则

$$\hat{F}(\eta) = \frac{T - N_\eta}{T}.$$

其中 N_η 是超越门限 η 的次数, T 是样本容量. 因此, 根据方程 (7.31)

$$F(y) = F(\eta) + G(x)[1 - F(\eta)]$$

$$\approx 1 - \frac{N_\eta}{T} \left[1 + \frac{\xi(y - \eta)}{\psi(\eta)}\right]^{-1/\xi}.$$

这就引出了 VaR 计算中所用到的 $F(y)$ 的分位数的另一种估计. 特别地, 对于小的上尾概率 p, 其中 $0 < p < 0.05$, 令 $q = 1 - p$, 然后通过解出 y 则 $F(y)$ 的 q 分位数 VaR_q 可以由下式估计

$$\mathrm{VaR}_q = \eta - \frac{\psi(\eta)}{\xi} \left\{1 - \left[\frac{T}{N_\eta}(1 - q)\right]^{-\xi}\right\}, \tag{7.37}$$

其中, 如前面一样 η 是门限, T 是样本容量, N_η 是超越门限的次数, GPD 的刻度参数和形状参数分别为 $\psi(\eta)$ 和 ξ. 在 S-plus 中正是用此种方法计算 VaR 的.

正如前面在 7.2.3 节提到的一样, 与给定 VaR 相关的预期损失是一种有用的风险度量方法, 把预期损失定义为损失超过 VaR 时损失的期望值. 对于广义 Pareto 分布, ES 有一个简单的形式. 具体来说, 对于给定的尾部概率 p, 令 $q = 1 - p$, 用 VaR 表示风险值. 于是, 预期损失定义为

$$\mathrm{ES}_q = \mathrm{E}(r|r > \mathrm{VaR}_q) = \mathrm{VaR}_q + \mathrm{E}(r - \mathrm{VaR}_q|r > \mathrm{VaR}_q). \tag{7.38}$$

利用 GPD 的性质, 可以证明

$$E(r - \mathrm{VaR}_q|r > \mathrm{VaR}_q) = \frac{\psi(\eta) + \xi(\mathrm{VaR}_q - \eta)}{1 - \xi}.$$

上式中 $0 < \xi < 1$. 因此, 我们有

$$\mathrm{ES}_q = \frac{\mathrm{VaR}_q}{1 - \xi} + \frac{\psi(\eta) - \xi\eta}{1 - \xi}.$$

为了说明 VaR 和 ES 计算的新方法, 我们再使用门限 2.5% 的 IBM 股票日对数收益率的负值. 在 R 和 S-Plus 的 `evir` 程序包中, 使用 POT 方法计算 VaR 和 ES 的命令为 `riskmeasures`:

```
> riskmeasures(mgpd,c(0.95,0.99,0.999))
          p   quantile      sfall
[1,] 0.950 0.02208959 0.03162619
[2,] 0.990 0.03616405 0.05075390
[3,] 0.999 0.07018944 0.09699565
```

从输出结果来看, 对于尾概率 0.05 和 0.01, 金融头寸的 VaR 值分别为 \$220 889 和 \$361 661. 这两个值与例 7.8 给出的值非常靠近. 例 7.8 的结果基于前一小节所给出的方法得到. 对于尾概率 0.05 和 0.01, 金融头寸的 ES 分别是 \$316 272 和 \$507 576.

7.7.6 解释变量的使用

前面讨论的二维泊松模型是齐次的, 因为三个参数 k, α 和 β 随时间不变. 实际中, 这种模型可能并不充分. 此外, 通常要利用一些能够影响对数收益率 r_t 的解释变量. 新的极值理论方法对 VaR 计算的一个好的特性是它能很容易地将解释变量考虑进来. 本小节将讨论这样一个考虑解释变量的框架. 另外, 我们也讨论可以用来检验所拟合的二元泊松模型充分性的方法.

假定 $\boldsymbol{x}_t = (x_{1t}, \cdots, x_{vt})'$ 是 v 个解释变量的向量, 在时刻 t 以前就可以得到. 对资产收益率, 第 3 章讨论的 r_t 的波动率 σ_t^2 是一个解释变量的例子. 美国证券市场上解释变量的另一个例子是表示联邦公开市场委员会 (Federal Open Market Committee) 会议的示性变量. 利用解释变量的一个简单方法是猜想三个参数 k, α 和 β 是时变的, 而且是解释变量的线性函数. 具体地, 当解释变量 $\boldsymbol{x}_t$ 可以得到时, 我们假定

$$\varepsilon_t = \gamma_0 + \gamma_1 x_{1t} + \cdots + \gamma_v x_{vt} \equiv \gamma_0 + \boldsymbol{\gamma}'\boldsymbol{x}_t,$$

$$\ln(\alpha_t) = \delta_0 + \delta_1 x_{1t} + \cdots + \delta_v x_{vt} \equiv \delta_0 + \boldsymbol{\delta}' \boldsymbol{x}_t, \tag{7.39}$$

$$\beta_t = \theta_0 + \theta_1 x_{1t} + \cdots + \theta_v x_{vt} \equiv \theta_0 + \boldsymbol{\theta}' \boldsymbol{x}_t.$$

如果 $\boldsymbol{\gamma} = \mathbf{0}$, 则形状参数 $\xi_t = \gamma_0$, 且它是随时间不变的. 这样, 检验 $\boldsymbol{\gamma}$ 的显著性可以提供关于解释变量对形状参数的贡献的信息. 类似的方法可以运用到尺度参数和位置参数中. 在方程 (7.39) 中, 我们对所有的三个参数 ξ_t, $\ln(\alpha_t)$ 和 β_t 都使用了同样的解释变量. 在应用时, 不同的参数可以使用不同的解释变量.

当极值理论的三个参数是时变的时候, 我们得到一个非齐次的泊松过程. 强度测度变为

$$\Lambda[(D_1, D_2) \times (r, \infty)] = \frac{D_2 - D_1}{D} \left(1 + \frac{\xi_t (r - \beta_t)}{\alpha_t}\right)_+^{-1/\xi_t}, \quad r > \eta. \tag{7.40}$$

超出时间点和收益率 $\{(t_i, r_{t_i})\}$ 的似然函数变为

$$L = \left(\prod_{i=1}^{N_\eta} \frac{1}{D} g(r_{t_i}; \xi_{t_i}, \alpha_{t_i}, \beta_{t_i})\right) \exp\left[-\frac{1}{D} \int_0^T S(\eta; \xi_t, \alpha_t, \beta_t) \mathrm{d}t\right].$$

如果假定参数 ξ_t, α_t 和 β_t 在每个交易日内是固定的, 其中 $g(z; \xi_t, \alpha_t, \beta_t)$ 和 $S(\eta; \xi_t, \alpha_t, \beta_t)$ 分别由方程 (7.34) 和 (7.33) 给出, 则似然函数简化为

$$L = \left(\prod_{i=1}^{N_\eta} \frac{1}{D} g(r_{t_i}; \xi_{t_i}, \alpha_{t_i}, \beta_{t_i})\right) \exp\left[-\frac{1}{D} \sum_{t=1}^{T} S(\eta; \xi_t, \alpha_t, \beta_t)\right]. \tag{7.41}$$

对给定的观测值 $\{r_t, \boldsymbol{x}_t | t = 1, \cdots, T\}$, 且基本的时间间隔为 D, 门限为 η, 方程 (7.39) 的参数可以通过最大化方程 (7.41) 的对数似然函数来估计. 这里再一次使用了 $\ln(\alpha_t)$ 来满足 α_t 为正的限制.

注释 从三个参数都是时刻 t 时可以得到信息的精确函数这个意义上讲, 方程 (7.39) 的参数化类似于第 3 章中波动率模型的参数化. 如果有必要也可以使用其他函数. □

7.7.7 模型检验

对超越次数和超出量检验的二维泊松过程模型进行检验涉及检验模型的三个重要性质. 第一个性质证明超越率的充分性; 第二个性质检验超越的分布; 最后一个性质检验模型的独立性假设. 我们主要讨论在检验这三个性质时有用的一些统计量. 这些统计量基于一些基本的、与分布和随机过程相关的统计理论.

超越率

一维泊松过程的一个基本性质是接连的两个事件之间的时间持续期是独立的且都服从指数分布. 为了采用检验一个二维过程模型的类似性质, Smith 和 Shively (1995) 提出了研究接连的两个超越间的时间持续期. 如果这个二维的泊松过程模型

对超越次数和超越量是恰当的, 则第 i 个超越与第 $i-1$ 个超越之间的时间持续期应该服从一个指数分布. 更具体地, 令 $t_0 = 0$, 我们期望

$$z_{t_i} = \int_{t_{i-1}}^{t_i} \frac{1}{D} g(\eta; \varepsilon_s, \alpha_s, \beta_s) \mathrm{d}s, \quad i = 1, 2, \cdots$$

是独立同分布的, 且均服从一个标准指数分布. 因为日收益率是离散时间的观测值, 我们采用的时间持续期为

$$z_{t_i} = \frac{1}{D} \sum_{t=t_{i-1}+1}^{t_i} S(\eta; \xi_t, \alpha_t, \beta_t) \tag{7.42}$$

并利用分位数–分位数 (QQ) 图来检验独立同分布标准指数分布的有效性. 如果模型是充分的, 则 QQ 图应显示一条通过原点且斜率为 1 的直线.

超越量的分布

在所考虑的二维泊松过程模型下, 超过门限 η 的超越量 $x_t = r_t - \eta$ 的条件分布是一个形状参数为 ξ_t, 尺度参数为 $\psi_t = \alpha_t - \xi_t(\eta - \beta_t)$ 的广义帕累托分布 (GPD). 因此, 我们可以利用标准指数分布与 GPD 之间的关系, 定义

$$w_{t_i} = \begin{cases} \dfrac{1}{\xi_{t_i}} \ln \left(1 + \xi_{t_i} \dfrac{r_{t_i} - \eta}{\psi_{t_i}} \right)_+, & \text{若 } \xi_{t_i} \neq 0, \\ \dfrac{r_{t_i} - \eta}{\psi_{t_i}}, & \text{若 } \xi_{t_i} = 0. \end{cases} \tag{7.43}$$

如果模型是充分的, 则 $\{w_{t_i}\}$ 是独立的且服从均值为 1 的指数分布. 可参见 Smith (1999). 我们可以利用 QQ 图来对检验超出量 GPD 假定的有效性.

独立性

在调整解释变量的影响以后, 检验独立性假定的一个简单方法是研究 z_{t_i} 与 w_{t_i} 的样本自相关函数. 在独立性假定下, 我们期望 z_{t_i} 和 w_{t_i} 的序列相关系数都是零.

7.7.8   说明

在本小节中, 我们对 IBM 股票从 1962 年 7 月 3 日至 1998 年 12 月 31 日以百分比表示的日对数收益率采用了一个二维非齐次的泊松过程模型. 我们集中于讨论持有一个 1 千万美元的多头头寸. 该分析使我们能够与前面利用其他方法计算 VaR 所得到的结果相比较.

首先我们指出例 7.7 中的二维齐次模型需要进一步提炼, 因为拟合的模型没能通过 7.7.7 节中的模型统计量的检验. 图 7-8a 与图 7-8b 显示了齐次模型当门限为 $\eta = 2.5\%$ 时, z_{t_i} 和 w_{t_i} 的自相关函数, 其定义分别见 (7.42) 与 (7.43). 图形中的两个水平线表示两个标准误差的渐近上下限. 可以看出 z_{t_i} 和 w_{t_i} 序列都有某些显著的序列相关性. 图 7-9a 与图 7-9b 显示了 z_{t_i} 和 w_{t_i} 序列的 QQ 图, 每个图

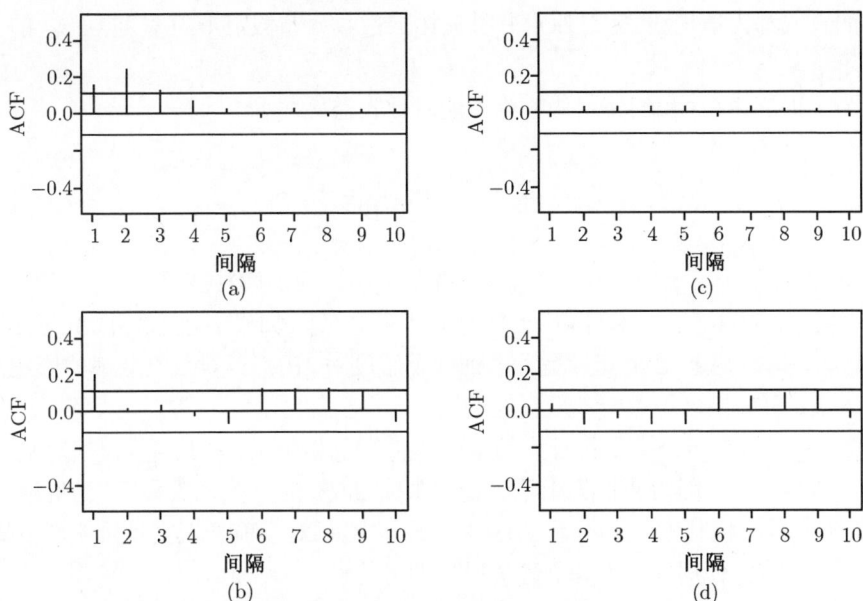

图 7-8　二维非齐次泊松过程模型中的 z 和 w 序列的样本自相关函数. (a) 与 (b) 显示对齐次模型的结果; (c) 与 (d) 显示对非齐次模型的结果. 所用数据为 IBM 股票从 1962 年7 月 3 日至 1998 年 12 月 31 日以百分比表示的、经均值修正后的日对数收益率, 门限为 $\eta = 2.5\%$. 所使用的是多头金融头寸

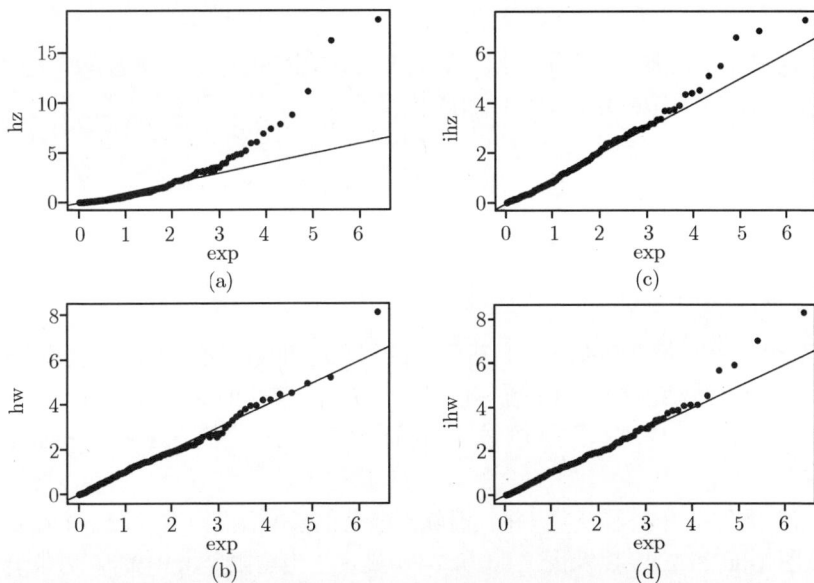

图 7-9　二维非齐次泊松过程模型中的 z 和 w 序列的 QQ 图. (a) 与 (b) 显示对齐次模型的结果; (c) 与 (d) 显示对非齐次模型的结果. 所用数据为 IBM 股票从 1962 年 7 月 3 日至 1998 年 12 月 31 日以百分比表示的、经均值修正后的日对数收益率, 门限为 $\eta = 2.5\%$. 所使用的是多头金融头寸

形中的直线都为理论线, 它过原点并且在标准指数分布假定下斜率为 1. z_{t_i} 的 QQ 图显示了某些不相符性.

为了提炼模型, 我们使用均值修正的对数收益率序列

$$r_t^o = r_t - \bar{r}, \quad \bar{r} = \frac{1}{9\,190} \sum_{t=1}^{9\,190} r_t,$$

其中 r_t 为百分比表示的日对数收益率, 并且采用下面的解释变量.

(1) x_{1t}: 对 10 月、11 月和 12 月的示性变量. 即, 如果 t 在 10 月、11 月或 12 月, 则 $x_{1t} = 1$. 选择这个变量是考虑到四个季度对 IBM 日对数收益率的影响 (或称年末效应)(如果这种影响效应存在的话).

(2) x_{2t}: 对前一个交易日行为的示性变量. 具体地, $x_{2t} = 1$ 当且仅当对数收益率 $r_{t-1}^o \leqslant -2.5\%$. 因为我们集中于讨论门限为 2.5% 的一个多头头寸, 当价格降低超过 2.5% 时超越发生. 因此, 当 IBM 股票的价格相对于前一天交易日的价格降低 2.5% 或更多时, 使用 x_{2t} 来刻画恐慌抛售的可能性.

(3) x_{3t}: 波动率的一个定性测度, 它是 $t-1$ 与 $t-5$(包含 $t-1$ 和 $t-5$) 之间的具有超过门限的对数收益率的天数. 在所考虑的情形下, x_{3t} 是满足 $|r_{t-i}^o| \geqslant 2.5\%$, $i = 1, \cdots, 5$ 的 r_{t-i}^o 的个数.

(4) x_{4t}: 年趋势, 定义为 $x_{4t} = $ (时刻所在的年份 $- 1961)/38$. 用此变量来识别 IBM 股票极值收益率行为中的任何趋势.

(5) x_{5t}: 基于对均值修正序列 r_t^o 的高斯 GARCH(1,1) 模型的波动率序列. 具体地, $x_{5t} = \sigma_t$, 这里 σ_t^2 为 GARCH(1,1) 模型

$$r_t^o = a_t, \quad a_t = \sigma_t \varepsilon_t, \quad \varepsilon_t \sim N(0,1),$$

$$\sigma_t^2 = 0.045\,65 + 0.080\,7a_{t-1}^2 + 0.903\,1\sigma_{t-1}^2,$$

的条件方差.

这 5 个解释变量在时刻 $t-1$ 都可以得到. 我们利用两个波动率测度 (x_{3t} 与 x_{5t}) 来研究市场波动率对 VaR 的影响. 正如例 7.3 中拟合的 AR(2)-GARCH(1,1) 模型所显示的, r_t 中的序列相关性很弱, 以至于我们不能对均值方程接受任何 ARMA 模型.

利用前面的 5 个解释变量, 并且消除不显著的参数, 我们得到表 7-4 显示的估计结果. 图 7-8c 和 7-8d 以及图 7-9c 和 7-9d 显示了当门限是 $\eta = 2.5\%$ 时拟合的二维非齐次泊松过程模型的模型检验统计量. z_{t_i} 与 w_{t_i} 的所有自相关函数都在两个标准误差的渐近上下限之内. QQ 图也显示了显著的改善, 尽管它们表明没有模型的充分性. 根据检验结果, 非齐次模型看上去是充分的.

表 7-4 对 IBM 股票从 1962 年 7 月 3 日到 1998 年 12 月 31 日以百分比表示的日对数收益的二维非齐次泊松过程模型的估计结果 [a]

参数	常数	x_{3t} 的系数	x_{4t} 的系数	x_{5t} 的系数
门限 2.5%, 带 334 个超越				
β_t	0.320 2		1.477 2	2.199 1
(标准误差)	(0.338 7)		(0.322 2)	(0.245 0)
$\ln(\alpha_t)$	$-0.811\ 9$	0.330 5	1.032 4	
(标准误差)	(0.179 8)	(0.082 6)	(0.261 9)	
ξ_t	0.180 5	0.211 8	0.355 1	$-0.260\ 2$
(标准误差)	(0.129 0)	(0.058 0)	(0.150 3)	(0.046 1)
门限 3.0%, 带 184 个超越				
β_t	1.156 9			2.191 8
(标准误差)	(0.408 2)			(0.290 9)
$\ln(\alpha_t)$	$-0.031\ 6$	0.333 6		
(标准误差)	(0.120 1)	(0.086 1)		
ξ_t	0.600 8	0.248 0		$-0.317\ 5$
(标准误差)	(0.145 4)	(0.073 1)		(0.068 5)

a 利用了文中定义的四个解释变量. 此模型是为持有 IBM 股票的多头头寸设定的, 消除了对数收益率数据的样本均值.

考虑门限为 2.5% 的情形. 估计结果说明如下几点.

(1) 强度函数的所有 3 个参数都显著依赖于年时间趋势. 特别地, 形状参数有一个负的年趋势, 表明随时间的变化, IBM 股票的日对数收益率偏离正态性越来越远. 位置参数和尺度参数都随时间增大.

(2) 第 4 个季度的示性变量 x_{1t} 与恐慌抛售的示性变量 x_{2t} 对所有的 3 个参数都是不显著的.

(3) 受 GARCH(1,1) 模型的波动率影响的位置参数和形状参数是正的 (见 x_{5t} 的系数). 这是可以理解的, 因为当波动率高时, 对数收益率的可变性增加了, 从而降低了对数收益率对尾指数的依赖性.

(4) 尺度参数和形状参数显著依赖于波动率的定性度量. 估计的符号也似乎是合理的.

1998 年 12 月 31 日的解释变量假定为 $x_{3,9190} = 0$, $x_{4,9190} = 0.973\ 7$, $x_{5,9190} = 1.976\ 6$. 利用这些值以及表 7-4 中拟合的模型, 假定尾概率为 0.05, 我们得到

$$\xi_{9190} = 0.011\ 95, \quad \ln(\alpha_{9190}) = 0.193\ 31, \quad \beta_{9190} = 6.105.$$

方程 (7.36) 显示的 VaR 分位数给出 VaR = 3.037 56%. 因此, 对一个 1 千万美元的多头头寸, 我们有

$$\text{VaR} = 10\ 000\ 000 \times 0.030\ 375\ 6\ \text{美元} = 303\ 756\ \text{美元}.$$

如果尾概率是 0.01, 则 VaR 为 497 425 美元. 5%的 VaR 稍高于例 7.3 中利用 AR(2)-

GARCH(1, 1) 模型给出的结果. 1%的 VaR 远远高于例 7.3 情形 1 的结果. 如我们所料, 极值 (即厚尾) 对 VaR 的影响当使用的尾概率较小时更加重要.

采用解释变量的一个优势是参数适应市场条件的变化. 例如, 对 1998 年 12 月 30 日的解释变量假定的值为 $x_{3,9189} = 1$, $x_{4,9189} = 0.973\,7$, $x_{5,9189} = 1.875\,7$. 在这种情形, 我们有

$$\xi_{9189} = 0.250\,0, \quad \ln(\alpha_{9189}) = 0.523\,85, \quad \beta_{9189} = 5.883\,4.$$

则 95% 分位数 (即尾概率为 5%) 变为 $2.6913\,9\%$. 因此, VaR 变为

$$\text{VaR} = 100\,000\,00 \times 0.026\,913\,9 \text{ 美元} = 269\,139 \text{ 美元}.$$

如果尾概率为 0.01, 则 VaR 变为 4483 23 美元. 根据这个例子, 例 7.8 中显示的齐次泊松模型似乎低估了 VaR.

7.8 极值指数

到目前为止, 我们对极值的讨论都是基于数据为独立同分布随机变量的假设. 然而, 由于数据具有序列相依性, 所以实际极端事件往往都群集发生. 例如, 我们经常观测到在某些新闻事件发生后出现资产大的收益率 (正的和负的). 我们将在本节把极值理论推广且应用到严格平稳时间序列数据的情况. 极值理论推广的一个基本概念就是极值指数, 使用这个概念可以反映数据的相依结构和它们极端情况之间的关系. 我们的讨论是简明扼要的, 对此感兴趣的读者可以参考 Beirland 等 (2004, 第 10 章) 和 Embrechts 等 (1997).

令 $x_1, x_2, \cdots$ 为具有边际分布函数 $F(x)$ 的随机变量的严格平稳序列, 考虑 n 个观察值 $\{x_i | i = 1, \cdots, n\}$ 的情形. 和前面相同, 令 $x_{(n)}$ 为数据的最大值, 也就是说 $x_{(n)} = \max\{x_i\}$. 我们将通过选择某些合适的标准化参数 $\alpha_n > 0$ 和 β_n 求 $(x_{(n)} - \beta_n)/\alpha_n$ 的极限分布. 如果 $\{x_i\}$ 为独立同分布, 在 7.5 节证明了仅可能有非退化极限是极值分布, 那么, 当 $\{x_i\}$ 存在序列相依时, $(x_n - \beta_n)/\alpha_n$ 的极限分布是什么呢?

为了回答这个问题, 我们从一个探索性论证开始. 假设平稳序列 x_i 的序列相依快速消失, 因此, 当 l 充分大时, x_i 和 x_{i+l} 本质上是独立的. 换言之, 就是假设 x_i 的长范围相依性快速消失. 现在把数据分成不重合的几组, 每组的样本容量为 k. 具体来说, 令 $g = [n/k]$ 为小于等于 n/k 的最大整数, 那么, 第 i 组数据为 $\{x_j | j = (i-1) * k + 1, \cdots, i * k\}$, 不言而喻, 其中第 $(g+1)$ 组的样本容量可能小于 k. 令 $x_{k,i}$ 为第 i 组最大值, 也就是有 $x_{k,i} = \max\{x_j | j = (i-1) * k + 1, \cdots, i * k\}$. 各组最大值组成的集合为 $\{x_{k,i} | i = 1, \cdots, g+1\}$. 根据定义, 容易发现有

$$x_{(n)} = \max_{i=1, \cdots, g+1} x_{k,i}. \tag{7.44}$$

也就是说, 整个样本的最大值也是每组最大值构成的集合中的最大值. 如果每组的样本容量 k 充分大, 每组的最大值 $x_{k,i}$ 不会在接近第 i 组端点处取得, 那么 $x_{k,i}$ 和 $x_{k,i+1}$ 相距充分远, 且在 $\{x_i\}$ 弱长范围相依的假设下, $x_{k,i}$ 和 $x_{k,i+1}$ 本质上是独立的. 因此, 可以把 $\{x_{k,i}|i=1,\cdots,g+1\}$ 看做是从 iid 随机变量中抽取得到的一个样本, 其最大值 $x_{(n)}$ 的极限分布应该是极值分布. 前面的讨论说明在某个适当的条件下, 严格平稳时间序列最大值的极限分布也可以是极值分布.

Leadbetter(1974) 提出了严格平稳时间序列最大值 $x_{(n)}$ 具有极值极限分布的适当条件, 称之为 $D_{(u_n)}$ 条件. 在下节给出该条件的具体内容. 前面的探索性论证也提示我们尽管 $x_{(n)}$ 的极限分布也是极值分布, 然而, 因为极限分布依赖于基础序列的边际分布, 所以与极限分布相关的参数也与 $\{x_i\}$ 为独立同分布随机抽样时的参数不同. 对于独立同分布序列, 边际分布为 $F(x)$, 但是对于平稳序列, 基础序列是各组的最大值 $x_{k,i}$, 基础序列的边际分布不是 $F(x)$. $x_{k,i}$ 的边际分布依赖于 k 以及 $\{x_i\}$ 序列相依的强度.

7.8.1 $D_{(u_n)}$ 条件

考虑样本 $x_1, x_2, \cdots, x_n$, 为了使长范围相依序列 $\{x_i\}$ 存在极限, 令 u_n 为按比率增加的门限序列, 这个比率使得 x_i 大于 u_n 的样本点个数的期望值有界. 从数学的角度来说, 这就是有 $\limsup n\left[1 - F(u_n)\right] < \infty$, 其中 $F(\cdot)$ 为 x_i 的边际累积分布函数. 对任意的正整数 p 和 q, 假设 $i_v\,(v = 1, \cdots, p)$ 和 $j_t\,(t = 1, \cdots, q)$ 为满足下式的任意整数

$$1 \leqslant i_1 < i_2 < \cdots < i_p < j_1 < \cdots < j_q \leqslant n.$$

其中 $j_1 - i_p \geqslant l_n$, 这里 l_n 为样本容量 n 的函数, 使得当 $n \to \infty$ 时, $l_n/n \to 0$. 令 $A_1 = \{i_1, i_2, \cdots, i_p\}$ 和 $A_2 = \{j_1, j_2, \cdots, j_q\}$ 为两个时间指标集合. 根据前面的条件, A_1 和 A_2 中的元素至少被 l_n 个时期分离. 如果有

$$|P(\max_{i \in A_1 \cup A_2} x_i \leqslant u_n) - P(\max_{i \in A_1} x_i \leqslant u_n)P(\max_{i \in A_2} x_i \leqslant u_n) \leqslant \delta_{n,l_n}, \tag{7.45}$$

那么条件 $D_{(u_n)}$ 成立, 其中当 $n \to \infty$ 时, 有 $\delta_{n,l_n} \to 0$. 这个条件的意思是任何两个形式为 $\left\{\max\limits_{i \in A_1} x_i \leqslant u_n\right\}$ 和 $\left\{\max\limits_{i \in A_2} x_i \leqslant u_n\right\}$ 的事件随着样本容量 n 增加渐近独立, 而 $\{1, 2, \cdots, n\}$ 的指标子集 A_1 和 A_2 被距离 l_n 分离, l_n 满足当 $n \to \infty$ 时 $l_n/n \to 0$. $D(u_n)$ 条件看起来复杂, 但是这个条件相当弱. 例如, 考虑间隔为 n、自相关系数为 ρ_n 的高斯序列, 如果当 $n \to \infty$ 时有 $\rho_n \ln(n) \to 0$, 则 $D(u_n)$ 条件成立. 见 Berman(1964).

Leadbetter 定理 1   假设 $\{x_i|i = 1, \cdots, n\}$ 为严格平稳时间序列, 存在常数 $\alpha_n > 0$ 和 β_n 序列, 以及非退化分布函数 $F_*(\cdot)$ 使得

$$P\left[\frac{x_{(n)} - \beta_n}{\alpha_n} \leqslant x\right] \to_d F_*(x), \qquad n \to \infty,$$

其中 $\to_d$ 表示按分布收敛. 如果对于每个 x 有 $D(u_n)$ 成立, 其中 $u_n = \alpha_n x + \beta_n$ 使得 $F_*(x) > 0$, 则 $F_*(x)$ 为极值分布函数.

前面定理说明满足 $D(u_n)$ 条件的严格平稳时间序列的最大值, 其可能的极限分布也是极值分布. 但是正如前面指出的一样, 相依性可能影响极限分布. 相依性的影响体现在各组最大值 $x_{k,i}$ 的边际分布中. 为了更清楚地说明这种影响, 令 $\{\tilde{x}_1, \tilde{x}_2, \cdots, \tilde{x}_n\}$ 为独立同分布随机变量的序列, 使得 $\tilde{x}_i$ 的边际分布和平稳时间序列 x_i 的边际分布相同. 令 $\tilde{x}_{(n)}$ 为 $\{\tilde{x}_i\}$ 的最大值. Leadbetter(1983) 得出了下面的定理.

Leadbetter 定理 2   如果存在常数 $\alpha_n > 0$ 和 β_n 序列, 以及非退化分布函数 $\tilde{F}_*(\cdot)$ 使得

$$P\left[\frac{\tilde{x}_{(n)} - \beta_n}{\alpha_n} \leqslant x\right] \to_d \tilde{F}_*(x), \qquad n \to \infty,$$

如果对于每个 x 有 $D(u_n)$ 成立, 且 $u_n = \alpha_n x + \beta_n$, 使得 $\tilde{F}_*(x) > 0$, 且对某个 x, 如果 $P\left[(x_{(n)} - \beta_n)/\alpha_n \leqslant x\right]$ 收敛, 则对于某个常数 $\theta \in (0,1]$, 有

$$P\left[\frac{x_{(n)} - \beta_n}{\alpha_n} \leqslant x\right] \to_d F_*(x) = \tilde{F}_*^\theta(x), \qquad n \to \infty,$$

我们称常数 θ 为极值指数. 对于严格平稳时间序列的最大值, 在确定其极限分布 $F_*(x)$ 时, 极值指数扮演了重要角色. 为了弄明白这一点, 我们就 $\xi \neq 0$ 的情况进行简单的推导. 根据方程 (7.16) 的结果, $\tilde{F}_*(x)$ 为广义极值分布且假设其形式为

$$\tilde{F}_*(x) = \exp\left[-\left(1 + \xi\frac{x - \beta}{\alpha}\right)^{-1/\xi}\right],$$

其中 $\xi \neq 0$ 且 $1 + \xi(x - \beta)/\alpha > 0$. 换言之就是我们假设对于 iid 序列 $\{\tilde{x}_i\}$, $\tilde{x}_{(n)}$ 的极限极值分布有参数 ξ、β 和 α, 根据 Leadbetter 定理 2(1983), 我们有

$$
\begin{aligned}
F_*(x) = \tilde{F}_*^\theta(x) &= \exp\left[-\theta\left(1 + \xi\frac{x - \beta}{\alpha}\right)^{-1/\xi}\right] \\
&= \exp\left[-\left(\frac{1}{\theta^\xi} + \xi\frac{x - \beta}{\alpha\theta^\xi}\right)^{-1/\xi}\right] = \exp\left[-\left(\xi\frac{\alpha/\xi + x - \beta}{\alpha\theta^\xi}\right)^{-1/\xi}\right] \\
&= \exp\left[-\left(1 + \xi\frac{x - \beta + \alpha/\xi - \alpha\theta^\xi/\xi}{\alpha\theta^\xi}\right)^{-1/\xi}\right] \\
&= \exp\left[-\left(1 + \xi\frac{x - \left[\beta - \dfrac{\alpha}{\xi}(1 - \theta^\xi)\right]}{\alpha\theta^\xi}\right)^{-1/\xi}\right] \\
&= \exp\left[-\left(1 + \xi_*\frac{x - \beta_*}{\alpha_*}^{-1/\xi_*}\right)\right], \qquad (7.46)
\end{aligned}
$$

其中 $\xi_* = \xi$, $\alpha_* = \alpha\theta^\xi$ 和 $\beta_* = \beta - \alpha\left(1-\theta^\xi\right)/\xi$. 因此, 对于满足 $D(u_n)$ 条件的平稳时间序列 $\{x_i\}$, 样本最大值的极限分布为具有形状参数 ξ 的广义极值分布, 这与独立同分布序列的结果相同. 另一方面, 位置参数和尺度参数受极值指数 θ 的影响, 具体来讲, 有 $\alpha_* = \alpha\theta^\xi$ 和 $\beta_* = \beta - \alpha\left(1-\theta^\xi\right)/\xi$. 我们可以使用同样的方法对于 $\xi = 0$ 的情形推导出结果且有 $\alpha_* = \alpha$ 和 $\beta_* = \beta + \alpha\ln(\theta)$.

极值指数的正式定义如下: 令 $\{x_i\}$ 为严格平稳时间序列, 其边际累积分布函数为 $F(x)$, θ 为非负数, 假设对于每个 $\tau > 0$, 存在门限序列 u_n, 使得

$$\lim_{n\to\infty} n[1-F(u_n)] = \tau, \tag{7.47}$$

$$\lim_{n\to\infty} P(x_{(n)} \leqslant u_n) = \exp(-\theta\tau). \tag{7.48}$$

称 θ 为时间序列 $\{x_i\}$ 的极值指数. 见 Embrechts 等 (1997). 注意, 对于相应的 iid 序列 $\{\tilde{x}_i\}$, 在假设方程 (7.47) 来成立的条件下, 我们有

$$\lim_{n\to\infty} P(\tilde{x}_{(n)} \leqslant u_n) = \lim_{n\to\infty}[F(u_n)]^n = \lim_{n\to\infty}\left\{1 - \frac{1}{n}n[1-F(u_n)]\right\}^n \to \exp(-\tau),$$

这里我们使用了性质 $\lim_{n\to\infty}(1-y/n)^n = \exp(-y)$. 因此, 这个定义也清楚地表明了极值指数 θ 的作用.

7.8.2　极值指数的估计

对于严格平稳时间序列 $\{x_i\}$ 的极值指数, 有几种估计方法. 每种估计方法都与极值指数的解释有关. 随后, 我们将讨论一些估计方法.

组方法

根据极值指数 θ 的定义, 对于较大的 n, 如果 $n\left[1-F\left(u_n\right)\right] \to \tau > 0$, 我们有

$$P(x_{(n)} \leqslant u_n) \approx P^\theta(\tilde{x}_{(n)} \leqslant u_n) = [F(u_n)]^{n\theta},$$

因此有

$$\lim_{n\to\infty} \frac{\ln P(x_{(n)} \leqslant u_n)}{n \ln F(u_n)} = \theta. \tag{7.49}$$

这个极限关系给出了一种估计 θ 的方法, 使用样本分位数估计分母, 也就是

$$\hat{F}(u_n) = \frac{1}{n}\sum_{i=1}^n I(x_i \leqslant u_n) = 1 - \frac{1}{n}\sum_{i=1}^n I(x_i > u_n) = 1 - \frac{N(u_n)}{n},$$

其中如果 C 成立, 则 $I(C) = 1$, 否则, $I(C) = 0$, 也就是说 $I(C)$ 为 C 的指标变量, $N(u_n)$ 表示样本中比门限 u_n 大的样本点个数. 分子 $P\left(x_{(n)} \leqslant u_n\right)$ 更难估计. 使用各组最大值是一个可能的方法. 具体地说, 令 $k = k(n)$ 是适当选择的组样本容量, 组样本容量取决于整个样本容量 n, 和前面一样, 令 $g = [n/k]$ 为 n/k 的整数部分.

为了简化, 假设 $n = gk$, 第 i 组数据含 $\{x_j | j = (i-1) * k + 1, \cdots, i * k\}$, 令 $x_{k,i}$ 为第 i 组最大值. 使用方程 (7.44) 和各组最大值之间具有近似的独立性, 我们有

$$P(x_{(n)} \leqslant u_n) = P(\max_{1 \leqslant i \leqslant g} x_{k,i} \leqslant u_n) \approx [P(x_{k,i} \leqslant u_n)]^g.$$

从各组最大值中可以估计概率 $P(x_{k,i} \leqslant u_n)$, 也就是有

$$\hat{P}(x_{k,i} \leqslant u_n) = \frac{1}{g} \sum_{i=1}^{g} I(x_{k,i} \leqslant u_n) = 1 - \frac{1}{g} \sum_{i=1}^{g} I(x_{k,i} > u_n) = 1 - \frac{G(u_n)}{g},$$

其中 $G(u_n)$ 是使得各组最大值大于门限 u_n 的组的数目. 把分子和分母估计量结合起来, 我们得到

$$\hat{\theta}_b^{(1)} = \frac{g \ln[1 - G(u_n)/g]}{n \ln[1 - N(u_n)/n]} = \frac{1}{k} \frac{\ln[1 - G(u_n)/g]}{\ln[1 - N(u_n)/n]}, \tag{7.50}$$

其中下标 b 表示组方法. 注意到 $N(u_n)$ 是样本 $\{x_i\}$ 中大于门限 u_n 的样本点个数, $G(u_n)$ 是各组最大值大于门限 u_n 的组个数. 使用基于 $\ln(1-x)$ 泰勒展开式逼近的方法, 我们得到第 2 个估计量

$$\hat{\theta}_b^{(2)} = \frac{1}{k} \frac{G(u_n)/g}{N(u_n)/n} = \frac{G(u_n)}{N(u_n)}.$$

基于 Hsing 等 (1988) 的结果, 也可以把这个估计量理解为复合 Poisson 过程 $N(u_n)$ 极限的平均发生次数的倒数.

游程方法

O'Brien(1987) 在某个弱混合条件下证明了

$$\lim_{n \to \infty} P(x_{(n)}^* \leqslant u_n | x_1 > u_n) = \theta,$$

其中 $x_{(n)}^* = \max_{2 \leqslant i \leqslant s} x_i$, 这里 s 为样本容量 n 的函数, 满足某些增长条件, 包括当 $n \to \infty$ 时 $s \to \infty$ 且 $s/n \to 0$. 详细情况见 Beirland 等 (2004, 第 10 章) 和 Embrechts 等 (1997). 这个结果已被用于构造基于*游程*的 θ 的某个估计量

$$\hat{\theta}_r^{(3)} = \frac{\sum_{i=1}^{n-k} I(A_{i,n})}{\sum_{i=1}^{n} I(x_i > u_n)} = \frac{\sum_{i=1}^{n-k} I(A_{i,n})}{N(u_n)},$$

其中 $N(u_n)$ 是样本 $\{x_i\}$ 中大于门限 u_n 的样本点个数, k 是 n 的函数, $A_{i,n} = \{x_i > u_n, x_{i+1} \leqslant u_n, \cdots, x_{i+k} \leqslant u_n\}$. 注意用 $A_{i,n}$ 表示这样一个事件, 该事件为某个样本点大于门限值, 且该样本点后的 k 个样本点都不大于该门限值. 由于当 $n \to \infty$ 时 $k/n \to 0$, 我们可以把游程估计量表示为

$$\hat{\theta}_r^{(3)} \approx \frac{(n-k)^{-1} \sum_{i=1}^{n-k} I(A_{i,n})}{n^{-1} N(u_n)}.$$

最后, 在文献中还有一些 θ 的其他估计量. 例如 Beirland 等 (2004) 对各种方法的讨论. 为了说明, 我们再次考虑从 1962 年 7 月 3 日到 1998 年 12 月 31 日 IBM

股票日对数收益率的负值. 图 7-10 表示了各组样本容量为 $k=10$ 时各种门限的极值指数估计值. 我们之所以选择 $k=10$ 是因为日对数收益率有弱序列相依性. 估计值是基于组方法 (即根据 $\hat{\theta}_b^{(1)}$ 公式) 得到的. 根据该图, 对于门限值 0.025 我们得到 $\hat{\theta}_b^{(1)} \approx 0.82$. 实际上, 使用 $k=10$ 和门限值 0.025, 通过简单的直接计算得到 $\hat{\theta}_b^{(1)} = 0.823$. 图 7-10 也显示了极值指数的估计值 $\hat{\theta}_b^{(1)}$ 对门限值和组样本容量 k 的选择非常敏感.

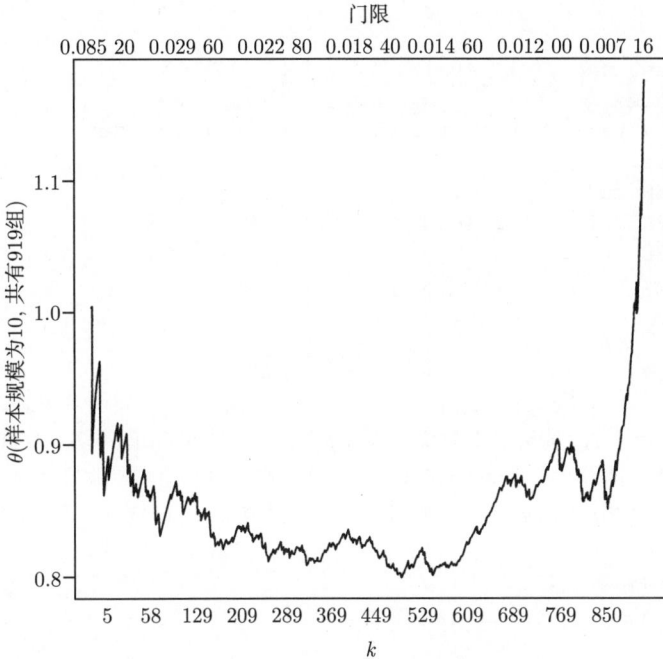

图 7-10   从 1962 年 7 月 3 日到 1998 年 12 月 31 日 IBM 股票日对数收益率的负值的极值指数估计. 组样本容量为 $k=10$, 图下端水平轴 k 表示所有组中最大值大于门限值的组的个数

7.8.3 平稳时间序列的风险值

Leadbetter 定理 2(1983) 建立了平稳时间序列最大值 $F_*(x)$ 和其相应的独立同分布随机序列的 $\tilde{F}_*(x)$ 之间的关系, 当某个相关的金融头寸的对数收益率为平稳时间序列时, 上述关系可以用于计算该金融头寸的 VaR. 具体来说, 根据 $P(x_{(n)} \leqslant u_n) \approx [F(x)]^{n\theta}$, $F(x)$ 的 $(1-p)$ 分位数为 $x_{(n)}$ 极值分布极限的 $(1-p)^{n\theta}$ 分位数. 因此, 基于极值理论的方程 (7.28) 的 VaR 为

$$\mathrm{VaR} = \begin{cases} \beta_n - \dfrac{\alpha_n}{\xi_n}\left\{1 - [-n\theta\ln(1-p)]^{-\xi_n}\right\} & \text{若 } \xi_n \neq 0 \\[2mm] \beta_n - \alpha_n \ln[-n\theta\ln(1-p)] & \text{若 } \xi_n = 0, \end{cases} \tag{7.51}$$

其中 n 为子区间的长度. 根据这个公式, 如果忽略极值指数, 我们将有低估 VaR 的风险.

作为一个具体的例子, 我们再次考虑 1962 年 7 月 3 日到 1998 年 12 月 31 日 IBM 股票日对数收益率的负值. 使用 $\hat{\theta}_b^{(1)} = 0.823$, 持有 1 千万美元的该股票多头下一个交易日 1%VaR 为 3.271 4, 此时在参数估计时选择 $n = 63$ 天. 正如预期的一样, 这个数值比例 7.6 中忽略极值指数得到的 3.049 7 大.

R 演示

```
> library(evir)
> help(exindex)
> m1=exindex(nibm,10) %Estimate the extremal index
  of Figure 7.10.
>      % VaR calculation.
> 2.583-(.945/.335)*(1-(-63*.823*log(.99))^-.335)
[1] 3.271388
```

练 习 题

7.1 考虑 GE 股票从 1998 年 1 月 2 日至 2008 年 12 月 31 日的日对数收益率. 此数据可以从 CRSP 或者文件 d-ge9809.txt 中得到. 假定你持有这只股票价值 100 万美元的多头头寸. 采用尾概率 0.1, 并利用下面的方法计算 1 天持有期和 15 天持有期的风险值 (VaR).

    (a) 风险度量制方法.

    (b) 高斯 ARMA-GARCH 模型.

    (c) 带学生 t- 分布的 ARMA-GARCH 模型, 这时你也需要估计自由度.

    (d) 子区间长度为 $n = 21$ 的传统极值理论.

7.2 文件 d.csco9808.txt 含有 Cisco 系统股票从 1998 年到 2008 年的日对数收益率, 共 2767 个观测值. 假定你持有 Cisco 系统股票的一个价值 100 万美元的多头头寸. 利用概率 $p = 0.01$, 计算你的头寸在下一个交易日的风险值.

    (a) 利用风险度量制方法.

    (b) 利用带条件高斯分布的一个 GARCH 模型.

    (c) 利用带学生 t- 分布的 GARCH 模型, 你也可能要估计自由度.

    (d) 利用无条件样本分位数.

    (e) 利用一个门限为 2% 的二维齐次泊松过程. 也就是说, 讨论股票日价格降低 2% 或更多的超越次数和超越量. 检验拟合的模型.

    (f) 利用一个门限为 2% 的二维非齐次泊松过程. 解释变量为 ① 年时间趋势; ② 对 10 月、11 月和 12 月的哑变量; ③ 基于一个高斯 GARCH(1,1) 模型拟合的波动率. 对拟合的模型进行诊断检验.

    (g) 利用门限 2.5 或 3% 重复前面的二维非齐次泊松过程. 评论门限的选择.

7.3 对 Cisco 系统的日股票收益率利用 Hill 估计以及数据 d-csco9808.txt 估计尾指数.

7.4 文件 `d-hwp3dx9808.txt` 含有 Hewlett-Packard、CRSP 价值加权指数、等权重指数和标准普尔 500 指数从 1998 年到 2008 年的日对数收益率. 所有的收益率都以百分比表示, 并且包含红利分布. 假定感兴趣的尾概率为 0.01. 对下面的金融头寸计算 2009 年第一个交易日的风险值.

- **(a)** 持有 100 万美元的 Hewlett-Packard 股票和 100 万美元标准普尔 500 指数的多头, 并且使用风险度量制方法. 对每个序列都需要估计 IGARCH(1,1) 模型的 α 系数.
- **(b)** 与 (a) 有同样的头寸, 但是对每个序列利用一个一维 ARMA-GARCH 模型.
- **(c)** 对持有 100 万美元的 Hewlett-Packard 股票的多头, 利用一个二维非齐次泊松模型, 解释变量如下: ① 年时间趋势; ② 对 Hewlett-Packard 股票基于 GARCH 模型拟合的波动率; ③ 对标准普尔 500 指数基于高斯 GARCH 模型拟合的波动率; ④ 对价值加权指数收益基于高斯 GARCH 模型拟合的波动率. 对拟合的模型实施诊断检验. 由标准普尔 500 指数与价值加权指数收益率测量的市场波动率在决定 Hewlett-Packard 的股票收益率的尾行为上有意义吗? 你可以选择几种不同的门限.

7.5 考虑从 1998 年到 2008 年的 Alcoa(AA) 股票和标准普尔 500 综合指数 (SPX) 的日收益率. 文件 `d-aaspx9808.txt` 包含简单收益率和日期数据. 将简单收益率转换为对数收益率, 并研究 Alcoa(AA) 股票的负日对数收益率.

- **(a)** 给 Alcoa(AA) 股票的负对数收益率 (以百分比的形式给出) 拟合一般极值分布. 子区间的长度是 21 个交易日. 写出参数估计值及其标准误差. 绘制残差的散点图和 QQ 图.
- **(b)** 当用区间长度为 21 天的 24 个子区间时, 前面所拟合模型的收益率水平是多少?
- **(c)** 当门限为 2.5% 时, 绘制负的对数收益率的 QQ 图以及收益率的超额均值图.
- **(d)** 当门限为 3.5% 时, 给负的对数收益率拟合广义帕累托分布 (GPD). 写出参数估计值及其标准误差.
- **(e)** 绘制以下图像:
  - (i) 超额分布图;
  - (ii) 标的分布的尾部的图像;
  - (iii) 残差的散点图;
  - (iv) 所拟合 GPD 的残差的 QQ 图.
- **(f)** 基于所拟合的 GPD 模型, 计算概率为 $q = 0.99$ 和 0.999 时的风险值 (VaR) 和期望不足.

7.6 仍然考虑练习题 7.5 中的 Alcoa(AA) 股票的日对数收益率. 现在我们关注的是正的日对数收益率. 回答练习题 7.5 中同样的问题. 然而, 在拟合 GPD 模型时, 使用的门限为 3%.

7.7 考虑 `d-aaspx9808.txt` 文件中标准普尔 500 综合指数 (SPX) 的日收益率. 将收益率转换为对数收益率, 并研究负的日对数收益率.

- **(a)** 给标准普尔 500 综合指数的负对数收益率 (以百分比的形式给出) 拟合一般极值分布. 子区间的长度是 21 个交易日. 写出参数估计值及其标准误差. 绘制残差的散点图和 QQ 图.
- **(b)** 当用区间长度为 21 天的 24 个子区间时, 前面所拟合模型的收益率水平是多少?
- **(c)** 当门限为 2.5% 时, 绘制负的对数收益率的 QQ 图以及收益率的超额均值图.

(d) 当门限为 2.5% 时, 给负的对数收益率拟合 GPD. 写出参数估计值及其标准误差.

(e) 绘制以下图像:

(i) 超额分布图;

(ii) 标的分布的尾部的图像;

(iii) 残差的散点图;

(iv) 所拟合 GPD 的残差的 QQ 图.

(f) 基于所拟合的 GPD 模型, 计算概率为 $q = 0.95, 0.99$ 和 0.999 时的风险值 (VaR) 和期望不足 (expected shortfall).

7.8 考虑练习 7.1 中 GE 股票的日对数收益率, 分别使用组样本容量为 $k = 5$ 和 $k = 10$, 门限值为 2.5%, 就

(a) 正收益率序列;

(b) 负收益率序列.

分别求极值指数 $\hat{\theta}_b^{(1)}$ 和 $\hat{\theta}_r^{(3)}$ 的估计值.

参 考 文 献

Beirlant, J., Goegebeur, Y., Segers, J., and Teugels, J. (2004). *Statistics of Extremes: Theory and Applications*. Wiley, Hoboken, NJ.

Berman, S. M. (1964). Limiting theorems for the maximum term in stationary sequences. *Annals of Mathematical Statistics* **35**: 502–516.

Coles, S. (2001). *An Introduction to Statistical Modeling of Extreme Values*. Springer, New York.

Cox, D. R. and Hinkley, D. V. (1974). *Theoretical Statistics*. Chapman and Hall, London.

Danielsson, J. and De Vries, C. G. (1997a). Value at risk and extreme returns. Working paper, London School of Economics, London, UK.

Danielsson, J. and De Vries, C. G. (1997b). Tail index and quantile estimation with very high frequency data. *Journal of Empirical Finance* **4**: 241–257.

Davison, A. C. and Smith, R. L. (1990). Models for exceedances over high thresholds (with discussion). *Journal of the Royal Statistical Society Series B* **52**: 393–442.

Dekkers, A. L. M. and De Haan, L. (1989). On the estimation of extreme value index and large quantile estimation. *Annals of Statistics* **17**: 1795–1832.

Duffie, D. and Pan, J. (1997). An overview of value at risk. *Journal of Derivatives* **Spring**: 7–48.

Embrechts, P., Kuppelberg, C., and Mikosch, T. (1997). *Modelling Extremal Events*. Springer, Berlin.

Feller, W. (1971). *An Introduction to Probability Theory and Its Applications*, Vol. 2. Wiley, New York.

Goldie, C. M. and Smith, R. L. (1987). Slow variation with remainder: Theory and applications. *Quarterly Journal of Mathematics* **38**: 45–71.

Gnedenko, B. V. (1943). Sur la distribution limite du terme maximum of d'une série Aléatorie. *Annals of Mathematics* **44**: 423–453.

Gumbel, E. J. (1958). *Statistics of Extremes*. Columbia University Press, New York.

Hill, B. M. (1975). A simple general approach to inference about the tail of a distribution.

Annals of Statistics **3**: 1163–1173.

Hsing, T., Hüsler, J. and Leadbetter, M. R. (1988). On the exceedance point process for a stationary sequence. *Probability Theory and Related Fields* **78**: 97–112.

Jenkinson, A. F. (1955). The frequency distribution of the annual maximum (or minimum) of meteorological elements. *Quarterly Journal of the Royal Meteorological Society* **81**: 158–171.

Jorion, P. (2006). *Value at Risk: The New Benchmark for Managing Financial Risk*, 3rd ed. McGraw-Hill, Chicago.

Koenker, R. W. and Bassett, G. W. (1978). Regression quantiles. *Econometrica* **46**: 33–50.

Koenker, R. W. and D'Orey, V. (1987). Computing regression quantiles. *Applied Statistics* **36**: 383–393.

Leadbetter, M. R. (1974). On extreme values in stationary sequences. *Zeitschrift für Wahrscheinlichkeitsthorie und Verwandte Gebiete* **28**: 289–303.

Leadbetter, M. R. (1983). Extremes and local dependence in stationary sequences. *Zeitschrift für Wahrscheinlichkeitsthorie und Verwandte Gebiete* **65**: 291–306.

Leadbetter, M. R., Lindgren, G., and Rootzén, H. (1983). *Extremes and Related Properties of Random Sequences and Processes*. Springer, New York.

Longerstaey, J. and More, L. (1995). *Introduction to RiskMetrics*™, 4th ed. Morgan Guaranty Trust Company, New York.

Longin, F. M. (1996). The asymptotic distribution of extreme stock market returns. *Journal of Business* **69**: 383–408.

Longin, F. M. (1999a). Optimal margin level in futures markets: Extreme price movements. *Journal of Futures Markets* **19**: 127–152.

Longin, F. M. (1999b). From value at risk to stress testing: The extreme value approach. Working paper, Centre for Economic Policy Research, London.

O'Brien, G. L. (1987). Extreme values for stationary and Markov sequences. *Annals of Probability* **15**: 281–291.

Pickands, J. (1975). Statistical inference using extreme order statistics. *Annals of Statistics* **3**: 119–131.

Smith, R. L. (1989). Extreme value analysis of environmental time series: An application to trend detection in ground-level ozone (with discussion). *Statistical Science* **4**: 367–393.

Smith, R. L. (1999). Measuring risk with extreme value theory. Working paper, Department of Statistics, University of North Carolina at Chapel Hill.

Smith, R. L. and Shively, T. S. (1995). A point process approach to modeling trends in troposheric ozone. *Atmospheric Environment* **29**: 3489–3499.

Tsay, R. S. (1999). Extreme value analysis of financial data. Working paper, Graduate School of Business, University of Chicago.

Zivot, E. and Wang, J. (2003). *Modeling Financial Time Series with S-Plus*. Springer, New York.

第 8 章　多元时间序列分析及其应用

近年来, 经济全球化与网络交流已经加速了世界金融市场的一体化. 单个市场的价格变动能够很容易迅速地扩散到另一个市场. 因此, 金融市场比以前更加相互依赖了. 为了更好地理解全球金融的动态结构, 必须将它们联合起来考虑. 在某些情况下, 一个市场可能引导另一个市场, 然而在其他情形下这种关系也可能颠倒过来. 因此, 了解市场如何相互关联在金融中相当重要. 类似地, 对持有多个资产的投资者或金融机构, 资产收益率间的动态关系在决策制定的过程中起着很重要的作用. 本章和第 9 章引进有用的金融计量经济学模型和方法来联合研究多元收益率序列. 在统计文献中, 这些模型和方法属于向量或多元时间序列分析.

多元时间序列包含多个一元时间序列作为其分量. 因此, 向量与矩阵的概念在多元时间序列分析中非常重要. 如有必要, 读者可以查阅本章中的附录 A 来了解向量和矩阵的一些基本运算和性质. 附录 B 给出了多元正态分布的一些结果, 并且这些结果在多元统计分析中应用很广泛 (如 Johnson 和 Wichern 1998).

令 $r_t = (r_{1t}, r_{2t}, \cdots, r_{kt})'$ 表示 k 个资产在时刻 t 的对数收益率, 这里 a' 表示 a 的转置. 例如, 一个投资者持有 IBM、微软公司、埃克森美孚公司、通用汽车公司和沃尔玛超市的股票, 则他可能考虑由这些公司的日对数收益率所构成的 5 维向量. 这里 r_{1t} 表示 IBM 股票的日对数收益, r_{2t} 表示微软的, 等等. 再如, 一个对全球投资感兴趣的投资者, 可能考虑美国标准普尔 500 指数、英国 FTSE100 指数以及日本的 Nikkei225 指数的收益率序列. 这时序列是 3 元的, r_{1t} 表示标准普尔 500 指数的收益率; r_{2t} 表示 FTSE100 指数的收益率; r_{3t} 表示 Nikkei225 指数的收益率. 本章的目的是研究一些计量经济模型来分析多元过程 r_t.

前几章中讨论的许多模型和方法可以直接推广为多元的情形. 但是在有些情形下, 这种推广需要注意一些问题. 在某些情形下, 需要新的模型和方法来处理多个收益率之间的复杂关系. 本章对这些问题的讨论强调直观性和实用性. 关于多元时间序列分析的统计理论, 读者可以参考 Lütkepohl(2005) 和 Reinsel(1993).

8.1　弱平稳与交叉–相关矩阵

考虑一个 k 元时间序列 $r_t = (r_{1t}, r_{2t}, \cdots, r_{kt})'$. 称序列 r_t 是弱平稳的, 如果它的一阶矩与二阶矩不随时间变化. 特别地, 弱平稳序列 r_t 的均值向量和协方差矩阵不随时间改变. 除非明确地说明序列非平稳, 我们都假定金融资产的收益序列是弱平稳的.

对一个弱平稳时间序列 r_t, 其均值向量和协方差矩阵定义为

$$\boldsymbol{\mu} = \mathrm{E}(\boldsymbol{r}_t), \quad \boldsymbol{\Gamma}_0 = \mathrm{E}[(\boldsymbol{r}_t - \boldsymbol{\mu})(\boldsymbol{r}_t - \boldsymbol{\mu})'], \tag{8.1}$$

这里的期望是由 $\boldsymbol{r}_t$ 的联合分布对每个分量取期望得到的. 均值 $\boldsymbol{\mu}$ 是由 $\boldsymbol{r}_t$ 的分量的无条件期望组成的 k 维向量. 协方差矩阵 $\boldsymbol{\Gamma}_0$ 是 $k \times k$ 矩阵. $\boldsymbol{\Gamma}_0$ 的第 i 个对角线上的元素是 r_{it} 的方差, 而 $\boldsymbol{\Gamma}_0$ 的第 (i,j) 个元素是 r_{it} 与 r_{jt} 的协方差. 需要用到其元素时, 我们记

$$\boldsymbol{\mu} = (\mu_1, \cdots, \mu_k)', \quad \boldsymbol{\Gamma}_0 = [\Gamma_{ij}(0)].$$

8.1.1 交叉–相关矩阵

令 $\boldsymbol{D}$ 表示由 $r_{it}(i=1,\cdots,k)$ 的标准差构成的 $k \times k$ 对角矩阵. 换句话说,

$$\boldsymbol{D} = \mathrm{diag}\left\{\sqrt{\Gamma_{11}(0)}, \cdots, \sqrt{\Gamma_{kk}(0)}\right\}.$$

则 r_t 的同步或延迟为 0 的交叉–相关矩阵定义为

$$\boldsymbol{\rho}_0 \equiv [\rho_{ij}(0)] = \boldsymbol{D}^{-1}\boldsymbol{\Gamma}_0\boldsymbol{D}^{-1}.$$

更具体地, $\boldsymbol{\rho}_0$ 的第 (i,j) 个元素为

$$\rho_{ij}(0) = \frac{\Gamma_{ij}(0)}{\sqrt{\Gamma_{ii}(0)\Gamma_{jj}(0)}} = \frac{\mathrm{Cov}(r_{it}, r_{jt})}{\mathrm{std}(r_{it})\mathrm{std}(r_{jt})},$$

它是 r_{it} 与 r_{jt} 间的相关系数. 在时间序列分析中, 此相关系数称为共点或同步相关系数, 因为它是两个序列在同一时刻 t 的相关性. 很容易看出 $\rho_{ij}(0) = \rho_{ji}(0)$, $-1 \leqslant \rho_{ij}(0) \leqslant 1$; 且 $\rho_{ii}(0) = 1$, $1 \leqslant i, j \leqslant k$. 因此, $\boldsymbol{\rho}(0)$ 是具有单位对角元素的对称矩阵.

多元时间序列分析中一个重要的主题是分量序列之间的引导–延迟关系 (lead-lag). 为此, 用交叉–相关矩阵来衡量时间序列之间线性依赖的强度. $\boldsymbol{r}_t$ 的延迟为 l 的交叉协方差矩阵定义为

$$\boldsymbol{\Gamma}_l \equiv [\Gamma_{ij}(l)] = E[(\boldsymbol{r}_t - \boldsymbol{\mu})(\boldsymbol{r}_{t-l} - \boldsymbol{\mu})'], \tag{8.2}$$

其中 $\boldsymbol{\mu}$ 是 $\boldsymbol{r}_t$ 的均值向量. 因此, $\boldsymbol{\Gamma}_l$ 的第 (i,j) 个元素为 r_{it} 与 $r_{j,t-l}$ 间的协方差. 对弱平稳序列, 交叉–协方差矩阵 $\boldsymbol{\Gamma}_l$ 是 l 的函数, 与时间指数 t 无关.

$\boldsymbol{r}_t$ 的延迟为 l 的交叉–相关矩阵 (lag-l cross-correlation matrix, CCM) 定义为

$$\boldsymbol{\rho}_l \equiv [\rho_{ij}(l)] = \boldsymbol{D}^{-1}\boldsymbol{\Gamma}_l\boldsymbol{D}^{-1}, \tag{8.3}$$

这里同前面一样, $\boldsymbol{D}$ 是由单个序列 r_{it} 的标准差构成对角矩阵. 由定义,

$$\rho_{ij}(l) = \frac{\Gamma_{ij}(l)}{\sqrt{\Gamma_{ii}(0)\Gamma_{jj}(0)}} = \frac{\mathrm{Cov}(r_{it}, r_{j,t-l})}{\mathrm{std}(r_{it})\mathrm{std}(r_{jt})} \tag{8.4}$$

是 r_{it} 与 $r_{j,t-l}$ 的相关系数. 当 $l > 0$ 时, 此相关系数衡量了 r_{it} 对发生在 t 时刻以前的 $r_{j,t-l}$ 的线性依赖. 因此, 如果 $\rho_{ij}(l) \neq 0$ 且 $l > 0$, 我们就说序列 r_{jt} 在延迟 l 处引导着序列 r_{it}. 类似地, $\rho_{ji}(l)$ 衡量了 r_{jt} 对 $r_{i,t-l}$ 的线性依赖, 并且如果 $\rho_{ji}(l) \neq 0$ 且 $l > 0$, 我们就说 r_{it} 在延迟 l 处引导着序列 r_{jt}. (8.4) 式还表明 $\rho_{ii}(l)$ 的对角元素恰恰为 r_{it} 的延迟为 l 的自相关系数.

根据上述讨论, 我们得到当 $l > 0$ 时, 交叉–相关阵的一些重要性质. 首先, 一般地, 对 $i \neq j$, 有 $\rho_{ij}(l) \neq \rho_{ji}(l)$, 这是因为这两个相关系数衡量的是 $\{r_{it}\}$ 与 $\{r_{jt}\}$ 之间的不同的线性关系. 因此, $\boldsymbol{\Gamma}_l$ 与 $\boldsymbol{\rho}_l$ 一般是不对称的. 其次, 由 $\mathrm{Cov}(r_{it}, r_{j,t-l}) = \mathrm{Cov}(r_{j,t-l}, r_{it})$, 以及弱平稳性假定, 我们有

$$\mathrm{Cov}(r_{it}, r_{j,t-l}) = \mathrm{Cov}(r_{j,t-l}, r_{it}) = \mathrm{Cov}(r_{jt}, r_{i,t+l}) = \mathrm{Cov}(r_{jt}, r_{i,t-(-l)}),$$

因此 $\Gamma_{ij}(l) = \Gamma_{ji}(-l)$. 因为 $\Gamma_{ji}(-l)$ 为矩阵 $\boldsymbol{\Gamma}_{-l}$ 的第 (j, i) 个元素, 且这个等式对 $1 \leqslant i, j \leqslant k$ 成立, 所以我们有 $\boldsymbol{\Gamma}_l = \boldsymbol{\Gamma}'_{-l}$, $\boldsymbol{\rho}_l = \boldsymbol{\rho}'_{-l}$. 因此, 与一元情形不同, 对一般的向量时间序列来说, 当 $l > 0$ 时, $\boldsymbol{\rho}_l \neq \boldsymbol{\rho}_{-l}$. 因为 $\boldsymbol{\rho}_l = \boldsymbol{\rho}'_{-l}$, 所以在实际中, 只考虑 $l \geqslant 0$ 时的交叉–相关矩阵 $\boldsymbol{\rho}_l$ 就足够了.

8.1.2 线性相依性

综合起来, 一个弱平稳向量时间序列的交叉–相关矩阵 $\{\boldsymbol{\rho}_l | l = 0, 1, \cdots\}$ 包含下面的信息.

(1) 对角元素 $\{\rho_{ii}(l) | l = 0, 1, \cdots\}$ 是 r_{it} 的自相关函数.

(2) 非对角元素 $\rho_{ij}(0)$ 衡量的是 r_{it} 与 r_{jt} 之间的同步线性关系.

(3) 对 $l > 0$, 非对角元素 $\rho_{ij}(l)$ 衡量的是 r_{it} 对过去值 $r_{j,t-l}$ 的线性依赖.

因此, 如果对所有的 $l > 0$, 都有 $\rho_{ij}(l) = 0$, 则 r_{it} 并不线性地依赖于 r_{jt} 序列的任何过去值 $r_{j,t-l}$.

一般地, 两个时间序列 $\{r_{it}\}$ 与 $\{r_{jt}\}$ 之间的线性关系可以概括如下.

(1) 如果对于所有的 $l \geqslant 0$, 都有 $\rho_{ij}(l) = \rho_{ji}(l) = 0$, 则 r_{it} 与 r_{jt} 没有线性关系.

(2) 如果 $\rho_{ij}(0) \neq 0$, 则 r_{it} 与 r_{jt} 是同步相关的.

(3) 如果对于所有的 $l > 0$, $\rho_{ij}(l) = 0$ 且 $\rho_{ji}(l) = 0$, 则 r_{it} 与 r_{jt} 没有引导–延迟关系. 这时称这两个序列是分离的.

(4) 如果对于所有的 $l > 0$, $\rho_{ij}(l) = 0$, 但是对某些 $v > 0$, 有 $\rho_{ji}(v) \neq 0$, 则从 r_{it} 到 r_{jt} 有一个单向关系. 此时, r_{it} 并不依赖于 r_{jt} 的任何过去值, 但是 r_{jt} 却依赖于 r_{it} 的某些过去值.

(5) 如果对某些 $l > 0$, $\rho_{ij}(l) \neq 0$; 而且对某些 $v > 0$, $\rho_{ji}(v) \neq 0$, 则 r_{it} 与 r_{jt} 之间具有一种反馈关系.

前面陈述的条件都是充分条件. 研究时间序列之间关系的更加有效的方法是对序列构造一个多元模型, 因为一个恰当特定的模型同时考虑了该时间序列的序列相关性及序列之间的交叉相关性.

8.1.3 样本交叉–相关矩阵

给定数据 $\{r_t | t = 1, \cdots, T\}$，其交叉–协方差矩阵 Γ_l 可以通过下式估计

$$\hat{\Gamma}_l = \frac{1}{T} \sum_{t=l+1}^{T} (r_t - \bar{r})(r_{t-l} - \bar{r})', \quad l \geqslant 0, \tag{8.5}$$

这里 $\bar{r} = \sum\limits_{t=1}^{T} r_t / T$ 为样本均值向量. 交叉–相关矩阵 ρ_l 的估计为

$$\hat{\rho}_l = \hat{D}^{-1} \hat{\Gamma}_l \hat{D}^{-1}, \quad l \geqslant 0, \tag{8.6}$$

其中 $\hat{D}$ 是分量序列的样本标准差构成的 $k \times k$ 对角矩阵.

类似于一元情形, 样本交叉–相关矩阵 $\hat{\rho} l$ 的渐近性质在各种假定之下都已给予研究了. 例如可以参见 Fuller (1976, 第 6 章). 这个估计是相合的, 但对于有限样本是有偏的. 对于资产收益率序列, $\hat{\rho}_l$ 的有限样本分布相当复杂, 部分原因是由于条件异方差与高峰度的出现. 如果需要交叉–相关的有限样本分布, 我们建议利用适当的自助 (bootstrap) 重新抽样方法得到分布的近似估计. 对于许多应用而言, $\hat{\rho}_{ij}(l)$ 方差的一个粗糙估计就足够了.

例 8.1 考虑 IBM 股票与标准普尔 500 指数从 1926 年 1 月至 2008 年 12 月的月对数收益率, 共 996 个观测值. 该收益率包括了红利支付, 并且以百分比表示. 分别用 r_{1t} 和 r_{2t} 表示 IBM 股票与标准普尔 500 指数的收益率. 这两个收益率组成了一个二元的时间序列 $r_t = (r_{1t}, r_{2t})'$. 图 8-1 给出了同样尺度的 r_t 的时间图, 图 8-2 给出了两个序列的一些散点图. 这些图像表明这两个时间序列是同步相关的. 事实上, 两个收益率之间的样本同步相关系数是 0.65, 这在 5% 水平下是统计显著的. 然而, 1 步延迟的交叉–相关若有的话也是很弱的.

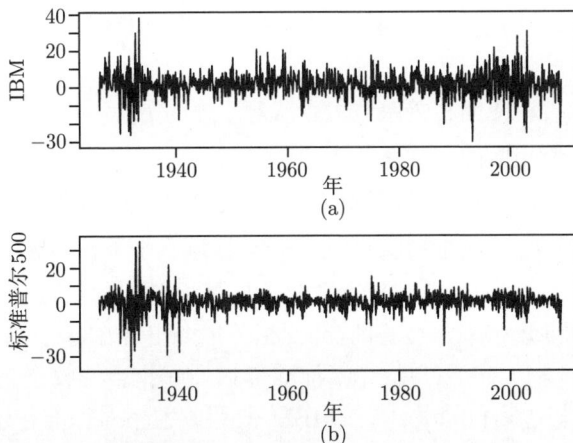

图 8-1　IBM 股票 (a) 与标准普尔 500 指数 (b) 从 1926 年 1 月至 2008 年 12 月的月对数收益率的时间图

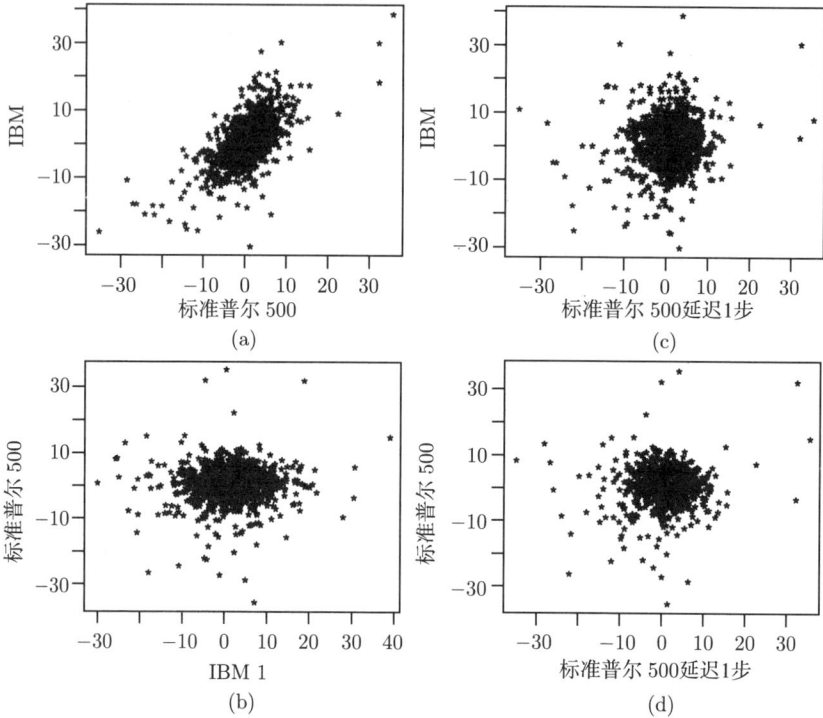

图 8-2   IBM 股票与标准普尔 500 指数的月对数收益率的一些散点图: (a) IBM 股票与标准普尔 500 指数的同步图; (b) 标准普尔 500 对延迟 1 步的 IBM; (c) IBM 对延迟 1 步的标准普尔 500; (d) 标准普尔 500 对延迟 1 步的标准普尔 500

表 8-1 给出了两个序列的一些概括性统计量与交叉–相关矩阵. 对一个二元序列, 每个 CCM 都是一个 2×2 矩阵, 包含 4 个相关系数. 实证经验表明很难同时吸收许多的交叉–相关矩阵, 尤其是当维数 k 大于 3 时. 为了克服这个困难, 我们利用 Tiao 和 Box (1981) 的简化记号, 并且定义一个简单的交叉–相关矩阵, 它包含三个符号 "+", "−" 和 ".", 它们有如下含义:

(1) "+" 意味着相应的相关系数大于或等于 $2/\sqrt{T}$;

(2) "−" 意味着相应的相关系数小于或等于 $-2/\sqrt{T}$;

(3) "." 意味着相应的相关系数介于 $-2/\sqrt{T}$ 与 $2/\sqrt{T}$ 之间.

此处 $2/\sqrt{T}$ 是假定 r_t 为一个白噪声时, 在 5% 渐近水平下样本相关系数的临界值.

表 8-1c 给出了 IBM 股票与标准普尔 500 指数的月对数收益率的简化 CCM. 很容易看出在 5% 渐近水平上显著的交叉–相关主要出现在延迟 1 和延迟 3 处. 检查这两个延迟的样本 CCM 可见: (a) 标准普尔 500 指数的收益率在延迟 1、2、3 与延迟 5 处有某些边际自相关性; (b) IBM 股票收益率对标准普尔 500 指数的过去收益率的依赖关系很弱. 后一观测是根据交叉–相关在延迟 1、2 与延迟 5 处的 CCM 的第 (1,2) 个元素的显著性.

表 8-1 IBM 股票和标准普尔 500 指数的月对数收益率的概括性统计量和交叉–相关矩阵 (时间段是 1926 年 1 月至 2008 年 12 月)

(a) 概括性统计量

最小变动价位	均值	标准误差	偏度	超额峰度	最小值	最大值
IBM	1.089	7.033	−0.068	2.622	−30.37	38.57
SP5	0.430	5.537	−0.521	7.927	−35.59	35.22

(b) 交叉–相关矩阵

延迟 1		延迟 2		延迟 3		延迟 4		延迟 5	
0.04	0.10	0.00	−0.08	−0.01	−0.06	−0.03	−0.03	0.02	0.08
0.04	0.08	0.02	−0.02	−0.06	−0.10	0.04	0.03	0.00	0.09

(c) 简单记号

$$\begin{bmatrix} \cdot & + \\ \cdot & + \end{bmatrix} \quad \begin{bmatrix} \cdot & - \\ \cdot & \cdot \end{bmatrix} \quad \begin{bmatrix} \cdot & \cdot \\ \cdot & - \end{bmatrix} \quad \begin{bmatrix} \cdot & \cdot \\ \cdot & \cdot \end{bmatrix} \quad \begin{bmatrix} \cdot & + \\ \cdot & + \end{bmatrix}$$

图 8-3 显示了两个序列的样本自相关和交叉相关. 左上图为 IBM 股票收益率的样本 ACF, 右上图表明 IBM 股票收益率和标准普尔 500 指数收益率的延迟值存在依赖性. 图中的虚线为样本自相关和交叉相关系数的两个渐近标准误的上下限. 从这个图中可以看出, 两个收益率序列存在弱的动态关系, 但是它们的同期相

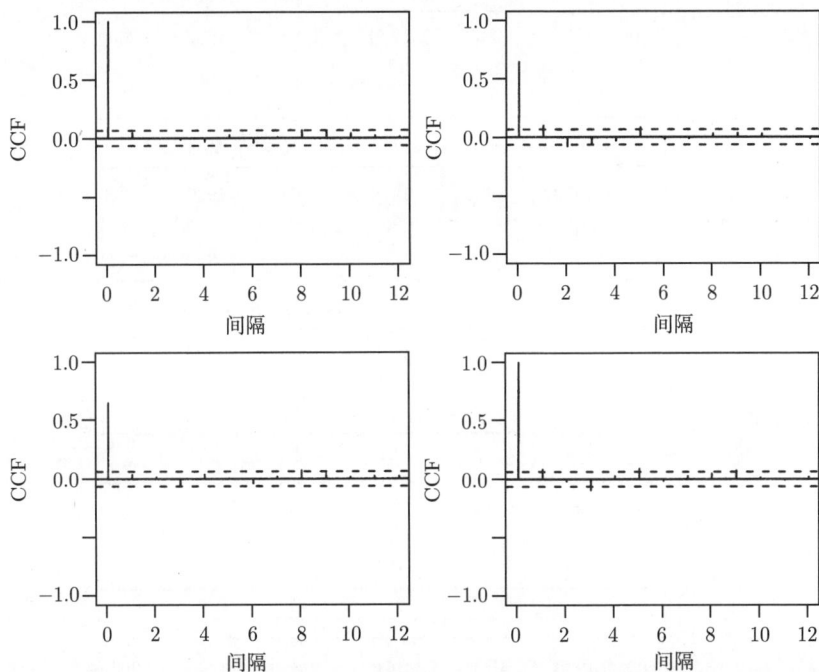

图 8-3 两个月对数收益率的样本自相关和交叉–相关函数: (a) IBM 股票收益率的样本 ACF; (b) 标准普尔 500 指数收益率和 IBM 的收益率的延迟值的交叉–相关系数; (c) IBM 的收益率和标准普尔500指数收益率的延迟值的交叉–相关系数(左下图); (d) 标准普尔 500 指数收益率的样本 ACF. 虚线表示 95% 限制

关性是统计显著的.

例 8.2 考虑期限分别为 30 年、20 年、10 年、5 年和 1 年的美国政府债券指数的月简单收益率. 数据来自于 CRSP 数据库, 样本期间为 1942 年 1 月至 1999 年 12 月, 共 696 个观测值. 令 $r_t = (r_{1t}, \cdots, r_{5t})'$ 为具有递减的剩余期限的收益率序列. 图 8-4 给出了同样尺寸的 r_t 的时间图. 1 年债券收益率的可变性远远小于较长期限的收益率的可变性. 数据的样本均值和标准差分别为

$$\hat{\boldsymbol{\mu}} = 10^{-2}(0.43, 0.45, 0.45, 0.46, 0.44)',$$

$$\hat{\boldsymbol{\sigma}} = 10^{-2}(2.53, 2.43, 1.97, 1.39, 0.53)'.$$

序列的同步相关矩阵为

$$\hat{\boldsymbol{\rho}}_0 = \begin{bmatrix} 1.00 & 0.98 & 0.92 & 0.85 & 0.63 \\ 0.98 & 1.00 & 0.91 & 0.86 & 0.64 \\ 0.92 & 0.91 & 1.00 & 0.90 & 0.68 \\ 0.85 & 0.86 & 0.90 & 1.00 & 0.82 \\ 0.63 & 0.64 & 0.68 & 0.82 & 1.00 \end{bmatrix}.$$

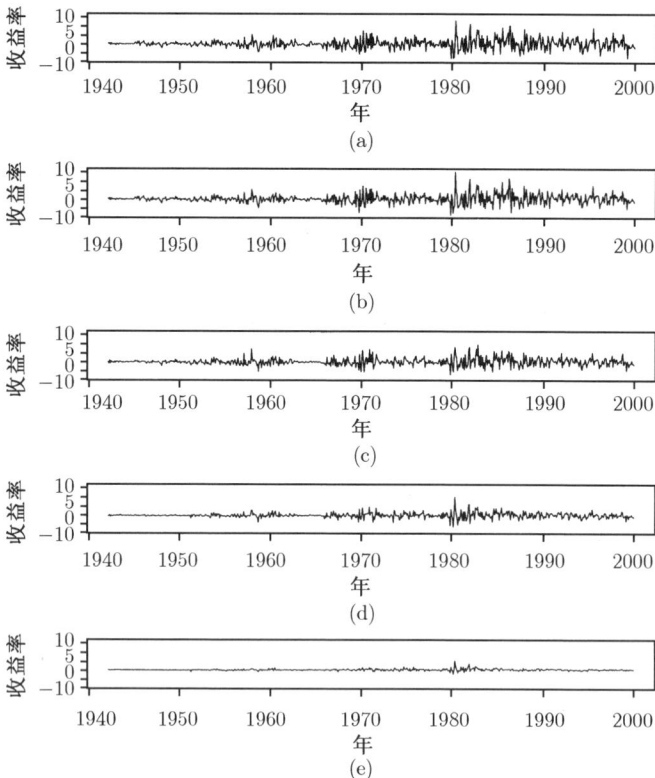

图 8-4　美国政府债券的月简单收益率的时间图, 期限分别是 (a) 30 年期限; (b) 20 年期限; (c) 10 年期限; (d) 5 年期限; (e) 1 年期限. 样本时间段是 1942 年 1 月至 1999 年 12 月

出现下列现象并不奇怪:

(a) 序列有高度的同步相关性;

(b) 长期债券之间的相关要高于短期债券之间的相关.

表 8-2 给出了 r_t 的延迟为 1 处与延迟为 2 处的交叉–相关矩阵以及相应的简化矩阵. 绝大多数显著的交叉–相关在延迟 1 处, 而且 5 个收益序列看上去是交互相关的. 另外, 1 年期债券收益率的延迟为 1 处与延迟为 2 处的样本 ACF 高于其他较长期限序列的相应延迟的 ACF.

表 8-2　美国政府债券的 5 个指数的月简单收益率的样本交叉－相关矩阵, 时间段是 1942 年 1 月至 1999 年 12 月

延迟 1					延迟 2				
交叉–相关矩阵									
0.10	0.08	0.11	0.12	0.16	−0.01	0.00	0.00	−0.03	0.03
0.10	0.08	0.12	0.14	0.17	−0.01	0.00	0.00	−0.04	0.02
0.09	0.08	0.09	0.13	0.18	0.01	0.01	0.01	−0.02	0.07
0.14	0.12	0.15	0.14	0.22	−0.02	−0.01	0.00	−0.04	0.07
0.17	0.15	0.21	0.22	0.40	−0.02	0.00	0.02	0.02	0.22
简化的交叉–相关矩阵									
	+ + + + +					· · · · ·			
	+ + + + +					· · · · ·			
	+ + + + +					· · · · ·			
	+ + + + +					· · · · ·			
	· · · · ·					· · · · +			

8.1.4　多元混成检验

Hosking(1980, 1981) 以及 Li 和 McLeod (1981) 已经把一元的 Ljung-Box 统计量 $Q(m)$ 推广到了多元情形. 对一个多元序列, 检验统计量的零假设为 H_0: $\rho_1 = \cdots = \rho_m = 0$, 备择假设为 H_a: 对某些 $i \in \{1, \cdots, m\}$, $\rho_i \neq 0$. 这样, 就利用这个统计量来检验向量序列 r_t 没有自相关或交叉相关性. 假定检验统计量具有如下形式

$$Q_k(m) = T^2 \sum_{l=1}^{m} \frac{1}{T-l} \mathrm{tr}(\hat{\Gamma}_l' \hat{\Gamma}_0^{-1} \hat{\Gamma}_l \hat{\Gamma}_0^{-1}), \tag{8.7}$$

其中 T 为样本容量, k 为 r_t 的维数, $\mathrm{tr}(A)$ 是矩阵 A 的迹, 即 A 的对角线元素的和. 在零假设以及一些正则条件下, $Q_k(m)$ 渐近服从一个自由度为 $k^2 m$ 的 χ^2 分布.

注释　$Q_k(m)$ 统计量可以根据样本交叉相关矩阵 $\hat{\rho}_l$ 改写, 但是这种表示涉及 Kronecker 积 $\otimes$ 与本章附录 A 讨论的矩阵的向量化. 利用这些算子, 我们有

$$Q_k(m) = T^2 \sum_{l=1}^{m} \frac{1}{T-l} b_l'(\hat{\rho}_0^{-1} \otimes \hat{\rho}_0^{-1}) b_l,$$

其中　$b_l = \text{vec}(\hat{\boldsymbol{\rho}}_l')$. Li 和 Mcleod (1981) 提出的检验统计量为

$$Q_k^*(m) = T\sum_{l=1}^{m} \boldsymbol{b}_l'(\hat{\boldsymbol{\rho}}_0^{-1} \otimes \hat{\boldsymbol{\rho}}_0^{-1})\boldsymbol{b}_l + \frac{k^2 m(m+1)}{2T},$$

它渐近等价于 $Q_k(m)$. □

对例 8.1 中的 IBM 股票与标准普尔 500 指数的二元月对数收益率应用 $Q_k(m)$ 统计量, 我们有 $Q_2(1) = 9.81$, $Q_2(5) = 47.06$, $Q_2(10) = 71.65$. 根据自由度为 4, 20 和 40 的渐近 χ^2 分布, 可得到这些 $Q_2(m)$ 统计量的 p 值分别为 0.044, 0.001 和 0.002. 因此, 混成检验进一步确认了在 5% 的显著性水平下该二元收益率序列存在序列依赖性. 对于例 8.2 中债券指数的 5 元月简单收益率, 我们有 $Q_5(5) = 1\,065.63$, 与自由度为 125 的 χ^2 分布相比较, 它是高度显著的.

$Q_k(m)$ 统计量是对 $\boldsymbol{r}_t$ 的前 m 个交叉–相关矩阵的一个联合检验. 如果零假设被拒绝, 那么我们必须对序列建立一个多元模型来研究序列分量之间的引导–延迟关系. 下面我们讨论一些简单的向量模型. 它们在给多元金融时间序列的线性动态结构建模时很有用.

8.2　向量自回归模型

在给资产收益率建模时, 一个简单有用的向量模型是向量自回归 (vector autoregressive, 简记为 VAR) 模型. 称多元时间序列 $\boldsymbol{r}_t$ 服从一个一阶的 VAR 过程, 或者简单地称为 VAR(1), 如果它服从下面的模型

$$\boldsymbol{r}_t = \boldsymbol{\phi}_0 + \boldsymbol{\Phi}\boldsymbol{r}_{t-1} + \boldsymbol{a}_t, \tag{8.8}$$

这里 $\boldsymbol{\phi}_0$ 是一个 k 维向量, $\boldsymbol{\Phi}$ 是一个 $k \times k$ 矩阵, $\{\boldsymbol{a}_t\}$ 是一个序列不相关的随机向量序列, 其均值为 0, 协方差矩阵为 $\boldsymbol{\Sigma}$. 实际应用中, 要求协方差矩阵 $\boldsymbol{\Sigma}$ 是正定的; 否则, 可以简化 $\boldsymbol{r}_t$ 的维数. 文献中, 通常假定 $\boldsymbol{a}_t$ 是多元正态的.

考虑二元情形 [即 $k = 2, \boldsymbol{r}_t = (r_{1t}, r_{2t})'$ 且 $\boldsymbol{a}_t = (a_{1t}, a_{2t})'$]. 这时 VAR(1) 模型包含了下面两个方程:

$$r_{1t} = \phi_{10} + \Phi_{11}r_{1,t-1} + \Phi_{12}r_{2,t-1} + a_{1t},$$

$$r_{2t} = \phi_{20} + \Phi_{21}r_{1,t-1} + \Phi_{22}r_{2,t-1} + a_{2t},$$

其中 Φ_{ij} 是 $\boldsymbol{\Phi}$ 的第 (i, j) 个元素, ϕ_{i0} 是 $\boldsymbol{\phi}_0$ 的第 i 个元素. 根据第一个方程, Φ_{12} 表示的是在 $r_{1,t-1}$ 存在时, r_{1t} 对 $r_{2,t-1}$ 的线性依赖. 因此 Φ_{12} 为给定 $r_{1,t-1}$ 时, $r_{2,t-1}$ 对 r_{1t} 的条件效应. 如果 $\Phi_{12} = 0$, 那么 r_{1t} 并不依赖于 $r_{2,t-1}$, 而且模型表明 r_{1t} 只依赖于它自己的过去值. 类似地, 如果 $\Phi_{21} = 0$, 那么第二个方程表明了给定 $r_{2,t-1}$ 时, r_{2t} 并不依赖于 $r_{1,t-1}$.

联合考虑这两个方程. 如果 $\Phi_{12} = 0$, 但是 $\Phi_{21} \neq 0$, 那么从 r_{1t} 到 r_{2t} 有一个单向关系. 如果 $\Phi_{12} = \Phi_{21} = 0$, 那么 r_{1t} 与 r_{2t} 是分离的. 如果 $\Phi_{12} \neq 0$, 且 $\Phi_{21} \neq 0$, 那么这两个序列之间有一个反馈关系.

8.2.1 简化形式和结构形式

一般地, (8.8) 式的系数矩阵 $\boldsymbol{\Phi}$ 度量了 $\boldsymbol{r}_t$ 的动态相依性. r_{1t} 与 r_{2t} 之间的同步关系可以通过 $\boldsymbol{a}_t$ 的自协方差矩阵 $\boldsymbol{\Sigma}$ 的非对角线元素 σ_{12} 来反映. 如果 $\sigma_{12} = 0$, 那么这两个分量序列之间没有同步线性关系. 在计量经济文献中, (8.8) 式中的 VAR(1) 模型称为简化形式的模型, 因为它没有清楚地给出分量序列之间的同步相依性. 如果有必要, 我们可以通过对简化形式的模型作一个简单的线性变换得到包含同步关系的一个显式表达. 因为 $\boldsymbol{\Sigma}$ 是正定的, 所以存在一个对角线上元素全为 1 的下三角矩阵 $\boldsymbol{L}$ 以及对角矩阵 $\boldsymbol{G}$, 满足 $\boldsymbol{\Sigma} = \boldsymbol{LGL}'$. 参见附录 A 中的 Cholesky 分解. 因此, $\boldsymbol{L}^{-1}\boldsymbol{\Sigma}(\boldsymbol{L}')^{-1} = \boldsymbol{G}$.

定义 $\boldsymbol{b}_t = (b_{1t}, \cdots, b_{kt})' = \boldsymbol{L}^{-1}\boldsymbol{a}_t$, 则

$$E(\boldsymbol{b}_t) = \boldsymbol{L}^{-1}E(\boldsymbol{a}_t) = \boldsymbol{0}, \quad \text{Cov}(\boldsymbol{b}_t) = \boldsymbol{L}^{-1}\boldsymbol{\Sigma}(\boldsymbol{L}^{-1})' = \boldsymbol{L}^{-1}\boldsymbol{\Sigma}(\boldsymbol{L}')^{-1} = \boldsymbol{G}.$$

因为 $\boldsymbol{G}$ 是对角矩阵, 所以 $\boldsymbol{b}_t$ 的分量是不相关的. 在 (8.8) 式中的两端同时左乘 $\boldsymbol{L}^{-1}$, 我们得到

$$\boldsymbol{L}^{-1}\boldsymbol{r}_t = \boldsymbol{L}^{-1}\boldsymbol{\phi}_0 + \boldsymbol{L}^{-1}\boldsymbol{\Phi}\boldsymbol{r}_{t-1} + \boldsymbol{L}^{-1}\boldsymbol{a}_t = \boldsymbol{\phi}_0^* + \boldsymbol{\Phi}^*\boldsymbol{r}_{t-1} + \boldsymbol{b}_t, \tag{8.9}$$

其中 $\boldsymbol{\phi}_0^* = \boldsymbol{L}^{-1}\boldsymbol{\phi}_0$ 是一个 k 维向量, 而且 $\boldsymbol{\Phi}^* = \boldsymbol{L}^{-1}\boldsymbol{\Phi}$ 是 $k \times k$ 矩阵. 因为这个特殊的矩阵结构, $\boldsymbol{L}^{-1}$ 的第 k 行具有形式 $(w_{k1}, w_{k2}, \cdots, w_{k,k-1}, 1)$. 因此, 模型 (8.9) 的第 k 个方程为

$$r_{kt} + \sum_{i=1}^{k-1} w_{ki} r_{it} = \phi_{k,0}^* + \sum_{i=1}^{k} \Phi_{ki}^* r_{i,t-1} + b_{kt}, \tag{8.10}$$

这里 $\phi_{k,0}^*$ 是 $\boldsymbol{\phi}_0^*$ 的第 k 个元素, Φ_{ki}^* 是 $\boldsymbol{\Phi}^*$ 的第 (k,i) 个元素. 因为对 $1 \leqslant i < k$, b_{kt} 与 b_{it} 是不相关的, 所以 (8.10) 式明确给出了 r_{kt} 对 r_{it} 的同步线性依赖性, 其中 $1 \leqslant i < k-1$. 在计量经济文献中, 该式称为 r_{kt} 的一个结构方程.

对 $\boldsymbol{r}_t$ 的任何其他分量 r_{it}, 我们可以对 VAR(1) 模型进行重排, 使得 r_{it} 变为 $\boldsymbol{r}_t$ 的最后一个分量. 可以利用前面的变换方法来得到 r_{it} 的一个结构方程. 因此, (8.8) 式的简化形式的模型等价于计量文献中使用的结构形式. 在时间序列分析中, 通常使用简化形式的模型, 原因有两个: 第一个原因是易于估计; 第二个, 也是主要的原因, 是在预测时不能用同步相关性.

例 8.3 为了说明从简化形式模型到结构方程的变换, 考虑二元 AR(1) 模型

$$\begin{bmatrix} r_{1t} \\ r_{2t} \end{bmatrix} = \begin{bmatrix} 0.2 \\ 0.4 \end{bmatrix} + \begin{bmatrix} 0.2 & 0.3 \\ -0.6 & 1.1 \end{bmatrix} \begin{bmatrix} r_{1,t-1} \\ r_{2,t-1} \end{bmatrix} + \begin{bmatrix} a_{1t} \\ a_{2t} \end{bmatrix}, \quad \boldsymbol{\Sigma} = \begin{bmatrix} 2 & 1 \\ 1 & 1 \end{bmatrix}.$$

对这个特殊的自协方差矩阵 $\boldsymbol{\Sigma}$, 下三角矩阵

$$\boldsymbol{L}^{-1} = \begin{bmatrix} 1.0 & 0.0 \\ -0.5 & 1.0 \end{bmatrix}$$

给出了一个 Cholesky 分解 (即 $\boldsymbol{L}^{-1}\boldsymbol{\Sigma}(\boldsymbol{L}')^{-1}$ 是一个对角阵). 将前面的二元 AR(1) 模型左乘上因子 $\boldsymbol{L}^{-1}$, 我们得到

$$\begin{bmatrix} 1.0 & 0.0 \\ -0.5 & 1.0 \end{bmatrix} \begin{bmatrix} r_{1t} \\ r_{2t} \end{bmatrix} = \begin{bmatrix} 0.2 \\ 0.3 \end{bmatrix} + \begin{bmatrix} 0.2 & 0.3 \\ -0.7 & 0.95 \end{bmatrix} \begin{bmatrix} r_{1,t-1} \\ r_{2,t-1} \end{bmatrix} + \begin{bmatrix} b_{1t} \\ b_{2t} \end{bmatrix},$$

$$\boldsymbol{G} = \begin{bmatrix} 2 & 0 \\ 0 & 0.5 \end{bmatrix},$$

这里 $\boldsymbol{G} = \mathrm{Cov}(\boldsymbol{b}_t)$. 这个变换模型的第二个方程为

$$r_{2t} = 0.3 + 0.5r_{1t} - 0.7r_{1,t-1} + 0.95r_{2,t-1} + b_{2t}.$$

该方程明确给出了 r_{2t} 对 r_{1t} 的线性依赖.

重新安排 $\boldsymbol{r}_t$ 中元素的顺序, 则二元 AR(1) 模型变为

$$\begin{bmatrix} r_{2t} \\ r_{1t} \end{bmatrix} = \begin{bmatrix} 0.4 \\ 0.2 \end{bmatrix} + \begin{bmatrix} 1.1 & -0.6 \\ 0.3 & 0.2 \end{bmatrix} \begin{bmatrix} r_{2,t-1} \\ r_{1,t-1} \end{bmatrix} + \begin{bmatrix} a_{2t} \\ a_{1t} \end{bmatrix}, \quad \boldsymbol{\Sigma} = \begin{bmatrix} 1 & 1 \\ 1 & 2 \end{bmatrix}.$$

在 $\boldsymbol{\Sigma}$ 的 Cholesky 分解中需要的下三角矩阵变为

$$\boldsymbol{L}^{-1} = \begin{bmatrix} 1.0 & 0.0 \\ -1.0 & 1.0 \end{bmatrix}.$$

将前面重排的 VAR(1) 模型前乘以 $\boldsymbol{L}^{-1}$, 我们得到

$$\begin{bmatrix} 1.0 & 0.0 \\ -1.0 & 1.0 \end{bmatrix} \begin{bmatrix} r_{2t} \\ r_{1t} \end{bmatrix} = \begin{bmatrix} 0.4 \\ -0.2 \end{bmatrix} + \begin{bmatrix} 1.1 & -0.6 \\ -0.8 & 0.8 \end{bmatrix} \begin{bmatrix} r_{2,t-1} \\ r_{1,t-1} \end{bmatrix} + \begin{bmatrix} c_{1t} \\ c_{2t} \end{bmatrix},$$

$$\boldsymbol{G} = \begin{bmatrix} 1 & 0 \\ 0 & 1 \end{bmatrix},$$

其中 $\boldsymbol{G} = \mathrm{Cov}(c_t)$. 现在第二个方程给出

$$r_{1t} = -0.2 + 1.0r_{2t} - 0.8r_{2,t-1} + 0.8r_{1,t-1} + c_{2t}.$$

这个方程再一次明确给出了 r_{1t} 对 r_{2t} 的同步线性依赖性.

8.2.2 VAR(1) 模型的平稳性条件和矩

假定 (8.8) 式中的 VAR(1) 模型是弱平稳的. 对这个模型取期望, 利用 $E(\boldsymbol{a}_t) = 0$, 我们得到

$$E(\boldsymbol{r}_t) = \boldsymbol{\phi}_0 + \boldsymbol{\Phi} E(\boldsymbol{r}_{t-1}).$$

因为 $E(\boldsymbol{r}_t)$ 不随时间变化, 假定矩阵 $\boldsymbol{I} - \boldsymbol{\Phi}$ 是非奇异的, 则我们有

$$\boldsymbol{\mu} \equiv E(\boldsymbol{r}_t) = (\boldsymbol{I} - \boldsymbol{\Phi})^{-1} \boldsymbol{\phi}_0$$

其中 $\boldsymbol{I}$ 是 $k \times k$ 单位矩阵.

利用 $\boldsymbol{\phi}_0 = (\boldsymbol{I} - \boldsymbol{\Phi})\boldsymbol{\mu}$, 则 (8.8) 式中的 VAR(1) 模型可以写为

$$(\boldsymbol{r}_t - \boldsymbol{\mu}) = \boldsymbol{\Phi}(\boldsymbol{r}_{t-1} - \boldsymbol{\mu}) + \boldsymbol{a}_t.$$

令 $\tilde{\boldsymbol{r}}_t = \boldsymbol{r}_t - \boldsymbol{\mu}$ 是均值修正的时间序列, 则 VAR(1) 模型变为

$$\tilde{\boldsymbol{r}}_t = \boldsymbol{\Phi}\tilde{\boldsymbol{r}}_{t-1} + \boldsymbol{a}_t. \tag{8.11}$$

这个模型可以用来推导出 VAR(1) 模型的性质. 通过重复迭代, 我们可以将 (8.11) 式改写为

$$\tilde{\boldsymbol{r}}_t = \boldsymbol{a}_t + \boldsymbol{\Phi}\boldsymbol{a}_{t-1} + \boldsymbol{\Phi}^2\boldsymbol{a}_{t-2} + \boldsymbol{\Phi}^3\boldsymbol{a}_{t-3} + \cdots.$$

这个表示给出了 VAR(1) 过程的几个特征. 第一, 因为 $\boldsymbol{a}_t$ 是序列无关的, 从而 $\text{Cov}(\boldsymbol{a}_t, \boldsymbol{r}_{t-1}) = \boldsymbol{0}$. 事实上, 对所有的 $l > 0$, $\boldsymbol{a}_t$ 与 $\boldsymbol{r}_{t-l}$ 都是不相关的. 由于这个原因, 将 $\boldsymbol{a}_t$ 称为序列在时刻 t 的一个扰动或新息. 可以证明, 同一元的情形类似, 对所有的时间序列模型, $\boldsymbol{a}_t$ 与过去值 $\boldsymbol{r}_{t-j}(j > 0)$ 是不相关的. 第二, 将这个表示右乘以 $\boldsymbol{a}_t'$ 后取期望, 并利用过程 $\boldsymbol{a}_t$ 的不相关性, 我们得到 $\text{Cov}(\boldsymbol{r}_t, \boldsymbol{a}_t) = \boldsymbol{\Sigma}$. 第三, 对于一个 VAR(1) 模型, $\boldsymbol{r}_t$ 以系数矩阵 $\boldsymbol{\Phi}^j$ 依赖于过去的信息 $\boldsymbol{a}_{t-j}$. 为了这种相依性有意义, 当 $j \to \infty$ 时, $\boldsymbol{\Phi}^j$ 必须收敛到 0. 这意味着 $\boldsymbol{\Phi}$ 的 k 个特征值的模必须都小于 1; 否则, 当 $j \to \infty$ 时, $\boldsymbol{\Phi}^j$ 要么发散, 要么会收敛到一个不为 0 的矩阵, 事实上, 如果假定 $\boldsymbol{a}_t$ 的自协方差矩阵存在, 那么要求 $\boldsymbol{\Phi}$ 的所有特征值的模都小于 1, 这正是 $\boldsymbol{r}_t$ 弱平稳的充分必要条件. 注意到对一元 AR(1) 情形, 这个平稳性条件简化为 $|\phi| < 1$. 另外, 因为

$$|\lambda \boldsymbol{I} - \boldsymbol{\Phi}| = \lambda^k \left| \boldsymbol{I} - \boldsymbol{\Phi}\frac{1}{\lambda} \right|,$$

故 $\boldsymbol{\Phi}$ 的特征根是行列式 $|\boldsymbol{I} - \boldsymbol{\Phi}B|$ 的零点的倒数. 因此 $\boldsymbol{\gamma}_t$ 平稳的一个等价的充要条件是行列式 $|\boldsymbol{\Phi}(B)|$ 的所有零点的模都大于 1, 即 $|\boldsymbol{\Phi}(B)|$ 的所有零点在复平面上都位于单位圆外. 第四, 利用这个表示, 我们有

$$\text{Cov}(\boldsymbol{r}_t) = \Gamma_0 = \boldsymbol{\Sigma} + \boldsymbol{\Phi}\boldsymbol{\Sigma}\boldsymbol{\Phi}' + \boldsymbol{\Phi}^2\boldsymbol{\Sigma}(\boldsymbol{\Phi}^2)' + \cdots = \sum_{i=0}^{\infty} \boldsymbol{\Phi}^i\boldsymbol{\Sigma}(\boldsymbol{\Phi}^i)',$$

其中 $\boldsymbol{\Phi}^0 = \boldsymbol{I}$, 即 $k \times k$ 单位阵.

将 (8.11) 式两端右乘以 $\tilde{\boldsymbol{r}}_{t-l}'$ 后取期望, 并利用对于 $j > 0$, 有 $\mathrm{Cov}(\boldsymbol{a}_t, \boldsymbol{r}_{t-j}) = \mathrm{E}(\boldsymbol{a}_t \tilde{\boldsymbol{r}}_{t-j}') = \boldsymbol{0}$ 的结果, 我们得到

$$E(\tilde{\boldsymbol{r}}_t \tilde{\boldsymbol{r}}_{t-l}') = \boldsymbol{\Phi} E(\tilde{\boldsymbol{r}}_{t-1} \tilde{\boldsymbol{r}}_{t-l}'), \quad l > 0.$$

因此

$$\boldsymbol{\Gamma}_l = \boldsymbol{\Phi}\boldsymbol{\Gamma}_{l-1} \quad l > 0, \tag{8.12}$$

其中 $\boldsymbol{\Gamma}_j$ 是 $\boldsymbol{r}_t$ 的延迟为 j 的交叉-协方差矩阵. 这个结果又是一元 AR(1) 过程的一个推广.

通过重复迭代, (8.12) 式表明:

$$\boldsymbol{\Gamma}_l = \boldsymbol{\Phi}^l \boldsymbol{\Gamma}_0, \quad l > 0.$$

在 (8.12) 式两端分别左乘 $D^{-1/2}$ 再右乘 $D^{-1/2}$ 可以得到

$$\boldsymbol{\rho}_l = \boldsymbol{D}^{-1/2}\boldsymbol{\Phi}\boldsymbol{\Gamma}_{l-1}\boldsymbol{D}^{-1/2} = \boldsymbol{D}^{-1/2}\boldsymbol{\Phi}\boldsymbol{D}^{1/2}\boldsymbol{D}^{-1/2}\boldsymbol{\Gamma}_{l-1}\boldsymbol{D}^{-1/2} = \boldsymbol{\Upsilon}\boldsymbol{\rho}_{l-1},$$

其中 $\boldsymbol{\Upsilon} = \boldsymbol{D}^{-1/2}\boldsymbol{\Phi}\boldsymbol{D}^{1/2}$. 因此 VAR(1) 模型的 CCM 满足

$$\boldsymbol{\rho}_l = \boldsymbol{\Upsilon}^l \boldsymbol{\rho}_0, \quad l > 0.$$

8.2.3 向量 AR(p) 模型

VAR(1) 模型可以直接推广到 VAR(p) 模型. 称时间序列 $\boldsymbol{r}_t$ 服从一个 VAR(p) 模型, 如果它满足

$$\boldsymbol{r}_t = \boldsymbol{\phi}_0 + \boldsymbol{\Phi}_1 \boldsymbol{r}_{t-1} + \cdots + \boldsymbol{\Phi}_p \boldsymbol{r}_{t-p} + \boldsymbol{a}_t, \quad p > 0, \tag{8.13}$$

其中 $\boldsymbol{\phi}_0$ 与 $\boldsymbol{a}_t$ 如前所定义, $\boldsymbol{\Phi}_j$ 是 $k \times k$ 矩阵. 利用向后推移算子 B, VAR(p) 模型可以写为

$$(\boldsymbol{I} - \boldsymbol{\Phi}_1 B - \cdots - \boldsymbol{\Phi}_p B^p)\boldsymbol{r}_t = \boldsymbol{\phi}_0 + \boldsymbol{a}_t,$$

其中 $\boldsymbol{I}$ 是 $k \times k$ 单位矩阵. 这个表示可以写为一个更紧凑的形式

$$\boldsymbol{\Phi}(B)\boldsymbol{r}_t = \boldsymbol{\phi}_0 + \boldsymbol{a}_t,$$

其中 $\boldsymbol{\Phi}(B) = I - \boldsymbol{\Phi}_1 B - \cdots - \boldsymbol{\Phi}_p B^p$ 是一个矩阵多项式. 如果 $\boldsymbol{r}_t$ 是弱平稳的, 并假定逆存在, 则我们有

$$\boldsymbol{\mu} = E(\boldsymbol{r}_t) = (\boldsymbol{I} - \boldsymbol{\Phi}_1 - \cdots - \boldsymbol{\Phi}_p)^{-1}\boldsymbol{\phi}_0 = [\boldsymbol{\Phi}(1)]^{-1}\boldsymbol{\phi}_0$$

令 $\tilde{\boldsymbol{r}}_t = \boldsymbol{r}_t - \boldsymbol{\mu}$, 则 VAR($p$) 模型变为

$$\tilde{\boldsymbol{r}}_t = \boldsymbol{\Phi}_1 \tilde{\boldsymbol{r}}_{t-1} + \cdots + \boldsymbol{\Phi}_p \tilde{\boldsymbol{r}}_{t-p} + \boldsymbol{a}_t. \tag{8.14}$$

利用这个方程以及与对 VAR(1) 模型同样的方法, 我们得到

- $\mathrm{Cov}(\boldsymbol{r}_t, \boldsymbol{a}_t) = \boldsymbol{\Sigma}, \quad \boldsymbol{\Sigma}$ 是 $\boldsymbol{a}_t$ 的协方差矩阵;
- $\mathrm{Cov}(\boldsymbol{r}_{t-l}, \boldsymbol{a}_t) = 0, \quad l > 0$;
- $\boldsymbol{\Gamma}_l = \boldsymbol{\Phi}_1 \boldsymbol{\Gamma}_{l-1} + \cdots + \boldsymbol{\Phi}_p \boldsymbol{\Gamma}_{l-p}, \quad l > 0$.

最后一个性质称为 VAR(p) 模型的矩方程, 它是一元 AR(p) 模型的 Y-W 方程 (Yule-Walker equation) 的多元形式. 用 CCM 表示, 则矩方程变为

$$\boldsymbol{\rho}_l = \boldsymbol{\Upsilon}_1 \boldsymbol{\rho}_{l-1} + \cdots + \boldsymbol{\Upsilon}_p \boldsymbol{\rho}_{l-p}, \quad l > 0.$$

其中 $\boldsymbol{\Upsilon}_i = \boldsymbol{D}^{1/2} \boldsymbol{\Phi}_i \boldsymbol{D}^{1/2}$.

理解 (8.13) 式的这个 VAR(p) 模型性质的一个简单方法是利用 (8.8) 式中 VAR(1) 模型的结果, 可以通过将 $\boldsymbol{r}_t$ 的 VAR(p) 模型变换为一个 kp 元的 VAR(1) 模型得到. 具体地, 令 $\boldsymbol{x}_t = (\tilde{\boldsymbol{r}}'_{t-p+1}, \tilde{\boldsymbol{r}}'_{t-p+2}, \cdots, \tilde{\boldsymbol{r}}'_t)'$, $\boldsymbol{b}_t = (0, \cdots, 0, \boldsymbol{a}'_t)'$ 为两个 kp 维的过程, $\boldsymbol{b}_t$ 的均值是 0, 自协方差矩阵是一个 $kp \times kp$ 矩阵, 只有右下角的元素不为 0, 用 $\boldsymbol{\Sigma}$ 表示. 这样, 关于 $\boldsymbol{r}_t$ 的 VAR(p) 模型可写成

$$\boldsymbol{x}_t = \boldsymbol{\Phi}^* \boldsymbol{x}_{t-1} + \boldsymbol{b}_t, \tag{8.15}$$

其中 $\boldsymbol{\Phi}^*$ 是一个 $kp \times kp$ 矩阵:

$$\boldsymbol{\Phi}^* = \begin{bmatrix} \boldsymbol{0} & \boldsymbol{I} & \boldsymbol{0} & \boldsymbol{0} & \cdots & \boldsymbol{0} \\ \boldsymbol{0} & \boldsymbol{0} & \boldsymbol{I} & \boldsymbol{0} & \cdots & \boldsymbol{0} \\ \vdots & \vdots & \vdots & \vdots & & \vdots \\ \boldsymbol{0} & \boldsymbol{0} & \boldsymbol{0} & \boldsymbol{0} & \cdots & \boldsymbol{I} \\ \boldsymbol{\Phi}_p & \boldsymbol{\Phi}_{p-1} & \boldsymbol{\Phi}_{p-2} & \boldsymbol{\Phi}_{p-3} & \cdots & \boldsymbol{\Phi}_1 \end{bmatrix},$$

这里 $\boldsymbol{0}$ 与 $\boldsymbol{I}$ 分别是 $k \times k$ 零矩阵和单位矩阵. 文献中称 $\boldsymbol{\Phi}^*$ 为矩阵多项式 $\boldsymbol{\Phi}(B)$ 的伴随矩阵(companion matrix).

(8.15) 式是关于 $\boldsymbol{x}_t$ 的一个 VAR(1) 模型, 它包含了 $\boldsymbol{r}_t$ 作为它的最后 k 个分量. 现在可以通过 (8.15) 式用上一小节中给出的 VAR(1) 模型的结果来推导 VAR(p) 模型的性质. 例如, 由定义, $\boldsymbol{x}_t$ 是弱平稳的当且仅当 $\boldsymbol{r}_t$ 是弱平稳的. 因此, (8.13) 式中 VAR(p) 模型弱平稳的充要条件是 (8.15) 式中 $\boldsymbol{\Phi}^*$ 的所有特征值的模型都小于 1. 类似于VAR(1) 模型, 可以证明该条件等价于行列式 $|\boldsymbol{\Phi}(B)|$ 的所有根都在单位圆外.

在金融时间序列分析中特别关心的是 VAR(p) 模型的系数矩阵 $\boldsymbol{\Phi}_l$ 的结构. 例如, 如果对所有的 l, $\boldsymbol{\Phi}_l$ 的第 (i, j) 个元素 $\Phi_{ij}(l)$ 都是 0, 则 r_{it} 不依赖于 r_{jt} 的过去值. 这样, 系数矩阵 $\boldsymbol{\Phi}_l$ 的结构给出了 $\boldsymbol{r}_t$ 的分量之间的引导–延迟关系的信息.

8.2.4 建立一个 VAR(p) 模型

我们继续利用定阶、估计以及模型检验这样一个迭代程序来对给定的时间序列建立一个向量 AR 模型. 一元序列 PACF(partial autocorrelation function, 偏自相关函数)的概念可以推广到多元情形并用来识别向量序列的阶 p. 考虑下面的相邻的 VAR 模型:

$$
\begin{aligned}
r_t =& \phi_0 + \Phi_1 r_{t-1} + a_t, \\
r_t =& \phi_0 + \Phi_1 r_{t-1} + \Phi_2 r_{t-2} + a_t, \\
& \vdots \\
r_t =& \phi_0 + \Phi_1 r_{t-1} + \cdots + \Phi_i r_{t-i} + a_t, \\
& \vdots
\end{aligned}
\tag{8.16}
$$

这些模型的参数可以通过普通最小二乘方法 (the ordinary least squares, 简称 OLS) 来估计. 这在多元统计分析中称为多元线性回归估计. 参见 Johnson 和 Wichern (1998).

对于 (8.16) 式的第 i 个方程, 令 $\hat{\Phi}_j^{(i)}$ 表示 Φ_j 的 OLS 估计, $\hat{\phi}_0^{(i)}$ 表示 ϕ_0 的估计, 这里上标 (i) 用来表示估计是针对 VAR(i) 模型的, 则残差为

$$
\hat{a}_t^{(i)} = r_t - \hat{\phi}_0^{(i)} - \hat{\Phi}_1^{(i)} r_{t-1} - \cdots - \hat{\Phi}_i^{(i)} r_{t-i}.
$$

对 $i = 0$, 残差定义为 $\hat{r}_t^{(0)} = r_t - \bar{r}$, 这里 $\bar{r}$ 为 r_t 的样本均值. 残差的自协方差矩阵定义为

$$
\hat{\Sigma}_i = \frac{1}{T - 2i - 1} \sum_{t=i+1}^{T} \hat{a}_t^{(i)} (\hat{a}_t^{(i)})', \quad i \geqslant 0.
\tag{8.17}
$$

为了确定阶 p, 可以对 $l = 1, 2, \cdots$ 依次检验零假设 $H_0 : \Phi_l = 0$ 对备择假设 $H_a : \Phi_l \neq 0$. 例如, 利用 (8.16) 式中第一个方程, 我们可以检验零假设 $H_0 : \Phi_1 = 0$, 与备择假设 $H_a : \Phi_1 \neq 0$. 检验统计量为

$$
M(1) = -\left(T - k - \frac{5}{2}\right) \ln\left(\frac{|\hat{\Sigma}_1|}{|\hat{\Sigma}_0|}\right),
$$

其中 $\hat{\Sigma}_i$ 的定义见 (8.17) 式, $|A|$ 表示矩阵 A 的行列式. 在一些正则性条件下, 检验统计量 $M(1)$ 渐近服从自由度为 k^2 的 χ^2 分布 (参见 Tiao 和 Box(1981)).

一般地, 我们利用 (8.16) 式中的第 i 个和第 $i - 1$ 个方程来检验 $H_0 : \Phi_i = 0$ 对 $H_a : \Phi_i \neq 0$, 也就是说检验一个 VAR(i) 模型对一个 VAR($i - 1$) 模型. 检验统计量为

$$
M(i) = -\left(T - k - i - \frac{3}{2}\right) \ln\left(\frac{|\hat{\Sigma}_i|}{|\hat{\Sigma}_{i-1}|}\right).
\tag{8.18}
$$

$M(i)$ 渐近服从自由度为 k^2 的 χ^2 分布.

另一种选择是利用 AIC(Akaike information criterion) 或它的变形来选择阶 p. 假定 a_t 是多元正态的, 并考虑 (8.16) 式中的第 i 个方程, 可以用最大似然 (maximum likelihood, 简称 ML) 方法来估计这个模型. 对于 AR 模型, OLS 估计 $\hat{\phi}_0$ 和 $\hat{\Phi}_j$ 等价于 (条件)ML 估计. 然而, Σ 的估计之间有所区别. Σ 的 ML 估计为

$$\tilde{\Sigma}_i = \frac{1}{T} \sum_{t=i+1}^{T} \hat{a}_t^{(i)}[\hat{a}_t^{(i)}]'. \tag{8.19}$$

VAR(i) 模型在正态假定下的 AIC 定义为

$$\text{AIC}(i) = \ln(|\tilde{\Sigma}_i|) + \frac{2k^2 i}{T}.$$

对一个给定的向量时间序列, 可以选择 AR 的阶 p, 使它满足 $\text{AIC}(p) = \min\limits_{1 \leqslant i \leqslant p_0} \text{AIC}(i)$, 其中 p_0 是一个预先指定的正整数.

对于 VAR(i) 模型其他可用的信息准则有

$$\text{BIC}(i) = \ln(|\tilde{\Sigma}_i|) + \frac{k^2 i \ln[T]}{T},$$

$$\text{HQ}(i) = \ln(|\tilde{\Sigma}_i|) + \frac{2k^2 i \ln[\ln(T)]}{T}.$$

HQ 准则是由 Hannan 和 Quinn(1979) 年提出的.

例 8.4 假定例 8.1 中讨论的由 IBM 股票和标准普尔 500 指数的月对数收益率所构成的二元序列服从一个 VAR 模型, 我们对数据利用 $M(i)$ 统计量和 AIC. 表 8-3 给出了这些统计量的值. 两个统计量都表明 VAR(3) 模型对数据可能是充分的. 在 5% 水平下, $M(i)$ 统计量在延迟 1, 3, 5 处都是边际显著的. AIC 的最小值在阶 3 处出现. 对这个特例, $M(i)$ 统计量在 1% 水平下是不显著的, 从而证实了前面的观测: 两个收益率序列之间的动态序列相依性很弱.

表 8-3 **IBM 股票和标准普尔 500 指数的月对数收益率的定阶统计量,**
时间区间从 1926 年 1 月到 1999 年 12 月 [a]

阶	1	2	3	4	5	6
$M(i)$	10.76	13.41	10.34	7.78	12.07	1.93
AIC	6.795	6.789	6.786	6.786	6.782	6.788

a 自由度为 4 的卡方分布的 5% 和 1% 临界值分别为 9.5 和 13.3.

估计和模型检验

对于一个指定的 VAR 模型, 可以利用普通最小二乘法或最大似然方法来估计参数. 这两个方法是渐近等价的. 在一些正则性条件下, 估计是渐近正态的. 参见

Reinsel (1993). 应该对所拟合模型的任何可能存在的不充分性进行仔细检验. 可以对残差序列利用 $Q_k(m)$ 统计量来检验残差之间没有序列相关或交叉–相关的假定. 对一个拟合的 VAR(p) 模型, 残差的 $Q_k(m)$ 统计量渐近服从自由度为 $k^2m - g$ 的 χ^2 分布, 这里 g 为 AR 系数矩阵中待估参数的个数. 见 Lütkepohl(2005).

例 8.4(续) 表 8-4a 给出了对于 IBM 股票和标准普尔 500 指数的月对数收益率所构成的二元序列拟合 VAR(5) 模型时的估计结果, 具体指定的模型以下面的形式给出:

$$r_t = \phi_0 + \Phi_1 r_{t-1} + \Phi_2 r_{t-2} + \Phi_3 r_{t-3} + \Phi_5 r_{t-5} + a_t, \tag{8.20}$$

其中 r_t 的第一分量表示 IBM 股票的收益率. 对这个特例, 我们仅仅使用了延迟 1 和延迟 3 的 AR 系数矩阵, 这是因为数据之间的弱序列相关性. 一般地, 当 $M(i)$ 统计量和 AIC 准则指定一个 VAR(5) 模型时, 应该使用所有的 3 个 AR 延迟. 表 8-4b 给出了估计结果. 在该结果中已经将一些统计上不显著的参数设置为 0. 另外, 表 8-4b 给出了所拟合模型的残差序列的 $Q_k(m)$ 统计量值为 $Q_2(4) = 16.64$, $Q_2(8) = 31.55$. 因为拟合的 VAR(5) 模型在 AR 系数矩阵中具有 4 个参数, 所以这两个 $Q_k(m)$ 统计量分别渐近服从自由度为 10 和 26 的 χ^2 分布. 检验的 p 值分别为 0.083 和 0.208, 因此在 5% 的显著性水平下, 模型是充分的. 如同一元分析中显示的, 收益率序列很可能具有条件异方差性. 我们在第 10 章中将讨论多元波动率.

表 8-4 对由 IBM 股票和标准普尔 500 指数的月对数收益率拟合 VAR(3) 模型时的估计结果, 时间区间从 1926 年 1 月到 2008 年 12 月

参数	ϕ_0	Φ_1		Φ_2		Φ_3		Φ_5		Σ	
(a) 整个模型											
估计值	1.0	−0.03	0.15	0.10	−0.17	0.05	−0.11	−0.06	0.14	48	24
	0.4	−0.03	0.11	0.04	−0.04	0.02	−0.11	−0.07	0.15	24	30
标准差	0.23	0.04	0.05	0.04	0.05	0.04	0.05	0.04	0.05		
	0.18	0.03	0.04	0.03	0.04	0.03	0.04	0.03	0.04		
(b) 简化的模型											
估计值	1.0	0	0.13	0	−0.09	0	0	0	0.09	48	24
	0.4	0	0.08	0	0	0	−0.06	0	0.09	24	30
标准差	0.22	—	0.04	—	0.03	—	—	—	0.04		
	0.18	—	0.03	—	—	—	−0.06	—	0.03		

从表 8-4b 中拟合的模型, 我们观测到: (a) 两个新息序列之间的同步相关系数为 $24/\sqrt{48 \times 30} = 0.63$, 如所料想, 它很接近于 r_{1t} 与 r_{2t} 之间的样本相关系数; (b) 两个对数收益率序列具有正的显著的均值, 蕴涵了两个序列的对数价格在该数据范围内具有上升趋势; (c) 这个模型表明

$$\text{IBM}_t = 1.0 + 0.13\text{SP5}_{t-1} - 0.09\text{SP5}_{t-2} + 0.09\text{SP5}_{t-5} + a_{1t},$$

$$\text{SP5}_t = 0.4 + 0.08\text{SP5}_{t-1} - 0.06\text{SP5}_{t-3} + 0.09\text{SP5}_{t-5} + a_{2t}.$$

因此在 5% 显著水平下从标准普尔 500 指数的月收益率到 IBM 的月收益率有一个单向动态关系. 如果标准普尔 500 指数代表美国股票市场, 则 IBM 收益率将受该市场过去运动的影响. 然而, 即使两个收益率有实质上的同步相关性, IBM 股票收益率的过去运动也并不显著地影响美国股票市场. 最后, 拟合的模型可以写为

$$
\begin{bmatrix} \text{IBM}_t \\ \text{SP5}_t \end{bmatrix} = \begin{bmatrix} 1.0 \\ 0.4 \end{bmatrix} + \begin{bmatrix} 0.13 \\ 0.08 \end{bmatrix} \text{SP5}_{t-1} - \begin{bmatrix} 0.09 \\ 0 \end{bmatrix} \text{SP5}_{t-2} - \begin{bmatrix} 0 \\ 0.06 \end{bmatrix} \text{SP5}_{t-3}
$$
$$
+ \begin{bmatrix} 0.09 \\ 0.09 \end{bmatrix} \text{SP5}_{t-5} + \begin{bmatrix} a_{1t} \\ a_{2t} \end{bmatrix},
$$

这表示 SP5_t 是该二元序列的驱动因子 (driven factor).

预测

将合理建立的模型看做是真实的模型, 则可以应用一元分析中同样的方法来进行预测并得到相应预测误差的标准差. 对一个 VAR(p) 模型, 以 h 为预测原点的 1 步向前预测为 $r_h(1) = \phi_0 + \sum_{i=1}^{p} \Phi_i r_{h+1-i}$, 相应的预测误差为 $e_h(1) = a_{h+1}$. 预测误差的协方差矩阵为 Σ. 对于向前两步预测, 用 r_{h+1} 的预测来代替 r_{h+1} 即可得到

$$
r_h(2) = \phi_0 + \Phi_1 r_h(1) + \sum_{i=2}^{p} \Phi_i r_{h+2-i},
$$

相应的预测误差为

$$
e_h(2) = a_{h+2} + \Phi_1[r_t - r_h(1)] = a_{h+2} + \Phi_1 a_{h+1}.
$$

预测误差的协方差矩阵为 $\Sigma + \Phi_1 \Sigma \Phi_1'$. 如果 r_t 是弱平稳的, 则随着预测步长 l 的增加, 向前 l 步预测 $r_h(l)$ 将收敛到均值向量 μ, 预测误差的协方差矩阵收敛到 r_t 的协方差矩阵.

表 8-5 给出了 IBM 股票和标准普尔 500 指数月对数收益率 (以百分比形式给出) 的向前一步预测和向前六步预测的结果, 预测原点为 $h = 996$. 预测是通过表 8-4b 中改进后的 VAR(5) 模型得到的. 正如预期的一样, 对于两个对数收益率序列, 预测的标准误差分别收敛于样本标准误差 7.03 和 5.53.

表 8-5 对 IBM 股票和标准普尔 500 指数的月对数收益率 (以百分比形式给出) 利用所拟合的 VAR(5) 模型进行预测的结果: 预测原点是 2008 年 12 月

步 长	1	2	3	4	5	6
IBM 的预测值	1.95	0.30	−0.82	0.14	1.16	1.29
标准误差	6.95	6.99	7.00	7.00	7.00	7.00
SP 的预测值	1.70	0.17	−1.26	−0.49	0.41	0.65
标准误差	5.48	5.50	5.50	5.51	5.51	5.53

总之, 建立一个 VAR 模型涉及 3 个步骤: (a) 利用检验统计量 $M(i)$ 或某种信息准则定阶; (b) 利用最小二乘法估计指定的模型, 如有必要, 可以通过消除统计上不显著的参数来重新估计这个模型; (c) 利用残差的 $Q_k(m)$ 统计量来检验拟合模型的充分性. 残差序列的其他特征, 如条件异方差和异常值, 也可以检验. 如果拟合的模型是充分的, 则可以用它来进行预测并对变量之间的动态关系作推断.

本小节用 SCA 进行分析. 所用的命令包括 miden, mtsm, mest 和 mfore, 其中前缀 m 表示多元. 下面给出了命令和输出结果的细节.

SCA 演示

我已经对下列输出结果进行过编辑, 其中%表示注释.

```
input date, ibm, sp5. file 'm-ibmsp2608.txt'.
 --% compute percentage log returns.
ibm=ln(ibm+1)*100
 --
sp5=ln(sp5+1)*100
--% model identification
miden ibm,sp5. arfits 1 to 12.

TIME PERIOD ANALYZED . . . . . . . . . . . . . 1  TO    996
EFFECTIVE NUMBER OF OBSERVATIONS (NOBE). . .        996

SERIES    NAME         MEAN        STD. ERROR
   1      IBM          1.0891       7.0298
   2      SP5          0.4301       5.5346

NOTE: THE APPROX. STD. ERROR FOR THE ESTIMATED CORRELA-
TIONS BELOW
         IS (1/NOBE**.5) =     0.03169

SAMPLE CORRELATION MATRIX OF THE SERIES
   1.00
   0.65  1.00

SUMMARIES OF CROSS CORRELATION MATRICES USING +,-,., WHERE
 + DENOTES A VALUE GREATER THAN 2/SQRT(NOBE)
    - DENOTES A VALUE LESS THAN -2/SQRT(NOBE)
    . DENOTES A NON-SIGNIFICANT VALUE BASED ON THE ABOVE
      CRITERION

CROSS CORRELATION MATRICES IN TERMS OF +,-,.
LAGS  1 THROUGH 6
    . +    . -     . .      . .      . +      . .
    . +    . .     . -      . .      . +      . .
LAGS  7 THROUGH 12
    . .    +.      . .      . .      . .      . .
    . .    +.      . +      . .      . .      . .
```

```
======== STEPWISE AUTOREGRESSION SUMMARY ========
```

LAG	I RESIDUAL I VARIANCES	I EIGENVAL.I OF SIGMA	I CHI-SQ I TEST	I AIC	I SIGN. I PAR. AR
1	I .492E+02	I .133E+02	I 10.76	I 6.795	I . +
	I .306E+02	I .665E+02	I	I	I . +
2	I .486E+02	I .133E+02	I 13.41	I 6.789	I + -
	I .306E+02	I .659E+02	I	I	I . .
3	I .484E+02	I .132E+02	I 10.34	I 6.786	I . .
	I .303E+02	I .655E+02	I	I	I . -
4	I .484E+02	I .131E+02	I 7.78	I 6.786	I . .
	I .302E+02	I .655E+02	I	I	I . .
5	I .480E+02	I .131E+02	I 12.07	I 6.782	I . +
	I .299E+02	I .648E+02	I	I	I - +
6	I .479E+02	I .131E+02	I 1.93	I 6.788	I . .
	I .298E+02	I .647E+02	I	I	I . .
7	I .479E+02	I .130E+02	I 2.68	I 6.793	I . .
	I .298E+02	I .647E+02	I	I	I . .
8	I .477E+02	I .130E+02	I 7.09	I 6.794	I . .
	I .296E+02	I .643E+02	I	I	I . .
9	I .476E+02	I .130E+02	I 5.23	I 6.797	I . .
	I .295E+02	I .642E+02	I	I	I . .
10	I .476E+02	I .130E+02	I 1.43	I 6.803	I . .
	I .295E+02	I .641E+02	I	I	I . .
11	I .475E+02	I .130E+02	I 1.81	I 6.809	I . .
	I .294E+02	I .640E+02	I	I	I . .
12	I .475E+02	I .129E+02	I 1.88	I 6.815	I . .
	I .294E+02	I .640E+02	I	I	I . .

```
NOTE:CHI-SQUARED CRITICAL VALUES WITH 4 DEGREES OF FREEDOM ARE
         5 PERCENT:   9.5     1 PERCENT:  13.3
 -- % model specification of a VAR(5) model without lag 4.
mtsm m1. series ibm, sp5. model @
(i-p2*b-p2*b**2-p3*b**3-p5*b**5)series=c+noise.
 -- % estimation
 mestim m1. hold resi(r1,r2).
 -- % demonstration of setting zero constraint
p2(2,2)=0
```

```
  --
cp2(2,2)=1
  --
p3(1,2)=0
  --
cp3(1,2)=1
  --
mestim m1. hold resi(r1,r2)
```

FINAL MODEL SUMMARY WITH CONDITIONAL LIKELIHOOD PAR. EST.
----- CONSTANT VECTOR (STD ERROR) -----
      1.039 (0.223   )
      0.390 (0.176   )
----- PHI MATRICES -----
ESTIMATES OF   PHI(1) MATRIX AND SIGNIFICANCE
      .000   .129   . +
      .000   .080   . +
STANDARD ERRORS
       --   .040
       --   .031
ESTIMATES OF   PHI(2) MATRIX AND SIGNIFICANCE
      .000   -.090   . -
      .000   .000   . .
STANDARD ERRORS
       --   .031
       --   --
ESTIMATES OF   PHI(3) MATRIX AND SIGNIFICANCE
      .000   .000   . .
      .000   -.061   . -
STANDARD ERRORS
       --   --
       --   .024

ESTIMATES OF   PHI(5) MATRIX AND SIGNIFICANCE
      .000   .093   . +
      .000   .087   . +
STANDARD ERRORS
       --   .040
       --   .032

ERROR COVARIANCE MATRIX
----
                 1   2
   1   48.328570
   2   24.361464   30.027406

-- % compute residual cross-correlation matrices
miden r1,r2. maxl 12.
 -- % prediction
mfore m1. nofs 6.

```
      6 FORECASTS, BEGINNING AT ORIGIN = 996
-------------------------------------------------------
  SERIES:        IBM                  SP5
  TIME    FORECAST  STD ERR     FORECAST  STD ERR
   997     1.954     6.952       1.698     5.480
   998     0.304     6.988       0.173     5.497
   999    -0.815     7.001      -1.263     5.497
  1000     0.138     7.001      -0.494     5.507
  1001     1.162     7.002       0.408     5.508
  1002     1.294     7.022       0.649     5.528
```

8.2.5 脉冲响应函数

类似于一元情形, 一个 VAR(p) 模型可以表示为过去新息的线性函数, 即

$$r_t = \mu + a_t + \Psi_1 a_{t-1} + \Psi_2 a_{t-2} + \cdots, \qquad (8.21)$$

其中, $\mu = [\Phi(1)]^{-1}\phi_0$, 这里假定 $\Phi(1)$ 的逆存在, 系数矩阵 Ψ_i 可以由与下式中 B^i 的系数相等得到:

$$(I - \Phi_1 B - \cdots - \Phi_p B^p)(I + \Psi_1 B + \Psi_2 B^2 + \cdots) = I,$$

其中 I 为单位矩阵. 这是 r_t 的滑动平均表示, 其中系数矩阵 Ψ_i 为过去新息 a_{t-i} 对 r_t 的影响. 等价地, Ψ_i 也是 a_t 对未来观测 r_{t+i} 的影响. 因此通常称 Ψ_i 为 r_t 的脉冲响应函数. 然而, 由于 a_t 的分量通常是相关的, 所以对 (8.21) 式中 Ψ_i 分量的解释不是很直观. 为了帮助解释, 我们可利用前面的 Cholesky 分解对新息进行变换, 使得变换后的新息的分量不再相关. 具体地, 存在一个下三角矩阵 L 满足 $\Sigma = LGL'$, 其中 G 为对角阵且 L 的对角线元素均为 1(参见 (8.9) 式). 令 $b_t = L^{-1}a_t$, 则 $\mathrm{Cov}(b_t) = G$, 因此分量 b_{jt} 是不相关的. (8.21) 式可以改写为

$$r_t = \mu + a_t + \Psi_1 a_{t-1} + \Psi_2 a_{t-2} + \cdots$$
$$= \mu + LL^{-1}a_t + \Psi_1 LL^{-1}a_{t-1} + \Psi_2 LL^{-1}a_{t-2} + \cdots$$
$$= \mu + \Psi_0^* b_t + \Psi_1^* b_{t-1} + \Psi_2^* b_{t-2} + \cdots, \qquad (8.22)$$

其中 $\Psi_0^* = L$, $\Psi_i^* = \Psi_i L$. 系数矩阵 Ψ_i^* 称为 r_t 的带正交新息 b_t 的脉冲响应函数. 特别地, Ψ_l^* 的第 (i,j) 元 $\Psi_{ij}^*(l)$ 是 b_{jt} 对未来观测 $r_{i,t+l}$ 的影响. 在实际中, 可以进一步将正交的新息 b_t 标准化, 使得 b_{it} 的方差为 1. 上述正交化的一个弱点是结果依赖于 r_t 中分量的顺序. 特别地, $b_{1t} = a_{1t}$, 从而 a_{1t} 并没有作变换. r_t 分量的不同排序会导致不同的脉冲响应函数. 因此对脉冲响应函数的理解与新息序列 b_t 有关联.

SCA 和 S-Plus 都可以得到所拟合VAR模型的脉冲响应函数. 为了演示 S-Plus 中VAR模型的分析, 我们仍然用例 8.1 中 IBM 股票和标准普尔 500 指数的月对数收益率的数据. 关于 S-Plus 命令的细节, 可参见 Zivot 和 Wang(2003).

S-Plus 演示

我已经对下列输出结果进行过编辑, % 表示注释.

```
> module(finmetrics)
> da=read.table("m-ibmsp2608.txt",header=T) % Load data
> ibm=log(da[,2]+1)*100 % Compute percentage log returns
> sp5=log(da[,3]+1)*100
> y=cbind(ibm,sp5) % Create a vector series
> y1=data.frame(y) % Crate a data frame
> ord.choice=VAR(y1,max.ar=10) % Order selection using BIC
> names(ord.choice)
 [1] "R"      "coef" "fitted"    "residuals" "Sigma" "df.resid"
 [7] "rank" "call" "ar.order" "n.na"       "terms" "Y0"
[13] "info"
> ord.choice$ar.order % selected order
[1] 1
> ord.choice$info
        ar(1)    ar(2)    ar(3)    ar(4)    ar(5)    ar(6)
BIC 12325.41 12339.42 12356.58 12376.28 12391.57 12417.2
        ar(7)    ar(8)   ar(9)   ar(10)
BIC  12442.03 12462.5212484.78 12510.91
> ord=VAR(y1,max.ar=10,criterion='AIC') % Using AIC
> ord$ar.order
[1] 5
> ord$info
        ar(1)    ar(2)     ar(3)    ar(4)    ar(5)     ar(6)
AIC 12296.04 12290.48  12288.07 12288.2 12283.91 12289.96
        ar(7)    ar(8)     ar(9)    ar(10)
AIC 12295.22 12296.13  12298.82 12305.37
```

AIC 跟以前一样选择了VAR(5) 模型, 而 BIC 选择了VAR(1) 模型. 为简单起见, 我们在演示中用VAR(1) 模型. 注意到在两个程序包中用到了不同的标准化方法, 因此信息准则的值是不同的, 可参见表 8-3 中的 AIC. 这并不重要, 因为标准化并不影响阶的选择, 下面转向估计.

```
> var1.fit=VAR(y~ar(1)) % Estimate a VAR(1) model
> summary(var1.fit)
Call:
VAR(formula = y ~ ar(1))
Coefficients:
                 ibm       sp5
(Intercept)   1.0614    0.4087
  (std.err)   0.2249    0.1773
  (t.stat)    4.7198    2.3053

   ibm.lag1  -0.0320  -0.0223
  (std.err)   0.0413   0.0326
  (t.stat)   -0.7728  -0.6855

   sp5.lag1   0.1503   0.1020
```

```
(std.err)  0.0525  0.0414
(t.stat)   2.8612  2.4637


Regression Diagnostics:
                ibm     sp5
    R-squared 0.0101  0.0075
Adj. R-squared 0.0081  0.0055
  Resid. Scale 7.0078  5.5247


Information Criteria:
     logL        AIC         BIC          HQ
-6193.988  12399.977   12429.393   12411.159


                  total residual
Degree of freedom:   995        992


> plot(var1.fit)
Make a plot selection (or 0 to exit):
1: plot: All
2: plot: Response and Fitted Values
3: plot: Residuals
 ...
8: plot: PACF of Squared Residuals
Selection: 3
```

所拟合的模型是

$$\text{IBM}_t = 1.06 - 0.03\text{IBM}_{t-1} + 0.15\text{SP5}_{t-1} + a_{1t},$$
$$\text{SP5}_t = 0.41 - 0.02\text{IBM}_{t-1} + 0.10\text{SP5}_{t-1} + a_{2t}.$$

基于输出结果中估计的 t 统计量的值, 在两个方程中都只有延迟变量 SP5_{t-1} 是显著的. 图 8-5 给出了两个残差序列的时间序列图, 两条水平线表示两倍的标准误差上下限. 如所料想, 取值为异常值的观测存在聚集现象.

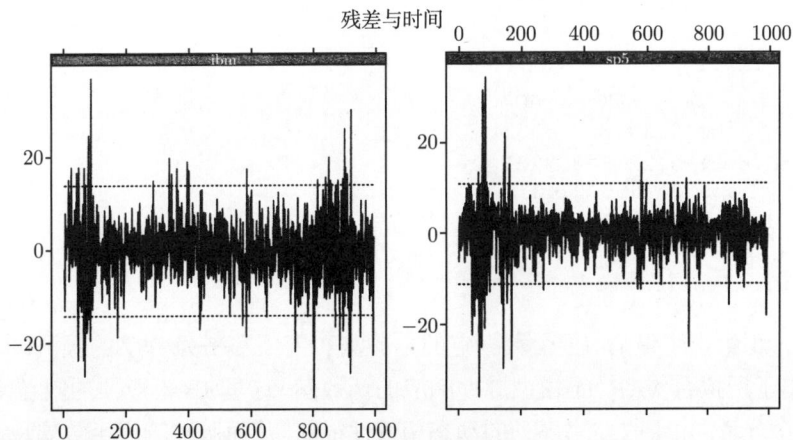

图 8-5　为 IBM 股票和标准普尔 500 指数的月对数收益率 (以百分比形式给出) 所拟合的 VAR(1) 模型残差的时间序列图, 样本的时间区间从 1926 年 1 月到 2008 年 12 月

接下来, 我们计算所拟合 VAR(1) 模型的向前 1 步到向前 6 步预测以及脉冲响应函数, 这里 IBM 股票的收益率是 r_t 的第一个分量. 与表 8-5 中的 VAR(5) 模型相比, 用 VAR(1) 模型得到的预测更快地收敛到序列的样本均值.

```
> var1.pred=predict(var1.fit,n.predict=6) % Compute forecasts
> summary(var1.pred)
Predicted Values with Standard Errors:
                  ibm     sp5
1-step-ahead 1.0798  0.4192
   (std.err) 7.0078  5.5247
2-step-ahead 1.0899  0.4274
   (std.err) 7.0434  5.5453
3-step-ahead 1.0908  0.4280
   (std.err) 7.0436  5.5454
 ...
6-step-ahead 1.0909  0.4280
   (std.err) 7.0436  5.5454
> plot(var1.pred,y,n.old=12) % Obtain forecast plot
% Below is to compute the impulse response function
> var1.irf=impRes(var1.fit,period=6,std.err='asymptotic')
> summary(var1.irf)
Impulse Response Function:
(with responses in rows, and innovations in columns)
, , lag.0
             ibm     sp5
     ibm 6.9973  0.0000
(std.err) 0.1569  0.0000
     sp5 3.5432  4.2280
(std.err) 0.1558  0.0948

, , lag.1
             ibm     sp5
     ibm 0.3088  0.6353
(std.err) 0.2217  0.2221
     sp5 0.2050  0.4312
(std.err) 0.1746  0.1750
 .....
> plot(var1.irf)
```

图 8-6 给出了最后 12 个数据点的点预测和置信水平为 95%的预测区间. 图 8-7 给出了所拟合 VAR(1) 模型脉冲响应的函数图, 这里 IBM 股票的收益率是 r_t 的第一个分量. 由于收益率序列的动态相依性很弱, 从而脉冲响应函数展现出简单的形式, 并且快速地衰减.

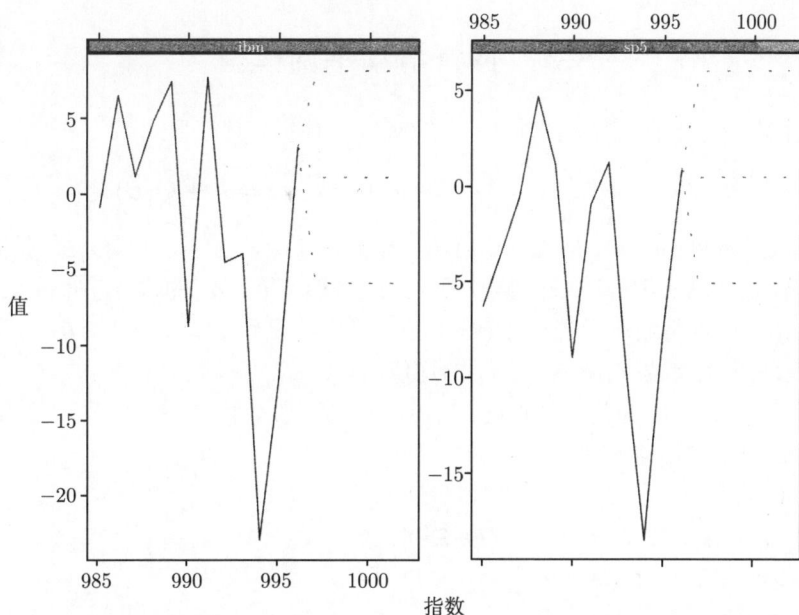

图 8-6   利用为 IBM 股票和标准普尔 500 指数的月对数收益率 (以百分比形式给出) 所拟
         合的 VAR(1) 模型进行预测的预测图, 样本的时间区间从 1926 年 1 月到 2008
         年 12 月

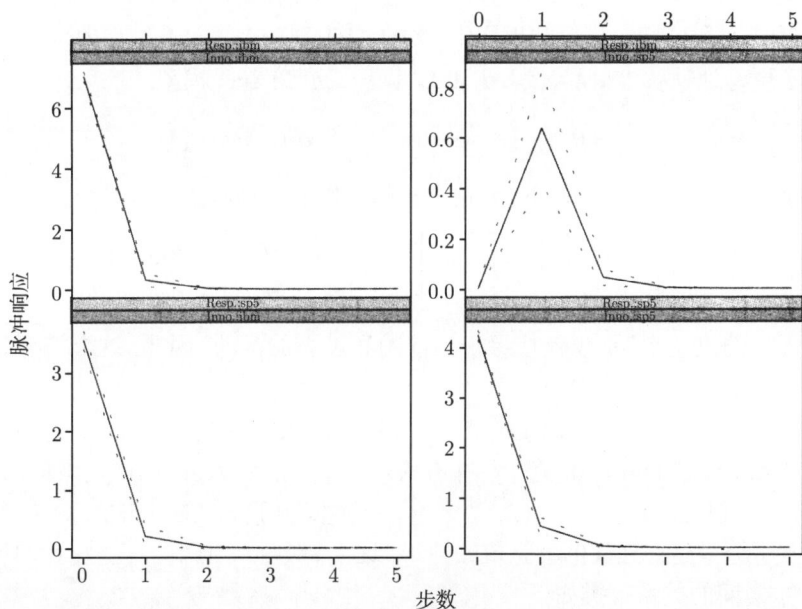

图 8-7   为 IBM 股票和标准普尔 500 指数的月对数收益率 (以百分比形式给出) 所拟合的
         VAR(1) 模型的正交新息的脉冲响应函数图, 样本的时间区间从 1926 年 1 月
         到 2008 年 12 月

8.3 向量滑动平均模型

一个阶为 q 的向量滑动平均模型 (VMA(q) 模型) 具有形式

$$r_t = \theta_0 + a_t - \Theta_1 a_{t-1} - \cdots - \Theta_q a_{t-q} \quad \text{或} \quad r_t = \theta_0 + \Theta(B) a_t, \tag{8.23}$$

其中 θ_0 是 k 维向量, Θ_i 是 $k \times k$ 矩阵, $\Theta(B) = I - \Theta_1 B - \cdots - \Theta_q B^q$ 是向后推移算子 B 的 MA 矩阵多项式. 类似于一元的情形, 假定 a_t 的协方差矩阵 Σ 存在, 则 VMA(q) 过程是弱平稳的. 将 (8.23) 式取期望, 得到 $\mu = \mathrm{E}(r_t) = \theta_0$. 这样, 对 VMA 模型而言, 常数向量 θ_0 是 r_t 的均值向量.

令 $\tilde{r}_t = r_t - \theta_0$ 为均值修正的 VAR(q) 过程. 那么利用 (8.23) 式以及 $\{a_t\}$ 是序列不相关的事实, 我们有:

(1) $\mathrm{Cov}(r_t, a_t) = \Sigma$;

(2) $\Gamma_0 = \Sigma + \Theta_1 \Sigma \Theta_1' + \cdots + \Theta_q \Sigma \Theta_q'$;

(3) 若 $l > q$, 则 $\Gamma_l = 0$;

(4) 若 $1 \leqslant l \leqslant q$, 则 $\Gamma_l = \sum_{j=l}^{q} \Theta_j \Sigma \Theta_{j-l}'$, 其中 $\Theta_0 = -I$.

因为对于 $l > q$, 有 $\Gamma_l = 0$, 所以 VMA(q) 过程 r_t 的交叉-相关矩阵 (CCM) 满足

$$\rho_l = 0, \quad l > q. \tag{8.24}$$

因此, 类似于一元情形, 可以利用样本 CCM 来识别一个 VMA 过程的阶.

为了更好地理解 VMA 过程, 让我们考虑二元 MA(1) 模型.

$$r_t = \theta_0 + a_t - \Theta a_{t-1} = \mu + a_t - \Theta a_{t-1}, \tag{8.25}$$

这里为了简便, 消除了 Θ_1 的下标. 这个模型可以清楚地写为

$$\begin{bmatrix} r_{1t} \\ r_{2t} \end{bmatrix} = \begin{bmatrix} \mu_1 \\ \mu_2 \end{bmatrix} + \begin{bmatrix} a_{1t} \\ a_{2t} \end{bmatrix} - \begin{bmatrix} \Theta_{11} & \Theta_{12} \\ \Theta_{21} & \Theta_{22} \end{bmatrix} \begin{bmatrix} a_{1,t-1} \\ a_{2,t-1} \end{bmatrix}. \tag{8.26}$$

它说明当前的收益率 r_t 仅仅依赖于当前的和过去的扰动. 因此, 这个模型是一个有限记忆模型.

考虑 (8.26) 式中 r_{1t} 所满足的方程, 参数 Θ_{12} 表示 $a_{1,t-1}$ 存在时, r_{1t} 对 $a_{2,t-1}$ 的线性依赖. 如果 $\Theta_{12} = 0$, 则 r_{1t} 并不依赖于 a_{2t} 的延迟值, 因此也不依赖于 r_{2t} 的延迟值. 类似地, 如果 $\Theta_{21} = 0$, 那么 r_{2t} 并不依赖于 r_{1t} 的过去值. Θ 的非对角元素反映了分量序列之间的动态依赖性. 对这个简单的 VMA(1) 模型, 我们可以将 r_{1t} 与 r_{2t} 之间的关系分类如下.

(1) 如果 $\Theta_{12} = \Theta_{21} = 0$, 则它们是分离的序列.

(2) 如果 $\Theta_{12} = 0$, 但 $\Theta_{21} \neq 0$, 则从 r_{1t} 到 r_{2t} 有一个单向动态关系. 如果 $\Theta_{21} = 0$, 但 $\Theta_{12} \neq 0$, 则相反的单向动态关系成立.

(3) 如果 $\Theta_{12} \neq 0$, 且 $\Theta_{21} \neq 0$, 则 r_{1t} 与 r_{2t} 之间有一个反馈关系.

最后, r_{it} 之间的同步关系与 a_{it} 之间的同步关系是一样的. 前面的分类可以推广到 VMA(q) 模型.

估计

与 VAR 模型不同, VMA 模型的估计更加复杂. 具体可参见 Hillmer 和 Tiao (1979) 与 Lütkepohl (1991) 及其参考文献. 对似然近似法, 有两种方法可以利用. 第一种方法是条件似然方法, 它假定对于 $t \leqslant 0$, 有 $\boldsymbol{a}_t = \boldsymbol{0}$. 第二种方法是精确似然方法, 它将 $t \leqslant 0$ 时的 $\boldsymbol{a}_t$ 看做模型的一个附加参数. 为了获得估计问题的一些洞察, 我们考虑 (8.25) 式中的 VMA(1) 模型. 假定数据为 $\{\boldsymbol{r}_t | t = 1, \cdots, T\}$, 且 $\boldsymbol{a}_t$ 是多元正态的. 对一个 VMA(1) 模型, 这个数据依赖于 $\boldsymbol{a}_0$.

条件 MLE

条件似然方法假定 $\boldsymbol{a}_0 = \boldsymbol{0}$. 在这个假定下, 将模型改写为 $\boldsymbol{a}_t = \boldsymbol{r}_t - \boldsymbol{\theta}_0 + \boldsymbol{\Theta}\boldsymbol{a}_{t-1}$, 我们可以递推地计算 $\boldsymbol{a}_t$, 有

$$\boldsymbol{a}_1 = \boldsymbol{r}_1 - \boldsymbol{\theta}_0, \quad \boldsymbol{a}_2 = \boldsymbol{r}_2 - \boldsymbol{\theta}_0 + \boldsymbol{\Theta}_1\boldsymbol{a}_1, \cdots.$$

因此, 数据的似然函数变为

$$f(\boldsymbol{r}_1, \cdots, \boldsymbol{r}_T | \boldsymbol{\theta}_0, \boldsymbol{\Theta}_1, \boldsymbol{\Sigma}) = \prod_{t=1}^{T} \frac{1}{(2\pi)^{k/2}|\boldsymbol{\Sigma}|^{1/2}} \exp\left(-\frac{1}{2}\boldsymbol{a}_t'\boldsymbol{\Sigma}^{-1}\boldsymbol{a}_t\right),$$

并据此得到参数估计.

精确 MLE

对精确似然方法, $\boldsymbol{a}_0$ 是一个未知向量, 为了计算似然函数, 必须根据数据进行估计, 为了简便, 令 $\tilde{\boldsymbol{r}}_t = \boldsymbol{r}_t - \boldsymbol{\theta}_0$ 为均值修正序列. 利用 $\tilde{\boldsymbol{r}}_t$ 与 (8.25) 式, 我们有

$$\boldsymbol{a}_t = \tilde{\boldsymbol{r}}_t + \boldsymbol{\Theta}\boldsymbol{a}_{t-1}. \tag{8.27}$$

通过重复迭代, $\boldsymbol{a}_0$ 与所有的 $\tilde{\boldsymbol{r}}_t$ 都相关, 因为

$$\begin{aligned}
\boldsymbol{a}_1 &= \tilde{\boldsymbol{r}}_1 + \boldsymbol{\Theta}\boldsymbol{a}_0, \\
\boldsymbol{a}_2 &= \tilde{\boldsymbol{r}}_2 + \boldsymbol{\Theta}\boldsymbol{a}_1 = \tilde{\boldsymbol{r}}_2 + \boldsymbol{\Theta}\tilde{\boldsymbol{r}}_1 + \boldsymbol{\Theta}^2\boldsymbol{a}_0, \\
&\vdots \\
\boldsymbol{a}_T &= \tilde{\boldsymbol{r}}_T + \boldsymbol{\Theta}\tilde{\boldsymbol{r}}_{T-1} + \cdots + \boldsymbol{\Theta}^{T-1}\tilde{\boldsymbol{r}}_1 + \boldsymbol{\Theta}^T\boldsymbol{a}_0.
\end{aligned} \tag{8.28}$$

这样如果给定 $\boldsymbol{\Theta}$ 和 $\boldsymbol{\theta}_0$, 则 $\boldsymbol{a}_0$ 是数据的线性函数. 这个结果使得我们可以利用数据与 $\boldsymbol{\theta}_0$ 以及 $\boldsymbol{\Theta}$ 的初始值来估计 $\boldsymbol{a}_0$. 更具体地, 给定 $\boldsymbol{\theta}_0$, $\boldsymbol{\Theta}$ 与数据, 我们可以定义:

$$\boldsymbol{r}_t^* = \tilde{\boldsymbol{r}}_t + \boldsymbol{\Theta}\tilde{\boldsymbol{r}}_{t-1} + \cdots + \boldsymbol{\Theta}^{t-1}\tilde{\boldsymbol{r}}_1, \quad t = 1, 2, \cdots, T.$$

则 (8.28) 式可以改写为

$$r_1^* = -\Theta a_0 + a_1,$$
$$r_2^* = -\Theta^2 a_0 + a_2,$$
$$\vdots$$
$$r_T^* = -\Theta^T a_0 + a_T.$$

这是多元线性回归的形式, 参数向量为 a_0, 尽管 a_t 的自协差矩阵 Σ 可能不是一个对角阵. 如果 Σ 的初始值也可以得到, 则可以用 Σ 的平方根矩阵 $\Sigma^{-1/2}$ 左乘上面系统中的每个方程. 结果中的系统真的是一个多元线性回归, 且可以利用 OLS 方法来得到 a_0 的一个估计, 表示为 $\hat{a}_0$.

利用估计 $\hat{a}_0$, 可以递推地计算扰动 a_t, 因为

$$a_1 = r_1 - \theta_0 + \Theta\hat{a}_0, \quad a_2 = r_2 - \theta_0 + \Theta a_1, \cdots.$$

该递推是从 $(a_0, r_1, \cdots, r_T)$ 到 $(a_0, a_1, \cdots, a_T)$ 的线性变换. 我们可以从中得到 a_0 和数据的联合分布. 另外, 我们也可以从 $\{a_t | t = 0, \cdots, T\}$ 的联合分布中通过求 a_0 的积分来推出数据的精确似然函数. 可以利用如此求得的似然函数来得到精确的 ML 估计. 具体细节参见 Hillmer 和 Tiao(1979).

总之, 精确似然方法的操作如下: 给定 θ_0, Θ 与 Σ 的初始估计, 利用 (8.28) 式导出 a_0 的估计. 利用 (8.27) 式, 这个估计又反过来可以用来递推地计算 a_t 且初始值为 $a_1 = \tilde{r}_1 + \Theta\hat{a}_0$, 然后利用结果中的 $\{a_t\}_{t=1}^T$ 估计数据的精确似然函数, 以便更新 θ_0, Θ 和 Σ 的估计. 重复整个过程直至估计收敛. 估计精确似然函数的这个迭代方法对一般的 VMA(q) 模型也是适用的.

由前面的讨论知, 精确似然方法比条件似然方法要求更多精深的计算. 但是它也提供了更精确的参数估计, 尤其是当 Θ 的某些特征值的模接近于 1 时. Hillmer 和 Tiao(1979) 给出了 VMA 模型的条件似然估计与精确似然估计之间的一些比较. 在多元时间序列分析中, 如果怀疑数据可能过度差分, 则精确最大似然方法变得尤其重要. 过度差分可能在很多情况下发生, 例如, 协整系统中单个分量的差分 (参见后面对协整的讨论).

总之, 建立一个 VMA 模型需要三个步骤: (a) 利用样本交叉–相关矩阵识别阶 q (因为, 对 VMA(q) 模型, 当 $l > q$ 时, $\rho_l = 0$); (b) 利用条件似然方法或精确似然方法来估计指定的模型 (当样本量不太大时, 更喜欢用精确方法); (c) 应该检验所拟合模型的充分性 (例如对残差序列利用 $Q_k(m)$ 统计量). 最后, 可以利用与一元 MA 模型同样的程序得到 VMA 模型的预测.

例 8.5 再次考虑由 IBM 股票和标准普尔 500 指数的月对数收益率 (以百分比表示) 所构成的二元序列, 时间区间从 1926 年 1 月到 1999 年 12 月. 因为显著的交

叉–相关主要在延迟 1、2、3 和延迟 5 处发生, 所以我们对数据采用了下述 VMA(5) 模型:

$$r_t = \theta_0 + a_t - \Theta_1 a_{t-1} - \Theta_2 a_{t-2} - \Theta_3 a_{t-3} - \Theta_5 a_{t-5} \tag{8.29}$$

表 8-6 给出了这个模型的估计结果. 这个简化模型残差的 $Q_k(m)$ 统计量值为 $Q_2(4) = 16.00$, $Q_2(8) = 29.46$. 与自由度为 10 和 26 的 χ^2 分布比较, 这些估计量的 p 值分别是 0.10 和 0.291. 因此, 该模型在 5% 的显著水平下是充分的.

由表 8-6, 我们作出以下观测.

(1) 对这个特例, 条件似然估计与精确似然估计的差别很小. 这并不奇怪, 因为样本量并不小, 而且更重要的是数据的动态结构很弱.

表 8-6　对 IBM 股票和标准普尔 500 指数的月对数收益率拟合向量滑动平均模型 **(8.29)** 时的估计结果 [a]

参数	θ_0	Θ_1		Θ_2		Θ_3		Θ_5	
(a) 整个模型, 用条件似然方法									
估计	1.1	0.02	−0.15	−0.09	0.15	−0.05	0.11	0.05	−0.15
	0.4	0.02	−0.10	−0.04	0.04	−0.01	0.11	0.07	−0.15
标准误差	0.24	0.04	0.05	0.04	0.05	0.04	0.05	0.04	0.05
	0.19	0.03	0.04	0.03	0.04	0.03	0.04	0.03	0.04
(b) 整个模型, 用精确似然方法									
估计	1.1	0.02	−0.05	−0.09	0.15	−0.05	0.11	0.05	−0.15
	0.4	0.02	−0.10	−0.04	0.04	−0.01	0.11	0.07	−0.15
标准误差	0.24	0.04	0.05	0.04	0.05	0.04	0.05	0.04	0.05
	0.19	0.03	0.04	0.03	0.04	0.03	0.04	0.03	0.04
(c) 简化的模型, 用精确似然方法									
估计	1.1	0.0	−0.13	0.0	0.08	0.0	0.0	0.0	−0.10
	0.4	0.0	−0.09	0.0	0.0	0.0	0.07	0.0	−0.09
标准误差	0.24	—	0.04	—	0.03	—	—	—	0.04
	0.19	—	0.03	—	—	—	0.02	—	0.03

a 时间区间是从 1926 年 1 月到 2008 年 12 月此处并未显示差的协方差矩阵, 因为它与表 8-4 中的相似.

(2) VMA(5) 模型对序列提供了与例 8.4 的 VAR(5) 模型同样的动态关系. IBM 股票的月收益率依赖标准普尔 500 指数过去的收益率. 相反地, 市场收益率并不依赖于 IBM 股票的过去收益率. 换句话说, 数据的动态结构是由市场收益率而并不是 IBM 收益率驱动的, 然而, 两个收益率序列间的同步相关性仍很强.

8.4　向量 ARMA 模型

一元 ARMA 模型也可以推广到处理向量时间序列的情形. 所得的模型称为 VARMA 模型. 然而, 这种推广会遇到一些在 VMA 和 VAR 模型时不会出现的新问题. 其中一个问题是识别问题. 与一元 ARMA 模型不同, VARMA 模型并不是唯一定义的. 例如, VMA(1) 模型

$$
\begin{bmatrix} r_{1t} \\ r_{2t} \end{bmatrix} = \begin{bmatrix} a_{1t} \\ a_{2t} \end{bmatrix} - \begin{bmatrix} 0 & 2 \\ 0 & 0 \end{bmatrix} \begin{bmatrix} a_{1,t-1} \\ a_{2,t-1} \end{bmatrix}
$$

与 VAR(1) 模型

$$
\begin{bmatrix} r_{1t} \\ r_{2t} \end{bmatrix} - \begin{bmatrix} 0 & -2 \\ 0 & 0 \end{bmatrix} \begin{bmatrix} r_{1,t-1} \\ r_{2,t-1} \end{bmatrix} = \begin{bmatrix} a_{1t} \\ a_{2t} \end{bmatrix}
$$

是相同的. 这两个模型的等价性可以通过检查它们的分量模型很容易地看出. 对 VMA(1) 模型, 我们有

$$
r_{1t} = a_{1t} - 2a_{2,t-1}, \quad r_{2t} = a_{2t}.
$$

对这个 VAR(1) 模型, 方程为

$$
r_{1t} + 2r_{2,t-1} = a_{1t}, \quad r_{2t} = a_{2t}.
$$

由 r_{2t} 所服从的模型, 我们有 $r_{2,t-1} = a_{2,t-1}$. 因此 r_{1t} 所服从的模型是相同的. 这种类型的识别问题并没有坏处, 因为在实际应用中, 两个模型都可以使用.

另一种类型的识别问题比较麻烦. 考虑 VARMA(1,1) 模型

$$
\begin{bmatrix} r_{1t} \\ r_{2t} \end{bmatrix} - \begin{bmatrix} 0.8 & -2 \\ 0 & 0 \end{bmatrix} \begin{bmatrix} r_{1,t-1} \\ r_{2,t-1} \end{bmatrix} = \begin{bmatrix} a_{1t} \\ a_{2t} \end{bmatrix} - \begin{bmatrix} -0.5 & 0 \\ 0 & 0 \end{bmatrix} \begin{bmatrix} a_{1,t-1} \\ a_{2,t-1} \end{bmatrix}
$$

与 VARMA(1,1) 模型

$$
\begin{bmatrix} r_{1t} \\ r_{2t} \end{bmatrix} - \begin{bmatrix} 0.8 & -2+\eta \\ 0 & \omega \end{bmatrix} \begin{bmatrix} r_{1,t-1} \\ r_{2,t-1} \end{bmatrix} = \begin{bmatrix} a_{1t} \\ a_{2t} \end{bmatrix} - \begin{bmatrix} -0.5 & \eta \\ 0 & \omega \end{bmatrix} \begin{bmatrix} a_{1,t-1} \\ a_{2,t-1} \end{bmatrix},
$$

这两个模型对任何非零的 ω 和 η 是相同的. 在这个特例中, 等价性之所以成立是因为在两个模型中都有 $r_{2t} = a_{2t}$. 在第二个模型中, 参数 ω 和 η 对系统的 AR 部分和 MA 部分的影响互相抵消了. 这一个识别问题是严重的, 因为, 如果没有恰当的限制, 数据的向量 ARMA(1,1) 模型的似然函数并不是唯一定义的, 从而导致了类似于回归分析中的精确多重共线性的问题. 即使没有一个分量是白噪声序列, 这种类型的识别问题也会发生.

这两个例子引出了推广到 VARMA 模型时涉及的新问题. 这样, 对一个给定的数据集合建立 VARMA 模型要求注意一些问题. 许多时间序列的文献, 已经提出了用结构指定 (structural specification) 方法来克服这种识别问题. 可参见 Tiao 和

Tsay(1989)、Tsay (1991) 及其参考文献. 我们这里并不讨论结构指定的细节, 因为在大多数金融应用中, VAR 和 VMA 模型就足够了. 当使用 VARMA 模型时, 只关心低阶的模型 (如 VARMA(1,1) 或 VARMA(2,1) 模型), 尤其是当涉及的时间序列是非季节性模型时.

VARMA(p, q) 模型可以写成

$$\boldsymbol{\Phi}(B)\boldsymbol{r}_t = \boldsymbol{\phi}_0 + \boldsymbol{\Theta}(B)\boldsymbol{a}_t,$$

其中 $\boldsymbol{\Phi}(B) = \boldsymbol{I} - \boldsymbol{\Phi}_1 B - \cdots - \boldsymbol{\Phi}_p B^p$ 和 $\boldsymbol{\Theta}(B) = I - \boldsymbol{\Theta}_1 B - \cdots - \boldsymbol{\Theta}_q B^q$ 是两个 $k \times k$ 矩阵多项式. 我们假定这两个矩阵多项式没有左公共因子, 否则模型可以简化. $\boldsymbol{r}_t$ 弱平稳的充要条件与具有矩阵多项式 $\boldsymbol{\Phi}(B)$ 的 VAR(p) 模型是相同的. 对 $v > 0$, 系数矩阵 $\boldsymbol{\Phi}_v$ 和 $\boldsymbol{\Theta}_v$ 的第 (i,j) 个元素度量的分别是 r_{1t} 对 $r_{j,t-v}$ 和 $a_{j,t-v}$ 的线性依赖. 如果对所有的 AR 和 MA 系数矩阵, 都有第 (i,j) 个元素为 0, 则 r_{it} 并不依赖于 r_{jt} 的延迟值. 然而, 在 VARMA 模型中反过来并不成立. 换句话说, 即使 r_{it} 并不依赖于 r_{jt} 的任何延迟值, AR 和 MA 矩阵的第 (i,j) 个位置也可以存在非 0 系数.

为了说明上述问题, 考虑下面的二元模型

$$\left[\begin{array}{cc} \Phi_{11}(B) & \Phi_{12}(B) \\ \Phi_{21}(B) & \Phi_{22}(B) \end{array}\right] \left[\begin{array}{c} r_{1t} \\ r_{2t} \end{array}\right] = \left[\begin{array}{cc} \Theta_{11}(B) & \Theta_{12}(B) \\ \Theta_{21}(B) & \Theta_{22}(B) \end{array}\right] \left[\begin{array}{c} a_{1t} \\ a_{2t} \end{array}\right].$$

这里从 r_{1t} 到 r_{2t} 存在单向动态关系的充要条件是

$$\Phi_{22}(B)\Theta_{12}(B) - \Phi_{12}(B)\Theta_{22}(B) = 0,$$

但是

$$\Phi_{11}(B)\Theta_{21}(B) - \Phi_{21}(B)\Theta_{11}(B) \neq 0. \tag{8.30}$$

这些条件可以如下得到, 令

$$\Omega(B) = |\boldsymbol{\Phi}(B)| = \Phi_{11}(B)\Phi_{22}(B) - \Phi_{12}(B)\Phi_{21}(B)$$

为 AR 矩阵多项式的行列式, 将模型左乘 $\left[\begin{array}{cc} \Phi_{22}(B) & -\Phi_{12}(B) \\ -\Phi_{21}(B) & \Phi_{11}(B) \end{array}\right]$, 可以将这个二元模型改写为

$$\Omega(B) \left[\begin{array}{c} r_{1t} \\ r_{2t} \end{array}\right]$$

$$= \left[\begin{array}{cc} \Phi_{22}(B)\Theta_{11}(B) - \Phi_{12}(B)\Theta_{21}(B) & \Phi_{22}(B)\Theta_{12}(B) - \Phi_{12}(B)\Theta_{22}(B) \\ \Phi_{11}(B)\Theta_{21}(B) - \Phi_{21}(B)\Theta_{11}(B) & \Phi_{11}(B)\Theta_{22}(B) - \Phi_{21}(B)\Theta_{12}(B) \end{array}\right] \times \left[\begin{array}{c} a_{1t} \\ a_{2t} \end{array}\right].$$

考虑 r_{1t} 的方程. (8.30) 式的第一个条件表示 r_{1t} 并不依赖于 a_{2t} 或 r_{2t} 的任何过去值. 对 r_{2t} 的方程, (8.30) 式的第二个条件隐含了 r_{2t} 确实依赖于 a_{1t} 的某些过去值. 根据 (8.30) 式, $\Theta_{12}(B) = \Phi_{12}(B) = 0$ 是从 r_{1t} 到 r_{2t} 存在单向关系的充分但不必要条件.

VARMA 模型的估计可以通过条件最大似然或精确最大似然方法来实现. 对拟合模型的残差序列, $Q_k(m)$ 估计量仍然适用, 但是它的渐近 χ^2 分布的自由度为 $k^2m - g$, 其中 g 是 MA 和 AR 系数矩阵中待估参数的个数.

例 8.6 为了说明 VARMA 的建模, 我们考虑美国的两个月利率序列. 第一个序列是期限为 1 年的国库券利率; 第二个序列是期限为 3 年的国库券利率. 数据来自于圣·路易斯联邦储备银行, 样本区间是从 1953 年 4 月至 2001 年 1 月, 共 574 个观测值. 为了确保美国利率为正, 我们分析对数序列. 图 8-8 表明了两个对数利率序列的时间图. 实线表示 1 年期利率. 这两个序列在样本期间内的运动非常接近.

$M(i)$ 统计量和 AIC 准则对数据指定了一个 VAR(4) 模型. 然而, 我们采用了一个 VARMA(2,1) 模型, 因为这两个模型提供了类似的拟合. 表 8-7 给出了由精确似然方法得到的 VARMA(2,1) 模型的参数估计. 我们去掉了不显著的参数并且重新估计了简化的模型. 所拟合模型的残差序列具有轻微的序列相关且在延迟 7 和延迟 11 处有交叉相关性. 图 8-9 给出了残差图, 从图中可见存在一些异常数据点. 模型可以进一步改善, 但是它看上去已经很好地刻画了数据的动态结构.

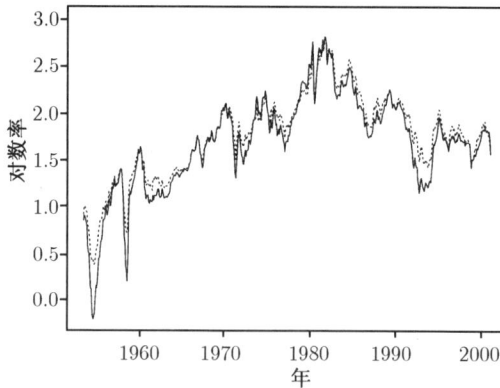

图 8-8 从 1953 年 4 月到 2001 年 1 月美国月利率对数的时间图. 实线为 1 年期的国库券的月利率的对数, 虚线则对应 3 年期

表 8-7 基于精确似然方法对美国的两个月利率序列拟合 **VARMA(2,1)** 模型时的参数估计

参数	Φ_1		Φ_2		ϕ_0	Θ_1		$\Sigma \times 10^3$	
估计	1.82	-0.97	-0.84	0.98	0.028	0.90	-1.66	3.58	2.50
	—	0.99	—	—	0.025	—	-0.47	2.50	2.19
标准误差	0.03	0.08	0.03	0.08	0.014	0.03	0.10		
	—	0.01	—	—	0.011	—	0.04		

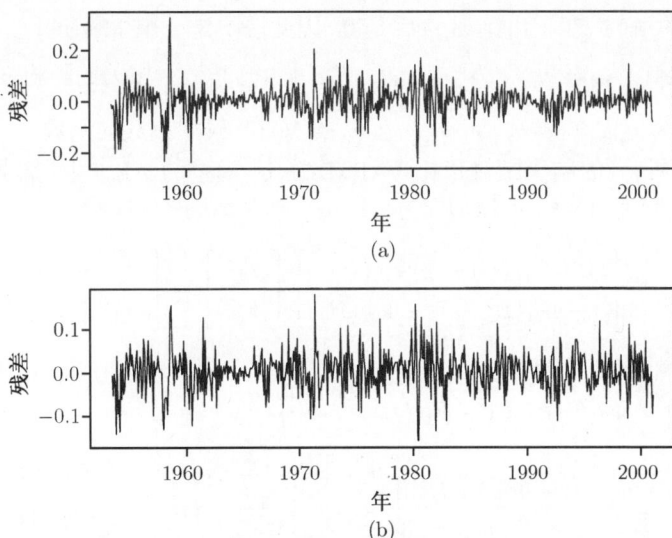

图 8-9 例 8.6 中美国的两个月利率对数的残差图. 所拟合模型为 VARMA(2,1) 模型:
(a) 1 年期利率; (b) 3 年期利率

最后的 VARMA(2, 1) 模型表明数据具有一些有趣的特征. 第一, 利率序列是高度同步相关的. 同步相关系数为 $2.5/\sqrt{3.58 \times 2.19} = 0.893$. 第二, 从 3 年期利率到 1 年期利率存在单向线性关系, 因为所有 AR 和 MA 矩阵的第 $(2,1)$ 个元素都为 0, 但某些第 $(1,2)$ 个元素不是 0. 事实上, 表 8-7 中的模型说明:

$$r_{3t} = 0.025 + 0.99r_{3,t-1} + a_{3t} + 0.47a_{3,t-1},$$

$$r_{1t} = 0.028 + 1.82r_{1,t-1} - 0.84r_{1,t-2} - 0.97r_{3,t-1} + 0.98r_{3,t-2}$$

$$+ a_{1t} - 0.90a_{1,t-1} + 1.66a_{3,t-1},$$

其中 r_{it} 为 i 年期利率的对数序列, a_{it} 为相应的扰动序列. 因此, 3 年期利率并不依赖于 1 年期利率的过去值, 但是 1 年期利率依赖于 3 年期利率的过去值. 第三, 这两个利率序列看上去似乎是单位根非平稳的, 利用向后推移算子 B, 模型可以近似改写为

$$(1 - B)r_{3t} = 0.03 + (1 + 0.47B)a_{3t},$$

$$(1 - B)(1 - 0.82B)r_{1t} = 0.03 - 0.97B(1 - B)r_{3,t} + (1 - 0.9B)a_{1t} + 1.66Ba_{3,t}.$$

分量的边际模型

给定 r_t 的一个向量模型, 隐含的组成部分 r_{it} 的一元模型就是边际模型 (marginal models). 对一个 k 元 $ARMA(p,q)$ 模型, 边际模型是 $ARMA[kp, (k-1)p+q]$. 这个结果可以通过两步得到. 第一步, VMA(q) 的边际模型是一元 $MA(q)$. 假定 r_t 是一个 VMA(q) 过程. 因为 r_t 的交叉相关–矩阵在延迟 q 步截尾 (即对 $l > q$, 有

$\rho_l = 0$), r_{it} 的 ACF 在超出延迟 q 后是 0. 因此, r_{it} 是一个 MA 过程, 并且它的一元模型具有形式 $r_{it} = \theta_{i,0} + \sum\limits_{j=1}^{q} \theta_{i,j} b_{i,t-j}$, 这里 $\{b_{it}\}$ 是不相关的随机变量序列, 均值为 0, 方差为 σ_{ib}^2. 参数 $\theta_{i,j}$ 和 σ_{ib} 是 $\boldsymbol{r}_t$ 的 VMA 模型参数的函数.

第二步要得到的结果是对角化 VARMA(p,q) 模型的 AR 矩阵多项式. 为了更好地说明, 考虑二元 AR(1) 模型

$$\begin{bmatrix} 1 - \Phi_{11}(B) & -\Phi_{12}(B) \\ -\Phi_{21}(B) & 1 - \Phi_{22}(B) \end{bmatrix} \begin{bmatrix} r_{1t} \\ r_{2t} \end{bmatrix} = \begin{bmatrix} a_{1t} \\ a_{2t} \end{bmatrix}.$$

左乘多项式 $\begin{bmatrix} 1 - \Phi_{22}(B) & \Phi_{12}(B) \\ \Phi_{21}(B) & 1 - \Phi_{11}(B) \end{bmatrix}$, 得到

$$[(1 - \Phi_{11}B)(1 - \Phi_{22}B) - \Phi_{12}\Phi_{22}B^2] \begin{bmatrix} r_{1t} \\ r_{2t} \end{bmatrix} = \begin{bmatrix} 1 - \Phi_{22}(B) & -\Phi_{12}(B) \\ -\Phi_{21}(B) & 1 - \Phi_{11}(B) \end{bmatrix} \begin{bmatrix} a_{1t} \\ a_{2t} \end{bmatrix}.$$

前面方程的左边表明 r_{it} 的一元 AR 多项式是 2 阶的, 而方程的右面具有 VMA(1) 的形式. 利用第一步中 VMA 模型的结果, 我们证明了 r_{it} 的一元模型是 ARMA(2,1) 的. 这个方法很容易推广到 k 元 VAR(1) 模型, 其边际模型为 ARMA$(k, k-1)$. 更一般地, 对一个 k 元 VAR(p) 模型, 其边际模型为 ARMA$[kp, (k-1)p]$. VARMA 模型的结果可直接从 VMA 与 VAR 模型的结果中得到.

阶 $[kp, (k-1)p+q]$ 是边际模型的最大阶 (即上界). r_{it} 的真实边际阶可能会更低.

8.5 单位根非平稳性与协整

当对几个单位根非平稳时间序列联合建模时, 可能遇到协整的情况. 考虑二元 ARMA(1,1) 模型

$$\begin{bmatrix} x_{1t} \\ x_{2t} \end{bmatrix} - \begin{bmatrix} 0.5 & -1.0 \\ -0.25 & 0.5 \end{bmatrix} \begin{bmatrix} x_{1,t-1} \\ x_{2,t-1} \end{bmatrix} = \begin{bmatrix} a_{1t} \\ a_{2t} \end{bmatrix} - \begin{bmatrix} 0.2 & -0.4 \\ -0.1 & 0.2 \end{bmatrix} \begin{bmatrix} a_{1,t-1} \\ a_{2,t-1} \end{bmatrix},$$

(8.31)

其中扰动 $\boldsymbol{a}_t$ 的协方差矩阵 $\boldsymbol{\Sigma}$ 是正定的. 这并不是一个弱平稳模型, 因为 AR 系数矩阵的两个特征值分别为 0 和 1. 图 8-10 给出了 $\boldsymbol{\Sigma} = \boldsymbol{I}$ 时的 200 个模拟数据点的时间图; 而图 8-11 给出了两个分量 x_{it} 的样本自相关系数. 很容易看出, 这两个序列具有高度自相关而且表现出单位根非平稳的特征. $\boldsymbol{x}_t$ 的两个边际模型的确是单位根非平稳的. 将模型改写为

$$\begin{bmatrix} 1 - 0.5B & B \\ 0.25B & 1 - 0.5B \end{bmatrix} \begin{bmatrix} x_{1t} \\ x_{2t} \end{bmatrix} = \begin{bmatrix} 1 - 0.2B & 0.4B \\ 0.1B & 1 - 0.2B \end{bmatrix} \begin{bmatrix} a_{1t} \\ a_{2t} \end{bmatrix}.$$

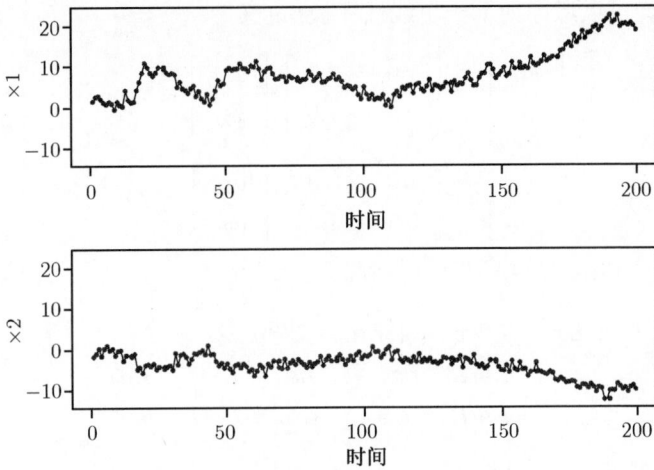

图 8-10   当扰动的协方差矩阵为单位阵时, (8.31) 式所定义模型的模拟序列的时间图

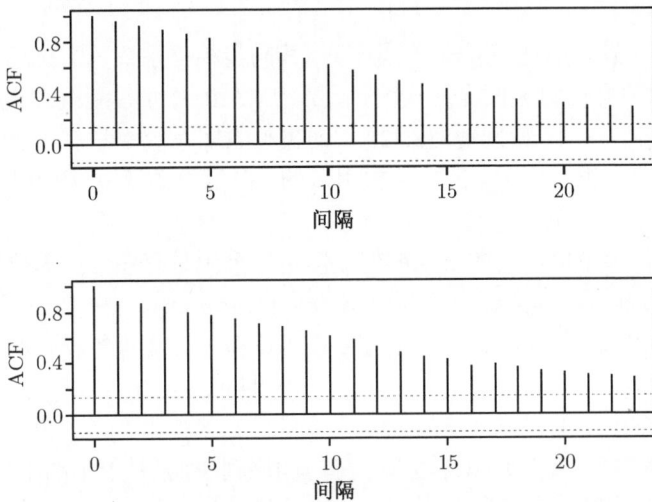

图 8-11   当扰动的协方差矩阵为单位阵时, (8.31) 式所定义模型的两个模拟分量序列的样本自相关函数图. 观测值为 200 个

将上述方程乘以 $\begin{bmatrix} 1-0.5B & -B \\ -0.25B & 1-0.5B \end{bmatrix}$, 得到

$$\begin{bmatrix} 1-B & 0 \\ 0 & 1-B \end{bmatrix} \begin{bmatrix} x_{1t} \\ x_{2t} \end{bmatrix} = \begin{bmatrix} 1-0.7B & -0.6B \\ -0.15B & 1-0.7B \end{bmatrix} \begin{bmatrix} a_{1t} \\ a_{2t} \end{bmatrix}.$$

因此, 模型的每个分量 x_{it} 都是单位根非平稳的, 且服从一个 ARIMA$(0,1,1)$ 模型.

然而, 我们可以考虑如下一个线性变换, 定义

$$
\begin{bmatrix} y_{1t} \\ y_{2t} \end{bmatrix} = \begin{bmatrix} 1.0 & -2.0 \\ 0.5 & 1.0 \end{bmatrix} \begin{bmatrix} x_{1t} \\ x_{2t} \end{bmatrix} \equiv \boldsymbol{L}\boldsymbol{x}_t,
$$

$$
\begin{bmatrix} b_{1t} \\ b_{2t} \end{bmatrix} = \begin{bmatrix} 1.0 & -2.0 \\ 0.5 & 1.0 \end{bmatrix} \begin{bmatrix} a_{1t} \\ a_{2t} \end{bmatrix} \equiv \boldsymbol{L}\boldsymbol{a}_t.
$$

变换序列 $\boldsymbol{y}_t$ 的 VARMA 模型可以得到

$$
\begin{aligned}
\boldsymbol{L}\boldsymbol{x}_t &= \boldsymbol{L}\boldsymbol{\Phi}\boldsymbol{x}_{t-1} + \boldsymbol{L}\boldsymbol{a}_t - \boldsymbol{L}\boldsymbol{\Theta}\boldsymbol{a}_{t-1} \\
&= \boldsymbol{L}\boldsymbol{\Phi}\boldsymbol{L}^{-1}\boldsymbol{L}\boldsymbol{x}_{t-1} + \boldsymbol{L}\boldsymbol{a}_t - \boldsymbol{L}\boldsymbol{\Theta}\boldsymbol{L}^{-1}\boldsymbol{L}\boldsymbol{a}_{t-1} \\
&= \boldsymbol{L}\boldsymbol{\Phi}\boldsymbol{L}^{-1}(\boldsymbol{L}\boldsymbol{x}_{t-1}) + \boldsymbol{b}_t - \boldsymbol{L}\boldsymbol{\Theta}\boldsymbol{L}^{-1}\boldsymbol{b}_{t-1}.
\end{aligned}
$$

这样, $\boldsymbol{y}_t$ 的模型为

$$
\begin{bmatrix} y_{1t} \\ y_{2t} \end{bmatrix} - \begin{bmatrix} 1.0 & 0 \\ 0 & 0 \end{bmatrix} \begin{bmatrix} y_{1,t-1} \\ y_{2,t-1} \end{bmatrix} = \begin{bmatrix} b_{1t} \\ b_{2t} \end{bmatrix} - \begin{bmatrix} 0.4 & 0 \\ 0 & 0 \end{bmatrix} \begin{bmatrix} b_{1,t-1} \\ b_{2,t-1} \end{bmatrix}. \tag{8.32}
$$

由此模型看出: (a) y_{1t} 与 y_{2t} 是分离序列, 其同步相关系数等于扰动 b_{1t} 与 b_{2t} 之间的同步相关系数; (b) y_{1t} 服从一个一元 ARIMA$(0,1,1)$ 模型; (c) y_{2t} 是一个白噪声序列 (即 $y_{2t} = b_{2t}$). 特别地, (8.32) 式的模型表明系统中只有一个单位根. 因此 x_{1t} 与 x_{2t} 的单位根是由 y_{1t} 的单位根引入的. 在相关文献中, 称 y_{1t} 为 x_{1t} 与 x_{2t} 的共同趋势.

x_{1t} 与 x_{2t} 都是单位根非平稳的但在向量序列中只存在一个单位根, 这种现象在计量经济和时间序列文献中称为协整 (co-integration). 另一个定义协整的方式则着眼于单位根非平稳序列的线性变换. 在对模型 (8.31) 进行模拟的例子中, 变换表明线性组合 $y_{2t} = 0.5x_{1t} + x_{2t}$ 没有单位根. 因此, 称 x_{1t} 与 x_{2t} 是协整的, 如果 (a) 它们两个都不是单位根平稳的; (b) 它们的一个线性组合是单位根平稳的.

一般而言, 对一个 k 元单位根非平稳时间序列, 如果系统中的单位根个数小于 k, 则协整存在. 令 h 表示 k 元序列 x_t 中单位根的个数. 如果 $0 < h < k$, 则存在协整. 而且, $k-h$ 为协整因子的数目. 换言之, 协整因子的个数为具有单位根平稳性的不同线性组合的个数, 这种线性组合称为协整向量. 对前面模拟的例子, $y_{2t} = (0.5, 1)x_t$, 因而 $(0.5, 1)'$ 是系统的一个协整向量. 更多关于协整和协整检验的讨论, 可参见 Box 和 Tiao(1977), Engle 和 Granger (1987), Stock 和 Watson (1988) 以及 Johansen (1988). 我们将在 8.6 节讨论协整VAR模型.

协整的概念很有趣, 并且在文献中已经引起了人们的大量关注. 然而, 实际应用中对协整的检验有些困难. 困难的主要原因是协整检验忽视了分量序列的尺度效应. 感兴趣的读者可以参考 Cochrane (1988); Tian, Tsay 和 Wang (1993). 这些文献中有进一步的讨论.

尽管我对协整检验的实际价值感到怀疑, 然而协整的思想与金融研究是高度相关的. 例如, 考虑 Finnish Nokia 公司的股票. 它在 Helsinki 股市上的价格必须与纽约证券交易所中它的美国信托收据 (American Depositary Receipts) 的价格联动, 否则对投资者而言就存在套利机会. 如果股价有单位根, 则两个价格序列一定是协整的. 实际中, 在调整交易成本和汇率风险之后, 就存在这样的协整. 稍后在 8.7 节中我们将讨论此问题.

误差–修正形式

因为在协整系统中, 单位根非平稳分量的个数多于单位根的个数, 所以对于单个分量差分所得到的平稳性结果是差分过度的. 过度差分导致了 MA 矩阵多项式中的单位根问题, 这反过来可能在参数估计中会遇到困难. 如果 MA 矩阵多项式包含单位根, 则称向量时间序列是不可逆的.

Engle 和 Granger (1987) 讨论了一个协整系统的误差修正表示. 它克服了不可逆的 VARMA 模型估计中的困难. 考虑 (8.31) 式的协整系统. 令 $\Delta \boldsymbol{x}_t = \boldsymbol{x}_t - \boldsymbol{x}_{t-1}$ 是差分后的序列. 将 $\boldsymbol{x}_{t-1}$ 代入方程的两边, 我们得到对 $\Delta \boldsymbol{x}_t$ 的一个模型,

$$
\begin{bmatrix} \Delta x_{1t} \\ \Delta x_{2t} \end{bmatrix} = \begin{bmatrix} -0.5 & -1.0 \\ -0.25 & -0.5 \end{bmatrix} \begin{bmatrix} x_{1,t-1} \\ x_{2,t-1} \end{bmatrix} + \begin{bmatrix} a_{1t} \\ a_{2t} \end{bmatrix} - \begin{bmatrix} 0.2 & -0.4 \\ -0.1 & 0.2 \end{bmatrix} \begin{bmatrix} a_{1,t-1} \\ a_{2,t-1} \end{bmatrix}
$$

$$
= \begin{bmatrix} -1 \\ -0.5 \end{bmatrix} [0.5, 1.0] \begin{bmatrix} x_{1,t-1} \\ x_{2,t-1} \end{bmatrix} + \begin{bmatrix} a_{1t} \\ a_{2t} \end{bmatrix} - \begin{bmatrix} 0.2 & -0.4 \\ -0.1 & 0.2 \end{bmatrix} \begin{bmatrix} a_{1,t-1} \\ a_{2,t-1} \end{bmatrix}.
$$

这是一个平稳模型, 因为 $\Delta \boldsymbol{x}_t$ 与 $[0.5, 1.0]\,\boldsymbol{x}_t = y_{2t}$ 都是单位根平稳的. 因为上述方程的右端用到了 $\boldsymbol{x}_{t-1}$, 所以 MA 矩阵多项式同未差分前一样, 从而模型不会遇到不可逆问题. 此公式称为 $\Delta \boldsymbol{x}_t$ 的误差–修正模型 (error—correction model). 它可以扩展到一般的协整 VARMA 模型. 对一个具有 m 个协整因子 $(m < k)$ 的协整 VARMA(p, q) 模型, 其误差修正表示为

$$
\Delta \boldsymbol{x}_t = \boldsymbol{\alpha}\boldsymbol{\beta}' \boldsymbol{x}_{t-1} + \sum_{i=1}^{p-1} \boldsymbol{\Phi}_i^* \Delta \boldsymbol{x}_{t-i} + \boldsymbol{a}_t - \sum_{j=1}^{q} \boldsymbol{\Theta}_j \boldsymbol{a}_{t-j}, \tag{8.33}
$$

这里 $\boldsymbol{\alpha}$ 和 $\boldsymbol{\beta}$ 都是 $k \times m$ 满秩矩阵. AR 系数矩阵 $\boldsymbol{\Phi}_i^*$ 是原始系数矩阵 $\boldsymbol{\Phi}_j$ 的函数. 具体地, 我们有

$$
\boldsymbol{\Phi}_j^* = -\sum_{i=j+1}^{p} \boldsymbol{\Phi}_i, \quad j = 1, \cdots, p-1,
$$

$$
\boldsymbol{\alpha}\boldsymbol{\beta}' = \boldsymbol{\Phi}_p + \boldsymbol{\Phi}_{p-1} + \cdots + \boldsymbol{\Phi}_1 - \boldsymbol{I} = -\boldsymbol{\Phi}(1). \tag{8.34}
$$

该结果是令 AR 矩阵多项式的系数矩阵相等得到的. 时间序列 $\boldsymbol{\beta}'\boldsymbol{x}_t$ 是单位根平稳的, 并且 $\boldsymbol{\beta}$ 的行向量为 $\boldsymbol{x}_t$ 的协整向量.

在误差修正表示 (8.33) 中出现平稳序列 $\boldsymbol{\beta}'\boldsymbol{x}_{t-1}$ 是很自然的, 可以将它认为是过度差分系统 $\Delta \boldsymbol{x}_t$ 中的一个 "弥补" 项. $\boldsymbol{\beta}'\boldsymbol{x}_{t-1}$ 平稳性的证明如下: 单位根时间序列理论证明了单位根非平稳序列与平稳序列之间的样本相关系数在样本量趋于无穷时收敛到 0. 参见 Tsay 和 Tiao(1990) 及其参考文献. 在一个误差–修正表示中, $\boldsymbol{x}_{t-1}$ 是单位根非平稳的, 但是 $\Delta \boldsymbol{x}_t$ 是平稳的. 因此, 将 $\Delta \boldsymbol{x}_t$ 与 $\boldsymbol{x}_{t-1}$ 有意义地联系起来的唯一方式是通过平稳序列 $\boldsymbol{\beta}'\boldsymbol{x}_{t-1}$.

注释 我们对协整的讨论假定所有的单位根重数为 1, 但是这个概念可以扩展为单位根为多重的情形. 如果协整因子的个数 m 给定, 则 (8.33) 式的误差–修正模型仍然可以通过似然方法来估计. 下一节我们将讨论协整VAR模型的简单例子. 最后, 有许多方式可以用来构造误差–修正表示. 事实上, 在 (8.33) 式中, 只要对 AR 系数矩阵 $\boldsymbol{\Phi}_i^*$ 进行某些修正, 则对任何的 v 满足 $1 \leqslant v \leqslant p$, 都可以用 $\boldsymbol{\alpha}\boldsymbol{\beta}'\boldsymbol{x}_{t-v}$. □

8.6 协整 VAR 模型

为了个更好地理解协整, 我们集中讨论VAR模型, 这主要是因为它们很容易估计. 考虑可能带有趋势项的 k 元 VAR(p) 时间序列 $\boldsymbol{x}_t$:

$$\boldsymbol{x}_t = \boldsymbol{\mu}_t + \boldsymbol{\Phi}_1 \boldsymbol{x}_{t-1} + \cdots + \boldsymbol{\Phi}_p \boldsymbol{x}_{t-p} + \boldsymbol{a}_t, \tag{8.35}$$

其中新息 $\boldsymbol{a}_t$ 为高斯的, 并且 $\boldsymbol{\mu}_t = \boldsymbol{\mu}_0 + \boldsymbol{\mu}_1 t$, 这里 $\boldsymbol{\mu}_0$ 和 $\boldsymbol{\mu}_1$ 都是 k 维常数向量. 记 $\boldsymbol{\Phi}(B) = \boldsymbol{I} - \boldsymbol{\Phi}_1 B - \cdots - \boldsymbol{\Phi}_p B^p$. 如果 $|\boldsymbol{\Phi}(B)|$ 的所有根都在单位圆外, 则 $\boldsymbol{x}_t$ 是单位根平稳的. 在相关文献中, 称一个单位根平稳过程为 $I(0)$ 过程, 即该过程是不可加的. 若 $|\boldsymbol{\Phi}(1)| = 0$, 则称 $\boldsymbol{x}_t$ 为单位根非平稳的. 为简单起见, 我们假定 $\boldsymbol{x}_t$ 至多是一阶可加过程, 即 $I(1)$ 过程. 这意味着, 如果 x_{it} 不是单位根平稳的, 则 $(1 - B)x_{it}$ 是单位根平稳的.

VAR(p) 过程 $\boldsymbol{x}_t$ 的误差–修正模型 (ECM) 具有如下形式:

$$\Delta \boldsymbol{x}_t = \boldsymbol{\mu}_t + \boldsymbol{\Pi} \boldsymbol{x}_{t-1} + \boldsymbol{\Phi}_1^* \Delta \boldsymbol{x}_{t-1} + \cdots + \boldsymbol{\Phi}_{p-1}^* \Delta \boldsymbol{x}_{t-p+1} + \boldsymbol{a}_t, \tag{8.36}$$

其中 $\boldsymbol{\Phi}_j^*$ 由 (8.34) 式定义, 且 $\boldsymbol{\Pi} = \boldsymbol{\alpha}\boldsymbol{\beta}' = -\boldsymbol{\Phi}(1)$. 我们称 (8.36) 式的 $\boldsymbol{\Pi} \boldsymbol{x}_{t-1}$ 为误差–修正项, 该项在协整研究中起着非常重要的作用. 注意到 $\boldsymbol{\Phi}_i$ 可以由 ECM 表示通过下式恢复出来:

$$\boldsymbol{\Phi}_1 = \boldsymbol{I} + \boldsymbol{\Pi} + \boldsymbol{\Phi}_1^*,$$
$$\boldsymbol{\Phi}_i = \boldsymbol{\Phi}_i^* - \boldsymbol{\Phi}_{i-1}^*, \quad i = 2, \cdots, p$$

其中 $\boldsymbol{\Phi}_p^*$ 为零矩阵. 基于 $\boldsymbol{x}_t$ 至多是 $I(1)$ 过程的假定, 有 (8.36) 式的 $\Delta \boldsymbol{x}_t$ 是 $I(0)$ 过程.

如果 $\boldsymbol{x}_t$ 包含单位根, 则 $|\boldsymbol{\Phi}(1)| = 0$, 从而 $\boldsymbol{\Pi} = -\boldsymbol{\Phi}(1)$ 是奇异的. 所以在考虑 (8.36) 式的 ECM 时, 有下面三种情况.

(1) $\mathrm{Rank}(\mathbf{\Pi}) = 0$, 这意味着 $\mathbf{\Pi} = \mathbf{0}$ 且 $\boldsymbol{x}_t$ 不是协整的. (8.36) 式的 ECM 退化为

$$\Delta x_t = \boldsymbol{\mu}_t + \mathbf{\Phi}_1^* \Delta \boldsymbol{x}_{t-1} + \cdots + \mathbf{\Phi}_{p-1}^* \Delta \boldsymbol{x}_{t-p+1} + \boldsymbol{a}_t,$$

因此 $\Delta \boldsymbol{x}_t$ 服从带确定性趋势 $\boldsymbol{\mu}_t$ 的 $\mathrm{VAR}(p-1)$ 模型.

(2) $\mathrm{Rank}(\mathbf{\Pi}) = k$. 这意味着 $|\Phi(1)| \neq 0$, 从而 $\boldsymbol{x}_t$ 不包含单位根, 即 $\boldsymbol{x}_t$ 是 I(0) 过程. 此时 ECM 模型是无效的, 直接研究 $\boldsymbol{x}_t$ 即可.

(3) $0 < \mathrm{Rank}(\mathbf{\Pi}) = m < k$. 在这种情形下, 可以将 $\mathbf{\Pi}$ 写为

$$\mathbf{\Pi} = \boldsymbol{\alpha}\boldsymbol{\beta}', \tag{8.37}$$

其中 $\boldsymbol{\alpha}$ 和 $\boldsymbol{\beta}$ 都是 $k \times m$ 矩阵且 $\mathrm{Rank}(\boldsymbol{\alpha}) = \mathrm{Rank}(\boldsymbol{\beta}) = m$. (8.36) 式的 ECM 变为

$$\Delta \boldsymbol{x}_t = \boldsymbol{\mu}_t + \boldsymbol{\alpha}\boldsymbol{\beta}' \boldsymbol{x}_{t-1} + \mathbf{\Phi}_1^* \Delta \boldsymbol{x}_{t-1} + \cdots + \mathbf{\Phi}_{p-1}^* \Delta \boldsymbol{x}_{t-p+1} + \boldsymbol{a}_t. \tag{8.38}$$

这意味着 $\boldsymbol{x}_t$ 是协整的, 有 m 个线性独立的协整向量 $\boldsymbol{\omega}_t = \boldsymbol{\beta}' \boldsymbol{x}_t$, 有 $k-m$ 个单位根, 这些单位根给出了 $\boldsymbol{x}_t$ 的 $k-m$ 个公共随机趋势.

如果 $\boldsymbol{x}_t$ 是协整的并且 $\mathrm{Rank}(\mathbf{\Pi}) = m$, 则得到这 $k-m$ 个公共趋势的一个简单办法是先计算 $\boldsymbol{\alpha}$ 的正交补矩阵 $\boldsymbol{\alpha}_\perp$, 即 $\boldsymbol{\alpha}_\perp$ 是 $k \times (k-m)$ 矩阵并且满足 $\boldsymbol{\alpha}_\perp' \boldsymbol{\alpha} = \mathbf{0}$, 这里的 $\mathbf{0}$ 是 $k \times (k-m)$ 阶零矩阵; 然后令 $\boldsymbol{y}_t = \boldsymbol{\alpha}_\perp' \boldsymbol{x}_t$. 实际上, 在 ECM 两端左乘 $\boldsymbol{\alpha}_\perp'$ 并利用 $\mathbf{\Pi} = \boldsymbol{\alpha}\boldsymbol{\beta}'$, 所得到的方程不再含有误差–修正项. 因此 $k-m$ 维向量 $\boldsymbol{y}_t$ 应该有 $k-m$ 个单位根. 为进一步说明, 考虑 8.5.1 节的二元例子. 对于该特殊情形, $\boldsymbol{\alpha} = (-1, -0.5)'$, $\boldsymbol{\alpha}_\perp = (1, -2)'$. 因此 $\boldsymbol{y}_t = (1, -2)\boldsymbol{x}_t = x_{1t} - 2x_{2t}$, 这正是 (8.32) 式的单位根非平稳序列 y_{1t}.

注意到 (8.37) 式的因子分解是不唯一的, 因为对于任何 $m \times m$ 阶正交矩阵 $\mathbf{\Omega}$ 满足 $\mathbf{\Omega}\mathbf{\Omega}' = \boldsymbol{I}$, 我们有

$$\boldsymbol{\alpha}\boldsymbol{\beta}' = \boldsymbol{\alpha}\mathbf{\Omega}\mathbf{\Omega}'\boldsymbol{\beta}' = (\boldsymbol{\alpha}\mathbf{\Omega})(\boldsymbol{\beta}\mathbf{\Omega})' \equiv \boldsymbol{\alpha}_* \boldsymbol{\beta}_*',$$

其中 $\boldsymbol{\alpha}^*$ 和 $\boldsymbol{\beta}^*$ 的秩都是 m. 若要唯一确定 $\boldsymbol{\alpha}$ 和 $\boldsymbol{\beta}$, 则需要额外的限制条件. 通常要求 $\boldsymbol{\beta}' = [\boldsymbol{I}_m, \boldsymbol{\beta}_1']$, 其中 $\boldsymbol{I}_m$ 是 $m \times m$ 单位阵. $\boldsymbol{\beta}_1$ 是 $(k-m) \times m$ 矩阵. 实际中, 这可能要求将 $\boldsymbol{x}_t$ 的分量进行重排, 使得前 m 个分量都有单位根. 为了使 $\boldsymbol{\omega}_t = \boldsymbol{\beta}' \boldsymbol{x}_t$ 是单位根平稳的, $\boldsymbol{\alpha}$ 和 $\boldsymbol{\beta}$ 的分量必须满足其他的限制. 例如, 考虑有一个协整向量的二元VAR(1) 模型. 这里, $k = 2$, $m = 1$, ECM 是

$$\Delta \boldsymbol{x}_t = \boldsymbol{\mu}_t + \begin{bmatrix} \alpha_1 \\ \alpha_2 \end{bmatrix} [1, \beta_1] \boldsymbol{x}_{t-1} + \boldsymbol{a}_t.$$

在上式中左边同乘以 $\boldsymbol{\beta}'$, 利用 $\omega_{t-i} = \boldsymbol{\beta}' \boldsymbol{x}_{t-i}$, 并且将 ω_{t-1} 移到方程的右边, 我们可以得到

$$w_t = \boldsymbol{\beta}' \boldsymbol{\mu}_t + (1 + \alpha_1 + \alpha_2 \beta_1) w_{t-1} + b_t,$$

其中 $b_t = \boldsymbol{\beta}' \boldsymbol{a}_t$. 这意味着 ω_t 是平稳 AR(1) 过程. 因此, α_i 和 β_1 必须满足平稳性限制 $|1 + \alpha_1 + \alpha_2 \beta_1| < 1$.

前面的讨论表明, 在 (8.36) 式的 ECM 中, $\mathbf{\Pi}$ 的秩是协整向量的个数. 因此要检验协整, 只需要检查 $\mathbf{\Pi}$ 的秩. 这正是 Johansen(1988, 1995) 和 Reinsel 和 Ahn(1992) 所采用的方法.

8.6.1 确定性函数的具体化

类似于一元的情形, 协整检验的极限分布依赖于确定性函数 $\boldsymbol{\mu}_t$. 本小节将讨论文献中已有的 $\boldsymbol{\mu}_t$ 的具体指定问题. 为了理解下面的一些陈述, 记住 $\boldsymbol{\alpha}'_\perp \boldsymbol{x}_t$ 对于协整序列 $\boldsymbol{x}_t$ 的共同随机趋势给出了一种表示.

(1) $\boldsymbol{\mu}_t = \mathbf{0}$: 此时 $\boldsymbol{x}_t$ 的所有分量序列都是不带漂移项的 $I(1)$ 过程, 平稳序列 $\boldsymbol{\omega}_t = \boldsymbol{\beta}' \boldsymbol{x}_t$ 的均值为 0.

(2) $\boldsymbol{\mu}_t = \boldsymbol{\mu}_0 = \boldsymbol{\alpha} \boldsymbol{c}_0$, 其中 $\boldsymbol{c}_0$ 是 m 维非零常数向量. ECM 变为

$$\Delta \boldsymbol{x}_t = \boldsymbol{\alpha}(\boldsymbol{\beta}' \boldsymbol{x}_{t-1} + \boldsymbol{c}_0) + \boldsymbol{\Phi}_1^* \Delta \boldsymbol{x}_{t-1} + \cdots + \boldsymbol{\Phi}_{p-1}^* \Delta \boldsymbol{x}_{t-p+1} + \boldsymbol{a}_t,$$

因此 $\boldsymbol{x}_t$ 的所有分量序列都是不带漂移项的 $I(1)$ 过程, 但是 $\boldsymbol{\omega}_t$ 有非零均值 $-\boldsymbol{c}_0$. 这是限制为常数的情形.

(3) $\boldsymbol{\mu}_t = \boldsymbol{\mu}_0 \neq 0$. 这时, $\boldsymbol{x}_t$ 的所有分量序列都是带漂移项 $\boldsymbol{\mu}_0$ 的 $I(1)$ 过程且 $\boldsymbol{\omega}_t$ 有非零均值.

(4) $\boldsymbol{\mu}_t = \boldsymbol{\mu}_0 + \boldsymbol{\alpha} \boldsymbol{c}_1 t$, 其中 $\boldsymbol{c}_1$ 是非零向量. ECM 变为

$$\Delta \boldsymbol{x}_t = \boldsymbol{\mu}_0 + \boldsymbol{\alpha}(\boldsymbol{\beta}' \boldsymbol{x}_t + \boldsymbol{c}t) + \boldsymbol{\Phi}_1^* \Delta \boldsymbol{x}_{t-1} + \cdots + \boldsymbol{\Phi}_{p-1}^* \Delta \boldsymbol{x}_{1-p+1} + \boldsymbol{a}_t.$$

因此 $\boldsymbol{x}_t$ 的所有分量序列都是带漂移项 $\boldsymbol{\mu}_0$ 的 $I(1)$ 过程且 $\boldsymbol{\omega}_t$ 有与 $\boldsymbol{c}_1 t$ 相联系的线性时间趋势. 这是带限制性趋势的情形.

(5) $\boldsymbol{\mu}_t = \boldsymbol{\mu}_0 + \boldsymbol{\mu}_1 t$, 其中 $\boldsymbol{\mu}_i$ 是非零的. 这里常数和趋势都是没有限制的. $\boldsymbol{x}_t$ 的分量都是带二次时间趋势的 $I(1)$ 过程, $\boldsymbol{\omega}_t$ 具有线性趋势.

显然, 最后一种情形在实证工作中不是很常见. 对于经济序列而言第一种情况也不常见, 但是可以代表某些资产的对数价格序列. 第三种情况在给资产价格建模时也很有用.

8.6.2 最大似然估计

本小节将简要列出协整VAR(p) 模型的最大似然估计方法. 假设数据为 $\{\boldsymbol{x}_t | t = 1, \cdots, T\}$. 不失一般性, 记 $\boldsymbol{\mu}_t = \boldsymbol{\mu} \boldsymbol{d}_t$, 其中 $\boldsymbol{d}_t = [1, t]'$, 这可以理解为 $\boldsymbol{\mu}_t$ 依赖于前一小节的具体指定. 对于给定 $\mathbf{\Pi}$ 的秩 m, ECM 模型变为

$$\Delta \boldsymbol{x}_t = \boldsymbol{\mu} \boldsymbol{d}_t + \boldsymbol{\alpha} \boldsymbol{\beta}' \boldsymbol{x}_{t-1} + \boldsymbol{\Phi}_1^* \Delta \boldsymbol{x}_{t-1} + \cdots + \boldsymbol{\Phi}_{p-1}^* \Delta \boldsymbol{x}_{t-p+1} + \boldsymbol{a}_t, \tag{8.39}$$

其中 $t = p+1, \cdots, T$. 估计中关键的一步集中在与确定性项和平稳效应相联系的似然函数上. 这可以通过考虑下面的两个多元线性回归得到

$$\Delta \boldsymbol{x}_t = \boldsymbol{\gamma}_0 \boldsymbol{d}_t + \boldsymbol{\Omega}_1 \Delta \boldsymbol{x}_{t-1} + \cdots + \boldsymbol{\Omega}_{p-1} \Delta \boldsymbol{x}_{t-p+1} + \boldsymbol{u}_t, \tag{8.40}$$

$$x_{t-1} = \gamma_1 d_t + \Xi_1 \Delta x_{t-1} + \cdots + \Xi_{p-1} \Delta x_{t-p+1} + v_t. \tag{8.41}$$

令 $\hat{u}_t$ 和 $\hat{v}_t$ 分别表示 (8.40) 式和 (8.41) 式的残差. 定义下述样本协方差矩阵

$$S_{00} = \frac{1}{T-p} \sum_{t=p+1}^{T} \hat{u}_t \hat{u}_t', \quad S_{01} = \frac{1}{T-p} \sum_{t=p+1}^{T} \hat{u}_t \hat{v}_t', \quad S_{11} = \frac{1}{T-p} \sum_{t=p+1}^{T} \hat{v}_t \hat{v}_t'.$$

接下来, 计算 $S_{10} S_{00}^{-1} S_{01}$ 关于 S_{11} 的特征值和特征向量. 这等价于求解下述特征值问题:

$$|\lambda S_{11} - S_{10} S_{00}^{-1} S_{01}| = 0.$$

将特征值和对应的特征向量记为 $(\hat{\lambda}_i, e_i)$, 其中 $\hat{\lambda}_1 > \hat{\lambda}_2 > \cdots \hat{\lambda}_k$. 这里特征向量已经标准化了, 即 $e' S_{11} e = I$, 其中 $e = [e_1, \cdots, e_k]$ 是特征向量矩阵.

协整向量 β 的未标准化的最大似然估计 (MLE) 是 $\hat{\beta} = [e_1, \cdots, e_m]$, 由此可以得到 β 的满足识别性限制和标准化条件的 MLE. 将得到的估计记为 $\hat{\beta}_c$, 其中下标 c 表示满足一定限制. 其他参数的 MLE 可以由下述多元线性回归得到:

$$\Delta x_t = \mu d_t + \alpha \hat{\beta}_c' x_{t-1} + \Phi_1^* \Delta x_{t-1} + \cdots + \Phi_{p-1}^* \Delta x_{t-p+1} + a_t.$$

基于 m 个协整向量的似然函数的最大值为

$$L_{\max}^{-2/T} \propto |S_{00}| \prod_{i=1}^{m} (1 - \hat{\lambda}_i).$$

在检验 $\mathrm{Rank}(\Pi) = m$ 的似然比检验中会用到该最大值. 最后 α 和 β 的正交补可以由下式得到:

$$\hat{\alpha}_\perp = S_{00}^{-1} S_{11}[e_{m+1}, \cdots, e_k], \quad \hat{\beta}_\perp = S_{11}[e_{m+1}, \cdots, e_k].$$

8.6.3 协整检验

对于具体的确定性项 μ_t, 我们来讨论检验 (8.36) 式中矩阵 Π 的秩的最大似然检验. 令 $H(m)$ 为零假设: $\mathrm{Rank}(\Pi) = m$, 例如, 在 $H(0)$ 下, $\mathrm{Rank}(\Pi) = 0$, 从而 $\Pi = 0$, 即没有协整. 这些零假设具有如下关系

$$H(0) \subset \cdots \subset H(m) \subset \cdots \subset H(k).$$

为进行检验, (8.39) 式变为

$$\Delta x_t = \mu d_t + \Pi x_{t-1} + \Phi_1^* \Delta x_{t-1} + \cdots + \Phi_{p-1}^* \Delta x_{t-p+1} + a_t,$$

其中 $t = p+1, \cdots, T$. 我们的目标是检验 Π 的秩. 从数学上来讲, Π 的秩是 Π 的非零特征值的数目, 从而如果能得到 Π 的相合估计, 则可以估计 Π 的秩. 基于前

面的方程 (该方程是多元线性回归的形式), 我们看到 $\boldsymbol{\Pi}$ 是调整 $\boldsymbol{d}_t$ 和 $\Delta \boldsymbol{x}_{t-i}(i = 1, \cdots, p-1)$ 带来的效应后 $\boldsymbol{x}_{t-1}$ 和 $\Delta \boldsymbol{x}_t$ 的协方差矩阵. 必要的调整可以由上一小节处理多元线性回归的技巧得到. 事实上, 调整后的 $\boldsymbol{x}_{t-1}$ 和 $\Delta \boldsymbol{x}_t$ 分别为 $\hat{\boldsymbol{v}}_t$ 和 $\hat{\boldsymbol{u}}_t$. 于是进行协整检验的方程变为

$$\hat{\boldsymbol{u}}_t = \boldsymbol{\Pi} \hat{\boldsymbol{v}}_t + \boldsymbol{a}_t.$$

在正态性假设下, 可以用 $\hat{\boldsymbol{v}}_t$ 和 $\hat{\boldsymbol{u}}_t$ 的典型相关分析进行上式中 $\boldsymbol{\Pi}$ 的秩的似然比检验. 关于典型相关分析参见 Johnson 和 Wichern(1998). 因为已经调整了 $\boldsymbol{d}_t$ 和 $\Delta \boldsymbol{x}_{t-i}(i = 1, \cdots, p)$ 带来的效应, 所以与典型相关分析相联系的是 $\Delta \boldsymbol{x}_{t-1}$ 和 $\boldsymbol{x}_{t-1}$ 偏典型相关分析. 量 $\{\hat{\lambda}_i\}$ 是 $\hat{\boldsymbol{u}}_t$ 和 $\hat{\boldsymbol{v}}_t$ 的典型相关系数的平方.

考虑假设

$$H_0 : \mathrm{Rank}(\boldsymbol{\Pi}) = m \quad 对 \quad H_a : \mathrm{Rank}(\boldsymbol{\Pi}) > m.$$

Johansen(1988) 提出下述似然比检验统计量来进行检验:

$$LR_{\mathrm{tr}}(m) = -(T-p) \sum_{i=m+1}^{k} \ln(1 - \hat{\lambda}_i) \tag{8.42}$$

若 $\mathrm{Rank}(\boldsymbol{\Pi}) = m$, 则当 $i > m$ 时 $\hat{\lambda}_i$ 应该很小, 因此 $LK_{\mathrm{tr}}(m)$ 也应该很小. 该检验称为迹协整检验. 由于单位根的存在, $LK_{\mathrm{tr}}(m)$ 的渐近分布不再是 χ^2 分布, 而是标准布朗运动的函数. 因此 $LR_{\mathrm{tr}}(m)$ 的临界值必须通过模拟得到.

Johansen(1988) 还考虑了一列程序来确定协整向量的个数. 特别地, 考虑下述假设:

$$H_0 : \mathrm{Rank}(\boldsymbol{\Pi}) = m \quad 对 \quad H_a : \mathrm{Rank}(\boldsymbol{\Pi}) = m + 1.$$

LR 检验统计量, 也称为最大特征值统计量, 为

$$LR_{\max}(m) = -(T-p) \ln(1 - \hat{\lambda}_{m+1}).$$

同样, 统计量的临界值是非标准的, 必须通过模拟来得到.

8.6.4 协整 VAR 模型的预测

所拟合的 ECM 模型可以用来进行预测. 第一, 基于被估参数, ECM 方程可以用来得到差分序列 $\Delta \boldsymbol{x}_t$ 的预测. 这样的预测可以反过来得到 $\boldsymbol{x}_t$ 的预测. ECM 预测和传统的 VAR 预测的区别在于用 ECM 方法进行预测时加上了协整关系.

8.6.5 例子

为了进一步说明 VAR 模型的协整分析, 考虑两个美国短期周利率. 序列分别为 1958 年 12 月 12 日到 2004 年 8 月 6 日的 3 个月期和 6 个月期的国库券利率. 数

据来自于二级市场, 是从圣　路易斯联邦储备银行得到的. 图 8-12 给出了利率序列的时间序列图. 如所料想, 这两个序列的运动非常靠近.

我们的分析是在 S-Plus 中进行的, 进行 VAR 分析时利用命令 VAR, 进行协整检验时利用命令 coint, 进行向量误差修正估计时利用命令 VECM. 分别用 tb3m 和 tb6m 表示两个序列, 并定义向量序列 $x_t = (\text{tb3m}, \text{tb6m})'$. 扩展的 Dickey-Fuller 单位根检验不能拒绝每个个体序列有单位根的假设. 参见第 2 章. 实际上, 当给 3 个月期和 6 个月期的利率序列拟合 AR(3) 模型时, 检验统计量分别为 -2.34 和 -2.33, p 值大约为 0.16. 这样, 我们继续进行 VAR 建模.

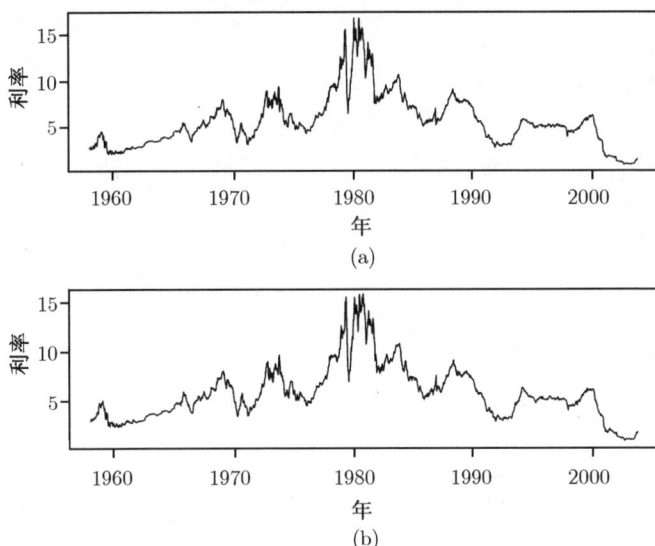

图 8-12　两个美国短期周利率的时间序列图. 样本的时间区间是从 1958 年 12 月 12 日到 2004 年 8 月 6 日. (a) 3 个月期国库券利率; (b) 6 个月期国库券利率. 数据来自二级市场

对于二元序列 x_t, BIC 准则选择了VAR(3) 模型.

```
>x=cbind(tb3m,tb6m)
>y=data.frame(x)
>ord.choice$ar.order
[1] 3
```

为了进行协整检验, 我们选择常数限制的 μ_t, 因为事先没有理由相信美国利率存在漂移. Johansen 的两个检验都证实了拟合 VAR(3) 模型时, 这两个序列是有一个协整向量的协整序列.

```
> cointst.rc=coint(x,trend='rc', lags=2)   % lags = p-1.
> cointst.rc
Call:
coint(Y = x, lags = 2, trend = "rc")
```

```
Trend Specification:
H1*(r): Restricted constant

Trace tests sign. at the 5% level are flagged by ' +'.
Trace tests sign. at the 1% level are flagged by '++'.
Max Eig. tests sign. at the 5% level are flagged by ' *'.
Max Eig. tests sign. at the 1% level are flagged by '**'.

Tests for Cointegration Rank:
          Eigenvalue Trace Stat  95% CV   99% CV
H(0)++**   0.0322     83.2712    19.96    24.60
H(1)       0.0023      5.4936     9.24    12.97

          Max Stat  95% CV  99% CV
H(0)++**  77.7776   15.67   20.20
H(1)       5.4936    9.24   12.97
```

接下来, 用 ECM 表示对该协整 VAR(3) 模型进行最大似然估计. 结果如下:

```
> vecm.fit=VECM(cointst.rc)
> summary(vecm.fit)
Call:
VECM(test = cointst.rc)

Cointegrating Vectors:
              coint.1
              1.0000

      tb6m   -1.0124
  (std.err)    0.0086
  (t.stat) -118.2799

Intercept*    0.2254
  (std.err)    0.0545
  (t.stat)     4.1382

VECM Coefficients:
            tb3m    tb6m
  coint.1 -0.0949 -0.0211
 (std.err)  0.0199  0.0179
 (t.stat) -4.7590 -1.1775

tb3m.lag1  0.0466 -0.0419
(std.err)  0.0480  0.0432

 (t.stat)  0.9696 -0.9699

tb6m.lag1  0.2650  0.3164
(std.err)  0.0538  0.0484
 (t.stat)  4.9263  6.5385

tb3m.lag2 -0.2067 -0.0346
```

```
(std.err)   0.0481   0.0433
 (t.stat)  -4.2984  -0.8005

tb6m.lag2   0.2547   0.0994
(std.err)   0.0543   0.0488
 (t.stat)   4.6936   2.0356
Regression Diagnostics:
                 tb3m     tb6m
     R-squared 0.1081   0.0913
Adj. R-squared 0.1066   0.0898
  Resid. Scale 0.2009   0.1807
> plot(vecm.fit)
Make a plot selection (or 0 to exit):

1: plot: All
2: plot: Response and Fitted Values
3: plot: Residuals
...
13: plot: PACF of Squared Cointegrating Residuals
Selection:
```

如所料想, 输出结果表明平稳序列为 $\omega_t \approx \text{tb3m}_t - \text{tb6m}_t$, ω_t 的均值大约为 -0.225. 拟合的 ECM 模型为

$$\Delta \boldsymbol{x}_t = \begin{bmatrix} -0.09 \\ -0.02 \end{bmatrix} (w_{t-1} + 0.23) + \begin{bmatrix} 0.05 & 0.27 \\ -0.04 & 0.32 \end{bmatrix} \Delta \boldsymbol{x}_{t-1}$$

$$+ \begin{bmatrix} -0.21 & 0.25 \\ -0.03 & 0.10 \end{bmatrix} \Delta \boldsymbol{x}_{t-2} + \boldsymbol{a}_t,$$

估计的 a_{it} 的标准误差分别为 0.20 和 0.18. 可以通过不同的图来检查所拟合模型的充分性. 为了进一步说明, 图 8-13 给出了协整残差图. 在图中有一些大的残差,

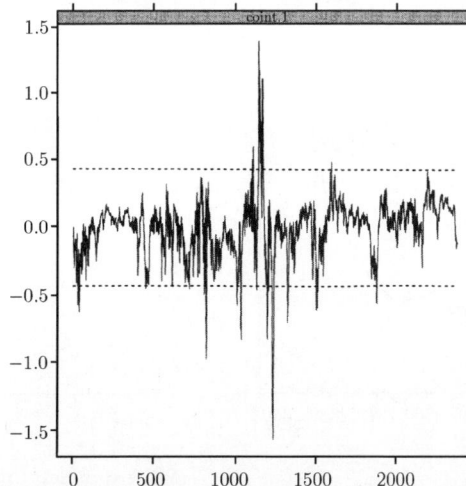

图 8-13   为美国短期周利率拟合的 ECM 的协整残差图. 样本的时间区间是从 1958 年 12 月 12 日到 2004 年 8 月 6 日

这发生在 1980 年早期, 利率很高并且波动剧烈.

最后, 我们用拟合的 ECM 模型来产生 $\Delta \boldsymbol{x}_t$ 和 $\boldsymbol{x}_t$ 的向前 1 步预测和向前 10 步预测. 预测原点是 2004 年 8 月 6 日. 图 8-14 和图 8-15 分别给出了差分序列和

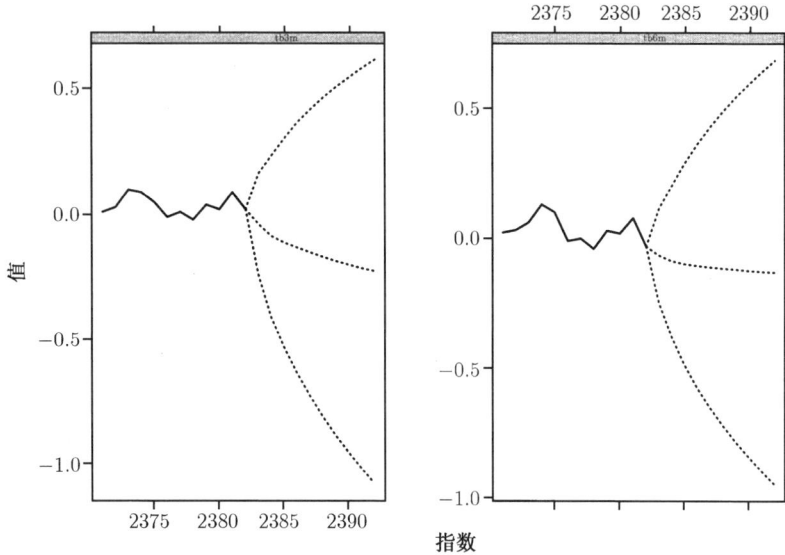

图 8-14   利用为美国短期周利率拟合的 ECM 进行预测的预测图. 预测是关于差分序列的, 且预测原点是 2004 年 8 月 6 日

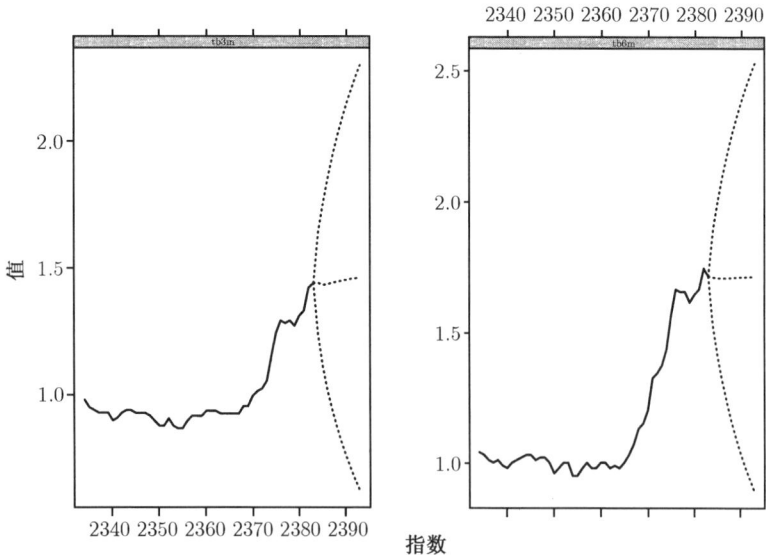

图 8-15   利用为美国短期周利率拟合的 ECM 进行预测的预测图. 预测是关于利率序列的, 且预测原点是 2004 年 8 月 6 日

原始序列的预测图. 这两个图中都包含一些观测数据点. 图中的虚线是置信水平为 95%区间预测. 由于单位根非平稳性的存在, 该区间很宽且没有实际意义.

```
> vecm.fst=predict(vecm.fit, n.predict=10)
> summary(vecm.fst)
Predicted Values with Standard Errors:

                   tb3m    tb6m
 1-step-ahead  -0.0378 -0.0642
    (std.err)   0.2009  0.1807
 2-step-ahead  -0.0870 -0.0864
    (std.err)   0.3222  0.2927
 ...
10-step-ahead  -0.2276 -0.1314
    (std.err)   0.8460  0.8157
> plot(vecm.fst,xold=diff(x),n.old=12)

> vecm.fit.level=VECM(cointst.rc,levels=T)
> vecm.fst.level=predict(vecm.fit.level, n.predict=10)
> summary(vecm.fst.level)

Predicted Values with Standard Errors:
                   tb3m    tb6m
 1-step-ahead   1.4501  1.7057
    (std.err)   0.2009  0.1807
 2-step-ahead   1.4420  1.7017
    (std.err)   0.3222  0.2927
 ...
10-step-ahead   1.4722  1.7078
    (std.err)   0.8460  0.8157
> plot(vecm.fst.level, xold=x, n.old=50)
```

注释 Johansen 协整检验可以使用 R 中的程序包 urca 进行, 命令为 ca.jo. 它要求确定某些子命令. 见 8.8 节中的演示. □

8.7 门限协整与套利

本节主要讨论在指数交易中利用多元时间序列方法探测套利机会. 同时, 我们指出, 与协整思想相结合, 第 4 章中简单的一元非线性模型可以自然地推广到多元情形.

我们的研究考虑标准普尔 500 指数期货的价格与现金市场上以该指数为标的的股份价格之间的关系. 令 $f_{t,l}$ 表示到期时间为 l 的指数期货在时刻 t 的对数价格, 且令 s_t 表示现金市场上的以指数为标的的股份在 t 时刻的对数价格. 在金融文献中, 实现成本模型 (cost-of-carry model)的一个版本认为

$$f_{t,l} - s_t = (r_{t,l} - q_{t,l})(l - t) + z_t^*, \tag{8.43}$$

这里 $r_{t,l}$ 是无风险利率, $q_{t,l}$ 是关于 t 时刻现金价格的红利收益, $(l - t)$ 是期货合约

的到期时间. 具体可参见 Brenner 和 Kroner(1995), Dwyer, Locke 和 Yu (1996) 及其参考文献.

模型 (8.43) 中的过程 z_t^* 必须是单位根平稳的, 否则就存在持续的套利机会. 这里的套利交易包括, 当期货合约在到期日以前的对数价格偏离到大于随时间持有指数的成本时, 同时购买 (卖空) 证券指数, 并卖出 (购买) 指数期货. 在 z_t^* 的弱平稳假定下, 为了有利可图, z_t^* 的模一定超过一个由交易成本和其他的经济因素和风险因素决定的一个特定值.

通常认为标准普尔 500 指数的 $f_{t,l}$ 与 s_t 序列都包含一个单位根, 但是 (8.43) 式表明它们在调整利率和红利收益的影响之后是协整的. 调整后的协整向量为 $(1, -1)$, 协整序列是 z_t^*. 因此, 应该利用误差-修正形式来对收益率序列 $r_t = (\Delta f_t, \Delta s_t)'$ 建模, 这里 $\Delta f_t = f_{t,l} - f_{t-1,l}$, $\Delta s_t = s_t - s_{t-1}$, 并且为了记号的简便, 我们将到期时间 l 从 Δf_t 的下标中去掉了.

8.7.1 多元门限模型

实际中, 套利交易影响市场动态, 从而, 依赖于套利交易的存在与否 r_t 的模型可能随时间变化. 因此, 前面的讨论自然地引出了下述模型

$$
r_t = \begin{cases}
c_1 + \displaystyle\sum_{i=1}^{p} \Phi_i^{(1)} r_{t-i} + \beta_1 z_{t-1} + a_t^{(1)}, & \text{若 } z_{t-1} \leqslant \gamma_1, \\[2mm]
c_2 + \displaystyle\sum_{i=1}^{p} \Phi_i^{(2)} r_{t-i} + \beta_2 z_{t-1} + a_t^{(2)}, & \text{若 } \gamma_1 < z_{t-1} \leqslant \gamma_2, \\[2mm]
c_3 + \displaystyle\sum_{i=1}^{p} \Phi_i^{(3)} r_{t-i} + \beta_3 z_{t-1} + a_t^{(3)}, & \text{若 } \gamma_2 < z_{t-1}.
\end{cases} \tag{8.44}
$$

其中 $z_t = 100 z_t^*$, $\gamma_1 < 0 < \gamma_2$ 是两个实数, $\{a_t^{(i)}\}$ 是彼此独立的二元白噪声序列. 这里我们用 $z_t = 100 z_t^*$, 因为 z_t^* 的实际值相对较小.

(8.44) 式中的模型称为三体制的多元门限模型. 两个实数 γ_1 和 γ_2 是门限, z_{t-1} 是门限变量. 门限变量 z_{t-1} 是由数据支持的 (参见 Tsay(1998)). 一般考虑 $d \in \{1, \cdots, d_0\}$, 可以选择 z_{t-d} 作为一个门限变量, 其中 d_0 是一个预先指定的正整数.

模型 (8.44) 是第 4 章中门限自回归模型的推广. 它也是 (8.33) 式中误差-修正模型的推广. 如前所提到的, 只有当 z_t^*(或等价地, z_t) 的模相当大时, 套利交易才是有利可图的. 因此模型 (8.44) 只有在体制 1 和体制 3 会有套利交易发生. 这样体制 2 中的 $f_{t,l}$ 与 s_t 间的动态关系主要是由正常市场力量决定的, 从而两个序列或多或少类似于一个随机游走. 换句话说, 中间体制的两个对数价格应该不受套利的影响, 从而也不受协整的限制. 从经济计量的观点看, 这意味着中间体制 β_2 的估计应该是不显著的.

　　总之, 我们期望期货的对数价格与现金市场上的证券指数的对数价格之间的协整效应在体制 1 与体制 3 中都是显著的, 但是在体制 2 中不显著. 这种现象称为门限协整. 可参见 Balke 和 Fomby (1997).

8.7.2　数据

　　在下面的实例研究中使用的数据是标准普尔 500 指数在 1993 年 5 月的日内交易数据与它在芝加哥商品交易所的 6 月期货合约. 具体可参见 Forbes, Kalb 和 Kofman(1999). 他们利用这个数据构造了一个具有 7 060 个观测值的每分钟的二元价格序列. 为了避免异常收益率的过渡影响, 我们将 10 个异常值 (每边 5 个) 用与它们最近的两个值的简单平均来代替. 这一步并不影响分析的定性结论, 但是可能影响数据的条件异方差性. 为了简便, 我们在研究中不考虑条件异方差性. 图 8-16 是指数期货和现金价格的对数收益率的时间序列图, 与模型 (8.43) 相应的门限变量 $z_t = 100z_t^*$.

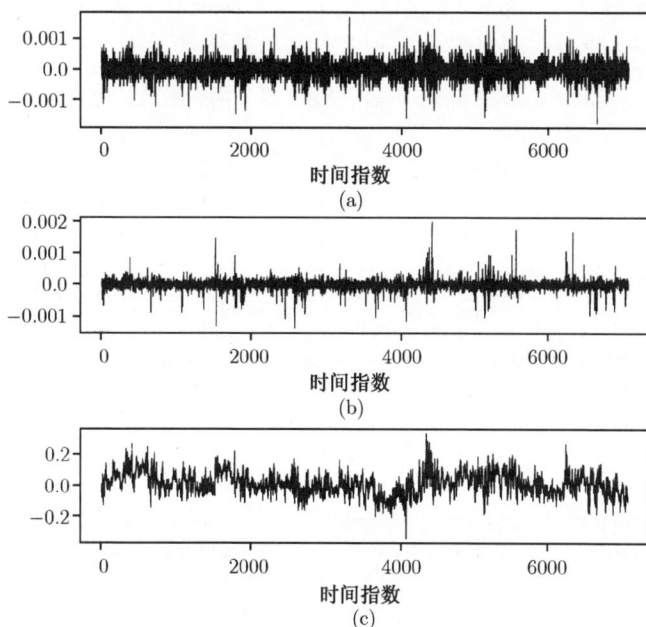

图 8-16　1993 年 5 月标准普尔 500 指数期货和现金价格的 1 分钟对数收益率的时间图及其相关的门限变量. (a) 指数期货的对数收益率; (b) 指数现金价格的对数收益率; (c) z_t 序列

8.7.3　估计

　　(8.44) 式中多元门限模型的一个正式识别包括选择门限变量, 决定体制个数以及对每个体制选择阶 p. 感兴趣的读者可以参考 Tsay(1998); Forbes, Kalb 和 Kofman(1999). 我们可以利用一些信息准则 (如 Akaike 信息准则 [AIC] 或残差的平方和) 来估计门限 γ_1 和 γ_2. 假定 $p = 8$, $d \in \{1, 2, 3, 4\}$, $\gamma_1 \in [-0.15, -0.02]$, $\gamma_2 \in [0.025, 0.145]$, 并利用格点搜索方法 (每个区间内有 300 个点), AIC 选择 z_{t-1} 作为门限变量时, 门限为 $\hat{\gamma}_1 = -0.022\,6$, $\hat{\gamma}_2 = 0.037\,7$. 参数估计的细节见表 8-8.

表 8-8　给 1993 年 5 月的标准普尔 500 指数数据拟合 (8.44) 式中的多元门限模型时参数的最小二乘估计及它们的 t- 比 [a]

	体制 1		体制 2		体制 3	
	Δf_t	Δs_t	Δf_t	Δs_t	Δf_t	Δs_t
ϕ_0	0.000 2	0.000 05	0.000 00	0.000 00	−0.000 01	−0.000 05
t	(1.47)	(7.64)	(−0.07)	(0.53)	(−0.74)	(−6.37)
Δf_{t-1}	−0.084 68	0.070 98	−0.038 61	0.040 37	−0.041 02	0.023 05
t	(−3.83)	(6.15)	(−1.53)	(3.98)	(−1.72)	(1.96)
Δf_{t-2}	−0.004 50	0.158 99	0.044 78	0.086 21	−0.020 69	0.098 98
t	(−0.20)	(13.36)	(1.85)	(8.88)	(−0.87)	(8.45)
Δf_{t-3}	0.022 74	0.119 11	0.072 51	0.097 52	0.003 65	0.084 55
t	(0.95)	(9.53)	(3.08)	(10.32)	(0.15)	(7.02)
Δf_{t-4}	0.024 29	0.081 41	0.014 18	0.068 27	−0.027 59	0.076 99
t	(0.99)	(6.35)	(0.60)	(7.24)	(−1.13)	(6.37)
Δf_{t-5}	0.003 40	0.089 36	0.011 85	0.048 31	−0.006 38	0.050 04
t	(0.14)	(7.10)	(0.51)	(5.13)	(−0.26)	(4.07)
Δf_{t-6}	0.000 98	0.072 91	0.012 51	0.035 80	−0.039 41	0.026 15
t	(0.04)	(5.64)	(0.54)	(3.84)	(−1.62)	(2.18)
Δf_{t-7}	−0.003 72	0.052 01	0.029 89	0.048 37	−0.020 31	0.022 93
t	(−0.15)	(4.01)	(1.34)	(5.42)	(−0.85)	(1.95)
Δf_{t-8}	0.000 43	0.009 54	0.018 12	0.021 96	−0.044 22	0.004 62
t	(0.02)	(0.76)	(0.85)	(2.57)	(−1.90)	(0.40)
Δs_{t-1}	−0.084 19	0.002 64	−0.076 18	−0.056 33	0.066 64	0.111 43
t	(−2.01)	(0.12)	(−1.70)	(−3.14)	(1.49)	(5.05)
Δs_{t-2}	−0.051 03	0.002 56	−0.109 20	−0.015 21	0.040 99	−0.011 79
t	(−1.18)	(0.11)	(−2.59)	(−0.90)	(0.92)	(−0.53)
Δs_{t-3}	0.072 75	−0.036 31	−0.005 04	0.011 74	−0.019 48	−0.018 29
t	(1.65)	(−1.58)	(−0.12)	(0.71)	(−0.44)	(−0.84)
Δs_{t-4}	0.047 06	0.014 38	0.027 51	0.014 90	0.016 46	0.003 67
t	(1.03)	(0.60)	(0.71)	(0.96)	(0.37)	(0.17)
Δs_{t-5}	0.081 18	0.021 11	0.039 43	0.023 30	−0.034 30	−0.004 62
t	(1.77)	(0.88)	(0.97)	(1.43)	(−0.83)	(−0.23)
Δs_{t-6}	0.043 90	0.045 69	0.016 90	0.019 19	0.060 84	−0.003 92
t	(0.96)	(1.92)	(0.44)	(1.25)	(1.45)	(−0.19)
Δs_{t-7}	−0.030 33	0.020 51	−0.086 47	0.002 70	−0.004 91	0.035 97
t	(−0.70)	(0.91)	(−2.09)	(0.16)	(−0.13)	(1.90)
Δs_{t-8}	−0.029 20	0.030 18	0.018 87	−0.002 13	0.000 30	0.021 71
t	(−0.68)	(1.34)	(0.49)	(−0.14)	(0.01)	(1.14)
z_{t-1}	0.000 24	0.000 97	−0.000 10	0.000 12	0.000 25	0.000 86
t	(1.34)	(10.47)	(−0.30)	(0.86)	(1.41)	(9.75)

a 三个体制的数据点分别为 2 234, 2 410 和 2 408.

由表 8-8 我们观测到如下几点. 第一, 中间体制中 $\hat{\beta}_2$ 的 t- 比表明, 如我们所料, 该估计在 5% 水平下不显著, 从而证实了当不出现套利机会时, 两个对数价格之间没有协整. 第二, 对所有三个体制, Δf_t 都与 Δf_{t-1} 负相关. 这与第 5 章所讨论的买卖弹性是一致的. 第三, 指数期货的过去对数收益率看上去比现金价格的过去对数收益率包含更多的信息, 因为 Δf_{t-i} 比 Δs_{t-i} 具有更显著的 t- 比. 这是合理的, 因为一般来说, 指数期货的流动性更强. 关于指数套利的更多信息, 可参见 Dwyer, Locke 与 Yu (1996).

8.8　配　对　交　易

配对交易是市场中性交易策略. 在股票市场中存在几种配对交易. 我们将在本节集中讨论统计套利配对交易, 该配对交易可以使用本章所讨论的协整和误差修正模型的方法. 我们的讨论是简要的. 关于配对交易和统计套利的更多信息, 读者可参考 Vidyamurthy(2004) 和 Pole(2007).

在股票市场上关于交易的一般话题就是买入低估值股票、卖出高估值股票. 然而, 股票的真实价格很难评定. 配对交易就是要使用相对定价这种思想解决这个难题. 基于金融学中的套利定价理论 (APT), 如果两个股票具有相似的特征, 那么这两个股票价格必须差不多接近. 如果价格不同, 那么可能是一个股票被高估而另一个股票被低估. 配对交易包括卖出定价较高的股票、买入定价较低的股票, 希望将来误定价能够自我纠正. 注意: 这两个股票的真实价格并不重要. 观察到的价格可能是错的. 重要的是观察到的价格必须相同. 两个观察到的价格之间的缺口 (适当大小) 称为价差. 对于配对交易来说, 价差越大, 误定价的程度越大, 潜在的利润越高. 在讨论交易策略之前, 我们首先引入一个理论框架.

8.8.1　理论框架

考虑两个股票, 令 P_{it} 表示在时间 t 所观察到的股票 i 的价格, $p_{it} = \ln(P_{it})$ 为相应的对数价格. 和前几章提到的一样, 合理的假设就是 p_{it} 为单位根非平稳过程, 并服从随机游走模型: $p_{it} = p_{it-1} + r_{it}$, 其中 $\{r_{it}\}$ 是收益率且形成了 p_{it} 的不相关新息序列. 如果两个股票的风险因子相似, 那么根据 APT, 这两个股票应该有相似的收益率. 因此, p_{1t} 和 p_{2t} 可能被一个公共成分驱动, 且有协整关系. 换言之就是 p_{1it} 和 p_{2it} 存在一个线性组合 $w_t = p_{1t} - \gamma p_{2t}$ 为单位根平稳过程, 因此, w_t 具有均值回返性. 假设两个价格序列 $\{p_{1t}\}$ 和 $\{p_{2t}\}$ 有误差修正形式为

$$\begin{bmatrix} p_{1t} - p_{1,t-1} \\ p_{2t} - p_{2,t-1} \end{bmatrix} = \begin{bmatrix} \alpha_1 \\ \alpha_2 \end{bmatrix}(w_{t-1} - \mu_w) + \begin{bmatrix} \varepsilon_{1t} \\ \varepsilon_{2t} \end{bmatrix}, \tag{8.45}$$

其中 $\mu_w = E(w_t)$ 表示 w_t 的均值. 4 个参数 γ、μ_w、α_1 和 α_2 的值可以估计得到, 例如, 使用最大似然估计或最小二乘法, 见 8.6.2 节. 我们提到的平稳序列 w_t 为两

个股票价格对数之间的价差.

方程 (8.45) 的左端由两个股票对数收益率组成, 这个方程表示收益率依赖于 w_{t-1}, w_{t-1} 为平稳序列. 具体来讲, $w_{t-1} - \mu_w$ 表示偏离两个股票长期均衡的偏差. 方程 (8.45) 表明对于一个协整股票, 收益率的大小依赖于过去偏离均衡的程度. 系数 α_1 和 α_2 分别表示过去的偏差对收益率 r_{1t} 和 r_{2t} 的影响. 在实际中, α_1 和 α_2 的符号应该相反, 表示向均衡回返.

下面, 我们考虑一个投资组合, 该组合由一股股票 1 的多头和 γ 股股票 2 空头组成. 对于给定的时间期限 i, 该投资组合的收益率为

$$
\begin{aligned}
r_{p,t+i} &= (p_{1,t+i} - p_{1t}) - \gamma(p_{2,t+i} - p_{2t}) \\
&= (p_{1,t+i} - \gamma p_{2,t+i}) - (p_{1t} - \gamma p_{2t}) \\
&= w_{t+i} - w_t.
\end{aligned}
$$

因此, 投资组合的收益率 $r_{p,t+i}$ 在持有期间是价差的增量. 和预期的相同, 投资组合的收益率并不依赖于 w_t 的均值.

8.8.2 交易策略

配对交易策略背后的理念就是对价差均衡值的振荡进行交易. 由于价差存在均值回返, 所以会发生价差振荡. 由于均衡值为 w_t 的均值, 也就是为 μ_w, 因此当 w_t 较大程度地偏离其均值时, 我们可以进行一次交易, 而当均衡恢复时, 冲销这次交易. 在实际中, 为了通过交易获得利润, 需要多大程度的偏差取决于几个因素. 交易成本、边际利率和两个股票的买卖价差是 3 个明显的因素. 从数学的角度来说, 令 η 为进行配对交易所涉及的成本, 令 Δ 为为了进行配对交易 w_t 偏离其均值 μ_w 的目标偏差. 于是, 在 $2\Delta > \eta$ 的条件下, 有如下的简单交易策略.

- 如果 $w_t = p_{1t} - \gamma p_{2t} = \mu_w - \Delta$, 那么购买一股股票 1 的多头, 卖空 γ 股股票 2.
- 如果 $w_{t+i} = p_{1,t+i} - \gamma p_{2,t+i} = \mu_w + \Delta$, 那么在时间 $t+i$ 把头寸冲销.

只要 Δ 与 w_t 的标准差相比不是很大, 就可以确定时点 t. 由于价差序列具有均值回返的性质, 所以时间点 $t+i$ 将发生. 在这个具体的例子中, 投资组合的收益为 $w_{t+i} - w_t = 2\Delta$, 交易的净利润为 $2\Delta - \eta > 0$.

讨论 上述交易策略仅仅是许多可能的交易策略之一. 例如, 如果 $\Delta > \eta$, 当 $w_{t+i} = \mu_w$ 时, 可以冲销头寸, 于是这个配对交易的净利润为 $\Delta - \eta > 0$. 这也可能导致更多的交易和更高的交易成本, 但是, 减少了投资组合的持有期限. 如果 Δ 为负, 那么可以卖空一股股票 1 和买入 γ 股股票 2, 获得净利润 $-2\Delta - \eta$. 数 η 为进行交易的门限值, 它可能取决于几个因素, 比如交易费用及两个股票的买卖价差. □

8.8.3 简单例子

为了示范配对交易, 我们考虑两个在纽约股票交易所进行交易的股票, 这两个公司分别为澳大利亚的 Billiton Ltd. 和巴西的 Vale S. A., 股票代码分别为 BHP

和 VALE. BHP 是澳大利亚的一个自然资源公司, 公司业务范围为澳大利亚、美国和南非; 巴西的 VALE 是全球性的金属和采矿公司. 因此, 这两个跨国公司都属于自然资源行业, 其风险因子相似. 我们从雅虎金融上下载两个股票从 2002 年 7 月 1 日到 2006 年 3 月 31 的每日价格, 我们在研究中采用调整后的收盘价.

图 8-17 为两个公司每天价格 (调整后的收盘价) 对数的时间图, 上面曲线为 BHP 股票. 从图中可以看出, 两个股票价格呈现出某些共同波动的特征. 令 p_{1t} 和 p_{2t} 分别为 BHP 和 VALE 每天收盘价格的对数, 我们使用最小二乘法和最大似然方法分析这两个序列.

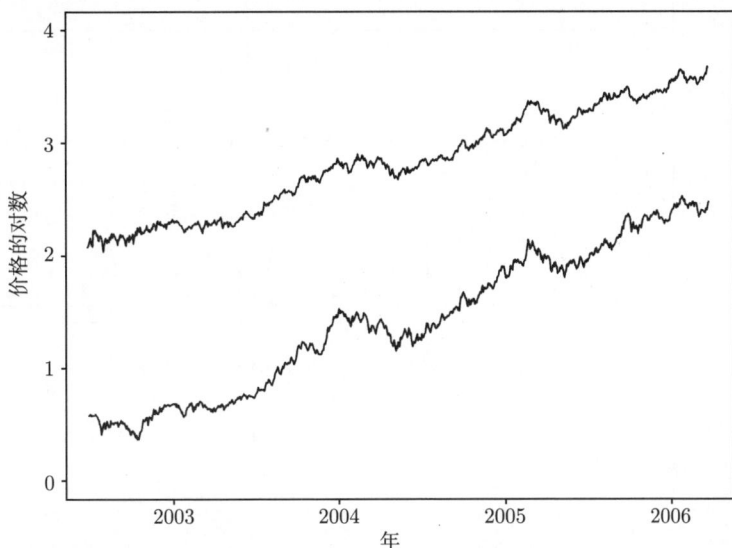

图 8-17 从 2002 年 7 月 1 日到 2006 年 3 月 31 日 BHP 和 VALE 股票每日经调整后的收盘价的对数. 上面曲线为 BHP 股票

最小二乘法

一个简单的验证两个股票是否适合进行配对交易的方法就是检验它们股票价格对数是否存在协整关系. 为此, 我们考虑简单线性回归 $p_{1t} = \beta_0 + \beta_1 p_{2t} + w_t$, 其中 w_t 表示残差序列. 对于 BHP 和 VALE 股票, 我们有

$$p_{1t} = 1.823 + 0.717 p_{2t} + \hat{w}_t, \qquad \sigma_w = 0.044.$$

图 8-18a 为残差序列 $\hat{w}_t$ 的时间图. 该图表明残差序列具有平稳时间序列的某些特征. 特别地, 其均值为 0, 该序列在一个固定范围内围绕均值上下变动. 图 8-18b 为 $\hat{w}_t$ 的样本 ACF. ACF 呈现指数衰减, 这支持 $\hat{w}_t$ 确实为平稳的. 为了进一步确定平稳性判断, 我们拟合 $\hat{w}_t$ 的 AR(2) 模型, 得到

$$(1 - 0.805B - 0.122B^2)\hat{w}_t = a_t, \qquad \sigma_a = 0.018.$$

根据第 2 章的讨论, 我们可以得到所拟合 AR(2) 模型的两个特征根. 事实上, 这个模型可以改写为 $(1 - 0.935B)(1 - 0.13B)\hat{w}_t = a_t$. 因此, $\hat{w}_t$ 为平稳序列. 最后, 我们使用 AR(2) 模型进行 $\hat{w}_t$ 的 ADF 单位根检验, 发现检验统计量为 -6.04, p 值为 0.01. 显然, 拒绝单位根假设.

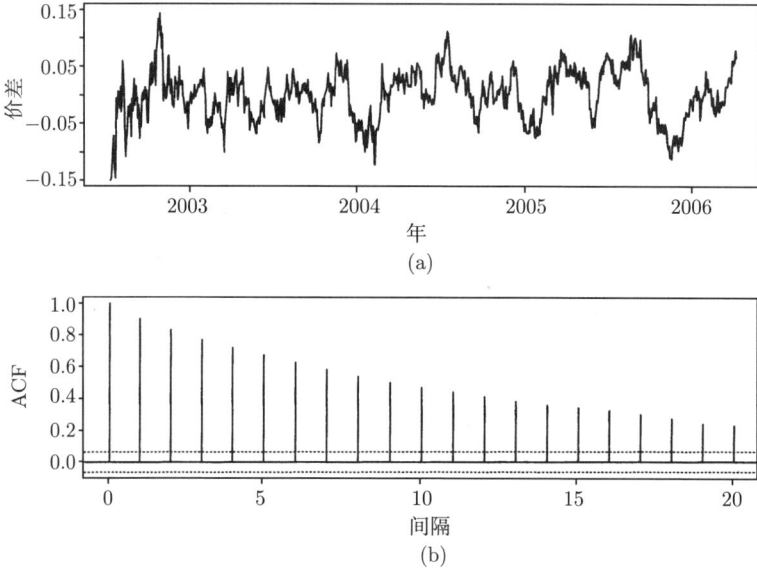

图 8-18 最小二乘估计结果: (a) BHP 和 VALE 股票每日收盘价的对数之间估计价差的时间图, (b) 估计价差的样本自相关函数

最大似然估计

验证两个股票价格对数的协整关系的正式方法就是进行协整检验. 令 $x_t = (p_{1t}, p_{2t})'$. 使用信息准则, 确定 x_t 的 VAR(1) 模型, 那么我们就进行有限制和无限制常数的协整检验. 两个检验的结果相似, 因此, 我们仅报告有限制常数情形的结果.

检验结果证实了 x_t 为协整的. 接下来, 我们进行误差修正模型的最大似然估计. 下面为估计结果:

根据估计结果, 我们有模型

$$\Delta \boldsymbol{x}_t = \begin{bmatrix} -0.067 \\ 0.026 \end{bmatrix} (w_{t-1} - 1.81) + \begin{bmatrix} -0.11 & 0.07 \\ 0.07 & 0.04 \end{bmatrix} \Delta x_{t-1} + \boldsymbol{a}_t,$$

其中 a_{it} 的估计标准误差分别为 0.019 和 0.022. 此外, 价差序列 $w_t = p_{1t} - 0.718p_{2t}$ 是均值为 1.81 的平稳序列. 显然, 这个结果和最小二乘法估计结果非常接近. 特别地, 配对交易的 γ 参数为 $\hat{\gamma} = 0.718$. 和预期的一样, α_1 为负, 而 α_2 为正.

交易策略

由于价差序列 w_t 的标准误差为 0.044, 所以为了进行配对交易, 我们选择 $\Delta = 0.045$, 这比 w_t 的标准误差稍大. Δ 的这种选择保证了价差 w_t 偏离其均值大小为 Δ 的概率较大. 事实上, 在正态假设下, 该概率为 30% 左右. 图 8-19 为拟合误差修正模型的价差序列 w_t 的时间图. 在这个图中添加了 3 个水平线. 它们分别是 μ_w、$\mu_w + 0.045$ 和 $\mu_w - 0.045$, 后两个担任配对交易的边界线. 由于 w_t 会数次从下边界变化到上边界 (或者从上边界变动到下边界), 因此存在多个配对交易的机会. 从 8.8.2 节的讨论中, 得到每个配对交易的对数收益率为 $2\Delta = 0.09$, 这个收益率不小. 一个更具有现实意义的证明就是进行样本期间外的交易. 然而, 实例说明配对交易是可行的.

最后, 在配对交易中一个重要问题就是确定具有协整关系的股票对. 在文献中可以找到一些规程. 考虑具有类似风险因子的股票对似乎是合理的. 换言之就是应该使用金融理论指导选择股票对.

R 演示

我对下面结果进行了编辑:

```
> library(urca)
> help(ca.jo)
> da=read.table("d-bhp0206.txt",header=T)
> da1=read.table("d-vale0206.txt",header=T)
> bhp=log(da[,9])

> vale=log(da1[,9])
> m1=lm(bhp~vale)
> summary(m1)
Call:
lm(formula = bhp ~ vale)

Coefficients:
            Estimate Std. Error t value Pr(>|t|)
(Intercept) 1.822648   0.003662   497.7  >2e-16 ***
vale        0.716664   0.002354   304.4  >2e-16 ***
---
Residual standard error: 0.04421 on 944 degrees of freedom
Multiple R-squared: 0.9899,     Adjusted R-squared: 0.9899
F-statistic: 9.266e+04 on 1 and 944 DF,  p-value: < 2.2e-16

> wt=m1$residuals
> m3=arima(wt,order=c(2,0,0),include.mean=F)
> m3
Call:
arima(x = wt, order = c(2, 0, 0), include.mean = F)
```

```
Coefficients:
         ar1      ar2
      0.8051   0.1219
s.e.  0.0322   0.0325

sigma^2 estimated as 0.0003326: log likelihood=2444.76
> p1=c(1,-m3$coef)
> x=polyroot(p1)
> x
[1]  1.069100+0i -7.675365-0i
> 1/Mod(x)
[1] 0.9353661 0.1302870

> xt=cbind(bhp,vale)
> mm=ar(xt)
> mm$order
[1] 2
> cot=ca.jo(xt,ecdet="const",type='trace',K=2,
spec='transitory')
> summary(cot)
######################
# Johansen-Procedure #
######################
Test type: trace statistic, without linear trend and
   constant in cointegration

Eigenvalues (lambda):

[1]   4.148282e-02  8.206470e-03 -4.610389e-18

Values of teststatistic and critical values of test:

         test 10pct  5pct  1pct
r <= 1 |  7.78  7.52  9.24 12.97
r = 0  | 47.77 17.85 19.96 24.60

Eigenvectors, normalised to first column:
(These are the cointegration relations)

            bhp.l1     vale.l1   constant
bhp.l1    1.000000   1.0000000   1.000000
vale.l1  -0.717704  -0.7327542   2.047274
constant -1.828460  -1.5411890  -5.712629

Weights W:
(This is the loading matrix)

             bhp.l1      vale.l1      constant

bhp.d  -0.06731196 0.004568985 9.341093e-18
vale.d  0.02545606 0.007541565 1.015639e-18
```

```
> co1=ca.jo(xt,ecdet="const",type='eigen',K=2,
spec='transitory')
> summary(co1)
######################
# Johansen-Procedure #
######################
Test type: maximal eigenvalue statistic (lambda max), without
linear trend and constant in cointegration

Eigenvalues (lambda):
[1]  4.148282e-02  8.206470e-03 -4.610389e-18

Values of teststatistic and critical values of test:

          test 10pct  5pct  1pct
r <= 1 |  7.78  7.52  9.24 12.97
r = 0  | 40.00 13.75 15.67 20.20

Eigenvectors, normalised to first column:
(These are the cointegration relations)

             bhp.l1     vale.l1   constant
bhp.l1     1.000000  1.0000000   1.000000
vale.l1   -0.717704 -0.7327542   2.047274
constant  -1.828460 -1.5411890  -5.712629
Weights W:
(This is the loading matrix)

             bhp.l1      vale.l1    constant
bhp.d  -0.06731196 0.004568985 9.341093e-18
vale.d  0.02545606 0.007541565 1.015639e-18
```

附录 A　向量与矩阵的回顾

附录 A 主要回顾向量与矩阵的一些代数性质. 这里没有给出证明, 因为相关证明在关于矩阵的标准教科书 (如 Graybill, 1969) 中都可以找到.

一个 $m \times n$ 实值矩阵是一个由 m 行 n 列的实数组成的数组. 例如,

$$A = \begin{bmatrix} 2 & 5 & 8 \\ -1 & 3 & 4 \end{bmatrix}$$

是一个 2×3 矩阵. 该矩阵有 2 行 3 列. 一般地, 一个 $m \times n$ 矩阵可以写为

$$A \equiv [a_{ij}] = \begin{bmatrix} a_{11} & a_{12} & \cdots & a_{1,n-1} & a_{1n} \\ a_{21} & a_{22} & \cdots & a_{2,n-1} & a_{2n} \\ \vdots & \vdots & & \vdots & \vdots \\ a_{m1} & a_{m2} & \cdots & a_{m,n-1} & a_{mn} \end{bmatrix}. \tag{8.46}$$

正整数 m 和 n 为 A 的行数和列数, 实数 a_{ij} 称为 A 的第 (i,j) 个元素. 尤其是, 元素 a_{ii} 是矩阵的对角线元素.

一个 $m \times 1$ 矩阵形成一个 m 维列向量, 且一个 $1 \times n$ 的矩阵是一个 n 维行向量. 文献中的向量一般指列向量. 如果 $m = n$, 则矩阵是一个方阵. 如果对于 $i \neq j$ 有 $a_{ij} = 0$, 且 $m = n$, 则矩阵 $\boldsymbol{A}$ 为一个对角矩阵. 如果对于 $i \neq j$ 有 $a_{ij} = 0$, 而且对所有的 i, 有 $a_{ii} = 1$, 则 $\boldsymbol{A}$ 是一个 $m \times m$ 单位矩阵, 通常用 $\boldsymbol{I}_m$ 表示, 或当维数清楚时简单表示为 $\boldsymbol{I}$.

$n \times m$ 矩阵

$$\boldsymbol{A}' = \begin{bmatrix} a_{11} & a_{21} & \cdots & a_{m-1,1} & a_{m1} \\ a_{12} & a_{22} & \cdots & a_{m-1,2} & a_{m2} \\ \vdots & \vdots & & \vdots & \vdots \\ a_{1n} & a_{2n} & \cdots & a_{m-1,n} & a_{mn} \end{bmatrix},$$

是矩阵 $\boldsymbol{A}$ 的转置. 例如, $\begin{bmatrix} 2 & -1 \\ 5 & 3 \\ 8 & 4 \end{bmatrix}$ 是 $\begin{bmatrix} 2 & 5 & 8 \\ -1 & 3 & 4 \end{bmatrix}$ 的转置. 我们利用记号 $\boldsymbol{A}' = [a'_{ij}]$ 来表示 $\boldsymbol{A}$ 的转置. 由定义得出 $a'_{ij} = a_{ji}$, 且 $(\boldsymbol{A}')' = \boldsymbol{A}$. 如果 $\boldsymbol{A}' = \boldsymbol{A}$, 则 $\boldsymbol{A}$ 是一个对称矩阵.

基本运算

假设 $\boldsymbol{A} = [a_{ij}]_{m \times n}$, $\boldsymbol{C} = [c_{ij}]_{p \times q}$ 是两个矩阵, 它们的维数在下标中给出. 令 b 是一个实数. 一些基本的矩阵**运算**定义如下.

- 加法: 如果 $m = p$ 且 $n = q$, 则 $\boldsymbol{A} + \boldsymbol{C} = [a_{ij} + c_{ij}]_{m \times n}$;
- 减法: 如果 $m = p$, $n = q$, 则 $\boldsymbol{A} - \boldsymbol{C} = [a_{ij} - c_{ij}]_{m \times n}$;
- 标量乘法: $b\boldsymbol{A} = [ba_{ij}]_{m \times n}$;
- 乘法: 若 $n = p$, 则 $\boldsymbol{A}\boldsymbol{C} = \left[\sum_{v=1}^{n} a_{iv}c_{vj} \right]_{m \times q}$.

当矩阵维数满足乘法的运算条件时, 两个矩阵称为可相乘的 (conformable). 下式是矩阵乘法的一个例子:

$$\begin{bmatrix} 2 & 1 \\ 1 & 1 \end{bmatrix} \begin{bmatrix} 1 & 2 & 3 \\ -1 & 2 & -4 \end{bmatrix} = \begin{bmatrix} 2 \times 1 - 1 \times 1 & 2 \times 2 + 1 \times 2 & 2 \times 3 - 1 \times 4 \\ 1 \times 1 - 1 \times 1 & 1 \times 2 + 1 \times 2 & 1 \times 3 - 1 \times 4 \end{bmatrix}$$

$$= \begin{bmatrix} 1 & 6 & 2 \\ 0 & 4 & -1 \end{bmatrix}.$$

矩阵**运算**的重要法则包括:

(a) $(\boldsymbol{A}\boldsymbol{C})' = \boldsymbol{C}'\boldsymbol{A}'$;

(b) 一般情况下, $\boldsymbol{A}\boldsymbol{C} \neq \boldsymbol{C}\boldsymbol{A}$.

逆、迹、特征值与特征向量

称方阵 $\boldsymbol{A}_{m \times m}$ 是非奇异的或可逆的, 如果存在一个唯一的矩阵 $\boldsymbol{C}_{m \times m}$, 满足

$AC = CA = I_m$, 其中, I_m 是 $m \times m$ 单位阵. 在这个情形, C 称为 A 的逆矩阵, 记为 $C = A^{-1}$.

$A_{m \times m}$ 的迹是它的对角线元素的和 (即 $\text{tr}(A) = \sum_{i=1}^{m} a_{ii}$). 很容易看出: (a) $\text{tr}(A + C) = \text{tr}(A) + \text{tr}(C)$; (b) $\text{tr}(A) = \text{tr}(A')$; (c) 假设两个矩阵是可相乘的, 则 $\text{tr}(AC) = \text{tr}(CA)$.

如果 $Ab = \lambda b$, 则数 λ 与 $m \times 1$ 向量 b(可能是复值) 就是矩阵 A 的一个右特征值与右特征向量对. 矩阵 A 有 m 个可能的特征值. 对实矩阵 A, 复特征值是共轭出现的. 矩阵 A 是非奇异的当且仅当它的所有的特征值都不为 0. 用 $\{\lambda_i | i = 1, \cdots, m\}$ 表示特征值, 则我们有 $\text{tr}(A) = \sum_{i=1}^{m} \lambda_i$. 另外, 矩阵 A 的行列式可以定义为 $|A| = \prod_{i=1}^{m} \lambda_i$. 对矩阵行列式的一般定义, 可以参见关于矩阵的标准教材 (如 Graybill, 1969).

最后, 矩阵 $A_{m \times n}$ 的秩是对称矩阵 AA' 的非零特征值的数目. 对一个非奇异矩阵 A, 还有 $(A^{-1})' = (A')^{-1}$.

正定矩阵

称方阵 $A(m \times m)$ 是一个正定矩阵, 如果 (a) A 是对称的; (b) A 的所有特征值都是正数. 另外一种定义: 如果对任何非零的 m 维向量 b, 都有 $b'Ab > 0$, 则 A 是正定矩阵.

正定矩阵 A 的有用性质包括: (a) A 的所有特征值都是正实数; (b) 矩阵 A 可以分解为

$$A = P\Lambda P',$$

其中 Λ 是一个包含 A 的所有特征值的对角矩阵, P 是一个包括 A 的 m 个右特征向量的 $m \times m$ 矩阵. 通常将特征值写为 $\lambda_1 \geqslant \lambda_2 \geqslant \cdots \geqslant \lambda_m$, 相应的特征向量 $e_1, \cdots, e_m$ 满足 $Ae_i = \lambda_i e_i$ 且 $e_i'e_i = 1$. 另外, 如果特征值不同的话, 这些特征向量彼此正交(即如果 $i \neq j$, 则 $e_i'e_j = 0$). 矩阵 P 是一个正交矩阵, 这个分解称为矩阵 A 的谱分解. 例如, 考虑简单的 2×2 矩阵

$$\Sigma = \begin{bmatrix} 2 & 1 \\ 1 & 2 \end{bmatrix},$$

它是正定的. 简单的计算表明:

$$\begin{bmatrix} 2 & 1 \\ 1 & 2 \end{bmatrix} \begin{bmatrix} 1 \\ 1 \end{bmatrix} = 3 \begin{bmatrix} 1 \\ 1 \end{bmatrix}, \quad \begin{bmatrix} 2 & 1 \\ 1 & 2 \end{bmatrix} \begin{bmatrix} 1 \\ -1 \end{bmatrix} = \begin{bmatrix} 1 \\ -1 \end{bmatrix}.$$

因此, 3 与 1 是 Σ 的特征值, 标准化的特征向量分别为 $\left(\frac{1}{\sqrt{2}}, \frac{1}{\sqrt{2}}\right)'$ 和 $\left(\frac{1}{\sqrt{2}}, -\frac{1}{\sqrt{2}}\right)'$.

很容易证明如下谱分解成立

$$\begin{bmatrix} \dfrac{1}{\sqrt{2}} & \dfrac{1}{\sqrt{2}} \\[2mm] \dfrac{1}{\sqrt{2}} & \dfrac{-1}{\sqrt{2}} \end{bmatrix} \begin{bmatrix} 2 & 1 \\ 1 & 2 \end{bmatrix} \begin{bmatrix} \dfrac{1}{\sqrt{2}} & \dfrac{1}{\sqrt{2}} \\[2mm] \dfrac{1}{\sqrt{2}} & \dfrac{-1}{\sqrt{2}} \end{bmatrix} = \begin{bmatrix} 3 & 0 \\ 0 & 1 \end{bmatrix}.$$

对于对称矩阵 $\boldsymbol{A}$, 存在一个对角线上元素为 1 的下三角矩阵 $\boldsymbol{L}$ 以及对角矩阵 $\boldsymbol{G}$, 满足 $\boldsymbol{A} = \boldsymbol{L}\boldsymbol{G}\boldsymbol{L}'$. 参见 Strang (1980) 的第 1 章. 如果 $\boldsymbol{A}$ 是正定的, 则 $\boldsymbol{G}$ 的对角元素全是正的. 在这种情形下, 我们有

$$\boldsymbol{A} = \boldsymbol{L}\sqrt{\boldsymbol{G}}\sqrt{\boldsymbol{G}}\boldsymbol{L}' = (\boldsymbol{L}\sqrt{\boldsymbol{G}})(\boldsymbol{L}\sqrt{\boldsymbol{G}})',$$

其中 $\boldsymbol{L}\sqrt{\boldsymbol{G}}$ 又是一个下三角矩阵, 其平方根是逐个元素取的. 这个分解称为 $\boldsymbol{A}$ 的 Cholesky 分解, 它证明了正定矩阵 $\boldsymbol{A}$ 可以对角化, 因为

$$\boldsymbol{L}^{-1}\boldsymbol{A}(\boldsymbol{L}')^{-1} = \boldsymbol{L}^{-1}\boldsymbol{A}(\boldsymbol{L}^{-1})' = \boldsymbol{G}.$$

因为 $\boldsymbol{L}$ 是具有单位对角元素的下三角矩阵, 所以 $\boldsymbol{L}^{-1}$ 也是具有单位对角元素的下三角矩阵. 再次考虑前面的 2×2 矩阵 $\boldsymbol{\Sigma}$, 容易验证

$$\boldsymbol{L} = \begin{bmatrix} 1.0 & 0.0 \\ 0.5 & 1.0 \end{bmatrix}, \quad \boldsymbol{G} = \begin{bmatrix} 2.0 & 0.0 \\ 0.0 & 1.5 \end{bmatrix}$$

满足 $\boldsymbol{\Sigma} = \boldsymbol{L}\boldsymbol{G}\boldsymbol{L}'$. 另外,

$$\boldsymbol{L}^{-1} = \begin{bmatrix} 1.0 & 0.0 \\ -0.5 & 1.0 \end{bmatrix}, \quad \text{且} \quad \boldsymbol{L}^{-1}\boldsymbol{\Sigma}(\boldsymbol{L}^{-1})' = \boldsymbol{G}.$$

拉直与 Kronecker 积

将 $m \times n$ 矩阵 $\boldsymbol{A}$ 用它的列写为 $\boldsymbol{A} = [\boldsymbol{a}_1, \cdots, \boldsymbol{a}_n]$, 定义**拉直**算子为 $\text{vec}(\boldsymbol{A}) = (\boldsymbol{a}_1', \boldsymbol{a}_2', \cdots, \boldsymbol{a}_m')'$, 它是一个 $mn \times 1$ 维向量. 对两个矩阵 $\boldsymbol{A}_{m \times n}$ 与 $\boldsymbol{C}_{p \times q}$, $\boldsymbol{A}$ 与 $\boldsymbol{C}$ 的 Kronecker 直积为

$$\boldsymbol{A} \otimes \boldsymbol{C} = \begin{bmatrix} a_{11}\boldsymbol{C} & a_{12}\boldsymbol{C} & \cdots & a_{1n}\boldsymbol{C} \\ a_{21}\boldsymbol{C} & a_{22}\boldsymbol{C} & \cdots & a_{2n}\boldsymbol{C} \\ \vdots & \vdots & \vdots & \vdots \\ a_{m1}\boldsymbol{C} & a_{m2}\boldsymbol{C} & \cdots & a_{mn}\boldsymbol{C} \end{bmatrix}_{mp \times nq}.$$

例如, 假定

$$\boldsymbol{A} = \begin{bmatrix} 2 & 1 \\ -1 & 3 \end{bmatrix}, \quad \boldsymbol{C} = \begin{bmatrix} 4 & -1 & 3 \\ -2 & 5 & 2 \end{bmatrix},$$

则 $\text{vec}(\boldsymbol{A}) = (2, -1, 1, 3)'$, $\text{vec}(\boldsymbol{C}) = (4, -2, -1, 5, 3, 2)'$, 且

$$\boldsymbol{A} \otimes \boldsymbol{C} = \begin{bmatrix} 8 & -2 & 6 & 4 & -1 & 3 \\ -4 & 10 & 4 & -2 & 5 & 2 \\ -4 & 1 & -3 & 12 & -3 & 9 \\ 2 & -5 & -2 & -6 & 15 & 6 \end{bmatrix}.$$

假设维数是合适的, 则对上述两个算子, 我们有下面有用的性质:

(1) 一般地, $\boldsymbol{A} \otimes \boldsymbol{C} \neq \boldsymbol{C} \otimes \boldsymbol{A}$;

(2) $(\boldsymbol{A} \otimes \boldsymbol{C})' = \boldsymbol{A}' \otimes \boldsymbol{C}'$;

(3) $\boldsymbol{A} \otimes (\boldsymbol{C} + \boldsymbol{D}) = \boldsymbol{A} \otimes \boldsymbol{C} + \boldsymbol{A} \otimes \boldsymbol{D}$;

(4) $(\boldsymbol{A} \otimes \boldsymbol{C})(\boldsymbol{F} \otimes \boldsymbol{G}) = (\boldsymbol{A}\boldsymbol{F}) \otimes (\boldsymbol{C}\boldsymbol{G})$;

(5) 如果 $\boldsymbol{A}$ 与 $\boldsymbol{C}$ 是可逆的, 则 $(\boldsymbol{A} \otimes \boldsymbol{C})^{-1} = \boldsymbol{A}^{-1} \otimes \boldsymbol{C}^{-1}$;

(6) 对方阵 $\boldsymbol{A}$ 和 $\boldsymbol{C}$, $\text{tr}(\boldsymbol{A} \otimes \boldsymbol{C}) = \text{tr}(\boldsymbol{A})\text{tr}(\boldsymbol{C})$;

(7) $\text{vec}(\boldsymbol{A} + \boldsymbol{C}) = \text{vec}(\boldsymbol{A}) + \text{vec}(\boldsymbol{C})$;

(8) $\text{vec}(\boldsymbol{A}\boldsymbol{B}\boldsymbol{C}) = (\boldsymbol{C}' \otimes \boldsymbol{A})\text{vec}(\boldsymbol{B})$;

(9) $\text{tr}(\boldsymbol{A}\boldsymbol{C}) = \text{vec}(\boldsymbol{C}')'\text{vec}(\boldsymbol{A}) = \text{vec}(\boldsymbol{A}')'\text{vec}(\boldsymbol{C})$;

(10) $\text{tr}(\boldsymbol{A}\boldsymbol{B}\boldsymbol{C}) = \text{vec}(\boldsymbol{A}')'(\boldsymbol{C}' \otimes \boldsymbol{I})\text{vec}(\boldsymbol{B}) = \text{vec}(\boldsymbol{A}')'(\boldsymbol{I} \otimes \boldsymbol{B})\text{vec}(\boldsymbol{C})$

$\qquad = \text{vec}(\boldsymbol{B}')'(\boldsymbol{A} \otimes \boldsymbol{I})\text{vec}(\boldsymbol{C}) = \text{vec}(\boldsymbol{B}')'(\boldsymbol{I} \otimes \boldsymbol{C})\text{vec}(\boldsymbol{A})$

$\qquad = \text{vec}(\boldsymbol{C}')'(\boldsymbol{B}' \otimes \boldsymbol{I})\text{vec}(\boldsymbol{A}) = \text{vec}(\boldsymbol{C}')'(\boldsymbol{I} \otimes \boldsymbol{A})\text{vec}(\boldsymbol{B})$.

在多元统计分析中, 我们经常处理对称矩阵. 因此, 可以很方便地将**拉直算子**推广为半拉直算子, 它包含了主对角线或其以下的元素. 具体地, 对一个对称方阵 $\boldsymbol{A} = [a_{ij}]_{k \times k}$, 定义

$$\text{vech}(\boldsymbol{A}) = (\boldsymbol{a}_1', \boldsymbol{a}_{2*}', \cdots, \boldsymbol{a}_{k*}')',$$

其中 $\boldsymbol{a}_1$ 是 $\boldsymbol{A}$ 的第一列, $\boldsymbol{a}_{i*} = (a_{ii}, a_{i+1,i}, \cdots, a_{ki})'$ 是 $(k-i+1)$ 维向量. $\text{vech}(\boldsymbol{A})$ 的维数是 $k(k+1)/2$. 例如, 假设 $k = 3$, 则我们有 $\text{vech}(\boldsymbol{A}) = (a_{11}, a_{21}, a_{31}, a_{22}, a_{32}, a_{33})'$, 它是一个 6 维向量.

附录 B   多元正态分布

一个 k 维随机向量 $\boldsymbol{x} = (x_1, \cdots, x_k)'$ 服从均值 $\boldsymbol{\mu} = (\mu_1, \cdots, \mu_k)'$, 正定协方差矩阵 $\boldsymbol{\Sigma} = [\sigma_{ij}]$ 的多元正态分布, 如果它的概率分布密度函数 (pdf) 为

$$f(\boldsymbol{x}|\boldsymbol{\mu}, \boldsymbol{\Sigma}) = \frac{1}{(2\pi)^{k/2}|\boldsymbol{\Sigma}|^{1/2}} \exp\left[-\frac{1}{2}(\boldsymbol{x} - \boldsymbol{\mu})'\boldsymbol{\Sigma}^{-1}(\boldsymbol{x} - \boldsymbol{\mu})\right]. \tag{8.47}$$

我们利用记号 $\boldsymbol{x} \sim N_K(\boldsymbol{\mu}, \boldsymbol{\Sigma})$ 表示 $\boldsymbol{x}$ 服从这样一个分布. 正态分布在多元统计分析中起着很重要的作用, 它有几个很好的性质. 这里仅考虑与我们的研究有关的性质. 对具体内容感兴趣的读者可以参见 Johnson 和 Wichern(1998).

为了深入了解多元正态分布, 考虑二元情形 (取 $k = 2$). 在这种情形下, 我们有

$$\boldsymbol{\Sigma} = \left[\begin{array}{cc} \sigma_{11} & \sigma_{12} \\ \sigma_{12} & \sigma_{22} \end{array} \right], \quad \boldsymbol{\Sigma}^{-1} = \frac{1}{\sigma_{11}\sigma_{22} - \sigma_{12}^2} \left[\begin{array}{cc} \sigma_{22} & -\sigma_{12} \\ -\sigma_{12} & \sigma_{11} \end{array} \right].$$

利用相关系数 $\rho = \sigma_{12}/(\sigma_1 \sigma_2)$, 这里 $\sigma_i = \sqrt{\sigma_{ii}}$ 是 x_i 的标准差, 我们有 $\sigma_{12} = \rho\sqrt{\sigma_{11}\sigma_{22}}$ 且 $|\boldsymbol{\Sigma}| = \sigma_{11}\sigma_{22}(1 - \rho^2)$, 则 $\boldsymbol{x}$ 的概率密度函数变为

$$f(x_1, x_2 | \boldsymbol{\mu}, \boldsymbol{\Sigma}) = \frac{1}{2\pi\sigma_1\sigma_2\sqrt{1 - \rho^2}} \exp\left\{ -\frac{1}{2(1 - \rho^2)} [Q(\boldsymbol{x}, \boldsymbol{\mu}, \boldsymbol{\Sigma})] \right\},$$

其中 $Q(\boldsymbol{x}, \boldsymbol{\mu}, \boldsymbol{\Sigma}) = \left(\dfrac{x_1 - \mu_1}{\sigma_1} \right)^2 + \left(\dfrac{x_2 - \mu_2}{\sigma_2} \right)^2 - 2\rho \left(\dfrac{x_1 - \mu_1}{\sigma_1} \right) \left(\dfrac{x_2 - \mu_2}{\sigma_2} \right)$.

Johnson 和 Wichern(1998) 的第 4 章包含了这种概率密度函数的一些图形.

令 $\boldsymbol{c} = (c_1, \cdots, c_k)'$ 是一个非零的 k 维向量. 将随机向量分块为 $\boldsymbol{x} = (\boldsymbol{x}_1', \boldsymbol{x}_2')'$, 其中 $\boldsymbol{x}_1 = (x_1, \cdots, x_p)'$, $\boldsymbol{x}_2 = (x_{p+1}, \cdots, x_k)'$, $1 \leqslant p < k$. 相应地, 将 $\boldsymbol{\mu}$ 和 $\boldsymbol{\Sigma}$ 也分块得到

$$\left[\begin{array}{c} \boldsymbol{x}_1 \\ \boldsymbol{x}_2 \end{array} \right] \sim N \left(\left[\begin{array}{c} \boldsymbol{\mu}_1 \\ \boldsymbol{\mu}_2 \end{array} \right], \left[\begin{array}{cc} \boldsymbol{\Sigma}_{11} & \boldsymbol{\Sigma}_{12} \\ \boldsymbol{\Sigma}_{21} & \boldsymbol{\Sigma}_{22} \end{array} \right] \right).$$

$\boldsymbol{x}$ 具有如下性质.

(1) $\boldsymbol{c}'\boldsymbol{x} \sim N(\boldsymbol{c}'\boldsymbol{\mu}, \boldsymbol{c}'\boldsymbol{\Sigma}\boldsymbol{c})$. 就是说, $\boldsymbol{x}$ 的任何非零线性组合是一元正态的. 这个性质反过来也成立. 具体地, 如果对任何非零向量 $\boldsymbol{c}$, $\boldsymbol{c}'\boldsymbol{x}$ 是一元正态的, 则 $\boldsymbol{x}$ 是多元正态的.

(2) $\boldsymbol{x}_i$ 的边际分布是正态的. 事实上, 对 $i = 1$ 和 2, $\boldsymbol{x}_i \sim N_{k_i}(\boldsymbol{\mu}_i, \boldsymbol{\Sigma}_{ii})$, 其中 $k_1 = p$, $k_2 = k - p$.

(3) $\boldsymbol{\Sigma}_{12} = \boldsymbol{0}$ 当且仅当 $\boldsymbol{x}_1$ 与 $\boldsymbol{x}_2$ 独立.

(4) 随机变量 $y = (\boldsymbol{x} - \boldsymbol{\mu})'\boldsymbol{\Sigma}^{-1}(\boldsymbol{x} - \boldsymbol{\mu})$ 服从自由度为 m 的 χ^2 分布.

(5) $\boldsymbol{x}_1$ 在给定 $\boldsymbol{x}_2 = \boldsymbol{b}$ 下的条件分布也是正态的, 即

$$(\boldsymbol{x}_1 | \boldsymbol{x}_2 = \boldsymbol{b}) \sim N_p[\boldsymbol{\mu}_1 + \boldsymbol{\Sigma}_{12}\boldsymbol{\Sigma}_{22}^{-1}(\boldsymbol{b} - \boldsymbol{\mu}_2), \boldsymbol{\Sigma}_{11} - \boldsymbol{\Sigma}_{12}\boldsymbol{\Sigma}_{22}^{-1}\boldsymbol{\Sigma}_{21}].$$

最后一个性质在许多科学领域都很有用. 例如, 它形成了正态假定下的时间序列预测与递推最小二乘估计的基础.

附录 C   一些 SCA 命令

下面的 SCA 命令是在例 8.6 的分析中用到的.

```
input x1,x2. file 'm-gs1n3-5301.txt'  % Load data
--
r1=ln(x1)  % Take log transformation
--
r2=ln(x2)
--
miden r1,r2. no ccm. arfits 1 to 8.
 -- % Denote the model by v21.
mtsm v21. series r1,r2.model (i-p1*b-p2*b**2)series=@
c+(i-t1*b)noise.
--
mestim v21.   % Initial estimation
--
p1(2,1)=0     % Set zero constraints
--
cp1(2,1)=1
--
p2(2,1)=0
--
cp2(2,1)=1
--
p2(2,2)=0
--
cp2(2,2)=1
--
t1(2,1)=0
--
ct1(2,1)=1
 -- % Refine estimation and store residuals
mestim v21. method exact. hold resi(res1,res2)
--
miden res1,res2.
```

练 习 题

8.1 考虑 Merck & Company, Johnson & Jonhson, General Electric, General Motors, Ford Motor Company 以及价值加权指数从 1960 年 1 月至 2008 年 12 月以百分比表示的月对数股票收益率, 包括了红利支付. 见文件 `m-mrk2vw.txt`. 它共有 6 列且次序同前面罗列的次序一致.

(a) 计算数据的样本均值、样本协方差矩阵以及样本相关矩阵.

(b) 检验零假设 $H_0 : \boldsymbol{\rho}_1 = \cdots = \boldsymbol{\rho}_6 = \mathbf{0}$, 其中 $\boldsymbol{\rho}_i$ 为数据的延迟 i 的交叉相关矩阵. 基于 5%显著水平推出结论.

(c) 这 6 个收益率序列间有引导–延迟关系吗?

8.2 圣 路易斯联邦储备银行在它网页上出版所选择的利率及美国的金融数据, 网址是:

$$\texttt{http://research.stlouisfed.org/fred2/}.$$

考虑固定期限为 1 年和 10 年的国库券的月利率, 时间从 1953 年 4 月至 2009 年 10 月共 679 个观测值; 见文件 m-gsln10.txt. 利率是用百分比表示的.

  (a) 令 $c_t = r_t - r_{t-1}$ 为月利率 r_t 的变化量序列. 对两个变化量序列构造一个二元自回归模型. 讨论模型所蕴含的意义, 并将模型转换为结构形式.

  (b) 对两个变化量序列建立一个二元滑动平均模型. 讨论这个模型所蕴含的意义, 并与前面的二元 AR 模型的结果比较.

8.3 再次考虑固定期限为 1 年和 10 年的国库券的月利率, 时间从 1953 年 4 月至 2009 年 10 月共 571 个观测值. 考虑数据的对数序列, 并对序列建立一个 VARMA 模型. 讨论所得模型蕴含的意义.

8.4 再次考虑固定期限为 1 年和 10 年的国库券月利率, 时间从 1953 年 4 月至 2009 年 10 月共 571 个观测值. 这两个利率序列是门限协整的吗? 利用利差 $s_t = r_{10,t} - r_{1,t}$ 作为门限变量, 其中 r_{it} 指具有固定期限 i 年国库券利率. 如果它们是门限协整的, 对两个序列建立一个多元门限模型.

8.5 二元 AR(4) 模型 $x_t - \Phi_4 x_{t-4} = \phi_0 + a_t$ 是一个周期为 4 的特殊季节模型, $\{a_t\}$ 是独立同分布的正态随机变量序列, 均值为 0, 协方差矩阵为 Σ. 这种季节模型在研究公司的季度收入时可能有用.

  (a) 假设 x_t 是弱平稳的, 试推导 x_t 的均值向量与协方差矩阵.

  (b) 推导 x_t 弱平稳性的充分必要条件.

  (c) 证明对 $l > 0$, $\Gamma_l = \Phi_4 \Gamma_{l-4}$, 其中 Γ_l 是 x_t 的延迟为 l 的自协方差矩阵.

8.6 二元 MA(4) 模型 $x_t = a_t - \Theta_4 a_{t-4}$ 是周期为 4 的另一个季节模型, $\{a_t\}$ 是独立同分布的正态随机变量序列, 均值为 0, 协方差矩阵为 Σ. 试对 $l = 0, \cdots, 5$, 推导 x_t 的协方差矩阵 Γ_l.

8.7 考虑固定期限为 1 年和 3 年的美国国库券 1953 年 4 月至 2004 年 3 月的月利率, 数据可以从圣 路易斯联邦储备银行或者文件 m-gsln3-5304.txt (1 年期和 3 年期数据) 获得. 也可以参见例 8.6, 其中它利用了一个更短的时间区间. 这里我们直接利用利率序列而不作对数变换. 定义 $x_t = (x_{1t}, x_{2t})'$, 其中 x_{1t} 是一年期利率, x_{3t} 是 3 年期利率.

  (a) 为该二元利率序列识别一个 VAR 模型, 并写下所拟合的模型.

  (b) 计算所拟合 VAR 模型的脉冲响应函数. 用前 6 个延迟值就足够了.

  (c) 利用所拟合的 VAR 模型计算利率序列的向前 1 步到向前 12 步预测, 预测原点为 2004 年 3 月.

  (d) 当利用一个带限制的常数项时, 这两个利率序列是协整的吗? 在 5% 的显著水平下进行检验.

  (e) 如果序列是协整的, 给序列建立一个 ECM 模型, 并写下所拟合的模型.

  (f) 利用所拟合的 ECM 模型计算利率序列的向前 1 步到向前 12 步预测, 预测原点为 2004 年 3 月.

  (g) 比较分别由 VAR 模型和 ECM 模型所得到的预测.

参 考 文 献

Balke, N. S. and Fomby, T. B. (1997). Threshold cointegration. *International Economic Review* **38**: 627–645.

Box, G. E. P. and Tiao, G. C. (1977). A canonical analysis of multiple time series. *Biometrika* **64**: 355–366.

Brenner, R. J. and Kroner, K. F. (1995). Arbitrage, cointegration, and testing the unbiasedness hypothesis in financial markets. *Journal of Financial and Quantitative Analysis* **30**: 23–42.

Cochrane, J. H. (1988). How big is the random walk in the GNP? *Journal of Political Economy* **96**: 893–920.

Dwyer, G. P. Jr., Locke, P., and Yu, W. (1996). Index arbitrage and nonlinear dynamics between the S&P 500 futures and cash. *Review of Financial Studies* **9**: 301–332.

Engle, R. F. and Granger, C. W. J. (1987). Cointegration and error correction representation, estimation and testing. *Econometrica* **55**: 251–276.

Forbes, C. S., Kalb, G. R. J., and Kofman, P. (1999). Bayesian arbitrage threshold analysis. *Journal of Business & Economic Statistics* **17**: 364–372.

Fuller, W. A. (1976). *Introduction to Statistical Time Series*. Wiley, New York.

Graybill, F. A. (1969). *Introduction to Matrices with Applications in Statistics*. Wadsworth, Belmont, CA.

Hannan, E. J. and Quinn, B. G. (1979). The determination of the order of an autoregression. *Journal of the Royal Statistical Society Series B* **41**: 190–195.

Hillmer, S. C. and Tiao, G. C. (1979). Likelihood function of stationary multiple autoregressive moving average models. *Journal of the American Statistical Association* **74**: 652–660.

Hosking, J. R. M. (1980). The multivariate portmanteau statistic. *Journal of the American Statistical Association* **75**: 602–608.

Hosking, J. R. M. (1981). Lagrange-multiplier tests of multivariate time series models. *Journal of the Royal Statistical Society Series B* **43**: 219–230.

Johansen, S. (1988). Statistical analysis of cointegration vectors. *Journal of Economic Dynamics and Control* **12**: 231–254.

Johansen, S. (1995). *Likelihood Based Inference in Cointegrated Vector Error Correction Models*. Oxford University Press, Oxford, UK.

Johnson, R. A. and Wichern, D. W. (1998). *Applied Multivariate Statistical Analysis*, 4th ed. Prentice Hall, Upper Saddle River, NJ.

Li, W. K. and McLeod, A. I. (1981). Distribution of the residual autocorrelations in multivariate ARMA time series models. *Journal of the Royal Statistical Society Series B* **43**: 231–239.

Lütkepohl, H. (2005). *New Introduction to Multiple Time Series Analysis*. Springer, Berlin.

Pole, A. (2007). *Statistical Arbitrage*. Wiley, Hoboken, NJ.

Reinsel, G. C. (1993). *Elements of Multivariate Time Series Analysis*. Springer, New York.

Reinsel, G. C. and Ahn, S. K. (1992). Vector autoregressive models with unit roots and reduced rank structure: Estimation, likelihood ratio test, and forecasting. *Journal of Time Series Analysis*, **13**: 353–375.

Stock, J. H. and Watson, M. W. (1988). Testing for common trends. *Journal of the American Statistical Association* **83**: 1097–1107.

Strang, G. (1980). *Linear Algebra and Its Applications*, 2nd ed. Harcourt Brace Jovanovich, Chicago.

Tiao, G. C. and Box, G. E. P. (1981). Modeling multiple time series with applications. *Journal of the American Statistical Association* **76**: 802–816.

Tiao, G. C. and Tsay, R. S. (1989). Model specification in multivariate time series (with discussions). *Journal of the Royal Statistical Society Series B* **51**: 157–213.

Tiao, G. C., Tsay, R. S., and Wang, T. (1993). Usefulness of linear transformations in multivariate time series analysis. *Empirical Economics* **18**: 567–593.

Tsay, R. S. (1991). Two canonical forms for vector ARMA processes. *Statistica Sinica* **1**: 247–269.

Tsay, R. S. (1998). Testing and modeling multivariate threshold models. *Journal of the American Statistical Association* **93**: 1188–1202.

Tsay, R. S. and Tiao, G. C. (1990). Asymptotic properties of multivariate nonstationary processes with applications to autoregressions. *Annals of Statistics* **18**: 220–250.

Vidyamurthy, G. (2004). *Pairs Trading*. Wiley, Hoboken, NJ.

Zivot, E. and Wang, J. (2003). *Modeling Financial Time Series with S-Plus*. Springer, New York.

第9章 主成分分析和因子模型

许多金融组合包含多个资产, 它们的收益率同时并动态地依赖于许多经济和金融变量. 因此利用合理的多元统计分析方法来研究组合收益率的行为和性质很重要. 然而, 如前几章所述, 对多元资产收益率的分析通常需要高维统计模型, 而这些模型很复杂并且很难应用. 为了使多元收益率的建模更加简单, 本章讨论一些降低维数的方法来寻找这些资产的内在结构. 一般来说, 降低维数最常用的统计方法是主成分分析 (PCA). 我们的讨论也从该方法开始. 实际中所观测到的收益率序列通常呈现出相似的特征, 这使得人们相信它们是由共同的因素驱动的. 这些共同的因素称为公共因子. 为了研究资产收益率的共同形式和简化组合分析, 许多文献给出了很多因子模型来分析多元资产收益率. 本章的第二个目的是引进一些有用的因子模型, 并说明它们在金融中的应用.

有三种类型的因子模型可用来研究资产收益率. 参见 Connor(1995) 与 Camp-bell, Lo 和 MacKinlay(1997). 第一种类型是宏观经济因子模型. 该模型利用宏观经济变量来描述资产收益率的共同的行为, 其中, 这些宏观经济变量包括 GDP 增长率、利率、通货膨胀率以及失业人数等. 由于该类模型的因子可以观测, 从而可以利用线性回归的方法来估计模型. 第二种类型是基本面因子模型. 该类模型用企业或资产的具体属性来构建公共因子. 例如企业规模、账面价值与市场价值以及产业分类. 第三种类型是统计因子模型. 该类模型把公共因子看成是需要用收益率序列估计的不可观测的变量或隐变量. 本章将讨论这三类因子模型以及它们在金融中的应用. Alexander (2001) 与 Zivot 和 Wang (2003) 也讨论了资产收益率的主成分分析和因子模型.

本章的结构安排如下: 9.1 节介绍资产收益率的一般因子模型; 9.2 节讨论宏观经济因子模型并给出一些简单的例子; 基本面因子模型及其应用在 9.3 节中给出; 9.4 节介绍统计因子分析最基本的方法 —— 主成分分析 (在多元分析中它是用来降低维数的); 9.5 节讨论正交因子模型, 包括因子旋转及其估计, 并给出了例子; 最后, 9.6 节介绍渐近主成分分析.

9.1 因 子 模 型

假定有 k 个资产和 T 个时间周期. r_{it} 表示资产 i 在第 t 个时间周期内的收益. 因子模型的一般形式为

$$r_{it} = \alpha_i + \beta_{i1}f_{1t} + \cdots + \beta_{im}f_{mt} + \varepsilon_{it}, \quad t = 1, \cdots, T; \quad i = 1, \cdots, k, \qquad (9.1)$$

其中 α_i 是常数表示截距, $\{f_{jt}|j=1,\cdots,m\}$ 是 m 个公共因子, β_{ij} 是资产 i 在因子 j 上的负荷, ε_{it} 是资产 i 的个性因子.

对于资产收益率, 假定因子 $\boldsymbol{f}_t = (rf_{1t},\cdots,f_{mt})'$ 是 m 维平稳过程, 满足

$$\mathrm{E}(\boldsymbol{f}_t) = \boldsymbol{\mu}_f,$$
$$\mathrm{Cov}(\boldsymbol{f}_t) = \boldsymbol{\Sigma}_f, \quad m \times m \text{ 矩阵}.$$

资产的个性因子 ε_{it} 是白噪声序列, 并且与公共因子 f_{jt} 和其他个性因子不相关. 具体地, 我们假定

$$E(\varepsilon_{it}) = 0, \quad \text{所有的 } i \text{ 和 } t,$$
$$\mathrm{Cov}(f_{it}, \varepsilon_{js}) = 0, \quad \text{所有的 } j,i,t \text{ 和 } s,$$
$$\mathrm{Cov}(\varepsilon_{it}, \varepsilon_{js}) = \begin{cases} \sigma_i^2, & \text{若 } i=j \text{ 且 } t=s, \\ 0, & \text{其他.} \end{cases}$$

因此, 公共因子与个性因子不相关, 并且个性因子之间也是不相关的. 然而在一些因子模型中并不要求公共因子之间是不相关的.

在某些应用中, 资产的个数 k 可能比时间周期的个数 T 大. 我们将在 9.6 节分析这样的数据. 在因子分析中通常假定因子之间是序列不相关的, 从而 $\boldsymbol{r}_t$ 也是序列不相关的. 在应用中, 如果观测到的收益率序列是序列相关的, 则可以用第 8 章的模型消除序列相关性.

(9.1) 式的因子模型可以写成下述矩阵形式:

$$r_{it} = \alpha_i + \boldsymbol{\beta}_i \boldsymbol{f}_t + \boldsymbol{\varepsilon}_{it},$$

其中 $\boldsymbol{\beta}_i = (\beta_{i1},\cdots,\beta_{im})$, t 时刻 k 个资产的联合模型是

$$\boldsymbol{r}_t = \boldsymbol{\alpha} + \boldsymbol{\beta}\boldsymbol{f}_t + \boldsymbol{\varepsilon}_t, \quad t = 1,\cdots,T, \tag{9.2}$$

其中 $\boldsymbol{r}_t = (r_{1t},\cdots,r_{kt})'$, $\boldsymbol{\alpha} = (\alpha_1,\cdots,\alpha_k)'$, $\boldsymbol{\beta} = [\beta_{ij}]$ 是 $k \times m$ 因子负荷矩阵, $\boldsymbol{\varepsilon}_t = (\varepsilon_{1t},\cdots,\varepsilon_{kt})'$ 是误差向量且 $\mathrm{Cov}(\boldsymbol{\varepsilon}_t) = \boldsymbol{D} = \mathrm{diag}\{\sigma_1^2,\cdots,\sigma_k^2\}$ 是 $k \times k$ 对角矩阵. 从而, 收益率 $\boldsymbol{r}_t$ 的协方差矩阵为

$$\mathrm{Cov}(\boldsymbol{r}_t) = \boldsymbol{\beta}\boldsymbol{\Sigma}_f\boldsymbol{\beta}' + \boldsymbol{D}.$$

如果因子 f_{jt} 是可以观测的, 则 (9.2) 式的这种模型表示具有横截面回归的形式.

把 (9.1) 式的因子模型看做时间序列, 对第 i 个资产我们有

$$\boldsymbol{R}_i = \alpha_i \boldsymbol{1}_T + \boldsymbol{F}\boldsymbol{\beta}_i' + \boldsymbol{E}_i, \tag{9.3}$$

其中 $\boldsymbol{R}_i = (r_{i1},\cdots,r_{iT})'$, $i = 1,\cdots,k$, $\boldsymbol{1}_T$ 是所有元素都为 1 的 T 维向量, $\boldsymbol{F}$ 是 $T \times m$ 矩阵且其第 t 行是 $\boldsymbol{f}_t'$, $\boldsymbol{E}_i = (\varepsilon_{i1},\cdots,\varepsilon_{iT})'$. $\boldsymbol{E}_i$ 的协方差矩阵 $\mathrm{Cov}(\boldsymbol{E}_i) = \sigma_i^2\boldsymbol{I}$ 是 $T \times T$ 对角阵.

最后, (9.2) 式可改写为

$$\boldsymbol{r}_t = \boldsymbol{\xi} \boldsymbol{g}_t + \boldsymbol{\xi}_t,$$

其中 $\boldsymbol{g}_t = (1, \boldsymbol{f}_t')'$, $\boldsymbol{\xi} = [\boldsymbol{\alpha}, \boldsymbol{\beta}]$ 是 $k \times (m+1)$ 矩阵. 对上式取转置并把所有的数据放在一块, 则可以得到

$$\boldsymbol{R} = \boldsymbol{G} \boldsymbol{\xi}' + \boldsymbol{E}, \tag{9.4}$$

其中 $\boldsymbol{R}$ 是 $T \times k$ 收益率矩阵, 其第 t 行是 $\boldsymbol{r}_t'$, 或等价地其第 i 列是由 (9.3) 式定义的 $\boldsymbol{R}_i$; $\boldsymbol{G}$ 是 $T \times (m+1)$ 矩阵, 其第 t 行是 $\boldsymbol{g}_t'$; $\boldsymbol{E}$ 是 $T \times k$ 个性因子矩阵, 其第 t 行是 $\boldsymbol{\varepsilon}_t'$. 如果公共因子 $\boldsymbol{f}_t$ 可以观测, 则 (9.4) 式是多元线性回归模型 (MLR) 的一种特殊形式. 参见 Johnson 和 Wichern (2002). 对于一般的 MLR 模型, 不要求 $\boldsymbol{\varepsilon}_t$ 的协方差矩阵是对角阵.

9.2 宏观经济因子模型

由于宏观经济因子模型中的因子是可以观测的, 从而可以利用最小二乘方法来估计 (9.4) 式的 MLR 模型. 估计为

$$\hat{\boldsymbol{\xi}}' = \begin{bmatrix} \hat{\boldsymbol{\alpha}}' \\ \hat{\boldsymbol{\beta}}' \end{bmatrix} = (\boldsymbol{G}'\boldsymbol{G})^{-1}(\boldsymbol{G}'\boldsymbol{R}),$$

从中可以很容易地得到 $\boldsymbol{\alpha}$ 和 $\boldsymbol{\beta}$ 的估计. (9.4) 式的残差为

$$\hat{\boldsymbol{E}} = \boldsymbol{R} - \boldsymbol{G}\hat{\boldsymbol{\xi}}'.$$

基于对模型的假定, $\boldsymbol{\varepsilon}_t$ 的协方差矩阵可以由下式估计:

$$\hat{\boldsymbol{D}} = \text{diag}\{\hat{\sigma}_1^2, \cdots, \hat{\sigma}_k^2\},$$

其中 $\hat{\sigma}_i^2$ 是 $\hat{\boldsymbol{E}}'\hat{\boldsymbol{E}}/(T-m-1)$ 的第 (i,i) 个元素. 此外, 方程 (9.3) 中第 i 种资产的 R^2 为

$$R_i^2 = 1 - \frac{[\hat{\boldsymbol{E}}'\hat{\boldsymbol{E}}]_{i,i}}{[\boldsymbol{R}'\boldsymbol{R}]_{i,i}}, \quad i = 1, \cdots, k,$$

其中 $\boldsymbol{A}_{i,i}$ 表示矩阵 $\boldsymbol{A}$ 的第 (i,i) 元.

注意到先前的估计并没有要求个性因子 ε_{it} 彼此不相关. 因此一般来说所得到的估计不是有效的. 然而加上正交化限制经常需要大量的计算, 而且通常是可以忽略的. 我们可以检查 $\hat{\boldsymbol{E}}'\hat{\boldsymbol{E}}/(T-m-1)$ 的非对角线元素来验证所拟合模型的充分性. 这些元素应该接近于 0.

9.2.1 单因子模型

金融中最著名的宏观经济因子模型是市场模型. 参见 Sharpe (1970). 该市场模型就是下述单因子模型:

$$r_{it} = \alpha_i + \beta_i r_{mt} + \varepsilon_{it}, \quad i = 1, \cdots, k; \quad t = 1, \cdots, T, \tag{9.5}$$

其中 r_{it} 是第 i 个资产的超额收益率, r_{mt} 是市场的超额收益率. β_i 就是对股票收益率来说众所周知的 β. 为了进一步说明, 考虑 13 只股票的月收益率并且把标准普尔 500 指数的收益率作为市场收益率. 表 9-1 给出了所用到的股票及其代码. 样本区间是从 1990 年 1 月到 2003 年 12 月, 因此 $k = 13, T = 168$. 我们利用二级市场上的三个月期国库券的月收益作为无风险利率来计算股票和市场指数的超额收益. 这些收益率均以百分比的形式给出.

表 9-1　单因子模型分析中所用到股票及其代码 [a]

Tick	Company	$\bar{r}(\sigma_r)$	Tick	Company	$\bar{r}(\sigma_r)$
AA	Alcoa	1.09(9.49)	KMB	Kimberly-Clark	0.78(6.50)
AGE	A.G.Edwards	1.36(10.2)	MEL	Mellon Financial	1.36(7.80)
CAT	Caterpillar	1.23(8.71)	NYT	New York Times	0.81(7.37)
F	Ford Motor	0.97(9.77)	PG	Procter&Gamble	1.08(6.75)
FDX	FedEx	1.14(9.49)	TRB	Chicago Tribune	0.95(7.84)
GM	General Motors	0.64(9.28)	TXN	Texas Instrument	2.19(13.8)
HPQ	Hewlett-Packard	1.37(11.8)	SP5	S&P500 index	0.42(4.33)

a 表中还给出了超额收益率的样本均值和样本标准差. 样本区间是从 1990 年 1 月到 2003 年 12 月.

我们用 S-Plus 来执行上一小节所讨论的估计方法. 所用的大部分命令都能在免费软件 R 中应用.

```
> x=read.matrix(''m-fac9003.txt'',header=T)
> xmtx=cbind(rep(1,168),x[,14])
> rtn=x[,1:13]
> xit.hat=solve(xmtx,rtn)
> beta.hat=t(xit.hat[2,])
> E.hat=rtn-xmtx%*%xit.hat
> D.hat=diag(crossprod(E.hat)/(168-2))
> r.square=1-(168-2)*D.hat/diag(var(rtn,SumSquares=T))
```

下面给出了第 i 个资产收益率的 β_i, σ_i^2 和 R^2 的估计.

```
> t(rbind(beta.hat,sqrt(D.hat),r.square))
      beta.hat   sigma(i)   r.square
  AA     1.292     7.694      0.347
 AGE     1.514     7.808      0.415
 CAT     0.941     7.725      0.219
   F     1.219     8.241      0.292
 FDX     0.805     8.854      0.135
  GM     1.046     8.130      0.238
 HPQ     1.628     9.469      0.358
 KMB     0.550     6.070      0.134
 MEL     1.123     6.120      0.388
 NYT     0.771     6.590      0.205
  PG     0.469     6.459      0.090
 TRB     0.718     7.215      0.157
 TXN     1.796    11.474      0.316
```

图 9-1 给出了 13 只股票 $\hat{\beta}_i$ 和 R^2 的条形图. 金融股 AGE 和 MEL 以及高

科技股票 HPQ 和 TXN 似乎有较高的 β 和 R^2. 另一方面, KMB 和 PG 有较低的 β 和 R^2. R^2 的变化范围是从 0.09 到 0.41. 这表明市场收益对每只股票变化的解释少于 50%.

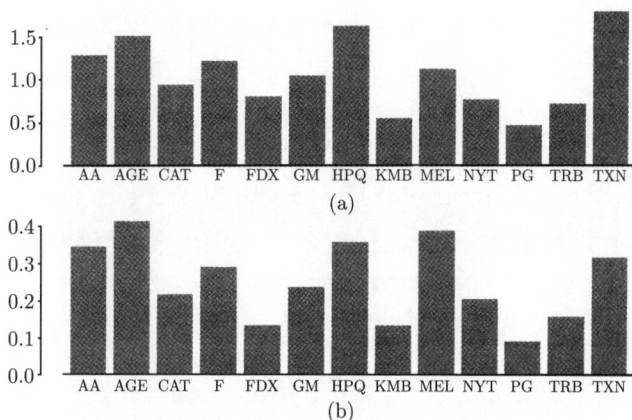

图 9-1 对 13 只股票的月超额收益拟合单因子模型时 β 和 R^2 的条形图: (a) β 的条形图; (b) R^2 的条形图. 标准普尔 500 指数的超额收益率作为市场指数. 样本区间是从 1990 年 1 月到 2003 年 12 月

在市场模型中, r_t 的协方差矩阵和相关矩阵可以如下估计:

```
> cov.r=var(x[,14])*(t(beta.hat)%*%beta.hat)+diag(D.hat)
> sd.r=sqrt(diag(cov.r))
> corr.r=cov.r/outer(sd.r,sd.r)
> print(corr.r,digits=1,width=2)
     AA AGE CAT   F FDX  GM HPQ KMB MEL NYT  PG TRB TXN
 AA 1.0 0.4 0.3 0.3 0.2 0.3 0.4 0.2 0.4 0.3 0.2 0.2 0.3
AGE 0.4 1.0 0.3 0.3 0.2 0.3 0.4 0.2 0.4 0.3 0.2 0.3 0.4
CAT 0.3 0.3 1.0 0.3 0.2 0.2 0.3 0.2 0.3 0.2 0.1 0.2 0.3
  F 0.3 0.3 0.3 1.0 0.2 0.3 0.3 0.2 0.3 0.2 0.2 0.2 0.3
FDX 0.2 0.2 0.2 0.2 1.0 0.2 0.2 0.1 0.2 0.2 0.1 0.1 0.2
 GM 0.3 0.3 0.2 0.3 0.2 1.0 0.3 0.2 0.3 0.2 0.1 0.2 0.3
HPQ 0.4 0.4 0.3 0.3 0.2 0.3 1.0 0.2 0.4 0.3 0.2 0.2 0.4
KMB 0.2 0.2 0.2 0.2 0.1 0.2 0.2 1.0 0.2 0.2 0.1 0.1 0.2
MEL 0.4 0.4 0.3 0.3 0.2 0.3 0.4 0.2 1.0 0.3 0.2 0.2 0.3
NYT 0.3 0.3 0.2 0.2 0.2 0.2 0.3 0.2 0.3 1.0 0.1 0.2 0.3
 PG 0.2 0.2 0.1 0.2 0.1 0.1 0.2 0.1 0.2 0.1 1.0 0.1 0.2
TRB 0.2 0.3 0.2 0.2 0.1 0.2 0.2 0.1 0.2 0.2 0.1 1.0 0.2
TXN 0.3 0.4 0.3 0.3 0.2 0.3 0.3 0.2 0.3 0.3 0.2 0.2 1.0
```

我们可以将所估计的超额收益率的协方差矩阵和相关矩阵与其样本协方差矩阵和样本相关矩阵进行比较.

```
> print(cor(rtn),digits=1,width=2)
     AA AGE CAT   F FDX  GM HPQ KMB MEL NYT  PG TRB TXN
 AA 1.0 0.3 0.6 0.5 0.2 0.4 0.5 0.3 0.4 0.4 0.1 0.3 0.5
```

```
AGE 0.3 1.0 0.3 0.3 0.3 0.3 0.3 0.3 0.4 0.4 0.2 0.2 0.3
CAT 0.6 0.3 1.0 0.4 0.2 0.3 0.2 0.3 0.4 0.3 0.1 0.4 0.3
  F 0.5 0.3 0.4 1.0 0.3 0.6 0.3 0.3 0.4 0.4 0.1 0.3 0.3
FDX 0.2 0.3 0.2 0.3 1.0 0.2 0.3 0.3 0.2 0.2 0.1 0.3 0.2
 GM 0.4 0.3 0.3 0.6 0.2 1.0 0.3 0.3 0.4 0.2 0.1 0.3 0.3
HPQ 0.5 0.3 0.2 0.3 0.3 0.3 1.0 0.1 0.3 0.3 0.1 0.2 0.6
KMB 0.3 0.3 0.3 0.3 0.2 0.3 0.1 1.0 0.3 0.2 0.3 0.3 0.1
MEL 0.4 0.4 0.4 0.4 0.2 0.4 0.3 0.4 1.0 0.3 0.4 0.3 0.3
NYT 0.4 0.4 0.3 0.4 0.3 0.2 0.3 0.2 0.3 1.0 0.2 0.5 0.2
 PG 0.1 0.2 0.1 0.1 0.1 0.1 0.1 0.3 0.4 0.2 1.0 0.3 0.1
TRB 0.3 0.2 0.4 0.3 0.3 0.3 0.2 0.3 0.3 0.5 0.3 1.0 0.2
TXN 0.5 0.3 0.3 0.3 0.2 0.3 0.6 0.1 0.3 0.2 0.1 0.2 1.0
```

在金融中, 可以利用全局最小方差组合 (GMVP) 来比较给收益率所拟合因子模型的协方差矩阵与收益率的样本协方差矩阵. 对于给定的协方差矩阵 Σ, 全局最小方差组合 ω 是下述最优化问题的解:

$$\min_{\omega} \sigma^2_{p,\omega} = \omega' \Sigma \omega, \quad \text{满足} \quad \omega'1 = 1.$$

其中 $\sigma^2_{p,w}$ 是投资组合的方差. 其解如下

$$\omega = \frac{\Sigma^{-1}1}{1'\Sigma^{-1}1},$$

其中 1 是元素全为 1 的 k 维向量.

对于所考虑的市场模型, 所拟合模型和数据的 GMVP 如下:

```
> w.gmin.model=solve(cov.r)%*%rep(1,nrow(cov.r))
> w.gmin.model=w.gmin.model/sum(w.gmin.model)
> t(w.gmin.model)
        AA      AGE     CAT      F     FDX      GM
[1,] 0.0117 -0.0306 0.0792 0.0225 0.0802 0.0533
       HPQ      KMB     MEL     NYT      PG     TRB     TXN
[1,] -0.0354 0.2503 0.0703 0.1539 0.2434 0.1400 -0.0388
> w.gmin.data=solve(var(rtn))%*%rep(1,nrow(cov.r))
> w.gmin.data=w.gmin.data/sum(w.gmin.data)
> t(w.gmin.data)
        AA      AGE     CAT      F     FDX      GM
[1,] -0.0073 -0.0085 0.0866 -0.0232 0.0943 0.0916
       HPQ      KMB     MEL     NYT      PG     TRB      TXN
[1,] 0.0345 0.2296 0.0495 0.1790 0.2651 0.0168 -0.0080
```

比较两个 GMVP, 给予 TRB 股票的权重变化很大. 然而, 这两个组合都给予 KMB, NYT 和 PG 股票较大的权重.

最后我们检查残差的协方差矩阵和相关矩阵以验证 13 只股票的个性因子不相关的假定. 下面给出了残差相关矩阵的前四列, 且在残差的交叉–相关矩阵中有取较大值的元素, 例如 Cor(CAT,AA) = 0.45 和 Cor(GM,F) = 0.48.

```
> resi.cov=t(E.hat)%*%E.hat/(168-2)
> resi.sd=sqrt(diag(resi.cov))
```

```
> resi.cor=resi.cov/outer(resi.sd,resi.sd)
> print(resi.cor,digits=1,width=2)
      AA    AGE    CAT     F
 AA  1.00  -0.13  0.45   0.22
AGE -0.13   1.00 -0.03  -0.01
CAT  0.45  -0.03  1.00   0.23
  F  0.22  -0.01  0.23   1.00
FDX  0.00   0.14  0.05   0.07
 GM  0.14  -0.09  0.15   0.48
HPQ  0.24  -0.13 -0.07  -0.00
KMB  0.16   0.06  0.18   0.05
MEL -0.02   0.06  0.09   0.10
NYT  0.13   0.10  0.07   0.19
 PG -0.15  -0.02 -0.01  -0.07
TRB  0.12  -0.02  0.25   0.16
TXN  0.19  -0.17  0.09  -0.02
```

9.2.2 多因子模型

Chen, Roll 和 Ross(1986) 考虑了股票收益率的多因子模型. 所用的因子包括宏观经济变量的不可预知的变化或意外. 这里不可预知的变化表示移除宏观经济变量动态依赖后所得到的残差. 得到不可预知的变化的一个简单方法是为宏观经济变量拟合一个第 8 章中的 VAR 模型. 为了进一步说明, 考虑下列两个月宏观经济变量.

(1) 城市居民的消费价格指数 (CPI): 包括所有项的指数, 且指数 1982 – 1984 = 100.

(2) 16 年及以上城市就业人数 (CE16): 以千记.

CPI 和 CE16 都已经进行了季节调整. 数据的时间区间是从 1975 年 1 月到 2003 年 12 月. 我们用更长的时间区间来得到变量的意外序列. 对于这两个序列, 我们通过取对数序列的一阶差分构造增长率序列. 增长率序列以百分比的形式给出.

为了得到意外序列, 我们用 BIC 准则来识别 VAR(3) 模型. 这样, 因子模型中所用的这两个宏观经济因子都是对数据拟合 VAR(3) 模型时从 1990 年到 2003 年的残差. 对于超额收益率序列, 我们仍然考虑前面所用到的 13 只股票. 下面给出了分析的细节:

```
> da=read.table('m-cpice16-dp7503.txt'),header=T)
> cpi=da[,1]
> cen=da[,2]
> x1=cbind(cpi,cen)
> y1=data.frame(x1)
> ord.choice=VAR(y1,max.ar=13)
> ord.choice$info
      ar(1)   ar(2)   ar(3)   ar(4)   ar(5)   ar(6)
BIC  36.992  38.093  28.234  46.241  60.677  75.810

      ar(7)   ar(8)    ar(9)  ar(10)  ar(11)  ar(12)  ar(13)
BIC  86.23  99.294  111.27  125.46  138.01  146.71  166.92
```

```
> var3.fit=VAR(x1~ar(3))
> res=var3.fit$residuals[166:333,1:2]
> da=matrix(scan(file='m-fac9003.txt'),14)
> xmtx = cbind(rep(1,168),res)
> da=t(da)
> rtn=da[,1:13]
> xit.hat=solve(xmtx,rtn)
> beta.hat=t(xit.hat[2:3,])
> E.hat=rtn - xmtx%*%xit.hat
> D.hat=diag(crossprod(E.hat)/(168-3))
> r.square=1-(168-3)*D.hat/diag(var(rtn,SumSquares=T))
```

图 9-2 给出了 13 只股票的 β 和 R^2 估计的条形图. 有趣的是, 所有的超额收益率与 CPI 增长率的不可预知的变化都是负相关的. 这看起来是合理的. 然而, 所有超额收益率的 R^2 都很低, 这说明这两个宏观经济变量对这 13 只股票超额收益率的解释能力很低.

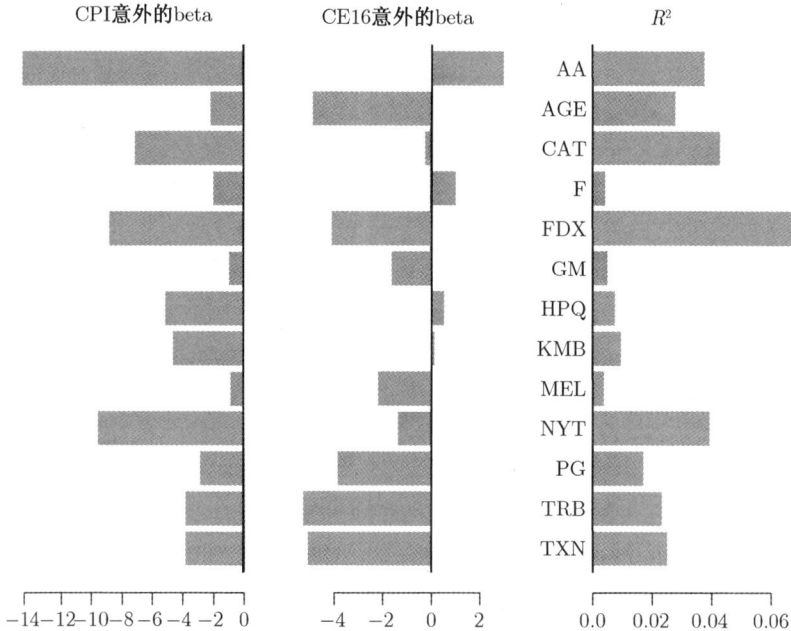

图 9-2　对 13 只股票的月超额收益率拟合二因子模型时 β 和 R^2 的条形图. 样本区间是从 1990 年 1 月到 2003 年 12 月

用下面的命令可以得到该二因子模型的协方差矩阵和相关矩阵的估计:

```
> cov.rtn=beta.hat%*%var(res)%*%t(beta.hat)+diag(D.hat)
> sd.rtn=sqrt(diag(cov.rtn))
> cor.rtn = cov.rtn/outer(sd.rtn,sd.rtn)
> print(cor.rtn,diits=1,width=2)
```

相关矩阵非常接近于单位矩阵, 表明所用的二因子模型并不能很好地拟合这些超额收益率. 最后, 下面给出二因子模型残差的相关矩阵.

```
> cov.resi=t(E.hat)%*%E.hat/(168-3)
> sd.resi=sqrt(diag(cov.resi))
> cor.resi=cov.resi/outer(sd.resi,sd.resi)
> print(cor.resi,digits=1,width=2)
```

如所料想, 该相关矩阵非常接近于前面由原始超额收益率序列给出的相关矩阵, 故此处略去.

9.3　基本面因子模型

基本面因子模型用资产的可观测的具体属性构建公共因子来解释超额收益率. 这些具体属性包括产业分类、企业规模、市场资本化、账面价值以及风格分类 (增长率或值). 对于基础因子模型, 文献中有两种方法. 第一种方法是由 BARRA 公司的创立者 Bar Rosenberg 提出的, 称为 BARRA 方法. 参见 Grinold 和 Kahn(2000). 与宏观经济因子模型相反, 该方法将观测到的资产的具体基本面作为因子 β_i, 在每个时刻 t 通过回归的方法估计因子 f_t. beta 不随时间改变, 但是 f_t 随时间演变. 第二种方法是由 Fama 和 French(1992) 提出的 Fama—French 方法. 在该方法中, 对于给定的具体基本面, 通过基于该具体基本面构造对冲组合来得到因子 f_{jt}. 下面两小节中, 我们简要讨论一下这两种方法.

9.3.1　BARRA 因子模型

假定超额收益率是均值修正的, 从而因子实现也是均值修正的, (9.2) 式的因子模型退化为

$$\tilde{r}_t = \beta f_t + \varepsilon_t, \tag{9.6}$$

其中 $\tilde{r}_t$ 表示 (样本) 均值修正后的超额收益率序列, 为了符号上的简化, 这里继续用 f_t 作为因子实现. 由于 β 是给定的, (9.6) 式是有 k 个观测和 m 个未知量的多元线性回归. 由于公共因子的数目 m 应该小于资产的数目 k, 从而回归是可以估计的. 然而, 回归不是齐次的, 因为 ε_t 的协方差矩阵 $D = \mathrm{diag}\{\sigma_1^2, \cdots, \sigma_k^2\}$ 依赖于第 i 个资产, 这里 $\sigma_i^2 = \mathrm{Var}(\varepsilon_{it})$. 因此, 时刻 t 的因子可以通过加权最小二乘 (WLS) 方法估计, 且权重为个性因子的标准误差. 这样得到的估计为

$$\hat{f}_t = (\beta' D^{-1} \beta)^{-1} (\beta' D^{-1} \tilde{r}_t). \tag{9.7}$$

在实际中协方差矩阵 D 是未知的, 从而估计时需要两个步骤.

第一步, 在每个时刻 t 利用普通最小二乘 (OLS) 方法得到 f_t 的一个初步估计如下

$$\hat{f}_{t,o} = (\beta' \beta)^{-1} (\beta' \tilde{r}_t),$$

其中第二个下标 o 表示 OLS 估计. 该因子实现的估计是相合的但不是有效的. OLS 回归的残差是

$$\varepsilon_{t,o} = \tilde{r}_t - \beta \hat{f}_{t,o}.$$

由于残差的协方差矩阵不随时间变化, 从而我们可以将所有的残差放在一起 (即对于 $t = 1, \cdots, T$) 来得到 $\boldsymbol{D}$ 的估计

$$\hat{\boldsymbol{D}}_o = \mathrm{diag}\left\{\frac{1}{T-1}\sum_{t=1}^{T}(\boldsymbol{\varepsilon}_{t,o}\boldsymbol{\varepsilon}_{t,o}')\right\}.$$

第二步, 我们将估计 $\hat{\boldsymbol{D}}_o$ 嵌入以得到因子实现的修正估计

$$\hat{\boldsymbol{f}}_{t,g} = (\boldsymbol{\beta}'\hat{\boldsymbol{D}}_o^{-1}\boldsymbol{\beta})^{-1}(\boldsymbol{\beta}'\hat{\boldsymbol{D}}_o^{-1}\tilde{\boldsymbol{r}}_t), \tag{9.8}$$

其中第二个下标 g 表示广义最小二乘 (GLS) 估计, 是 WLS 估计的一个样本版本. 修正后回归的残差为

$$\boldsymbol{\varepsilon}_{t,g} = \tilde{\boldsymbol{r}}_t - \boldsymbol{\beta}\hat{\boldsymbol{f}}_{t,g},$$

由此我们可以估计残差的协方差矩阵

$$\hat{\boldsymbol{D}}_g = \mathrm{diag}\left\{\frac{1}{T-1}\sum_{t=1}^{T}(\boldsymbol{\varepsilon}_{t,g}\boldsymbol{\varepsilon}_{t,g}')\right\}.$$

最后被估因子实现的协方差矩阵为

$$\hat{\boldsymbol{\Sigma}}_f = \frac{1}{T-1}\sum_{t=1}^{T}(\hat{\boldsymbol{f}}_{t,g} - \bar{\boldsymbol{f}}_g)(\hat{\boldsymbol{f}}_{t,g} - \bar{\boldsymbol{f}}_g)',$$

其中

$$\bar{\boldsymbol{f}}_g = \frac{1}{T}\sum_{t=1}^{T}\hat{\boldsymbol{f}}_{t,g}.$$

由 (9.6) 式在 BARRA 方法下, 超额收益率的协方差矩阵为

$$\mathrm{Cov}(\boldsymbol{r}_t) = \boldsymbol{\beta}\hat{\boldsymbol{\Sigma}}_f\boldsymbol{\beta}' + \hat{\boldsymbol{D}}_g.$$

1. 产业因子模型

为了进一步说明, 考虑 10 只股票的超额收益率, 并用产业分类作为具体的资产基本面. 表 9-2 给出了所用的股票. 它们可以分为 3 个产业类别, 即, 金融服务、计算机和高科技以及其他类别. 样本区间仍然是从 1990 年 1 月到 2003 年 12 月. 在 BARRA 的框架下, 有三个公共因子表示这三个产业类别, 且 beta 是这三个产业类别的指示变量. 即

$$\tilde{r}_{it} = \beta_{i1}f_{1t} + \beta_{i2}f_{2t} + \beta_{i3}f_{3t} + \varepsilon_{it}, \quad i = 1, \cdots, 10, \tag{9.9}$$

beta 为

$$\beta_{ij} = \begin{cases} 1, & \text{若资产 } i \text{ 属于第 } j \text{ 个产业区} \\ 0, & \text{其他} \end{cases} \tag{9.10}$$

其中 $j = 1, 2, 3$ 分别表示金融, 高科技和其他类别. 例如, IBM 股票收益率的 beta 向量为 $\boldsymbol{\beta}_i = (0, 1, 0)'$, Alcoa 股票收益的 beta 向量为 $\boldsymbol{\beta}_i = (0, 0, 1)'$.

表 9-2 产业因子模型分析中用到的股票及其代码 [a]

Tick	Company	$\bar{r}(\sigma_r)$	Tick	Company	$\bar{r}(\sigma_r)$
AGE	A.G.Edwards	1.36(10.2)	IBM	Int. Bus.	1.06(9.47)
C	Citigroup	2.08(9.60)		Machines	
MWD	Morgan Stanley	1.87(11.2)	AA	Alcoa	1.09(9.49)
MER	Merrill Lynch	2.08(10.4)	CAT	Caterpillar	1.23(8.71)
DELL	Dell Inc.	4.82(16.4)	PG	Procter&Gamble	1.08(6.75)
HPQ	Hewlett-Packard	1.37(11.8)			

a 超额收益率的样本均值和样本标准差也在表中给出. 样本时间区间是从 1990 年 1 月到 2003 年 12 月.

(9.9) 式中, f_{1t} 是金融服务类的因子实现, f_{2t} 是计算机和高科技类的因子实现, f_{3t} 是其他类的因子实现. 因为 β_{ij} 是指示变量, 所以 $\boldsymbol{f}_t$ 的 OLS 估计非常简单. 事实上, $\boldsymbol{f}_t$ 是由 t 时刻每个类别的超额收益率的平均值构成的向量. 具体地,

$$\hat{\boldsymbol{f}}_{t,o} = \left[\begin{array}{c} \dfrac{AGE_t + C_t + MDW_t + MER_t}{4} \\ \dfrac{DELL_t + HPQ_t + IBM_t}{3} \\ \dfrac{AA_t + CAT_t + PG_t}{3} \end{array} \right].$$

第 i 个资产的个性因子仅仅是其超额收益率与其所属产业类样本均值的差. 于是可以得到残差协方差矩阵 $\boldsymbol{D}$ 的估计, 并由此得到广义最小二乘估计. 我们用 S-plus 进行分析. 首先, 将收益率加载到 S-plus 中, 移除掉样本均值, 创建产业类哑元并计算收益率的样本相关矩阵.

```
> da=read.table('m-barra-9003.txt'),header=T)
> rm = matrix(apply(da,2,mean),1)
> rtn = da - matrix(1,168,1)%*%rm
> fin = c(rep(1,4),rep(0,6))
> tech = c(rep(0,4),rep(1,3),rep(0,3))
> oth = c(rep(0,7),rep(1,3))
> ind.dum = cbind(fin,tech,oth)
> ind.dum
      fin tech oth
 [1,]   1    0   0
 [2,]   1    0   0
 [3,]   1    0   0
 [4,]   1    0   0
 [5,]   0    1   0
 [6,]   0    1   0
 [7,]   0    1   0
 [8,]   0    0   1
 [9,]   0    0   1
[10,]   0    0   1
> cov.rtn=var(rtn)
> sd.rtn=sqrt(diag(cov.rtn))
> corr.rtn=cov.rtn/outer(sd.rtn,sd.rtn)
> print(corr.rtn,digits=1,width=2)
```

```
      AGE   C  MWD MER DELL HPQ IBM AA  CAT PG
AGE  1.0 0.6 0.6 0.6 0.3  0.3 0.3 0.3 0.3 0.2
C    0.6 1.0 0.7 0.7 0.2  0.4 0.4 0.4 0.4 0.3
MWD  0.6 0.7 1.0 0.8 0.3  0.5 0.4 0.4 0.3 0.3
MER  0.6 0.7 0.8 1.0 0.2  0.5 0.3 0.4 0.3 0.3
DELL 0.3 0.2 0.3 0.2 1.0  0.5 0.4 0.3 0.1 0.1
HPQ  0.3 0.4 0.5 0.5 0.4  1.0 0.5 0.5 0.2 0.1
IBM  0.3 0.4 0.4 0.3 0.4  0.5 1.0 0.4 0.3-0.0
AA   0.3 0.4 0.4 0.4 0.3  0.5 0.4 1.0 0.6 0.1
CAT  0.3 0.4 0.3 0.3 0.1  0.2 0.3 0.6 1.0 0.1
PG   0.2 0.3 0.3 0.3 0.1  0.1-0.0 0.1 0.1 1.0
```

下面给出了 OLS 估计、残差和残差的方差估计.

```
> F.hat.o = solve(crossprod(ind.dum))%*%t(ind.dum)%*%rtn.rm
> E.hat.o = rtn.rm - ind.dum%*%F.hat.o
> diagD.hat.o=rowVars(E.hat.o)
```

接下来便可以得到广义最小二乘估计.

```
> Dinv.hat = diag(diagD.hat.o^(-1))
> Hmtx=solve(t(ind.dum)%*%Dinv.hat%*%ind.dum)%*%t(ind.dum)
  %*%Dinv.hat
> F.hat.g = Hmtx%*%rtn.rm
> F.hat.gt=t(F.hat.g)
> E.hat.g = rtn.rm - ind.dum%*%F.hat.g
> diagD.hat.g = rowVars(E.hat.g)
|> t(Hmtx)
```

```
            fin      tech       oth
 [1,]    0.1870    0.0000    0.0000
 [2,]    0.2548    0.0000    0.0000
 [3,]    0.2586    0.0000    0.0000
 [4,]    0.2995    0.0000    0.0000
 [5,]    0.0000    0.2272    0.0000
 [6,]    0.0000    0.4015    0.0000
 [7,]    0.0000    0.3713    0.0000
 [8,]    0.0000    0.0000    0.3319
 [9,]    0.0000    0.0000    0.4321
[10,]    0.0000    0.0000    0.2360
```

```
> cov.ind=ind.dum%*%var(F.hat.gt)%*%t(ind.dum)
  + diag(diagD.hat.g)
> sd.ind=sqrt(diag(cov.ind))
> corr.ind=cov.ind/outer(sd.ind,sd.ind)
> print(corr.ind,digits=1,width=2)
      AGE C  MWD MER DELL HPQ IBM AA  CAT PG
AGE  1.0 0.7 0.7 0.7 0.3  0.3 0.3 0.3 0.3 0.3
C    0.7 1.0 0.8 0.8 0.3  0.4 0.4 0.3 0.3 0.3
MWD  0.7 0.8 1.0 0.8 0.3  0.4 0.4 0.3 0.4 0.3
MER  0.7 0.8 0.8 1.0 0.3  0.4 0.4 0.3 0.4 0.3
DELL 0.3 0.3 0.3 0.3 1.0  0.5 0.5 0.2 0.2 0.2
HPQ  0.3 0.4 0.4 0.4 0.5  1.0 0.7 0.3 0.3 0.2
IBM  0.3 0.4 0.4 0.4 0.5  0.7 1.0 0.3 0.3 0.2
```

```
AA    0.3 0.3 0.3 0.3 0.2   0.3 0.3 1.0 0.7 0.5
CAT   0.3 0.3 0.4 0.4 0.2   0.3 0.3 0.7 1.0 0.6
PG    0.3 0.3 0.3 0.3 0.2   0.2 0.2 0.5 0.6 1.0
```

由模型得到的产业类内的股票的相关矩阵要比样本相关矩阵大. 例如, 股票
CAT 和 PG 的样本相关系数只有 0.1, 但是基于所拟合模型得到的相关系数是 0.6.
图 9-3 给出了基于广义最小二乘估计给出的因子实现的时间图.

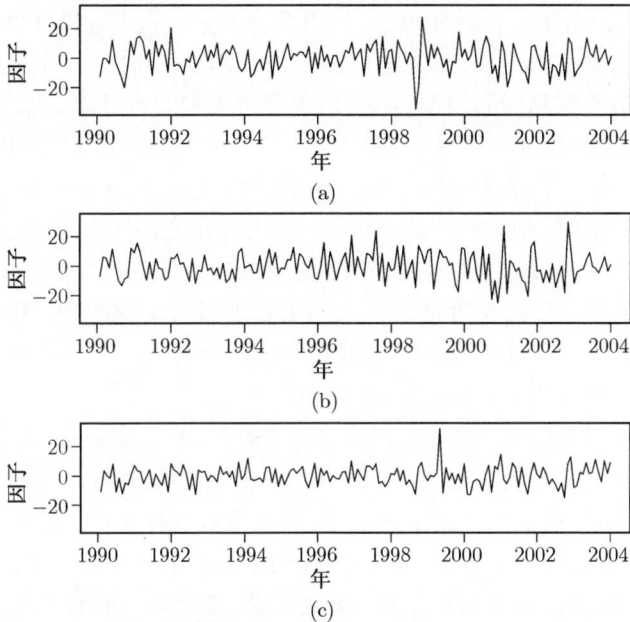

图 9-3　对三个产业类的 10 只股票拟合 BARRA 产业因子模型所估计的因子实现.
　　　　其中 (a) 因子实现: 金融类, (b) 高科技类及 (c) 其他类

2. 因子模拟组合

考虑带单因子的 BARRA 因子模型这种特殊情况. 这里 (9.7) 式给出的 f_t 的
WLS 估计提供了很好的解释. 考虑 k 个资产的组合 $\boldsymbol{\omega} = (\omega_1, \cdots, \omega_k)'$. 该组合是
下述最小化问题的解:

$$\min_{\boldsymbol{\omega}} \left(\frac{1}{2} \boldsymbol{\omega}' \boldsymbol{D} \boldsymbol{\omega} \right), \quad \text{满足} \quad \boldsymbol{\omega}' \boldsymbol{\beta} = 1.$$

该组合问题的解由下式给出:

$$\boldsymbol{\omega}' = (\boldsymbol{\beta}' \boldsymbol{D}^{-1} \boldsymbol{\beta})^{-1} (\boldsymbol{\beta}' \boldsymbol{D}^{-1}).$$

因此, 被估因子实现是如下组合的收益率:

$$\hat{f}_t = \boldsymbol{\omega}' \boldsymbol{r}_t.$$

如果将组合 $\boldsymbol{\omega}$ 标准化, 即满足 $\sum_{i=1}^{k} \omega_i = 1$, 则称之为因子模拟组合. 对多个因子的情
况, 可以对每个因子单独应用该思想.

注释　在实际中, 超额收益率的样本均值经常与 0 没有显著的区别. 因此, 在拟合一个 BARRA 因子模型之前, 通常不需要移除样本均值.　　　　　　□

9.3.2　Fama-French 方法

对一个给定的资产基本面 (例如账面价值与市场价值的比率), Fama 和 French (1992) 使用两个步骤来决定因子实现. 首先, 他们基于观测到的基本面的值将资产分类. 然后他们构造了一个对冲组合. 该组合持有分类资产前面 1/3 的多头, 且持有分类资产后面 2/3 的空头. 对于给定的资产基本面, t 时刻所观测到的该对冲组合的收益率就是所观测到的因子实现. 对于所考虑的资产基本面重复上面的步骤. 最后, 给定观测到的因子实现 $\{f_t | t = 1, \cdots, T\}$, 并用时间序列的回归方法来估计每个资产的 beta. 为了解释超额收益率变动性的高百分比, Fama 和 French 确认了三个观测到的基本面. 他们所用的三个基本面是 (a) 全部的市场收益率 (市场超额收益率); (b) 与大股票相关的小股票的业绩 (SMB, 小的减掉大的); (c) 与成长型股票相联系的价值型股票的业绩 (HML, 高对低). 通过市场资产净值和市场资产净值对账面资产净值的比率来定义价值型股票和成长型股票. 账面资产净值对市场资产净值的比率高的股票称为价值型股票.

注释　不同因子模型中因子的概念可能不同. 在 Fama-French 方法中所用的三个因子是三个金融基本面. 也可以将这些基本面组合起来来构成股票的一个新的属性, 并将所得到的模型看做单因子模型. 这里之所以这样是因为所用的模型是线性统计模型. 因此, 在因子模型中当提到因子的个数时应该特别注意. 另一方面, 对于因子的个数, 统计因子模型中有相当好的定义. 下面我们将对此进行讨论.　　□

9.4　主成分分析

在多元时间序列分析中, 一个重要的问题是对序列的协方差 (或相关系数) 结构的研究. 例如, 向量收益率序列的协方差结构在组合选择中起着很重要的作用. 下面, 我们讨论一些统计方法. 它们在研究时间序列的协方差结构时非常有用.

给定一个 k 维随机向量 $r = (r_1, \cdots, r_k)'$, 其协方差矩阵为 Σ_r, 则主成分分析 (principal component analysis, 简记为 PCA) 关心的是利用 r_i 很少的线性组合来解释 Σ_r 的结构. 如果 r 表示 k 个资产的月对数收益率, 则可用 PCA 来研究这 k 个资产收益率变化的原因. 这里关键词是很少, 从而使得多元分析可以获得简化.

9.4.1　PCA 理论

PCA 对 r 的协方差矩阵 Σ_r 或相关矩阵 ρ_r 都适用. 因为相关矩阵是标准化随机变量 $r^* = S^{-1}r$ 的协方差矩阵, 此处 S 是 r 的分量的标准差组成的对角矩阵, 所以在我们的理论分析中使用协方差矩阵. 令 $\omega_i = (\omega_{i1}, \cdots, \omega_{ik})'$ 表示 k 维向量,

这里 $i = 1, \cdots, k$. 那么

$$y_i = \boldsymbol{\omega}_i' \boldsymbol{r} = \sum_{j=1}^{k} \omega_{ij} r_j$$

是随机向量 $\boldsymbol{r}$ 的线性组合. 若 $\boldsymbol{r}$ 由 k 只股票的简单收益率组成, 则 y_i 是对第 j 只股票赋予权重 ω_{ij} 之后所形成的组合的收益率. 因为将 $\boldsymbol{\omega}_i$ 乘上一个常数并不影响分配到第 j 支股票上的权重, 所以我们将向量 $\boldsymbol{\omega}_i$ 标准化, 使得 $\boldsymbol{\omega}_i' \boldsymbol{\omega}_i = \sum_{j=1}^{k} \omega_{ij}^2 = 1$. 利用随机变量线性组合的性质, 我们有

$$\text{Var}(y_i) = \boldsymbol{\omega}_i' \boldsymbol{\Sigma}_r \boldsymbol{\omega}_i, \quad i = 1, \cdots, k, \tag{9.11}$$

$$\text{Cov}(y_i, y_j) = \boldsymbol{\omega}_i' \boldsymbol{\Sigma}_r \boldsymbol{\omega}_j, \quad i, j = 1, \cdots, k. \tag{9.12}$$

PCA 的思想就是找到线性组合 $\boldsymbol{\omega}_i$ 使得对 $i \neq j$ 有 y_i 与 y_j 是不相关的, 并且 y_i 的方差尽可能大. 更具体地:

(1) $\boldsymbol{r}$ 的第一个主成分是在 $\boldsymbol{\omega}_1' \boldsymbol{\omega}_1 = 1$ 的限制下, 使得 $\text{Var}(y_1)$ 最大的线性组合 $y_1 = \boldsymbol{\omega}_1' \boldsymbol{r}$;

(2) $\boldsymbol{r}$ 的第二个主成分是在 $\boldsymbol{\omega}_2' \boldsymbol{\omega}_2 = 1$ 与 $\text{Cov}(y_2, y_1) = 0$ 的限制下, 使得 $\text{Var}(y_2)$ 最大的线性组合 $y_2 = \boldsymbol{\omega}_2' \boldsymbol{r}$;

(3) $\boldsymbol{r}$ 的第 i 个主成分是在 $\boldsymbol{\omega}_i' \boldsymbol{\omega}_i = 1$ 与 $\text{Cov}(y_i, y_j) = 0$, $j = 1, \cdots, i-1$ 的限制下, 最大化 $\text{Var}(y_i)$ 的线性组合 $y_i = \boldsymbol{\omega}_i' \boldsymbol{r}$.

因为 $\boldsymbol{\Sigma}_r$ 的协方差矩阵是非负定的, 所以它具有谱分解 (见第 8 章附录 A). 令 $(\lambda_1, \boldsymbol{e}_1) \cdots (\lambda_k, \boldsymbol{e}_k)$ 为 $\boldsymbol{\Sigma}_r$ 的特征值 (特征向量组), 其中 $\lambda_1 \geqslant \lambda_2 \geqslant \cdots \geqslant \lambda_k \geqslant 0$, 则我们有下面的统计结果.

结果 9.1 $\boldsymbol{r}$ 的第 i 个主成分是 $y_i = \boldsymbol{e}_i' \boldsymbol{r} = \sum_{j=1}^{k} e_{ij} r_j, i = 1, \cdots, k$. 而且

$$\text{Var}(y_i) = \boldsymbol{e}_i' \boldsymbol{\Sigma}_r \boldsymbol{e}_i = \lambda_i, \quad i = 1, \cdots, k,$$

$$\text{Cov}(y_i, y_j) = \boldsymbol{e}_i' \boldsymbol{\Sigma}_r \boldsymbol{e}_j = 0, \quad i \neq j.$$

如果某些特征值 λ_i 是相等的, 则对应特征向量 $\boldsymbol{e}_i$ 的选择不是唯一的, 从而 y_i 也不是唯一的. 另外, 我们有

$$\sum_{i=1}^{k} \text{Var}(r_i) = \text{tr}(\boldsymbol{\Sigma}_r) = \sum_{i=1}^{k} \lambda_i = \sum_{i=1}^{k} \text{Var}(y_i). \tag{9.13}$$

等式 (9.13) 说明

$$\frac{\text{Var}(y_i)}{\sum_{i=1}^{k} \text{Var}(r_i)} = \frac{\lambda_i}{\lambda_1 + \cdots + \lambda_k}.$$

因此, r 的总方差中由第 i 个主成分解释的比例是 $\boldsymbol{\Sigma}_r$ 的第 i 个特征值占 $\boldsymbol{\Sigma}_r$ 的所有特征值总和的比率. 也可以计算由前 i 个主成分所能解释的总方差的累积比例 (即 $\sum_{j=1}^{i} \lambda_j)/(\sum_{j=1}^{k} \lambda_j)$), 实际中, 可以选择一个较小的 i 使得前面的累积比例很大.

因为 $\mathrm{tr}(\boldsymbol{\rho}_r) = k$, 所以当采用相关阵来进行主成分分析时, 由第 i 个主成分解释的方差比例变为 λ_i/k.

PCA 的一个副产品是 $\boldsymbol{\Sigma}_r$ 或 $\boldsymbol{\rho}_r$ 的 0 特征值表明 r 的分量之间存在精确的线性关系. 例如, 如果最小特征值 $\lambda_k = 0$, 则由结果 9.1 知 $\mathrm{Var}(y_k) = 0$. 因此, $y_k = \sum_{j=1}^{k} e_{kj} r_j$ 是个常数, 从而在 r 中只有 $k-1$ 个随机量. 在这种情形下, r 的维数可以降低. 由于这个原因, 文献中常用 PCA 作为降低维数的工具.

9.4.2 经验的 PCA

应用中, 收益率向量 r 的协方差矩阵 $\boldsymbol{\Sigma}_r$ 和相关矩阵 $\boldsymbol{\rho}_r$ 是未知的, 但在一些正则性条件下, 它们可以通过样本协方差矩阵和样本相关矩阵相合地估计. 假定收益率是弱平稳的, 且数据为 $\{r_t | t = 1, \cdots, T\}$, 则我们有如下估计:

$$\hat{\boldsymbol{\Sigma}}_r \equiv [\hat{\sigma}_{ij,r}] = \frac{1}{T-1} \sum_{t=1}^{T} (r_t - \bar{r})(r_t - \bar{r})', \quad \bar{r} = \frac{1}{T} \sum_{t=1}^{T} r_t, \tag{9.14}$$

$$\hat{\boldsymbol{\rho}}_r = \hat{\boldsymbol{S}}^{-1} \hat{\boldsymbol{\Sigma}}_r \hat{\boldsymbol{S}}^{-1}, \tag{9.15}$$

其中 $\hat{\boldsymbol{S}} = \mathrm{diag}\{\sqrt{\hat{\sigma}_{11,r}}, \cdots, \sqrt{\hat{\sigma}_{kk,r}}\}$ 是由 r_t 的样本标准差构成的对角矩阵. 从而可以利用计算对称矩阵的特征值和特征向量的方法来进行主成分分析. 现在大多数统计包都能进行主成分分析. 在 S-Plus 中, 进行主成分分析的基本命令是`princomp`, 在 FinMetrics 中则为`mfactor`.

例 9.1 考虑 IBM、Hewlett-Packard、Intel Corporation、Merrill Lynch 与 Morgan Stanley Dean Witter 从 1990 年 1 月至 2008 年 12 月的月对数收益率. 此收益率以百分比表示, 且包括红利. 数据集共有 228 个观测值. 图 9-4 给出了这 5 种月收益率序列的时间图. 如所料想, 同一工业部门的公司收益率倾向于展现出相似的模式.

用 $r'=$(IBM, HPQ, INTC, JPM, BAC) 表示这些收益率, 其样本均值向量为 $(0.70, 0.99, 1.20, 0.82, 0.41)'$, 样本协方差矩阵和样本相关矩阵为

$$\hat{\boldsymbol{\Sigma}}_r = \begin{bmatrix} 74.64 & & & & \\ 42.28 & 112.22 & & & \\ 48.03 & 70.45 & 146.50 & & \\ 30.10 & 42.42 & 44.59 & 106.04 & \\ 21.07 & 26.30 & 29.24 & 67.45 & 91.83 \end{bmatrix},$$

$$\hat{\rho}_r = \begin{bmatrix} 1.00 & & & & \\ 0.46 & 1.00 & & & \\ 0.46 & 0.55 & 1.00 & & \\ 0.34 & 0.39 & 0.36 & 1.00 & \\ 0.25 & 0.26 & 0.25 & 0.68 & 1.00 \end{bmatrix}.$$

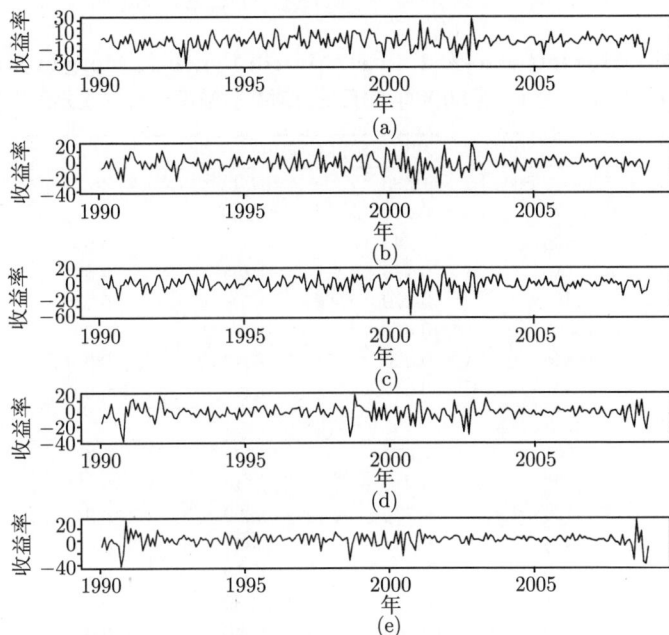

图 9-4 以下 5 个公司月对数收益率的时间图, 其中对数收益率以百分比表示且包含分红, 时间区间是从 1990 年 1 月至 2008 年 12 月: (a) IBM; (b) Hewlett-Packard; (c) Intel; (d) J.P. Morgan Chase; (e) Bank of America

表 9-3 给出了利用协方差矩阵和相关矩阵进行主成分分析的结果. 还给出了特征值、特征向量以及由主成分解释的变化比. 考虑相关矩阵, 并用 $\hat{\lambda}_i$ 和 $\hat{e}_i$ 来表示样本特征值与特征向量. 对前两个主成分, 我们有

$$\hat{\lambda}_1 = 2.608, \quad \hat{e}_1 = (0.428, 0.460, 0.451, 0.479, 0.416)',$$
$$\hat{\lambda}_2 = 1.072, \quad \hat{e}_2 = (0.341, 0.356, 0.385, -0.469, -0.623)'$$

这两个成分大约解释了数据全部变化的 72%, 且它们具有有趣的解释. 第一个成分是股票收益率的一个大致为等权重的线性组合. 这个成分可能代表股票市场的一般运动, 从而是一个市场成分. 第二个成分代表两个工业部门 (即技术和金融服务) 的差. 它可能是一个工业成分. 利用 r 的协方差矩阵也可以发现主成分的类似解释.

应用中确定主成分个数的一个非正式但是很有用的方法是检查斜坡图 (scree plot). 它是特征值 $\hat{\lambda}_i$ 按由大到小次序排列之后的时间图 (即 $\hat{\lambda}_i$ 对 i 的图). 图 9-5a

给出了例 9.1 中的 5 种股票收益率的斜坡图. 通过在斜坡图中寻找转弯处, 这表明余下的特征值相对较小并大致看上去是相同的, 所以我们可以选择一个恰当的主成分的个数. 对图 9-5 的两个图来说, 两个主成分看起来是合适的. 最后, 除了对 $j > i$ 有 $\lambda_j = 0$ 的情形, 选择前 i 个主成分仅仅提供了数据总方差的一个近似. 如果一个很小的 i 可以提供一个好的近似, 则这种简化是有价值的.

表 9-3　对 IBM, Hewlett-Packard, Intel, Merrill Lynch 与 Morgan Stanley Dean Witter 从 1990 年 1 月至 2008 年 12 月的月对数收益率进行主成分分析的结果 [a]

利用样本协方差矩阵					
特征值	284.17	112.93	57.43	46.81	29.87
比例	0.535	0.213	0.108	0.088	0.056
累积	0.535	0.748	0.856	0.944	1.000
特征向量	0.330	0.139	−0.264	0.895	−0.014
	0.483	0.279	−0.701	−0.430	−0.116
	0.581	0.478	0.652	−0.096	−0.016
	0.448	−0.550	0.013	−0.064	0.702
	0.347	−0.610	0.119	−0.009	−0.702
利用样本相关阵					
特征值	2.607	1.072	0.569	0.451	0.301
比例	0.522	0.214	0.114	0.090	0.060
累积	0.522	0.736	0.850	0.940	1.000
特征向量	0.428	0.341	0.837	−0.002	0.008
	0.460	0.356	−0.380	0.704	0.145
	0.451	0.385	−0.389	−0.704	0.022
	0.479	−0.469	−0.046	0.052	−0.739
	0.416	−0.623	0.035	−0.073	0.658

a 特征向量是以列向量形式给出的.

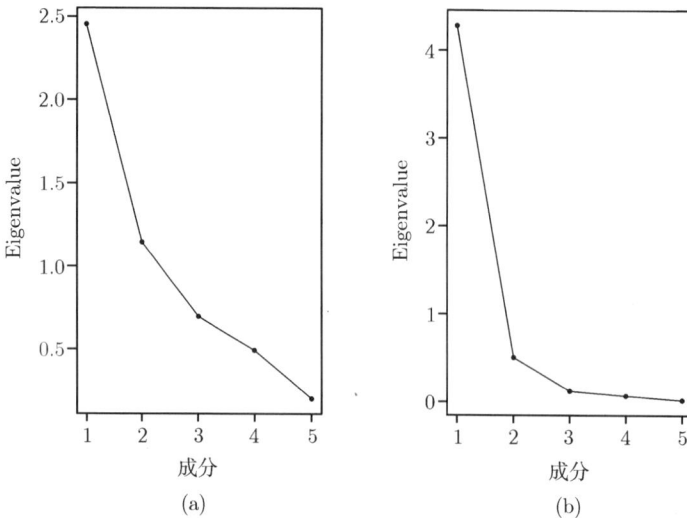

图 9-5　两个 5 维资产收益率的斜坡图: (a) 例 9.1 中的序列; (b) 例 9.3 中的债券指数收益率

注释 下面给出使用 R 和 S-Plus 进行 PCA 的命令. 命令 princomp 求出了特征值的平方根, 将其作为标准差.

```
> rtn=read.table(''m-5clog-9008.txt''),header=T)
> pca.cov = princomp(rtn)
> names(pca.cov)
> summary(pca.cov)
> pca.cov$loadings
> screeplot(pca.cov)
> pca.corr=princomp(rtn,cor=T)
> summary(pac.corr)
```

9.5 统计因子分析

我们现在转向统计因子分析. 多元统计分析中的一个主要困难是"维数的祸害". 特别地, 当模型的阶或时间序列的维数增加时, 参数模型的参数数量也经常陡增. 通常要寻找简化方法来克服维数所带来的祸害. 从实证的观点出发, 多元数据经常表现出一些相似的模式, 这表明数据中存在潜藏的共同结构. 统计因子分析是文献中可以利用的简化方法之一. 它的目的是识别几个因子, 使得它们能够解释数据的协方差矩阵与相关矩阵中的绝大部分变化.

传统的统计因子分析假定数据没有序列相关性. 由于金融数据经常以小于或等于一周的频率抽取的, 所以经常违反这个假定. 然而, 这个假定对低频数据的资产收益率 (如股票或市场指数的月收益率) 看上去是合理的. 如果违背了这个假定, 则可以利用本书中讨论的参数模型消除数据的线性动态依赖, 并对残差序列应用因子分析.

下面, 我们讨论基于正交因子模型 (orthogonal factor model) 的因子分析. 考虑第 t 期 k 个资产的收益率 $r_t = (r_{1t}, \cdots, r_{kt})'$, 并假定 r_t 是弱平稳的, 其均值为 μ, 协方差矩阵为 Σ_r. 因子模型假定 r_t 线性地依赖于少数不可观测的随机变量 $f_t = (f_{1t}, \cdots, f_{mt})'$ 与 k 维附加噪声 $\varepsilon_t = (\varepsilon_{1t}, \cdots, \varepsilon_{kt})'$. 这里 $m < k$, f_{it} 是公共因子, ε_{it} 是误差. 数学上, 统计因子模型具有 (9.1) 式的形式, 只是用均值收益 μ 代替截距 α. 因此因子模型有如下形式

$$r_t - \mu = \beta f_t + \varepsilon_t, \tag{9.16}$$

其中 $\beta = [\beta_{ij}]_{k \times m}$ 是因子负荷矩阵, β_{ij} 是第 i 个变量在 j 个因子上的负荷, ε_{it} 是 r_{it} 的个性误差. 统计因子模型的一个关键特征是 m 个因子 f_{it} 和因子负荷 β_{ij} 都是不可观测的. 正因为如此, (9.16) 式不是一个多元线性回归模型, 尽管它看上去与多元线性回归模型相似.

称 (9.16) 式的因子模型是一个正交因子模型, 如果它满足下面的假定:

(1) $\mathrm{E}(f_t) = 0$, $\mathrm{Cov}(f_t) = I_m$ 为 $m \times m$ 的单位矩阵;

(2) $E(\boldsymbol{\varepsilon}_t) = \boldsymbol{0}$, $\mathrm{Cov}(\boldsymbol{\varepsilon}_t) = \boldsymbol{D} = \mathrm{diag}\{\sigma_1^2, \cdots, \sigma_k^2\}$(即 $\boldsymbol{D}$ 是 $k \times k$ 对角矩阵);

(3) $\boldsymbol{f}_t$ 与 $\boldsymbol{\varepsilon}_t$ 是独立的, 从而 $\mathrm{Cov}(f_t, \varepsilon_t) = E(\boldsymbol{f}_t \boldsymbol{\varepsilon}_t') = \boldsymbol{0}_{m \times k}$.

在上述假定下, 很容易看出

$$\begin{aligned}
\boldsymbol{\Sigma}_r = \mathrm{Cov}(\boldsymbol{r}_t) &= E[(\boldsymbol{r}_t - \boldsymbol{\mu})(\boldsymbol{r}_t - \boldsymbol{\mu})'] \\
&= E[(\boldsymbol{\beta}\boldsymbol{f}_t + \boldsymbol{\varepsilon}_t)(\boldsymbol{\beta}\boldsymbol{f}_t + \boldsymbol{\varepsilon}_t)'] \\
&= \boldsymbol{\beta}\boldsymbol{\beta}' + \boldsymbol{D}
\end{aligned} \tag{9.17}$$

且

$$\mathrm{Cov}(\boldsymbol{r}_t, \boldsymbol{f}_t) = E[(\boldsymbol{r}_t - \boldsymbol{\mu})\boldsymbol{f}_t'] = \boldsymbol{\beta}E(\boldsymbol{f}_t\boldsymbol{f}_t') + E(\boldsymbol{\varepsilon}_t\boldsymbol{f}_t') = \boldsymbol{\beta}. \tag{9.18}$$

利用 (9.17) 式和 (9.18) 式, 我们看出, 对 (9.16) 式中的正交因子模型

$$\mathrm{Var}(r_{it}) = \beta_{i1}^2 + \cdots + \beta_{im}^2 + \sigma_i^2,$$
$$\mathrm{Cov}(r_{it}, r_{jt}) = \beta_{i1}\beta_{j1} + \cdots + \beta_{im}\beta_{jm},$$
$$\mathrm{Cov}(r_{it}, f_{jt}) = \beta_{ij}.$$

由 m 个公共因子贡献的 r_{it} 的方差部分 $\beta_{i1}^2 + \cdots + \beta_{im}^2$ 称为共性方差 (Communality). r_{it} 方差的剩余部分 σ_i^2 称为唯一性方差或个性方差. 令 $c_i^2 = \beta_{i1}^2 + \cdots + \beta_{im}^2$ 为共性方差, 它是第 i 个变量对 m 个公共因子的负荷的平方和. 分量 r_{it} 的方差变为 $\mathrm{Var}(r_{it}) = c_i^2 + \sigma_i^2$.

实际中, 并非每个协方差矩阵都具有正交因子表示. 换句话说, 一个不具有任何正交因子表示的随机变量 $\boldsymbol{r}_t$ 是存在的. 而且, 随机变量的正交因子表示并不唯一. 事实上, 对任何满足 $\boldsymbol{P}\boldsymbol{P}' = \boldsymbol{P}'\boldsymbol{P} = \boldsymbol{I}$ 的 $m \times m$ 正交矩阵 $\boldsymbol{P}$, 令 $\boldsymbol{\beta}^* = \boldsymbol{\beta}\boldsymbol{P}$, $\boldsymbol{f}_t^* = \boldsymbol{P}'\boldsymbol{f}_t$, 则

$$\boldsymbol{r}_t - \boldsymbol{\mu} = \boldsymbol{\beta}\boldsymbol{f}_t + \boldsymbol{\varepsilon}_t = \boldsymbol{\beta}\boldsymbol{P}\boldsymbol{P}'\boldsymbol{f}_t + \boldsymbol{\varepsilon}_t = \boldsymbol{\beta}^*\boldsymbol{f}_t^* + \boldsymbol{\varepsilon}_t.$$

另外 $E(\boldsymbol{f}_t^*) = \boldsymbol{0}$, $\mathrm{Cov}(\boldsymbol{f}_t^*) = \boldsymbol{P}'\mathrm{Cov}(\boldsymbol{f}_t)\boldsymbol{P} = \boldsymbol{P}'\boldsymbol{P} = \boldsymbol{I}$. 这样, $\boldsymbol{\beta}^*$ 和 $\boldsymbol{f}_t^*$ 对 $\boldsymbol{r}_t$ 建立了另一个正交因子模型. 正交因子表示的这种不唯一性既是缺点, 又是因子分析中的一个优点. 说它是缺点是因为它使得因子负荷的意义不确定了. 它也是一个优点, 因为它允许我们进行旋转来寻找具有良好解释的公共因子. 因为 $\boldsymbol{P}$ 是一个正交矩阵, 所以变换 $\boldsymbol{f}_t^* = \boldsymbol{P}'\boldsymbol{f}_t$ 是 m 维空间中的一个旋转.

9.5.1 估计

(9.16) 式中的正交因子模型可以通过两种方法估计. 第一种方法利用前一节中的主成分分析. 这个方法不要求数据的正态性假定, 也不要求预先指定公共因子的个数. 它对协方差矩阵和相关矩阵都是适用的. 但是同 PCA 中所提到的一样, 这个解通常只是一个近似. 第二种估计方法是最大似然方法. 它利用正态密度, 并要求预先指定公共因子的个数.

主成分方法

再次令 $(\hat{\lambda}_1, \hat{e}_1), \cdots, (\hat{\lambda}_k, \hat{e}_k)$ 是样本协方差矩阵 $\hat{\Sigma}_r$ 的特征值和特征向量对, 其中 $\hat{\lambda}_1 \geqslant \hat{\lambda}_2 \geqslant \cdots \geqslant \hat{\lambda}_k$. 令 $m < k$ 为公共因子的个数, 则因子负荷矩阵由下式给出

$$\hat{\beta} \equiv [\hat{\beta}_{ij}] = \left[\sqrt{\hat{\lambda}_1}\hat{e}_1 \Big| \sqrt{\hat{\lambda}_2}\hat{e}_2 \Big| \cdots \Big| \sqrt{\hat{\lambda}_m}\hat{e}_m \right]. \tag{9.19}$$

个性方差的估计是矩阵 $\hat{\Sigma}_r - \hat{\beta}\hat{\beta}'$ 的主对角线上的元素. 即 $\hat{D} = \mathrm{diag}\{\hat{\sigma}_1^2, \cdots, \hat{\sigma}_k^2\}$, 其中 $\hat{\sigma}_i^2 = \hat{\sigma}_{ii,r} - \sum\limits_{j=1}^{m} \hat{\beta}_{ij}^2$, $\hat{\sigma}_{ii,r}$ 是 $\hat{\Sigma}_r$ 的第 (i, i) 个元素. 共性方差的估计为

$$\hat{c}_i^2 = \hat{\beta}_{i1}^2 + \cdots + \hat{\beta}_{im}^2.$$

由近似产生的误差矩阵为

$$\hat{\Sigma}_r - (\hat{\beta}\hat{\beta}' + \hat{D}).$$

我们当然希望这个矩阵接近于 0. 可以证明 $\hat{\Sigma}_r - (\hat{\beta}\hat{\beta}' + \hat{D})$ 的元素的平方和小于或等于 $\hat{\lambda}_{m+1}^2 + \cdots + \hat{\lambda}_k^2$. 因此, 近似误差的上界为所忽略的特征值的平方和.

由 (9.19) 式的解, 基于主成分方法的因子负荷估计并不随着公共因子 m 的增加而改变.

最大似然方法

如果公共因子 f_t 和个性因子 ε_t 是联合正态的, 那么 r_t 是多元正态的, 且其均值为 μ、协方差矩阵为 $\Sigma_r = \beta\beta' + D$. 在 $\beta'D^{-1}\beta = \Delta$(它是一个对角矩阵) 的限制下, 可以利用最大似然方法得到 β 和 D 的估计. 这里 μ 是由样本均值估计的. 对这个方法的细节, 读者可以参考 Johnson 和 Wichern (2007).

在利用最大似然方法时, 公共因子的个数必须事先给定. 在实际中, 可以用修正的似然比检验来检查所拟合的 m- 因子模型的充分性. 检验统计量是

$$\mathrm{LR}(m) = -\left[T - 1 - \frac{1}{6}(2k + 5) - \frac{2}{3}m \right] (\ln|\hat{\Sigma}_r| - \ln|\hat{\beta}\hat{\beta}' + \hat{D}|). \tag{9.20}$$

在 m 个因子的零假设下, 上述检验统计量的渐近分布是自由度为 $\frac{1}{2}[(k-m)^2 - k - m]$ 的卡方分布. 我们将在 9.6.1 小节讨论选择 m 的一些方法.

9.5.2 因子旋转

正如前面提到的, 对任何 $m \times m$ 正交矩阵 P,

$$r_t - \mu = \beta f_t + \varepsilon_t = \beta^* f_t^* + \varepsilon_t,$$

其中 $\beta^* = \beta P$, $f_t^* = P' f_t$. 另外,

$$\beta\beta' + D = \beta PP'\beta' + D = \beta^*(\beta^*)' + D.$$

这个结果说明: 共性方差与个性方差在正交变换下保持不变. 因此寻找一个正交矩阵 $\boldsymbol{P}$ 来变换因子模型使得公共因子具有良好的性质就是合理的. 这样一个变换等价于将公共因子在 m 维空间中旋转. 事实上, 有无限个可以利用的因子旋转. Kaiser(1958) 提出了一个方差最大化准则 (Varimax criterion) 来选择旋转. 这在许多应用中都运作地很好. 记 $\boldsymbol{\beta}^* = [\beta_{ij}^*]$ 是旋转后的因子负荷矩阵, c_i^2 表示第 i 个共性方差. 定义 $\widetilde{\beta}_{ij}^* = \beta_{ij}^*/c_i$ 为经过共性方差 (正) 平方根的尺度变换之后的旋转系数. 方差最大化方法是选择对角矩阵 $\boldsymbol{P}$, 使得下式最大化

$$V = \frac{1}{k} \sum_{j=1}^{m} \left[\sum_{i=1}^{k} (\widetilde{\beta}_{ij}^*)^4 - \frac{1}{k} \left(\sum_{i=1}^{k} \widetilde{\beta}_{ij}^{*2} \right)^2 \right].$$

这个复杂的表示有一个简单的解释. 最大化 V, 对应于尽可能多地分散每个因子负荷的平方. 因此, 此方法是为了在因子负荷的旋转矩阵的任何列中寻找大的但可以忽略联合功效的组. 在实际应用中, 使用因子旋转来帮助解释公共因子. 这在一些应用中可能有益, 但在其他应用中未必有用. 对于因子旋转有许多可用的准则.

9.5.3   应用

给定资产收益率的数据 $\{\boldsymbol{r}_t\}$, 因子分析使得我们能够找到一些公共因子来解释收益率变化. 由于因子分析假定数据没有序列相关性, 所以在使用因子分析前应该检验这个假定的正确性. 为此, 我们可以使用多元混成统计量. 如果发现有序列相关性, 则可以构造一个 VARMA 模型来消除数据中的动态相依性, 并且对残差序列运用因子分析. 对许多收益率序列, 线性模型残差的相关矩阵经常非常接近于原始数据的相关矩阵. 在这种情形下, 动态依赖对因子分析的影响是可以忽略的.

本小节考虑 3 个例子. 前 2 个例子用 Minitab 软件进行分析, 第 3 个例子用 R 或 S-Plus 分析. 也可以用其他程序包.

例 9.2   再次考虑例 9.1 中使用的 IBM, HewLett-Parkard, Intel, J.P. Morgan Chase 和 Bank of America 的月对数股票收益率. 为了检验序列不相关的假设, 我们计算混成统计量得到 $Q_5(1) = 39.99$, $Q_5(5) = 160.60$, $Q_5(10) = 293.04$. 与自由度为 25, 125 和 250 的 χ^2 分布比较, 这些检验统计量的 p 值分别是 $0.029, 0.017$ 和 0.032. 因此, 收益率存在某种微弱的序列相依, 但是, 这种相依性在 1% 的水平上是不显著的. 为了简便, 我们在因子分析中忽略了序列相依性.

表 9-4 给出了基于相关矩阵运用主成分方法和最大似然方法的因子分析结果. 我们假定共同因子的个数是 2. 根据例 9.1 中的主成分分析, 这种取法是合理的. 从表中可见, 因子分析揭示了几个有趣的发现.

- 用最大似然方法确定的两个因子能够解释股票收益率变异性的 60%.
- 根据旋转后的因子载荷, 两个公共因子有一些有意义的解释. 技术类股票 (IBM、Hewlett-Packard 及 Intel) 对第一个因子的负荷很大, 而金融类股票

(J.P.Morgan Chase 和 Bank of America) 对第二个因子的负荷很大. 这两个旋转后的因子共同区分了产业部门.

- 在这个特例中, 方差最大化旋转似乎改变了两个公共因子的顺序.
- IBM 股票收益率的特殊方差相对较大, 表明该股票有自己的特性, 这值得进一步研究.

表 9-4 IBM, HewLett-Packard, Intel, J.P.Morgan Chase 和 Bank of America 的月对数股票收益率的因子分析 [a]

变量	因子负荷的估计		旋转因子负荷		共性方差
	f_1	f_2	f_1^*	f_2^*	$1-\sigma_i^2$
最大似然法					
IBM	0.327	0.530	0.593	0.189	0.387
HPQ	0.348	0.669	0.733	0.177	0.568
INTC	0.337	0.647	0.709	0.171	0.531
JPM	0.734	0.186	0.358	0.667	0.573
BAC	0.960	−0.111	0.124	0.958	0.934
变量	1.801	1.193	1.535	1.459	2.994
比例	0.360	0.239	0.307	0.292	0.599

a 收益率包含分红, 时间是从 1990 年 1 月到 2008 年 12 月. 分析基于样本交叉–相关阵并假定有两个公共因子.

例 9.3 在这个例子中, 我们考虑期限为 30 年、20 年、10 年、5 年和 1 年的美国债券指数的月对数收益率. 例 8.2 中描述过这个数据, 但被转换成了对数收益率. 总共有 696 个观测值. 正如例 8.2 中显示的, 数据具有序列依赖性. 然而, 通过拟合一个 VARMA(2,1) 模型来消除序列依赖几乎不对同步相关矩阵具有任何影响. 事实上, 拟合一个 VARMA(2,1) 模型之前和之后的相关矩阵分别为

$$\hat{\rho}_o = \begin{bmatrix} 1.0 & & & & \\ 0.98 & 1.0 & & & \\ 0.92 & 0.91 & 1.0 & & \\ 0.85 & 0.86 & 0.90 & 1.0 & \\ 0.63 & 0.64 & 0.67 & 0.81 & 1.0 \end{bmatrix}, \quad \hat{\rho} = \begin{bmatrix} 1.0 & & & & \\ 0.98 & 1.0 & & & \\ 0.92 & 0.92 & 1.0 & & \\ 0.85 & 0.86 & 0.90 & 1.0 & \\ 0.66 & 0.67 & 0.71 & 0.84 & 1.0 \end{bmatrix},$$

其中 $\hat{\rho}_o$ 是原始对数收益率的相关矩阵. 因此, 我们直接对收益率序列应用因子分析.

表 9-5 中给出了数据因子分析的结果. 对两种估计方法, 前两个公共因子对数据总方差的解释都超过了 90%. 事实上, 高的共性方差说明对五种债券指数收益率而言, 其个性方差都非常小. 因为两种方法的结果接近, 故我们只讨论主成分方法. 非旋转因子负荷说明: (a) 所有 5 种收益序列对第一个因子的负荷粗略地相等; (b) 对第二个因子的负荷与期限长短是正相关的. 因此, 第一个公共因子代表了一般的美国债券收益率, 第二个因子体现了 "期限" 效应. 而且, 第二个因子负荷的和接近于 0. 因此, 这个公共因子也可以解释为长期债券与短期债券的比较. 这里一

个长期债券指的是期限为 10 年或更长的债券. 对旋转后的因子, 其负荷也是有趣的. 对第一个旋转因子的负荷与期限成正比例, 而对第二个因子的负荷与期限成反比例.

表 9-5 期限为 30 年、20 年、10 年、5 年和 1 年的美国债券指数的月对数收益率的因子分析 [a]

| 变量 | 因子负荷的估计 | | 旋转因子负荷 | | 共性方差 |
	f_1	f_2	f_1^*	f_2^*	$1 - \sigma_i^2$
		主成分法			
30 年	0.952	0.253	0.927	0.333	0.970
20 年	0.954	0.240	0.922	0.345	0.968
10 年	0.956	0.140	0.866	0.429	0.934
5 年	0.955	-0.142	0.704	0.660	0.931
1 年	0.800	-0.585	0.325	0.936	0.982
变量	4.281	0.504	3.059	1.726	4.785
比例	0.856	0.101	0.612	0.345	0.957
		最大似然法			
30 年	0.849	-0.513	0.895	0.430	0.985
20 年	0.857	-0.486	0.876	0.451	0.970
10 年	0.896	-0.303	0.744	0.584	0.895
5 年	1.000	0.000	0.547	0.837	1.000
1 年	0.813	0.123	0.342	0.747	0.675
变量	3.918	0.607	2.538	1.987	4.525
比例	0.784	0.121	0.508	0.397	0.905

a 时间是从 1942 年 1 月到 1999 年 12 月. 分析基于样本交叉相关阵, 假定有两个公共因子.

例 9.4 再一次考虑表 9-2 中的 10 只股票的月超额收益率. 时间区间是从 1990 年 1 月到 2003 年 12 月, 收益率以百分比的形式给出. 我们的目的是用 S-Plus 命令factanal演示一下统计因子模型的应用. 我们从二因子模型开始, 但是 (9.20) 式的似然比检验拒绝了二因子模型的假设. 检验统计量是 LR(2)=72.96. 基于自由度 26 的渐近卡方分布, 检验统计量的 p 值接近为零.

```
> rtn=read.table(''m-barra-9003.txt'',header=T)
> stat.fac=factanal(rtn,factors=2,method='mle')
> stat.fac
Sums of squares of loadings:
  Factor1 Factor2
 2.696479 2.19149

Component names:
 "loadings" "uniquenesses" "correlation" "criteria"
 "factors" "dof" "method" "center" "scale" "n.obs"
 "scores" "call"
```

接着应用一个三因子模型, 在 5% 的显著性水平下该模型似乎是合理的. LR(3) 统计量的 p 值是 0.089 2.

```
> stat.fac=factanal(rtn,factor=3,method='mle')
> stat.fac
Test of the hypothesis that 3 factors are sufficient
```

```
versus the alternative that more are required:
The chi square statistic is 26.48 on 18 degrees of freedom.
The p-value is 0.0892

> summary(stat.fac)
Importance of factors:

                  Factor1    Factor2    Factor3
    SS loadings     2.635      1.825      1.326
Proportion Var      0.264      0.183      0.133
Cumulative Var      0.264      0.446      0.579

Uniquenesses:
   AGE     C     MWD     MER   DELL    HPQ    IBM
 0.479  0.341  0.201  0.216  0.690  0.346  0.638
    AA    CAT     PG
 0.417  0.000  0.885

Loadings:
     Factor1  Factor2  Factor3
AGE   0.678    0.217    0.121
C     0.739    0.259    0.213
MWD   0.817    0.356
MER   0.819    0.329
DELL  0.102    0.547
HPQ   0.230    0.771
IBM   0.200    0.515    0.238
AA    0.194    0.546    0.497
CAT   0.198    0.138    0.970
PG    0.331
```

因子负荷也可以用下述命令>plot(loadings(stat.fac))在图上表示出来, 即图 9-6. 从图中可以看出因子 1 本质上代表金融服务类, 而因子 2 主要由高科技类和 Alcoa 股票的超额收益率构成, 因子 3 很大程度上依赖于 CAT 股票和 AA 股票的超额收益率, 因此代表剩余的产业股.

用命令rotate可以进行因子旋转. 该命令允许许多种旋转方法. 由命令predict可以得到因子实现.

```
> stat.fac2 = rotate(stat.fac,rotation='quartimax')
> loadings(stat.fac2)
     Factor1  Factor2  Factor3
AGE   0.700    0.171
C     0.772    0.216    0.124
MWD   0.844    0.291
MER   0.844    0.264
DELL  0.144    0.536
HPQ   0.294    0.753
IBM   0.258    0.518    0.164
AA    0.278    0.575    0.418
CAT   0.293    0.219    0.931
PG    0.334
> factor.real=predict(stat.fac,type='weighted.ls')
```

最后基于所拟合的三因子统计因子模型可以得到这 10 只股票超额收益率的相关矩阵. 如所料想, 与 9.3.1 节的产业因子模型所得到的相关矩阵相比, 此处得到的相关矩阵与样本相关矩阵的对应部分更接近. 可以用 GMVP 来比较收益率和统计因子模型的协方差矩阵.

```
> corr.fit=fitted(stat.fac)
> print(corr.fit,digits=1,width=2)
      AGE   C  MWD MER DELL HPQ IBM  AA  CAT PG
AGE   1.0 0.6 0.6 0.6 0.19 0.3 0.3 0.3 0.3 0.2
C     0.6 1.0 0.7 0.7 0.22 0.4 0.3 0.4 0.4 0.3
MWD   0.6 0.7 1.0 0.8 0.28 0.5 0.4 0.4 0.3 0.3
MER   0.6 0.7 0.8 1.0 0.26 0.5 0.4 0.4 0.3 0.3
DELL  0.2 0.2 0.3 0.3 1.00 0.5 0.3 0.3 0.1 0.0
HPQ   0.3 0.4 0.5 0.4 0.45 1.0 0.5 0.5 0.2 0.1
IBM   0.3 0.3 0.4 0.3 0.31 0.5 1.0 0.4 0.3 0.1
AA    0.3 0.4 0.4 0.4 0.33 0.5 0.4 1.0 0.6 0.1
CAT   0.3 0.4 0.3 0.3 0.11 0.2 0.3 0.6 1.0 0.1
PG    0.2 0.3 0.3 0.3 0.03 0.1 0.1 0.1 0.1 1.0
```

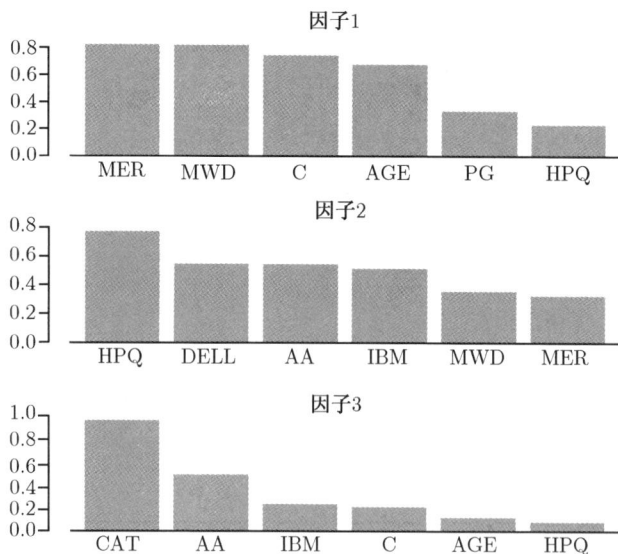

图 9-6 对表 9-2 中 10 只股票的月超额收益率拟合一个三因子模型时的因子负荷图

9.6 渐近主成分分析

到现在为止, 关于 PCA 的讨论都是假定资产的个数小于所考虑时期的个数, 即 $k < T$. 为了处理 T 较小 k 较大的情形, Conner 和 Korajczyk(1986,1988) 提出了渐近主成分分析 (APCA) 的概念. 该方法与传统的 PCA 相似, 但是依赖于资产

数目趋于无穷时的渐近结果. 因此 APCA 是基于下述 $T \times T$ 矩阵的特征值 — 特征向量分析:

$$\hat{\boldsymbol{\Omega}}_T = \frac{1}{k}(\boldsymbol{R} - \boldsymbol{1}_T \bar{\boldsymbol{r}}')(\boldsymbol{R} - \boldsymbol{1}_T \bar{\boldsymbol{r}}')',$$

其中 $\boldsymbol{1}_T$ 是元素全为 1 的 T 维向量, $\bar{\boldsymbol{r}} = (\bar{r}_1, \cdots, \bar{r}_k)$, $\bar{r}_i = (\boldsymbol{1}_T' \boldsymbol{R}_i)/T$ 为第 i 个收益率序列的样本均值. Conner 和 Korajczyk(1988) 证明了当 $k \to \infty$ 时, $\hat{\boldsymbol{\Omega}}_T$ 的特征值–特征向量分析等价于传统的统计因子分析. 换言之, 因子 $\boldsymbol{f}_t$ 的 APCA 估计是 $\hat{\boldsymbol{\Omega}}_T$ 的前 m 个特征向量. 令 $\hat{\boldsymbol{F}}_t$ 是由 $\hat{\boldsymbol{\Omega}}_T$ 的前 m 个特征向量组成的 $m \times T$ 矩阵, 则 $\hat{\boldsymbol{f}}_t$ 是 $\hat{\boldsymbol{F}}_t$ 的第 t 列. 应用类似于 BARRA 因子模型的估计的思想, Conner 和 Korajczyk(1988) 建议按如下步骤修正 $\hat{\boldsymbol{f}}_t$ 的估计:

(1) 对 $t = 1, \cdots, T$, 利用样本协方差矩阵 $\hat{\boldsymbol{\Omega}}_T$ 得到初始估计 $\hat{\boldsymbol{f}}_t$;

(2) 对每个资产, 给出模型

$$r_{it} = \alpha_i + \boldsymbol{\beta}_i \hat{\boldsymbol{f}}_t + \varepsilon_{it}, \quad t = 1, \cdots, T,$$

的 OLS 估计, 其中 $\boldsymbol{\beta}_i = (\beta_{i1}, \cdots, \rho_{im})$, 并计算残差的方差 $\hat{\sigma}_i^2$.

(3) 构造对角矩阵 $\hat{\boldsymbol{D}} = \mathrm{diag}\{\hat{\sigma}_1^2, \cdots, \hat{\sigma}_k^2\}$, 并且将收益率进行如下刻度变换

$$\boldsymbol{R}_* = \boldsymbol{R}\hat{\boldsymbol{D}}^{-1/2}.$$

(4) 利用 $\boldsymbol{R}_*$ 计算下述 $T \times T$ 协方差矩阵

$$\hat{\boldsymbol{\Omega}}_* = \frac{1}{k}(\boldsymbol{R}_* - \boldsymbol{1}_T \bar{\boldsymbol{r}}_*')(\boldsymbol{R}_* - \boldsymbol{1}_T \bar{\boldsymbol{r}}_*')',$$

其中 $\bar{\boldsymbol{r}}_*$ 是由 $\boldsymbol{R}_*$ 的列中值所构成的 k 维向量, 然后对 $\hat{\boldsymbol{\Omega}}_*$ 进行特征值–特征向量分析来得到 $\boldsymbol{f}_t$ 的修正估计.

9.6.1 因子个数的选择

文献中有两种方法来选择因子分析中因子的个数. 第一种方法是由 Conner 和 Korajczyk(1993) 提出的. 该方法所用的思想是如果 m 是正确的因子个数, 则当因子个数从 m 变到 $m+1$ 时资产个性误差 ε_{it} 的横截面方差应该不会显著下降. 第二种方法是 Bai 和 Ng(2002) 提出来的. 该方法采用一些信息准则来选择因子个数. 后一种方法基于这样一个观测到的事实: $\hat{\boldsymbol{\Omega}}_T$ 的特征值 — 特征向量分析求解出了下述最小二乘问题

$$\min_{\alpha, \boldsymbol{\beta}, \boldsymbol{f}_t} \frac{1}{kT} \sum_{i=1}^{k} \sum_{t=1}^{T} (r_{it} - \alpha_i - \boldsymbol{\beta}_i \boldsymbol{f}_t)^2.$$

假定存在 m 个因子, 则 $\boldsymbol{f}_t$ 是 m 维的. 令 $\hat{\sigma}_i^2(m)$ 表示对资产 i 进行前面的最小二乘问题的组内回归的残差的方差, 这里要利用 APCA 分析中得到的 $\hat{\boldsymbol{f}}_t$. 定义残差的横截面方差如下:

$$\hat{\sigma}^2(m) = \frac{1}{k} \sum_{i=1}^{k} \hat{\sigma}_i^2(m).$$

Bai 和 Ng(2002) 给出的准则是

$$C_{p1}(m) = \hat{\sigma}^2(m) + m\hat{\sigma}^2(M) \left(\frac{k+T}{kT} \right) \ln \left(\frac{kT}{k+T} \right),$$

$$C_{p2}(m) = \hat{\sigma}^2(m) + m\hat{\sigma}^2(M) \left(\frac{k+T}{kT} \right) \ln \left(P_{kT}^2 \right),$$

其中 M 是事先指定的正整数, 它表示因子的最大个数; $P_{kT} = \min(\sqrt{k}, \sqrt{T})$. 使得 $C_{p1}(m)$ 或 $C_{p2}(m)$ 最小的 m 便是我们所要选择的因子个数, 这里 $0 \leqslant m \leqslant M$. 实际中, 这两个准则可能会选择不同的因子个数.

9.6.2 例子

为了进一步说明渐近主成分分析, 考虑 40 只股票的月简单收益率, 时间区间是从 2001 年 1 月到 2003 年 12 月, 共 36 个观测. 于是我们有 $k = 40, T = 36$. 表 9-6 给出了这些股票的代码. 这些股票是在 2004 年 9 月份的某一天在 NASDAQ 和 NYSE 中交易频繁的股票. 主要用到的 S-Plus 命令是mfactor.

表 9-6 渐近主成分分析中所用到的股票的代码, 样本时间区间是从 **2001 年 1 月到 2003 年 12 月**

市　　　场	Tick Symbol				
NASDAQ	INTC	MSFT	SUNW	CSCO	AMAT
	ORCL	SIRI	COCO	CORV	SUPG
	YHOO	JDSU	QCOM	CIEN	DELL
	ERTS	EBAY	ADCT	AAPL	JNPR
NYSE	LU	PFE	NT	BAC	BSX
	GE	TXN	XOM	FRX	Q
	F	TWX	C	MOT	JPM
	TYC	HPQ	NOK	WMT	AMD

我们用前面所讨论的两种方法来选择因子个数. Conner 和 Korajczyk 提出的方法选择了 $m = 1$, 而 Bai 和 Ng 提出的方法选择了 $m = 6$. 对于后一种方法, 两个准则给出了不同的选择.

```
> dim(rtn)  % rtn is the return data.
[1] 36 40
> nf.ck=mfactor(rtn,k='ck',max.k=10,sig=0.05)
> nf.ck
Call:
mfactor(x = rtn, k = "ck", max.k = 10, sig = 0.05)

Factor Model:
 Factors Variables Periods
      1      40       36
Factor Loadings:
      Min. 1st Qu. Median  Mean 3rd Qu.  Max.
F.1 0.069  0.432  0.629 0.688  1.071 1.612
Regression R-squared:
```

```
     Min. 1st Qu. Median    Mean 3rd Qu.    Max.
    0.090   0.287   0.487   0.456   0.574   0.831
> nf.bn=mfactor(rtn,k='bn',max.k=10,sig=0.05)
Warning messages:
Cp1andCp2 did not yield same result.The smaller one is used.
> nf.bn$k
[1] 6
```

取 $m = 6$, 我们对收益率序列应用 APCA 可以得到斜坡图和被估收益率因子.

```
> apca = mfactor(rtn,k=6)
> apca
Call:
mfactor(x = rtn, k = 6)
Factor Model:
 Factors Variables Periods
       6        40      36
Factor Loadings:
         Min 1st Qu. Median    Mean 3rd Qu.    Max.
F.1    0.048   0.349   0.561   0.643   0.952   2.222
F.2   -1.737   0.084   0.216   0.214   0.323   1.046
F.3   -1.512   0.002   0.076   0.102   0.255   1.093
F.4   -0.965  -0.035   0.078   0.048   0.202   0.585
F.5   -0.722  -0.008   0.056   0.066   0.214   0.729
F.6   -0.840  -0.088   0.003   0.003   0.071   0.635
Regression R-squared:
   Min. 1st Qu. Median   Mean 3rd Qu.   Max.
  0.219   0.480   0.695   0.651   0.801   0.999

> screeplot.mfactor(apca)
> fplot(factors(apca))
```

图 9-7 给出了 40 支股票收益率的 APCA 的斜坡图. 6 个公共因子大约解释了变化的 89.4%. 图 9-8 给出了 6 个被估因子的时间图.

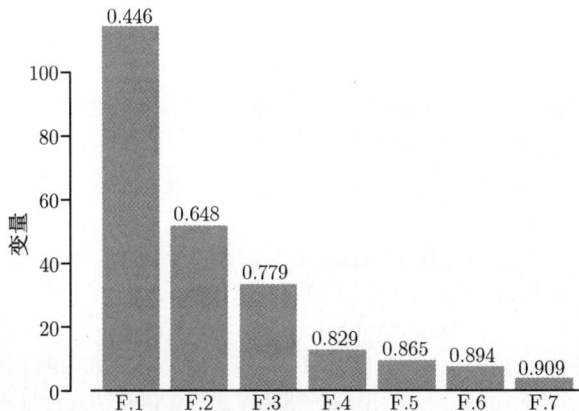

图 9-7 对 40 只股票的月简单收益率进行 APCA 的斜坡图. 样本时间区间是从 2001 年 1 月到 2003 年 12 月

因子收益

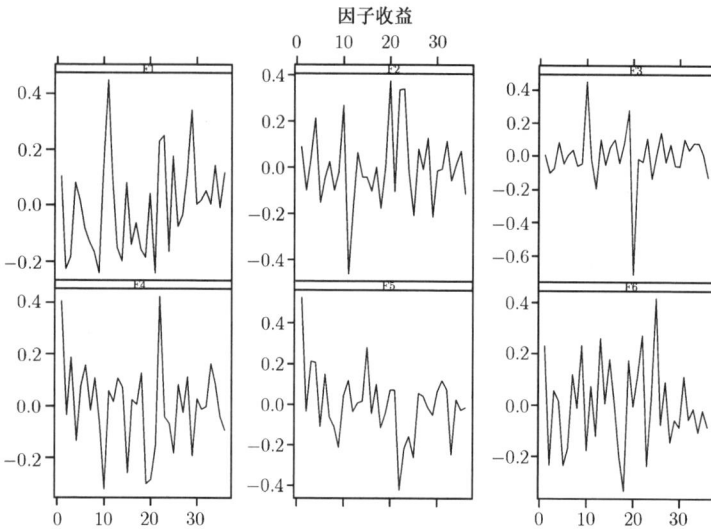

图 9-8 对 40 只股票的月简单收益率进行 APCA 所得到的因子收益的时间图. 样本时间区间是从 2001 年 1 月到 2003 年 12 月

练 习 题

9.1 考虑用百分数表示并且包括红利的从 1990 年 1 月到 2008 年 12 月的 13 只股票和标准普尔 500 综合指数的简单超额月收益率. 使用二级市场上 3 个月国债月利率作为无风险利率计算超额收益率. 股票的小记号分别为 AA、AXP、CAT、DE、F、FDX、HPQ、IBM、JNJ、KMB、MMM、PG 和 WFC. 数据包含在文件 m-fac-ex-9008.txt 中. 对 13 只股票收益率进行 9.2.1 节中的市场模型分析, 对每个股票收益率序列求 β_i、σ_i^2 和 R^2 的估计值.

9.2 考虑用百分数表示并且包括红利的从 1960 年 1 月到 2008 年 12 月的 Merck & Company、Johnson & Johnson、General Electric、General Motors、Ford Motor Company 和价值加权指数; 见第 8 章练习 8.1 的文件 m-mrk2vw.txt.

(a) 使用样本协方差矩阵进行数据的主成分分析.

(b) 使用样本相关矩阵进行数据的主成分分析.

(c) 对数据进行统计因子分析. 确定公共因子数量. 使用主成分和最大似然方法求因子载荷的估计值.

9.3 文件 m-excess-c10sp-9003.txt 包含 10 只股票和标准普尔 500 综合指数的简单超额月收益率. 使用二级市场上 3 个月国债月利率作为无风险利率计算超额收益率. 样本期为从 1990 年 1 月到 2003 年 12 月, 共有 168 个观察值. 文件的 11 列分别包含 ABT、LLY、MRK、PFE、F、GM、BP、CVX、RD、XOM 和 SP5. 使用单因子市场模型分析 10 个股票超额收益率, 画出每个股票的 β 估计值和 R^2, 使用全局最小方差投资组合比较所拟合模型和数据的协方差矩阵.

9.4 再次考虑文件 m-excess-c10sp-9003.txt 中的 10 只股票的收益率, 股票来自 3 个产业的公司, ABT、LLY、MRK 和 PFE 是主要的医药公司, F 和 GM 是汽车公司, 其他是大的石油公司. 使用 BARRA 产业因子模型分析超额收益率. 画出三因子实现, 并评价所拟合模型的充分性.

9.5 再次考虑文件 `m-excess-c10sp-9003.txt` 中的 10 只股票的超额收益率, 对收益率进行主成分分析, 并获取碎石图, 共有几个公共因子? 为什么? 解释公共因子.

9.6 再次考虑文件 `m-excess-c10sp-9003.txt` 中 10 只股票的超额收益率, 对其进行统计因子分析, 在 5%的显著性水平下要用到多少个公共因子? 画出所拟合模型的被估因子负荷图. 这些公共因子有意义吗?

9.7 文件 `m-fedip.txt` 包含从 1954 年 7 月到 2003 年 12 月的联邦基金有效年利率和月利率以及工业生产指数. 工业生产指数已经经过了季节调整. 用联邦基金利率和工业生产指数作为宏观经济变量为文件 `m-excess-c10sp-9003.txt` 中 10 只股票的超额收益率拟合一个宏观经济因子模型. 可以用 VAR 模型来得到宏观经济变量的意外序列. 解释所拟合的因子模型.

参 考 文 献

Alexander, C. (2001). *Market Models: A Guide to Financial Data Analysis*. Wiley, Hoboken, NJ.

Bai, J. and Ng, S. (2002). Determining the number of factors in approximate factor models. *Econometrica* **70**: 191–221.

Campbell, J. Y., Lo, A. W., and MacKinlay, A. C. (1997). *The Econometrics of Financial Markets*. Princeton University Press, Princeton, NJ.

Chen, N. F., Roll, R., and Ross, S. A. (1986). Economic forces and the stock market. *Journal of Business* **59**: 383–404.

Connor, G. (1995). The three types of factor models: A comparison of their explanatory power. *Financial Analysts Journal* **51**: 42–46.

Connor, G. and Korajczyk, R. A. (1986). Performance measurement with the arbitrage pricing theory: A new framework for analysis. *Journal of Financial Economics* **15**: 373–394.

Connor, G. and Korajczyk, R. A. (1988). Risk and return in an equilibrium APT: Application of a new test methodology. *Journal of Financial Economics* **21**: 255–289.

Connor, G. and Korajczyk, R. A. (1993). A test for the number of factors in an approximate factor model. *Journal of Finance* **48**: 1263–1292.

Fama, E. and French, K. R. (1992). The cross-section of expected stock returns. *Journal of Finance* **47**: 427–465.

Grinold, R. C. and Kahn, R. N. (2000). *Active Portfolio Management: A Quantitative Approach for Producing Superior Returns and Controlling Risk*, 2nd ed. McGraw-Hill, New York.

Johnson, R. A. and Wichern, D. W. (2007). *Applied Multivariate Statistical Analysis*, 6th ed. Prentice Hall, Upper Saddle River, NJ.

Kaiser, H. F. (1958). The varimax criterion for analytic rotation in factor analysis. *Psychometrika* **23**: 187–200.

Sharpe, W. (1970). *Portfolio Theory and Capital Markets*. McGraw-Hill, New York.

Zivot, E. and Wang, J. (2003). *Modeling Financial Time Series with S-Plus*. Springer New York.

第 10 章 多元波动率模型及其应用

本章将第 3 章中的一元波动率模型推广到多元情形, 并讨论一些方法来简化多个资产收益率波动率过程之间的动态关系. 多元波动率在金融中有许多重要的应用. 它们在组合选择与资产分配中非常重要, 而且可以用来计算包括多个资产的金融头寸的风险值.

考虑多元收益率序列 $\{r_t\}$. 我们采取与一元情形相同的方法将序列改写为

$$r_t = \mu_t + a_t,$$

这里 $\mu_t = \mathrm{E}(r_t|F_{t-1})$ 是 r_t 在给定过去信息 F_{t-1} 下的条件期望, $a_t = (a_{1t}, \cdots, a_{kt})'$ 是序列在 t 时刻的扰动或新息. 假定 μ_t 过程服从第 8 章中多元时间序列模型的条件期望过程, 因此 μ_t 是模型的一步向前预测. 对大多数收益率序列, 对 μ_t 采用一个带外生变量的简单向量 ARMA 结构就足够了, 即

$$\mu_t = \Upsilon x_t + \sum_{i=1}^{p} \Phi_i r_{t-i} - \sum_{i=1}^{q} \Theta_i a_{t-i} \tag{10.1}$$

这里 x_t 表示 m 维外生变量 (解释变量) 向量, 其中 $x_{1t} = 1$, Υ 是 $k \times m$ 矩阵, 且 p, q 为非负整数. 我们称 (10.1) 式为 r_t 的均值方程.

在给定 F_{t-1} 下 a_t 的条件方差矩阵是一个 $k \times k$ 的正定矩阵 Σ_t, 定义为

$$\Sigma_t = \mathrm{Cov}(a_t|F_{t-1}).$$

多元波动率的建模关心的是 Σ_t 随时间的演变. 我们对 Σ_t 指定一个模型称为收益率序列 r_t 的波动率模型.

将一元波动率模型推广到多元情形有许多种方法. 但是维数所带来的 "祸害" 很快成为应用中的一个主要阻碍, 因为对一个 k 维收益率序列而言, Σ_t 中有 $k(k+1)/2$ 个量. 为进一步说明, 对于一个五维的收益率序列, Σ_t 中有 15 个条件方差与条件协方差. 本章主要介绍一些相对简单的多元波动率模型. 它们很有用而且在实际应用中容易处理. 尤其是, 我们讨论了一些允许资产收益率间的相关系数是时变的模型. 时变相关性在金融中很有用. 例如, 它们可以用来估计一个收益率序列市场模型的时变系数 β.

10.1 节首先用指数加权方法来估计协方差矩阵. 这样估计的协方差矩阵可以作为多元波动率估计的基准. 10.2 节讨论文献中已有的一元 GARCH 模型的一些推广. 10.3 节介绍两种波动率建模中重新参数化 Σ_t 的方法. 基于 Cholesky 分解的重新参数化是非常有用的. 10.4 节以 GARCH 模型为例研究了二元收益率的波动

率模型. 在这个特例中, 波动率模型可以是二维或三维的. 10.5 节主要关注更高维收益率的波动率模型. 10.6 节强调了降低维数的问题. 10.7 节说明了多元波动率模型的一些应用. 最后, 10.8 节给出了对波动率建模有用的多元学生 $-t$ 分布.

10.1 指数加权估计

给定新息集合 $\boldsymbol{F}_{t-1} = \{\boldsymbol{a}_1, \cdots, \boldsymbol{a}_{t-1}\}$, 新息的无条件协方差矩阵可由下式估计:

$$\hat{\boldsymbol{\Sigma}} = \frac{1}{t-1} \sum_{j=1}^{t-1} \boldsymbol{a}_j \boldsymbol{a}_j',$$

这里 $\boldsymbol{a}_j$ 的均值理解为 0. 该估计对于和式中的每一项赋予相同的权重 $1/(t-1)$. 为了允许协方差有时变性并且强调对越靠近的新息相关性越大, 可以利用指数平滑的思想给出 $\boldsymbol{a}_t$ 协方差矩阵的下述估计:

$$\hat{\boldsymbol{\Sigma}}_t = \frac{1-\lambda}{1-\lambda^{t-1}} \sum_{j=1}^{t-1} \lambda^{j-1} \boldsymbol{a}_{t-j} \boldsymbol{a}_{t-j}', \tag{10.2}$$

其中 $0 < \lambda < 1$ 且权重 $(1-\lambda)\lambda^{j-1}/(1-\lambda^{t-1})$ 之和为 1. 对于满足 $\lambda^{t-1} \approx 0$ 的充分大的 t, 前面的估计可以改写为

$$\hat{\boldsymbol{\Sigma}}_t = (1-\lambda)\boldsymbol{a}_{t-1}\boldsymbol{a}_{t-1}' + \lambda \hat{\boldsymbol{\Sigma}}_{t-1}.$$

因此, (10.2) 式的估计称为协方差矩阵的指数加权滑动平均 (EWMA) 估计.

假定收益率数据为 $\{\boldsymbol{r}_1, \cdots, \boldsymbol{r}_T\}$. 给定 λ 和初始估计 $\hat{\boldsymbol{\Sigma}}_1$, 则 $\hat{\boldsymbol{\Sigma}}_t$ 可以递归计算出来. 若假定 $\boldsymbol{a}_t = \boldsymbol{r}_t - \boldsymbol{\mu}_t$ 服从均值为 0、协方差矩阵为 $\boldsymbol{\Sigma}_t$ 的多元正态分布 (这里 $\boldsymbol{\mu}_t$ 是参数 $\boldsymbol{\Theta}$ 的函数), 则可以用最大似然方法联合估计出 λ 和 $\boldsymbol{\Theta}$, 这是因为数据的似然函数是

$$\ln L(\boldsymbol{\Theta}, \lambda) \propto -\frac{1}{2} \sum_{t=1}^{T} |\boldsymbol{\Sigma}_t| - \frac{1}{2} \sum_{t=1}^{T} (\boldsymbol{r}_t - \boldsymbol{\mu}_t)' \boldsymbol{\Sigma}_t^{-1} (\boldsymbol{r}_t - \boldsymbol{\mu}_t),$$

用 $\hat{\boldsymbol{\Sigma}}_t$ 代替 $\boldsymbol{\Sigma}_t$ 可以递归地估算出上式.

例 10.1 为进一步说明, 考虑香港和日经 225 指数的股票市场指数的日对数收益率. 时间区间是从 2006 年 1 月 4 日至 2008 年 12 月 30 日, 共 713 个观测值. 指数是从雅虎财经频道中获取的. 为了简化, 我们只使用了两市均开市时的数据来计算对数收益率. 从图中可以清楚地看出最近的全球金融危机的影响. 图 10-1 给出了两个指数收益率的时间图. 令 r_{1t} 为香港股票市场的指数收益率, r_{2t} 为日本股票市场的指数收益率. 如果采用一元 GARCH 模型, 则我们得到以下模型

$$\begin{aligned}
r_{1t} &= 0.109 + a_{1t}, \quad a_{1t} = \sigma_{1t}\varepsilon_{1t}, \\
\sigma_{1t}^2 &= 0.038 + 0.143a_{1,t-1}^2 + 0.855\sigma_{1,t-1}^2,
\end{aligned} \tag{10.3}$$

$$r_{2t} = 0.003 + a_{2t}, \quad a_{2t} = \sigma_{2t}\varepsilon_{2t},$$
$$\sigma_{2t}^2 = 0.044 + 0.127a_{2,t-1}^2 + 0.861\sigma_{2,t-1}^2 \tag{10.4}$$

其中除了日经 225 指数收益率均值方程常数项外, 其他所有参数的估计值都在 5%的水平上显著. 两个单变量模型的标准化残差及其平方序列的 Ljung-Box 统计量未能显示出任何模型的非充分性. 两个波动率方程接近 IGARCH(1,1) 模型. 因为次债金融危机使得波动率增加, 所以这是合理的. 图 10-2 为使用两个单变量 GARCH(1,1) 模型估计得到的波动率. 事实上, 波动率序列证实了两个市场比 2008 年通常的波动性更大.

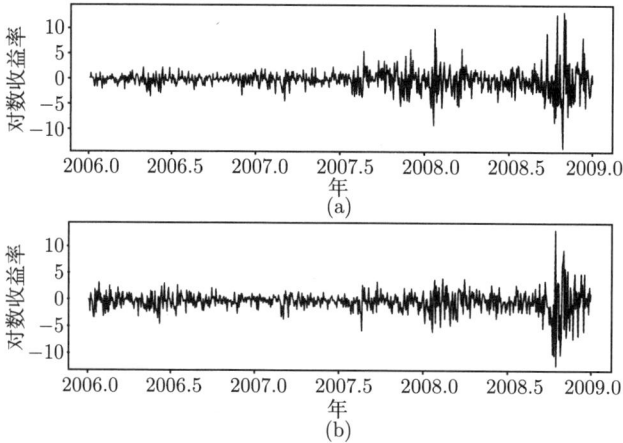

图 10-1　香港和日本股票市场指数的日对数收益率的时间图. 时间区间是从 2006 年1月4日到 2008 年12月30日, 收益率以百分比形式给出: (a) 香港市场; (b) 日本市场

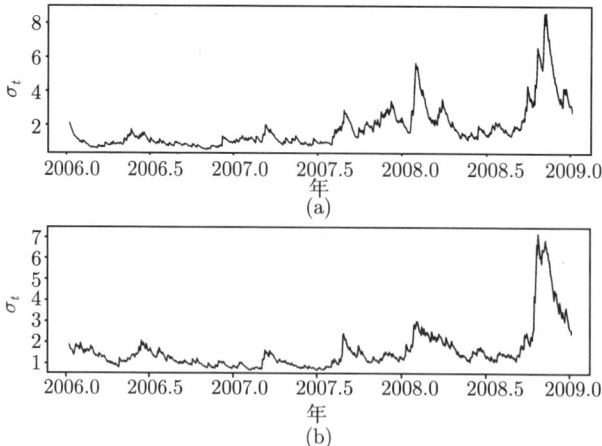

图 10-2　香港和日本股票市场指数日对数收益率的波动率 (标准误差) 的估计值. 时间区间是从 2006 年 1 月 4 日到 2008 年 12 月 30 日, 收益率以百分比给出: (a) 香港市场; (b) 日本市场. 所用的模型是一元模型

我们转向两元变量建模, 应用 EWMA 方法, 求波动率的估计值, 使用 S-Plus FinMetrics 中的命令mgarch:

```
> m3=mgarch(formula.mean=~arma(0,0),formula.var=~ewma1,
    series=rtn,trace=F)
> summary(m3)
Call:
mgarch(formula.mean =~arma(0,0), formula.var=~ewma1,
    series=rtn,trace = F)
Mean Equation: structure(.Data = ~arma(0,0), class="formula")
Conditional Var. Eq.: structure(.Data=~ewma1,class="formula")

Conditional Distribution:  gaussian
-------------------------------------------------------------
Estimated Coefficients:
-------------------------------------------------------------
          Value  Std.Error   t value  Pr(>|t|)
  C(1)  0.082425  0.030900    2.6675  0.007816
  C(2) -0.006849  0.030093   -0.2276  0.820020
 ALPHA  0.069492  0.004945   14.0517  0.000000
```

λ 的估计是 $1 - \hat{\alpha} = 1 - 0.069\,5 \approx 0.930\,5$. 该值处于实际中常见的范围内. 图 10-3 给出了用 EWMA 方法估计出的波动率序列. 与图 10-2 相比较, EWMA 方法给出的波动率序列更为平滑, 尽管在这两幅图中波动率具有相似的形式.

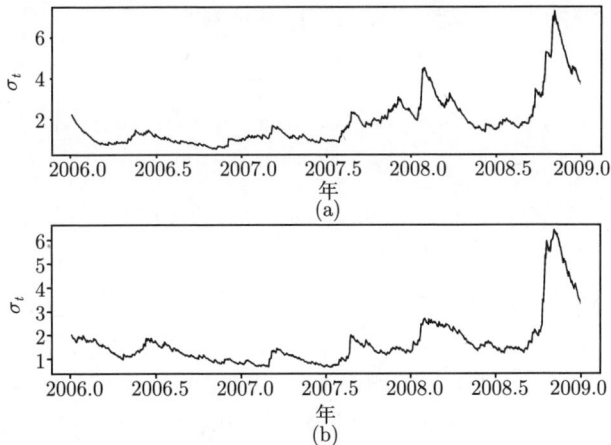

图 10-3　香港和日本股票市场指数的日对数收益率波动率 (标准误差) 估计的时间图. 时间区间是从 2006 年 1 月 4 日到 2008 年 12 月 30 日, 收益率以百分比形式给出; (a) 香港市场; (b) 日本市场. 用到了指数加权滑动平均方法

10.2　多元 GARCH 模型

很多作者已经把一元 GARCH 模型推广到多元情形. 本节将讨论这些推广中的一部分. 更多的细节, 读者可以参考最近的综述性文献, 如 Bauwens、Laurent 和

Rombouts(2004).

10.2.1 对角 VEC 模型

Bollerslev、Engle 和 Wooldridge(1988) 推广了指数加权滑动平均方法并提出了下述模型:

$$\boldsymbol{\Sigma}_t = \boldsymbol{A}_0 + \sum_{i=1}^{m} \boldsymbol{A}_i \odot (\boldsymbol{a}_{t-i}\boldsymbol{a}'_{t-i}) + \sum_{j=1}^{s} \boldsymbol{B}_j \odot \boldsymbol{\Sigma}_{t-j}, \tag{10.5}$$

其中 m 和 s 是非负整数, A_i 和 B_j 是对称矩阵, $\odot$ 表示 Hadamard 乘积, 即矩阵的相应元素相乘. (10.5) 式称为对角 VEC(m,s) 模型或 DVEC(m,s) 模型. 为了进一步理解该模型, 考虑满足下述关系式的二元 DVEC$(1, 1)$ 模型

$$
\begin{bmatrix} \sigma_{11,t} \\ \sigma_{21,t} & \sigma_{22,t} \end{bmatrix} = \begin{bmatrix} A_{11,0} \\ A_{21,0} & A_{22,0} \end{bmatrix}
$$
$$
+ \begin{bmatrix} A_{11,1} \\ A_{21,1} & A_{22,1} \end{bmatrix} \odot \begin{bmatrix} a_{1,t-1}^2 \\ a_{1,t-1}a_{2,t-1} & a_{2,t-1}^2 \end{bmatrix}
$$
$$
+ \begin{bmatrix} B_{11,1} \\ B_{21,1} & B_{22,1} \end{bmatrix} \odot \begin{bmatrix} \sigma_{11,t-1} \\ \sigma_{21,t-1} & \sigma_{22,t-1} \end{bmatrix},
$$

这里只给出了模型的下三角部分. 模型可以具体写为

$$\sigma_{11,t} = A_{11,0} + A_{11,1}a_{1,t-1}^2 + B_{11,1}\sigma_{11,t-1},$$
$$\sigma_{21,t} = A_{21,0} + A_{21,1}a_{1,t-1}a_{2,t-1} + B_{21,1}\sigma_{21,t-1},$$
$$\sigma_{22,t} = A_{22,0} + A_{22,1}a_{2,t-1}^2 + B_{22,1}\sigma_{22,t-1},$$

其中 $\boldsymbol{\Sigma}_t$ 的元素只依赖于其过去值和 $\boldsymbol{a}_{t-1}\boldsymbol{a}'_{t-1}$ 中的乘积项. 也就是说, DVEC 模型的每个元素都服从 GARCH$(1, 1)$ 模型, 从而该模型很简单. 然而, 它可能产生一个非正定的协方差矩阵. 进一步地, 模型不允许波动率序列之间的动态依赖性.

例 10.2 为了进一步说明, 考虑两个烟草公司的月简单收益率序列 (包含分红). 时间区间是从 1965 年 1 月到 2008 年 12 月, 共有 528 个观测. 令 r_{1t} 表示 Pfizer 股票的收益率, r_{2t} 表示 Merck 股票的收益率. 图 10-4 给出了二元序列 $\boldsymbol{r}_t = (r_{1t}, r_{2t})'$ 的时间图. 图像表明该二元序列没有显著的序列相关性. 因此, $\boldsymbol{r}_t$ 的均值方程只包含常数项. 在 S-plus 的 FinMetrics 中, 用命令 mgarch 给序列拟合一个 DVEC$(1, 1)$ 模型.

```
> rtn=cbind(pfe,mrk)  % Output edited.
> mdvec=mgarch(rtn~1,~dvec(1,1))
> summary(mdvec)
Call:
mgarch(formula.mean=rtn ~ 1, formula.var= ~ dvec(1, 1))
Mean Equation: structure(.Data =rtn ~ 1, class="formula")
Conditional Var. Eq.: structure(.Data=~dvec(1,1),
```

```
      class="formula")
Conditional Distribution:  gaussian
---------------------------------------------------------------
Estimated Coefficients:
---------------------------------------------------------------
                   Value Std.Error t value  Pr(>|t|)
        C(1) 1.350e-02 3.149e-03    4.285 2.174e-05
        C(2) 1.313e-02 3.043e-03    4.314 1.921e-05
      A(1, 1) 7.544e-04 3.939e-04    1.916 5.597e-02
      A(2, 1) 7.543e-05 3.468e-05    2.175 3.010e-02
      A(2, 2) 7.941e-05 3.871e-05    2.051 4.072e-02
  ARCH(1; 1, 1) 7.078e-02 2.757e-02    2.568 1.051e-02
  ARCH(1; 2, 1) 2.513e-02 8.492e-03    2.960 3.220e-03
  ARCH(1; 2, 2) 4.095e-02 1.213e-02    3.375 7.939e-04
 GARCH(1; 1, 1) 7.858e-01 9.055e-02    8.677 0.000e+00
 GARCH(1; 2, 1) 9.499e-01 1.671e-02   56.831 0.000e+00
 GARCH(1; 2, 2) 9.454e-01 1.469e-02   64.358 0.000e+00
---------------------------------------------------------------
Ljung-Box test for standardized residuals:
---------------------------------------------------------------
     Statistic P-value Chi^2-d.f.
pfe   9.531   0.6570      12
mrk  12.349   0.4181      12

Ljung-Box test for squared standardized residuals:
---------------------------------------------------------------
     Statistic P-value Chi^2-d.f.
pfe  22.077 0.03666      12
mrk   6.437 0.89246      12
> names(mdvec)
 [1] "residuals"     "sigma.t"      "df.residual"  "coef"
 [5] "model"         "cond.dist"    "likelihood"   "opt.index"
 [9] "cov"           "std.residuals" "R.t"         "S.t"
[13] "prediction"    "call"         "series"
```

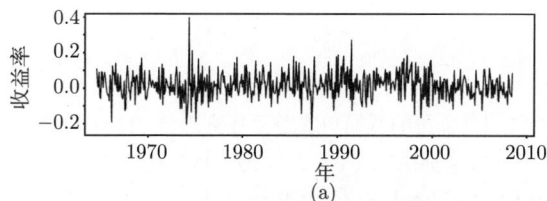

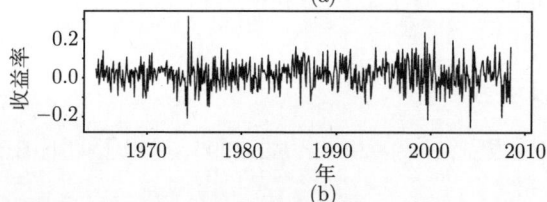

图 10-4 Pfizer 股票和 Merck 股票月简单收益率 (包含分红) 的时间图. 时间区间是从 1965 年 1 月到 2008 年 12 月: (a) Pfizer 股票; (b) Merck 股票

从输出结果来看, 所有的参数估计在 5% 的水平下都是显著的, 所拟合的波动率模型为

$$\sigma_{11,t} = 0.00075 + 0.071a_{1,t-1}^2 + 0.786\sigma_{11,t-1},$$

$$\sigma_{21,t} = 0.00008 + 0.025a_{1,t-1}a_{2,t-1} + 0.950\sigma_{21,t-1},$$

$$\sigma_{22,t} = 0.00008 + 0.041a_{2,t-1}^2 + 0.945\sigma_{22,t-1}.$$

输出结果还给出了一些对单只股票收益率进行模型检验的统计量. 例如, Pfizer 股票收益率的标准残差序列和标准残差平方序列的 Ljung-Box 统计量分别为 $Q(12) = 9.53(0.66)$ 和 $Q(12) = 12.35(0.42)$, 这里括号内的数字表示 p 值. 这样, 对两个收益率序列逐个检查所拟合的模型, 不能拒绝 DVEC(1, 1) 模型. 一种包含更多信息的模型检验方法是对该二元收益率序列的标准残差和标准残差平方序列应用多元 Q 统计量. 这里就不详细讲解了, 感兴趣的读者可以参阅 Li(2004). 图 10-5 给出了所拟合波动率和相关系数序列的时间图. 这些序列分别在 ''sigma.t'' 和 ''R.t'' 中进行了分类. 相关系数的变化范围是 0.42~0.84.

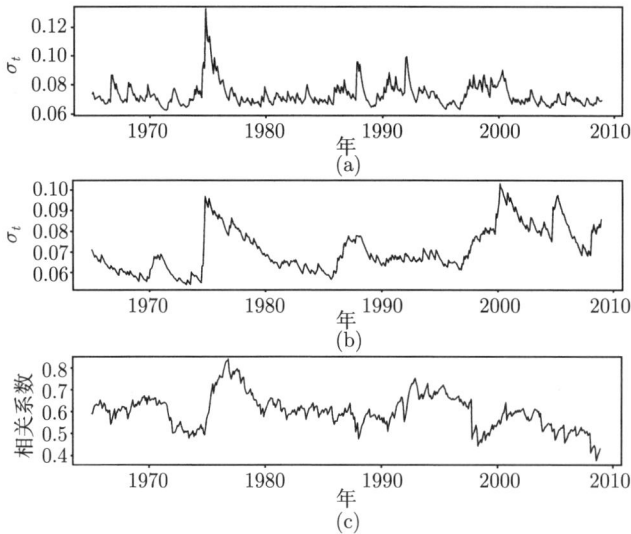

图 10-5　为两个主要烟草公司的月简单收益率序列拟合 (1, 1) 模型时的被估波动率和被估时变相关系数的时间图. 时间区间是从 1965 年 1 月到 2008 年 12 月: (a) Pfizer 股票波动率; (b) Merck 股票波动率; (c) 时变相关系数

10.2.2　BEKK 模型

为了保证正定性限制, Engle 和 Kroner(1995) 提出了如下 BEKK 模型:

$$\boldsymbol{\Sigma}_t = \boldsymbol{A}\boldsymbol{A}' + \sum_{i=1}^m \boldsymbol{A}_i(\boldsymbol{a}_{t-i}\boldsymbol{a}_{t-i}')\boldsymbol{A}_i' + \sum_{j=1}^s \boldsymbol{B}_j\boldsymbol{\Sigma}_{t-j}\boldsymbol{B}_j', \tag{10.6}$$

其中 A 是下三角矩阵且 A_i 和 B_i 是 $k \times k$ 矩阵. 基于模型的对称参数化, 若 AA' 是正定的, 则 Σ_t 几乎处处正定. 该模型允许波动率序列之间有动态依赖性. 另一方面, 模型有几个缺点. 第一, A_i 和 B_i 中的参数关于股票或波动率的延迟值没有直接的解释; 第二, 参数的个数是 $k^2(m+s) + k(k+1)/2$, 它会随 m 和 s 的增大而迅速增大. 有限的经验表明许多被估参数都是统计不显著的, 这使得在建模中存在大量的多余计算.

例 10.3 为了进一步说明, 考虑例 10.2 中 Pfizer 股票和 Merck 股票的月简单收益率, 并对它们应用 BEKK(1,1) 模型. 再一次用 S-plus 进行估计.

```
> mbekk=mgarch(rtn~1,~bekk(1,1))
> summary(mbekk)
Call:
mgarch(formula.mean = rtn ~ 1, formula.var = ~ bekk(1, 1))
Mean Equation: structure(.Data = rtn ~ 1, class = "formula")
Conditional Var. Eq.: structure(.Data=~bekk(1,1),
    class="formula")
Conditional Distribution: gaussian
-------------------------------------------------------------
Estimated Coefficients:
-------------------------------------------------------------
                      Value  Std.Error    t value   Pr(>|t|)
        C(1)      1.329e-02   0.003247   4.094e+00  4.907e-05
        C(2)      1.269e-02   0.003095   4.100e+00  4.792e-05
     A(1, 1)      2.505e-02   0.008382   2.988e+00  2.938e-03
     A(2, 1)      1.349e-02   0.004979   2.710e+00  6.946e-03
     A(2, 2)      3.272e-06   8.453262   3.870e-07  1.000e+00
 ARCH(1; 1, 1)    2.129e-01   0.084340   2.524e+00  1.190e-02
 ARCH(1; 2, 1)    9.963e-02   0.072156   1.381e+00  1.680e-01
 ARCH(1; 1, 2)    6.336e-02   0.076065   8.330e-01  4.052e-01
 ARCH(1; 2, 2)    1.824e-01   0.062133   2.936e+00  3.467e-03
 GARCH(1; 1, 1)   9.090e-01   0.063239   1.437e+01  0.000e+00
 GARCH(1; 2, 1)  -5.888e-02   0.047766  -1.233e+00  2.182e-01
 GARCH(1; 1, 2)  -8.231e-03   0.031512  -2.612e-01  7.940e-01
 GARCH(1; 2, 2)   9.824e-01   0.022587   4.349e+01  0.000e+00
-------------------------------------------------------------
Ljung-Box test for standardized residuals:
-------------------------------------------------------------
     Statistic P-value Chi^2-d.f.
pfe    9.465   0.6628      12
mrk   11.591   0.4791      12

Ljung-Box test for squared standardized residuals:
-------------------------------------------------------------
     Statistic P-value Chi^2-d.f.
pfe    21.55  0.04291      12
mrk     9.19  0.68664      12
```

S-plus 给出的基于单个残差序列的模型检验统计量不能说明所拟合的 BEKK(1,1)

模型是不充分的. 用二元标准化残差, 我们有 $Q_2(10) = 41.57(0.40), Q_2^*(10) =$ 65.71(0.006). 类似于 DVEC(1,1) 模型, 在 1% 的显著性水平下 Ljung-Box 统计量拒绝了该波动率模型. 图 10-6 给出了所拟合的波动率序列和 BEKK(1,1) 模型的时变相关系数. 与图 10-5 比较, 这两个拟合的波动率模型之间确实存在差别. 例如, BEKK(1,1) 模型的时变相关系数似乎波动更大.

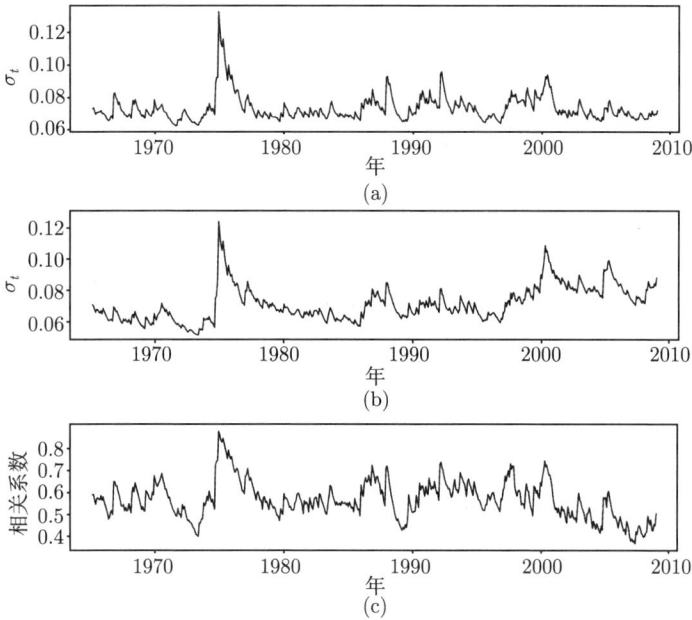

图 10-6　为两个主要烟草公司的月简单收益率序列拟合 BEKK(1, 1) 模型时的被估波动率 (标准差) 和被估时变相关系数的时间图. 时间区间是从 1965 年 1 月到 2008 年 12 月; (a) Pfizer 股票波动率; (b) Merck 股票波动率; (c) 时变相关系数

BEKK(1,1) 模型的波动率方程为

$$
\begin{bmatrix} \sigma_{11,t} & \sigma_{12,t} \\ \sigma_{21,t} & \sigma_{22,t} \end{bmatrix} = \begin{bmatrix} 0.025 & 0 \\ 0.013 & 3\times10^{-6} \end{bmatrix} \begin{bmatrix} 0.025 & 0.013 \\ 0 & 3\times10^{-6} \end{bmatrix}
$$
$$
+ \begin{bmatrix} 0.213 & 0.063 \\ 0.100 & 0.182 \end{bmatrix} \begin{bmatrix} a_{1,t-1}^2 & a_{1,t-1}a_{2,t-1} \\ a_{2,t-1}a_{1,t-1} & a_{2,t-1}^2 \end{bmatrix}
$$
$$
\begin{bmatrix} 0.213 & 0.100 \\ 0.063 & 0.182 \end{bmatrix} + \begin{bmatrix} 0.901 & -0.008 \\ -0.059 & 0.982 \end{bmatrix}
$$
$$
\begin{bmatrix} \sigma_{11,t-1} & \sigma_{12,t-1} \\ \sigma_{21,t-1} & \sigma_{22,t-1} \end{bmatrix} \begin{bmatrix} 0.901 & -0.059 \\ -0.008 & 0.982 \end{bmatrix},
$$

其中有 6 个参数的估计在 5% 的水平下都是不显著的. 一般来说, BEKK 模型趋向于包含一些显著的参数估计. 我们需要进行矩阵的乘积来解释所拟合的模型.

10.3 重新参数化

给多元波动率建模时有用的一步就是利用 $\mathbf{\Sigma}_t$ 的对称性将其重新参数化. 我们考虑 $\mathbf{\Sigma}_t$ 的两种重新参数化方法.

10.3.1 相关系数的应用

对 $\mathbf{\Sigma}_t$ 的第一种重新参数化方法是利用 $\boldsymbol{a}_t$ 的条件相关系数和方差. 具体地, 我们将 $\mathbf{\Sigma}_t$ 写为

$$\mathbf{\Sigma}_t \equiv [\sigma_{ij,t}] = \boldsymbol{D}_t\boldsymbol{\rho}_t\boldsymbol{D}_t, \tag{10.7}$$

其中 $\boldsymbol{\rho}_t$ 是 $\boldsymbol{a}_t$ 的条件相关矩阵, $\boldsymbol{D}_t$ 是 $k \times k$ 对角矩阵, 其元素为 $\boldsymbol{a}_t$ 各分量的条件标准差 [即 $\boldsymbol{D}_t = \mathrm{diag}\{\sqrt{\sigma_{11,t}}, \cdots, \sqrt{\sigma_{kk,t}}\}$].

因为 $\boldsymbol{\rho}_t$ 是具有单位对角元的对称阵, 所以 $\mathbf{\Sigma}_t$ 随时间演变是由条件方差 $\sigma_{ii,t}$ 与 $\boldsymbol{\rho}_t$ 的元素 $\rho_{ij,t}$ 控制的, 其中 $j < i, 1 \leqslant i \leqslant k$. 因此, 对 $\boldsymbol{a}_t$ 的波动率建模, 只要考虑 a_{it} 的条件方差和相关系数就足够了. 定义 $k(k+1)/2$ 维向量

$$\mathbf{\Xi}_t = (\sigma_{11,t}, \cdots, \sigma_{kk,t}, \boldsymbol{\varrho}_t')', \tag{10.8}$$

其中 $\boldsymbol{\varrho}_t$ 是对相关矩阵 $\boldsymbol{\rho}_t$ 进行列拉直得到的 $k(k-1)/2$ 维向量, 但是只利用了主对角下面的元素. 具体写出来, 对一个 k 维收益率序列,

$$\boldsymbol{\varrho}_t = (\rho_{21,t} \cdots, \rho_{k1,t}|\rho_{32,t}, \cdots, \rho_{k2,t}| \cdots |\rho_{k,k-1,t})'.$$

为进一步说明, 对于 $k = 2$, 我们有 $\boldsymbol{\varrho}_t = \rho_{21,t}$ 且

$$\mathbf{\Xi}_t = (\sigma_{11,t}, \sigma_{22,t}, \rho_{21,t})', \tag{10.9}$$

它是一个 3 维的向量. 对 $k = 3$, 我们有 $\boldsymbol{\varrho}_t = (\rho_{21,t}, \rho_{31,t}, \rho_{32,t})'$ 且

$$\mathbf{\Xi}_t = (\sigma_{11,t}, \sigma_{22,t}, \sigma_{33,t}, \rho_{21,t}, \rho_{31,t}, \rho_{32,t})', \tag{10.10}$$

它是一个 6 维的随机向量.

如果 $\boldsymbol{a}_t$ 是二元正态随机变量, 则 $\mathbf{\Xi}_t$ 由 (10.9) 式给出, 而且 $\boldsymbol{a}_t$ 在给定 $\boldsymbol{F}_{t-1}$ 下的条件密度函数为

$$f(a_{1t}, a_{2t}|\mathbf{\Xi}_t) = \frac{1}{2\pi\sqrt{\sigma_{11,t}\sigma_{22,t}(1 - \rho_{21,t}^2)}} \exp\left[-\frac{Q(a_{1t}, a_{2t}, \mathbf{\Xi}_t)}{2(1 - \rho_{21,t}^2)}\right],$$

其中

$$Q(a_{1t}, a_{2t}, \mathbf{\Xi}_t) = \frac{a_{1t}^2}{\sigma_{11,t}} + \frac{a_{2t}^2}{\sigma_{22,t}} - \frac{2\rho_{21,t}a_{1t}a_{2t}}{\sqrt{\sigma_{11,t}\sigma_{22,t}}}.$$

与最大似然估计有关的 $\boldsymbol{a}_t$ 的对数概率密度函数为

$$l(a_{1t}, a_{2t}, \Xi_t) = -\frac{1}{2} \left\{ \ln[\sigma_{11,t}\sigma_{22,t}(1-\rho_{21,t}^2)] + \frac{1}{1-\rho_{21,t}^2} \left(\frac{a_{1t}^2}{\sigma_{11,t}} + \frac{a_{2t}^2}{\sigma_{22,t}} - \frac{2\rho_{21,t}a_{1t}a_{2t}}{\sqrt{\sigma_{11,t}\sigma_{22,t}}} \right) \right\}.$$
(10.11)

这个重新参数化是很有用的, 因为它直接对协方差和相关阵建模. 然而此方法也有几个缺点. 第一, 当 $k \geqslant 3$ 时, 似然函数变得非常复杂. 第二, 此方法在估计中要求带限制的最大化以保证 $\boldsymbol{\Sigma}_t$ 的正定性. 当 k 很大时, 这个限制将变得很复杂.

10.3.2 Cholesky 分解

$\boldsymbol{\Sigma}_t$ 的第二个重新参数化是利用 Cholesky 分解. 参见第 8 章的附录 A. 这个方法在估计中有很多优点, 因为它不会为得到 $\boldsymbol{\Sigma}_t$ 的正定性加任何的参数限制. 参见 Pourahmadi (1999). 另外, 这种重新参数化方法是一个正交变换, 所以似然函数极其简单. 下面给出变换的细节.

因为 $\boldsymbol{\Sigma}_t$ 是正定的, 所以存在一个具有单位对角元素的下三角矩阵 $\boldsymbol{L}_t$ 和具有正对角元素的对角矩阵 $\boldsymbol{G}_t$, 满足

$$\boldsymbol{\Sigma}_t = \boldsymbol{L}_t \boldsymbol{G}_t \boldsymbol{L}_t'.$$
(10.12)

这就是著名的 $\boldsymbol{\Sigma}_t$ 的 Cholesky 分解. 该分解的一个特征是 $\boldsymbol{L}_t$ 对角线以下的元素与 $\boldsymbol{G}_t$ 的对角元素都有良好的解释. 我们通过仔细研究二元和三元的情形来说明这个分解. 对二元情形, 我们有

$$\boldsymbol{\Sigma}_t = \begin{bmatrix} \sigma_{11,t} & \sigma_{21,t} \\ \sigma_{21,t} & \sigma_{22,t} \end{bmatrix}, \quad \boldsymbol{L}_t = \begin{bmatrix} 1 & 0 \\ q_{21,t} & 1 \end{bmatrix}, \quad \boldsymbol{G}_t = \begin{bmatrix} g_{11,t} & 0 \\ 0 & g_{22,t} \end{bmatrix},$$

其中对 $i = 1$ 和 2, 有 $g_{ii,t} > 0$. 利用 (10.12) 式, 我们有

$$\boldsymbol{\Sigma}_t = \begin{bmatrix} \sigma_{11,t} & \sigma_{12,t} \\ \sigma_{12,t} & \sigma_{22,t} \end{bmatrix} = \begin{bmatrix} g_{11,t} & q_{21,t}g_{11,t} \\ q_{21,t}g_{11,t} & g_{22,t} + q_{21,t}^2 g_{11,t} \end{bmatrix}.$$

令上述矩阵方程两边的元素相等, 我们得到

$$\sigma_{11,t} = g_{11,t}, \quad \sigma_{21,t} = q_{21,t}g_{11,t}, \quad \sigma_{22,t} = g_{22,t} + q_{21,t}^2 g_{11,t}.$$
(10.13)

解这个方程, 我们有

$$g_{11,t} = \sigma_{11,t}, \quad q_{21,t} = \frac{\sigma_{21,t}}{\sigma_{11,t}}, \quad g_{22,t} = \sigma_{22,t} - \frac{\sigma_{21,t}^2}{\sigma_{11,t}}.$$
(10.14)

然而, 考虑简单的线性回归

$$a_{2t} = \beta a_{1t} + b_{2t},$$
(10.15)

其中 b_{2t} 表示误差项. 由著名的最小二乘理论, 我们有

$$\beta = \frac{\text{Cov}(a_{1t}, a_{2t})}{\text{Var}(a_{1t})} = \frac{\sigma_{21,t}}{\sigma_{11,t}},$$

$$\mathrm{Var}(b_{2t}) = \mathrm{Var}(a_{2t}) - \beta^2\mathrm{Var}(a_{1t}) = \sigma_{22,t} - \frac{\sigma_{21,t}^2}{\sigma_{11,t}}.$$

进一步, 误差项 b_{2t} 与回归项 a_{1t} 是不相关的. 因此, 利用 (10.14) 式, 我们有

$$g_{11,t} = \sigma_{11,t}, \quad q_{21,t} = \beta, \quad g_{22,t} = \mathrm{Var}(b_{2t}), \quad b_{2t}\perp a_{1t},$$

其中 $\perp$ 表示不相关. 总之, 2×2 矩阵 $\boldsymbol{\Sigma}_t$ 的 Cholesky 分解相当于从 $\boldsymbol{a}_t$ 到 $\boldsymbol{b}_t = (b_{1t}, b_{2t})'$ 进行的一个正交变换, 满足

$$b_{1t} = a_{1t} \text{ 和 } b_{2t} = a_{2t} - q_{21,t}a_{1t},$$

其中 $q_{21,t} = \beta$ 是通过 (10.15) 式的线性回归得到的, $\mathrm{Cov}(\boldsymbol{b}_t)$ 是对角元素为 $g_{ii,t}$ 的对角阵. 变换的量 $q_{21,t}$ 与 $g_{ii,t}$ 可以作如下解释:

(1) $\boldsymbol{G}_t$ 的第一个对角元素恰是 a_{1t} 的方差.

(2) $\boldsymbol{G}_t$ 的第二个对角元素是 (10.15) 式简单线性回归中残差的方差.

(3) 下三角矩阵 $\boldsymbol{L}_t$ 的元素 $q_{21,t}$ 是 (10.15) 式中的回归系数 β.

对高维情形, 以上性质仍然成立. 例如, 考虑三维情形

$$\boldsymbol{L}_t = \begin{bmatrix} 1 & 0 & 0 \\ q_{21,t} & 1 & 0 \\ q_{31,t} & q_{32,t} & 1 \end{bmatrix}, \quad \boldsymbol{G}_t = \begin{bmatrix} g_{11,t} & 0 & 0 \\ 0 & g_{22,t} & 0 \\ 0 & 0 & g_{3,t} \end{bmatrix}.$$

由 (10.12) 式中的分解, 我们有

$$\begin{bmatrix} \sigma_{11,t} & \sigma_{21,t} & \sigma_{31,t} \\ \sigma_{21,t} & \sigma_{22,t} & \sigma_{32,t} \\ \sigma_{31,t} & \sigma_{32,t} & \sigma_{33,t} \end{bmatrix}$$

$$= \begin{bmatrix} g_{11,t} & q_{21,t}g_{11,t} & q_{31,t}g_{11,t} \\ q_{21,t}g_{11,t} & q_{21,t}^2g_{11,t} + g_{22,t} & q_{31,t}q_{21,t}g_{11,t} + q_{32,t}g_{22,t} \\ q_{31,t}g_{11,t} & q_{31,t}q_{21,t}g_{11,t} + q_{32,t}g_{22,t} & q_{31,t}^2g_{11,t} + q_{32,t}^2g_{22,t} + g_{33,t} \end{bmatrix}.$$

令上述矩阵方程两边的元素相等, 我们有

$$\sigma_{11,t} = g_{11,t}, \quad \sigma_{21,t} = q_{21,t}g_{11,t}, \quad \sigma_{22,t} = q_{21,t}^2g_{11,t} + g_{22,t}, \quad \sigma_{31,t} = q_{31,t}g_{11,t},$$

$$\sigma_{32,t} = q_{31,t}q_{21,t}g_{11,t} + q_{32,t}g_{22,t}, \quad \sigma_{33,t} = q_{31,t}^2g_{11,t} + q_{32,t}^2g_{22,t} + g_{33,t}$$

或等价地,

$$g_{11,t} = \sigma_{11,t}, \quad q_{21,t} = \frac{\sigma_{21,t}}{\sigma_{11,t}}, \quad g_{22,t} = \sigma_{22,t} - q_{21,t}^2g_{11,t},$$

$$q_{31,t} = \frac{\sigma_{31,t}}{\sigma_{11,t}}, \quad g_{32,t} = \frac{1}{g_{22,t}}\left(\sigma_{32,t} - \frac{\sigma_{31,t}}{\sigma_{21,t}}\sigma_{11,t}\right),$$

$$g_{33,t} = \sigma_{33,t} - q_{31,t}^2 g_{11,t} - q_{32,t}^2 g_{22,t}.$$

这些量看起来很复杂, 但是它们只不过是下述正交变换的系数和残差的方差

$$b_{1t} = a_{1t}, \quad b_{2t} = a_{2t} - \beta_{21} b_{1t}, \quad b_{3t} = a_{3t} - \beta_{31} b_{1t} - \beta_{32} b_{2t},$$

其中 β_{ij} 是下述最小二乘回归的系数.

$$a_{2t} = \beta_{21} b_{1t} + b_{2t}, \quad a_{3t} = \beta_{31} b_{1t} + \beta_{32} b_{2t} + b_{3t}.$$

换句话说, 我们有 $q_{ij,t} = \beta_{ij}, g_{ii,t} = \mathrm{Var}(b_{it})$ 且对 $i \neq j$, 有 $b_{it} \perp b_{jt}$.

根据前面的讨论, 利用 Cholesky 分解相当于作一个从 $\boldsymbol{a}_t$ 到 $\boldsymbol{b}_t$ 的正交变换, 其中 $b_{1t} = a_{1t}$, 且 $b_{it}(1 < i \leqslant k)$ 是通过最小二乘回归递推定义的:

$$a_{it} = q_{i1,t} b_{1t} + q_{i2,t} b_{2t} + \cdots + q_{i(i-1),t} b_{(i-1)t} + b_{it}, \tag{10.16}$$

其中对于 $1 \leqslant j < i$, $q_{ij,t}$ 是下三角矩阵 $\boldsymbol{L}_t$ 的第 (i, j) 个元素.

我们可以将这个变换写为

$$\boldsymbol{b}_t = \boldsymbol{L}_t^{-1} \boldsymbol{a}_t, \text{ 或者 } \boldsymbol{a}_t = \boldsymbol{L}_t \boldsymbol{b}_t, \tag{10.17}$$

其中, 如前所述, $\boldsymbol{L}_t^{-1}$ 也是一个具有单位对角元素的下三角阵. $\boldsymbol{b}_t$ 的协方差矩阵是 Cholesky 分解中的对角阵 $\boldsymbol{G}_t$, 因为

$$\mathrm{Cov}(\boldsymbol{b}_t) = \boldsymbol{L}_t^{-1} \boldsymbol{\Sigma}_t (\boldsymbol{L}_t^{-1})' = \boldsymbol{G}_t.$$

在这样一个变换下, 与波动率建模相关的参数向量变为

$$\boldsymbol{\Xi}_t = (g_{11,t}, \cdots, g_{kk,t}, q_{21,t}, q_{31,t}, q_{32,t}, \cdots, q_{k1,t}, \cdots, q_{k(k-1),t})', \tag{10.18}$$

它也是一个 $k(k+1)/2$ 维的向量.

前面的正交变换也大大简化了数据的似然函数. 利用 $|\boldsymbol{L}_t| = 1$ 的事实, 我们有

$$|\boldsymbol{\Sigma}_t| = |\boldsymbol{L}_t \boldsymbol{G}_t \boldsymbol{L}_t'| = |\boldsymbol{G}_t| = \prod_{i=1}^{k} g_{ii,t}. \tag{10.19}$$

如果在给定过去信息的条件下 $\boldsymbol{a}_t$ 的条件分布是多元正态分布 $N(\boldsymbol{0}, \boldsymbol{\Sigma}_t)$, 则变换后的序列 $\boldsymbol{b}_t$ 的条件分布是多元正态分布 $N(\boldsymbol{0}, \boldsymbol{G}_t)$, 且数据的对数似然函数变得极其简单. 事实上, 我们有 $\boldsymbol{a}_t$ 的对数概率密度为

$$l(\boldsymbol{a}_t, \boldsymbol{\Sigma}_t) = l(\boldsymbol{b}_t, \boldsymbol{\Xi}_t) = -\frac{1}{2} \sum_{i=1}^{k} \left[\ln(g_{ii,t}) + \frac{b_{it}^2}{g_{ii,t}} \right], \tag{10.20}$$

这里为了简便, 忽略了常数项, 且 $g_{ii,t}$ 为 b_{it} 的方差.

利用 Cholesky 分解, 将 $\boldsymbol{\Sigma}_t$ 重新参数化有几个优点. 第一, 由 (10.19) 式, 如果对所有的 i, 有 $g_{ii,t} > 0$, 则 $\boldsymbol{\Sigma}_t$ 是正定的. 因此, $\boldsymbol{\Sigma}_t$ 的正定限制可以通过对 $\ln(g_{ii,t})$

而不是 $g_{ii,t}$ 建模很容易地得到. 第二, (10.18) 式中参数向量 Ξ_t 的元素有良好的解释. 它们是使得扰动与收益率正交化的多元线性回归的系数与残差的方差. 第三, a_{1t} 与 a_{2t} 间的相关系数为

$$\rho_{21,t} = \frac{\sigma_{21,t}}{\sqrt{\sigma_{11,t}\sigma_{22,t}}} = q_{21,t} \times \frac{\sqrt{\sigma_{11,t}}}{\sqrt{\sigma_{22,t}}},$$

若 $q_{21,t} \neq 0$, 则 $\rho_{21,t}$ 是时变的. 特别地, 如果 $q_{21,t} = c \neq 0$, 则 $\rho_{21,t} = c\sqrt{\sigma_{11,t}}/\sqrt{\sigma_{22,t}}$. 假定方差比 $\sigma_{11,t}/\sigma_{22,t}$ 不是常数, 则它仍然是时变的. 若 r_t 的维数大于 2, 时变性也适用于其他相关系数, 并且时变性是将 Σ_t 重新参数化的两种方法间的主要区别.

利用 (10.16) 式及变换后的扰动 b_{it} 之间的正交性, 我们有

$$\sigma_{ii,t} = \text{Var}(a_{it}|F_{t-1}) = \sum_{v=1}^{i} q_{iv,t}^2 g_{vv,t}, \quad i = 1, \cdots, k,$$

$$\sigma_{ij,t} = \text{Cov}(a_{it}, a_{jt}|F_{t-1}) = \sum_{v=1}^{j} q_{iv,t}q_{jv,t}g_{vv,t}, \quad j < i, \quad i = 2, \cdots, k,$$

其中对 $v = 1, \cdots, k.$, $q_{vv,t} = 1$. 这些方程给出了 Σ_t 在 Cholesky 分解下的参数化.

10.4　二元收益率的 GARCH 模型

因为可以用同样的方法将许多一元波动率模型推广到多元情形, 所以我们的讨论集中于多元 GARCH 模型. 也可以用其他的多元波动率模型.

对一个 k 维收益率序列 r_t, 多元 GARCH 模型利用 "精确方程" 来描述 $k(k+1)/2$ 维向量 Ξ_t 随时间的演变. 精确方程的意思是这个方程不包含任何的随机扰动. 然而, 精确方程即使是在最简单的情形 $k = 2$ 时也可能变得很复杂, 此时 Ξ_t 是三维的. 为了保持模型的简单性, 通常对方程加一些限制.

10.4.1　常相关模型

为了使波动率方程的个数较少, Bollerslev (1990) 考虑了相关系数非时变的特殊情形, 即 $\rho_{21,t} = \rho_{21}$, 其中 $|\rho_{21}| < 1$. 在此假定下, ρ_{21} 是一个常参数, 从而对 $\Xi_t^* = (\sigma_{11,t}, \sigma_{22,t})'$ 而言, 波动率模型包含两个参数. Ξ_t^* 的 GARCH(1,1) 模型变为

$$\Xi_t^* = \boldsymbol{\alpha}_0 + \boldsymbol{\alpha}_1 a_{t-1}^2 + \boldsymbol{\beta}_1 \Xi_{t-1}^*, \tag{10.21}$$

其中 $a_{t-1}^2 = (a_{1,t-1}^2, a_{2,t-1}^2)'$, $\boldsymbol{\alpha}_0$ 是一个二维正向量, 且 $\boldsymbol{\alpha}_1$ 和 $\boldsymbol{\beta}_1$ 是 2×2 非负正定矩阵. 更具体地, 此模型可以更详细地表示为

$$\begin{bmatrix} \sigma_{11,t} \\ \sigma_{22,t} \end{bmatrix} = \begin{bmatrix} \alpha_{10} \\ \alpha_{20} \end{bmatrix} + \begin{bmatrix} \alpha_{11} & \alpha_{12} \\ \alpha_{21} & \alpha_{22} \end{bmatrix} \begin{bmatrix} a_{1,t-1}^2 \\ a_{2,t-1}^2 \end{bmatrix} + \begin{bmatrix} \beta_{11} & \beta_{12} \\ \beta_{21} & \beta_{22} \end{bmatrix} \begin{bmatrix} \sigma_{11,t-1} \\ \sigma_{22,t-1} \end{bmatrix},$$
$$\tag{10.22}$$

其中对 $i = 1$ 和 2, 有 $\alpha_{i0} > 0$. 定义 $\boldsymbol{\eta}_t = \boldsymbol{a}_t^2 - \boldsymbol{\Xi}_t^*$, 我们可将前面的模型改写为

$$\boldsymbol{a}_t^2 = \boldsymbol{\alpha}_0 + (\boldsymbol{\alpha}_1 + \boldsymbol{\beta}_1)\boldsymbol{a}_{t-1}^2 + \boldsymbol{\eta}_t - \boldsymbol{\beta}_1\boldsymbol{\eta}_{t-1},$$

这是关于 $\boldsymbol{a}_t^2$ 过程的一个二元 ARMA(1,1) 模型. 这个结果是第 3 章中一元 GARCH(1,1) 模型的直接推广. 因此, 模型 (10.22) 的一些性质可以从第 8 章中的二元 ARMA(1,1) 模型的性质中很容易地得到. 特别地, 我们有如下结果.

(1) 如果 $\boldsymbol{\alpha}_1 + \boldsymbol{\beta}_1$ 所有的特征值都是正的, 并小于 1, 则 $\boldsymbol{a}_t^2$ 的二元 ARMA(1,1) 模型是弱平稳的, 从而 $\mathrm{E}(\boldsymbol{a}_t^2)$ 存在. 这意味着收益率的扰动过程 $\boldsymbol{a}_t$ 有正定的无条件协方差矩阵. $\boldsymbol{a}_t$ 各分量的无条件方差是 $(\sigma_1^2, \sigma_2^2)' = (\boldsymbol{I} - \boldsymbol{\alpha}_1 - \boldsymbol{\beta}_1)^{-1}\boldsymbol{\phi}_0$, 且分量 a_{1t} 与 a_{2t} 间的无条件协方差是 $\rho_{21}\sigma_1\sigma_2$.

(2) 如果 $\alpha_{12} = \beta_{12} = 0$, 则 a_{1t} 的波动率不依赖于 a_{2t} 过去的波动率. 类似地, 如果 $\alpha_{21} = \beta_{21} = 0$, 则 a_{2t} 的波动率不依赖于 a_{1t} 过去的波动率.

(3) 如果 $\boldsymbol{\alpha}_1$ 和 $\boldsymbol{\beta}_1$ 是对角的, 则此模型简化为两个一元 GARCH(1,1) 模型. 此时, 这两个波动率过程不再是动态相关的.

(4) 可以利用向量 ARMA(1,1) 模型的预测方法类似地得到该模型的波动率预测. 参见第 3 章中的一元情形. 以 h 为预测原点的向前 1 步波动率预测为

$$\boldsymbol{\Xi}_h^*(1) = \boldsymbol{\alpha}_0 + \boldsymbol{\alpha}_1\boldsymbol{a}_h^2 + \boldsymbol{\beta}_1\boldsymbol{\Xi}_h^*.$$

对向前 l 步预测, 我们有

$$\boldsymbol{\Xi}_h^*(l) = \boldsymbol{\alpha}_0 + (\boldsymbol{\alpha}_1 + \boldsymbol{\beta}_1)\boldsymbol{\Xi}_h^*(l-1), \quad l > 1.$$

这些预测是对 a_{it} 的边际波动率的预测. a_{1t} 与 a_{2t} 之间的向前 l 步协方差预测为 $\hat{\rho}_{21}[\sigma_{11,h}(l)\sigma_{22,h}(l)]^{0.5}$, 其中 $\hat{\rho}_{21}$ 是 ρ_{21} 的估计, $\sigma_{ii,h}(l)$ 是 $\boldsymbol{\Xi}_h^*(l)$ 的分量.

例 10.4 再次考虑例 10.1 中的香港市场和日本市场的日对数收益率. 利用二元 GARCH 模型, 我们得到了对数据拟合较好的一个常相关模型. 第一个二元模型的均值方程为

$$r_{1t} = 0.101 + a_{1t},$$
$$r_{2t} = 0.002 + a_{2t},$$

其中 AR(6) 系数的标准误差为 0.044. 第一个模型的波动率方程为

$$
\begin{bmatrix} \sigma_{11,t} \\ \sigma_{22,t} \end{bmatrix} = \begin{bmatrix} 0.079 \\ (0.019) \\ 0.054 \\ (0.019) \end{bmatrix} + \begin{bmatrix} 0.145 & \\ (0.022) & \\ & 0.105 \\ & (0.014) \end{bmatrix} \begin{bmatrix} a_{1,t-1}^2 \\ a_{2,t-1}^2 \end{bmatrix}
$$
$$
+ \begin{bmatrix} 0.833 & \\ (0.023) & \\ & 0.875 \\ & (0.020) \end{bmatrix} \begin{bmatrix} \sigma_{11,t-1} \\ \sigma_{22,t-1} \end{bmatrix},
$$

(10.23)

其中小括号内的数值为标准误差. 两个收益率之间的常相关系数的估计为 0.668.

令 $\tilde{a}_t = (\tilde{a}_{1t}, \tilde{a}_{2t})'$ 是标准化残差, 其中 $\tilde{a}_{it} = a_{it}/\sqrt{\sigma_{ii,t}}$. $\tilde{a}_t$ 的 Ljung-Box 统计量给出 $Q_2(4) = 17.29(0.37)$ 和 $Q_2(12) = 48.21(0.46)$, 括号内的数字表示 p 值. 这里的 p 值是分别基于自由度为 16 和 48 的卡方分布. 在 S-Plus 结果中给出的单个序列 $\tilde{a}_{it}$ 的 Q 统计量也不能表明任何模型的非充分性. 因此, 方程 (10.23) 的常相关模型拟合数据非常合理. 图 10-7 表明模型 (10.23) 拟合的波动率过程, 这可以与例 10.1 的波动率过程进行比较.

(10.23) 式的模型给出了两个分离的波动率方程, 这表明两个市场的波动率不是动态相关的, 但它们是同步相关的. 我们将这种模型称为二元对角常相关模型. 在实际应用中, 因为市场之间存在波动率动态依赖的可能性, 也就是说, 存在波动率溢出效应, 所以这种模型可能不适用. 最后, 使用 S-Plus 可以很容易地估计常相关模型. 用 S-plus 可以很容易地估计常相关模型:

> mccc = mgarch (rtn~1,~ccc(1,1),trace=F)

> summary (mccc)

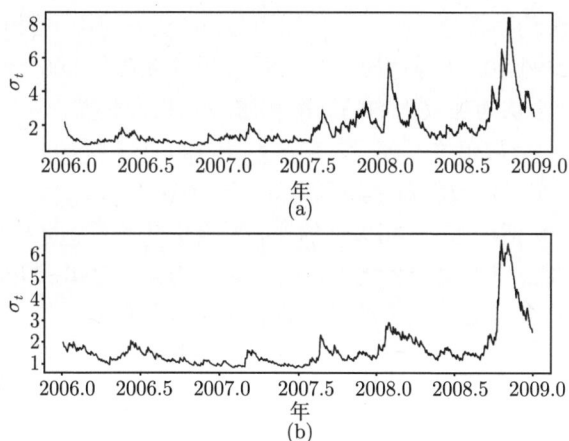

图 10-7   香港和日本股票市场指数日对数收益率的波动率的估计值. 时间区间是从 2006 年 1 月 4 日到 2008 年 12 月 30 日, 收益率以百分比给出的: (a) 香港市场; (b) 日本市场. 所用模型为 (10.23) 式

例 10.5   作为第二个解释, 考虑第 8 章使用的 IBM 股票和标准普尔 500 指数月对数收益. 时间区间是从 1926 年 1 月至 1999 年 12 月, 且收益率以百分比形式给出. 令 r_{1t} 和 r_{2t} 分别表示 IBM 股票和标准普尔 500 指数的月对数收益. 如果利用一个常相关的 GARCH(1,1) 模型, 则我们得到的均值方程为

$$r_{1t} = 1.351 + 0.072r_{1,t-1} + 0.055r_{1,t-2} - 0.119r_{2,t-2} + a_{1t}, \quad r_{2t} = 0.703 + a_{2t},$$

第一个方程中参数的标准误差分别为 0.225, 0.029, 0.034 和 0.044, 第二个方程中参

数的标准误差为 0.155. 波动率方程是

$$
\begin{bmatrix} \sigma_{11,t} \\ (0.59) \\ \sigma_{22,t} \\ (0.47) \end{bmatrix} = \begin{bmatrix} 2.98 \\ (0.59) \\ 2.09 \\ (0.47) \end{bmatrix} + \begin{bmatrix} 0.079 \\ (0.013) \\ 0.042 & 0.045 \\ (0.009) & (0.010) \end{bmatrix} \begin{bmatrix} a_{1,t-1}^2 \\ a_{2,t-1}^2 \end{bmatrix} + \begin{bmatrix} 0.873 & -0.031 \\ (0.020) & (0.009) \\ -0.066 & 0.913 \\ (0.015) & (0.014) \end{bmatrix} \begin{bmatrix} \sigma_{11,t-1} \\ \sigma_{22,t-1} \end{bmatrix},
$$

$$(10.24)$$

小括号内的数值为标准误差. 常相关系数是 0.614, 标准误差为 0.020. 利用标准化残差, 我们得到 Ljung-Box 统计量 $Q_2(4) = 16.77(0.21)$, $Q_2(8) = 32.40(0.30)$, 括号内的 p 值是分别从自由度为 13 和 29 的 χ^2 分布得到的. 这里的自由度已经调整了, 因为均值方程包含三个延迟预测. 对标准化残差的平方, 我们有 $Q_2^*(4) = 18.00(0.16)$, $Q_2^*(8) = 39.09(0.10)$. 因此, 在 5%的显著水平下, 标准化的残差 $\tilde{a}_t$ 没有序列相关性或条件异方差性. 该二元 GARCH(1,1) 模型表明这两个月对数收益的波动率之间具有反馈关系.

10.4.2 时变相关模型

常相关系数波动率模型的一个主要缺点是: 在实际应用中, 相关系数有随时间变化的趋势. 考虑例 10.5 中使用的 IBM 股票和标准普尔 500 指数的月对数收益率. 我们很难有理由认为加权平均的标准普尔 500 指数收益率与在过去 70 多年的 IBM 收益率保持一个常相关系数. 图 10-8 利用 120 个 (即 10 年) 观测值的一个滑动窗口, 给出了两个月对数收益率序列之间的样本相关系数. 这个相关性随时间变化, 且看上去近年来正在递减. 相关性的递减趋势并不奇怪, 因为 IBM 市场资本化在较大的美国工业公司中的排名近年来已经改变. Tse (2000) 提出了一个拉格朗日乘子统计量来检验多元 GARCH 模型中常相关系数的假定.

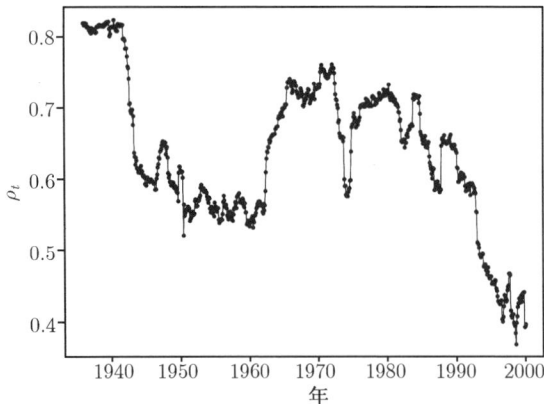

图 10-8   IBM 股票与标准普尔 500指数的月对数收益率的样本相关系数. 这个相关系数是由120个观察值的滑动窗口计算出来的. 样本时间区间是1926年1月至1999年12月

在 GARCH 框架内放松常相关限制的一个简单方法是对条件相关系数指定一

个精确方程. 这可以利用 10.3 节讨论的 Σ_t 的两种重新参数化方法, 进而通过两种方法来进行. 首先, 我们直接利用相关系数. 因为 IBM 股票和标准普尔 500 指数收益率间的相关系数为正, 而且一定在区间 $[0,1]$ 中, 所以我们用方程

$$\rho_{21,t} = \frac{\exp(q_t)}{1+\exp(q_t)}, \tag{10.25}$$

其中

$$q_t = \varpi_0 + \varpi_1 \rho_{21,t-1} + \varpi_2 \frac{a_{1,t-1}a_{2,t-1}}{\sqrt{\sigma_{11,t-1}\sigma_{22,t-1}}},$$

$\sigma_{ii,t-1}$ 是扰动 $a_{i,t-1}$ 的条件方差. 我们将此方程称为相关系数的一个 GARCH(1,1) 模型, 这是因为它利用了两个扰动的 1 步延迟交叉相关系数与 1 步延迟交叉乘积. 如果 $\varpi_1 = \varpi_2 = 0$, 则模型 (10.25) 退化为常相关的情形.

总之, 时变相关的二元 GARCH(1,1) 模型包含了两套方程. 第一套方程包含了条件方差的一个二元 GARCH(1,1) 模型. 第二套方程是 (10.25) 式中相关系数的一个 GARCH(1,1) 模型. 实际中, 如果相关系数为负, 则可以在 (10.25) 式中添加一个负号. 一般来讲, 当相关性的符号未知时, 我们可以利用相关系数的费希尔变换 (Fisher Transformation).

$$q_t = \ln\left(\frac{1+\rho_{21,t}}{1-\rho_{21,t}}\right) \ \text{或} \ \rho_{21,t} = \frac{\exp(q_t)-1}{\exp(q_t)+1},$$

并对 q_t 采用一个 GARCH 模型来对两个收益率之间的时变相关系数建模.

例 10.5(续) 对 IBM 股票和标准普尔 500 指数的月对数收益率我们建立了 (10.24) 式的 GARCH(1,1) 模型. 将 (10.25) 式增加到其中, 并进行联合估计, 则对两个序列我们得到下面的模型:

$$r_{1t} = 1.318 + 0.076r_{1,t-1} - 0.068r_{2,t-2} + a_{1t},$$
$$r_{2t} = 0.673 + a_{2t}.$$

第一个方程中三个参数的标准误差分别为 0.215, 0.026 和 0.034, 第二个方程中参数的标准误差为 0.151. 波动率方程为

$$\begin{bmatrix} \sigma_{11,t} \\ \sigma_{22,t} \end{bmatrix} = \begin{bmatrix} 2.80 \\ (0.58) \\ 1.71 \\ (0.40) \end{bmatrix} + \begin{bmatrix} 0.084 \\ (0.013) \\ 0.037 & 0.054 \\ (0.009) & (0.010) \end{bmatrix} \begin{bmatrix} a_{1,t-1}^2 \\ a_{2,t-1}^2 \end{bmatrix} + \begin{bmatrix} 0.864 & -0.020 \\ (0.021) & (0.009) \\ -0.058 & 0.914 \\ (0.014) & (0.013) \end{bmatrix} \begin{bmatrix} \sigma_{11,t-1} \\ \sigma_{22,t-1} \end{bmatrix},$$

$$\tag{10.26}$$

如前, 小括号内的数值为标准误差. 条件相关系数方程为

$$\rho_t = \frac{\exp(q_t)}{1+\exp(q_t)}, \quad q_t = -2.024 + 3.983\rho_{t-1} + 0.088\frac{a_{1,t-1}a_{2,t-1}}{\sqrt{\sigma_{11,t-1}\sigma_{22,t-1}}}, \tag{10.27}$$

估计的标准误差分别为 0.050, 0.090 和 0.019. 上述相关系数方程的参数是高度显

著的. 对标准化残差 $\tilde{a}_t$ 应用 Ljung-Box 统计量, 有 $Q_2(4) = 20.57(0.11)$, $Q_2(8) = 36.08(0.21)$. 对残差序列的平方, 有 $Q_2^*(4) = 16.69(0.27)$, $Q_2^*(8) = 36.71(0.19)$. 因此, 模型的标准化残差没有显著的序列相关性或条件异方差性.

将这个时变相关系数的 GARCH(1,1) 模型与 (10.24) 式中的常相关系数的 GARCH(1,1) 模型进行比较很有趣. 第一, 两个模型的均值方程和波动率方程都接近. 第二, 图 10-9 给出了基于模型 (10.27) 对 IBM 股票和标准普尔 500 指数的月对数收益率所拟合的条件相关系数的时间图. 此图表明该相关系数随时间波动, 而且近几年变得更小. 后一个特征与图 10-8 的结论一致. 第三, 对相关系数拟合的平均值为 0.612, 这与 (10.24) 式中常相关模型的估计 0.614 基本相同. 第四, 利用 r_{it} 的样本方差作为条件方差的初始值. 观测值从 $t = 4$ 到 $t = 888$. 则对常相关 GARCH(1,1) 模型, 其对数似然函数的最大值为 -3691.21; 对时变相关 GARCH(1,1) 模型, 其对数似然函数的最大值为 -3679.64. 这表明, 与常相关模型相比时变相关模型的确有一些显著的改善. 第五, 考虑两个模型以 $h = 888$ 为预测原点的向前 1 步波动率预测. 对 (10.24) 式的常相关模型, 我们有 $a_{1,888} = 3.075$, $a_{2,888} = 4.931$, $\sigma_{11,888} = 77.91$, $\sigma_{22,888} = 21.19$. 因此, 对条件协方差矩阵的向前 1 步预测为

$$\hat{\boldsymbol{\Sigma}}_{888}(1) = \begin{bmatrix} 71.09 & 21.83 \\ 21.83 & 17.79 \end{bmatrix},$$

其中协方差是通过常相关系数 0.614 得到的. 对于 (10.26) 式和 (10.27) 式的时变相关模型, 我们有 $a_{1,888} = 3.287$, $a_{2,888} = 4.950$, $\sigma_{11,888} = 83.35$, $\sigma_{22,888} = 28.56$, $\rho_{888} = 0.546$. 协方差矩阵的向前 1 步预测为

$$\hat{\boldsymbol{\Sigma}}_{888}(1) = \begin{bmatrix} 75.15 & 23.48 \\ 23.48 & 24.70 \end{bmatrix},$$

其中相关系数的预测为 0.545.

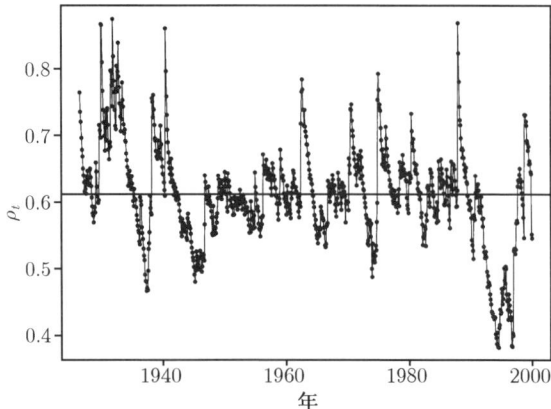

图 10-9 为 IBM 股票与标准普尔 500 指数月对数收益率的条件相关系数拟合例 10.5 中时变相关系数 GARCH(1,1) 模型时的时间图. 水平线是相关系数的平均值 0.612

在第二个方法中, 我们利用 Σ_t 的 Cholesky 分解来对时变相关性建模. 对二元情形, 参数向量为 $\Xi_t = (g_{11,t}, g_{22,t}, q_{21,t})'$. 参见 (10.18) 式. 假定 a_t 服从下述简单 GARCH(1,1) 类模型

$$
\begin{aligned}
g_{11,t} &= \alpha_{10} + \alpha_{11}b_{1,t-1}^2 + \beta_{11}g_{11,t-1}, \\
q_{21,t} &= \gamma_0 + \gamma_1 q_{21,t-1} + \gamma_2 a_{2,t-1}, \\
g_{22,t} &= \alpha_{20} + \alpha_{21}b_{1,t-1}^2 + \alpha_{22}b_{2,t-1}^2 + \beta_{21}g_{11,t-1} + \beta_{22}g_{22,t-1},
\end{aligned}
\tag{10.28}
$$

其中, $b_{1t} = a_{1t}$, $b_{2t} = a_{2t} - q_{21,t}a_{1t}$. 这样, 假定 b_{1t} 为一个一元 GARCH(1,1) 模型, b_{2t} 使用一个二元 GARCH(1,1) 模型, $q_{21,t}$ 是自相关的, 并将 $a_{2,t-1}$ 作为一个额外的解释变量. 与 MLE 相关的概率密度函数由 (10.20) 式给出, 取 $k = 2$.

例 10.5(续) 我们再次使用 IBM 股票和标准普尔 500 指数的月对数收益率来说明 (10.28) 式的波动率模型. 利用与前面同样的指定, 我们得到拟合的均值方程为

$$
r_{1t} = 1.364 + 0.075r_{1,t-1} - 0.058r_{2,t-2} + a_{1t}, \quad r_{2t} = 0.643 + a_{2t},
$$

其中, 第一个方程中参数的标准误差分别为 0.219, 0.027 和 0.032, 第二个方程中参数的标准误差为 0.154. 这两个均值方程都接近于以前得到的结果. 拟合的波动率模型为

$$
\begin{aligned}
g_{11,t} &= 3.714 + 0.113b_{1,t-1}^2 + 0.804g_{11,t-1}, \\
q_{21,t} &= 0.002\,9 + 0.991\,5q_{21,t-1} - 0.004\,1a_{2,t-1}, \\
g_{22,t} &= 1.023 + 0.021b_{1,t-1}^2 + 0.052b_{2,t-1}^2 - 0.040g_{11,t-1} + 0.937g_{22,t-1},
\end{aligned}
\tag{10.29}
$$

其中 $b_{1t} = a_{1t}$, $b_{2t} = a_{2t} - q_{21,t}b_{1t}$. 方程 $g_{11,t}$ 中参数的标准误差分别为 1.033, 0.022 和 0.037. 方程 $q_{21,t}$ 中参数的标准误差分别为 0.001, 0.002 和 0.000 4, 方程 $g_{22,t}$ 中参数的标准误差分别为 0.344, 0.007, 0.013 和 0.015. 所有的估计都在 1%水平下显著.

条件协方差矩阵 Σ_t 可以利用 (10.12) 式中的 Cholesky 分解从模型 (10.29) 中得到. 对二维情形, 这个关系在 (10.13) 式中已经详细给出. 因此, 我们得到时变相关系数为

$$
\rho_t = \frac{\sigma_{21,t}}{\sqrt{\sigma_{11,t}\sigma_{22,t}}} = \frac{q_{21,t}\sqrt{g_{11,t}}}{\sqrt{g_{22,t} + q_{21,t}^2 g_{11,t}}}.
\tag{10.30}
$$

利用 $\sigma_{11,t}$ 和 $\sigma_{22,t}$ 的拟合值, 我们可以计算标准化残差来进行模型检验. 模型 (10.29)的标准化残差的Ljung-Box统计量为 $Q_2(4) = 19.77(0.14)$, $Q_2(8) = 34.22(0.27)$. 对标准化残差的平方, 我们有 $Q_2^*(4) = 15.34(0.36)$, $Q_2^*(8) = 31.87(0.37)$. 这样, 所拟合的模型在描述条件均值和波动率方面是充分的. 这个模型反映了该相关性有很强的动态依赖. 这可从 (10.29) 式的系数 0.991 5 看出.

图 10-10 给出了 (10.30) 式拟合的时变相关系数. 它给出了比图 10-9 更光滑的相关模式, 并确认了相关系数的递减趋势. 特别地, 所拟合的最近几年的相关系数要小于其他模型的拟合值. 对 IBM 股票和标准普尔 500 指数的月对数收益率的两个时变相关模型具有相当的最大似然函数值, 大约为 $-3\,672$, 这表明拟合是相似的. 然而, 基于 Cholesky 分解的方法可能有一些优点. 首先, 它并不要求为了保证 $\mathbf{\Sigma}_t$ 的正定性而在估计中做任何参数限制. 如果也利用了 $g_{ii,t}$ 的对数变换, 则对整个的波动率模型都不需要限制. 其次, 在变换下, 对数似然函数变得很简单. 最后, 时变参数 $q_{ij,t}$ 和 $g_{ii,t}$ 有良好的解释. 然而, 该变换使得推断有点复杂, 因为拟合的模型可能依赖于 $\mathbf{a}_t$ 中元素的次序. 请记住, a_{1t} 没有变换. 理论上, $\mathbf{a}_t$ 中元素的次序应该不会对波动率产生影响.

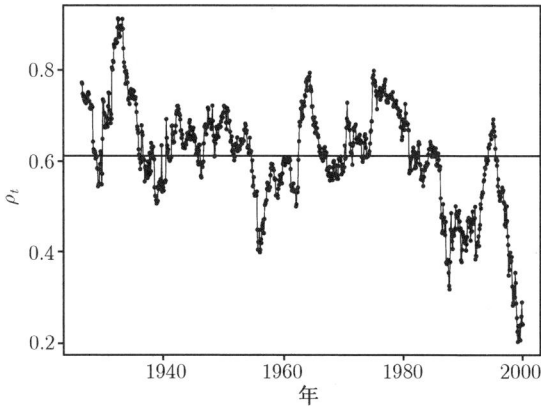

图 10-10 用带 Cholesky 分解的时变相关系数 GARCH(1,1) 模型拟合的 IBM 股票与标准普尔 500 指数的月对数收益率的条件相关系数. 水平线是相关系数的平均值 0.612

最后, 对于新的时变相关模型, 以 $t=888$ 为预测原点, 条件协方差矩阵的向前 1 步预测为

$$\hat{\mathbf{\Sigma}}_{888}(1) = \begin{bmatrix} 73.45 & 7.34 \\ 7.34 & 17.87 \end{bmatrix}.$$

由此得到的相关系数的预测为 0.203. 该值远远小于前两个模型给出的结果. 然而, 条件方差的预测与前面类似.

10.4.3 动态相关模型

对于 $\boldsymbol{\rho}_t$, 利用 (10.7) 式中的参数化, 有些作者提议利用参数个数更为节约的模型来描述时变的相关系数. 我们把那种模型称为动态条件相关 (DCC) 模型.

对于 k 维收益率, Tse 和 Tsui (2002) 假定条件相关矩阵 $\boldsymbol{\rho}_t$ 服从模型

$$\boldsymbol{\rho}_t = (1 - \theta_1 - \theta_2)\boldsymbol{\rho} + \theta_1 \boldsymbol{\rho}_{t-1} + \theta_2 \boldsymbol{\psi}_{t-1},$$

其中 θ_1 和 θ_2 是标量参数, ρ 为对角元素为 1 的 $k \times k$ 正定 - 半正定矩阵, ψ_{t-1} 为对预先确定的 m 使用从 $t-m, \cdots, t-1$ 个冲击的 $k \times k$ 样本相关系数矩阵. 通常情况下, 假设 $0 \leqslant \theta_i < 1$, $\theta_1 + \theta_2 < 1$, 因此对所有 t, 得到的相关矩阵 ρ_t 为正定矩阵. 对于给定的 ρ, 模型具有简洁性. 在应用上, ρ 和 m 的选择值得仔细研究. 一种可能性就是令 ρ 为收益率的样本相关矩阵. 于是, 相关方程仅使用了两个参数.

Engle(2002) 提出了如下模型:

$$\rho_t = J_t Q_t J_t,$$

其中, $Q_t = (q_{ij,t})_{k \times k}$ 是正定矩阵, $J_t = \mathrm{diag}\{q_{11,t}^{-1/2}, \cdots, q_{kk,t}^{-1/2}\}$, 且 Q_t 满足

$$Q_t = (1 - \theta_1 - \theta_2)\overline{Q} + \theta_1 \varepsilon_{t-1} \varepsilon_{t-1}' + \theta_2 Q_{t-1},$$

上式中 ε_t 是标准化的新息向量, 其第 i 个分量为 $\varepsilon_{it} = a_{it}/\sqrt{\sigma_{ii,t}}$, 且 $\overline{Q}$ 是 ε_t 的无条件协方差矩阵, θ_1 和 θ_2 是满足 $0 < \theta_1 + \theta_2 < 1$ 的非负刻度参数. J_t 是用来标准化的矩阵以保证 R_t 是相关矩阵.

上述两个模型有一个明显的缺陷, 即 θ_1 和 θ_2 是刻度, 因此所有的条件相关系数具有相同的动态性. 在实际应用中, 很难去判断这是否合理, 尤其是当维数 k 较大时.

Tsay(2006) 用两种方法推广了前面的 DCC 模型. 第一种是假设方程 (10.42) 标准化新息服从多元学生 $-t$ 分布. 第二种是边际波动率模型存在杠杆效应. 具体来讲, r_t 的波动率方程为

$$D_t^2 = \Lambda_0 + \Lambda_1 D_{t-1}^2 + \Lambda_2 A_{t-1}^2 + \Lambda_3 L_{t-1}^2, \tag{10.31}$$

其中和方程 (10.7) 定义的相同, D_t 为波动率的对角矩阵. $A_j = \mathrm{diag}\{a_{1j}, \cdots, a_{kj}\}$, $\Lambda_i = \mathrm{diag}\{l_{1i}, \cdots, l_{ki}\}$ 为参数的 $k \times k$ 对角矩阵, $L_{t-1} = \mathrm{diag}\{L_{1.t-1}, \cdots, L_{k,t-1}\}$ 也是 $k \times k$ 对角矩阵, 其对角元素为

$$L_{i,t-1} = \begin{cases} a_{i,t-1} & \text{如果 } a_{i,t-1} < 0, \\ 0 & \text{否则}. \end{cases}$$

在方程 (10.31) 中, 参数 l_{ij} 对 $i = 1, \cdots, k$ 有 $0 \leqslant \sum_{j=1}^{3} l_{ij} < 1$、$l_{i0} > 0$, 对所有正的 i 和 j, 有 $l_{ij} \geqslant 0$. 这些约束条件保证了波动率的存在性. 当然, 如果 $\Lambda_3 = 0$, 那么不存在杠杆效应.

相关方程为

$$\rho_t = (1 - \theta_1 - \theta_2)\hat{\rho} + \theta_1 \psi_{t-1} + \theta_2 \rho_{t-1}, \tag{10.32}$$

其中 $\hat{\rho}$ 为收益率的样本相关矩阵, 对于 $i = 1, 2$, 有 $0 \leqslant \theta_1 + \theta_2 < 1$, $\theta_i \geqslant 0$.

例 10.6 为了说明 DCC 模型, 我们考虑美元对欧元及日元的日汇率、IBM 和 Dell 从 1999 年 1 月到 2004 年 12 月的股票价格, 汇率是从圣路易斯联邦储备银行得到

的中午的即期汇率, 股票收益率是从证券价格研究中心 (CRSP) 得到的. 我们计算得到汇率的简单收益率, 并剔除掉其中某个市场没有交易的数据, 这就得到了一个有 1946 个观察值的 4 维收益率序列. 收益率向量为 $\boldsymbol{r}_t = (r_{1t}, r_{2t}, r_{3t}, r_{4t})'$, r_{1t} 和 r_{2t} 分别为欧元和日元汇率的收益率, r_{3t} 和 r_{4t} 分别为 IBM 和 Dell 股票的收益率. 所有收益率用百分数表示. 图 10-11 为收益率序列的时间图. 从时间图可以看出股票收益率比汇率收益率的波动率更高, 股票收益率的变异性在后几年中显示出下降的趋势. 表 10-1 给出了收益率序列的某些描述性统计量. 和预期的一样, 收益率的均值实质为 0, 所有 4 个序列都具有超额峰度为正的厚尾.

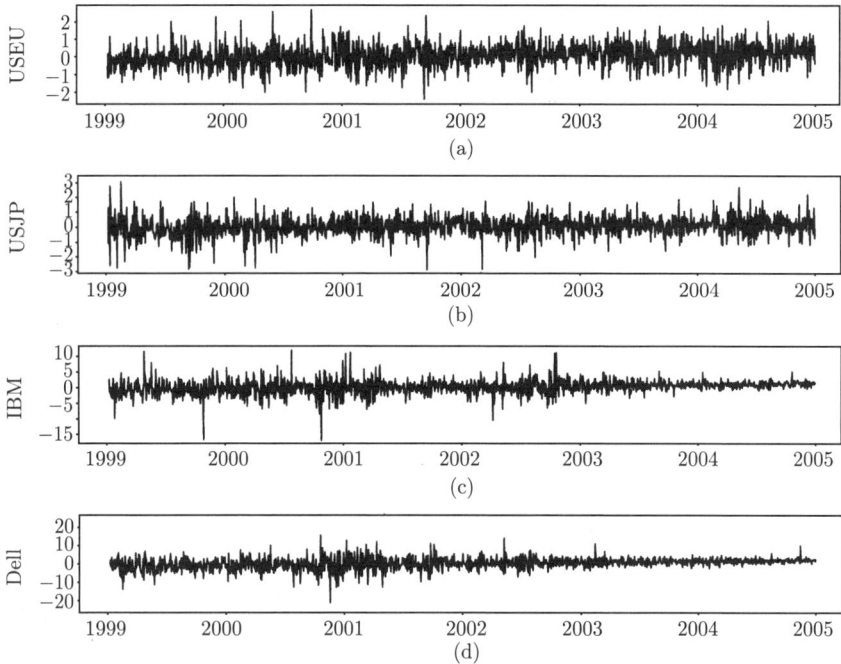

图 10-11 从 1999 年 1 月到 2004 年 12 月日简单收益率序列时间图: (a) 美元对欧元汇率; (b) 美元对日元汇率; (c) IBM 股票; (d) Dell 股票

表 10-1 例 10.6 的日收益率的描述性统计量 [a]

资产	美元对欧元	日元对美元	IBM	DELL
均值	0.009 1	−0.005 9	0.006 6	0.002 8
标准误差	0.646 9	0.662 6	5.428 0	10.195 4
偏度	0.034 2	−0.167 4	−0.053 0	−0.038 3
超额峰度	2.709 0	2.033 2	6.216 4	3.305 4
Box-Ljung $Q(12)$	12.5	6.4	24.1	24.1

a 收益率用百分数表示, 样本期间为从 1999 年 1 月到 2004 年 12 月, 共有 1496 个观察值.

股票收益率有一定程度的序列相关, 但是相关程度很低. 如果使用多元 Ljung-Box 统计量, 我们有 $Q(3) = 59.12$, 其 p 值为 0.13; $Q(5) = 106.44$, 其 p 值为 0.03.

为了简化, 我们把样本均值作为均值方程, 用所建议的多元波动率模型处理均值修正后的数据. 在估计时, 我们从一般模型开始, 但是随着某些估计结果非常接近时, 我们增加一些等式约束. 表 10-2 给出了结果以及在这些估计值处计算得出的似然函数值.

对于表 10-2 中的每个估计的多元波动率模型, 用下面的公式计算标准化残差

$$\hat{\varepsilon}_t = \widehat{\boldsymbol{\Sigma}}_t^{-1/2} \boldsymbol{a}_t,$$

其中 $\widehat{\boldsymbol{\Sigma}}_t^{1/2}$ 为所估计的波动率矩阵 $\widehat{\boldsymbol{\Sigma}}_t$ 的对称平方根矩阵. 我们对拟合模型的标准化残差 $\hat{\boldsymbol{e}}_t$ 和其平方过程 $\hat{\boldsymbol{e}}_t^2$ 使用多元 Ljung-Box 统计量, 检验模型的充分性. 对于表 10-2a 中的完全模型, 对于 $\hat{\boldsymbol{e}}_t$ 和 $\hat{\boldsymbol{e}}_t^2$, 我们分别有 $Q(10) = 167.79(0.32)$ 和 $Q(10) = 110.19(1.00)$, 括号内的数值为 p 值. 显然, 模型充分描述了收益率序列的前二阶矩. 对于表 10-2b 中的模型, 我们有 $Q(10) = 168.59(0.31)$ 和 $Q(10) = 109.93(1.00)$. 对于表 10-2c 中最后的约束模型, 我们有 $Q(10) = 168.50(0.31)$ 和 $Q(10) = 111.75(1.00)$. 这个结果再次说明约束模型能够描述收益率序列的均值和波动率.

表 10-2 例 10.6 的多元波动率模型的估计结果 [a]

(a) 完全模型估计, $L_{\max} = -9175.80$			
$\boldsymbol{\Lambda}_0$	$\boldsymbol{\Lambda}_1$	$\boldsymbol{\Lambda}_2$	$(v, \theta_1, \theta_2)'$
0.004 1(0.003 3)	0.970 1(0.011 4)	0.021 4(0.007 5)	7.872 9(0.469 3)
0.008 8(0.003 8)	0.951 5(0.012 6)	0.028 1(0.008 4)	0.980 8(0.002 9)
0.007 1(0.005 3)	0.963 6(0.009 2)	0.032 6(0.008 7)	0.013 7(0.002 5)
0.015 0(0.013 6)	0.953 1(0.015 5)	0.046 1(0.016 4)	
(b) 约束模型, $L_{\max} = -9176.62$			
$\boldsymbol{\Lambda}_0$	$\boldsymbol{\Lambda}_1 = \lambda \times I$	$\boldsymbol{\Lambda}_2$	$(v, \theta_1, \theta_2)'$
0.006 6(0.002 8)	0.960 6(0.006 8)	0.025 5(0.006 8)	7.877 2(0.714 4)
0.006 6(0.002 3)		0.024 0(0.005 9)	0.980 9(0.004 2)
0.008 0(0.005 2)		0.035 5(0.006 8)	0.013 7(0.002 5)
0.010 8(0.008 6)		0.038 5(0.007 3)	
(c) 最后约束模型, $L_{\max} = -9177.44$			
$\boldsymbol{\Lambda}_0(\lambda_1, \lambda_1, \lambda_3, \lambda_4)$	$\boldsymbol{\Lambda}_1 = \lambda \times \boldsymbol{I}$	$\boldsymbol{\Lambda}_2(b_1, b_1, b_2, b_2)$	$(v, \theta_1, \theta_2)'$
0.006 7(0.002 1)	0.960 3(0.006 3)	0.024 8(0.004 8)	7.918 0(0.695 2)
0.006 7(0.002 1)		0.024 8(0.004 8)	0.980 9(0.004 2)
0.006 1(0.004 4)		0.037 2(0.006 1)	0.013 7(0.002 8)
0.014 8(0.008 4)		0.037 2(0.006 1)	
(d) 带有杠杆效应的模型, $L_{\max} = -9169.04$			
$\boldsymbol{\Lambda}_0(\lambda_1, \lambda_2, \lambda_3, \lambda_4)$	$\boldsymbol{\Lambda}_1 = \lambda \times \boldsymbol{I}$	$\boldsymbol{\Lambda}_2(b_1, b_2, b_3, b_4)$	$(v, \theta_1, \theta_2)'$
0.006 4(0.002 7)	0.960 0(0.006 5)	0.025 4(0.006 3)	8.452 7(0.755 6)
0.006 6(0.002 3)		0.023 6(0.005 4)	0.981 0(0.004 4)
0.012 8(0.005 5)		0.024 1(0.005 6)	0.013 2(0.002 7)
0.021 0(0.009 9)		0.028 6(0.006 2)	

a $L_{\max}$ 表示在估计值处最大似然函数的值, v 是多元学生 $-t$ 分布的自由度, 括号中的数字为渐近标准误差.

我们从表 10-2 可以得到如下的结果. 首先, 使用似然比检验, 与完全模型相比, 我们不能拒绝最后的约束模型. 这就得到一个刻画四维收益率序列的时变相关关系的非常简洁的模型, 该模型仅用了 9 个参数. 其次, 对两个股票收益率序列来说, Λ_0 的常数项与 0 不存在显著差别, GARCH 参数的和为 $0.037\,2 + 0.960\,3 = 0.997\,5$, 这非常接近 1. 因此, 两个股票收益率的波动率序列具有 IGARCH 特征. 另一方面, 两个汇率收益率的波动率序列的常数项不等于零, 并且 GARCH 参数存在强的持续性. 最后, 为了更好地弄明白所建议模型的有效性, 把最后的约束模型的结果和滚动估计的结果进行比较. 我们使用样本长度为 69 的移动窗得到协方差矩阵的滚动估计结果, 样本长度 69 接近一个季度的交易天数. 图 10-12 为所估计的波动率的时间图. 实线是使用所建议模型得到的波动率, 虚线是滚动估计得到的波动率. 两个图看起来总体上相似, 但是和预期的相同, 对大的新息, 滚动估计的反应比所建议的模型要慢. 这一点可以通过所建议模型得到的波动率快速增长且消失得到说明. 图 10-13 说明四个资产收益率的时变相关关系. 实线表示由表 10-2 最后的约束模型得到的相关关系, 而虚线表示滚动估计的结果. 所建议模型的相关关系看起来更光滑.

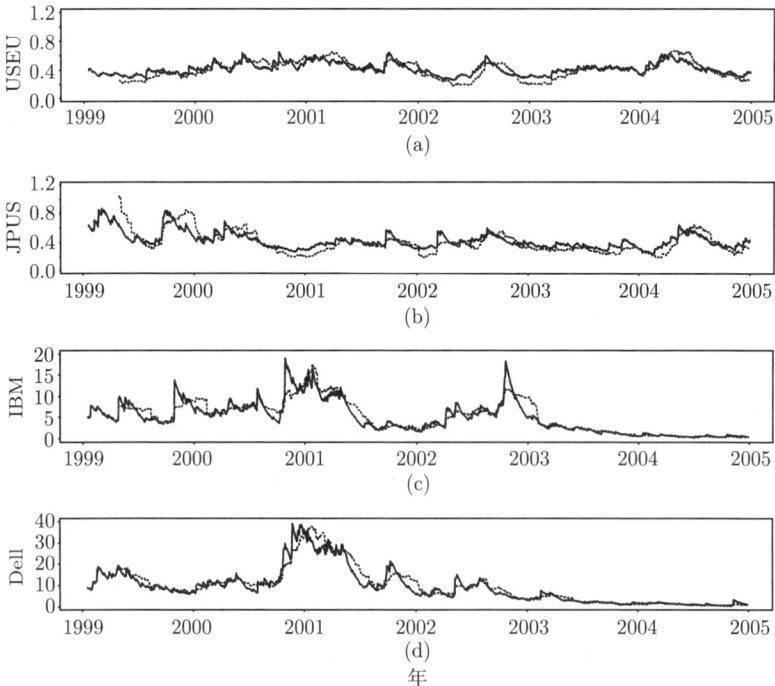

图 10-12 4 个资产收益率的估计得到的波动率序列的时间图. 实线是从建议模型得到的. 虚线是从窗口长度为 69 进行滚动估计得到的: (a) 美元对欧元汇率; (b) 美元对日元汇率; (c)IBM 股票; (d) Dell 股票

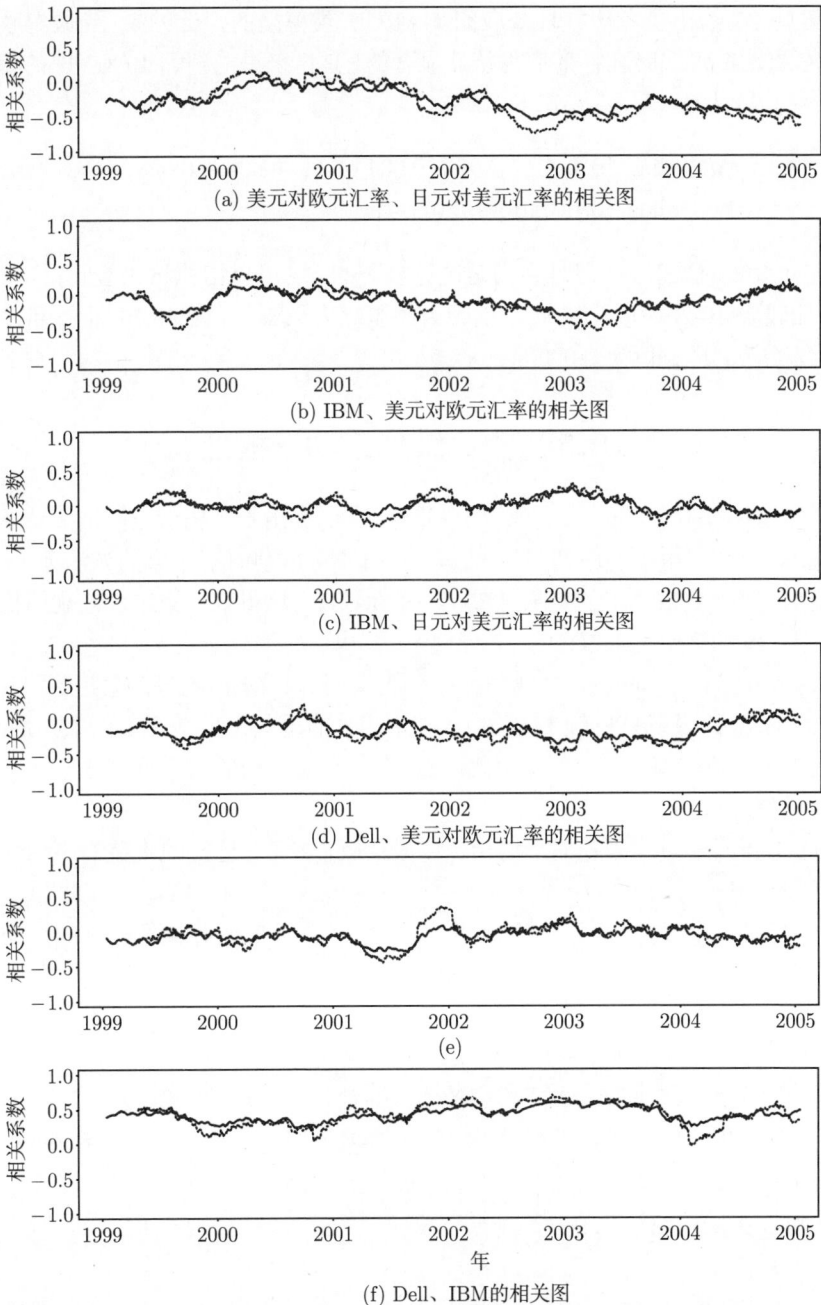

(a) 美元对欧元汇率、日元对美元汇率的相关图

(b) IBM、美元对欧元汇率的相关图

(c) IBM、日元对美元汇率的相关图

(d) Dell、美元对欧元汇率的相关图

(e)

(f) Dell、IBM的相关图

图 10-13 从 1999 年 1 月到 2004 年 12 月 4 个资产按百分数表示的简单收益率之间的时变相关的时间图. 实线是从建议模型得到的, 而虚线是使用窗口长度为 69 进行滚动估计得到的

表 10-2d 给出了考虑杠杆效应的 GARCH 类模型的拟合结果. 当股票收益率仅为 IGARCH 形式时杠杆效应为统计显著的. 具体来讲, 方程 (10.31) 中的相关方程的 $\mathbf{\Lambda}_3$ 矩阵为

$$\mathbf{\Lambda}_3 = \text{diag}\,\{0, 0, (1 - 0.96 - 0.024\,1), (1 - 0.96 - 0.028\,6)\}$$
$$= \text{diag}\,\{0, 0, 0.015\,9, 0.011\,4\}.$$

尽管杠杆参数的数值小, 但是它们是统计显著的. 这可以由似然比检验得出. 具体来讲, 比较表 10-2b 和表 10-2d 中的拟合模型, 似然比统计为 15.16, 根据自由度为 2 的卡方分布, 其 p 值为 0.000 5.

10.5 更高维的波动率模型

在本节中, 利用 Cholesky 分解的序贯性, 我们提出一个构造更高维波动率模型的策略. 再次将向量收益序列写为 $\boldsymbol{r}_t = \boldsymbol{\mu}_t + \boldsymbol{a}_t$. 可以利用第 8 章的方法为 $\boldsymbol{r}_t$ 指定一个均值方程. 通常简单的向量 AR 模型就足够了. 这里我们集中讨论利用扰动过程 $\boldsymbol{a}_t$ 建立波动率模型.

根据 10.3 节对 Cholesky 分解的讨论, 从 a_{it} 到 b_{it} 的正交变换只涉及了 $b_{jt}(j < i)$. 另外, $g_{ii,t}$ 的模型只依赖于与 $b_{jt}(j < i)$ 相关的量. 从这种意义上讲, 10.4 节建立的时变波动率模型是嵌套的. 因此, 我们考虑按照下面的一系列程序来建立多元波动率模型.

(1) 选择一个最感兴趣的市场指数或股票收益率. 对选择的收益率序列建立一个一元波动率模型.

(2) 将第二个收益率序列扩充到系统中, 将扩充后的新收益率序列的扰动过程进行正交变换, 并对系统建立一个二元波动率模型. 第 1 步中一元模型的参数估计可以作为二维估计的初始值.

(3) 将第三个收益率序列扩充到系统中, 对新增加的扰动过程进行正交变换, 并建立一个三元波动率模型. 二元模型的参数估计作为三维估计的初始值.

(4) 继续此扩充直到对所有感兴趣的收益率序列建立了联合波动率模型.

最后, 在每一步中进行模型检验以保证所拟合模型的充分性. 经验表明这一系列程序可以实质性地简化建立高维波动率模型的复杂性, 特别是可以大大减少估计的计算时间.

例 10.7 我们通过对标准普尔 500 指数、Cisco 系统股票和 Intel 公司股票的日对数收益率建立一个波动率模型来说明上面所提出的一系列程序. 数据的时间区间是从 1991 年 1 月 2 日至 1999 年 12 月 31 日, 共 2 275 个观测值. 对数收益率以百分比表示. 图 10-14 给出了其时间图. 收益率序列的分量排序为 $\boldsymbol{r}_t = (\text{SP5}_t, \text{CSCO}_t, \text{INTC}_t)'$. 数据的样本均值、样本标准差和样本相关矩阵为

$$\hat{\boldsymbol{\mu}} = \begin{bmatrix} 0.066 \\ 0.257 \\ 0.156 \end{bmatrix}, \quad \begin{bmatrix} \hat{\sigma}_1 \\ \hat{\sigma}_2 \\ \hat{\sigma}_3 \end{bmatrix} = \begin{bmatrix} 0.875 \\ 2.853 \\ 2.464 \end{bmatrix}, \quad \hat{\boldsymbol{\rho}} = \begin{bmatrix} 1.00 & 0.52 & 0.50 \\ 0.52 & 1.00 & 0.47 \\ 0.50 & 0.47 & 1.00 \end{bmatrix}.$$

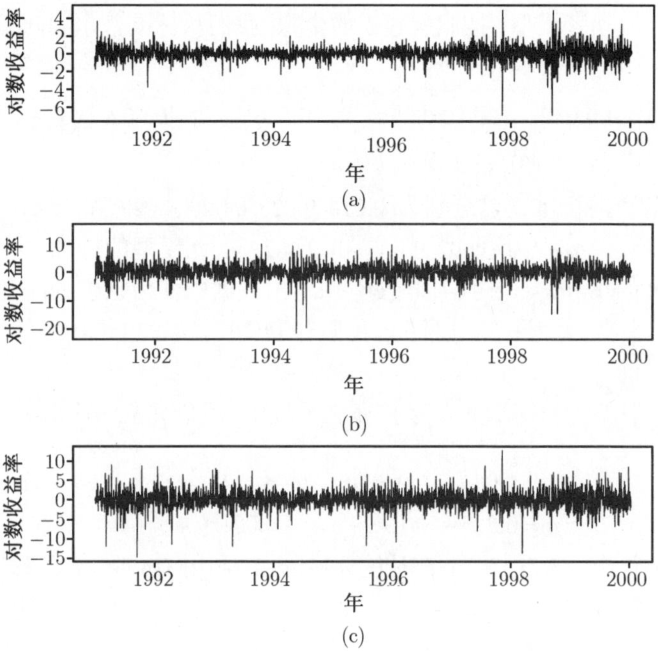

图 10-14 标准普尔 500 指数 (a)、Cisco 系统股票 (b) 和 Intel 公司的股票 (c) 的日对数收益率 (百分比形式) 的时间图, 时间区间是从1991年1月2日到1999年12月31日

利用 Ljung-Box 统计量来识别收益率序列之间的序列相关性, 得到 $Q_3(1) = 26.20$, $Q_3(4) = 79.73$, $Q_3(8) = 123.68$. 这些检验统计量都是高度显著的, 分别与自由度为 9, 36 和 72 的 χ^2 分布比较, 其 p 值都接近于 0. 数据中确实存在某些序列相关性. 表 10-3 给出了以第 8 章中的简单记号表示的样本交叉相关矩阵的前 5 个延迟. 检查此表可见 (a) 标准普尔 500 指数的日对数收益率并不依赖于 Cisco 或 Intel 过去的收益率; (b) Cisco 股票的对数收益率具有某些序列相关性, 并且依赖于标准普尔 500 指数的过去收益率 (见延迟 2 和 5); (c) Intel 股票的对数收益率依赖

表 10-3 标准普尔 500 指数、Cisco 系统股票和 Intel 公司的股票的日对数收益率的样本交叉相关矩阵. 时间区间是从 1991 年 1 月 2 日到 1999 年 12 月 31 日

	间 隔					
	1	2	3	4	5	6

于标准普尔 500 指数的过去收益率 (见延迟 1 和 5). 这些观测类似于第 8 章中分析的 IBM 股票和标准普尔 500 指数收益率之间的结果. 它们表明具有较大资本的单个公司的收益率倾向于受市场过去行为的影响. 然而, 市场收益率并不会受到单个公司过去收益率的显著影响.

进而考虑波动率模型、按照所建议的步骤, 我们从标准普尔 500 指数的对数收益率开始, 得到模型

$$r_{1t} = 0.078 + 0.042r_{1,t-1} - 0.062r_{1,t-3} - 0.048r_{1,t-4} - 0.052r_{1,t-5} + a_{1t},$$
$$\sigma_{11,t} = 0.013 + 0.092a_{1,t-1}^2 + 0.894\sigma_{11,t-1}, \tag{10.33}$$

均值方程中参数的标准误差分别为 $0.016, 0.023, 0.020, 0.022$ 和 0.020; 波动率方程中参数的标准误差分别为 $0.002, 0.006$ 和 0.007. 一元模型的标准化残差及标准化残差平方序列的 Ljung-Box 统计量没有识别出数据中任何余留的序列相关性或条件异方差性. 事实上, 对标准化残差, 我们有 $Q(10) = 7.38(0.69)$, 而对其平方序列, $Q(10) = 3.14(0.98)$.

将 Cisco 股票的日对数收益率扩充到系统中, 我们建立一个二元模型, 具有的均值方程为

$$r_{1t} = 0.065 - 0.046r_{1,t-3} + a_{1t},$$
$$r_{2t} = 0.325 + 0.195r_{1,t-2} - 0.091r_{2,t-2} + a_{2t}, \tag{10.34}$$

其中所有的估计在 1% 的水平下都是统计显著的. 利用 Cholesky 分解的记号, 我们得到波动率方程为

$$g_{11,t} = 0.006 + 0.051b_{1,t-1}^2 + 0.943g_{11,t-1},$$
$$q_{21,t} = 0.331 + 0.790q_{21,t-1} - 0.041a_{2,t-1},$$
$$g_{22,t} = 0.177 + 0.082b_{2,t-1}^2 + 0.890g_{22,t-1}, \tag{10.35}$$

其中 $b_{1t} = a_{1t}$, $b_{2t} = a_{2t} - q_{21,t}b_{1t}$. $g_{11,t}$ 方程中参数的标准误差分别为 $0.001, 0.005$ 和 0.006; $q_{21,t}$ 方程中参数的标准误差分别为 $0.156, 0.099$ 和 0.011; $g_{22,t}$ 方程中参数的标准误差分别为 $0.029, 0.008$ 和 0.011. 标准化残差的二元 Ljung-Box 统计量没有识别出任何余留的序列相关性与条件异方差性, 从而二元模型是充分的. 与 (10.33) 式比较, 我们看出 r_{1t} 的边际模型和一元模型之间的差别很小.

下一步 (也是最后一步) 是将 Intel 股票的日对数收益率扩充到系统中. 均值方程变为

$$r_{1t} = 0.065 - 0.043r_{1,t-3} + a_{1t},$$
$$r_{2t} = 0.326 + 0.201r_{1,t-2} - 0.089r_{2,t-1} + a_{2t},$$
$$r_{3t} = 0.192 - 0.264r_{1,t-1} + 0.059r_{3,t-1} + a_{3t}, \tag{10.36}$$

第一个方程中参数的标准误差分别为 0.016 和 0.017; 第二个方程中参数的标准误差分别为 $0.052, 0.059$ 和 0.021; 第三个方程中参数的标准误差分别为 $0.050, 0.057$ 和 0.022. 大约 1% 的水平下所有的估计在都是统计显著的. 如所料想, r_{1t} 和 r_{2t} 的均值方程与二维情形中的基本相同.

三维时变波动率模型变得更加复杂, 但仍然很容易处理, 因为

$$g_{11,t} = 0.006 + 0.050b_{1,t-1}^2 + 0.943g_{11,t-1},$$
$$q_{21,t} = 0.277 + 0.824q_{21,t-1} - 0.035a_{2,t-1},$$
$$g_{22,t} = 0.178 + 0.082b_{2,t-1}^2 + 0.889g_{22,t-1},$$
$$q_{31,t} = 0.039 + 0.973q_{31,t-1} + 0.010a_{3,t-1}, \tag{10.37}$$
$$q_{32,t} = 0.006 + 0.981q_{32,t-1} + 0.004a_{2,t-1},$$
$$g_{33,t} = 1.188 + 0.053b_{3,t-1}^2 + 0.687g_{33,t-1} - 0.019g_{22,t-1},$$

其中 $b_{1t} = a_{1t}$, $b_{2t} = a_{2t} - q_{21,t}b_{1t}$, $b_{3t} = a_{3t} - q_{31,t}b_{1t} - q_{32,t}b_{2t}$. 表 10-4 给出了参数的标准误差. 除了 $q_{32,t}$ 方程中的常数项, 所有的估计在 5% 的水平下都是显著的. 令 $\tilde{\boldsymbol{a}}_t = (a_{1t}/\hat{\sigma}_{1t}, a_{2t}/\hat{\sigma}_{2t}, a_{3t}/\hat{\sigma}_{3t})'$ 为标准化的残差序列, 其中 $\hat{\sigma}_{it} = \sqrt{\hat{\sigma}_{ii,t}}$ 是对第 i 个收益率拟合的条件标准差. $\tilde{\boldsymbol{a}}_t$ 的 Ljung-Box 统计量给出 $Q_3(4) = 34.48(0.31)$, $Q_3(8) = 60.42(0.70)$, 其中 χ^2 分布的自由度分别为 31 和 67, 该自由度是将均值方程中使用的参数数量调整之后得到的. 对于残差序列的平方 $\tilde{\boldsymbol{a}}_t^2$, 我们有 $Q_3^*(4) = 28.71(0.58)$, $Q_3^*(8) = 52.00(0.91)$, 因此, 在给条件均值和波动率建模时所拟合的模型是充分的.

表 10-4 给标准普尔 500 指数、Cisco 系统股票和 Intel 公司股票的日对数收益率 (百分比形式) 拟合的三元波动率模型的参数 a 估计值的标准差, 时间区间是从 1991 年 1 月 2 日到 1999 年 12 月 31 日 [a]

方程	标准差				方程	标准差		
$g_{11,t}$	0.001	0.005	0.006		$q_{21,t}$	0.135	0.086	0.010
$g_{22,t}$	0.029	0.009	0.011		$q_{31,t}$	0.017	0.012	0.004
$g_{33,t}$	0.407	0.015	0.100	0.008	$q_{32,t}$	0.004	0.013	0.001

a 参数出现的顺序与 (10.37) 式中的顺序一样.

方程 (10.37) 中的三元波动率模型有一些有趣的特征. 第一, 它本质上是一个时变相关的 GARCH(1,1) 模型, 因为方程中只用到了 1 步延迟变量. 第二, 标准普尔 500 指数日对数收益率的波动率不依赖于 Cisco 或 Intel 股票收益率过去的波动率. 第三, 通过取 Cholesky 分解的逆变换, Cisco 和 Intel 股票日对数收益率的波动率依赖于市场收益率过去的波动率. 参见 10.3 节给出的 $\boldsymbol{\Sigma}_t$, $\boldsymbol{L}_t$ 和 $\boldsymbol{G}_t$ 的元素之间的关系. 第四, 描述相关的量 $q_{ij,t}$ 有很高的持续性, 并具有很大的 AR(1) 系数.

图 10-15 给出了数据拟合模型的波动率过程 (即 $\hat{\sigma}_{ii,t}$). 指数收益率的波动率远远小于两个单只股票收益率的波动率. 图形也表明了指数收益率的波动率近年来已经增加, 但是 Cisco 系统股票的收益率却并非如此. 图 10-16 给出了三种收益率序列之间的时变相关系数. 比较图 10-15 与图 10-16 可得到有意思的结论. 这些结论表明当收益率波动时, 两个收益率序列之间的相关系数是递增的. 这与国际股票市场指数间关系的实证研究结果是一致的, 两个市场之间的相关性在金融危机期间倾向于递增.

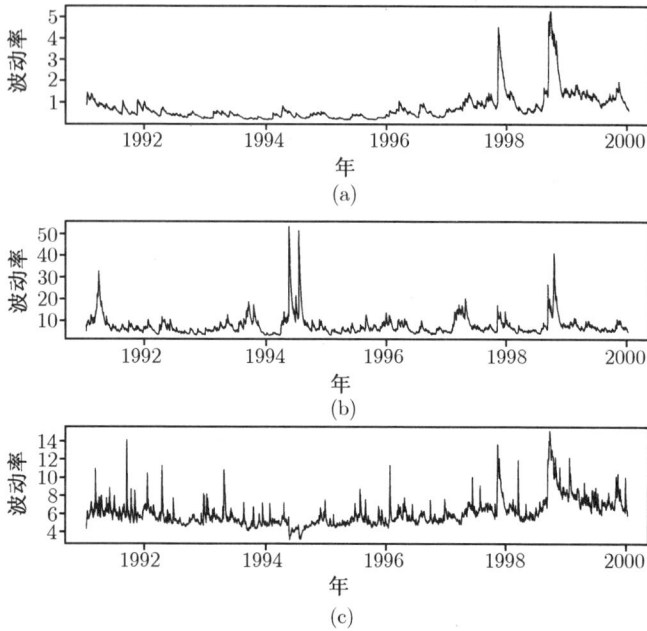

图 10-15　给从 1991 年 1 月 2 日到 1999 年 12 月 31 日：(a) 标准普尔 500 指数; (b) Cisco 系
统和; (c) Intel 公司的股票的日对数收益率 (百分比形式) 拟合的波动率的时间图

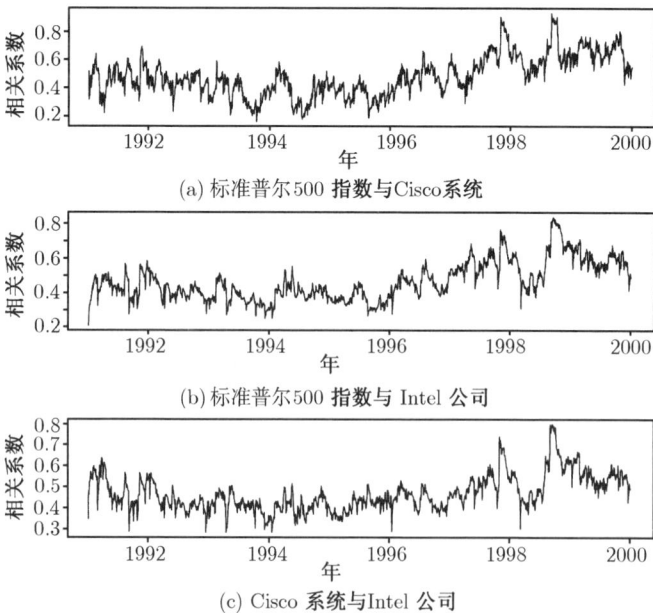

图 10-16　给标准普尔 500 指数、Cisco 系统股票和 Intel 公司股票的日对数收益率拟合的
时变相关系数的时间图, 时间区间是从 1991 年 1 月 2 日到 1999 年 12 月 31 日

(10.37) 式中的波动率模型包含两套方程. 第一套方程描述了条件方差的时间

演变 (即 $g_{ii,t}$), 第二套方程处理相关系数 (即 $q_{ij,t}$, $i > j$). 对这个特殊的数据集合, 一个 AR(1) 模型对相关系数方程可能就足够了. 类似地, 一个简单的 AR 模型对条件方差也可能是足够的. 定义 $\boldsymbol{v}_t = (v_{11,t}, v_{22,t}, v_{33,t})'$, 其中 $v_{ii,t} = \ln(g_{ii,t})$, $\boldsymbol{q}_t = (q_{21,t}, q_{31,t}, q_{32,t})'$. 前面的讨论启示我们可以利用简单的 1 步延迟模型

$$\boldsymbol{v}_t = \boldsymbol{c}_1 + \boldsymbol{\beta}_1 \boldsymbol{v}_{t-1}, \quad \boldsymbol{q}_t = \boldsymbol{c}_2 + \boldsymbol{\beta}_2 \boldsymbol{q}_{t-1}$$

作为对资产收益率波动率建模的精确函数, 其中 $\boldsymbol{c}_i$ 是常向量, $\boldsymbol{\beta}_i$ 是 3×3 实值矩阵. 如果前一方程中再加上噪声项, 则模型变为

$$\boldsymbol{v}_t = \boldsymbol{c}_1 + \boldsymbol{\beta}_1 \boldsymbol{v}_{t-1} + \mathrm{e}_{1t}, \quad \boldsymbol{q}_t = \boldsymbol{c}_2 + \boldsymbol{\beta}_2 \boldsymbol{q}_{t-1} + \mathrm{e}_{2t},$$

其中 e_{it} 是均值为 0 的随机扰动, 具有正定协方差矩阵, 并且我们有一个简单的多元随机波动率模型. 在一个最近的手稿中, Chib, Nardari 和 Shephard(1999) 利用 MCMC 方法来研究高维的随机波动率模型. 那里考虑的模型以一种带限制的方式允许时变的相关性. 多元波动率模型的其他参考文献包括 Harvey, Ruiz 和 Shephard (1994). 在第 12 章中, 我们将讨论波动率建模的 MCMC 方法.

10.6 因子波动率模型

简化多元波动率过程动态结构的另一种方法是利用因子模型. 实际中, "公共因子" 可以通过固有性质或经验方法预先设定. 作为说明, 我们利用第 8 章的因子分析来讨论因子波动率模型. 因为波动率模型关心的是 $\boldsymbol{a}_t$ 的条件方差矩阵随时间的演变, 其中 $\boldsymbol{a}_t = \boldsymbol{r}_t - \boldsymbol{\mu}_t$, 所以波动率中识别 "公共因子" 的一个简单方式是对 $\boldsymbol{a}_t$ 进行主成分分析 (PCA). 具体可参见第 8 章中的 PCA. 这样, 建立一个因子波动率模型涉及一个三步的程序:

- 选择前几个主成分, 使得它们所能解释的 $\boldsymbol{a}_t$ 的变化占很高的百分比;
- 对选择的主成分建立一个波动率模型;
- 将每个 a_{it} 序列的波动率与所选主成分的波动率联系起来.

这个程序的目的是降低维数, 但要保持多元波动率较精确的近似.

例 10.8 再次考虑例 10.5 中的 IBM 股票和标准普尔 500 指数以百分比表示的月对数收益率. 利用例 8.4 中的二元 AR(3) 模型, 我们得到新息序列 $\boldsymbol{a}_t$. 根据 $\boldsymbol{a}_t$ 的协方差矩阵对 $\boldsymbol{a}_t$ 进行主成分分析, 我们得到特征值 63.373 和 13.489. 第一个特征值解释了 $\boldsymbol{a}_t$ 的广义方差的 82.2%. 因此, 我们可以选择第一个主成分 $x_t = 0.797a_{1t} + 0.604a_{2t}$ 作为公共因子. 另外一种选择, 正如例 8.4 中的模型表明的, $\boldsymbol{r}_t$ 的序列相关性很弱, 从而可以直接对 $\boldsymbol{r}_t$ 进行主成分分析. 对这个特例, $\boldsymbol{r}_t$ 的样本协方差矩阵的两个特征值是 63.625 和 13.513, 这与基于 $\boldsymbol{a}_t$ 的结果基本相同. 第一个主成分近似解释了 $\boldsymbol{r}_t$ 的广义方差的 82.5%, 对应的公共因子是 $x_t = 0.796r_{1t} + 0.605r_{2t}$. 因此, 对所考虑的两个月对数收益率序列, 条件均值方程对 PCA 的影响是可以忽略的.

根据前面的讨论, 并且为了简便, 对这两个月对数收益率序列, 我们使用 $x_t = 0.796r_{1t} + 0.605r_{2t}$ 作为一个公共因子. 图 10-17a 给出了这个公共因子的时间图. 如果使用一元高斯 GARCH 模型, 则对 x_t 我们得到下面的模型:

$$
\begin{aligned}
x_t &= 1.317 + 0.096x_{t-1} + a_t, \quad a_t = \sigma_t \varepsilon_t, \\
\sigma_t^2 &= 3.834 + 0.110a_{t-1}^2 + 0.825\sigma_{t-1}^2.
\end{aligned}
\tag{10.38}
$$

此模型的所有参数估计在 1% 的水平下都是高度显著的, 而且标准化的残差及其平方序列的 Ljung-Box 统计量没有识别出模型的不充分性. 图 10-17b 给出了 x_t 的拟合波动率 (即 (10.38) 式中的样本 σ_t^2 序列).

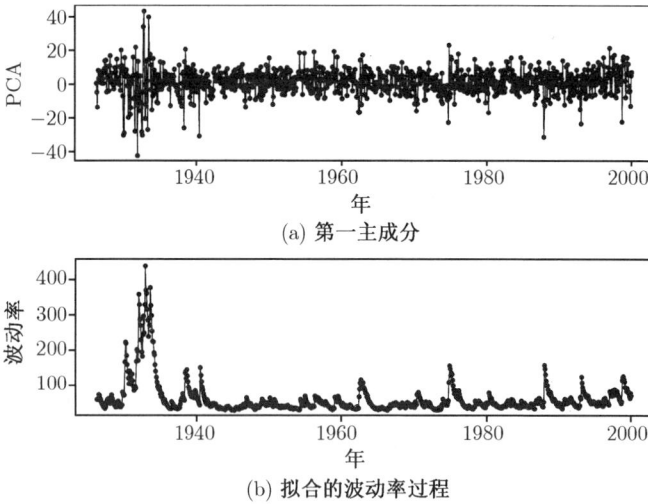

(a) 第一主成分

(b) 拟合的波动率过程

图 10-17　(a) IBM 股票和标准普尔 500 指数的月对数收益率的第一主成分的时间图; (b) 基于 GARCH(1, 1) 模型所拟合的波动率过程

利用模型 (10.38) 中的 σ_t^2 作为一个共同波动率因子, 对于原始的月对数收益率, 我们得到下面的模型. 均值方程为

$$
\begin{aligned}
r_{1t} &= 1.140 + 0.079r_{1,t-1} + 0.067r_{1,t-2} - 0.122r_{2,t-2} + a_{1t}, \\
r_{2t} &= 0.537 + a_{2t},
\end{aligned}
$$

第一个方程中参数的标准误差分别是 $0.211, 0.030, 0.031$ 和 0.043, 第二个方程中参数的标准误差是 0.165. 条件方差方程为

$$
\begin{bmatrix} \sigma_{11,t} \\ \sigma_{22,t} \end{bmatrix}
=
\begin{bmatrix} 19.08 \\ (3.70) \\ -5.62 \\ (2.36) \end{bmatrix}
+
\begin{bmatrix} 0.098 \\ (0.044) \end{bmatrix}
\begin{bmatrix} a_{1,t-1}^2 \\ a_{2,t-1}^2 \end{bmatrix}
+
\begin{bmatrix} 0.333 \\ (0.076) \\ 0.596 \\ (0.050) \end{bmatrix}
\sigma_t^2,
\tag{10.39}
$$

如前一样, 小括号内的数值是标准差, σ_t^2 是从模型 (10.38) 得到的. 条件相关系数

方程为

$$\rho_t = \frac{\exp(q_t)}{1 + \exp(q_t)}, \quad q_t = -2.098 + 4.120\rho_{t-1} + 0.078\frac{a_{1,t-1}a_{2,t-1}}{\sqrt{\sigma_{11,t-1}\sigma_{22,t-1}}}. \quad (10.40)$$

三个参数的标准误差分别是 $0.025, 0.038$ 和 0.015. 如前一样定义标准化的残差序列, 得到 $Q_2(4) = 15.37(0.29)$, $Q_2(8) = 34.24(0.23)$, 其中, 小括号内的数值表示 p 值. 因此, 标准化的残差没有序列相关性. 对其平方序列, 有 $Q_2^*(4) = 20.25(0.09)$, $Q_2^*(8) = 61.95(0.000\ 4)$. 这说明 (10.38) 式的波动率模型不能充分处理数据的条件异方差性, 尤其是在更高延迟时. 这并不奇怪, 因为单个公共因子仅仅解释了数据广义方差的大约 82.5%.

比较 (10.39) 式和 (10.40) 式中的因子模型与 (10.26) 式和 (10.27) 式中的时变相关模型, 我们看出 (a) 两个模型的相关方程基本相同; (b) 如所料想, 在波动率方程中, 因子模型利用了较少的参数; (c) 公共因子模型提供了数据波动率过程的一个合理的近似.

注释 例 10.8 中, 我们利用了一个两步估计程序. 第一步中, 对公共因子建立了一个波动率模型. 第二步中把波动率的估计当做已给定来估计多元波动率模型. 这样的估计程序很简单, 但可能并不有效. 更加有效的估计程序是进行联合估计. 这种操作在公共因子已知的条件下相对比较容易. 例如, 对例 10.8 中的月对数收益率, 如果认为公共因子 $x_t = 0.769r_{1t} + 0.605r_{2t}$ 是给定的, 则可以对方程 (10.38) $\sim$ (10.40) 进行联合估计. $\square$

10.7 应 用

我们通过考虑多种资产的一个金融头寸的 VaR 来说明多元波动率模型的应用. 假定投资者持有价值为 100 万美元的 Cisco 系统股票和 Intel 公司股票的一个长期头寸. 我们利用两只股票从 1991 年 1 月 2 日至 1999 年 12 月 31 日的日对数收益率建立波动率模型. 在数据期间的最后, 利用向前 1 步预测和 5% 的临界值来计算 VaR.

令 VaR_1 表示持有 Cisco 系统股票头寸的 VaR, 并令 VaR_2 表示持有 Intel 股票头寸的 VaR. 第 7 章中的结果证明了投资者总的日 VaR 为

$$\text{VaR} = \sqrt{\text{VaR}_1^2 + \text{VaR}_2^2 + 2\rho\text{VaR}_1\text{VaR}_2}.$$

在这个解释中, 我们考虑计算 VaR 的波动率模型的三种方法. 为了简便, 我们没有对涉及的参数或模型检验统计量报告其标准误差. 所有的参数估计在 5% 的水平下都是统计显著的, 而且根据标准化的残差序列及其平方序列的 Ljung-Box 统计量可知该模型是充分的. 对数收益以百分比表示, 以致 VaR 计算中的分位数除了 100. 令 r_{1t} 表示 Cisco 系统股票的收益率, r_{2t} 表示 Intel 股票的收益率.

一元模型

此方法对每只股票收益率都使用一元波动率模型, 并用股票收益率的样本相关系数估计 ρ. 两只股票收益率的一元波动率模型为

$$r_{1t} = 0.380 + 0.034r_{1,t-1} - 0.061r_{1,t-2} - 0.055r_{1,t-3} + a_{1t},$$
$$\sigma_{1t}^2 = 0.599 + 0.117a_{1,t-1}^2 + 0.814\sigma_{1,t-1}^2,$$

且

$$r_{2t} = 0.187 + a_{2t},$$
$$\sigma_{2t}^2 = 0.310 + 0.032a_{2,t-1}^2 + 0.918\sigma_{2,t-1}^2.$$

样本相关系数为 0.473. VaR 计算中需要以 $t = 2\,275$ 为预测原点的向前 1 步预测为

$$\hat{r}_1 = 0.626, \quad \hat{\sigma}_1^2 = 4.152, \quad \hat{r}_2 = 0.187, \quad \hat{\sigma}_2^2 = 6.087, \quad \hat{\rho} = 0.473.$$

两个日收益率的 5% 分位数为

$$q_1 = 0.626 - 1.65\sqrt{4.152} = -2.736, \quad q_2 = 0.187 - 1.65\sqrt{6.087} = -3.884.$$

其中负号表示损失. 单只股票的 VaR 为

$$\text{VaR}_1 = \$1\,000\,000q_1/100 = \$27\,360, \quad \text{VaR}_2 = \$1\,000\,000q_2/100 = \$38\,840.$$

因此, 投资者总的 VaR 为 VaR = \$57 117.

常相关二元模型

此方法对股票收益率采用一个二元 GARCH(1,1) 模型. 假定相关系数随时间固定不变, 但它可以与其他参数联合估计. 模型为

$$r_{1t} = 0.385 + 0.038r_{1,t-1} - 0.060r_{1,t-2} - 0.047r_{1,t-3} + a_{1t},$$
$$r_{2t} = 0.222 + a_{2t},$$
$$\sigma_{11,t} = 0.624 + 0.110a_{1,t-1}^2 + 0.816\sigma_{11,t-1},$$
$$\sigma_{22,t} = 0.664 + 0.038a_{2,t-1}^2 + 0.853\sigma_{22,t-1},$$
$$\hat{\rho} = 0.475.$$

这是一个对角的二元 GARCH(1,1) 模型. VaR 计算中在预测点 $t = 2\,275$ 的 1 步向前预测为

$$\hat{r}_1 = 0.373, \quad \hat{\sigma}_1^2 = 4.287, \quad \hat{r}_2 = 0.222, \quad \hat{\sigma}_2^2 = 5.706, \quad \hat{\rho} = 0.475.$$

因此, 我们有

$$\text{VaR}_1 = 30\,432, \quad \text{VaR}_2 = 37\,195.$$

投资者总的 5% 的 VaR 为 VaR = \$58 180.

时变相关模型

最后, 通过 Cholesky 分解我们允许相关系数随时间变化. 拟合的模型为

$$r_{1t} = 0.355 + 0.039r_{1,t-1} - 0.057r_{1,t-2} - 0.038r_{1,t-3} + a_{1t},$$
$$r_{2t} = 0.206 + a_{2t},$$
$$g_{11,t} = 0.420 + 0.091b_{1,t-1}^2 + 0.858g_{11,t-1},$$
$$q_{21,t} = 0.123 + 0.689q_{21,t-1} - 0.014a_{2,t-1},$$
$$g_{22,t} = 0.080 + 0.013b_{2,t-1}^2 + 0.971g_{22,t-1},$$

其中 $b_{1t} = a_{1t}$, $b_{2t} = a_{2t} - q_{21,t}a_{1t}$. VaR 计算所需的在预测点 $t = 2\,275$ 处的 1 步向前预测为

$$\hat{r}_1 = 0.352, \quad \hat{r}_2 = 0.206, \quad \hat{g}_{11} = 4.252, \quad \hat{q}_{21} = 0.421, \quad \hat{g}_{22} = 5.594.$$

因此, 我们有 $\hat{\sigma}_1^2 = 4.252$, $\hat{\sigma}_{21} = 1.791$, $\hat{\sigma}_2^2 = 6.348$. 相关系数为 $\hat{\rho} = 0.345$. 利用这些预测, 我们有 VaR$_1$ = \$30\,504, VaR$_2$ = \$39\,512. 总风险值 VaR = \$57\,648.

三个方法的 VaR 估计是类似的. 一元模型给出了最低的 VaR, 而常相关模型产生了最高的 VaR. 差别大约为 1\,100 美元. 时变波动率模型是两个极端模型的中和.

10.8 多元 t 分布

实证分析表明, 前一节中使用的多元高斯新息可能不能刻画资产收益率的峰度. 在这种情形下, 多元学生 $t-$ 分布可能是有用的. 存在许多形式的多元学生 $t-$ 分布. 这里对波动率的建模, 我们给出一个简单的形式.

称 k 维随机向量 $\boldsymbol{x} = (x_1, \cdots, x_k)'$ 服从自由度为 v、参数为 $\boldsymbol{\mu} = \boldsymbol{0}$, $\boldsymbol{\Sigma} = I$(单位矩阵) 的多元学生 $t-$ 分布, 如果其概率密度函数 (pdf) 为

$$f(\boldsymbol{x}|v) = \frac{\Gamma[(v+k)/2]}{(\pi v)^{k/2}\Gamma(v/2)}(1 + v^{-1}\boldsymbol{x}'\boldsymbol{x})^{-(v+k)/2}, \tag{10.41}$$

其中 $\Gamma(y)$ 是伽马函数. 参见 Mardia, Kent 和 Bibby (1979, p57). (10.40) 式的每个分量 x_i 的方差为 $v/(v-2)$, 从而定义 $\boldsymbol{\varepsilon}_t = \sqrt{(v-2)/v}\,\boldsymbol{x}$ 为自由度为 v 的标准化的多元学生 $t-$ 分布. 通过变换, $\boldsymbol{\varepsilon}_t$ 的概率分布密度函数是

$$f(\boldsymbol{\varepsilon}_t|v) = \frac{\Gamma[(v+k)/2]}{[\pi(v-2)]^{k/2}\Gamma(v/2)}[1 + (v-2)^{-1}\boldsymbol{\varepsilon}_t'\boldsymbol{\varepsilon}_t]^{-(v+k)/2}. \tag{10.42}$$

对波动率模型, 记 $\boldsymbol{a}_t = \boldsymbol{\Sigma}_t^{1/2}\boldsymbol{\varepsilon}_t$, 并假定 $\boldsymbol{\varepsilon}_t$ 服从 (10.42) 式中的多元学生 $t-$ 分布. 通过变换, $\boldsymbol{a}_t$ 的概率密度函数是

$$f(\boldsymbol{a}_t|v, \boldsymbol{\Sigma}_t) = \frac{\Gamma[(v+k)/2]}{[\pi(v-2)]^{k/2}\Gamma(v/2)|\boldsymbol{\Sigma}_t|^{1/2}}[1 + (v-2)^{-1}\boldsymbol{a}_t'\boldsymbol{\Sigma}_t^{-1}\boldsymbol{a}_t]^{-(v+k)/2}.$$

而且, 如果我们利用 Σ_t 的 Cholesky 分解, 则变换后的扰动 b_t 的概率分布密度函数变为

$$f(\boldsymbol{b}_t|v, \boldsymbol{L}_t, \boldsymbol{G}_t) = \frac{\Gamma[(v+k)/2]}{[\pi(v-2)]^{k/2}\Gamma(v/2)\prod_{j=1}^{k} g_{jj,t}^{1/2}} \times \left[1 + (v-2)^{-1}\sum_{j=1}^{k}\frac{b_{jt}^2}{g_{jj,t}}\right]^{(v+k)/2},$$

其中 $\boldsymbol{a}_t = \boldsymbol{L}_t\boldsymbol{b}_t$, $g_{jj,t}$ 是 b_{jt} 的条件方差. 因为这个概率密度函数并不包含任何矩阵的逆, 所以很容易计算数据的条件似然函数.

附录 对估计的一些注释

本章中多元 ARMA 模型的估计是利用 "科学计算帮手" 中的时间序列程序 SCA 进行的. 多元波动率模型的估计可以利用 S-plus 中的 FinMetrics 或时间序列的回归分析 (RATS) 程序进行. 下面是利用 RATS 程序估计多元波动率模型的一些运行流程. 以 "*" 开始的行表示 "注解".

例 10.5 中的对角常相关 AR(2)-GARCH(1,1) 模型的估计

该程序包括对每一个分量的一些 Ljung-Box 统计量以及最后几个观测的一些拟合值. 数据文件为 m-ibmspln.dat, 有两列共 888 个观测.

```
all 0 888:1
open data m-ibmspln.txt
data(org=obs) / r1 r2
set h1 = 0.0
set h2 = 0.0
nonlin  a0 a1 b1 a00 a11 b11 rho c1 c2 p1
frml a1t = r1(t)-c1-p1*r2(t-1)
frml a2t = r2(t)-c2
frml gvar1 = a0+a1*a1t(t-1)**2+b1*h1(t-1)
frml gvar2 = a00+a11*a2t(t-1)**2+b11*h2(t-1)
frml gdet = -0.5*(log(h1(t)=gvar1(t))+log(h2(t)=gvar2(t)) $
         +log(1.0-rho**2))
frml gln = gdet(t)-0.5/(1.0-rho**2)*((a1t(t)**2/h1(t)) $
    +(a2t(t)**2/h2(t))-2*rho*a1t(t)*a2t(t)/sqrt(h1(t)*h2(t)))
smpl 3 888
compute c1 = 1.22, c2 = 0.57, p1 = 0.1, rho = 0.1
compute a0 = 3.27, a1 = 0.1, b1 = 0.6
compute  a00 = 1.17, a11 = 0.13, b11 = 0.8
maximize(method=bhhh,recursive,iterations=150) gln
set fv1 = gvar1(t)
set resi1 = a1t(t)/sqrt(fv1(t))
set residsq = resi1(t)*resi1(t)
* Checking standardized residuals *
cor(qstats,number=12,span=4) resi1
```

```
* Checking squared standardized residuals *
cor(qstats,number=12,span=4) residsq
set fv2 = gvar2(t)
set resi2 = a2t(t)/sqrt(fv2(t))
set residsq = resi2(t)*resi2(t)
* Checking standardized residuals *
cor(qstats,number=12,span=4) resi2
* Checking squared standardized residuals *
cor(qstats,number=12,span=4) residsq
* Last few observations needed for computing forecasts *
set shock1 = a1t(t)
set shock2 = a2t(t)
print 885  888 shock1 shock2 fv1 fv2
```

例 10.5 中的时变相关系数模型的估计

```
all 0 888:1
open data m-ibmspln.txt
data(org=obs) / r1 r2
set h1 = 45.0
set h2 = 31.0
set rho = 0.8
nonlin  a0 a1 b1 f1 a00 a11 b11 d11 f11 c1 c2 p1 p3 q0 q1 q2
frml a1t = r1(t)-c1-p1*r1(t-1)-p3*r2(t-2)
frml a2t = r2(t)-c2
frml gvar1 = a0+a1*a1t(t-1)**2+b1*h1(t-1)+f1*h2(t-1)
frml gvar2 = a00+a11*a2t(t-1)**2+b11*h2(t-1)+f11*h1(t-1) $
            +d11*a1t(t-1)**2
frml rh1 = q0 + q1*rho(t-1) $
   + q2*a1t(t-1)*a2t(t-1)/sqrt(h1(t-1)*h2(t-1))
frml rh = exp(rh1(t))/(1+exp(rh1(t)))
frml gdet = -0.5*(log(h1(t)=gvar1(t))+log(h2(t)=gvar2(t)) $
     +log(1.0-(rho(t)=rh(t))**2))
frml gln = gdet(t)-0.5/(1.0-rho(t)**2)*((a1t(t)**2/h1(t)) $
   +(a2t(t)**2/h2(t))-2*rho(t)*a1t(t)*a2t(t)/sqrt(h1(t)*h2(t)))
smpl 4 888
compute c1 = 1.4, c2 = 0.7, p1 = 0.1,  p3 = -0.1
compute a0 = 2.95, a1 = 0.08, b1 = 0.87, f1 = -.03
compute a00 = 2.05, a11 = 0.05
compute  b11 = 0.92, f11=-.06, d11=.04, q0 = -2.0
compute  q1 = 3.0, q2 = 0.1
nlpar(criterion=value,cvcrit=0.00001)
maximize(method=bhhh,recursive,iterations=150) gln
set fv1 = gvar1(t)
set resi1 = a1t(t)/sqrt(fv1(t))
set residsq = resi1(t)*resi1(t)
* Checking standardized residuals *
cor(qstats,number=16,span=4) resi1
* Checking squared standardized residuals *
cor(qstats,number=16,span=4) residsq
```

```
set fv2 = gvar2(t)
set resi2 = a2t(t)/sqrt(fv2(t))
set residsq = resi2(t)*resi2(t)
* Checking standardized residuals *
cor(qstats,number=16,span=4) resi2
* Checking squared standardized residuals *
cor(qstats,number=16,span=4) residsq
* Last few observations needed for computing forecasts *
set rhohat = rho(t)
set shock1 = a1t(t)
set shock2 = a2t(t)
print 885  888 shock1 shock2 fv1 fv2 rhohat
```

利用 Cholesky 分解进行例 10.5 中的时变相关系数模型的估计

```
all 0 888:1
open data m-ibmspln.txt
data(org=obs) / r1 r2
set h1 = 45.0
set h2 = 20.0
set q = 0.8
nonlin  a0 a1 b1 a00 a11 b11 d11 f11 c1 c2 p1 p3 t0 t1 t2
frml a1t = r1(t)-c1-p1*r1(t-1)-p3*r2(t-2)
frml a2t = r2(t)-c2
frml v1 = a0+a1*a1t(t-1)**2+b1*h1(t-1)
frml qt = t0 + t1*q(t-1) + t2*a2t(t-1)
frml bt = a2t(t) - (q(t)=qt(t))*a1t(t)
frml v2 = a00+a11*bt(t-1)**2+b11*h2(t-1)+f11*h1(t-1) $
          +d11*a1t(t-1)**2
frml gdet = -0.5*(log(h1(t) = v1(t))+ log(h2(t)=v2(t)))
frml garchln = gdet-0.5*(a1t(t)**2/h1(t)+bt(t)**2/h2(t))
smpl 5 888
compute c1 = 1.4, c2 = 0.7, p1 = 0.1, p3 = -0.1
compute a0 = 1.0, a1 = 0.08, b1 = 0.87
compute a00 = 2.0, a11 = 0.05, b11 = 0.8
compute  d11=.04, f11=-.06, t0 =0.2, t1 = 0.1, t2 = 0.1
nlpar(criterion=value,cvcrit=0.00001)
maximize(method=bhhh,recursive,iterations=150) garchln
set fv1 = v1(t)
set resi1 = a1t(t)/sqrt(fv1(t))
set residsq = resi1(t)*resi1(t)
* Checking standardized residuals *
cor(qstats,number=16,span=4) resi1
* Checking squared standardized residuals *
cor(qstats,number=16,span=4) residsq
set fv2 = v2(t)+qt(t)**2*v1(t)
set resi2 = a2t(t)/sqrt(fv2(t))
set residsq = resi2(t)*resi2(t)
```

```
* Checking standardized residuals *
cor(qstats,number=16,span=4) resi2
* Checking squared standardized residuals *
cor(qstats,number=16,span=4) residsq
* Last few observations needed for forecasts *
set rhohat = qt(t)*sqrt(v1(t)/fv2(t))
set shock1 = a1t(t)
set shock2 = a2t(t)
set g22 = v2(t)
set q21 = qt(t)
set b2t = bt(t)
print 885  888 shock1 shock2 fv1 fv2 rhohat g22 q21 b2t
```

利用 Cholesky 分解进行例 10.7 中的三元时变相关系数波动率模型的估计

初始的估计值是由序贯建模方法给出.

```
all 0 2275:1
open data d-cscointc.txt
data(org=obs) / r1 r2 r3
set h1 = 1.0
set h2 = 4.0
set h3 = 3.0
set q21 = 0.8
set q31 = 0.3
set q32 = 0.3
nonlin  c1 c2 c3 p3 p21 p22 p31 p33 a0 a1 a2 t0 t1 t2 b0 b1 $
        b2 u0 u1 u2 w0 w1 w2 d0 d1 d2 d5
frml a1t = r1(t)-c1-p3*r1(t-3)
frml a2t = r2(t)-c2-p21*r1(t-2)-p22*r2(t-2)
frml a3t = r3(t)-c3-p31*r1(t-1)-p33*r3(t-1)
frml v1 = a0+a1*a1t(t-1)**2+a2*h1(t-1)
frml q1t = t0 + t1*q21(t-1) + t2*a2t(t-1)
frml bt = a2t(t) - (q21(t)=q1t(t))*a1t(t)
frml v2 = b0+b1*bt(t-1)**2+b2*h2(t-1)
frml q2t = u0 + u1*q31(t-1) + u2*a3t(t-1)
frml q3t = w0 + w1*q32(t-1) + w2*a2t(t-1)
frml b1t = a3t(t)-(q31(t)=q2t(t))*a1t(t)-(q32(t)=q3t(t))*bt(t)
frml v3 = d0+d1*b1t(t-1)**2+d2*h3(t-1)+d5*h2(t-1)
frml gdet = -0.5*(log(h1(t) = v1(t))+ log(h2(t)=v2(t)) $
            +log(h3(t)=v3(t)))
frml garchln = gdet-0.5*(a1t(t)**2/h1(t)+bt(t)**2/h2(t) $
            +b1t(t)**2/h3(t))
smpl 8 2275
compute c1 = 0.07, c2 = 0.33, c3 = 0.19, p1 = 0.1, p3 = -0.04
compute p21 =0.2, p22 = -0.1, p31 = -0.26, p33 = 0.06
compute a0 = .01, a1 = 0.05, a2 = 0.94
compute t0 = 0.28, t1 =0.82, t2 = -0.035
compute b0 = .17, b1 = 0.08, b2 = 0.89
```

```
compute u0= 0.04, u1 = 0.97, u2 = 0.01
compute  w0 =0.006, w1=0.98, w2=0.004
compute d0 =1.38, d1 = 0.06, d2 = 0.64, d5 = -0.027
nlpar(criterion=value,cvcrit=0.00001)
maximize(method=bhhh,recursive,iterations=250) garchln
set fv1 = v1(t)
set resi1 = a1t(t)/sqrt(fv1(t))
set residsq = resi1(t)*resi1(t)
* Checking standardized residuals *
cor(qstats,number=12,span=4) resi1
* Checking squared standardized residuals *
cor(qstats,number=12,span=4) residsq
set fv2 = v2(t)+q1t(t)**2*v1(t)
set resi2 = a2t(t)/sqrt(fv2(t))
set residsq = resi2(t)*resi2(t)
* Checking standardized residuals *
cor(qstats,number=12,span=4) resi2
* Checking squared standardized residuals *
cor(qstats,number=12,span=4) residsq
set fv3 = v3(t)+q2t(t)**2*v1(t)+q3t(t)**2*v2(t)
set resi3 = a3t(t)/sqrt(fv3(t))
set residsq = resi3(t)*resi3(t)
* Checking standardized residuals *
cor(qstats,number=12,span=4) resi3
* Checking squared standardized residuals *
cor(qstats,number=12,span=4) residsq
* print standardized residuals and correlation-coefficients
set rho21 = q1t(t)*sqrt(v1(t)/fv2(t))
set rho31 = q2t(t)*sqrt(v1(t)/fv3(t))
set rho32 = (q2t(t)*q1t(t)*v1(t) $
            +q3t(t)*v2(t))/sqrt(fv2(t)*fv3(t))
print 10  2275 resi1 resi2 resi3
print 10 2275 rho21 rho31 rho32
print 10 2275 fv1 fv2 fv3
```

练　习　题

10.1 考虑标准普尔综合指数、IBM 股票和 Hewlett-Packard(HPQ) 股票从 1926 年 1 月至 2008 年 12 月的月对数收益率, 共 564 个观测值. 对数收益率数据在文件m-spibmhpq6208.txt中. 对于这三个对数收益率序列, 利用指数加权滑动平均方法获得多元波动率序列. λ 的估计值是多少? 画出这三个波动率序列的时间图.

10.2 讨论 IBM 股票和 HPQ 股票从 1926 年 1 月至 2008 年 12 月的月对数收益率. 为这个二元收益率序列拟合一个 DVEC(1, 1) 模型. 该模型是否充分? 画出所拟合的波动率序列和时变相关系数的时间图.

10.3 讨论标准普尔综合指数和 HPQ 股票的月对数收益率, 为这个二元序列建立一个 BEKK 模型. 所拟合的模型是什么? 画出所拟合的波动率序列和时变相关系数的时间图.

10.4 为标准普尔综合指数、IBM 股票和 HPQ 股票 3 个月对数收益率建立一个常相关波动率模型. 给出所拟合的模型, 该模型是否充分? 为什么?

10.5 文件 m-geibmsp2608.txt 包含了标准普尔 500 指数、IBM 股票、通用电气股票从 1926 年 1 月至 2008 年 12 月的月对数收益率, 收益率包括了分红并以百分比表示. 讨论通用电气股票和标准普尔 500 指数以百分比表示的月对数收益率. 对这个二元序列建立一个常相关 GARCH 模型. 检验拟合模型的充分性, 并得到协方差矩阵以 2008 年 12 月为预测原点的向前 1 步预测.

10.6 再次考虑从 1926 年 1 月到 2008 年 12 月 GE、IBM 和标准普尔综合指数的月对数收益率, 对这个三维序列建立动态相关模型, 为了简化, (10.32) 式中的 ρ 用样本相关矩阵计算.

10.7 文件 m-spibmge.txt 包含标准普尔综合指数、IBM 股票、GE 股票从 1926 年 1 月到 1999 年 12 月的百分数形式的月对数收益率. 集中讨论 GE 股票和标准普尔指数, 对这两个变量, 使用 logistic 函数求相关系数, 建立时变相关 GARCH 模型, 使用 logistic 函数求相关系数, 检验拟合模型的充分性, 求预测始点为 1999 年 12 月, 协方差矩阵的 1 步向前预测.

10.8 集中讨论 GE 股票和标准普尔 500 指数从 1926 年 1 月到 1999 年 12 月用百分数表示的月对数收益率, 对这两个变量序列使用 Cholesky 分解建立时变相关 GARCH 模型, 检验拟合模型的充分性, 求预测始点为 1999 年 12 月, 协方差矩阵的 1 步向前预测. 比较这个模型和前面练习中的其他模型.

10.9 连带考虑前一个练习的三维收益率序列, 对这些数据使用 Cholesky 分解建立多元时变波动率模型, 讨论模型的意义, 求预测始点 $t = 888$ 的 1 步向前波动率预测.

10.10 某投资者持有 50 万美元的 Dell 股票和 100 万美元 Cisco 系统股票的多头, 该投资者对其每日头寸的风险值感兴趣. 使用 5%临界值和从 1990 年 2 月 20 日到 1999 年 12 月 31 日的日对数收益率进行计算, 数据保存在文件 ddellcsco9099.txt 中, 使用 10.7 节中 3 种方法对波动率建模, 并比较结果.

参 考 文 献

Bauwens, L., Laurent, S., and Rombouts, J. V. K. (2004). Multivariate GARCH models: A survey. *Journal of Applied Econometrics* **21**:79–109.

Bollerslev, T. (1990). Modeling the coherence in short-term nominal exchange rates: A multivariate generalized ARCH approach. *Review of Economics and Statistics* **72**:498–505.

Bollerslev, T., Engle, R. F., and Wooldridge, J. M. (1988). A capital-asset pricing model with time-varying covariances. *Journal of Political Economy* **96**:116–131.

Chib, S., Nardari, F. and Shephard, N. (1999). Analysis of high dimensional multivariate stochastic volatility models. Working paper, Washington University, St. Louis.

Engle, R. F. (2002). Dynamic conditional correlation: A simple class of multivariate GARCH models. *Journal of Business and Economic Statistics* **20**:339–350.

Engle, R. F. and Kroner, K. F. (1995). Multivariate simultaneous generalized ARCH. *Econometric Theory* **11**:122–150.

Harvey, A, Ruiz, E., and Shephard, N. (1994). Multivariate stochastic variance models. *Review of Economic Studies* **62**:247–264.

Li, W. K. (2004). *Diagnostic Checks in Time Series*. Chapman and Hall, London.

Mardia, K. V., Kent, J. T., and Bibby, J. M. (1979). *Multivariate Analysis*. Academic, New York.

Pourahmadi, M. (1999). Joint mean-covariance models with applications to longitudinal data: Unconstrained parameterization. *Biometrika* **86**:677–690.

Tsay, R. S. (2006). Multivariate volatility models in H. C. Ho, C. K. Ing, and T. L. Lai (eds.). *Time Series and Related Topics* in memory of C.Z. Wei, Lecture Notes Monograph Series, Institute of Mathematical Statistics. Beachwood, Ohio.

Tse, Y. K. (2000). A test for constant correlations in a multivariate GARCH model. *Journal of Econometrics* **98**:107–127.

Tse, Y. K. and Tsui, A. K. C. (2002). A multivariate GARCH model with time-varying correlations. *Journal of Business & Economic Statistics* **20**:351–362.

第11章 状态空间模型和卡尔曼滤波

状态空间模型为时间序列分析提供了一种灵活的方法, 尤其是在简化最大似然估计和处理缺失值方面. 本章将讨论状态空间模型和 ARIMA 模型的关系、卡尔曼滤波算法、各种平滑方法及一些应用. 在引进一般的状态空间模型之前, 我们先介绍一个简单模型. 该模型体现了状态空间方法应用于时间序列分析的基本思想. 为了对这个简单模型作进一步说明, 我们用该模型来分析某公司资产收益率的已实现波动率序列、时变系数的市场模型以及每只股票的季度收益序列.

许多书都讨论了如何利用状态空间模型进行统计分析. Durbin and Koopman (2001) 给出了状态空间模型最近的一些处理方法; Kim and Nelson (1999) 则集中讨论了状态空间模型在经济和体制转换中的应用; Anderson and Moore (1979) 对于状态空间模型方法的理论和应用给出了很好的概括 (主要是工程和最优控制方面). 许多时间序列的教科书都包含了状态空间模型和卡尔曼滤波方面的内容, 例如, Chan (2002), Shumway and Stoffer (2000), Hamilton (1994) 和 Harvey (1993) 中都有章节讨论该问题. West and Harrison (1997) 给出了一种贝叶斯处理方法, 其重点在于预测. 而 Kitagawa and Gersch (1996) 则使用了一种平滑的先验方法.

卡尔曼滤波和平滑算法的推导必然要用到大量的符号. 因此, 若读者只对状态空间模型的概念和应用感兴趣, 那么相对来说 11.4 节将比较枯燥, 故初次阅读时可以跳过不读.

11.1 局部趋势模型

考虑一元时间序列 y_t, 满足

$$y_t = \mu_t + e_t, \quad e_t \sim N(0, \sigma_e^2), \tag{11.1}$$

$$\mu_{t+1} = \mu_t + \eta_t, \quad \eta_t \sim N(0, \sigma_\eta^2), \tag{11.2}$$

其中 e_t 和 η_t 是独立的白噪声序列, $t = 1, \cdots, T$. 初始值 μ_1 或者给定, 或者服从一个已知的分布, 且与 e_t 和 η_t 独立 $(t > 0)$. 这里 μ_t 是第 2 章中的随机游走, 初始值为 μ_1; y_t 是 μ_t 的观测版本, 只多了噪声 e_t. 在文献中, μ_t 称为序列的趋势, 并不能直接观测到, 而 y_t 是观测数据, 其观测噪声为 e_t. 由于 e_t 是序列不相关的, 故 y_t 的动态依赖性由 μ_t 的动态依赖性所决定.

利用 (11.1) 式和 (11.2) 式的模型可以很容易地分析某项资产价格的已实现波动率, 可参见下面的例 11.1. 这里 μ_t 代表资产价格潜在的对数波动率, y_t 是已实现波动率的对数. 真正的对数波动率并不能被直接观测到, 但它可根据随机游动模型而随时间演变. 另一方面, y_t 由高频交易数据构建, 从而受到市场微观结构影响的约束. e_t 的标准差代表刻度, 用来衡量市场微观噪声结构的影响.

(11.1) 式和 (11.2) 式的模型是一个特殊的线性高斯状态空间模型(linear Gaussian state-space model). 变量 μ_t 代表系统在 t 时刻的状态且不能被直接观测到. (11.1) 式给出了数据 y_t 和状态 μ_t 的联系, 称为测量误差为 e_t 的观测方程(observation equation with the measurement error e_t). (11.2) 式决定了状态变量随时间的演变方式, 称为新息为 η_t 的状态方程 (或状态转移方程). Durbin and Koopman(2001) 也称该模型为局部水平模型(local level model). 另外, 该模型是 Harvey(1993) 中结构时间序列模型(structural time series model) 的一种简单情形.

与 ARIMA 模型的关系

如果 (11.1) 式中没有测量误差, 即 $\sigma_e = 0$, 则 $y_t = \mu_t$. 此时模型变为 ARIMA (0, 1, 0) 模型. 若 $\sigma_e > 0$, 即存在测量误差, 则 y_t 为满足下式的 ARIMA(0,1,1) 模型

$$(1 - B)y_t = (1 - \theta B)a_t, \tag{11.3}$$

其中 $\{a_t\}$ 是均值为零方差为 σ_a^2 的高斯白噪声. θ 和 σ_a^2 的值由 σ_e 和 σ_η 决定. 下面给出了该结果的推导.

由 (11.2) 式, 我们有

$$(1 - B)\mu_{t+1} = \eta_t \quad \text{或} \quad \mu_{t+1} = \frac{1}{1 - B}\eta_t.$$

利用该结果可以将 (11.1) 式改写为

$$y_t = \frac{1}{1 - B}\eta_{t-1} + e_t.$$

上式两端同时乘以 $(1 - B)$, 我们得到

$$(1 - B)y_t = \eta_{t-1} + e_t - e_{t-1}.$$

令 $(1 - B)y_t = w_t$, 可以得到 $w_t = \eta_{t-1} + e_t - e_{t-1}$. 在前面的假定下, 很容易看出 (a) w_t 服从高斯分布; (b) $\text{Var}(w_t) = 2\sigma_e^2 + \sigma_\eta^2$; (c) $\text{Cov}(w_t, w_{t-1}) = -\sigma_e^2$; (d) $j > 1$ 时, 有 $\text{Cov}(w_t, w_{t-j}) = 0$. 因此 w_t 服从 MA(1) 模型, 可以写成 $w_t = (1 - \theta B)a_t$. 通过让 $w_t = (1 - \theta B)a_t = \eta_{t-1} + e_t - e_{t-1}$ 的方差和延迟为 1 的协方差相等, 可以得到

$$(1 + \theta^2)\sigma_a^2 = 2\sigma_e^2 + \sigma_\eta^2, \tag{11.4}$$

$$\theta\sigma_a^2 = \sigma_e^2. \tag{11.5}$$

对于给定的 σ_e^2 和 σ_η^2, 考虑上述两式的比值便可以得到一个关于 θ 的二次函数. 该二次方程有两个解, 我们必须选择满足 $|\theta| < 1$ 的那个解. σ_a^2 可以很容易得到. 于

是, (11.1) 式和 (11.2) 式的状态空间模型也是 ARIMA(0,1,1) 模型. 它是第 2 章中的简单指数平滑模型.

另一方面, 对于 θ 为正的 ARIMA(0,1,1) 模型, 可以利用上述两个等式解出 σ_e^2 和 σ_η^2, 并且得到一个局部趋势模型. 如果 θ 为负, 模型可以写成不带观测误差 (即 $\sigma_e = 0$) 的状态空间的形式. 事实上, 我们以后将会看到, ARIMA 模型可以通过多种方法变换为状态空间模型. 因此, 线性状态空间模型与 ARIMA 模型是密切相关的.

在实际中, 人们只能观测到序列 y_t. 因此, 若只是基于数据, 则是利用 ARIMA 模型进行决策还是利用线性状态空间模型进行决策并不关键. 两个模型都有优缺点. 在选择统计模型时, 数据分析的目的、本质问题和经验都起到了很重要的作用.

例 11.1　为了说明状态空间模型和卡尔曼滤波的思想, 我们考虑 Alcoa 股票一天内的已实现波动率. 时间区间是从 2003 年 1 月 2 日到 2004 年 5 月 7 日, 共 340 个观测. 所用的日已实现波动率是一天内每隔 10 分钟的对数收益率的平方和, 其中对数收益率以百分比形式给出. 计算中没有用隔夜的收益率, 即不用当天内的第一个 10 分钟的收益率. 关于已实现波动率的更多信息可参见第 3 章. 演示中所用的序列是日已实现波动率的对数.

图 11-1 给出了 Alcoa 股票已实现波动率对数的时间图, 时间区间是从 2003 年 1 月 2 日到 2004 年 5 月 7 日. 交易数据来自 NYSE 的 TAQ 数据库. 若采用 ARIMA 模型, 我们得到下述 ARIMA(0,1,1) 模型

$$(1-B)y_t = (1-0.858B)a_t, \quad \hat{\sigma}_a = 0.518\,4, \tag{11.6}$$

其中 y_t 已实现波动率的对数, $\hat{\theta}$ 的标准误差是 0.029. 残差序列给出 $Q(12)=12.4$, p 值是 0.33, 这表明残差中没有显著的序列相关性. 类似地, 残差序列的平方给出 $Q(12)=8.2$, p 值是 0.77, 这表明序列没有 ARCH 效应.

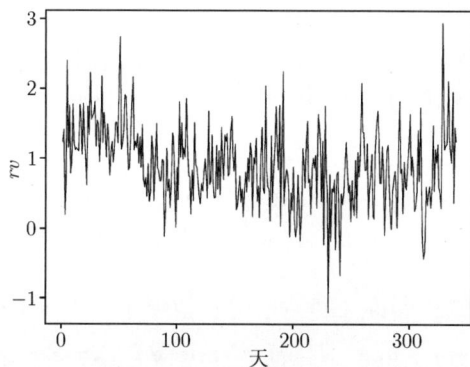

图 11-1　Alcoa 股票一天内的已实现波动率对数的时间图, 时间区间是从 2003 年 1 月 2 日到 2004 年 5 月 7 日. 已实现波动率用一天内每隔 10 分钟的对数收益率计算, 其中对数收益率以百分比形式给出

由于 $\hat\theta$ 是正的, 我们可以将 ARIMA(0,1,1) 模型转换为 (11.1) 式和 (11.2) 式的局部趋势模型. 两个参数的最大似然估计分别为 $\hat\sigma_\eta = 0.073\,5$ 和 $\hat\sigma_e = 0.480\,3$. 测量误差比状态新息有更大的方差, 这证实了一天内的高频收益率要受到测量误差的约束. 估计的细节将在 11.1.7 节给出. 这里把这两个估计看成是给定的, 并且只是用该模型来说明卡尔曼滤波的应用. 注意使用方程 (11.6) 中的模型和方程 (11.4) 和 (11.5) 中的关系式, 我们得到 $\sigma_e = 0.480$ 和 $\sigma_\eta = 0.073\,6$. 这些值接近上边给出的 MLE.

11.1.1 统计推断

回到 (11.1) 式和 (11.2) 式的状态空间模型. 分析的目的是由数据 $\{y_t | t = 1, \cdots, T\}$ 和模型来推断状态 μ_t 的性质. 文献中经常讨论的有三种类型的推断. 它们是滤波(filtering)、预测(prediction) 和平滑(smoothing). 令 $F_t = \{y_1, \cdots, y_t\}$ 为 t 时刻 (包含 t 时刻) 已经得到的信息, 且假定模型 (包括所有参数) 是已知的. 下面简要描述一下这三类推断.

- 滤波: 滤波意味着给定 F_t 恢复状态变量 μ_t, 即从数据中移除测量误差.
- 预测: 预测意味着给定 F_t 预测 μ_{t+h} 或 y_{t+h}, $h > 0$, 其中 t 是预测原点.
- 平滑: 平滑是指给定 F_T, 估计 μ_t, 这里 $T > t$.

关于这三种类型推断的一个简单的类比是读手写的注释. 滤波是根据由注释开始所积累的知识来领会你要读的单词, 预测是猜想下一个单词, 而平滑是一旦你已经读了一遍注释, 去解释一个特定的单词.

为了更精确地描述推断, 我们引进一些符号. 令 $\mu_{t|j} = \mathrm{E}(\mu_t | F_j)$ 和 $\Sigma_{t|j} = \mathrm{Var}(\mu_t | F_j)$ 分别为 μ_t 在给定 F_j 条件下的条件均值和条件方差. 类似地, $y_{t|j}$ 表示 y_t 在给定 F_j 条件下的条件均值. 进一步, 令 $v_t = y_t - y_{t|t-1}$ 和 $V_t = \mathrm{Var}(v_t | F_{t-1})$ 分别为向前一步预测误差和 y_t 在给定 F_{t-1} 条件下的条件方差. 值得注意的是, 预测误差 v_t 与 F_{t-1} 是独立的, 因此 v_t 的条件方差和无条件方差是相同的, 即 $\mathrm{Var}(v_t | F_{t-1}) = \mathrm{Var}(v_t)$. 由 (11.1) 式,

$$y_{t|t-1} = \mathrm{E}(y_t | F_{t-1}) = \mathrm{E}(\mu_t + e_t | F_{t-1}) = \mathrm{E}(\mu_t | F_{t-1}) = \mu_{t|t-1}.$$

因此, 有

$$v_t = y_t - y_{t|t-1} = y_t - \mu_{t|t-1} \tag{11.7}$$

且

$$V_t = \mathrm{Var}(y_t - \mu_{t|t-1} | F_{t-1}) = \mathrm{Var}(\mu_t + e_t - \mu_{t|t-1} | F_{t-1})$$
$$= \mathrm{Var}(\mu_t - \mu_{t|t-1} | F_{t-1}) + \mathrm{Var}(e_t | F_{t-1}) = \Sigma_{t|t-1} + \sigma_e^2. \tag{11.8}$$

很容易看出,

$$\mathrm{E}(v_t) = \mathrm{E}[\mathrm{E}(v_t | F_{t-1})] = \mathrm{E}[\mathrm{E}(y_t - y_{t|t-1} | F_{t-1})] = \mathrm{E}[y_{t|t-1} - y_{t|t-1}] = 0,$$

$$\mathrm{Cov}(v_t, y_j) = \mathrm{E}(v_t y_j) = \mathrm{E}[\mathrm{E}(v_t y_j | F_{t-1})] = \mathrm{E}[y_j \mathrm{E}(v_t | F_{t-1})] = 0, \quad j < t.$$

于是, 如所料想, 向前一步预测误差与 $y_j (j < t)$ 不相关, 从而独立. 进一步, 对于 (11.1) 式和 (11.2) 式的线性模型, 有 $\mu_{t|t} = \mathrm{E}(\mu_t | F_t) = \mathrm{E}(\mu_t | F_{t-1}, v_t)$ 且 $\Sigma_{t|t} = \mathrm{Var}(\mu_t | F_t) = \mathrm{Var}(\mu_t | F_{t-1}, v_t)$. 换言之, 信息集 F_t 可以写成 $F_t = \{F_{t-1}, y_t\} = \{F_{t-1}, v_t\}$.

下面给出多元正态分布的一些性质, 它们对于研究正态假定下的卡尔曼滤波非常有用. 可以利用多元线性回归方法或联合密度的因子化方法来证明这些性质, 也可以参见第 8 章的附录 B. 对于随机向量 w 和 m, 其均值向量和协方差矩阵分别表示为 $\mathrm{E}(w) = \mu_w$, $\mathrm{E}(m) = \mu_m$ 和 $\mathrm{Cov}(m, w) = \Sigma_{mw}$.

定理 11.1 假设 x, y, z 是联合分布为多元正态分布的随机向量. 另外, 对于 $w = x, y, z$, 假定对角分块协方差矩阵 Σ_{ww} 是非奇异的, 且 $\Sigma_{yz} = 0$. 则

(1) $\mathrm{E}(x|y) = \mu_x + \Sigma_{xy} \Sigma_{yy}^{-1} (y - \mu_y)$;

(2) $\mathrm{Var}(x|y) = \Sigma_{xx} - \Sigma_{xx} \Sigma_{yy}^{-1} \Sigma_{yx}$;

(3) $\mathrm{E}(x|y, z) = \mathrm{E}(x|y) + \Sigma_{xz} \Sigma_{zz}^{-1} (z - \mu_z)$;

(4) $\mathrm{Var}(x|y, z) = \mathrm{Var}(x|y) - \Sigma_{xz} \Sigma_{zz}^{-1} \Sigma_{zx}$.

11.1.2 卡尔曼滤波

卡尔曼滤波(Kalman filter) 的目标是: 当获得一个新的数据点时递归地更新状态变量的信息. 即已知 μ_t 在给定 F_{t-1} 条件下的条件分布和新数据 y_t, 我们意欲得到 μ_t 在给定 F_t 条件下的条件分布, 与前面一样, 这里 $F_j = \{y_1, \cdots, y_j\}$. 由于 $F_t = \{F_{t-1}, v_t\}$, 从而给出 F_{t-1} 和 v_t 与给出 F_{t-1} 和 y_t 是等价的. 因此, 我们只要知道 $(\mu_t, v_t)'$ 在给定 F_{t-1} 条件下的条件分布, 便可以利用定理 11.1 推导出卡尔曼滤波.

v_t 在给定 F_{t-1} 条件下的条件分布是均值为零的正态分布, 方差由 (11.6) 式给出; μ_t 在给定 F_{t-1} 条件下的条件分布也是正态分布, 且其均值为 $\mu_{t|t-1}$、方差为 $\Sigma_{t|t-1}$. 进一步, $(\mu_t, v_t)'$ 在给定 F_{t-1} 条件下的条件分布也是正态的. 因此, 剩下的问题是求出 μ_t 和 v_t 在给定 F_{t-1} 条件下的条件协方差. 由定义,

$$\begin{aligned}
\mathrm{Cov}(\mu_t, v_t | F_{t-1}) &= \mathrm{E}(\mu_t v_t | F_{t-1}) = \mathrm{E}[\mu_t (y_t - \mu_{t|t-1}) | F_{t-1}] \quad (\text{由 Eq. (11.7)}) \\
&= \mathrm{E}[\mu_t (\mu_t + e_t - \mu_{t|t-1}) | F_{t-1}] \\
&= \mathrm{E}[\mu_t (\mu_t - \mu_{t|t-1}) | F_{t-1}] + \mathrm{E}(\mu_t e_t | F_{t-1}) \\
&= \mathrm{E}[(\mu_t - \mu_{t|t-1})^2 | F_{t-1}] = \mathrm{Var}(\mu_t | F_{t-1}) = \Sigma_{t|t-1}, \quad (11.9)
\end{aligned}$$

这里我们用到了 $\mathrm{E}[\mu_{t|t-1}(\mu_t - \mu_{t|t-1}) | F_{t-1}] = 0$. 将上述结果综合在一起, 我们有

$$\begin{bmatrix} \mu_t \\ v_t \end{bmatrix}_{F_{t-1}} \sim N \left(\begin{bmatrix} \mu_{t|t-1} \\ 0 \end{bmatrix}, \begin{bmatrix} \Sigma_{t|t-1} & \Sigma_{t|t-1} \\ \Sigma_{t|t-1} & V_t \end{bmatrix} \right).$$

由定理 11.1 知, μ_t 在给定 F_t 条件下的条件分布是正态的, 且均值和方差分别为

$$\mu_{t|t} = \mu_{t|t-1} + \frac{\Sigma_{t|t-1}v_t}{V_t} = \mu_{t|t-1} + K_t v_t, \tag{11.10}$$

$$\Sigma_{t|t} = \Sigma_{t|t-1} - \frac{\Sigma_{t|t-1}^2}{V_t} = \Sigma_{t|t-1}(1 - K_t), \tag{11.11}$$

其中 $K_t = \Sigma_{t|t-1}/V_t$ 是 μ_t 关于 v_t 做回归的回归系数, 通常称为卡尔曼增益(Kalman gain). 由 (11.10) 式知, 卡尔曼增益决定了新扰动 v_t 对状态变量 μ_t 的贡献.

接下来, 我们可以通过 (11.2) 式利用 μ_t 在给定 F_t 条件下的信息来预测 μ_{t+1}. 具体地, 我们有

$$\mu_{t+1|t} = \mathrm{E}(\mu_t + \eta_t | F_t) = \mathrm{E}(\mu_t | F_t) = \mu_{t|t}, \tag{11.12}$$

$$\Sigma_{t+1|t} = \mathrm{Var}(\mu_{t+1}|F_t) = \mathrm{Var}(\mu_t|F_t) + \mathrm{Var}(\eta_t) = \Sigma_{t|t} + \sigma_\eta^2. \tag{11.13}$$

一旦观测到新的数据点 y_{t+1}, 便可以重复上面的步骤来更新 μ_{t+1} 的信息. 这就是著名的卡尔曼滤波算法. 该算法由卡尔曼于 1960 年提出.

综上所述, 将 (11.7) 和 (11.13) 式放在一起, 在初始假定, 即 μ_1 的分布是 $N(\mu_{1|0}, \Sigma_{1|0})$ 成立的条件下, 局部趋势模型的卡尔曼滤波为

$$\begin{aligned}
v_t &= y_t - \mu_{t|t-1}, \\
V_t &= \Sigma_{t|t-1} + \sigma_e^2, \\
K_t &= \Sigma_{t|t-1}/V_t, \\
\mu_{t+1|t} &= \mu_{t|t-1} + K_t v_t, \\
\Sigma_{t+1|t} &= \Sigma_{t|t-1}(1 - K_t) + \sigma_\eta^2, \quad t = 1, \cdots, T.
\end{aligned} \tag{11.14}$$

卡尔曼滤波的推导方法有很多种. 为了简便, 我们这里是利用定理 11.1, 即多元正态分布的性质来推导的. 在实际中, 初始值 $\mu_{1|0}$ 和 $\Sigma_{1|0}$ 的选取值得注意. 关于该问题我们将在 11.1.6 节进行讨论. 对于 (11.1) 式和 (11.2) 式给出的局部趋势模型, 参数 σ_e 和 σ_η 可以通过最大似然方法估计出来. 此外, 在估计过程中, 卡尔曼滤波在求数据的似然函数时也很有用. 我们将在 11.1.7 节讨论估计问题.

例 11.1(续) 为了说明卡尔曼滤波的应用, 我们给 Alcoa 股票收益率的日已实现波动率拟合了状态空间模型并将卡尔曼滤波算法应用于该数据, 这里 $\Sigma_{1|0} = \infty$, $\mu_{1|0} = 0$. 11.1.6 节将讨论这些初始值的选取. 图 11-2a 给出了滤波状态变量 $\mu_{t|t}$ 的时间图, 图 11-2b 给出了向前一步预测误差 v_t 的时间图. 与图 11-1 比较, 滤波状态更平滑. 预测误差似乎很稳定地分布在 0 的附近, 并且以 0 为中心. 这些预测误差都是样本外向前一步预测误差.

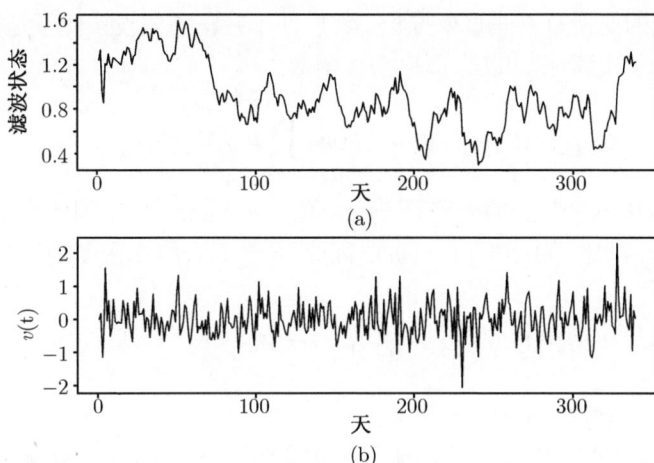

图 11-2　基于局部趋势状态空间模型, 将卡尔曼滤波应用与 Alcoa 股票日对数已实现波动率时所得到的时间序列图: (a) 滤波状态 $\mu_{t|t}$; (b) 向前 1 步预测误差 v_t

11.1.3　预测误差的性质

向前一步预测误差 $\{v_t\}$ 在很多应用中都很有用, 因此它们的性质值得我们仔细研究. 给定初始值 $\Sigma_{1|0}$ 和 $\mu_{1|0}$(这些值与 y_t 独立), 卡尔曼滤波使得我们可以递归地计算 v_t, 这里 v_t 是 $\{y_1, \cdots, y_t\}$ 的线性函数. 具体地说, 通过重复替代, 我们有

$$v_1 = y_1 - \mu_{1|0},$$
$$v_2 = y_2 - \mu_{2|1} = y_2 - \mu_{1|0} - K_1(y_1 - \mu_{1|0}),$$
$$v_3 = y_3 - \mu_{3|2} = y_3 - \mu_{1|0} - K_2(y_2 - \mu_{1|0}) - K_1(1 - K_2)(y_1 - \mu_{1|0}),$$

等, 此变换可以写成如下矩阵形式

$$\boldsymbol{v} = \boldsymbol{K}(\boldsymbol{y} - \mu_{1|0}\boldsymbol{1}_T), \tag{11.15}$$

其中 $\boldsymbol{v} = (v_1, \cdots, v_T)'$, $\boldsymbol{y} = (y_1, \cdots, y_T)'$, $\boldsymbol{1}_T$ 是 T 维单位向量, $\boldsymbol{K}$ 是下三角矩阵, 且定义如下:

$$\boldsymbol{K} = \begin{bmatrix} 1 & 0 & 0 & \cdots & 0 \\ k_{21} & 1 & 0 & \cdots & 0 \\ k_{31} & k_{32} & 1 & & 0 \\ \vdots & \vdots & & & \vdots \\ k_{T1} & k_{T2} & k_{T3} & \cdots & 1 \end{bmatrix},$$

其中 $k_{i,i-1} = -K_{i-1}$ 且 $k_{ij} = -(1 - K_{i-1})(1 - K_{i-2})\cdots(1 - K_{j+1})K_j (i = 2, \cdots, T, j = 1, \cdots, i-2)$. 需要说明的是, 从定义上看, 卡尔曼增益 K_t 既不依赖于 $\mu_{1|0}$ 也不依赖于 $\{y_1, \cdots, y_t\}$, 而是依赖于 $\Sigma_{1|0}$, σ_e^2 和 σ_η^2.

(11.15) 式的变换有一些重要推论. 首先 $\{v_t\}$ 在正态假设条件下是彼此独立的. 为了说明这点, 考虑数据的联合概率密度函数

$$p(y_1, \cdots, y_T) = p(y_1) \prod_{j=2}^{T} p(y_j|F_{j-1}).$$

(11.15) 式指出从 y_t 到 v_t 的变换是一个单位 Jacobian 矩阵, 因此有 $p(\boldsymbol{v}) = p(\boldsymbol{y})$. 再者, 只要 $\mu_{1|0}$ 给定, 则 $p(v_1) = p(y_1)$. 因此, $\boldsymbol{v}$ 的联合概率密度函数是

$$p(\boldsymbol{v}) = p(\boldsymbol{y}) = p(y_1) \prod_{j=2}^{T} p(y_j|F_{j-1}) = p(v_1) \prod_{j}^{T} p(v_j) = \prod_{j=1}^{T} p(v_j).$$

上式说明 $\{v_t\}$ 是彼此独立的.

其次, 卡尔曼滤波给出了 $\boldsymbol{y}$ 的协方差矩阵的一个 Cholesky 分解. 为了说明这点, 设 $\boldsymbol{\Omega} = \mathrm{Cov}(\boldsymbol{y})$. 从 (11.15) 式可知 $\mathrm{Cov}(\boldsymbol{v}) = \boldsymbol{K}\boldsymbol{\Omega}\boldsymbol{K}'$, 此外, $\{v_t\}$ 彼此独立且有 $\mathrm{Var}(v_t) = V_t$. 因此 $\boldsymbol{K}\boldsymbol{\Omega}\boldsymbol{K}' = \mathrm{diag}\{V_1, \cdots, V_T\}$, 这正是 $\boldsymbol{\Omega}$ 的一个 Cholesky 分解. 矩阵 $\boldsymbol{K}$ 的元素 k_{ij} 有一个很好的解释, 参见第 10 章.

状态误差的递归

再看状态变量 μ_t 的估计误差. 定义

$$x_t = \mu_t - \mu_{t|t-1}$$

为状态变量 μ_t 在给定 F_{t-1} 条件下的预测误差. 由 11.1.1 节可知, $\mathrm{Var}(x_t|F_{t-1}) = \Sigma_{t|t-1}$. 由 (11.12) 式的卡尔曼滤波, 我们有

$$v_t = y_t - \mu_{t|t-1} = \mu_t + e_t - \mu_{t|t-1} = x_t + e_t,$$

和

$$x_{t+1} = \mu_{t+1} - \mu_{t+1|t} = \mu_t + \eta_t - (\mu_{t|t-1} + K_t v_t)$$
$$= x_t + \eta_t - K_t v_t = x_t + \eta_t - K_t(x_t + e_t) = L_t x_t + \eta_t - K_t e_t,$$

其中 $L_t = 1 - K_t = 1 - \Sigma_{t|t-1}/V_t = (V_t - \Sigma_{t|t-1})/V_t = \sigma_e^2/V_t$. 因此对于状态误差, 我们有

$$v_t = x_t + e_t, \quad x_{t+1} = L_t x_t + n_t - K_t e_t, \quad t = 1, \cdots, T, \tag{11.16}$$

其中有 $x_1 = \mu_1 - \mu_{1|0}$. (11.16) 式是带有状态变量 x_t 和观测值 v_t 的时变状态空间模型.

11.1.4 状态平滑

下面, 我们考虑状态变量 $(\mu_1, \cdots, \mu_T)$ 在给定数据 F_T 和模型时的估计. 即, 给定 (11.1) 式和 (11.2) 式的状态空间模型, 对所有时间 t, 我们希望得到条件分布 $\mu_t|F_T$. 为此, 我们首先回顾一下该模型所包含的一些事实.

- 所有涉及的分布都是正态的, 当 $t \leqslant T$ 时, 我们可以将 μ_t 在给定 F_t 条件下的条件分布写作 $N(\mu_{t|T}, \Sigma_{t|T})$. 我们称 $\mu_{t|T}$ 为 t 时刻的平滑状态(smoothed state) 而 $\Sigma_{t|T}$ 称为平滑状态方差(smoothed state variance).
- 由 11.1.3 节中 $\{v_t\}$ 的性质可知, $\{v_1, \cdots, v_T\}$ 彼此独立且为 $\{y_1, \cdots, y_T\}$ 的线性函数.
- 如果 $y_1, \cdots, y_T$ 是确定的, 则 F_{t-1} 和 $\{v_t, \cdots, v_T\}$ 都是确定的, 反之亦然.
- $\{v_t, \cdots, v_T\}$ 和 F_{t-1} 是独立的且均值为 0、方差为 $\mathrm{Var}(v_j) = V_j (j \geqslant t)$.

对于 $\{u_t, v_t, \cdots, v_T\}$ 在给定 F_{t-1} 条件下的条件联合分布应用定理 11.1(3), 我们有

$$\mu_{t|T} = \mathrm{E}(\mu_t | F_T) = \mathrm{E}(\mu_t | F_{t-1}, v_t, \cdots, v_T)$$

$$= \mathrm{E}(\mu_t | F_{t-1}) + \mathrm{Cov}[\mu_t, (v_t, \cdots, v_T)'] \mathrm{Cov}[(v_t, \cdots, v_T)']^{-1} (v_t, \cdots, v_T)'$$

$$= \mu_{t|t-1} + \begin{bmatrix} \mathrm{Cov}(\mu_t, v_t) \\ \mathrm{Cov}(\mu_t, v_{t+1}) \\ \vdots \\ \mathrm{Cov}(\mu_t, v_T) \end{bmatrix}' \begin{bmatrix} V_t & 0 & \cdots & 0 \\ 0 & V_{t+1} & \cdots & 0 \\ \vdots & \vdots & & \vdots \\ 0 & 0 & \cdots & V_T \end{bmatrix}^{-1} \begin{bmatrix} v_t \\ v_{t+1} \\ \vdots \\ v_T \end{bmatrix}$$

$$= \mu_{t|t-1} + \sum_{j=t}^{T} \mathrm{Cov}(\mu_t, v_j) V_j^{-1} v_j. \tag{11.17}$$

从 $\{v_t\}$ 的定义和独立性可知, $\mathrm{Cov}(\mu_t, v_j) = \mathrm{Cov}(x_t, v_j)(j = 1, \cdots, T)$, 且

$$\mathrm{Cov}(x_t, v_t) = \mathrm{E}[x_t(x_t + e_t)] = \mathrm{Var}(x_t) = \Sigma_{t|t-1},$$

$$\mathrm{Cov}(x_t, v_{t+1}) = \mathrm{E}[x_t(x_{t+1} + e_{t+1})] = \mathrm{E}[x_t(L_t x_t + \eta_t - K_t e_t)] = \Sigma_{t|t-1} L_t.$$

类似地, 我们有

$$\mathrm{Cov}(x_t, v_{t+2}) = \mathrm{E}[x_t(x_{t+2} + e_{t+2})] = \cdots = \Sigma_{t|t-1} L_t L_{t+1},$$

$$\cdots\cdots\cdots\cdots$$

$$\mathrm{Cov}(x_t, v_T) = \mathrm{E}[x_t(x_T + e_T)] = \cdots = \Sigma_{t|t-1} \prod_{j=t}^{T-1} L_j.$$

因此, (11.17) 式变为

$$\mu_{t|T} = \mu_{t|t-1} + \Sigma_{t|t-1} \frac{v_t}{V_t} + \Sigma_{t|t-1} L_t \frac{v_{t+1}}{V_{t+1}} + \Sigma_{t|t-1} L_t L_{t+1} \frac{v_{t+2}}{V_{t+2}} + \cdots$$

$$\equiv \mu_{t|t-1} + \Sigma_{t|t-1} q_{t-1},$$

其中

$$q_{t-1} = \frac{v_t}{V_t} + L_t \frac{v_{t+1}}{V_{t+1}} + L_t L_{t+1} \frac{v_{t+2}}{V_{t+2}} + \cdots + \left(\prod_{j=t}^{T-1} L_j \right) \frac{v_T}{V_T} \tag{11.18}$$

是新息 $\{v_1, \cdots, v_T\}$ 的加权线性组合. 该权重和满足

$$q_{t-1} = \frac{v_t}{V_t} + L_t \left[\frac{v_{t+1}}{V_{t+1}} + L_{t+1} \frac{v_{t+2}}{V_{t+2}} + \cdots + \left(\prod_{j=t+1}^{T-1} L_j \right) \frac{v_T}{V_T} \right] = \frac{v_t}{V_t} + L_t q_t.$$

因此, 利用初始值 $q_T = 0$, 我们得到向后的递归

$$q_{t-1} = \frac{v_t}{V_t} + L_t q_t, \quad t = T, T-1, \cdots, 1. \tag{11.19}$$

综合考虑 (11.15)~(11.17), 我们得到一个计算平滑状态变量的向后递归算法:

$$q_{t-1} = V_t^{-1} v_t + L_t q_t, \quad \mu_{t|T} = \mu_{t|t-1} + \Sigma_{t|t-1} q_{t-1}, \quad t = T, \cdots, 1, \tag{11.20}$$

其中 $q_T = 0$, 且 $\mu_{t|t-1}$, $\Sigma_{t|t-1}$ 和 L_t 由 (11.14) 式中的卡尔曼滤波给出.

平滑状态方差

平滑状态变量的方差 $u_{t|T}$ 可以通过定理 11.1(4) 用相似的方式推导出来. 具体地, 令 $\boldsymbol{v}_t^T = \{v_t, \cdots, v_T\}'$, 则我们有

$$\begin{aligned} \Sigma_{t|T} &= \mathrm{Var}(\mu_t | F_T) = \mathrm{Var}(\mu_t | F_{t-1}, v_t, \cdots, v_T) \\ &= \mathrm{Var}(\mu_t | F_{t-1}) - \mathrm{Cov}[\mu_t, (\boldsymbol{v}_t^T)'] \mathrm{Cov}[(\boldsymbol{v}_t^T)]^{-1} \mathrm{Cov}[\mu_t, (\boldsymbol{v}_t^T)] \\ &= \Sigma_{t|t-1} - \sum_{j=t}^{T} [\mathrm{Cov}(\mu_t, v_j)]^2 V_j^{-1}, \end{aligned} \tag{11.21}$$

其中 $\mathrm{Cov}(\mu_t, v_j) = \mathrm{Cov}(x_t, v_j)$ 如先前 (11.17) 式后给出的. 因此

$$\begin{aligned} \Sigma_{t|T} &= \Sigma_{t|t-1} - \Sigma_{t|t-1}^2 \frac{1}{V_t} - \Sigma_{t|t-1}^2 L_t^2 \frac{1}{V_{t+1}} - \cdots - \Sigma_{t|t-1}^2 \left(\prod_{j=t}^{T-1} L_j^2 \right) \frac{1}{V_T} \\ &\equiv \Sigma_{t|t-1} - \Sigma_{t|t-1}^2 M_{t-1}, \end{aligned} \tag{11.22}$$

其中

$$M_{t-1} = \frac{1}{V_t} + L_t^2 \frac{1}{V_{t+1}} + L_t^2 L_{t+1}^2 \frac{1}{V_{t+2}} + \cdots + \left(\prod_{j=t}^{T-1} L_j^2 \right) \frac{1}{V_T}$$

是时刻 $t-1$ 后向前 1 步预测误差方差倒数的加权线性组合. 因为得不到时刻 T 后向前 1 步误差, 所以令 $M_T = 0$. 统计量 M_{t-1} 具有形式

$$M_{t-1} = \frac{1}{V_t} + L_t^2\left[\frac{1}{V_{t+1}} + L_{t+1}^2\frac{1}{V_{t+2}} + \cdots + \left(\prod_{j=t+1}^{T-1}L_j^2\right)\frac{1}{V_T}\right]$$

$$= \frac{1}{V_t} + L_t^2 M_t, \quad t = T, T-1, \cdots, 1.$$

由 (11.16) 式和 $\{v_t\}$ 的独立性, 我们有

$$\mathrm{Var}(q_{t-1}) = \frac{1}{V_t} + L_t^2\frac{1}{V_{t+1}} + \cdots + \left(\prod_{j=t}^{T-1}L_j^2\right)\frac{1}{V_T} = M_{t-1}.$$

结合这些结果, 平滑状态变量的方差可以通过倒向递归的方法进行有效计算:

$$M_{t-1} = V_t^{-1} + L_t^2 M_t, \qquad \Sigma_{t|T} = \Sigma_{t|t-1} - \Sigma_{t|t-1}^2 M_{t-1}, \qquad t = T, \cdots, 1, \qquad (11.23)$$

其中 $M_T = 0$.

例 11.1(续)　利用给 Alcoa 股票的日已实现波动率所拟合的状态空间模型, 将卡尔曼滤波和 (11.20) 式与 (11.23) 式的状态平滑算法应用于其中, 我们很容易计算出滤波状态 $\mu_{t|t}$, 平滑状态 $\mu_{t|T}$ 和它们的方差. 图 11-3 给出了滤波状态变量和它的置信水平为 95% 的逐点置信区间的时间图, 而图 11-4 给出了平滑状态变量和它的置信水平为 95% 的逐点置信区间的时间图. 如所料想, 平滑状态变量比滤波状态变量要平滑一些. 平滑状态变量的置信区间也比滤波状态变量的置信区间窄. 值得注意的是, $\mu_{1|1}$ 的 95% 的置信区间的宽度依赖于初始值 $\Sigma_{1|0}$.

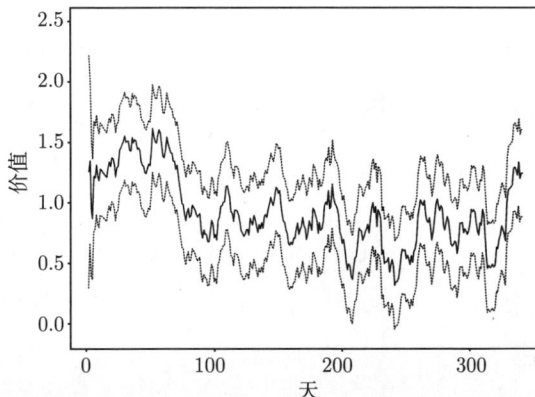

图 11-3　基于拟合局部趋势状态空间模型方法, Alcoa 股票收益率的日对数已实现波动率的滤波状态变量 $\mu_{t|t}$ 和其 95% 的逐点置信区间

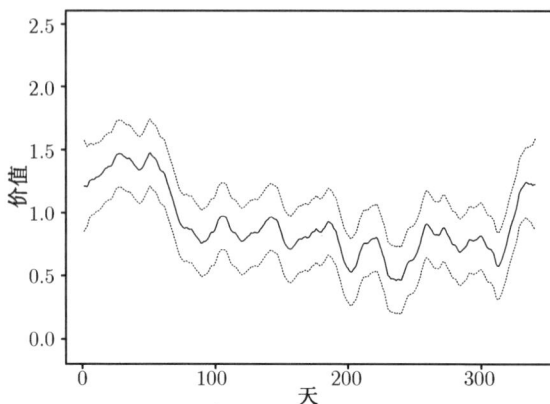

图 11-4 基于给 Alcoa 股票收益的日对数已实现波动率所拟合的局部状态空间模型, 给出平滑状态变量 $\mu_{t|T}$ 和它的置信水平为 95% 的逐点置信区间

11.1.5 缺失值

状态空间模型的优势在于处理缺失值. 假设观测值 $\{y_t\}_{t=l+1}^{l+h}$ 是缺失的 $(h \geqslant 1$ 且 $1 \leqslant l < T)$. 在状态空间的公式里有好几种处理缺失值的方法. 我们考虑其中一种方法使得原始的时间刻度和模型形式保持不变. 对于 $t \in \{l+1, \cdots, l+h\}$, 根据 (11.2) 式, μ_t 可以表示为 μ_{l+1} 和 $\{\eta_j\}_{j=l+1}^{t-1}$ 的线性组合来表达. 具体地,

$$\mu_t = \mu_{t-1} + \eta_{t-1} = \cdots = \mu_{l+1} + \sum_{j=l+1}^{t-1} \eta_j,$$

其中, 如果求和式的下界比上界还大则该求和式为 0. 因此对于 $t \in \{l+1, \cdots, l+h\}$,

$$\mathrm{E}(\mu_t|F_{t-1}) = E(\mu_t|F_l) = \mu_{l+1|l},$$
$$\mathrm{Var}(\mu_t|F_{t-1}) = \mathrm{Var}(\mu_t|F_l) = \Sigma_{l+1|l} + (t-l-1)\sigma_\eta^2.$$

所以, 对于 $t = l+2, \cdots, l+h$, 我们有

$$\mu_{t|t-1} = \mu_{t-1|t-2}, \quad \Sigma_{t|t-1} = \Sigma_{t-1|t-2} + \sigma_\eta^2, \tag{11.24}$$

这些结果表明, 当 $t = l+1, \cdots, l+h$ 时, 我们可以继续利用 (11.14) 式的卡尔曼滤波算法, 此时 $v_t = 0$, $K_t = 0$. 这是很自然的, 因为当 y_t 缺失时, 将没有新的新息或者新的卡尔曼增益, 因此有 $v_t = 0$ 和 $K_t = 0$.

11.1.6 初始化效应

本小节将考虑初始条件 $\mu_1 \sim N(\mu_{1|0}, \Sigma_{1|0})$ 对卡尔曼滤波和平滑状态的影响. 由 (11.14) 式的卡尔曼滤波

$$v_1 = y_1 - \mu_{1|0}, \quad V_1 = \Sigma_{1|0} + \sigma_e^2,$$

且由 (11.10)~(11.13) 式,

$$\mu_{2|1} = \mu_{1|0} + \frac{\Sigma_{1|0}}{V_1}v_1 = \mu_{1|0} + \frac{\Sigma_{1|0}}{\Sigma_{1|0} + \sigma_e^2}(y_1 - \mu_{1|0}),$$

$$\Sigma_{2|1} = \Sigma_{1|0}\left(1 - \frac{\Sigma_{1|0}}{\Sigma_{1|0} + \sigma_e^2}\right) + \sigma_\eta^2 = \frac{\Sigma_{1|0}}{\Sigma_{1|0} + \sigma_e^2}\sigma_e^2 + \sigma_\eta^2.$$

因此, 设 $\Sigma_{1|0}$ 增大到无穷, 我们有 $\mu_{2|1} = y_1$ 且 $\Sigma_{2|1} = \sigma_e^2 + \sigma_\eta^2$. 这等价于将 y_1 看做不变, 且假定 $\mu_1 \sim N(y_1, \sigma_e^2)$. 在文献中, 这种初始化卡尔曼滤波的方法叫作**扩散初始化**(diffuse initialization), 因为 $\Sigma_{1|0}$ 取值很大意味着初始条件的不确定.

下面, 再看扩散初始化对状态平滑的影响. 很显然, 基于卡尔曼滤波的结果, 状态平滑不受扩散初始化的影响 $(t = T, \cdots, 2)$. 因此, 我们主要讨论给定 F_T 条件下的 μ_1. 由 (11.20) 式和 $L_1 = 1 - K_1 = V_1^{-1}\sigma_e^2$ 的定义, 我们有

$$\mu_{1|T} = \mu_{1|0} + \Sigma_{1|0}q_0$$

$$= \mu_{1|0} + \Sigma_{1|0}\left[\frac{1}{\Sigma_{1|0} + \sigma_e^2}v_1 + \left(1 - \frac{\Sigma_{1|0}}{\Sigma_{1|0} + \sigma_e^2}\right)q_1\right]$$

$$= \mu_{1|0} + \frac{\Sigma_{1|0}}{\Sigma_{1|0} + \sigma_e^2}(v_1 + \sigma_e^2 q_1).$$

设 $\Sigma_{1|0} \to \infty$, 我们有 $\mu_{1|T} = \mu_{1|0} + v_1 + \sigma_e^2 q_1 = y_1 + \sigma_e^2 q_1$, 进一步, 由 (11.23) 式, 并利用 $V_1 = \Sigma_{1|0} + \sigma_e^2$, 我们有

$$\Sigma_{1|T} = \Sigma_{1|0} - \Sigma_{1|0}^2\left[\frac{1}{\Sigma_{1|0} + \sigma_e^2} + \left(1 - \frac{\Sigma_{1|0}}{\Sigma_{1|0} + \sigma_e^2}\right)^2 M_1\right]$$

$$= \Sigma_{1|0}\left(1 - \frac{\Sigma_{1|0}}{\Sigma_{1|0} + \sigma_e^2}\right) - \left(1 - \frac{\Sigma_{1|0}}{\Sigma_{1|0} + \sigma_e^2}\right)^2 \Sigma_{1|0}^2 M_1$$

$$= \left(\frac{\Sigma_{1|0}}{\Sigma_{1|0} + \sigma_e^2}\right)\sigma_e^2 - \left(\frac{\Sigma_{1|0}}{\Sigma_{1|0} + \sigma_e^2}\right)^2 \sigma_e^4 M_1.$$

因此, 令 $\Sigma_{1|0} \to \infty$, 我们得到 $\Sigma_{1|T} = \sigma_e^2 - \sigma_e^4 M_1$.

基于上述讨论, 我们建议在对初始值 μ_1 了解较少的情况下利用扩散初始化. 然而, 在实际应用中, 可能很难判断当随机变量具有无限方差时使用此方法的可行性. 如果有必要, 可以将 μ_1 看做状态空间模型的附加参数, 并可与其他参数一起估计出来. 后一种方法和第 2 章与第 8 章的精确最大似然估计密切相关.

11.1.7 估计

本小节将考虑由 (11.1) 式和 (11.2) 式给出的局部趋势模型中 σ_e 和 σ_η 的估计. 基于 11.1.3 节所讨论的预测误差的性质, 卡尔曼滤波给出了计算数据最大似然函数的一个有效的方法. 具体地, 正态假设下的似然函数为

$$p(y_1, \cdots, y_T | \sigma_e, \sigma_\eta) = p(y_1 | \sigma_e, \sigma_\eta) \prod_{t=2}^{T} (y_t | F_{t-1}, \sigma_e, \sigma_\eta)$$

$$= p(y_1 | \sigma_e, \sigma_\eta) \prod_{t=2}^{T} (v_t | F_{t-1}, \sigma_e, \sigma_\eta),$$

其中 $y_1 \sim N(\mu_{1|0}, V_1)$ 且 $v_t = (y_t - \mu_{t|t-1}) \sim N(0, V_t)$. 因此, 若假定 $\mu_{1|0}$ 和 $\Sigma_{1|0}$ 已知并取其对数, 我们有

$$\ln[L(\sigma_e, \sigma_\eta)] = -\frac{T}{2} \ln(2\pi) - \frac{1}{2} \sum_{t=1}^{T} \left[\ln(V_t) + \frac{v_t^2}{V_t} \right], \tag{11.25}$$

上式包含 v_t 和 V_t. 因此, 包括缺失值在内的对数似然函数, 可以通过卡尔曼滤波递归地计算出来. 许多软件包比如 Matlab, RATS 和 S-Plus 等都可以通过卡尔曼滤波法则进行状态空间模型的估计. 本章中, 我们利用 Koopman, Shephard 和 Doornik(1999) 开发的 $SsfPack$ 程序, S-Plus 与 OX 都包含该程序. $SsfPack$ 和 OX 可以从它们的网页上免费下载.

11.1.8 所用的 S-Plus 命令

这里我们给出对 Alcoa 股票收益率的日已实现波动率进行分析的 $SsfPack$ 命令, 并给出简要的说明. 对于所用命令的详细细节, 可以参考 Durbin and Koopman(2001, 6.6 节). S-Plus 使用特定的符号来指定状态空间模型. 参见表 11-1. 这些符号必须完整无误. 在表 11-2 中, 我们给出了一些命令和它们的功能.

表 11-1 状态空间形式和 S-Plus 中的符号状态空间参数

状态空间参数	S-Plus 名
δ	mDelta
Φ	mPhi
Ω	mOmega
Σ	mSigma

表 11-2 $SsfPack$ 包的一些命令

命　　令	功　　能
SsfFit	最大似然估计
CheckSsf	在 S-Plus 中创建对象 "Ssf"
KalmanFil	执行卡尔曼滤波
KalmanSmo	执行状态平滑
SsfMomentEst with task "STFIL"	计算滤波状态及方差
SsfMomentEst with task "STSMO"	计算平滑状态及其方差
SsfCondDens with task "STSMO"	计算不带方差的平滑状态

在我们的分析中, 我们首先对 (11.1) 式和 (11.2) 式的状态空间模型进行最大似然估计, 得到 σ_e 和 σ_η 的估计. 初始值 $\Sigma_{1|0} = -1$ 且 $\mu_{1|0} = 0$, 这里 "-1" 表示扩

散初始化, 即, $\Sigma_{1|0}$ 很大. 这时, 我们把所拟合的模型看成是已知的, 然后进行卡尔曼滤波和状态平滑.

状态空间模型的 *SsfPack* 命令和 S-Plus 命令

```
> da = read.table(file='aa-rv-0304.txt',header=F) % load data
> y = log(da[,1]) % log(RV)
> ltm.start=c(3,1)  % Initial parameter values
> P1 = -1    % Initialization of Kalman filter
> a1 = 0
> ltm.m=function(parm){     % Specify a function for the
+ sigma.eta=parm[1]         % local trend model.
+ sigma.e=parm[2]
+ ssf.m=list(mPhi=as.matrix(c(1,1)),
+ mOmega=diag(c(sigma.eta^2,sigma.e^2)),
+ mSigma=as.matrix(c(P1,a1)))
+ CheckSsf(ssf.m)
+ }
% perform estimation
> ltm.mle=SsfFit(ltm.start,y,"ltm.m",lower=c(0,0),
+ upper=c(100,100))
> ltm.mle$parameters
 [1] 0.07350827 0.48026284
> sigma.eta=ltm.mle$parameters[1]
> sigma.eta
[1] 0.07350827
> sigma.e=ltm.mle$parameters[2]
> sigma.e
[1] 0.4802628
% Specify a state-space model in S-Plus.
> ssf.ltm.list=list(mPhi=as.matrix(c(1,1)),
+ mOmega=diag(c(sigma.eta^2,sigma.e^2)),
+ mSigma=as.matrix(c(P1,a1)))
% check validity of the specified model.
> ssf.ltm=CheckSsf(ssf.ltm.list)
> ssf.ltm
$mPhi:
      [,1]
[1,]    1
[2,]    1
$mOmega:
           [,1]       [,2]
[1,] 0.0054035 0.0000000
[2,] 0.0000000 0.2306524
$mSigma:
      [,1]
[1,]   -1
[2,]    0
$mDelta:
      [,1]
```

```
[1,]    0
[2,]    0
$mJPhi:
[1] 0
$mJOmega:
[1] 0
$mJDelta:
[1] 0
$mX:
[1] 0
$cT:
[1] 0
$cX:
[1] 0
$cY:
[1] 1
$cSt:
[1] 1
attr(, "class"):
[1] "ssf"
% Apply Kalman filter
> KalmanFil.ltm=KalmanFil(y,ssf.ltm,task="STFIL")
> names(KalmanFil.ltm)
 [1] "mOut"          "innov"  "std.innov"  "mGain"      "loglike"
 [6] "loglike.conc" "dVar"      "mEst"          "mOffP"      "task"
[11] "err"           "call"
> par(mfcol=c(2,1))    % Obtain plot
> plot(KalmanFil.ltm$ mEst[,1],xlab='day',
+ ylab='filtered state',type='l')
> title(main='(a) Filtered state variable')
> plot(KalmanFil.ltm$ mOut[,1],xlab='day',
+ ylab='v(t)',type='l')
> title(main='(b) Prediction error')
% Obtain residuals and their variances
> KalmanSmo.ltm=KalmanSmo(KalmanFil.ltm,ssf.ltm)
> names(KalmanSmo.ltm)
[1] "state.residuals"    "response.residuals" "state.variance"
[4] "response.variance" "aux.residuals"        "scores"
[7] "call"
% Filtered states
> FiledEst.ltm=SsfMomentEst(y,ssf.ltm,task="STFIL")
> names(FiledEst.ltm)
[1] "state.moment"     "state.variance"  "response.moment"
[4] "response.variance" "task"
% Smoothed states
> SmoedEst.ltm=SsfMomentEst(y,ssf.ltm,task="STSMO")
> names(SmoedEst.ltm)
[1] "state.moment"     "state.variance"  "response.moment"
[4] "response.variance" "task"
```

```
% Obtain plots of filtered and smoothed states with 95% C.I.
> up=FiledEst.ltm$ state.moment+
+ 2*sqrt(FiledEst.ltm$ state.variance)
> lw=FiledEst.ltm$ state.moment-
+ 2*sqrt(FiledEst.ltm$ state.variance)
> par(mfcol=c(1,1))
> plot(FiledEst.ltm$ state.moment,type='l',xlab='day',
+ ylab='value',ylim=c(-0.1,2.5))
> lines(1:340,up,lty=2)
> lines(1:340,lw,lty=2)
> title(main='Filed state variable')
> up=SmoedEst.ltm$ state.moment+
+ 2*sqrt(SmoedEst.ltm$ state.variance)
> lw=SmoedEst.ltm$ state.moment-
+ 2*sqrt(SmoedEst.ltm$ state.variance)
> plot(SmoedEst.ltm$ state.moment,type='l',xlab='day',
+ ylab='value',ylim=c(-0.1,2.5))
> lines(1:340,up,lty=2)
> lines(1:340,lw,lty=2)
> title(main='Smoothed state variable')
% Model checking via standardized residuals
> resi=KalmanFil.ltm$ mOut[,1]*sqrt(KalmanFil.ltm$ mOut[,3])
> archTest(resi)
> autocorTest(resi)
```

对于 Alcoa 股票收益的日已实现波动率, 基于残差分析, 局部趋势模型是充分的. 具体地, 对于给定的参数估计, 利用卡尔曼滤波得到向前 1 步预测误差 v_t 和它的方差 V_t. 然后计算标准预测误差 $\tilde{v}_t = v_t/\sqrt{V_t}$, 并检查序列相关性和 $\{\tilde{v}_t\}$ 的 ARCH 效应. 我们发现对于标准预测误差有 $Q(25)=23.37(0.56)$ 且检验 ARCH 效应的延迟为 25 的 LM 检验统计量是 18.48(0.82), 其中括号里的数字表示 p 值.

11.2 线性状态空间模型

现在我们考虑广义的状态空间模型. 许多经济和金融上的动态时间序列模型可以表示成状态空间模型的形式, 例如 ARIMA 模型、带有不可观测元素的动态线性模型、时变回归模型和随机波动率模型. 广义高斯线性状态空间模型具有如下形式

$$s_{t+1} = d_t + T_t s_t + R_t \eta_t, \tag{11.26}$$

$$y_t = c_t + Z_t s_t + e_t, \tag{11.27}$$

其中 $s_t = (s_{1t}, \cdots, s_{mt})'$ 是 m 维状态向量, $y_t = (y_{1t}, \cdots, y_{kt})'$ 是 k 维观测向量, d_t 和 c_t 分别是 m 维和 k 维的确定性向量, T_t 和 Z_t 分别是 $m \times m$ 和 $k \times m$ 的系数矩阵, R_t 是 $m \times n$ 矩阵, 通常由 $m \times m$ 单位矩阵的子列构成, 且 $\{\eta_t\}$ 和 $\{e_t\}$ 分别是 n 维和 k 维高斯白噪声序列满足

$$\eta_t \sim N(\mathbf{0}, \mathbf{Q}_t), \quad \mathbf{e}_t \sim N(\mathbf{0}, \mathbf{H}_t),$$

其中 $\mathbf{Q}_t$ 和 $\mathbf{H}_t$ 是正定矩阵. 我们假定 $\{\eta_t\}$ 和 $\{\mathbf{e}_t\}$ 是独立的, 但是在必要的时候这个条件可以放松. 初始状态 $\mathbf{s}_1$ 服从 $N(\mu_{1|0}, \Sigma_{1|0})$, 其中 $\mu_{1|0}$ 和 $\Sigma_{1|0}$ 是给定的, 且对于 $t > 0$, $\mathbf{e}_t$ 与 η_t 独立.

(11.27) 式是度量或者观测方程. 该方程给出了观测值 $\mathbf{y}_t$ 与状态向量 $\mathbf{s}_t$、解释变量 $\mathbf{c}_t$ 和测量误差 $\mathbf{e}_t$ 的联系. (11.26) 式是状态或转移方程. 它描述的是带有新息 η_t 的一阶马尔可夫链. 该马尔可夫链决定了状态的转移. 矩阵 $\mathbf{T}_t$, $\mathbf{R}_t$, $\mathbf{Q}_t$, $\mathbf{Z}_t$ 和 $\mathbf{H}_t$ 都已知且称其为系统矩阵. 这些矩阵通常是稀疏的. 它们是某个参数 θ 的函数, 且参数 θ 可以通过最大似然方法估计.

(11.26) 式和 (11.27) 式的状态空间模型可以被改写成如下更紧凑的形式

$$\begin{bmatrix} \mathbf{s}_{t+1} \\ \mathbf{y}_t \end{bmatrix} = \boldsymbol{\delta}_t + \boldsymbol{\Phi}_t \mathbf{s}_t + \mathbf{u}_t \tag{11.28}$$

其中

$$\boldsymbol{\delta}_t = \begin{bmatrix} \mathbf{d}_t \\ \mathbf{c}_t \end{bmatrix}, \quad \boldsymbol{\Phi}_t = \begin{bmatrix} \mathbf{T}_t \\ \mathbf{Z}_t \end{bmatrix}, \quad \mathbf{u}_t = \begin{bmatrix} \mathbf{R}_t \eta_t \\ \mathbf{e}_t \end{bmatrix},$$

而且 $\{\mathbf{u}_t\}$ 是高斯白噪声序列, 其均值为 0、协方差矩阵为

$$\boldsymbol{\Omega}_t = \mathrm{Cov}(\mathbf{u}_t) = \begin{bmatrix} \mathbf{R}_t \mathbf{Q}_t \mathbf{R}_t' & \mathbf{0} \\ \mathbf{0} & \mathbf{H}_t \end{bmatrix}.$$

扩散初始化可以通过

$$\boldsymbol{\Sigma}_{1|0} = \boldsymbol{\Sigma}_* + \lambda \boldsymbol{\Sigma}_\infty,$$

得到. 其中 $\boldsymbol{\Sigma}_*$ 和 $\boldsymbol{\Sigma}_\infty$ 是 $m \times m$ 的对称正定矩阵, 且 λ 为大的实数, 可以取到无限. 在 S-Plus 和 *SsfPack* 中, 使用符号

$$\boldsymbol{\Sigma} = \begin{bmatrix} \boldsymbol{\Sigma}_{1|0} \\ \mu_{1|0}' \end{bmatrix}_{(m+1) \times m}$$

参见表 11-1.

在许多应用中, 系统矩阵不随时间而变. 然而, 这些矩阵也可以是时变的, 这使得状态空间模型更加灵活.

11.3 模 型 转 换

为了领略状态空间模型的灵活性, 我们将一些著名的经济和金融模型写成状态空间模型的形式.

11.3.1 带时变系数的 CAPM

首先, 考虑带时变截距和斜率的资本资产定价模型 (CAPM). 该模型为

$$r_t = \alpha_t + \beta_t r_{M,t} + e_t, \quad e_t \sim N(0, \sigma_e^2),$$
$$\alpha_{t+1} = \alpha_t + \eta_t, \quad \eta_t \sim N(0, \sigma_\eta^2), \tag{11.29}$$
$$\beta_{t+1} = \beta_t + \varepsilon_t, \quad \varepsilon_t \sim N(0, \sigma_\varepsilon^2),$$

其中 r_t 为某项资产的超额收益, $r_{M,t}$ 是市场超额收益, 且新息 $\{e_t, \eta_t, \varepsilon_t\}$ 是彼此独立的. 该 CAPM 里面的参数 α 和 β 以随机游动的形式随时间变化. 我们可以很容易地将模型改写为

$$\begin{bmatrix} \alpha_{t+1} \\ \beta_{t+1} \end{bmatrix} = \begin{bmatrix} 1 & 0 \\ 0 & 1 \end{bmatrix} \begin{bmatrix} \alpha_t \\ \beta_t \end{bmatrix} + \begin{bmatrix} \eta_t \\ \varepsilon_t \end{bmatrix},$$

$$r_t = [1, \ r_{M,t}] \begin{bmatrix} \alpha_t \\ \beta_t \end{bmatrix} + e_t.$$

因此, 时间序列 CAPM 模型是状态空间模型的一个特例, 其中 $\boldsymbol{s}_t = (\alpha_t, \beta_t)'$, $\boldsymbol{T}_t = \boldsymbol{R}_t = \boldsymbol{I}_2$ 是 2×2 单位矩阵, $\boldsymbol{d}_t = \boldsymbol{0}, \boldsymbol{c}_t = \boldsymbol{0}, \boldsymbol{Z}_t = (1, r_{M,t}), \boldsymbol{H}_t = \sigma_e^2$ 且 $\boldsymbol{Q}_t = \text{diag}\{\sigma_\eta^2, \sigma_\varepsilon^2\}$. 进一步, 由 (11.26) 式我们有 $\boldsymbol{\delta}_t = \boldsymbol{0}, \boldsymbol{u}_t = (\eta_t, \varepsilon_t, e_t)'$,

$$\boldsymbol{\Phi}_t = \begin{bmatrix} 1 & 0 \\ 0 & 1 \\ 1 & r_{M,t} \end{bmatrix}, \quad \boldsymbol{\Omega}_t = \begin{bmatrix} \sigma_\eta^2 & 0 & 0 \\ 0 & \sigma_\varepsilon^2 & 0 \\ 0 & 0 & \sigma_e^2 \end{bmatrix}.$$

如果利用扩散初始化, 则

$$\boldsymbol{\Sigma} = \begin{bmatrix} -1 & 0 \\ 0 & -1 \\ 0 & 0 \end{bmatrix}.$$

时变序列模型的 $SsfPack$/S-Plus 命令详述

对于 (11.29) 式的 CAPM, $\boldsymbol{\Phi}_t$ 包含 $r_{M,t}$, 且 $r_{M,t}$ 是时变的. 在 $SsfPack$ 里指定这样的模型需要一些特殊的输入. 起码它需要两个附加变量: (a) 存储 $\boldsymbol{Z}_t$ 的数据矩阵 $\boldsymbol{X}$; (b) 识别数据矩阵和 $\boldsymbol{Z}_t$ 的指标矩阵. 表 11-3 给出了 (11.28) 式中状态空间模型的指标矩阵的符号. 注意, 矩阵 $\boldsymbol{J}_\Phi$ 必须和矩阵 $\boldsymbol{\Phi}_t$ 有相同的维数. 在 $\boldsymbol{J}_\Phi$ 的元素中, 除非与它相对应的 $\boldsymbol{\Phi}_t$ 的元素是时变的, 否则都设定为 "–1". $\boldsymbol{J}_\Phi$ 的非

表 11-3 $SsfPack$/S-Plus 中关于时变状态空间模型的符号及命名

指标矩阵	$SsfPack$/S-Plus 中的命名
$\boldsymbol{J}_\delta$	mJDelta
$\boldsymbol{J}_\Phi$	mJPhi
$\boldsymbol{J}_\Omega$	mJOmega
时变数据矩阵	$SsfPack$/S-Plus 中的命名
$\boldsymbol{X}$	mX

负指标表明数据矩阵 $\boldsymbol{X}$ 对应的列包含时变值.

作为说明, 考虑第 9 章中 1990 年 1 月至 2003 年 12 月的 General Motors 股票的月简单超额收益率. 标准普尔 500 复合指数的月超额收益率作为市场收益率. 指定一个时变 CAPM 需要方差 σ_η^2, σ_ε^2 和 σ_e^2 的值, 这里假定 $(\sigma_\eta, \sigma_\varepsilon, \sigma_e) = (0.02, 0.04, 0.1)$. 下面的命令给出了如何在 $SsfPack$/S-Plus 中为时变 CAPM 指定一个状况空间模型:

```
> X.mtx=cbind(1,sp) % Here "sp" is market excess returns.
> Phi.t = rbind(diag(2),rep(0,2))
> Sigma=-Phi.t
> sigma.eta=.02
> sigma.ep=.04
> sigma.e=.1
> Omega=diag(c(sigma.eta^2,sigma.ep^2,sigma.e^2))
> JPhi = matrix(-1,3,2) % Create a 3-by-2 matrix of -1.
> JPhi[3,1]=1
> JPhi[3,2]=2
> ssf.tv.capm=list(mPhi=Phi.t,
+ mOmega=Omega,
+ mJPhi=JPhi,
+ mSigma=Sigma,
+ mX=X.mtx)
> ssf.tv.capm
$mPhi:
     [,1] [,2]
[1,]    1    0
[2,]    0    1
[3,]    0    0
 $mOmega:
        [,1]    [,2] [,3]
[1,] 4e-04 0.0000 0.00
[2,] 0e+00 0.0016 0.00
[3,] 0e+00 0.0000 0.01
 $mJPhi:
     [,1] [,2]
[1,]   -1   -1
[2,]   -1   -1
[3,]    1    2
 $mSigma:
     [,1] [,2]
[1,]   -1    0
[2,]    0   -1
[3,]    0    0
 $mX:
numeric matrix: 168 rows, 2 columns.
                sp
 [1,] 1 -0.075187
   ...
[168,] 1  0.05002
```

11.3.2 ARMA 模型

考虑第 2 章中均值为 0 的 ARMA(p,q) 过程 y_t,

$$\phi(B)y_t = \theta(B)a_t, \quad a_t \sim N(0, \sigma_a^2), \tag{11.30}$$

其中 $\phi(B) = 1 - \sum_{i=1}^{p} \phi_i B^i$, $\theta(B) = 1 - \sum_{j=1}^{q} \theta_j B^j$, 且 p 和 q 为非负整数. 有许多方法可以将这样一个 ARMA 模型转化为状态空间模型的形式. 我们讨论文献中已有的三种方法. 令 $m = \max(p, q+1)$ 且将 (11.30) 式中的 ARMA 模型重新改写为

$$y_t = \sum_{i=1}^{m} \phi_i y_{t-i} + a_t - \sum_{j=1}^{m-1} \theta_j a_{t-j}, \tag{11.31}$$

其中 $\phi_i = 0(i > p)$ 且 $\theta_j = 0(j > q)$. 特别地, $\theta_m = 0$(因为 $m > q$).

Akaike 方法

Akaike(1975) 将状态向量 s_t 定义为包含在预测原点 t 进行预测所需要的所有信息的变量的最小集合. 对于 (11.30) 式中的 ARMA 过程, 有 $m = \max(p, q+1)$, $s_t = (y_{t|t}, y_{t+1|t}, \cdots, y_{t+m-1|t})'$, 其中 $y_{t+j|t} = \mathrm{E}(y_{t+j}| F_t)$ 是给定 $F_t = \{y_1, \cdots, y_t\}$ 条件下 y_{t+j} 的条件期望. 因为 $y_{t|t} = y_t$, 故 s_t 的第一个元素就是 y_t. 从而观测方程为

$$y_t = \boldsymbol{Z} s_t, \tag{11.32}$$

其中 $\boldsymbol{Z} = (1, 0, \cdots, 0)_{1 \times m}$. 通过以下几步推导可以得出转移方程. 首先, 由定义

$$s_{1,t+1} = y_{t+1} = y_{t+1|t} + (y_{t+1} - y_{t+1|t}) = s_{2t} + a_{t+1}, \tag{11.33}$$

其中 s_{it} 是 s_t 的第 i 个元素. 其次, 考虑第 2 章给出的 ARMA 模型的 MA 表示, 也就是

$$y_t = a_t + \psi_1 a_{t-1} + \psi_2 a_{t-2} + \cdots = \sum_{i=0}^{\infty} \psi_i a_{t-i},$$

其中 $\psi_0 = 1$ 且 ψ 的其他权重可以通过计算 $1 + \sum_{i=1}^{\infty} \psi_i B^i = \theta(B)/\phi(B)$ 中 B^i 的系数得到. 特别地, 我们有

$$\psi_1 = \phi_1 - \theta_1,$$
$$\psi_2 = \phi_1 \psi_1 + \phi_2 - \theta_2,$$
$$\vdots$$
$$\psi_{m-1} = \phi_1 \psi_{m-2} + \phi_2 \psi_{m-3} + \cdots + \phi_{m-2} \psi_1 + \phi_{m-1} - \theta_{m-1}$$
$$= \sum_{i=1}^{m-1} \phi_i \psi_{m-1-i} - \theta_{m-1}. \tag{11.34}$$

利用 MA 表示, 对于 $j > 0$, 我们有

$$
\begin{aligned}
y_{t+j|t} = \mathrm{E}(y_{t+j}|F_t) &= \mathrm{E}\left(\sum_{i=0}^{\infty}\psi_i a_{t+j-i}|F_t\right) \\
&= \psi_j a_t + \psi_{j+1}a_{t-1} + \psi_{j+2}a_{t-2} + \cdots
\end{aligned}
$$

和

$$
\begin{aligned}
y_{t+j|t+1} = \mathrm{E}(y_{t+j}|F_{t+1}) &= \psi_{j-1}a_{t+1} + \psi_j a_t + \psi_{j+1}a_{t-1} + \cdots \\
&= \psi_{j-1}a_{t+1} + y_{t+j|t}.
\end{aligned}
$$

因此对于 $j > 0$ 我们有

$$
y_{t+j|t+1} = y_{t+j|t} + \psi_{j-1}a_{t+1}. \tag{11.35}
$$

该结果称为 ARMA 模型的预测更新公式. 若 y_{t+1} 可以得到, 该方法给出了一个简单的更新预测的方法, 即预测原点从 t 变化到 $t+1$. y_{t+1} 的新信息包含于新息 a_{t+1} 中, 基于该新信息及权重 ψ_{j-1} 修正预测原点为 t 时刻的预测, 并计算预测原点为 $(t+1)$ 时刻的预测.

最后, 由 (11.31) 式并利用 $\mathrm{E}(a_{t+j}|F_{t+1}) = 0(j > 1)$, 我们有

$$
y_{t+m|t+1} = \sum_{i=1}^{m}\phi_i y_{t+m-i|t+1} - \theta_{m-1}a_{t+1}.
$$

由 (11.35) 式, 前面的等式变为

$$
\begin{aligned}
y_{t+m|t+1} &= \sum_{i=1}^{m-1}\phi_i(y_{t+m-i|t} + \psi_{m-i-1}a_{t+1}) + \psi_m y_{t|t} - \theta_{m-1}a_{t+1} \\
&= \sum_{i=1}^{m}\phi_i y_{t+m-i|t} + \left(\sum_{i=1}^{m-1}\phi_i\psi_{m-1-i} - \theta_{m-1}\right)a_{t+1} \\
&= \sum_{i=1}^{m}\phi_i y_{t+m-i|t} + \psi_{m-1}a_{t+1}, \tag{11.36}
\end{aligned}
$$

最后一个等式运用了 (11.34) 式. 对于 $j = 2, \cdots, m-1$, 联合 (11.33) 式、(11.35) 式 (其中 $j = 2, \cdots, m-1$) 和 (11.36) 式, 我们有

$$
\begin{bmatrix} y_{t+1} \\ y_{t+2|t+1} \\ \vdots \\ y_{t+m-1|t+1} \\ y_{t+m|t+1} \end{bmatrix} = \begin{bmatrix} 0 & 1 & 0 & \cdots & 0 \\ 0 & 0 & 1 & & 0 \\ \vdots & & & & \vdots \\ 0 & 0 & 0 & \cdots & 1 \\ \phi_m & \phi_{m-1} & \phi_{m-2} & \cdots & \phi_1 \end{bmatrix} \begin{bmatrix} y_t \\ y_{t+1|t} \\ \vdots \\ y_{t+m-2|t} \\ y_{t+m-1|t} \end{bmatrix} + \begin{bmatrix} 1 \\ \psi_1 \\ \vdots \\ \psi_{m-2} \\ \psi_{m-1} \end{bmatrix} a_{t+1}. \tag{11.37}
$$

因此, Akaike 方法的转移方程为

$$s_{t+1} = Ts_t + R\eta_t, \quad \eta_t \sim N(0, \sigma_a^2), \tag{11.38}$$

其中 $\eta_t = a_{t+1}$, 且 T 和 R 是 (11.37) 式中的系数矩阵.

Harvey 方法

Harvey(1993, 4.4 节) 给出了具有 m 维状态向量 s_t 的状态空间的一种形式. 该状态向量的第一个元素是 y_t, 即 $s_{1t} = y_t$. s_t 的其他元素通过递归得到. 由 ARMA$(m, m-1)$ 模型, 我们有

$$y_{t+1} = \phi_1 y_t + \sum_{i=2}^{m} \phi_i y_{t+1-i} - \sum_{j=1}^{m-1} \theta_j a_{t+1-j} + a_{t+1}$$
$$\equiv \phi_1 s_{1t} + s_{2t} + \eta_t,$$

其中 $s_{2t} = \sum_{i=2}^{m} \phi_i y_{t+1-i} - \sum_{j=1}^{m-1} \theta_j a_{t+1-j}$, $\eta_t = a_{t+1}$ 且如前述定义 $s_{1t} = y_t$. 考虑 $s_{2,t+1}$, 我们有

$$s_{2,t+1} = \sum_{i=2}^{m} \phi_i y_{t+2-i} - \sum_{j=1}^{m-1} \theta_j a_{t+2-j}$$
$$= \phi_2 y_t + \sum_{i=3}^{m} \phi_i y_{t+2-i} - \sum_{j=2}^{m-1} \theta_j a_{t+2-j} - \theta_1 a_{t+1}$$
$$\equiv \phi_2 s_{1t} + s_{3t} + (-\theta_1)\eta_t,$$

其中 $s_{3t} = \sum_{i=3}^{m} \phi_i y_{t+2-i} - \sum_{j=2}^{m-1} \theta_j a_{t+2-j}$, 下一步, 考虑 $s_{3,t+1}$, 我们有

$$s_{3,t+1} = \sum_{i=3}^{m} \phi_i y_{t+3-i} - \sum_{j=2}^{m-1} \theta_j a_{t+3-j}$$
$$= \phi_3 y_t + \sum_{i=4}^{m} \phi_i y_{t+3-i} - \sum_{j=3}^{m-1} \theta_j a_{t+3-j} + (-\theta_2) a_{t+1}$$
$$\equiv \phi_3 s_{1t} + s_{4t} + (-\theta_2)\eta_t,$$

其中 $s_{4t} = \sum_{i=4}^{m} \phi_i y_{t+3-i} - \sum_{j=3}^{m-1} \theta_j a_{t+3-j}$. 重复上述过程, 可以得到

$$s_{mt} = \sum_{i=m}^{m} \phi_i y_{t+m-1-i} - \sum_{j=m-1}^{m-1} \theta_j a_{t+m-1-j} = \phi_m y_{t-1} - \theta_{m-1} a_t.$$

最终有

$$s_{m,t+1} = \phi_m y_t - \theta_{m-1} a_{t+1} = \phi_m s_{1t} + (-\theta_{m-1})\eta_t.$$

将上述方程综合起来, 我们得到如下形式的状态空间模型:

$$s_{t+1} = Ts_t + R\eta_t, \quad \eta_t \sim N(0, \sigma_a^2), \tag{11.39}$$

$$y_t = Zs_t, \tag{11.40}$$

其中的系统矩阵不随时间变化且定义为 $Z = (1, 0, \cdots, 0)_{1 \times m}$,

$$T = \begin{bmatrix} \phi_1 & 1 & 0 & \cdots & 0 \\ \phi_2 & 0 & 1 & & 0 \\ \vdots & & & & \vdots \\ \phi_{m-1} & 0 & 0 & \cdots & 1 \\ \phi_m & 0 & 0 & \cdots & 0 \end{bmatrix}, \quad R = \begin{bmatrix} 1 \\ -\theta_1 \\ \vdots \\ -\theta_{m-1} \end{bmatrix},$$

且 d_t, c_t 和 H_t 都是零. (11.39) 式和 (11.40) 式的模型没有测量误差. 它的一个优点是 AR 和 MA 系数被直接用在了系统矩阵里.

Aoki 方法

Aoki(1987, 第 4 章) 讨论了将一个 ARMA 模型转化为状态空间模型的几种方法. 首先, 考虑 MA 模型, 即 $y_t = \theta(B)a_t$. 在此种情况下, 我们可以简单定义 $s_t = (a_{t-q}, a_{t-q+2}, \cdots, a_{t-1})'$, 并得到状态空间模型形式为

$$\begin{bmatrix} a_{t-q+1} \\ a_{t-q+2} \\ \vdots \\ a_{t-1} \\ a_t \end{bmatrix} = \begin{bmatrix} 0 & 1 & 0 & \cdots & 0 \\ 0 & 0 & 1 & & 0 \\ \vdots & & & & \vdots \\ 0 & 0 & 0 & & 1 \\ 0 & 0 & 0 & \cdots & 0 \end{bmatrix} \begin{bmatrix} a_{t-q} \\ a_{t-q+1} \\ \vdots \\ a_{t-2} \\ a_{t-1} \end{bmatrix} + \begin{bmatrix} 0 \\ 0 \\ \vdots \\ 0 \\ 1 \end{bmatrix} a_t, \tag{11.41}$$

$$y_t = (-\theta_q, -\theta_{q-1}, \cdots, -\theta_1)s_t + a_t.$$

注意, 在这种特殊情况下, a_t 同时出现在状态方程和测量方程中.

其次, 考虑 AR 模型, 也就是说 $\phi(B)z_t = a_t$. Aoki(1987) 介绍了两种方法. 第一种方法直接定义 $s_t = (z_{t-p+1}, \cdots, z_t)'$, 得到

$$\begin{bmatrix} z_{t-p+2} \\ z_{t-p+3} \\ \vdots \\ z_t \\ z_{t+1} \end{bmatrix} = \begin{bmatrix} 0 & 1 & 0 & \cdots & 0 \\ 0 & 0 & 1 & & 0 \\ \vdots & & & & \vdots \\ 0 & 0 & 0 & & 1 \\ \phi_p & \phi_{p-1} & \phi_{p-2} & \cdots & \phi_1 \end{bmatrix} \begin{bmatrix} z_{t-p+1} \\ z_{t-p+2} \\ \vdots \\ z_{t+1} \\ z_t \end{bmatrix} + \begin{bmatrix} 0 \\ 0 \\ \vdots \\ 0 \\ 1 \end{bmatrix} a_{t+1},$$

$$z_t = (0, 0, \cdots, 0, 1)s_t, \tag{11.42}$$

第二种方法中定义状态向量的方式与第一种方法一样, 只是从最后一个分量里去除了 a_t; 也就是说, 如果 $p = 1$, 则 $\boldsymbol{s}_t = z_t - a_t$; 如果 $p > 1$, 则 $\boldsymbol{s}_t = (z_{t-p+1}, \cdots, z_{t-1}, z_t - a_t)'$. 简单的代数运算可以证明

$$
\begin{bmatrix} z_{t-p+2} \\ z_{t-p+3} \\ \vdots \\ z_t \\ z_{t+1} - a_{t+1} \end{bmatrix} = \begin{bmatrix} 0 & 1 & 0 & \cdots & 0 \\ 0 & 0 & 1 & & 0 \\ \vdots & & & & \vdots \\ 0 & 0 & 0 & & 1 \\ \phi_p & \phi_{p-1} & \phi_{p-2} & \cdots & \phi_1 \end{bmatrix} \begin{bmatrix} z_{t-p+1} \\ z_{t-p+2} \\ \vdots \\ z_{t-1} \\ z_t - a_t \end{bmatrix} + \begin{bmatrix} 0 \\ 0 \\ \vdots \\ 1 \\ \phi_1 \end{bmatrix} a_t,
$$

$$
z_t = (0, 0, \cdots, 0, 1) \boldsymbol{s}_t + a_t. \tag{11.43}
$$

a_t 再一次同时出现在转移方程和测量方程中.

下面考虑 ARMA(p, q) 模型 $\phi(B) y_t = \theta(B) a_t$. 为简便, 不妨设 $q > p$, 引入辅助变量 $z_t = [1/\phi(B)] a_t$, 则有

$$
\phi(B) z_t = a_t, \quad y_t = \theta(B) z_t.
$$

因为 z_t 是 AR(p) 模型, 我们可以用 (11.42) 式或 (11.43) 式的转移方程. 如果用 (11.42) 式, 我们可以利用 $y_t = \theta(B) z_t$ 建立如下测量方程:

$$
y_t = (-\theta_{p-1}, -\theta_{p-2}, \cdots, -\theta_1, 1) \boldsymbol{s}_t, \tag{11.44}
$$

其中 $p > q$ 且当 $j > q$ 时有 $\theta_j = 0$. 另一方面, 如果用 (11.43) 式的转移方程, 我们可以建立如下测量方程:

$$
y_t = (-\theta_{p-1}, -\theta_{p-2}, \cdots, -\theta_1, 1) \boldsymbol{s}_t + a_t. \tag{11.45}
$$

总之, 一个 ARMA 模型可以有多种状态空间模型表示. 每种表示方法都有其优缺点. 可以选择这些表示方法中的任何一个来进行估计和预测. 从另一方面讲, (11.26) 式和 (11.27) 式的状态空间模型的系数不随时间变化. 可以利用 Cayler-Hamilton 定理来证明观测 y_t 服从 ARMA(m, m) 模型, 其中的 m 是状态向量的维数.

SsfPack 命令

在 *SsfPack*/S-Plus 中, 可以利用命令 `GetSsfArma` 将 ARMA 模型转化为状态空间形式, 所用方法为 Harvey 方法. 为了进一步说明, 考虑 AR(1) 模型

$$
y_t = 0.6 y_{t-1} + a_t, \quad a_t \sim N(0, 0.4^2).
$$

该模型的状态空间模型为

```
> ssf.ar1 = GetSsfArma(ar=0.6,sigma=0.4)
> ssf.ar1
$mPhi:
     [,1]
[1,]  0.6
[2,]  1.0
$mOmega:
      [,1] [,2]
[1,] 0.16    0
[2,] 0.00    0
$mSigma:
      [,1]
[1,] 0.25
[2,] 0.00
```

由于 AR(1) 模型是平稳的, 程序利用了 $\boldsymbol{\Sigma}_{1|0} = \mathrm{Var}(y_t) = (0.4)^2/(1-0.6)^2 = 0.25$ 和 $\boldsymbol{\mu}_{1|0} = 0$, 这些值出现在矩阵 mSigma 里.

作为第二个例子, 考虑 ARIMA(2,1) 模型

$$y_t = 1.2y_{t-1} - 0.35y_{t-2} + a_t - 0.25a_{t-1}, \quad a_t \sim N(0,1.1^2).$$

该模型的状态空间形式为

```
> arma21.m = list(ar=c(1.2,-0.35),ma=c(-0.25),sigma=1.1)
> ssf.arma21= GetSsfArma(model=arma21.m)
> ssf.arma21
$mPhi:
      [,1] [,2]
[1,]  1.20    1
[2,] -0.35    0
[3,]  1.00    0
$mOmega:
         [,1]       [,2] [,3]
[1,]  1.2100 -0.302500    0
[2,] -0.3025  0.075625    0
[3,]  0.0000  0.000000    0
$mSigma:
           [,1]        [,2]
[1,]  4.060709 -1.4874057
[2,] -1.487406  0.5730618
[3,]  0.000000  0.0000000
```

如所料想, 结果表明

$$\boldsymbol{T} = \begin{bmatrix} 1.2 & 1 \\ -0.35 & 0 \end{bmatrix}, \quad \boldsymbol{Z} = (1,0),$$

且 mPhi 和 mOmega 满足 (11.28) 式, 在 mSigma 里用到了 $(s_{1t}, s_{2t})'$ 的协方差矩阵. 其中 $s_{1t} = y_t, s_{2t} = -0.35y_{t-1} - 0.25y_{t-2}$. 注意在 $SsfPack$ 里, 假定 ARMA 模型的 MA 多项式具有形式 $\theta(B) = 1 + \theta_1 B + \cdots + \theta_q B^q$, 而不是大多数文献中的 $\theta(B) = 1 - \theta_1 B - \cdots - \theta_q B^q$.

11.3.3 线性回归模型

多元线性回归模型也可以表示成状态空间的形式. 考虑模型

$$y_t = \boldsymbol{x}'_t\boldsymbol{\beta} + e_t, \quad e_t \sim N(0, \sigma_e^2),$$

其中 $\boldsymbol{x}_t$ 是 p 维解释变量而 $\boldsymbol{\beta}$ 是一个 p 维的参数向量. 对于所有的 t 令 $\boldsymbol{s}_t = \boldsymbol{\beta}$. 这时模型可以写为

$$\begin{bmatrix} \boldsymbol{s}_{t+1} \\ y_t \end{bmatrix} = \begin{bmatrix} \boldsymbol{I}_p \\ \boldsymbol{x}'_t \end{bmatrix} \boldsymbol{s}_t + \begin{bmatrix} \boldsymbol{0}_p \\ e_t \end{bmatrix}. \tag{11.46}$$

因此, 系统矩阵为 $\boldsymbol{T}_t = \boldsymbol{I}_p$, $\boldsymbol{Z}_t = \boldsymbol{x}'_t$, $\boldsymbol{d}_t = \boldsymbol{0}$, $c_t = 0$, $\boldsymbol{Q}_t = \boldsymbol{0}$ 且 $\boldsymbol{P}_t = \sigma_e^2$. 因为状态向量是固定的, 所以应使用扩散初始化方法.

我们可以将回归模型进行拓展使得 $\boldsymbol{\beta}_t$ 为随机的, 即

$$\boldsymbol{\beta}_{t+1} = \boldsymbol{\beta}_t + \boldsymbol{R}_t\eta_t, \quad \eta_t \sim N(0, 1),$$

且 $\boldsymbol{R}_t = (\sigma_1, \cdots, \sigma_p)'$, $\sigma_i \geqslant 0$. 如果 $\sigma_i = 0$, 则 β_i 不随时间变化.

SsfPack 命令

在 *SsfPack* 中, 命令 GetSsfReg 为多元线性回归模型创建了一个状态空间形式. 命令有一个输入自变量, 包含解释变量的数据矩阵. 为了进一步说明, 考虑简市场模型

$$r_t = \beta_0 + \beta_1 r_{M,t} + e_t, \quad t = 1, \cdots, 168,$$

其中 r_t 是某项资产的收益, 而 $r_{M,t}$ 是市场收益 (例如, 标准普尔 500 复合指数收益). 状态空间形式可以通过如下命令获得.

```
> ssf.reg=GetSsfReg(cbind(1,sp)) % 'sp' is market return.
> ssf.reg
$mPhi:
     [,1] [,2]
[1,]    1    0
[2,]    0    1
[3,]    0    0
$mOmega:
     [,1] [,2] [,3]
[1,]    0    0    0
[2,]    0    0    0
[3,]    0    0    1
$mSigma:
     [,1] [,2]
[1,]   -1    0
[2,]    0   -1
[3,]    0    0
$mJPhi:
```

```
       [,1] [,2]
[1,]    -1   -1
[2,]    -1   -1
[3,]     1    2
$mX:
numeric matrix: 168 rows, 2 columns.
                 sp
 [1,] 1 -0.075187
...
[168,] 1  0.05002
```

11.3.4　带 ARMA 误差的线性回归模型

考虑带有 ARMA(p, q) 误差的回归模型,

$$y_t = \boldsymbol{x}_t'\boldsymbol{\beta} + z_t, \quad \phi(B)z_t = \theta(B)a_t, \tag{11.47}$$

其中 $a_t \sim N(0, \sigma_a^2)$ 且 $\boldsymbol{x}_t$ 是 k 维解释变量. 该模型的一种特殊情形是非零均值的 ARMA(p, q) 模型, 此时对于一切 t, $\boldsymbol{x}_t = 1$ 且 $\boldsymbol{\beta}$ 变成了纯量参数. 设 $\boldsymbol{s}_t$ 是 z_t 序列的一个状态向量. 比如, 如 (11.39) 式定义的那样. 我们可以定义 y_t 的状态向量 $\boldsymbol{s}_t^*$ 为

$$\boldsymbol{s}_t^* = \begin{bmatrix} \boldsymbol{s}_t \\ \boldsymbol{\beta}_t \end{bmatrix}, \tag{11.48}$$

其中对于一切 t 有 $\boldsymbol{\beta}_t = \boldsymbol{\beta}$, 这时 y_t 的状态空间形式为

$$\boldsymbol{s}_{t+1}^* = \boldsymbol{T}^*\boldsymbol{s}_t^* + \boldsymbol{R}^*\eta_t, \tag{11.49}$$

$$y_t = \boldsymbol{Z}_t^*\boldsymbol{s}_t^*, \tag{11.50}$$

其中 $\boldsymbol{Z}_t^* = (1, 0, \cdots, 0, \boldsymbol{x}_t')_{1 \times (m+k)}$, $m = \max(p, q+1)$ 且

$$\boldsymbol{T}^* = \begin{bmatrix} \boldsymbol{T} & \boldsymbol{0} \\ \boldsymbol{0} & \boldsymbol{I}_k \end{bmatrix}, \quad \boldsymbol{R}^* = \begin{bmatrix} \boldsymbol{R} \\ \boldsymbol{0} \end{bmatrix},$$

其中的 $\boldsymbol{T}$ 和 $\boldsymbol{R}$ 由 (11.39) 式所定义. 我们可以用如下紧凑的形式给出状态空间模型

$$\begin{bmatrix} \boldsymbol{s}_{t+1}^* \\ y_t \end{bmatrix} = \begin{bmatrix} \boldsymbol{T}^* \\ \boldsymbol{Z}_t^* \end{bmatrix} \boldsymbol{s}_t^* + \begin{bmatrix} \boldsymbol{R}^*\eta_t \\ 0 \end{bmatrix}.$$

SsfPack 命令

对于带有 ARMA 误差的线性回归模型, *SsfPack* 利用命令 `GetSsfRegArma` 建立其状态空间形式. 可以用命令 `args(GetSsfRegArma)` 找到该命令的自变量, 包括解释变量的数据矩阵和 ARMA 模型的指定. 为了进一步说明, 考虑模型

$$y_t = \beta_0 + \beta_1 x_t + z_t, \quad t = 1, \cdots, 168,$$

$$z_t = 1.2z_{t-1} - 0.35z_{t-2} + a_t - 0.25a_{t-1}, \quad a_t \sim N(0, \sigma_a^2).$$

我们用符号 X 表示 $T \times 2$ 回归向量矩阵 $(1, x_t)$. 前述模型的状态空间形式可以通过如下命令得到

```
> ssf.reg.arma21=GetSsfRegArma(X,ar=c(1.2,-0.35),
+ ma=c(-0.25))
> ssf.reg.arma21
$mPhi:
       [,1] [,2] [,3] [,4]
[1,]   1.20    1    0    0
[2,]  -0.35    0    0    0
[3,]   0.00    0    1    0
[4,]   0.00    0    0    1
[5,]   1.00    0    0    0
$mOmega:
        [,1]     [,2] [,3] [,4] [,5]
[1,]   1.00  -0.2500    0    0    0
[2,]  -0.25   0.0625    0    0    0
[3,]   0.00   0.0000    0    0    0
[4,]   0.00   0.0000    0    0    0
[5,]   0.00   0.0000    0    0    0
$mSigma:
           [,1]        [,2] [,3] [,4]
[1,]    3.35595  -1.229260    0    0
[2,]   -1.22926   0.473604    0    0
[3,]    0.00000   0.000000   -1    0
[4,]    0.00000   0.000000    0   -1
[5,]    0.00000   0.000000    0    0
$mJPhi:
      [,1] [,2] [,3] [,4]
[1,]   -1   -1   -1   -1
[2,]   -1   -1   -1   -1
[3,]   -1   -1   -1   -1
[4,]   -1   -1   -1   -1
[5,]   -1   -1    1    2
$mX:
numeric matrix: 168 rows, 2 columns.
             xt
  [1,] 1 0.4993
...
[168,] 1 0.7561
```

11.3.5　纯量不可观测项模型

最基本的一元不可观测项模型, 或者结构时间序列模型(structural time series model, STSM), 具有形式

$$y_t = \mu_t + \gamma_t + \varpi_t + e_t, \tag{11.51}$$

其中 μ_t, γ_t 和 ϖ_t 分别表示不可观测的趋势项、季节项和循环项. 且 e_t 表示不可观测的不规则项. 在文献中, 通常用非平稳 (可能带二重单位根) 模型来描述趋势项:

$$\mu_{t+1} = \mu_t + \beta_t + \eta_t, \quad \eta_t \sim N(0, \sigma_\eta^2),$$
$$\beta_t = \beta_{t-1} + \varsigma_t, \quad \varsigma_t \sim N(0, \sigma_\varsigma^2), \tag{11.52}$$

其中 $\mu_1 \sim N(0, \xi)$, $\beta_1 \sim N(0, \xi)$, ξ 是一个较大的实数, 比如 $\xi = 10^8$. 可参见, 例如 Kitagawa and Gersch(1996). 如果 $\sigma_\varsigma = 0$, 则 μ_t 服从带漂移 β_1 的随机游动. 如果 $\sigma_\varsigma = \sigma_\eta = 0$, 则 μ_t 表示确定性的线性趋势.

假定季节项 γ_t 具有如下形式

$$(1 + B + \cdots + B^{s-1})\gamma_t = \omega_t, \quad \omega_t \sim N(0, \sigma_\omega^2), \tag{11.53}$$

其中 s 是一年中季节的个数, 也就是季节项的周期. 如果 $\sigma_\omega = 0$, 则季节项就是确定的. 假定循环项具有如下形式

$$\begin{bmatrix} \varpi_{t+1} \\ \varpi_{t+1}^* \end{bmatrix} = \delta \begin{bmatrix} \cos(\lambda_c) & \sin(\lambda_c) \\ -\sin(\lambda_c) & \cos(\lambda_c) \end{bmatrix} \begin{bmatrix} \varpi_t \\ \varpi_t^* \end{bmatrix} + \begin{bmatrix} \varepsilon_t \\ \varepsilon_t^* \end{bmatrix}, \tag{11.54}$$

其中

$$\begin{bmatrix} \varepsilon_t \\ \varepsilon_t^* \end{bmatrix} \sim N\left(\begin{bmatrix} 0 \\ 0 \end{bmatrix}, \sigma_\varepsilon^2(1-\delta^2)\boldsymbol{I}_2\right),$$

$\varpi_0 \sim N(0, \sigma_\varepsilon^2)$, $\varpi_0^* \sim N(0, \sigma_\varepsilon^2)$, 且 $\mathrm{Cov}(\varpi_0, \varpi_0^*) = 0$, $\delta \in (0, 1]$ 为阻尼因子, 且循环的频率是 $\lambda_c = 2\pi/q$, 以 q 为周期. 如果 $\delta = 1$, 则循环变成确定性的正弦余弦波动.

SsfPack/S-plus 命令

利用命令 GetSsfStsm 可以给结构时间序列模型建立一个状态空间形式. 它允许有 10 个循环项. 可以参看命令 args(GetSsfStsm) 的输出. 表 11-4 给出了该模型自变量的一个概要及其相应的符号. 为了进一步说明, 考虑 (11.1) 式和 (11.2) 式的局部趋势模型, 这里令 $\sigma_e = 0.4$, $\sigma_\eta = 0.2$. 该模型是纯量不可观测项模型的一个特例. 可以通过如下命令得到其状态空间形式.

```
> ssf.stsm=GetSsfStsm(irregular=0.4,level=0.2)
> ssf.stsm
$mPhi:
      [,1]
[1,]    1
[2,]    1
$mOmega:
      [,1] [,2]
[1,] 0.04 0.00
[2,] 0.00 0.16
$mSigma:
      [,1]
[1,]   -1
[2,]    0
```

表 11-4 *SsfPack*/S-plus 中命令GetSsfStsm的自变量

自 变 量	STSM 参数
irregular	σ_e
level	σ_η
slope	σ_ς
seasonalDummy	$\sigma_{\omega,s}$
seasonalTrig	$\sigma_{\omega,s}$
SeasonalHs	$\sigma_{w,s}$
Cycle0	$\sigma_\varepsilon, \lambda_c, \delta$
$\vdots$	$\vdots$
Cycle9	$\sigma_\varepsilon, \lambda_c, \delta$

11.4　卡尔曼滤波和平滑

本节将学习 (11.26) 式和 (11.27) 式中广义状态空间模型的卡尔曼滤波和各种平滑方法. 下面将按照 11.1 节里的步骤给出推导. 对于只对应用感兴趣的读者, 初次阅读时可以跳过此节. 本节较好的一个参考书是 Durbin and Koopman(2001, 第 4 章).

11.4.1　卡尔曼滤波

重新回顾一下卡尔曼滤波的目的, 即递归地得到在给定数据 $F_t = \{y_1, \cdots, y_t\}$ 条件下 s_{t+1} 的条件分布和模型. 因为所涉及的条件分布是正态的, 因此只要研究其条件均值和条件协方差矩阵就足够了. 令 $s_{j|i}$ 和 $\Sigma_{j|i}$ 分别表示给定 F_i 条件下, s_j 的条件均值和条件协方差矩阵, 也就是说 $s_j|F_i \sim N(s_{j|i}, \Sigma_{j|i})$. 由 (11.26) 式

$$s_{t+1|t} = \mathrm{E}(d_t + T_t s_t + R_t \eta_t | F_t) = d_t + T_t s_{t|t}, \tag{11.55}$$

$$\Sigma_{t+1|t} = \mathrm{Var}(T_t s_t + R_t \eta_t | F_t) = T_t \Sigma_{t|t} T_t' + R_t Q_t R_t'. \tag{11.56}$$

与 11.1 节相似, 设 $y_{t|t-1}$ 表示给定 F_{t-1} 条件下 y_t 的条件均值. 由 (11.27) 式得

$$y_{t|t-1} = c_t + Z_t s_{t|t-1}.$$

令

$$v_t = y_t - y_{t|t-1} = y_t - (c_t + Z_t s_{t|t-1}) = Z_t(s_t - s_{t|t-1}) + e_t, \tag{11.57}$$

是 y_t 在给定 F_{t-1} 条件下的向前 1 步预测误差. 很明显有 (a) $\mathrm{E}(v_t | F_{t-1}) = 0$; (b) v_t 和 F_{t-1} 是独立的, 即对于 $1 \leqslant j < t$, $\mathrm{Cov}(v_t, y_j) = 0$; (c) $\{v_t\}$ 是一列独立的正态随机向量. 令 $V_t = \mathrm{Var}(v_t | F_{t-1}) = \mathrm{Var}(v_t)$ 是向前 1 步预测误差的协方差矩阵. 由 (11.57) 式, 可得

$$V_t = \mathrm{Var}[Z_t(s_t - s_{t|t-1}) + e_t] = Z_t \Sigma_{t|t-1} Z_t' + H_t. \tag{11.58}$$

因为 $F_t = \{F_{t-1}, \boldsymbol{y}_t\} = \{F_{t-1}, \boldsymbol{v}_t\}$, 应用定理 11.1 可以得到

$$
\begin{aligned}
\boldsymbol{s}_{t|t} = \mathrm{E}(\boldsymbol{s}_t|F_t) &= \mathrm{E}(\boldsymbol{s}_t|F_{t-1}, \boldsymbol{v}_t) \\
&= \mathrm{E}(\boldsymbol{s}_t|F_{t-1}) + \mathrm{Cov}(\boldsymbol{s}_t, \boldsymbol{v}_t)[\mathrm{Var}(\boldsymbol{v}_t)]^{-1}\boldsymbol{v}_t \\
&= \boldsymbol{s}_{t|t-1} + \boldsymbol{C}_t\boldsymbol{V}_t^{-1}\boldsymbol{v}_t,
\end{aligned} \tag{11.59}
$$

其中 $\boldsymbol{C}_t = \mathrm{Cov}(\boldsymbol{s}_t, \boldsymbol{v}_t|F_{t-1})$ 由下式给出

$$
\begin{aligned}
\boldsymbol{C}_t = \mathrm{Cov}(\boldsymbol{s}_t, \boldsymbol{v}_t|F_{t-1}) &= \mathrm{Cov}[\boldsymbol{s}_t, \boldsymbol{Z}_t(\boldsymbol{s}_t - \boldsymbol{s}_{t|t-1}) + \boldsymbol{e}_t|F_{t-1}] \\
&= \mathrm{Cov}[\boldsymbol{s}_t, \boldsymbol{Z}_t(\boldsymbol{s}_t - \boldsymbol{s}_{t|t-1})|F_{t-1}] = \boldsymbol{\Sigma}_{t|t-1}\boldsymbol{Z}_t'.
\end{aligned}
$$

因为 $\boldsymbol{H}_t$ 是可逆的, 所以这里假定 $\boldsymbol{V}_t$ 是可逆的. 利用 (11.55) 式和 (11.59) 式, 我们得到

$$
\boldsymbol{s}_{t+1|t} = \mathrm{d}_t + \boldsymbol{T}_t\boldsymbol{s}_{t|t-1} + \boldsymbol{T}_t\boldsymbol{C}_t\boldsymbol{V}_t^{-1}\boldsymbol{v}_t = \mathrm{d}_t + \boldsymbol{T}_t\boldsymbol{s}_{t|t-1} + \boldsymbol{K}_t\boldsymbol{v}_t, \tag{11.60}
$$

其中

$$
\boldsymbol{K}_t = \boldsymbol{T}_t\boldsymbol{C}_t\boldsymbol{V}_t^{-1} = \boldsymbol{T}_t\boldsymbol{\Sigma}_{t|t-1}\boldsymbol{Z}_t'\boldsymbol{V}_t^{-1}, \tag{11.61}
$$

是 t 时刻卡尔曼增益. 利用定理 11.1(2), 有

$$
\begin{aligned}
\boldsymbol{\Sigma}_{t|t} = \mathrm{Var}(\boldsymbol{s}_t|F_{t-1}, v_t) &= \mathrm{Var}(\boldsymbol{s}_t|F_{t-1}) - \mathrm{Cov}(\boldsymbol{s}_t, \boldsymbol{v}_t)[\mathrm{Var}(\boldsymbol{v}_t)]^{-1}\mathrm{Cov}(\boldsymbol{s}_t, \boldsymbol{v}_t)' \\
&= \boldsymbol{\Sigma}_{t|t-1} - \boldsymbol{C}_t\boldsymbol{V}_t^{-1}\boldsymbol{C}_t' \\
&= \boldsymbol{\Sigma}_{t|t-1} - \boldsymbol{\Sigma}_{t|t-1}\boldsymbol{Z}_t'\boldsymbol{V}_t^{-1}\boldsymbol{Z}_t\boldsymbol{\Sigma}_{t|t-1}.
\end{aligned} \tag{11.62}
$$

将 (11.62) 式代入 (11.56) 式, 并利用 (11.61) 式, 得到

$$
\boldsymbol{\Sigma}_{t+1|t} = \boldsymbol{T}_t\boldsymbol{\Sigma}_{t|t-1}\boldsymbol{L}_t' + \boldsymbol{R}_t\boldsymbol{Q}_t\boldsymbol{R}_t', \tag{11.63}
$$

其中

$$
\boldsymbol{L}_t = \boldsymbol{T}_t - \boldsymbol{K}_t\boldsymbol{Z}_t.
$$

将上述方程综合在一起, 对于 (11.26) 式和 (11.27) 式所给出的状态空间模型, 我们得到其著名的卡尔曼滤波. 给定初始值 $\boldsymbol{s}_{1|0}$ 和 $\boldsymbol{\Sigma}_{1|0}$, 卡尔曼滤波算法为

$$
\begin{aligned}
\boldsymbol{v}_t &= \boldsymbol{y}_t - \boldsymbol{c}_t - \boldsymbol{Z}_t\boldsymbol{s}_{t|t-1}, \\
\boldsymbol{V}_t &= \boldsymbol{Z}_t\boldsymbol{\Sigma}_{t|t-1}\boldsymbol{Z}_t' + \boldsymbol{H}_t, \\
\boldsymbol{K}_t &= \boldsymbol{T}_t\boldsymbol{\Sigma}_{t|t-1}\boldsymbol{Z}_t'\boldsymbol{V}_t^{-1}, \\
\boldsymbol{L}_t &= \boldsymbol{T}_t - \boldsymbol{K}_t\boldsymbol{Z}_t, \\
\boldsymbol{s}_{t+1|t} &= \mathrm{d}_t + \boldsymbol{T}_t\boldsymbol{s}_{t|t-1} + \boldsymbol{K}_t\boldsymbol{v}_t, \\
\boldsymbol{\Sigma}_{t+1|t} &= \boldsymbol{T}_t\boldsymbol{\Sigma}_{t|t-1}\boldsymbol{L}_t' + \boldsymbol{R}_t\boldsymbol{Q}_t\boldsymbol{R}_t', \quad t = 1, \cdots, T.
\end{aligned} \tag{11.64}
$$

如果对滤波量 $s_{t|t}$ 和 $\Sigma_{t|t}$ 也感兴趣, 我们将修正滤波使其同时包含滤波方程 (11.59) 式和 (11.62) 式. 这样得到的滤波算法为

$$v_t = y_t - c_t - Z_t s_{t|t-1},$$
$$C_t = \Sigma_{t|t-1} Z_t',$$
$$V_t = Z_t \Sigma_{t|t-1} Z_t' + H_t = Z_t C_t + H_t,$$
$$s_{t|t} = s_{t|t-1} + C_t V_t^{-1} v_t,$$
$$\Sigma_{t|t} = \Sigma_{t|t-1} - C_t V_t^{-1} C_t',$$
$$s_{t+1|t} = d_t + T_t s_{t|t},$$
$$\Sigma_{t+1|t} = T_t \Sigma_{t|t} T_t' + R_t Q_t R_t'.$$

稳定状态

如果状态空间模型不随时间变化, 即所有的系统矩阵也不随时间变化, 则矩阵 $\Sigma_{t|t-1}$ 收敛到常矩阵 Σ_*, 而 Σ_* 是矩阵方程

$$\Sigma_* = T\Sigma_* T' - T\Sigma_* Z V^{-1} Z \Sigma_* T' + RQR',$$

的解, 其中 $V = Z\Sigma_* Z' + H$. 收敛到 Σ_* 后所得到的解称为卡尔曼滤波的稳定状态解(steady-state solution). 一旦达到稳定状态解, V_t, K_t 和 $\Sigma_{t+1|t}$ 就都是常数. 这在计算中能大大的节省时间.

11.4.2 状态估计误差和预测误差

状态预测误差定义为

$$x_t = s_t - s_{t|t-1}.$$

从上述定义知, x_t 的协方差矩阵为 $\mathrm{Var}(x_t|F_{t-1}) = \mathrm{Var}(s_t|F_{t-1}) = \Sigma_{t-1|t}$. 沿袭 11.1 节的方法, 我们可以推断 x_t 的性质. 首先, 由 (11.57) 式有

$$v_t = Z_t(s_t - s_{t|t-1}) + e_t = Z_t x_t + e_t.$$

其次, 由 (11.64) 式、(11.26) 式以及前面的方程, 得到

$$\begin{aligned} x_{t+1} &= s_{t+1} - s_{t+1|t} \\ &= T_t(s_t - s_{t|t-1}) + R_t \eta_t - K_t v_t \\ &= T_t x_t + R_t \eta_t - K_t(Z_t x_t + e_t) \\ &= L_t x_t + R_t \eta_t - K_t e_t, \end{aligned}$$

其中, 和前面一样, $L_t = T_t - K_t Z_t$. 因此, 我们可以得到 v_t 的状态空间形式

$$v_t = Z_t x_t + e_t, \quad x_{t+1} = L_t x_t + R_t \eta_t - K_t e_t, \tag{11.65}$$

其中 $x_1 = s_1 - s_{1|0}(t = 1, \cdots, T)$.

最后, 类似于 11.1 节的局部趋势模型, 我们得到向前 1 步预测误差 $\{v_t\}$ 彼此相互独立且 $\{v_t, \cdots, v_T\}$ 和 F_{t-1} 相互独立.

11.4.3　状态平滑

状态平滑主要讨论给定 F_T 条件下 s_t 的条件分布. 值得注意的是 (a) F_{t-1} 和 $\{v_t, \cdots, v_T\}$ 是独立的; (b) v_t 是序列独立的. 对于给定 F_T 条件下 s_t 和 $\{v_t, \cdots, v_T\}$ 的联合分布应用定理 11.1 可以得到

$$
\begin{aligned}
s_{t|T} = \mathrm{E}(s_t|F_T) &= \mathrm{E}(s_t|F_{t-1}, v_t, \cdots, v_T) \\
&= \mathrm{E}(s_t|F_{t-1}) + \sum_{j=t}^{T} \mathrm{Cov}(s_t, v_j)[\mathrm{Var}(v_j)]^{-1} v_j \\
&= s_{t|t-1} + \sum_{j=t}^{T} \mathrm{Cov}(s_t, v_j) V_j^{-1} v_j,
\end{aligned}
\tag{11.66}
$$

其中, 协方差矩阵是给定 F_{t-1} 条件下的条件协方差矩阵. 且对于 $j = t, \cdots, T$, 协方差矩阵 $\mathrm{Cov}(s_t, v_j)$ 可以如下推出. 由 (11.65) 式有

$$
\begin{aligned}
\mathrm{Cov}(s_t, v_j) &= \mathrm{E}(s_t v_j') \\
&= \mathrm{E}[s_t(Z_j x_j + \mathrm{e}_j)'] = \mathrm{E}(s_t x_j') Z_j', \quad j = t, \cdots, T.
\end{aligned}
\tag{11.67}
$$

此外还有

$$
\begin{aligned}
\mathrm{E}(s_t x_t') &= \mathrm{E}[s_t(s_t - s_{t|t-1})'] = \mathrm{Var}(s_t) = \Sigma_{t|t-1}, \\
\mathrm{E}(s_t x_{t+1}') &= \mathrm{E}[s_t(L_t x_t + R_t \eta_t - K_t e_t)'] = \Sigma_{t|t-1} L_t', \\
\mathrm{E}(s_t x_{t+2}') &= \Sigma_{t|t-1} L_t' L_{t+1}', \\
&\quad\vdots \\
\mathrm{E}(s_t x_T') &= \Sigma_{t|t-1} L_t' \cdots L_{T-1}'.
\end{aligned}
\tag{11.68}
$$

将上面两个公式代入 (11.66) 式, 对于 $t = T - 2, T - 3, \cdots, 1$, 有

$$
\begin{aligned}
s_{T|T} &= s_{T|T-1} + \Sigma_{T|T-1} Z_T' V_T^{-1} v_T, \\
s_{T-1|T} &= s_{T-1|T-2} + \Sigma_{T-1|T-2} Z_{T-1}' V_{T-1}^{-1} v_{T-1} + \Sigma_{T-1|T-2} L_{T-1}' Z_T' V_T^{-1} v_T, \\
s_{t|T} &= s_{t|t-1} + \Sigma_{t|t-1} Z_t' V_t^{-1} v_t + \Sigma_{t|t-1} L_t' Z_{t+1}' V_{t+1}^{-1} v_{t+1} \\
&\quad + \cdots + \Sigma_{t|t-1} L_t' L_{t+1}' \cdots L_{T-1}' Z_T' V_T^{-1} v_T,
\end{aligned}
$$

这里, 当 $t = T$ 时有 $L_t' = L_{T-1}' = I_m$. 这些平滑状态向量可以表示为

$$
s_{t|T} = s_{t|t-1} + \Sigma_{t|t-1} q_{t-1},
\tag{11.69}
$$

其中 $q_{T-1} = Z_T' V_T^{-1} v_T$, $q_{T-2} = Z_{T-1}' V_{T-1}^{-1} v_{T-1} + L_{T-1}' Z_T' V_T^{-1} v_T$
且

$$
q_{t-1} = Z_t' V_t^{-1} v_t + L_t' Z_{t+1}' V_{t+1}^{-1} v_{t+1} + \cdots + L_t' L_{t+1}' \cdots L_{T-1}' Z_T' V_T^{-1} v_T,
$$

$(t = T-2, T-3, \cdots, 1)$. $\boldsymbol{q}_{t-1}$ 是发生在时刻 $\boldsymbol{t}-1$ 后的向前 1 步预测误差 $\boldsymbol{v}_j$ 的加权和. 由前面方程的定义知, $\boldsymbol{q}_t$ 可以通过下述向后递归得到

$$\boldsymbol{q}_{t-1} = \boldsymbol{Z}_t' \boldsymbol{V}_t^{-1} \boldsymbol{v}_t + \boldsymbol{L}_t' \boldsymbol{q}_t, \quad t = T, \cdots, 1, \tag{11.70}$$

其中 $\boldsymbol{q}_T = \boldsymbol{0}$. 联立这些方程, 我们得到平滑状态向量的向后递归

$$\boldsymbol{q}_{t-1} = \boldsymbol{Z}_t' \boldsymbol{V}_t^{-1} \boldsymbol{v}_t + \boldsymbol{L}_t' \boldsymbol{q}_t, \quad \boldsymbol{s}_{t|T} = \boldsymbol{s}_{t|t-1} + \boldsymbol{\Sigma}_{t|t-1} \boldsymbol{q}_{t-1}, \quad t = T, \cdots, 1, \tag{11.71}$$

该递归从 $\boldsymbol{q}_T = \boldsymbol{0}$ 开始, 而且 $\boldsymbol{s}_{t|t-1}$, $\boldsymbol{\Sigma}_{t|t-1}$, $\boldsymbol{L}_t$ 和 $\boldsymbol{V}_t$ 可通过卡尔曼滤波得到. 在相关文献里这就是固定区间平滑(fixed interal smoother). 参见 de Jong(1989) 和其中的参考文献.

平滑状态向量的协方差矩阵

下面, 我们将推导出平滑状态向量的协方差矩阵. 对于给定 F_{t-1} 条件下 $\boldsymbol{s}_t$ 和 $\{\boldsymbol{v}_t, \cdots, \boldsymbol{v}_T\}$ 的条件联合分布应用定理 11.1(4), 得到

$$\boldsymbol{\Sigma}_{t|T} = \boldsymbol{\Sigma}_{t|t-1} - \sum_{j=t}^{T} \text{Cov}(\boldsymbol{s}_t, \boldsymbol{v}_j)[\text{Var}(\boldsymbol{v}_j)]^{-1}[\text{Cov}(\boldsymbol{s}_t, \boldsymbol{v}_j)]'.$$

由 (11.67) 式和 (11.68) 式里的协方差矩阵, 进一步可得到

$$\begin{aligned}
\boldsymbol{\Sigma}_{t|T} &= \boldsymbol{\Sigma}_{t|t-1} - \boldsymbol{\Sigma}_{t|t-1} \boldsymbol{Z}_t' \boldsymbol{V}_t^{-1} \boldsymbol{Z}_t \boldsymbol{\Sigma}_{t|t-1} - \boldsymbol{\Sigma}_{t|t-1} \boldsymbol{L}_t' \boldsymbol{Z}_{t+1}' \boldsymbol{V}_{t+1}^{-1} \boldsymbol{Z}_{t+1} \boldsymbol{L}_t \boldsymbol{\Sigma}_{t|t-1} \\
&\quad - \cdots - \boldsymbol{\Sigma}_{t|t-1} \boldsymbol{L}_t' \cdots \boldsymbol{L}_{T-1}' \boldsymbol{Z}_T' \boldsymbol{V}_T^{-1} \boldsymbol{Z}_T \boldsymbol{L}_{T-1} \cdots \boldsymbol{L}_t \boldsymbol{\Sigma}_{t|t-1} \\
&= \boldsymbol{\Sigma}_{t|t-1} - \boldsymbol{\Sigma}_{t|t-1} \boldsymbol{M}_{t-1} \boldsymbol{\Sigma}_{t|t-1},
\end{aligned}$$

其中

$$\begin{aligned}
\boldsymbol{M}_{t-1} &= \boldsymbol{Z}_t' \boldsymbol{V}_t^{-1} \boldsymbol{Z}_t + \boldsymbol{L}_t' \boldsymbol{Z}_{t+1}' \boldsymbol{V}_{t+1}^{-1} \boldsymbol{Z}_{t+1} \boldsymbol{L}_t \\
&\quad + \cdots + \boldsymbol{L}_t' \cdots \boldsymbol{L}_{T-1}' \boldsymbol{Z}_T' \boldsymbol{V}_T^{-1} \boldsymbol{Z}_T \boldsymbol{L}_{T-1} \cdots \boldsymbol{L}_t.
\end{aligned}$$

当 $t = T$ 时仍然有 $\boldsymbol{L}_t' \cdots \boldsymbol{L}_{T-1}' = \boldsymbol{I}_m$. 由该定义矩阵 $\boldsymbol{M}_{t-1}$ 满足

$$\boldsymbol{M}_{t-1} = \boldsymbol{Z}_t' \boldsymbol{V}_t^{-1} \boldsymbol{Z}_t + \boldsymbol{L}_t' \boldsymbol{M}_t \boldsymbol{L}_t, \quad t = T, \cdots, 1, \tag{11.72}$$

且初值为 $\boldsymbol{M}_T = \boldsymbol{0}$. 综合前面的结果, 我们得到计算 $\boldsymbol{\Sigma}_{t|T}$ 的向后递归公式

$$\boldsymbol{M}_{t-1} = \boldsymbol{Z}_t' \boldsymbol{V}_t^{-1} \boldsymbol{Z}_t + \boldsymbol{L}_t' \boldsymbol{M}_t \boldsymbol{L}_t, \quad \boldsymbol{\Sigma}_{t|T} = \boldsymbol{\Sigma}_{t|t-1} - \boldsymbol{\Sigma}_{t|t-1} \boldsymbol{M}_{t-1} \boldsymbol{\Sigma}_{t|t-1}, \tag{11.73}$$

其中 $t = T, \cdots, 1$ 且 $\boldsymbol{M}_T = \boldsymbol{0}$. 注意正如 11.1 节里的局部趋势模型, $\boldsymbol{M}_T = \text{Var}(\boldsymbol{q}_t)$. 联合上面平滑状态向量的两个向后递归公式, 我们有

$$\begin{aligned}
\boldsymbol{q}_{t-1} &= \boldsymbol{Z}_t' \boldsymbol{V}_t^{-1} \boldsymbol{v}_t + \boldsymbol{L}_t' \boldsymbol{q}_t, \\
\boldsymbol{s}_{t|T} &= \boldsymbol{s}_{t|t-1} + \boldsymbol{\Sigma}_{t|t-1} \boldsymbol{q}_{t-1}, \\
\boldsymbol{M}_{t-1} &= \boldsymbol{Z}_t' \boldsymbol{V}_t^{-1} \boldsymbol{Z}_t + \boldsymbol{L}_t' \boldsymbol{M}_t \boldsymbol{L}_t, \\
\boldsymbol{\Sigma}_{t|T} &= \boldsymbol{\Sigma}_{t|t-1} - \boldsymbol{\Sigma}_{t|t-1} \boldsymbol{M}_{t-1} \boldsymbol{\Sigma}_{t|t-1}, \quad t = T, \cdots, 1,
\end{aligned} \tag{11.74}$$

其中 $\boldsymbol{q}_T = \boldsymbol{0}$ 且 $\boldsymbol{M}_T = \boldsymbol{0}$.

假定 (11.26) 式和 (11.27) 式里的状态空间模型已知, 则卡尔曼滤波和状态平滑可以通过两步运算得到. 首先, 对于 $t = 1, \cdots, T$, 使用 (11.64) 式里的卡尔曼滤波并获得量 $\boldsymbol{v}_t$, $\boldsymbol{V}_t$, $\boldsymbol{K}_t$, $\boldsymbol{s}_{t|t-1}$ 和 $\boldsymbol{\Sigma}_{t|t-1}$. 其次, 对于 $t = T, \cdots, 1$, 应用 (11.74) 式的状态平滑法得到 $\boldsymbol{s}_{t|T}$ 和 $\boldsymbol{\Sigma}_{t|T}$.

11.4.4 扰动平滑

令 $\boldsymbol{e}_{t|T} = \mathrm{E}(\boldsymbol{e}_t|F_T)$ 和 $\boldsymbol{\eta}_{t|T} = \mathrm{E}(\boldsymbol{\eta}_t|F_T)$ 分别表示观测方程和转移方程的平滑扰动. 这些平滑扰动(smoothed disturbances) 在许多应用领域 (比如在模型检验中)都很有用. 在本小节, 我们将学习计算平滑扰动及其协方差矩阵的递归算法. 再次对于给定 F_{t-1} 条件下 $\boldsymbol{e}_t$ 和 $\{\boldsymbol{v}_t, \cdots, \boldsymbol{v}_T\}$ 的条件联合分布应用定理 11.1, 得到

$$\boldsymbol{e}_{t|T} = \mathrm{E}(\boldsymbol{e}_t|F_{t-1}, \boldsymbol{v}_t, \cdots, \boldsymbol{v}_T) = \sum_{j=t}^{T} \mathrm{E}(\boldsymbol{e}_t\boldsymbol{v}_j')\boldsymbol{V}_j^{-1}\boldsymbol{v}_j, \tag{11.75}$$

这里用到了 $\mathrm{E}(\boldsymbol{e}_t|F_{t-1}) = \boldsymbol{0}$. 利用 (11.65) 式有

$$\mathrm{E}(\boldsymbol{e}_t\boldsymbol{v}_j') = \mathrm{E}(\boldsymbol{e}_t\boldsymbol{x}_j')\boldsymbol{Z}_j' + \mathrm{E}(\boldsymbol{e}_t\boldsymbol{e}_j').$$

由于 $\mathrm{E}(\boldsymbol{e}_t\boldsymbol{x}_t') = \boldsymbol{0}$, 从而有

$$\mathrm{E}(\boldsymbol{e}_t\boldsymbol{v}_j') = \begin{cases} \boldsymbol{H}_t, & \text{若 } j = t, \\ \mathrm{E}(\boldsymbol{e}_t\boldsymbol{x}_j')\boldsymbol{Z}_j', & j = t+1, \cdots, T. \end{cases} \tag{11.76}$$

反复应用 (11.65) 式以及 $\{\boldsymbol{e}_t\}$ 和 $\{\boldsymbol{\eta}_t\}$ 之间的独立性, 我们得到

$$\mathrm{E}(\boldsymbol{e}_t\boldsymbol{x}_{t+1}') = -\boldsymbol{H}_t\boldsymbol{K}_t',$$
$$\mathrm{E}(\boldsymbol{e}_t\boldsymbol{x}_{t+2}') = -\boldsymbol{H}_t\boldsymbol{K}_t'\boldsymbol{L}_{t+1}',$$
$$\vdots$$
$$\mathrm{E}(\boldsymbol{e}_t\boldsymbol{x}_T') = -\boldsymbol{H}_t\boldsymbol{K}_t'\boldsymbol{L}_{t+1}' \cdots \boldsymbol{L}_{T-1}', \tag{11.77}$$

其中当 $t = T-1$ 时, 有 $\boldsymbol{L}_{t+1}' \cdots \boldsymbol{L}_{T-1}' = \boldsymbol{I}_m$. 基于 (11.76) 式和 (11.77) 式, 得到

$$\boldsymbol{e}_{t|T} = \boldsymbol{H}_t(\boldsymbol{V}_t^{-1}\boldsymbol{v}_t - \boldsymbol{K}_t'\boldsymbol{Z}_{t+1}'\boldsymbol{V}_{t+1}^{-1}\boldsymbol{v}_{t+1} - \cdots - \boldsymbol{K}_t'\boldsymbol{L}_{t+1}' \cdots \boldsymbol{L}_{T-1}'\boldsymbol{Z}_T'\boldsymbol{V}_T^{-1}\boldsymbol{v}_T)$$
$$= \boldsymbol{H}_t(\boldsymbol{V}_t^{-1}\boldsymbol{v}_t - \boldsymbol{K}_t'\boldsymbol{q}_t) = \boldsymbol{H}_t\boldsymbol{o}_t, \quad t = T, \cdots, 1, \tag{11.78}$$

其中 $\boldsymbol{q}_t$ 由 (11.69) 式定义且 $\boldsymbol{o}_t = \boldsymbol{V}_t^{-1}\boldsymbol{v}_t - \boldsymbol{K}_t'\boldsymbol{q}_t$. 我们将 $\boldsymbol{o}_t$ 称为平滑测量误差(smoothing measurement error).

平滑扰动 $\boldsymbol{\eta}_{t|T}$ 可用类似的方式推导出, 即

$$\boldsymbol{\eta}_{t|T} = \sum_{j=t}^{T} E(\boldsymbol{\eta}_t\boldsymbol{v}_j')\boldsymbol{V}_j^{-1}\boldsymbol{v}_j. \tag{11.79}$$

(11.69) 式的状态空间模型给出

$$\mathrm{E}(\boldsymbol{\eta}_t\boldsymbol{v}_j') = \begin{cases} \boldsymbol{Q}_t\boldsymbol{R}_t'\boldsymbol{Z}_{t+1}', & \text{若 } j = t+1, \\ \mathrm{E}(\boldsymbol{\eta}_t\boldsymbol{x}_j')\boldsymbol{Z}_j', & \text{若 } j = t+2,\cdots,T, \end{cases}$$

其中, 对于 $t = 1,\cdots,T$, 有

$$\mathrm{E}(\boldsymbol{\eta}_t\boldsymbol{x}_{t+2}') = \boldsymbol{Q}_t\boldsymbol{R}_t'\boldsymbol{L}_{t+1}',$$
$$\mathrm{E}(\boldsymbol{\eta}_t\boldsymbol{x}_{t+3}') = \boldsymbol{Q}_t\boldsymbol{R}_t'\boldsymbol{L}_{t+1}'\boldsymbol{L}_{t+2}',$$
$$\vdots$$
$$\mathrm{E}(\boldsymbol{\eta}_t\boldsymbol{x}_T') = \boldsymbol{Q}_t\boldsymbol{R}_t'\boldsymbol{L}_{t+1}'\cdots\boldsymbol{L}_{T-1}',$$

因此, (11.79) 式意味着

$$\begin{aligned}\boldsymbol{\eta}_{t|T} &= \boldsymbol{Q}_t\boldsymbol{R}_t'(\boldsymbol{Z}_{t+1}'\boldsymbol{V}_{t+1}^{-1}\boldsymbol{v}_{t+1} + \boldsymbol{L}_{t+1}'\boldsymbol{Z}_{t+2}'\boldsymbol{V}_{t+2}^{-1}\boldsymbol{v}_{t+2} \\ &\quad + \cdots + \boldsymbol{L}_{t+1}'\cdots\boldsymbol{L}_{T-1}'\boldsymbol{Z}_T\boldsymbol{V}_T^{-1}\boldsymbol{v}_T) \\ &= \boldsymbol{Q}_t\boldsymbol{R}_t'\boldsymbol{q}_t, \quad t = T,\cdots,1, \end{aligned} \tag{11.80}$$

其中 $\boldsymbol{q}_t$ 由先前的 (11.70) 式所定义.

　　Koopman(1993) 利用平滑扰动 $\boldsymbol{\eta}_{t|T}$ 推导出一个计算 $\boldsymbol{s}_{t|T}$ 的新的递归方法. 由 (11.26) 式的转移方程, 有

$$\boldsymbol{s}_{t+1|T} = \mathrm{d}_t + \boldsymbol{T}_t\boldsymbol{s}_{t|T} + \boldsymbol{R}_t\boldsymbol{\eta}_{t|T}.$$

利用 (11.80) 式可得

$$\boldsymbol{s}_{t+1|T} = \mathrm{d}_t + \boldsymbol{T}_t\boldsymbol{s}_{t|T} + \boldsymbol{R}_t\boldsymbol{Q}_t\boldsymbol{R}_t'\boldsymbol{q}_t, \quad t = 1,\cdots,T, \tag{11.81}$$

其中初始值为 $\boldsymbol{s}_{1|T} = \boldsymbol{s}_{1|0} + \boldsymbol{\Sigma}_{1|0}\boldsymbol{q}_0$ 且 $\boldsymbol{q}_0$ 从 (11.70) 式的递归方程中得到.

平滑扰动的协方差矩阵

　　平滑扰动的协方差矩阵同样也可以通过定理 11.1 得到, 具体地

$$\begin{aligned}\mathrm{Var}(\boldsymbol{e}_t|F_T) &= \mathrm{Var}(\boldsymbol{e}_t|F_{t-1},\boldsymbol{v}_t,\cdots,\boldsymbol{v}_T) \\ &= \mathrm{Var}(\boldsymbol{e}_t|F_{t-1}) - \sum_{j=t}^T \mathrm{Cov}(\boldsymbol{e}_t,\boldsymbol{v}_j)\boldsymbol{V}_j^{-1}[\mathrm{Cov}(\boldsymbol{e}_t,\boldsymbol{v}_j)]'. \end{aligned}$$

注意 (11.76) 式给出 $\mathrm{Cov}(\boldsymbol{e}_t,\boldsymbol{v}_j) = \mathrm{E}(\boldsymbol{e}_t\boldsymbol{v}_j')$, 因此我们有

$$\begin{aligned}\mathrm{Var}(\boldsymbol{e}_t|F_T) &= \boldsymbol{H}_t - \boldsymbol{H}_t(\boldsymbol{V}_t^{-1} + \boldsymbol{K}_t'\boldsymbol{Z}_{t+1}'\boldsymbol{V}_{t+1}^{-1}\boldsymbol{Z}_{t+1}\boldsymbol{K}_t \\ &\quad + \boldsymbol{K}_t'\boldsymbol{L}_{t+1}'\boldsymbol{Z}_{t+2}'\boldsymbol{V}_{t+2}^{-1}\boldsymbol{Z}_{t+2}\boldsymbol{L}_{t+1}\boldsymbol{K}_t \end{aligned}$$

$$+ \cdots + \boldsymbol{K}_t' \boldsymbol{L}_{t+1}' \cdots \boldsymbol{L}_{T-1}' \boldsymbol{Z}_T' \boldsymbol{V}_T^{-1} \boldsymbol{Z}_T \boldsymbol{L}_{T-1} \cdots \boldsymbol{L}_{t+1} \boldsymbol{K}_t) \boldsymbol{H}_t$$
$$= \boldsymbol{H}_t - \boldsymbol{H}_t (\boldsymbol{V}_t^{-1} + \boldsymbol{K}_t' \boldsymbol{M}_t \boldsymbol{K}_t) \boldsymbol{H}_t$$
$$= \boldsymbol{H}_t - \boldsymbol{H}_t \boldsymbol{N}_t \boldsymbol{H}_t,$$

其中 $\boldsymbol{N}_t = \boldsymbol{V}_t^{-1} + \boldsymbol{K}_t' \boldsymbol{M}_t \boldsymbol{K}_t$, 这里的 $\boldsymbol{M}_t$ 由 (11.72) 式给出. 类似地

$$\mathrm{Var}(\boldsymbol{\eta}_t | F_T) = \mathrm{Var}(\boldsymbol{\eta}_t) - \sum_{j=t}^{T} \mathrm{Cov}(\boldsymbol{\eta}_t, \boldsymbol{v}_t) \boldsymbol{V}_t^{-1} [\mathrm{Cov}(\boldsymbol{\eta}_t, \boldsymbol{v}_t)]^{-1},$$

其中 $\mathrm{Cov}(\boldsymbol{\eta}_t, \boldsymbol{v}_j) = \mathrm{E}(\boldsymbol{\eta}_t \boldsymbol{v}_j')$ 在推导 $\boldsymbol{\eta}_{t|T}$ 的公式时已经给出. 因此

$$\mathrm{Var}(\boldsymbol{\eta}_t | F_T) = \boldsymbol{Q}_t - \boldsymbol{Q}_t \boldsymbol{R}_t' (\boldsymbol{Z}_{t+1} \boldsymbol{V}_{t+1}^{-1} \boldsymbol{Z}_{t+1} + \boldsymbol{L}_{t+1}' \boldsymbol{Z}_{t+2}' \boldsymbol{V}_{t+2}^{-1} \boldsymbol{Z}_{t+2} \boldsymbol{L}_{t+1}$$
$$+ \cdots + \boldsymbol{L}_{t+1}' \cdots \boldsymbol{L}_{T-1}' \boldsymbol{Z}_T' \boldsymbol{V}_T^{-1} \boldsymbol{Z}_T \boldsymbol{L}_{T-1} \cdots \boldsymbol{L}_{t+1}) \boldsymbol{R}_t \boldsymbol{Q}_t$$
$$= \boldsymbol{Q}_t - \boldsymbol{Q}_t \boldsymbol{R}_t' \boldsymbol{M}_t \boldsymbol{R}_t \boldsymbol{Q}_t.$$

总之, 扰动平滑算法如下

$$\begin{aligned}
\boldsymbol{e}_{t|T} &= \boldsymbol{H}_t (\boldsymbol{V}_t^{-1} \boldsymbol{v}_t - \boldsymbol{K}_t' \boldsymbol{q}_t), \\
\boldsymbol{\eta}_{t|T} &= \boldsymbol{Q}_t \boldsymbol{R}_t' \boldsymbol{q}_t, \\
\boldsymbol{q}_{t-1} &= \boldsymbol{Z}_t' \boldsymbol{V}_t^{-1} \boldsymbol{v}_t + \boldsymbol{L}_t' \boldsymbol{q}_t, \\
\mathrm{Var}(\boldsymbol{e}_t | F_T) &= \boldsymbol{H}_t - \boldsymbol{H}_t (\boldsymbol{V}_t^{-1} + \boldsymbol{K}_t' \boldsymbol{M}_t \boldsymbol{K}_t) \boldsymbol{H}_t, \\
\mathrm{Var}(\boldsymbol{\eta}_t | F_T) &= \boldsymbol{Q}_t - \boldsymbol{Q}_t \boldsymbol{R}_t' \boldsymbol{M}_t \boldsymbol{R}_t \boldsymbol{Q}_t, \\
\boldsymbol{M}_{t-1} &= \boldsymbol{Z}_t' \boldsymbol{V}_t^{-1} \boldsymbol{Z}_t + \boldsymbol{L}_t' \boldsymbol{M}_t \boldsymbol{L}_t, \quad t = T, \cdots, 1,
\end{aligned} \tag{11.82}$$

其中 $\boldsymbol{q}_T = \boldsymbol{0}$ 且 $\boldsymbol{M}_T = \boldsymbol{0}$.

11.5 缺　失　值

对于 (11.26) 式和 (11.27) 式中的广义状态空间模型, 我们考虑缺失值的两种形式. 首先, 类似于 11.1 节中的局部趋势模型, 假设在时刻 $t = l+1, \cdots, l+h$ 的观测值 $\boldsymbol{y}_t$ 是缺失的. 此种情况下, 在这些时间点上, 没有新的信息, 我们令

$$\boldsymbol{v}_t = \boldsymbol{0}, \quad \boldsymbol{K}_t = \boldsymbol{0}, \quad 其中 \quad t = l+1, \cdots, l+h.$$

这时和平常一样就可以运用 (11.64) 式中的卡尔曼滤波. 也就是

$$\boldsymbol{s}_{t+1|t} = \mathrm{d}_t + \boldsymbol{T}_t \boldsymbol{s}_{t|t-1}, \quad \boldsymbol{\Sigma}_{t+1|t} = \boldsymbol{T}_t \boldsymbol{\Sigma}_{t|t-1} \boldsymbol{T}_t' + \boldsymbol{R}_t \boldsymbol{Q}_t \boldsymbol{R}_t',$$

这里 $t = l+1, \cdots, l+h$. 类似地, 对于 $t = l+1, \cdots, l+h$ 平滑状态向量也可以像往常一样通过 (11.74) 式计算如下

$$\boldsymbol{q}_{t-1} = \boldsymbol{T}_t' \boldsymbol{q}_t, \quad \boldsymbol{M}_{t-1} = \boldsymbol{T}_t' \boldsymbol{M}_t \boldsymbol{T}_t,$$

在第二种情形, $\boldsymbol{y}_t$ 部分缺失. 设 $\boldsymbol{y}_t^* = \boldsymbol{J}\boldsymbol{y}_t$ 为 t 时刻所观测到的数据向量, 这里 $\boldsymbol{J}$ 为识别观测数据的指示矩阵. 更具体地讲, $\boldsymbol{J}$ 的行是 $k \times k$ 单位矩阵的子集. 此时, 模型的观测方程 (11.27) 式可以转换为

$$\boldsymbol{y}_t^* = \boldsymbol{c}_t^* + \boldsymbol{Z}_t^* \boldsymbol{s}_t + \mathrm{e}_t^*,$$

其中 $\boldsymbol{c}_t^* = \boldsymbol{J}\boldsymbol{c}_t$, $\boldsymbol{Z}_t^* = \boldsymbol{J}\boldsymbol{Z}_t$ 和 $\boldsymbol{e}_t^* = \boldsymbol{J}\boldsymbol{e}_t$, 且协方差矩阵 $\mathrm{Var}(\boldsymbol{e}_t^*) = \boldsymbol{H}_t^* = \boldsymbol{J}\boldsymbol{H}_t\boldsymbol{J}'$. 除了时刻 t 使用修正的观测方程外, 可以继续应用卡尔曼滤波和状态平滑递归. 因此, 状态空间模型的一个好的特点就是便于处理缺失值.

11.6 预 测

假定预测原点是 t 且我们关注 $\boldsymbol{y}_{t+j}$ 的预测值, $j = 1, \cdots, h, h > 0$. 我们仍然采用最小均方误差预测. 类似于 ARMA 模型, 向前 j 步预测误差 $\boldsymbol{y}_t(j)$ 就是给定 F_t 条件下 $\boldsymbol{y}_{t+j}$ 的条件期望值. 也就是说, $\boldsymbol{y}_t(j) = \mathrm{E}(\boldsymbol{y}_{t+j}|F_t)$. 下面, 我们将证明这些预测和相应的预测误差的方差可以通过 (11.64) 式中的卡尔曼滤波得到, 只是此时将 $\{\boldsymbol{y}_{t+1}, \cdots, \boldsymbol{y}_{t+h}\}$ 看做缺失值, 这正是 11.5 节的第一种情形.

考虑向前 1 步预测误差. 由 (11.27) 式

$$\boldsymbol{y}_t(1) = \mathrm{E}(\boldsymbol{y}_{t+1}|F_t) = \boldsymbol{c}_{t+1} + \boldsymbol{Z}_{t+1}\boldsymbol{s}_{t+1|t},$$

其中 $\boldsymbol{s}_{t+1|t}$ 可以通过预测原点为 t 时刻的卡尔曼滤波得到. 相应的预测误差为

$$\boldsymbol{e}_t(1) = \boldsymbol{y}_{t+1} - \boldsymbol{y}_t(1) = \boldsymbol{Z}_{t+1}(\boldsymbol{s}_{t+1} - \boldsymbol{s}_{t+1|t}) + \boldsymbol{e}_{t+1}.$$

因此, 向前 1 步预测误差的协方差矩阵为

$$\mathrm{Var}[\boldsymbol{e}_t(1)] = \boldsymbol{Z}_{t+1}\boldsymbol{\Sigma}_{t+1|t}\boldsymbol{Z}_{t+1}' + \boldsymbol{H}_{t+1}.$$

这正是 (11.64) 式中卡尔曼滤波的协方差矩阵 $\boldsymbol{V}_{t+1}$, 于是, 我们证明了 $h = 1$ 的情形. 对于 $h > 1$, 我们按顺序考虑 1 步到 h 步的向前预测. 由 (11.27) 式, 向前 j 步预测为

$$\boldsymbol{y}_t(j) = \boldsymbol{c}_{t+j} + \boldsymbol{Z}_{t+j}\boldsymbol{s}_{t+j|t}, \tag{11.83}$$

且相应的预测误差是

$$\boldsymbol{e}_t(j) = \boldsymbol{Z}_{t+j}(\boldsymbol{s}_{t+j} - \boldsymbol{s}_{t+j|t}) + \boldsymbol{e}_{t+j}.$$

值得注意的是, $\boldsymbol{s}_{t+j|t}$ 和 $\boldsymbol{\Sigma}_{t+j|t}$ 分别是给定 F_t 条件下 $\boldsymbol{s}_{t+j}$ 的条件均值和条件协方差矩阵. 上式说明

$$\mathrm{Var}[\boldsymbol{e}_t(j)] = \boldsymbol{Z}_{t+j}\boldsymbol{\Sigma}_{t+j|t}\boldsymbol{Z}_{t+j}' + \boldsymbol{H}_{t+j}. \tag{11.84}$$

进一步, 由 (11.26) 式

$$s_{t+j+1|t} = d_{t+j} + T_{t+j}s_{t+j|t},$$

这反过来意味着

$$s_{t+j+1} - s_{t+j+1|t} = T_{t+j}(s_{t+j} - s_{t+j|t}) + R_{t+j}\eta_{t+j}.$$

因此

$$\Sigma_{t+j+1|t} = T_{t+j}\Sigma_{t+j|t}T'_{t+j} + R_{t+j}Q_{t+j}R'_{t+j}. \tag{11.85}$$

值得注意的是, $\mathrm{Var}[e_t(j)] = V_{t+j}$ 且对于 $t+j$, $j = 1, \cdots, h$, (11.83) 与 (11.85) 式是由 (11.64) 式给出的卡尔曼滤波的递归公式, 且此时 $v_{t+j} = 0$, $K_{t+j} = 0$. 因此, 预测值 $y_t(j)$ 和其预测误差 $e_t(j)$ 的协方差矩阵都可以通过带有缺失值的卡尔曼滤波得到.

最后, 可以利用误差预测序列 $\{v_t\}$ 来计算估计时用到的似然函数且标准化的误差预测 $D_t^{-1/2}/v_t$ 可以用来进行模型检验, 这里 $D_t = \mathrm{diag}\{V_t(1,1), \cdots, V_t(k,k)\}$ 且 $V_t(i,i)$ 是 V_t 的第 (i,i) 个元素.

11.7 应　　用

在本节中, 我们考虑状态空间模型在金融和商业中的一些应用. 我们的目标是突出模型的应用且演示 S-Plus 中用 $SsfPack$ 进行分析的实际操作.

例 11.2 考虑 General Motors(GM) 股票从 1990 年 1 月到 2003 年 12 月的月简单超额收益率的 CAPM. 参见第 9 章. 我们将标准普尔 500 复合指数的月简单超额收益率作为市场收益率. 我们从简单市场模型开始

$$r_t = \alpha + \beta r_{M,t} + e_t, \quad e_t \sim N(0, \sigma_e^2) \tag{11.86}$$

$t = 1, \cdots, 168$. 这是一个确定系数的模型, 很容易通过普通最小二乘方法 (OLS) 来估计. 分别用 **gm** 和 **sp** 来表示 GM 股票收益和市场收益, 结果如下给出.

```
> da=read.table(``m-gmsp-excess-9003.txt'',header=F)
> gm=da[,1]
> sp=da[,2]
> fit=OLS(gm~sp)
> summary(fit)
Call:
OLS(formula = gm~sp)
Coefficients:
            Value Std. Error t value Pr(>|t|)
(Intercept) 0.1982 0.6302    0.3145  0.7535
         sp 1.0457 0.1453    7.1962  0.0000

Regression Diagnostics:
```

```
       R-Squared 0.2378
Adjusted R-Squared 0.2332
Durbin-Watson Stat 2.0290

Residual Diagnostics:
               Stat P-Value
Jarque-Bera  2.5348  0.2816
  Ljung-Box 24.2132  0.3362

Residual standard error: 8.13 on 166 degrees of freedom
```

因此, 所拟合的模型为

$$r_t = 0.20 + 1.045 \, 7r_{M,t} + e_t, \quad \hat{\sigma}_e = 8.13.$$

基于残差诊断, 模型对于 GM 股票的收益似乎是充分的且有修正后的 $R^2 = 23.3\%$.

正如 11.3 节, 模型 (11.86) 式是状态空间模型的一个特例. 我们利用 $SsfPack$ 来估计该模型. 结果如下:

```
> reg.m=function(parm,mX=NULL){
+ parm=exp(parm)    % log(sigma.e) is used to ensure
positiveness.
+ ssf.reg=GetSsfReg(mX)
+ ssf.reg$mOmega[3,3]=parm[1]
+ CheckSsf(ssf.reg)
+ }
> c.start=c(10)
> X.mtx=cbind(rep(1,168),sp)
> reg.fit=SsfFit(c.start,gm,"reg.m",mX=X.mtx)
RELATIVE FUNCTION CONVERGENCE
> names(reg.fit)
 [1] "parameters" "objective"  "message"   "grad.norm"
"iterations"
 [6] "f.evals"    "g.evals"    "hessian"   "scale"      "aux"
[11] "call"       "vcov"
> sqrt(exp(reg.fit$parameters))
[1] 8.130114
> ssf.reg$mOmega[3,3]=exp(reg.fit$parameters)
> reg.s=SsfMomentEst(gm,ssf.reg,task="STSMO")
> reg.s$state.moment[10,]
   state.1   state.2
 0.1982025 1.045702
> sqrt(reg.s$state.variance[10,])
   state.1   state.2
 0.6302091 0.1453139
```

如所料想, 整体上该结果和 OLS 方法所得出的一致.

最后, 我们采用 11.3.1 节的时变 CAPM. 下面给出了估计的结果, 包括平滑响应变量的时间图. 利用命令 SsfCondDens 计算状态向量和观测的不带方差估计的平滑估计.

```
> tv.capm =function(parm,mX=NULL){ %setup model for estimation
+ parm=exp(parm)      %parameterize in log for positiveness.
+ Phi.t = rbind(diag(2),rep(0,2))
+ Omega=diag(parm)
+ JPhi=matrix(-1,3,2)
+ JPhi[3,1]=1
+ JPhi[3,2]=2
+ Sigma=-Phi.t
+ ssf.tv=list(mPhi=Phi.t,
+ mOmega=Omega,
+ mJPhi=JPhi,
+ mSigma=Sigma,
+ mX=mX)
+ CheckSsf(ssf.tv)
+ }
> tv.start=c(0,0,0)   % starting values
> tv.mle=SsfFit(tv.start,gm,"tv.capm",mX=X.mtx)  % estimation
> sigma.mle=sqrt(exp(tv.mle$parameters))
> sigma.mle
[1] 4.907845e-05 1.219885e-02 8.125213e+00
% Smoothing
> smoEst.tv=SsfCondDens(gm,tv.capm(tv.mle$parameters,mX=X.
mtx),
+ task="STSMO")
> names(smoEst.tv)
[1] "state"     "response" "task"
> par(mfcol=c(2,2))  % plotting
> plot(gm,type='l',ylab='excess return')
> title(main='(a) Monthly simple excess returns')
> plot(smoEst.tv$response,type='l',ylab='rtn')
> title(main='(b) Expected returns')
> plot(smoEst.tv$state[,1],type='l',ylab='value')
> title(main='(c) Alpha(t)')
> plot(smoEst.tv$state[,2],type='l',ylab='value')
> title(main='(d) Beta(t)')
```

注意, σ_η 和 σ_ε 分别为 4.91×10^{-5} 和 1.22×10^{-2}. 这些估计和 0 非常接近, 表明对于 GM 股票的收益率而言时变市场模型中的 α_t 和 β_t 本质上是常数. 这与确定系数的市场模型能很好地拟合数据这个事实是一致的. 图 11-5 给出了有关时变 CAPM 的一些图. (a) 是从 1990 年 1 月到 2003 年 12 月的 GM 股票月简单超额收益率的时间图. (b) 是 GM 股票的期望收益, 即 $r_{t|T}$, 其中 $T = 168$ 是样本容量. (c) 和 (d) 分别是 α_t 和 β_t 估计的时间图. 对于给定的刻度紧密的纵轴, 这两个时间图均证实了确定系数的市场模型对于 GM 股票的月收益率是充分的.

例 11.3 在本例中, 我们利用不可观测的成分模型重新分析 Johnson 股票的季度收益序列, 时间区间是从 1960 年到 1980 年. 数据的细节参见第 2 章. 考虑的模型为

$$y_t = \mu_t + \gamma_t + e_t, \quad e_t \sim N(0, \sigma_e^2), \tag{11.87}$$

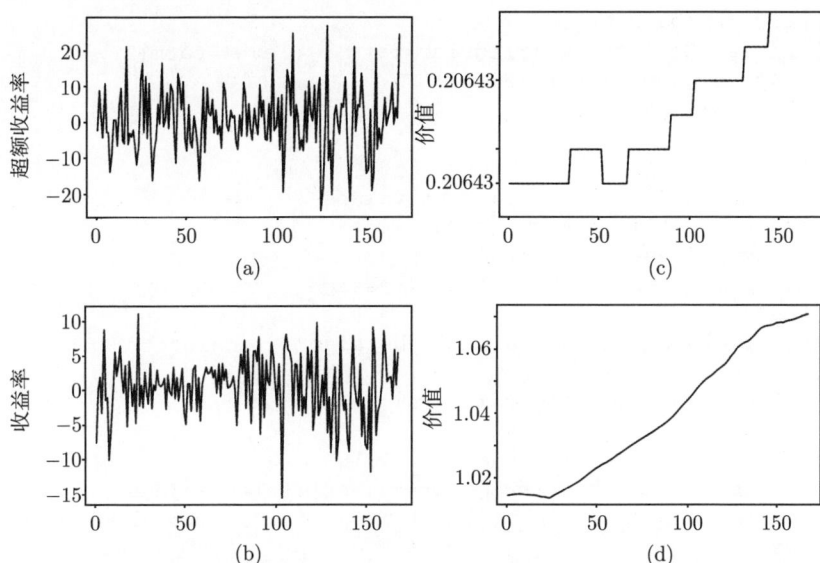

图 11-5 将时变 CAPM 应用于 GM 股票的月简单超额收益率时一些统计量的时间图. 标准普尔 500 复合指数的月简单超额收益率作为市场收益率: (a) 月简单超额收益率; (b) 超额收益 $r_{t|T}$; (c) α_t 的估计; (d) β_t 的估计

其中 y_t 是观测到的每股收益的对数, μ_t 为局部趋势项且满足

$$\mu_{t+1} = \mu_t + \eta_t, \quad \eta_t \sim N(0, \sigma_\eta^2),$$

且 γ_t 是季节项且满足

$$(1 + B + B^2 + B^3)\gamma_t = \omega_t, \quad \omega_t \sim N(0, \sigma_\omega^2),$$

也就是说 $\gamma_t = -\sum_{j=1}^{3} \gamma_{t-j} + \omega_t$. 此模型有三个参数 σ_e, σ_η 和 σ_ω. 这是一个简单的不可观测成分模型. 该模型的状态空间形式为

$$\begin{bmatrix} \mu_{t+1} \\ \gamma_{t+1} \\ \gamma_t \\ \gamma_{t-1} \end{bmatrix} = \begin{bmatrix} 1 & 0 & 0 & 0 \\ 0 & -1 & -1 & -1 \\ 0 & 1 & 0 & 0 \\ 0 & 0 & 1 & 0 \end{bmatrix} \begin{bmatrix} \mu_t \\ \gamma_t \\ \gamma_{t-1} \\ \gamma_{t-2} \end{bmatrix} + \begin{bmatrix} 1 & 0 \\ 0 & 1 \\ 0 & 0 \\ 0 & 0 \end{bmatrix} \begin{bmatrix} \eta_t \\ \omega_t \end{bmatrix},$$

其中, $(\eta_t, \omega_t)'$ 的协方差矩阵是 $\{\sigma_\eta^2, \sigma_\omega^2\}$, 且 $y_t = [1, 1, 0, 0]s_t + e_t$. 参见 11.3 节. 其实这是 $SsfPack$ 中结构时间序列的特例且很容易利用命令 GetSsfStsm 给出. 进行最大似然估计, 我们得到 $(\hat\sigma_e, \hat\sigma_\eta, \hat\sigma_\omega) = (2.04 \times 10^{-6}, 7.27 \times 10^{-2}, 2.93 \times 10^{-2})$.

```
> jnj=scan(file='q-jnj.txt')
> y=log(jnj)
% Estimation
> jnj.m=function(parm){
```

```
+ parm=exp(parm)
+ jnj.sea=GetSsfStsm(irregular=parm[1],level=parm[2],
+ seasonalDummy=c(parm[3],4))
+ CheckSsf(jnj.sea)
+ }
>
> c.start=c(0,0,0)  % Starting values
> jnj.est=SsfFit(c.start,y,"jnj.m")
> names(jnj.est)
 [1] "parameters" "objective" "message"  "grad.norm" "itera-
tions"
 [6] "f.evals"   "g.evals"   "hessian"   "scale"     "aux"
[11] "call"
> jnjest=exp(jnj.est$parameters)
> jnjest       % estimates
[1] 2.044516e-06 7.269655e-02 2.931691e-02
> jnj.ssf=GetSsfStsm(irregular=jnjest[1],level=jnjest[2],
+ seasonalDummy=c(jnjest[3],4)) % specify the model with esti-
mates
> CheckSsf(jnj.ssf)
$mPhi:
     [,1] [,2] [,3] [,4]
[1,]   1    0    0    0
[2,]   0   -1   -1   -1
[3,]   0    1    0    0
[4,]   0    0    1    0
[5,]   1    1    0    0
$mOmega:
              [,1]          [,2] [,3] [,4]          [,5]
[1,] 0.005284788 0.000000000    0    0 0.000000e+00
[2,] 0.000000000 0.000859481    0    0 0.000000e+00
[3,] 0.000000000 0.000000000    0    0 0.000000e+00
[4,] 0.000000000 0.000000000    0    0 0.000000e+00
[5,] 0.000000000 0.000000000    0    0 4.180047e-12
$mSigma:
     [,1] [,2] [,3] [,4]
[1,]  -1    0    0    0
[2,]   0   -1    0    0
[3,]   0    0   -1    0
[4,]   0    0    0   -1
[5,]   0    0    0    0
$mDelta:
     [,1]
[1,]   0
[2,]   0
[3,]   0
[4,]   0
[5,]   0
$mJPhi:
[1] 0
```

```
$mJOmega:
[1] 0
$mJDelta:
[1] 0
$mX:
[1] 0
$cT:
[1] 0
$cX:
[1] 0
$cY:
[1] 1
$cSt:
[1] 4
attr(, "class"):
[1] "ssf"    % below: smoothed components
> jnj.smo=SsfMomentEst(y,jnj.ssf,task="STSMO")
> up1=jnj.smo$state.moment[,1]+
+ 2*sqrt(jnj.smo$state.variance[,1])
> lw1=jnj.smo$state.moment[,1]-
+ 2*sqrt(jnj.smo$state.variance[,1])
> max(up1)  % obtain the range for plotting

[1] 2.795702
> min(lw1)
[1] -0.5948943
> up=jnj.smo$state.moment[,2]+
+ 2*sqrt(jnj.smo$state.variance[,2])
> lw=jnj.smo$state.moment[,2]-
+ 2*sqrt(jnj.smo$state.variance[,2])
> max(up)
[1] 0.3788652
> min(lw)
[1] -0.3552441
> par(mfcol=c(2,1)) % plotting
> plot(tdx,jnj.smo$state.moment[,1],type='l',xlab='year',
+ ylab='value',ylim=c(-1,3))
> lines(tdx,up1,lty=2)
> lines(tdx,lw1,lty=2)
> title(main='(a) Trend component')
> plot(tdx,jnj.smo$state.moment[,2],type='l',xlab='year',
+ ylab='value',ylim=c(-.5,.5))
> lines(tdx,up,lty=2)
> lines(tdx,lw,lty=2)
> title(main='(b) Seasonal component')
% Filtering and smoothing
> jnj.fil=KalmanFil(y,jnj.ssf,task="STFIL")
> jnj.smo1=KalmanSmo(jnj.fil,jnj.ssf)
> plot(tdx,jnj.fil$mOut[,1],type='l',xlab='year',ylab='resi')
> title(main='(a) 1-Step forecast error')
> plot(tdx,jnj.smo1$response.residuals[2:85],type='l',
```

```
+ xlab='year',ylab='resi')
> title(main='(b) Smoothing residual')
```

图 11-6 给出了趋势项和季节项的平滑估计, 即 $\mu_{t|T}$ 和 $\gamma_{t|T}$ 且 $T=84$. 令人感兴趣的是季节项似乎随时间变化. 图中还给出了不可观测项的置信水平为 95% 的逐点置信区间. 图 11-7 给出了残差图. 其中 (a) 给出了利用卡尔曼滤波计算的向前 1 步预测误差而 (b) 为拟合模型的平滑响应残差. 因此状态空间模型给出了另外一种选择来分析季节时间序列. 必须说明的是图 11-6 给出的估计项并不是唯一的. 它们依赖于指定的模型和选用的参数. 实际上, 将可观测时间序列分解成不可观测项的方法有很多. 例如, 对于季节项可以指定不同的模型, 比如, 利用 $SsfPack$

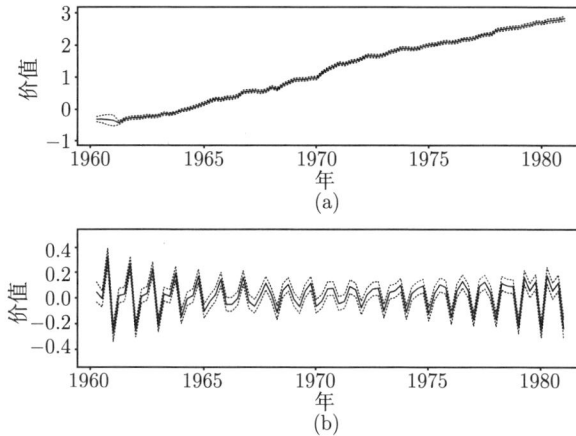

图 11-6 给 Johnson & Johnson 股票的对数季度收益序列所拟合模型 (11.87) 式的平滑项, 时间区间是从 1960 年到 1980 年: (a) 趋势项; (b) 季节项. 点线为置信水平为 95% 的逐点置信区间

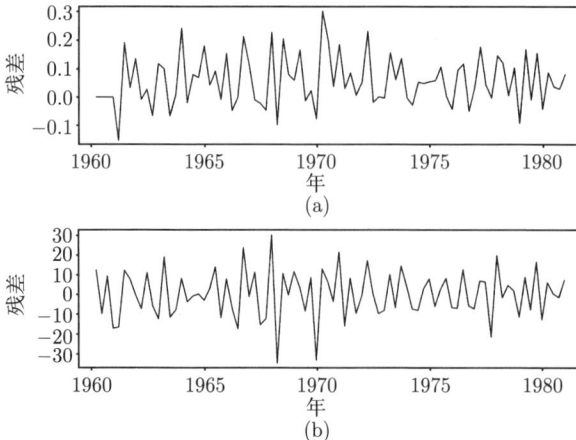

图 11-7 给 Johnson & Johnson 股票的对数季度收益序列所拟合模型 (11.87) 式的残差序列: (a) 向前 1 步预测误差 v_t; (b) 响应变量的平滑残差

中的 seasonalTrig 来得到 Johnson 和 Johnson 公司收益序列的另一种分解. 因此, 在解释被估项时要特别的小心. 然而, 如果出于预测的目的, 只要选择的分解方式正确, 对于分解方式的选择并不重要.

练 习 题

11.1 考虑 ARMA(1,1) 模型 $y_t - 0.8y_{t-1} = a_t + 0.4a_{t-1}$, 其中 $a_t \sim N(0, 0.49)$ 的. 分别利用 (a) Akaike 方法; (b) Harvey 方法; (c) Aoki 方法将该模型转化成状态空间形式.

11.2 文件 aa-rv-20m.txt 包含了 Alcoa 股票收益序列从 2003 年 1 月 2 日到 2007 年 5 月 7 日的日已实现波动率. 参见 11.1 节的例子. 波动率序列由每日内间隔 20 分钟的对数收益计算.

    (a) 给对数波动率序列拟合一个 ARMA(0,1,1) 模型并写出该模型.

    (b) 对于对数波动率序列估计 (11.1) 式和 (11.2) 式的局部趋势模型. 参数 σ_e 和 σ_η 的估计是什么? 给出滤波和平滑状态变量的时间图和置信水平为 95% 的逐点置信区间图.

11.3 考虑 Pfizer 股票和标准普尔 500 复合指数的月简单超额收益率, 时间区间是从 1990 年 1 月到 2003 年 12 月. 超额收益率包含在文件 m-pfesp-ex9003.txt 中, 且第一列为 Pfizer 股票收益率.

    (a) 给 Pfizer 股票收益率拟合一个确定系数的市场模型并写出该模型.

    (b) 给 Pfizer 股票收益拟合一个时变的 CAPM. α_t 和 β_t 序列中新息的被估标准误差是多少? 给出 α_t 和 β_t 的平滑估计的时间图.

11.4 考虑 AR(3) 模型

$$x_t = \phi_1 x_{t-1} + \phi_2 x_{t-2} + \phi_3 x_{t-3} + a_t, \quad a_t \sim N(0, \sigma_a^2),$$

且假设观测数据是

$$y_t = x_t + e_t, \quad e_t \sim N(0, \sigma_e^2),$$

其中 $\{e_t\}$ 和 $\{a_t\}$ 独立且 $x_j (j \leqslant 0)$ 的初始值和 $e_t(t > 0)$ 与 $a_t(t > 0)$ 是独立的.

    (a) 将该模型转化成状态空间形式.

    (b) 如果 $E(e_t) = c$, 且不为 0, 则系统相应的状态空间形式是什么?

11.5 文件 m-ppiaco4709.txt 包含了年, 月, 日和 U.S. 制造业价格指数 (PPI), 时间区间是从 1947 年 1 月到 2009 年的 8 月. 该指数针对所有的日用品且没有经过季节调整. 设 $z_t = \ln(Z_t) - \ln(Z_{t-1})$, 其中 Z_t 是观测到的月 PPI. 如果忽略极小的季节依赖性, 则 AR(3) 模型对于 y_t 似乎是充分的. 令 y_t 表示样本均值修正后的 z_t 序列.

    (a) 给 y_t 拟合一个 AR(3) 模型并写出该模型.

    (b) 假设 y_t 有独立的测量误差且 $y_t = x_t + e_t$, 其中 x_t 是一个 AR(3) 过程且 $\text{Var}(e_t) = \sigma_e^2$. 利用状态空间形式去估计参数, 包括状态新息的方差和 σ_e^2. 写出拟合的模型并给出 x_t 平滑估计的时间图. 另外, 给出所拟合状态空间模型的滤波反应残差的时间图.

参 考 文 献

Akaike, H. (1975). Markovian representation of stochastic processes by canonical variables. *SIAM Journal on Control* **13**: 162–173.

Aoki, M. (1987). *State Space Modeling of Time Series*. Springer, New York.

Anderson, B. D. O. and Moore, J. B. (1979). *Optimal Filtering*. Prentice-Hall, Englewood Cliffs, NJ.

Chan, N. H. (2002). *Time Series: Applications to Finance*. Wiley, Hoboken, NJ.

de Jong, P. (1989). Smoothing and interpolation with the state space model. *Journal of the American Statistical Association* **84**: 1085–1088.

Durbin, J. and Koopman, S. J. (2001). *Time Series Analysis by State Space Methods*. Oxford University Press, Oxford, UK.

Hamilton, J. (1994). *Time Series Analysis*. Princeton University Press, Princeton, NJ.

Harvey, A. C. (1993). *Time Series Models*, 2nd ed. Harvester Wheatsheaf, Hemel Hempstead, UK.

Kalman, R. E. (1960). A new approach to linear filtering and prediction problems. *Journal of Basic Engineering, Transactions ASMA, Series D* **82**: 35–45.

Kim, C. J. and Nelson, C. R. (1999). *State Space Models with Regime Switching*. Academic, New York.

Kitagawa, G. and Gersch, W. (1996). *Smoothness Priors Analysis of Time Series*. Springer, New York.

Koopman, S. J. (1993). Disturbance smoother for state space models. *Biometrika* **80**: 117–126.

Koopman, S. J., Shephard, N., and Doornik, J. A. (1999). Statistical algorithms for models in state-space form using *SsfPack* 2.2. *Econometrics Journal* **2**: 113–166. Also available at http://www.ssfpack.com/.

Shumway, R. H. and Stoffer, D. S. (2000). *Time Series Analysis and Its Applications*. Springer, New York.

West, M. and Harrison, J. (1997). *Bayesian Forecasting and Dynamic Models*, 2nd ed. Springer, New York.

第 12 章　马尔可夫链蒙特卡罗方法及其应用

计算工具与计算方法的进步已经大大地增强了我们解决复杂问题的能力. 这种进步也扩展了许多已有计量经济方法和统计方法的应用. 统计中这种进步的例子包括马尔可夫链蒙特卡罗方法 (MCMC) 和数据扩展. 有了这些方法, 我们便能够进行一些几年前还不可行的统计推断. 本章引进了金融中广泛使用的 MCMC 方法和数据扩张的思想. 特别地, 我们讨论经由 Gibbs 抽样的贝叶斯推断, 并演示了 MCMC 方法的各种应用. MCMC 方法论的迅速发展不可能涵盖所有在文献中出现的新方法. 感兴趣的读者可以参考一些近期的关于贝叶斯统计和实证贝叶斯统计的书 (例如 Carlin and Louis, 2000; Gelman, Carlin, Stern and Rubin, 2003).

对于应用, 我们把注意力放在与金融计量经济学有关的问题上. 本章中所表述的仅仅是此方法在金融中所有可能应用中的一小部分. 事实上, 公正地说, 我们这里讨论的贝叶斯推断和 MCMC 方法在金融计量经济学的大多数研究 (如果不是全部的话) 中, 都是切实可行的.

首先回顾一下马尔可夫过程 (Markov process) 的概念. 考虑一个随机过程 $\{X_t\}$, 这里假定每个 X_t 都在空间 Θ 上取值. 称过程 $\{X_t\}$ 是一个马尔可夫过程, 如果它具有性质: 给定 X_t 的值, $X_h (h > t)$ 的值不依赖于 $X_s (s < t)$ 的取值. 换句话说, 称 $\{X_t\}$ 是一个马尔可夫过程, 如果它的条件分布函数满足

$$P(X_h | X_s, s \leqslant t) = P(X_h | X_t), \quad h > t.$$

如果 $\{X_t\}$ 是一个离散时间的随机过程, 则前面的性质变为

$$P(X_h | X_t, X_{t-1}, \cdots) = P(X_h | X_t), \quad h > t.$$

令 A 表示 Θ 的子集, 则函数

$$P_t(\boldsymbol{\theta}, h, \boldsymbol{A}) = P(X_h \in \boldsymbol{A} | X_t = \boldsymbol{\theta}), \quad h > t$$

称为马尔可夫过程的转移概率函数. 如果转移概率依赖于 $h - t$, 但是不依赖于 t, 则过程有一个平稳的转移分布.

12.1　马尔可夫链模拟

考虑参数向量为 $\boldsymbol{\theta}$ 和数据为 $\boldsymbol{X}$ 的推断问题, 其中 $\boldsymbol{\theta} \in \Theta$. 为了做出推断, 我们需要知道分布 $P(\boldsymbol{\theta} | \boldsymbol{X})$. 马尔可夫链模拟的思想是在 Θ 上模拟一个马尔可夫过程, 它收敛于平稳转移分布 $P(\boldsymbol{\theta} | \boldsymbol{X})$.

马尔可夫链模拟的关键是构造一个具有指定的平稳转移分布 $P(\boldsymbol{\theta}|\boldsymbol{X})$ 的马尔可夫过程, 并且充分长地运行这个模拟, 使得过程当前值的分布与平稳转移分布足够接近. 对给定的 $P(\boldsymbol{\theta}|\boldsymbol{X})$, 可以证明能够构造许多具有所需性质的马尔可夫链. 我们将利用马尔可夫链模拟来得到分布 $P(\boldsymbol{\theta}|\boldsymbol{X})$ 的方法称为 MCMC 方法.

在统计文献中, MCMC 方法以各种各样的形式发展. 考虑数据分析中的 "缺失值" 问题. 本书中讨论的统计方法都是在 "完全数据"(即没有缺失值) 的假定下发展的. 例如, 在给资产收益率的日波动率建模时, 我们假定样本期间内的收益率数据在所有交易日都可以得到. 如果存在一个缺失值, 那我们应该怎么办呢?

Dempster, Laird 和 Rubin (1977) 提出一个称为 EM 算法的迭代方法来解决这个问题. 这个方法包含两个步骤. 第一个步骤, 如果缺失值可以得到, 则我们能够利用完全数据分析的方法来建立一个波动率模型. 第二个步骤, 给定可以利用的数据及拟合的模型, 我们能够推导出缺失值的统计分布. 填充缺失值的一个简单方法是利用缺失值的导出分布的条件期望. 在实际中, 可以用缺失值的一个任意值来开始这个方法, 且迭代足够多的次数直到收敛. 前面方法中的第一个步骤涉及对一个指定的模型进行最大似然估计, 称为 M 步. 第二个步骤是计算缺失值的条件期望, 称为 E 步.

Tanner 和 Wong (1987) 以两种方式扩展了 EM 算法. 首先, 他们引进了迭代模拟的思想. 例如, 可以简单地利用从缺失值的导出条件分布里抽取的一个随机数来代替缺失值, 而不是用条件期望来代替. 其次, 他们利用数据扩张的概念扩展了 EM 算法的应用. 数据扩张意味着在所研究的问题中加入一个辅助变量. 可以证明许多的模拟方法通常可以通过数据扩张来简单化或加速. 参见本章的最后一节.

12.2 Gibbs 抽样

Geman 和 Geman 夫人 (1984) 以及 Gelfand 和 Smith(1990) 的 Gibbs 抽样(或 Gibbs 样本) 可能是最流行的 MCMC 方法. 我们通过一个带三个参数的简单问题来引进 Gibbs 抽样的思想. 这里所用的单词 "参数" 的意义非常广泛. 在 MCMC 框架下, 一个缺失的数据点就可以当作一个参数. 类似地, 一个不可观测的变量如资产的 "真实" 价格, 在有 N 个交易价格可以得到的情况下, 也可以认为是 N 个参数. "参数" 这个概念与数据扩张是联系在一起的, 这在我们讨论 MCMC 方法的应用时将会变得很清楚.

将这三个参数分别表示为 θ_1, θ_2 和 θ_3. 令 $\boldsymbol{X}$ 表示可用的数据集, M 表示采用的模型. 这里的目标是估计这些参数以便利用拟合的模型做出推断. 假定模型的似然函数很难得到, 但是在给定其他两个参数的条件下, 单个参数的条件分布是可以得到的. 换句话说, 我们假定已知下面的三个条件分布:

$$f_1(\theta_1|\theta_2,\theta_3,\boldsymbol{X},M), \quad f_2(\theta_2|\theta_3,\theta_1,\boldsymbol{X},M), \quad f_3(\theta_3|\theta_1,\theta_2,\boldsymbol{X},M), \tag{12.1}$$

其中 $f_i(\theta_i|\theta_{j\neq i}, \boldsymbol{X}, M)$ 表示给定数据、模型以及其他两个参数的条件下, 参数 θ_i 的条件分布. 应用中, 我们不需要知道条件分布的精确形式. 需要的是从三个条件分布的每一个中抽取随机数的能力.

令 $\theta_{2,0}$ 和 $\theta_{3,0}$ 是 θ_2 和 θ_3 的两个任意的初始值, 则 Gibbs 抽样如下进行:

(1) 从 $f_1(\theta_1|\theta_{2,0}, \theta_{3,0}, \boldsymbol{X}, M)$ 中抽取一个随机样本, 并将抽取的随机数记为 $\theta_{1,1}$;

(2) 从 $f_2(\theta_2|\theta_{3,0}, \theta_{1,1}, \boldsymbol{X}, M)$ 中抽取一个随机样本, 并将抽取的随机数记为 $\theta_{2,1}$;

(3) 从 $f_3(\theta_3|\theta_{1,1}, \theta_{2,1}, \boldsymbol{X}, M)$ 中抽取一个随机样本, 并将抽取的随机数记为 $\theta_{3,1}$.

这就完成了一次 Gibbs 迭代, 且参数变为 $\theta_{1,1}$, $\theta_{2,1}$ 和 $\theta_{3,1}$.

下一步, 利用新参数作为初始值, 重复前面随机抽取的迭代, 我们可以完成另一次 Gibbs 迭代, 并得到更新的参数 $\theta_{1,2}$, $\theta_{2,2}$ 和 $\theta_{3,2}$. 我们可以重复前面的迭代 m 次, 得到一系列的随机抽取:

$$(\theta_{1,1}, \theta_{2,1}, \theta_{3,1}), \cdots, (\theta_{1,m}, \theta_{2,m}, \theta_{3,m}).$$

在一些正则性条件下, 可以证明对一个充分大的 m, $(\theta_{1,m}, \theta_{2,m}, \theta_{3,m})$ 渐近等价于来自于三个参数的联合分布 $f(\theta_1, \theta_2, \theta_3|\boldsymbol{X}, M)$ 的一个随机抽取. 正则性条件是弱的. 它们本质上是要求对一个任意的初始值 $(\theta_{1,0}, \theta_{2,0}, \theta_{3,0})$, 前述的 Gibbs 迭代有机会访问整个参数空间. 真实的收敛定理涉及到利用马尔可夫链的理论. 参见 Tierney (1994).

实际中, 我们利用一个充分大的 n, 并且丢掉 Gibbs 迭代的前 m 个随机抽取, 来建立一个 Gibbs 样本, 即

$$(\theta_{1,m+1}, \theta_{2,m+1}, \theta_{3,m+1}), \cdots, (\theta_{1,n}, \theta_{2,n}, \theta_{3,n}). \tag{12.2}$$

因为前面的迭代建立了一个来自联合分布 $f(\theta_1, \theta_2, \theta_3|\boldsymbol{X}, M)$ 的随机样本, 所以可以利用它们来做出统计推断. 例如, θ_i 的一个点估计及其方差为

$$\hat{\theta}_i = \frac{1}{n-m} \sum_{j=m+1}^{n} \theta_{i,j}, \quad \hat{\sigma}_i^2 = \frac{1}{n-m-1} \sum_{j=m+1}^{n} \left(\theta_{i,j} - \hat{\theta}_i\right)^2. \tag{12.3}$$

(12.2) 式中的 Gibbs 样本可以有许多种使用方法. 例如, 如果对于检验原假设 $H_0 : \theta_1 = \theta_2$ 对备择假设 $H_a : \theta_1 \neq \theta_2$ 感兴趣, 则可以简单地得到 $\theta = \theta_1 - \theta_2$ 的点估计与其方差为

$$\hat{\theta} = \frac{1}{n-m} \sum_{j=m+1}^{n} (\theta_{1,j} - \theta_{2,j}), \quad \hat{\sigma}^2 = \frac{1}{n-m-1} \sum_{j=m+1}^{n} \left(\theta_{1,j} - \theta_{2,j} - \hat{\theta}\right)^2.$$

则原假设可以利用传统的 t- 比统计量 $t = \hat{\theta}/\hat{\sigma}$ 来检验.

注释 1 Gibbs 抽样中被丢掉的前 m 个随机抽取通常称为预烧 (burn-in) 样本. 预烧样本用来保证 (12.2) 式中的 Gibbs 样本确实与来自联合分布 $f(\theta_1, \theta_2, \theta_3|\boldsymbol{X}, M)$ 中的随机样本足够接近. $\qquad\square$

注释 2 前面讨论的方法包含了运行单个长链并在预烧后保留所有随机抽取得到一个 Gibbs 样本. 另一种方法是利用不同的初始值和一个相对小的 n 运行许多相对短的链. 在每条链中, 最后一次 Gibbs 迭代的随机抽取都可以用来建立一个 Gibbs 样本. □

由前面的介绍, Gibbs 抽样具有这样一个优点, 即将一个高维的估计问题利用所有参数的条件分布分解为几个较低维数的问题. 极端地, 一个具有 N 个参数的高维问题可以通过利用 N 个 1 维的条件分布迭代地解决. 这个性质使得 Gibbs 抽样非常简单且广泛应用. 然而, 将所有的随机抽取都简化为 1 维问题通常不是有效的. 当参数高度相关时, 值得将它们联合地抽取. 作为说明, 考虑三个参数的例子. 如果 θ_1 和 θ_2 是高度相关的, 则可以在任何可能的情况下, 采用条件分布 $f(\theta_1, \theta_2 | \theta_3, \boldsymbol{X}, M)$ 和 $f_3(\theta_3 | \theta_1, \theta_2, \boldsymbol{X}, M)$. 这时一次 Gibbs 迭代包含:

(a) 给定 θ_3 的条件下联合抽取 (θ_1, θ_2);

(b) 给定 (θ_1, θ_2) 的条件下抽取 θ_3.

关于参数相关性对 Gibbs 抽样收敛速度的影响, 更多的信息可以参见 Liu, Wong 和 Kong (1994).

在实际中, Gibbs 样本的收敛性是一个重要问题. 理论上仅仅指出当迭代次数 m 充分大时收敛发生, 而没有对 m 的选择提供具体的指导. 许多文献已经建议了多种检验 Gibbs 样本收敛性的方法. 但它们并没有得出关于哪个方法执行得最好的一致结论. 事实上, 没有任何一个可以利用的方法能 100%地保证所研究的 Gibbs 样本对所有的应用都是收敛的. 检验方法的表现通常依赖于所处理的问题. 实际应用中必须要注意这一特点, 以保证没有明显的对收敛性要求的违背. 对收敛性的检验方法参见 Carlin and Louis (2000) 以及 Gelman 等人 (1995). 应用中, 以不同的初始值重复 Gibbs 抽样几次来保证算法收敛是很重要的.

12.3 贝叶斯推断

在 Gibbs 抽样中条件分布起着重要的作用. 在统计文献中, 这些条件分布被称为条件后验分布(conditional posterior distributions). 因为它们是在数据、其他参数和一定的模型给定时参数的分布. 本节将回顾一些在 MCMC 方法中有用的著名的后验分布.

12.3.1 后验分布

有两种统计推断的方法. 第一种方法是基于最大似然原理的经典方法. 此时模型通过最大化数据的似然函数进行估计, 且利用拟合的模型做出推断. 另一种方法是贝叶斯推断, 它将先验的思想与数据结合得到后验分布, 然后基于后验分布进行统计推断. 历史上, 在两类统计推断之间有着激烈的争论, 但经证明两种方法都是有用的, 而且现在都被广泛接受. 到目前为止, 本书讨论的方法都属于经典方法. 然而, 对所考虑的所有问题, 贝叶斯解都是存在的. 近年来随着 MCMC 方法的发展尤其如此, 这是因为 MCMC 方法大大改善了贝叶斯分析的可行性. 读者可以重新回顾一下前几章, 并导出所考虑问题的 MCMC 解. 大多数情形下, 贝叶斯解类似于我们以前已有的结果. 有些情形, 贝叶斯解可能优于其他解. 例如, 考虑第 7 章中 VaR 的计算, 贝叶斯解可以很容易地将 VaR 计算中参数的不确定性考虑在内. 然而, 这种方法要求大强度的计算.

令 $\boldsymbol{\theta}$ 为所采用模型的未知参数向量, $\boldsymbol{X}$ 是数据. 贝叶斯分析寻求将关于参数的已获信息与数据相结合来做出推断. 参数的已获信息通过对参数预先指定一个先验分布表示, 记为 $P(\boldsymbol{\theta})$. 对一个给定的模型, 用 $f(\boldsymbol{X}|\boldsymbol{\theta})$ 表示数据的似然函数. 由条件概率的定义,

$$f(\boldsymbol{\theta}|\boldsymbol{X}) = \frac{f(\boldsymbol{\theta}, \boldsymbol{X})}{f(\boldsymbol{X})} = \frac{f(\boldsymbol{X}|\boldsymbol{\theta})P(\boldsymbol{\theta})}{f(\boldsymbol{X})}, \tag{12.4}$$

这里边际分布可以通过下式得到

$$f(\boldsymbol{X}) = \int f(\boldsymbol{X}, \boldsymbol{\theta})\mathrm{d}\boldsymbol{\theta} = \int f(\boldsymbol{X}|\boldsymbol{\theta})P(\boldsymbol{\theta})\mathrm{d}\boldsymbol{\theta}.$$

(12.4) 式中的分布 $f(\boldsymbol{\theta}|\boldsymbol{X})$ 称为 $\boldsymbol{\theta}$ 的后验分布(posterior distribution). 一般来讲, 我们可以利用贝叶斯准则得到

$$f(\boldsymbol{\theta}|\boldsymbol{X}) \propto f(\boldsymbol{X}|\boldsymbol{\theta})P(\boldsymbol{\theta}), \tag{12.5}$$

其中 $P(\boldsymbol{\theta})$ 是先验分布, $f(\boldsymbol{X}|\boldsymbol{\theta})$ 是似然函数. 由 (12.5) 式, 基于似然函数 $f(\boldsymbol{X}|\boldsymbol{\theta})$ 作出统计推断相当于利用具有固定先验分布的贝叶斯方法.

12.3.2 共轭先验分布

一般来讲, 得到 (12.4) 式中的后验分布并不是一件简单的事, 但是也有先验分布与后验分布属于同一分布族的情形. 此类先验分布称为共轭 (conjugate) 先验分布. 对 MCMC 方法, 使用共轭先验意味着可以得到条件后验分布的一个闭型解, 然后则可以利用通常的概率分布的计算路线得到 Gibbs 样本的随机抽取. 下面, 我们回顾一些著名的共轭先验分布. 更多的信息, 读者可以参考有关贝叶斯统计的书 (如 DeGroot 1990, 第 9 章).

结果 12.1 假定 $x_1, \cdots, x_n$ 是从均值为 μ(未知)、方差为 σ^2(已知且为正数) 的正态分布中抽取的一个随机样本. 并假定 μ 的先验分布是均值为 μ_o、方差为 σ_o^2 的正态分布, 则给定数据和先验分布的条件下, μ 的后验分布是均值为 μ_*、方差为 σ_*^2 的正态分布, μ_* 和 σ_*^2 由下式给出:

$$\mu_* = \frac{\sigma^2\mu_o + n\sigma_o^2\bar{x}}{\sigma^2 + n\sigma_o^2}, \quad \sigma_*^2 = \frac{\sigma^2\sigma_o^2}{\sigma^2 + n\sigma_o^2},$$

其中 $\bar{x} = \sum\limits_{i=1}^{n} x_i/n$ 是样本均值.

在贝叶斯分析中, 为方便通常使用精度参数 $\eta = 1/\sigma^2$(即方差 σ^2 的逆). 将先验分布的精度参数表示为 $\eta_o = 1/\sigma_o^2$, 后验分布的精度参数表示为 $\eta_* = 1/\sigma_*^2$, 则结果 12.1 可以改写为

$$\eta_* = \eta_o + n\eta, \quad \mu_* = \frac{\eta_o}{\eta_*} \times \mu_o + \frac{n\eta}{\eta_*} \times \bar{x}.$$

对所考虑的正态随机样本, 关于 μ 的数据信息包含进了样本均值 $\bar{x}$, 它是 μ 的充分统计量. $\bar{x}$ 的精度为 $n/\sigma^2 = n\eta$, 因此, 结果 1 说明 (a) 后验分布的精度为先验分布的精度和数据的精度之和; (b) 后验均值是先验均值和样本均值的加权平均, 权重与精度成正比. 这两个公式也说明了当样本量 n 增加时, 先验分布的贡献将降低.

涉及线性回归模型时, 结果 1 的一个多元形式在 MCMC 方法中特别有用. 参见 Box and Tiao (1973).

结果 12.1a 假定 $x_1, \cdots, x_n$ 是来自均值向量为 μ、已知协方差矩阵为 Σ 的多元正态分布的随机样本. 又假定 μ 的先验分布是均值向量为 μ_o、协方差矩阵为 Σ_o 的多元正态分布. 则 μ 的后验分布也是多元正态的, 其均值向量为 μ_*、协方差矩阵为 Σ_*, 且

$$\Sigma_*^{-1} = \Sigma_o^{-1} + n\Sigma^{-1}, \quad \mu_* = \Sigma_*(\Sigma_o^{-1}\mu_o + n\Sigma^{-1}\bar{x}),$$

其中 $\bar{x} = \sum\limits_{i=1}^{n} x_i/n$ 是样本均值且服从均值为 μ、协方差矩阵为 Σ/n 的多元正态. 值得注意的是, $n\Sigma^{-1}$ 是 $\bar{x}$ 的精度矩阵, 且 Σ_o^{-1} 是先验分布的精度矩阵.

称一个随机变量 η 服从具有正参数 α 和 β 的伽玛分布, 如果它的概率密度函数为

$$f(\eta|\alpha,\beta) = \frac{\beta^\alpha}{\Gamma(\alpha)}\eta^{\alpha-1}\mathrm{e}^{-\beta\eta}, \quad \eta > 0,$$

这里 $\Gamma(\alpha)$ 为伽马函数. 对于这个分布, $E(\eta) = \alpha/\beta$, $\mathrm{var}(\eta) = \alpha/\beta^2$.

结果 12.2 假定 $x_1, \cdots, x_n$ 是来自给定均值为 μ、未知精度为 η 的正态分布的随机样本. 如果 η 的先验分布是具有正参数 α 和 β 的伽玛分布, 则 η 的后验分布也是伽玛分布, 其参数分别为 $\alpha + (n/2)$ 和 $\beta + \sum\limits_{i=1}^{n}(x_i - \mu)^2/2$.

称一个随机变量 θ 服从具有正参数 α 和 β 的贝塔分布, 如果它的概率密度函数为

$$f(\theta|\alpha,\beta) = \frac{\Gamma(\alpha+\beta)}{\Gamma(\alpha)\Gamma(\beta)}\theta^{\alpha-1}(1-\theta)^{\beta-1}, \quad 0 < \theta < 1.$$

θ的均值为 $E(\theta) = \alpha/(\alpha+\beta)$, 方差为 $\mathrm{Var}(\theta) = \alpha\beta/[(\alpha+\beta)^2(\alpha+\beta+1)]$.

结果 12.3 假定 $x_1, \cdots, x_n$ 是来自参数为 θ 的伯努利分布的随机样本. 如果 θ 的先验分布是具有给定正参数 α 和 β 的贝塔分布, 则 θ 的后验分布也是贝塔分布, 参数分别为 $\alpha + \sum\limits_{i=1}^{n} x_i$ 和 $\beta + n - \sum\limits_{i=1}^{n} x_i$.

结果 12.4 假定 $x_1, \cdots, x_n$ 是来自参数为 λ 的普哇松分布中抽取的随机样本. 又假定 λ 的先验分布是具有给定的正参数 α 和 β 的伽玛分布, 则 λ 的后验分布也是伽玛分布, 参数为 $\alpha + \sum\limits_{i=1}^{n} x_i$ 和 $\beta + n$.

结果 12.5 假定 $x_1, \cdots, x_n$ 是来自参数为 λ 的指数分布的随机样本. 如果 λ 的先验分布是具有给定正参数 α 和 β 的伽玛分布, 则 λ 的后验分布也是伽玛分布, 参数分别为 $\alpha + n$ 和 $\beta + \sum\limits_{i=1}^{n} x_i$.

称一个随机变量 X 服从参数为 m 和 λ 的负二项分布, 这里 $m > 0, 0 < \lambda < 1$, 如果它的概率函数为

$$p(n|m,\lambda) = \begin{cases} \dbinom{m+n-1}{n} \lambda^m (1-\lambda)^n, & \text{若 } n = 0, 1, \cdots, \\ 0, & \text{其他}. \end{cases}$$

金融中负二项分布的一个简单例子是: 假定应聘者是独立的并且每个应聘者是最好人选的概率为 λ, 问在一个公司发现对它的 m 个空缺的 m 个 "恰当的候选人" 以前需要面试多少个 MBA 毕业生? 用 Y 表示全部应聘者的数量, 则 $X = Y - m$ 服从参数为 m 和 λ 的负二项分布.

结果 12.6 假定 $x_1, \cdots, x_n$ 是来自参数为 m 和 λ 的负二项分布的随机样本, 这里 m 是正的, 而且是固定的. 如果 λ 的先验分布是具有给定的正参数 α 和 β 的贝塔分布, 则 λ 的后验分布也是贝塔分布, 参数分别为 $\alpha + mn$ 和 $\beta + \sum\limits_{i=1}^{n} x_i$.

下面我们考虑具有未知均值 μ 和未知精度 η 的正态分布的情形. 二维的先验分布分解为 $P(\mu, \eta) = P(\mu|\eta)P(\eta)$.

结果 12.7 假定 $x_1, \cdots, x_n$ 是来自未知均值为 μ 和未知精度为 η 的正态分布的随机样本. 又假定给定 $\eta = \eta_o$ 下, μ 的条件分布是均值为 μ_o、精度为 $\tau_o \eta_o$ 的正态分布, 而且 η 的边际分布是具有正参数 α 和 β 的伽玛分布, 则给定 $\eta = \eta_o$ 的条件下, μ 的条件后验分布是均值为 μ_*、精度为 η_* 的正态分布, 且

$$\mu_* = \frac{\tau_o \mu_o + n\bar{x}}{\tau_o + n}, \quad \eta_* = (\tau_o + n)\eta_o,$$

其中 $\bar{x} = \sum\limits_{i=1}^{n} x_i / n$ 是样本均值, 且 η 的边际后验分布是参数为 $\alpha + (n/2)$ 和 β_* 的伽玛分布, 其中

$$\beta_* = \beta + \frac{1}{2}\sum_{i=1}^{n}(x_i - \bar{x})^2 + \frac{\tau_o n(\bar{x} - \mu_o)^2}{2(\tau_o + n)}.$$

当对随机变量的条件方差感兴趣时, 通常使用逆卡方分布 (或逆 χ^2). 称随机变量 Y 服从自由度为 v 的逆 χ^2 分布, 如果 $1/Y$ 服从自由度为 v 的 χ^2 分布. Y 的概率密度函数为

$$f(y|v) = \frac{2^{-v/2}}{\Gamma(v/2)}y^{-(v/2+1)}\mathrm{e}^{-1/(2y)}, \quad y > 0.$$

对于这个分布, 我们有: 如果 $v > 2$, 则 $E(Y) = 1/(v-2)$; 如果 $v > 4$, 则 $\mathrm{Var}(Y) = 2/[(v-2)^2(v-4)]$.

结果 12.8 假定 $a_1, \cdots, a_n$ 是来自均值为 0、方差为 σ^2 的正态分布的随机样本. 又假定 σ^2 的先验分布是自由度为 v 的逆 χ^2 分布 [即, $(v\lambda)/\sigma^2 \sim \chi_v^2$, 其中 $\lambda > 0$], 则 σ^2 的后验分布也是逆 χ^2 分布, 其自由度为 $v+n$, 即 $(v\lambda + \sum_{i=1}^{n}a_i^2)/\sigma^2 \sim \chi_{v+n}^2$.

12.4 其 他 算 法

在许多应用中, 条件后验分布没有闭型解. 但是某些统计文献已经提出了许多好的算法来克服这个困难. 本节将讨论一些这样的算法.

12.4.1 Metropolis 算法

当条件后验分布已知并且不是标准化的常数时, Metropolis 算法是可行的. 参见 Metropolis 和 Ulam (1949) 以及 Metropolis 等人 (1953). 假设我们希望从分布 $f(\theta|X)$ 中抽取一个随机样本. 然而它包含了一个复杂的标准化常数, 直接抽取要么太浪费时间, 要么不可行. 值得庆幸的是, 存在一个近似分布, 利用它可以很容易地得到随机抽取. Metropolis 算法就是从近似分布中产生一系列的随机抽取, 且其分布函数收敛到 $f(\theta|X)$. 此算法如下进行:

(1) 抽取一个随机的初始值 θ_0, 满足 $f(\theta_0|X) > 0$.

(2) 对 $t = 1, 2, \cdots$,

    a. 第 t 次迭代时, 在给定前面的抽取 θ_{t-1} 下, 从已知分布中抽取一个候选样本 θ_*. 用 $J_t(\theta_t|\theta_{t-1})$ 表示已知分布. 在 Gelman 等人 (1995) 中称此分布为跳跃分布(jumping distribution), 也可以称做建议分布. 这个跳跃分布一定是对称的, 即对于所有的 θ_i, θ_j 和 t, 有 $J_t(\theta_i|\theta_j) = J_t(\theta_j|\theta_i)$.

    b. 计算比率

$$r = \frac{f(\theta_*|X)}{f(\theta_{t-1}|X)}.$$

    c. 设定

$$\boldsymbol{\theta}_t = \begin{cases} \boldsymbol{\theta}_*, & \text{以概率} \min(r,1), \\ \boldsymbol{\theta}_{t-1}, & \text{其他}. \end{cases}$$

在一些正则性条件下, 序列 $\{\boldsymbol{\theta}_t\}$ 依分布收敛到 $f(\boldsymbol{\theta}|\boldsymbol{X})$. 参见 Gelman 等人 (2003).

算法的实施要求对所有的 $\boldsymbol{\theta}_*$ 和 $\boldsymbol{\theta}_{t-1}$ 计算比率 Y, 从跳跃分布中抽取 $\boldsymbol{\theta}_*$, 并从均匀分布中抽取一个随机实现以决定接受或者拒绝 $\boldsymbol{\theta}_*$. 不需要 $f(\boldsymbol{\theta}|\boldsymbol{X})$ 的标准化常数, 因为这里只利用比率.

此算法的接受和拒绝准则可以陈述如下: (i) 如果从 $\boldsymbol{\theta}_{t-1}$ 到 $\boldsymbol{\theta}_*$ 的跳跃增加了条件后验密度, 则接受 $\boldsymbol{\theta}_*$ 作为 $\boldsymbol{\theta}_t$; (ii) 如果这个跳跃降低了密度, 则以等于密度比 r 的概率设定 $\boldsymbol{\theta}_t = \boldsymbol{\theta}_*$, 否则设定 $\boldsymbol{\theta}_t = \boldsymbol{\theta}_{t-1}$. 这个程序看上去是合理的.

对称跳跃分布的例子包括均值参数的正态分布和学生− t 分布. 对给定的协方差矩阵, 我们有 $f(\boldsymbol{\theta}_i|\boldsymbol{\theta}_j) = f(\boldsymbol{\theta}_j|\boldsymbol{\theta}_i)$, 其中 $f(\boldsymbol{\theta}|\boldsymbol{\theta}_0)$ 表示均值向量为 $\boldsymbol{\theta}_0$ 的多元正态密度函数.

12.4.2 Metropolis-Hasting 算法

Hasting(1970) 通过两种方式推广了 Metropolis 算法. 首先, 跳跃分布没有必要一定是对称的. 其次, 跳跃准则修正为

$$r = \frac{f(\boldsymbol{\theta}_*|\boldsymbol{X})/J_t(\boldsymbol{\theta}_*|\boldsymbol{\theta}_{t-1})}{f(\boldsymbol{\theta}_{t-1}|\boldsymbol{X})/J_t(\boldsymbol{\theta}_{t-1}|\boldsymbol{\theta}_*)} = \frac{f(\boldsymbol{\theta}_*|\boldsymbol{X})J_t(\boldsymbol{\theta}_{t-1}|\boldsymbol{\theta}_*)}{f(\boldsymbol{\theta}_{t-1}|\boldsymbol{X})J_t(\boldsymbol{\theta}_*|\boldsymbol{\theta}_{t-1})}.$$

这个修正的算法称为 Metropolis - Hasting 算法. Tierney(1994) 探讨了提高该算法计算效率的方法.

12.4.3 格子 Gibbs 抽样

在金融应用中, 所采用的模型可能包含一些非线性参数 (如: ARMA 模型中的滑动平均参数或波动率模型中的 GARCH 参数). 因为非线性参数的条件后验分布没有闭型表示, 所以在这种情形下执行 Gibbs 抽样可能将变得复杂, 即使对 Metropolis - Hasting 算法也是如此. 当条件后验分布是 1 维时, Tanner(1996) 给出了一个简单程序来得到 Gibbs 抽样中的随机抽取. 这个方法称为格子 Gibbs 抽样(Griddy Gibbs sampler) 且应用广泛. 然而, 在实际应用中此方法可能并不有效.

令 θ_i 表示具有条件后验分布 $f(\theta_i|\boldsymbol{X},\boldsymbol{\theta}_{-i})$ 的纯量参数, 其中 $\boldsymbol{\theta}_{-i}$ 是剔除 θ_i 之后的参数向量. 例如, 如果 $\boldsymbol{\theta} = (\theta_1,\theta_2,\theta_3)'$, 则 $\boldsymbol{\theta}_{-1} = (\theta_2,\theta_3)'$. 格子 Gibbs 抽样进行如下:

(1) 从 θ_i 的一个恰当选择的区间上选择格子点, 记为 $\theta_{i1} \leqslant \theta_{i2} \leqslant \cdots \leqslant \theta_{im}$. 估计条件后验密度函数, 得到 $w_j = f(\theta_{ij}|\boldsymbol{X},\boldsymbol{\theta}_{-i}), \quad j=1,\cdots,m$;

(2) 利用 $w_1,\cdots,w_m$ 得到 $f(\theta_i|\boldsymbol{X},\boldsymbol{\theta}_{-i})$ 逆累积分布函数的一个近似;

(3) 抽取一个均匀 $(0, 1)$ 随机变量, 并通过近似的逆累积分布函数对这个观测进行变换, 得到 θ_i 的一个随机抽取.

下面依次给出关于格子 Gibbs 抽样的一些注释. 首先, 并不需要条件后验分布 $f(\theta_i|\boldsymbol{X}, \boldsymbol{\theta}_{-i})$ 的标准化常数, 因为, 逆累积分布函数可以从 $\{w_j\}_{j=1}^m$ 直接得到. 其次, 逆累积分布函数的一个简单近似是 $\{\theta_{ij}\}_{j=1}^m$ 的离散分布, 概率为 $p(\theta_{ij}) = w_j / \sum_{v=1}^m w_v$. 最后, 在实际应用中, 参数 θ_i 的区间 $[\theta_{i1}, \theta_{im}]$ 的选择必须仔细检验. 一个简单的检验程序是考虑 θ_i 的 Gibbs 抽样的直方图. 如果该直方图显示 θ_{i1} 或 θ_{im} 周围的概率较大, 则必须扩展此区间. 然而如果该直方图显示概率集中在区间 $[\theta_{i1}, \theta_{im}]$ 内, 则此区间太宽了, 应缩短. 如果区间太宽, 则格子 Gibbs 抽样变得不是很有效, 这是因为此时大多数 w_j 将是 0. 最后, 格子 Gibbs 或 Metropolis-Hasting 算法可以用于 Gibbs 抽样以得到一些参数的随机抽取.

12.5　带时间序列误差的线性回归

我们准备考虑 MCMC 方法的一些具体应用. 下面几节中讨论的例子只是为了说明这些具体应用. 这里的目标是强调所用方法的应用性和实用性. 弄懂这些例子有助于读者深入了解 MCMC 方法在金融中的应用.

第一个例子是估计一个带序列相关误差的回归模型. 这是第 2 章中讨论的一个主题, 那里我们用 SCA 进行估计. 该模型的一个简单形式为

$$y_t = \beta_0 + \beta_1 x_{1t} + \cdots + \beta_k x_{kt} + z_t,$$
$$z_t = \phi z_{t-1} + a_t,$$

其中 y_t 是响应变量; x_{it} 是解释变量, 它可能包含 y_t 的延迟值; z_t 服从简单的 AR(1) 模型, 且 $\{a_t\}$ 是独立同分布的正态随机变量序列, 均值为 0、方差 σ^2. 用 $\boldsymbol{\theta} = (\boldsymbol{\beta}', \phi, \sigma^2)'$ 表示这个模型的参数, 其中 $\boldsymbol{\beta} = (\beta_0, \beta_1, \cdots \beta_k)'$, 令 $\boldsymbol{x}_t = (1, x_{1t}, \cdots, x_{kt})'$ 为时刻 t 所有回归因子组成的向量, 包括一个单位常数. 模型变为

$$y_t = \boldsymbol{x}_t' \boldsymbol{\beta} + z_t, \quad z_t = \phi z_{t-1} + a_t, \quad t = 1, \cdots, n, \tag{12.6}$$

其中 n 为样本容量.

这种情形下进行 Gibbs 抽样的一个自然方法是在回归估计和时间序列估计之间进行迭代. 如果已知这个时间序列模型, 则我们可以利用最小二乘方法很容易地估计回归模型. 然而, 如果回归模型是已知的, 则我们可以利用 $z_t = y_t - \boldsymbol{x}_t'\boldsymbol{\beta}$ 得到时间序列 z_t, 并利用这个序列估计 AR(1) 模型. 因此, 我们需要下面的条件后验分布:

$$f(\boldsymbol{\beta}|\boldsymbol{Y}, \boldsymbol{X}, \phi, \sigma^2), \quad f(\phi|\boldsymbol{Y}, \boldsymbol{X}, \boldsymbol{\beta}, \sigma^2), \quad f(\sigma^2|\boldsymbol{Y}, \boldsymbol{X}, \boldsymbol{\beta}, \phi),$$

其中 $\boldsymbol{Y} = (y_1, \cdots, y_n)'$, $\boldsymbol{X}$ 表示解释变量所有观测值的集合.

我们利用共轭先验分布得到条件后验分布的一个闭型表达. 先验分布为

$$\boldsymbol{\beta} \sim N(\boldsymbol{\beta}_o, \boldsymbol{\Sigma}_o), \quad \phi \sim N(\phi_o, \sigma_o^2), \quad \frac{v\lambda}{\sigma^2} \sim \chi_v^2, \tag{12.7}$$

这里 $\sim$ 表示分布, $\boldsymbol{\beta}_o$, $\boldsymbol{\Sigma}_o$, λ, v, ϕ_o 和 σ_o^2 是已知量. 在贝叶斯推断中, 这些量称为超参数 (hyperparameters). 它们的精确值依赖于要处理的问题. 典型地, 我们假定 $\boldsymbol{\beta}_o = \mathbf{0}$, $\phi_o = 0$, 且 $\boldsymbol{\Sigma}_o$ 表示具有很大对角元素的对角阵. 同时假定 (12.7) 式中的先验分布相互独立. 因此, 我们可以使用基于参数向量 $\boldsymbol{\theta}$ 的分解的独立先验分布.

条件后验分布 $f(\boldsymbol{\beta}|\boldsymbol{Y}, \boldsymbol{X}, \phi, \sigma^2)$ 可以通过 12.3 节的结果 12.1a 得到. 具体来讲, 给定 ϕ, 我们定义

$$y_{o,t} = y_t - \phi y_{t-1}, \quad \boldsymbol{x}_{o,t} = \boldsymbol{x}_t - \phi \boldsymbol{x}_{t-1}.$$

利用 (12.6) 式, 我们有

$$y_{o,t} = \boldsymbol{\beta}' \boldsymbol{x}_{o,t} + a_t, \quad t = 2, \cdots, n. \tag{12.8}$$

在 $\{a_t\}$ 的假定下, (12.8) 式是一个多元线性回归. 因此, 关于参数向量 $\boldsymbol{\beta}$ 的数据信息包含在它的最小二乘估计

$$\hat{\boldsymbol{\beta}} = \left(\sum_{t=2}^n \boldsymbol{x}_{o,t} \boldsymbol{x}_{o,t}' \right)^{-1} \left(\sum_{t=2}^n \boldsymbol{x}_{o,t} y_{o,t} \right)$$

中, 且这个最小二乘估计具有多元正态分布

$$\hat{\boldsymbol{\beta}} \sim N\left[\boldsymbol{\beta}, \sigma^2 \left(\sum_{t=2}^n \boldsymbol{x}_{o,t} \boldsymbol{x}_{o,t}' \right)^{-1} \right].$$

利用结果 12.1a, 给定数据、ϕ 以及 σ^2 的条件下, $\boldsymbol{\beta}$ 的后验分布是多元正态的. 我们将结果写为

$$(\boldsymbol{\beta}|\boldsymbol{Y}, \boldsymbol{X}, \phi, \sigma) \sim N(\boldsymbol{\beta}_*, \boldsymbol{\Sigma}_*), \tag{12.9}$$

其中参数由下式给出

$$\boldsymbol{\Sigma}_*^{-1} = \frac{\sum_{t=2}^n \boldsymbol{x}_{o,t} \boldsymbol{x}_{o,t}'}{\sigma^2} + \boldsymbol{\Sigma}_o^{-1}, \quad \boldsymbol{\beta}_* = \boldsymbol{\Sigma}_* \left(\frac{\sum_{t=2}^n \boldsymbol{x}_{o,t} \boldsymbol{x}_{o,t}'}{\sigma^2} \hat{\boldsymbol{\beta}} + \boldsymbol{\Sigma}_o^{-1} \boldsymbol{\beta}_0 \right).$$

下面考虑给定 $\boldsymbol{\beta}$, σ^2 和数据条件下, ϕ 的条件后验分布. 因为 $\boldsymbol{\beta}$ 给定, 所以对所有的 t, 可以计算 $z_t = y_t - \boldsymbol{\beta}' \boldsymbol{x}_t$. 考虑 AR(1) 模型

$$z_t = \phi z_{t-1} + a_t, \quad t = 2, \cdots, n.$$

有关 ϕ 的似然函数信息包含在最小二乘估计

$$\hat{\phi} = \left(\sum_{t=2}^{n} z_{t-1}^2\right)^{-1} \left(\sum_{t=2}^{n} z_{t-1} z_t\right)$$

中, 它服从均值为 ϕ、方差 $\sigma^2 \left(\sum_{t=2}^{n} z_{t-1}^2\right)^{-1}$ 的正态分布. 根据结果 1, ϕ 的后验分布也是正态分布, 且其均值为 ϕ_*、差为 σ_*^2, 其中

$$\sigma_*^{-2} = \frac{\sum_{t=2}^{n} z_{t-1}^2}{\sigma^2} + \sigma_o^{-2} \quad , \quad \phi_* = \sigma_*^2 \left(\frac{\sum_{t=2}^{n} z_{t-1}^2}{\sigma^2} \hat{\phi} + \sigma_o^{-2} \phi_o\right) \tag{12.10}$$

最后, 考虑给定 $\boldsymbol{\beta}, \phi$ 和数据的条件下, σ^2 的后验分布. 因为 $\boldsymbol{\beta}$ 和 ϕ 已知, 我们可以计算

$$a_t = z_t - \phi z_{t-1}, \quad z_t = y_t - \boldsymbol{\beta}' \boldsymbol{x}_t, \quad t = 2, \cdots, n.$$

由 12.3 节的结果 12.8, σ^2 的后验分布是逆 χ^2 分布, 即

$$\frac{v\lambda + \sum_{t=2}^{n} a_t^2}{\sigma^2} \sim \chi_{v+(n-1)}^2, \tag{12.11}$$

其中 χ_k^2 表示自由度为 k 的 χ^2 分布.

利用 (12.9)~(12.11) 式的三个条件后验分布, 我们可以通过 Gibbs 抽样估计 (12.6) 式, 步骤如下:

(1) 在 (12.7) 式中指定先验分布的超参数值;

(2) 指定 $\boldsymbol{\beta}, \phi$ 和 σ^2 的任意初始值 (如不带时间序列误差的 $\boldsymbol{\beta}$ 的普通最小二乘估计);

(3) 利用 (12.9) 式的多元正态分布抽取 $\boldsymbol{\beta}$ 的一个随机实现;

(4) 利用 (12.10) 式的多元正态分布抽取 ϕ 的一个随机实现;

(5) 利用 (12.11) 式的多元 χ^2 分布抽取 σ^2 的一个随机实现.

重复步骤 3~5 许多次迭代, 得到 Gibbs 样本. 然后利用样本均值作为模型 (12.6) 中参数的点估计.

例 12.1 为了进一步说明, 重温第 2 章中关于美国周利率的例子. 数据是从 1962 年 1 月 5 日到 1999 年 9 月 10 日的固定期限为 1 年和 3 年的国库券利率, 且其来自于圣·路易斯联邦储备银行. 因为单位根非平稳性, 故独立和不独立的变量为

(1) $c_{3t} = r_{3t} - r_{3,t-1}$, 为 3 年期利率的周变化;

(2) $c_{1t} = r_{1t} - r_{1,t-1}$, 为 1 年期利率的周变化,

这里原始的利率 r_{it} 以百分比度量. 在第 2 章中, 我们对数据采用了一个带 MA(1) 误差的线性回归模型. 这里我们考虑误差过程为 AR(2) 的模型. 利用传统方法, 我们得到模型:

$$c_{3t} = 0.782 c_{1t} + z_t, \quad z_t = 0.183 z_{t-1} - 0.036 z_{t-2} + a_t, \tag{12.12}$$

其中 $\hat{\sigma}_a = 0.086$. (12.12) 式中系数估计的标准误差分别为 $0.0075, 0.0201$ 和 0.0201.

除了残差 ACF 在延迟 6 处的边际显著外, 前面的模型看上去是充分的.

将模型写为

$$c_{3t} = \beta c_{1t} + z_t, \quad z_t = \phi_1 z_{t-1} + \phi_2 z_{t-2} + a_t, \tag{12.13}$$

其中 $\{a_t\}$ 是独立的且服从 $N(0, \sigma^2)$ 的随机变量序列, 我们通过 Gibbs 抽样估计参数. 前面使用的分布为

$$\boldsymbol{\beta} \sim N(0, 4), \quad \boldsymbol{\phi} \sim N[\mathbf{0}, \mathrm{diag}(0.25, 0.16)], \quad (v\lambda)/\sigma^2 = (10 \times 0.05)/\sigma^2 \sim \chi_{10}^2,$$

这里 $\boldsymbol{I}_2$ 是 2×2 单位矩阵. 初始参数估计是通过 OLS 方法得到的 (即利用一个两步程序, 先拟合一个线性回归模型, 然后对回归残差拟合一个 AR(2) 模型). 因为样本量 1 966 很大, 所以初始估计接近于 (12.12) 式给出的结果. 我们重复 Gibbs 抽样迭代 2 100 次, 但抛弃前 100 个迭代结果. 表 12-1 给出了参数的后验均值和标准误差. 图显示抽取是稳定的. 图 12-2 给出了每个参数的边际后验分布的直方图.

我们以不同的初始值重复 Gibbs 抽样, 都得到相似的结果. Gibbs 抽样看上去是收敛的. 由表 12-1, 后验均值都接近于 (12.12) 式的估计. 在抽样量较大且模型相对简单时, 这是期望看到的结果.

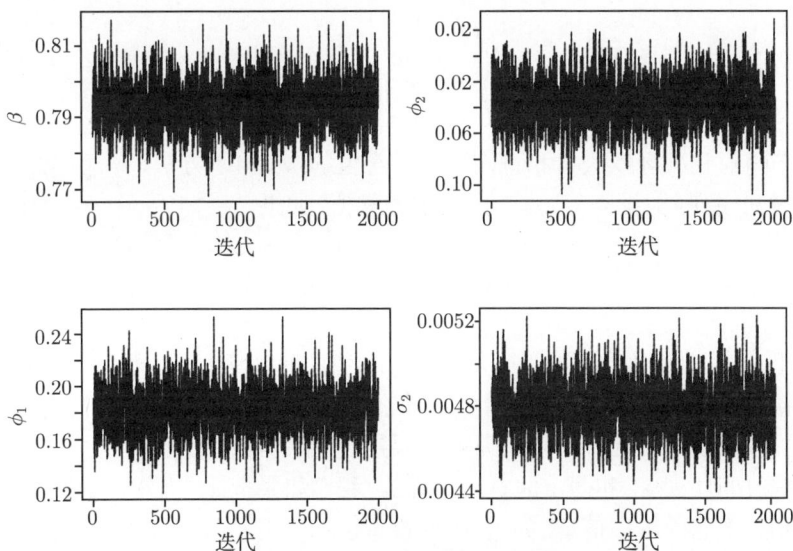

图 12-1 模型 (12.13) 的 2100 次迭代的 Gibbs 抽样直方图. 结果基于后 2000 个迭代, 先验分布和初始参数值在前文中已给出

表 12-1 用 2 100 次迭代的 Gibbs 抽样来估计的模型 (12.13) 的后验均值和标准误差 [a]

参数	β	ϕ_1	ϕ_2	σ^2
均值	0.793	0.184	-0.036	0.00479
标准误差	0.008	0.019	0.021	0.00013

[a] 结果基于后 2000 个迭代, 先验分布已在文中给出.

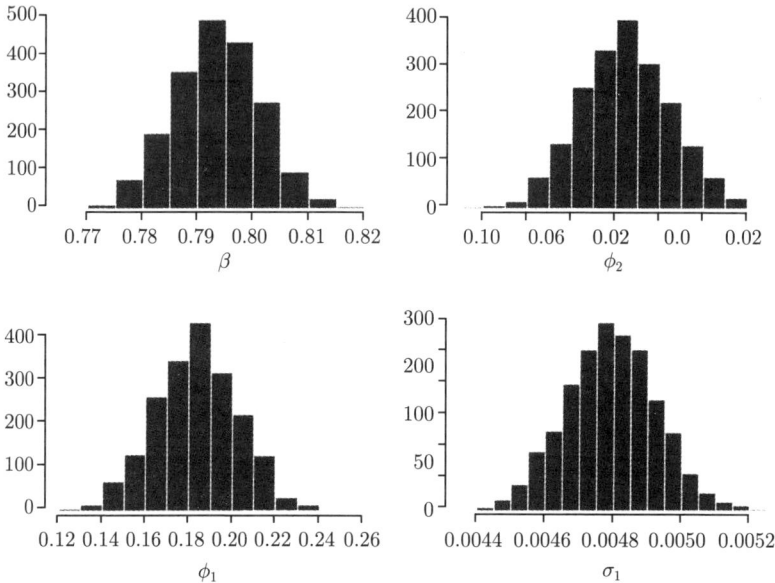

图 12-2　模型 (12.13) 的 2100 次迭代的 Gibbs 抽样柱状图. 结果基于后 2000 个迭代, 先验分布和初始参数值在前文中已给出

12.6　缺失值和异常值

本节将讨论处理缺失值和识别可加异常值的 MCMC 方法. 令 $\{y_t\}_{t=1}^n$ 表示观测到的时间序列. 数据点 y_h 是一个可加异常值, 如果

$$y_t = \begin{cases} x_h + \omega, & \text{若} t = h, \\ x_t, & \text{其他}. \end{cases} \tag{12.14}$$

这里 ω 是异常值的大小, x_t 是没有异常值的时间序列. 可加异常值的例子包括记录误差 (如打字误差和测量误差). 异常值可以严重地影响时间序列分析, 因为它们可以导致参数估计中的较大偏差, 并导致模型的错误指定.

考虑时间序列 x_t 和固定的时间指标 h. 我们如果把 x_h 当作一个缺失值, 则可以了解到关于它的很多信息. 如果 x_t 的模型已知, 则给定序列的其他值, 我们可以推导出 x_h 的条件分布. 把观测到的值 y_h 与 x_h 的导出分布相比较, 可以决定 y_h 是否可以归为可加异常值. 具体来讲, 如果 y_h 是一个很有可能在导出分布下发生的值, 则 y_h 不是一个可加异常值. 然而, 如果在导出分布下观测到 y_h 的机会很小, 则 y_h 可以归类为一个可加异常值. 因此, 时间序列分析中异常值的识别与缺失值的处理基于同样的思想.

文献中, 时间序列的缺失值可以利用 Kalman 滤波或 MCMC 方法处理. 参见 Jones (1980) 第 11 章以及 McCulloch and Tsay (1994a). 异常值识别也被仔细研究过. 参见 Chang, Tiao and Chen (1988), Tsay(1988), Tsay, Pena and Pankratz(2000) 及其参考文献. 异常值可以按它们对时间序列影响的性质分为四类. 这里我们集中讨论可加异常值.

12.6.1 缺失值

为了表示方便, 考虑 AR(p) 时间序列

$$x_t = \phi_1 x_{t-1} + \cdots + \phi_p x_{t-p} + a_t, \tag{12.15}$$

其中 $\{a_t\}$ 是均值为 0、方差为 σ^2 的高斯白噪声序列. 假定样本区间是从 $t=1$ 到 $t=n$, 但是观测 x_h 是缺失的, 这里 $1 < h < n$. 我们的目标是在出现缺失值时估计模型.

在这个特例中, 参数为 $\boldsymbol{\theta} = (\boldsymbol{\phi}', x_h, \sigma^2)'$, 其中 $\boldsymbol{\phi} = (\phi_1, \cdots, \phi_p)'$. 这样, 我们将缺失值 x_h 看做一个未知参数. 如果我们假定先验分布为

$$\boldsymbol{\phi} \sim N(\boldsymbol{\phi}_o, \boldsymbol{\Sigma}_o), \quad x_h \sim N(\mu_o, \Sigma_o^2), \quad \frac{v\lambda}{\sigma^2} \sim \chi_v^2.$$

其中超参数是已知的, 则条件后验分布 $f(\boldsymbol{\phi}|\boldsymbol{X}, x_h, \sigma^2)$ 和 $f(\sigma^2|\boldsymbol{X}, x_h, \boldsymbol{\phi})$ 正好是 12.5 节中给出的, 其中 $\boldsymbol{X}$ 表示观测到的数据. 条件后验分布 $f(x_h|\boldsymbol{X}, \boldsymbol{\phi}, \sigma^2)$ 是均值为 μ_*、方差为 σ_h^2 的 1 维正态分布. 这两个参数可以利用线性回归模型得到. 具体来讲, 给定模型和数据, x_h 仅仅与 $\{x_{h-p}, \cdots, x_{h-1}, x_{h+1}, \cdots, x_{h+p}\}$ 相关. 记住 x_h 是一个未知参数, 我们可以将其中的关系如下写出.

(1) 对 $t = h$, 模型为

$$x_h = \phi_1 x_{h-1} + \cdots + \phi_p x_{h-p} + a_h.$$

令 $y_h = \phi_1 x_{h-1} + \cdots + \phi_p x_{h-p}, b_h = -a_h$, 则前面的方程可以写成 $y_h = x_h + b_h = \phi_0 x_h + b_h$, 其中 $\phi_0 = 1$.

(2) 对 $t = h + 1$, 我们有

$$x_{h+1} = \phi_1 x_h + \phi_2 x_{h-1} + \cdots + \phi_p x_{h+1-p} + a_{h+1},$$

令 $y_{h+1} = x_{h+1} - \phi_2 x_{h-1} - \cdots - \phi_p x_{h+1-p}$ 且 $b_{h+1} = a_{h+1}$, 则前面方程为 $y_{h+1} = \phi_1 x_h + b_{h+1}$.

(3) 一般地, 对 $t = h+j, j = 1, \cdots, p$, 我们有

$$x_{h+j} = \phi_1 x_{h+j-1} + \cdots + \phi_j x_h + \phi_{j+1} x_{h-1} + \cdots + \phi_p x_{h+j-p} + a_{h+j}.$$

令 $y_{h+j} = x_{h+j} - \phi_1 x_{h+j-1} - \cdots - \phi_{j-1} x_{h+1} - \phi_{j+1} x_{h-1} - \cdots - \phi_p x_{h+j-p}$ 且 $b_{h+j} = a_{h+j}$, 前面方程简化为 $y_{h+j} = \phi_j x_h + b_{h+j}$.

因此, 对一个 AR(p) 模型, 缺失值 x_h 通过如下 $p+1$ 个方程与模型和数据相关联,

$$y_{h+j} = \phi_j x_h + b_{h+j}, \quad j = 0, \cdots, p, \tag{12.16}$$

其中 $\phi_0 = 1$. 因为正态分布关于它的均值对称, 所以 a_h 和 a_{-h} 具有同样的分布. 因此, (12.16) 式是一个具有 $p+1$ 个数据点的特殊的简单线性回归模型. x_h 的最小二乘估计及其方差为

$$\hat{x}_h = \frac{\sum_{j=0}^{p} \phi_j y_{h+j}}{\sum_{j=0}^{p} \phi_j^2}, \quad \mathrm{Var}(\hat{x}_h) = \frac{\sigma^2}{\sum_{j=0}^{p} \phi_j^2}.$$

例如, 当 $p = 1$ 时, 我们有 $\hat{x}_h = \frac{\phi_1}{1+\phi_1^2}(x_{h-1} + x_{h+1})$, 称为 x_h 的过滤值. 因为高斯 AR(1) 模型是时间可逆的, 所以对 x_h 的两个相邻观测运用等权重得到滤波值.

最后, 利用 12.3 节的结果 12.1, 我们得到 x_h 的后验分布是均值为 μ_*、方差为 σ_*^2 的正态分布, 其中

$$\mu_* = \frac{\sigma^2 \mu_0 + \sigma_o^2 (\sum_{j=0}^{p} \phi_j^2) \hat{x}_h}{\sigma^2 + \sigma_o^2 (\sum_{j=0}^{p} \phi_j^2)}, \quad \sigma_*^2 = \frac{\sigma^2 \sigma_o^2}{\sigma^2 + \sigma_o^2 \sum_{j=0}^{p} \phi_j^2}. \tag{12.17}$$

缺失值可能成堆发生, 导致了多个连续缺失值的情形. 这些缺失值可以用两种方法处理. 第一种, 我们可以直接推广前面的方法得到多个滤波值的解. 例如, 考虑 x_h 和 x_{h+1} 缺失的情形. 这些缺失值与 $\{x_{h-p}, \cdots, x_{h-1}; x_{h+2}, \cdots, x_{h+p+1}\}$ 有关. 我们可以用与以前同样的方式定义一个响应变量 y_{h+j}, 从而建立一个参数为 x_h 和 x_{h+1} 的多元线性回归. 然后利用最小二乘法得到 x_h 和 x_{h+1} 的估计. 与指定的先验分布相结合, 我们有对 $(x_h, x_{h+1})'$ 的一个二元正态后验分布. 在 Gibbs 抽样中, 这种方法可联合地抽取相连的缺失值. 第二, 我们可以在 Gibbs 迭代中多次利用 (12.17) 式中单个缺失值的结果. 再次考虑缺失 x_h 和 x_{h+1} 的情形. 我们可以分别单独地利用后验分布 $f(x_h | \boldsymbol{X}, x_{h+1}, \phi, \sigma^2)$ 和 $f(x_{h+1} | \boldsymbol{X}, x_h, \phi, \sigma^2)$. 在 Gibbs 抽样中, 这意味着我们一次抽取一个缺失值.

因为 x_h 和 x_{h+1} 在时间序列中是相关的, 所以在 Gibbs 抽样中更愿意联合地抽取它们. 当连续缺失值的数量很大时尤其如此. 如果缺失值的数量很小, 则一次抽取一个缺失值可进行得很好.

注释　在前面讨论中, 我们假定 $h - p \geqslant 1$ 且 $h + p \leqslant n$. 如果 h 接近于样本时间区间的终点, 则在线性回归模型中可以利用的数据点的数量必须调整.　□

12.6.2　异常值的识别

(12.14) 式中可加异常值的识别在 MCMC 框架中变得很直接. 除了具有相似大小的一堆可加异常值的情形, McCulloch and Tsay (1994) 的简单 Gibbs 抽样运行都很好. 参见 Justel, Peña and Tsay(2001). 我们再次利用 AR 模型来说明这个问题. 当利用 Metropolis-Hasting 算法或格子 Gibbs 抽取非线性参数时, 此方法同样很好地应用于其他的时间序列模型.

假定观测到的时间序列为 y_t, 它可能包含位置和大小都未知的一些可加异常值. 我们将 y_t 的模型写为

$$y_t = \delta_t \beta_t + x_t, \quad t = 1, \cdots, n, \tag{12.18}$$

其中 $\{\delta_t\}$ 是独立的伯努利随机变量序列, 满足 $P(\delta_t = 1) = \varepsilon$, $P(\delta_t = 0) = 1 - \varepsilon$, 且 ε 是 0 到 1 之间的常数, $\{\beta_t\}$ 是来自给定分布的一个独立随机变量序列. 另外, x_t 是无异常值的 AR(p) 时间序列

$$x_t = \phi_0 + \phi_1 x_{t-1} + \cdots + \phi_p x_{t-p} + a_t,$$

其中 $\{a_t\}$ 是均值为 0、方差为 σ^2 的高斯白噪声. 虽然这个模型看起来复杂, 但是它允许可加异常值在每个时间点发生. 每一个观测是异常值的机会为 ε.

在模型 (12.18) 下, 我们有 n 个数据点, 但是有 $2n + p + 3$ 个参数. 即, $\phi = (\phi_0, \cdots, \phi_p)'$, $\boldsymbol{\delta} = (\delta_1, \cdots, \delta_n)'$, $\boldsymbol{\beta} = (\beta_1, \cdots, \beta_n)'$, σ^2 和 ε. 二值参数 δ_t 由 ε 控制, β_t 由指定的分布控制. 参数 $\boldsymbol{\delta}$ 与 $\boldsymbol{\beta}$ 是利用数据扩张的思想引进的, δ_t 表示在时刻 t 异常值出现或不出现, 而 β_t 表示当时刻 t 异常值出现时它的大小.

假定先验分布为

$$\phi \sim N(\boldsymbol{\phi}_o, \boldsymbol{\Sigma}_o), \quad \frac{v\lambda}{\sigma^2} \sim \chi_v^2, \quad \varepsilon \sim \text{beta}(\gamma_1, \gamma_2), \quad \beta_t \sim N(0, \xi^2);$$

其中超参数是已知的. 这些是共轭先验分布. 为了对具有异常值识别的模型估计实施 Gibbs 抽样, 我们需要考虑条件后验分布:

$$f(\phi|\boldsymbol{Y}, \boldsymbol{\delta}, \boldsymbol{\beta}, \sigma^2), \quad f(\delta_h|\boldsymbol{Y}, \boldsymbol{\delta}_{-h}, \boldsymbol{\beta}, \phi, \sigma^2), \quad f(\beta_h|\boldsymbol{Y}, \boldsymbol{\delta}, \boldsymbol{\beta}_{-h}, \phi, \sigma^2),$$
$$f(\varepsilon|\boldsymbol{Y}, \boldsymbol{\delta}), \quad f(\sigma^2|\boldsymbol{Y}, \phi, \boldsymbol{\delta}, \boldsymbol{\beta}),$$

这里 $1 \leqslant h \leqslant n$, $\boldsymbol{Y}$ 表示数据, $\boldsymbol{\theta}_{-i}$ 表示剔除 $\boldsymbol{\theta}$ 的第 i 个元素后的向量.

在已知 $\boldsymbol{\delta}$ 和 $\boldsymbol{\beta}$ 的条件下, 没有异常值的时间序列可以通过 $x_t = y_t - \delta_t \beta_t$ 得到, 数据中关于 ϕ 的信息包含在它的最小二乘估计

$$\hat{\phi} = \left(\sum_{t=p+1}^n \boldsymbol{x}_{t-1} \boldsymbol{x}_{t-1}' \right)^{-1} \left(\sum_{t=p+1}^n \boldsymbol{x}_{t-1} x_t \right)$$

中, 其中 $\boldsymbol{x}_{t-1} = (1, x_{t-1}, \cdots, x_{t-p})'$ 且 $\hat{\phi}$ 服从多元正态分布, 均值为 ϕ, 协方差矩阵

$$\hat{\boldsymbol{\Sigma}} = \sigma^2 \left(\sum_{t=p+1}^n \boldsymbol{x}_{t-1} \boldsymbol{x}_{t-1}' \right)^{-1}.$$

因此 ϕ 的条件后验分布是多元正态的, 均值 $\boldsymbol{\phi}_*$ 和协方差矩阵 $\boldsymbol{\Sigma}_*$ 由 (12.9) 式给出, 其中用 ϕ 代替 $\boldsymbol{\beta}$, $\boldsymbol{x}_{t-1}$ 代替 $x_{o,t}$. 类似地, σ^2 的条件后验分布是逆卡方分布, 即

$$\frac{v\lambda + \sum_{t=p+1}^{n} a_t^2}{\sigma^2} \sim \chi_{v+(n-p)}^2,$$

其中 $a_t = x_t - \boldsymbol{\phi}'\boldsymbol{x}_{t-1}$, $x_t = y_t - \delta_t\beta_t$.

δ_h 的条件后验分布可以如下得到. 首先, δ_h 仅仅与 $\{y_j, \beta_j\}_{j=h-p}^{h+p}$, $\{\delta_j\}_{j=h-p}^{h+p}$ 有关联, 其中, $j \neq h$, $\boldsymbol{\phi}$ 和 σ^2. 更具体来讲, 我们有

$$x_j = y_j - \delta_j\beta_j, \quad j \neq h.$$

其次, 可以假定 x_h 有两个可能的值. 如果 $\delta_h = 1$, 则 $x_h = y_h - \beta_h$, 否则, $x_h = y_h$. 定义

$$w_j = x_j^* - \phi_0 - \phi_1 x_{j-1}^* - \cdots - \phi_p x_{j-p}^*, \quad j = h, \cdots, h+p,$$

其中若 $j \neq h$, 则 $x_j^* = x_j$ 且 $x_h^* = y_h$. x_h 的两个可能取值给出了下列两种情形.

情形 I $\delta_h = 0$. 这里第 h 个观测不是一个异常值且 $x_h^* = y_h = x_h$. 从而对 $j = h, \cdots, h+p$, $w_j = a_j$. 换句话说, 我们有

$$w_j \sim N(0, \sigma^2), \quad j = h, \cdots, h+p.$$

情形 II $\delta_h = 1$. 现在第 h 个观测是一个异常值且 $x_h^* = y_h = x_h + \beta_h$, 此时前面定义的 w_j 被 β_h 污损了. 事实上, 我们有

$$w_h \sim N(\beta_h, \sigma^2), \quad w_j \sim N(-\phi_{j-h}\beta_h, \sigma^2), \quad j = h+1, \cdots, h+p.$$

如果我们定义 $\psi_0 = -1$ 且 $\psi_i = \phi_i$, $i = 1, \cdots, p$, 则对 $j = h+1, \cdots, h+p$, $w_j \sim N(-\psi_{j-h}\beta_h, \sigma^2)$.

根据前面的讨论, 我们可以概括如下:

情形 I   以概率 $1-\varepsilon$, $\delta_h = 0$. 这种情形下, 对 $j = h, \cdots, h+p$, $w_j \sim N(0, \sigma^2)$;

情形 II   以概率 ε, $\delta_h = 1$, 这里对 $j = h, \cdots, h+p$, $w_j \sim N(-\psi_{j-h}\beta_h, \sigma^2)$.

因为有 n 个数据点, 所以 j 不能大于 n. 令 $m = \min(n, h+p)$, 从而 δ_h 的后验分布为

$$P(\delta_h = 1 | \boldsymbol{Y}, \boldsymbol{\delta}_{-h}, \boldsymbol{\beta}, \boldsymbol{\phi}, \sigma^2)$$
$$= \frac{\varepsilon \exp[-\sum_{j=h}^{m} (w_j + \psi_{j-h}\beta_h)^2/(2\sigma^2)]}{\varepsilon \exp[-\sum_{j=h}^{m} (w_j + \psi_{j-h}\beta_h)^2/(2\sigma^2)] + (1-\varepsilon)\exp[-\sum_{j=h}^{m} w_j^2/(2\sigma^2)]}.$$

$$(12.19)$$

此后验分布仅仅是比较两种情形下似然函数的加权值, 而权重是每种情况的概率.

最后, β_h 的后验分布如下.

- 如果 $\delta_h = 0$, 则 y_h 不是一个异常值, 且 $\beta_h \sim N(0, \xi^2)$.

- 如果 $\delta_h = 1$, 则 y_h 由大小为 β_h 的异常值污染. 前面定义的变量 w_j 包含了 β_h 的信息, $j = h, h+1, \cdots, \min(h+p, n)$. 具体来讲, 对 $j = h, h+1, \cdots, \min(h+p, n)$, 我们有 $w_j \sim N(-\psi_{j-h}\beta_h, \sigma^2)$. 该信息可以放进如下一个线性回归的框架中:

$$w_j = -\psi_{j-h}\beta_h + a_j, \quad j = h, h+1, \cdots, \min(h+p, n).$$

因此, 这个信息被嵌入到最小二乘估计

$$\hat{\beta}_h = \frac{\sum_{j=h}^m -\psi_{j-h}w_j}{\sum_{j=h}^m -\psi_{j-h}^2}, \quad m = \min(h+p, n),$$

中, 它是均值为 β_h、方差为 $\sigma^2/(\sum_{j=h}^m \psi_{j-h}^2)$ 的正态分布. 由结果 1, β_h 的后验分布是均值为 β_h^*、方差为 σ_{h*}^2 的正态分布, 其中

$$\beta_h^* = \frac{-(\sum_{j=h}^m -\psi_{j-h}w_j)\varepsilon^2}{\sigma^2 + (\sum_{j=h}^m \psi_{j-h}^2)\varepsilon^2}, \quad \sigma_{h*}^2 = \frac{\sigma^2\varepsilon^2}{\sigma^2 + (\sum_{j=h}^m \psi_{j-h}^2)\varepsilon^2}.$$

例 12.2 考虑固定期限为 3 年期的美国国库券利率的周变化序列. 时间区间为从 1988 年 3 月 18 日至 1999 年 9 月 10 日, 共有 600 个观测值. 利率以百分比表示, 且为例 12.1 中响应变量 c_{3t} 的子序列. 图 12-3a 给出了该时间序列的时间图. 如果对序列采用 AR 模型, 则其 PACF(偏自相关函数) 建议使用一个 AR(3) 模型, 且我们得到

$$c_{3t} = 0.227c_{3,t-1} + 0.006c_{3,t-2} + 0.114c_{3,t-2} + a_t, \quad \hat{\sigma}^2 = 0.012\,8,$$

其中系数的标准误差分别为 $0.041, 0.042$ 和 0.041. 残差的 LB 统计量为 $Q(12) = 11.4$, 它在 5% 水平下不显著.

下一步利用 Gibbs 抽样来估计这个 AR(3) 模型并同时识别可能的可加异常值. 所用的先验分布为

$$\phi \sim N(\mathbf{0}, 0.25\boldsymbol{I}_3), \quad \frac{v\lambda}{\sigma^2} = \frac{5 \times 0.002\,56}{\sigma^2} \sim \chi_5^2, \quad \gamma_1 = 5, \quad \gamma_2 = 95, \quad \xi^2 = 0.1,$$

其中 $0.002\,56 \approx \hat{\sigma}^2/5$ 且 $\xi^2 \approx 9\hat{\sigma}^2$. 可加异常值的期望个数为 5%. 利用初始值 $\varepsilon = 0.05$, $\sigma^2 = 0.012$, $\phi_1 = 0.2$, $\phi_2 = 0.02$, $\phi_3 = 0.1$, 我们运行 Gibbs 抽样 1 050 个迭代, 但是将前 50 个迭代的结果去掉. 利用系数的后验均值作为参数估计, 我们得到拟合的模型,

$$c_{3t} = 0.252c_{3,t-1} + 0.003c_{3,t-2} + 0.110c_{3,t-2} + a_t, \quad \hat{\sigma}^2 = 0.011\,8,$$

其中参数的后验标准误差分别为 $0.046, 0.045, 0.046$ 和 $0.000\,8$. 这样, Gibbs 抽样产生的结果与最大似然方法的结果很相似. 图 12-3b 显示了可加异常值的每一个观

测的后验概率的时间图, 且图 12-3c 画出了异常值大小的后验均值图形. 由概率图
可见, 某些观察值是异常值的概率很大. 特别地, $t = 323$ 的概率为 0.83, 相应的异
常值大小的后验均值为 -0.304. 当 c_{3t} 从 0.24 变化到 -0.34(即大约是两星期内周
利率降低 0.6%) 时, 这个点对应于 1994 年 5 月 20 日. 异常值的第二个最高后验
概率的点为 $t = 201$, 对应于 1992 年 1 月 17 日. 列出的后验概率为 0.58 且估计的
异常值大小为 0.176. 在第二个点, c_{3t} 从 -0.02 变化到 0.33, 对应于周利率的一个
大约 0.35% 的跳跃.

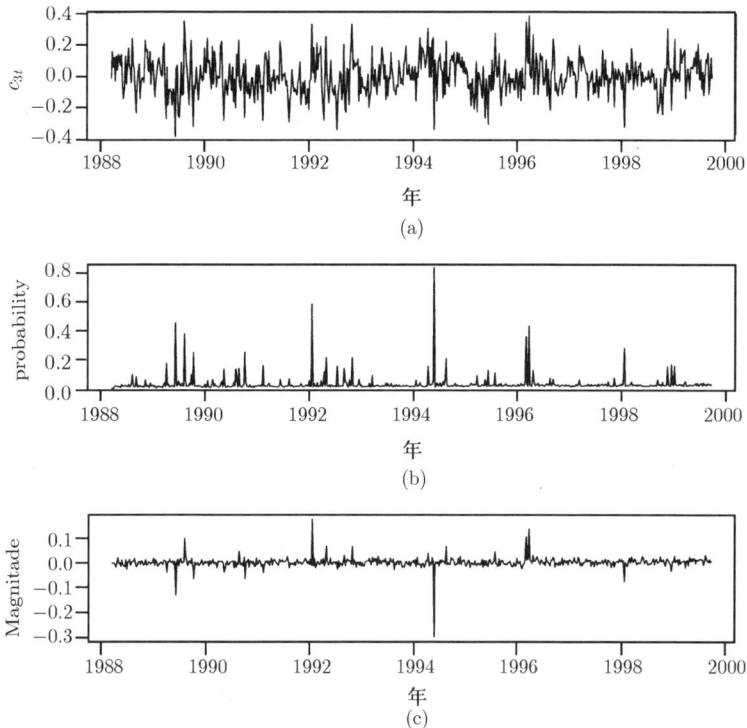

图 12-3   固定期限为 3 年期的美国国库券利率的周变化序列时间图, 时间区间是从 1988 年
          3 月 18 日至 1999 年 9 月 10 日: (a) 数据; (b) 异常值的后验概率; (c) 异常值大小
          的后验均值. 估计基于 1050 个迭代的 Gibbs 抽样, 但前 50 个迭代被删去了

注释   通过 Gibbs 抽样的异常值识别要求高强度的计算, 但此方法对模型参数
和异常值实施了一个联合估计. 而传统的异常值辨识方法需要将估计和辨识分开.
它在计算上更快, 但是当存在多个异常值时可能产生错误的辨识. 对于例 12.2 中
的数据, SCA 程序也识别了 $t = 323$ 和 $t = 201$ 作为两个最显著的可加异常值. 所
估计的异常值大小分别为 -0.39 和 0.36.   □

12.7 随机波动率模型

MCMC 方法的一个重要的金融应用是估计随机波动率模型. 参见 Jacquier, Polson and Rossi (1994) 及其参考文献. 我们从一个 1 维随机波动率模型开始. 资产收益率 r_t 的均值和波动率方程为

$$r_t = \beta_0 + \beta_1 x_{1t} + \cdots + \beta_p x_{pt} + a_t, \quad a_t = \sqrt{h_t}\varepsilon_t, \tag{12.20}$$

$$\ln h_t = \alpha_0 + \alpha_1 \ln h_{t-1} + v_t, \tag{12.21}$$

其中 $\{x_{it}|i = 1, \cdots, p\}$ 是时刻 $t-1$ 可以得到的解释变量, β_j 是参数, $\{\varepsilon_t\}$ 是均值为 0、方差为 1 的高斯白噪声序列, $\{v_t\}$ 也是高斯白噪声序列, 其均值为 0、方差为 σ_v^2, 且 $\{\varepsilon_t\}$ 和 $\{v_t\}$ 是独立的. 用对数变换以保证对所有 t, h_t 是正的. 解释变量 x_{it} 可能包含收益率的延迟值 (如 $x_{it} = r_{t-i}$). 在 (12.21) 式中, 我们假定 $|\alpha_1| < 1$ 使得对数波动率过程 $\ln h_t$ 是平稳. 如果有必要, 可以对 $\ln h_t$ 采用更高阶的 AR(p) 模型.

记均值方程的系数向量为 $\boldsymbol{\beta} = (\beta_0, \beta_1, \cdots, \beta_p)'$, 波动率方程的参数向量为 $\boldsymbol{\omega} = (\alpha_0, \alpha_1, \sigma_v^2)'$. 假如 $\boldsymbol{R} = (r_1, \cdots, r_n)'$ 是观测到的收益率集合, 而 $\boldsymbol{X}$ 是解释变量的集合. 令 $\boldsymbol{H} = (h_1, \cdots, h_n)'$ 表示不可观测的波动率向量. 这里 $\boldsymbol{\beta}$ 和 $\boldsymbol{\omega}$ 是模型的 "传统" 参数, 而 $\boldsymbol{H}$ 是一个辅助变元. 如果通过最大似然估计法对模型进行估计, 则很复杂, 因为似然函数是以下 n 维 $\boldsymbol{H}$ 分布的混合:

$$f(\boldsymbol{R}|\boldsymbol{X}, \boldsymbol{\beta}, \boldsymbol{\omega}) = \int f(\boldsymbol{R}|\boldsymbol{X}, \boldsymbol{\beta}, \boldsymbol{H}) f(\boldsymbol{H}|\boldsymbol{\omega}) \mathrm{d}\boldsymbol{H}.$$

然而, 在贝叶斯框架下, 波动率向量 $\boldsymbol{H}$ 由扩充参数组成. 在已知 $\boldsymbol{H}$ 的条件下, 我们可以关注概率分布函数 $f(\boldsymbol{R}|\boldsymbol{H}, \boldsymbol{\beta})$ 和 $f(\boldsymbol{H}|\boldsymbol{\omega})$ 以及先验分布 $p(\boldsymbol{\beta}, \boldsymbol{\omega})$. 假设先验分布可以被分解成 $p(\boldsymbol{\beta}, \boldsymbol{\omega}) = p(\boldsymbol{\beta})p(\boldsymbol{\omega})$, 即均值和波动率方程的先验分布是独立的. 要估计 (12.20) 式和 (12.21) 式中的随机波动率, Gibbs 抽样方法就涉及到从以下条件后验分布中抽取随机样本:

$$f(\boldsymbol{\beta}|\boldsymbol{R}, \boldsymbol{X}, \boldsymbol{H}, \boldsymbol{\omega}), f(\boldsymbol{H}|\boldsymbol{R}, \boldsymbol{X}, \boldsymbol{\beta}, \boldsymbol{\omega}), f(\boldsymbol{\omega}|\boldsymbol{R}, \boldsymbol{X}, \boldsymbol{\beta}, \boldsymbol{H}).$$

下面, 我们给出所用到的 Gibbs 抽样在实际应用中的操作细节.

12.7.1 一元模型的估计

给定 $\boldsymbol{H}$, (12.20) 式中的均值方程是一个非齐次的线性回归方程. 方程两边同时除以 $\sqrt{h_t}$, 我们可以将模型改写为:

$$r_{o,t} = \boldsymbol{x}_{o,t}' \boldsymbol{\beta} + \varepsilon_t, t = 1, \cdots, n, \tag{12.22}$$

其中 $r_{o,t} = r_t/\sqrt{h_t}$ 和 $\boldsymbol{x}_{o,t} = \boldsymbol{x}_t/\sqrt{h_t}$, 且 $\boldsymbol{x}_t = (1, x_{1t}, \cdots, x_{pt})'$ 是解释变量所组成的向量. 假设 $\boldsymbol{\beta}$ 的先验分布是均值为 $\boldsymbol{\beta}_o$、协方差矩阵为 $\boldsymbol{A}_o$ 的多元正态分布, 则 $\boldsymbol{\beta}$ 的后验分布也是多元正态分布, 且均值是 $\boldsymbol{\beta}_*$、协方差矩阵是 $\boldsymbol{A}_*$. 这两个量可以像以前一样通过结果 1a 得到, 它们是:

$$\boldsymbol{A}_*^{-1} = \sum_{t=1}^n \boldsymbol{x}_{o,t}\boldsymbol{x}_{o,t}' + \boldsymbol{A}_o^{-1}, \quad \boldsymbol{\beta}_* = \boldsymbol{A}_*\left(\sum_{t=1}^n \boldsymbol{x}_{o,t}r_{o,t} + \boldsymbol{A}_o^{-1}\boldsymbol{\beta}_o\right),$$

其中, 如果 r_{t-p} 是在解释变量中使用的最大延迟收益率, 则和式可理解为从 $p+1$ 开始求和.

波动率向量 $\boldsymbol{H}$ 是逐个元素进行抽样的. 必需的条件后验分布是 $f(h_t|\boldsymbol{R}, \boldsymbol{X}, \boldsymbol{H}_{-t}, \boldsymbol{\beta}, \boldsymbol{\omega})$, 它是由 a_t 的正态分布和波动率的对数正态分布产生的

$$\begin{aligned}
& f(h_t|\boldsymbol{R}, \boldsymbol{X}, \boldsymbol{\beta}, \boldsymbol{H}_{-t}, \boldsymbol{\omega}) \\
& \propto f(a_t|h_t, r_t, \boldsymbol{x}_t, \boldsymbol{\beta})f(h_t|h_{t-1}, \boldsymbol{\omega})f(h_{t+1}|h_t, \boldsymbol{\omega}) \\
& \propto h_t^{-0.5}\exp[-(r_t - \boldsymbol{x}_t'\boldsymbol{\beta})^2/(2h_t)]h_t^{-1}\exp[-(\ln h_t - \mu_t)^2/(2\sigma^2)] \\
& \propto h_t^{-1.5}\exp[-(r_t - \boldsymbol{x}_t'\boldsymbol{\beta})^2/(2h_t) - (\ln h_t - \mu_t)^2/(2\sigma^2)],
\end{aligned} \tag{12.23}$$

其中 $\mu_t = [\alpha_0(1-\alpha_1) + \alpha_1(\ln h_{t+1} + \ln h_{t-1})]/(1+\alpha_1^2)$ 且 $\sigma^2 = \sigma_v^2/(1+\alpha_1^2)$. 这里我们使用了以下性质: (a) $a_t|h_t \sim N(0, h_t)$; (b) $\ln h_t|\ln h_{t-1} \sim N(\alpha_0 + \alpha_1\ln h_{t-1}, \sigma_v^2)$; (c) $\ln h_{t+1}|\ln h_t \sim N(\alpha_0 + \alpha_1\ln h_t, \sigma_v^2)$; (d) $d\ln h_t = h_t^{-1}dh_t$, 其中 d 表示差分算子; (e) 等式

$$(x-a)^2A + (x-b)^2C = (x-c)^2(A+C) + (a-b)^2AC/(A+C),$$

其中 $c = (Aa + Cb)/(A+C)$, 假定 $A + C \neq 0$. 这个等式是 Box and Tiao(1973, P 418) 中的引理 1 的一个纯量版本. 在我们的应用中, $A = 1, a = \alpha_0 + \ln h_{t-1}, C = \alpha_1^2$ 且 $b = (\ln h_{t+1} - \alpha_0)/\alpha_1$. $(a-b)^2AC/(A+C)$ 不包含随机变量 h_t, 从而在条件后验分布的导出中被积掉了. Jacquier, Polson 和 Rossi(1994) 用 Metropolis 算法来抽取 h_t 的样本. 本节我们用格子 Gibbs 抽样, 且 h_t 的取值范围是 r_t 的无条件样本方差的倍数.

为了抽取 $\boldsymbol{\omega}$ 的随机样本, 我们将参数分解为 $\boldsymbol{\alpha} = (\alpha_0, \alpha_1)'$ 和 σ_v^2. $\boldsymbol{\omega}$ 的先验分布也可相应地分解 [即, $p(\boldsymbol{\omega}) = p(\boldsymbol{\alpha})p(\sigma_v^2)$]. 我们需要的条件后验分布如下给出.

- $f(\boldsymbol{\alpha}|\boldsymbol{Y}, \boldsymbol{X}, \boldsymbol{H}, \boldsymbol{\beta}, \sigma_v^2) = f(\boldsymbol{\alpha}|\boldsymbol{H}, \sigma_v^2)$: 给定 $\boldsymbol{H}$, $\ln h_t$ 服从 AR(1) 模型. 因此, 在前面两部分讨论的 AR 模型的结果也可在这里应用. 特别地, 如果 $\boldsymbol{\alpha}$ 的先验分布是均值为 $\boldsymbol{\alpha}_o$、协方差矩阵为 C_o 的多元正态, 则 $f(\boldsymbol{\alpha}|\boldsymbol{H}, \sigma_v^2)$ 是均值为 $\boldsymbol{\alpha}_*$、协方差矩阵为 C_* 的多元正态, 且

$$C_*^{-1} = \frac{\sum_{t=2}^n \boldsymbol{z}_t\boldsymbol{z}_t'}{\sigma_v^2} + C_o^{-1}, \quad \boldsymbol{\alpha}_* = C_*\left(\frac{\sum_{t=2}^n \boldsymbol{z}_t\ln h_t}{\sigma_v^2} + C_o^{-1}\boldsymbol{\alpha}_o\right),$$

其中 $z_t = (1, \ln h_{t-1})'$.

- $f(\sigma_v^2|Y, X, H, \beta, \alpha) = f(\sigma_v^2|H, \alpha)$：给定 H 和 α，我们可以计算 $v_t = \ln h_t - \alpha_0 - \alpha_1 \ln h_{t-1}, t = 2, \cdots n$. 因此，如果 σ_v^2 的先验分布是 $(m\lambda)/\sigma_v^2 \sim \chi_m^2$，则 σ_v^2 的条件后验分布就是一个自由度为 $m + n - 1$ 的逆卡方分布，即，

$$\frac{m\lambda + \sum_{t=2}^n v_t^2}{\sigma_v^2} \sim \chi_{m+n-1}^2.$$

注释 1 公式 (12.23) 对于 $1 < t < n$ 成立，其中 n 是样本量. 对于两端的数据点 h_1 和 h_n，需要一些修正. 一个简单的方法是假设 h_1 是固定的，这样对 h_t 的抽样就从 $t = 2$ 开始. 对于 $t = n$，利用结果 $\ln h_n \sim N(\alpha_0 + \alpha_1 \ln h_n, \sigma_v^2)$. 或者，我们可以利用 h_{n+1} 的预测和对 h_0 的反向预测，并且继续应用公式. 因为 h_n 是所关心的变量，我们运用在预测原点 $n - 1$ 的向前 2 步预测来预测 h_{n+1}. 对于模型 (12.21)，h_{n+1} 的预测就是

$$\hat{h}_{n-1}(2) = \alpha_0 + \alpha_1(\alpha_0 + \alpha_1 \ln h_{n-1}).$$

对 h_0 的反向预测是基于模型的时间可逆性

$$(\ln h_t - \eta) = \alpha_1(\ln h_{t-1} - \eta) + v_t,$$

其中 $\eta = \alpha_0/(1 - \alpha_1)$ 和 $|\alpha_1| < 1$. 反向序列的模型是

$$(\ln h_t - \eta) = \alpha_1(\ln h_{t+1} - \eta) + v_t^*,$$

其中 $\{v_t^*\}$ 是一个均值为零、方差为 σ_v^2 的高斯白噪声序列. 于是，在 $t = 2$ 点对 h_0 的两步反向预测就是

$$\hat{h}_2(-2) = \alpha_1^2(\ln h_2 - \eta). \qquad \square$$

注释 2 也可以通过使用在 AR(1) 模型的一个缺失的值的结果来得到 (12.23) 式 (参考 12.6.1 节). 具体来讲，假定 $\ln h_t$ 是缺失的. 对于 AR(1) 模型 (12.21)，这个缺失值跟 $\ln h_{t-1}$ 和 $\ln h_{t+1}$ 相关联 $(1 < t < n)$. 由模型我们有

$$\ln h_t = \alpha_0 + \alpha_1 \ln h_{t-1} + a_t.$$

定义 $y_t = \alpha_0 + \alpha_1 y_{t-1}, x_t = 1$ 和 $b_t = -a_t$，我们得到

$$y_t = x_t \ln h_t + b_t. \tag{12.24}$$

接下来，由

$$\ln h_{t+1} = \alpha_0 + \alpha_1 \ln h_t + a_{t+1},$$

我们定义 $y_{t+1} = \ln h_{t+1} - \alpha_0, x_{t+1} = \alpha_1$ 和 $b_{t+1} = a_{t+1}$ 得到

$$y_{t+1} = x_{t+1} \ln h_{t+1} + b_{t+1}. \tag{12.25}$$

(12.24) 式和 (12.25) 式构成一个特别简单的含两个观测值和一个未知参数 $\ln h_t$ 的线性回归. 值得注意的是，b_t 和 b_{t+1} 有相同的分布，因为 $-a_t$ 也是服从 $N(0, \sigma_v^2)$ 的. $\ln h_t$ 的最小二乘回归就是

$$\widehat{\ln h_t} = \frac{x_t y_t + x_{t+1} y_{t+1}}{x_t^2 + x_{t+1}^2} = \frac{\alpha_0(1 - \alpha_1) + \alpha_1(\ln h_{t+1} + \ln h_{t-1})}{1 + \alpha_1^2},$$

它正好是在 (12.23) 式中 $\ln h_t$ 的条件均值. 另外, 这个估计服从正态分布, 且均值是 $\ln h_t$、方差是 $\sigma_v^2/(1+\alpha_1^2)$. (12.23) 式就是 $a_t \sim N(0, h_t)$ 和 $\widehat{\ln h_t} \sim N[\ln h_t, \sigma_v^2/(1+\alpha_1^2)]$ 的简单相乘再加上一个变换 $d \ln h_t = h_t^{-1} dh_t$. 对于 $\ln h_t$ 这个回归的方法可以很容易地推广到其他 AR(p) 模型. 我们使用这个方法并且假设 $\{h_t\}_{t=1}^p$ 对一个随机波动率 AR(p) 模型是固定的. □

注释 3 h_t 的初始值可以通过对收益率序列拟合第 3 章的波动率模型来得到. □

例 12.3 考虑标准普尔 500 指数从 1962 年 1 月到 2009 年 12 月的月对数收益率, 共有 575 个观察值. 使用每个月首个调整的收盘指数计算收益率, 也就是每个月首个交易日的收盘指数. 图 12-4a 为指数对数的时间图, 而图 12-4b 为按照百分数计算的对数收益率. 如果对序列使用 GARCH 模型, 我们会得到高斯 GARCH(1, 1) 模型

$$r_t = 0.552 + a_t, \qquad a_t = \sqrt{h_t}\epsilon_t,$$
$$h_t = 0.878 + 0.125 a_{t-1}^2 + 0.837 h_{t-1}, \qquad (12.26)$$

其中系数的 t 比率都比 2.56 大. 标准化残差和其平方序列的 Ljung-Box 统计量未能表明模型的不充分性. 具体来讲, 我们得到标准化残差和其平方序列的 $Q(12) = 10.04(0.61)$ 和 $6.14(0.91)$.

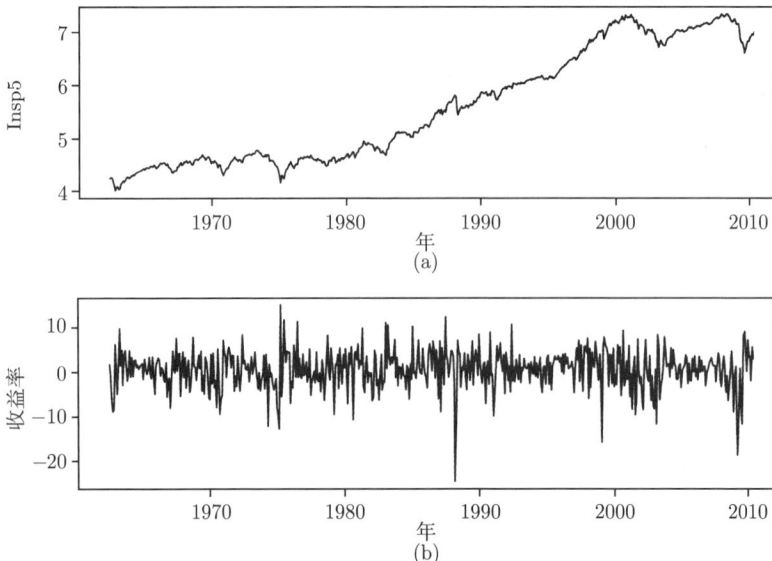

图 12-4 从 1962 年到 2009 年每月的标准普尔 500 指数的时间图. (a) 对数水平上的, (b) 百分数形式的对数收益率

下面, 考虑随机波动率模型

$$r_t = \mu + a_t, a_t = \sqrt{h_t}\varepsilon_t,$$
$$\ln h_t = \alpha_0 + \alpha_1 \ln h_{t-1} + v_t, \tag{12.27}$$

其中 v_t 是独立同 $N(0, \sigma_v^2)$ 分布的. 为了应用 Gibbs 抽样, 我们使用先验分布

$$\mu \sim N(0, 4), \boldsymbol{\alpha} \sim N[\boldsymbol{\alpha}_o, \text{diag}(0.25, 0.04)], \frac{10 \times 0.1}{\sigma_v^2} \sim \chi_{10}^2$$

其中 $\boldsymbol{\alpha}_o = (0, 0.6)'$. 我们使用方程 (12.26) 中 GARCH(1,1) 模型 $\{h_t\}$ 的拟合值对初始参数值赋值, 即 $h_{0t} = h_t$, 令 α 和 σ_v^2 等于 $\ln(h_{0t})$ 的最小二乘估计值. μ 的初始值为对数收益率的样本均值. 使用 400 个格子点的格子 Gibbs 抽样的方法得到波动率 h_t. 第 j 个 Gibbs 迭代的 h_t 可行范围为 $[\eta_{1t}, \eta_{2t}]$, 其中 $\eta_{1t} = 0.6 \times \max(h_{j-1,t}, h_{0t})$ 和 $\eta_{2t} = 1.4 \times \min(h_{j-1,t}, h_{0t})$, 这里 $h_{j-1,t}$ 和 h_{0t} 分别表示 h_t 的第 $(j-1)$ 次迭代的估计值和初始值.

我们进行 2500 次 Gibbs 抽样, 并且丢掉最初的 500 次抽样结果. 图 12-5 所示的是 4 个系数参数的先验和后验密度函数. 所用的先验分布相对包含的信息更少. 后验分布特别集中在 μ 和 σ_v^2. 图 12-6 所示的是拟合波动率的时间图. 上面的一幅给出了 h_t 在每个时间点的后验均值, 且该后验均值是由 5 000 次迭代算出的. 而

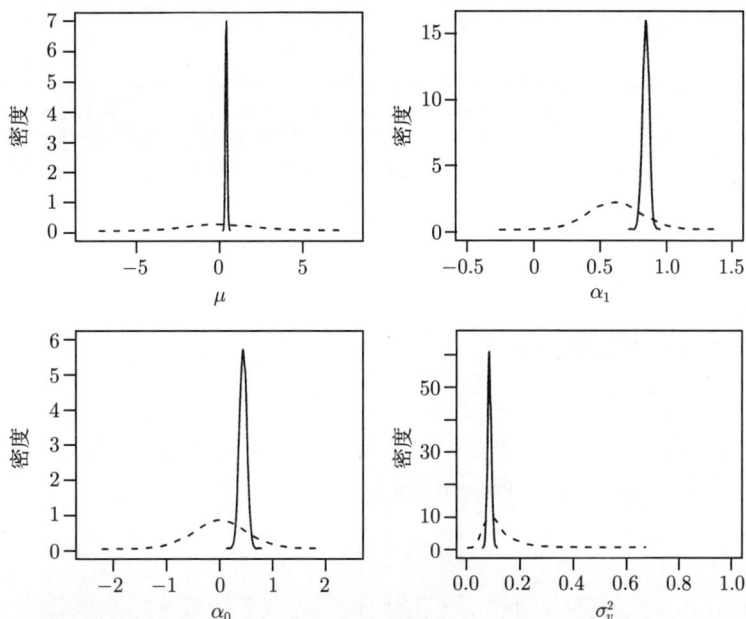

图 12-5   对标准普尔 500 指数的月对数收益率数据使用随机波动率模型时参数的先验和后验分布密度. 虚线表示先验, 实线表示后验, 它们由 2000 次 Gibbs 重复抽样得到. 具体细节参考文字部分

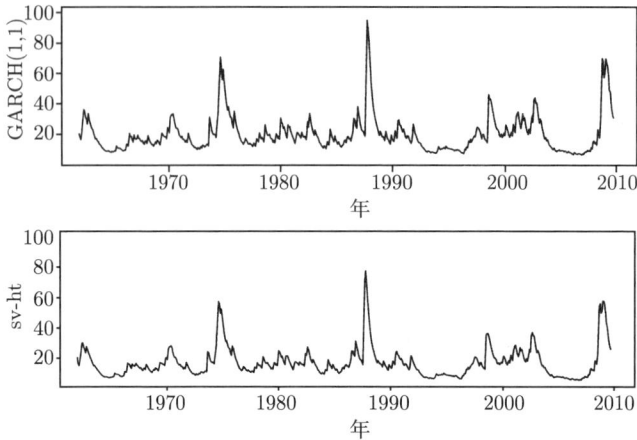

图 12-6　给标准普尔 500 指数的月对数收益率数据所拟合波动率的时间图. 时间区间是从 1962 年到 2009 年. 下面的一幅给出了 Gibbs 抽样 h_t 在每个时间点的后验均值, 且该后验均值是由 2000 次迭代算出, 而上面一幅给出了 GARCH(1,1) 模型的结果

下面一幅给出了 GARCH(1,1) 模型 (12.26) 的拟合值. 两幅图呈现出一个相似的模式.

4 个系数的后验均值和标准误差如下:

参数	μ	α_0	α_1	σ_v^2
均值	0.409	0.454	0.837	0.086
标准误差	0.157	0.068	0.025	0.007

α_1 的后验均值为 0.837, 这证实了波动率序列中存在强的序列相依性. 这个值比 Jacquier、Polson 和 Rossi (1994) 得到的值小, Rossi 使用标准普尔 500 指数的日收益率. 最后, 我们使用不同的初始值、先验值和 Gibbs 抽样的迭代次数得到的结果是稳定的. 当然, 和预期的相同, 格子 Gibbs 抽样算法的结果和效率取决于 h_t 范围的确定.

12.7.2　多元随机波动率模型

本一小节用第 10 章的 Cholesky 分解来研究多元随机波动率模型. 我们集中研究二元的情形, 但是所讨论的方法对更高维数情形同样适用. 基于 Cholesky 分解, 将收益率 r_t 的新息 α_t 变换为 b_t 满足

$$b_{1t} = a_{1t}, b_{2t} = a_{2t} - q_{21,t}b_{1t},$$

其中 b_{2t} 和 $q_{21,t}$ 可以解释为下面线性回归模型的残差和最小二乘估计

$$a_{2t} = q_{21,t}a_{1t} + b_{2t}.$$

a_t 的条件协方差矩阵被 $\{g_{11,t}, g_{22,t}\}$ 和 $\{q_{21,t}\}$ 参数化为

$$\left[\begin{array}{cc} \sigma_{11,t} & \sigma_{12,t} \\ \sigma_{21,t} & \sigma_{22,t} \end{array}\right] = \left[\begin{array}{cc} 1 & 0 \\ q_{21,t} & 1 \end{array}\right]\left[\begin{array}{cc} g_{11,t} & 0 \\ 0 & g_{22,t} \end{array}\right]\left[\begin{array}{cc} 1 & q_{21,t} \\ 0 & 1 \end{array}\right], \tag{12.28}$$

其中 $g_{ii,t} = \mathrm{Var}(b_{it}\,|F_{t-1})$ 和 $b_{1t}\perp b_{2t}$. 于是, 我们关心的量为 $\{g_{11,t}, g_{22,t}\}$ 和 $\{q_{21,t}\}$.

一个对于收益率向量 $\boldsymbol{r}_t = (r_{1t}, r_{2t})'$ 的简单的二元随机波动率模型如下:

$$\boldsymbol{r}_t = \boldsymbol{\beta}_0 + \boldsymbol{\beta}_1 \boldsymbol{x}_t + \boldsymbol{a}_t, \tag{12.29}$$

$$\ln g_{ii,t} = \alpha_{i0} + \alpha_{i1}\ln g_{ii,t-1} + v_{it}, \quad i = 1, 2, \tag{12.30}$$

$$q_{21,t} = \gamma_0 + \gamma_1 q_{21,t-1} + u_t, \tag{12.31}$$

其中 $\{\boldsymbol{a}_t\}$ 是一列无序列相关性的高斯随机向量, 其中均值为零、条件协方差矩阵 $\boldsymbol{\Sigma}_t$ 由 (12.28) 式给出, $\boldsymbol{\beta}_0$ 是一个二维的常数向量, $\boldsymbol{x}_t$ 表示解释变量, $\{v_{1t}\}, \{v_{2t}\}$ 和 $\{u_t\}$ 是三个独立的高斯白噪声序列, 满足 $\mathrm{Var}(v_{it}) = \sigma_{iv}^2$ 和 $\boldsymbol{V}ar(u_t) = \sigma_u^2$. 另外, 我们在 (12.30) 式中使用对数变换使得 $g_{ii,t}$ 为正.

令 $\boldsymbol{G}_i = (g_{ii,1}, \ldots, g_{ii,n})'$, $\boldsymbol{G} = [\boldsymbol{G}_1, \boldsymbol{G}_2]$ 和 $\boldsymbol{Q} = (q_{21,1}, \ldots, q_{21,n})'$. 模型 (12.29)—(12.31) 中 "传统的" 参数是 $\boldsymbol{\beta} = (\boldsymbol{\beta}_0, \boldsymbol{\beta}_1)$, $\boldsymbol{\alpha}_i = (\alpha_{i0}, \alpha_{i1}, \sigma_{iv}^2)$ 及 $\sigma_{iv}^2, i = 1, 2$ 和 $\boldsymbol{\gamma} = (\gamma_0, \gamma_1,)$ 及 σ_u^2. 扩充参数为 $\boldsymbol{Q}, \boldsymbol{G}_1$ 和 $\boldsymbol{G}_2$. 为了用 Gibbs 抽样法估计这样一个二元随机波动率模型, 我们使用前一小节一元模型的结果和另外两个条件后验分布. 具体来讲, 我们可以抽得下面的样本

(1) $\boldsymbol{\beta}_0$ 和 $\boldsymbol{\beta}_1$ 的逐行样本, 使用结果 (12.22) 式;

(2) $g_{11,t}$, 使用方程 (12.23), 只要将 $\boldsymbol{a}_t$ 换成 a_{1t};

(3) $\boldsymbol{\alpha}_1$ 和 σ_{1v}^2, 使用与一元情形同样的方法, 只是将 $\boldsymbol{a}_t$ 换成 a_{1t}.

为了抽得 $\boldsymbol{\alpha}_2$、σ_{2v}^2 和 $g_{22,t}$ 的样本, 我们需要计算 b_{2t}. 而这是很容易的, 因为给定扩充参数向量 $\boldsymbol{Q}$ 后, $b_{2t} = a_{2t} - q_{21,t}a_{1t}$. 进一步, b_{2t} 服从正态分布, 且其均值为 0、条件方差为 $g_{22,t}$.

下面只需要考虑条件后验分布

$$f(\boldsymbol{\gamma}|\boldsymbol{Q}, \sigma_u^2), \quad f(\sigma_u^2|\boldsymbol{Q}, \boldsymbol{\gamma}), \quad f(q_{21,t}|\boldsymbol{A}, \boldsymbol{G}, \boldsymbol{Q}_{-t}, \boldsymbol{\gamma}, \sigma_u^2),$$

其中 $\boldsymbol{A}$ 表示 $\boldsymbol{a}_t$ 的集合, 当 $\boldsymbol{R}, \boldsymbol{X}, \boldsymbol{\beta}_0$ 和 $\boldsymbol{\beta}_1$ 给定的时候, 它是已知的. 给定 $\boldsymbol{Q}$ 和 σ_u^2, 模型 (12.31) 是一个简单的高斯 AR(1) 模型. 于是, 如果 $\boldsymbol{\gamma}$ 的先验分布是均值为 $\boldsymbol{\gamma}_0$、协方差矩阵为 $\boldsymbol{D}_o$ 的二元正态分布, 那么 $\boldsymbol{\gamma}$ 的条件后验分布也是二元正态的, 且均值为 $\boldsymbol{R}_*$、协方差矩阵为 $\boldsymbol{D}_*$. 这里

$$\boldsymbol{D}_*^{-1} = \frac{\sum_{t=2}^n z_t z_t'}{\sigma_u^2} + \boldsymbol{D}_o^{-1}, \quad \boldsymbol{\gamma}_* = \boldsymbol{D}_*\left(\frac{\sum_{t=2}^n z_t q_{21,t}}{\sigma_u^2} + \boldsymbol{D}_o^{-1}\boldsymbol{\gamma}_o\right),$$

其中 $\boldsymbol{z}_t = (1, q_{21,t-1})'$. 类似地, 如果 σ_u^2 的先验分布为 $(m\lambda)/\sigma_u^2 \sim \chi_m^2$, 那么 σ_u^2 的条件后验分布为

$$\frac{m\lambda + \sum_{t=2}^n u_t^2}{\sigma_u^2} \sim \chi_{m+n-1}^2$$

其中 $u_t = q_{21,t} - \gamma_0 - \gamma_1 q_{21,t-1}$. 最后,

$$f(q_{21,t} \,|\, \boldsymbol{A}, \boldsymbol{G}, \boldsymbol{Q}_{-t}, \sigma_u^2, \boldsymbol{\gamma}) \tag{12.32}$$
$$\propto f(\boldsymbol{b_{2t}} \,|\, g_{22,t}) f(q_{21,t} \,|\, q_{21,t-1}, \boldsymbol{\gamma}, \sigma_u^2) f(q_{21,t+1} \,|\, q_{21,t}, \boldsymbol{\gamma}, \sigma_u^2)$$
$$\propto g_{22,t}^{-0.5} \exp[-(a_{2t} - q_{21,t} a_{1t})^2/(2g_{22,t})] \exp[-(q_{21,t} - \mu_t)^2/(2\sigma^2)],$$

其中 $\mu_t = [\gamma_0(1 - \gamma_1) + \gamma_1(q_{21,t-1} + q_{21,t+1})]/(1 + \gamma_1^2)$ 和 $\sigma^2 = \sigma_u^2/(1 + \gamma_1^2)$. 一般地, μ_t 和 σ^2 可以通过使用在 $\mathrm{AR}(p)$ 中的缺失值的结果来得到. 可以证明 (12.32) 式对于 $q_{21,t}$ 有闭型分布. 具体来讲, (12.32) 式的第一项 (即给定 $g_{22,t}$ 和 $\boldsymbol{a}_t$ 的条件下, $q_{21,t}$ 的条件分布) 是正态的, 且其均值为 a_{2t}/a_{1t}、方差为 $g_{22,t}/a_{1t}^2$. (12.32) 式的第二项也是正态的, 其均值为 μ_t、方差为 σ^2. 于是, 由结果 12.1, $q_{21,t}$ 的条件后验分布是正态的, 且均值为 μ_*、方差为 σ_*^2, 这里

$$\frac{1}{\sigma_*^2} = \frac{a_{1t}^2}{g_{22,t}} + \frac{1 + \gamma_1^2}{\sigma_u^2}, \quad \mu_* = \sigma_*^2 \left(\frac{1 + \gamma_1^2}{\sigma_u^2} \times \mu_t + \frac{a_{1t}^2}{g_{22,t}} \times \frac{a_{2t}}{a_{1t}} \right),$$

其中 μ_t 由 (12.32) 式定义.

例12.4 本例研究 IBM 股票和标准普尔 500 指数的月对数收益率数据的二元波动率模型. 时间区间是从 1962 年 1 月到 1999 年 12 月. 这是一个例 12.3 的扩充版本, 加入了 IBM 股票数据. 图 12-7 所示的是这两个收益率序列的时间图. 令 $\boldsymbol{r}_t = (\mathrm{IBM}_t, \mathrm{SP}_t)'$. 如果采用第 10 章中的经过 Cholesky 分解的时变相关系数 GARCH 模型, 我们得到模型

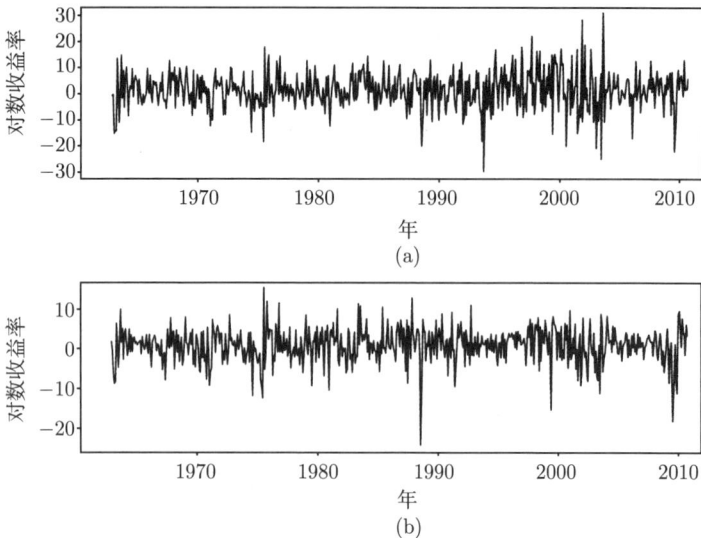

图 12-7 从 1962 年到 1999 年的 IBM 股票和标准普尔 500 指数的月收益率
对数收益率的时间图 (a) IBM 股票; (b) 标准普尔 500 指数

$$r_t = \beta_0 + a_t, \tag{12.33}$$

$$g_{11,t} = \alpha_{10} + \alpha_{11}g_{11,t-1} + \alpha_{12}a_{1,t-1}^2, \tag{12.34}$$

$$g_{22,t} = \alpha_{20} + \alpha_{22}b_{2,t-2}^2, \tag{12.35}$$

$$q_{21,t} = \gamma_0, \tag{12.36}$$

其中 $b_{2t} = a_{2t} - q_{21,t}a_{1t}\alpha_1$, 表 12-2a 给出了估计值及其标准误差. 为了比较, 我们也拟合一个 BEKK(1, 1) 模型, 得到 $\hat{\beta}_0 = (0.70, 0.54)'$ 和系数矩阵

$$A = \begin{bmatrix} 0.80 & \\ 0.83 & 0.01 \end{bmatrix}, \quad A_1 = \begin{bmatrix} 0.07 & 0.33 \\ -0.06 & 0.43 \end{bmatrix}, \quad B_1 = \begin{bmatrix} 1.00 & -0.12 \\ 0.01 & 0.90 \end{bmatrix},$$

其中矩阵已在第 10 章方程 (10.6) 中定义了.

根据随机波动率模型, 我们使用与 (12.33) 式同样的均值方程和一个与 (12.34)~(12.36) 式相似的随机波动率模型. 波动率方程是

$$\ln g_{11,t} = \alpha_{10} + \alpha_{11}\ln g_{11,t-1} + v_{1t}, \quad \mathrm{Var}(v_{1t}) = \sigma_{1v}^2, \tag{12.37}$$

$$\ln g_{22,t} = \alpha_{20} + \alpha_{21}\ln g_{22,t-1} + v_{2t}, \quad \mathrm{Var}(v_{2t}) = \sigma_{2v}^2, \tag{12.38}$$

$$q_{21,t} = \gamma_0 + u_t, \quad \mathrm{Var}(u_t) = \sigma_u^2. \tag{12.39}$$

使用的先验分布是

$$\beta_{i0} \sim N(0,4), \quad \alpha_i \sim N[(0,0.7)', \mathrm{diag}(0.25, 0.04)],$$

$$\gamma_0 \sim N(0,1), \quad \frac{10 \times 0.1}{\sigma_{iv}^2} \sim \chi_{10}^2, \quad \frac{5 \times 0.2}{\sigma_u^2} \sim \chi_5^2,$$

其中 $i = 1$ 和 2. 这些先验分布相对来说包含很少信息. 我们从 BEKK(1, 1) 模型的结果得到初始值 $\{g_{11,t}, g_{22,t}, q_{21,t}\}$. 此外, 我们设定在 $t = 1$ 时的数量值为给定的. 然后, 我们进行 2500 次迭代的 Gibbs 抽样, 去掉前 500 次迭代结果. $g_{ii,t}$ 的随机

表 12-2　IBM 股票和标准普尔 500 指数的月对数收益率数据的二元波动率模型估计. 时间区间是从 1962 年 1 月到 2009 年 12 月[a]

(a) 带时变自相关系数的二元 GARCH(1,1) 模型							
参数	β_{01}	β_{02}	α_{10}	α_{11}	α_{12}	α_{20}	α_{22}	γ_0
估计	0.69	0.49	3.98	0.80	0.12	10.67	0.12	0.37
标准误差	0.30	0.18	1.22	0.04	0.03	0.53	0.04	0.01

(b) 随机波动率模型									
参数	β_{01}	β_{02}	α_{10}	α_{11}	σ_{1v}^2	α_{20}	σ_{21}	σ_{2v}^2	γ_0	σ_u^2
后验均值	0.53	0.51	0.75	0.80	0.07	0.43	0.81	0.07	0.38	0.07
标准误差	0.26	0.17	0.11	0.03	0.01	0.06	0.03	0.01	0.03	0.01

a 随机波动率模型基于后 2000 次迭代 Gibbs 抽样, 迭代总次数为 2500 次.

抽样是从区间为 $[\eta_{i,1t}, \eta_{i,2t}]$ 的 500 个格子点的格子 Gibbs 抽样得到的, $[\eta_{i,1t}, \eta_{i,2t}]$ 的下界和上界的确定采用了例 12.3 的同样方法. 表 12-2b 给出了二元随机波动率模型的 "传统" 参数的后验均值和标准误差.

为了检验 Gibbs 抽样的收敛性, 我们运行此过程若干次, 每次使用不同的初始值和不同的迭代次数, 结果是稳定的. 例如, 图 12-8 描绘了两个不同 Gibbs 抽样各种数量的散点图. 第一个 Gibbs 抽样是基于 500+2000 次迭代, 第二个 Gibbs 抽样是基于 500+1000 次迭代, 其中 M+N 表示 Gibbs 迭代的总次数, 但是将前 M 次迭代的结果去掉. 散点图给出了 $\delta_{11,t}, \delta_{22,t}, \delta_{21,t}, \sigma_{22,t}, \sigma_{21,t}$ 的后验均值和相关系数 $\rho_{21,t}$. 在每幅图上添加直线 $y = x$, 为了表明后验均值接近的程度, 显然可以发现 Gibbs 抽样结果的稳定性.

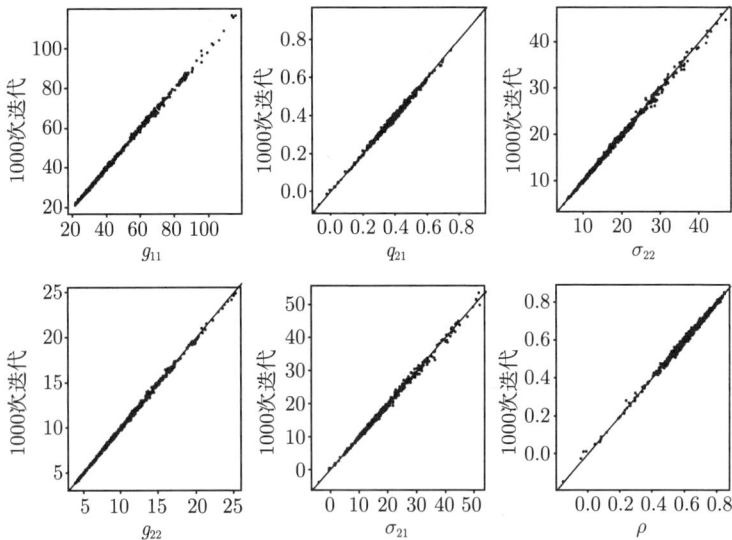

图 12-8 给 IBM 股票和标准普尔 500 指数的月对数收益率所建立的二元随机波动率模型的两种不同的Gibbs抽样的各种统计量的后验均值的散点图. X-轴表示基于 500+2000 次迭代的结果, y- 轴表示基于 500+1000 次迭代的结果. 记号如文中所述

把 BEEK 模型、方程 (12.33) 至 (12.36) 中时变相关系数的 GARCH 模型和随机波动率模型进行比较有更多发现? 首先, 和预期的相同, 3 个模型的均值方程实质上是一样的; 其次, 图 12-9 给出了 IBM 公司股票收益率的条件方差的时序图. 图 12-9a 为 GARCH 模型的, 图 12-9b 是从 BEEK 模型得到的, 图 12-9c 给出了随机波动率模型的后验均值. 这 3 个模型呈现相似的波动率特征. 它们呈现出波动率聚集现象和波动率有上升的趋势. 然而, GARCH 模型生成更高的波动率峰值, 在 1993 年附近出现了一个新的波动率峰值. 再次, 图 12-10 给出了标准普尔 500 指数收益率的条件方差的时序图. GARCH 模型在 1993 年产生了一个额外的波动率峰值. 这个新的峰值在图 12-6 给出的单变量分析中没有出现. 看上去对于

这个特殊的例子, 二元 GARCH 模型差生了一个假的波动率峰值. 这个假的峰值是由 IBM 收益率相依性引起的, 在随机波动率模型和 BEEK 模型中都没有出现. 事实上, 用二元随机波动率模型得到标准普尔 500 指数收益率的拟合波动率和使用单变量分析得到的结果相似. 第四, 图 12-11 给出了拟合条件相关系数的时序图. 该图表明三个模型有本质差别. 使用 Cholesky 分解的 GARCH 模型的相关系数相对平滑而且总是正的, 均值为 0.59、标准差为 0.07. 相关系数的范围为 (0.411, 0.849). 假设 BEEK(1, 1) 模型的相关系数在 1993 附近为小的负值而且有更多的变化, 均值为 0.59、标准差为 0.13, 范围为 (−0.020, 0.877). 然而, 由随机波动率模型产生的相关系数从一个月到另一个月有显著的变化, 均值为 0.60、标准差为 0.14, 范围为 (−0.161, 0.839). 此外, 在几个孤立的时期出现负的相关系数, 这是因为在随机波动率模型中 $q_{21,t}$ 包含随机冲击 u_t, 所以出现这样的差别是可以理解的.

注释 Gibbs 抽样估计法对于其他二元随机波动率模型同样适用. 但所需的条件后验分布是本节讨论的条件后验分布的推广, 不过它们基于相同的想法. 通过使用 Matlab 估计了 BEKK 模型. □

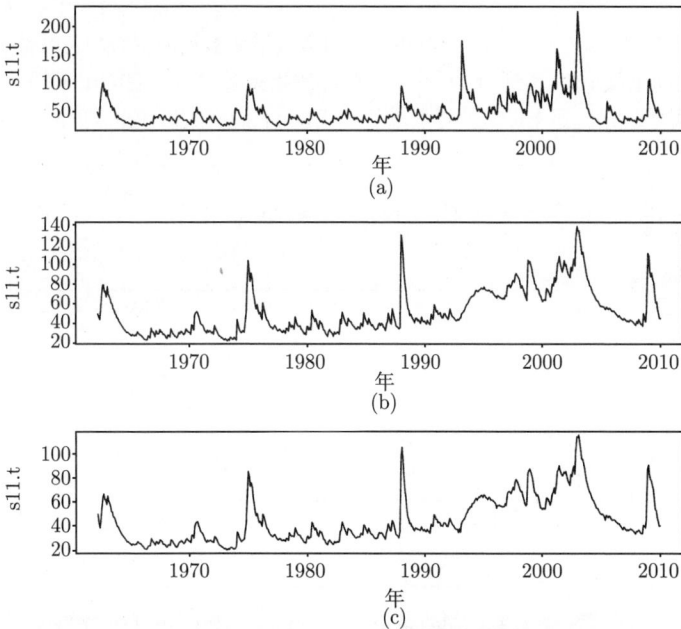

图 12-9 给 IBM 股票月对数收益率数据所拟合波动率的时间图, 时间区间是从 1962 年到 2009 年: (a) 带时变相关系数的 GARCH 模型; (b) BEKK (1, 1) 模型; (c) 运用 Gibbs 抽样器重复迭代 500+1000 次估计出来的随机波动率模型

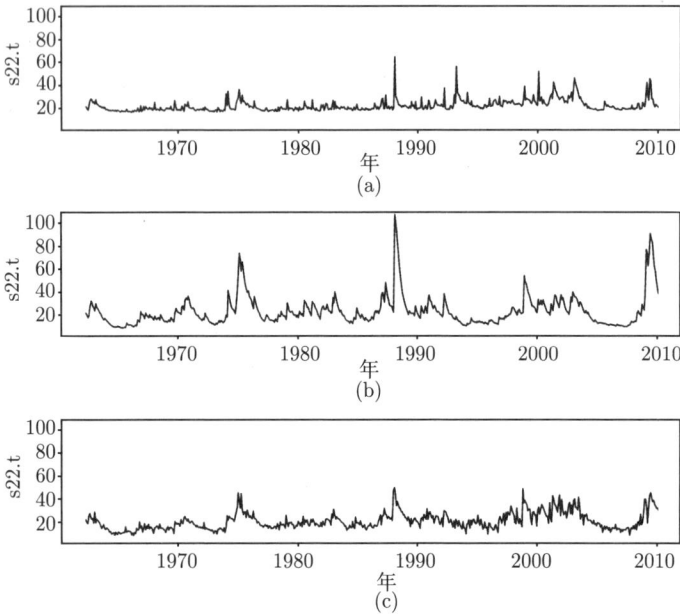

图 12-10　给 IBM 股票和标准普尔 500 指数月对数收益率数据所拟合相关系数的时间图, 时间区间是从 1962 年到 1999 年: (a) 带时变相关系数的 GARCH 模型; (b) BEKK(1, 1) 模型; (c) 运用 Gibbs 抽样器重复迭代 500+2000 次估计出来的随机波动率模型

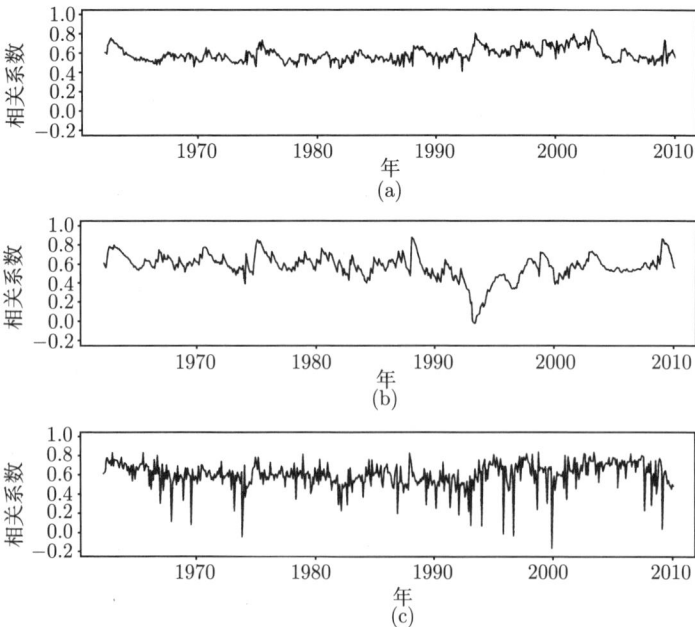

图 12-11　给标准普尔 500 指数月对数收益率数据所拟合波动率的时间图, 时间区间是从 1962 年到 1999 年: (a) 带时变相关系数的 GARCH 模型; (b) BEKK (1, 1) 模型; (c) 运用 Gibbs 抽样器重复迭代 500+2000 次估计出来的随机波动率模型

12.8　估计随机波动率模型的新方法

本节讨论估计随机波动率模型的另外一种方法. 该方法利用了卡尔曼滤波框架下的向前滤波(forward filtering) 和向后抽样(backward sampling)(FFBS) 技术来提高 Gibbs 抽样的效率. 利用混合正态分布联合抽取波动率过程能够大大地缩短计算时间. 事实上, 该方法可以用来估计许多带杠杆效应和跳跃的随机扩散模型.

为了方便陈述, 我们将一元随机波动率模型 (12.20) 和 (12.21) 改写为如下形式:

$$r_t = \boldsymbol{x}_t'\boldsymbol{\beta} + \sigma_0 \exp\left(\frac{z_t}{2}\right)\varepsilon_t, \tag{12.40}$$

$$z_{t+1} = \alpha z_t + \eta_t, \tag{12.41}$$

其中 $\boldsymbol{x}_t = (1, x_{1t}, \cdots, x_{pt})'$, $\boldsymbol{\beta} = (\beta_0, \beta_1, \cdots, \beta_p)'$, $\sigma_0 > 0$, $\{z_t\}$ 是零均值对数波动率序列, 且 $\{\varepsilon_t\}$ 和 $\{\eta_t\}$ 是二元正态分布序列, 且其均值为 0、协方差矩阵为

$$\boldsymbol{\Sigma} = \left[\begin{array}{cc} 1 & \rho\sigma_\eta \\ \rho\sigma_\eta & \sigma_\eta^2 \end{array}\right].$$

参数 ρ 是 ε_t 和 η_t 的相关系数, 代表资产收益序列 r_t 的杠杆效应(leverage effect). 具有代表性的是, 若 ρ 是负的, 则表示负收益率, 这往往会增大资产价格的波动率.

比较模型 (12.20) 和 (12.21), 我们有 $z_t = \ln h_t - \ln \sigma_0^2$ 且 $\sigma_0^2 = \exp\{\mathrm{E}[\ln h_t]\}$. 即, z_t 是均值调整后的对数波动率序列. 这种新参数化表示有一些好的性质. 例如, 波动率序列 $\sigma_0 \exp(z_t/2)$ 永远是正的. 更为重要的是, η_t 是 z_{t+1} 的新息并且与 z_t 独立. 这个简单的时间移动使我们能够处理杠杆效应. 如果假定 (12.41) 式为 $z_t = \alpha z_{t-1} + \eta_t$, 则 ε_t 和 η_t 不可能相关, 因为非零相关系数意味着 (12.40) 式中 ε_t 和 η_t 是相关的, 这将导致辨识性问题.

注释　另外, 可以将随机波动率模型写为

$$r_t = \boldsymbol{x}_t'\boldsymbol{\beta} + \sigma_0 \exp\left(\frac{z_{t-1}}{2}\right)\varepsilon_t,$$

$$z_t = \alpha z_{t-1} + \eta_t,$$

其中 $(\varepsilon_t, \eta_t)'$ 与以前一样, 服从二元正态分布. 另外还有一个等价的参数化方式:

$$r_t = \boldsymbol{x}_t'\boldsymbol{\beta} + \exp\left(\frac{z_{t-1}^*}{2}\right)\varepsilon_t,$$

$$z_t^* = \alpha_0 + \alpha z_{t-1}^* + \eta_t,$$

其中 $\mathrm{E}z_t^* = \alpha_0/(1-\alpha)$, 不为 0. 　　　　　　　　　□

在模型 (12.40) 和 (12.41) 中, 波动率模型的参数是 $\boldsymbol{\beta}$, σ_0, α, ρ, σ_η 和 $\boldsymbol{z} = (z_1, \cdots, z_n)'$, 其中 n 为样本量. 为了简便, 假定 z_1 已知. 通过 MCMC 方法估计这些参数需要其条件后验分布. 接下来, 我们将讨论所需的条件后验分布.

(1) 给定 z, σ_0 和正态先验分布, β 具有与 12.7.1 节相同的后验分布, 只是把 (12.22) 式中的 $\sqrt{h_t}$ 用 $\sigma_0 \exp(z_t/2)$ 代替.

(2) 给定 z 和 σ_η, α 只是一个简单的 AR(1) 系数. 于是, 利用近似的正态先验分布很快可以得到 α 的条件后验分布, 参见 12.7.1 节.

(3) 给定 β 和 z, 定义 $v_t = (r_t - \boldsymbol{x}_t'\boldsymbol{\beta})\exp(-z_t/2) = \sigma_0\varepsilon_t$. 于是 $\{v_t\}$ 是一列独立同分布的正态随机变量, 且均值为 0、方差为 σ_0^2. 若 σ_0^2 的先验分布为 $m\lambda/\sigma_0^2 \sim \chi_m^2$, 则 σ_0^2 的后验分布为自由度为 $m+n$ 的逆 χ^2 分布, 即

$$\frac{m\lambda + \sum_{t=1}^n v_t^2}{\sigma_0^2} \sim \chi_{m+n}^2.$$

(4) 给定 β, σ_0, z 和 α, 我们可以很容易地得到二元新息 $\boldsymbol{b_t} = (\varepsilon_t, \eta_t)'$, $t = 2, \cdots, n$. 很快可以得到 (ρ, σ_η^2) 的似然函数为

$$\begin{aligned} l(\rho, \sigma_\eta^2) &= \prod_{t=2}^n f(\boldsymbol{b}_t|\boldsymbol{\Sigma})\alpha|\boldsymbol{\Sigma}|^{-(n-1)/2}\exp\left(-\frac{1}{2}\sum_{t=2}^n \boldsymbol{b}_t'\boldsymbol{\Sigma}^{-1}\boldsymbol{b}_t\right) \\ &\propto |\boldsymbol{\Sigma}|^{-(n-1)/2}\exp\left[-\frac{1}{2}\mathrm{tr}\left(\boldsymbol{\Sigma}^{-1}\sum_{t=2}^n \boldsymbol{b}_t\boldsymbol{b}_t'\right)\right], \end{aligned}$$

其中 $\mathrm{tr}(\boldsymbol{A})$ 表示矩阵 $\boldsymbol{A}$ 的迹. 然而, 该联合分布非常复杂, 因为 ρ 和 σ_η^2 不能分离. 我们采用 Jacquier, Polson, and Rossi (2004) 的技巧, 将协方差矩阵进行如下的重新参数化:

$$\boldsymbol{\Sigma} = \begin{bmatrix} 1 & \rho\sigma_\eta \\ \rho\sigma_\eta & \sigma_\eta^2 \end{bmatrix} = \begin{bmatrix} 1 & \varphi \\ \varphi & \omega + \varphi^2 \end{bmatrix},$$

其中 $\omega = \sigma_\eta^2(1-\rho^2)$. 容易看出, $|\boldsymbol{\Sigma}| = \omega$ 且

$$\boldsymbol{\Sigma}^{-1} = \frac{1}{\omega}\begin{bmatrix} \varphi^2 & -\varphi \\ -\varphi & 1 \end{bmatrix} + \begin{bmatrix} 1 & 0 \\ 0 & 0 \end{bmatrix} \equiv \frac{1}{\omega}\boldsymbol{S} + \begin{bmatrix} 1 & 0 \\ 0 & 0 \end{bmatrix},$$

其中 $\boldsymbol{S}$ 只包含 φ. 令 $\boldsymbol{e} = (\varepsilon_2, \cdots, \varepsilon_n)'$ 和 $\boldsymbol{\eta} = (\varepsilon_2, \cdots, \varepsilon_n)'$ 为模型 (12.40) 和 (12.41) 的新息, 则似然函数变为 (只保留与参数有关的项):

$$l(\varphi, \omega)\alpha\omega^{-(n-1)2}\exp\left(-\frac{1}{2\omega}\mathrm{tr}(\boldsymbol{S}\boldsymbol{R})\right),$$

其中 $\boldsymbol{R} = \sum_{t=2}^n \boldsymbol{b}_t\boldsymbol{b}_t' = (\boldsymbol{e}, \boldsymbol{\eta})'(\boldsymbol{e}, \boldsymbol{\eta})$ 是新息的 2×2 交叉乘积矩阵. 为了简便, 我们使用共轭先验分布使得 ω 服从超参数为 $(\gamma_0/2, \gamma_1/2)$ 的逆伽玛 (IG) 分布, 即 $\omega \sim \mathrm{IG}(\gamma_0/2, \gamma_1/2)$ 且 $\varphi|\omega \sim N(0, \omega/2)$. 经过一些代数运算, (φ, ω) 的联合后验分布可以分解为正态分布和逆伽玛分布. 具体来讲,

$$\varphi \sim N\left[\tilde{\varphi}, \frac{\omega}{(2+e'e)}\right],$$

其中 $\tilde{\varphi} = e'\eta/(2+e'e)$ 且

$$\omega \sim \text{IG}\left[(n+1+\gamma_0)/2, \left\{\gamma_1 + \eta'\eta - \frac{(e'\eta)^2}{(2+e'e)}\right\}/2\right].$$

在 Gibbs 抽样中, 一旦得到 φ 和 ω, 我们便可以很容易得到 ρ 和 σ_η^2, 这是因为 $\sigma_\eta^2 = \omega + \varphi^2$, $\rho = \varphi/\sigma_\eta$. 值得注意的是, 若随机变量 ω 服从 $\text{IG}(\alpha, \beta)$ 分布, 则其概率密度函数为

$$f(\omega|\alpha,\beta) = \frac{\beta^\alpha}{\Gamma(\alpha)}\omega^{-(\alpha+1)}\exp\left(-\frac{\beta}{\omega}\right), \quad \omega > 0,$$

其中 $\alpha > 2$ 且 $\beta > 0$.

(5) 最后, 考虑给定数据和其他参数的条件下, 对数波动率 z 的联合分布. 由 (12.40) 式, 我们有

$$\frac{(r_t - x_t'\beta)^2}{\sigma_0^2} = \exp(z_t)\varepsilon_t^2.$$

因此, 令 $y_t = \ln[(r_t - x_t'\beta)^2/\sigma_0^2]$, 我们有

$$y_t = z_t + \varepsilon_t^*, \tag{12.42}$$

其中 $\varepsilon_t^* = \ln(\varepsilon_t^2)$. 由于 $\varepsilon_t^2 \sim \chi_1^2$, 从而 ε_t^* 不服从正态分布. 将 (12.42) 式作为观测方程, (12.40) 式作为状态方程, 我们就可以得到状态空间模型的形式, 只是 ε_t^* 不再服从正态分布. 参见第 11 章的 (11.26) 式和 (11.27) 式. 为了克服非正态带来的困难, Kim, Shephard 和 Chib (1998) 利用 7 种正态分布的混合来逼近 ε_t^* 的分布. 具体来讲, 我们有

$$f(\varepsilon_t^*) \approx \sum_{i=1}^7 p_i N(\mu_i, \varpi_i^2),$$

其中 p_i, μ_i 和 ϖ_i^2 由表 12-3 给出, 也可以参见 Chib, Nardari 和 Shephard (2002).

为了说明近似的充分性, 图 12-12 给出了 ε_t^* 的密度函数 (实线) 以及表 12-3 中给出的 7 种正态分布的混合的密度函数 (虚线). 这些密度是用模拟得到的, 共有 100 000 个观测. 由图可以看出, 7 种正态分布的混合逼近得非常好.

表 12-3　7 种正态分布

构成 i	概率 p_i	均值 μ_i	方差 ϖ_i^2
1	0.007 30	−11.400 4	5.796 0
2	0.105 56	−5.243 2	2.613 7
3	0.000 02	−9.837 3	5.179 5
4	0.043 95	1.507 5	0.167 4
5	0.340 01	−0.651 0	0.640 1
6	0.245 66	0.524 8	0.340 2
7	0.257 50	−2.358 6	1.262 6

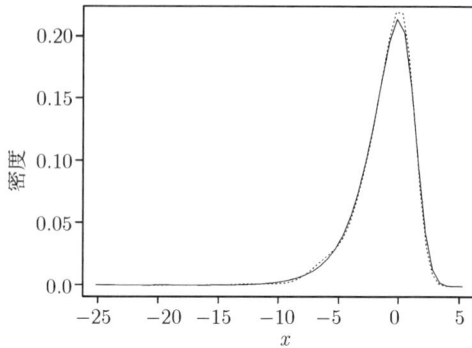

图 12-12 $\log(\chi_1^2)$ 的密度函数 (实线), 7 种正态分布的混合的
密度函数 (虚线). 结果基于 100 000 个观测

为什么高斯状态空间模型如此重要呢? 答案是: 这样一个高斯模型能够使我们
联合有效地抽取对数波动率序列 z. 为了弄清楚这一点, 考虑下述特殊的高斯状态
空间模型, 其中 η_t 和 e_t 是不相关的 (即没有杠杆效应):

$$z_{t+1} = \alpha z_t + \eta_t, \qquad \eta_t \sim_{\text{iid}} N(0, \sigma_\eta^2), \tag{12.43}$$

$$y_t = c_t + z_t + e_t, \quad e_t \sim_{\text{ind}} N(0, H_t) \tag{12.44}$$

其中, 假定 (c_t, H_t) 取表 12-3 中的 (μ_i, ϖ_i^2)(对应某个 i), 这将在后面看到. 对于这
个特定的状态空间模型, 卡尔曼滤波算法如下:

$$
\begin{aligned}
v_t &= y_t - y_{t|t-1} = y_t - c_t - z_{t|t-1}, \\
V_t &= \Sigma_{t|t-1} + H_t, \\
z_{t|t} &= z_{t|t-1} + \Sigma_{t|t-1} V_t^{-1} v_t, \\
\Sigma_{t|t} &= \Sigma_{t|t-1} - \Sigma_{t|t-1} V_t^{-1} \Sigma_{t|t-1}, \\
z_{t+1|t} &= \alpha z_{t|t}, \\
\Sigma_{t+1|t} &= \alpha^2 \Sigma_{t|t} + \sigma_\eta^2,
\end{aligned}
\tag{12.45}
$$

其中 $V_t = \text{Var}(v_t)$ 是 y_t 在给定 $F_{t-1} = (y_1, \cdots, y_{t-1})$ 条件下的向前 1 步预测误差
v_t 的方差, $z_{j|i}$ 和 $\Sigma_{j|i}$ 分别是状态变量 z_j 在给定 F_i 条件下的条件均值和条件方
差. 参见第 11 章中对于卡尔曼滤波的讨论.

向前滤波和向后抽样 (FFBS)

令 $p(z|F_n)$ 为 z 在给定收益率数据和其他参数条件下的条件联合后验分布, 这
里为了简便, 条件集合中省略了参数. 我们可以将分布分解为

$$
\begin{aligned}
p(z|F_n) &= P(z_2, z_3, \cdots, z_n | F_n) \\
&= p(z_n|F_n) p(z_{n-1}|z_n, F_n) p(z_{n-2}|z_{n-1}, z_n, F_n) \cdots p(z_2|z_3, \cdots, z_n, F_n) \\
&= p(z_n|F_n) p(z_{n-1}|z_n, F_n) p(z_{n-2}|z_{n-1}, F_n) \cdots p(z_2|z_3, F_n),
\end{aligned}
\tag{12.46}
$$

最后一个等号成立是因为 (12.43) 式中的 z_t 是马尔可夫过程, 因此在已知 z_{t+1} 的条件下, z_t 与 $z_{t+j}(j > 1)$ 是独立的.

由 (12.45) 式的卡尔曼滤波知, $p(z_n|F_n)$ 是正态的, 且其均值为 $z_{n|n}$、方差为 $\Sigma_{n|n}$. 接下来考虑 (12.46) 式的第二项 $p(z_{n-1}|z_n, F_n)$. 我们有

$$p(z_{n-1}|z_n, F_n) = p(z_{n-1}|z_n, F_{n-1}, y_n) = p(z_{n-1}|z_n, F_{n-1}, v_n), \qquad (12.47)$$

其中 $v_n = y_n - y_{n|n-1}$ 是 y_n 的向前 1 步预测误差. 由 (12.43) 式和 (12.44) 式的状态空间模型知 z_{n-1} 与 v_n 独立. 因此

$$p(z_{n-1}|z_n, F_n) = p(z_{n-1}|z_n, F_{n-1}). \qquad (12.48)$$

这是一个很重要的性质, 因为它意味着通过第 11 章的定理 11.1, 可以由在给定 F_{n-1} 条件下 (z_{n-1}, z_n) 的联合分布来推导出后验分布 $p(z_{n-1}|z_n, F_n)$. 首先, 在高斯假定下联合分布是二元正态的. 其次, 在给定 F_{n-1} 的条件下, (z_{n-1}, z_n) 的条件均值和条件方差可以很容易地从 (12.45) 式的卡尔曼滤波算法中得到. 具体来讲, 我们有

$$\left[\begin{array}{c} z_{n-1} \\ z_n \end{array}\right]_{F_{n-1}} \sim N\left(\left[\begin{array}{c} z_{n-1|n-1} \\ z_{n|n-1} \end{array}\right], \left[\begin{array}{cc} \Sigma_{n-1|n-1} & \alpha\Sigma_{n-1|n-1} \\ \alpha\Sigma_{n-1|n-1} & \Sigma_{n|n-1} \end{array}\right]\right), \qquad (12.49)$$

其中方差可以通过如下步骤得到: (i) 在 (12.43) 式两端同时乘以 z_{n-1}; (ii) 取条件期望. 值得注意的是, (12.49) 式中所涉及的所有量都可以由卡尔曼滤波得到. 因此, 由定理 11.1, 我们有

$$p(z_{n-1}|z_n, F_n) \sim N(\mu_{n-1}^*, \Sigma_{n-1}^*), \qquad (12.50)$$

其中

$$\mu_{n-1}^* = z_{n-1|n-1} + \alpha\Sigma_{n-1|n-1}\Sigma_{n|n-1}^{-1}(z_n - z_{n|n-1}),$$
$$\Sigma_{n-1}^* = \Sigma_{n-1|n-1} - \alpha^2\Sigma_{n-1|n-1}^2\Sigma_{n|n-1}^{-1}.$$

接下来, 对于条件后验分布 $p(z_{n-2}|z_{n-1}, F_n)$, 我们有

$$\begin{aligned} p(z_{n-2}|z_{n-1}, F_n) &= p(z_{n-2}|z_{n-1}, F_{n-2}, y_{n-1}, y_n) \\ &= p(z_{n-2}|z_{n-1}, F_{n-2}, v_{n-1}, v_n) \\ &= p(z_{n-2}|z_{n-1}, F_{n-2}). \end{aligned}$$

因此, 与前面一样, 可以由二元正态分布 $p(z_{n-2}, z_{n-1}|F_n)$ 得到 $p(z_{n-2}|z_{n-1}, F_n)$. 一般地, 我们有

$$p(z_t|z_{t+1}, F_n) = p(z_t|z_{t+1}, F_t), \quad 1 < t < n.$$

此外, 由卡尔曼滤波, $p(z_t, z_{t+1}|F_t)$ 是二元正态的且

$$\begin{bmatrix} z_t \\ z_{t+1} \end{bmatrix}_{F_t} \sim N\left(\begin{bmatrix} z_{t|t} \\ z_{t+1|t} \end{bmatrix}, \begin{bmatrix} \Sigma_{t|t} & \alpha\Sigma_{t|t} \\ \alpha\Sigma_{t|t} & \Sigma_{t+1|t} \end{bmatrix} \right). \tag{12.51}$$

因此,

$$p(z_t|z_{t+1}, F_t) \sim N(\mu_t^*, \Sigma_t^*),$$

其中,

$$\mu_t^* = z_{t|t} + \alpha\Sigma_{t|t}\Sigma_{t+1|t}^{-1}(z_{t+1} - z_{t+1|t}),$$
$$\Sigma_t^* = \Sigma_{t|t} - \alpha^2\Sigma_{t|t}^2\Sigma_{t+1|t}^{-1}.$$

前面的推导意味着, 我们可以通过递归方法, 利用由卡尔曼滤波得到的已知量联合抽取波动率序列 z. 也就是说, 给定初始值 $z_{1|0}$ 和 $\Sigma_{1|0}$, 利用 (12.45) 式的卡尔曼滤波将收益率数据向前推移, 然后利用向后递归的方法抽取波动率序列 z 的一个实现. 此方法称为向前滤波(forward filtering) 和向后抽样(backward sampling)(FFBS). 参见 Carter and Kohn (1994) 以及 Frühwirth-Schnatter (1994). 由于波动率序列是序列相关的, 故联合抽取序列更加有效.

注释   FFBS 方法适用于一般的线性高斯状态空间模型. 主要思想是利用模型的马尔可夫性和状态转移方程的结构, 使得

$$p(\boldsymbol{S}_t|\boldsymbol{S}_{t+1}, F_n) = p(\boldsymbol{S}_t|\boldsymbol{S}_{t+1}, F_t, v_{t+1}, \cdots, v_n) = p(\boldsymbol{S}_t|\boldsymbol{S}_{t+1}, F_t),$$

其中 $\boldsymbol{S}_t$ 是 t 时刻的状态向量, v_j 是向前 1 步预测误差. 该等式使得我们能够利用定理 11.1 推导出一个递归的方法来联合抽取状态向量. □

再回到随机波动率模型的估计. 如同在 (12.42) 式中一样, 令 $y_t = \ln[(r_t - \boldsymbol{x}_t'\boldsymbol{\beta})^2/\sigma_0^2]$. 为了实现 FFBS, 我们必须确定 (12.44) 式中的 c_t 和 H_t, 使得正态分布的混合能够对 ε_t^* 的分布提供一个很好的近似. 为此, 我们用一列独立的指示变量 $\{I_t\}$ 来扩充模型, 其中对于每个 t, I_t 在 $\{1, \cdots, 7\}$ 中取值, 满足 $P(I_t = i) = p_{it}$ 且 $\sum_{i=1}^{7} p_{it} = 1$. 实际中, 在已知 $\{z_t\}$ 的条件下, 我们可以按如下方法确定 c_t 和 H_t. 令

$$q_{it} = \Phi[(y_t - z_t - \mu_i)/\varpi_i], \quad i = 1, \cdots, 7,$$

其中 μ_i 和 ϖ_i 分别是表 12-3 中所给出的正态分布的均值和标准误差, $\Phi(\cdot)$ 表示标准正态随机变量的累积分布函数. 概率 q_{it} 是给定 y_t 和 z_t 的条件下, I_t 的似然函数. 表 12-3 中的概率 p_i 构成了 I_t 的先验分布. 因此, I_t 的后验分布为

$$p_{it} = \frac{p_i q_{it}}{\sum_{j=1}^{7} p_j q_{jt}}, \quad i = 1, \cdots, 7.$$

我们可以利用该后验分布抽取 I_t 的一个实现. 如果随机抽取是 $I_t = j$, 则定义 $c_t = \mu_j$, $H_t = \varpi_j^2$. 综上所述, 在已知收益率数据和模型其他参数的条件下, 我们利

用 (12.43) 式和 (12.44) 式中近似的线性高斯状态空间模型来联合抽取对数波动率序列 z. 我们发现这样得到的 Gibbs 抽样在估计一元波动率模型时是有效的.

另一方面, (12.42) 式所涉及的平方变换不能保持 η_t 和 ε_t 的相关性 (如果有的话), 这使得 (12.43) 式和 (12.44) 式中近似的状态空间模型不能估计杠杆效应. 为了克服这个不足, Artigas 和 Tsay (2004) 建议使用时变状态空间模型来保持杠杆效应. 具体来讲, 当 $\rho \neq 0$ 时, 我们有

$$\eta_t = \rho\sigma_\eta\varepsilon_t + \eta_t^*,$$

其中 η_t^* 是与 ε_t 独立的正态随机变量且 $\mathrm{Var}(\eta_t^*) = \sigma_\eta^2(1 - \rho^2)$. 于是 (12.43) 式的状态转移方程变为

$$z_{t+1} = \alpha z_t + \rho\sigma_\eta\varepsilon_t + \eta_t^*.$$

将 $\varepsilon_t = (1/\sigma_0)(r_t - \boldsymbol{x}_t'\boldsymbol{\beta})\exp(-z_t/2)$ 代入, 我们得到

$$
\begin{aligned}
z_{t+1} &= \alpha z_t + \frac{\rho\sigma_\eta(r_t - \boldsymbol{x}_t'\boldsymbol{\beta})}{\sigma_0}\exp(-z_t/2) + \eta_t^* \\
&= G(z_t) + \eta_t^*
\end{aligned}
\tag{12.52}
$$

其中 $G(z_t) = \alpha z_t + \rho\sigma_\eta(r_t - \boldsymbol{x}_t'\boldsymbol{\beta})\exp(-z_t/2)/\sigma_0$. 对于状态变量 z_t 而言, 这是一个非线性转移方程. (12.45) 式的卡尔曼滤波不再适用. 为了克服该困难, Artigas 和 Tsay (2004) 用时变线性卡尔曼滤波来逼近该系统. 具体来讲, (12.45) 式的最后两个等式改为

$$
\begin{aligned}
z_{t+1|t} &= G(z_{t|t}), \\
\Sigma_{t+1/t} &= g(z_{t|t})^2\Sigma_{t|t} + \sigma_\eta^2(1 - \rho^2),
\end{aligned}
\tag{12.53}
$$

其中 $g(z_{t|t}) = \partial G(x)/\partial x|_{x=z_{t|t}}$ 是 $G(z_t)$ 的一阶导数在平滑状态 $z_{t|t}$ 处的取值.

例 12.5 为了演示 FFBS 方法, 我们考虑标准普尔 500 指数的月对数收益率, 时间区间是从 1962 年 1 月到 2004 年 11 月, 共有 515 个观测. 这是例 12.3 使用的数据子序列. 图 12-4 给出了对数标准普尔 500 指数和对数收益率的时间图. 原始数据来自雅虎金融网站. 令 r_t 表示月对数收益率. 我们考虑两个如下形式的随机波动率模型

$$
\begin{aligned}
r_t &= \mu + \sigma_0\exp(z_t/2)\varepsilon_t, & \varepsilon_t &\sim_{\mathrm{iid}} N(0, 1), \\
z_{t+1} &= \alpha z_t + \eta_t, & \eta_t &\sim_{\mathrm{iid}} N(0, \sigma_\eta^2).
\end{aligned}
\tag{12.54}
$$

在模型 1 中, $\{\varepsilon_t\}$ 和 $\{\eta_t\}$ 是两个独立的高斯白噪声序列. 也就是说, 该模型中没有杠杆效应. 在模型 2 中, 我们假定 $\mathrm{corr}(\varepsilon_t, e_t) = \rho$, 这代表杠杆效应.

我们通过 FFBS 方法用 Matlab 的程序估计模型. 进行了 2000+8000 次 Gibbs 迭代, 前 2000 次迭代被删去了. 表 12-4 给出了参数估计的后验均值和后验标准误差. 尤其是, 我们有 $\hat{\rho} = -0.39$, 非常接近于文献中经常看到的值. 图 12-13 给出了后验均值和被估波动率的时间图. 如所料想, 两个波动率序列非常靠近. 与例 12.3

那里的序列更短的结果相比, 被估波动率序列呈现出相似的形式和相同的幅度. 注意图 12-6 给出的波动率是对数收益率百分比的条件方差, 而图 12-13 是对数收益率的条件标准误差.

表 12-4　对于从 1962 年 1 月到 2004 年 11 月的标准普尔 500 指数的月对数收益率, 利用带 FFBS 算法的 Gibbs 抽样拟合随机波动率模型 (12.54) 时的估计[a]

参数	μ	σ_o	α	σ_η	ρ
带杠杆效应					
估计	0.008 1	0.076 4	$-0.061\ 6$	2.563 9	$-0.389\ 2$
标准误差	0.027 4	0.025 5	0.118 6	0.392 4	0.029 2
不带杠杆效应					
估计	0.008 0	0.077 5	$-0.061\ 3$	2.582 7	
标准误差	0.027 9	0.026 6	0.116 4	0.378 3	

a 结果基于 2000+8000 次 Gibbs 迭代, 前 2000 次迭代被删除了.

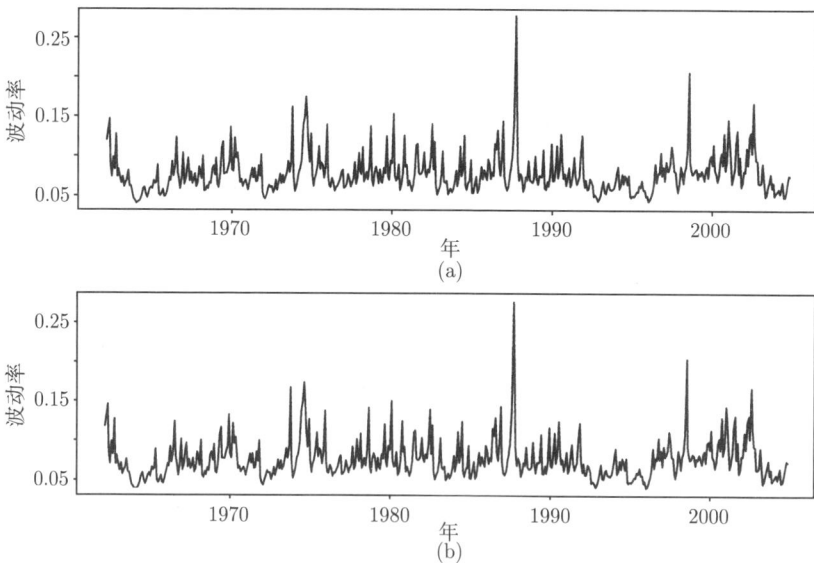

图 12-13　利用随机波动率模型为标准普尔 500 指数月对数收益率所估计的波动率, 时间区间是从 1962 年 1 月到 2004 年 11 月: (a) 带杠杆效应; (b) 不带杠杆效应

12.9　马尔可夫转换模型

马尔可夫转换模型是又一个用 MCMC 方法比用其他传统似然方法有更多优势的计量经济学模型. McCulloch 和 Tsay (1994) 讨论了一个 Gibbs 抽样方法来估计在每一个状态的随机波动率都是不随时间变化的模型. 他们为美国实际国民生产总值的季度增长率 (已做季节性调整) 建立了一个对不同的状态带有不同的动态

机制和均值水平的 Markov 转换模型, 并用他们的方法去估计, 从而得到一些有趣的结果. 例如, 在经济扩张期和经济紧缩期, 增长率的动态变化有明显的不同. 由于本章关注的是资产收益率, 故我们集中考虑模型的波动率转换.

假定资产收益率 r_t 服从一个简单的两个状态的转换模型. 该模型有不同的风险溢价和不同的 GARCH 动态机制:

$$r_t = \begin{cases} \beta_1\sqrt{h_t} + \sqrt{h_t}\varepsilon_t, h_t = \alpha_{10} + \alpha_{11}h_{t-1} + \alpha_{12}a_{t-1}^2, & \text{若} \quad s_t = 1, \\ \beta_2\sqrt{h_t} + \sqrt{h_t}\varepsilon_t, h_t = \alpha_{20} + \alpha_{21}h_{t-1} + \alpha_{22}a_{t-1}^2, & \text{若} \quad s_t = 2, \end{cases} \quad (12.55)$$

其中 $a_t = \sqrt{h_t}\varepsilon_t$, $\{\varepsilon_t\}$ 是均值为 0、方差为 1 的高斯白噪声序列, 参数 α_{ij} 满足一些正则性条件使得 a_t 的无条件方差存在. 从一个状态到另一个状态的概率转移由下式确定

$$P(s_t = 2|s_{t-1} = 1) = e_1 \quad, \quad P(s_t = 1|s_{t-1} = 2) = e_2, \quad (12.56)$$

这里 $0 < e_i < 1$. 一个小 e_i 意味着收益率序列倾向于在同一状态 i 逗留, 期望持续时间为 $1/e_i$. 对 (12.55) 式中的待识别模型, 我们假定 $\beta_2 > \beta_1$, 使得状态 2 与更高的风险溢价相联系. 这并不是一个关键性的限制, 因为它用来得到状态的唯一标记. 模型的一个特殊情形是对所有的 j, $\alpha_{1j} = \alpha_{2j}$, 即对所有的状态都假定一个 GARCH 模型. 然而, 如果用 β_i 代替 $\beta_i\sqrt{h_t}$, 则模型 (12.55) 简化为简单的马尔可夫转换 GARCH 模型.

模型 (12.55) 是一个马尔可夫转换 GARCH-M 模型. 为了简便, 我们假定 h_1 的初始波动率是给定的, 其值等于 r_t 的样本方差. 一个更加熟练的分析是将 h_1 作为一个参数, 并与其他参数联合估计. 我们认为在大多数应用中固定 h_1 所带来的效应都可以忽略, 尤其当样本量很大时. 马尔可夫转换 GARCH-M 模型的 "传统" 参数为 $\boldsymbol{\beta} = (\beta_1, \beta_2)'$, $\boldsymbol{\alpha}_i = (\alpha_{i0}, \alpha_{i1}, \alpha_{i2})'(i = 1, 2$, 且转移概率为 $\boldsymbol{e} = (e_1, e_2)'$. 状态向量 $\boldsymbol{S} = (s_1, s_2, \cdots, s_n)'$ 包含了扩张参数. 如果给定 h_1, $\boldsymbol{\alpha}_i$ 和状态向量 $\boldsymbol{S}$, 则波动率向量 $\boldsymbol{H} = (h_2, \cdots, h_n)'$ 可以递推地计算.

模型 (12.55) 中收益率对波动率的依赖蕴含了收益率也是序列相关的, 这样该模型在收益率方面具有一些可预测性. 然而, 将来收益率的状态是未知的, 而且由模型产生的预测必须是所有状态配置上那些预测的一个混合. 这通常导致未来收益率的点预测具有较高的不确定性.

下面考虑估计. 模型 (12.55) 中的似然函数是复杂的, 因为它是所有可能的状态配置的一个混合. 然而 Gibbs 抽样法仅仅要求如下的条件后验分布

$$f(\boldsymbol{\beta}|\boldsymbol{R}, \boldsymbol{S}, \boldsymbol{H}, \alpha_1, \alpha_2), \quad f(\boldsymbol{\alpha}_i|\boldsymbol{R}, \boldsymbol{S}, \boldsymbol{H}, \boldsymbol{\alpha}_{j\neq i}),$$

$$P(\boldsymbol{S}|\boldsymbol{R}, h_1, \boldsymbol{\alpha}_1, \boldsymbol{\alpha}_2), \quad f(e_i|\boldsymbol{S}), \quad i = 1, 2.$$

这里 $\boldsymbol{R}$ 是观测收益率的集合. 为了简便, 我们利用 12.3 节讨论的共轭先验分布, 即

$$\beta_i \sim N(\beta_{i0}, \sigma_{i0}^2), \quad e_i \sim Beta(\gamma_{i1}, \gamma_{i2}).$$

参数 α_{ij} 的先验分布在一个恰当指定的区间上是均匀的. 因为 α_{ij} 是似然函数的非线性参数, 我们利用格子 Gibbs 抽样来抽取其随机实现. 均匀先验分布简化了所涉及到的计算. 下面给出了条件后验分布的细节.

(1) β_i 的后验分布仅仅依赖于处于状态 i 中数据, 定义

$$r_{it} = \begin{cases} r_t/\sqrt{h_t}, & \text{若} s_t = i, \\ 0, & \text{其他}, \end{cases}$$

则我们有

$$r_{it} = \beta_i + \varepsilon_t, s_t = i.$$

因此, 数据关于 β_i 的信息包含在 r_{it} 的样本均值之中. 令 $\bar{r}_i = \left(\sum_{s_t=i} r_{it} \right) /n_i$, 这里的求和是对处于状态 i 的所有数据点求和, n_i 是处于状态 i 的数据点的个数. 于是 β_i 的条件后验分布的均值为 β_i^*、方差为 σ_{i*}^2, 其中

$$\frac{1}{\sigma_{i*}^2} = n_i + \frac{1}{\sigma_{i0}^2}, \quad \beta_i^* = \sigma_{i*}^2 \left(n_i \bar{r}_i + \beta_{i0}/\sigma_{i0}^2 \right), \quad i = 1, 2.$$

(2) 下一步, 参数 α_{ij} 可以利用格子 Gibbs 方法逐个抽取. 给定 h_1, $\boldsymbol{S}$, $\alpha_{v \neq i}$ 和 $\alpha_{iv}(v \neq j)$, 则 α_{ij} 的条件后验分布并不对应于一个著名的分布, 但是它可以很容易地估计, 因为

$$\text{若} s_t = i, \text{则} f(\alpha_{ij}|.) \propto -\frac{1}{2} \left[\ln h_t + \frac{(r_t - \beta_i \sqrt{h_t})^2}{h_t} \right],$$

其中 h_t 含有 α_{ij}. 我们对一个恰当指定的区间上 α_{ij} 的一列格点估计这个函数. 例如 $0 \leqslant \alpha_{11} < 1 - \alpha_{12}$.

(3) e_i 的条件后验分布只涉及 $\boldsymbol{S}$. 令 ℓ_1 表示在 $\boldsymbol{S}$ 中从状态 1 到状态 2 转换的个数, ℓ_2 表示从状态 2 到状态 1 转换的个数, 再令 n_i 表示处于状态 i 的数据点的个数, 则由共轭先验分布的结果 3, e_i 的后验分布是 $\text{beta}(\gamma_{i1} + \ell_i, \gamma_{i2} + n_i - \ell_i)$.

(4) 最后, $\boldsymbol{S}$ 中元素可以逐个抽取. 令 $\boldsymbol{S}_{-j}$ 表示将 $\boldsymbol{S}$ 中去掉 s_j 之后得到的向量. 给定 $\boldsymbol{S}_{-j}$ 与其他信息, 可以假定 s_j 有两种可能 (即 $s_j = 1$ 或 $s_j = 2$), 且它的条件后验分布为

$$\boldsymbol{P}(s_j|.) \propto \prod_{t=j}^{n} f(a_t|\boldsymbol{H}) \boldsymbol{P}(s_j|\boldsymbol{S}_{-j}).$$

概率 $P(s_j = i|\boldsymbol{S}_{-j}) = P(s_j = i|s_{j-1}, s_{j+1})$, $i = 1, 2$, 可以由 (12.56) 式的马尔可夫转移概率计算. 另外, 假定 $s_j = i$, 则对 $t \geqslant j$, 可以递推地计算 h_t. 相关的似然函数用 $L(s_j)$ 表示, 它由下式给出, 对 $i = 1, 2$,

$$L(s_j = i) = \prod_{t=j}^{n} f(a_t|\boldsymbol{H}) \propto \exp(f_{ji}), \quad f_{ji} = \sum_{t=j}^{n} -\frac{1}{2} \left[\ln(h_t) + \frac{a_t^2}{h_t} \right],$$

上式中, 如果 $s_t = 1$, 则 $a_t = r_t - \beta_1\sqrt{h_t}$; 否则, $a_t = r_t - \beta_2\sqrt{h_t}$. 因此, $s_j = 1$ 的条件后验分布为

$$P(s_j = 1|\cdot)$$
$$= \frac{P(s_j = 1|s_{j-1}, s_{j+1})L(s_j = 1)}{P(s_j = 1|s_{j-1}, s_{j+1})L(s_j = 1) + P(s_j = 2|s_{j-1}, s_{j+1})L(s_j = 2)}.$$

从而状态 s_j 可以利用单位区间 $[0,1]$ 上的均匀分布很容易抽取.

注释 因为当 e_1 和 e_2 都很小时, s_j 与 s_{j+1} 是高度相关的, 所以联合抽取几个 s_j 更加有效. 然而, 随着联合抽取状态数量的增加, 状态涉及的计算也可能快速增加. □

例 12.6 本例中, 我们考虑 General Electric 公司从 1926 年 1 月至 1999 年 12 月的月对数收益率, 共有 888 个观测. 该收益率用百分比表示, 并在图 12-14a 中给出. 为了比较, 我们对序列以一个 GARCH-M 模型开始, 得到

$$r_t = 0.182\sqrt{h_t} + a_t, \quad a_t = \sqrt{h_t}\varepsilon_t,$$
$$h_t = 0.546 + 1.740h_{t-1} - 0.775h_{t-2} + 0.025a_{t-1}^2. \tag{12.57}$$

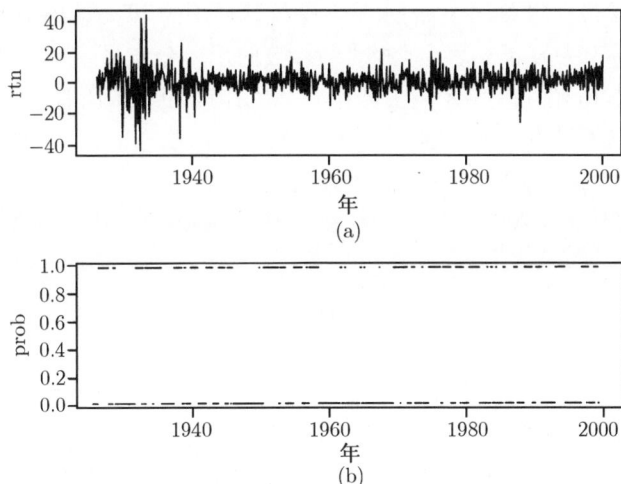

图 12-14 (a) GE 股票从 1926 年到 1999 年的月对数收益率的时间图;(b) 处于状态 2 的后验概率的时间图, 基于共有 5000+2000 次迭代的 Gibbs 抽样的后 2000 次迭代产生的结果. 所用模型是两状态的 Markov 转换 GARCH-M 模型

r_t 是月对数收益率, $\{\varepsilon_t\}$ 是均值为 0、方差为 1 的独立高斯白噪声序列. 所有参数的估计都是高度显著的, 其 p 值都小于 0. 000 6. 标准化残差及其平方的 L-B 统计量没能表明任何的模型不充分性. 这重新保证了风险溢价是正的, 而且是显著的. GARCH 模型 (12.57) 可以写为

$$(1 - 1.765B + 0.775B^2)a_t^2 = 0.546 + (1 - 0.025B)\eta_t,$$

其中 $\eta_t = a_t^2 - h_t$, B 是向后推移算子, 满足 $Ba_t^2 = a_{t-1}^2$. 如同第 3 章中讨论的, 上述方程可以认为是平方序列 a_t^2 的一个带非齐次新息的 ARMA(2,1) 模型. AR 多项式可以因式分解为 $(1 - 0.945B)(1 - 0.820B)$, 这表明它具有两个小于 1 的实特征根. 因此, r_t 的无条件方差有限, 且等于 $0.546/(1 - 1.765 + 0.775) \approx 49.64$.

现在来考虑马尔可夫转换模型. 我们利用下面的先验分布:

$$\beta_1 \sim N(0.3, 0.09), \quad \beta_2 \sim N(1.3, 0.09), \quad \varepsilon_i \sim \text{Beta}(5, 95).$$

初始参数值为 (a) $e_i = 0.1$; (b) s_1 是一个具有等概率的伯努利实验, s_t 是用初始转移概率产生的序列; (c) $\boldsymbol{\alpha}_1 = (1.0, 0.6, 0.2)'$, $\boldsymbol{\alpha}_2 = (2, 0.7, 0.1)'$. α_{ij} 是用具有 400 个格点的格子 Gibbs 抽取的, 格子点在下面范围是等间隔的:

$$\alpha_{i0} \in [0, 6.0], \quad \alpha_{i1} \in [0, 1], \quad \alpha_{i2} \in [0, 0.5].$$

另外, 对于 $i = 1, 2$, 我们实施限制 $\alpha_{i1} + \alpha_{i2} < 1$. Gibbs 抽样进行 5 000 + 2 000 次迭代, 但是仅用最后 2000 次迭代的结果来进行推断.

表 12-5 给出了 (12.55) 式中马尔可夫转换 GARCH-M 模型参数的后验均值和后验标准误差. 特别地, 它也包含了一些可以说明两状态之间差别的统计量, 如 $\theta = \beta_2 - \beta_1$. 风险溢价之差在 5% 的水平下是统计显著的. 两个状态的波动率参数的后验均值之差看上去并不显著, 而波动率参数的后验分布显示了一些不同的特征. 图 12-15 和图 12-16 给出了马尔可夫转换 GARCH-M 模型中所有参数的直方图. 它们展示了两状态之间的某种差别, 图 12-17 显示了两状态的持续参数 $\alpha_{i1} + \alpha_{i2}$ 的时间图. 它说明了状态 1 的持续参数频繁地到达边界 1.0, 但状态 2 却不如此. 两状态的期望持续时间分别是 11 个月和 9 个月. 图 12-14b 显示了每个观测处在状态 2 的后验概率.

表 12-5 给 GE 股票从 1926 年 1 月到 1999 年 12 月的月对数收益率拟合的马尔可夫转换 GARCH-M 模型[a]

状态 1					
参数	β_1	e_1	α_{10}	α_{11}	α_{12}
后验均值	0.111	0.089	2.070	0.844	0.033
后验标准误差	0.043	0.012	1.001	0.038	0.033
状态 2					
参数	β_2	e_2	α_{20}	α_{21}	α_{22}
后验均值	0.247	0.112	2.740	0.869	0.068
后验标准误差	0.050	0.014	1.073	0.031	0.024
状态之间的差					
参数	$\beta_2 - \beta_1$	$e_2 - e_1$	$\alpha_{20} - \alpha_{10}$	$\alpha_{21} - \alpha_{11}$	$\alpha_{22} - \alpha_{12}$
后验均值	0.135	0.023	0.670	0.026	-0.064
后验标准误差	0.063	0.019	1.608	0.050	0.043

a 所示数字是基于 5000+2000 次迭代的 Gibbs 抽样的参数的后验均值和后验标准误差. 前 5000 次的结果舍去. 先验分布和先验参数估计值在文中给出.

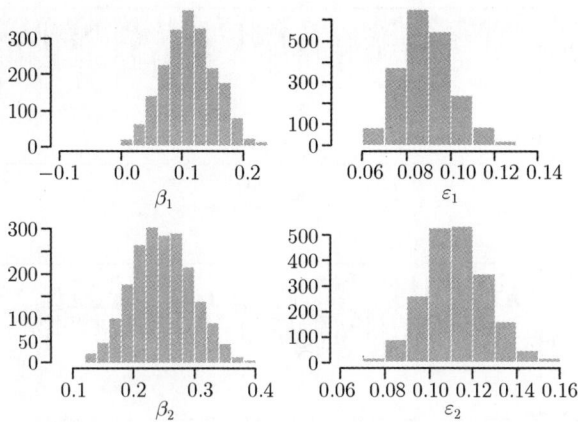

图 12-15 对于 GE 股票从 1926 年到 1999 年的月对数收益率, 拟合两状态马尔可夫转换 GARCH-M 模型的转移概率和风险溢价的直方图. 结果基于共有 5000+2000 次迭代的 Gibbs 抽样的后 2000 次迭代

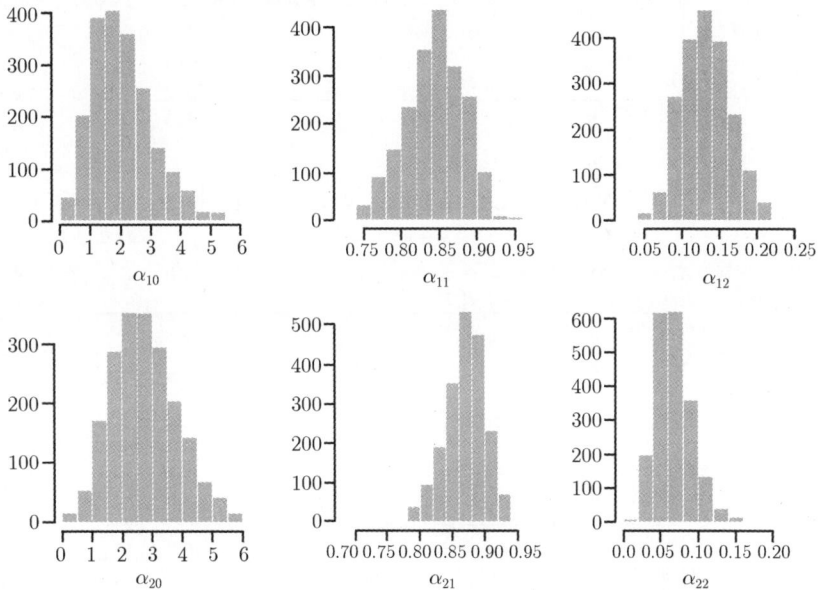

图 12-16 对于 GE 股票从 1926 年到 1999 年的月对数收益率, 拟合两状态马尔可夫转换 GARCH-M 模型的波动率参数估计的直方图. 结果基于共有 5000+2000 次迭代的 Gibbs 抽样的后 2000 次迭代

最后, 我们比较分别由简单 GARCH-M 模型 (12.57) 和马尔可夫转换 GARCH-M 模型 (12.55) 所拟合的波动率序列. 两个拟合波动率序列 (图 12-18) 呈现了相似的模式, 且与平方对数收益率的行为一致. 简单 GARCH-M 模型产生了具有较低波动率估计的更光滑的波动率序列.

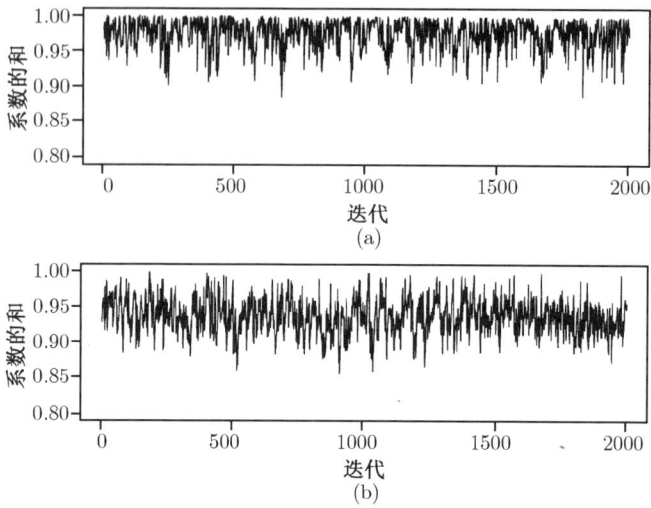

图 12-17　对于 GE 股票从 1926 年到 1999 年的月对数收益率, 拟合两状态马尔可夫转换 GARCH-M 模型的持续参数 $\alpha_{i1} + \alpha_{i2}$ 的时间图. 结果基于共有 5 000+2 000 次迭代的 Gibbs 抽样的后 2000 次迭代

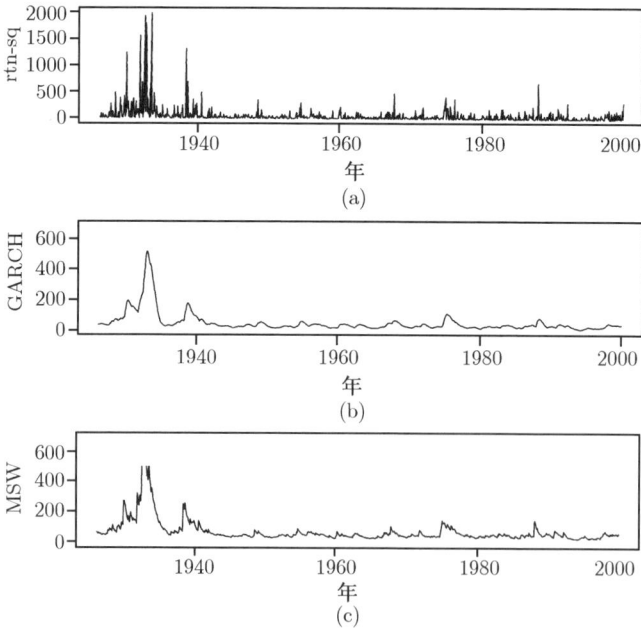

图 12-18　对于 GE 股票从 1926 年到 1999 年的月对数收益率, 所拟合的波动率序列的时间图: (a) 对数收益率的平方; (b) GARCH-M 模型 (12.59); (c) 两状态马尔可夫转换 GARCH-M 模型 (12.57)

12.10 预 测

MCMC 框架下的预测很容易进行. 这个方法就是在每个 Gibbs 迭代中利用拟合的模型产生预测期的样本. 从某种意义上, 这里的预测是利用拟合的模型来模拟预测期的实现. 我们利用一元随机波动率模型来说明该方法, 其他模型的预测可以利用同样的方法得到.

考虑随机波动率模型 (12.20) 和 (12.21). 假定可以得到 n 个收益率, 且我们对预测收益率 r_{n+i} 和波动率 h_{n+i} 感兴趣 $(i = 1, \cdots, l, l > 0)$. 假定 (12.20) 式中的解释变量 x_{jt} 在预测期或者可以得到或者可以按顺序预测. 在 MCMC 框架下, 模型的估计是通过 Gibbs 抽样进行的, 从它们的条件后验分布中迭代地抽取参数值. 将第 j 次 Gibbs 迭代中的参数表示为 $\boldsymbol{\beta}_j = (\beta_{0,j}, \cdots, \beta_{p,j})'$, $\boldsymbol{\alpha}_j = (\alpha_{0,j}, \alpha_{1,j})'$ 和 $\sigma_{v,j}^2$. 换言之, 在第 j 次 Gibbs 迭代中, 模型为

$$r = \beta_{0,j} + \beta_{1,j}x_{1t} + \cdots + \beta_{p,j}x_{pt} + a_t, \tag{12.58}$$

$$\ln h_t = \alpha_{0,j} + \alpha_{1,j}\ln h_{t-1} + v_t, \quad \mathrm{Var}(v_t) = \sigma_{v,j}^2. \tag{12.59}$$

我们可以利用这个模型来产生 r_{n+i} 和 $h_{n+i}(i = 1, \cdots, l)$ 的一个实现并将模拟的实现分别表示为 $r_{n+i,j}$ 和 $h_{n+i,j}$. 这些实现通过如下步骤产生:

- 从 $N(0, \sigma_{v,j}^2)$ 中抽取一个随机样本, 利用 (12.59) 式计算 $h_{n+i,j}$;
- 从 $N(0,1)$ 中抽取一个随机样本 ε_{n+1}, 得到 $a_{n+1,j} = \sqrt{h_{n+1,j}}\varepsilon_{n+1}$, 并利用 (12.58) 式计算 $r_{n+1,j}$.
- 对 $n+i, \quad i = 2, \cdots, l$ 按顺序重复前面的两个步骤.

如果在模型估计中运行 $M + N$ 个迭代的 Gibbs 抽样, 则我们仅仅需要计算最后 N 个迭代的预测. 这样就得到了 r_{n+i} 和 h_{n+i} 的一个随机样本. 更具体来讲, 我们得到

$$\{r_{n+1,j}, \cdots, r_{n+l,j}\}_{j=1}^N, \quad \{h_{n+1,j}, \cdots, h_{n+l,j}\}_{j=1}^N.$$

可以利用这两个随机样本进行推断. 例如, 收益率 r_{n+i} 和波动率 h_{n+i} 的点预测就是这两个随机样本的样本均值. 类似地, 可以利用样本标准误差作为预测误差的方差. 为了提高波动率预测中计算的有效性, 可以利用重点抽样. 参见 Gelman, Carlin, Stern and Rubin (2003).

例 12.7 (例 12.3 的续) 作为说明, 我们考虑标准普尔 500 指数从 1962 年至 1999 年的月对数收益率序列. 表 12-6 给出了收益率及其波动率的以 1999 年 12 月为预测原点的向前 5 步点预测. GARCH 模型 (12.26) 与随机波动率模型 (12.27) 都用来预测. GARCH(1,1) 模型的波动率预测随着预测时间区间的加大而渐近地增加至无条件方差 $3.349/(1 - 0.086 - 0.735) = 18.78$. 用随机波动率模型得到的波动率预测值比用 GARCH 模型得到的预测值高. 这是可以理解的, 因为随机波动率模型

产生预测时考虑了参数的不确定性. 相比而言, GARCH 模型假定参数固定, 且在 (12.26) 式中给出. 这是一个重要的差别, 也是 GARCH 模型与衍生产品定价得到的隐含波动率相比可能低估波动率的一个原因.

表 12-6   标准普尔 500 指数从 1962 年 1 月至 1999 年 12 月的月对数收益率的波动率预测, 预测原点是 1999 年 12 月[a]

预测步长	1	2	3	4	5
对数收益率					
GARCH	0.66	0.66	0.66	0.66	0.66
SVM	0.53	0.78	0.92	0.88	0.84
波动率					
GARCH	17.98	18.12	18.24	18.34	18.42
SVM	19.31	19.36	19.35	19.65	20.13

a 随机波动率模型的预测是由 2000+2000 次迭代的 Gibbs 抽样得到的.

注释   除了在预测中考虑了参数不确定性这一优势外, MCMC 方法还有效地产生了所研究波动率的一个可预测分布. 预测分布比简单的点预测包含了更多信息. 例如, 它可以用来得到 VaR 计算中所需要的分位数.   □

12.11   其 他 应 用

MCMC 方法对许多其他的金融问题也是适用的. 例如, Zhang , Russell and Tsay (2000) 用它来分析买卖报价中的信息决定性, Mcmulloch and Tsay (2001) 用此方法来对 IBM 交易数据估计了一个等级模型. Eraker (2001), Elerian,Chib and Shephard (2001) 用它来估计扩散方程. 这个方程在 VaR 计算中也是有用的, 因为它提供了估计预测分布的一个自然方法. 主要的问题不是这个方法是否在大多数金融应用中都可以利用, 而是方法可以变得多么有效. 只有时间和经验可以提供该问题一个充分答案.

练 习 题

12.1 假设 x 服从均值为 μ、方差为 4 的正态分布. 同时假定 μ 的先验分布也是正态分布, 且均值为 0、方差为 25. 给定数据点 x, μ 的后验分布是什么?

12.2 考虑 12.5 节中带时间序列误差的线性回归模型. 假定 z_t 是一个 AR(p) 过程 (即 $z_t = \phi_1 z_{t-1} + \cdots + \phi_p z_{t-p} + a_t$). 令 $\phi = (\phi_1, \cdots, \phi_p)'$ 表示 AR 参数向量. 假设共轭先验分布为 $\beta \sim N(\beta_o, \Sigma_o)$, $\phi \sim N(\phi_o, A_o)$, $(v\lambda)/\sigma^2 \sim \chi_v^2$, 导出条件后验分布 $f(\beta|Y, X, \phi, \sigma^2)$, $f(\phi|Y, X, \beta, \sigma^2)$ 和 $f(\sigma^2|Y, X, \beta, \phi)$.

12.3 考虑 12.6.1 节中的线性 AR(p) 模型. 假定 x_h 和 x_{h+1} 是两个缺失值, 它们的联合先验分布是均值为 μ_o、协方差矩阵为 Σ_o 的正态分布. 其他的先验分布如本章中所述. 两个缺失值的条件后验分布是什么?

12.4 考虑从 1965 年 1 月到 2008 年 12 月 Ford 汽车股票月对数收益率: (a) 建立序列的 GARCH 模型; (b) 建立序列的随机波动率模型; (c) 对两个波动率模型进行比较和讨论. 股票的简单收益率保存在文件m-fsp6508.txt中.

12.5 建立从 2001 年 1 月到 2008 年 12 月 Cisco Systems 股票日对数收益率的随机波动率 模型. 你可以从 CRSP 数据库或文件d-csco0108.txt中下载股票的简单收益率. 把数据 变成按百分数表示的对数收益率. 使用模型得到 1 步向前波动率预测的预测分布, 预测 始点为 2008 年 12 月 31 日. 最后, 使用预测分布计算 100 万美元多头头寸下一个交易 日概率为 0.01 的风险值.

12.6 对样本期间为 1965 年 1 月到 2008 年 12 月, Ford 汽车股票和标准普尔综合指数的月 对数收益率建立二元随机波动率模型. 讨论两个波动率过程之间的关系, 计算 Ford 股 票的时变 β.

12.7 考虑从 1965 年 1 月到 2008 年 12 月的 Procter & Gamble 股票和价值加权指数的月 对数收益率. 文件m-pgvw6508.txt中包含简单收益率. 把数据变成按百分比表示的对数 收益率. (a) 建立两个序列的二元随机波动率模型; (b) 建立两个序列的 BEKK(1,1) 模 型; (c) 对两个随机波动率模型进行比较和讨论.

12.8 考虑从 1971 年 4 月到 2009 年 9 月二级市场上 30 年期抵押贷款利率和 3 个月期国库 券利率的月数据. 数据包含在文件m-mort3mtb7109.txt中. (a) 建立具有时间序列误差 的回归模型, 研究 3 个月期国库券利率对抵押贷款利率的影响; (b) 使用 MCMC 方法 重新估计模型; (c) 对这两个拟合模型进行比较和讨论.

参 考 文 献

Artigas, J. C. and Tsay, R. S. (2004). Effective estimation of stochastic diffusion models with leverage effects and jumps. Working paper, Graduate School of Business, University of Chicago.

Box, G. E. P. and Tiao, G. C. (1973). *Bayesian Inference in Statistical Analysis*. Addison-Wesley, Reading, MA.

Carlin, B. P. and Louis, T. A. (2000). *Bayes and Empirical Bayes Methods for Data Analysis*, 2nd ed. Chapman and Hall, London.

Carter, C. K. and Kohn, R. (1994). On Gibbs sampling for state space models. *Biometrika* **81**: 541–553.

Chang, I., Tiao, G. C., and Chen, C. (1988). Estimation of time series parameters in the presence of outliers. *Technometrics* **30**: 193–204.

Chib, S., Nardari, F., and Shephard, N. (2002). Markov chain Monte Carlo methods for stochastic volatility models. *Journal of Econometrics* **108**: 281–316.

DeGroot, M. H. (1970). *Optimal Statistical Decisions*. McGraw-Hill, New York.

Dempster, A. P., Laird, N. M., and Rubin, D. B. (1977). Maximum likelihood from incomplete data via the EM algorithm (with discussion). *Journal of the Royal Statistical Society Series B* **39**: 1–38.

Elerian, O., Chib, S. and Shephard, N. (2001). Likelihood inference for discretely observed nonlinear diffusions. *Econometrica* **69**: 959–993.

Eraker, B. (2001). Markov Chain Monte Carlo analysis of diffusion with application to finance. *Journal of Business & Economic Statistics* **19**: 177–191.

Frühwirth-Schnatter, S. (1994). Data augmentation and dynamic linear models. *Journal of Time Series Analysis* **15**: 183–202.

Gelfand, A. E. and Smith, A. F. M. (1990). Sampling-based approaches to calculating marginal densities. *Journal of the American Statistical Association* **85**: 398–409.

Gelman, A., Carlin, J. B., Stern, H. S., and Rubin, D. B. (2003). *Bayesian Data Analysis*, 2nd ed. Chapman and Hall/CRC, London.

Geman, S. and Geman, D. (1984). Stochastic relaxation, Gibbs distributions, and the Bayesian restoration of images. *IEEE Transactions on Pattern Analysis and Machine Intelligence* **6**: 721–741.

Hasting, W. K. (1970). Monte Carlo sampling methods using Markov chains and their applications. *Biometrika* **57**: 97–109.

Jacquier, E., Polson, N. G., and Rossi, P. E. (1994). Bayesian analysis of stochastic volatility models (with discussion). *Journal of Business & Economic Statistics* **12**: 371–417.

Jacquier, E., Polson, N. G., and Rossi, P. E. (2004). Bayesian analysis of stochastic volatility models with fat-tails and correlated errors. *Journal of Econometrics* **122**: 185–212.

Jones, R. H. (1980). Maximum likelihood fitting of ARMA models to time series with missing observations. *Technometrics* **22**: 389–395.

Justel, A., Peña, D., and Tsay, R. S. (2001). Detection of outlier patches in autoregressive time series. *Statistica Sinica* **11**: 651–673.

Kim, S., Shephard, N., and Chib, S. (1998). Stochastic volatility: Likelihood inference and comparison with ARCH models. *Review of Economic Studies* **65**: 361–393.

Liu, J., Wong, W. H., and Kong, A. (1994). Correlation structure and convergence rate of the Gibbs samplers. I. Applications to the comparison of estimators and augmentation schemes. *Biometrika* **81**: 27–40.

McCulloch, R. E. and Tsay, R. S. (1994a). Bayesian analysis of autoregressive time series via the Gibbs sampler. *Journal of Time Series Analysis* **15**: 235–250.

McCulloch, R. E. and Tsay, R. S. (1994b). Statistical analysis of economic time series via Markov switching models. *Journal of Time Series Analysis* **15**: 523–539.

McCulloch, R. E. and Tsay, R. S. (2001). Nonlinearity in high-frequency financial data and hierarchical models. *Studies in Nonlinear Dynamics and Econometrics* **5**: 1–17.

Metropolis, N. and Ulam, S. (1949). The Monte Carlo method. *Journal of the American Statistical Association* **44**: 335–341.

Metropolis, N., Rosenbluth, A. W., Rosenbluth, M. N., Teller, A. H., and Teller, E. (1953). Equation of state calculations by fast computing machines. *Journal of Chemical Physics* **21** 1087–1092.

Tanner, M. A. (1996). *Tools for Statistical Inference: Methods for the Exploration of Posterior Distributions and Likelihood Functions*, 3rd ed. Springer, New York.

Tanner, M. A. and Wong, W. H. (1987). The calculation of posterior distributions by data augmentation (with discussion). *Journal of the American Statistical Association* **82**: 528–550.

Tierney, L. (1994). Markov chains for exploring posterior distributions (with discussion). *Annals of Statistics* **22**: 1701–1762.

Tsay, R. S. (1988). Outliers, level shifts, and variance changes in time series. *Journal of*

Forecasting **7**: 1–20.

Tsay, R. S., Peña, D., and Pankratz, A. (2000). Outliers in multivariate time series. *Biometrika* **87**: 789–804.

Zhang, M. Y., Russell, J. R., and Tsay, R. S. (2008). Determinants of bid and ask quotes and implications for the cost of trading. *Journal of Empirical Finance* **15**: 656–678.

索　引

版 权 声 明